浙江纪事（2013）

程雷生 主编

上

浙江工商大学出版社
ZHEJIANG GONGSHANG UNIVERSITY PRESS

图书在版编目（CIP）数据

浙江纪事. 2013 : 全2册 / 程雷生主编. — 杭州 : 浙江工商大学出版社, 2013.9
ISBN 978-7-5178-0022-4

Ⅰ. ①浙… Ⅱ. ①程… Ⅲ. ①浙江省－地方史－大事记－2012 Ⅳ. ①K295.5

中国版本图书馆CIP数据核字（2013）第239878号

浙江纪事（2013）上

程雷生 主编

责任编辑 谭娟娟 郑 建
封面设计 詹建利
责任印制 汪 俊
出版发行 浙江工商大学出版社
（杭州市教工路198号 邮政编码 310012）
（E-mail：zjsuperess@163.com）
（网址：http://www.zjsupress.com）
电话：0571-88904980，88831806（传真）
排 版 杭州元法编辑服务部（13336013193）
印 刷 杭州嘉业印务有限公司
开 本 889mm×1194mm 1/16
印 张 84.25
字 数 2612千
版 次 2013年9月第1版 2013年9月第1次印刷
书 号 ISBN 978-7-5178-0022-4
定 价 498.00元（全2册）

浙江工商大学出版社营销部邮购电话 0571-88804228

《浙江纪事》(2013)编辑说明

一、《浙江纪事》(2013)是浙江省以省及各地市、县区市、乡镇街道为板块，将2012年每一日或几日中发生的较重大事件记录下来的有浙江特色的大型纪实年刊。

二、本纪事以省级各部门、大型企业、各地市、县区市及乡镇街道为单位记述。

三、本纪事所载的文字内容由省级各部门、大型企业、各地市、县区市、乡镇街道提供，部分资料由编委会收集、整理、编辑。

四、本纪事涉及范围广、编辑工作量大，加上编辑人手紧张、水平有限，难免有错漏之处，敬请读者批评指正。

《浙江纪事》编委会

上　卷

省级卷

企业卷

高校卷

杭州卷

宁波卷

温州卷

嘉兴卷

台州卷

衢州卷

丽水卷

下　卷

杭州

宁波

温州

嘉兴

湖州

绍兴

金华

舟山

台州

衢州

丽水

省级卷

2012年浙江省人民政府大事记

1月8日，省侨商投资企业协会第二届会员代表会议在杭州召开。省委书记赵洪祝发贺信。国务院侨办副主任任启亮、中国侨联副主席王永乐、副省长龚正等出席并讲话。

1月9日，在举行的浙江省城乡住房工作协调委员会会议上，副省长陈加元代表省政府与各设区市政府签订《2012年度住房保障工作目标责任书》并讲话。

1月12日，省领导在省人民大会堂会见出席省政协十届五次会议的港澳华侨委员和港澳台侨委特邀委员。省领导赵洪祝、夏宝龙、乔传秀、李强等参加会见活动。

1月14日，省政府在杭州召开全国各省（市、自治区）浙江商会会长迎春座谈会。会前，省委副书记、代省长夏宝龙看望了座谈会代表。副省长王建满出席座谈会。

1月18日，省长夏宝龙到省法制办调研。

2月2日，省长夏宝龙到省交通运输厅调研。

2月9日，省长夏宝龙赴德清县开展大走访活动。

2月13日，省长夏宝龙开展专题调研住房和城乡建设工作。

2月15日，省长夏宝龙在杭州会见了澳大利亚驻沪新任总领事柯未名女士。

2月22日，国家海洋局局长刘赐贵率调研组到浙江调研“海洋科技推动浙江海洋经济发展”项目及重大项目需求情况等。省委书记赵洪祝、省长夏宝龙等分别与刘赐贵一行座谈。副省长葛慧君，副省长、温州市委书记陈德荣，浙江大学校长杨卫参加座谈。

同日，省委省政府在绍兴县召开全省平原绿化工作座谈会，省长夏宝龙出席并讲话。

3月2日，全国人大代表、省委副书记、省长夏宝龙就“民营经济的挑战和机遇”话题在北京接受新华网的专访。

3月22日，副省长龚正在杭州会见了泰国泰华农民银行首席执行官兼总裁伍万通一行。

3月23日，浙江省与国家开发银行高层联席会议暨共同推进浙江省“三大国家战略”实施合作备忘录签署仪式在杭州举行。省委书记、省人大常委会主任赵洪祝，省长夏宝龙，国家开发银行董事长陈元，副省长龚正，国家开发银行副行长王用生等出席。

3月26日，由浙江、江苏两省共同规划的环太湖风景路项目在浙江湖州与江苏吴江交界处举行建设启动仪式。浙江省副省长陈加元、江苏省副省长何权等出席仪式。

3月28日，国务院总理温家宝主持召开国务院常务会议，决定设立温州市金融综合改革试验区。

4月18日，浙江省辖区2012年度上市公司规范发展工作会议召开。副省长龚正出席会议并讲话。

5月4日，副省长陈加元出席全省服务业工作现场交流暨项目推进会。

5月10日，副省长龚正在杭州会见了拉丁美洲安第斯发展集团主席兼首席执行官恩里克·加西亚一行。

5月15日，全省工业强省建设工作动员视频会议召开。会议的主题是贯彻落实《国务院关于印发工业转型升级规划的通知（2011－2015）》，启动实施《浙江工业强省建设“十二五”规划》，研究部署工业强省和工业强县（市、区）建设工作。省长夏宝龙、副省长毛光烈出席会议并作重要讲话，省政府秘书长张鸿铭主持会议。

7月5日，省委、省政府召开全省山区经济工作暨山海协作工程电视电话会议。省委书记赵洪祝、省长夏宝龙出席会议并讲话。省领导乔传秀、葛慧君、程渭山、王建满等在主会场出席会议。会议由省委副书记李强主持。

同日，浙台（象山石浦）经贸合作区授牌仪式在象山石浦举行，规划建设面积达4338平方公里。常务副省长龚正出席授牌仪式。

7月10日，副省长王建满参加省历史文化村落保护利用工作协调小组第一次会议。

7月11日，省政府召开专题会议，学习贯彻《国务院关于加强食品安全工作的决定》，研究部署进一步加强食品安全的工作。省长夏宝龙出席并讲话。常务副省长龚正、副省长郑继伟出席会议。

7月12日，省政府召开全省工业经济形

势分析会，并重点围绕“把稳增长放在更加重要的位置、力保2012年工业目标任务完成”的主题，对下阶段工作作了部署。副省长毛光烈出席会议并讲话。

7月13日，省长夏宝龙主持召开省政府经济形势分析会，分析上半年经济形势，研究下半年促进经济平稳较快发展的对策及措施。

7月17日，常务副省长龚正在杭州会见斯洛文尼亚驻上海领事馆馆长迭哥·纳普尼克一行。

同日，副省长陈加元在杭州会见了吉尔吉斯共和国紧急情况部部长阿伊尔切维奇一行。

7月19日，甬台温天然气、成品油管道项目开工。副省长毛光烈出席开工仪式及项目推进座谈会。

同日，浙江中国小商品城集团和阿里巴巴集团在杭州签署战略合作协议。常务副省长龚正出席签约仪式。

7月21日，韩国丽水世博会“浙江宁波周”开幕，常务副省长龚正出席开幕式。

7月27日，省构建和谐劳动关系工作领导小组第一次全体会议在杭州召开。省委副书记、领导小组组长李强，副省长、领导小组常务副组长陈加元出席会议并讲话。

同日，浙江省与国家电网公司在杭签署进一步加强和深化合作的协议，省委书记赵洪祝、省长夏宝龙等与国家电网公司党组书记、总经理刘振亚进行座谈。

7月29日，由省长夏宝龙率领的浙江省党政代表团抵达新疆阿克苏地区学习考察。副省长陈加元、王建满等代表团成员随团抵达。

7月30日，浙江、新疆两省区领导在乌鲁木齐举行座谈。新疆自治区党委书记张春贤，省长夏宝龙，新疆自治区党委副书记、政府主席努尔·白克力，自治区党委副书记、新疆生产建设兵团政委车俊出席座谈会。新疆自治区及新疆建设兵团领导韩勇、黄卫、白志杰、胡伟、熊选国、刘新齐、穆铁礼甫·哈斯木、王永明，副省长陈加元、王建满等也出席座谈会。

8月7日，省政府召开专题会议，研究重点项目的推进工作。省长夏宝龙出席并讲话。常务副省长龚正，副省长陈加元、王建满、郑继伟、朱从玖等出席会议。

8月9日，全省进口工作会议在杭州举行，这也是浙江省首次召开研究扩大进口的专题会议。常务副省长龚正出席并讲话。

8月13日，省政府与上海证券交易所在杭州举行战略合作框架协议签约仪式。省长夏宝龙、上海证券交易所理事长桂敏杰出席签约仪式，副省长朱从玖与上海证券交易所总经理张育军签署协议。

8月14日，全省小额贷款公司工作会议暨监管培训会议在杭州举行，39家2011年优秀标兵小额贷款公司受到表彰。副省长朱从玖出席会议并讲话。

同日，全省扶持经济薄弱村发展集体经济现场推进会在绍兴县召开。省委常委、组织部长蔡奇出席并讲话，副省长王建满主持会议。

8月16日，常务副省长龚正率领省卫生厅、省食品药品监督管理局组成的省政府督查组，到湖州检查食品安全大整治百日行动工作，并与湖州市、德清县相关负责人及企业代表进行座谈。

8月17日，省长夏宝龙主持召开专题会议，听取省经信委、省商务厅工作汇报。常务副省长龚正、副省长毛光烈出席会议并讲话。

同日，省长夏宝龙主持召开省政府第96次常务会议，听取浙江省营业税改征增值税试点工作方案汇报，审议《中共浙江省委浙江省人民政府关于加快推进农业现代化的若干意见（送审稿）》。会议还审议了省重点工程、工业与外贸联席会议制度方案和《浙江省沿海船舶边防治安管理条例（草案）》《浙江省海域使用管理条例（草案）》和《浙江省评比达标表彰活动管理实施细则（试行）》。

8月20日，省政府召开电视电话会议，贯彻落实全国科技创新大会精神，部署开展重大产业技术创新体系建设试点，进一步培育网上技术市场，创建和提升高新技术园区等工作。副省长毛光烈出席并讲话。

8月22日，2012商务部、浙江省（部省）合作协调小组工作会议在杭州举行。商务部副部长姜增伟、常务副省长龚正出席并讲话。

同日，温州经济技术开发区33个项目举行集体开工仪式。省长夏宝龙宣布开工，省委常委、温州市委书记陈德荣，副省长朱从玖等出席。

8月28日，省政府召开全省学生交通安全保障工程电视电话会议，部署实施学生交通安全保障工程。副省长郑继伟到会并讲话。

同日，省品牌建设促进会成立仪式暨首届“品牌浙江新时代”高峰论坛举行。省委书记赵洪祝、省长夏宝龙分别发信祝贺。省人大常委会副主任冯明、副省长毛光烈出席。

9月11日，全省台资企业创业创新推进会在嘉善举行，常务副省长龚正出席并讲话。

9月13日，2012浙江省企业领袖峰会召开，省长夏宝龙出席并作经济形势报告。

9月14日，省政府召开关于加强文化市场管理工作保障座谈会，就省人大代表提交的《关于加强文化市场管理工作保障的建议》进行座谈。副省长郑继伟出席并主持会议。

同日，省长夏宝龙主持召开省政府第97次常务会议，决定下放400余项省级行政审批和管理事项。会议还审议了《浙江省社会管理重大项目建设“十二五”规划（送审稿）》《浙江省建设项目环境影响评价文件分级审批管理办法（送审稿）》和《加快我省从医药大省向医药强省转变的若干意见（送审稿）》。

9月15日，第二届中国海洋经济投资洽谈会在宁波市国际会展中心开幕。全国人大常委会副委员长陈昌智，省委书记赵洪祝共同为海洋经济投资洽谈会揭幕。省长夏宝龙，宁波市市长刘奇，国家发改委、国家海洋局等有关负责人等在开幕式上致辞。国家有关部委负责人，省领导王辉忠、陈德荣、赵一德、吴国华、王永昌等出席。开幕式由副省长陈加元主持。

9月16日，2012中国・海宁潮国际博览会开幕。全国政协副主席王志珍、省人大常委会副主任程渭山、副省长郑继伟出席。

同日，由省政府和国家海洋局共同主办的第八届中国海洋论坛暨第十五届中国开渔节在象山县拉开大幕。全国政协副主席罗富和、副省长陈加元、国家海洋局副局长王宏、宁波市市长刘奇出席开幕式并致辞。省政协副主席、省委统战部部长汤黎路等出席。

9月17日，省佛教界暨普陀山佛教协会慈善公益大会在舟山举行。常务副省长龚正出席并讲话，副省长、舟山市委书记梁黎明出席。

同日，绍兴县举行“双百亿”（工业强县“百亿”项目及商贸旅游“百亿”项目）开工仪式。省长夏宝龙出席并宣布开工。

同日，浙江省在上海召开2012上海・浙江服务业项目推介会，推出355个服务业招商项目，总投资额超过5400亿元。推介会上，浙江省51个服务业优质项目举行签约仪式，总投资近千亿元。上海市人大常委会副主任钟燕群、浙江省副省长陈加元等出席并致辞。

9月20日，省政府在杭州召开全省缓解城市交通拥堵工作座谈会，省长夏宝龙出席并作重要讲话。

9月21日，副省长朱从玖在杭州会见了美国密歇根州州长里克・斯奈德一行。

9月24日，浙江省与国家环境保护部签署加强海洋环境保护、共同推进浙江海洋经济发展战略合作框架协议。环保部部长周生贤与省长夏宝龙签署协议。

9月26日，中国南方农机产业园在永康正式开工，第一批12家入园企业同时动工。省长夏宝龙发去贺电，副省长朱从玖出席开工仪式。

9月27日，全省地质找矿工作会议在杭州召开，副省长王建满、国土资源部副部长汪民出席并讲话。

9月29日，省长夏宝龙在杭州会见了澳大利亚西澳州上议院议长班睿・豪斯一行。

10月8日，省政府、教育部、宁波市政府共建宁波大学合作协议签约仪式在杭州举行。省长夏宝龙，教育部党组织副书记、副部长杜玉波，副省长、宣传部长葛慧君，副省长郑继伟，宁波市市长刘奇等出席签约仪式。

10月10日，常务副省长龚正在杭州会见了丹麦乐高集团高级副总裁麦克・迈克诺提一行。

同日，全省农业龙头企业与山区农产品基地对接会暨浙商投资现代农业推介会在松阳举行。副省长王建满出席并讲话。

10月17日，省海洋与渔业局和省地勘局在杭州举行共同推进浙江省海洋经济发展战略合作框架协议签约仪式。副省长王建满出席仪式。

10月18日，浙江股权交易中心成立暨区域性股权交易市场启动仪式在杭州举行。

同日，副省长陈加元在杭州会见乌拉圭经济财政部副部长路易斯・普尔多一行。

10月25日，全省现代医药产业技术创新发展工作会议在临海召开。副省长毛光烈出席会议。

10月26日，省政府常务会议通过了《浙江省农村供水管理办法》《浙江省公共视听载体播放活动管理办法》《浙江省实施〈地方志工作条例〉办法》。

同日，省长夏宝龙主持召开省政府第99次常务会议，研究加强全省基本公共服务体系建设和落实全国科技大会精神、深化科技体制改革加快创新体系建设工作。

10月30日，中国国际广播电台与海宁市签约，合作共建影视译制基地，基地落户中国（浙江）影视产业国际合作区（海宁）。省委常委、副省长、宣传部长葛慧君出席签约仪式并讲话。

11月5日，副省长王建满在杭州会见重庆市涪陵区党政代表团一行，共商对口支援工作。

11月12日，中国（浙江）国际旅行商大会在杭州开幕，来自美国、加拿大、澳大利亚、意大利、德国等28个国家和地区的近300名境外旅行商代表齐聚浙江，领略“诗画江南、山水浙江”的魅力，探讨旅游合作。副省长王建满出席会议并致辞。

11月14日，2012中国食品博览会在宁波隆重开幕。常务副省长龚正出席开幕式。

11月16日，省政府召开党组（扩大）会议，传达学习党的十八大精神。省长夏宝龙出席并作重要讲话。

11月19日，2012中国杭州（千岛湖）旅游目的地发展论坛在淳安县举行。副省长王建满出席会议。

同日，2012海峡两岸小微金融发展研讨会在台州市路桥区举行。副省长朱从玖出席并讲话。

11月24日，全省首条地铁——杭州地铁1号线开通，全省治理城市交通拥堵工程同时启动。省长夏宝龙宣布启动。

11月26日，省政府召开全省水利工作会议，部署实施“全省五百亿重点水利项目”，建设50项重大水利工程。省长夏宝龙对全省水利改革发展作出批示。副省长王建满出席会议并讲话。

11月30日，省长夏宝龙主持召开省政府第100次常务会议，听取关于深化行政审批制度改革和今后5年全省扩大有效投资重大项目建设计划有关情况的汇报。会议还审议了《浙江省基础测绘管理办法（修订草案）》《浙江省地名管理办法（修订草案）》《浙江省档案登记备份管理办法（草案）》和《浙江省行政执法过错责任追究办法（草案）》。

12月3日，省市级邮政管理局成立会议在杭州举行，交通运输部副部长冯正霖出席，国家邮政局局长马军胜、副省长王建满出席并讲话。

12月7日，省长夏宝龙赴浙江警察学院宣讲党的十八大精神。

12月11日，省长夏宝龙赴杭州市拱墅区检查指导省委十三届二次全会精神贯彻落实情况，并调研经济工作。

12月12日，省农业科学院举行“本部提升”工程开工奠基仪式。副省长王建满宣布动工。

12月13日，副省长陈加元参加全省对口支援工作会议。

12月17日，常务副省长龚正为国家级绍兴柯桥开发区授牌。

12月19日，全省氟硅新材料产业技术创新与高新园区创建启动工作会议在衢州召开。副省长毛光烈讲话，并为衢州氟硅新材料高新技术产业园区授牌。

12月24日，全省发展和改革工作会议在杭州召开。副省长陈加元出席会议并讲话。

12月25日，代省长李强赴杭州未来科技城调研。

12月26日，全省加快产业集聚区高质量发展工作推进会在绍兴召开。副省长陈加元出席会议并讲话。

12月28日，代省长李强主持召开省政府第102次常务会议。会议通报了国务院经济社会发展和改革调研工作座谈会精神，对学习贯彻全国审计工作电视电话会议精神进行了研究，审议了《浙江省生产安全事故报告和调查处理规定（草案）》和《浙江省企业国有资产监督管理办法（草案）》。会议还研究了其他事项。

同日，省政府常务会议通过《浙江省生产安全事故报告和调查处理规定》。

2012年浙江省人大大事记

1月5日，《浙江人大》推出了全新改版后的第一期杂志。改版后的《浙江人大》进一步突出了服务全省经济社会发展大局、服务各级人大及其常委会、服务各级人大代表、服务基层和广大人民群众的刊物定位，报道内容更加丰富，版面设计更具时代气息。这也是《浙江人大》创刊10年来首次全新改版。

1月6日，受赵洪祝主任的委托，王永明副主任主持召开省十一届人大常委会第74次主任会议，听取了姚民声秘书长关于省十一届人大常委会第三十一次会议建议议程及日程安排的说明，决定省十一届人大常委会第三十一次会议于2012年1月10日在杭州举行，预计会期半天。

1月9日，省“两会”新闻发布会在杭州召开，“两会”各项工作已准备就绪。省十一届人大五次会议将于1月12日上午在杭州开幕，预计会期5天。省政协十届五次会议将于1月11日至15日在杭州举行。

1月10日，省十一届人大常委会第三十一次会议在杭州举行，为即将召开的省十一届人大五次会议作准备。省委书记、省人大常委会主任赵洪祝主持会议。

1月11日，浙江省第十一届人民代表大会第五次会议预备会议在省人民大会堂举行。会议由省十一届人大常委会主任赵洪祝主持。

1月12日，在举行的省十一届人大五次会议第一次全体会议上，代省长夏宝龙代表省人民政府向大会作政府工作报告。

1月14日，在举行的省十一届人大五次会议第二次全体会议上，省人大常委会副主任王永明受常委会委托，向大会作省人人常委会工作报告。

1月16日，省十一届人大五次会议主席团举行第四次会议，听取各代表团关于省人大常委会、省高级人民法院、省人民检察院工作报告审议情况的汇报；听取并通过省人大财政经济委员会关于计划、预算的审查报告；讨论并提出关于政府工作报告等6个决议草案，提请代表酝酿；通过关于议案处理意见的报告。

2月2日，省、市有关部门在杭州西溪国家湿地公园举办第16个“世界湿地日”宣传活动。省人大常委会副主任程渭山出席并作重要讲话，省人大常委会副秘书长、省人大常委会法工委主任丁祖年，省人大农业与农村委员会副主任委员洪建新，省生态文化协会、各级林业部门、杭州市和西湖区等有关单位的负责人共计120多人参加了宣传活动。

同日，省人大常委会法工委召开工作务虚会，总结2011的年立法工作，研讨2012年立法的工作思路。常委会秘书长姚民声到会讲话，法制委员会副主任委员、常委会副秘书长、法工委主任丁祖年主持会议，法制委员会主任委员胡虎林、副主任委员吕汉夫，法工委副主任任亦秋、尹林，办公厅副巡视员汤达金等领导以及法工委一室两处全体同志参加会议。

2月9日至10日，省人大常委会副主任吴国华带领在省全国人大代表30余人赴嘉兴市视察小（型）微（型）企业发展情况。

2月14日至15日，省人大常委会副主任厉志海赴桐乡进行了“进村入企”大走访，省人大常委会副秘书长丁祖年、内司工委副主任郑军陪同走访。

2月14日至16日，省人大常委会副主任徐宏俊到舟山市普陀区开展“进村入企”的大走访活动。省人大常委会副秘书长、研究室主任王强、代表与选举任免工作委员会副主任袁薇陪同参加了走访活动。

2月20日至21日，省人大常委会副主任吴国华一行赴三门县开展了“进村入企”的大走访活动。

2月20日至23日，省人大常委会副主任冯明赴温岭进行了“进村入企”的大走访活动，期间，结合大走访活动开展了台州市小微企业发展情况调研。省人大常委会委员、财经委副主任委员傅祖蓓，省人大常委会副秘书长臧平，省人大常委会预算工委副主任王柏能陪同走访和调研。

2月23日至24日，省人大常委会王永明副主任赴海宁进行了“进村入企”的大走访和信访接访活动，省人大常委会王敏奇副秘书长、办公厅信访办李军主任和省委信访局张维克副局长等陪同走访。

2月29日至3月1日，省人大常委会副主任程渭山到安吉县开展“进村入企”的大走访活动。省人大常委会副秘书长王敏奇、农业与农村工作委员会副主任徐柏兴参加了走访活动。

3月8日，参加全国人代会的浙江省妇

女代表每年都会享受一项“特殊待遇”。下午，省领导赵洪祝、夏宝龙、蔡奇、王永明、吴国华、郑继伟等与女代表们利用分组讨论前的时间，在驻地欢聚一堂，共同庆祝“三八”国际劳动妇女节。

3月14日，省人大农委召开全体会议审议《浙江省湿地管理条例（草案）》。省人大农委副主任委员洪建新、吴鼎钧，省人大农工委副主任徐柏兴参加会议，省人大常委会副主任程渭山出席并提出了重要意见。

3月19日至23日，2012年第一期全省乡镇人大主席培训班在绍兴举办。来自全省各县（市、区）的162名新任乡镇人大主席、副主席参加了此次培训。省人大常委会委员、副秘书长胡亚芳出席了培训班并作开班动员讲话。

3月21日，受省人大常委会主任赵洪祝的委托，王永明副主任主持召开省十一届人大常委会第七十六次主任会议，听取了姚民声秘书长关于省十一届人大常委会第三十二次会议建议议程及日程安排的说明，决定省十一届人大常委会第三十二次会议于2012年3月28日在杭州举行，预计会期3天半。

3月28日，省十一届人大常委会第三十二次会议举行第一次全体会议。省人大常委会副主任王永明主持会议。

4月5日，省人大农委听取了省林业厅关于浙江省公益林建设情况的汇报。省人大农委副主任委员洪建新、副主任委员俞仲达、副主任委员吴鼎钧，省人大农工委副主任徐柏兴参加了汇报会，省人大常委会副主任程渭山出席并作重要讲话。

4月20日，省人大常委会副主任冯明一行到萧山专题调研企业信用管理与企业发展。萧山区区人大常委会主任王珠瑛，副主任董祥富，副区长金焕国陪同调研。

5月23日至24日，全省各市人大常委会研究室主任座谈会在湖州召开。会上，各市人大常委会研究室主任通报第十届以来人大研究室工作情况和下一步工作思路。省人大常委会副秘书长、研究室主任王强主持会议并讲话，研究室副主任宋建勋、张国强，以及研究室各处社负责人出席会议。

5月24日，省人大农委组织省人大代表农业与农村专业小组赴桐庐县开展了为期一天的视察活动。代表专业小组成员洪建新、吴鼎钧、俞仲达、王良仟、汪志芳、许利群、陈仲方等参加了活动。

6月15日，省人大法制委、省法学会在杭州联合召开了“浙江历史文化名城法律保护”专题研讨会。

7月3日至5日，根据省委关于省领导联系督办省重点项目活动的总体安排，省人大常委会副主任王永明率省发改委、省交通运输厅、省港航管理局等部门领导赴舟山岱山县，检查督办鼠浪湖矿砂中转项目的前期进展情况，并协调、解决项目建设中存在的困难和问题。省人大常委会副秘书长、办公厅主任王敏奇，省人大财经委副主任委员王小玲陪同前往。

7月9日至11日，省人大常委会副主任冯明率调研组赴宁波、象山开展经济运行情况调研。

7月13日，为作好新一届人大及其常委会立法调研项目库的调研起草工作，省人大常委会法工委召开经济领域立法专题座谈会，分别听取了省发改委、省经信委、省环保厅、省建设厅、省工商局、省交通运输厅等14个部门对经济、环保、海洋等方面的立法意见和建议。

7月31日至8月2日，省人大常委会委员、省人大农委副主任委员俞仲达带队赴衢州市和衢江、龙游两区县对食品安全“一法两规”执行情况尤其是农产品质量安全情况进行了检查，听取了当地政府及有关部门的汇报，实地察看了现代农业园区、农技便民服务中心、农业龙头企业、农贸市场、农资连锁企业、畜牧养殖厂等，并召开了农民专业合作社、种粮大户、农业龙头企业等农业经营主体参加的座谈会。

8月14日，为配合全国人大常委会农业法执法检查，省人大常委会副主任程渭山一行赴杭州粮油物流中心、省粮食局直属粮油储备库进行了调研，并听取了省粮食局关于全省粮食工作情况的汇报。

8月17日，省人大常委会副主任冯明、财经委副主任委员钱宝荣一行在嘉兴市人大常委会副主任周楚兴等陪同下，到桐乡调研财政工作。

9月5日至7日，全国人大常委会委员、财经委副主任委员牟新生率调研组来浙江省就城镇化和统筹城乡发展工作开展调研。省人大常委会副主任冯明，省人大财经委主任委员丁耀民、副主任委员钱宝荣陪同前往。

9月25日至28日，全国副省级城市人大常委会主任联席会议第二十七次会议在杭州召开。广州、武汉、哈尔滨、沈阳、成都、南京、西安、长春、济南、杭州、大连、青岛、深圳、厦门、宁波十五个副省级城市人大常委会主要领导参加了会议。省委常委、杭州市委书记、市人大常委会主任黄坤明致辞，省人大常委会副主任王永明出席，杭州市委副书记、市长邵占维介绍市情。杭州市人大常委会副主任洪航勇主持开幕式。

10月31日至11月2日，全省人大环境与资源保护工作座谈会在湖州召开。省人大环资委全体成员和11个地市人大常委会分管副主任及环资委（或相关专工委）负责人参加了会议，省人大常委会副主任程渭山出席会议并作重要讲话。

11月8日，全省人大农业农村工作座谈会在仙居县召开。会上11个设区市人大农委负责人交流了2012年的工作情况和对2013年的工作打算，并对本届省人大农委5年工作总结和今后工作思路提出了很好的意见。副主任委员洪建新代表省人大农委通报了过去5年所做的工作和体会，省人大常委会程渭山副主任出席会议并作了重要讲话。

11月14日，全省人大信息化工作座谈会在湖州召开。会议通报了设区市人大网站绩效评价情况，11个设区市人大信息化工作负责人交流了2012年的工作情况和对2013年的工作打算，并对《浙江省第十二届人大电子政务发展规划（2013－2017）》（征求意见稿）编制情况和主要内容提出了许多宝贵的意见和建议。省人大常委会办公厅主任王敏奇出席会议并作了重要讲话。省人大常委会办公厅副主任徐杰主持会议。

11月27日，省十一届人大常委会第三十六次会议举行第一次全体会议。省人大常委会副主任王永明主持会议。

12月5日，全省人大内务司法工作座谈会在江山市召开。11个设区的市人大常委会分管领导和内司委（法委）负责人参加了会议。钱中贤副主任委员代表省人大内司委通报了过去5年的工作和体会。与会人员交流了2012年的工作情况和2013年的工作打算，并对本届省人大内司委5年工作总结和今后工作思路提出了意见。省人大常委会副主任厉志海出席会议并作了重要讲话。

12月10日，省人大常委会法工委召开了2013年立法计划征求意见座谈会，常委会副秘书长、法工委主任丁祖年，法工委副主任任亦秋、尹林，预算工作委员会副主任王柏能、教育科技文化卫生工作委员会副主任幽扬、农业与农村工作委员会副主任徐柏兴，办公厅副巡视员汤达金，法工委各处室及相关工委办公室负责人参加会议。

2012年浙江省政协大事记

1月5日，省政协召开在杭各大医院负责人及省政协医疗队专家新年茶话会。省政协主席乔传秀，副主席斯鑫良、王永昌、陈艳华、黄旭明、姚克等出席茶话会。

1月7日，在茶界人士迎春茶话会上，省政协主席乔传秀、副主席黄旭明，全国政协文史和学习委员会副主任、中国国际茶文化研究会会长周国富，老同志刘枫、王其超等，与茶界人士欢聚一堂，畅叙茶情友谊，共话美好未来。

1月11日，中国人民政治协商会议第十届浙江省委员会第五次会议开幕。省政协主席乔传秀，副主席斯鑫良、冯明光主持开幕式，副主席盛昌黎、徐冠巨、王永昌、陈艳华、黄旭明、徐辉、姚克、汤黎路以及常委们出席会议。

1月13日，召开省政协十届五次会议第三次全体会议。省政协主席乔传秀，副主席斯鑫良、盛昌黎、徐冠巨、陈艳华、黄旭明、姚克、冯明光、汤黎路出席会议。副省长龚正到会听取发言。省政协副主席王永昌、徐辉主持会议。

1月14日，省政协十届五次会议举行情况通报会。省政协副主席盛昌黎出席。省文化厅负责人应邀向出席省政协十届五次会议的港澳华侨委员和港澳台侨委特邀委员，通报浙江省着力从文化大省迈向文化强省的建设历程。

1月29日，省政协主席乔传秀，副主席斯鑫良、盛昌黎、王永昌、陈艳华、黄旭明等看望节后第一天上班的省政协机关及直属事业单位的干部、职工，向大家致以节日的问候。

2月17日，浙商创业创新推进会在杭州召开。省政协副主席、省工商联主席徐冠巨主持会议，省政协副主席、省委统战部部长汤黎路出席会议。

2月21日，省政协主席乔传秀到龙游县，参加“进村入企”的大走访活动，体察民情，倾听民声，了解民意。

2月29日，省政协举行“健全我省食品安全长效管理机制”专项集体民主监督动员会，省政协副主席陈艳华出席并讲话。

3月6日，参加全国“两会”的省领导与部分港澳浙江籍和与浙江关系密切的港澳全国人大代表、全国政协委员叙乡情、话发展。省委书记、省人大常委会主任赵洪祝在会上致辞。省领导夏宝龙、乔传秀、吴国华、盛昌黎、徐冠巨、徐辉、姚克、冯明光和全国政协人口资源环境委员会副主任李金明，全国政协文史和学习委员会副主任周国富以及省有关部门负责人等参加会见。省政协副主席、省委统战部部长汤黎路主持会议。

3月15日，“智慧浙江”全省巡回宣讲活动启动仪式在杭州举行，副省长毛光烈出席并宣布启动，省政协副主席王永昌致辞。

3月21日，省戏剧发展促进会成立大会在杭州召开。省政协主席乔传秀到会致辞并为促进会授牌。全国政协文史和学习委员会副主任周国富，省政协副主席黄旭明出席会议。

3月22日，省政协副主席盛昌黎带领调研组就“推动中华文化‘走出去’，提升中华文化在海外的影响力”专题到省文化厅开展走访调研工作。

3月23日至26日，全国政协常委、外事委员会主任赵启正，全国政协常委、外事委员会副主任万学远带领全国政协外事委员会调研组一行，先后前往温州、杭州两地就浙江省企业在“走出去”中开展公共外交情况进行调研。省委书记赵洪祝、省政协主席乔传秀会见调研组全体成员，省政协副主席黄旭明陪同调研。

3月27日至30日，省政协副主席陈艳华带领省政协“运河、椒江、飞云江、鳌江流域水资源环境保护与利用情况”专题调研组先后前往杭州、湖州、温州展开调研。

3月30日，“翰逸神飞——纪念章棂诞辰150周年”书法作品展在西湖美术馆开幕。省政协主席乔传秀宣布开幕，老同志王家扬、中央党史研究室原副主任章百家等出席。

同日，省政协召开十届四十一次主席会议。省政协主席乔传秀主持会议，副主席斯鑫良、盛昌黎、王永昌、黄旭明、徐辉、姚克、冯明光出席会议。

4月11日，2012中国茶叶大会暨第六届大佛龙井茶文化节在新昌开幕。全国政协副主席白立忱，省领导程渭山、汤黎路与全国政协文史和学习委员会副主任周国富等出席开幕式。

4月11日，浙江、安徽两省在杭举行经济社会发展情况交流会，两省领导和有关部门负责人相互交流，共商合作。浙江省委书记、省人大常委会主任赵洪祝主持交流会并讲话。安徽省委书记、省人大常委会主任张宝顺在会上讲话。浙江省委副书记、省长夏宝龙，安徽省委副书记、省长李斌分别介绍两省经济社会发展情况。浙江省领导乔传秀、李强、吴国华、毛光烈，安徽省领导詹夏来、陈树隆、吴存荣、臧世凯、花建慧、王秀芳等出席交流会。

4月12日，省政协召开“进城务工人员子女教育”委员约谈会，省政协副主席徐辉出席会议并讲话。

4月23日，省政协召开十届四十二次主席会议。省政协主席乔传秀主持会议，副主席斯鑫良、王永昌、陈艳华、姚克、冯明光、汤黎路出席会议。

5月3日，省政协召开“走进基层、走进群众”活动月动员会，省政协主席乔传秀出席会议并讲话。省政协副主席王永昌、陈艳华、徐辉、姚克、冯明光参加会议。

5月4日至5日，省政协组织部分委员和农业技术专家，到龙游县开展送科技下乡的活动。省政协主席乔传秀、副主席冯明光专程来到活动现场，看望参加技术咨询、专题培训的省政协委员和专家。

5月11日，省政协召开省第十三次党代会重大决策专题政治协商会议。省委书记赵洪祝到会听取发言并讲话。省政协主席乔传秀主持会议。省政协副主席斯鑫良、盛昌黎、王永昌、冯明光等出席。

5月16日，2012年全国林业科技周暨浙江省第九届林业科技周活动在金华市浦江主会场拉开序幕。省政协主席乔传秀出席启动仪式并宣布活动开幕，中国绿化基金会副主席兼秘书长卓榕生参加会议。

5月23日，省政协副主席王永昌在杭州会见韩国首尔市议会副议长梁準郁一行。

5月21日，省政协副主席陈艳华主持召开“健全我省食品安全长效管理机制”委员约谈暨专家座谈会。

6月4日，省政协召开十届四十三次主席会议。省政协主席乔传秀主持会议，副主席斯鑫良、盛昌黎、王永昌、陈艳华、姚克、冯明光、汤黎路出席会议。

6月13日，省政协主席乔传秀在杭州会见了美国印第安纳州副州长贝基·斯科尔曼率领的印州代表团。

6月15日，省“六月杨梅红”系列活动暨仙居杨梅开摘仪式在仙居县步路乡西炉杨梅基地举行。省人大常委会副主任程渭山、省政协副主席冯明光出席开摘仪式。

6月21日，省政协召开十届四十四次主席会议。省政协主席乔传秀主持会议，副主席斯鑫良、徐冠巨、陈艳华、黄旭明、姚克、冯明光出席会议。

6月27日至28日，省政协十届二十五次常委会议在杭州举行。省政协主席乔传秀出席会议并讲话。省政协副主席斯鑫良、盛昌黎、徐冠巨、王永昌、陈艳华、黄旭明、徐辉、姚克、冯明光出席会议。

7月3日至6日，省政协副主席黄旭明率“推进地方金融改革发展、完善金融服务支撑体系”重点课题调研组前往温州、丽水两地调研。

7月12日至13日，省政协副主席徐辉率领部分在杭省政协委员，视察了杭州大江东产业集聚区、宁波杭州湾新区和梅山产业集聚区及区内的企业。

7月31日，省政协副主席斯鑫良带领调研组前往临安，就“加强水利建设”系列提案进行集中督办与实地调研。

8月31日，省政协召开委员约谈会，邀请部分省政协委员对“促进城市低收入家庭增收”调研报告提出意见和建议，反映社情民意。省政协副主席王永昌出席会议并讲话。

9月3日，省政协召开十届四十五次主席会议。省政协主席乔传秀主持会议，副主席斯鑫良、王永昌、陈艳华、徐辉、姚克、冯明光、汤黎路，代秘书长孙文友出席会议。

9月3日至4日，省政协主席乔传秀带领省政协专题调研组到天台县，专题调研如何促进低收入群体增收致富。

9月7日，由政协浙江省委员会、政协安徽省委员会主办的“浙皖两省政协书画精品展”在浙江美术馆开幕。省政协主席乔传秀宣布开幕。省委常委、副省长、宣传部长葛慧君，省政协副主席陈艳华、徐辉，省政协诗书画之友社理事长、省政协原副主席张蔚文出席开幕式。省政协副主席黄旭明和安徽省政协副主席张学平在开幕式上致辞。

9月12日，作为2012年浙江商务周重头戏之一的首届长三角地区农超对接洽谈会在嘉兴召开。省政协副主席王永昌出席并致辞。

9月20日，省政协副主席王永昌在杭州

会见了约旦参议长助理兼参议院约中友好委员会主席阿瓦德·哈里法特一行。

9月27日，省政协召开十届四十七次主席会议。会议认真传达学习中共中央和中纪委、中组部、中共浙江省委关于严肃换届纪律的有关文件精神，观看了音像资料。省政协主席乔传秀主持会议并讲话。

10月10日至12日，全省政协委员工作专题研讨会暨各市、省政协委员联络小组工作会议在温州召开。省政协副主席斯鑫良出席会议并讲话。

11月8日，省政协主席乔传秀、副主席黄旭明等领导和机关干部职工集中收听收看中国共产党第十八次全国代表大会开幕会盛况，聆听胡锦涛代表中国共产党第十七届中央委员会所作的报告。收看结束后，乔传秀就学习好、宣传好、贯彻好十八大报告提出了要求。

11月12日，省政协召开十届四十七次主席会议。省政协主席乔传秀主持会议，副主席斯鑫良、徐冠巨、王永昌、陈艳华、黄旭明、徐辉、汤黎路出席会议。

11月17日，省政协召开党组（扩大）会议，认真学习贯彻党的十八大精神和省委召开的全省领导干部会议精神，研究部署省政协和全省政协系统学习贯彻党的十八大精神的具体意见。省政协主席、党组书记乔传秀主持会议并讲话，省政协副主席斯鑫良、王永昌、黄旭明、冯明光，省政协党组成员、代秘书长孙文友在会上发言。

12月11日至13日，省政协黄旭明副主席带领部分农业和农村界委员到台州黄岩西部山区调研。

12月14日，省政协经济委员会全体会议在杭州召开。会议认真学习贯彻党的十八大精神，传达并学习了全国政协经济委员会工作会议精神，全面回顾总结了十届省政协经济委的工作，研讨了进一步创新思路、提高履职水平的方法途径。省政协副主席黄旭明出席会议并讲话。

12月18日至20日，省政协分别在杭州、宁波、嘉兴、衢州、台州召开座谈会，广泛征求各民主党派省委会、省工商联、无党派人士、省级有关人民团体、省政协各专门委员会、各市政协以及部分县（市、区）政协对十届省政协常委会工作报告的意见，听取各界对省政协工作的建议。省政协主席乔传秀，副主席斯鑫良、王永昌、陈艳华、黄旭明，代秘书长孙文友等主持召开征求意见座谈会。

2012年浙江省委统战部大事记

1月5日，全省统战部长会议召开。省委副书记李强在会上强调，要牢牢把握大团结大联合主题，紧紧围绕全省工作大局，更加注重思路创新、突出全方位立体化，更加注重以人为本、突出民生改善，更加注重聚合效应、突出统战特色，不断提高统一战线工作科学化水平，为保持全省经济平稳较快发展与社会和谐稳定贡献智慧和力量。省政协副主席、省委统战部部长汤黎路主持会议并讲话。会议表彰了全省统战工作先进集体和个人。

1月9日，省政府召开座谈会，征求省级各民主党派、省工商联负责人及无党派人士对即将提请省十一届人大五次会议审议的《政府工作报告》的意见和建议。省委副书记、代省长夏宝龙主持座谈会。省政协副主席、省委统战部部长汤黎路出席会议。

2月1日，省委副书记李强出席省宗教界人士新春座谈会，代表省委、省政府向全省宗教界人士和广大信教群众致以新春祝福。他希望全省宗教界坚定不移走爱国爱教道路，坚持不懈加强自身建设，全力以赴维护社会和谐稳定，始终不渝服务和回报社会，为全面建成惠及全省人民的小康社会贡献力量。副省长龚正，省政协副主席、省委统战部部长汤黎路出席座谈会。

2月17日，浙商创业创新推进会在杭州召开。省委副书记李强出席会议并强调，要认真贯彻省委、省政府的决策部署，把浙商作为浙江发展最宝贵的资源，使浙江成为浙商发展最坚强的后盾，扎实做好支持浙商创业创新促进浙江发展的各项工作，全力唱响“创业创新闯天下、合心合力强浙江”的主旋律，不断开创“浙江经济”与“浙江人经济”互动发展的新局面。省政协副主席、省工商联主席徐冠巨主持会议，省政协副主席、省委统战部部长汤黎路出席会议。

3月19日至23日，省社会主义学院举办“2012年省级中心镇统战委员培训班”，来自全省各市、县（市、区）中心乡镇党委的96位统战委员参加了培训。省政协副主席、省委统战部汤黎路作主题报告，省社院副院长赵向前在结业式和全班交流会上讲话。

3月27日，省委统战部副部长、省民宗委主任王毅在全省县级新任统战部长培训班上，就宗教问题、宗教政策和宗教工作等内容做了专题授课，王毅副部长对当前宗教工作形势和宗教问题进行了深入解读，分析了世界宗教新趋势、我国宗教的新变化、浙江省宗教的新情况。强调要科学认识宗教存在的长期性、正确把握宗教的群众性、特别注意宗教的特殊复杂性，妥善处理好宗教问题，还就如何做好宗教工作与各县级新任统战部长分享了宝贵的工作经验和理性思考成果。

3月29日，召开全省反腐倡廉情况通报会，省委常委、省纪委书记任泽民向党外人士通报了全省2011年反腐倡廉建设情况，介绍了2012年全省反腐倡廉工作打算。省政协副主席、省委统战部部长汤黎路主持会议。各民主党派省委会负责人、省工商联负责人、无党派人士代表和省监察厅特邀监察员共30余人参加了通报会。

4月3日至5日，省基督教第八次代表会议在杭州召开。省委副书记李强在会见全体代表时强调，全省基督教界人士和广大信教群众要坚持三自爱国、依法办教，积极适应时代、服务社会，注重修身立德、树好形象，进一步把智慧和力量凝聚到全面建设惠及全省人民的小康社会上来，共同为推进浙江省经济发展、文化繁荣、社会和谐作出积极贡献。副省长龚正，省政协副主席、省委统战部部长汤黎路等参加会见。

4月6日至7日，全省统战调研信息宣传工作会议在杭州召开。会议回顾总结了过去一年全省统战调研、信息、宣传工作取得的成绩和经验，研究明确了今年信息工作的方向和任务。省委统战部副部长蒋学基出席会议并讲话。省委统战部部务会议成员、副巡视员、办公室主任楼炳文主持会议并就做好统战信息工作提出要求。

4月9日，全省县（市、区）委分管副书记统战理论与政策专题研讨班在省委党校开班。省委副书记李强出席开班式并强调，要认真贯彻中央和省委的有关精神，准确把握新形势下基层统战工作的特点和规律，正确处理增进共识与尊重差异、直接服务与间接服务、全面推进与重点突破、代表人士与一般成员、继承传统与开拓创新等关系，注重学习、增强修养，认真思考、善于谋划，切实提高领导基层统战工作的能力和水平。省政协副主席、省委统战部部长汤黎路主持开班式。

4月12日，全省加强县级统战工作会议在杭州召开。省委书记赵洪祝在会上强调，要深入贯彻落实中央文件精神，提高县级统战工作科学化水平，因地制宜，凝心聚力，围绕中心，服务大局，助推县域经济转型升级，促进基层民主政治发展，参与社会管理创新，服务文化强省建设，为全面建成惠及全省人民的小康社会作出新的贡献。省委副书记李强主持会议。省政协副主席、省委统战部部长汤黎路等出席会议。

4月17日，中共浙江省委召开党外人士座谈会，就省第十三次党代会报告（征求意见稿），征求各民主党派省委会、省工商联负责人和无党派人士的意见和建议。省委书记赵洪祝主持座谈会并讲话。省政协主席乔传秀，省委副书记李强，省政协副主席、省委统战部部长汤黎路出席座谈会。

4月27日，省领导赵洪祝、夏宝龙、李强、汤黎路等会见了由会长蔡冠深率领的香港中华总商会访问团。

4月28日，浙江省统一战线理论研究会民族宗教工作理论义乌研究基地挂牌仪式在义乌市委党校举行，省委统战部副部长蒋学基，省委统战部研究室主任杨卫敏，金华市委常委、统战部长傅春明，市委统战部副部长、民宗局局长王景荣等出席成立大会。

5月15日，省委宣传部、省委统战部、省委外宣办（省政府新闻办公室）联合召开2012年各民主党派省委会、省工商联换届宣传工作协调会，研究部署换届的新闻报道工作。省委宣传部副部长鲍洪俊主持会议并对新闻报道工作作了具体部署。省委统战部副部长徐建华介绍了这次换届的相关情况，并就换届新闻报道的安排、有关注意事项等作了详细说明。

6月7日至8日，全国政协副主席、中央统战部部长杜青林在浙江调研时强调，统一战线要坚持以“同心”思想凝聚共识、指导实践，强化服务大局的优势作用，保持内部的和谐稳定，为党和国家事业发展最广泛地凝心聚力。

6月11日至12日，省委统战部举行部务会议、部理论学习中心组（扩大）会议，传达并学习省党代会精神，省政协副主席、省委统战部部长汤黎路主持会议并讲话。

6月13日，浙江海外联谊会四届四次常务理事扩大会议暨《情系中华》创刊20周年座谈会在杭州举行。受省政协副主席、省委统战部部长、浙江海外联谊会会长汤黎路委托，省委统战部副部长、浙江海外联谊会副会长徐建华在会上作浙江海联会工作报告，与会的常务理事一致聆听了这一报告。

6月25日至29日，省委副书记李强率浙江省代表团赴香港访问，先后拜会了中央有关驻港机构、香港新界乡议局、香港中华总商会和香港浙江籍代表人士，并分别与在港省政协委员、浙联会会员和香港青年精英代表座谈，交流探讨进一步深化浙港交流合作的途径和举措。省政协副主席、省委统战部长汤黎路参加活动。

7月3日，为学习贯彻省第十三次党代会精神，为建设“物质富裕、精神富有”的现代化浙江作出积极贡献，省委统战部与省社会主义学院、省统战理论研究会共同举办了“统一战线与文化建设”理论研讨会。省政协副主席、省委统战部部长汤黎路出席会议并致辞。来自全省各级统战部、民主党派组织、社院（党校）以及高校、科研院所的领导和专家学者90多人，从统战文化、民主党派、新社会阶层、宗教文化、民族文化、中华传统文化等多角度入手，对统一战线为文化建设服务进行了广泛深入的研讨，提出了很多理论创新和对策建议。

8月3日，省委书记赵洪祝在全省统一战线暑期读书会上作报告，并与民主党派省委会、省工商联负责人、无党派人士座谈。他强调，各民主党派、工商联和无党派人士要认真学习贯彻胡锦涛总书记在省部级主要领导干部专题研讨班上的重要讲话精神，着眼于坚持中国特色社会主义政治发展道路，以“同心”思想为引领，不断巩固共同思想基础，进一步增进政治共识，发挥独特优势，切实履行好自身职责，同心协力建设物质富裕精神富有的现代化浙江。省委副书记李强主持上午的报告会，并在下午作讲话。省委常委、秘书长赵一德，省政协副主席、省委统战部部长汤黎路等出席报告会。

9月6日，全省各民主党派、工商联在杭开展“同心谱”公益活动，并举办书画摄影展，迎接中共十八大的胜利召开，表达浙江省各民主党派、工商联广大成员与中国共产党同心同行、共同建设中国特色社会主义的坚定信念。省委副书记李强，副省长郑继伟，省政协副主席徐辉，省政协副主席、省委统战部部长汤黎路及民主党派省委会、省工商联负责人等出席活动。

9月14日，浙江省统一战线理论研究会社会团体统战工作理论绍兴县研究基地授牌仪式在绍兴县委党校举行。省委统战部副部长蒋学基出席并讲话，绍兴市委统战部、绍兴县委统战部领导及有关专家学者和绍兴县统一战线各界人士和统战干部出席仪式。

10月19日、25日，全省统战调研宣传工作会议分片在温州市和嘉兴市召开。会议学习研究了中央统战部关于统战调研和宣传工作的主要精神，总结回顾了过去一年统战调研和宣传工作的成绩和经验，研究部署了下一阶段统战调研和宣传工作的主要任务。省委统战部副部长蒋学基出席会议并讲话。

10月25日，“光彩事业温州革命老区行”活动在温州举行，省委副书记李强出席活动并讲话。他希望，广大非公有制经济人士要大力弘扬社会主义义利观，自觉实践“光彩精神”，牢固树立“义利兼顾、以义为先”的理念，做践行同心思想、感恩回报社会、发展先进企业文化的表率，为建设“两富”现代化浙江作出更大贡献。省委常委、温州市委书记陈德荣致辞，省政协副主席徐冠巨出席，省政协副主席、省委统战部部长汤黎路主持。

10月27日，“丹青迎盛会，翰墨抒豪情——书画名家百尺长卷礼献十八大”大型雅集活动在杭州西溪湿地举行。浙江省18位著名画家、18位著名书法家现场同时开笔。作品以长卷的形式呈现，集诗、书、画、印于一体，用饱含深情的笔触弘扬时代主旋律，为党的十八大献上一份文化厚礼，用笔墨画卷表达对中国共产党的真挚热爱，抒写对建设富强民主文明和谐的现代化国家的美好祝愿。省委书记、省人大常委会主任赵洪祝，中国侨联党组书记、主席林军讲话。省委副书记李强，省委常委、秘书长赵一德，省政协副主席、省委统战部部长汤黎路等出席活动。

11月23日，省委召开省政协换届人事安排工作会议，贯彻落实中央和省委有关精神。省委常委、组织部长蔡奇，省政协副主席、省委统战部部长汤黎路出席会议并讲话。

11月29日，浙江省统一战线理论研究会新居民统战工作理论慈溪研究基地正式授牌成立。省委统战部副部长蒋学基，宁波市委统战部领导以及慈溪市委统战部领导出席会议。

12月17日至18日，浙江省非公有制企业文化建设与非公有制经济人士价值引领理论创新和实践创新现场会(浙江省社会科学界首届学术年会分论坛)在乐清市召开。省委统战部副部长蒋学基主持会议，温州市人大常委会副主任、乐清市委书记潘孝政出席会议并致辞。来自各市委统战部、省统战理论研究会各研究基地、高校专家学者以及媒体代表共35人参加会议。

12月25日，第四届浙江省优秀中国特色社会主义事业建设者表彰大会暨浙江省工商业联合会六十周年纪念大会在杭州举行。会前，省委书记夏宝龙看望获奖者并讲话。省委常委、省纪委书记任泽民代表省委在会上讲话，省领导赵一德、冯明、毛光烈、徐冠巨、汤黎路等一同看望或出席表彰会。

2012年浙江省发改委大事记

1月5日至6日，省发改委主任孙景淼、副主任刘亭带领省委办公室、投资处、基综办、社会处、地区处负责人，赴省发改委结对帮扶的景宁畲族自治县开展调研和“送温暖”活动。

1月8日，代省长夏宝龙主持并召开专题会议，听取《浙江舟山群岛新区发展规划》编制等有关情况的汇报。中央政策研究室原副主任、全国政协经济委员会副主任、中国国际经济交流中心常务副理事长郑新立，中国国际经济交流中心副秘书长曹文炼，省政府秘书长张鸿铭、副秘书长李学忠、副秘书长冯波声、办公厅副主任朱重烈，省发改委主任孙景淼，省发改委党组成员、省海经办专职副主任张善坤，省军区、省经信委、省国土资源厅、省环保厅、省建设厅、省交通运输厅、省水利厅、省商务厅、省旅游局、省海洋与渔业局、杭州海关等有关单位负责人，舟山市主要领导及有关部门负责人，省发改委海经处相关负责人参加会议。

1月11日至12日，副主任赵彦年带领法规处、省招标投标办有关人员赴国家发改委法规司汇报2012年招投标试点省工作情况。

2月1日，省发改委召开了以“坚持以人为本、执政为民的理念、发扬密切联系群众的优良作风”为主题的2011年度党员领导干部民主生活会。省纪委、省委组织部的相关人员到会指导。会议由省发改委主任孙景淼主持，委党组成员、副厅级党员干部参加了会议。委人事处、驻委监察室、机关党委、办公室负责人列席会议。

2月7日，召开全委干部大会暨深入开展“双重”专项行动动员大会。省发改委主任孙景淼作了重要讲话，副主任金兴盛主持会议。

同日，副省长毛光烈在省人民大会堂会见壳牌公司中国集团主席林浩光一行，省发改委主任孙景淼，副主任陈智伟、何中伟等参加会见。双方就台州炼化一体化项目、液化天然气合作等相关事宜进行了交流和沟通。

2月13日，省发改委印发了《2012年全省发改系统依法行政工作要点》，明确了2012年推进全系统依法行政工作的目标任务。

2月13日至14日，省发改委主任孙景淼带领省发改委办公室、投资处、基综办、产业处、海经处相关同志赴衢州、富阳开展调研服务。

2月15日，省发改委主任孙景淼听取舟山市委市政府关于《浙江舟山群岛新区发展规划》编制报批有关情况的汇报，并就规划报批及相关推进工作进行了讨论研究。舟山市委书记梁黎明，舟山市政府常务副市长马国华，省海经办专职副主任张善坤，委办公室、海经处负责人，舟山市发改委有关负责人参加会议。

2月17日，省发改委主任孙景淼在余杭区召开“改善发展环境”企业座谈会。

2月20日，省发改委主任孙景淼与浙江财经学院院长王俊豪进行了亲切座谈，省发改委办公室、人事处、社会发展处负责人参加了座谈会。

2月27日至29日，副主任李岩益、稽查特派员夏晓林带队赴嘉兴开展“双重”专项行动调研服务。

3月8日，澳大利亚国库部驻中国高级代表、公使衔参赞麦烨明等一行到省发改委进行工作访问，了解浙江省社会经济发展情况以及浙江推动经济发展的举措。

3月12日，省委省政府邀请中国国际经济交流中心和国家发展改革委有关领导，在北京召开了浙江舟山群岛新区发展规划交流汇报会。省委书记赵洪祝，省长夏宝龙，省委副秘书长、省委政研室主任舒国增，省政府办公厅副主任朱重烈，省发改委主任孙景淼，省发改委党组成员、省海经办专职副主任张善坤，省发改委(省海经办)海经处相关负责人，舟山主要领导及相关部门负责人参加会议。

3月16日，省发改委在杭州召开全省发展改革系统法规工作会议。会议传达并学习了全国发展改革系统法规工作会议精神，对《2012年全省发改系统依法行政工作要点》和《浙江省规范与创新招投标试点工作2012年度实施计划》编制情况作了说明，副主任赵彦年到会并作重要讲话，对2012年全省发展改革系统法规工作和招投标规范与创新试点省工作作出全面部署。

4月11日，省政府召开第一季度工业经济形势分析会，毛光烈副省长主持会议并讲话，省经信委、发改委、科技厅、商务厅、统计局等20余个省级部门有关负责人参加会议。副巡视员谢晓波代表省发改委在会上作交流发言，省发改委产业发展处有关同志一起参加会议。

4月11日至12日，2012年全省发展改革系统社会发展工作会议在衢州召开。省发改委副主任金兴盛作大会报告，各设区市分管社会发展工作的主任、社会发展处处长以及绍兴县、浦江县、遂昌县三大基本公共服务均等化行动计划联系点发改局负责同志参加了会议，省发改委机关办公室、财审处、人事处、机关党委等相关负责同志列席会议。

4月24日，为深入开展省发改委“双重”专项行动，作好与在浙央企对接合作的服务工作，省发改委主任孙景淼率省能源局相关领导，发改委办公室、能源局煤油气处、综合规划处等处室主要负责同志和人员走访了中石油浙江分公司。

5月5日，主任孙景淼与舟山市委市政府领导专题研究舟山群岛新区发展规划报批推进工作。

5月7日，主任孙景淼带领“双重”专项行动杭州组赴萧山区开展专题调研服务，省发改委基综办（省重点办）、办公室、投资处、服务业处、财金处、城乡体改处、煤炭石油天然气处等负责人参加调研服务。

5月12日，由浙江省公共政策研究院为主办单位，省发改委为支持单位，首届中国转型发展论坛在杭州举行，省委副书记李强、浙江大学党委书记金德水出席论坛开幕式并讲话，省发改委主任孙景淼出席本次高层论坛。

5月13日，国务院发展研究中心在北京召开《我国对电动汽车商业模式创新的探索及应采取的政策》及《杭州市五年十万辆电动汽车自驾租赁公共交通项目可行性研究报告》研讨会。省发改委副主任何中伟带领产业处、发展规划研究院有关同志参加了研讨。

5月21日，副主任高乙梁带领发改委财金处、地区处相关同志赴温州瓯江口产业集聚区开展调研服务。

5月21日至23日，省发改委在杭州举办市县行政审批服务中心管理干部培训班，围绕推进行政审批制度改革，进一步加强全省行政服务中心建设，增强行政服务中心管理人员依法行政和廉洁从政的意识，提升行政服务水平。

6月4日，国家发改委副主任解振华，副秘书长、环资司司长赵家荣等一行参加全国海水淡化工作会议前半段议程后，在省发改委副主任高乙梁和杭州市政府领导的陪同下考察了杭州水处理技术研究开发中心。

6月11日，省发改委召开党组会议，学习传达省第十三次党代会精神。

6月18日至19日，省发改委在杭州举办专题学习会。主任孙景淼参加会议并作重要讲话。

7月2日至3日，副主任黄勇带领服务业处、投资处、基综办、省能源局电力与新能源处相关负责人赴丽水市开展调研服务。

7月3日，在杭州签订了《电子招标投标金融服务全面合作协议》。副主任赵彦年出席仪式并致辞。

7月13日，省发改委承担的国家发改委下达的“防治围串标行为对策建议研究”课题，中期评估会在北京召开。

7月17日，省发改委召开了由各处、室有关人员参加的规范性文件制定报备工作座谈会。

7月24日，主任孙景淼一行赴湖州调研，市委副书记、代市长金长征，副市长崔凤军，市发改委主任杨六顺以及吴兴区、南浔区委区政府相关领导陪同调研。

8月2日，副主任高乙梁赴丽水生态产业集聚区缙云片区开展调研，听取有关建设情况的介绍，并实地踏看壶镇“全国低丘缓坡开发利用试点”区块。

8月10日，省发改委与国家开发银行浙江省分行在湖州安吉联合举办“浙江产业集聚区融资工作暨综合金融服务培训研讨会”。省发改委副主任高乙梁、国开行浙江省分行行长徐勇出席会议并讲话，国开行市场与投资局副局长徐元主持会议。

8月13日，全省发改委主任（局长）会议在杭州召开。省发改委主任孙景淼出席会议并作重要讲话，副主任高乙梁主持会议，其他委领导出席会议。各市、县（区）发改委（局）主要负责人，委机关副处长以上干部，委管委属单位班子成员参加了会议。

8月27日，主任孙景淼、副主任高乙梁专题听取地区处关于省级产业集聚区现场交流会暨项目签约仪式筹备、长三角合作等的工作情况汇报。

8月28日，副主任姚作汀一行赴文成县开展调研山区经济、水利工程、小城市培育等工作。

8月30日至31日，副主任高乙梁带领委地区处相关同志赴金华新兴产业集聚区开展调研服务。

8月31日，副省长陈加元会见中石油副总经理沈殿成一行，双方就推进台州炼化一体化项目进行了讨论。省发改委主任孙景淼、副主任何中伟，台州市有关领导及省发改委能源局、产业处有关负责同志参加了会见会。

9月14日，省发改委和省财政厅联合牵头组织召开世界银行贷款浙江省农村污水项目座谈会。

9月15日，第二届中国海洋经济投资洽谈会在浙江省宁波正式开幕。第二届中国海洋经济投资洽谈会由浙江省人民政府、国家海洋局主办，国家发展改革委为指导单位，宁波市人民政府、省发改委、省海洋与渔业局、国家海洋局东海分局、省海经办具体承办。主任孙景淼、副巡视员谢晓波及海经处相关人员参加海洽会筹备和展会相关活动。

9月17日，省政府在上海举办“2012上海•浙江服务业项目推介会”。副省长陈加元、上海市人大常委会副主任钟燕群到会致辞。主任孙景淼向海内外客商介绍了浙江省服务业发展情况和项目投资前景。

9月28日，全省发改系统前三季度经济形势分析会在杭州召开，副主任高乙梁主持会议并讲话。副巡视员谢晓波参加会议。

9月29日，主任孙景淼、副主任高乙梁专题听取了地区处关于省级产业集聚区建设交流会暨项目签约仪式筹备工作的汇报。

10月17日，副主任周华富带领委资环处、省信息中心有关同志调研舟山海水淡化发展情况。

10月18日，副省长毛光烈带领省级有关部门负责同志赴嘉兴调研产业集聚区创建高新园区等工作。副主任高乙梁陪同调研，地区处有关同志参加调研。

10月24日至25日，副主任高乙梁带领委地区处相关同志赴衢州绿色产业集聚区开展调研服务。

10月31日，主任孙景淼赴玉环县就该县经济社会发展尤其是需要省发改委帮助解决的重大事项、重点项目等进行调研指导。

同日，副主任周华富主持召开浙江省中央投资项目稽察监管信息系统建设专题会议，专题研究稽察监管信息系统建设和试点运行等有关工作。

11月6日至8日，由省发改委和省委组织部联合举办的“战略性新兴产业”专题培训班在省委党校举行。

11月13日，副主任高乙梁在杭州大江东产业集聚区主持召开省产业集聚区办专题会议。

11月19日，省发改委分别召开省发改委党组会议和全委干部大会，传达学习贯彻党的十八大精神。

11月22日，主任孙景淼带队赴江山调研。

同日，副主任周华富带队赴桐庐大地循环经济产业园国家“城市矿产”示范基地调研，并召开桐庐大地循环经济产业园国家“城市矿产”示范基地建设领导小组办公室成员单位工作会议。

11月28日，主任孙景淼带领副巡视员谢晓波及省发改委内相关处室负责同志，听取了杭州市发改委关于“双重”专项行动的开展情况，并与杭州市进行了座谈。

12月4日，全省小城市培育试点工作汇报会在奉化市溪口镇召开。会议由省发改委副主任、省中心镇发展改革协调小组办公室主任姚作汀主持，27个小城市试点镇所在县（市、区）政府分管领导、试点镇党委书记、发改局长参加了会议。

12月12日，副主任黄勇率相关处室负责人赴遂昌调研竹炭产业发展和旅游项目建设等情况。

12月17日至18日，副主任姚作汀主持召开全省改革工作座谈会，各市及义乌市发改委改革分管主任，省经信委、教育厅、财政厅、国土资源厅、环保厅、卫生厅、金融办、物价局8个省级部门业务处室负责人，委各体改处全体人员及投资处、发改所相关同志参加了会议。

12月30日，副主任黄勇主持召开《浙江通志•发展计划卷》篇目论证会。省方志办、有关专家、《浙江通志·发展计划卷》编纂委员会成员和编辑部成员等相关人员参加会议。

2012年浙江省经信委大事记

1月9日，副省长毛光烈率省级有关部门和单位负责人前往上海，拜访慰问了华东电网有限公司和上海铁路局。蔡刚副主任、李上葵总工程师及有关处、室人员一同参加了拜访慰问活动。

1月10日，省经信委组织召开2011年省经信委重点调研课题“浙江省高端装备制造业培育重点领域、发展方向和方法研究”的专家评审会。原浙江大学副校长冯培恩等6位浙江装备制造业领域的学术权威和西子集团董事长王水福等知名企业家参加了评审会。

1月16日，由省环保厅副厅长虞选凌带队的由省级有关部门组成的考核组到省经信委进行2011年度生态省建设和“811”生态文明建设行动的专项督查考核。副主任蔡刚和相关处、室负责人参加了汇报会。

2月2日，省淘汰落后产能工作协调小组办公室在杭州召开了全省淘汰落后产能工作座谈会。省经信委副主任吴家曦出席会议并作了讲话。

2月7日，副主任蔡刚带队到绍兴市开展“进万企解难题”专项行动，听取了绍兴县政府、绍兴市经信委关于春节后企业开复工等情况的介绍，先后走访了浙能绍兴滨海热电有限公司、绍兴县美佳热电有限公司，并召开了绍兴市部分热电企业座谈会。

2月7日至9日，省经信委“进万企解难题”第十一组一行5人到丽水市缙云县、松阳县开展“进万企解难题”专项行动。

2月13日，省经信委邀请部分专家召开了浙江省工业发展“十二五”规划座谈会。谢力群主任出席座谈会并作了讲话。会议由总工程师李上葵主持，省经信委综合处、技装处、机械办、医化办、建冶煤办、轻纺办、电子信息办及工经所负责人一同参加了会议。

2月29日，省经信委召开省人大十一届五次会议代表建议、省政协十届五次会议提案交办会。副主任吴家曦出席会议并讲话。

3月5日，省经信委在杭州召开了全省无线电管理工作会议。副主任蔡刚出席会议并作工作报告。

3月9日，省经信委在杭州无线电管理局召开干部任职宣布会，对商平成同志任浙江省杭州无线电监测站站长进行了任职宣布。副主任蔡刚出席会议并讲话。

3月14日，省经信委副主任吴家曦会见了宁夏回族自治区经信委副主任范宏明一行。

3月19日至20日，工信部在厦门召开了全国原材料工业工作座谈会。副主任王素娥和委医化办、建冶煤炭办负责人出席了会议。

3月20日，全省工业投资及技术改造工作会议在萧山召开。巡视员郑一方出席会议并讲话。

3月26日，副主任蔡刚一行到省无线电监测站检查指导工作。

3月30日至4月6日，巡视员郑一方带领省加快培育发展战略性新兴产业第四督查组，对台州、绍兴两市加快培育发展战略性新兴产业的情况进行了实地督查。

3月31日，颐高圣泓工业设计创意园德国工作站、中国美术学院与德国柏林艺术大学合作举办的中德美术学硕士项目国际化产学研基地落成仪式，在省级特色工业设计示范基地颐高圣泓工业设计创意园举行。副主任邓国强出席并致辞。

4月16日，由杭州市余杭区30多家家纺布艺企业共同投资建立的“中国品牌家纺布艺总部基地”在余杭经济开发区举行奠基仪式。工信部、中国纺织工业联合会等单位参加本次活动，副巡视员从培江参加了奠基仪式。

4月27日，总工程师李上葵率领相关处室负责人考察了浙江杭州未来科技城（海创园）。

5月4日，2012年省级经信领域协会年会在杭州召开。巡视员郑一方参加会议并讲话。

5月10日，副省长毛光烈主持召开省战略性新兴产业发展工作领导小组全体会议，巡视员郑一方和省促进战略性新兴产业发展工作领导小组全体成员参加了会议。

5月17日，副主任蔡刚专程赴省电力公司调研电力迎峰度夏工作情况。

5月18日，省经信委在余杭召开各市经信委办公室主任座谈会，交流上半年经信工作情况，商讨下半年重点工作。副主任吴家曦参加会议。

5月21日，由省经信委主办，浙江省

“两化”融合促进中心、浙江省企业信息化促进会、嘉兴市经信委共同承办的国家“两化”融合深度行主题活动——“浙江省产业集群‘两化’深度融合服务年活动（第三站）暨嘉兴市信息化和工业化融合促进中心成立大会”在嘉兴隆重举行。副巡视员林华出席活动并作讲话。

6月12日，省经信委非时政报刊单位转企改制工作领导小组会议和办公室成员会议召开。副主任吴家曦主持会议并作讲话。

6月15日，副省长毛光烈召开专题会议，听取省经信委关于工业强县评价指标体系的有关情况的汇报。主任谢力群参加了汇报会，副主任吴家曦作了汇报。

6月21日，省经信委组织召开了统调燃油机组顶峰发电协调会议。副主任蔡刚主持召开会议。

7月3日，省经信委召开省第十三次党代会代表提案交办会。副主任吴家曦出席会议并作讲话。

7月12日，省五金工业设计示范基地开园仪式在永康市五金科技创新平台举行。省经信委副主任邓国强、永康市委书记张伟亚出席开园仪式并揭牌。

7月17日，全省工业投资形势分析座谈会在杭州召开，巡视员郑一方出席会议并讲话。

7月19日，副主任邓国强一行考察省级特色工业设计示范基地之一的和丰创意广场。

7月20日，全省经信系统法规工作会议在杭州召开。巡视员郑一方参加会议并讲话。

8月3日，由省委组织部、省委“两新”工委、省经信委和省商务厅联合举办的浙江省开发区园区非公有制企业党建工作现场推进会在杭州召开。主任谢力群参加会议并作了发言。

8月6日，省经信委无线电管理技术设施建设协调小组赴丽水市无管局开展调研，并启动了“全省无线电管理技术设施建设专项调研服务活动”。

8月9日至10日，省经信委在嘉兴召开全省上半年节能工作经验交流暨形势分析会。副主任蔡刚出席会议并讲话。

8月29日至30日，副主任邓国强带队赴舟山开展“强服务、稳增长”专项行动。

8月30日至31日，副巡视员从培江带队赴湖州开展“强服务、稳增长”专项服务。

9月11日至12日，巡视员郑一方率省经信委“强服务、稳增长”第九工作组赴嘉兴市嘉善县、平湖市开展“强服务、稳增长”专项行动。

9月17日，绍兴县举行“双百亿”（工业强县“百亿”项目及商贸旅游“百亿”项目）开工仪式。省委副书记、省长夏宝龙宣布开工，主任谢力群出席开工仪式并陪同考察。

9月20日，应宁波市鄞州区委区政府的邀请，主任谢力群亲临参加鄞州区工业强区建设推进大会，并在大会上作了有关工业强省、强县（市、区）建设的专题辅导报告。

10月9日，以副主任蔡刚为组长，由省委组织部、省经信委、省环保厅人员组成的专项督查组，赴嘉兴市开展“811”生态文明建设推进行动和“四边三化”行动进展情况专项督查。

10月11日至12日，副巡视员从培江第二次带队赴湖州开展“强服务、稳增长”专项行动。

10月24日，浙江省重点产业技术路线图编制工作执行组长会议在杭州召开。总工程师李上葵和技装处、机械行业办、建冶煤行业办相关负责人出席会议。

10月31日，省企业社会责任建设工作研讨会在杭州召开，巡视员郑一方参加会议并讲话。

11月5日，德国国际合作机构（GIZ）主任鲁德福一行到省经信委商谈“通过实施企业社会责任促进浙江省和山西省的企业环境信息披露项目”的合作事项，巡视员郑一方参加座谈。

11月20日至21日，副主任吴家曦带领第一检查考核组，对宁波市、舟山市淘汰落后产能工作情况进行了检查考核。

11月22日，全省食品安全大整治百日行动工作经验交流总结表彰大会在杭州召开。会议总结了全省食品安全大整治百日行动的开展情况，举行省食安办的揭牌仪式，表彰了省食品安全百日行动先进单位和先进个人。省经信委荣获先进单位称号。巡视员郑一方、副巡视员从培江参加了本次会议。

11月29日，浙江省产业集群“两化”深度融合服务年活动暨舟山市船舶产业集群“两化”深度融合推进会在定海召开。副主任吴君青、舟山市政府王忠副市长出席会议并讲话。

11月30日，总工程师李上葵赴聚光科

技（杭州）股份有限公司进行高端装备制造业调研，了解该企业在环境和安全监测领域的装备发展情况和物联网项目建设情况。

12月13日，中欧“通过在浙江和山西推进企业社会责任来促进企业的环境信息公开”项目启动会在北京举行。巡视员郑一方参加会议并讲话。

12月21日，省信息安全行业协会举行成立大会。会长郭金华致辞并介绍协会的今后工作，协会顾问龙安定、浙江大学副校长吴朝晖、工信部信息安全协调司副司长杨春艳、省经信委副主任吴君青出席大会并发言。

12月24日至27日，巡视员郑一方带领省政府第二工作组一行赴宁波、舟山两市开展批而未用土地的利用工作专项督查。

2012年浙江省教育厅大事记

1月9日，省委教育工委书记、省教育厅厅长刘希平，副厅长褚子育在厅有关处室负责人的陪同下到省教育发展中心调研工作。

1月10日，省委教育工委副书记、省教育厅副厅长蒋胜祥赴滨江高教园区检查指导园区高校寒假工作。

1月17日至18日，2012年全省教育局局长会议在杭州举行。副省长郑继伟出席会议并讲话。省委教育工委书记、省教育厅厅长刘希平作工作报告，省委教育工委副书记、省教育厅副厅长汪晓村作会议总结。

1月20日，在2012年春节即将到来之际，省委教育工委书记、省教育厅厅长刘希平到浙江工商大学，与下沙高教园区浙江工商大学、浙江理工大学、杭州电子科技大学、中国计量学院、浙江财经学院、杭州师范大学、浙江水利水电专科学校等高校近200名中外学子共进年夜饭。

2月7日，全国第三届大学生艺术展演活动中央媒体见面会在杭州举行。省委教育工委书记、省教育厅厅长刘希平，省教育厅副厅长鲍学军出席。人民日报、中央电视台、中央人民广播电台、光明日报等数十家中央媒体记者参加。

2月16日，省委教育工委副书记、省教育厅副厅长蒋胜祥一行到北仑调研开学工作和滨海国际合作学校（筹）事宜。

2月17日，省委教育工委书记、省教育厅厅长刘希平，省教育厅副巡视员丁天乐一行到下城区检查春季开学工作。

2月20日，省委教育工委书记、省教育厅厅长刘希平，省教育厅副厅长鲍学军一行5人到省教科院调研。

2月22日，省教育厅副厅长韩平前往萧山二中、萧山中学、萧山三中和杭州二中开展调研。

同日，省教育厅副厅长何杏仁一行到湖州市检查指导春季开学工作。

2月24日，召开省教育厅机关工会第五届会员代表大会。省教育厅副巡视员丁天乐出席会议并讲话，省教育工会副主席王卫出席会议，厅机关50位工会会员代表参加会议。

2月29日，在召开的省政府第九次全体会议上，省政府表彰了2011年度目标责任制考核优秀单位，省教育厅被评为2011年度省政府目标责任制考核优秀单位，刘希平代表教育厅上台领奖。

3月1日，省委教育工委召开工委会，传达学习省长夏宝龙在省政府第九次全体会议上的讲话精神，研究部署落实讲话精神工作。省委教育工委书记、省教育厅厅长刘希平出席会议并作重要讲话。

3月2日，全省高校党委书记暨教育系统党风廉政建设工作会议在杭州召开。会议深入学习全国高校党建工作会议精神及中央纪委全会、省纪委全会和全国教育系统党风廉政建设工作会议精神，研究部署2012年的工作任务。省纪委副书记王海超，省委宣传部常务副部长胡坚，省委教育工委书记、省教育厅厅长刘希平出席会议并讲话，省教育纪工委书记葛菲作工作部署，省教育厅副厅长鲍学军主持会议，领导葛为民、丁天乐、王玉庆等出席会议。

3月15日，比利时西弗兰德省副省长根特•皮尔崔一行访问省教育厅。副厅长蒋胜祥会见来宾，双方就科研合作、师生互换、合作办学、友好省州奖学金项目等进行探讨。

同日，省委教育工委、省教育厅召开理论学习中心组扩大会，传达学习全国“两会”精神。全国人大代表、省委教育工委书记、省教育厅厅长刘希平要求全省教育系统认真学习领会“两会”精神和《政府工作报告》，明确任务，抓好落实，尤其要在各项工作中强化改革意识和思想，不断推进浙江省教育事业的科学和谐发展。

3月15日至16日，全省语言文字工作年度会议在杭州召开。省语委副主任、省教育厅副厅长韩平作重要讲话。

3月19日至20日，全省教育系统关工委工作会议在杭州召开。省委教育工委副书记、省教育厅副厅长汪晓村出席会议并讲话，省关工委专职副主任徐全升到会祝贺，省教育厅关工委名誉主任邵宗杰、省教育厅关工委主任张绪培在会上讲话，省教育厅关工委副主任吴金水作工作报告，省教育厅副厅长褚子育在会上解读浙江教育规划纲要，省教育厅关工委副主任钱根珊、韩鹏飞，省教育厅副巡视员吴永良等出席会议。

3月23日，2012年全省教育宣传工作会议在杭州召开。会议总结回顾2011年的教育宣传工作，对新一年的工作进行部署。省委教育工委书记、省教育厅厅长刘希平出席会议并讲话，省教育厅副巡视员吴永良主持会议。

3月26日，全省高校选人用人工作座谈会在杭州召开。省委教育工委书记、省教育厅厅长刘希平，省委组织部副部长、省委新经济与新社会组织工委书记庄跃成出席会议并讲话。省委教育工委副书记、省教育厅副厅长汪晓村主持会议，省委教育工委委员、干部处处长王玉庆出席会议。

3月28日，省委教育工委书记、省教育厅厅长刘希平率有关人员一行，专程赴浙江海洋学院调研，研究贯彻落实浙江海洋经济发展示范区和舟山群岛新区两大国家战略以及推动浙江海洋学院发展问题。

4月9日，省委教育工委书记、省教育厅厅长刘希平会见新疆阿克苏地委书记黄三平、省援疆指挥部指挥长裘东耀、阿克苏地区行署副专员李更生一行，双方就下一步浙江教育援疆工作进行交流。省委教育工委副书记、省教育厅副厅长汪晓村，省对口支援办副主任吴胜丰，省教育厅副厅长褚子育等参加座谈。

4月10日，省委教育工委书记、省教育厅厅长刘希平到杭州第七中学转塘校区，围绕创建特色学校、深化课程改革等问题进行调研。

4月18日，省委教育工委书记、省教育厅厅长刘希平到萧山二中，围绕深化普通高中课程改革等问题进行调研。

4月18日至19日，省委教育工委书记、省教育厅厅长刘希平，省教育厅副厅长褚子育带领教育厅相关处室和直属单位负责人、浙江大学农学院有关专家赴省教育厅“低收入农户奔小康工程”结对帮扶单位——天台县石梁镇进行专题调研。

4月23日至24日，省委教育工委书记、省教育厅厅长刘希平到台州市温岭、椒江两地调研教育工作，重点调研深化普通高中课程改革等工作。

4月28日，省委教育工委书记、省教育厅厅长刘希平到浙江农林大学，重点就推进教育教学改革、大学生理想信念教育和高校中青年教师党员发展等工作开展调研。

5月4日，省委教育工委书记、省教育厅厅长刘希平，省教育厅副厅长韩平一行到杭州外国语学校，重点就推进学校内涵建设等工作开展调研。

5月10日，2012年浙江省高职院校师资管理研究会会议暨专业技术资格评审工作培训会议在温州市万豪商务大酒店举行。省委教育工委副书记、省教育厅副厅长汪晓村出席会议。

5月22日，省教育厅召开部分高校领导会议，专题座谈搞好学生寝室卫生、促进高校公寓管理工作。省委教育工委书记、省教育厅厅长刘希平主持会议并作重要讲话。

6月11日，省委教育工委、省教育厅召开会议，传达学习浙江省第十三次党代会精神。省委教育工委书记、省教育厅厅长刘希平要求全省教育系统认真学习领会第十三次党代会精神和省委书记赵洪祝所作的工作报告，抓好各项教育工作，积极主动地为建设物质富裕精神富有的现代化浙江服务。

7月2日至3日，省成人教育与职业教育协会第五次会员代表大会在浙江外国语学院召开。省教育厅副厅长、省成职教协会会长鲍学军出席会议并讲话。

7月4日，部分高职高专院校组织部部长座谈会在浙江同济科技职业学院召开。省委教育工委书记、省教育厅厅长刘希平主持会议。

7月16日，省委教育工委、省教育厅召开2012年年中工作总结会。省委教育工委书记、省教育厅厅长刘希平出席会议并讲话。

7月24日至26日，2012年设区市教育局长读书会在舟山召开。省教育厅副厅长何杏仁、鲍学军、褚子育、韩平出席本次读书会，并分别主持相关会议。

7月26日，全省本科高校高层次人才工作推进会在杭州召开。省委组织部副部长姚志文，省委教育工委副书记、省教育厅副厅长汪晓村出席会议并讲话。省委教育工委委员、干部处处长王玉庆主持。

8月7日至9日，全省教育技术中心主任培训班在杭州顺利举办。中央电教馆王珠珠馆长、省教育厅何杏仁副厅长出席培训班并作专题报告。

8月14日至16日，全省高职高专院校书记校（院）长读书会在淳安召开。省委教育工委书记、省教育厅厅长刘希平出席会议并作讲话。省委教育工委副书记、省教育厅副厅长汪晓村，省教育厅副巡视员丁天乐分别主持相关会议，省教育厅副厅长鲍学军，省委教育工委委员王玉庆出席会议。

8月21日，省委常委、副省长、省委宣传部部长葛慧君到省教育厅开展工作调研。省委教育工委书记、省教育厅厅长刘希平汇报近几年全省教育改革发展情况和当前及今后一个时期的主要工作考虑。委厅领导汪晓村、褚子育、葛菲、葛为民、丁天乐、吴永良、王玉庆出席汇报会，委厅各处室、各直属单位负责人参加会议。

8月31日，省委教育工委书记、省教育厅厅长刘希平一行先后赴余姚市、宁波工程学院、宁波镇海区检查学校开学工作，深入了解各地各校校安工程建设、文明寝室建设、普通高中课改及中小学“减负”等情况。

9月9日，在第28个教师节来临之际，省委教育工委书记、省教育厅厅长刘希平在杭州亲切慰问部分优秀教师代表，向全省广大教育工作者致以节日问候。省教育厅有关处室负责人陪同慰问。

9月13日至14日，为切实加强全省教育系统办公室自身能力建设，不断提高办公室工作水平，更好地为教育科学和谐发展服务，全省教育系统办公室业务培训班在杭州举行。省教育厅副巡视员吴永良出席会议并讲话。

9月26日，为最大限度共享高水平高质量的培训服务，促进中小学教师队伍素质的整体提升和基础教育的均衡发展，浙江省教育厅“百人千场”名师送教活动暨启动仪式在舟山拉开帷幕。省教育厅副厅长于永明出席启动仪式。

10月9日至11日，省委教育工委书记、省教育厅厅长刘希平到温州调研，深入了解温州教育教学改革及减轻中小学生课业负担等有关工作。

10月19日至21日，全国中职教育工学结合、校企合作人才培养模式暨职教集团工作研讨会在杭州召开。省教育厅副厅长、省成职教协会会长鲍学军出席会议并讲话。

10月31日至11月3日，刘希平一行深入福州、南平等地，就福建省义务教育阶段学校教师校际交流、外省随迁子女就地升学和参加高考、农村教师队伍建设以及教师周转房建设等工作开展考察调研，并召开座谈会，与福建省各级教育行政部门以及各级各类中小学校负责人就相关教育工作进行深入交流。于永明、葛为民，杭州、宁波、嘉兴、衢州等地教育局负责人，省教育厅相关处室及省教育考试院负责人一起参加调研。

11月2日，省教育厅召开全省学前教育管理系统远程培训会，副厅长韩平出席会议并讲话。

11月6日至7日，全省区域推进“轻负担、高质量”联系县第九次现场会在湖州市安吉县召开。会议以“区域促进课堂教学改革的机制创新”为主题，开展交流，总结经验，树立典型，推进工作。省教育厅副厅长韩平出席会议并讲话。

11月8日，党的十八大在北京人民大会堂隆重开幕。省委教育工委、省教育厅组织全体干部职工集中收看开幕盛况，认真聆听总书记胡锦涛在大会上作的重要报告。

11月9日，中高职“五年一贯制”试点工作座谈会在杭州召开。会议交流了相关中高职院校“五年一贯制”试点工作情况，并就加强中高职衔接、推进中高职一体化人才培养模式进行重点研讨。委厅领导刘希平、汪晓村、鲍学军、吴永良等及杭州市教育局、部分在杭中高职院校和省教育厅相关处室、直属单位负责人参加座谈会。

11月15日，省委教育工委书记、省教育厅厅长刘希平主持召开委厅理论中心组学习会，专题学习党的十八大精神，研究部署学习宣传贯彻工作。委厅领导班子成员、厅相关处室及直属单位负责人参加会议。

11月16日，2012年全省《国家学生体质健康标准》测试工作交流会在浙江工业大学召开。省教育厅副厅长鲍学军，省教育厅体卫艺处负责人、各地市教育局和各高校的体育部门主要负责人等111名专家和代表参加会议。

11月18日，省委教育工委书记、省教育厅厅长刘希平一行到衢州调研普通高中课改工作情况。

11月22日，教育部党组成员、副部长杜占元率调研组一行莅临浙江省，就浙江教育信息化工作进行调研。省委教育工委书记、省教育厅厅长刘希平，省教育厅副厅长于永明参与调研并汇报工作。省教育厅、省教育技术中心相关负责人陪同调研。

11月23日，全省教育系统创先争优活动总结暨党的十八大精神学习贯彻视频会议在杭州召开。省委教育工委书记、省教育厅厅长刘希平出席会议并讲话。会议由省委教育工委副书记、省教育厅副厅长汪晓村主持。委厅领导丁天乐、吴永良、王玉庆等出席会议。

12月10日，省委教育工委、省教育厅召开工委扩大会议，传达学习省委十三届二次全会精神。省委教育工委书记、省教育厅厅长刘希平主持会议并讲话。委厅领导鲍学军、葛菲、葛为民等及省教育厅相关处室及直属单位负责人参加会议。

12月25日，全省普通高校党建研究专业委员会2012年年会在临安召开。委厅领导汪晓村、丁天乐、王玉庆等出席会议，来自全省高校的100多位理事、入选论文作者及结题课题负责人参加年会。

12月27日，浙江工业大学、浙江师范大学、杭州电子科技大学、浙江工商大学和浙江财经学院5所高校对口帮扶共建浙江海洋学院学科专业签约仪式在杭州举行。省委教育工委书记、省教育厅厅长刘希平出席会议并讲话。会议由省委教育工委副书记、省教育厅副厅长汪晓村主持。

2012年浙江省科技厅大事记

1月6日，全省科技工作会议在杭州召开。省科技厅厅长蒋泰维出席会议并作主题报告。科技厅全体领导班子，各处室负责人，各县（市、区）科技局局长，省级有关部门、省部属本科院校、科研院所、部分创新载体、创新型企业负责人，省重大科技专项专家组组长、重点科技创新团队代表，省科技发展咨询委成员等近500人参加会议。

1月7日，省科技发展咨询委员会第一次全体会议在杭州举行。省科技厅厅长、省科技发展战略研究院院长蒋泰维出席会议并讲话。

1月11日，省科技厅副厅长邱飞章率扶贫送温暖小组，到磐安县窈川乡依山下村开展扶贫送温暖活动。

2月7日至8日，省科技厅副厅长曹新安一行赴金华调研。调研期间先后走访浙江师范大学、浙江信阳实业有限公司、众泰控股集团有限公司，考察、指导科技产业发展和创新团队建设等工作。

2月9日，省科技厅组织专家组对省交通科学研究所实验室的条件建设和其承担的省重大科技专项项目“基于多普勒自动探测器的公路隧道交通智能仿真无线预警系统的研究”进行中期检查。

3月1日，浙江省科技发展战略研究院第一次全体会议在杭州召开。省科技厅厅长、省科技发展战略研究院院长蒋泰维出席会议并讲话。

同日，青山湖科技城建设领导小组副组长、领导小组办公室主任、省科技厅厅长蒋泰维在杭州主持召开青山湖科技城建设领导小组办公室会议。领导小组办公室副主任、省科技厅副厅长丁康生、王宏理，杭州市政府副秘书长赵立康、临安市市长张振丰等领导小组办公室成员，以及部分入驻科技城的院所代表共40余人参加会议。

3月6日，全国科技金融结合创新管理培训班在杭州举行。科技部科研条件与财务司副巡视员邓天佐、省科技厅副厅长寿剑刚出席开班仪式。

3月14日，厅党组中心组理论学习（扩大）会在省计算所4楼会议室召开。会议邀请省政府副秘书长、研究室主任李学忠授课，专题学习省长夏宝龙作的政府工作报告。学习会由厅党组书记、厅长蒋泰维主持。

3月22日，省科技厅副厅长曹新安一行赴下沙高教园区对新苗人才计划的实施情况进行调研考察。

3月29日，华东六省一市科技成果工作研讨会在浙江省召开，国家奖励办主任邹大挺、省科技厅副厅长王宏理出席会议并讲话。

4月11日至13日，根据省委、省政府《关于对全省加快培育发展战略性新兴产业情况进行专项督查的通知》的相关要求和工作部署，省科技厅副厅长邱飞章率省第五督查组一行到温州市、丽水市开展加快培育发展战略性新兴产业实地督查。

4月18日至20日，为推动创新人才推进计划顺利实施，加快制定和实施高层次创新型科技人才队伍建设的相关政策，科技部人才交流开发服务中心常务副主任李普、科技部政策法规司调研员吴英率调研组一行来浙江省调研科技人才工作，省科技厅副厅长曹新安等陪同调研。

4月23日，第三届中国—新西兰科技合作联委会在杭州召开。国家科技部副部长陈小娅、新西兰科学与创新部常务副部长Murray Bain、浙江省副省长毛光烈出席会议，省科技厅厅长蒋泰维参加会议。

5月8日至9日，为贯彻落实科技部制定的《关于促进科技和金融结合加快实施自主创新战略的若干意见》和省政府制定的《关于进一步促进科技与金融结合若干意见》，深入推进科技保险工作，厅计划财务处组织开展赴温州市、台州市和绍兴市开展科技保险政策解读宣传活动。人保财险浙江分公司、平安财险浙江分公司、涌嘉保险经纪公司、环晟保险经纪公司等单位负责人随行。

5月14日至15日，省科技厅组织专家到衢州调研氟硅新材料基地。省科技厅副巡视员、省科技发展战略研究院常务副院长周益民，中国科学院宁波材料所所长崔平和浙江大学工学部主任李伯耿等一行听取衢州市氟硅新材料产业集聚发展和培育工作情况汇报，察看衢州市氟硅研究院和中天、中宁、巨化集团等企业的工作。

5月19日，2012年浙江省科技（科普）活动周暨院士专家舟山行活动在舟山市行政中心举行启动仪式。省人大常委会副主任吴国华、舟山市委书记梁黎明共同启动水晶球为活动揭幕。中国工程院院士何友声、沈闻孙、张金麟、宫先仪、金东寒，省科技厅副厅长寿剑刚等出席启动仪式，省科协党组书记、副主席鲁善增主持。

5月22日，浙江省科技厅与浙江在线新闻网站共同主办的“浙江科技新闻网”(http://st.zjol.com.cn)正式开通。省委宣传部副部长吕建楚，省科技厅党组副书记、副厅长寿剑刚，浙江日报报业集团党委书记、社长高海浩，浙江在线总编辑李仁国等领导出席开通仪式。

同日，省“十二五”农业科技发展规划暨科技特派员培训班正式开班，省科技厅副厅长邱飞章出席培训会并讲话。

5月24日，省科技厅副厅长曹新安率厅办公室党支部到天台县走访慰问困难群众。

6月4日，省科技厅与义乌市政府正式建立厅市会商制度，并签订《共同推进义乌国际贸易综合改革试点协议书》。省科技厅厅长蒋泰维，副厅长曹新安，省纪委驻厅纪检组组长宋志恒，省知识产权局局长洪积庆，义乌市市长何美华等出席签约仪式。科技厅副厅长丁康生主持仪式。

6月8日，省科技厅副厅长王宏理一行赴福建与中国科学院福建物质结构研究所开展科技对接活动。

6月12日，省科技厅召开会议，学习传达省第十三次党代会精神。省第十三次党代会代表、厅党组书记、厅长蒋泰维传达省第十三次党代会的有关情况和赵洪祝向大会所作的报告精神，省科技厅全体干部、厅属事业单位负责人等参加会议。

6月14日，省科技厅与省农业厅在杭州签署《推进农业科技创新合作会商备忘录》。

6月19日，省科技厅与衢州市政府举行2012年厅市科技工作会商，这是2009年建立厅市会商制度以来双方第三次会商。省科技厅厅长蒋泰维，副厅长寿剑刚、曹新安，省知识产权局长洪积庆、党组成员杨春民以及省科技厅相关业务处室处长出席会议。

6月25日，中国香港大学内地事务处处长张英相教授一行来杭州协商合作共办“香港大学浙江研究院”事宜，省科技厅厅长蒋泰维、副厅长蔡秀军出席会见。

6月28日，省科技厅召开厅系统基层党组织书记培训会暨“七一”创先争优表彰大会，厅党组成员、副厅长、直属机关党委书记曹新安出席会议并作总结讲话。

6月29日，省科技厅厅长蒋泰维，副厅长邱飞章、曹新安一行调研浙江省能源与核技术应用研究院，与浙江省能源与核技术应用研究院中层以上干部进行座谈，共同探讨研究院发展大计。

7月11日，以“智商智城•合作共赢”为主题的青山湖科技城与企业研发机构对接会在临安市召开。省科技厅厅长蒋泰维、副厅长丁康生、厅长助理许晓革，杭州市推进青山湖科技城建设协调小组副组长赵立康，临安市委书记邵毅、市长张振丰等出席会议。

7月12日，由省科技厅、中国科学院院地合作局上海分院共同组织的科技对接活动在中国科学院沈阳自动化研究所举行。省内17家企业及各县（市、区）科技局共40余人一行赴沈阳中国科学院沈阳自动化研究所开展科技对接活动。

8月10日，为进一步加强对科技经费使用和管理情况的监督检查，省科技厅按照《关于组织开展省市县联合科技经费大检查的通知》精神，在杭州举办科技经费监督检查工作培训班。

8月31日，釜山科技园园长安秉万一行6人来杭州洽谈“中韩科技创新成果与产品展”的具体合作事宜，省科技厅厅长蒋泰维出席会见。

9月11日至12日，省科技厅副厅长曹新安一行赴嘉兴就如何深入贯彻落实全国科技创新大会精神，开展“浙江省青年科学家培养计划”等具体工作，就进一步推动科技人才队伍建设进行调研。

9月28日，省科技厅副厅长王宏理一行与中国科学院昆明植物研究所开展科技对接活动。

9月29日，临安市召开科技创新大会。本次大会的召开旨在深入实施创新强市战略，加快完善区域创新体系，大力发展创新型经济，培育战略性新兴产业，集聚创新要素推动转型升级。省科技厅厅长蒋泰维，临安市市委书记邵毅出席会议并讲话。会议由临安市委副书记、市长张振丰主持。

10月29日，省科技厅副厅长曹新安前往浙江医院慰问部分身患重病的厅离退休老干部。

11月5日，2012中国浙江网上技术市场活动周正式开幕。全国政协副主席、科技部部长万钢，省人大常委会副主任吴国华，副省长毛光烈，省政协副主席徐辉，省科技厅厅长蒋泰维等出席开幕式。省政府副秘书长孟刚主持开幕式。

同日，中国科学技术发展战略研究院浙江分院成立大会在杭州举行。全国政协副主席、科技部部长兼中国科学技术发展战略研究院院长万钢出席会议并为浙江分院授牌。副省长毛光烈、省政协副主席徐辉、省科技厅厅长蒋泰维等出席授牌仪式，省科技厅副厅长寿剑刚主持会议。

11月14日，为学习福建省、广东省自然科学基金管理经验，加强浙江与兄弟省份地方科学基金的联系与合作，共同推进科学基金工作和基础研究事业的发展，省科技厅副厅长王宏理率省自然科学基金委员会办公室相关人员一行8人先后赴福建省科技厅、广东省自然科学基金管理委员会进行工作调研。

11月30日，英国驻上海总领事馆科技创新领事施搏荣（Tim Standbrook）、高级创新官员张璐璐女士、科技创新官员朱蕙莉女士到省科技厅访问。

同日，以色列驻上海总领事艾雅克（Jackie Eldan）、经济事务领事艾澜德（Elad Gafni）及商务处副主任徐俊杰一行到省科技厅拜访。省科技厅厅长蒋泰维出席会见。

12月5日，医药卫生领域2012年度科技工作总结暨2013年度工作部署会议在杭州召开，会议全面总结2012年度医药卫生领域科技工作，并对2013年度工作进行部署。省科技厅副厅长丁康生出席会议。

12月19日，为贯彻落实省领导的指示，进一步加强中国浙江网上技术市场的建设，省科技厅副厅长王宏理一行8人，对西安科技大市场、陕西省科技资源统筹中心建设情况展开调研。

同日，科技项目和科技成果转化标准化评价试点培训班在杭州开班。全省有关网上技术市场专业市场和科技中介服务机构等负责同志共计84人参加本次培训。省科技厅计财处处长赵新龙主持开班仪式。

12月20日，为全面总结“我与科学基金”专栏开办以来取得的成绩和经验，同时研讨自然科学基金宣传工作重点及方向，省自然科学基金办在杭州召开“我与科学基金”专题座谈会。省科技厅副厅长、省自然科学基金委员会主任委员王宏理，中国计量学院副校长俞晓平，省自然科学基金办主任鲁文革，浙江科技报总编吴伯正，副总编杨雨后、蒋克成，浙报传媒控股集团浙江新干线传媒投资有限公司副总经理贾中星等出席座谈会。

12月31日，全省科研经费阳光监管工作会议在杭州举行。省科技厅党组书记、厅长蒋泰维，省纪委常委、监察厅副厅长、省政府纠风办副主任施彩华出席会议并讲话。

2012年浙江省民宗委大事记

1月8日至9日，全国宗教工作会议在哈尔滨召开。省民宗委主任王毅在大会上作题为《积极推动讲经交流活动不断加强佛教自身建设》的交流发言。

1月9日，省民宗委副主任倪忠扬冒着严寒深入宁波、杭州的宗教活动场所第一线，亲切看望和慰问省宗教界代表人士，带去党和政府对宗教界上层人士的关爱和关怀。

1月18日，省民宗委召开2011年度机关总结表彰会。省民宗委主任王毅，巡视员邢越生，副主任陈智慧、倪忠扬、陈振华、莫幸福出席会议，省民宗委全体干部职工参加会议。

1月29日，新年上班第一天，省民宗委副主任倪忠扬先后到省佛教协会和省道教协会走访，向两个宗教团体会本部的工作人员带去新春的祝福。

2月8日，省民宗委召开领导班子和领导干部述职述德述廉报告会。省民宗委领导王毅、邢越生、陈智慧、倪忠扬、陈振华、莫幸福及委机关全体干部职工参加会议。王毅主持会议。

2月15日，省民宗委陈振华副主任一行到湖州调研伊斯兰教工作。

2月17日至18日，省民宗委副主任倪忠扬一行赴台州路桥联系点及椒江、临海等地调研，听取台州市及路桥区民宗局负责人的工作汇报，实地考察路桥真如寺、玉仙宫，临海延恩寺，椒江崇梵寺。台州市民宗局局长杨岳富等陪同调研。

3月1日，省民宗委专门召开会议，认真传达学习省长夏宝龙在省政府第九次全体会议上的讲话精神。

3月2日，省民宗委机关党委召开机关全体干部职工会议，认真传达学习中央关于深入开展学雷锋活动的指示精神，并结合实际，对省民宗委机关深入开展学雷锋活动作出部署。省民宗委领导王毅、邢越生、陈智慧、倪忠扬、陈振华、莫幸福及机关全体同志参加会议。

3月5日，杭州佛学院2012年开学典礼在法云校区举行。省民宗委副主任陈振华出席典礼并讲话。

3月8日，省民宗委主任王毅、副主任莫幸福率宗教团体负责人考核体系建设调研组一行到杭州市民宗局调研。

3月28日至31日，国家宗教局局长王作安、三司司长马劲一行，在省民宗委主任王毅、副主任陈振华及相关县（市、区）党政领导的陪同下，先后到舟山、绍兴、金华、义乌及杭州等地，调研并指导浙江省的伊斯兰教及宗教院校工作。

4月9日，省民宗委副主任莫幸福一行赴工作联系点——绍兴县调研指导基督教工作。

4月12日，省民宗委副主任倪忠杨、宗教一处处长吴梦宝到绍兴调研宗教工作，听取绍兴市民宗局关于2012年工作思路和重点工作的汇报，并实地考察绍兴市炉峰禅寺和戒珠寺。

4月16日至17日，省民宗委以“发挥宗教界积极作用，自觉服务‘文化强省’建设”为主题，举办2012年中心组第二次集中学习。省民宗委领导王毅、邢越生、陈智慧、倪忠扬、陈振华、莫幸福参加集中学习。

4月17日，省民宗委王毅主任一行在湖州市政协副主席、市委统战部长施荣耀、德清县委书记张晓强和市民宗局局长蒋晓勇等有关领导的陪同下，深入德清、长兴等地调研宗教工作。

4月26日，省民宗委在杭州召开全省宗教业务工作会议。各市民宗局、义乌市民宗局分管领导和业务科（处）长及省宗教团体秘书长等30人参加会议，省民宗委副主任倪忠扬出席会议并作重要讲话。

5月4日，正值省基督教“两会”完成换届工作一个月之际，省民宗委主任王毅、副主任莫幸福率省委统战部和省民宗委有关处室负责人前往省基督教“两会”检查指导工作，并与省基督教“两会”新一届领导班子亲切座谈。

5月7日至8日，为期两天的全省民族经济工作座谈会在金华兰溪市召开。省民宗委主任王毅作主题报告。

5月8日，省民宗委莫幸福副主任率宗教二处的干部赴宗教工作联系点——萧山进行考察调研。

5月8日至11日，国家宗教事务局副局长张乐斌率有关人员专程来浙江省，重点就民间信仰和宗教院校工作展开调研。省民宗委主任王毅、副主任陈振华等陪同调研。

5月11日，省民宗委副主任陈智慧一行

赴安吉调研民族工作，重点考察安吉两个民族村经营美丽畲村、发展特色旅游产业的工作情况。

5月14日至17日，全省新任民宗局长培训班在省社会主义学院举办，43名来自各市、县（市、区）民宗局的新任局长参加培训学习。省民宗委副主任倪忠扬出席开班和结业仪式并讲话。

5月31日，根据省委、省政府的安排，省民宗委主任王毅调任省政府副秘书长、机关事务管理局局长。省民宗委召开干部职工大会，欢送主任王毅履新。副主任倪忠扬主持会议。

5月29日，省民宗委副主任陈智慧一行到武义县少数民族特需用品定点生产企业——武义骆驼九龙砖茶有限公司调研。

6月11日，省民宗委召开学习会，认真传达学习省第十三次党代会精神，研究部署落实举措。省民宗委党组成员、副主任倪忠扬主持会议，省民宗委领导邢越生、陈振华等及全体机关干部职工参加学习。

6月18日至20日，全省民宗系统依法行政培训班在杭州举行。来自全省11个市和部分民族宗教工作重点县的民宗干部50余人参加培训。省民宗委副主任莫幸福出席开班仪式并讲话。

7月11日，省民宗委副主任莫幸福等赴宁波考察调研宗教工作。

7月17日，省民宗委副主任陈振华到杭州伊斯兰教凤凰寺专题检查指导斋月准备工作。杭州市民宗局党组成员、副局长封懿陪同检查。

8月15日至17日，国家民委监督检查司副司长隋青等一行3人来义乌调研少数民族流动人员工作。省民宗委副主任陈智慧，金华统战部副部长、民宗局局长王景荣、金华市民宗局副局长洪民权，义乌市委常委、统战部长傅春明、副市长王亦华等陪同调研。

8月25日，为迎接党的十八大胜利召开，由浙江省佛教协会主办，绍兴市佛教协会承办的首届“禅意人生”书法展，在绍兴博物馆隆重开幕。中国佛教协会咨议委员会副主席、江苏省佛教协会名誉会长、常州天宁寺方丈松纯长老，中国佛教协会副秘书长宗家顺，浙江省佛教协会会长、宁波雪窦寺方丈怡藏等大德高僧及社会各界人士约200余人参加开幕式。浙江省民宗委副主任倪忠扬出席开幕式并讲话。

8月27日，省民宗委机关党委召开机关党员会议。会上，省民宗委副主任、机关党委书记倪忠扬传达省直机关工委《关于开展省直机关第四次作风建设民主评议活动的通知》等文件精神，对近期要抓好的机关党建几项工作进行安排布署。省民宗委巡视员邢越生，副主任陈振华、莫幸福及机关全体党员参加会议。

9月10日，是我国第28个教师节，省民宗委副主任陈振华前往浙江神学院，亲切看望并慰问教职人员，给他们送去节日的祝福及慰问金。

9月11日，中秋佳节将至，刚履新不久的省民宗委党组书记冯志礼登门拜望委机关部分老领导，向老同志们送上节日的祝福。

9月12日，省民宗委党组书记冯志礼分别赴省天主教“两会”、省基督教“两会”、省伊斯兰教协会进行调研考察。省民宗委副主任莫幸福及省委统战部民宗处、省民宗委办公室、宗教二处负责人等陪同调研。

9月17日，为积极响应国家宗教局关于开展宗教慈善周活动的号召，浙江省佛教协会与普陀山佛教协会在普陀山普济禅寺共同举办浙江省佛教界暨普陀山佛教协会慈善公益大会。省委常委、常务副省长龚正，副省长、舟山市委书记梁黎明及省政府副秘书长夏海伟，省委统战部副部长、省民宗委党组书记冯志礼，舟山市市长周国辉，省民宗委副主任倪忠扬，中佛协副秘书长张琳等出席大会。

9月19日至21日，省委统战部副部长、省民宗委党组书记冯志礼赴宁波、温州、金华开展维稳督查工作。省民宗委副主任陈振华、莫幸福及相关业务处室负责人陪同。

10月9日，省民宗委主任冯志礼赴省道教协会、省佛教协会调研考察，省民宗委副主任倪忠扬及省委统战部民宗处、省民宗委办公室、宗教一处负责同志陪同调研。

10月12日，作为省庆祝党的十八大召开而展演的优秀剧目，大型畲族风情舞蹈诗《千年山哈》为杭城观众送上了一台美轮美奂的民族艺术盛宴。省委书记、省人大常委会主任赵洪祝，全国政协文史和学习委员会副主任、原省政协主席周国富，省委常委、副省长、宣传部长葛慧君，省委常委、秘书长赵一德，省政协副主席黄旭明，省政协副主席、省委统战部长汤黎路等应邀观看演出。省委统战部副部长、省民宗委主任冯志礼，省民宗委副主任陈智慧等有关部门负责人及丽水市领导王永康、朱晨、陈建波、廖思红、蓝资霞、梁细弟、何赤峰等观看演出。

10月15日，省委常委、组织部部长蔡奇一行到省民宗委调研指导工作。

10月29日，召开省民宗委领导班子届末考察动员会。省委组织部副部长、省委“两新”工委书记、省直单位届末考察二组组长庄跃成在会上作动员讲话，考察组全体成员出席会议。省民宗委党组书记、主任冯志礼在会上代表委领导班子就届末考察工作作表态发言，并代表本届领导班子作集体述职报告。

11月5日，省民宗委党组书记、主任冯志礼主持召开省民宗委党组扩大会议，传达学习党的十七届七中全会精神。委领导邢越生、陈智慧、陈振华、莫幸福和机关处以上干部参加会议。

11月8日，省民宗委组织机关党员干部职工集中收看党的十八大开幕式盛况，认真聆听了胡锦涛总书记在大会上所作的工作报告。省民宗委党组书记、主任冯志礼结合总书记胡锦涛所作的工作报告内容，就学习贯彻十八大精神提出明确要求。

11月14日至15日，国清讲寺隆重举行允观方丈升座活动。省民宗委主任冯志礼、副主任倪忠扬参加庆典活动并会见海内外嘉宾。主任冯志礼代表省民宗委在会见会上作重要讲话。

11月28日，省民宗委主任冯志礼到绍兴市及新昌县调研民族宗教工作。

12月5日，省佛教协会在杭州召开常务理事会。会上请专家宣讲党的十八大精神，并就《2013年省佛协主要工作思路》进行讨论，审议通过《浙江省汉传佛教寺院主持任职办法》。省民宗委副主任倪忠扬到会看望大家并讲话。省委统战部民宗处、省民宗委宗教一处派员参加会议。

12月10日，宁波佛教慈善功德会以“祈福宁波、慈心济世”为主题举行成立大会。省民宗委副主任倪忠扬到会祝贺并讲话。

12月24日，国家民委召开全国民委主任会议，会议表彰2012年度全国民委系统优秀调研报告，以及2012年度信息工作先进集体和先进个人。省民宗委获得调研报告三等奖、信息工作先进集体，省民宗委潘友明被评为“信息工作先进个人”。省民宗委主任冯志礼代表省民宗委上台领奖。

12月25日，由省委宣传部、省委统战部和省民宗委联合举办的全省民族团结进步创建活动经验交流会在杭州召开。省委常委、常务副省长龚正出席会议并作讲话，省政府副秘书长夏海伟，省委宣传部副部长鲍洪俊，省委统战部副部长黄永通，省民宗委副主任陈智慧及各市分管民族工作的领导以及宣传、统战、民族工作部门负责人，省民族工作领导小组成员单位负责人，民族自治地方及辖有民族乡（镇）民族工作重点县（市、区）分管民族工作的领导及民宗局负责人等100余人参加了会议，省委统战部副部长，省民宗委主任冯志礼主持会议。

12月28日，省民宗委副主任、机关党委书记倪忠扬主持召开机关支部书记会议，传达贯彻《任泽民同志在全省改进工作作风、加强党风廉政建设电视电话会议上的讲话》精神，并部署学习贯彻工作。

2012年浙江省公安厅大事记

1月11日，全省公安工作会议在杭召开，省委常委、省公安厅厅长刘力伟出席并讲话。

1月13日，省公安厅机关召开厅老干部情况通报会暨迎新春团拜会和迎新春座谈会。省委常委、公安厅厅长刘力伟到会与老干部亲切座谈，听取老同志的意见和建议并讲话。

1月29日，省公安厅机关召开2011年度表彰大会，回顾总结2011年厅机关工作，表彰先进集体和个人，并部署2012年厅机关工作。厅党委副书记、副厅长张景华在会上作重要讲话，厅党委委员、副厅长、政治部主任华乃强主持会议并宣读表彰决定，厅领导郑兴军、华远平、徐定安、王海仁、叶寒冰、黎伟挺、石小忠等出席会议。

2月11日，以省委常委、政法委副书记、公安厅厅长刘力伟为团长的中国共产党友好代表团圆满结束对西班牙、意大利两国的访问，返回北京。期间，代表团参加西班牙工人社会党三十八大开幕式，转交中国共产党对西班牙工人社会党三十八大的贺信。

2月28日，全省流动人口服务管理工作会议在杭州召开。省委副书记、政法委书记李强出席会议并讲话，省委常委、副省长葛慧君对全省流动人口服务管理工作作出具体部署，省委常委、公安厅长刘力伟主持会议，省公安厅副厅长、省流动人口服务管理工作领导小组副组长、办公室主任凌秋来作情况通报。

3月1日，公安部召开全国公安机关深入开展学雷锋活动电视电话会议，公安部党委委员、政治部主任蔡安季对全国公安机关深入开展学雷锋活动作部署。会后，省公安厅迅速召开续会，贯彻落实公安部会议精神，就深入开展学雷锋活动提出具体要求，省公安厅党委委员、副厅长、政治部主任华乃强出席会议并讲话。

3月6日至7日，省委常委、省公安厅长刘力伟到台州调研指导公安工作。

3月8日至9日，全省公安机关反腐倡廉建设会议在杭州召开。省委常委、公安厅长刘力伟出席会议并讲话。省公安厅党委副书记、副厅长张景华主持会议。省公安厅党委委员、副厅长、政治部主任华乃强，省公安厅党委委员、办公室主任石小忠出席会议。省公安厅党委委员、纪委书记王海仁作工作报告。

3月9日，第三次全省经济犯罪侦查工作会议在杭州召开。省委常委、副省长葛慧君主持会议并讲话，省委常委、公安厅长刘力伟对经侦工作和队伍建设提出坚持“四个第一”的要求。

3月22日，省委常委、公安厅长刘力伟在厅党委委员、副厅长、警卫局局长王冰，厅党委委员、纪委书记王海仁等陪同下到黄龙饭店会见公安部纪委副书记、副督察长王沁林，公安部消防局副政委、纪委书记尹俊士一行。

3月26日至27日，全省公安理论研讨会暨警察协会工作会议在杭州召开，会议回顾2011年警察协会的工作，研究部署2012年协会的重点工作，并通报2011年全省“社会管理创新与公安工作”征文活动情况，对优秀论文作者进行表彰。省公安厅党委副书记、副厅长张景华出席会议并讲话，省警察协会主席牟高望主持会议。

4月10日，省委常委、公安厅长刘力伟在省公安厅副厅长、杭州市委常委、公安局长柯良栋，省公安厅党委委员、办公室主任石小忠等陪同下，到杭州市公安局萧山分局、余杭分局调研工作。

4月23日，省委常委、公安厅长刘力伟签署命令，给田思嘉烈士追记个人一等功，颁发奖章、奖状。

5月13日，全省公安政治工作会议在杭州召开。省委常委、公安厅长刘力伟出席会议并作重要讲话。会议由华乃强主持，省公安厅领导柯良栋、王冰、黎伟挺、石小忠出席。会议以电视电话会议形式开至县级公安机关，省公安厅厅机关副科级以上民警在主会场与会。

6月19日，浙江省公安厅警示教育基地在省看守所正式启用。浙江省委常委、省公安厅长刘力伟出席成立仪式并为基地揭幕。

6月20日，全省社会应急联动工作现场会在金华市公安局召开。省委副书记、政法委书记、省综治委主任李强，省委常委、公安厅长刘力伟，省人大常委会副主任厉志海，省政协副主席王永昌，省委政法委副书记、省综治委副主任宋光宝，公安部办公厅副主任、指挥中心主任程人华，省委副秘书长林云举，省委政法委副书记、省综治办主任巫波伦，省委政法委副书记、省维稳办主任刘树枝，省公安厅党员委员、副厅长级黎伟挺，市委书记陈一新，市委副书记、市长徐加爱，市委常委、公安局长毛善恩以及省级相关部门负责人、各市（县、区）综治委主任，政府分管领导等参加会议。

7月10日，省公安厅副厅长、杭州市委常委、公安局长柯良栋在市公安局党委副书记郭建伟的陪同下，分别赴浙二医院、市一医院看望受伤和患病住院的民警。

7月11日，省委副书记、省政法委书记李强在省委常委、公安厅长刘力伟，省委副秘书长林云举，省委政法委副书记宋光宝，省公安厅副厅长、杭州市委常委、公安局长柯良栋，省公安厅领导郑兴军、凌秋来、石小忠等陪同下，莅临杭州市公安局消防支队上城大队湖滨中队、浣纱路解放路口交警岗亲切慰问奋战在高温一线的交警、消防官兵。

7月11日至12日，全省公安机关“网上办事大厅”建设现场会在台州市召开。省公安厅党委委员、副厅长、政治部主任华乃强主持，省公安厅党委副书记、常务副厅长张景华出席并作重要讲话。台州市委常委、公安局长蒋珍明出席会议。

7月13日，全省公安机关“特警二号”反劫制暴实战演练在湖州某部队综合训练场成功举行。省委常委、公安厅长刘力伟，湖州市委书记马以，公安部治安局副局长马维亚，驻湖某部队参谋长陈道祥，省委政法委副书记刘树枝，省编委办副主任郑才法，厅领导张景华、凌秋来、华远平、徐定安、王冰、王海仁、石小忠等出席观摩。

7月19日，浙江省公安厅审计处在杭州专题研讨全省公安机关“审计整改年”，回头看各项工作。全省各市公安局“审计整改年”回头看工作领导小组办公室主任参加。

7月20日，全省公安监管工作会议在杭州召开。厅党委委员、副厅长华远平出席会议并讲话。

9月4日，按照省委外宣办的相关部署要求，省公安厅官方微博“浙江公安”与省卫生厅、省旅游局及浙江大学、中国美院等省21个与民生密切相关的省级部门、高校官博齐聚腾讯微博平台，通过现场解答网民提问，提供权威、专业的政策咨询，并与网民开展实时互动交流，举行专题为“民生浙江”的大型微博互动接力活动。

10月9日至10日，省委常委、省公安厅厅长刘力伟前往衢州市视察十八大安保工作。

10月10日至11日，厅党委副书记、副厅长张景华在厅办公室负责人等相关人员的陪同下到嘉兴检查监督党的十八大安保工作。

10月17日，省厅治安总队长陈石春一行到义乌市检查指导“义博会”安保工作，深入到国际博览中心进行实地检查，召集义乌市各相关部门负责人，召开“义博会”安保工作座谈会。

10月26日，省委、省政府在人民大会堂隆重表彰全省公安系统英雄模范立功集体。省领导赵洪祝、夏宝龙、李强、刘力伟、王新海、赵一德、厉志海、王永昌，公安部政治部副主任王亚茹等领导出席大会，并为英雄模范和立功集体代表授奖。大会由省委常委、公安厅厅长刘力伟主持。

11月22日至23日，全省公安机关领导干部党的十八大精神学习会在杭州召开。各市公安局长和厅机关相关部门负责人就本地本警种本部门贯彻落实党的十八大精神作了交流发言。省公安厅党委成员，厅属各部门主要负责人，各市公安局长、办公室主任、义乌市公安局长等共120余人参加会议。

11月28日，省委常委、公安厅长刘力伟率厅相关部门负责人到海盐县调研指导公安工作。

12月3日，在省财政厅预算执行局年终工作布置会议上，省公安厅被评为2011年度浙江省省级会计集中核算单位同工种竞赛优胜单位，这是省公安厅连续第八次获此殊荣。

12月10日至11日，全省公安机关维护人民警察执法权益工作会议在杭州召开。省委常委、公安厅长、维权委主任刘力伟出席会议并作重要讲话，厅党委委员、纪委书记、维权委副主任王海仁主持会议，厅维权委成员及各市公安局维权委、维权办主要负责人参加会议。

12月26日，省委常委、公安厅长刘力伟到余姚调研2013年公安工作思路。

2012年浙江省司法厅大事记

1月6日，全省司法行政工作会议在杭州召开。会议认真落实全国政法工作会议、全国司法厅（局）长会议和全省政法工作会议精神，总结2011年司法行政工作，部署2012年的工作任务。党委书记、厅长赵光君出席会议并作重要讲话。党委副书记、副厅长、巡视员季培军主持会议并作总结讲话。

1月12日，党委副书记、副厅长、巡视员季培军到省强制隔离戒毒所开展慰问检查。

同日，党委委员、政治部主任俞世裕一行到省第六监狱，亲切看望并慰问了离退休老同志，并深入监管现场，慰问战斗在基层一线的广大监狱民警，表达省司法厅、省监狱管理局党委的关怀与问候。

1月13日，党委委员、副厅长陈志忠到省未管所开展春节慰问并检查安全稳定工作。

1月18日，2011年度厅机关总结表彰大会隆重举行。会议总结回顾厅机关年度主要工作，表彰先进集体和先进个人，对进一步加强厅机关自身建设作出部署。党委书记、厅长赵光君出席并讲话。

2月17日，党委书记、厅长赵光君到省强制隔离戒毒所调研。

2月27日，省关工委召开网上律师事务所座谈会既法律援助工作站授牌仪式。党委委员、副厅长陈志忠为省法律援助中心关工委工作站授牌并讲话。

3月2日，党委委员、副厅长陈志忠率调研组一行来到绍兴县司法行政法律服务中心，实地考察调研中心法律援助便民服务工作。

3月5日，浙江警官职业学院召开2011年度学院党委民主生活会。党委副书记、副厅长、巡视员季培军，政治部副主任朱晓晔等到会指导。党委委员、浙江警官学院党委书记周祖勇主持。

3月8日，省劳动教养管理局党委召开“坚持以人为本执政为民理念发扬密切联系群众优良作风”专题民主生活会。党委书记、厅长赵光君，党委委员、纪委书记周松林出席会议。党委委员、省劳动教养管理局党委书记、局长吉永根主持会议。

3月9日，党委书记、厅长兼省监狱管理局第一政委赵光君到省第六监狱调研指导工作。

3月13日至14日，按照省委关于开展“大走访”活动的部署，党委书记、厅长赵光君赴金华市，先后走访金华市司法行政法律服务中心、金华市司法局公信公证处、金华市经济开发区三江街道司法所、磐安县司法行政法律服务中心、磐安县司法局新渥司法所、永康市司法行政法律服务中心、永康市司法局古山司法所7个基层司法行政单位和部门，深入调研基层司法行政工作，看望慰问一线司法行政工作者。

3月19日，全省司法行政系统政治部（处）主任会议在杭州召开。会议回顾总结2011年全省司法行政系统思想政治工作，部署2012年工作任务。党委委员、副厅长、厅政治部主任俞世裕出席会议并讲话。

3月19日至23日，党委副书记、副厅长、巡视员季培军率领调研组一行到温州市开展蹲点调研活动。

3月28日，为深入学习贯彻国务院和省政府廉政工作会议精神，省厅专门邀请省纪委常委、秘书长丁世明来厅机关作反腐倡廉专题辅导报告。党委委员、纪委书记周松林主持。

3月29日，党委委员、副厅长陈志忠到诸暨市调研司法行政工作，重点就公证工作进行指导。

4月6日，党委委员、副厅长李会光一行到省良渚劳教所指导工作。

4月9日至10日，党委书记、厅长兼省监狱管理局第一政委赵光君，党委委员、省监狱管理局党委书记、局长吕昭华，率全省各监狱单位的政委、监狱（所、院）长到上海考察并学习监狱工作。上海市司法局党委书记、局长兼市监狱管理局第一政委吴军营等陪同考察。

4月23日至24日，司法部在杭州召开全国司法鉴定管理工作会议。司法部部长、党组书记吴爱英出席会议并讲话，全国各省（市、区）司法厅局长，副省级城市司法局长参加会议。会上，党委书记、厅长赵光君作题为《强化监管注重质量着力提高司法鉴定社会公信力》的经验介绍，得到司法部领导和与会代表的充分肯定。

5月3日，省司法厅召开全省监狱劳教(戒毒)场所基层基础建设年活动动员视频会议。党委书记、厅长赵光君主持会议并讲话，党委委员、副厅长李会光作动员讲话。

5月9日至11日，党委书记、厅长赵光君赴温州市，在苍南、瑞安、永嘉等地，深入县级司法行政法律服务中心、行业性专业调解委员会、律师事务所、司法所等开展调研。

5月10日，党委委员、副厅长陈志忠到杭州市调研法律援助工作。

5月17日，党委副书记、副厅长、巡视员季培军到嘉善县调研司法行政工作。

5月17日至18日，党委书记、厅长赵光君到台州市天台县、椒江区和路桥区，深入县级司法行政法律服务中心、律师事务所、司法所、医调委和企业调研。

5月17日至18日，党委委员、副厅长俞世裕一行赴温州市调研指导司法鉴定工作。

5月23日至24日，党委书记、厅长赵光君赴嘉兴调研指导基层司法行政工作，看望慰问一线司法行政工作者。

5月28日，党委书记、厅长赵光君到湖州市，深入南浔区法律服务中心、南浔区司法局南浔司法所等地调研指导基层司法行政工作、看望并慰问基层司法行政干警。

5月31日，在纪念毛泽东同志《在延安文艺座谈会上的讲话》发表70周年之际，党委副书记、副厅长、巡视员季培军和省公务员局副局长潘育萍、凤凰卫视浙江代表处总监李冉冉、省文化馆馆长刁玉泉以及省、杭州市文化部门专家一行13人，专程到省乔司监狱、浙江警官职业学院考察调研监狱文化建设，体验警营生活，了解学院教育、文化和学术开展情况。

6月5日，党委书记、厅长赵光君，党委副书记、副厅长、巡视员季培军，党委委员、副厅长俞世裕，党委委员、纪委书记周松林，党委委员、政治部主任朱晓晔等厅领导，看望并慰问司法行政系统出席省第十三次党代会的代表，并与代表们座谈交流。

6月19日，党委委员、副厅长俞世裕在全国律师工作培训班上作题为《加快律师人才培养保障律师业健康发展》的交流发言，介绍浙江省在律师人才培养方面的做法和经验，受到司法部领导和与会同志的一致好评。

6月25日，省人大副主任厉志海一行在党委书记、厅长赵光君的陪同下，到省律师协会调研指导工作，并召开座谈会听取律师对加强检察机关法律监督工作的意见和建议以及学习贯彻新《刑事诉讼法》情况的汇报。

7月3日，省人大常委会召开座谈会，听取省司法厅关于贯彻落实加强检察机关法律监督审议意见及整改情况的汇报。省人大常委会副主任厉志海出席并讲话。党委书记、厅长赵光君向省人大常委会汇报省司法厅贯彻落实省人大常委会《关于加强检察机关法律监督工作的决定》《关于省公安厅、省司法厅贯彻落实省人大常委会加强检察机关法律监督工作决定情况报告的审议意见》《关于对加强检察机关法律监督审议意见落实情况进行跟踪监督的实施方案》的情况。

7月6日，党委副书记、副厅长、巡视员季培军率领厅国家司法考试处工作人员到杭州市国家司法考试报名现场确认现场，检查指导报名确认工作。

7月10日至12日，全国司法厅(局)长座谈会在湖南省长沙市召开。司法部部长、党组书记吴爱英在会上作重要讲话。司法部班子成员出席会议。湖南省委书记、省人大常委会主任周强，湖南省委副书记、省长徐守盛，湖南省副省长盛茂林分别出席会议，周强在会议开幕式上致辞。全国各省、区司法厅(局)长，新疆生产建设兵团司法局长、监狱局长，副省级城市司法局长，解放军总政治部司法局长，司法部机关各司局和直属单位主要负责同志参加座谈会。党委书记、厅长赵光君作题为《着力夯实司法行政事业科学发展根基》的典型发言，受到部领导和与会代表的一致好评。

7月12日，党委委员、副厅长李会光到省未成年犯管教所、监狱中心医院调研指导工作，慰问在高温下坚守岗位的民警职工。

7月18日，厅司法考试处党支部和司法鉴定管理处党支部全体党员前往余杭区鸬鸟镇山沟沟村新四军被服厂旧址，开展以“踏寻革命足迹，弘扬先烈精神”为主题的党日活动。党委副书记、副厅长、巡视员季培军以普通党员的身份参加活动。

7月23日至25日，全省司法行政工作座谈会在海宁市举行。会议认真落实省第十三次党代会、全国司法厅（局）长座谈会和全国司法行政基层建设工作会议精神，全面总结近年来全省司法行政基层建设工作，研究进一步加强司法行政基层建设的举措，部署2012年下半年的安全稳定工作。党委书记、厅长赵光君出席会议并作重要讲话。

8月9日至10日，党委书记、厅长赵光君，党委委员、副厅长陈钟一行深入丽水市莲都区司法行政法律服务中心、浙江晟耀律师事务所、浙江省之江监狱筹建处等单位调研指导工作，慰问基层干警和法律服务工作者。

8月29日至31日，党委副书记、副厅长、巡视员季培军到舟山调研。

9月3日至4日，司法部在山东省日照市召开部分省、区实施修改后刑事诉讼法座谈会。司法部法律援助工作司司长孙剑英、副司长高贞，财政部特邀代表、部分专家学者，北京、上海、浙江、广东、宁波、深圳等省、市、区的分管厅(局)长及法律援助机构负责人参加会议。司长孙剑英主持。党委委员、副厅长陈志忠参加此次会议。

9月5日，党委副书记、副厅长、巡视员季培军到玉环县调研司法行政工作。

9月19日至20日，党委书记、厅长赵光君到舟山调研司法行政工作。

9月27日，党委委员、副厅长、省律师协会党委书记俞世裕在杭州调研律师行业党建工作，并召开座谈会，传达全省“两新”工委书记读书会精神，听取杭州市司法局关于律师行业党建工作情况的汇报和部分在杭州全国律师行业创先争优活动先进集体的经验介绍。

10月1日，党委委员、副厅长李会光到省五监调研指导工作。

10月11日，省政协常委、社法委主任方泉尧率调研组一行到省司法厅调研，听取省司法行政工作和律师参政议政情况的报告，并就进一步加强双方的交流与合作、服务社会管理创新，进一步加强司法行政队伍建设、推进司法行政队伍特别是律师队伍参政议政等工作进行座谈。党委书记、厅长赵光君出席座谈会。

11月13日，党委副书记、副厅长、巡视员季培军到浙江警官职业学院走访调研。

11月13日至15日，党委委员、副厅长、省律协党委书记俞世裕到湖州调研律师工作。

11月15日，党委副书记、副厅长、巡视员季培军到省南湖监狱调研指导工作。

11月19日，厅党委理论学习中心组召开学习（扩大）会，传达贯彻党的十八大精神，研究部署全省司法行政系统学习贯彻落实党的十八大精神的措施。党委书记、厅长赵光君出席会议并作重要讲话。

11月26日至30日，根据省“双拥”工作领导小组的委派，党委委员、副厅长陈志忠率领由省民政厅、省司法厅、省粮食局和省军区政治部等“双拥”工作领导小组成员单位组成的省级“双拥”模范城届中工作检查组，前往温州、洞头、瑞安、鹿城和衢州、江山、常山、龙游考核检查。

12月6日，党委副书记、副厅长、巡视员季培军一行到开化县调研司法行政工作。

12月12日，党委委员、副厅长李会光率检查组对杭州市司法行政工作进行检查考评。

12月13日，全省各市司法局长座谈会在杭州召开，会议认真学习党的十八大精神和省委十三届二次全体（扩大）会议精神，总结交流近年来的工作，研究谋划下一阶段司法行政的工作思路。党委书记、厅长赵光君出席会议并作重要讲话。

12月27日，全省律师服务经济发展推进会在杭州召开。党委书记、厅长赵光君出席会议并讲话，党委委员、副厅长俞世裕主持。

12月29日，党委委员、副厅长俞世裕应邀出席在杭州举办的“2012浙江中小企业法治论坛”，并就浙江省律师行业贯彻落实党的十八大精神、进一步做好中小微企业法律服务工作提出要求。

2012年浙江省民政厅大事记

1月5日，召开《中华人民共和国政区大典•浙江卷》编纂工作电视电话会议。副厅长俞志壮主持，省民政厅厅长吴桂英、副厅长王文娟出席会议并作重要讲话。

1月19日，省民政厅党组书记尚清带领厅办公室、人事处等部门负责人，到省慈善总会，看望干部职工并调研。

2月1日，省民政厅召开厅领导班子和领导干部述职述德述廉大会。厅领导班子成员、厅机关全体干部职工及省老龄办、省移民班子成员、厅直属单位主要负责人和离退休老同志代表参加会议，省纪委、省委组织部派员列席会议，会议由厅党组书记尚清主持。

2月6日，省民政厅厅长吴桂英、副厅长万亚伟等一行赴七里坪农场视察、调研。

2月7日，省民政厅党组书记尚清、副厅长万亚伟一行到杭州市调研民政工作。

2月9日，省民政厅党组书记尚清、副厅长万亚伟一行赴富阳市开展“进村入企、助推发展、强化服务”调研活动。

2月15日，国家民政部副部长罗平飞一行在省民政厅党组书记尚清、副厅长俞志壮及湖州市、县领导陪同下到浙江泰普森休闲用品有限公司，深入企业车间，详细了解企业的生产情况。

2月16日，省民政厅党组书记尚清、副厅长李立定一行赴省荣军医院调研指导工作。

2月23日，民政部召开全国民政系统反腐倡廉工作视频会议，总结2011年全国民政系统反腐倡廉工作，部署2012年工作任务。全国会议结束后，省民政厅接着召开全省民政系统反腐倡廉工作视频会议。厅党组书记尚清出席会议并讲话，副厅长万亚伟主持会议，在杭州的厅领导班子成员、厅机关全体干部，厅属各单位主要负责人和负责纪检监察工作的干部在省厅会场参加会议。各市、县（市、区）民政局领导班子成员，各处（科）室、直属单位主要负责人在各地分会场收看会议。

2月29日，厅长吴桂英、书记尚清、副厅长万亚伟等领导带领厅机关和厅属单位有关负责人，赴杭州市余杭区调研浙江省福利彩票发行中心、浙江民政康复中心、浙江省民政综合服务中心3大项目建设进展情况。

3月5日至6日，全省福利彩票工作会议在桐庐县召开。省民政厅党组书记尚清、民政厅党组副书记、副厅长李立定、中国福利彩票管理发行中心副主任娄曲果、省财政厅综合处副处长郧达贵、杭州市副市长何关新等领导出席会议并讲话。

3月7日，省民政厅党组书记尚清、副厅长俞志壮赴绍兴市调研民政工作。

3月13日，省民政厅副厅长、省移民办主任廖卷清一行5人在该县副县长陈健、民政局局长沈榴先的陪同下调研移民创业致富点。

3月15日，省民政厅召开规范政务信息和宣传工作座谈会，厅机关各局处室、厅属各有关单位的信息员等30余人参加。

3月19日至22日，根据省城乡住房工作协调委员会的统一安排，副厅长俞志壮率省考核组赴台州、丽水两市考核检查农村住房改造建设工作。考核组由省民政厅、省农办、省建设厅、省物价局等单位组成。

3月22日，省民政厅副厅长万亚伟一行到嘉兴市南湖区调研城乡一体新社区治理机制创新工作。

3月31日，历经2年的改造改版工程，浙江革命烈士纪念馆新馆以宏伟庄重的形象、大气精致的陈列于清明前夕隆重开馆。副省长陈加元宣布新馆正式开馆，省民政厅党组书记、厅长尚清讲话，省民政厅党组副书记、副厅长李立定主持开馆仪式。

4月1日，省民政厅厅长尚清专题调研温州民政工作，并实地考察鹿城区社区建设。

4月5日，省民政厅召开全厅干部大会，宣布厅主要领导调整决定。省委组织部常务副部长于跃敏、干部一处处长赵雄文出席会议，厅领导班子成员、厅机关全体干部、省老龄办、省移民办正处长以上干部、厅直属单位班子成员和厅机关离退休老同志代表参加会议，省民政厅党组书记、厅长尚清主持。

4月10日至11日，省民政厅副厅长、巡视员、省移民办主任廖卷清赴淳安县调研指导水库移民工作。

4月18日至19日，国家民政部党组副书记、副部长罗平飞一行赴温州考察调研社会化拥军工作，省民政厅副厅长俞志壮、温州市委常委吴开锋等领导陪同。

5月9日至10日，省民政厅厅长尚清、副厅长兼省老龄办主任苏长聪一行到宁波调研民政工作，尚清一行先后考察省复员退伍军人精神病疗养院、市社会福利院、海曙区社会组织服务中心以及宁波81890求助服务中心，听取各考察点的情况介绍及宁波市局工作情况的汇报。

5月21日，浙江第十七次全省民政会议在杭州召开。会议下发《浙江省人民政府关于进一步加强民政工作加快推进民政事业城乡一体化的意见》，表彰全省民政系统先进集体和先进工作者。省委书记、省人大常委会主任赵洪祝作重要讲话，省委副书记、省长夏宝龙主持会议并讲话，省委副书记李强，省人大常委会副主任厉志海、副省长陈加元、省政协副主席王永昌、省军区政委王新海等党政军领导出席。省民政厅厅长尚清作会议总结。

5月28日，省民政厅厅长尚清陪同省委书记赵洪祝、副省长王建满赴舟山东极镇庙子湖岛海防营慰问，向海防一线官兵送去省委省政府对基层官兵的关心和厚爱。

6月4日，省民政厅厅长尚清陪同省委书记赵洪祝走访并慰问用生命保护乘客安全的吴斌同志的家属。

6月5日，省民政厅副厅长梁星心一行到衢州市调研民政工作，市人大常委会副主任赵正良、市民政局领导陪同调研。

6月12日，省民政厅召开学习贯彻省第十三次党代会精神大会。省十三次党代会代表、省委委员、厅长尚清传达省第十三次党代会精神，并结合全省民政工作提出贯彻意见。厅党组副书记、副厅长李立定主持会议。厅机关干部，厅属单位主要负责人参加会议。

6月21日，省政协副主席王永昌一行到省民政厅开展“促进低收入群体增收”课题调研，并进行工作指导。

6月25日，在省福利彩票年度销售量过50亿之际，省民政厅厅长尚清一行来到省福利彩票发行中心调研指导。

6月27日，省民政厅厅长尚清一行赴浙江大学民政研究中心视察并召开“现代大民政”座谈会。副厅长俞志壮、浙江大学民政研究中心执行主任毛丹，厅办公室、厅民政研究中心负责人、浙江大学民政研究中心专家学者参加座谈会。

6月29日，省民政厅召开创先争优活动总结表彰大会，认真落实全国民政系统窗口单位为民服务创先争优活动总结暨第二批行风建设示范单位命名视频会议精神，部署下一阶段工作。厅党组书记、厅长尚清主持会议，厅党组副书记、副厅长李立定宣读表彰决定，副厅长、厅直属机关党委书记万亚伟作创先争优活动总结讲话。

7月4日，省民政厅厅长尚清一行到丽水调研民政工作。

7月9日至10日，全省社会福利和慈善工作会议在龙游县召开。省民政厅副厅长、省老龄办主任苏长聪到会并讲话，全省各市、县（市、区）民政局分管领导、地市民政局社会福利处处长参加会议。

7月17日，副省长陈加元在杭州会见了来访的吉尔吉斯共和国紧急情况部部长阿伊尔切维奇一行。省政府副秘书长施利民、省民政厅厅长尚清、副厅长俞志壮、省外事办公室副主任顾建新、省消防总队副总队长邵裕桥参加会见。

7月24日至25日，由省民政厅福利处处长黄元龙带队、计财处、福彩中心参加的检查组一行，在杭州市民政局领导的陪同下，到建德市农村五保供养政策落实和福利彩票公益金管理使用情况进行检查。

7月26日，浙江省首届“十大杰出义工”评选颁奖晚会在杭州举行。副省长、省慈善总会会长陈加元，省民政厅厅长、省慈善总会副会长尚清出席晚会并为十大杰出义工颁奖，对他们的当选表示热烈的祝贺。

8月2日，全省优抚安置工作会议在杭州召开，会议传达中央一系列会议精神，研判当前工作形势，部署下一阶段主要工作任务。厅党组副书记、副厅长李立定出席会议并作重要讲话。

8月13日至14日，省民政厅党组理论中心组学习扩大会暨民政工作年中分析会在杭州召开。省民政厅领导班子成员、厅机关各局处室、厅属各单位主要负责人参加会议。各市民政局局长参加8月14日下午的年中分析会。

8月22日，省民政厅厅长尚清赴东阳调研，金华市委常委、东阳市委书记徐建华陪同调研。

8月31日，省民政厅厅长尚清、副厅长李立定赴浙江省军区政治部与省军区副政委马加利、政治部副主任魏殿举、江震洲等会商全省“双拥”工作。

9月3日，由省民政厅、省台办联合举办的海峡两岸婚姻座谈会在杭州召开。省民政厅、省台办、省公安厅出入境管理局、省计生委相关领导、业务处室负责人及市两岸配偶代表参加座谈，省民政厅厅长尚清、省台办主任裘小玲出席座谈会并致辞，省民政厅副厅长梁星心主持会议。省人口计生委副主任宋贤能、省出入境管理局副局长傅肃贤及10名两岸配偶代表作了发言。

9月6日，省民政厅副厅长俞志壮一行到武义县西联乡调研指导结对帮扶工作，武义县副县长邓小章陪同调研。

9月12日，全国社区综合减灾工作经验交流会在宁波市北仑区召开。国家减灾委办公室常务副主任、国家减灾中心主任、民政部救灾司司长张卫星，省民政厅副厅长俞志壮，宁波市民政局局长杨雄跃，李嘉诚基金会代表罗慧芳、陈瑜等出席交流会。省民政厅、宁波市民政局等部分省、市民政部门和社会组织代表在会上作交流发言。

9月20日，宁波召开全市第四次民政会议暨社会养老服务体系建设推进大会。省委常委、市委书记王辉忠，省民政厅厅长尚清出席会议并讲话，宁波市市长刘奇主持会议。

10月9日，省民政厅副厅长俞志壮率领由省民政厅、省环保厅和省生态办有关职能处室负责同志组成的省“811”生态文明建设推进行动督查组一行，对湖州市生态文明建设工作的进展情况进行专项督查。

10月15日，省民政厅党组书记、厅长尚清，厅党组成员、驻厅纪检组长杨援宁参加“浙江省民政厅财务核算中心”挂牌仪式，尚清亲自授牌，并作讲话。

11月2日，省民政厅副厅长俞志壮一行调研平湖市和海宁市医疗救助工作。

11月8日，上午9时，举世瞩目的中国共产党第十八次全国代表大会在北京隆重召开。省民政厅认真组织厅机关各局处室广大党员干部集中收看大会开幕式现场电视直播，认真聆听总书记胡锦涛代表十七届中央委员会向大会所作的报告。

11月12日，为深入贯彻党的十八大精神，服务和推动地方的民生改善和社会管理创新，省民政厅、义乌市人民政府共同推进国际贸易改革试点签约仪式在义乌国际会议中心举行。浙江省民政厅领导及相关处室负责人、义乌市级班子领导及义乌各镇街、机关各单位主要负责人等260余人参加签约仪式，省民政厅厅长尚清、金华市委常委、义乌市委书记黄志平分别致词。副厅长俞志壮宣读合作协议。

11月15日，首届浙江国际老龄产业博览会在杭州和平会展中心举行。省人大副主任冯明宣布开幕，副省长陈加元致辞，省老年学学会会长徐鸿道主持，省民政厅厅长尚清，副厅长、省老龄办主任苏长聪参加开幕式。

11月23日至24日，民政部部长李立国一行赴温州调研社会建设工作。省委常委、温州市委书记陈德荣，副省长陈加元，省民政厅厅长尚清，副厅长梁星心，温州市市长陈金彪，副市长任玉明等出席汇报会或陪同考察。

12月4日，省民政厅厅长尚清，副厅长、省老龄办主任苏长聪一行赴嘉善专题调研社会养老服务体系建设情况。

12月17日，为进一步加强廉政风险防控，加强法纪警示教育，推进党风廉政建设，在副厅长、厅机关党委书记万亚伟的带领下，省民政厅机关党员干部和直属单位部分负责人，前往浙江省法纪教育基地——杭州市南郊监狱进行法纪教育活动。

12月19日，省民政厅厅长尚清，副厅长、老龄办主任苏长聪一行，到杭州师范大学，参观校史馆，考察健康学院，并与杭州师范大学领导和专家学者进行座谈。随后，厅长尚清与杭州师范大学校长叶高翔共同为杭州师范大学“老年学研究院”揭牌。

12月20日，省委“两新”工委副书记、省民政厅副厅长梁星心带队赴杭州市江干区调研指导社会组织建设和发展工作。

12月21日，为总结2012年优抚双拥工作，研究部署2013年的工作，推进优抚双拥工作创新发展，全省优抚双拥工作会议在杭州召开。省双拥办副主任、厅党组副书记、副厅长李立定出席会议并讲话，厅优抚处处长邵平总结2012年的主要工作，明确2013年的工作任务，各设县（市、区）分管局长介绍各地工作成效和经验。

12月26日，浙江民福科技中心建设项目在余杭荆长路海创未来科技城正式动工。省民政厅厅长尚清，省人大常委、内务司法委员会副主任吴桂英，民政厅领导李立定、万亚伟、苏长聪及余杭区委区政府有关领导到达现场。尚清宣布浙江民福科技中心开工，万亚伟和杭州市委常委、余杭区委书记徐立毅致辞，余杭区区长朱华主持仪式。

同日，在省福利彩票发行额超百亿元

前夕，省民政厅厅长尚清，省人大常委、内司委副主任吴桂英、民政厅副厅长李立定到省福利彩票中心，看望和慰问工作人员，观摩福利彩票地理信息管理系统的演示，观看福利彩票投注站形象建设的展示，听取中心负责人的汇报。

2012年浙江省监察厅大事记

1月17日，省纪委十二届八次全体会议在杭州召开。省委书记赵洪祝出席会议并作重要讲话。省委副书记、省长夏宝龙、省政协主席乔传秀和其他省委常委，省人大常委会、省政府有关领导等出席会议。省委常委、省纪委书记任泽民主持会议。

1月30日，浙江省委省政府召开新年第一个专题电视电话会议，部署2012年作风建设的工作任务。省委书记赵洪祝出席会议并讲话。省委副书记、省长夏宝龙，省委常委、省纪委书记任泽民等出席会议。省市县乡四级领导干部万余人参加会议。

3月14日，省纪委在温州市召开深化政务公开、加强政务服务座谈会。省委常委、省纪委书记任泽民出席并讲话。

3月21日，省纪委在义乌市召开创优发展环境、服务义乌国际贸易综合改革试点工作座谈会。省委常委、省纪委书记任泽民出席并讲话。

3月28日，省纪委在丽水召开推进便民服务中心建设工作座谈会，省委常委、省纪委书记任泽民出席并讲话。

3月30日，省委构建惩治和预防腐败体系工作领导小组召开会议。省委书记赵洪祝主持会议。省领导任泽民、葛慧君、茅临生、蔡奇等出席会议。

4月8日至9日，全国反腐倡廉宣传教育工作座谈会在杭州召开。会前，省委书记、省人大常委会主任赵洪祝和与会人员进行座谈。中央纪委秘书长崔少鹏出席会议并讲话。省委常委、省纪委书记任泽民出席会议并致辞。

4月12日，中央纪委监察部机关青年干部座谈会在中央纪委监察部杭州培训中心召开。省委常委、省纪委书记任泽民出席会议，与学员进行座谈。

4月23日，全省新任县（市、区）纪委书记培训班在中央纪委监察部杭州培训中心开班。省委常委、省纪委书记任泽民出席开班仪式并讲话。

5月11日，全省纪检监察机关查办案件业务工作会议在杭州召开。会议强调，要深刻认识查办违纪违法案件的重要性和紧迫性，把着力解决发生在群众身边的腐败问题摆上更加重要的位置来抓，突出查办影响科学发展、人民群众反映强烈的案件这一重点，扎实作好查办案件工作，以坚决惩治腐败，深入推进党风廉政建设和反腐败斗争的新成效，为迎接党的十八大和省第十三次党代会胜利召开，保持党的先进性和纯洁性、推动浙江各项事业科学发展作出应有的贡献。省委常委、省纪委书记任泽民出席并讲话。

5月14日，中共浙江省第十二届纪律检查委员会第九次全体会议在杭州召开。会议审议并通过了省纪委向省第十三次党代会递交的工作报告（审议稿）。省纪委常委会主持会议。省委常委、省纪委书记任泽民出席并讲话。省纪委委员出席会议。非省纪委委员的省监察厅副厅长、市纪委书记，省委巡视机构副厅以上干部，省直派驻（出）纪检组长（纪工委书记），省纪委各室（厅）负责人列席会议。

6月11日，省纪委召开常委会议，对全省纪检监察机关学习贯彻省党代会精神作出全面部署。会议要求，全省各级纪检监察机关和广大纪检监察干部要按照省委部署，把学习贯彻省党代会精神作为当前首要政治任务抓紧抓好，迅速掀起学习贯彻的热潮，积极主动发挥纪检监察机关的职能作用，为建设物质富裕、精神富有的现代化浙江提供有力保证。省委常委、省纪委书记任泽民出席会议并讲话。

7月19日，省纪委监察厅在杭州召开加强服务保障、创优发展环境、促进经济社会发展座谈会。省委常委、省纪委书记任泽民出席并讲话。

7月24日，省纪委监察厅在杭召开加强农村党风廉政建设专题座谈会。省委常委、省纪委书记任泽民出席并讲话。

7月27日，省纪委在衢州召开深入推进村务监督工作专题座谈会。省委常委、省纪委书记任泽民出席会议并讲话。

7月30日，全省纪检监察机关查办案件工作座谈会在杭州召开。省委常委、省纪委书记任泽民出席并讲话。

9月18日，全省加强村级便民服务、村务监督和村级集体经济建设现场会在安吉县召开。省委书记赵洪祝出席会议并作重要讲话。省委常委、省纪委书记任泽民主持会议。省领导蔡奇、陈德荣、赵一德、王建满、梁黎明等出席会议。

9月27日，省纪委监察厅《反腐前线》栏目回顾与发展座谈会在杭州召开。省委常委、省纪委书记任泽民出席并讲话。

10月12日，省纪委监察厅在义乌召开义乌商贸服务业集聚区建设座谈会。省委常委、省纪委书记任泽民出席会议并讲话。

10月26日，省纪委在嘉善召开权力公开透明运行座谈会。省委常委、省纪委书记任泽民出席会议并讲话。

11月1日，省纪委在台州召开专题座谈会，研究部署进一步转变作风、强化服务、促进发展的具体措施。省委常委、省纪委书记任泽民出席会议并讲话。

11月17日，省纪委召开常委（扩大）会议，传达学习党的十八大精神，研究部署全省纪检监察系统传达学习贯彻十八大精神工作。省委常委、省纪委书记任泽民主持会议并讲话。

11月19日，全省纪检监察系统干部会议在杭州召开。省委常委、省纪委书记任泽民出席会议并讲话。

11月29日，省纪委召开常委会，就进一步深入学习贯彻党的十八大精神、着力作好当前和今后一个时期的反腐倡廉工作进行专题研究部署。省委常委、省纪委书记任泽民主持会议并讲话。

12月26日，省直派驻纪检监察机构主要负责人十八大精神集中培训班开班。省委常委、纪委书记任泽民讲话。

2012年浙江省财政厅大事记

1月6日，厅长钱巨炎、省地税局常务副局长单美娟、副局长劳晓峰、副局长王俭、副局长王平等一行，在浙江省地税局相关处室负责人的陪同下，莅临杭州市财政（地税）局，亲切慰问全体财税干部职工，对全市财税干部致以新年的祝福。

2月10日，为了积极贯彻落实省级机关“改善发展环境”百组调研活动精神，进一步改进工作作风，提升服务效能，促进发展环境改善，厅长钱巨炎赴嘉善开展“进村入企”大走访活动，深入企业、村庄和农户，召开座谈会，就“改善发展环境”听取基层干部、群众以及企业的意见和建议，帮助解决相关实际问题。

2月13日至15日，由副厅长魏跃华为组长的省财政厅调研组赴临安市开展“改善发展环境”百组调研活动。

2月13日至16日，以纪检组长秦忠为组长的调研组赴衢州市开展“双服务”和“改善发展环境”百组调研活动。

2月14日至15日，厅长钱巨炎赴开化县、淳安县，开展“改善服务环境”百组调研活动，并专题调研乡镇财政建设工作。

2月29日，厅长钱巨炎到湖州市调研。湖州市领导孙文友、马以、高屹、沈建平等陪同调研。

4月27日，全省绩效管理处（科）长会议在天台县召开。副厅长王广兵出席会议并讲话。

5月5日，厅长钱巨炎一行4人在温州市副市长朱忠明、温州市政府副秘书长江少勇、温州市财政局局长余中平、温州市经济和信息化委员会主任林亦俊、高新区管委会常务副主任贾焕翔及副主任伊柏峰陪同下考察高新区中光科技有限公司、浙江俊尔新材料有限公司2家企业。

5月19日，党组副书记、副厅长罗石林率领由浙江省财政证券公司，杭州市下城区、萧山区及财政厅有关处室领导组成的考察慰问团到阿克苏，对接有关工作，考察援疆项目，看望并慰问援疆干部。

6月6日，副厅长王广兵一行莅临省海洋与渔业局考察指导。

6月12日，厅党组召开理论学习中心组学习会，省财政厅党组成员和相关处室负责人参加会议。会议认真传达了省第十三次党代会精神，并对全省财政地税部门学习贯彻省党代会精神作出全面部署。党组书记、厅长兼省地税局局长钱巨炎出席会议并作重要讲话。

6月20日，副厅长薛小杭在厅企业处处长俞建人、副处长吴新芳等陪同下到浙江商业职业技术学院视察指导创新创业教育工作，学院党委书记骆光林，副校长金立其、谢国珍、吴光明，原党委书记贾新民及相关部门负责人参加会议，《浙江日报》、浙江电视台、《职业》杂志等相关媒体记者全程采访了此次活动。

6月21日，副厅长王广兵一行到嵊州市调研乡镇财政管理和促进乡镇公共服务平台建设试点工作。

6月27日，副厅长王广兵一行在省海洋与渔业局副局长俞永跃及相关处室同志陪同下，赴浙江省湖州、萧山等地调研渔业科技。

7月25日，省政府“服务企业、服务基层”专项行动组走进衢州系列活动之中国银行“百亿贷款联千企结万户”计划启动。中国银行浙江省分行党委委员、行长助理朱强标，省财政厅党组成员、纪检组长秦忠出席启动仪式并致辞。

8月22日，副厅长王广兵率队到含山县考察镇级财政管理工作。

10月17日，省财政厅厅长、地税局局长钱巨炎到景宁县调研财政地税工作，丽水市常委、常务副市长陈瑞商陪同调研。

10月20日，副厅长金慧群、教科文处副处长董立国，省水利厅农村水利局局长蒋屏等一行3人到省农科院考察。

10月31日，副厅长王广兵率厅农业处处长蒋建建等一行，在温州市财政局副局长朱定钧、农业局副处长吴澄、瑞安市财政局局长薛尧弟等陪同下莅临华峰调研。

11月1日，厅长钱巨炎一行到富阳市调研经济发展情况，杭州市财政局局长金翔，富阳市常务副市长童定干等陪同调研。

11月1日，副厅长王广兵一行在温州市财政局朱定钧副局长的陪同下到永嘉县调研现代农业发展工作，永嘉县副县长林建波和县财政局陈芝双局长一起陪同调研。

11月2日，副厅长薛小杭一行到嘉兴市科技城视察工作，南湖区区委书记孙建华、区长吴健等陪同。

11月7日，副厅长王广兵一行到丽水开展扶持经济薄弱村发展集体经济督查调研工作。

11月13日，副厅长罗石林一行到浦江县调研项目建设。

11月28日至29日，副厅长金慧群一行到三门县开展校安工程改造和学前教育发展专项督查，前往该县横渡、健跳、沙柳、海游等乡镇进行实地踏勘，详细了解校安工程及学前教育三年行动计划工作的开展、推进和落实情况。

12月7日，副厅长金慧群到青田县调研华侨子女义务教育、石雕产业发展的工作情况。

12月18日，副厅长罗石林、魏跃华到浙江中医药大学附属第三医院调研指导工作，社会保障处处长王雯琳、副处长陈志远陪同参加。

2012年浙江省人力社保厅大事记

1月4日至5日，全省职业技能鉴定年度工作总结会暨全省职业鉴定中心主任会议在杭州召开。副厅长傅玮出席会议并讲话。

1月12日，厅机关离退休干部迎春团拜会在杭州举行。厅长乐益民出席团拜会并致辞，副厅长黄亚萍主持团拜会。厅党组成员、巡视员、副巡视员和有关处室负责人参加团拜会。

1月31日，全省人才工作座谈会在杭州召开，部署新一年人才强省工作。省委常委、组织部长蔡奇，副省长陈加元，省委副秘书长孙光明，省政府副秘书长施利民，省委组织部副部长、省人力社保厅厅长乐益民，省委组织部副部长、省委人才办主任姚志文等出席会议。

2月14日至17日，按照省委省政府统一部署，厅长乐益民、副厅长蔡国春带队到上城区重点就改善发展环境进行调研。

2月24日，省人力社保厅在青田县召集召开省级结对帮扶青田团组工作座谈会。副厅长黄亚萍出席会议并讲话，省建设厅、省卫生厅，浙报集团、中石化浙江石油分公司，平湖、慈溪、青田等相关部门和乡镇负责人参加会议。

3月5日，省委组织部、省人力社保厅联合在杭州召开省人才宣传工作座谈会。省委组织部副部长、省委人才办主任姚志文出席会议并讲话，省人力社保厅党组副书记、副厅长、巡视员袁中伟主持会议，在杭州的中央、省级新闻媒体单位共40余人参加会议。

3月13日，省人力社保厅和新疆阿克苏地区人力社保局对口援助座谈会在杭州举行。副厅长黄亚萍和阿克苏人力社保局党组书记王新革出席会议。

4月12日至13日，全省社会保险基金监督工作座谈会暨社会保险基金监管软件培训班在杭州召开。杭州、宁波、湖州的代表在会上作典型发言。各市和义乌市人力社保局分管领导、厅相关处室单位负责人参加会议。副厅长黄亚萍主持会议并讲话。

4月16日，浙江省旅游景区（点）高端管理人才培训班开班仪式在杭州纳德自由酒店举行。78位学员参加了开班仪式。副厅长傅玮出席并讲话。

4月16日至17日，副厅长黄亚萍率省就业局一行赴金华、丽水两地，检查新疆阿克苏地区普通高校毕业生培养实习工作情况，看望阿克苏地区温宿县、新和县实习大学生。

5月8日，副厅长、巡视员、厅党组副书记袁中伟率对口联系指导服务组一行4人赴衢州市实地考察省级特色工业设计示范基地——衢州慧谷工业设计产业园。

5月10日至11日，全省引进国外智力工作座谈会在杭州召开。各市和义乌市人力社保局分管领导及外专局负责人、省级有关单位业务处室负责人共60余人参加本次会议。副厅长宓小峰出席会议并讲话。

5月14日，省发展家庭服务业促进就业联席会议召开了第二次全体会议。副厅长、省发展家庭服务业促进就业联席会议办公室主任黄亚萍作了重要讲话。

5月17日，各市人力社保局长座谈会在杭州召开，研究部署进一步贯彻落实解决社保领域历史遗留问题三个政策文件，加强信访维稳和企业军转干部稳定工作，通报厅下放审批权限及推行“阳光政务”等情况。各市和义乌市人力社保局、嘉兴市社保局局长，养老处、军转办负责人，厅相关处室、直属单位主要负责同志参加了会议。省委组织部副部长，省人力社保厅厅长、党组书记吴顺江出席会议并讲话。副厅长袁中伟主持会议。

5月18日，第三次落实新疆阿克苏地区普通高校毕业生来浙培养计划实习任务座谈在杭州召开。副厅长黄亚萍出席会议并讲话，人力社保厅副厅长（阿克苏行署副专员）李更生，省发改委（对口支援办）、省人力社保厅相关处室负责人，新疆阿克苏地区驻浙江正、副总领队，各对口市人力社保局分管负责人和职能处室负责人，以及阿克苏地区在各对口市挂职干部参加了会议。

5月22日，厅长吴顺江带队赴杭州市督查调研。厅办公室、省就业局、军转处、省人才市场办、省咨询中心负责人陪同调研。

同日，省农民工工作联席会议第七次全体会议在杭州召开，联席会议总召集人、副省长陈加元主持会议并讲话。省政府副秘书长施利民，省委组织部副部长、省人力资源和社会保障厅厅长吴顺江，联席会议各成员单位有关负责人参加了会议。

6月1日，全省技工院校教材规范化使用工作会议暨教学(教材)管理人员培训班在杭州召开。全省各技工院校分管教学校长、教务处负责人共60余人参加会议。副厅长傅玮出席会议并讲话。

6月11日，召开全厅干部大会（党组扩大会议），认真传达学习省第十三次党代会有关精神，动员部署贯彻落实具体举措。下午又召开全厅离退休干部大会对其进行传达。

6月12日至16日，省厅在杭州举办了全省人力社保宣传工作优秀通讯员培训班。2012年度人力资源社会保障宣传工作成绩突出的县(市、区)人力社保局办公室相关负责人及《浙江人力资源社会保障报》《中国组织人事报》《中国劳动保障报》优秀通讯员70余人参加了培训。

6月18日，全省人力资源和社会保障信息化工作会议在杭州召开。会议总结近年来浙江省人力社保信息化建设情况，分析当前面临的形势任务，部署下一步信息化建设的工作，湖州、绍兴、萧山等地进行了经验介绍。厅长、党组书记吴顺江出席会议并讲话。副厅长、党组副书记袁中伟主持会议。

6月19日至20日，副厅长、党组副书记、巡视员袁中伟率省委组织部、省科技厅、省人力社保厅、省农办、省委统战部、省财政厅和省科协等部门相关处室负责人，赴台州市实地考核2011年度市、县党政领导科技进步与人才工作目标责任制完成情况。

7月2日至6日，浙江省人力资源服务业行业精英培训班在上海市人才大厦举办，全省50多家人力资源服务业企业主要负责人和部分设区市人力社保局职能处室负责人参加培训研讨。党组副书记、副厅长、巡视员袁中伟出席开班仪式，并作开班动员。

7月6日，全省就业创业暨高校毕业生就业工作联席会议在杭州召开。副省长陈加元出席会议并讲话，厅长吴顺江，省就业创业工作联席会议成员单位成员及省高校毕业生就业工作联席会议成员单位成员参加会议。

7月17日，全国就业创业工作表彰大会在北京人民大会堂召开，国务院总理温家宝出席会议并讲话，中央政治局常委、国务院副总理李克强、国务院副总理回良玉、王岐山，国务委员刘延东、梁光烈、孟建柱、戴秉国出席会议，国务委员兼国务院秘书长马凯主持会议。各省（区、市）和计划单列市人民政府、新疆生产建设兵团分管负责人及中央和国家机关有关单位负责人、中央管理的有关企业负责人等参加会议。副省长陈加元、厅长吴顺江及宁波市人社局局长金俊杰参加了会议。副厅长黄亚萍带领我省先进集体和个人代表16人参加大会（其中中央部委推荐代表5人）。

7月23日，省委人才工作领导小组召开第17次会议，专题研究发展人力资源服务业。省委常委、组织部长、省委人才工作领导小组组长蔡奇，副省长、省委人才工作领导小组副组长陈加元出席会议并讲话，省委人才工作领导小组成员单位主要负责人参加会议。省委组织部副部长、省人力社保厅厅长吴顺江汇报了全省人力资源服务业发展情况及下一步工作安排。

8月15日，由杭州三替集团公司、嘉兴市家庭服务业协会、余姚康贝家政公司、绍兴诚信一百家政公司、浙江三六五集团公司以及宁波万世家政公司六家单位发起筹建的浙江省家庭服务业协会在杭州成立。省人力社保厅发贺信。

8月16日至17日，省厅组织举办全省系统行政争议案例培训研讨会，各市和义乌市人力资源和社会保障局政策法规处长和部分县（市、区）承担行政争议案件处理工作人员参加了培训研讨。

8月27日至31日，副厅长黄亚萍率由厅相关处室、7个对口市人力社保局有关工作负责人组成的调研组，赴新疆阿克苏地区调研对接“新疆阿克苏地区普通高校毕业生培养”工作。

8月31日，人力资源社会保障部召开加强人力资源服务机构诚信体系建设视频会议，部署加强人力资源服务机构诚信体系建设工作，副厅长袁中伟在浙江省分会场参加会议。

9月3日，副厅长、党组副书记袁中伟一行赴秀洲区浙江丰宝精密设备有限公司调研浙商回归项目。厅人才处、专技处、专家中心负责人陪同调研。

9月15日，为推进浙江省“四大战略”建设，大力引进商贸流通人才，由省商务厅、省人力资源和社会保障厅主办，省商务人力资源交流服务中心、省人才市场管理办公室承办的2012浙江省商贸流通企业中高级人才招聘大会在浙江世贸中心6号馆成功举办。副厅长袁中伟、省商务厅副厅长黄克旭到会视察招聘情况。

10月12日，全国新型农村和城镇居民社会养老保险工作总结表彰大会在北京人民大会堂召开，国务院总理温家宝出席会议并作重要讲话，中共中央政治局常委、国务院副总理李克强，中共中央政治局委员、国务院副总理回良玉出席会议。国务委员兼国务院秘书长马凯主持会议。浙江省淳安县社会保险服务中心等13个先进单位和富丽等17名先进个人受到表彰。副省长陈加元、厅长吴顺江、省财政厅副厅长魏跃华及浙江省4名先进单位和个人代表参加了会议。嘉善县人力社保局陆才华作为浙江省获奖代表上台领奖。

10月23日，国家医疗保险评估专家组组长、全国政协社会和法制委员会副主任、中国医疗保险研究会会长王东进率专家组部分成员来浙开展评估调研，听取浙江省关于基本医疗保障体系建设的情况汇报，并与杭州、宁波、绍兴、湖州等地的人力资源社会保障部门负责同志进行座谈，副厅长朱绍平陪同调研。

10月25日至26日，全省医疗保险经办机构座谈会在杭州召开。会议学习传达了全国居民大病保险和付费总额控制座谈会的精神，通报了社会保障卡医保“一卡通”建设情况，总结交流2012年医疗保险经办工作，共同谋划明年工作计划。副厅长朱绍平出席会议并讲话。

10月27日，2012浙江舟山群岛新区海洋经济人才招聘大会在武汉洪山体育馆举行，这是新区首次大规模组团赴省外招贤纳才。副厅长袁中伟，舟山市委常委、组织部部长张明超参加了活动。

11月1日至2日，全省社会保障卡工作座谈会在杭州市萧山区召开。各市社会保障卡管理服务机构、信息化综合管理机构主要负责人共50余人参加会议。副厅长袁中伟出席会议并讲话。

11月2日，省委人才工作领导小组在杭州召开全省推进人才工作视频会议。省委常委、组织部长蔡奇出席并作重要讲话，省人力社保厅领导班子全体成员出席会议。

11月9日，召开厅人才工作领导小组全体成员会议，就贯彻落实全省推进人才工作视频会议精神作出部署。厅长吴顺江，副厅长、党组副书记袁中伟，厅人才工作领导小组成员单位负责人参加会议。

11月20日至21日，全省农民工工作和发展家庭服务业工作座谈会在杭州召开。副厅长、省农民工工作联席会议办公室主任、省发展家庭服务业促进就业工作联席会议办公室主任黄亚萍出席会议并作讲话。11个市的农民工工作协调机构办公室、发展家庭服务业促进就业工作协调机构办公室负责人，省农民工工作联席会议、省发展家庭服务业促进就业工作联席会议各成员单位联络员共60余人参加会议。

11月21日，部分省市城乡居民社会养老保险相关政策问题座谈会在桐乡市召开，部农保司司长游钧，副司长刘从龙、董英申及部农保司、社保中心、社保所相关同志，部分省市农保处长参加了会议。司长游钧在会上作了讲话，副厅长蔡国春致辞。

11月28日，副厅长黄亚萍带队慰问杭州巾帼西丽服务管理有限公司及其一线农民工代表。

11月30日，省人力资源和社会保障学会召开社会保障法制建设论坛。浙江大学光华法学院陈信勇教授、浙江大学公管学院米红教授和厅工伤生育保险处、省劳动和社会保障科学研究院负责人分别作主题发言。副厅长朱绍平到会致辞。

12月8日，省厅在上海虹桥宾馆成功举办2012年浙江、上海高层次人才洽谈会。这是浙江省第10次组团赴沪引才。副厅长袁中伟和上海市人力社保局副局长毛大立出席洽谈会并视察活动现场。

2012年浙江省国土资源厅大事记

1月10日，经省政府同意，全省国土资源工作会议在杭州召开。省委常委、常务副省长陈敏尔出席会议并作重要讲话。国家土地督察上海局刘玉杰副局长、董菊卉副专员到会指导。厅党组书记、厅长楼小东作工作报告。厅领导楼小东、潘圣明、华宣奎、王永民、马奇、张钢、张国斌、盛乐山、王功逸、张志勋、夏晓鸿，省测绘与地理信息局局长陈建国出席会议。会议由省政府副秘书长冯波声主持。

2月7日，召开低丘缓坡综合开发利用试点工作部署会。副厅长张国斌出席会议并作讲话。金华市、丽水市、衢州市三个试点市国土资源局分管局长、业务处室负责人，省厅耕保处、规划处有关负责人参加了会议。

2月8日，举行厅机关青年深入基层学习锻炼与基层“联创齐争”活动启动暨厅机关青年突击队成立仪式。厅长楼小东出席并作重要讲话，副厅长潘圣明主持启动仪式，厅副巡视员张志勋出席。

2月21日，全省地籍管理工作会议在绍兴上虞召开，会议总结了2011年度地籍管理工作取得的成绩，研究分析了2012年的地籍管理工作思路和主要任务。会议强调要求各地应于2012年底前要完成农村集体土地所有权确权登记工作。省国土资源厅马奇副厅长出席会议并作重要讲话。

2月23日至24日，全省国土资源执法监察工作现场会在台州市路桥区召开。国土资源部执法监察局李建勤局长，省政府冯波声副秘书长，厅党组书记、厅长楼小东，国家土地督察上海局董菊卉副专员出席会议并作重要讲话。张国斌副厅长作工作报告。会议由夏晓鸿局长主持。有关市、县（市、区）作典型经验介绍，实地参观了台州市路桥区等地有关执法监管信息系统建设和违法用地快速反应机制建设情况。

2月29日，全省耕地保护工作会议在温州市召开。会议的主要任务是贯彻落实全省国土资源工作会议精神、总结交流2011年耕地保护工作、分析耕地保护工作面临的形势和困难、研究部署2012年耕地保护工作。张国斌副厅长出席会议并作重要讲话。

3月30日，全省国土资源调控监测工作座谈会在宁波召开，会议回顾总结了“三定”方案明确国土资源参与宏观调控职能以来全省调控监测工作的整体进展，研究分析了2012年重点工作和主要任务。盛乐山总规划师出席会议并作重要讲话。

4月9日，省厅与舟山市政府在舟山市新城举行“共同推进浙江舟山群岛新区建设合作协议”签字仪式。厅长楼小东、舟山市委书记梁黎明分别在签约仪式上致辞。楼厅长和舟山市委副书记、市长周国辉代表双方签署协议。厅领导马奇、张国斌出席签字仪式。舟山市委常委、副市长姚青林主持仪式。

4月21日，为纪念第43个“世界地球日”，由省国土资源厅和江山市委市政府共同举办的浙江省纪念第43个“世界地球日”活动在世界自然遗产江郎山隆重举行。副厅长王永民，国际地层委员会副主席彭善池，江山市委书记陈锦标、市长王良春等出席活动。

4月26日，省政府在衢州市召开全省土地开发利用工作现场会。副省长王建满出席会议并作重要讲话。国家土地督察上海局巡视员李志坚，厅领导楼小东、张国斌、盛乐山、夏晓鸿，衢州市委书记赵一德，市长陈新出席会议。会议由省政府副秘书长谢济建主持。各市、县（市、区）政府分管领导、国土资源局局长，省级有关单位负责人，厅机关有关处室和直属事业单位负责人参加会议。会议充分肯定了我省在土地开发利用工作上所做的工作和取得的成绩，分析了当前面临的形势，并对下一步工作提出了要求。

5月10日，义乌市国际贸易综合改革试点土地管理制度改革专项方案汇报会在杭州召开。会议听取了中国国土资源经济研究院关于专项方案编制情况的介绍、义乌市人民政府关于专项改革工作情况的汇报，并就进一步完善专项改革方案、加大改革探索力度进行了充分讨论和认真研究。厅长楼小东，副厅长马奇、张国斌，总规划师盛乐山，执法局局长夏晓鸿等厅领导出席会议并分别做出指示，提出具体指导意见。

5月17日，省国土资源厅与丽水市人民政府《关于加快管理创新，共同推进低丘缓坡综合开发利用工作的合作协议》在丽水市签署。厅长楼小东、丽水市委书记卢子跃分别在签约仪式上致辞，楼小东厅长与王永康市长签署了合作协议。副厅长张国斌、执法局局长夏晓鸿等出席签字仪式，丽水市委常委、常务副市长陈瑞商主持签约仪式。

6月26日，省厅开展2012年浙江省规范化国土资源所申报工作，全省国土资源系统共上报规范化国土资源所178家。

7月7日，浙江省国土资源系统首届运动会开幕式暨第九套广播体操比赛在杭州黄龙体育馆隆重举行。党组书记、厅长、运动会组委会主任楼小东宣布运动会开幕。

7月12日，全省征地拆迁阳光工程建设推进会在金华市召开。各市国土资源局局长、纪委书记、分管局长、耕地保护处处长、征地办主任，省厅相关处室和事业单位主要负责人参加会议。省国土资源厅厅长楼小东、省纪委常委、省监察厅副厅长施彩华、省纪委驻国土资源厅纪检组长张钢、省国土资源厅副厅长张国斌出席会议。会议由张钢组长主持，楼小东厅长和施彩华副厅长作重要讲话，张国斌副厅长作征地拆迁阳光工程建设推进会动员报告。

7月18日，舟山群岛新区旅游产业用地改革方案汇报会在杭州召开。会议听取了舟山市人民政府及市国土资源局关于旅游产业用地改革工作情况的汇报、中国国土资源经济研究院关于旅游产业用地改革方案编制情况的介绍，并就进一步完善改革方案、突出方案特色、明确改革重点进行了充分讨论和认真研究。总规划师盛乐山出席并主持会议，厅机关各相关处（室、局）负责人参加会议并作了交流发言。

7月18日至20日，浙江省国土资源系统首届运动会“廉洁国土杯”乒乓球比赛在义乌市举办。党组副书记、副厅长潘圣明，党组成员、纪检组组长张钢，副巡视员张志勋出席闭幕式并为获奖运动员颁奖。

7月20日，省厅开展“群众满意国土资源所”和“群众满意国土资源所工作人员”评议活动。各地上报群众满意国土资源所86个和群众满意国土资源所工作人员86名。经厅党组研究决定，表彰群众满意国土资源所85个和群众满意国土资源所工作人员85名。

7月30日至31日，全省国土资源系统纪检监察工作座谈会在嘉善召开。各市国土资源局纪委书记（纪检组长）、监察室主任，有关县国土资源局纪委书记、监察室主任等参加了会议。驻厅纪检组长张钢出席会议并讲话。

8月2日，党组书记、厅长、省厅地质灾害应急指挥部指挥长楼小东和党组副书记、副厅长、省厅地质灾害应急指挥部副指挥长潘圣明等一起在省地质灾害应急中心值班室，了解台风动向、分析水情雨情、研判防灾形势，与温州、台州、丽水等市国土资源局主要负责人电话连线了解防台防灾一线情况。

8月6日，党组书记、厅长、省厅地质灾害应急指挥部指挥长楼小东召开省厅地质灾害应急指挥部紧急会议，传达省领导关于防御11号台风“海葵”的重要指示，全面部署全省的地质灾害防治工作。

8月14日，厅长楼小东赴宁波市鄞州区实地检查指导横街镇朱敏村滑坡地质灾害点勘查和治理工作。

8月15日，厅长楼小东赴象山县调研国土资源管理工作。

8月15日、16日，厅长楼小东赴温岭市调研国土资源管理工作。

8月29日至31日，浙江省国土资源系统首届运动会“绿色矿山杯”棋牌比赛在宁波举行。

8月30日至31日，全省2012年国土资源违法案件质量评查会在舟山市召开。会议对全省各地土地矿产违法案件进行了分析评议，总结交流了各市土地矿产违法案件的办案经验。副厅长张国斌出席会议并作重要讲话。省厅执法监察局、法规处、执法监察总队负责人和各市国土资源局执法监察支队支队长及有关县（市、区）国土资源局执法监察大队大队长共40余人参加会议。

9月4日至5日，由浙江省国土资源厅主办、绍兴市国土资源局承办的全省国土资源系统首届运动会“找矿突破”杯游泳比赛在绍兴市举行。

9月16日，省国土资源厅和国家古生物化石专家委员会、省文化厅共同举办的第五届恐龙宝宝与恐龙蛋国际学术讨论会暨中国恐龙蛋化石特展在浙江自然博物馆开幕，潘圣明副厅长出席了开幕式并致词。以追缴流失美国“恐龙蛋窝”化石的回家之旅为主题的中国恐龙蛋化石特展，充分展示了我国古生物化石保护的工作成果。（此项为国土资源部地环司年度重大成果）

9月27日，全省地质找矿工作会议在

杭州召开。副省长王建满、国土资源部副部长汪民出席会议并作重要讲话。国土资源部司长彭齐鸣、中国地调局副局长李金发、南京地调中心主任曲亚军、中国工程院院士陈毓川、中国科学院院士李廷栋到会指导。厅党组书记、厅长楼小东作工作报告。潘圣明副厅长、华宣奎副厅长、王功逸副巡视员和各市、县（市、区）政府分管领导、国土资源局局长出席会议。会议由省政府副秘书长谢济建主持。

10月11日至12日，由浙江省国土资源厅主办、嘉兴市国土资源局承办的全省国土资源系统首届运动会“双保双服务”杯网球比赛在嘉兴市举行。

10月16日至18日，由浙江省国土资源厅主办、台州市国土资源局、临海市国土资源局承办的全省国土资源系统首届运动会“节约集约”杯羽毛球比赛在临海市举行。

10月17日，全省农村集体土地确权登记发证推进会在义乌市召开。会议传达了全国会议精神，总结了农村集体土地所有权确权登记发证工作情况，交流了典型地区经验，对下一步农村集体土地确权登记发证工作进行了部署。国土资源部法律中心佟绍伟副主任和省国土资源厅马奇副厅长出席会议并作重要讲话。

11月6日，省国土资源厅、嘉兴市人民政府在嘉兴联合举办全省地热找矿暨嘉兴市“运热1号井”突破新闻发布会。潘圣明副厅长宣布我省地热勘查取得重大突破，嘉兴“运热1号井”成功打出水温64℃，“控制的”可开采量为2592立方米/日的氟热矿水，是目前浙江省及至长三角地区水温最高、水量最大的地热井。

11月8日，中国共产党第十八次全国代表大会在北京开幕。省国土资源厅组织机关党员干部收看胡锦涛总书记在中国共产党第十八次全国代表大会上的报告。

12月26日，党组书记、厅长楼小东会见景宁县委书记林康、县长蓝伶俐一行，双方就景宁县国土资源管理工作进行了沟通交流。

2012年浙江省环保厅大事记

2月3日，省环保厅专门邀请省交通运输厅、台州市环保局、甬台温高速公路建设指挥部以及省环科院、国家海洋二所（环评单位）相关负责人员，在杭州召开项目环评审批对接服务座谈会，研究解决项目环评审批过程中存在的问题，帮助加快推进项目环评编制和部门审查、审批工作。

2月23日至24日，为进一步提高辐射环境监测为辐射环境监管的技术支持水平，明确2012年全省辐射环境监测工作任务，根据省厅辐射环境监管及监测会议安排,省辐射站组织召开了全省辐射环境监测口会议。会议由省辐射站站长杨斌主持，各设区市、义乌市环境监测站主要负责人参加了监测口会议。

3月2日，浙江省火电企业脱硫脱硝工作会议在杭州召开。环保部总量司司长刘炳江应邀出席会议并作全国主要污染物减排形势分析，厅长徐震专门会见了刘司长一行。

3月5日至9日，厅长徐震率队赴宁波市北仑区、鄞州区和舟山市岱山县、定海区等地开展“进村入企走基层”走访活动。厅办公室主任李全胜、法规处处长马青骏陪同走访。

3月7日至9日，副巡视员、省环境执法稽查总队总队长王以淼率省厅辐射处、总队相关人员一行4人对东阳市、金华市婺城区、兰溪市等地开展“进村入企走基层、服务解难忧环境”大走访活动。

3月12日，组织召开全省环境信访工作视频会议。副巡视员、总队长王以淼主持会议，副厅长方敏出席会议并讲话，各市、县（市、区）环保局在各分会场参加会议。

3月14日，总工程师陈茜率监测与信息处和生态处同志，赴嵊州市和上虞市开展“进村入企”大走访活动。

3月19日至21日，副巡视员许履中带队赴湖州地区开展了省级机关“进村入企”调研活动。

3月26日，2012年全省环境监察工作会议在杭州召开。党组书记、厅长徐震出席会议并作重要讲话，党组成员、副厅长方敏作全省环境监察工作报告，副巡视员、省环境执法稽查总队总队长王以淼主持会议。杭州、湖州、嘉兴、北仑、诸暨、江山环保局负责人就相关工作作了典型发言。来自省厅各处室、直属单位和各设区市、有关县（市、区）环保局、环境监察支（大）队的负责同志及省环境执法稽查总队中层以上干部共90余人参加了会议。

4月5日至6日，为贯彻落实省政府领导的批示精神，进一步推进环境污染责任保险试点工作，省环保厅会同省财政厅、省保监局赴绍兴、嘉兴就试点工作开展调研，与当地环保、财政部门及保险行业协会、保险公司、投保企业代表进行了座谈。

4月10日，为了贯彻落实全国第二次环保科技大会精神，省环保厅在舟山组织召开全省环保科研院（所）工作座谈会。副厅长卢春中出席会议。省环科院及各地市环保科研院（所）的负责人参加了会议。

4月17日至18日，省厅在杭州召开了全省2012年主要污染物总量减排计划讨论会。总量处组织省环科院、省排污权交易中心有关专家组成技术审查组，分水组和大气组对11个设区市的2012年度减排计划逐一进行了讨论和审查。

4月18日，省厅组织离退休三个党支部集中开展政治学习，20多名离退休老同志参加了学习会。党组成员、机关党委专职副书记章斐龙主持学习会并谈了相关体会。

同日，副厅长卢春中率科技与合作处前往省环科院，对省环保公共科技服务创新平台的运行情况进行调研。

4月25日至27日，厅长徐震率办公室、规财处、生态处负责同志，分别赴金华、桐庐和湖州调研农村环境连片整治工作。

5月4日，厅长徐震作客浙江在线新闻网站演播室，与广大网友零距离接触，畅谈社会关注的空气、水、土壤等环保热门话题，并就环保部门在领导干部“创先争优示范行动”中开展“进村入企走基层、服务解难优环境”的工作进展以及环境整治中的多项措施与网友进行了面对面交流。

5月8日，2012年长三角环保合作联席会议在浙江省龙泉召开，三省一市环境保护厅（局）长、环境保护部华东督查中心主任，以及长三角环保合作联络员出席会议。浙江省环保厅厅长徐震主持会议并讲话，华东督察中心主任高振宁、上海局长张全、江苏厅长陈蒙蒙、安徽厅长缪学刚分别讲话。

5月9日，环保部辐射源安全监管司副司长赵永明，电磁矿冶处处长巢哲雄与杨春一行3人来省辐射站调研工作。省厅辐射处、省辐射站有关负责人参加了座谈。

5月30日至31日，厅党组召开理论学习中心组扩大会，深入学习和贯彻落实第八次全省环保大会精神。厅长徐震出席会议并作重要讲话。

6月1日，省生态办在杭州组织召开了全省“四边”等区域“三化”行动实施方案座谈会。省生态办主任、省环保厅厅长徐震和省生态办副主任、省环保厅副厅长方敏，省农办、省国土资源厅、省建设厅、省交通运输厅、上海铁路局杭州办事处、省水利厅、省林业厅、省旅游局、省爱卫办等单位的分管领导和相关处室负责人，以及厅办公室、生态处、污防处有关人员参加了座谈会。

6月5日，为隆重纪念第41个世界环境日，省厅联合杭州市委宣传部、杭州市环保局等多家单位，在杭州吴山广场隆重开展纪念“六五”世界环境日活动，同时启动“走进环保”市民体验活动。杭州市社区、学校代表，省、市部分环保志愿者代表等数百人参加了这一纪念活动。副厅长卢春中出席活动。

6月26日，厅长徐震会见了新昌县县长马永良、常务副县长柴理明一行。厅办公室、生态处主要负责人陪同会见。

同日，全省环保系统人事工作座谈会在台州召开，各设区市环保局人事处长（办公室主任）、省厅直属单位有关领导和人事部门负责人共30余人参加了会议。党组成员、纪检组长周振煊同志参加会议并作重要讲话。

6月30日，是第二个浙江生态日。“浙江生态日”纪念雕塑揭幕仪式在杭州市西溪国家湿地公园举行。省委副书记、省长夏宝龙为雕塑揭幕并发表纪念第二个“浙江生态日”重要讲话。省领导黄坤明、程渭山、陈加元、陈艳华以及厅长徐震等出席揭幕仪式。

7月5日，为贯彻落实国家技术创新工程试点省建设工作精神，积极响应省厅“进村入企”大走访活动，进一步创新院企产学研合作模式，省环科院与浙江闰土股份有限公司签订了战略合作协议。副厅长卢春中、厅科技合作处处长周碧河出席签约仪式。

7月6日，厅长徐震赴杭州市环保局调研工作。厅党组成员、副巡视员、稽查总队总队长王以淼和厅办公室主任李全胜、总量处处长竺恒峰陪同调研。

7月18日，厅长徐震带队检查指导环科院工作。环科院班子成员、中层干部参加了座谈。

同日，厅长徐震率厅副巡视员、稽查总队总队长王以淼及办公室、法规处、生态处、污防处主要负责人一行在嘉兴市专题调研水环境治理和畜禽养殖污染整治工作。嘉兴市委书记李卫宁、市长鲁俊、副市长祝亚伟等陪同调研。

7月10日至11日，厅长徐震率队到瑞安调研生态环保工作。温州市副市长王祖焕，瑞安市市长李无文、副市长陈荣臻陪同调研。

7月30日，生态省建设工作领导小组联络员会议在杭州召开。会议由省生态办副主任、省环保厅方敏副厅长主持。韩志福处长汇报了2012上半年生态省建设工作情况和下半年工作计划。各成员单位联络员就上半年生态省建设任务书完成情况作了交流，对下一步工作提出了建议。

8月9日，厅长徐震、副厅长章晨会见了永康市市长徐华水、副市长程学军一行。双方就跨行政区域河流交接断面水质考核区域限批“解限”问题进行了会谈。

同日，厅长徐震会见了富阳市市长章舜年、副市长方仁臻一行。厅办公室、污防处和稽查总队负责人陪同会见。

8月10日，厅长徐震、副厅长章晨会见了浦江县委书记戴建平、县长施振强、副县长李小庆等一行，听取了该县水环境污染整治工作情况汇报。厅办公室、污防处负责人陪同会见。

8月13日，厅长徐震、副厅长章晨会见了乐清市市长林晓峰、副市长赵明皓一行。厅办公室、污防处负责人陪同会见。

8月16日至17日，厅党组理论学习中心组扩大会议召开。党组书记、厅长徐震主持会议并作重要讲话。

8月29日至31日，全国城镇污水处理厂减排培训会议在浙江宁波召开，环保部总量司、监测司、各督察中心、环境规划院，各省市环保、住建厅(局)及相关重点污水处理企业负责人共200余人参加了会议。总量司副司长黄小赠出席会议并讲话，副厅长虞选凌致欢迎辞并就全省污染减排和污水处理厂运行监管工作情况作了介绍，会议由处长张震宇主持。

9月5日至7日，厅长徐震率厅办公室、法规处、污防处、建设处和执法稽查总队、信息中心负责人一行在衢州检查指导生态环保工作。

9月13日，厅长徐震率厅办公室、生态处、污防处负责人到慈溪市专题检查调研省级生态市创建工作。

9月26日，副厅长方敏带领厅生态处、建设处、总队有关人员和省冶金环保所专家赴丽水缙云县带案下访，实地检查浙江建达金属特种钢有限公司，接待上访群众，听取群众诉求，协调解决环境信访问题。

10月9日，副厅长方敏带领省环保厅、省法院、省检察院相关部门负责同志先后走访了嘉兴市检察院、嘉兴市法院，听取嘉兴市检察院、嘉兴市法院在推进环境公益诉讼、环保非诉案件强制执行以及探索建立环保法庭等方面的进展情况。

10月11日，副厅长卢春中率省固废中心及省环科院赴东阳市对废塑料整治情况开展了调研与推进工作，深入了解当前该行业污染与经济发展、改善民生之间的突出矛盾，广泛听取了基层与群众的建议，对如何推进整治工作提出了指导性意见。

10月15日至17日，厅长徐震率厅办公室、生态处、污防处、建设处、科技与合作处和固管中心负责人一行赴玉环县、温岭市、路桥区、椒江区等地，深入相关企业、乡村和场馆，就台州市环境保护和生态文明建设进行实地调研。

10月18日，环保部在江西南昌召开了长江中下游流域水污染防治及华东地区污染减排工作会议。副部长张力军参加并作重要讲话，污防司、总量司等部机关司局和直属单位负责人，上海、江苏、浙江等11个省（区、市）环保厅（局）主要负责人、分管负责人、处长等参加。副厅长虞选凌带队参加会议。

10月30日至11月1日，由环境保护部主办，环境保护部化学品登记中心、浙江省固体废物监督管理中心承办的全国化学品环境管理工作会议在杭州召开。环境保护部污染防治司司长赵华林、李蕾副司长出席会议并作了重要讲话。副厅长卢春中出席了会议并致辞。

11月1日，厅长徐震会见了湖州市南浔区区委书记叶理中、区人大主任姚广明、区政协主席马志祥、副区长徐国华等四套领导班子一行，听取了南浔区创建省级生态区的情况汇报。副厅长方敏和厅办公室、生态处及湖州市环保局主要负责人陪同参加。

11月21日，厅长徐震在厅办公室、污防处、总量处、建设处和执法稽查总队负责人的陪同下会见了温州市市长陈金彪、副市长王祖焕、市政府秘书长詹永枢等一行。双方就温州市创建省级环保模范城市进行了深入交流。

11月22日，厅长徐震会见了余姚市市长奚明、副市长诸晓蓓等一行。厅办公室、污防处负责人陪同参加。

12月6日，厅长徐震会见了仙居县县委书记单坚、县长林虹、副县长潘法祥一行，听取了仙居县创建国家生态县工作情况汇报。副厅长方敏和厅规财处处长陈爱民、生态处处长韩志福陪同参加。

12月11日至12日，厅党组召开理论学习中心组扩大会议，认真学习贯彻党的十八大和省委十三届二次全会精神，研究谋划2013年的工作思路。厅党组书记、厅长徐震主持会议并讲话，厅党组成员作交流发言，厅机关各处室及直属单位主要负责人参加会议。会议邀请环保部环境与经济政策研究中心主任夏光作了题为《建设生态文明，实现美丽中国》的专题辅导报告。

12月13日，厅长徐震会见了三门县县委书记董服标、县政协主席徐小力、县人大副主任李金砖、副县长卢志伟等一行。方敏副厅长和厅办公室、生态处负责人陪同会见。

12月27日，厅长徐震会见了衢州市市长沈仁康一行，听取了衢州市生态环保工作汇报。厅办公室、规财处、生态处、总量处、监信处和信息中心负责人陪同会见。

2012年浙江省建设厅大事记

1月31日，厅长谈月明、副厅长樊剑平、吴雪桦、省建管局局长张奕等一行到绍兴市调研建筑业发展情况。绍兴市建管局党委书记、局长林抒等陪同调研。

2月2日，台州市建筑业发展大会召开。副厅长樊剑平等省有关部门领导到会指导。

2月17日，召开全省住房和城乡建设工作会议，副省长陈加元出席会议并作重要讲话，省政府副秘书长施利民主持会议，厅长谈月明作工作报告。

3月1日，厅长谈月明赴萧山区考察调研规划建设管理工作，副厅长赵克、省建管局局长张奕及相关处室负责人陪同调研。

3月5日，金华市召开深入开展“服务企业、服务基层”专项行动座谈会。省扶持中小企业暨“双服务”专项行动第七服务组组长、省住房和城乡建设厅副厅长赵克出席座谈会。

3月6日，由副厅长赵克、厅党组成员朱永斌带队，省纪委、省发改委、省财政厅、省林业厅、省教育技术中心、省质量技术监督局、浙江大学的领导和专家组成的省“服务企业，服务基层”小组，在永康开展对接活动。

3月7日，省住房和城乡建设厅在桐庐召开了厅落实2012年重点工作座谈会。厅领导谈月明、樊剑平、应柏平、杨荣伟、吴雪桦、赵克、周日良、卓春雷、周伟群、张奕及各处室（局）主要负责人参加了会议。

3月20日，召开“厅直单位落实年度工作任务座谈会”。厅领导谈月明、樊建平、杨荣伟、赵克、周伟群及厅直属单位党政负责人、厅相关处室负责人参加了会议。

3月22日，副巡视员周伟群带队到台州调研污水处理费征收使用管理工作，省财政、物价等有关单位参加调研。

3月27日，厅领导谈月明、樊剑平、应柏平、杨荣伟、吴雪桦、赵克、朱永斌、卓春雷、周伟群、张奕及各直属单位负责人、各处室代表赴浙江建设职业技术学院参加植树造林活动并参观了中国水利博物馆。

3月31日，“全省城镇住房保障阳光工程建设会议”在省人民大会堂举行。省建设厅厅长谈月明，省纪委常委、省监察厅副厅长施彩华，省建设厅副厅长应柏平、省纪委驻省建设厅纪检组长杨荣伟出席了会议并在主席台就坐。各县（市、区）纪委、监察局和纠风办负责人，各县（市、区）住房城乡建设部门负责人，省纪委、监察厅和建设厅有关处室负责人，省建设厅政风行风监督员等参加了会议。

4月6日，《浙江省深入推进新型城市化纲要》杭州、湖州、嘉兴、绍兴片区意见征求会在嘉兴召开。厅长谈月明、厅办公室、厅城乡规划处、省新型城市化研究中心等负责人出席了会议，杭州、湖州、嘉兴、绍兴市政府、建设、规划、行政执法等主管部门负责人参加了会议。

4月9日至10日，以副厅长樊剑平为组长的省节能目标责任考核组一行到台州市考核检查2011年度节能目标的完成情况。

4月13日，2012年全国建筑钢结构行业大会在绍兴隆重召开。中国建筑金属结构协会会长姚兵、省建设厅副厅长樊剑平、绍兴市人民政府副市长陈长兴、中国建筑金属结构协会秘书长刘哲、绍兴县人民政府副县长谢兴长等出席会议。

4月16日至17日，全省房屋登记工作会议在台州仙居召开。厅房地产市场监管处及各地市房地产管理局（处）负责人参加。

5月16日至18日，厅长谈月明带领相关处室负责人赴温州市考察调研新型城市化和城乡建设工作，温州市人民政府副市长干祖焕，温州市住建委、规划局、城管与执法局等单位领导参加调研。

5月18日，厅党组成员、总规划师周日良到绍兴县调研保障性住房建设工作，绍兴市住房和城乡建设局长张顺建、绍兴县住房和城乡建设局长钱勇军等陪同。

5月22日，厅党组书记、厅长谈月明和副厅长应柏平、赵克、党组成员朱永斌、副巡视员卓春雷以及厅有关处室负责人，赴省城市化发展研究中心进行视察调研，并为中心揭牌。

5月23日，副厅长赵克率队到青田小舟山乡和贵岙乡，就结对帮扶项目的落实情况开展调研。

5月24日，厅长谈月明、副厅长吴雪桦一行赴嘉兴市考察调研绿道网规划建设工作。

5月30日，全省现代物业服务业发展现场会在杭州召开，副省长陈加元、住房和城乡建设部房地产市场监管司司长沈建忠出席并讲话。省政府副秘书长施利民，厅长谈月明、副厅长应柏平出席了会议并在主席台就坐。

6月6日，副厅长应柏平到温州就贯彻全省新型城市化工作会议精神开展督查调研。住房保障处处长谢永明、房地产市场监督处副处长寿欢林陪同调研，温州市住建委（房管局）、规划局、城管执法局（园林局）和住房公积金管理中心等单位领导参加调研。

同日，由厅党组成员、纪检组长杨荣伟带领的行政执法案卷评查小组对舟山市工程建设领域行政许可和行政执法案卷进行了评查。

6月12日，副厅长吴雪桦一行到嵊州市调研新型城市化工作。

6月13日，厅长谈月明一行赴建德市考察调研城乡规划建设管理和保障性住房建设。厅长助理魏玉瑞及相关处室负责人，建德市人民政府市长陈震山、副市长叶万生及相关部门负责人参加了考察及座谈。

7月5日至6日，全省城市绿道网建设现场会在嘉兴召开。副省长陈加元就此次会议作出批示。厅长谈月明、嘉兴市市委副书记、市长鲁俊、省纪委驻厅纪检组组长杨荣伟等出席了会议，副厅长吴雪桦主持会议。

7月16日，厅直属单位年中工作座谈会在杭州召开。厅领导谈月明、应柏平、杨荣伟、周伟群出席了会议并讲话。厅直属各单位负责人参加了会议。

7月20日，全省建设系统召开“深入推进行风建设强化有效投资”电视电话会议。厅领导谈月明、樊剑平、应柏平、吴雪桦、赵克、周日良、朱永斌、卓春雷、周伟群、张奕、魏玉瑞在主会场出席了会议并在主席台就坐。

同日，由厅城乡规划处副处长方建裕带队的省检查组到江山开展江郎山国家级风景名胜区保护管理执法检查省级自查工作。江山市人大常委会副主任毛井水等陪同。

7月24日至26日，为认真学习贯彻省第十三次党代会和全省新型城市化会议精神，进一步提升全厅干部职工学习能力、业务能力和工作水平，共同研究谋划全省住房城乡建设特别市推进新型城市化发展思路，厅机关组织举办了2012年厅理论学习读书班。

7月31日，副厅长吴雪桦到义乌市调研农房改造情况。义乌市委书记黄志平、市长何美华先后介绍义乌农房的改造基本情况，市委副书记葛国庆陪同考察。

同日，根据省委省政府“服务企业、服务基层”工作部署和要求，由副厅长赵克带队的省直“双服务”第七工作组到义乌市调研双服务工作，了解国际贸易综合改革试点进展情况、当前遇到的难题和迫切需要解决的问题。义乌市委常委、副市长陈勇陪同调研。

8月8日，厅长谈月明、副厅长吴雪桦率省建设厅相关人员亲临杭州市城区防指，了解、指导台风“海葵”防御抢险工作。市城区防指副指挥、城管委主任翁文杰，副主任丁景元、赵清平、楼斌文、赵美英等陪同。

8月14日，省住房和城乡建设厅与义乌市人民政府在义乌市举行《浙江省住房和城乡建设厅、义乌市人民政府关于共同推进国际贸易综合改革试点的协议书》签约仪式。厅领导班子成员及各处室负责人，义乌市级班子领导成员参加签约仪式，厅长谈月明、义乌市市委书记黄志平分别发表讲话。

8月15日，副省长陈加元在永康和义乌调研农村住房改造工作。省政府副秘书长施利民，厅长谈月明、副厅长吴雪桦，省委政研室副主任徐志宏参加调研。金华市委书记陈一新，副市长、义乌市市长何美华陪同调研。

8月17日，厅人教处处长郭丽华和省职建院丁夏君院长一行6人，到青田县贵岙乡督查2012年扶贫项目落实情况。青田县住房和城乡规划建设局副局长王晓林陪同督查。

8月27日，由厅长谈月明带领的省委第三督查组赴杭州，专项督查推进新型城市化战略实施情况。杭州市副市长俞东来等陪同督查。

8月28日，由副厅长赵克带领的省委第三督查组赴嘉兴市，专项督查推进新型城市化战略实施情况。嘉兴市副市长张仁贵，海宁市领导戴锋、邵小文陪同督查。

9月5日，厅副巡视员卓春雷一行在遂昌县副县长赵文明、丽水市房屋管理局局长范林义和遂昌县建设局相关人员的陪同下巡查了该县住房与乡建设工作。

9月12日，厅党组成员、纪检组长杨荣

伟一行到江山市调研惩防体系建设。江山市委常委、纪委书记叶锡祥，副市长王子平陪同调研。

9月14日，全省推进数字城管工作座谈会在台州市召开。副厅长吴雪桦出席会议并讲话。

9月17日，厅党组成员、副厅长赵克一行9人，前往新疆阿克苏地区，走访慰问浙江省建设系统援疆干部。厅人事教育处、省建设人力资源管理协会及部分地市住房建设部门的有关同志一起参加了慰问考察活动。省援疆指挥部副指挥长、党委副书记朱鑫杰，副指挥长徐幸、谢建华等有关负责同志陪同考察并参加座谈。

10月14日，首届“马克杯”浙江省住房和城乡建设厅直属机关单位男子篮球决赛在杭师大体育馆开战。厅党组成员、副厅长赵克和厅党组成员朱永斌观看了决赛。

10月19日，由省房地产业协会、省估价师与经纪人协会主办，杭州市房地产业协会、杭州市房地产学会协办的浙江省第十九届房地产博览会在杭州和平国际会展中心和浙江世界贸易中心同时开幕，展会将持续4天。副省长陈加元、省政府副秘书长冯波声，厅领导谈月明、樊剑平、应柏平、杨荣伟、赵克、卓春雷、张奕及杭州市相关单位负责人分别在和平和世贸会场出席了开幕仪式并参观了博览会。

10月25日，省住建厅督查组一行到温岭市对城镇污水处理设施及配套管网建设情况进行督查。

10月26日，厅领导现场督查了黄岩区污泥和镇级污水处理处置设施建设情况。台州市住建局城建处处长吴小平，黄岩区住建局局长陶智敏、副局长郑晖陪同督查。

10月22日至24日，省住建厅专家对衢州市“烂柯山——乌溪江省级风景名胜区”“三衢石林省级风景名胜区”“钱江源省级风景名胜区”3个景区进行了为期3天的“省级风景名胜区综合整治专项检查”。

10月25日，厅长谈月明、省文化厅巡视员鲍贤伦等赴湖州市，调研历史文化名城的保护工作。

11月9日，副厅长吴雪桦一行到龙泉调研绿色城镇创建的工作情况。龙泉市委常委、常务副市长包新华陪同调研。

11月13日，厅长谈月明一行专程赴杭州考察地铁工程建设试运行情况。

11月28日，厅机关工作务虚会在杭州召开。厅长谈月明主持了会议，应柏平、吴雪桦、赵克、朱永斌、卓春雷、周伟群、张奕等厅领导出席了会议，厅各处室主要负责人参加了会议。

12月4日，厅巡视员周日良一行到江山市贺村镇，就小城市培育试点工作进行调研。

12月14日，首届“全省推进新型建筑工业化现场会”在绍兴隆重召开，厅长谈月明，副厅长樊剑平、应柏平，浙江省建管局局长张奕，绍兴市副市长钟洪江出席会议。会议由副厅长樊剑平主持。

2012年浙江省交通运输厅大事记

1月9日，全省交通运输工作会议在杭州召开。会议传达了浙江省委书记赵洪祝和省委副书记、代省长夏宝龙关于浙江交通运输工作的重要批示。副省长王建满到会并作了重要讲话。厅长郭剑彪作了题为《稳中求进，加快转型，努力走在科学发展前列》的工作报告。省政府副秘书长谢济建主持会议。厅领导、省级有关部门领导、各县（市、区）政府分管领导和交通部门负责人、厅机关各处室和厅管厅属各单位主要负责人参加会议。

1月20日，厅长郭剑彪一行到之江大桥工地和杭州汽车西站慰问基层建设者和工作者，并检查指导春运工作。

2月16日，副厅长李良福、省公路管理局副局长洪秀敏一行6人在景宁考察56省道。丽水市景宁县委书记林康、代县长兰伶俐等县领导到现场陪同考察。

3月13日，2012年交通运输工会工作会议在嘉兴召开。会议总结交流了2011年全省交通运输工会工作情况，研究部署了2012年全省交通运输工会工作任务。各市交通运输局（委）分管领导和交通运输工会负责人参加了会议，副厅长储雪青出席会议并作重要讲话。

4月11日，副厅长李良福一行到宁波江北交通运输局调研江北数字公路建设。宁波市交通运输委总工程师胡跃军，市公路局局长张春波、纪委书记周静哉，江北区交通运输局局长周文龙、副局长周慧陪同调研。

5月23日，副厅长、省公路局局长李良福率省交通建设项目督查月公路项目督察组督查嘉兴交通建设项目，嘉兴市交通运输局局长张文华、副局长顾国强、嘉通集团总经理沈兰冠、副总经理周大勇及嘉兴市公路处领导参加督查。

5月23日至24日，副巡视员胡继祥带领省公路、运管、港航等部门相关人员到衢州交通开展“交通运输行政执法基层站所建设标准”调研。

5月24日，副厅长、省公路局局长李良福一行到湖州督查服务交通重点建设项目。湖州市交通运输局局长夏坚定、南太湖产业集聚区管委会常务副主任李全明、南浔区副区长潘耕峰等参加调研。

5月25日，厅党组成员、省运管局局长赵雁率队赴杭州余杭开展全省交通重点建设项目督查服务月活动，杭州市交通运输局有关领导陪同督查。

5月29日，副厅长王德宝一行调研丽水市龙庆高速公路工程建设进展情况，并在庆元县国大会议室召开“一对一”联系推进重大交通建设项目座谈会。

6月4日，省委书记赵洪祝到吴斌的家中吊唁，并亲切看望慰问吴斌的家属，同时转达国务委员、国务院秘书长马凯和交通运输部部长李盛霖等的哀悼和问候。省委常委、杭州市委书记黄坤明，省委常委、宣传部长茅临生，副省长王建满，杭州市市长邵占维和省交通运输厅党组副书记、副厅长徐纪平等陪同慰问。

6月5日，副厅长王德宝带领厅法规处、规划处、运输处、安全处主要负责人到省机场管理局调研指导工作。

6月7日，副厅长王德宝率省公路局、港航局、质监局负责人等赴衢州，就衢州市“十二五”交通重大建设项目推进工作进行调研。

6月12日，副厅长王德宝带领厅相关处室负责人到嘉兴市嘉善县调研，嘉善县县长许晴、县政协主席冯伟、副县长施晓松等陪同调研。

6月21日，副厅长储雪青及省机场管理局、国家空管局、南京军区司令部航管处、精功集团有关人员一行到建德考察千岛湖通用机场的开发与建设工作。建德市委书记董悦、人大主任程茂红、常务副市长郭坚、市委常委吕平及相关部门等陪同考察。

6月27日，厅质监局副局长龚一朋等一行三人到丽水市质监站就丽水质监文化建设、县质监站建设以及工程质量安全监督和造价管理等有关工作进行了调研指导。

6月29日，厅安全处金伟强处长一行对浙江交通职业技术学院安全工作进行年中检查与指导。

7月5日，副厅长郑黎明一行莅临宁波市运管处调研指导，宁波市交通运输委副主任汪月娥等陪同调研。

7月10日，副厅长徐纪平带领省交通运输厅、省公路局有关领导一行到台州市玉环县调研交通工作。

7月11日，厅长郭剑彪率队赴江苏省交通运输厅就浙江省加入长三角区域高速公路联网不停车收费的准备工作及开通活动安排进行商讨。副厅长、省公路局局长李良福及有关人员参加。

7月18日，厅长郭剑彪一行赴杭长高速公路6标施工现场慰问高速公路建设者，为他们送去了防暑物品。副厅长、省公路局局长李良福，杭州市交通运输局党委副书记韩勇、总工洪发生及厅机关有关处室和省公路局有关负责人陪同慰问。

7月24日，厅质监局副局长龚一朋到嘉绍大桥北岸检查安全生产工作。

8月1日，副厅长、省公路管理局局长、党委书记李良福亲临长三角区域高速公路联网不停车收费开通仪式第一分会场杭浦高速全塘收费站进行现场检查指导。

8月7日，厅党组成员、省运管局局长赵雁一行赴台州督查指导11号台风防御工作。

同日，副厅长储雪青一行到宁波北仑客运站检查指导11号强台风“海葵”的防御工作，宁波市交通运输委副主任徐国光、北仑区交通运输局副局长杨再达等陪同检查。

8月10日，副厅长郑黎明一行在绍兴市副市长杨文孝、绍兴市交通运输局局长章剑谷、嵊州市委书记金志、副市长董友庆的陪同下督查指导嵊州市台风灾后公路抢通工作。

8月15日，副省长王建满一行到湖州市南浔区视察318国道南浔至吴兴段改建工程，副厅长徐纪平陪同视察。

8月21日，副厅长、省公路局局长李良福，省公路局副局长杨才古一行7人在嘉兴市交通运输局局长张文华、副局长王强、市公路管理处处长方建义等领导陪同下调研指导嘉兴统筹城乡交通发展工作。

8月23日，副厅长徐纪平带领相关处室负责人就杭金衢高速公路杭州红垦至金华互通段拓宽工程通道改造问题到金华召开协调会议。

8月29日，厅纪检组耿洛佳组长一行4人到省运管局调研政务公开工作。

9月3日至4日，副厅长储雪青一行到湖州督查交通运输行业打非治违和大检查大整治工作情况。

9月5日，副厅长王德宝率厅规划处、厅建管处、省公路局、省港航局、厅质监局分管领导赴浙江公路水运工程咨询公司调研公司发展状况。

9月7日，副厅长王德宝一行到浙江交通技师学院视察。

9月11日，副厅长郑黎明到衢州检查交通运输行业“打非治违”安全大排查工作情况。

9月25日，省交通运输厅“打非治违”专项行动领导小组组长、副厅长郑黎明和相关安全生产负责领导检查了余姚舜水大桥的安全工作，余姚市交通运输局局长蔡柏灿等相关人员陪同检查并作了现场汇报。

9月26日，副厅长、省公路局局长李良福率领省公路局有关处室负责人对杭州市高速公路节假日免费通行的各项准备工作开展现场督查。

9月27日，厅运输处处长胡嘉临一行到嘉兴市嘉善县调研交通工作。

10月10日，副厅长、省公路管理局局长李良福率省环保厅、省交通运输厅、省公路管理局有关人员组成的省督查组对衢州市“811”生态文明建设推进行动以及“四边三化”行动进展情况进行了专项督查。衢州市人民政府秘书长金明、市环保局局长夏汝红、市交通运输局局长王良海等有关领导陪同督查。

10月12日，副厅长李良福一行到衢州督查杭新景高速公路衢州段工程建设情况，衢州市交通运输局负责人、杭新景高速公司以及柯城区、常山县、开化县领导陪同视察。

10月16日，副厅长储雪青、总工程师任忠、副巡视员胡继祥、机关党委专职副书记戴英等一行到嘉兴市嘉善县调研指导交通运输工作。

10月18日，副厅长郑黎明一行视察了杭州地铁1号线。厅有关职能处室、省运管局、杭州市交通运输局、杭州地铁集团有关领导陪同。

10月24日，全省交通运输系统团干部培训班开学典礼在省交通干校举行，副厅长储雪青、省交通干部学校校长马云飞参加开学典礼。

10月29日，全省运输管理创新专题培训班开学典礼在省交通干校举行，副厅长郑黎明、厅运输处副处长黄小斌、省交通干部学校校长马云飞出席开学典礼。

10月31日，厅长郭剑彪带领省公路、运管、港航、质监局负责人到衢州市调研交通运输工作，衢州市委书记陈新陪同。

同日，副厅长储雪青率厅人事处、厅宣传中心、《中国交通报》、《交通旅游导报》等相关负责人到金华市调研交通新闻宣传和人才工作，并召开座谈会。

10月31日至11月1日，副厅长储雪青率厅人事处、厅宣传中心等相关负责人到金华、衢州两市专题调研交通新闻宣传和人才工作，并召开座谈会。

11月6日，副厅长储雪青、党组成员赵雁一行到奉化市交通运输局调研。

11月20日，副厅长王德宝一行到丽水就丽水市瓯江港航开发工作进行调研。

11月21日，厅副总工、质监局局长李志胜到诸暨市交通工程质量安全监督站调研工作。绍兴市交通质监站站长周培康、诸暨市交通运输局局长杨天夫陪同调研。

同日，副厅长王德宝、省港航管理局副局长胡旭铭一行到温州视察港航管理工作。

12月3日至4日，副厅长、省公路局局长李良福率省公路局办公室、组人处、计财处、建设处、养护处、路政处、农村处、安全处负责人调研杭州公路交通工作。

12月18日，省交通干校举行2012年度军转干部培训班开学典礼。党组成员、副厅长储雪青，省军转办副主任周斌、省交通干校副校长赵国勋参加典礼，厅人事处副处长金耿阳主持典礼。

12月19日，厅总工程师任忠到厅质监局调研质监工作，厅建管处处长邵宏陪同调研。

12月28日，副厅长徐纪平一行到宁波北仑开展治超调研工作。宁波市交通运输委副主任、市公路局局长梁成初，北仑区副区长徐斌等陪同调研。

2012年浙江省水利厅大事记

1月10日，召开厅务会议，学习贯彻中央经济工作会议和农村工作会议、全省经济工作会议精神，深入贯彻落实加快水利改革发展各项决策部署，回顾、总结厅系统2011年工作，研究、部署2012年的工作任务。厅领导陈川、褚加福、虞洁夫、章国方、劳功权、连小敏、许文斌、徐国平、李锐、俞锡根、王云辉、徐成章、朱志豪、黄建中出席会议。省水文局、厅法规处等单位、部门作交流发言，各厅领导就各自的分管工作进行了部署。厅长陈川出席会议并作重要讲话。

1月12日，省水利厅会同省财政厅对省钱塘江管理局杭州管理处申报省级水利工程管理单位进行了考核验收，这标志着浙江省全面启动全省水利工程管理考核工作。

1月13日，在召开的厅机关职工大会上，副厅长褚加福宣读了浙江省水利厅浙水人〔2012〕4号文件，对潘田明等67位2011年度考核优秀人员进行了表彰。

1月17日，生态省建设考核组对省水利厅2011年度生态省建设工作情况进行现场考核。考核组一行7人，由省环保厅副巡视员许履中带队，省环保厅、省安监局、人行杭州中心支行、证监局等单位组成。副厅长连小敏参加考核汇报会，厅相关处室和单位负责人参加会议。

1月20日，厅长陈川、副厅长章国方看望并慰问了厅机关食堂员工、门卫保安和物业管理人员。

2月13日至14日，全省河道处长会议在温州乐清市召开。会议总结回顾了2011年度全省河道建设与管理工作，分析存在的问题，研究部署2012年的具体工作。副厅长褚加福出席会议并作讲话，副巡视员徐成章出席会议，厅政法处、钱管局、设计院、研究院、工程局、规划研究中心、质监中心等单位负责人参加会议，11个市水利局及义乌市水务局河道处长参加会议并作了交流发言，温州市常务副市长彭佳学亲临现场看望参会代表。

2月14日，召开了浙江省重点水利工程稽察与指导服务工作领导小组2012年度第一次成员会议，会议审定通过了省重点水利工程稽察与指导服务专家名单，确定了2012年度稽察项目名单和稽察工作组织方式及启动方案。副厅长、领导小组组长许文斌出席会议并讲话。

2月21日，全省水库海塘管理工作会议在兰溪召开。厅长陈川出席会议并讲话，副厅长虞洁夫作题为《肯定成绩，分析问题，理清思路，明确任务，努力开创水库海塘管理工作新局面》的工作报告，厅总工程师李锐主持会议，兰溪市委副书记、代市长朱瑞俊致欢迎词。

2月27日，浙江省水土保持学会成立大会暨第一次会员代表大会级在杭州召开，大会举手表决通过了《浙江省水土保持学会章程（草案）》《浙江省水土保持学会会费标准及管理办法（草案）》、浙江省水土保持学会学会领导机构设置及组成、第一届理事会理事选举办法，候选人名单。召开了第一届理事会一次会议，选举产生了常务理事、秘书长、副理事长、理事长，成立了各专业委员会，确定了分工，宣告浙江省水土保持学会正式成立。厅长陈川、水利部水土保持司巡视员张学俭出席大会并讲话，副厅长连小敏主持大会。

3月1日，厅长陈川率厅办公室、人事教育处、科技外事处负责人赴推广中心调研，听取了推广中心对单位基本情况、2012年工作思路以及主要工作情况的汇报。推广中心领导班子参加座谈。

3月6日至7日，全省市级水利局长会议在杭州召开。厅领导陈川、褚加福、虞洁夫、章国方、劳功权、徐国平、李锐、俞锡根、徐成章、朱志豪出席会议。厅长陈川主持会议并讲话。

3月9日，召开厅系统工会工作会议，回顾总结2011年工会工作，部署2012年厅系统工会的主要任务，驻厅纪检组长劳功权出席会议并讲话，厅系统工会主任陈永根作工作报告。厅直属各工会负责人参加会议。

3月15日，省财政厅副厅长王广兵率该厅农业处处长蒋建建等一行到省水利厅调研。副厅长褚加福、规划计划处处长周红卫及财务审计处处长俞淑英等陪同调研。

3月16日，省重点水利工程——海宁市鹃湖应急备用水源工程主体工程开工典礼隆重举行。副厅长褚加福率厅计划处处长周红卫、建设处处长严齐斌出席开工典礼。

3月20日至23日，副厅长徐国平率厅水政处、省围垦局、工程局等专家组成的省防汛督查组，对台州市防汛备汛工作进行督查。

3月20日至26日，由副总工杨炯、唐巨山两位稽察特派员带队，分两组对舟山市引水二期工程、岱山县高亭海塘加固工程、钱塘江干堤富春江库区建德市梅城段堤坊加固工程、诸暨市浦阳江排涝站改造一期工程等四个项目开展稽查。这是省水利厅首次开展稽查工作，标志着浙江省水利稽察工作全面启动。

3月27日，省防指副指挥、水利厅厅长陈川率省防汛督查组检查了余杭区、临安市、杭州城区汛前准备工作。

3月30日，召开干部下派上挂会议。根据《干部选拔任用条例》的规定，结合全省水利干部工作实际，厅党组决定下派姜伟等13位同志赴平湖等13个市（县、区）担任水利（水电、水务）局副局长等职务，省钱塘江管理局主任科员汪劲松等9位同志上挂省水利厅或水利部。副厅长章国方到会并讲话。

4月6日，浙江省水利学会九届四次理事会暨九届五次常务理事会议在杭州召开。学会副理事长、副厅长许文斌出席会议并讲话。39位理事、常务理事出席了会议。会议由许文斌副理事长主持。

4月16日至19日，副厅长徐国平率省河道管理总站主任陈永明、副主任方自亮等赴衢州、金华市调研河道建设与管理工作。

4月26日至28日，副厅长徐国平率省围垦局局长俞振凯、省河道管理总站主任陈永明等同志赴舟山调研围垦与河道工作。

5月14日，召开《浙江通志》水利编纂委员会第一次全体会议。厅长陈川出席会议并讲话，原厅长钟世杰、《浙江通志》副总编王良仟到会并作指导讲话。《浙江通志》编志办、有关参编的兄弟厅局、厅《浙江通志》水利编纂委员会委员单位主要负责人及相关参编人员参加了会议。会议由副厅长章国方主持。这次会议的召开标志着《浙江通志》水利部类编纂工作全面正式启动。

5月15日至17日，副厅长徐国平率省河道管理总站主任陈永明、副主任方自亮等赴湖州市调研河道建设与管理工作。

5月22日，副厅长虞洁夫率由省防指办、省水库总站和工程局组成的检查组对安吉县的水库安全管理和基层防汛体系建设进行了明查暗访。

5月27日至29日，副厅长许文斌带队赴台州、衢州两市督查指导农村水电增效扩容改造工作，省水电中心主任裘江海等陪同督查。

6月1日，召开全省水库安全度汛视频会议，贯彻落实省委省政府领导有关防汛工作的重要指示精神，通报“千库万人”大检查和水库明查暗访情况，并对水库安全度汛工作进行再部署。厅长陈川出席会议并讲话，党组副书记、副厅长彭佳学出席会议，副厅长虞洁夫通报了“千库万人”大检查和水库明查暗访情况，厅总工程师李锐主持会议。厅有关处（室）、中心、总站和厅属单位负责人在主会场参加会议。各市、县（市、区）水利局、防指办相关领导，各大中型水库管理局负责人和新安江、富春江、紧水滩、湖南镇、滩坑电站负责人等在各分会场参加会议。

6月4日，召开《浙江省水文管理条例》立法咨询会，加快推进水文管理立法工作。省人大常委会副秘书长、省人大法工委主任丁祖年，省人大农委副主任洪建新，省政府法制办副主任吴强军和省人大法工委、省人大农委、省政府法制办有关处室负责人等领导与专家应邀参加会议。副厅长虞洁夫出席会议并讲话。会议由副厅长许文斌主持。

6月5日至8日，副厅长徐国平带领河道总站主任陈永明一行分别赴温州市泰顺县、瑞安市、瓯海区调研河道建设与管理工作。

6月20日，厅属事业单位党政领导班子换届工作动员会议在厅三楼会议室召开。会议副厅长由章国方主持，厅属各事业单位、厅人事教育处、厅直属机关党委、驻厅监察室主要负责人参加了会议。

6月21日，全省农村水电安全生产工作座谈会在杭州召开。会议由水电中心主任裘江海主持，副厅长许文斌出席并讲话，全省各有关市分管局长、水电处长参加会议。

同日，浙江省第一次水利普查领导小组办公室在杭州组织召开了水利普查数据审核会议。副厅长许文斌，厅总工、省水利普查办专家咨询组组长李锐，太湖流域管理局水利普查办专职副主任吴志平，省水利普查办成员单位、专家咨询组成员、分组审核组组长和技术人员参加了此次会议。省统计局、省国土资源厅、省环保厅、省建设厅和省农业厅的专家应邀参加会议。

7月2日，召开全省基层水利服务体系改革试点工作会议暨培训会议，副厅长章国方出席会议并讲话。厅有关处室和单位负责人、各试点市县水利局领导及有关部门负责人参加会议。

7月3日，副省长、省防指指挥王建满，省政府副秘书长陈龙，厅长陈川，副厅长虞洁夫等一行，到绍兴检查防汛水利工作，并对防汛水利工作提出要求。

7月9日至13日，水利部水电局领导、中国水利水电科学研究院水电可持续发展研究中心以及国际小水电中心等有关专家，对浙江省松阳县安民一、二级和江山市双塔等五座小型水电站工程按照“绿色小水电评价指标体系”开展了现场评价，标志着我国“绿色水电”评价试点工作的正式启动。专家们在浙期间，副厅长许文斌向专家组介绍了省农村水电“建生态电站，创秀美山川，促乡村和谐”的有关情况。

7月17日，厅长陈川带领厅办公室、规划处、建设处、水库总站等处室负责人一行调研指导景宁水利工作。

8月1日，召开加快水利改革试点工作会议。党组副书记、副厅长彭佳学，总工李锐出席会议并讲话。

8月21日至22日，召开全省市级水利局长会议。厅长陈川主持会议并作重要讲话。在杭厅领导彭佳学、虞洁夫、劳功权、李锐、俞锡根，全国政协委员黄建中出席会议。

9月4日，召开厅党组理论学习中心组扩大学习会，厅长陈川传达省委专题学习会精神，驻厅纪检组长劳功权就加强党风廉政建设作专题发言。在杭厅领导陈川、彭佳学、虞洁夫、章国方、劳功权、许文斌、徐国平、俞锡根、黄建中和副总工，厅机关各处（室、局）、总站、中心主要负责人，厅直属各单位党政负责人参加会议。

9月19日，党组成员、厅总工程师李锐率厅规划计划处、建设处、农水总站、河道总站等处室负责人一行赴湖州督查重点水利项目建设工作。

10月12日，副厅长冯强、省财政厅王静副处长、省农科院吕晓男所长、省农村水利局蒋屏局长等一行9人莅临研究院江东试验基地调研考察。

10月29日，中国水利博物馆举行“镇水”文化展区开启仪式。全国人大常委会财经委副主任委员、水利部原部长汪恕诚，厅长陈川出席仪式并为展区揭幕。

11月20日，召开学习贯彻党的十八大精神大会。党组书记、厅长陈川主持会议并作重要讲话，党组副书记、副厅长彭佳学传达了党的十八大学习贯彻提纲。在杭厅领导章国方、劳功权、徐国平、冯强、李锐、俞锡根，厅机关各处（室、局）、总站、中心主要负责人，厅直属各单位党政负责人参加会议。

11月26日，召开全省水利工作会议。省委副书记、省长夏宝龙作出重要批示，副省长王建满出席会议并讲话，厅长陈川代表水利厅做工作报告，省政府副秘书长陈龙主持会议。在杭厅领导彭佳学、虞洁夫、章国方、劳功权、徐国平、冯强、李锐、俞锡根出席会议。

12月5日至7日，省水利厅会同省发改委在淳安县组织召开严家水库工程竣工验收会议，厅总工程师李锐参加会议并担任验收委员会主任委员。

12月13日，长兴县冬修水利暨苕溪清水入湖应急加固工程建设现场会隆重召开。厅长陈川出席并宣布苕溪清水入湖应急加固工程开工。

12月18日，召开《浙江通志·运河卷》篇目论证会。《浙江通志》副总编王良仟、李志廷等专家出席了论证会。省水利厅《浙江通志》编纂委员会副主任徐成章主持会议。《运河卷》编辑部人员及省交通厅、省文化厅、省文物局3家参编单位参加会议。

12月28日，《浙江省农村供水管理办法》（以下简称《办法》）宣传贯彻会议在省人民大会堂举行。副厅长冯强、省法制办公室副主任吴强军出席会议并讲话，省农村水利局局长蒋屏主持会议。会议同时宣布了《办法》将于2013年1月1日起实施。

2012年浙江省农业厅大事记

1月9日，省安监局纪检组长孙兆友带领省安全生产考核组一行，到省农业厅考核2011年度农机安全生产目标管理责任制落实情况。厅长史济锡、副厅长叶新才出席会议。

1月10日，由中国优质农产品开发服务协会、浙江省农业厅、余姚市人民政府联合主办的第三届中国余姚河姆渡农业博览会在余姚隆重开幕。省委常委、副省长葛慧君发来贺信。农业部总经济师杨绍品，厅长史济锡、副厅长陈利江出席开幕式。

1月17日，厅长史济锡赴湖州市长兴县检查指导春节期间动物防疫和畜产品安全监管工作，慰问站内动物卫生监督检查人员。厅党组成员、办公室主任蔡元杰陪同检查。

2月2日，浙江省政府印发《关于加快发展现代种业的意见》，明确全省“十二五”种业发展总体目标和重点任务。

2月3日，副省长郑继伟在省农业厅《关于我省农产品质量安全监管工作情况专报》上批示：省农业厅高度重视农产品质量安全监管工作，为浙江省食品安全形势的稳定作出了重要贡献。六个“狠抓”值得食品安全委员会成员单位的学习和借鉴。

同日，全省农业工作会议在杭州召开。省委常委、副省长葛慧君出席会议并讲话，厅长史济锡作工作报告。

2月4日，召开全省农业依法行政工作会议。厅长史济锡出席会议并讲话。

2月7日，厅长史济锡会见以色列驻上海总领事艾雅克先生一行。

2月10日，省委常委、副省长葛慧君到萧山区调研江东生态循环农业示范区建设情况。厅长史济锡、副厅长陈利江陪同调研。

2月14日，为贯彻落实省委省政府《关于在全省开展“进村入企”大走访活动的意见》，省农业厅印发了《关于开展“进村入户”大服务活动的通知》，决定集中5个月左右的时间，实行省市县乡四级联动，全省组织千名干部、万名农技人员，走访农业企业和农民专业合作社1000家以上，农户1万户以上。

2月17日，第22届中国（镇海）兰花博览会在宁波市镇海区开幕。省委常委、副省长葛慧君发来贺信。省人大常委会副主任程渭山、省政协副主席陈艳华、省农业厅厅长史济锡、副厅长冯一鹤等出席。

2月22日，农业部财务司司长李健华带队到浙江省专题调研农业政策落实、项目资金使用及绩效情况。

2月24日，全省中国台湾农民创业园工作座谈会在慈溪召开。副厅长赵兴泉出席会议并讲话。

3月6日，由省农业厅、浙江日报社、杭州市农业局、桐庐县人民政府联合举办的全省春耕备耕“拔逅”插服务月暨农业科技促进年活动启动仪式在桐庐县举行。厅长史济锡、副厅长陈利江出席活动。

3月7日，省农业厅联合省科技厅召开现代种业发展工作座谈会。厅长史济锡、副厅长陈利江出席会议。

3月28日，农业部举办第19期每月讲坛，厅长史济锡在讲坛上作了题为《浙江现代农业建设的实践与思考》的专题报告。

3月31日，浙江农业吉尼斯委员会会议在杭州召开。副厅长唐中祥出席会议并讲话。

同日，省政府法制办、省农业厅联合召开《浙江省农业机械化条例》立法论证会。

4月13日，省政协副主席陈艳华、徐辉率调研组来农业厅调研农产品质量安全监管机制建设。副厅长陈利江、唐中祥陪同调研。

4月16日至19日，省委组织部、省农办、省农业厅、省委党校在杭州联合举办农业农村现代化专题研讨班。省委常委、副省长葛慧君出席并讲话，厅长史济锡作开班动员并讲课。

4月19日，全省新型畜牧产业体系建设工作会议在杭州召开。省委常委、副省长葛慧君，农业部国家首席兽医师于康震，厅长史济锡出席会议。

4月23日，省农村改革试验区第一专题指导组（现代农业经营体制创新专题指导组）和第四专题指导组（农村集体产权制度改革专题指导组）会议在杭州召开。第一、四专题指导组及其办公室全体成员参加会议，第一、四指导组组长、省农业厅厅长史济锡出席会议并讲话，副厅长赵兴泉主持会议。

4月28日，省政府在杭州召开提升茶叶产业发展座谈会。全国政协文史和学习委员会副主任、中国国际茶文化研究会会长周国富，省委常委、副省长葛慧君，厅长史济锡，厅总农艺师王建跃出席会议。

5月4日至5日，省政协在龙游县举行“走进基层、走进群众”送科技下乡活动。省政协主席乔传秀、副主席冯明光，厅长史济锡、副厅长陈利江参加活动。

5月9日，第13届中国国际食品和饮料展览会在上海开幕。厅长史济锡在开幕式上致词,厅党组成员、副巡视员、办公室主任蔡元杰出席展览会。

5月17日，全国政协文史和学习委员会副主任周国富视察浙江省（萧山）现代农业创新园。厅长史济锡等陪同视察。

5月18日，全省农业项目绩效管理推进年视频会议在杭州召开。副厅长叶新才，厅副巡视员、人事处长吴金良出席会议。

5月20日，省委常委、宣传部部长茅临生视察浙江省（萧山）现代农业创新园。厅长史济锡、副厅长陈利江陪同。

5月24日，全省农业“两区”建设现场会在湖州召开。农业部部长韩长赋，省委副书记、省长夏宝龙，省委常委、副省长葛慧君出席会议并讲话。厅长史济锡、厅总农艺师王建跃出席会议。

5月25日，省农业厅联合省发改委印发《浙江省现代农作物和畜禽种业发展“十二五”规划》。

6月5日，省农业厅联合省教育厅、省人力资源和社会保障厅、省财政厅下发了《关于开展定向培养基层农技人员试点工作的通知》。

6月9日，浙江省、静冈县第18次农业交流促进委员会会议在杭召开，厅长史济锡与静冈县经济产业部部长吉林章仁出席。副厅长赵兴泉主持会议。

6月11日，召开全厅干部大会，学习传达贯彻中国共产党浙江省第十三次代表大会精神。

6月14日，省农业厅与省科技厅在杭州举行推进农业科技创新合作会商会议，双方签署了《省科技厅省农业厅推进农业科技创新合作备忘录》。厅领导史济锡、叶新才、陈利江、张火法、蔡元杰出席会议。

6月15日，省农业厅联合省林业厅、省海洋与渔业局、省财政厅下发了《关于扶持建设基层农业公共服务中心的实施意见》。

6月20日，浙江农业吉尼斯浙东白鹅擂台赛暨第四届象山白鹅节在象山举行。副厅长唐中祥出席并宣布开幕。

6月27日至28日，2012浙江省农商对接大会在杭州召开。厅长史济锡、副厅长冯一鹤出席会议。

6月28日，举办纪念中国共产党成立91周年暨吕先真同志先进事迹报告会和厅创先争优活动表彰大会。厅领导班子全体成员出席会议，厅长史济锡作讲话。

7月3日，全国农民专业合作社经验交流会议在北京举行。中共中央政治局委员、国务院副总理回良玉出席会议并作重要讲话，农业部部长韩长赋就贯彻落实工作作出全面部署。厅长史济锡参加会议，并作了题为《坚持创先争优推动创业创新不断提升农民专业合作社发展水平》的典型发言。

7月16日，召开全省农产品质量安全大整治百日行动视频会议。厅长史济锡出席会议并讲话，厅领导叶新才、唐中祥、张火法出席会议。

7月17日，全省农业龙头企业座谈会在余姚召开。厅长史济锡出席会议并讲话，厅总农艺师王建跃主持会议。

7月20日，省农业厅举办机关党建工作培训班。副厅长冯一鹤主持会议并讲话。

7月27日，省十一届人大常委会第三十四次会议审议通过《浙江省农业机械化促进条例》，《浙江省农业机械化促进条例》于2012年10月1日起正式施行。

8月2日，全省农业执法工作座谈会在临海召开。副厅长叶新才出席会议并作讲话。

8月4日至7日，农业部产业政策与法规司司长张红宇一行来浙江省调研。厅领导史济锡、赵兴泉、叶新才先后陪同调研。

8月5日，省农业厅、省林业厅、省海洋与渔业局、省粮食局、省供销社5个厅局联合印发了《浙江省省级骨干农业龙头企业认定和运行监测管理办法》。

8月14日，全省扶持经济薄弱村发展集体经济现场推进会在绍兴县召开。省委常委、组织部长蔡奇出席会议并讲话，副省长王建满主持会议。厅长史济锡在会上作《精心指导加强监管推进现代农业和村集体经济共同发展》的发言，副厅长赵兴泉参加会议。

8月24日，省政府召开十一届人大五次会议重点建议办理座谈会，省农业厅就

《关于切实解决农业技术推广体系有关问题的建议》（嘉12号）办理情况和初步答复意见作专题汇报，副省长王建满出席会议并讲话，副厅长冯一鹤参加会议。

9月3日，厅长史济锡出席浙江省与西澳大利亚洲结好25周年庆典活动，与西澳州农业部签订了两省州“农业友好交流协议”，并于9月5至12日访问韩国、以色列，促进与两国农业的合作与交流。

9月11日，省农民专业合作社联合会与浙江涌金仓储股份有限公司在杭州签署《三农金融仓储合作框架协议》。副厅长赵兴泉出席签约仪式并讲话。

9月12日，首届长三角地区农超对接洽谈会在嘉兴成功举办。省政协副主席王永昌、副厅长冯一鹤等领导出席开幕式。

9月19日，王建满副省长视察浙江省（萧山）现代农业创新园生态循环农业。厅长史济锡陪同调研。

9月24日，《浙江省农业机械化促进条例》宣传贯彻工作会议在杭州召开。省人大常委会副主任程渭山、副省长王建满、厅长史济锡、副厅长赵兴泉等领导出席会议。

9月26日，中国南方最大农机产业园（基地）在永康开工建设。省政府副省长朱从玖、厅长史济锡等领导出席开工仪式并为项目奠基。

10月10日，全省农业龙头企业与山区农产品基地对接会暨浙商投资现代农业推介会在松阳县举行。副省长王建满、省政府副秘书长陈龙、厅长史济锡、厅总农艺师王建跃等领导出席。

10月18日，全国农业社会化服务现场交流研讨会在平湖市召开。农业部经管总站巡视员关锐捷出席会议并讲话，副厅长赵兴泉在会上作《围绕转变农业发展方式加快推进新型农业社会化服务体系建设》的典型发言。

11月23日，2012浙江农业博览会、全国名优果品交易博览会在浙江新农都会展中心隆重开幕。省委副书记李强参观展会现场，并给予高度评价。农业部党组成员张玉香、省人大常委会副主任程渭山和副省长王建满出席开幕式并共同按下启幕球。 厅长史济锡主持开幕式。

11月26日，厅长史济锡会见韩国全罗南道农业技术院考察团一行。

12月13日，2012浙江（上海）名特优新农产品展销会在上海光大会展中心隆重开幕。浙江省人大常委会副主任程渭山、副省长王建满，上海市人大常委会副主任杨定华、副市长姜平等出席。厅长史济锡主持开幕式。

12月18日，省发改委与省农业厅联合召开推进农业现代化工作座谈会，共商贯彻落实省委省政府《关于加快推进农业现代化的若干意见》的工作举措，签署共同推进浙江农业现代化建设合作备忘录，强化双方合作交流。省发改委主任孙景淼、副主任姚作汀，厅长史济锡、总农艺师王建跃，厅有关单位主要负责人出席座谈会。

12月26日，省农业厅和国家开发银行浙江省分行本着优势互补、积极有效、共促发展的原则，在杭州签署共同推进开发性金融支持浙江农业现代化建设合作协议。省农业厅领导史济锡、叶新才、王建跃、蔡元杰，国家开发银行浙江省分行行长徐勇、副行长倪贤孟，以及双方有关单位负责人出席签约仪式。

12月28日，省农业厅与湖州市政府在湖州举行《共同推进湖州农业现代化建设合作备忘录》签字仪式。党组书记、厅长史济锡与湖州市委副书记、市长金长征代表双方在备忘录上签字。厅领导叶新才、王建跃、张火法和湖州市副书记金建新、副市长崔凤军出席签字仪式。

2012年浙江省林业厅大事记

1月4日，省绿化委员会、省林业厅、省农科院在省农科院联合举行“浙江省农科院百年院庆植树活动”，厅长楼国华，副厅长吴鸿、杨幼平，中国工程院院士、省农科院院长陈剑平，省农科院党委书记汤勇，以及省林业厅和省农科院的部分干部职工100多人参加植树活动。

1月9日，省花卉协会花文化专业委员会在杭州授牌成立，省花协名誉会长、全国政协文史和学习委员会副主任周国富、副厅长杨幼平、省文化厅副厅长陈瑶、省花卉协会会长徐培金等参加成立大会并讲话。

1月14日，省“两会”期间，省政协召开全省“关注森林”工作会议。省政协主席、省“关注森林”组委会主任乔传秀出席会议并讲话，省人大常委会副主任程渭山和全国政协文史和学习委员会副主任周国富出席会议，省政协副主席陈艳华主持会议，省“关注森林”执委会主任、厅长楼国华作2011年全省“关注森林”活动的工作报告。

1月18日，副省长陈加元在省慈善总会副会长李刚、厅长楼国华和省直机关工会主席苗远景等相关部门负责同志的陪同下，走访慰问省林科院困难职工。

1月20日，厅长楼国华带领相关处室负责人到浙江农林大学走访慰问，并与校领导宣勇、周国模、鲍滨福、金佩华及张齐生院士等进行座谈交流。

2月9日，台州市召开全市平原绿化暨沿海千里绿色长廊建设大会，厅长楼国华出席会议并讲话。

2月11日，省林业厅在浙江农林大学召开了2012年中央一号文件解读会，学习领会一号文件精神，讨论贯彻措施，副厅长吴鸿主持会议，与众代表畅谈了对一号文件的理解。

3月3日，2012中国（萧山）花木节暨第七届中国园林绿化产业交易会在浙江（萧山）花木城开幕，国家林业局副局长张建龙，中国花卉协会副会长王兆成，浙江省省委常委、副省长葛慧君，省人大常委会副主任程渭山，省政协副主席陈艳华共同启动花木节开幕式。厅长楼国华、副厅长杨幼平，杭州市、萧山区相关领导及浙江省、上海市花木产业主管部门的领导参加了开幕式。

3月5日，全国集体林权制度改革处长会议在杭州召开，国家林业局副局长张建龙，林权制度改革领导小组顾问黄建兴，林权制度改革司司长张蕾，副司长安丰杰、李近如、江机生，厅长楼国华、总工程师蓝晓光等参加会议。

3月21日，全省林业科技年活动启动仪式在桐庐县举行，省人大常委会副主任程渭山宣布启动。国家林业局科技司副司长杜纪山、省林业厅厅长楼国华、杭州市人民政府副市长何关新等参加活动并讲话。启动仪式由省林业厅副厅长吴鸿主持。

3月25日至26日，“浙江笋竹产品华北行”活动在天津市举行，天津市市委原书记高德占、国家林业局计资司司长孙建、天津市林业局党委书记陶润立、厅长楼国华和副厅长邢最荣、浙江省省政府对外经济合作交流办公室副主任郑宪宏等领导参加专题推介会。

3月29日，“绿动千里海塘，助推蓝色经济”——浙江省青少年参与海塘防护林建设行动启动仪式在慈溪举行，省委常委、宁波市市委书记王辉忠宣布启动，厅长楼国华、副厅长杨幼平及宁波市、慈溪市有关领导参加活动，团省委书记周艳主持启动仪式。

4月1日至3日，黑龙江省林业厅厅长蔡炳华、副厅长李跃民带领全省各市（地）、县林业局长110余人到浙江省考察交流林业产业，副厅长邢最荣、杨幼平陪同考察。

4月15日，以“弘扬生态文化共享自然之美”为主题的2012年浙江省野生动植物保护宣传月（爱鸟周）启动仪式暨扬子鳄放归自然活动在长兴举行。中国野生动植物保护协会会长赵学敏，浙江省人大常委会副主任、浙江省生态文化协会名誉会长程渭山，浙江省政协副主席、浙江省生态文化协会会长陈艳华出席并启动仪式。国家林业局相关司局负责人，厅长楼国华、巡视员叶胜荣，湖州市、长兴县有关领导等参加了启动仪式。

4月20日，2012中国·嘉善杜鹃花展暨大云生态文化旅游节在嘉善举行，厅长楼国华等领导参加开幕式。

4月24日，全省森林城市创建工作现场会在嘉兴举行，厅长楼国华、副厅长杨幼平出席会议并讲话，省林业厅副巡视员王章明主持会议，26个县（市、区）林业局局长及相关领导等参加现场会。

5月3日，省委常委、副省长葛慧君一行到湖州检查指导现代林业园区建设，厅长楼国华、湖州市市长马以、市委常委金建新、副市长崔凤军等陪同检查。

5月15日，省林业厅在富阳召开全省森林抚育工作现场会。全省各市林业局长、造林处长及有关县（市、区）林业局长参加会议。厅长楼国华、国家林业局造林司司长王祝雄参加会议并讲话，国家林业局华东院院长傅宾领，中国林科院亚林所所长王浩杰，厅副巡视员王章明、富阳市市长章舜年及省财政厅相关领导出席会议。副厅长杨幼平主持会议。

5月16日，全国林业科技周暨浙江省第九届林业科技周启动仪式在浦江举行。省政协主席乔传秀出席启动仪式并宣布启动，中国绿化基金会副主席兼秘书长、国家林业局原总工程师卓榕生、厅长楼国华、金华市副市长蔡健参加活动并讲话，浦江县委书记戴建平致辞，国家林业局科技司巡视员张志达，省政协副秘书长郑新浦，中国林学会常务副秘书长李岩泉，浙江农林大学校长周国模，国家林业局华东林业规划调查设计院院长傅宾领，中国林科院副院长储富祥，省科协副主席隗斌贤等领导参加活动。副厅长吴鸿主持仪式。

5月28日，省十一届人大常委会第三十三次会议在杭州召开，厅长楼国华在会上作关于全省生态公益林建设情况的报告。

6月12日，省林业厅和浙江出入境检验检疫局联合在绍兴举行浙江省2012“绿盾护林”二号检疫执法专项行动启动仪式。

6月13日，党组书记、厅长楼国华主持召开省林业厅党组（扩大）会议，专题传达学习省第十三次党代会精神，研究部署全省林业系统的学习宣传及贯彻工作。

同日，厅长楼国华会见前来参加浙江省与印第安纳州建立友好关系25周年纪念活动的印第安纳州农业厅厅长乔•凯尔赛(Joe Kelsay)一行。

6月19日，由浙江省林业厅参与主办的“转变发展方式、建设生态浙江”论坛在淳安举行。副省长陈加元出席论坛并讲话，省政协副主席陈艳华主持论坛，厅长楼国华、副厅长吴鸿参加活动。

7月3日，第5届中国义乌国际森林产品博览会推介活动在福州举行。福建省政协副主席叶继革及福建省林业厅、外经贸厅、福州市政府相关领导出席会议，厅长楼国华及义乌市有关领导参加推介活动。

7月10日，召开全省各市林业局长会议，厅长楼国华主持会议并讲话，厅领导邢最荣、俞坚、陈亚敏、蓝晓光、王章明出席会议，各市林业局局长、办公室主任和厅机关各处室、直属各单位主要负责人参加会议。

7月30日，省林业厅、义乌市人民政府联合在新疆乌鲁木齐市举行第5届中国义乌国际森林产品博览会、第18届中国义乌国际小商品博览会推介会，厅长楼国华带队参加推介活动。

8月14日至15日，省林业厅牵头在开化召开开化县“低收入农户奔小康工程”的结对帮扶工作会议，副厅长邢最荣，各帮扶单位负责人和开化县有关部门、乡镇负责人参加会议。

8月16日，浙江省竹产业协会第三次会员代表大会在杭州召开，中国工程院院士张齐生、副厅长邢最荣参加会议并讲话，浙江省竹产业协会会员单位代表及主要产竹市、县林业局代表参加会议。

8月19日，由中国林业产业联合会、浙江省林业厅主办的第四届中国香榧文化节暨香榧产业转型升级研讨会在东阳举行，国家林业局计资司副司长孙建、中国林业产业联合会秘书长王满、省林业厅副厅长邢最荣、省农业厅副厅长赵兴泉和东阳市有关领导参加活动。

8月19日至30日，以厅长楼国华为团长的浙江省林业代表团访问拉脱维亚、波兰、罗马尼亚，对生物多样性保护、森林可持续经营、森林认证、野生动物资源的保护与利用等方面进行深入考察，并洽谈双方的合作方向。

9月4日，厅长楼国华一行到德清县视察林业基地建设、林业产业化发展、矿基地开发利用等工作。

9月11日，全省香榧南扩技术推进现场会在松阳县召开。副厅长吴鸿出席会议并讲话。省厅相关部门负责人、有关县（市、区）的林业局首席推广专家、生产经营业主及技术负责人等180余人参加了会议。

9月17日，全省森林旅游工作会议在衢州召开。厅长楼国华，省旅游局局长赵金勇、副局长朱红炜，衢州市副市长毛建民等领导出席会议并讲话。副厅长邢最荣主持会议。

9月24日，全省各市林业局办公室主任会暨信息宣传培训会在杭州召开，副厅长俞坚出席会议并讲话。

10月24日，省委省政府在龙游召开全省“四边”绿化工作座谈会。省委副书记李强参加会议并讲话，省委副秘书长林云举主持会议，厅长楼国华对“四边”绿化工作进行了具体部署。省政府副秘书长陈龙，省级有关部门负责人，各市党委副书记或分管市长，衢州各县（市、区）党委书记，各县（市、区）林业局局长参加会议。会后，领导与参会代表赴杭金衢高速龙游出口植树。

10月26日，2012浙江（桐庐）森林旅游节在大奇山国家森林公园隆重举行。省政协副主席陈艳华宣布开幕，厅长楼国华出席开幕式并讲话，国家林业局森林公园办公室、省旅游局、杭州市人民政府相关领导，各县（市、区）林业部门相关负责人，浙江农林大学、浙江省林科院相关专家和桐庐县相关领导参加了开幕式。

11月2日，副厅长邢最荣和加拿大艾伯塔省环境资源可持续发展部林业开发处主任丹·威尔金森(Dan Wolkison)分别代表浙江省和加拿大艾伯塔省签署两省林业合作协议。

11月5日，厅长楼国华会见来浙考察交流对口支援工作的重庆市涪陵区区委书记秦敏、区长沈晓钟、区人大常委会主任张世俊、区政协主席徐志红等涪陵区党政代表团一行。

11月8日，第七届中国（东阳）木雕竹编工艺美术博览会在东阳中国木雕城隆重举行。省人大副主任厉志海，省政协副主席斯鑫良，中国绿化基金会副主席兼秘书长卓榕生，中国林产工业协会秘书长、中国林业产业联合会副秘书长石峰，厅长楼国华等出席开幕式。

11月9日，全省毛竹覆盖“双百万”示范行动推进现场会在衢州市衢江区召开，省林业厅副厅长吴鸿出席并讲话。

11月14日，“2012中国第三届雁鸭养殖高层论坛暨海盐雁鸭产业推进会”在海盐举办。中国工程院院士马建章、中国野生动物保护协会秘书长臧春林、浙江省林业厅厅长楼国华等出席开幕式。

11月22日，“中国林权改革：现状、经验及展望”国际研讨会在杭州召开。国家林业局副局长张建龙，浙江省副省长王建满，联合国粮农组织总部林业经济政策与产品司主任伊娃·穆勒（Eva Muller），欧盟代表、国家发改委农经司副司长吴晓松及世界产权与资源组织总裁安迪·怀特（Andy White）出席会议并讲话。国家林业局相关司局负责人，欧盟、联合国粮农组织有关官员和国际专家，粮农038项目指导委员会成员和有关院校领导，厅长楼国华，副厅长邢最荣、俞坚，及全国相关省份的林业主管部门代表等参加了会议。与会代表们还到安吉等地进行了实地考察。

11月27日，2012浙江（嵊州）森林旅游节暨绍兴市第四届森林休闲节在嵊州举行。国家林业局总工程师陈凤学、省人大常委会党组副书记茅临生、厅长楼国华、副厅长邢最荣等出席开幕式。

12月3日，全省彩色树种发展座谈会在兰溪召开。厅长楼国华出席会议并讲话，副厅长杨幼平主持会议，各市林业种苗站站长、各省级林业保障性苗圃负责人、绿化苗木龙头企业代表和有关专家参加了座谈会并发言。

12月7日，省扑救重大森林火灾实战演习在永康市石柱镇江姚村举行。国家森林防火指挥部专职副总指挥杜永胜，省人民政府副省长、省森林消防指挥部指挥王建满，厅长、省森林消防指挥部副指挥楼国华，省人民政府副秘书长、省森林消防指挥部副指挥陈龙，省武警总队副总队长、省森林消防指挥部副指挥陈朝华，省军区副参谋长、省森林消防指挥部副指挥郑跃，副厅长俞坚，全省各市政府分管领导，各县（市、区）林业局局长参加了此次活动。省武警总队、森林消防专业队，金华市各县森林消防专业队，永康市各乡镇森林消防专业队参加演练。

12月17日，全省林业科技年活动暨食用林产品质量安全大整治百日行动总结会在金华召开。厅长楼国华出席会议并讲话，副厅长吴鸿主持会议。省科技厅、食品安全委员会办公室、中国林科院亚林所、国家林业局竹子研究开发中心、浙江农林大学等单位负责人参加了会议。

12月24日至26日，省林业厅分两期举办了全省野生动植物保护管理培训班，各县（市、区）林业局野生动植物保护管理人员和办理野生动植物行政许可的工作人员参加了培训。

2012年浙江省商务厅大事记

1月10日，副厅长韩杰在厅机关会见了中金公司管理委员会成员、董事总经理李弘女士一行4人。厅外经处、促进中心、办公室参加了会见。

1月18日，厅长金永辉率办公室主任马建国、商发处处长张青山、人事处处长朱军等同志到省散装办慰问并指导工作。

2月1日，党组副书记、副厅长周日星率人事处处长朱军、商发处调研员姚德昌等同志到省散装办慰问并指导工作。

2月15日，副厅长韩杰带领厅外经处相关人员，在萧山区商务局负责人的陪同下，赴富丽达集团控股有限公司、浙江恒逸集团有限公司调研境外投资发展情况。

2月17日，副厅长韩杰带领厅外经处相关人员，在地方政府领导、商务局负责人的陪同下，赴海兴电力科技、浙江正泰太阳能科技有限公司调研境外投资发展情况。

2月28日，副省长龚正、省政府副秘书长夏海伟等一行5人到省商务厅走访调研和检查指导工作，专题听取商务工作情况汇报并作了重要指示。厅领导班子成员、机关各处室和厅属单位主要负责人参加了情况汇报会。

3月12日至13日，2011年度全省商务系统目标责任制考核工作会议在衢州召开。厅党组成员、办公室主任马建国出席会议并讲话，各市及义乌市商务主管部门办公室主任或分管目标责任制考核工作处室主要负责人、省商务厅有关处室负责人参加了会议。

3月26日，首届中国（北京）国际服务贸易交易会（以下简称“京交会”）浙江团筹备会议在东阳东磁大厦召开。厅服务贸易处处长张钱江，金华市商务局副局长郑继清，温州市商务局、嘉兴市商务局、绍兴市商务局、省服务贸易协会、省货代协会、浙大网新科技有限公司、浙江中控科技有限公司、东芝信息机器（杭州）有限公司、华谊兄弟传媒有限公司、浙江华硕国际贸易公司等20多家相关单位的负责人参加会议。

4月17日，全省非公有制企业党建工作座谈会暨标准化建设现场推进会在富阳召开，副厅长胡潍康参加了会议。

4月26日至27日，厅办公室在杭州召开全省商务系统电子公文传输工作会议，专题研究部署此项工作。各市商务部门办公室分管副主任和收发文工作人员共40余人参加会议，厅党组成员、办公室主任马建国到会并讲话。

4月27日，为了解全省外贸出口企业生产经营情况及面临的困难和问题，根据厅党组的统一安排，副厅长徐焕明赴永嘉县调研外贸出口情况。

4月19日，全省电子商务工作会议暨领导小组第一次会议在杭州召开，省电子商务工作领导小组全体成员及省公安厅、省邮政管理局、阿里巴巴集团等单位负责人参加会议，会议由省政府副秘书长夏海伟主持，领导小组办公室主任、厅党组副书记、副厅长周日星作了工作汇报。领导小组组长、副省长龚正出席会议并作重要讲话。

5月9日，全省城乡连锁经营重点流通企业座谈会在杭州召开，副厅长徐焕明参加会议并讲话。

同日，全省商务系统政务信息暨新闻宣传工作会议在杭州召开。副厅长陈如昉出席了会议并作重要讲话。

5月11日，省政府在杭州召开全省外贸工作专题会议。全省11个市和义乌、出口十强县（市、区）政府分管商务（外经贸）工作的负责人和商务局（外经贸局）主要负责人，省级有关单位、商务部驻杭特办负责人，厅长金永辉及厅领导、厅机关有关处室和厅属单位负责人约100人了参加会议。

5月23日至24日，党组副书记、副厅长周日星率厅商发处、市场秩序处有关人员，到金华市调研、督查，对金华市肉品质量安全和再生资源回收利用工作予以充分肯定。

5月24日，召开全省典当工作会议，这是省商务厅组建以来第一次召开的全省性典当行业管理工作会议。副厅长徐焕明参加会议并讲话。

6月15日，全省外经贸运行调查监测工作会议在富阳召开。会议回顾总结了2011年度全省外经贸运行调查监测工作；通报表彰2011年度全省外经贸运行调查监测工作的先进单位和个人；研究部署2012年度全省外经贸运行调查监测工作。副厅长陈如昉，全省各市商务局（外经贸局）的分管局长及相关处室负责人，有关县（市、区）商务局（外经贸局）的分管局长及相关科室负责人，省商务厅负责监测工作的综合处相关负责同志，厅属外贸中心负责运行监测工作的相关负责人，共计70多人参加会议。

7月4日，副厅长陈如昉率厅外贸处等有关同志到杭州市专题调研跨境贸易电子商务产业发展情况，并实地走访杭州全麦电子商务有限公司。

7月5日，浙台（象山石浦）经贸合作区授牌仪式在象山石浦隆重举行，这标志着浙江省海洋经济又添新平台。省委常委、常务副省长龚正，厅副巡视员陈晓龙出席授牌仪式。

7月6日，副厅长韩杰在厅机关会见了来访的美国密歇根州经济发展署高级副总裁史密斯一行。厅办公室、外资处、外经处、欧美处、促进中心负责人参加会见。

7月19日，义乌中国小商品城集团和阿里巴巴集团战略合作签约仪式。厅长金永辉代表省商务厅和省电子商务领导小组成员单位发言，副厅长周日星主持仪式。

7月25日，副厅长徐焕明与市场体系建设处等有关同志一起，现场考察了物美望江超市、华润万家濮家超市农超对接鲜活农产品经营区，并与天天物美商业有限公司（华东总部）、华润万家生活超市（浙江）有限公司负责人进行具体探讨交流。

7月30日至8月2日，为帮助省内各级商务主管部门和外经贸企业有效利用“两个市场”“两种资源”，积极拓展亚非市场，抢抓新兴国家订单，促进浙商转型发展，省商务厅亚非处与浙江师范大学中非商学院合作，在杭州举办了亚非地区贸易投资促进培训班。

7月31日至8月2日，副厅长陈如昉率厅财务处、外贸处及产业处相关人员赴绍兴、台州调研国家级和省级出口基地以及相关外贸公共服务平台的建设情况。

8月8日，义乌市政府举行隆重的国家级义乌经济技术开发区授牌仪式。副省长龚正向义乌经济技术开发区管委会主任张庆奇授牌，副秘书长夏海伟宣读了国务院办公厅办公厅关于义乌经济开发区升级为国家级经济技术开发区的复函，商务部外资司副司长余显强发表庆贺祝辞，省编委办副主任杨利明宣读了义乌经济技术开发区机构的批文，省商务厅副厅长胡潍康参加了仪式。

8月9日，全省进口工作会议在杭州举行，这也是浙江省首次召开专题会议研究扩大进口。会议分析了全省当前进口形势，研究了贯彻落实国务院《关于加强进口促进对外贸易平衡发展的指导意见》、推动我省扩大进口的若干意见和有关举措。省委常委、常务副省长龚正出席会议并作重要讲话，各有关县（市、区）政府分管领导和商务主管部门负责人、省级有关单位、商务部驻杭州特派员办事处负责人出席会议。省商务厅领导及有关处室（单位）负责人也参加了会议。

8月22日，2012年商务部与浙江省部省合作工作会议在杭州召开。商务部副部长姜增伟，浙江省委常委、常务副省长龚正出席会议并发表讲话。厅长金永辉及厅领导、厅相关业务处室负责人参加会议。

8月28日至9月1日，省商务厅作为浙江省对口支援新疆阿克苏地区成员单位，为积极作好“商务援疆”工作，由副厅长徐焕明带队，组织厅机关有关处室和联华华商、华润万家、物美等10家省级农超对接示范流通企业，赴新疆阿克苏地区开展对口支援和农超对接有关活动。

9月12日，全省农超对接试点工作座谈会在嘉兴市召开，各市商务主管部门分管领导、业务处室负责人和各县级市商务主管部门分管领导参加了座谈，副厅长徐焕明出席并讲话。

同日，作为2012年“浙江商务”周重头戏之一的首届长三角地区农超对接洽谈会在嘉兴成功举办，省政协副主席王永昌，嘉兴市市长鲁俊、副市长盛全生，商务部市场体系建设司副司长孙长青，农业厅副厅长冯一鹤，团省委副书记王征，上海市商务厅副巡视员余如鹤出席开幕式，省商务厅副厅长徐焕明主持活动仪式，浙江电视台、浙江日报等新闻媒体及时进行了宣传报道。洽谈会共现场签约12个项目，采购合同总额达2.1亿元；达成采购意向66项，采购意向总额3.5亿元。

9月14日至15日，“2012中国浙江商务服务博览会”在浙江世贸展览中心成功举办。省委常委、常务副省长龚正，省政府副秘书长夏海伟在厅长金永辉、副厅长陈如昉的陪同下视察展会现场。厅领导韩杰、黄克旭，以及省人社厅副厅长袁中伟到会参观指导。中国国际广播电台、浙江日报、浙江卫视、浙江之声等20多家新闻媒体对展会活动进行了宣传报道。

9月19日至20日，由副厅长韩杰带队，公平局、外贸处、投资促进中心相关人员组成的帮扶组赴舟山开展出口企业重点帮扶调研。

9月21日，为深入了解义乌“市场采购”贸易方式先行试点情况，副厅长徐焕明一行赴义乌进行调研。

9月25日，厅长金永辉一行6人到海盐调研生猪定点屠宰管理工作。

10月10日，省纪委常委、监察厅副厅长施彩华同志等一行3人，对全省开展清理整顿大型零售企业向供应商违规收费工作进行调研。党组副书记、副厅长周日星，厅党组成员纪检组长黄克旭，秩序处、监察室相关同志参加了调研。

10月21日，第18届义博会在义乌开幕。厅长金永辉出席开幕式，并先后陪同龚正常务副省长和商务部副部长钟山考察义博会。

10月25日，副厅长陈如昉会见了前来浙江省访问的伊朗驻上海总领事馆索布哈尼总领事一行3人。厅亚非处、办公室、促进中心有关负责人参加了会见。

10月29日，商务部在北京召开“重点培育内外贸结合商品市场试点工作汇报会”，会议由外贸司司长王受文主持，副部长钟山出席会议并作了重要讲话，浙江省义乌中国小商品城、海宁中国皮革城、江苏海门家纺市场和河北白沟箱包市场等四个商品市场进行了汇报，部财务司、市场建设司、纺织商会、轻工商会、食土商会有关领导出席会议，副厅长陈如昉参加了会议。

11月13日至16日，厅长金永辉率队赴江苏、重庆和四川学习考察。厅办公室、综合处、财务处、市场建设处、服务贸易处、开发区处、绍兴市商务局、义乌市商务局等相关同志参加考察。

11月19日，厅长金永辉率队赴宁波调研内贸工作。

11月21日，召开厅机关干部学习贯彻十八大精神大会，传达学习党的十八大精神。厅党组书记、厅长金永辉出席会议并作重要讲话。

11月22日，浙江省食品安全大整治百日行动总结表彰大会在杭州召开，省商务厅被评为先进单位并受到表彰。

12月8日，省商务厅党组在安吉召开理论中心组学习会暨党组（扩大）会议。党组书记、厅长金永辉主持会议，厅领导班子成员，商务部驻杭州特办负责人，各市商务主管部门及机关各处室、厅属各单位的主要负责人参加了会议。

12月12日，召开《浙江通志》商务卷编纂工作会议，标志着商务卷编纂工作的全面启动。省商务厅厅长、厅编纂委员会主任金永辉，副厅长、厅编纂委员会执行主任徐焕明出席会议，厅办公室、政法处、财务处、商发处、外贸处、外资处、开发区处、外经处和研究院有关负责人参加了会议。

12月14日至15日，浙江省国际经济贸易学会第二届会员代表大会暨第四届学术年会在杭州电子科技大学（杭州下沙高教园区）隆重召开。来自浙江省各大高校、科研单位及企事业单位的200余名代表参加了本次大会。国家商务部政策研究室主任张向晨到会祝贺并作了专题报告。副厅长徐焕明到会讲话，杭州电子科技大学副书记陈畴镛、省社科联学会处处长俞晓光参加了开幕式并致辞。参加本次大会的来宾还有浙江省物产集团副总经理沈光明、《国际贸易问题》杂志社副总编武齐等。

12月24日至26日，副厅长韩杰带领厅公平贸易局、外经处相关人员，结合全省“对外贸易预警示范点”现场考评工作，调研了温州市、台州市“走出去”工作情况。

2012年浙江省文化厅大事记

1月3日至6日，厅长杨建新赴北京参加全国文化厅局长会议，并列席全国宣传部长会议。随后，参加了文化部在京举行的“春雨工程”全国文化志愿者边疆行工作总结会。

1月3日，副厅长杨越光观看浙江歌舞剧院《彩蝶雅乐》音乐会。

1月4日，副厅长陈瑶主持对省非遗中心的年度目标管理责任制考核。

1月5日，副厅长、省文物局局长鲍贤伦主持对中国丝绸博物馆和浙江自然博物馆的年度目标责任制考核。

1月6日，厅长杨建新参加文化部召开的国有文艺院团体制改革工作座谈会，并参加国家舞台艺术精品工程授牌仪式。

1月9日，厅长杨建新陪同省委书记赵洪祝观看浙江美术馆《书风书峰》展览。随后，在厅读书会作辅导报告，副厅长田宇原、陈瑶、杨越光参加。

1月10日，厅长杨建新陪同副部长王文章出席在我省举办的国家重点美术馆授牌仪式暨全国美术馆专业委员会年会。

1月11日至15日，厅长杨建新参加省政协十届五次会议。

1月12日，厅长杨建新出席浙江自然博物馆《龙行浙江》龙年特展开幕式并讲话。

1月12日至16日，厅长杨建新参加省十一届人大五次会议。

1月13日，厅长杨建新出席曹其镛夫妇捐赠中国古代漆器签约仪式并致辞，副厅长鲍贤伦主持。下午，厅长杨建新参加省人大预算专题审查会，接受人大代表对文化厅2012年预算重点审查。

1月14日至15日，厅长杨建新参加省“两会”，并为省政协港澳华侨委员和特邀委员作“推进文化强省建设”专题辅导报告。

1月16日，厅长杨建新、副厅长杨越光陪同省委书记赵洪祝，省委常委、杭州市委书记黄坤明和省委常委、宣传部长茅临生观看音乐剧《断桥》演出。

1月16日至18日，副厅长田宇原赴厦门参加文化部的全国文化产业工作年会。

1月30日，厅长杨建新，副厅长鲍贤伦、田宇原、陈瑶、杨越光，副巡视员陶月彪参加全省民营经济大会，并听取大会报告。

2月1日，副厅长陈瑶出席省文化厅与省新华书店集团有限公司签订“浙江省送书下乡工程”图书供货合同。

2月4日，厅长杨建新陪同省委书记赵洪祝、省委副秘书长舒国增、省委宣传部常务副部长胡坚观看“新年演出季”浙江小百花越剧团《藏书之家》演出。

2月5日，副厅长杨越光陪同老领导吕祖善、周国富观看《藏书之家》演出。

2月5日至6日，副厅长陈瑶赴京出席全国非遗生产性保护成果大展。

2月7日至8日，副厅长田宇原赴京向文化部汇报2012中国义乌文化产品交易博览会筹备情况。

2月10日，厅长杨建新参加省委书记赵洪祝主持召开省第十三次党代会调研课题成果汇报会，并参加“文化力量与经济文明”论坛；随后参加省委统战部部长汤黎路会见香港特区民政事务局曾德成局长一行。厅领导杨建新、杨越光陪同省长夏宝龙观看“弘扬国粹迎新春”浙港两地京剧名流汇演。

2月13日至15日，省委常委、宣传部长茅临生，副省长郑继伟出席全省文化广电新闻出版局长会议并讲话，厅长杨建新部署了全省文化工作。

2月15日，金永玲歌剧院在国家大剧院演出歌剧《祝福》，中央领导贾庆林、贺国强，文化部领导蔡武、董伟，省领导赵洪祝、乔传秀、茅临生、蔡奇等出席观看，副厅长杨越光陪同观看。

2月15日至17日，副厅长田宇原出席江浙沪演出业务洽谈会暨第五届长三角国际演出项目交易会，并考察上海网络文化市场。

2月22日至23日，副厅长陈瑶赴北京出席联合国教科文组织亚太非遗国际培训中心成立大会，并在保护非遗国际信息交流会上讲演。

2月22日至24日，副厅长杨越光赴京参加文化部的全国文化纪检工作会议。

2月23日，厅长杨建新出席《浙江文化地图》出版座谈会暨首发仪式。

2月27日，厅长杨建新列席十二届省委常委会，听取关于全国互联网宣传管理工作会议和全国文化体制改革工作会议精神及贯彻意见汇报。

2月28日，副厅长田宇原出席全省文化市场管理工作例会并讲话。

2月29日，厅长杨建新，副厅长鲍贤伦参加省政府第九次全体会议。

3月1日，副厅长田宇原出席浙江省游戏行业协会成立大会并讲话。

3月6日，厅长杨建新参加全国文化系统体制改革工作电视电话会议并作典型发言，会后就我省文化体制改革工作作了专题部署。副厅长田宇原、杨越光参加。

3月7日至8日，副厅长陈瑶出席省创建公共文化服务体系示范区（项目）培训班。

3月10日，厅长杨建新在京陪同省长夏宝龙会见浙交部分主要演员，随后参观“华装风姿——中国百年旗袍展”；并陪同省委书记赵洪祝及我省出席两会代表委员在北京音乐厅观看浙江交响乐团《春林花多媚》演出。

3月15日，副厅长陈瑶陪同文化部社文司副司长李宏一行赴东阳商讨全国农民工文化工作会务事宜。

3月16日至19日，社文司副司长李宏率督查组到我省督查公共文化服务体系建设示范区（项目）和“三馆一站”免费开放进展情况，副厅长陈瑶参加。

3月20日至23日，副厅长田宇原赴安徽参加华东六省一市三届五次文化市场管理工作座谈会。

3月21日，浙江省戏剧发展促进会成立，省政协主席乔传秀等有关领导到会致辞并授牌，厅长杨建新主持，副厅长杨越光出席，并观看当晚的祝贺演出。

3月23日，副厅长鲍贤伦与上海博物馆签订《绘画大系》合作协议书。

3月26日至30日，副厅长杨越光赴贵州参加文化部2012年度港澳台文化工作会。

3月28日，中央调研组到浙调研，副厅长田宇原参加文化产业发展和文化企业国有资产监管情况专题座谈会。

3月30日，厅长杨建新，副厅长鲍贤伦出席章梫先生诞辰150周年书法作品展。

4月4日至8日，厅长杨建新参加省长夏宝龙率领的浙江省友好代表团赴日参加浙江静冈结好30周年庆祝活动。

4月6日，副厅长鲍贤伦陪同副省长郑继伟宴请文化部副部长、国家文物局局长励小捷一行。

4月7日至8日，副厅长田宇原赴遂昌出席中国遂昌汤显祖文化节开幕式。

4月11日，省委宣传部、省委组织部相关人员来厅宣布干部任免，黄健全同志任省文化厅党组成员、副厅长。

4月28日，副巡视员陈官忠赴嘉兴出席钱君匋诞辰105周年纪念活动暨君匋艺术院改扩建竣工仪式。

4月29日至30日，第七届中国义乌文化产品交易博览会开幕，文化部副部长、国家文物局局长励小捷，副省长郑继伟、全国政协文史委员会副主任周国富等领导出席。厅长杨建新宣读赵洪祝书记贺信。

5月7日至13日，巡视员鲍贤伦、副巡视员陶月彪陪同全国人大常委会执法检查组来浙江文物执法检查。

5月9日，副厅长陈瑶陪同文化部副部长杨志今、社文司司长于群、副司长李宏出席春雨工程“文化志愿者边疆行”启动仪式。

5月15日，厅长杨建新向来我省考察的山西省文化厅副厅长赵克谦一行介绍我省非遗保护情况。

5月16日，省委组织部来厅宣布金兴盛同志担任省文化厅党组副书记、副厅长。

5月18日，副巡视员陶月彪赴宁波出席《中国海上丝绸之路八城市文化遗产精品联展》开幕活动。

5月20日，厅长杨建新召开会议分别研究省级文化系统重点文化设施项目的选址及概念方案制订工作、中国丝绸博物馆土地纠纷案后续处理工作，党组副书记、副厅长金兴盛，副厅长黄健全，巡视员鲍贤伦参加。

5月23日，厅党组书记、厅长杨建新，厅党组副书记、副厅长金兴盛，巡视员鲍贤伦陪同省委常委、组织部长蔡奇，常务副部长于跃敏一行赴省文物考古研究所调研“创先争优”活动开展情况。

5月25日，厅领导杨建新、金兴盛向副省长郑继伟专题汇报省级文化系统拟进入之江板块文化城项目建议方案。

5月26日，厅长杨建新陪同国家图书馆馆长周和平、文化部非遗司长马文辉考察富阳竹纸生产基地缘竹坊。

6月1日，厅长杨建新，党组副书记、副厅长金兴盛参加夏宝龙省长的浙江文化城选址调研。

6月8日，党组副书记、副厅长金兴盛出席浙江非遗节暨省非遗进校园活动季开幕并致辞，副厅长陈瑶主持。

6月10日，党组副书记、副厅长金兴盛参加第十三届省委第一次全体会议。

6月13日，厅长杨建新主持召开会议专

题学习省第十三次党代会精神，研究部署贯彻落实措施，厅领导金兴盛、田宇原、黄健全、鲍贤伦、陶月彪、陈官忠出席。

6月25日至28日，党组副书记、副厅长金兴盛赴贵州省贵阳市参加2012年全国文化厅局长座谈会和全国国有文艺院团改革工作座谈会。

6月28日，副巡视员陶月彪出席中国嘉兴蚕桑丝织民俗文化论坛开幕并致辞，随后出席“龙行浙江——浙江出土化石”特展（嘉兴）开幕活动。

7月1日，厅长杨建新与台湾南投县政府代表商谈文化交流事项。

7月4日，党组副书记、副厅长金兴盛主持召开浙江音乐学院（筹）项目建设推进工作例会。

7月10日，党组副书记、副厅长金兴盛向马林云副秘书长汇报浙江音乐学院（筹）项目建设相关事宜，副厅长黄健全参加。

7月12日，厅领导杨建新、杨越光、鲍贤伦、陶月彪、陈官忠等出席杭州西湖申遗评选表彰工作初评会。

7月23日，杭州西湖文化景观申报世界文化遗产、浙江省申报世界非物质文化遗产与国家级非物质文化遗产“三连冠”两个表彰项目领导小组全体会议，厅领导杨建新、陈瑶、杨越光、鲍贤伦、陈官忠等出席。

7月31日，副厅长黄健全参加“浙江论坛”报告会和全省文化体制改革工作座谈会。

8月6日，郑继伟副省长、马林云副秘书长听取我省申报人类非遗和国家级非遗“三连冠”、杭州西湖文化景观申报世界文化遗产工作两个表彰项目的推荐审核情况汇报，厅领导金兴盛、陈瑶、鲍贤伦等参加。

8月7日，党组副书记、副厅长金兴盛参加省长夏宝龙主持召开有关重点项目推进工作会；随后，金兴盛召开传达该会议精神，研究浙江音乐学院（筹）项目建设后续推进工作会，副厅长黄健全参加。

8月22日，党组副书记、副厅长金兴盛听取浙江省文物考古研究所业务用房建设项目汇报，副厅长黄健全参加。

8月28日，副厅长田宇原为参加全省文化市场综合执法机构负责人培训班的学员授课。

9月3日，省委常委、副省长、宣传部长葛慧君调研浙江文化城项目，厅领导杨建新、金兴盛参加。

9月5日至8日，副厅长陈瑶出席第二届中国（山东）非遗博览会。

9月7日，厅长杨建新、巡视员鲍贤伦出席“浙皖两省政协书画精品展”开幕式。

9月10日，副厅长陈瑶出席文化部公共文化培训基地首期培训班开班仪式。

9月13日，夏宝龙省长听取浙江音乐学院（筹）校区建设工程总体规划及工程设计方案介绍，厅领导杨建新、金兴盛参加。

9月14日，厅领导杨建新、鲍贤伦出席中国丝绸博物馆“沙鸣花开——敦煌历代服饰图案临摹原稿展”开幕活动。

9月14日至20日，厅党组副书记、副厅长金兴盛赴台湾参加台湾•浙江文化节。

9月25日至27日，副厅长黄健全赴京参加全国文化体制改革工作表彰大会。

9月28日，省人大常委会任命金兴盛担任省文化厅厅长并颁发聘书，巡视员鲍贤伦列席会议。

同日，省领导夏宝龙、黄坤明、郑继伟听取浙江音乐学院（筹）校区建设工程规划及工程设计方案优化完善工作汇报、审看优化方案，省政协文卫体委主任杨建新，省文化厅党组书记、厅长金兴盛等参会。

10月4日，杭州越剧团在省人民大会堂演出越剧《德清嫂》，拉开了浙江省庆祝党的十八大召开优秀剧目展演序幕。省领导黄旭明、胡坚、何启明，省政协文卫体委员会主任杨建新、副主任叶成伟，副厅长杨越光观看演出。

10月10日，厅长金兴盛参加文化产业发展政策课题汇报会。

10月10日至14日，副巡视员陶月彪、陈官忠赴福建考察世界文化遗产保护工作。

10月12日，省领导赵洪祝、葛慧君、龚正和厅领导金兴盛、陈瑶、黄健全观看景宁畲族风情歌舞《千年山哈》演出。

10月13日，厅长金兴盛、副厅长陈瑶出席“非遗薪传——浙江传统陶艺塑艺精品展暨十大青年名师”颁奖仪式。

10月16日，厅长金兴盛出席“永恒的价值——中国艺术品收藏与鉴赏高峰论坛”大会。

10月19日，省委书记赵洪祝主持召开加强机关党建和服务基层工作座谈会，厅长金兴盛参加并发言；随后参加省政府常务会。

10月20日至21日，副巡视员、省文物局副局长陈官忠陪同国家文物局副局长宋新潮，出席全国民办博物馆馆长培训班结业式。

10月26日，厅长金兴盛出席省委宣传部召开的文艺精品创作座谈会并作汇报发言；随后参加省政府第99次常务会议。

10月27日，曹其镛先生夫妇捐赠漆器补充协议签署仪式暨“曾在曹家——曹其镛夫妇捐赠中国古代珍贵漆器”特展开幕，省委书记赵洪祝，全国政协文史委副主任周国富，省委常委、秘书长赵一德，副省长郑继伟，老同志张蔚文、张浚生等出席。厅长金兴盛出席并致辞，巡视员鲍贤伦主持，副巡视员、省文物局副局长陈官忠参加。

11月1日，副厅长陈瑶出席青田石雕文化节。

11月4日，厅长金兴盛出席“百年西泠•翰墨春秋”西泠印社大型系列活动暨饶宗颐先生书画艺术特展开幕式。

11月20日，召开省级文化系统学习宣传贯彻党的十八大精神动员会。党组成员、副厅长黄健全出席会议并讲话。

同日，省直机关工委发布表彰决定，省文化厅党组理论学习中心组被评为“省直机关和省部属企事业单位党委（党组）理论学习中心组先进单位”。

12月3日，厅长金兴盛召集会议商议今后五年省级文化系统设施建设工作，副厅长黄健全参加。

12月4日，副巡视员陶月彪赴省博文博单位进行综合治理考核。

12月6日，厅长金兴盛参加全省领导干部会议，随后参加厅、局机关的十八大精神专题报告会并作主题报告，厅领导黄健全、杨越光、陈官忠参加。

12月6日至8日，副厅长、巡视员田宇原赴安徽滁州参加第四届文化部创新奖颁奖仪式暨第五届中国文化创新高峰论坛。

12月7日，厅长金兴盛随省领导葛慧君、郑继伟赴杭开展重大文化设施选址工作调研。

12月10日，副厅长杨越光陪同中央考察组参观浙江省博物馆、浙江美术馆。

12月14日，厅领导金兴盛、田宇原、杨越光、鲍贤伦、陶月彪、陈官忠参加省委传达中央有关文件精神会议。

12月17日至21日，巡视员鲍贤伦参加省管领导干部学习贯彻党的十八大精神集中轮训。

12月18日，厅长金兴盛，副巡视员、省文物局副局长陈官忠出席浙江省古生物化石收藏研究中心挂牌仪式。

12月19日至20日，副厅长杨越光赴上海参加全国文化系统对外文化贸易工作会议。

12月20日至21日，巡视员鲍贤伦出席全省历史文化名城名镇名村保护工作暨《浙江省历史文化名城名镇名村保护条例》宣传贯彻会议并讲话。

12月24日至25日，副巡视员、省文物局副局长陈官忠赴京参加全国文物局长会。

12月26日至27日，副巡视员、省文物局副局长陈官忠参加临海市博物馆新馆建设方案专家论证会。

12月28日，厅长金兴盛出席《长卷视界2012杭州•中国画双年展》开幕式，随后召开党组理论中心组第二次十八大精神专题学习会、厅党组会、厅长办公会，厅领导田宇原、黄健全、杨越光、陶月彪参加。

同日，巡视员鲍贤伦调研大运河申遗点杭州西兴过塘行码头保护整治工作。

2012年浙江省卫生厅大事记

1月17日，省市区三级食品安全委员会办公室（以下简称食品安全办）对杭州市春节节日食品安全保障工作进行督查，并现场检查了部分农贸市场、连锁超市、餐饮单位等。省食品安全办常务副主任、省卫生厅副厅长徐润龙参加检查。

2月21日，召开全省实施基本药物制度和药械集中采购工作会议。各市、县（市、区）卫生局分管领导和处室负责人共170多人参加了会议。党组书记、厅长杨敬，党组成员、省纪委驻卫生厅纪检组组长蔡新光，党组成员、副厅长徐润龙出席会议并作讲话。

2月23日，2012年全省基层卫生工作会议在杭州召开，党组书记、厅长杨敬出席会议并讲话，副厅长王国敬作工作报告。

2月23日至24日，全省卫生监督工作会议在绍兴诸暨市召开。副厅长叶真、厅卫生监督局骆侃佼局长及全体领导班子参加会议。

2月28日，2012年全省卫生应急与疾病预防控制工作会议在绍兴市召开，党组书记、厅长杨敬出席会议并作重要讲话，副厅长叶真作工作报告。

3月7日至9日，副厅长王国敬一行到宁波市、宁海县和奉化市调研。

3月9日，为进一步深化创先争优活动和“三好一满意”文明行医活动，广泛听取基层意见，切实解决突出问题，厅党组成员、人事处处长徐龙仁及厅国合处朱耀传处长等一行莅临省皮防所，开展“下基层、促医改、送健康”大走访活动。

3月15日至16日，副厅长徐润龙到龙游县进行基层医改工作调研。

3月16日，党组书记、厅长杨敬，副厅长马伟杭到义乌市调研公立医院改革工作。

3月18日，由浙江省卫生厅、教育厅、浙江大学主办，浙江省疾病预防控制中心、共青团浙江大学委员会承办，浙江省防痨协会、浙江省健康教育协会协办的2012年世界防治结核病日宣传活动在浙江大学紫金港校区文化广场举办。副厅长叶真、浙江大学张土乔副校长等领导出席了现场活动。

3月23日至25日，第二届中国国际继续医学教育与继续职业发展（CPD）大会”在北京国家会议中心召开。党组成员、副厅长马伟杭在大会上进行了题为“以信息化建设促规范化管理，全面推进继续医学教育工作可持续发展”的专题经验交流报告。

3月29日，卫生厅系统老干部工作会议在杭州梅地亚宾馆顺利召开。党组书记、厅长杨敬出席会议并作重要讲话，副厅长徐润龙作重要报告。厅直单位分管领导、离退休老同志代表、老干部工作人员、厅机关各处室领导等70余人参加了会议。会议表彰了14位先进老干部工作者。

4月12日，省“号、手”活动组委会成员单位年度工作会议在省人民医院召开。厅长杨敬专程看望了与会代表，团省委副书记王征、副厅长王国敬、省人民医院院长黄东胜出席会议并讲话。各行业、团市委相关负责人共70余人参会。

4月13日，副厅长徐润龙实地走访了三门县高枧乡社区卫生服务中心、后畈社区卫生服务站等基层卫生院，重点了解基本药物制度落实情况、基层卫生院的发展经营情况以及实施基本药物制度后乡村医生的收入情况。

4月17日，副厅长马伟杭率厅医政处处长王桢及部分厅直属医院领导莅临省皮防所参观指导工作，共商发展大计，所领导班子成员参加。

4月25日至26日，应省卫生厅邀请，美国克利夫兰医院（Clevel and Clinic）消化疾病研究会会长、移植中心主任冯宙麟（Dr.John Fung）以及国际医学教育中心经理玛丽亚•亨特（Maria Hunt）等一行6人访问浙江省。代表团此行的主要目的是与省卫生厅探讨国际培训项目的合作事宜。

5月9日，为进一步提高浙江省基层公共卫生人才队伍的服务能力，推动基层公共卫生人员培训工作，厅科教处举行第一期基层复合型公卫骨干学员结业和第三期学员开班典礼，共有180人参加了典礼会，浙江大学和省卫生厅农卫处、疾控处、省疾控中心等有关领导到会指导。厅长杨敬出席仪式并做重要讲话。

5月9日至10日，副厅长叶真带领省疾控中心主任从黎明、省厅疾控处处长夏时畅、省厅卫生监督局局长骆侃佼及书记郑公寿等一行深入天台县调研公共卫生工作。

5月24日，召开全省医疗机构医用耗材部门集中采购工作会议。各市卫生局主管医用耗材集中采购工作的负责同志、全省有从事心血管疾病介入诊疗技术资质的公立医院的负责同志近200人参加了会议。厅党组成员、驻厅纪检组长蔡新光，厅党组成员、副厅长徐润龙参加会议并作了重要讲话。

5月28日至6月2日，由省卫生厅、教育厅、民政厅和体育局及省疾控中心共同组成的浙江省慢性非传染性疾病综合防控示范区评估组，先后赴西湖区等7个申报地区进行了现场考核评估。

6月12日至13日，省卫生系统后勤服务中心在德清召开厅直医疗卫生单位首次后勤工作会议。副厅长张平、纪检组组长蔡新光、人事处处长徐龙仁出席会议并讲话。省直房改办副主任应金龙受邀出席会议。厅相关处室、省卫生系统后勤服务中心主要领导，及厅直13家医疗卫生单位的后勤工作主管领导、相关科室负责人共50余人参加会议。

6月18日至21日，副厅长叶真赴温州，带队调研温州市及其所属苍南县、泰顺县、文成县监督机构参公、免疫规划疫苗管理、重大疾病防控等公共卫生工作情况。

7月3日，由广东省副省长雷于蓝带队的一行11人食品安全工作考察组，来浙江省交流食品安全综合监管及“地沟油”整治和餐厨废弃物资源化利用等情况。省食安委副主任、省政府副秘书长马林云出席会议，省食安委副主任兼食品安全办主任、省卫生厅厅长杨敬作工作情况汇报，浙江省食品安全办、经信委、公安厅、环保厅、建设厅、食品药品监管局等部门相关负责人参加座谈交流。

7月18日，副厅长叶真带领厅疾控副处长处孙玉齐及相关人员赴省性病艾滋病防治协会，调研非政府组织参与艾滋病防治工作。

7月23日，副厅长王国敬等一行3人到省儿童医院就手足口病防治、保健安全、新生儿疾病筛查工作进行调研。

7月24日，副厅长叶真带领省市区三级卫生监督部门负责人组成的检查组对杭州市萧山区的餐饮具集中消毒企业进行了监督检查。

7月25日，副厅长王国敬，带领省妇保、儿保医院有关专家和厅机关相关处室负责人专程赴西湖区调研基层卫生和妇幼保健工作。

7月28日，厅长杨敬在省立同德医院作了一场《医学人文与核心价值观》的讲座，强调人文精神是医学的灵魂，呼吁让医学回归人文，加强核心价值观教育。

8月14日，副厅长叶真、省疾控中心夏时畅主任一行，在湖州市卫生局局长施会龙、副局长潘人伟的陪同下，到长兴县吴山乡深入灾区检查指导灾后防病工作。

8月17日，厅长杨敬赴衢州市就省第十三次党代会第178号提案《关于加大对欠发达地区卫生基础设施建设支持力度的提案》的办理情况，与余晓峰等省党代表进行面商，并调研了衢江区卫生事业发展情况。

8月27日至31日，为了不断提高全省卫生应急救援队员的综合素质，开展规范化培训演练，省卫生厅组织省国家紧急医学救援队部分队员和全省10个地市（除杭州市）及义乌市卫生应急救援队员共60名，在绍兴省消防总队培训基地举办了第二期为期一周的封闭式、军事化卫生应急救援培训。

9月7日，厅老干部工作半年总结会在梅地亚宾馆召开。会议由副处长唐一青主持，副厅长徐润龙及厅直各单位老干部工作人员和部分分管领导等30余人参加了会议。

9月12日，厅长杨敬、副厅长叶真与全省参加全国卫生监督技能竞赛的队员座谈，对我省在这次竞赛活动中取得的优异成绩表示热烈的祝贺，向参赛人员为浙江省获得荣誉表示感谢。

9月17日至18日，厅团委成功组织卫生系统国家级青年文明号集中竞标暨“号，手”工作推进会。卫生部直属机关工会常务副主席、团委书记鹿文媛出席会议并致辞。厅直属机关党委专职副书记熊志明、团省委统战部部长盛乐、厅直属机关党委副书记李灿堂、省直机关团工委负责人侯踊跃等参加会议。天津、山东、陕西、贵州等兄弟省份卫生系统团委负责人应邀进行现场观摩。来自全省各市及省级医疗卫生单位的100余名团干部、号长参加了会议。

10月16日，召开2012年浙江省卫生信息化工作会议。卫生部统计信息中心主任孟群、副主任王才有，厅长杨敬，副厅长叶真、张平、王国敬、马伟杭，纪检组长蔡新光，副厅长徐润龙，中国工程院院士李兰娟、郑树森等领导出席会议。

10月19日，卫生部、国务院纠风办等部门在京联合召开全国药品集中采购工作会议。卫生部部长陈竺、监察部副部长屈万祥出席会议并讲话。卫生部副部长陈啸宏，中央纪委驻卫生部纪检组组长李熙，卫生部副部长、国家食品药品监督管理局局长尹力出席会议。国务院纠风办、国务院医改办、国家发改委、工信部、财政部、人社部、商务部、税务总局、工商总局、药监局、中医药管理局有关负责人，卫生部有关司（局）负责人以及各省（区、市）有关部门负责人参加会议。党组成员、副厅长徐润龙作了《统一思想攻坚克难积极开展医用耗材部门集中采购工作》的大会发言。

10月23日至24日，厅长杨敬率领省卫生厅、省农业厅等有关人员组成的考评组对湖州市百日行动进行了考核评估。

10月30日，召开浙江省全科医学国际合作中心成立暨全科医学国际合作研讨会。应卫生厅邀请，英国皇家全科医师学会副主席尼格尔•马瑟出席会议，与厅长杨敬共同为全科医学国际合作中心揭牌。副厅长马伟杭、浙江大学医学院教授杜亚平、英国皇家全科医师学会副主席尼格尔•马瑟在开幕式上致辞。有关医疗卫生单位代表共计30余人参加会议。

11月7日，浙江省爱国卫生发展中心举行隆重的揭牌仪式，党组书记、厅长杨敬、副厅长叶真等领导共同为浙江省爱国卫生发展中心揭牌。

11月9日，省皮防所召开职工大会，党组书记、厅长杨敬，副厅长叶真出席会议并作重要讲话。全所干部职工参加了会议。会议厅党组成员、人事处处长徐龙仁主持并宣读了省皮防所主要领导调整任命决定：严丽英同志任所长、党委副书记；于杭跃同志任党委书记、副所长。原所长施培武同志因工作需要调任省医科院党委副书记、纪委书记。

11月27日，由浙江省卫生厅、浙江省爱卫办主办，浙江省疾病预防控制中心承办，浙江健康教育协会、《健康博览》杂志社、浙江健康教育馆协办的2012年浙江省第三届健康教育讲师演讲技能比赛在杭州顺利落幕。经过长达3个月的初赛、复赛和决赛的激烈角逐，最终有12位选手成为我省健康教育讲师中的佼佼者。副厅长叶真出席比赛并讲话。卫生部妇社司健康教育处处长石琦担任决赛评委组组长。

11月30日，由浙江省卫生厅、浙江省教育厅、浙江出入境检验检疫局联合主办，浙江省疾病预防控制中心、浙江省妇女保健院、浙江在线承办，浙江省健康教育协会、浙江省性病艾滋病防治协会、浙江省预防医学会、浙江健康教育馆协办的浙江省2012年世界艾滋病日网络直播宣传活动在浙江传媒大厦举行。浙江省公共卫生工作委员会副主任、厅长杨敬，副厅长叶真，浙江出入境检验检疫局副局长周同，省教育厅体卫艺处负责人等领导出席会议并作了讲话，宣传活动由厅疾控处负责人主持。

12月17日至20日，由副厅长徐润龙带队，省工商局、省交通厅组成的省创建文明示范农贸市场工作领导小组第一验收组一行6人，对杭州市新申报的40家农贸市场进行实地考核验收，对杭州市政府农贸市场改造提升工作目标责任制完成情况进行核查。

2012年浙江省人口计生委大事记

1月6日，省计生协五届五次常务理事会在杭州召开。省政协副主席、计生协会长盛昌黎，副主任、计生协副会长包保根，省计生协副会长安志云、陈旭，省人口计生委党组成员、计生协副会长陶竞以及省计生协16名常务理事参加了会议。会长盛昌黎主持会议；副会长陶竞汇报省计生协2011年工作，提出2012年工作建议。

1月10日，省人口计生委召开全委干部会议。省委组织部常务副部长吴顺江在会上宣布了浙江省委关于省人口计生委主要领导变动的决定。经省委研究决定，王文娟同志任省人口计生委党组书记、主任。原主任章文彪同志调任省委副秘书长、省农办主任。新任省人口计生委党组书记、主任王文娟在会上讲话，章文彪主持会议并讲话。委领导班子成员、委机关全体干部职工出席会议。

2月9日，省人口计生宣传教育调研评估组一行到龙泉市调研评估人口计生宣传教育工作。丽水市人口计生委副主任蓝跃慧和龙泉市有关领导陪同调研。

3月1日，全省人口计生系统“六五”普法动员暨依法保障公民权益工作会议在杭州召开。会议全面总结了全省人口计生系统“五五”普法和2011年依法行政工作情况，对“六五”普法及2012年的依法行政工作任务作了部署。主任王文娟出席会议并作重要讲话。副主任宋贤能主持会议，副主任包保根通报了全省开展人口计生普法依法治理全面推进、依法保障公民权益的情况。

3月9日，主任王文娟看望了正在集中学习的委机关离退休老同志并与他们进行了座谈。

3月27日，主任王文娟赴丽水市走访调研人口计生工作。

4月5日，主任王文娟等省人口计生委班子领导，省马寅初人口福利基金会会长徐爱光和省人口计生委副处以上干部一起，前往嵊州市仙岩镇祭扫马寅初墓，表达对马寅初先生的无限敬仰和深切缅怀。

4月13日，省委省政府组织召开全省出生人口性别比偏高治理工作电视电话会议，全面贯彻落实国家人口计生委部署开展的“出生人口性别比重点治理年”活动各项任务。省委副书记李强出席会议并讲话，省人民政府副省长郑继伟主持会议，党组书记、主任王文娟通报全省出生人口性别比治理工作的形势，并对开展“出生人口性别比重点治理年”活动进了具体部署。

4月16日，省计生协五届四次理事会在杭州召开。会议审议通过了《省计生协五届六次常务理事会关于调整第五届理事会理事、常务理事和副会长的建议》和《关于浙江省计生协2011年工作总结和2012年工作建议的报告》，选举省人口计生委主任、党组书记王文娟为省计生协第五届理事会副会长。省政协副主席、省计生协会长盛昌黎，主任、省计生协副会长王文娟出席会议并讲话。副主任，省计生协副会长包保根主持会议。党组成员、省计生协副会长陶竞作工作报告。

4月10日至11日，主任王文娟赴绍兴市考察调研人口计生工作。

4月10日至12日，副主任姜建鸿赴衢州市调研指导人口和计划生育工作。

4月10日至13日，副主任包保根一行赴嘉兴市开展“带真情、走基层、摸实情、送服务、促转型”大走访活动，嘉兴市人口计生委主任叶放、副主任朱东陪同走访。

4月25日，为深入学习贯彻党的十七届六中全会及省委十二届十次全会精神，推进社会主义核心价值体系教育实践的大众化，根据省委的重要部署，省人口计生委组织召开开展“我们的价值观”大讨论推进基层组织建设年活动动员大会。党组书记、主任王文娟在会上作《保持党的纯洁性，开展弘扬雷锋精神——“我们的价值观”大讨论推进基层组织建设年活动》动员报告。副主任宋贤能主持会议。委机关直属单位中层以上干部参加大会。

5月7日至8日，主任王文娟、省计划生育协会副会长陶竞一行赴宁波考察调研人口计生工作。

5月9日，全省国家免费孕前优生健康检查项目工作推进会在杭州市萧山区召开。副主任宋贤能到会并讲话。副巡视员兼科技处处长郑德芳主持会议。

5月9日至10日，副主任姜建鸿赴丽水市调研人口计生工作。

5月14日，副主任宋贤能代表浙江省人口计生委纪检组在全国人口计生系统纠风工作座谈会暨阳光计生行动经验交流会上，作了题为《深入开展阳光计生行动，推进行业社会管理创新》的大会经验介绍。

5月14日至17日，国家人口计生委党组成员，中国计生协党组书记、常务副会长杨玉学，中国计生协秘书长姚瑛等一行3人莅临浙江省考察调研计生协工作。省政协副主席、计生协会长盛昌黎，主任、省计生协副会长王文娟，副主任、计生协副会长包保根，党组成员、计生协副会长陶竞，以及杭州市、舟山市有关领导陪同考察调研。

5月22日，浙江省人口计生委、浙江大学、浙江省马寅初人口福利基金会在杭州联合举办浙江省纪念马寅初先生诞辰130周年大会暨《马寅初年谱长编》和《马寅初题字墨迹》首发仪式。副省长郑继伟出席会议并讲话。党组书记、主任王文娟代表省人口计生委发言。副主任胡玉璋主持会议。

5月30日至6月1日，副主任姜建鸿率委发展规划处有关人员赴乐清市开展“带真情、走基层、摸实情、送服务、促转型”大走访活动。

6月6日至8日，副主任胡玉璋率委办公室、省计生宣教中心有关人员赴嘉善县开展“带真情、走基层、摸实情、送服务、促转型”大走访活动。

6月14日至15日，召开中心组理论学习（扩大）会。党组书记、主任王文娟传达了省第十三次党代会精神。

6月27日至28日，全省流动人口计划生育工作会议在杭州市余杭区召开。党组成员、副主任包保根出席会议并讲话。各市人口计生委分管流动人口计划生育工作的副主任、流动人口服务管理处（办公室）处长（主任）参加会议。

6月20日，省部分县（市、区）计生协专职副会长工作座谈会在永嘉县召开。党组成员、副主任、计生协副会长包保根，党组成员、计生协副会长陶竞，宣教处处处长徐文平，省计生协秘书长王丽萍，以及全省18个出生人口性别比重点治理的县（市、区）计生协专职副会长出席会议。副会长陶竞主持会议。

7月13日，副主任胡玉璋深入天台县平桥镇三新村，督导检查出生人口性别比综合治理工作。

7月18日，副主任包保根一行赴鄞州区调研人口计生工作。

7月24日，召开浙江省“三优”促进工作研讨会。国家人口计生委人事司司长金小桃，党组书记、主任王文娟，副主任胡玉璋，省卫生厅、教育厅、省妇联以及来自全国部分省市人口计生系统的领导，相关高校和研究机构的专家学者等出席研讨会。

8月1日至2日，主任王文娟赴湖州市调研人口计生工作。

8月2日，召开全省人口计生半年工作会议。主任王文娟出席会议并作讲话。各市人口计生委党组书记、主任，各市人口计生委办公室主任，省人口计生委机关副处以上干部和事业单位负责人参加会议。

8月10日，副主任宋贤能到桐庐县进行工作调研。

8月12日，国家人口计生委流动人口司王谦司长到海宁市调研流动人口计划生育基本公共服务均等化试点工作。副主任包保根，嘉兴市人口计生委张永红主任、徐秀林副主任，海宁市人口计生局领导陪同实地考察调研。海宁市人民政府副市长朱海英参加座谈会并作工作汇报。

8月15日至16日，主任王文娟专程赴嘉兴调研人口计生工作。

8月20日至21日，副主任宋贤能到松阳县检查指导国家级计划生育优质服务先进县创建工作。

8月22日至24日，全省人口计生系统信访工作培训班在杭州举办，邀请国家人口计生委处长韩爱军和省信访局处长寿丽萍等领导为参会人员授课。副主任胡玉璋参加培训班并作动员讲话。

8月23日至24日，全省半年人口计生形势分析会在玉环县召开。主任王文娟参加会议并作重要讲话。

8月28日，副主任宋贤能一行赴拱墅区调研人口计生优质服务工作。

同日，委党组成员、计生协副会长陶竞一行赴瓯海区就统筹城乡综合改革背景下的计生协工作开展专题调研。

8月29日，副主任胡玉璋一行赴嘉善县调研出生人口性别比治理工作。

9月10日至12日，国家人口计生委发规司副司长许长旺一行到浙江省调研人口计生目标责任制考核改革工作。党组书记、主任王文娟等委领导与相关处室负责人参加省级座谈会，并就国家对省考核的目的、原则、指标设置及操作方案进行了热烈的讨论。

9月13日至14日，省政协副主席陈艳

华，省政协科技界（一组）、人口资源环境委员会委员，到嵊州市视察浙江省优生促进工作。党组书记、主任王文娟，党组成员、副主任宋贤能，副巡视员、科技处处长郑德芳陪同视察。

9月22日至25日，国家人口计生委党组书记、主任王侠来浙江省考察调研人口计生工作。省委书记、省人大常委会主任赵洪祝会见王侠主任一行。省委常委、秘书长赵一德，副省长郑继伟，省政府副秘书长马林云，党组书记、主任王文娟陪同会见。

9月28日，省计生协召开全体干部职工大会，宣布陶竞任省计生协专职副会长。党组书记、主任、省计生协副会长王文娟出席会议并讲话，副主任、省计生协副会长包保根主持会议，委人事处处长杨辉宣读文件。

10月23日，副主任包保根到杭州市江干区调研流动人口计划生育服务管理工作。

10月24日至25日，主任王文娟深入到温州市鹿城区、龙湾区、苍南县，重点就加强基层基础工作和加强出生人口性别比综合治理工作进行专题调研。

10月24日至26日，副主任包保根一行到丽水调研指导人口和计划生育工作。

10月29日至30日，副主任包保根率省人口计生委办公室、政法处负责人来湖调研指导联合国“第七周期项目”实施情况，

10月29日至31日，主任王文娟先后到义乌市、磐安县考察调研人口计生工作。

11月1日至15日，省人口与计生领导小组办公室组织省人口计生委、省卫生厅、省公安厅、省食品药品监管局、省妇联五部门20人，分5个督查组，深入11个市及治理工作任务较重的11个县（市、区）开展“出生人口性别比重点治理年”督查。

11月6日，副主任胡玉璋率省出生性别比督查组到杭州市拱墅区开展“出生人口性别比重点治理年”工作情况督查。

11月6日至8日，主任王文娟到舟山市考察调研人口计生工作。

11月6日至8日，副主任姜建鸿赴金华市调研人口计生工作。

11月8日，组织委机关全体党员干部集中收看党的十八大开幕盛况。

11月28日至29日，全省“三优”促进工作现场会在嘉善县召开。副主任胡玉璋参加会议并讲话。

12月3日，主任王文娟、副主任包保根一行到杭州市西湖区考察调研人口计生工作。

12月5日至7日，副主任包保根率政策法规处人员，赴衢州市调研社会管理综合治理等工作。

12月7日，国家人口计生委在山西省太原市召开了全国人口计生信息化建设工作会议。主任王文娟、副主任姜建鸿参加了会议。主任王文娟作了题为《深化全员人口信息应用，推动人口和计划生育管理服务转型》的典型发言，介绍了浙江全员人口信息化建设的经验做法。

12月18日至19日，召开全省人口计生系统领导干部读书。主任王文娟出席会议并作讲话。

12月27日，召开副处以上干部会议，专题传达学习贯彻全省改进工作作风、加强党风廉政建设电视电话会议精神。主任王文娟出席会议并作重要讲话。

2012年浙江省审计厅大事记

1月5日，厅长陈荣高走进直播间，接受浙江广播电台“厅长在线”节目专访，回答网友和听众的电话提问。浙江在线、新浪网同步直播。

1月6日，副厅长岑国荣专程赴下城区看望基层审计干部和下派挂职锻炼审计干部。人事处处长吴高平陪同看望。

1月11日，副厅长王小龙赶赴杭州市拱墅区，亲切看望了正在拱墅区审计局挂职锻炼的省厅行事处副处长郑蓓，并与拱墅区委区政府和区审计局负责同志座谈交流审计工作。

1月18日，省厅行事处党支部召开民主评议党员会议，副厅长王小龙参加评议会并讲话。

1月31日，《浙江省投资审计管理办法》正式印发。

2月4日，省委书记赵洪祝专门对审计工作作出批示，他指出，2011年，省审计厅坚持围绕中心，服务大局，履行审计职责，突出审计重点，着重对全省地方政府性债务、土地出让金等开展了集中审计，为保障我省经济平稳健康发展作出了积极贡献。

2月6日，审计署上海特派办副特派员倪志伟率领浙江省本级和杭州市社保审计项目审计组人员，到省审计厅了解省本级社保审计项目数据采集工作和厅组织全省社保审计项目情况。厅长陈荣高、副厅长吴桂英会见了上海特派办审计组人员，并参加了座谈会。社保处处长陈岩明，副处长毛鹏岳等参加座谈会。

2月8日，召开全省审计工作会议。这次会议主要是贯彻落实温家宝总理对审计工作的重要指示和全国审计工作会议精神；认真传达省委书记赵洪祝的批示要求，听取省长夏宝龙重要讲话，回顾总结2011年审计工作情况，研究部署2012年审计任务。厅长陈荣高出席会议并作讲话。副厅长吴桂英主持会议。厅领导季鸣、王小龙、陈棉权、康跃西、陈焕昌、杨大建、刘国成、吴高平等出席会议。

2月15日，全省农业与环境资源审计工作会议在杭州召开。副厅长康跃西到会并讲话。

2月16日，副厅长陈棉权到嘉兴调研经济责任审计工作。

2月20日，审计署上海特派办与浙江省审计厅联合以电视电话会议形式召开全省社会保障资金审计统一进点会，在省级设主会场，厅长陈荣高主持会议，副省长陈加元出席会议并作重要讲话。

2月29日，副厅长康跃西到开化县调研特别扶持政策执行情况。

3月1日至2日，全省金融审计工作会议在杭州召开。副厅长陈棉权出席会议并作了重要讲话。

3月14日，全省经济责任审计工作会议在杭州召开。副厅长陈棉权作大会工作报告。

3月16日，召开全厅干部职工大会传达贯彻全国“两会”精神。全国人大代表、厅党组书记、厅长陈荣高传达全国“两会”精神，并就如何学习贯彻好全国“两会”和中央、省委领导同志的重要讲话精神作出部署。副厅长吴桂英主持会议。厅领导及全厅干部职工参加会议。

3月19日至20日，副巡视员杨大建在台州督查指导社会保障资金审计工作。

3月20日，浙江工商大学举行聘任仪式，聘任省审计厅党组书记、厅长陈荣高为浙江工商大学财务与会计学院客座教授，聘期3年。副厅长王小龙参加了聘任仪式。

3月20日至28日，副巡视员刘国成分别赴舟山和衢州两地督查社保审计工作。

3月27日，副厅长王小龙率督查组对金华市社会保障资金审计项目开展情况进行了检查指导。

4月17日，为推进省级部门预算绩效管理工作，切实提高财政资金使用绩效，省财政厅对76个省级部门2011年度的预算绩效管理工作组织实施了考核，并在召开的省级预算绩效管理工作会议上公布结果、表彰先进代表，省审计厅荣获2011年度省级部门预算绩效管理工作先进单位，厅办公室蒋咏华同志被评为省级部门预算绩效管理工作先进个人。

同日，省委组织部、省审计厅在绍兴联合召开绍兴市委书记张金如、市长钱建民经济责任同步审计进点会。省委组织部常务副部长于跃敏到会作动员讲话，厅长陈荣高就作好本次审计工作提出明确要求，绍兴市委书记张金如和市长钱建民作述职报告并表态，副厅长陈棉权主持会议。这是浙江省首次开展地级市党政主要领导干部经济责任同步审计，是贯彻落实中央两办新规定、省两办新办法的重要举措，是浙江经济责任审计发展史上的又一创新举措。

4月25日，审计署农业与资源环保司在北京召开水流域环境整治和农村面源污染治理审计案例专题研讨会，副厅长康跃西带领环资处处长杜良文参加了研讨会。

5月7日，厅长陈荣高专程到绍兴看望慰问绍兴市委书记、市长经济责任同步审计工作组。副厅长、审计组组长陈棉权代表审计组介绍情况。

5月16日，副厅长王小龙带队到浙江江山化工股份有限公司专题调研内部审计工作。

5月17日，副厅长陈棉权赴温州市鹿城捷信小额贷款股份有限公司进行调研，并看望厅审计调查组全体成员。

5月25日，副厅长陈棉权在厅经责二处处长凌丽娅的陪同下，到嘉绍跨江通道审计现场看望并慰问审计组并检查指导工作。

5月30日，副厅长康跃西赴磐安县调研欠发达县特别扶持工作的开展情况。

6月9日，在中国共产党浙江省第十三次代表大会第三次全体会议上，省审计厅党组书记、厅长陈荣高当选为省委委员，副厅长吴桂英当选为省纪委委员。这在浙江审计历史上尚属第一次，充分体现了省委和党代表对省审计厅的信任和支持。

6月26日至28日，全省审计系统办公室主任培训班在杭州举行。这是建厅以来首次举行的最大规模的办公室主任培训班。厅长陈荣高作开训动员讲话，驻省审计厅监察专员、纪检组长季鸣看望了与会人员。

7月2日，召开厅务会议，总结了上半年工作情况，部署下半年工作任务。厅长陈荣高出席会议并作重要讲话。厅领导吴桂英、季鸣、王小龙、陈棉权、康跃西、陈焕昌、杨大建、刘国成参加会议。省厅各处室和直属各单位主要负责人分别汇报了工作。

7月5日，厅长陈荣高、副厅长康跃西到常山县看望省厅农业处赴常山特别扶持政策审计调查组。

7月19日至24日，省厅考察学习组一行6人在纪检组长季鸣的带领下，赴湖南省审计厅及所属3个市、县审计局，考察学习该省在审计整改督查工作中的先进经验和做法。

7月22日，省厅在江干区召开AO乡镇经责版评审会议。副厅长吴桂英出席会议并作总结讲话，副厅长陈棉权主持了评审会。

7月23日至26日，厅长陈荣高、副厅长康跃西到丽水调研欠发达县特别扶持政策执行、项目实施和资金管理情况。

7月31日至8月2日，副厅长陈焕昌赴江山、浦江和慈溪三地，检查指导2012年度县市党政主要领导干部任期经济责任审计工作，并看望慰问审计组全体成员。

7月31日至8月3日，副厅长陈棉权赴青田、瑞安、椒江、拱墅等地，检查指导市、县党政主要领导干部经济责任审计工作，并亲切看望了正在实施审计的审计组同志。

8月23日，省审计厅正式印发了《关于切实推进计算机审计工作的指导意见》。

8月31日，厅长陈荣高主持召开厅长办公会议，专题传达学习贯彻省政府第96次常务会议关于加强审计整改工作的精神，研究部署具体贯彻落实措施。厅领导季鸣、王小龙、康跃西、陈焕昌、杨大建、刘国成等参加会议，省审计厅各处室、直属各单位负责人列席会议。

同日，省审计厅印发了《浙江省省本级全部政府性资金审计操作规程（试行）》。

9月6日，召开乡镇经济责任审计“两化”扩大试点工作推进会。副厅长陈棉权参加会议并作重要讲话。

9月19日，副厅长王小龙一行赴嘉兴职业技术学院审计现场，看望审计人员，检查指导审计工作。

9月25日，浙江省十一届人大常委会第三十五次会议听取了厅长陈荣高代表省政府所作的2011年度浙江省本级预算执行和全省其他财政收支的审计工作的汇报。

10月10日，驻厅纪检组长季鸣一行专程到诸暨市审计局调研社会保障和投资审计工作，听取了诸暨市审计局的工作汇报。

10月11日，省委书记赵洪祝在厅长陈荣高撰写的调研文章《民间借贷走出困境关键在于“疏”》上作了重要批示：“荣高同志这次到国家行政学院培训，珍惜机会，潜心学习，态度认真。尤其是结合在丽水的工作实践，就民间借贷问题作了深入思考，分析原因，总结经验，提出建议，所写材料有理有据，符合实际，颇有参考价值。送请蔡奇、从玖同志阅。”

10月19日，出版的《中国审计报》，头版头条刊登了《创新审计方法服务金融治理——浙江审计推动小额贷款公司有序发展》一文。

10月31日至11月2日，厅长陈荣高率调研组到磐安、东阳、武义、永康等地调研加强和改进审计工作。

11月8日，省厅组织全体干部集中收看了党的十八大开幕式的实况。

11月9日，副厅长康跃西赴杭州调研审计工作。

11月14日至15日，副巡视员刘国成赴金华市、武义县调研经贸审计工作。

11月15日，厅长陈荣高到杭州市滨江区调研，看望厅机关下派挂职干部厅文教处处长、滨江区委常委、副区长张红英。

11月21日至22日，纪检组长季鸣与经责三处一行5人到江山开展县市长经责审计回访工作。

11月22日，厅办公室召开全体人员会议，专题组织党的十八大精神学习，部署2012年前重点工作。副厅长康跃西到会指导。办公室主任郑灵仙主持会议。

11月26日，副厅长陈棉权主持召开《浙江省地方金融机构审计操作规程》征求意见座谈会，听取法规、财政、行事、计算机中心、科研所等有关处室单位对操作规程的修改意见。

11月27日至29日，厅长陈荣高率调研组到宁波调研审计工作。副厅长陈棉权参加了调研活动。

11月29日至30日，全省投资审计暨保障房审计工作会议在杭州召开，副厅长陈焕昌到会并作了重要讲话。

12月3日，《浙江审计》杂志编委座谈会召开。副厅长、《浙江审计》编委会副主任王小龙出席会议并总结讲话。

12月4日，农业处召开支部会议，学习党的十八大精神，并结合当前审计工作实际畅谈十八大报告学习体会。副厅长康跃西参加讨论。

12月7日，副厅长陈棉权一行到杭州市审计局调研公安、法院系统领导干部经济责任审计工作。

同日，“审计实务进科研”系列讲座第三期开讲，副厅长陈焕昌担任本期主讲。省厅科研所、法规处、财政处、投资一处、投资二处全体人员参加了本期讲座。

12月11日，省财政厅举办审计座谈会，省审计厅副厅长王小龙、厅办公室、财政处、整改督查处、行事处和省财政厅副厅长魏跃华，总预算局、预算执行局、行政政法处、办公室、监督局等有关负责人参一起参加了会议。

12月13日，副厅长陈棉权带领经责二处部分同志到省高级人民法院调研法院系统领导干部经济责任审计工作。

12月20日，“浙江文化产业管理体制的调查与思考”课题结题会在杭州举行。副厅长王小龙作了总结讲话。

12月26日，《中国审计报》第1989期“认真贯彻十八大精神，开创审计工作新局面”专版推出部分地方厅局长访谈录，厅长陈荣高文章《在全面建成小康社会伟大实践中发挥审计建设性作用》被刊载。

12月28日，省厅在义乌召开了全省审计系统党建工作研讨会，专题总结交流审计机关党建工作情况，这在浙江省审计系统历史上还是首次。厅长陈荣高出席会议并作重要讲话。副厅长康跃西同志作了题为《服务中心凝聚人心为审计事业科学发展提供坚强保证》的主题报告。

2012年浙江省外办大事记

1月7日，省委书记、省人大常委会主任赵洪祝会见法国前总理、参议院副议长、展望与创新基金会主席让－皮埃尔·拉法兰一行。主任阮忠训、副主任顾建新等参加会见。

1月10日，召开全省市外办主任会议，学习贯彻全国地方外办主任会议精神，总结2011年全省外事工作，部署2012年工作。

1月11日，省外办在上海举行2012浙江省情介绍会暨迎春招待会。来自55个国家驻沪领馆及部分驻华商务机构、中国香港特区政府驻沪办事处的40个外国驻沪领馆总领事、领事、签证官员、商务机构代表共180余人应邀参会。主任阮忠训出席并致辞。

1月12日，省委书记、省人大常委会主任赵洪祝，省委副书记、代省长夏宝龙，省政协主席乔传秀，省委副书记李强共同会见出席省政协十届五次会议的港澳华侨委员和港澳台侨委特邀委员。主任阮忠训等参加会见活动。

同日，省委书记、省人大常委会主任赵洪祝礼节性会见前来旁听浙江省十一届人大五次会议开幕式的美国驻沪总领事葛瑞风一行。省人大常委会秘书长姚民声，主任阮忠训等陪同会见。

1月31日，省委常委、省纪委书记任泽民到省外办调研指导工作，检查党风廉政建设责任制和推进惩防体系建设情况，并参加、指导省外办领导班子民主生活会。

2月7日，省委书记、省人大常委会主任赵洪祝在杭州会见了以色列驻沪总领事艾雅克一行。省委副秘书长舒国增，主任阮忠训、副主任陆国灏等参加会见。

2月9日，省委副书记李强在杭州会见了以李德麟会长为团长的中国香港浙江省同乡会联合会访问团一行。省政协副主席、省委统战部部长汤黎路，主任阮忠训等参加会见。

2月10日，省委书记、省人大常委会主任赵洪祝在省外办会见了莫桑比克总理艾雷斯·阿里一行。省委副秘书长潘家玮，主任阮忠训，莫桑比克驻华大使伊那西欧等参加会见。

2月21日，省委书记、省人大常委会主任赵洪祝在杭州会见了美国空气化工产品公司董事长兼总裁约翰·麦克格莱德一行。省委副书记李强，主任阮忠训等参加会见。

2月29日，省委常委、组织部长蔡奇在杭州会见了利比里亚团结党主席瓦内·舍曼一行。副主任顾建新等参加会见。

3月1日至12日，副省长龚正率省政府代表团访问塞舌尔、纳米比亚和坦桑尼亚三国。副主任顾建新等陪同出访。

3月13日，省人大常委会副主任、省总工会主席厉志海会见国际狮子会第一副会长伟恩·麦登一行。省外办副主任陆国灏等参加会见。

3月15日，省人大常委会副主任、省总工会主席厉志海会见比利时西弗兰德省副省长根特·皮尔崔一行，双方共同见证两省三对中学签署友好交流合作协议。副主任顾建新等陪同参加上述活动。

3月20日，省长夏宝龙会见日本驻沪总领事泉裕泰一行。省政府秘书长张鸿铭，副主任陆国灏等参加会见。

3月21日，省委书记、省人大常委会主任赵洪祝出席温州肯恩大学（筹）校园建设工程开工奠基暨揭牌仪式，并与教育部副部长郝平为学校揭牌。教育部副部长郝平、美国肯恩大学校长达伍德·法拉希、美国驻上海总领事葛瑞风等在仪式上致辞。副省长、温州市委书记陈德荣主持仪式。省委副书记李强，副省长郑继伟，中国教育国际交流协会会长、教育部前副部长章新胜，主任阮忠训等参加上述活动。

3月27日，省委书记、省人大常委会主任赵洪祝会见世界体育总会主席维尔布鲁根一行。省委常委、杭州市委书记黄坤明，副省长郑继伟，主任阮忠训等参加会见。

4月4日至9日，省长夏宝龙率浙江省友好代表团访问日本，出席在静冈举办的浙江省·静冈县结好30周年庆祝系列活动。主任阮忠训、副主任陆国灏陪同访问。

4月13日，省委书记、省人大常委会主任赵洪祝会见在杭州出席中欧圆桌会议第11次会议的中国经济社会理事会和欧盟经济社会委员会成员。省长夏宝龙，省政协主席乔传秀，省政协主席副主席兼秘书长黄旭明，省政府秘书长张鸿铭，主任阮忠训参加会见。

4月18日，省委外事工作领导小组召

开会议。省委书记、省人大常委会主任赵洪祝主持会议并讲话。省长夏宝龙，省委副书记李强，省委常委、省军区政委林恺俊，副省长龚正，省政府秘书长张鸿铭，省安全厅厅长汪瀚，主任阮忠训出席会议。

4月19日，省委书记、省人大常委会主任赵洪祝会见芬兰驻华大使岚涛一行。副省长毛光烈，主任阮忠训参加会见。

4月25日，省委书记、省人大常委会主任赵洪祝会见香港大学校长徐立之一行。主任阮忠训参加会见。

4月25日至26日，浙江省举办以“走进台州——山海秀丽、富裕和谐的滨海新城”为主题的第五届外国驻华使节“走进浙江”活动。来自32个国家（地区）的36名驻华使节参加活动。副主任彭波出席活动。

4月28日，省委副书记李强会见土耳其正义与发展党常务副主席阿卜杜卡迪尔·阿克苏一行。主任阮忠训、副主任陆国灏参加会见。

5月6日，省委副书记、省友协会长李强会见土耳其中国友好协会主席凯末尔·巴伊塔什一行。省外事办主任、省友协常务副会长阮忠训，省友协专职副会长虞希华等参加会见。

5月7日，省委副书记、省友协会长李强出席在桐乡举行的“中国—中亚合作论坛”开幕式并致辞。省外事办主任、省友协常务副会长阮忠训，省友协专职副会长虞希华等陪同出席。

5月10日，副省长龚正会见拉丁美洲安第斯发展集团主席兼首席执行官恩里克·加西亚一行。主任阮忠训等参加会见。

5月17日，省长夏宝龙会见墨西哥前总统比森特·福克斯·克萨达一行。省政府秘书长张鸿铭，副主任顾建新等参加会见。

5月23日，省政协副主席王永昌会见韩国首尔市副议长梁準郁一行。副主任陆国灏等参加会见。

5月24日，省长夏宝龙会见出席联合国地理信息管理杭州论坛会议的主要代表。副省长王建满，省政府秘书长张鸿铭，副主任彭波等参加会见。

5月30日，副省长龚正会见塔吉克斯坦紧急情况和民防委员会主席阿卜杜拉希莫夫一行。副主任陆国灏等参加会见。

5月31日，省长夏宝龙会见新西兰惠灵顿市市长西莉亚·韦德布朗一行。省政府秘书长张鸿铭，主任阮忠训、副巡视员余亦平等参加会见。

6月13日，省政协主席乔传秀在省外办会见了美国印第安纳州副州长贝基·斯科尔曼率领的印州代表团。主任阮忠训、副巡视员余亦平等参加会见。

6月14日，浙江省—印第安纳州交流委员会在杭州成立，省委常委、副省长龚正和美国印第安纳州副州长贝基·斯科尔曼共同签署了《浙江省—印第安纳州交流委员会协议》。省政府秘书长夏海伟，主任阮忠训、副巡视员余亦平等出席签字仪式。

6月25日，副省长朱从玖在省外办会见第七期欧洲外交官研讨班成员。副主任顾建新等参加会见。

7月3日，省人大常委会副主任吴国华会见乌兹别克斯坦自由民主党中央执委会成员，乌兹别克斯坦议会下院民主、非政府组织和公民自治机构委员会副主席沙德马诺夫一行。副主任顾建新等参加会见。

7月9日，省长夏宝龙会见日本三井物产株式会社副社长川岛文信一行。杭州市市长邵占维，省政府秘书长张鸿铭，省外办主任阮忠训等参加会见。

7月14日，省委副书记李强会见苏丹第一夫人薇达德一行。主任阮忠训、副主任顾建新等参加会见。

7月16日，省人大常委会副主任厉志海会见墨西哥驻沪总领事罗兰多·加西亚·阿隆索一行。副巡视员余亦平等参加会见。

7月18日，省长夏宝龙会见壳牌中国集团主席林浩光一行。省政府秘书长张鸿铭，主任阮忠训、副主任顾建新等参加会见。

7月20日，常务副省长龚正率团出访韩国、斐济和克罗地亚。副主任顾建新等陪同出访。

7月21日，副省长陈加元会见意大利经济财政部副部长弗朗克·波利罗一行。主任阮忠训等参加会见。

8月14日，常务副省长龚正在杭州会见了日本静冈县副知事大须贺淑郎一行。主任阮忠训、副主任陆国灏等参加会见。

8月20日，省委书记、省人大常委会主任赵洪祝在省外办会见了澳大利亚西澳洲下议院议长格兰特·伍德姆斯和夫人一行。省人大常委会秘书长姚民声，主任阮忠训、副巡视员余亦平等参加会见。

8月28日，副省长毛光烈在杭州会见了诺基亚西门子公司全球副总裁大中华区总裁马博策一行。副主任顾建新等参加会见。

8月29日，省委副书记、省长夏宝龙在杭州会见前来出席长安福特马自达杭州项目开工仪式的美国福特汽车公司总裁兼首席执行官艾伦·穆拉利一行。省委常委、杭州市委书记黄坤明，副省长毛光烈，杭州市市长邵占维，省政府秘书长张鸿铭，主任阮忠训、副巡视员余亦平等参加会见。

9月8日，常务副省长龚正会见克罗地亚海事、交通和基础设施部部长东契奇一行。副主任顾建新等参加会见。

9月16日，省委副书记李强率浙江省代表团访问比利时、德国和土耳其。主任阮忠训等陪同出访。

9月25日，常务副省长龚正会见比利时驻沪总领事林佳夕一行。副主任彭波等参加会见。

9月29日，省长夏宝龙会见澳大利亚西澳州上议院议长班睿·豪斯一行。常务副省长龚正，省政府秘书长张鸿铭，主任阮忠训等参加会见。

10月8日，省政协主席乔传秀率浙江省代表团出访阿根廷、乌拉圭和美国。副巡视员余亦平等陪同出访。

10月15日，副省长朱从玖会见美国摩根士丹利公司董事长兼首席执行官高闻一行。副主任顾建新等参加会见。

10月18日，副省长陈加元会见乌拉圭经济财政部副部长路易斯·普尔多一行。主任阮忠训等参加会见。

10月22日，副省长朱从玖会见美国华平集团联席总裁查尔斯·卡伊一行。副巡视员余亦平等参加会见。

10月23日，省委副书记李强会见德国石荷州前州长卡斯滕森一行。副主任顾建新等参加会见。

10月26日，省委常委、常务副省长龚正会见伊朗马赞德兰省省长赛义德·塔海一行。主任阮忠训、副主任陆国灏等参加会见。

10月29日，副省长陈加元会见壳牌中国集团主席林浩光一行。副主任顾建新等参加会见。

11月8日，常务副省长龚正会见泰国驻沪总领事芙诗功一行。副主任陆国灏等参加会见。

11月12日，副省长毛光烈会见丹麦驻华大使裴德胜一行。副主任顾建新等参加会见。

11月16日，常务副省长龚正会见智利艾森大区艾森省省长费丽莎·奥赫达一行。主任阮忠训、副巡视员余亦平等参加会见。

11月28日，常务副省长龚正会见捷克驻沪总领事米赫尔·库兹米亚克一行。副主任顾建新等参加会见。

11月29日，副省长王建满会见中美交通论坛美方代表团。副巡视员余亦平等参见会见。

12月3日，常务副省长龚正会见西澳大利亚洲州督马尔科姆·麦卡斯克一行，并出席“浙江省—西澳州经贸合作交流会”。副巡视员余亦平等参加上述活动。

12月7日，全国人大常委会副委员长严隽琪在北京会见西澳大利亚洲州督马尔科姆·麦卡斯克一行。副巡视员余亦平等参加会见。

12月13日，副主任顾建新出席浙江外事年鉴通讯员培训班开班仪式并致辞。

2012年浙江省国资委大事记

1月1日，浙江省首家县级国资委义乌市国资委正式成立。

1月14日，赵洪祝书记对省国资委《全国国资监管工作会议主要精神及贯彻意见的汇报》专门批示指出:德江副总理的重要批示，重点突出，要求明确，针对性指导性很强。我们一定要认真贯彻德江副总理的重要批示和王勇同志的讲话精神，切实抓好我省国资管理和国企改革发展各项工作，为推进我省经济转型发展、可持续发展作出更大贡献。”

1月17日，省长夏宝龙对省国资委《关于省属企业改革发展工作汇报》做出批示：“2011年成绩大，今年更要努力，做大、做强、做优、做久，真正发挥国有企业的作用。代向同志们祝贺。”

2月2日至3日，省铁路集团召开2012年度工作会议。省委常委、副省长葛慧君出席会议并作重要讲话。省政府副秘书长陈龙出席，省国资委主任、党委书记陈正兴到会并讲话。

2月16日，省物产集团在杭州召开2012年工作会议。省委副书记、省长夏宝龙向大会发来贺信。省委常委、副省长葛慧君出席大会并作重要讲话。省政府秘书长张鸿铭到会宣读夏宝龙省长贺信。省国资委主任、党委书记陈正兴到会并讲话。省政府副秘书长陈龙出席会议。

2月20日，省国资委召开2012年第1次委主任办公会议，委领导参加了会议。会议听取了省国资委2012年度规范性文件制定计划（草案）等情况的汇报。

3月25日，省国资委获得2011年度全省党委系统信息工作先进单位二等奖，为信息考核优秀单位。

3月28日，省国资委获得2011年度全省政务信息工作先进单位二等奖，为信息考核优秀单位；委办公室陈友海被评为2011年度全省政务信息工作先进个人。

4月6日，省委常委、组织部长蔡奇到省铁路集团专题调研省属企业开展基层组织建设年情况。

4月26日，省国有资产管理协会2011年年会在杭州召开。省国资委主任、党委书记、国资协会会长陈正兴出席会议并作讲话。省国资委副主任、党委副书记、国资协会常务副会长兼秘书长戴震华主持会议。会议确定省建设集团、交通集团、能源集团3家省属企业为社会责任报告编制试点单位。

5月10日，中国共产党浙江省省属企业代表会议在之江饭店召开。省国资委主任、党委书记陈正兴代表省国资委党委，对前一阶段代表候选人推荐工作作了介绍，对开好党代会提出了要求。会议选举产生了省属企业出席省第十三次党代会代表。

同日，对原省机场管理公司持有的萧山国际机场、浙江机场投资公司省属国有股权管理体制进行调整，新设立一家省属国有独资公司——浙江机场集团公司，该集团公司为省国资委监管企业。

5月16日，浙江长广集团与中科院广州能源研究所，就生物质综合利用战略合作框架协议书和生物丁醇、生物燃气发电中试实验研究技术开发合同达成一致意见，并举行签约仪式，省国资委主任、党委书记陈正兴出席签约仪式。

6月19日，省委常委、副省长葛慧君赴省农发集团新农都物流中心调研，推进新农都物流中心开业及省农博会筹备工作。省政府副秘书长陈龙，省国资委副主任、党委委员潘晓波等陪同调研。

6月25日，省国资委推出3个副处级领导职位开展竞争上岗，这是委机关内部第三次采用竞争上岗的方式选拔副处级领导干部。

同日，省委副书记、省长夏宝龙到巨化集团调研重点项目建设及转型升级、创新发展等情况。省政府秘书长张鸿铭，省国资委主任、党委书记陈正兴，衢州市委书记陈新，衢州市委副书记、代市长沈仁康，巨化集团董事长杜世源、总经理王峰涛等陪同调研。

7月31日，副省长朱从玖在省政府副秘书长冯波声，省国资委主任、党委书记陈正兴等陪同下，专程到省国贸集团调研了解集团生产经营情况尤其是外贸出口情况。这也是朱从玖副省长分管国资工作后，首次到省属企业调研指导工作。

8月10日，副省长朱从玖在省政府副秘书长冯波声及省国资委主任、党委书记陈正兴等陪同下，到省能源集团调研生产经营情况。

8月16日，副省长朱从玖在省政府副秘

书长冯波声，省国资委主任、党委书记陈正兴的陪同下，到省交通集团调研了解集团生产经营情况。

8月17日，全省国资国企文化节开幕式暨司歌大赛在省人民大会堂举行。省委常委、副省长、宣传部长葛慧君，省人大副主任程渭山，副省长朱从玖，省政协副主席黄旭明出席了开幕式。省国资委主任、党委书记陈正兴作讲话。

9月12日，副省长朱从玖在省政府副秘书长冯波声和省国资委副主任、党委委员桑均尧等陪同下，专程到省铁路集团调研了解企业生产经营管理情况。

9月12日至14日，在省国资委主任、党委书记陈正兴的带领下，6名在京央企挂职人员正式赴北京开展为期半年的挂职锻炼。

10月9日，副省长朱从玖在省政府副秘书长冯波声及省国资委主任、党委书记陈正兴等陪同下，到省商业集团调研了解企业生产经营情况。

10月10日，副省长朱从玖在省政府副秘书长冯波声及省国资委主任、党委书记陈正兴等陪同下，到省建设集团调研了解集团发展情况。

同日，副省长朱从玖在省国资委主任、党委书记陈正兴等陪同下，专程到杭州萧山国际机场调研了解机场生产和运行情况。

10月12日，由省国资委主办、省物产集团承办的国资国企文化节闭幕式暨文艺汇演在杭州大剧院举行，标志着全省国资国企文化节圆满落幕。省委常委、副省长、宣传部长葛慧君，省人大副主任冯明，副省长朱从玖，省政协副主席黄旭明以及国务院国资委相关领导、省国资委领导班子、省直有关部门负责人、各省属企业、各市国资委负责人及职工代表1000多人出席了活动。

10月19日，副省长朱从玖在省政府副秘书长冯波声及省国资委主任、党委书记陈正兴等陪同下，到省机电集团调研了解企业生产经营情况。

10月25日，省国资委连续四年获得地方企业国有资产统计工作先进单位荣誉。

11月1日，省国资委召开全省国资系统产权管理工作会议。省国资委副主任、党委委员董贵波到会并讲话。省物产集团、能源集团、绍兴市国资委和临海市国资局等4家单位介绍了经验。

11月7日，副省长朱从玖在省国资委副主任、党委委员桑均尧等陪同下，专程到省物产集团调研了解企业生产经营情况。

11月8日，上午9点，举世瞩目的中国共产党第十八次全国代表大会隆重开幕。省国资委党委高度重视，组织委机关全体党员、干部集中观看，聆听胡锦涛总书记所作的工作报告。

11月14日，省国资委召开2012年第16次委党委会，各党委委员参加。会议听取了“浙江国企价值观”核心词征集等情况的汇报。

11月22日，省国资委举行学习宣传贯彻党的十八大精神专题辅导报告会，邀请十八大代表，省建设集团党委书记、董事长刘国红作专题辅导。委党委书记、主任陈正兴出席报告会。报告会由委党委委员、纪工委书记、监察专员陈松根主持。

11月23日，副省长朱从玖在省国资委主任、党委书记陈正兴等陪同下，专程到省旅游集团调研了解企业生产经营情况。

同日，副省长朱从玖在省政府副秘书长冯波声，省国资委主任、党委书记陈正兴等陪同下，专程到中化蓝天集团调研了解企业生产经营情况。

12月3日，省国资委召开2012年第18次委党委会，各党委委员参加。会议听取了3名调研员和5名副调研员民主推荐及考察人选建议等情况的汇报。

12月7日，省属企业首次社会责任报告发布会在之江饭店举行。省国资委副主任、党委委员董贵波出席会议并作讲话。省建设集团、交通集团、能源集团等3家企业被确定为首批试点单位。

12月26日，副省长朱从玖在省政府副秘书长冯波声等陪同下，到省国资委调研指导工作。委主任、党委书记陈正兴作工作汇报。

2012年浙江省地税局大事记

1月6日，局长钱巨炎，常务副局长单美娟，副局长劳晓峰、王俭、王平等一行，在局相关处室负责人陪同下，到杭州市财政（地税）局，亲切慰问全体财税干部职工，对全市财税干部致以新年的祝福。

1月10日，副局长王俭等一行到余杭区财政局慰问干部职工，并与该局领导班子及相关科室负责人进行了交流座谈。

1月19日，在春节即将到来之际，常务副局长单美娟、副局长劳晓峰到省注册税务师管理中心、省注册税务师协会走访慰问，代表省地税局向中心和协会的全体同志致以新春的问候。

2月28日，为深化拓展“进村入企”大走访，局长钱巨炎赴湖州调研指导税收宣传“进乡村、进企业、进校园、进社区”工作，走访湖州多媒体产业园、永兴特钢等重点单位，详细了解园区发展规划和企业生产经营情况，听取企业对财税部门的意见建议;考察吴兴区八里店镇便民服务中心和乡镇财政管理服务中心，强调以服务中心为“平台”，强化“最后一公里”的财税服务；出席湖州师范学院大学生纳税服务志愿者队伍成立仪式，正式启动全省地税系统税收宣传“进乡村、进企业、进校园、进社区”活动。

3月1日至3日，常务副局长单美娟率省局有关处室负责人赴丽水市、遂昌县开展税收宣传“进乡村、进企业、进校园、进社区”活动。

3月8日，副局长劳晓峰赴江苏省常州市行政服务中心地税窗口参观交流。

3月9日，局长钱巨炎、常务副局长单美娟率省局有关处室和杭州市局负责人，走访浙大网新科技股份有限公司、正泰太阳能科技有限公司，上门送服务、送政策。

3月20日，常务副局长单美娟在杭州市地税局、江干区地税局有关领导的陪同下莅临“中纺中心”，重点对财税工作进行调研和布署。

3月30日，在全国第21个税收宣传月来临之际（每年的4月份是全国税收宣传月），常务副局长单美娟，总会计师徐敏俊做客浙江省人民政府门户网站和浙江在线民生直通车节目组联合直播的访谈节目，与广大网友共同交流税收与社会民生的有关话题，并就网友关注的税收热点问题和政策信息进行了解答。

5月21日，省地税局与浙江财经学院签署共建税务系协议，常务副局长单美娟和王俊豪院长代表双方签署协议。

5月30日，副局长劳晓峰到临海开展“进村入企”大走访活动。

6月14日，常务副局长单美娟率有关处室负责人赴桐乡就《税友龙版》税收执法责任制人机结合考核运用情况进行调研。

8月1日，全省地税国库联席会议在淳安县召开。常务副局长出席会议并作重要讲话。

8月30日，副局长劳晓峰、征管处丁丹处长、杭州市地税局张瑾副局长及省市局征管处、信息中心相关领导一行，到萧山区财政局检查指导《税友龙版》上线准备工作。

9月18日，召开全省地税执法重点督察动员大会，副局长劳晓峰出席大会并作动员讲话。

10月9日，全省地税系统举行地税大集中系统暨《税友龙版》全面上线仪式，并以“促发展、强服务、优环境”为主题对全省地税下一步工作进行部署。

10月17日，局长钱巨炎到景宁县调研财政地税工作。

10月25日，副局长劳晓峰率省局纳税服务局、信息中心一行到桐乡市局进行了“办税服务厅综合管理系统”建设工作视察。

11月7日，副局长劳晓峰一行到磐安县地税局税务大厅看望了工作人员，赴磐安工业园区进行调研，并实地考察了浙江巨久轮毂有限公司。

11月14日，常务副局长单美娟在舟山市财政局局长姜建明的陪同下到舟山德勤集团股份有限公司走访调研。

11月19日，十八大代表，省财政厅党组书记、厅长，省地税局局长钱巨炎同志为省厅省局全体党员干部做十八大精神传达和动员讲话。

2012年浙江省工商局大事记

2月2日至3日，全省网络经济监管暨信息化工作会议在海宁召开。副局长黄笑苹出席会议并作重要讲话。省局网监办相关领导，各市工商局，义乌市局分管局长和网监办（信息办）主任参加了会议。

2月16日，副局长黄笑苹一行到永嘉调研农民专业合作社和订单农业工作。

2月17日至18日，全国工商行政管理系统执法检查自查会议（浙江片会）在温州召开。工商总局副局长付双建、副局长冯水华参加了会议。

3月13日，副省长王建满一行到绍兴县考察调研浙商创业创新和农贸市场改造提升工作。省政府副秘书长谢济建，副局长冯水华，省经合办副主任林骏，省政府办公厅发展处处长蔡耘，省经合办合作交流处处长陈国良以及绍兴市、县党政主要领导等陪同调研。

3月27日，副局长吴国升带领相关处室负责人一行来杭州市工商局调研。

4月25日，国家工商总局广告司副司长黄新民、发展处处长赵践一行到杭州视察西湖广告产业园区。副局长张雪林等陪同。

5月8日，全省个体工商户和商品交易市场党建模式创新典型交流暨有效覆盖推进现场会在安吉召开。省委组织部副部长、省委两新工委书记庄跃成出席会议并作重要讲话。局长郑宇民主持会议并作会议小结。副局长冯水华等参加会议。

5月22日，副局长吴国升一行到湖州市工商局调研。

5月23日至24日，全省酒类企业经营行为专项整治规范工作现场会在湖州市召开。副局长吴国升、张雪林出席会议。

5月30日，局长郑宇民一行到萧山调研流通领域食品安全监管工作。

6月5日，副局长冯水华一行到西湖调研企业注册登记工作。省局企业处，杭州市工商局企业注册处陪同调研。

6月20日，副局长张雪林到江干工商分局检查指导“食品安全宣传周”活动落实情况，并重点走访察看了分局辖区华润万家超市濮家店端午节日期间的食品安全工作并提出了具体的改进意见和建议。

8月9日，局长郑宇民一行专程到安吉县视察受灾情况，指导救灾工作、慰问一线干部。

8月9日，副局长冯水华连夜赶赴三门，了解三门受灾情况，并指导三门工商局灾后自救工作。

10月30日，全省工商系统喜迎十八大书画影印作品展暨“效能与创新”理论研讨会在温州举办。浙江工商书画摄影研究会会长曹天玷、省局纪委书记夏建勇、11个市工商学会秘书长、各市论文交流代表各1名、“浙江省工商系统迎接十八大书画影印作品艺术大赛”部分获奖代表等60多人参加会议。

11月5日，局长郑宇民一行到杭州运河国家广告产业园调研指导工作，走访了园区浙江盘石信息技术有限公司、浙江博采传媒有限公司、浙江影天印业有限公司。副局长冯水华、张雪林陪同调研。

11月14日，局长郑宇民到三门调研指导“个转企”工作。办公室主任沈省文，台州市工商局杨财标局长、办公室曾子坚主任，三门县工商局童庆波局长等陪同调研。

11月14日至15日，全省行政指导工作现场观摩暨常态化推进会在安吉召开。副局长冯水华出席会议并作重要讲话。

2012年浙江省质监局大事记

2月8日，2012年全省质量技术监督工作会议在杭州召开。会议的主要任务是全面贯彻落实中央和省委经济工作会议、省“两会”以及全国质检工作会议精神，总结2011年全省质监工作，交流经验，表彰先进，研究部署2012年的工作任务。会议由副局长杨烨主持。局长瞿素芬在会上作了题为《振奋精神真抓实干全力促进经济社会平稳较快发展》的工作报告。副省长王建满出席会议并作重要讲话，省政府副秘书长谢济建等应邀参加会议。

2月16日，全省质监系统思想政治工作会议在杭州召开。会议总结交流了2011年机关党的建设、质监文化建设、和谐质监建设、干部教育培训、创先争优活动开展情况，并对2012年全省质监系统思想政治工作作出新部署。副局长赵孟进出席会议并作重要讲话。

同日，召开全省质监系统科技与评管工作会议，各市、义乌市局科技与合格评定监督管理工作分管领导及职能处室负责人参加了会议。副局长陈振华到会作重要讲话。

3月8日，召开全系统2012年度法制工作会议。会议传达贯彻2012年全国质检系统法制工作会议精神，认真学习领会质检总局局长支树平、副局长蒲长城、法规司司长刘兆彬讲话精神，全面回顾了2011全省质监法制工作情况，部署了2012年全省质监法制重点工作。副局长唐全东出席会议并作重要讲话。各市局分管法制的副局长、法制处长，省局稽查总队、纤检局、政策法规处全体人员参加了会议。

3月20日，在富阳市召开系统人事工作会议，各市局、省局直属单位分管领导及人事部门负责人参加了会议。会议总结并回顾了2011年全省系统人事工作，部署了2012全省系统人事工作任务。温州市局、绍兴市局、省检科院和省特检院4家单位分别介绍了在干部交流、制度建设和人才队伍建设方面的成效和经验。副局长唐全东到会作重要讲话，并为全体人事干部讲党课。

3月21日至23日，全省质监系统纪委书记例会在衢州召开。省局党委委员、省纪委驻省局纪检组长陈刚到会并作重要讲话。各地市局纪委书记、监察室主任和省局直属单位分管领导参加了会议。

4月11日至12日，局长瞿素芬一行赴衢州考察调研质量强市和国家中心建设工作。

4月12日，为了迎接党的十八大顺利召开，推进法治质监文化建设，在全省系统营造良好的依法行政氛围，根据国家质检总局《关于举办2012年度质检法治文化主题演讲比赛的通知》（质检法函〔2012〕28号）的要求，省局举办2012年度质监法治文化主题演讲大赛。副局长唐全东进行总结致辞。

4月25日，省质量强省工作领导小组暨质量奖评审委员会会议在杭州之江饭店召开。省政府质量奖评审委员会委员、质量强省工作领导小组成员及联络员参加了会议。领导小组副组长、省质监局局长瞿素芬介绍了国务院《质量发展纲要（2011—2020）》起草背景、过程及主要内容并提出2012年质量强省工作的主要计划安排。省政府副秘书长谢济建主持会议，副省长王建满出席会议并作重要讲话。

4月30日，浙江省庆祝“五一”国际劳动节暨劳模先进表彰大会在省人民大会堂隆重举行，浙江省质检院食品检测部获得表彰，荣膺浙江省“工人先锋号”集体荣誉称号。这也是浙江省质监系统获得的首个“工人先锋号”。

5月3日，全省质监系统市局局长例会在杭州召开，局长瞿素芬作重要讲话，局领导杨烨、纪圣麟、唐全东、赵孟进、陈刚、陈振华、吴一新、阚江洲等出席会议。

5月8日，召开全省食品生产环节质量安全隐患排查工作会议。副局长纪圣麟就排查工作作了具体部署。

5月17日至18日，举办贯彻落实《质量发展纲要》及先进质量管理方法培训班。副局长杨烨作了题为《学习贯彻质量发展纲要，扎实推进质量强省建设》的专题报告。

5月22日，全省质监系统政工管理干部培训班在嘉善如期开班。来自全省11个市的机关党委书记、省局和直属事业单位的支部书记、部分党务工作者共48人参加了此次培训。

5月28日，由省质监局会同产品质量相关职能部门联合组织的“创建产品质量强区强业强企”电视电话动员大会在省人民大会堂召开。此次大会旨在贯彻落实《质量发展纲要》和质量强省建设领导小组工作会议精神，以产品质量“三强”建设为抓手，为深入推进质量强县示范创建夯实基础。省质量强省工作领导小组副组长、局长瞿素芬出席主会场并作动员讲话。副局长杨烨主持会议，省经信委、省林业厅、省工商局和省食品药品监管局等有关部门领导出席会议，省政府质量奖评审员、行业协会代表、全省龙头骨干企业代表列席会议。

5月31日，浙江电梯产业技术创新战略联盟成立大会在湖州召开，来自全省百余家的电梯企业家和多家协会、高校、研究机构的代表参加了会议，国家质检总局、省发改委、省科技厅、省质监局、省经信委和湖州市政府、南浔区政府及杭州、宁波、温州、湖州、嘉兴、衢州等质监部门的领导与专家出席了会议。

6月11日，召开专题会议，传达学习省第十三次党代会和省委十三届一次全会精神，研究贯彻落实意见。局长、党委书记瞿素芬主持会议，省局党委委员，省局机关及各直属单位主要负责人参加了会议。

6月25日至26日，全省质监系统办公室工作会议在杭州召开。各市局、义乌市局及省局直属各单位分管领导和办公室主任共47人参加了会议。总工程师吴一新到会并作重要讲话。

7月17日，国家认证认可监督管理委员会党组成员、总工程师刘卫军率法律部、认证部、相关指定机构负责人等，深入平湖童车企业调研、指导玩具强制性产品认证工作。副局长陈振华以及嘉兴市局、平湖市有关领导陪同调研。

8月7日，国家总局主任纪正昆、处长高建忠一行到省审核评价中心视察指导，并与领导班子成员座谈交流。副局长杨烨陪同视察。

8月17日，2012年度国家自然科学基金项目评审结果公布，省计量院申报项目《基于镀膜光纤布拉格光栅阵列的气体流量传感机理和方法研究》从全国数十万申报项目中脱颖而出，获批立项。这是省计量院2011年被批准为国家自然科学基金依托单位后获得的首个国家级科研项目，也是全省质监系统首个国家自然科学基金项目。

8月31日，2012年全省质量月活动启动仪式在杭州举行。其主题是宣传贯彻《质量发展纲要》，推进质量强省建设。副省长毛光烈作重要讲话，省人大副主任冯明宣布2012年全省质量月活动正式启动。省政协副主席徐辉出席启动仪式。局长瞿素芬通报了2012年质量月活动安排。

9月4日，召开食品安全整治“百日行动”明查暗访工作汇报会。省局领导瞿素芬、纪圣麟、唐全东、赵孟进、吴一新、阚江洲等出席会议并听取汇报，省局“百日行动”领导小组成员和领导小组办公室各小组人员参加会议。

9月14日，召开全省质监系统创先争优活动总结表彰大会，全面总结了2010—2012年创先争优活动开展情况，部署了下阶段工作任务，表彰了全省系统13个基层党建工作示范点、28个创先争优活动先进单位、35名优秀共产党员和31名创先争优优秀党务工作者。局长瞿素芬出席会议并讲话，副局长杨烨宣读了创先争优先进集体和优秀个人表彰通报，副局长赵孟进主持会议。

10月25日，全省质监系统廉政文化建设现场会在海宁召开。省局党委委员、省纪委监察厅驻省局纪检组组长陈刚、副组长姚岳南出席会议。

10月26日，遂昌县委召开理论学习中心组（扩大）学习会，副局长杨烨到会并作了《质量与区域经济发展》专题报告。

11月8日，省局领导班子成员和机关全体干部集中收看中国共产党第十八次全国代表大会开幕式电视直播盛况，认真聆听胡锦涛同志代表党的十七届中央委员会作的报告。

11月9日，浙江省质量合格评定协会第三届会员代表大会在杭州隆重召开。省政府副秘书长刘援利，副局长陈振华，省食品药品监督管理局副局长陈时飞出席会议。省民政厅、省消防协会等有关单位负责人及200多家会员单位代表参加会议。

11月14日，局长瞿素芬在副巡视员阚江洲等陪同下莅临省纺织院进行视察调研指导。

11月19日，召开党委中心组理论学习扩大会，传达贯彻党的十八大精神。党委书记、局长瞿素芬主持会议并讲话，省局领导班子成员、省局机关及各直属单位党政主要负责人参加了会议。

11月20日，召开全省质监系统中青年科技人才会议。会上，副局长陈振华通报了近年来全省质监系统科技创新和科技人才建设情况，对总局“科技兴检奖”获得者、质监系统第二批省级学科带头人、质监系统重点实验室予以表彰，颁发聘书和牌匾。宁波市质监局、绍兴市质监局、省质检院、省计量院、瑞安市质检院、开化县质检所6家单位进行了交流发言，局长瞿素芬作重要讲话。会议由副局长唐全东主持，总工程师吴一新出席了会议。

12月10日至13日，召开党委中心组理论学习扩大会。局长瞿素芬同志作了中心发言，省局党委班子成员及副巡视员、各市局和义乌市局主要领导、省局质量处等4个处室和省质检院等5个直属单位主要负责人紧紧围绕如何结合质监实际深入学习贯彻十八大精神这个主题作了发言。会议还邀请了北京大学副校长刘伟和中央党校教授阮青分别作了宏观经济形势和十八大报告辅导讲座。

12月13日至14日，全省“提升企业素质、推进三强建设”工作会议在诸暨召开。局长瞿素芬出席会议并讲话。副局长杨烨主持会议，各市局局长和质量处长、部分县局局长、有关行业协会和企业代表列席会议。

12月14日，全省推进民生计量工作现场会在海宁召开。各市、义乌市局分管局长、计量处（科）长以及省、市计量技术机构负责人等共50余名代表参加会议。总工程师吴一新出席会议并作重要讲话。

同日，省法制办与省质监局联合组织召开《浙江省计量监督管理条例》专家论证会。论证会由省法制办副主任吴强军主持，副局长唐全东参加了会议。

12月15日，浙江省纺织品标准化技术委员会正式成立。副局长杨烨到会并作重要讲话。

2012年浙江省广电局大事记

1月6日，浙江省县级城市数字影院建设工作座谈会在杭召开，副省长郑继伟出席会议并作重要讲话。局长张宝贵就作好县级城市数字影院建设进行具体布置。省政府副秘书长马林云，省委宣传部副巡视员何启明出席会议，副局长王国富主持会议。乐清、常山、庆元等地代表在会上介绍了各地推进数字影院建设的工作情况。

1月17日，省林业厅和省广电局到开化县钱塘江源头的枫楼坑林区，为两户护林员家庭安装上了直播卫星接收设备，这标志着浙江省直播卫星公共服务建设工程正式启动。

1月24日，从第62届柏林电影节传来喜讯，浙产影片《爱LOVE》入围影展“世界大观”单元，该片将在情人节档期国内公映。

2月7日，出台《加强我省广播电视新闻立台工作的若干意见》。

2月22日，召开党组扩大会议，传达贯彻2012年全国广播影视党风廉政建设工作会议和省纪委十二届八次会议精神，对2012年党风廉政建设工作任务提出要求。

2月28日，召开“坚持以人为本执政为民理念发扬密切联系群众优良作风”为主题的专题民主生活会。省委宣传部副部长鲍洪俊到会指导。局长张宝贵，副局长铁国强、马乐其、王国富，副巡视员傅宏章及局机关有关处室负责人参加了会议。

3月5日至7日，根据省委省政府的统一部署，局长张宝贵率机关有关人员在新昌县开展以“进村入企、助推发展、强化服务”为主要内容的大走访活动。

3月12日，召开干部职工大会，传达贯彻省政府第九次全体会议精神，研究部署省局机关各处室和直属单位2012年工作任务。局长张宝贵主持会议。

3月29日，召开全省广播影视行政执法工作座谈会，学习传达全国广播影视法制工作会议精神，总结2011年全省广播影视行政执法工作，表彰全省广播影视行政执法工作先进集体、先进个人，部署2012年广播影视行政执法重点任务。

4月9日，召开“广电进渔船”工作会议，部署5000艘渔船安装移动卫星电视接收设施的工作任务，更好地满足渔民群众精神文化生活。

4月10日，浙江省广播影视规划与统计学专业委员会成立，这是全国广播影视行业首家规划与统计学专业委员会。

4月17日，举行乡镇广电站建设交流推进会，来自全省市、县、乡镇广播电视部门的代表近200人参加了会议，这在浙江广电历史上尚属首次。

4月24日，由浙江省法制办、省广电局组织的《浙江省公共视听载体活动管理办法（修改稿）》立法工作征求意见座谈会在宁波市召开。

5月8日，浙江省影视产业发展和创作生产工作会议在杭州召开。会议总结回顾近年来全省影视产业发展及创作生产的主要成效，研究部署进一步繁荣影视创作生产、加快发展影视产业工作。省委常委、宣传部长茅临生出席并讲话，副省长郑继伟主持会议。

5月15日，召开推进新闻立台工作座谈会，听取各地对新闻立台工作的意见和建议，就进一步推进广电媒体新闻立台工作进行部署。

5月17日，浙江省召开广电科技、社管工作会议，交流各地工作经验，进一步贯彻落实全国、全省广播影视工作会议和全国广播影视社管、科技工作会议精神，部署2012年工作。

5月21日至24日，浙江省广播电视台长培训班在杭州举行。局长张宝贵、江苏省连云港市广播电视台台长戴咏寒、中纪委杭州培训中心教育长陈武明、浙江卫视总监夏陈安，分别进行了辅导授课。

5月29日，浙江省广播电视安全播出工作会议在杭州召开，会议要求全省广电系统要以志在必胜的信心和举措，圆满完成党的十八大和省党代会广播影视安全播出任务。

6月12日，召开党组扩大会议，认真传达学习省第十三次党代会精神，研究部署贯彻落实举措。党组书记、局长张宝贵主持会议。省局领导马乐其、王国富、铁国强及机关各处室、直属单位负责人参加学习。

6月25日，召开全省广播电视户户通工作会议，研究推进浙江省广播电视“户户通”工作，进一步深化广播影视公共服务体系建设。局长张宝贵出席并作重要讲话。会上，省局与31家县级广播电视台负责人签订了直播卫星“户户通”工程建设责任书，巡视员铁国强主持会议。

6月26日，首期全省县级台新闻从业人员培训班在省委党校开班。

6月28日，省广电局工作组来到百组调研对口点新昌县，具体落实省广电局在深入新昌县开展“进村入企”大走访活动中基层及群众反映的困难和问题。

6月30日，省广电局党员和入党积极分子60余人，赴嘉兴参观南湖革命纪念馆，在纪念馆会场，由党组书记、局长张宝贵给大家上“保持党的纯洁性”党课，并在宣誓墙前集体重温入党誓言。

7月19日，召开专题会议，传达学习了周永康同志和赵洪祝同志在全国、全省维稳工作会议上的重要讲话精神，研究部署了贯彻落实意见。

7月30日，召开全省各市广播影视局台长座谈会，深入学习贯彻胡锦涛总书记“7·23”重要讲话精神和党的十七届六中全会、省十三次党代会精神，研究加强广播影视职业道德和行风建设。

8月2日，局长张宝贵一行到桐乡调研广播影视工作。

8月8日，2012年浙江省广电系统党风廉政建设工作座谈会在杭州召开。中纪委驻国家广电总局监察局副局长徐灵芳，副局长兼局纪检组长马乐其讲话。

8月22日至23日，局长张宝贵率领由省局有关处室和相关院校教师组成的考察组，先后赴江苏省无锡、常州市学习考察影视动漫产业。

9月5日，召开局长办公会,传达落实省委专题学习会上赵洪祝书记、夏宝龙省长重要讲话精神，并紧密联系全省广电工作实际，研究部署了2012年9至10月份的重点工作。局长张宝贵主持并作重要讲话。

9月6日，局长张宝贵到桐庐县、建德市调研党的十八大广播影视工作情况，并就广播影视工作与当地党委、政府领导交换了意见。

9月4日，召开安全播出专题工作会议，研究部署十八大安全播出期的重要工作。局长张宝贵和各市文广新局局长签订安全播映责任书。

9月5日，省广电局向全省各级广电部门和播出机构下发了《关于切实做好广播电视节目播出安全管理工作的意见》，全面部署十八大宣传期广播电视节目播出安全管理工作。

9月19日，召开影视动画产业调研座谈会，听取部分在杭影视动画企业负责人对浙江省发展影视动画产业的意见建议。

9月27日，召开党组会议，传达学习了全国文化体制改革工作表彰大会精神。

9月28日至29日，浙江省文改办副主任、省广电局局长张宝贵带领督查组到丽水督查县级电影发行放映单位转企改制、数字影院全覆盖和“一省一网”县级网络公司企业化改造工作。

10月10日至11日，分别召开浙江横店影视制作有限公司电影作品研讨会和电影《秘密花园》后期剪辑研讨会，请国内著名专家为骨干企业和重点作品问诊把脉,创新电影管理方式，促进浙江电影的精品创作生产。

10月25日，省广电局局长张宝贵到浙江省时代院线和杭州市星光院线检查督查十八大期间电影安全放映工作。

10月27日至28日，全国广播电视编辑记者、播音员主持人资格考试在浙江工商大学举行浙江考区考试工作。局长张宝贵到现场检查督导。

10月30日，全国广电系统确保党的十八大广播电视安全播出电视电话会议精神召开，省广电局高度重视,迅速采取措施加以落实。

同日，举办广播影视行政执法业务培训，来自全省各市县文化市场综合行政执法机构的负责人和业务骨干参加了培训。

10月31日，局长张宝贵对浙江广电集团新闻中心、广播制播中心、电视播出中心十八大重要保障期安全播出工作进行检查。

11月8日，局长张宝贵亲临监测中心坐镇指挥十八大开幕式安全播出。

11月9日，局长张宝贵考察浙江缔顺科技有限公司，与企业座谈，听取对浙江动画电影发展的意见建议。

11月13日，局长张宝贵率机关有关人员，在杭州市文化广电新闻出版局副局长钟文静、杭州文广集团董事长方建生等陪同下，对杭州文广集团的安全播出工作进行了督查。

11月20日，召开机关、直属单位和离退休支部全体干部职工大会，传达歇息贯彻党的十八大精神。

12月2日，省委宣传部、省司法厅、省广电局等单位等单位结合第九届全国法制动漫大赛推出“法在心中”系列活动。

12月19日，省委宣传部和省广电局在杭州为《温州一家人》举行研讨会，浙江广电集团、浙江影视集团向《温州一家人》的编剧高满堂颁发了100万元的创作奖金。

12月5日，省委党校副校长马力宏教授为省广电局机关和直属单位干部职工作十八大精神宣讲报告，副局长马乐其主持会议并讲话。

12月21日，由省广电局和省农业厅联合开展的2012年度浙江省生态循环农业创新模式电视节目竞赛活动优秀作品评选会在杭州举行。

2012年浙江省新闻出版局大事记

1月8日，浙江省第五次服务“三农”出版物赠送仪式在德清县武康镇上柏村举行。局长陈昆忠，省委宣传部副巡视员何启明，副局长陈克韶，湖州市、德清县有关党政领导及文广新闻出版局负责人出席赠送仪式。

1月10日，局长陈昆忠主持召开局长办公会议，首先在局领导班子层面传达学习的会议精神，重点是传达中央领导的重要批示精神、李长春和刘云山同志重要讲话精神、柳斌杰署长的主题报告精神。

1月11日，局长陈昆忠再次主持召开局机关和局属单位全体干部职工大会，认真传达学习全国宣传部长会议、全国新闻出版工作会议及全国版权工作会议和党风廉政工作会议精神，研究贯彻落实措施。

2月10日，省委书记赵洪祝在省局《新闻出版、版权工作2011年总结和2012年要点》上作出重要批示，充分肯定2011年全省新闻出版和版权工作成效，对2012年工作提出殷切期望。

2月13日至15日，省文化厅、省广电局、省新闻出版局联合在杭州召开全省文化广电新闻出版局长会议。省委常委、宣传部长茅临生，副省长郑继伟出席会议并讲话，省委副秘书长胡庆国、省政府副秘书长马林云、省委宣传部常务副部长胡坚、省委宣传部副部长龚吟怡出席会议。局长陈昆忠总结部署工作，副局长范春梅主持新闻出版会议，并对贯彻落实会议精神提出要求；局领导单烈、陈克韶、黄柏青、王汐、沈森、孙旭东等和机关各处室负责人，各县（市、区）文化广电新闻出版局负责人参加了会议。

2月23日，省局制定下发《关于转发新出明电〔2012〕2号文认真开展2012年春季中小学教辅材料出版发行专项检查的紧急通知》，全面部署落实浙江省2012年春季中小学教辅材料出版发行专项检查工作。

2月29日，召开2012年第一次出版例会。局长陈昆忠出席会议并讲话，副局长陈克韶主持会议并讲话。各图书出版社、音像电子出版单位、网络出版单位的主要负责人参加了会议。

3月19日，局党组理论学习中心组召开学习扩大会，全国人大代表、局党组书记、局长陈昆忠传达学习十一届全国人大五次会议、政协十一届五次会议精神，并强调认真学习贯彻全国“两会”精神，努力做好2012年新闻出版工作，加快新闻出版强省建设。局党组成员、办公室主任孙旭东，局机关、局属单位全体干部职工参加了学习会。学习会由党组成员、副局长陈克韶主持。

4月1日，召开局机关和局属单位全体干部职工大会，专题传达学习贯彻全省改善发展环境电视电话会议精神，研究部署贯彻举措。局长陈昆忠主持并讲话。副局长范春梅、单烈、陈克韶、黄柏青，巡视员王汐、副巡视员沈森，办公室主任孙旭东，局机关、局属单位全体干部职工参加会议。

4月9日，省政协常委、港澳台侨委员会主任任志兴一行到省局就省新闻出版业“走出去”工作情况作专题调研。副局长单烈代表省局向调研组汇报有关情况，提出意见和建议。

4月13日，召开《浙江通志·出版卷》《浙江通志·报业卷》编纂工作会议。局长陈昆忠出席会议并讲话，副局长黄柏青主持会议。省地方志办公室主任潘捷军，省网宣办副主任杨荣耀，浙江出版联合集团、浙江日报报业集团负责人出席会议。省新闻出版局各处室和局属单位、各设区市文化广电新闻出版局、各出版单位和有关报业集团（报社）负责人，《出版卷》《报业卷》编辑部成员等共约170余人参加会议。

4月26日，由省版权局和绍兴市、绍兴县人民政府共同举办的以“拒绝盗版，支持原创”为主题的4•26知识产权宣传周活动启动仪式在绍兴中国轻纺城举行。副局长单烈，绍兴市文广新闻出版局、绍兴县有关负责人出席仪式并讲话。省市县版权、新闻出版、工商等有关部门、新闻单位、行业协会的有关人员和经营户代表等约100人参加了现场活动。

4月29日，我国目前唯一一家以城市为单位的国字号数字出版基地——杭州国家数字出版产业基地授牌仪式在省人民大会堂隆重举行。国家新闻出版总署副署长孙寿山为杭州国家数字出版产业基地授牌并讲话。国家新闻出版总署科技与数字出版司司长张毅君宣读新闻出版总署关于同意建立杭州国家数字出版基地的批复。杭州市政协主席叶明，局长陈昆忠出席仪式并致词。国家新闻出版总署出版产业发展司副司长袁亚平、杭州市副市长陈小平、省局党组成员孙旭东、杭州市文广新闻出版局局长陈建一等领导出席授牌仪式。副局长陈克韶主持授牌仪式。

5月18日，召开第一批非时政类报刊出版单位转企改制工作动员培训会。省非时政类报刊出版单位体制改革工作联席会议办公室主任、省局局长陈昆忠作动员讲话。副局长黄柏青主持会议。

6月1日至4日，由新闻出版总署、宁夏回族自治区人民政府共同举办的第22届全国图书交易博览会在银川市国际会展中心隆重举行。由局长陈昆忠任团长，浙江出版联合集团总裁童健任顾问，副局长范春梅、浙江出版联合集团副总裁陈纯跃任副团长的浙江代表团130余人参展。副局长陈克韶、巡视员王汐、副巡视员沈森、党组成员孙旭东参观了书博会。

6月21日，召开局长办公（扩大）会议，专题研究省农家书屋工程建设和非时政类报刊出版单位体制改革工作。局长、省农家书屋工程建设协调小组副组长、省非时政类报刊出版单位体制改革工作联席会议办公室主任陈昆忠主持会议并讲话，副局长范春梅、单烈、黄柏青，巡视员王汐、副巡视员沈森，办公室主任孙旭东及有关处室全体人员参加会议。

7月4日，省委常委、宣传部长、副省长葛慧君在省委宣传部常务副部长胡坚，副部长鲍洪俊、来颖杰等陪同下到省局调研。局长陈昆忠向葛慧君一行汇报工作。副局长范春梅、单烈、陈克韶、黄柏青，巡视员王汐，办公室主任孙旭东及局机关各处室、局属单位主要负责人参加座谈会。

7月11日至14日，由新闻出版总署印刷发行管理司、上海市新闻出版局和金山国家绿色创意印刷示范园区共同主办的“2012上海国际印刷周”在上海市新国际博览中心隆重举行。浙江印刷企业由省局统一组团参加了该展会，以副局长单烈为团长的浙江代表团共计30余人参加了展会开幕式。

8月15日，省政府新闻办公室召开新闻发布会，通报省政府机关软件正版化检查整改工作情况。省使用正版软件工作领导小组办公室主任、省新闻出版局（版权局）副局长单烈介绍了浙江省市县三级政府机关软件正版化检查整改工作情况，并回答了记者的提问。发布会由省政府新闻办副主任杨荣耀主持。省经信委、省财政厅、省商务厅等相关部门的负责同志出席发布会。

10月23日至24日，召开全省新闻出版业“走出去”工作交流会。副局长单烈出席会议并讲话。全省各图书、电子音像出版单位，部分印刷复制、发行单位和文化公司的代表共70多人参加了会议。

10月25日至26日，长三角区域新闻出版（版权）合作交流会议在上海举行。江苏省新闻出版局局长徐毅英、浙江省新闻出版局局长陈昆忠、上海市新闻出版局局长方世忠，江苏省、浙江省、上海市局有关局领导蒋国星、曹玉梅、范春梅、孙旭东、阚宁辉，以及两省一市新闻出版局有关处室负责人参加会议。会议由上海市新闻出版局局长方世忠主持。

11月22日，全省印刷管理工作会议在杭州召开。副局长单烈同志出席会议并讲话。

11月27日，召开局党组理论学习中心组学习（扩大）会议，专题学习党的十八大精神。省委党校副校长郑仓元教授应邀在会上作了题为《深刻领会准确把握党的十八大精神》的辅导报告。党组书记、局长陈昆忠主持学习会并讲话，党组成员、副局长范春梅、单烈、陈克韶，副巡视员沈森，党组成员、办公室主任孙旭东，局机关、局属单位全体干部职工及退休干部参加了学习会。

11月28日，省委宣传部和省新闻出版局召开2012年第四次出版例会，学习贯彻党的十八大精神，布置近期出版工作。副局长陈克韶主持会议并讲话。省委宣传部新闻出版处负责同志出席会议。各图书出版社、音像电子出版单位的分管社领导和总编办主任参加了会议。

11月29日至30日，由国家版权局和国际复制权组织联合会主办的数字环境下版权集体管理国际研讨会在杭州举办。这是双方首次在华合作举办的国际会议。国家版权局副局长阎晓宏，副省长郑继伟，中国文著协会长、中国作协副主席陈建功，国际复制权组织联合会秘书长奥拉夫·斯托克莫，局长陈昆忠等出席会议。

12月12日，全省报刊审读工作座谈会在杭州召开。全省各设区市及义乌市文化广电新闻出版局分管领导、优秀报刊审读单位负责人、优秀报刊审读员共40余人参加会议。副局长黄柏青出席会议并讲话。

12月20日，召开2011—2012年度浙江新闻出版业“走出去”工作总结表彰会。省委宣传部副部长、外宣办主任吕建楚，副局长单烈出席会议并讲话。会议表彰了浙江科学技术出版社等5家2011—2012年度新闻出版“走出去”的工作先进单位、浙江大学出版社副社长陈晓嘉等8位先进个人。

12月25日，由省新闻出版局、省新华书店集团有限公司推荐申报的“农村出版物发行小连锁”荣获浙江省宣传思想文化工作创新奖。

12月25日至26日，全省出版物市场监管和“扫黄打非”工作会议在杭州召开。副局长黄柏青出席会议并讲话。全省各设区市及义乌市文化广电新闻出版局分管领导、文化市场行政执法机构的负责人参加了会议。

2012年浙江省体育局大事记

1月5日，省监察厅驻体育局监察专员夏建成在省体育局16楼与韩国济州特别自治道体育会副会长宋承天签署了体育交流与合作协议书。

1月5日至6日，浙江省体育强县（市、区）、强镇（乡）、城市体育先进街道（社区）争创和复查工作培训班在衢州市举办。副局长应祖明出席会议并讲话。

1月6日，副局长应祖明、群体处处长扬平原到丽水检查国民体质监测中心丽水站筹建情况。

1月11日，召开全省体育局长会议。副省长郑继伟到会并讲话，局长李云林作工作报告。来自全省各县（市、区）体育部门以及省级各行业体协负责人200余人齐聚杭州，共商浙江体育发展大计。

1月16日至17日，浙江省群体系统贯彻2012年全省体育局长会议精神工作会议在宁波召开。局长李云林到会发表讲话。副局长应祖明作工作报告。群体处处长扬平原主持会议。

2月12日，副局长应祖明，群体处处长扬平原一行来武义县调研体育工作。

2月15日，2012年浙江体育产业联合会年会在上虞市举行，省体育产业联合会全体会员、各市、县体育局领导近百人出席会议。副局长、浙江体育产业联合会会长李期华主持会议。

2月20日至21日，浙江省游泳项目可持续发展研讨会暨备战“1213”工作情况通报会在杭州陆军疗养院召开。局长李云林、副局长吕林、副巡视员黄圣方和学院党委书记刘军等领导出席会议，省体育局职能处室负责人和学院、各市体育局分管领导参加会议。

2月25日，在杭州召开的省足协第六届代表大会上，局长李云林当选为名誉主席。

2月27日，副局长李期华与中国银行浙江省分行行长助理韩竹在杭州签署了双方的《战略合作协议》。根据协议，“十二五”期间，中国银行对全省体育及其相关产业项目提供100亿人民币授信支持，并开展系列金融合作与创新项目。局长李云林出席并作重要讲话。

3月2日，浙江省国民体质与健身技术研究重点实验室学术委员会议在杭州举行。副巡视员黄圣方、省科技厅副处长郑寅等相关领导及国家体育总局体科所、运医所、北京体育大学、浙江大学、杭州师范大学、省体科所的相关专家和有关人员出席了会议。

3月5日至6日，浙江省训竞工作会议暨浙江省备战工作领导小组会议在丽水召开。局长李云林，丽水市副市长廖思红，局领导吕林、翟晓翔、童志金、黄圣方，浙江体育职业技术学院党委书记刘军、院长李建设等出席。省体育局机关各处室与相关直属单位负责人，各市体育局局长、分管局长、训竞处长，国家和省高水平体育后备人才基地学校负责人等100余人参加了会议。

3月7日，浙江省首届女子体育节新闻发布会在杭州举行。局长李云林，衢州市副市长罗卫红等出席新闻发布会。

3月15日，全省贯彻落实《全民健身计划》工作会议在温岭举行。副局长孔建军到会提出要求，台州市政协副主席、市体育局局长徐林德致辞，温岭市副市长江金永到会祝贺。全省各县（市、区）体育部门120余位代表参加了会议。

3月21日至22日，副局长孔建军会同省财政厅科教文卫处、省政府办公厅文教处等负责人到温州就体育事业发展进行调研。

3月27日至29日，局长李云林率调研组到金华，听取了金华体育工作汇报，赴市体育中心、省二体会筹委会办公室、市体校、金东区调研，并对武义、永康的体育创强工作进行现场指导。

4月16日，全国沙滩藤球锦标赛暨中国藤球协会沙滩藤球训练基地授牌仪式在临海市桃渚镇龙湾景区隆重举行。国家体育总局小球运动管理中心副主任王立伟，副局长孔建军，台州市政协副主席、体育局局长徐林德等领导出席了开幕式与授牌仪式。

同日，由国际自行车联盟、国家体育总局、浙江省体育局、舟山市政府主办，中国自行车协会、舟山市体育局承办的2012环浙江舟山群岛新区女子公路自行车多日赛（岱山站）正式开赛。

4月16日至17日，全省体育彩票工作会议在杭州召开。局长李云林，国家体育总局体育彩票管理中心主任王卫东，省财政厅党组成员、总会计师赵立妙，国家体育总局经济司国有资产管理处处长顾灏宁等领导出席会议并讲话。

4月20日，“中国赛艇研发制造基地”授牌仪式在浙江华鹰集团广场举行。国家体育总局有关负责人为华鹰集团授牌。省体育局、富阳市有关负责人出席授牌仪式。

5月4日，局长李云林、副局长吕林一行莅临台州检查指导体育彩票工作，并实地考察了台州体彩销售网点。

5月16日至17日，浙江省国家、省级高水平体育后备人才基地认定工作培训班在杭州市举行。局副厅级领导翟晓翔、副巡视员黄圣方等出席了开班典礼。

5月23日，副局长李期华、法规产业处处长王苗永、省旅游局政策法规处处长阮裕仁等一行专程赴富阳市指导浙江省首届运动休闲旅游节筹备工作。

6月12日，召开理论中心组专题学习会，传达学习浙江省第十三次党代会精神。局长、党组书记李云林主持学习会。局领导李期华、吕林、翟晓翔、童志金、黄圣方及浙江体育职业技术学院主要负责人等参加会议。

6月12日至14日，副局长李期华率局职能处室及省体彩中心负责人等一行到温州和金华，就体育彩票工作进行专题调研。

6月15日，召开浙江省体育产业专题会议。副局长李期华出席会议并讲话，各市、义乌市体育局分管局长、产业（市场管理）处负责人参加会议。

6月26日至27日，全省体育宣传工作会议在“中国旅游日”的发端地宁海召开。国家体育总局宣传司司长张海峰亲临会议。局长李云林作重要讲话。《中国体育报》副总编辑王方，局领导应祖明、李期华、吕林、翟晓翔等出席会议。全省各县（市、区）体育部门负责人参加了会议。

7月11日至12日，局长李云林一行11人到海盐县调研视察体育工作。

7月11日至13日，“2012年浙江省体育产业管理人员培训班”在临海举行，来自全省79个单位的93名体育产业管理人员参加了培训。

7月12日至13日，副局长应祖明一行8人到丽水调研体育彩票公益金管理使用情况。

7月16日至17日，局系统国有资产管理工作会议及国有资产管理培训在省长兴体育训练基地举行。副局长应祖明到会并讲话。局系统各直属单位分管领导、资产管理员及学院各系相关负责人60余人参加会议及培训。

7月20日，2012全国漂流高峰论坛暨杭州双溪水上狂欢节开幕式在余杭区双溪漂流景区隆重举行。中国奥委会副主席崔大林，副局长李期华，省旅游局副局长许澎等体育界、旅游界领导和相关专家出席本次论坛。来自全国各地的60多家漂流企业代表和近百家媒体参与本次论坛。

7月29日，2012年伦敦奥运会游泳比赛又产生一枚金牌，孙杨创造了中国游泳的一个新的里程碑时刻。在男子400米自由泳决赛中，孙杨以3分40秒14的成绩力挫强敌韩国的朴泰桓，孙杨以创奥运会纪录的表现夺取中国游泳队在伦敦的首枚金牌，这也是中国男子游泳的首枚奥运金牌。

同日，2012年伦敦奥运会游泳比赛全面开战，叶诗文在女子400米混合泳中以4分28秒43的成绩打破世界纪录并夺取金牌，这是中国代表团在伦敦奥运会的第四金。

7月31日至8月1日，全省体育产业统计工作会议在绍兴召开，来自全省11市体育局分管体育产业的领导、处室负责人和全省11个市统计局分管核算工作的领导、处室负责人齐聚一堂共商省体育产业统计工作，副局长李期华，省统计局总统计师左南丁出席会议并作重要讲话。

8月24日，浙江省全民健身拆装式游泳池建设现场会在海宁市召开。副局长孔建军、海宁市人民政府副市长胡燕子、嘉兴市体育局副局长黄伟明出席会议，省体育局有关处室、省游泳运动管理中心、各市体育局群体处、相关县（市、区）体育局及有关单位相关人员共70余人参加了会议。

8月27日，全省训竞工作座谈会，各市体育局分管局长、训竞处处长参加了会议。局领导李云林、吕林、翟晓翔出席了会议。训竞处处长张敏主持。

9月3日，全省体育强市创建工作培训班在绍兴举行。局长李云林到会并讲话。副局长孔建军主持会议。

9月3日至4日，全省体育彩票专题工作会议在台州召开。各市、义乌市体育局分管局长、体彩中心负责人等共计30余人参加会议。副局长李期华出席会议并讲话。

10月9日，浙江省竞技体育可持续发展研讨会在杭州举行。副省长郑继伟出席会议并讲话，局长李云林主持。

10月19日，浙江省反兴奋剂工作联络员会议在杭州召开，副巡视员黄圣方、科教外事处和省反兴奋剂中心的相关领导以及11个地市、浙江体育职业技术学院反兴奋剂工作联络员参加了本次会议。

10月22日，“普陀杯”第四届全国沙滩足球锦标赛在朱家尖南沙景区开幕。国家体育总局足球运动管理中心副主任、中国足协副主席薛立，副局长、省足协主席应祖明，舟山市副市长徐燕峰等出席开幕式。

10月31日，全省体育创强（复评）县（市、区）体育彩票工作会议在温州永嘉召开。局长李云林、副局长李期华到会并作重要讲话。

11月1日，局长李云林在台州市体育局党组书记、副局长卢颖才、市体彩中心主任茅盈盈、椒江区体育局局长许训一及章安街道相关领导的陪同下，视察了椒江区章安街道回浦村的全民健身广场。

11月6日，由省体育局、省旅游局主办，富阳市政府承办的省首届运动休闲旅游节暨富阳市2012富春江运动节正式启幕。

11月23日，全省体育系统办公室主任会议及新闻宣传干部暨省体育局系统档案员培训班在长兴结束。局长李云林出席会议并讲话。

11月27日，副局长李期华带领局法规产业处处长王苗永等一行3人，专程到省体彩中心，关心、调研浙江体彩工作。

11月29日至12月1日，“2012年浙江省体育产业专题培训班”在宁海举行，来自全省各县（市、区）体育局和部分省体育局直属单位分管体育产业工作领导参加了培训。副局长李期华出席会议。

12月11日，第七届浙江省游泳协会代表大会在绍兴举行。局长李云林出席会议并作重要讲话。大会选举产生第七届浙江省游泳协会委员会和领导机构。省委副秘书长舒国增，局长李云林为名誉主席，原省体育局副巡视员崔胜芝为顾问，副局长吕林为主席，省游泳运动管理中心主任曹宏为副主席兼秘书长。

12月14日，浙江省体育参与社会管理及其创新工作现场会在温岭市隆重举行。局长李云林到会并讲话，副局长孔建军主持会议，台州市副市长叶海燕和温岭市市长李斌出席现场会并致辞。

12月16日，“省队市办”优秀运动队合作签约仪式暨省体育职业技术学院七系外训动员大会在宁波市二少体举行，省体育局与浙江体育职业技术学院将延续“省队市办”合作模式，进一步探索可持续发展模式。局长李云林、副局长吕林，浙江体育职业技术学院院长李建设，宁波市政府副秘书长张乐鸣，宁波市体育局局长李浙闽，鄞州区副区长夏素贞出席签约仪式。浙江体育职业技术学院副院长占旭刚主持仪式。

12月20日，全省室外健身器材国家新标准培训和体育转移支付资金管理办法贯彻落实会议在慈溪市举行。国家体育总局群体司健身设施处副处长赵爱国、省体育局群体处处长扬平原、宁波市体育局副局长劳金龙出席并讲话。

12月26日，全省体育现代化县（市、区）试点工作座谈会在杭州市西湖区举行。副局长孔建军到会并讲话。

2012年浙江省安监局大事记

1月6日，省安监局结合省政府安全生产目标责任制考核，组织9位专家对巨化集团公司进行了安全生产检查。副局长董国庆参加现场检查情况反馈会。

1月29日，局领导班子一行冒雨赶赴直属单位，亲切看望并慰问干部职工。

2月3日，驻局纪检组长孙兆友主持召开局机关、事业单位党支部书记会议，专题传达学习了省纪委十二届八次全会精神。

2月10日，副局长徐洪军到省宣教中心调研指导《安全生产导刊》工作，专题听取《安全生产导刊》工作情况汇报，并就进一步办好杂志进行了座谈。

2月15日，总工程师王旭昉带队赴宁波对宁波钢铁有限公司、国华电力浙江分公司等中央在浙企业2011年度安全生产目标管理落实情况进行抽查。

2月21日，为切实抓好《危险化学品安全管理条例》贯彻执行和国发〔2011〕40号文件要求落实工作，副局长董国庆赴绍兴调研督导危险化学品安全生产工作。

2月13日至17日，根据省政府关于组织开展"改善发展环境"百组调研活动的统一部署，副局长于少贵率队赴玉环县开展"改善发展环境"调研活动。

2月27日至28日，召开综合安全监管工作会议暨冶金等工贸行业安全生产标准化创建示范企业工作动员会。副局长徐洪军出席会议并讲话。

3月5日，安全工程技术人员高级工程师资格评审委员会评审会在杭州召开，会议得到了省人力资源和社会保障厅、省经济和信息化委员会的大力支持，局长、评审委员会主任委员徐林主持并召开会议，参加评审会的专家、学者共19人，他们分别来自各大专院校、科研院所和政府机关、事业单位。

3月7日，为了进一步加快全省安全生产信息化建设步伐，推进省、市、县安监系统信息化工作的有序开展，总工程师王旭昉携有关人员赴嘉兴市进行调研。

3月8日，局长徐林携有关处室负责人赴金华市进行"进村入企"走访调研活动，现场考察了武义浙江三美化工股份有限公司。

3月9日，浙江省安全生产应急救援巨化中心举行揭牌仪式，省安监局局长徐林专程赴衢州参加了揭牌仪式并讲话。

3月14日至15日，局长徐林一行3人到舟山市的海岛村居和企业，进行走访调研。

3月29日至30日，全省安监局长座谈会暨隐患排查治理现场会在宁波召开。局长徐林参加会议并作了重要讲话。

4月1日，浙江省召开"西气东输"二线浙江段管道安全保护工作会议。省发改委、省公安厅、省安监局等省级有关部门，管道沿线的市、县政府、发改、公安、安监等部门，西气东输管道公司等相关建设单位参加了会议。省发改委、省安监局、省公安厅治安总队相关领导出席了会议。

4月12日，河南省安监局人事培训处处长何景利一行6人到省局考察并交流工作。副巡视员王益民及局人事培训处相关人员参加了交流座谈。

4月12日至13日，全省安监系统反腐倡廉工作座谈会在绍兴召开。省纪委委员、省安监局党组书记、局长徐林发表讲话，省局党组成员、驻局纪检组组长、监察专员孙兆友作工作报告，驻局纪检组副组长、监察室主任叶敢胜向会议传达了省纪委十二届八次全会和全国安全监管监察系统党风廉政建设工作会议精神。

4月16日至20日，副局长董国庆率队赴山东、天津两地开展改善发展软环境考察调研。

4月23日至26日，副局长董国庆组织省环保厅、国土厅、海洋渔业局、安监局以及相关专家对丽水、衢州两市开展饮用水水源安全隐患专项排查整治督察工作。

4月25日至27日，局长徐林陪同国家安监总局监管一司司长王铃丁、综合处处长刘瑾到丽水、温州调研指导非煤矿山的安全生产工作。

4月26日，总工程师王旭昉带领规划科技处相关人员，前往衢州市、龙游县开展《2012年安全生产信息化建设推进工作方案》的落实情况服务调研，并与当地政府、财政等部门领导就安全生产信息化建设资金立项申请等工作进行了协调。

5月3日，副局长徐洪军一行赴杭州萧山区服务指导安全生产标准化和隐患排查治理信息系统应用试点工作，专门听取了萧山区安监局关于安全生产标准化和隐患排查治理有关工作情况的介绍。

5月4日，局长徐林、副局长董国庆、总工程师王旭昉到浙江皇马化工集团有限公司调研并指导安全生产工作。

5月10日至11日，副局长董国庆带队到绍兴市越城区、绍兴县滨海工业区开展走访活动，察实情，谋对策，解困惑，保安全。

5月15日，省安委会办公室牵头组织召开省安全生产事故防范创新体系建设试点工作指导组成员会议。省公安厅、省交通运输厅、省建设厅、省海洋与渔业局等省级有关部门的事故防范体系试点工作指导组成员参加会议。总工程师王旭昉到会作工作动员和部署。

5月15日至18日，为了解掌握全省安监基层执法队伍能力建设和基层机构建设现状，总结全省安监队伍能力、机构建设的基本做法和成功经验，进一步促进我省安监执法队伍能力建设。副巡视员王益民一行深入金华市、衢州市有关县（市、区）和乡镇（街道）开展调研。

5月24日至25日，副局长吴更安一行赴兰溪市调研检查矿山安全生产工作。

5月28日至30日，为进一步掌握全省安全生产监管执法队伍的能力建设情况，副局长于少贵带队赴台州市进行了专题调研。

5月31日，全省化工园区（集聚区）安全管理专题座谈会在上虞召开。全省12家化工园区管委会分管领导和部门负责人参加会议。副局长董国庆参加会议并作重要讲话。

6月5日至7日，副巡视员王益民带队赴杭州市开展安全生产监管执法队伍能力建设和基层机构建设调研。

6月7日至8日，副局长董国庆赴温州专题督促指导合成革溶剂回收安全专项整治工作，确保整治取得成效。

6月13日至14日，副局长董国庆率指导组赴丽水市的缙云县和青田县对烟花爆竹和尾矿库安全生产事故防范创新体系建设工作进行指导。

6月18日，为深入开展“进村入企”送服务到基层的活动，局长徐林、总工程师王旭昉率有关处室人员深入浙江图讯科技有限公司进行安全生产信息化工作调研。

6月19日至21日，局长徐林率指导组赴宁波市调研安全生产事故防范创新体系建设试点工作。

6月28日，副局长董国庆参加了义乌市化工交易大楼开业庆典活动。

7月3日至5日，副局长吴更安带领矿山处有关人员到龙泉市调研指导尾矿库安全监管工作。

7月18日，副局长吴更安带领矿山处有关人员到上虞银山矿业有限公司银山坝铅锌矿、上虞叶腊石矿有限公司叶腊石矿进行检查工作。

7月30日至31日，局长徐林率省安委会第一督查组对台州市上半年度安全生产情况进行了督查。

8月14日至16日，为认真贯彻落实8月7日省政府安全生产电视电话会议暨省安委会全体成员（扩大）会精神和《浙江省安全生产监督管理局关于进一步确保尾矿库安全度汛的紧急通知》（浙安监管明电〔2012〕4号）要求，副局长吴更安带队赴青田、缙云开展矿山安全检查。

9月3日，局长徐林带领矿山处、办公室有关人员和矿山安全管理专家，赴浙江长广（集团）有限责任公司七矿进行安全检查。

9月5日至6日，副局长吴更安赴鄞州区安监局和云龙镇调研行政执法信息化工作。

9月6日至13日，局长徐林、副局长董国庆一行5人专程前往西藏，亲切看望并慰问了省安监局援藏干部张生华同志，并对省局的援藏工作进行了实地考察。

9月13日至14日，召开全省危险化学品安全监管工作专题座谈会，各市安监局分管局长和危化（许可）处处长、省部属有关企业分管负责人和化工园区（集聚区）管委会分管负责人30余人参加会议。副局长董国庆参加会议并讲话。

10月11日，副局长董国庆带队赴余杭区对如何落实最高人民法院、最高人民检察院、公安部、国家安监总局4部门下发的《关于依法加强对涉嫌犯罪的非法生产经营烟花爆竹行为刑事责任追究的通知》（以下简称《通知》）以及年底前烟花爆竹执法“打非”工作进行调研，杭州市、余杭区安监局领导、省安全生产协会和相关企业负责人参加了调研活动。

10月15日至17日，副局长吴更安带领矿山处有关人员赴苍南对矿山采掘施工企业开展安全生产工作进行调研，温州市、苍南县安监局领导及有关人员陪同了调研。

10月18日至19日，副局长徐洪军率检

查组一行5人赴绍兴市对省重点工程安全生产工作进行专项检查。

10月23日至24日，全省安监局长会议在东阳市召开。局长徐林参加会议并作了重要讲话。

10月30日，国家安全生产应急救援指挥中心在广东惠州大亚湾经济技术开发区召开了化工园区安全生产应急管理工作研讨会，参加会议的代表有130人左右。副局长董国庆带领省局危化处、应急处、宁波和嘉兴有关园区的负责人参加了会议。

同日，副局长徐洪军率检查组一行在温州市瓯海区“打非治违”专项行动进行“回头看”。

10月30日至11月1日，总工程师王旭昉率省安全生产大检查大整治第七检查组，对衢州市“打非治违”专项行动进行“回头看”。

11月6日至8日，根据《省安委会转发国务院安委会关于进一步深化打非治违专项行动集中开展“回头看”活动的通知》（浙安委〔2012〕7号）的要求，总工程师王旭昉带队检查了舟山市开展“打非治违”专项行动及其“回头看”相关工作进展情况。

11月13日，局长徐林率督查组对杭州临江工业园区开展“打非治违”专项行动工作情况进行督查，并与杭州市安监局、萧山区政府、杭州临江工业园区管委会相关负责人就当前安全生产工作和2013年的工作思路等方面进行座谈交流。

11月22日至23日，全省各市安监局办公室主任座谈会在富阳召开，会上对全省2013年安全生产工作思路进行了座谈交流。会议对当前全省安全生产形势进行了分析交流，对作好明年全省安全生产工作提出了建议和意见。总工程师王旭昉出席会议并作了讲话。

12月3日至6日，根据《浙江省安全生产委员会转发国务院安委会关于进一步深化“打非治违”专项行动集中开展“回头看”活动的通知》（浙安委〔2012〕7号）的要求，副局长于少贵带领相关处室人员组成检查组对丽水市上阶段“打非治违”情况开展“回头看”，对上次省督查组查出的隐患整改情况进行了复查。

12月6日至7日，省局在台州组织召开2012年度生产安全事故报告统计分析暨生产安全事故统计系统操作培训会议。省公安厅（指挥中心、交管局、消防局）、省交通运输厅、省海洋与渔业局、杭州铁路办事处和各市安监局负责事故报告和统计工作的处室负责人、具体工作人员及余杭区等11个县（市、区）安监局事故统计人员参加了会议。

12月10日至12日，副局长于少贵带队一行对新昌县、诸暨市开展打非治违活动“回头看”工作。

12月12日至14日，局长徐林在金华义乌、永康两地调研并指导安全生产工作。

12月20日，2012年度党风廉政建设责任制检查考核暨廉政风险防控工作推进会在省安科院召开。会议由驻局纪检组孙兆友组长主持，省安监局各处室及直属单位负责人参加了会议。

同日，安全生产标准化和隐患排查治理试点工作汇报会在江山市召开。11市安监局相关处室负责人，萧山、鄞州、长兴3个县（区）安监局分管领导参加会议。副局长徐洪军到会并作讲话。

12月30日，全省安全工程技术人员高级工程师资格评审委员会评审会在杭州召开，会议得到了省人力资源和社会保障厅、省经济和信息化委员会的大力支持，局长、评审委员会主任委员徐林同志主持并召开会议，参加评审会的专家、学者分别来自各大专院校、科研院所和政府机关、企事业单位，共20人。

2012年浙江省统计局大事记

2月10日，召开全省统计工作会议。会议的主要议题是贯彻落实党的十七届六中全会、中央经济工作会议、省委十二届十次全体（扩大）会议、全省经济工作会议和全国统计工作会议精神，总结了2011年全省统计工作，分析当前统计工作面临的形势和要求，并部署2012年全省统计工作任务。局长金汝斌出席会议并作工作报告。

4月24日，“稳中求进强浙江，科学发展惠民生”为主题的系列新闻发布会（第三场）一季度浙江经济运行情况新闻发布会在浙江省新闻发布厅举行。副局长、新闻发言人王杰，国家统计局浙江调查总队副巡视员、新闻发言人沈国良出席发布会。

4月28日，浙江省统计局和国家统计局浙江调查总队联合召开全省统计系统党风廉政建设工作视频会议。会议主要内容是：深入学习贯彻胡锦涛同志在十七届中央纪委七次全会、温家宝同志在国务院第五次廉政工作会议上的重要讲话，贯彻落实十二届省纪委八次全会和全国统计系统党风廉政建设工作会议精神，认真总结2011年以来党风廉政建设工作情况，对进一步推进全省统计系统党风廉政建设作出部署。省纪委委员、省统计局党组书记、局长金汝斌出席会议并作重要讲话。

同日，举行全省统计视频会议系统开通仪式。局长金汝斌出席开通仪式并讲话，副局长竺园主持开通仪式。省局、省调查总队领导及各处室负责人出席了主会场的开通仪式；各市和义乌市统计局、调查队负责人出席了各地分会场的开通仪式。

5月15日，省统计局和国家统计局浙江调查总队联合召开了全省统计法制工作视频会议。局长金汝斌作了题为《讲大局、拓领域、提精神、抓落实，为推进四大工程建设提供法制保障》的讲话，国家统计局浙江调查总队总队长梁普明就贯彻会议精神提出了4点要求。纪检组长王乐主持会议。

6月11日，省局在丽水市召开市县三级网扩建工程试点的现场动员会。

6月12日，按照根据《市县三级网扩建工程试点实施方案》的要求，省、市、县三级同时开始进行网络割接和应用迁移，并于6月13日10时实现丽水省、市、县三级网全线贯通，所有PC客户端、服务器应用系统均正常运行，顺利完成省、市、县三级网扩建工程的丽水市试点工作。

6月25日至26日，召开全省第三次经济普查工作研讨会。会议传达贯彻了国家统计局“关于作好第三次全国经济普查准备工作的通知”精神；介绍了第三次全国经济普查的基本框架和主要工作安排以及浙江省第三次经济普查工作的初步设想；布置了普查区电子化和部门资料搜集比对等相关工作。副局长王杰出席会议并作讲话。

7月24日，浙江省统计局、省发改委和省海洋与渔业局联合召开浙江海洋经济发展示范区建设统计监测工作会议，贯彻学习浙江省政府办公厅出台的《浙江海洋经济发展示范区建设统计监测办法》，研究如何进一步提升推进海洋经济发展的统计工作水平，部署海洋经济发展示范区建设统计监测工作。总统计师左南丁出席会议并讲话。

7月26日，全省各市统计局长会议在杭州召开。会议主要议题是总结上半年统计工作，传达贯彻省十三次党代会精神和省长夏宝龙对统计工作的指示精神，认清形势，查找差距，明确要求，进一步改进统计工作。局长金汝斌出席会议并作了题为《认清形势、查找差距、明确要求、进一步改进统计工作》的重要讲话。副局长王杰主持会议并作会议小结。

8月25日至27日，全省统计系统纪念中国政府统计机构成立60周年运动会在杭州隆重举行。局领导金汝斌、王杰、黄建生、竺园、左南丁、沈强、王乐、黄中，国家统计局浙江调查总队领导洪玉、程定尧、陈敏、梁普明、严勤芳、沈国良出席开幕式和闭幕式。局长金汝斌致开幕辞。

9月14日，全国统计网站工作培训会议在杭州召开。国家统计局统计资料管理中心主任曹志刚主持开班式并讲话，副局长竺园到会致辞。国家统计局综合司司长盛来运、数据管理中心副主任胡帆应邀出席会议并授课。国家统计局浙江调查总队总队长助理张兴华、资料管理中心副主任万晓君、资料管理中心副司长级干部丁建华出席会议。

9月27日，省统计局和国家统计局浙江调查总队联合召开全省投入产出调查工作视频会议，落实全国投入产出调查布置会精神，动员部署2012年全省投入产出调查工作。局长金汝斌出席会议并讲话。总统计师左南丁主持了会议。

11月13日，召开由部分县（市、区）统计局局长参加的完善GDP核算工作座谈会。总统计师左南丁主持了会议并讲话。杭州西湖区、余杭区、富阳市、鄞州区、德清县、长兴县、安吉县、兰溪市、永康市9个县（市、区）统计局局长参加了会议并发言。

11月20日，召开党组扩大会议，学习中国共产党第十八次代表大会精神，局领导班子成员和机关各部门、直属各单位主要负责人参加会议。局长金汝斌主持会议，副局长王杰全文宣读了党的十八大精神传达提纲。

12月5日，第三次全国经济普查专项试点动员会和培训会议在德清召开，这标志着第三次全国经济普查德清专项试点工作全面进入实施阶段。省、市（区）、县从事普查工作的负责人及相关业务骨干，德清县统计局和三个试点镇全体普查人员，近200人参加了本次试点动员和培训会议。副局长王杰，湖州市统计局局长张国兴分别作了动员讲话。

12月14日至15日，国家统计局普查中心主任汲凤翔、数管中心主任许剑毅、普查中心副主任冶静怡、财务司三部门等一行9人莅临浙江德清指导和调研第三次全国经济普查专项试点工作。局长金汝斌、副局长王杰及省局相关部门、湖州市、德清县试点工作组人员陪同调研。

12月17日至19日，党组理论学习中心组（扩大）会议在杭州召开。会议深入学习贯彻党的十八大和省第十三次党代会精神，研究全省统计工作的长远目标和2013年的工作思路。省统计局党组书记、局长金汝斌在学习会上作重要讲话。

2012年浙江省海洋与渔业局大事记

1月6日，“2012中国农产品品牌博览会、浙江省名特优水产品展示展销会、杭州都市圈优质农产品迎新春大联展”在杭州和平会展中心开幕。农业部党组成员总经济师张玉香、副省长龚正、省政协副主席冯明光、省海洋与渔业局局长赵利民和省农办、省农业厅、浙江大学等相关单位主要负责人等出席开幕式。

1月12日，由副局长林东勇带队，局渔政渔监处、省执法总队、省渔船检验局、省渔船安全救助信息中心等相关同志组成的考核组，赴杭州市农业局对渔船安全生产目标管理责任制落实情况进行考核。

1月17日，2012年新春团拜会在杭隆重举行，局机关、直属单位干部职工和离退休老同志近500人出席。局长赵利民出席并作讲话。

2月5日，我局召开2011年度渔业油价补助工作座谈会，全省11个市、23个重点县（市、区）渔业主管局的分管领导及业务科室负责人和省局政策法规处、计划财务处、科技外经处、渔业处、渔政渔监处、执法总队、船检局、信息中心等处室负责人参加会议。局长赵利民、副局长陈宗尧出席会议并作重要讲话。

2月7日，副局长林东勇率局渔政渔监处、省执法总队、省船检局负责人赴舟山调研渔船安全生产监管工作。

2月13日，我局印发《浙江省省级水产原、良种场建设要点》（浙海渔发〔2012〕11号），原《浙江省省级水产原、良种场建设要点（试行）》同时废止。

2月15日，副局长林东勇一行到绍兴考察诸暨市大唐大鲵驯养繁殖场。

2月21日至22日，我局召开全省海洋与渔业工作会议。副省长葛慧君到会并作重要讲话，省政府副秘书长陈龙，省人大环资委副主任委员周玉根、农业农村委员会副主任委员洪建新，省政协农业与农村工作委员会主任叶鸿达和20多个省级部门有关负责人应邀到会指导。局长赵利民出席并讲话。

2月22日，省委书记、省人大常委会主任赵洪祝在杭州会见到我省调研的国家海洋局党组书记、局长刘赐贵一行。双方就进一步落实省、局合作协议，大力发展海洋经济交换意见和建议。国家海洋局党组成员、副局长陈连增，省委常委、副省长葛慧君，副省长、温州市委书记陈德荣，国家海洋局有关部门负责人，省委、省政府办公厅、省海洋经济工作办公室和省局主要负责人参加会见。

3月1日，大型社会公益活动“万朵鲜花送雷锋”送花车队发车仪式在省人民大会堂广场举行。省局作为省直机关志愿者代表，和其他几百名志愿者一起组成“送花车队”，将鲜花和证书送到我省数百位“活雷锋”手中。

3月7日，副巡视员陈畅一行赴海盐调研该县海域使用管理工作情况。

3月8日，2012年东海区海洋工作会议在沪召开。省政府陈龙副秘书长、我局局长赵利民受邀出席会议。

3月13日，副局长陈宗尧一行，在舟山市海洋与渔业局蔡朝才副局长陪同下，赴普陀调研渔业油价补助工作，并主持召开由市局、各县（区）局负责人参加的座谈会。

3月15日至16日，全省海洋与渔业信息系统工作会议在龙游召开。总工程师童加朝出席会议并作重要讲话。

3月18日，首届三门（花桥）缢蛏节在三门县花桥镇举行。出席全国渔业科技促进年活动启动仪式的国家、省市嘉宾及县四套班子领导等出席开幕式。开幕式由三门县委副书记、县长邱士明主持。局长赵利民宣布首届缢蛏节开幕。

3月20日，副局长林东勇一行赴金华调研大鲵驯养繁殖。

3月29日，驻局纪检组长曲华、总工程师童加朝一行赴宁波海洋环境监测中心站考察调研。

3月30日，局长赵利民专赴绍兴县调研“稻虾轮作”农作制度创新模式。

4月11日，局长赵利民、总工程师童加朝一行赴永康实地视察永康市水产养殖试验场和大地粮食生产专业合作社。

4月13日至14日，巡视员刘向东率局调研组一行赴台州市玉环县开展海域使用管理调研。

4月17日，副局长林东勇等有关领导专家赴常山县恒强农业发展有限责任公司的大鲵驯养繁殖基地进行调研。

4月26日，全省海洋与渔业科技工作会议在杭州召开。农业部渔业局、国家海洋局科技司、中国水产科学研究院、全国水产技术推广总站，省农办、省科技厅、省财政厅、省质监局等省级相关部门和浙江大学、浙江工业大学、浙江海洋学院、国家海洋二所、省海洋规划设计研究院等有关高校、科研院所领导、省局各处室单位、直属科研院所（站）主要负责人及来自全省11个市、48个县（市、区）海洋与渔业主管部门领导共130余人参加会议。会议由总工程师童加朝主持，局长赵利民、副局长俞永跃、纪检组长曲华出席会议。

5月2日，副局长俞永跃带队的省政府农业“两区”建设督查组到绍督查绍兴市农业“两区”建设及春耕生产情况。

5月9日，根据省委、省政府开展农业“两区”建设的总体部署和建立园区建设领导对口联系制度的要求，副局长陈宗尧一行赴绍调研越城区现代农业综合区建设情况。

5月18日，局长赵利民一行赴舟山调研远洋渔业发展情况。舟山市海洋与渔业局副局长刘舜斌等陪同调研。

5月19日，由农业部渔业局、中国远洋渔业协会、舟山市人民政府和省局联合举办的“首届中国鱿鱼产业大会”在第四届中国舟山国际渔业博览会期间隆重举行，中国远洋渔业协会在大会上正式授予舟山“中国鱿钓渔业第一市”的称号。农业部渔业局局长赵兴武、副局长崔利锋，我局局长赵利民、副局长俞永跃，以及来自中国远洋渔业协会、中国水产流通与加工协会的负责人出席大会。

5月23日，副局长俞永跃一行对省淡水所八里店现代渔业综合试验示范基地进行实地考察、指导。

5月28日，副局长陈宗尧在杭州会见并宴请由陈清华总经理为团长的台北渔产运销股份有限公司参访团27位台湾渔业界友人。

6月8日，省局和省政府法制办在杭州联合召开《浙江省海域使用管理条例》立法专家论证会。省法制办副主任吴强军，我局巡视员刘向东出席会议。浙江省社科院、国家海洋二所、浙江万里学院、阳光时代律师事务所及省人大、省高院等单位有关海洋、法律专家应邀参加会议。

6月20日，局长赵利民一行赴临海市牛头山水库坝下临海市玉龙养殖有限公司，就三文鱼养殖情况进行重点视察。

7月2日，副局长俞永跃一行在嘉兴市农经局副局长金梓伟等领导的陪同下，对海盐县甲鱼养殖业进行专题调研。

7月4日，局长赵利民、总工程师童加朝、副巡视员陈畅率局相关处室、单位同志考察中船重工第七一五所。

7月12日，首次全省水产种业专题工作会议在杭州隆重召开。全省11个市渔业主管局分管领导、责任处（站）长，11个重点县渔业主管局分管领导，5家大专院校和科研单位负责人，14家水产种业骨干企业负责人及全省水产原良种审定委员会委员，省水产育种协作网专家组成员，以及局计财处、局科外处、局渔业处、省推广总站等相关处室（单位）负责人等共80余参加会议。局长赵利民、副局长俞永跃到会并作重要讲话。

7月18日，省局印发《关于开展浙江省海洋与渔业突发事件应急视频会商系统建设的通知》（浙海渔信〔2012〕5号），正式启动应急视频会商系统建设。

7月25日，副局长林东勇一行前往停靠在沈家门渔政码头的中国渔政33001号，对船上全体渔政执法人员进行慰问并做座谈交流。

7月28日，省局在南麂岛组织召开《浙江省南麂岛保护和整治修复项目实施细化方案》专家咨询会。

8月10日，省渔船安全救助信息中心召开全省信息化标准规范编制研讨会。会议由信息中心主任谢寿华主持，总工程师童加朝出席会议并讲话。

8月14日，省渔业船舶交易试点工作座谈会在东海区渔政局召开。农业部东海区渔政局局长李富荣、副局长张秋华，我局局长赵利民、副局长林东勇、巡视员刘向东及相关处室负责人参加会议，专题研究探讨我省渔船交易中心试点工作。

8月22日至23日，我局召开全省海洋与渔业工作座谈会。局长赵利民主持会议并作讲话，局领导陈宗尧、俞永跃、曲华、童加朝、张宏、刘向东、陈畅出席会议，全省各市及义乌市海洋与渔业主管局、省局各处室及直属单位主要负责人参会。

8月31日，首个国家与地方共建共管海洋观测系统合作协议在上海签署，局长张惠荣和局长赵利民分别代表国家海洋局东海分局和浙江省海洋与渔业局在《共建共管浙江省海洋观测系统合作协议》上签字。

9月7日，在局长赵利民带领下，省局“百日行动”督查组赴湖州市检查指导初级水产品质量安全大整治百日行动工作。

9月13日至14日，由总工程师童加朝带队，局渔政渔监处、省渔船检验局、省渔船安全救助信息中心等相关同志组成的检查组，赴舟山岱山、普陀等地开展2012年渔船安全生产大检查。

10月9日至11日，根据省生态办《关于开展“811”生态文明建设推进行动进展情况专项督查的通知》（浙生态办函〔2012〕57号），副巡视员阮成宗带队，省环保厅、省农业厅、省海洋与渔业局组成督查组对舟山市“811”生态文明建设推进行动实施情况进行专项督查。

10月12日，国家海洋局副局长王飞率中国海监总队、局海岛司、环保司等相关人员，在东海分局副局长贾建军，副巡视员阮成宗等陪同下，赴温州国家级自然保护区南麂列岛进行海洋生态文明建设和保护区岛体修复调研。

10月23日，副局长陈宗尧率局计财处、局海规处等相关负责人赴嵊泗县督查指导渔港建设工作。

10月26日，在武汉武昌船厂建造车间，局长赵利民参加了中国海监浙江省总队1500吨级维权执法专用船开工仪式。

11月22日，全省渔业供油船管理工作研究座谈会在绍兴召开，省局政策法规处、局渔政渔监处、省渔业船舶检验局、省海洋与渔业执法总队，沿海各市及重点县渔业主管局负责人参加。副局长林东勇到会并作发言。

11月29日，中国海监浙江省总队维权执法基地改造项目工程开工仪式在朱家尖基地隆重举行。国家海洋局东海分局副局长刘振东，我局局长赵利民、副局长林东勇，中国海监浙江省总队总队长朱家立，舟山市海洋与渔业局局长沈承宏及项目省总队、落户地相关领导、施工总承包单位——中交三公司、监理公司及多家媒体出席开工仪式。省总队总队长朱家立主持开工仪式，局长赵利民宣布项目工程正式开工。

12月8日，我局召开《浙江省海域使用规划》《浙江省海域海岛海岸带整治修复保护规划》专家论证会。国家海洋局第二海洋研究所、国家海岛开发与管理研究中心、省政府咨询委、省发改委、省海经办、省财政厅、杭州国海海洋工程勘测设计研究院、宁波市海洋开发研究院、宁波市海洋环境监测中心等单位以及相关专家参加论证会。会议由副局长陈宗尧主持。

12月18日，省局在温岭组织召开X波段雷达波浪和表层流观测系统建设项目验收会。国家海洋局东海分局等单位5位专家参加项目验收。

12月20日，局长赵利民和省气象局局长黎健分别代表两局在杭签署战略合作协议。副局长陈宗尧、总工程师童加朝，省气象局副局长毛恒青、苗长明等领导及双方相关处室负责人出席签约仪式。

12月26日至27日，根据省委办公厅、省政府办公厅《关于开展2012年度生态省建设和“811”生态文明建设推进行动专项督查和考核工作的通知》（浙委办传〔2012〕136号），省生态办组织省海洋与渔业局、省环保厅、省科技厅、省安监局、省法制办等单位，对舟山市2012年度生态省建设和“811”生态文明建设推进行动实施方案的年度任务进行专项督查考核。副巡视员阮成宗出席并讲话。

2012年浙江省旅游局大事记

1月6日，2012全省旅游工作会议在杭州召开。会议由省政府副秘书长谢济建主持，副省长王建满出席会议并作重要讲话。局长赵金勇出席并作重要讲话。

1月12日，全省旅游安全目标管理责任制考核工作会议在上虞市召开。副局长方敬华、省旅游局安全管理处及全省各地市旅游安全工作负责人出席会议。

1月17日，局长赵金勇率队赴杭州西溪湿地国家公园检查春节黄金周假日旅游工作。副局长方敬华、杭州市旅游委员会巡视员罗继生以及省交通厅、省旅游局相关处室负责人陪同检查。

2月10日，副局长方敬华一行6人赴嘉兴秀洲区开展提升发展农家乐旅游调研，嘉兴市旅游局局长金琴龙、以及秀洲区有关部门和乡镇领导陪同调研。

2月13日，根据省委省政府的统一部署，局长赵金勇、副局长方敬华带领省旅游局机关和直属单位主要负责人赴德清县和金华市金东区开展为期一周的省级机关“改善发展环境”百组调研。局党组成员、办公室主任杨建武随同调研。

2月16日至17日，全省旅游规划工作会议在嵊州召开。副局长朱红炜，绍兴市政府副秘书长、绍兴市旅委主任宣传中出席会议。

2月23日至24日，2012全省旅游行业监管工作会议在临海市召开。各市分管局长、行管处长、质监所长和部分行风监督员代表等80多人参加了会议。副局长叶建国参加会议并讲话。

2月28日，副局长方敬华率政策法规处、省旅游协会商品分会、国家旅游商品研发中心负责人赴湖州实地调研旅游商品提升发展工作，湖州市副市长李建平和市旅游局局长干永福陪同调研。

3月9日，副局长朱红炜率规划处有关人员赴九龙山旅游度假区开展调研活动，平湖市委常委、常务副市长王碎社，平湖市旅游局局长钱卫中，九龙山旅游度假区管委会全陈杰等领导陪同调研。

3月23日，2012浙江（江苏）旅游交易会在南京国际展览中心华彩揭幕。浙江省副省长王建满、江苏省副省长张卫国，浙江省政府副秘书长谢济建、江苏省政府副秘书长张吉生，局长赵金勇、江苏省旅游局局长朱民阳，副局长许澎、上海市旅游局副局长程梅红、福建省旅游局副局长李毅强出席开馆仪式，全省11个地市分管旅游副市长和浙江、江苏、上海、福建和安徽旅游行业的参展商近千人参加了仪式。

3月28日，副省长王建满一行到嘉兴盐官景区调研旅游重点项目建设情况。局长赵金勇、副局长朱红炜，嘉兴市副市长赵树梅，海宁市委书记林毅，嘉兴市旅游局局长金琴龙陪同调研。

4月1日，金华市金东区第二届源东乡桃花节开幕式在源东乡丁村举行。局长赵金勇，省农办副主任严杰，以及金华市有关领导出席了开幕式。

4月8日，由浙江省旅游局、中国旅游报主办，浙江省遂昌县人民政府、浙江省旅游信息中心承办，以“发展乡村休闲旅游、引领山区城乡统筹”为主题的2012中国县域旅游经济论坛遂昌峰会在遂昌隆重召开。中国旅游报社总编高舜礼，副局长朱红炜，丽水市委副秘书长葛学斌等领导出席论坛。

4月10日，以“诗画江南、山水浙江”为主题的“2012首尔—浙江旅游说明会”在韩国首尔举行。中国驻韩国大使馆总领事何颖、中国国家旅游局驻首尔办事处主任刘志江、副局长许澎以及中韩两国旅游业界人士等200余人应邀参加。

4月17日，副局长许澎在杭州会见了来访的印尼驻华大使馆社会文化参赞郁妮一行。局市场处负责人参加了会见。

4月26日，国家人力资源和社会保障部、国家旅游局在人民大会堂共同召开大会，对过去5年来全国旅游系统先进集体、劳动模范和先进工作者进行表彰。我省温州、丽水、千岛湖、江山市旅游局和宁波市旅游质监所5家旅游部门获先进集体称号，台州市华夏国际旅行社陈春芳、义乌顺风旅行社蒋群英、嘉兴嘉城旅游发展有限公司游客服务中心徐雁、中国国旅（浙江）公司吴娜佳、绍兴沈园景区宋亚娜、普陀山息耒小庄应和国、永康宾馆赵移起7人获劳动模范，义乌市旅游局陈明获先进工作者称号。副局长方敬华、副巡视员徐海和受表彰的单位领导和个人参加了表彰大会。

5月18日，副局长方敬华带领省旅游局政策法规处、浙江旅游职业学院负责人赴海盐调研乡村休闲旅游发展工作，实地考察了万奥农庄、嬉溪菜园子等乡村旅游点并听取了县旅游部门的汇报。

5月30日，韩国忠清北道观光说明会在杭州举行，浙江省旅游局与韩国忠清北道观光局签订旅游业务交流协议。韩国忠清北道副知事朴景国，观光局局长金佑钟，副局长许澎、省外办副主任陆国灏出席。

5月31日，副局长许澎带队赴海宁市检查旅游重点项目的建设情况。

6月8日，副局长朱红炜、规划发展处处长张雄文到江北区调研指导旅游工作，宁波市旅游局副局长周明力、江北区委、江北区风景旅游管理局、江北区保国寺荪湖开发办等有关人员陪同调研。

6月12日，全省旅游综合改革试点工作座谈会在仙居召开。省委政策研究室副主任徐志宏，副局长方敬华，仙居县县长林虹以及省委政研室、省旅游局政策法规处、台州市旅游局、全省旅游综合改革试点市县旅游局（委）负责人参加了座谈。会议由政策法规处处长阮裕仁主持。

6月19日，局长赵金勇，党组成员、办公室主任杨建武，规划发展处处长张雄文等一行到嵊州调研旅游工作，嵊州市委书记金志、副市长孔志刚、市政协副主席李香富陪同调研。

6月26日，副巡视员徐海一行到泰顺县调研廊桥·氡泉旅游度假区旅游项目建设工作。温州市旅游局、泰顺县有关领导、泰顺县旅游局等部门负责人以及相关处室人员陪同调研。

6月28日，乌镇国际健康生态休闲产业园奠基仪式在桐乡举行。省长夏宝龙、副省长王建满，省政府秘书长张鸿铭、省政府副秘书长谢济建，省国土资源厅厅长楼小东，局长赵金勇，嘉兴市委书记李卫宁，市长鲁俊等领导及施工单位负责人等300多位嘉宾参加了奠基仪式。

7月3日，浙江省运动休闲旅游节组委会正式成立。组委会由局长赵金勇，省体育局局长李云林任主任，副局长方敬华，省体育局副局长李期华和富阳市人民政府市长章舜年任副主任，省旅游局、省体育局和富阳市等相关领导任委员，组委会下设办公室，办公地点设在富阳市政府运动休闲办公室。这标志着浙江省首届运动休闲旅游节筹备工作正式启动。

7月12日，全国旅游人才开发示范试点企业经验交流会在杭州召开。国家旅游局人事司副司长余昌国，副局长叶建国、副巡视员徐海出席会议。来自全国13个省（市）的旅游局人教处处长、23家旅游人才开发示范试点企业的代表和全国旅游职业教育教学指导委员会委员参加会议。

同日，浙江·兴安盟旅游交流合作座谈会在内蒙古自治区阿尔山市成功举办。副局长许澎率省旅游局相关处室领导，及温州市旅游局局长张纯洁等各地市旅游局有关领导出席了会议。内蒙古自治区兴安盟委委员、副盟长李国栋、兴安盟旅游局局长孟铁牛、兴安盟旅游局副局长路宪龙、阿尔山市人民政府副市长陶景文等领导出席会议。

7月17日至18日，全省旅游工作研讨会在萧山和德清召开，会议全面总结了上半年全省旅游工作情况，研究部署下半年重点工作。局长赵金勇出席会议并作重要讲话，副局长朱红炜、叶建国、方敬华分别就项目建设、品质提升、产业融合做专题发言，湖州市副市长李建平，副局长许澎、办公室主任杨建武、副巡视员徐海及省局各处室负责人和各市局主要领导出席会议。

7月26日，2012年中国——上虞野藤葡萄文化旅游节开幕仪式在盖北镇野藤葡萄游客服务中心隆重举行。副局长方敬华出席开幕式并致辞，绍兴市副市长冯建荣宣布开幕。

8月11日，副巡视员徐海一行赴开化中国根博园三期和南湖旅游综合体两个省重点项目施工现场调研指导，并与企业主体交流了如何发挥优势、顺势而上、项目运作等。

8月21日，局长赵金勇一行赴缙云县调研旅游工作。

8月22日，全省旅游规划工作座谈会在绍兴召开。会议全面总结了上半年全省旅游重大项目建设及规划发展工作，研究布署下半年工作。副局长朱红炜出席会议，各市旅游局分管领导及规划处负责人参加会议。

8月23日，全省旅游度假区发展座谈会在绍兴召开。会议主要是交流旅游度假区的发展情况，讨论加快发展旅游度假区的政策意见和旅游度假区考核实施细则。副局长朱红炜、省委政研室副主任徐志宏出席会议。

9月4日，副局长朱红炜一行赴青田调研旅游发展情况。丽水市旅游局副局长谢雅贞、青田县委常委、纪委书记吴郁郁等陪同考察。

9月15日至17日，第二届中国海洋经济投资洽谈会（简称海洽会）在宁波成功举办。局长赵金勇、办公室主任杨建武一行出席了海洽会。

9月20日至21日，副局长朱红炜一行赴台州调研神仙居旅游度假区、台州市绿心生态旅游度假区开发建设情况。台州市旅游局局长蔡伟及两地负责人陪同调研。

9月26日，2012中国·楠溪江山水文化旅游节在素有“永远的山水诗，最后的桃花源”之称的楠溪江景区顺利举办。此次节庆活动由中华文化促进会、浙江省文化厅、浙江省旅游局、温州市人民政府共同举办。省委常委、温州市委书记陈德荣，中华文化促进会副主席金坚范，副局长许澎等领导出席开幕式。

10月22日，德国·中国浙江旅游推介会在德国法兰克福成功举办。副省长王建满，中国驻法兰克福总领馆温振顺总领事，国家旅游局驻法兰克福办事处李亚莹主任，德国黑森州司法部国际司波赫曼司长，德国德亚经济协会克吕格主席等领导和法兰克福、浙江两地旅游、新闻业界近200位嘉宾出席推介会。推介会由省政府副秘书长谢济建主持。副省长王建满、温振顺总领事、波赫曼司长、克吕格主席、局长赵金勇分别致辞，副局长许澎作了浙江旅游资源和线路的推介。

10月30日，2012浙港两地旅游业界交流会在香港举行，国家旅游局亚洲旅游交流中心主任徐惠芳，省政府副秘书长谢济建，副局长许澎，香港旅游业议会副主席徐王美伦、总干事董耀中，浙江部分地市旅游局、企业负责人，香港旅游业界代表共约80人出席会议。会议由副局长许澎主持。

11月2日，浙江省自驾车旅游协会在杭州正式成立。会议通过了协会章程和有关公约，选举产生了以罗香波为会长的浙江省自驾车旅游协会第一届领导班子以及理事会。原政协浙江省常务副主席龙安定，局长赵金勇、副局长许澎等领导出席成立大会，并对会议的成功召开表示热烈的祝贺。

11月8日，省旅游局领导班子以及局系统全体人员在局会议室认真收看胡锦涛同志在中国共产党第十八次全国代表大会上的报告。

11月15日，局长赵金勇在局迎客厅会见了斯洛伐克日利纳自治州州长犹拉耶·布拉纳尔一行，双方在轻松友好的氛围中就斯洛伐克与我省推进旅游合作进行了交流。

11月23日，由省旅游局和省经信委联合主办，新昌县人民政府承办的浙江省工业旅游发展推进会在达利丝绸工业园召开。副局长方敬华、省经信委副主任邓国强、绍兴旅委主任宣传中、新昌县县长马永良等领导出席了会议。

12月19日，副局长许澎会见台湾海峡两岸观光旅游协会上海办事处李嘉斌主任一行三人。

12月20日，遂昌县百亿旅游项目隆重开工。局长赵金勇宣布开工。丽水市人民政府副市长葛学斌，省局党组成员、办公室主任杨建武，丽水市人民政府副秘书长姚志强等领导出席开工现场。

12月26日，2012中国（杭州）西山国际登山节暨中国美院“画说西山”作品展览开幕式在外桐坞村举行。杭州市副市长张建庭，副局长许澎，杭州市旅委主任李虹等领导出席了仪式。

12月27日，2012中国杭州“三江两岸”旅游发展桐庐论坛暨第八届浙西旅游合作峰会在桐庐召开。杭州市“三江两岸”区域的旅游主管部门、知名旅游专家、江浙沪百家旅行商齐聚桐庐，共商“三江两岸”旅游发展大计。杭州市副市长张建庭，副局长许澎，杭州市旅委主任李虹和桐庐县县委书记毛溪浩等领导出席大会。

2012年浙江省粮食局大事记

1月11日，全省各市粮食局长会议在杭州召开。各市粮食行政管理部门主要负责人及助手，省局领导班子所有成员和各处室、直属单位主要负责人参加了会议。局长陈聪道出席并作重要讲话。

2月12日至17日，根据省委省政府开展“进村入企”大走访活动总体要求和统一部署，总工程师叶晓云赴洞头县开展为期一周的省级机关改善发展环境百组调研活动，财务会计处、购销调控处有关人员一起参加了调研。

2月16日，全省粮食财会工作会议在宁波召开，各市、部分县（市、区）粮食行政管理部门、省粮食集团公司、省储备粮管理公司、省粮油交易信息中心、省局机关后勤服务中心财会负责人和负责会计报表的人员参加会议。副局长李立民出席会议并作讲话。

2月27日至3月2日，副局长韩鹤忠带领省级有关部门联合组成的省粮食安全责任制考核组，对金华市和衢州市2011年度粮食安全责任制执行情况进行了现场考核。

3月21日，副局长李立民一行到江山市中心粮库，检查“四星级”粮库创建情况。

3月27日，全省粮食工作会议在杭州举行。局长陈聪道出席并作重要讲话。各市、县（市、区）粮食行政管理部门主要负责人，受表彰的2011年度浙江省粮食市场优秀经营大户，2011度浙江省订单粮食“守合同重信用”优秀售粮大户、优秀售粮合作社负责人以及浙江华金康工贸有限公司、义乌市义宝农庄、台州市稻香村农业科技发展有限公司负责人，省农业厅和省工商局有关领导出席了本次会议。

3月28日至29日，国家粮食局在上海市召开全国粮食调控与统计工作会议。副局长韩鹤忠、购销调控处负责人等一行3人参加了本次会议。

3月31日，省局领导到衢州市龙游县詹家镇开展以“送订单、送定金、送政策、送科技、送信息”为主要内容的“五送”惠农服务活动，帮助农民解决春耕备耕中遇到的困难，推进2012年的“订单粮食”工作。

4月10日，八省市粮食产销合作工作座谈会在哈尔滨召开，副局长韩鹤忠副局长、购销调控处负责人等一行3人参加了本次座谈会。

5月10日，局长陈聪道带领有关班子成员到松阳县开展“进村入企”大走访活动。

5月8日至10日，副局长韩鹤忠带领有关处室、省储备粮公司负责人，赴金华“六个一”联系点，调研粮食生产、粮食流通产业发展、粮食安全责任制考核、早稻订单落实、粮食批发市场及中心粮库建设等情况，帮助基层、种粮大户、粮食经营大户解决具体问题，考察指导粮食安全责任制考核工作。

5月9日至17日，总工程师叶晓云一行先后赴嘉兴、衢州等地，对6个联系点开展了大走访活动，并就2012年订单早稻落实等情况进行调研。

5月25日，召开全省粮食行业安全生产领域“打非治违”专项行动工作会议。局长陈聪道出席会议并作重要讲话，副局长李立民作了工作部署，总工程师叶晓云主持会议，中储粮浙江分公司葛中玉副总经理，省粮食集团有限公司张永明副总经理等领导出席会议。

5月29日，局长陈聪道带领有关处室负责人赴黄岩区调研，同时察看了黄岩区粮食储备配送中心项目，具体了解工程建设进展情况。

6月8日，长三角粮食网暨粮食流通信息化工作会议在衢州市召开，副局长韩鹤忠、江苏省粮食局副局长朱新华、上海市粮食局副局长王建忠、安徽省粮食局副局长戴绍勤出席，衢州市副市长毛建民致欢迎辞，衢州市政协副主席马梅芝主持会议。

6月15日，召开局机关全体干部职工大会。局长陈聪道传达了省第十三次党代会精神，并结合实际工作对粮食部门学习贯彻省党代会精神提出具体要求。

7月17日，召开全省早稻收购工作座谈会。副局长韩鹤忠出席并作重要讲话。

7月24日，副局长李立民率机关人员一行3人，专程赶赴舟山库，代表局党组慰问和看望一线员工，送上慰问品。

7月31日至8月1日，国家粮食局在湖南省长沙市召开全国粮食系统政策法规座谈会暨全国粮食局长座谈会，总结一年来的全国粮食政策法规工作，研究讨论下一步工作重点，组织交流在粮食省长负责制、成本利润调研、流通产业发展、粮食收购资格审核、依法行政、市场体系建设等方面的做法和经验。副局长钟传厚参加了此次会议，并着重介绍了我省贯彻落实粮食省长负责制的做法、成效和经验。

7月31日至8月2日，副局长韩鹤忠率局机关人员一行3人，到鄞州区、余姚市、上虞市、嵊州市、诸暨市5个市（区）进行早稻收购工作调研。

8月10日，由温州市粮食局、衢州市粮食局和上饶市粮食局主办的浙赣两省三市早稻网上交易会——2012年温州专场在温州市隆重举行。总工程师叶晓云参加有关活动并在开幕式上致辞。

9月3日至6日，副局长韩鹤忠率局机关相关处室人员一行5人，到舟山市检查军粮供应工作。

10月12日，2012年苏浙沪秋粮收购工作座谈会在江苏常州市召开。会议交流分析了2012年秋粮生产、收购形势和价格走势，对收购工作中可能出现的新情况、新问题进行了探讨和研究。上海、南京、苏州、无锡、常州、镇江、杭州、宁波、嘉兴、衢州、湖州市粮食行政管理部门有关领导和业务处室负责人参加了会议。会议还邀请浙江省和江苏省粮食局领导与会。总工程师叶晓云出席了会议，购销调控处有关人员一同参加。

11月2日，召开全省晚稻收购工作座谈会。各市粮食行政管理部门分管领导和购销业务负责人，省局有关处室以及省储备粮管理公司负责人参加了会议。副局长韩鹤忠到会并作重要讲话。

11月6日，召开全省粮食仓储暨粮食流通监督检查工作会议。各市粮食行政管理部门、省粮食集团公司、省储备粮管理公司和省质检中心分管领导和相关处室（部门）负责人等70余人参加了会议。局长陈聪道同志到会并作重要讲话。

11月8日，中国共产党第十八次全国代表大会在北京人民大会堂隆重开幕。为全面学习、深刻领会十八大精神，省粮食局党组全体成员、机关各处室和局大院直属单位全体干部党员在10楼会议室认真收看了十八大开幕式盛况，聆听胡锦涛总书记代表十七届中央委员会所作的工作报告。

11月15日，全省粮食安全责任制考核工作座谈会在杭州举行。各市粮食安全工作协调小组办公室负责考核具体工作的业务处长、省粮食安全工作协调小组有关成员单位联络员参加了会议。副局长、省粮食安全工作协调小组办公室主任韩鹤忠参加会议并讲话。

11月19日，召开全局干部职工大会，传达学习党的十八大会议精神，对全局学习宣传贯彻落实党的十八大精神进行了部署，提出了要求。会议由副局长钟传厚主持。局机关全体干部职工和各直属单位负责人参加会议。

11月23日，第七届长三角粮食发展与合作会议在绍兴市召开。来自上海、浙江、江苏、安徽等省市粮食局负责同志以及16个长三角城市粮食局负责同志参加了会议。总工程师叶晓云出席会议并致辞。

11月27日至29日，为认真谋划明年和今后五年全省粮食工作，副局长韩鹤忠一行赴嘉兴调研。

11月27日至30日，为谋划好明年和今后五年全省粮食工作，总工程师叶晓云一行赴绍兴、宁波、舟山、新昌、宁海等地调研。

12月3日，全省东北粳稻采购和东北粮食生产基地自产粳稻调运工作座谈会在杭州召开。副局长韩鹤忠在会上作了重要讲话。

12月5日至8日，为认真谋划明年和今后五年全省粮食工作，副局长韩鹤忠一行赴湖州调研粮食工作情况。

12月12日至13日，第三届浙江省粮食行业职业技能竞赛在杭州成功举行。副局长钟传厚、人事处处长何震等领导出席开幕式。

12月14日，省档案局考核组到省粮食局进行2012年档案工作责任制目标考核，副局长韩鹤忠及相关处室负责人参加了考核。

12月21日，2012年度“长三角粮食网”暨粮食市场监测信息化工作会议在马鞍山市召开。马鞍山市政府副市长张文静出席会议并致辞；上海市粮食局副局长王建忠、江苏省粮食局副局长朱新华、安徽省粮食局巡视员戴绍勤出席会议并讲话。19个市粮食行政管理部门领导和信息工作负责人、信息员等参加了会议。我省粮食局相关负责人等也出席了此次会议。马鞍山市粮食局局长高国求主持会议。

12月25日，局长陈聪道一行到舟山市调研该市中心粮库建设项目。

2012年浙江省省级机关事务管理局大事记

1月18日，2011年度总结表彰大会在省人民大会堂召开。局领导胡本亮、章润根、杨献国、傅训淳、江文才、王德贵、徐军、朱丽泽，以及局机关全体、基层单位中层以上人员参加会议。大会表彰了局2011年度先进单位和先进个人；局长胡本亮同志代表局领导班子作了题为《深化改革，创新创业，不断实现科学发展新跨越》的工作报告。

2月29日，局属单位保卫干部例会举行。副局长江文才到会并讲话。

3月8日，召开全省公共机构节能管理工作会议。各市机关事务管理局公共机构节能工作分管领导及职能处室负责人参加了会议。副局长、省公共机构节能工作领导小组办公室主任王德贵同志出席会议并讲话。

3月9日，发展中心按照2012年度“四大平台抓手”总体部署，在冠盛大厦召开了年度安全工作会议。局保卫处负责人、发展中心领导班子成员以及中层以上干部和三大项目安全员等参加了会议。副局长江文才，省安监局副局长董国庆出席会议并讲话。

3月22日，召开廉政建设工作会议。纪检组长杨献国同志出席会议并作了重要讲话。会议由局监察室主任吴飞同志主持，局属21家单位分管纪检工作的领导参加了会议。

3月24日，局长胡本亮，省总工会副主席李锦平，省直机关工会主席苗远景一行，在局工会骆昌高、同人集团冯建德、李扣修等同志陪同下，参观了由省机关事务局下属同人集团建设的紫荆大厦文体中心。

3月30日，召开2012年党建工作座谈会，局领导杨献国、徐军和基层党组织负责人60余人参加会议。纪检组长杨献国主持会议并讲话。

5月4日，举行纪念建团90周年座谈会。纪检组长杨献国，有关处室负责人和全局80余名团干部参加会议。

5月17日，召开干部大会。局机关全体干部和局属单位班子成员共150多人参加了大会。会上，省委组织部常务副部长于跃敏受省委省政府领导委托，首先宣读了省委省政府关于王毅同志任省政府副秘书长、省级机关事务管理局党组书记、局长，免去胡本亮同志省政府副秘书长、省政府办公厅党组成员、省级机关事务管理局党组书记、局长职务的任免文件。

5月25日，召开省第十三次党代会服务保障工作会议，局领导班子成员以及相关保障单位和机关处室的主要负责人参加了会议，会议由局长王毅同志主持。

6月5日，召开选派农村工作指导员到定点帮扶村驻村工作动员会。局领导王毅、杨献国、江文才、徐军、朱丽泽，局机关全体工作人员，直属单位主要领导、分管人事工作领导和人事干部参加了会议。

7月9日至12日，受局长王毅委托，副局长江文才代表局党组赴温州、台州发展中心同人欣园、同人阳光、国脉大楼三大在建项目工地调研。

7月11日，常务副省长龚正一行，实地视察了在建和拟建的省新档案馆、省纪委廉政教育基地等省重点项目及惠及广大机关干部的机关食堂、幼儿园和小区改扩建工程及地块，并亲切看望现场工作人员，协调解决项目建设中的困难和问题。省政府副秘书长夏海伟，局长王毅、副局长傅训淳等陪同视察。

7月17日至19日，按照局党组提出的“服务为根本、经营为支撑、管理为基础、党建为保证”工作指导思想，副局长傅训淳在局工会主任骆昌高同志陪同下，赴发展中心下属温州、台州两家房产公司工作调研并对一线职工进行了慰问。

7月17日至19日，局纪检干部业务培训班在中纪委监察部杭州培训中心举行，局直属各单位和机关处室党组织分管纪检工作的领导34人参加了培训。局长王毅出席开班仪式并作了重要讲话。纪检组长杨献国主持开班式。局领导班子成员出席会议。局机关各处室主要负责人、直属单位负责人和纪检干部73人参加了会议。

7月24日至26日，召开局党组中心组理论学习（扩大）会暨2012年半年工作总结大会，局领导王毅、杨献国、傅训淳、江文才、王德贵、徐军、朱丽泽出席会议，局直属各单位、各处室主要负责人及局机关全体工作人员、局直属各单位中层以上干部分别参加会议。

8月24日，“2012年局属幼儿园教师专题培训报告会”在之江饭店举行。来自北山、武林门、保俶、府苑等四所幼儿园的200多位教师参加了报告会。副局长王德贵到会并讲话，局幼教处处长陶瑾主持报告会。

10月15日，省委常委、组织部长蔡奇一行莅临省机关事务局调研指导工作。局长王毅同志作了工作汇报，局领导班子成员参加了汇报会。

10月16日，举行局2012年中华人民共和国第九套广播体操大赛，直属16个单位组队参加了比赛。局领导王毅、杨献国、傅训淳、江文才、王德贵、徐军、朱丽泽，省总工会副巡视员张彤，省直机关工委副巡视员、工会主席苗远景，以及局机关、直属单位百余人观看了比赛。

10月24日至26日，局长王毅一行深入温州、台州等市管理局了解《机关事务管理条例》贯彻情况，调研机关事务管理工作，并赴省后勤经济发展中心在两地的在建项目及省局扶贫项目实地进行检查指导。局办公室主任徐军，经营管理处处长金建亚等陪同调研。

10月30日至11月1日，局长王毅赴宁波、舟山两地调研了解机关事务管理工作，局办公室主任徐军等陪同调研。

10月31日，局青年技能比赛总结表彰大会在省人民大会堂人大会议厅举行，纪检组长杨献国出席大会并为获奖者颁奖，部分担任比赛评委的机关处室主要负责人、直属单位分管共青团工作的领导、获奖个人和先进集体代表以及团干部100余人参加了大会。

11月1日至2日，副局长江文才赴嘉兴调研机关事务管理工作，局保卫处处长张世芳，局办公室副主任俞俊等陪同调研。

11月5日至7日，副局长傅训淳赴丽水市莲都区、龙泉市和景宁自治县等地调研贯彻《机关事务管理条例》以及开展机关事务管理工作有关情况。车管处处长项丰洲、工会主任骆昌高、规划办主任陈鸣等陪同调研。

11月7日至9日，局长王毅赴广东钱江同人投资公司调研。副局长王德贵和局有关处室负责人陪同调研。

11月19日，局党组召开会议，专题学习党的十八大精神，对全局进一步贯彻落实会议精神作了研究部署。下午，召开全局十八大精神传达学习会，党组书记、局长王毅传达并讲话，局机关全体工作人员、担任过局领导的离退休老同志及离退休支部书记、直属单位班子成员及副处级以上党员干部参加会议。

12月18日，局召开党组理论中心组（扩大）学习会，专题学习贯彻党的十八大和省委十三届二次全会精神。局机关全体工作人员和直属单位中层以上管理人员参加会议，党组书记、局长王毅主持会议并讲话。

同日，根据国务院《机关事务管理条例》等有关精神，省编委批复省局，正式更名为“浙江省机关事务管理局”，并增加了负责拟定并组织实施有关全省机关事务管理的工作规划、制度和标准及负责对全省各级政府有关机关事务工作的指导等相关职责。

12月20日，为贯彻国务院《机关事务管理条例》，加强和规范全省机关事务管理工作，省政府出台了《关于贯彻实施〈机关事务管理条例〉的意见》，提出了我省贯彻落实《机关事务管理条例》的具体举措。

12月25日，全省机关事务管理工作电视电话会议在省人民大会堂召开。省四套班子办公厅分管领导，省级有关部门负责人和相关处室主要负责人，省机关事务局班子成员和机关全体工作人员、直属单位中层以上管理人员等参加了主会场会议。常务副省长龚正出席会议并作重要讲话，局长王毅作工作报告。会议由省政府副秘书长夏海伟主持。

2012年浙江省侨办大事记

1月1日，主任王晓峰通过浙江侨网发表新年贺词，向广大浙江籍海外侨胞、港澳同胞、全省归侨侨眷和侨务工作者致以节日的问候和美好的祝福。

1月8日，浙江省侨商会第二届会员代表大会暨换届庆典在杭州隆重举行。省委书记、省人大常委会主任赵洪祝发来贺信。国务院侨办副主任任启亮，副省长龚正等出席并讲话。主任王晓峰致辞。中国侨商会常务副秘书长夏付东，省政府副秘书长夏海伟，副主任刘芸以及省直有关部门负责人和来自全省各地侨商、侨资企业代表180余人参加会议。

同日，省政府决定王通林任省侨办副主任（浙政干〔2012〕16号）。

1月13日，副省长葛慧君在《省侨办发挥侨务优势服务新农村建设的主要做法》（省政府办公厅专报信息第17期）上作出重要批示，感谢侨办为新农村建设作出的贡献。

1月17日，副省长龚正在省侨办《关于2011年工作情况的报告》上作出重要批示，指出2011年省侨办带领全省各级侨办，围绕中心，突出重点，想方设法，创新举措，为浙江的经济社会发展作出了新的贡献，各项工作亮点纷呈，继续走在了全国侨务系统的前列。

2月1日，主任王晓峰、副主任王通林赴温州出席首届世界温商大会。

2月2日，省长夏宝龙在省侨办《关于2011年工作情况的报告》上作出重要批示，指出省侨办立足侨情、发挥侨力、维护侨益、以侨为桥的做法很有特色，成效很明显。

2月5日，省委书记、省人大常委会主任赵洪祝在省侨办《关于2011年工作情况的报告》上作出重要批示，指出2011年省侨办各项工作取得了明显成效，为我省经济社会发展作出了积极贡献。

2月10日至21日，根据省政府开展省级机关“改善发展环境”百组调研活动的安排，主任王晓峰带队赴绍兴县开展调研。副巡视员李培培参加调研。

2月18日，副主任陈安赴青田县参加由华侨捐建的港头村侨爱学校教学楼落成典礼。

2月20日，省政府决定由王晓峰任省政府副秘书长、办公厅主任，免去其浙江省人民政府侨务办公室主任职务（浙政干〔2012〕17号）。

2月24日，省政府通报2011年度省政府目标责任制考核优秀单位，经认真考核和省政府常务会议审定，省财政厅等19个单位为2011年度省政府目标责任制考核优秀单位，省侨办名列其中（浙政发〔2012〕16号）。

2月27日，国务院侨办主任李海峰在省侨办《关于省侨办2011年工作情况的报告》上作出重要批示，指出浙江省侨务工作的出色成绩得到了省委省政府的高度重视，同时希望我省侨务工作在围绕大局、服务侨胞等各项工作中创造出更多更好的做法。

2月28日，副主任陈安赴杭州学军中学、杭州金成求是小学调研华文教育工作。

3月6日，副主任王通林出席龙游县投资发展环境和招商引资项目推介会。

3月12日至13日，副主任计时华在台州调研国内侨务工作。

3月14日，副巡视员李培培会见并宴请巴西中国统一促进会副会长尹相从一行。

3月15日，副巡视员李培培会见并宴请荷兰中国商会副会长傅旭敏一行。

3月16日，副巡视员李培培会见并宴请泰国国会主席中国事务委员会副主任吴杭伟一行。

3月21日，副巡视员戴小迅会见并宴请马来西亚VSIFE公司董事长许宏兼一行。

3月27日，副主任王通林出席全省侨商组织信息工作会议。

3月29日，副巡视员李培培会见并宴请意大利罗马外籍议会议长潘永长一行。

3月30日，副巡视员李培培会见并宴请新任会长黄学铭率领的法华工商联合会第十届会长团、理事会经贸考察团一行。

4月6日，副主任陈安在杭州市调研侨务工作。

4月7日，副主任陈安在东阳市出席由省海协常务理事、马来西亚华侨王京辉博士成立的“昫辉堂”中医门诊部开业典礼。

4月9日，国务院侨办政法司在浙对国侨办2011—2012年课题进行中期检查。副主任陈安、副巡视员戴小迅陪同参加。

4月10日，召开全省夏令营工作协调会。副主任陈安出席会议并讲话。

4月18日至20日，国务院侨务办公室副主任何亚非在浙江调研侨务文化宣传工作。副主任计时华、陈安、王通林，副巡视员李培培参加工作汇报会或陪同调研。

4月19日，副巡视员李培培会见并宴请美国A.E.资本管理集团创始人、总裁姚沁一行。

4月20日，陈安副主任会见日本九州日中民间文化交流协会会长、旅日画家张晶及其夫人。

4月21日，副主任王通林在嘉兴出席“中润·嘉兴中心”城市综合体项目奠基仪式。

4月27日，副主任陈安会见并宴请新西兰太平洋文化艺术交流中心主席和志耘、新西兰奥克兰电影协会会长Pete Rive和中国华夏文化交流协会（香港）会长季方一行。

4月28日，省侨办、省民政厅印发《关于进一步加强社区侨务工作的实施意见》（浙侨〔2012〕19号）。

5月2日，副巡视员李培培会见并宴请西班牙西中投资促进会会长朱光然一行。

5月3日，副主任王通林会见并宴请柬埔寨青田同乡会常务副会长施海平一行。

5月7日，副巡视员李培培会见并宴请西班牙巴塞罗那华人华侨经济开发总会会长周志文一行。

5月10日，副主任王通林会见并宴请马来西亚燃油催化剂发明人王启明一行。

5月11日，副巡视员李培培会见并宴请苏里南浙江商会会长林峰、美国北加州温州商会会长林培炼一行。

5月16日，副主任王通林陪同国侨办经科司司长庄荣文在宁波市镇海区调研。

5月21日，副巡视员李培培会见并宴请毛里求斯华商经贸专业联合会会长吴文升一行。

5月24日，在结对帮扶乡镇——文成县黄坦镇举行“发挥侨务优势服务新农村建设”华侨捐赠仪式。副主任陈安出席并讲话。经省侨办牵线搭桥，省海协副会长、苏里南浙江商会会长林峰分别向黄坦镇富岙村、培头村捐款5万元、10万元，向文成县慈善总会侨爱分会捐款15万元。

6月7日，省政协副主席盛昌黎会见前来参加“浙洽会”和“消博会”的马来西亚VSAFE公司董事会主席黄启明、国务院侨办海外专家咨询委员会委员Delves－JK(戴维斯－杰克)服装品牌创始人徐月娟、欧美科技产业联盟主席邵青山、杭州国际服装城董事长姜际春等侨商代表。副主任王通林主持会见仪式。

6月8日，副主任王通林在宁波市出席“服装企业转型升级与产业合作对接会”。

6月17日，副主任陈安会见并宴请应邀来我省考察的海外华文媒体社长、总编辑一行。

6月18日至21日，副巡视员戴小迅在江西省南昌市参加全国侨务信访工作会议，并作题为《依法维护侨益促和谐稳定》的交流发言。省侨办侨政处、经济科技处和杭州、宁波、温州、丽水、舟山、湖州市侨办被评为“全国侨办系统信访工作示范单位”。

6月20日，副巡视员李培培会见并宴请罗马尼亚华侨华人联合会会长李国胜一行。

7月4日，副巡视员李培培会见并宴请巴西里约华人联谊会副会长尹楚平一行。

7月11日，副主任陈安出席2012年“中国寻根之旅”夏令营浙江营开营仪式并讲话。

7月13日，省委组织部常务副部长于跃敏到省侨办宣布由副主任刘芸主持省侨办工作。

7月20日，副主任计时华在舟山市调研指导社区侨务工作，并向定海区沈家门街道西大社区颁发“全国社区侨务工作示范单位”荣誉牌匾。

7月31日，副主任计时华出席2012“阳光之旅——归侨侨眷子女夏令营”开营仪式并讲话。之前，副主任刘芸专程到营地看望并宴请全体营员。

8月2日，召开“中华文化大乐园”活动——奥地利营赴外任教教师培训会。副主任陈安出席会议并讲话。

8月6日，召开第十七届浙江旅外乡贤聚会第一次筹备工作会暨动员会。副主任刘芸主持会议并讲话。

8月10日，副主任刘芸在辽宁省沈阳市参加国务院侨办召开的部分省区市贯彻落实全国侨务工作会议精神座谈会。

8月17日，召开全省各市侨办主任会议，总结上半年工作，研究部署下半年工作。副主任刘芸主持会议并讲话。副主任计时华、陈安、王通林，副巡视员戴小迅，办机关副处级以上干部参加会议，各市（外）侨办主任和分管副主任等参加会议。

8月18日至9月2日，受国务院侨办委

派，副主任陈安率队赴奥地利维也纳开展“中华文化大乐园”活动。副主任刘芸专程为代表团送行。

8月30日，召开第十七届浙江旅外乡贤聚会第三次筹备工作会议。副主任王通林，副巡视员戴小迅、李培培参加会议。

9月5日，副主任刘芸、王通林赴国务院侨办汇报我省贯彻落实《国家侨务工作发展纲要（2011－2015）》和全国侨务工作会议精神，以及第十七届浙江旅外乡贤聚会前期筹备工作情况，并与有关司进行工作对接。国务院侨办主任李海峰，副主任马儒沛、任启亮、何亚非，党组成员、秘书行政司司长熊昌良分别会见刘芸一行。

9月7日，召开第十七届浙江旅外乡贤聚会第四次筹备工作会议。副主任王通林主持会议并讲话。

9月17日至18日，副主任计时华到绍兴市越城区、诸暨市等地调研国内侨务工作。

9月20日，召开第十七届浙江旅外乡贤聚会动员大会。副主任刘芸主持会议并讲话。

9月25日至28日，隆重举行第十七届浙江旅外乡贤聚会。本届聚会共有来自80个国家和地区的400多名海外和中国港澳的乡贤代表参加，是历年来参与国家最多、活动规模最大、涵盖内容最丰富的一次。国务院侨办主任李海峰发来贺信。

9月29日，副主任王通林出席丽水市侨商会成立大会。

10月8日，副主任刘芸会见并宴请法国华侨华人会主席池万升一行。

10月9日，召开第十七届浙江旅外乡贤聚会总结会。副主任刘芸主持会议并讲话。

10月12日，副巡视员李培培会见并宴请德国中国和平统一促进会副会长杨强华一行。

10月10日至14日，副主任刘芸带队赴上海市、福建省和广东省学习二省一市贯彻落实《国家侨务工作发展纲要（2011—2015年）》和全国侨务工作会议精神的做法举措和近几年来侨务的工作经验。副主任陈安以及杭州市侨办主任林国蛟、宁波市侨办主任陈瑜等参加学习考察。

10月23日，副主任计时华出席宁波市社区侨务工作现场推进会。

10月24日，副巡视员李培培会见并宴请阿联酋迪拜龙城华人商会常务副会长林时永一行。

10月25日，副主任陈安出席“徐旭昶优秀学生奖励基金”捐赠仪式。

10月27日，副主任刘芸出席《曾在曹家——曹其镛夫妇捐赠中国古代珍贵漆器特展》开幕式。

10月29日，省委组织部副部长姚志文率队到省侨办进行省侨办领导班子届末考察。

11月8日，组织办机关和下属事业单位全体干部、职工集中收看中国共产党第十八次全国代表大会开幕式直播。

11月9日，召开全省侨务工作会议筹备会。副主任刘芸主持会议并讲话。

11月12日，副主任王通林在杭州出席长三角地区侨商组织法律顾问委员会成立大会。

11月14日至16日，副主任陈安出席2012年度《浙江侨声报》通联会议。

11月15日，副主任刘芸、王通林会见并宴请由泰国江浙会馆副理事长张利强、陈淑卿率领的访问团一行。

11月16日，常务副省长龚正在《我省举行第十届浙江旅外乡贤聚会推进“两富”现代化建设》（省政府办公厅专报信息第1947期）上作出重要批示，指出此次聚会活动，主题鲜明，内容丰富，准备充分，反映良好，效果明显。

11月24日，副主任陈安出席“2012年马来西亚华文教师研习班”开班典礼并讲话。

12月4日，王通林副主任参加“2012天下浙商家乡行”活动开幕式。

12月10日至15日，副主任王通林带队赴广东、云南学习并考察侨务经科工作。

12月11日，召开机关和下属事业单位全体干部职工会议，学习传达省委十三届二次全会精神。副主任刘芸主持会议并讲话。副主任陈安，副巡视员李培培参加会议。

12月12日至13日，副主任陈安在衢州市调研侨务文宣工作。

12月13日，副主任刘芸出席宁波市侨务工作会议并讲话。

12月14日，副巡视员李培培会见并宴请奥地利奥中友协华人委员会名誉主席詹伟平一行。

12月17日，副主任王通林在嘉兴出席“2012星耀南湖精英峰会”开幕式。

12月19日至20日，副主任刘芸在江苏省南通市参加全国侨办主任会议，并作题为《以务实创新敬业爱侨的理念推进浙江侨务工作科学发展》的大会交流发言。

12月20日至21日，副主任陈安出席华文教育基地工作座谈会并讲话。

12月25日，副主任王通林出席嘉兴市侨商会第二次会员代表大会及换届庆典大会。

12月27日，国务院侨办国内司副司长王萍、副主任王通林出席杭州市社区侨务工作会议。

12月28日，国务院侨办副主任谭天星、副主任刘芸出席杭州市侨务工作会议并讲话。

2012年浙江省法制办大事记

1月18日，省委副书记、省长夏宝龙到省法制办调研。

同日，召开2011年度总结表彰会。主任孙志丹总结了省法制办一年以来的工作，并表彰了曹水萍、谷小忠等11位优秀公务员和先进工作者。

2月20日至21日，政府法制监督工作会议在杭州召开。

3月6日，省法制办机关党委换届选举党员大会召开，会上选举产生了机关党委书记、机关党委专职副书记、机关党委委员、机关纪委书记和机关纪委委员。

3月14日，召开各市法制办主任会议。

3月14日至16日，副主任韩兵率领工作组深入青田县高市乡洞背村、东源口村，开展第一批次“进村入企”大走访活动。

3月21日至23日，为做好省政府主要领导重点调研课题“改善省发展环境的对策研究”的起草工作，副主任韩兵带队赴江苏省南京市、苏州市学习考察邻省在优化发展环境中的先进经验。

3月25日至28日，为了进一步推进省法治政府建设，学习广东、深圳等地政府法制工作的先进经验，主任孙志丹带队赴广东省深圳市进行学习考察。

4月9日至11日，主任孙志丹专程赴青田县山口镇、方山乡、仁庄镇，通过召开座谈会，登门走访，实地察看，面对面交流等形式，深入基层、田间地头走访，直接聆听群众的心声和诉求，现场解决基层、群众反映的热点难点问题。

4月12日，召开了全省行政复议工作座谈会。

4月23日至27日，副主任吴强军，省测绘与地理信息局副局长周方根、副巡视员许金成等一行6人赴湖北省调研测绘立法工作，并就测绘立法中的有关问题分别与该省法制办、省市县测绘行政主管部门的有关同志进行了座谈和交流。

4月25日，全省政府法制系统羽毛球联谊赛在温州举行。

4月26日，全省政府法制信息宣传工作会议在青田县召开，会议回顾总结了2011年全省政府法制信息宣传工作，部署了2012年政府法制信息宣传任务。副主任韩兵，青田县政府领导及各设区市、有关县（市、区）政府法制办分管政府法制信息工作的领导和分管处室负责人、省直有关单位法制机构负责人参加了会议。国务院法制办信息中心主任孔祥清、处长闫光永到会并作专题辅导。

6月12日，召开由省法制办党组成员、各处处长参加的学习会议，专题学习传达了会议的情况和赵洪祝书记在省第十三次党代会上作的“坚持科学发展，深化创业创新，为建设物质富裕精神富有的现代化浙江而奋斗”的报告。

7月5日，为提高党员干部、职工的综合素养，省法制办组织开展“学习课堂”活动，请浙江青年学院周敏教授作了“公务礼仪”讲座，学习公务人员形象礼仪、公务往来礼仪、仪式活动礼仪接待行进礼仪等内容，促进党员干部、职工提高公务礼仪意识，养成较好的行为习惯，树立行政机关和公务员的良好形象。

7月28日至8月5日，浙江省法制办、地震局一行8人赴青海、西藏、四川学习考察防震减灾工作。副主任吴强军，省地震局副局长宋新初等参加调研。

7月30日至8月3日，省法制办组织了全办党员干部、职工分批集中学习，学习胡总书记在省级主要领导干部专题研讨班上的重要讲话，听取省党代会精神的辅导报告，观看了省第七地质大队先进事迹报告和安全保密知识方面的录像片，与会党员干部、职工还结合自身情况和工作实际进行了讨论和交流，相互启发，相互鼓励，促进共同提高。

8月6日，召开党组中心组学习会，专题学习了赵洪祝同志在省委常委会扩大会议上学习贯彻省部级主要领导干部专题研讨班精神时的讲话。党组中心组成员及各处室负责人参加了学习会。

8月13日，省法制办会同省公安厅及省消防总队在新新饭店召开《浙江省高层建筑消防安全管理规定（草案）》论证会，副主任杨必明主持会议，主任孙志丹亲自出席。省社科院副院长陈柳裕、浙大公共管理学院教授何文炯、六和律师事务所主任郑金都等5位专家参加了论证会，另有2位专家向会议提交了书面意见。

8月14日，为进一步加大政府法制工作宣传力度，推进法治政府建设进程，增进政府法制机构与新闻媒体间的沟通联系，省法制办召开政府法制信息宣传专题座谈会。

8月22日至23日，主任孙志丹到慈溪市调研政府法制工作。慈溪市委市政府、宁波市法制办领导及省法制办综合审编处、复议应诉处负责人陪同调研。

9日4日，根据省委“进村入企”大走访活动的安排，副主任韩兵率相关处负责人赴青田县开展“进村入企”大走访“回头看”，反馈前段时间大走访中群众提出有关问题的办理落实情况，听取青田县对“进村入企”大走访工作的意见建议。副主任韩兵还就加强和完善行政执法工作进行调研。

9月20日，由国务院法制办公室、中国法学会行政法学研究会主办，省法制办与市法制办承办的“行政复议”浙江论坛在舟山市举行。国务院法制办公室副主任甘藏春出席会议并在会上就行政复议相关内容作了专题讲话；副省长、舟山市委书记梁黎明，中国法学会行政法学研究会会长应松年出席会议并致辞。主任孙志丹，舟山市委副书记、市长周国辉，国务院法制办公室行政复议司副司长方军、田昕，市委常委、舟山市副市长姚青林出席会议并在主席台就座。

9月25日，省法制办、省公安厅、省公安厅消防总队组织举行《浙江省高层建筑消防安全管理规定（讨论稿）》立法听证会，听证会由副主任杨必明主持，省公安厅法制总队总队长张晓峰、省公安厅消防总队副总队长崔春起等领导和该讨论稿的有关起草人以及省住房和城乡建设厅等受邀请的省级部门的代表参加了立法听证会。

10月9日，省人大常委会法工委和省法制办联合召开贯彻落实第十八次全国地方立法研讨会会议精神座谈会，省人大常委会法工委主任丁祖年、法工委副主任尹林、办公厅副巡视员汤达金，主任孙志丹、副主任吴强军、杨必明，以及省人大常委会法工委和省政府法制办有关处室负责人参加会议。

10月24日，辽宁省政府副秘书长、省政府法制办主任孙桂真一行6人到省法制办考察行政复议工作。主任孙志丹、副主任夏利阳及相关处室主要负责人参加了座谈会。

10月29日，青海省政府法制办主任李建青一行5人到省法制办考察工作。主任孙志丹、副主任韩兵、副巡视员丁大庆及相关处室主要负责人参加了座谈会。

10月30日至31日，主任孙志丹、副主任杨必明一行5人到长兴县调研考察。

10月31日，省法制办会同省海洋与渔业局在杭州召开《浙江省无居民海岛开发利用办法》专家论证会。会议邀请了省人大法工委、省建设厅、省国土厅、省高院和舟山市的领导、浙江海洋学院教授以及海洋方面的法律专家。

11月7日，召开各市法制办主任座谈会。会议听取了各市2012年度政府法制工作情况和2013年度工作思路的汇报，重点交流了2012年度各市政府法制工作中的创新举措和工作亮点。主任孙志丹同志就座谈会情况进行了小结，并就2013年全省政府法制工作重点提出了基本思路。副主任吴强军、杨必明、韩兵，副巡视员丁大庆参加会议，各处（室）、机关党委主要负责人及相关同志列席会议。

11月8日，组织全办党员干部、职工集体收看了党的十八大开幕式和胡锦涛总书记代表党的第十七届中央委员会作的报告。

11月9日，召开“关于加强和改进行政执法的意见（第二稿）专家论证会”，副主任韩兵、副巡视员丁大庆、有关专家和综合审编处、监督处负责人参加了会议。

11月13日，召开有关单位法制机构主要负责人座谈会。会议分上午和下午举行，分别听取了到会法制机构主要负责人对本单位2012年度政府法制工作情况和2013年度工作思路的汇报，重点交流了2012年度各单位政府法制工作中的创新举措和工作亮点，主任孙志丹同志就座谈会的情况进行了小结，并就2013年全省政府法制工作重点提出了基本思路。副主任吴强军、杨必明、韩兵，副巡视员丁大庆参加会议，各处（室）、机关党委主要负责人及相关同志列席了会议。

11月29日至30日，副主任吴强军带队会同省建设厅赴南京考察学习违法建筑处置立法相关工作，省法制办立法三处、省建设厅政策法规处、稽查办等有关同志随行。

12月10日，召开《浙江省违法建筑处置若干规定》专家论证会。论证会由副主任吴强军主持，与会的专家有省人大常委会法工委副主任尹林、省人大常委会法工委经济法规处处长田梦海、浙江大学光华法学院常务副院长朱新力、浙江工业大学城市规划系主任宋绍杭、浙江省城乡规划设计研究院副院长杨晓光、省高级人民法院行政审判庭庭长蒋中东、省高级人民法院行政审判第二庭副庭长危辉星、天册律师事务所高级律师蒋朝镖。省法制办、省建设厅、省高院的有关同志旁听了会议。

12月14日，省法制办与省质监局联合组织召开《浙江省计量监督管理条例》专家论证会。论证会由省法制办副主任吴强军主持，与会的专家有省人大常委会法工委副主任尹林、省人大常委会法工委经济法规处处长田梦海、中国计量学院法学院院长杨凯、浙江工商大学教授张旭昆、浙江省计量科学研究院副院长吴建明、杭州市质量技术监督检测院副院长厉志飞、五联律师事务所高级律师何黎明。省法制办、省质监局的有关同志旁听了会议。

12月26日至27日，省法制办组织部分县（市、区）法制办召开专题研讨，研究推行行政规范性文件“三统一”的制度具体操作以及备案审查文件中存在的一些问题。

2012年浙江省人防办大事记

1月17日，2012年度全省人民防空工作会议在杭州召开。副省长陈加元、省军区副司令员李大清到会并作重要讲话，省政府副秘书长施利民、省军区副参谋长郑跃到会指导。主任李杭作了题为《稳中求进，好中求快，奋力开创我省人防科学发展新局面》的工作报告。全省人防系统代表及省级相关部门代表共计150余人参加会议。

1月18日，举行离退休老同志新春团拜会。省人防办领导李杭、吴彩星、徐富泉、季鸣、张卓、马西稳，各处室及直属单位负责人和60多位离退休老同志欢聚一堂，喜迎2012年新春佳节。

1月31日，召开办务会。省办领导、机关各处室、机关党委和直属单位负责人20余人参加会议。主任李杭在会上作了重要讲话。

2月3日，省委省政府在杭州召开全省农村工作会议，会上省委省政府授予省纪委等93个单位2011年度"低收入农户奔小康工程"结对帮扶工作先进单位荣誉称号。省人防办牵头莲都区片组，由省人防办、省经合办、三花控股集团、海宁市政府4个单位获得荣誉称号，并予以通报表彰，大会安排了副主任季鸣上台领奖。

2月7日至9日，全省人防指通工作会议在宁波市召开。会议总结了2011年全省人防指通工作完成情况，部署了2012年工作任务。主任李杭、副主任徐富泉出席会议并讲话，总工程师张卓主持会议，副巡视员马西稳传达了全国人防办主任会议和全省人防工作会议精神。各市人防办分管领导、指通处处长和指挥信息保障中心主任参加会议。

3月7日，副主任吴彩星一行6人赴台州调研人防工程建设政策调整和兼顾人防工程建设情况。

3月19日至20日，全省人防宣传教育工作会议在镇海召开。来自全省11个市分管宣传教育的领导、业务处室负责人和部分县级人防办领导共40余人参加了会议。会上各市人防办作了人防宣传教育工作交流发言，镇海人防办介绍了建设"防空博览园"的经验，副主任徐富泉作了总结讲话。

3月30日，主任李杭一行在安徽省人防办领导陈乃耀的陪同下，就防空防灾一体化建设等情况考察了安庆市的人防工作。

4月11日，国家人防办副局长杨青山、南京军区人防办专职副主任江兆全等一行6人视察我省人防工作。主任李杭、副主任徐富泉分别作工作汇报。

4月13日，召开全省人防一季度工作交流视频会议。会上，宁波、舟山、台州、嘉兴、丽水5个市人防办主任发了言。主任李杭作了重要讲话，省纪委驻省人防办纪检组组长陈宏能就加强党的纯洁性要求提出了意见。副主任吴彩星主持会议。副主任徐富泉、季鸣，总工程师张卓、副巡视员马西稳出席会议。省人防办机关、直属单位负责人及各市人防办机关全体干部职工参加会议。

4月25日，省人大常委会秘书长姚民声率省人大常委会秘书长办公会议成员一行6人参观调研省人防办。主任李杭作工作汇报。

5月16日，主任李杭一行赴临安调研。

6月11日至12日，全省人防法制工作会议在桐庐召开。主任李杭出席会议并讲话，副主任吴彩星、季鸣在会上提了要求，省纪委驻省人防办纪检组组长陈宏能在会上就加强人防依法行政和廉政建设提出了要求，杭州、金华和嘉兴市人防办从不同的角度交流了做好人防法制和执法工作的经验、做法。各市人防办主任、分管副主任、业务处室负责人等50余人参加会议。

7月31日至8月2日，主任李杭一行到温州、丽水等地调研，先后听取了两地人防建设情况汇报，考察了工程建设现场，召开了基层人防工作座谈会。

8月29日，全省人防档案工作会议在台州召开。这也是我省人防系统召开的第一次全省性的专门研究档案工作的会议。副主任季鸣出席会议并讲话，台州市人防办主任李忠理在会上致辞，省、市人防办秘书（综合）处处长和档案管理员参加会议。

9月18日，代号为"浙江金盾－12"的浙江省防空袭演习在全省各地同步举行。国家人防办、南京军区人防办有关领导到会观摩，全省所有11个辖区市以及36个县（市、区）、24个重点镇（街道）人民防空办公室，共计3900余人参加演习。

9月28日，召开廉政警示教育大会。会议组织办机关及直属单位党员干部80余人观看《权力的禁区》反腐教育案例片，省纪委驻省人防办纪检组组长陈宏能在会上讲话。

10月11日，浙江省民防局与省民政厅《共同推进防灾救灾工作合作备忘录》签字仪式在杭隆重举行。省民防局局长李杭，省民政厅厅长尚清在会上作重要讲话，副局长徐富泉与省民政厅副厅长俞志壮代表双方单位在合作备忘录上签字，副巡视员马西稳、省民防局和省民政厅相关处室及直属单位负责人出席签字仪式。

10月23日，由省人防办举办的“我心中的浙江人防精神”演讲比赛预赛在杭州进行，来自全省各市人防办26位选手参加了比赛。主任李杭及其他办领导出席比赛现场并观摩演讲，省人防办机关全体人员、直属单位负责人，各市人防办代表参加了现场观摩，各市人防办利用全省人防视频会议系统组织收看。

11月5日，全省人防质监站长会议在金华市召开。会议总结了2012年度我省人防质监工作，并对2013年度工作提出了要求。总工程师张卓出席会议并讲话。

11月5日至7日，主任李杭一行到舟山市调研人防工作，先后听取了舟山市人防工作汇报，实地察看了市人防地面应急救援中心施工现场、青少年人防宣传教育基地、普陀区、嵊泗县人防指挥中心、五龙乡民防指挥平台建设情况。

11月9日，召开党组中心组扩大会议，专题学习党的十八大报告。

11月28日至30日，主任李杭赴台州调研人防工作，先后到天台、椒江、玉环、温岭、仙居等县（市、区），实地调研了社区人防建设、指挥工程建设、地下空间开发工程、疏散基地，在台州市人防指挥场所与台州市人防办中层以上干部和椒江、黄岩、路桥、临海、三门等县（市、区）人防办负责人进行了座谈。

12月11日，省人防办领导班子集体赴杭州市人防办调研。

12月13日，主任李杭到湖州安吉调研，听取了安吉人防建设情况的汇报，考察了人防工程建设现场，实地察看了安吉县维多利亚社区人防规范化建设情况，与基层人防干部职工进行了座谈交流。

2012年浙江省物价局大事记

1月5日，全省价格工作会议在杭州召开。局长柳萍作了题为《服务发展稳价安民扎实做好2012年价格工作》的重要讲话。副局长龚源昌、冯海军、韩亚明，各县（市、区）物价局局长、省局各部门及直属各单位工作人员参加了会议。

1月10日，全省价格监督检查工作会议在杭州召开。各市物价局分管价格监督检查工作的局长、主任和各县（市、区）价格监督检查分局（局）长参加了会议。局长柳萍到会并作重要讲话，副局长冯海军在会上作了题为《锐意进取迎难而上努力做好2012年价格监督检查工作》的工作报告。

1月31日，召开全局干部职工大会。局长柳萍出席大会并作重要讲话。

2月13日，副局长冯海军带领服务业价格处一行5人赴慈溪调研物价工作。

2月29日，由副局长龚源昌带队的粮食安全责任制考核组赴苍南就2011年苍南县粮食安全责任制执行情况进行考核。

3月1日，商业银行收费管理座谈会在杭州召开。专题讨论《商业银行服务价格管理办法（征求意见稿）》，研究商业银行服务价格管理的有关问题。副局长冯海军出席会议并作重要讲话。全省14个县（市、区）物价局负责商业银行服务收费管理的科、处长以及省局监督检查分局、政策法规处等部门的相关同志参加了会议。

3月14日，省物价局、杭州市物价局、省电力公司、杭州市电力局等相关人员组成调研组，在局长柳萍的带领下，前赴杭州市地铁集团开展“进村入企”大走访活动，并对企业有关情况开展调研。

3月15日，省物价局监督检查分局局长季树忠赴瑞安访民情，走企业，解难题，谋发展，开展“进村入企”大走访活动。

3月20日至21日，局长柳萍率成本监审分局一行赴金华、永康开展进村入户大走访活动。

3月23日，局党组成员李瑞成带领局人事处、办公室相关人员，赴省局结对帮扶对口扶贫地区——丽水市莲都区开展“进村入企”走访活动。

3月28日至30日，副局长冯海军带领省局服务业价格管理处及政策法规处相关人员赴义乌开展“进村入企”走访活动。

4月9日至11日，副局长冯海军率领由省物价局、省交通运输厅、省商务局、人行杭州中心支行等部门组成的省政府流通工作专题调研组就流通领域收费情况等问题在台州开展调研。

4月10日，省局成本监审分局在杭州召开了全省市价格成本工作会议。会议全面总结了2011年我省价格成本工作，科学分析了当前面临形势，精心部署了2012年工作任务。副局长韩亚明出席会议。

4月16日，副局长冯海军带领局法规处、服务业价格处和价格举报中心相关人员，就高速公路清障施救服务收费政策执行情况进行调研。

4月26日，全省市物价局长会议在安吉召开，局长柳萍，副局长龚源昌、冯海军、韩亚明、党组成员李瑞成出席了会议，各市物价局局长、省局各部门及直属各单位主要负责人参加了会议。

5月15日至16日，全省服务价格管理工作座谈会在洞头县召开。副局长冯海军出席会议并讲话，

5月23日至24日，局长柳萍带领省局调研组赴绍兴、诸暨调研县（市、区）公立医院价格改革工作。

5月25日，副局长龚源昌率调研组赴秀洲区开展农业生产产供销成本调研。

5月28日，局长柳萍陪同副省长郑继伟专程赴宁波调研公立医院改革进展情况。

5月31日，全省市物价局投诉举报中心主任会议与监督检查分局（局）长会议一起在江山市召开，全省市物价局投诉举报中心主任参加了会议，江山市政府常务副市长王卫明与会并致辞，副局长冯海军出席会议并作重要讲话。

6月13日，副局长冯海军带领省局监督检查分局局长季树忠和杭州市物价局相关人员，对杭州大关西三苑农贸市场明码标价工作进行了调研，并现场指导农贸市场管理单位和经营商贩进行明码标价。

6月26日，局长柳萍、副局长龚源昌带领局办公室、监测预警分局、杭州市局相关负责人赴广东省物价局进行学习考察。

7月10日至12日，副局长冯海军带领省局服务价格处相关人员一行赴舟山市调研服务价格监管工作。

7月24日，召开首届青年干部价格学术报告会。局长柳萍出席会议并讲话，副

局长龚源昌、冯海军、韩亚明和党组成员李瑞成同志出席会议并对各优秀报告逐一点评，省价格学会会长黄家晖进行了总点评，全局干部职工参加了报告会。

8月14日至15日，全省市物价局长会议在淳安召开。局长柳萍，副局长龚源昌、冯海军、韩亚明及党组成员李瑞成出席了会议，各市物价局局长、省局各部门及直属各单位主要负责人参加了会议。

8 月16日，全省农贸市场明码标价工作现场会在绍兴市召开，省局监督检查分局局长季树忠、副局长卢玉梅，各市价格监督检查机构负责人、省工商局市场处和各市农贸市场管理者和经营者代表参加了会议。副局长冯海军到会并作重要讲话。

9月4日至7日，局长柳萍带领局办公室、人事处、收费管理处、监督检查分局等有关处室负责人赴丽水开展调研活动。

9月5日，副局长龚源昌专程到杭州四季青服装特色街区调研杭州•中国女装价格指数编制工作。

同日，全省价格举报工作座谈会在奉化召开，各市物价局举报中心主任（检查分局分管举报工作领导）、受理（举报）科长、部分县（市、区）物价局负责举报工作人员等30余名代表参加了会议。副局长冯海军出席会议并作重要讲话。

9月24日，全省各市价格监督检查工作座谈会在杭州市萧山区召开，省物价局监督检查分局相关人员及各市价格监督检查机构负责人参加会议。副局长冯海军到会并讲话。

10月23日至26日，局长柳萍带领有关处室负责人赴台州调研价格监管工作。

10月27日，由绍兴县政府主办的“2012中国・柯桥纺织指数论坛”在绍兴县行政中心举行，此次论坛的主题是“论指数，促增长”。副局长龚源昌应邀出席此次论坛，并发表主题演讲。

11月8日，全省收费年审工作座谈会在遂昌召开，会议交流了2012年收费年审工作，提出了2013年收费年审工作思路，并研究讨论近期几项工作。会议由省局成本监审分局局长王海潮主持，省局副局长韩亚明出席会议并作重要讲话，各市收费年审办负责人参加了会议。11月27日，副局长冯海军带领省局监督检查分局、投诉举报中心等相关人员一行到金华市对学校超市商品价格工作进行调研。

12月4日至12日，副局长韩亚明带领省民政厅、省教育厅、省公安消防总队的同志，先后走访了杭嘉湖3市及所属的桐乡、长兴、萧山、滨江4个县（市、区），实地查看养老服务机构（包括乡镇敬老院）、居家养老中心15家，督查3市贯彻落实《浙江省人民政府关于深化完善社会养老服务体系建设的意见》（浙政发〔2011〕101号）。

12月31日，省物价局、省教育厅、省财政厅经过省政府同意，联合印发了《浙江省幼儿园收费管理暂行办法》（浙价费〔2012〕368号），《浙江省幼儿园收费管理暂行办法》于办发布之日起30日后执行。

2012年浙江省食品药品监督管理局大事记

1月17日，省局举行老干部新春团拜会。省局领导与局机关50多位离退休老同志、各处室负责人欢聚一堂，喜迎新春。副局长吴宁一、黑振海出席团拜会。

1月31日，召开“化妆品替代毒理学研究实验室”建设研讨会，实验室建设的三方代表：玫琳凯公司、省食品药品检验所、省现代健康产业技术中心参加了研讨会，副局长吴宁一参加会议并讲话，省局保化处主持研讨会。

2月7口，局长朱志泉、副局长陈时飞赴浙江贝达药业有限公司调研。

2月8日，局长朱志泉赴嘉兴市局调研并指导工作。

2月9日，局长朱志泉赴绍兴市局调研并指导工作。

2月13日，局长朱志泉赴宁波市局调研并指导工作。

2月14日，局长朱志泉一行到台州市局调研并指导工作。

2月15日，局长朱志泉率省局办公室、药品安全监管处等相关处室负责人到温州调研医药产业发展情况。

2月17日，召开保健食品化妆品安全风险监测报告专家研讨会，全省部分保健食品化妆品专家，省局保健食品化妆品监管处及省食品药品检验所有关人员参加了研讨会。

2月21日，局长朱志泉率省局办公室、政策法规处和药品流通监管处相关人员到金华市局调研指导工作。

2月28日，全省食品药品监督管理工作会议在杭州召开。局长朱志泉作了题为《构建新机制争取新作为努力开创食品药品监管工作新局面》的工作报告。省局领导吴宁一、陈时飞、黑振海、张小平出席会议。

3月7日，召开局务会，传达学习省政府第九次全体会议精神，再次研究部署“进村入企”大走访活动的具体工作。局长朱志泉出席并作重要讲话。

3月12日，副局长吴宁一带领省局流通处、绍兴市食品药品监管局以及绍兴县食品药品监管局三级监管部门人员共同组成的走访调研组，赴浙江华通医药股份有限公司开展走访调研活动。

3月16日，副局长黑振海带领省局医疗器械监管处、人事处，以及省医疗器械检验所、湖州市药监局的有关人员，对湖州市4家医疗器械生产企业进行了走访调研。

3月22日，省局党组召开了以“坚持以人为本，执政为民理念发扬密切联系群众优良作风”为主题的党员领导干部民主生活会。会议由局党组书记、局长朱志泉主持，局党组全体成员出席了会议。省纪委、省委组织部派人指导了局党组民主生活会。

3月23日，第五届中国制药行业技术交流会（CPITDF）在杭州召开。本次会议由浙江省药品认证中心、FDA上海办事处和德国勃林格殷格翰公司（BoehringerIngclhcim）共同承办。国家药监局药品认证管理中心，上海市药监局认证审评中心、江苏省药监局认证审评中心、浙江省药监局和各地市药监局、以及默克、拜耳等15家国外著名药企和华东制药、海正药业、九州制药等15家国内知名药企的百余名代表人员参加。副局长陈时飞博士和美国FDA上海办事处医学官员薛艳女士分别代表承办单位致开场词。

3月27日，义乌市食品药品监察稽查大队正式挂牌成立，局长朱志泉，金华市副市长、义乌市市长何美华共同为义乌市食品药品监察稽查大队揭牌。

4月9日至10日，副局长陈时飞带领省局保化处、药品安全监管处、药品注册处、药品认证中心、台州市局共同组成的走访调研组，到台州开展“进村入企”大走访活动。

4月11日，副局长黑振海带领省局医疗器械处、人事处、省医疗器械检验所、嘉兴市局和南湖、秀洲区局共同组成的走访调研组，赴嘉兴医疗器械企业开展走访调研活动。

5月2日，副局长黑振海带领财务处处长王丽芳一行到省医疗器械检验所下沙扩建项目建设工地考察。

5月10日，副局长吴宁一到临海市食品药品检验检测中心指导工作。

5月16日，局长朱志泉赴桐庐调研医疗器械块状经济发展情况。

5月17日，纪检组长张小平带领省局监察室、保健食品化妆品监管处和政策法规处相关负责人，到义乌调研国际贸易综合改革试点及扩权工作。

5月28日，浙江省食品药品稽查局举行迁址揭牌仪式，局长朱志泉，省局吴宁一、陈时飞、黑振海、张小平等领导及相关处室负责人参加了活动，副局长吴宁一主持仪式。

5月28日至30日，局长朱志泉带领省局办公室、药品注册处、药品安全监管处、医疗器械监管处负责人到仙居县、玉环县调研检查食品药品安全隐患大排查大清理工作。

5月30日，副局长吴宁一一行在衢州市局领导的陪同下，到华润衢州医药公司开展“进村入企、助推发展、保障安全”走访调研活动。

6月6日至7日，副局长吴宁一率省局药品注册处、稽查局、省药品检验所有关人员到宁波调研浙贝母中药材无硫化整治有关工作情况。

6月13日，副局长黑振海率医疗器械监管处、医疗器械检验所等4位同志，到东阳普洛家园生物医学材料有限公司进行检查与指导工作。

6月20日，省局联合浙江电台民生996资讯广播和省执业药师协会在杭州白荡海社区正式启动了“2012安全用药”大走访活动。副局长黑振海，省执业药师协会会长赵光云，省广电集团工会主席宫海平等领导出席启动仪式。

7月4日至5日，副局长吴宁一率领药品流通处等一行3人到台州调研药品示范创建工作。

7月31日，局长朱志泉赴绍兴县调研食品药品安全工作。

8月3日，局长朱志泉一行赴浦江县检查指导食品药品安全工作。

8月10日至12日，副局长陈时飞到台州调研中药饮片质量安全工作。

8月14日，省局安监处与浙江天元生物药业有限公司共同举办了浙江省冻干粉针剂生产管理之偏差处理交流会。副局长陈时飞，药品安全监管处、省药品认证中心、省药品审评中心、各市局安监处负责人以及省内注射剂生产企业质量负责人参加了交流会。

8月15日，按照省局《关于开展浙江省食品药品安全大整治百日行动督查工作的通知》要求，副局长陈时飞带领督查组在台州天台县进行工作督查。

8月28日至29日，全省医疗器械监督管理工作座谈会嘉兴召开。会议的主要内容是交流前阶段医疗器械风险隐患排查及整治工作，研究下一步强化医疗器械安全监管措施。各市局及义乌局分管领导和医疗器械监管处（科）负责人参加了会议。副局长黑振海出席并作重要讲话。

8月29日至31日，国家食品药品监督管理局医疗器械标准管理中心医疗器械标准制修订预立项研讨会在杭州召开。全国十家国家级医疗器械质量监督检验中心负责人和标委会秘书长参加了会议。中检院副院长王云鹤，副局长黑振海参加了会议并讲话。

9月1日，全省第一期食品药品监督管理局局长培训班在浙江大学华家池校区开班。来自全省食品药品监管系统的98名领导干部将参加为期7天的培训。局长朱志泉，全国干部教育培训浙江大学基地常务副主任、浙江大学继续教育学院阮连法院长出席了开班仪式。

10月10日，新疆阿克苏地区、农一师阿拉尔市食品药品监管人员培训班开班式在浙江医药高等专科学校举行。副局长陈时飞，新疆阿克苏地区食品药品监督管理局党组副书记、局长艾尼瓦尔·买提尼亚孜、浙江医药高等专科学校党委书记沈赤等领导出席开班仪式，省局人事处处长姚军主持开班仪式。

10月19日，华东“7+1”食品药品稽查协作区会议在淳安县召开，此次第五届“7+1”协作区会议就深化完善区域协作机制、推进联合打假等问题进行了广泛研讨，国家食品药品监督管理局稽查局局长王者雄出席会议并讲话。局长朱志泉、巡视员吴宁一及上海、江苏、安徽、福建、江西、山东、河南等省（市）局分管稽查的领导和各省相关市局代表120余人参加了会议。

10月22日，为落实国家对大体积灭菌设备验证要求，进一步推进大容量注射剂生产企业的新版GMP实施，提高大容量注射剂生产质量管理水平。省局在杭州之江饭店，组织召开了大容量注射剂生产座谈会。

10月23日，局长朱志泉在杭州市拱墅区检查指导食品药品监管网络建设和胜利河大兜路国字号美食街区示范创建工作。

10月25日，局长朱志泉赴天台调研并看望和慰问天台县局干部职工。省局人事处处长姚军、保健食品化妆品监管处处长邵元昌，台州市局局长戴国富、副局长张于荣，天台县县长徐森、常务副县长潘军明、县局局长杨向阳等先后陪同调研。

11月1日，局长朱志泉赴嘉兴市、秀洲区、海盐县调研指导机构改革工作。

11月7日，为贯彻实施《中国药典》（2010年版）第一增补本，举办《中国药典》（2010年版）第一增补本培训班。

11月8日，省局机关、省食安办、稽查局、药品认证中心、信息中心、医药经济发展中心广大党员干部在局东三楼会议室集中收看了党的十八大开幕式，省食品药品检验院、省医疗器械检验所、省药品不良反应监测中心、省药学会、杂志社等单位在各自的会议室集中收看。

11月11日，世界卫生组织国际药物监测合作中心（瑞典乌普萨拉监测中心，UMC）刘株荣博士到省药品不良反应监测中心进行工作交流。副局长陈时飞参加了会谈。

11月13日，为贯彻落实省政府领导工作要求，加快推进系统县（市、区）局机构改革和市县食品安全办机构设置，在义乌召开局机构改革工作座谈会。局长、省食品安全办常务副主任朱志泉出席会议并讲话。各市局主要领导或分管领导、人事职能处室负责人，省局、省食品安全办相关处室负责人参加了座谈会。人事处处长姚军主持会议。

11月13日至14日，省级药品安全示范县（市、区）考核验收组在副局长吴宁一的带领下，一行6人对诸暨市省级药品安全示范县（市、区）创建工作进行了考核验收。

11月14日，局长朱志泉率调研组到上虞调研指导食品药品监管工作。

11月22日，副局长陈时飞一行5人到嘉兴市调研与指导食品药品监管工作。

同日，纪检组长张小平一行到金华调研2013年工作思路，金华市局班子成员陪同调研。

11月26日，举办十八大精神学习报告会。局领导、局机关和食安办各处室、稽查局、认证中心、信息中心全体工作人员，局属事业单位班子成员共100余人参加了报告会。报告会由党组书记、局长朱志泉主持。

12月3日至5日，根据省局印发的《2012年度全省食品药品监管系统教育计划》文件精神，举办了全省药品生产监管人员培训班。省、市、县各级药品生产监管人员约160人参加了培训班。

12月13日，国家食品药品监管局在太原召开新修订药品生产质量管理规范推进工作现场会。副局长陈时飞代表浙江省食品药品监管局作了发言。

12月18日至19日，由省农业厅、省商务厅、省检验检疫局、省食品药品监管局等部门组成的省级食品安全示范县考核验收组一行对象山县创建“省级食品安全示范县”工作进行现场验收。

12月27日，召开新修订GMP推进工作会，并部署2013年元旦、春节期间的有关工作，局长朱志泉、副局长陈时飞，省市局安监处领导和全省注射剂（疫苗、血液制品）药品生产企业负责人参加了这次会议。

12月31日，召开局务会。会议传达学习了全国食品药品监管系统信息化建设工作会议、全省就加强改进工作作风、加强党风廉政建设电视电话会议、全省经济工作会议等会议精神。局领导、局机关各处室和直属各单位负责人参加会议。

2012年浙江省监狱管理局大事记

1月4日，局党委召开会议专题研究部署党风廉政建设和反腐败工作。会议由厅党委委员、局党委书记、局长吕昭华主持，局党委副书记胡方锐、许世才，局党委委员俞振华、戚建烈、何剑、顾金法、蔡俊豪参加会议，有关业务部门负责人列席会议。

1月9日，局长吕昭华率省局慰问检查组一行6人，在宁波市司法局副局长童金定的陪同下，到宁波市望春监狱开展春节慰问和节前安全稳定工作检查。

1月10日至11日，政治部主任顾金法率省局慰问检查组，到杭州市东郊监狱、南郊监狱、省女子监狱、局设计所等单位，开展春节慰问并检查安全稳定工作。

1月23日至24日，正月初一、初二，副局长何剑先后到省第一、第三监狱进行新春慰问。

1月25日，正月初三，局长吕昭华到省十里丰监狱、省十里坪监狱开展春节慰问，检查节日期间监狱的安全稳定工作。

2月2日至3日，全省监狱工作会议在杭州召开。会议认真学习贯彻全国司法厅（局）长会议、全省政法工作会议和全省司法行政工作会议精神，总结2011年全省监狱工作，分析当前面临的形势，具体部署2012年工作。省司法厅党委书记、厅长兼省监狱管理局第一政委赵光君出席会议并作重要讲话。局长吕昭华代表局党委作工作报告，政委胡方锐作总结讲话。

2月14日，副局长何剑与省财政厅行政政法处负责人到省第六监狱调研“十二五”规划实施情况。

2月16日至17日，全省监狱刑罚执行工作会议在杭州召开。副局长俞振华出席会议并讲话。

2月28日，省乔司监狱党委召开以“坚持以人为本执政为民理念、发扬密切联系群众优良作风”为主题的民主生活会。局长吕昭华到会指导。

3月1日，全省监狱教育改造工作会议在杭州召开。会议围绕贯彻全省监狱工作会议精神，回顾总结2011年教育改造工作，具体研究部署2012年重点工作。副局长俞振华出席会议并讲话。

3月13日，政委胡方锐到省临海监狱调研指导工作。

3月20日至22日，副局长蔡俊豪分别到省第五监狱、金华监狱、第六监狱调研并指导工人管理和信息化工作。

3月27日，全省监狱系统法制工作会议在杭州召开。会议表彰了全省监狱系统法制工作先进集体和个人，回顾总结2011年全省监狱系统的法制工作情况，分析当前监狱执法面临的新形势，提出2012年法制工作的具体要求。副局长俞振华出席会议并讲话。

3月28日，副局长何剑到省监狱中心医院调研并指导工作。

4月1日，副局长蔡俊豪到省女子监狱调研并指导行政后勤工作。

4月11日至13日，全省监狱系统政委监狱长座谈会顺利召开。座谈会由局长吕昭华主持，局领导胡方锐、许世才、俞振华、戚建烈、何剑、顾金法、蔡俊豪出席会议，全省各监狱单位的政委、监狱长参加会议。

4月20日，副局长何剑到省长湖监狱调研指导工作。

4月24日至26日，副局长俞振华率检查组一行，到省之江监狱、第五监狱、金华监狱检查指导安全稳定工作。

5月5日，副局长戚建烈到省金华监狱、第五监狱调研并指导工作。

5月10日，副局长何剑到省金华监狱调研并指导工作。

5月10日至11日，召开全省监狱系统行政后勤工作座谈会。副局长蔡俊豪出席会议并讲话。

5月15日至16日，副局长何剑先后到省南湖监狱、长湖监狱、第三监狱调研并指导工作。

5月17日，副局长蔡俊豪到省十里坪监狱调研并指导信息化建设工作。

5月29日，副局长何剑到省监狱中心医院调研指导工作。

5月29日至30日，政委胡方锐到省十里丰监狱调研指导工作，并看望慰问新疆建设兵团农一师监狱系统挂职锻炼干部。

6月6日，副局长何剑到省第二监狱检查指导工作。

6月14日，司法部劳动教养管理局副局长、全国监狱劳教（戒毒）场所“基层基础建设年”活动领导小组办公室副主任刘福臣到省乔司监狱调研指导工作。省司法厅副厅长李会光，局长吕昭华、政治部主任顾金法等陪同调研。

6月19日至20日，举办了《监狱和劳动教养机关人民警察违法违纪行为处分规定》教员培训班，各监狱单位纪委监察部门负责人和骨干教员共40余人参加了培训。纪委书记许世才带头参加了两天的培训课程，并作动员讲话。

7月1日至2日，副局长何剑赴新疆阿克苏考察调研对口援疆工作。

7月9日至12日，为促进公正廉洁执法，举办了省属监狱系统管教线领导干部执法业务暨廉政教育培训班。局机关管教业务处室负责人，省属监狱单位分管管教工作监狱领导、狱政支队支队长、刑罚执行科科长、生活卫生科科长等参加了培训。纪委书记许世才出席了开班仪式并作动员讲话。

7月25日，全省监狱工作座谈会在杭州召开。会议认真学习贯彻省第十三次党代会精神和上级有关要求，总结回顾上半年工作，进一步明确监狱工作的发展方向和目标，研究部署下半年监狱工作。局长吕昭华出席并作重要讲话。政委胡方锐主持会议。

8月6日，召开全省监狱系统安全隐患百日排查整治活动视频会议，传达并贯彻落实司法部、省司法厅监狱劳教（戒毒）场所安全隐患百日排查整治活动会议精神，部署开展全省监狱系统安全隐患百日排查整治活动。局长吕昭华出席并作动员讲话。政委胡方锐主持会议。

8月9日，副局长戚建烈带领省局业务处室人员到省第三监狱检查指导安全稳定工作。

8月17日，副局长戚建烈率局有关处室负责人到省第六监狱检查指导安全稳定工作。

同日，省监狱管理局与武警浙江总队“四防一体化”建设暨“三共”联席会议在省乔司监狱举行。副局长戚建烈主持并作讲话，武警浙江总队副总队长陈朝华出席会议并作讲话，武警浙江总队副参谋长王战军出席了会议。

8月22日至23日，副局长蔡俊豪先后到省南湖监狱、长湖监狱调研工人管理和信息化建设工作。

8月23日，副局长俞振华到省第六监狱调研并指导十八大安保和刑罚执行工作。

8月26日，副局长何剑到局设计所检查指导工作。

9月3日，副局长何剑到省乔司监狱专题调研指导重大项目推进工作。

9月17日至18日，副局长何剑带领检查组一行8人，到省临海监狱、之江监狱，宁波市黄湖监狱、望春监狱开展国庆节前安全稳定工作检查。

9月17日至19日，局长吕昭华率省局检查组一行8人，到省南湖监狱、长湖监狱、湖州市湖州监狱开展国庆节前安全稳定工作检查。

9月18日至19日，副局长何剑一行到结对帮扶的庆元县“两乡七村”，深入了解结对帮扶乡村“低收入农户奔小康工程”5年来的发展情况。

9月18日至20日，副局长蔡俊豪带领检查组一行8人，到省女子监狱、第六监狱、未成年犯管教所开展国庆节前安全稳定工作检查。

10月11日至12日，全省监狱系统罪犯思想教育现场会在省南湖监狱召开。局相关处室、全省监狱系统教育改造科负责人共50余人参加现场会。

10月15日，省司法厅纪委书记周松林到省第六监狱调研并指导工作。纪委书记许世才陪同调研。

10月24日至25日，副局长王光华到省十里丰监狱、十里坪监狱调研并指导工作。

10月25日，副局长蔡俊豪到省监狱中心医院调研指导工作。

10月26日，召开党委会专题学习全国监狱劳教（戒毒）场所基层基础建设年活动推进会、全国监狱局长座谈会精神及厅党委有关贯彻意见，进一步研究部署十八大召开期间全省监狱安全稳定工作。会议由省司法厅党委委员、省监狱管理局局长吕昭华主持，部分局党委成员参加会议，局相关处室负责人列席会议。

10月29日，副局长戚建烈到省第二监狱检查指导十八大期间安保工作。

11月1日，召开全省监狱系统十八大安保工作暨基层基础建设年活动推进（视频）会，认真贯彻落实全国监狱劳教（戒毒）场所基层基础建设年活动推进会、全国监狱局长座谈会和全省监狱劳教（戒毒）场所十八大安保工作视频动员会精神，重点部署做好十八大期间监狱安全稳定和深入推进基层基础建设年活动各项工作任务。省司法厅党委委员、省监狱管理局党委书记、局长吕昭华出席会议并讲话，省监狱管理局党委副书记、政委胡方锐主持会议并就贯彻落实会议精神提出具体要求。

11月6日至7日，副局长蔡俊豪率检查组一行到宁波市黄湖监狱、望春监狱检查指导十八大安保工作。

11月12日，局长吕昭华率检查组一行5人，到杭州市西郊监狱、东郊监狱、南郊监狱突击检查十八大期间监狱安全稳定工作，慰问奋战在安保一线的民警。

11月15日，纪委书记许世才到省临海监狱检查调研。

11月20日，局党委理论学习中心组在局机关八楼会议室举行扩大会议，集中专题学习党的十八大精神。省司法厅党委委员、局党委书记、局长吕昭华同志主持会议，局党委成员、中心组成员、局机关处室负责人和集团公司副总经理、处室负责人参加了会议。

11月20日至22日，副局长蔡俊豪先后到省十里丰监狱、十里坪监狱、第五监狱调研指导工人管理和信息化建设工作。

11月22日，副局长王光华到省第二监狱、第四监狱调研并指导教育改造工作。

11月28日至29日，省属监狱系统政治处主任工作座谈会在杭州召开。会议就各单位2012年的监狱思想政治工作亮点，开展政法干警核心价值观教育实践活动、基层基础建设年活动的经验以及如何推进思想政治工作创新发展等问题进行了座谈交流，研究部署了2013年思想政治工作的总体思路。政治部主任顾金法出席会议并讲话，省属各监狱单位政治处主任参加会议。

12月11日，副局长王光华到省女子监狱调研并指导工作。

12月17日，召开党委理论学习中心组扩大会议，第三次集中学习党的十八大精神。省司法厅党委委员、局党委书记、局长吕昭华主持会议，局党委副书记、纪委书记许世才作中心发言。部分局党委成员、局机关各处室负责人，集团公司副总经理、各处室负责人参加了本次学习会。

12月19日，副局长何剑到省之江监狱调研指导筹建工作，亲切慰问民警职工并专程前往丽水市政府，就下一步筹建工作交换意见。

2012年浙江省国税局大事记

1月12日，局长周广仁、总会计师崔成章等领导一行前往浙江中汇税务师事务所调研。

1月16日，召开总结表彰大会。局长周广仁传达省长夏宝龙批示精神、全省国税工作会议精神，并对2012年各项工作及春节期间有关工作作出部署和安排，党组书记邢幼平通报2011年度省局党组民主生活会有关情况，副局长王小平主持会议。会议对省局机关的8个先进处室和对在2011年度干部职工考核中荣获个人优秀等次的省局机关47名同志给予表彰。省局领导乐国定、支瑶瑶、张松青、崔成章、刘炳荣、范国丰、金星、汪嘉人、黄贵森出席会议，省局机关全体干部职工参加会议。

2月1日，省长夏宝龙在省政府秘书长张鸿铭、省财政厅厅长钱巨炎、省政府办公厅副主任朱重烈等陪同下到省国税局走访调研。省局领导邢幼平、王小平、乐国定、支瑶瑶、张松青、崔成章、刘炳荣、范国丰、金星、汪嘉人、黄贵森陪同调研。

2月10日，国家税务局系统人事工作座谈会在绍兴市召开，国家税务总局副局长解学智出席会议并作重要讲话。会议由国家税务总局人事司司长侯燕琪主持，局长周广仁参加会议并致欢迎辞，党组书记邢幼平参加了会议。

2月21日，召开全省国税系统“三考核两服务”工作动员部署视频会议。局长周广仁出席并作动员讲话，党组书记邢幼平主持。

2月27日至28日，全省国税系统个体（市场）税收管理工作会议在杭州召开。局长周广仁作重要讲话，副局长王小平、乐国定出席并主持会议。省局征管科技处、货物劳务税处、纳税服务处等有关负责人及各市局、部分县（区）局有关负责人参加会议。

3月13日至14日，全省国税系统企业所得税工作会议在台州召开。副局长乐国定、副巡视员汪嘉人、省直属分局、各市地局相关同志义乌市局分管局长、所得税处处长参加了会议。

3月21日至22日，全省国税系统政策法规工作会议在丽水云和召开。总经济师刘炳荣、法规处全体干部、各市局政策法规处处长参加了会议。

3月22日，省局举行特约监察员换届会议。局长周广仁出席会议并讲话，党组书记邢幼平为新一届特邀监察员颁发聘书，省委统战部副部长徐建华出席会议并讲话，副局长支瑶瑶宣读第六届特约监察员聘任决定，纪检组长张松青主持会议，省局相关处室负责人和省局第六届特约监察员和省局第五届特约监察员代表参加会议。

3月26日至27日，全省国税系统党风廉政建设工作会议在杭州召开。局长周广仁出席会议并讲话，党组书记邢幼平主持会议，副局长王小平宣读表彰决定，纪检组长张松青作工作报告，中纪委杭州培训中心教育长陈武明应邀作党风廉政建设专题讲座，局领导乐国定、张国钧、崔成章、刘炳荣、范国丰、金星、黄贵森、莫建林出席会议，省局各处室负责人，各市地局局长、纪检组长、监察室主任，各县（市、区）局纪检组长，省局特约监察员代表参加会议。省局副处级以上干部和各县（市、区）局中层以上干部在省局和各县（市、区）局分会场参加会议。

3月30日，省局联合“浙江在线”网站举办“税务局长谈‘税收·发展·民生’”在线访谈活动，局长周广仁出席此次访谈活动，就网民关心的问题与网友在线交流。

3月29日至30日，全省国税系统国际税收工作会议在金华召开。副局长乐国定出席会议并讲话。省局国际税务管理处负责人，各市地局有关人员参加会议。

4月16日，省人大常委会副主任冯明在人大财经委主任委员丁耀民、副主任委员钱宝荣、副主任委员王小玲、副主任委员傅祖蓓、人大常委会预算工委副主任王柏能等陪同下到省国税局走访调研。局领导邢幼平、王小平、乐国定、支瑶瑶、张松青、崔成章、刘炳荣、范国丰陪同调研。

4月16日至18日，全省国税系统督察内审工作会议在杭州市余杭区召开。局长周广仁在会议上作了重要讲话，党组书记邢幼平作了会议总结，同时邀请了总局督察内审司冯光泽司长作了专题讲课。

4月25日，国家税务总局办公厅在杭州召开“纳税人看税收”座谈会。国家税务总局办公厅主任张捷、副主任王陆进，副局长王小平、总审计师范国丰，省地税局党组成员、副局长王俭等出席会议，阿里巴巴、浙江移动、中策橡胶、杭萧钢构等15家企业代表参加会议。

5月3日至4日，全省国税系统税收信息化工作会议在嘉兴召开。副局长乐国定出席会议并讲话。

5月8日，纪检组长张松青到绍兴市局就党风廉政建设责任制绩效评估系统试运行情况开展专题调研。

5月11日，局长周广仁、副局长乐国定、总审计师范国丰率相关处室负责人赴萧山，深入传化集团开展税收调研工作。

5月17日，总审计师范国丰到永嘉县局视察调研。

6月7日，全国部分地区税收形势座谈会在杭州举行。国家税务总局副局长丘小雄出席会议并听取与会代表发言，局长周广仁出席会议并致辞。国家税务总局收入规划核算司司长杨元伟、巡视员舒启明，党组书记邢幼平、总审计师范国丰及部分省市国税局、地税局负责人出席会议。

6月13日，召开“我身边的好税官”专家评选会，对各市地前期上报的20名“我身边的好税官”进行评选。副局长王小平出席评选会并讲话。省委宣传部及相关新闻媒体单位的专家、省局相关处室主要负责人及10个市地局办公室负责人参加评选会。

6月14日至15日，全省国税系统财务管理与政府采购工作会议在东阳召开。总会计师崔成章出席会议并讲话，总审计师范国丰主持会议。省局财务处及各市地局有关负责人参加会议。

6月15日，党组理论学习中心组召开第6次集中学习会，学习贯彻赵洪祝书记在省第十三次党代会上作的题为《坚持科学发展，深化创业创新，为建设物质富裕精神富有的现代化浙江而奋斗》的报告。党组书记邢幼平主持，局长周广仁作中心发言，中心组全体成员和各处室负责人参加了本次理论学习会。

6月21日，全省“走进俄罗斯”税收政策宣讲会在义乌召开。国家税务总局国际司副司长王文钦出席宣讲会，副局长乐国定致辞，来自全省70家在俄投资的企业负责人和财务经理参加宣讲会。

6月29日，局长周广仁到嘉善县局调研。

7月24日，党组书记邢幼平到台州市国税局调研。

8月21日至22日，全省国税工作座谈会在杭州召开。局长周广仁以《求真务实，努力开创浙江国税征管工作新局面》为题作了工作报告，以《真抓实干，确保圆满完成全年工作任务》为题作了会议小结。党组书记邢幼平传达全国税务系统深化征管改革工作的会议精神，局领导王小平、乐国定、支瑶瑶、张国钧、张松青、崔成章、刘炳荣、范国丰、黄贵森、莫建林出席会议，各县（市、区）局主要负责人及省局各处室主要负责人参加会议。

9月11日，全省税收收入规划核算培训班在杭州举办。国家税务总局收入规划核算司司长杨元伟以《收入规划核算工作职能》为题作专题辅导报告，总审计师范国丰主持培训班并讲话。全省国税系统各市地局收入（规划）核算部门负责人和部分县（市、区）局相关负责人参加培训。

9月13日，全省废弃电器电子产品处理基金征管工作会议在桐庐召开。副局长乐国定出席会议并讲话，省局相关处室负责人、市地局及部分县（市、区）局相关负责人参加会议。

9月20日，局长周广仁、副局长乐国定率相关处室负责人到桐乡市就“个转企”工作进行调研。

9月24日至26日，局长周广仁、副局长乐国定、总经济师刘炳荣率相关处室负责人赴温州，就基层税收执法风险防控系统和温州金融改革试点工作开展调研。

9月29日，局长周广仁到上虞市国税局调研。

10月11日，局长周广仁、副局长王小平带领相关处室负责人到杭州市局就“营改增”试点工作进行调研。

10月24日至25日，党组书记邢幼平一行先后到瑞安市国税局、平阳县国税局、苍南县国税局调研。

10月24日至26日，局长周广仁、副局长乐国定、总审计师范国丰率相关处室负责人赴舟山，就舟山群岛新区和综合保税区建设情况开展调研。

10月31日，全省国税系统依法行政工作会议在温州召开。局长周广仁出席会议并讲话，总经济师刘炳荣主持会议。

11月1日，局长周广仁到永康市调研国税工作。

11月8日至9日，全省国税系统办公室主任会议在嘉善召开。副局长王小平出席会议并讲话，省局办公室主任蒋学武主持会议并作会议小结，各市地局分管领导、办公室主任及部分县（市、区）局办公室主任参加会议。

11月13日，局长周广仁在杭州市国税局局长方慧光等陪同下到富阳市国税局调研“营改增”试点工作。

11月15日至16日，全省注册税务师行业管理工作会议在湖州召开。局长周广仁出席会议并讲话，省地税局副局长劳晓峰，税务总局纳税服务司制度处处长张晓平，省注册税务师协会会长周永卫等出席会议。总会计师崔成章主持会议并作会议小结。各市地及义乌市国税局、地税局分管领导和纳税服务处（科）主要负责人参加会议。

11月21日，局长周广仁、副局长王小平、总审计师范国丰率相关处室负责人赴省交通厅就交通运输业“营改增”工作开展调研。

12月18日，党组书记邢幼平一行到台州天台县局、三门县局调研并指导工作。

12月19日至20日，全省收入规划核算业务工作座谈会在平湖召开。总审计师范国丰出席会议并讲话，省局收入规划核算处部分同志、各市地局收入核算处处长、省局直属税务分局分管局长及部分县（市、区）局收入核算科税务干部参加了会议。

12月20日，局长周广仁在省局总经济师刘炳荣和丽水市局局长李纪灵的陪同下到遂昌县开展调研工作。

2012年浙江省供销合作社联合社大事记

1月4日，省社召开党委会议，省社书记马柏伟主持，专题研究2012年兴合集团总部工作，省社领导周加洪、瞿建、施祖法、何忠民、张悦、王东方参加会议，兴合集团副总裁、各部室主要负责人列席会议。

1月10日至11日，省社主任马柏伟、副主任张悦等专程赴遂昌县供销社考察指导工作，并亲切看望慰问了省社结对帮扶的低收入农户集中村的困难农户。

1月16日至17日，省社召开六届十三次理事会。认真传达贯彻全国总社五届四次理事会和五届三次监事会议精神，补选理事会理事，通报全省供销社第七次代表大会筹备情况，讨论七代会理事会、监事会工作报告和《浙江省供销社章程》。省社主任马柏伟作工作报告，总结2011年工作，部署2012年工作。省社领导周加洪、瞿建、施祖法、何忠民、张悦、王东方等参加会议。

1月30日，省委常委、副省长葛慧君在省社上报的“关于全国供销合作总社五届四次理事会议情况的汇报”上作出重要批示：2011年我省供销社主要经济指标创历史新高，全国总社综合业绩考核中获得特等奖，为农服务领域有新的拓宽，可喜可贺！提出的今年工作安排思路清晰、重点突出、措施有力，希望继续保持这种良好的发展态势，特别是在农产品流通体系、基层组织网络、社有经济发展等方面创造新的业绩。

2月2日，省社书记马柏伟主持召开了党委扩大会议，根据省委、省政府统一部署，决定2012年上半年在全省供销系统深入开展“进村入企”调研服务活动。会议学习传达了省委省政府开展各级干部大走访活动的部署会议精神，讨论完善了省社领导工作联系点制度，提出了2012年上半年在全省供销社系统深入开展“进村入企”调研服务活动。

2月3日，省社召开机关干部职工大会，简要回顾2011年工作，分析形势，对做好2012年工作提出要求。省社主任马柏伟主持会议并讲话，副主任张悦就有关工作提出要求。

2月6日，省社主任马柏伟、副主任张悦专程赴省农资集团公司，检查春耕农资生产、储备和供应情况，听取省农资集团关于做好春耕农资供应工作的汇报，对春耕农资供应工作作出部署。省社副巡视员、办公室主任王东方一同考察。

2月16日，兴合集团中期票据首发成功通报会暨银企战略合作签约仪式在杭州西子宾馆举行，省社主任、兴合集团董事长马柏伟，中信银行党委委员、中信银行杭州分行行长王利亚，人民银行杭州中心支行货币信贷处处长陆巍峰等领导出席会议。

2月27日至3月1日，全国供销合作总社党组书记、理事会主任杨传堂同志一行在浙江考察，并出席省社第七次代表大会。省委书记赵洪祝，省委副书记、省长夏宝龙，省委常委、副省长葛慧君等领导同志分别会见或陪同考察。省社党组书记、理事会主任马柏伟陪同考察。

3月1日，省社第七次代表大会在杭州隆重召开，大会回顾总结了五年来全省供销合作社改革发展的成绩和经验，分析面临的新形势新任务，部署了今后五年的各项工作任务。

3月2日，在省社召开的第七次代表大会上，选举并产生第七届理事会、监事会、理事会常务理事、主任、副主任，第七届监事会主任、副主任。大会还通过理事会工作报告决议案、监事会工作报告决议案及社章修订案决议案。通过选举，马柏伟、周加洪、瞿建、何忠民、张悦、王东方等六人当选为第七届理事会常务理事。马柏伟当选为理事会主任，瞿建、何忠民、张悦、王东方等四人当选为理事会副主任，施祖法当选为第七届监事会主任，申屠步生当选为监事会副主任。

3月6日至7日，根据省委的统一部署，省社领导马柏伟、周加洪、王东方赴台州的联系点，分组开展“进村入企”大走访活动。

3月16日，省社主任马柏伟、副主任王东方在萧山区开展“进社入企”大走访活动，专题调研农产品流通体系和基层组织建设，对萧山区供销社工作提出希望和要求。主任马柏伟强调，萧山区社要在已有良好基础之上，以改革创新为动力，以更高的站位、更宽的思路、更实的举措，推动各项工作再上新台阶，努力成为改革发展的示范社。

3月21日，省社纪委书记、监事会主任施祖法到衢江区供销社开展基层组织调研，指导基层组织建设。

4月1日，省社与丽水市举行“丽水生态农林产品物流中心项目”签约仪式，省社主任马柏伟和丽水市委书记卢子跃在会上分别致辞。省社领导何忠民、张悦、王东方，兴合集团副总裁金津松、姚曙光及各处室负责人，丽水市领导王永康、陈瑞商、朱继坤等参加签约仪式。何忠民副主任与王永康市长代表双方进行了项目签约，省社副主任王东方主持签约仪式，丽水市副市长陈瑞商介绍项目情况。

4月11日，省社主任马柏伟到农商学院调研指导工作。学院党委书记邵田田汇报了学院工作，院长陈德泉等班子领导参加了汇报会。

4月13日，省社主任马柏伟一行到经贸学院视察调研，听取了学院党委书记童学敏围绕示范建设、人才培养模式改革、创先争优和党建等方面工作汇报。

4月17日至21日，省社副主任瞿建带队赴广州、深圳调研市场建设。瞿建一行先后考察了深圳平湖海吉星农产品物流园、深圳华南城和广州江南果菜批发市场，对上述项目的投资、建设、运营、服务等情况进行了深入了解和沟通，并与广东省供销社交流了相关工作情况。

4月27日至28日，全省供销社农产品现代流通体系建设现场会在金华召开，各市、县主任、职能处室主要负责人、龙头企业代表参加会议。会议由省社副主任张悦主持，省社主任马柏伟、金华市副市长蔡健出席会议并作讲话。

5月4日，再生集团公司召开三会，会议审议并通过了2011年工作总结和2012年工作思路及设立浙江再生手拉手汽车部件有限公司等14项议案，对投资、资金、合同等多项制度进行了修订。省社主任、兴合集团董事长马柏伟出席会议并讲话，省社副主任、兴合集团总裁何忠民，省社副主任王东方等参加会议。

5月8日，全国供销总社党组书记、理事会主任杨传堂在《浙江省社系统探索构建农产品流通和质量安全两张网》的信息上作出批示：浙江省认真贯彻落实国务院和省委省政府的部署要求，以高度负责的精神和扎实有效的工作，有效保障了全省农产品流通和食品安全。希望省社进一步加强基础设施建设，密切产销衔接，减少流通环节，提升组织化程度，提高信息化水平，高标准、高质量地建设高效、畅通、安全、有序的农产品流通体系。

6月11日至12日，省社分别召开理论学习中心组扩大会议、机关和兴合集团干部职工会议和老干部会议，专门传达学习贯彻省十三次党代会精神，并下发《关于认真贯彻省十三次党代会精神的通知》，对全省供销社系统学习贯彻工作作出部署。

7月5日，全省供销社主任读书会在杭州召开。省委副秘书长、政研室主任舒国增在会上作了省第十三次党代会报告的辅导讲座。省社主任马柏伟主持会议并讲话。省社班子成员、各处室负责人、兴合集团主要领导、各市供销社主任、副主任、纪委书记、办公室主任等参加会议。

7月27日，全国供销总社监事会调研座谈会在杭州召开，总社监事会副主任诸葛彩华、王啉主持会议，总社及黑龙江、江苏、山东、湖北、云南、浙江六省监事会代表参加。会上，总社合作组、流通组、金融组及各省参会代表围绕“财政资金使用绩效调研成果交流”和“推进现代农业组织制度创新”两个议题作了深入交流。省社主任马柏伟参加了座谈会并致辞。

8月13日，副省长王建满专程赴省供销社调研茶叶拍卖中心项目建设情况，视察了新田园浙江名特优农产品博览中心,实地察看了茶拍中心项目用地，听取了省供销社负责人工作汇报，强调要求要以“最高的质量、最快的速度”把中国茶叶拍卖交易中心建设成为全国一流的市场。

8月20日，省社领导马柏伟、何忠民、张悦、王东方一行，专程拜访中国国际茶文化研究会，就推进中国茶叶拍卖交易服务中心建设进行座谈和交流。原浙江省政协主席、中国国际茶文化研究会会长周国富会见马柏伟一行。

9月4日，省委副书记李强专程赴省社调研。李强一行视察了中国国际茶叶拍卖交易服务中心、新田园浙江名特优农产品博览中心、省农资集团、省新大集团等地，与省供销社领导及部分社属企业的相关负责人进行座谈并听取工作汇报。他强调，供销社要准确研判形势、抢抓机遇、稳步发展。

9月10日，省委副秘书长、省委农办章文彪主任，高启华副主任到浙江经贸职业技术学院，调研供销社为农培训工作。省社领导马柏伟、瞿建、申屠步生陪同调研。

9月28日，兴合集团成立20周年庆典会

在杭州柳莺宾馆隆重举行，省社主任、集团董事长马柏伟主持庆典会，集团总裁何忠民致辞。

10月8日，全省供销社服务现代农业工作现场会在嘉兴召开，各市、县主任、职能处室主要负责人、龙头企业代表参加会议。会议由省社副主任张悦主持，省社主任马柏伟、嘉兴市副市长赵树梅出席会议并作讲话。

10月24日，省社主任马柏伟出席了在兰溪召开的浙江省农产品经纪人协会工作例会，看望了与会代表，并考察了兰溪市供销社。

11月1日，省社主任马柏伟在杭州与商务部商贸流通司副巡视员张蜀东一行座谈交流，双方就中国茶叶拍卖交易服务中心建设问题作了深入沟通探讨。

11月8日，上午9时整，省社机关、兴合集团全体党员干部集中在10楼会议室收看中国共产党第十八次全国代表大会开幕式，认真聆听胡锦涛同志代表十七届中央委员会向大会所作的报告。

11月15日，省社组织召开了第一次妇女代表大会。省社党委书记、理事会主任马柏伟，省社副主任、机关党委书记张悦出席会议并讲话。省社机关、兴合集团、各直属单位的女职工代表参加了会议。会议选举产生了省社第一届妇女委员会，并召开第一届委员会一次会议，选举产生了第一届妇委会主任、副主任，同时明确了各委员的具体分工。

11月19日，省社书记马柏伟主持召开党委理论学习中心组扩大会议，专题学习传达党的十八大精神，对学习贯彻活动作出部署。

11月28日，省社举办了第六期“浙江供销合作论坛”报告会，邀请经济学专家史晋川作“宏观经济与区域经济——长期趋势与短期态势”专题辅导报告。省社副主任张悦主持报告会。

12月12日，在省社主任马柏伟陪同下，省政协副主席王永昌视察了浙江新田园农产品股份有限公司，勉励企业发挥好衔接产销的优势，探索完善高效、安全的农产品流通模式，为老百姓提供更多价格实惠、绿色安全的农产品。

12月26日，省农产品经纪人协会会长会议在绍兴召开。会议通报了全省农产品经纪人协会发展情况，交流研究了省农产品经纪人协会2012年度工作情况和2013年工作计划，专题讨论了增补理事会理事、常务理事和副会长的方案。省社纪委书记、监事会主任、省农产品经纪人协会会长施祖法出席会议并讲话。

12月28日，省社召开党委扩大会议，传达学习中央经济工作会议、全省经济工作会议和全省改进工作作风加强党风廉政建设电视电话会议精神。省社主任马柏伟对学习贯彻工作作出部署。

2012年浙江省经合办大事记

1月4日至6日，国务院扶贫办在重庆市黔江区召开了全国东西扶贫协作工作会议，100多位来自全国各省（区、市）扶贫办、协作办（合作交流办）及企业界的代表参加了会议。省经合办副巡视员王道岭参加了此次会议。

1月10日，浙江——涪陵对口支援工作座谈会在杭州潮王大酒店举行。在座谈会上，夏炳荣副主任代表省经合办对涪陵区代表团的到来表示热烈的欢迎。蔡勇常委介绍了2011年涪陵区经济社会和对口支援工作情况。

1月13日至14日，省经合办副主任夏炳荣一行3人赴青川县开展浙江省长效帮扶青川县春节慰问活动，并给青川县特困群众送去了200万元慰问金。

1月14日，省政府在杭州召开全国各省区市浙江商会会长迎春座谈会。会前，省委副书记、代省长夏宝龙接见了各省区市浙江商会会长并合影。副省长王建满参加座谈会并讲话。省经合办主任姚少平在座谈会上简要通报了有关情况。

2月1日，世界温商大会在温州市人民大会堂隆重开幕。省经合办主任姚少平出席大会。

2月6日，召开年轻干部座谈会，会议由省经合办副主任率永利主持。省经合办主任姚少平出席会议并讲话。

同日，召开全体干部职工大会，省经合办领导和办机关全体干部职工参加会议。会议由省经合办副主任林骏主持。三名优秀干部职工代表在会上发言。省经合办主任姚少平作重要讲话。

2月9日，省支持浙商创业创新促进浙江发展工作领导小组第一次会议在杭召开。省委副书记、领导小组组长李强强调，要认真贯彻省委、省政府的决策部署，创新工作理念，把握工作要求，强化工作举措，全面推进支持浙商创业、创新促进浙江发展各项政策措施的落实，激发浙商创业创新的热情，鼓足浙商大发展大投入的信心，兴起浙商大引进大回归的热潮，努力实现浙商“闯天下”与“强浙江”的有机统一。

2月13日至15日，省经合办主任姚少平按照省委、省政府统一部署，带队赴丽水开展“改善发展环境”调研活动。省经合办党组成员、综合处处长林炜陪同调研。调研期间，姚少平主任走访了当地一些回归浙商企业、农村，并通过召开座谈会、问卷调查、实地考察等形式了解当地发展环境状况，听取了部分企业家、农村干部群众的意见和建议。

2月13日至15日，省经合办副主任林骏率省“改善发展环境”调研组赴衢州市柯城区开展调研。期间，调研组先后与柯城区政府及相关职能部门、部分企业负责人进行了座谈交流，面向企业发放调查问卷100份，并走进农村及企业生产一线，深入了解柯城区经济社会发展环境的现状和存在的问题，听取企业和基层对改善发展环境的意见和建议，研究改进工作作风、提高服务效能、促进发展环境改善的对策和举措。衢州市柯城区委常委、副区长李永琪参加座谈并陪同调研。

2月24日，召开处室负责人述职会。办机关领导班子全体成员出席会议，全体干部职工参加会议。省经合办主任姚少平讲话。会议由省经合办副主任率永利主持。

3月2日，在杭州召开“2012年外省在浙商会、省内促进会秘书长工作例会”。此次会议旨在贯彻落实省委省政府关于支持浙商创业创新促进浙江发展的若干意见精神，增进各商会、促进会之间的交流合作，加强秘书处规范化建设，并研究部署2012年相关工作。

3月6日，召开领导班子述职述德述廉大会。省经合办领导班子全体成员，办机关全体干部职工，企业主要负责人及办离退休党支部书记等参加会议。省经合办主任姚少平主持会议，并代表办领导班子和其个人述职。省委组织部干部一处徐金华同志到会指导。

3月9日，副省长王建满在萧山调研浙商创业创新工作。省经合办主任姚少平，杭州市委常委、副市长、萧山区委书记俞志宏等陪同调研。

3月12日至13日，省经合办副主任夏炳荣轻车简从，先后来到衢州市柯城区的严村、航埠村、七里排村、黄土岭村、桥头村等农村和飞宇光电、鲟龙科技、腾瑞金属、宇辰工贸、友利来金属制品等企业，深入开展“进村入企”大走访活动。

3月29日至30日，在江西南昌召开“2012年全国浙江企业联合会、商会、促进会秘书长工作例会”。此次会议围绕“贯彻省委、省政府《若干意见》精神，明确要求，提高能力，服务浙商创业创新和回归发展”的主题，总结过去一年秘书处工作的经验做法，研究部署了2012年促进浙商回归发展、推进营销网络建设、开展目标责任制考核等工作。

4月16日，召开全体干部大会，传达学习省长夏宝龙在第九十次省政府常务（扩大）会议上的讲话精神。省经合办主任姚少平主持会议并讲话。省经合办领导郑宪宏、夏炳荣、率永利、林炜出席会议。办机关全体干部职工参加了会议。

4月26日，全省经合系统信息工作会议在杭州召开。各市经合办（协作办）信息员、信息职能处室负责人和省办各处室信息员参加会议。会议由党组成员、综合处处长林炜主持，省经合办副主任林骏到会并讲话。会议总结了去年以来全省经合系统信息工作情况，表彰了一批信息工作先进单位和个人，并出台了新的信息工作考核办法，布置了下一阶段的信息工作任务。

5月17日，副省长王建满专程赴永康市调研支持浙商创业创新促进浙江发展工作，省政府副秘书长谢济建，省经合办主任姚少平、金华市市长徐加爱、省发改委副主任李岩益、省国土厅副厅长马奇等一同参加调研。

5月21日，由省委外宣办(省网信办)、省发改委、省工商局、省经合办共同举办的“民营经济在浙江”全国知名网络媒体采风活动浙江民营经济发展和浙商创业创新情况介绍会在杭州召开。会议由省委宣传部副部长、省外宣办主任吕建楚主持，省发改委副主任李岩益、省工商局副局长冯水华、省经合办副主任林骏出席会议并作介绍。

6月6日至7日，以书记翟占一为团长的凉山州党政代表团一行19人到浙江考察学习。省经合办在潮王大酒店举行对口帮扶工作座谈会，主任姚少平参加了座谈会。

6月26日，浙东经济合作区第二十一次市长联席会议在嘉兴举行。宁波市长刘奇，绍兴市长钱建民，舟山市长周国辉，台州市长吴蔚荣，嘉兴市长鲁俊分别在会上讲话，并签署了《浙东五市关于合力推进浙江海洋经济发展示范区建设（嘉兴）宣言》。省经合办副主任夏炳荣应邀出席会议并致词。

6月29日，召开庆祝中国共产党成立91周年大会。省经合办党组书记、主任姚少平，党组成员、副主任夏炳荣，党组成员、综合处处长林炜出席会议。会议党组成员、副主任、直属机关党委书记率永利主持。

7月6日，省经合办工会第一次代表大会在杭州举行，来自省经合办机关、各公司和外省驻浙办事处工会的86名代表参加了会议。会议选举产生了省经合办工会第一届委员会、经费审查委员会。省经合办党组书记、主任姚少平，省直机关工会主席苗远景出席会议并讲话。会议由省经合办党组成员、副主任、直属机关党委书记率永利主持。

7月25日，省支持浙商创业创新促进浙江发展工作领导小组第二次会议在杭召开。省委副书记、省领导领导小组组长李强，省政府副省长、省领导小组副组长兼办公室主任王建满，领导小组各成员单位负责人参加了会议。

8月10日，浙商创业创新与浙江经济转型升级高峰论坛在杭州举行。本次高峰论坛由浙江省人民政府经济合作交流办公室、杭州市人民政府、上海市浙江商会主办，富春控股、复星集团、阿里巴巴、美特斯邦威、杉杉集团、新光控股、横店东磁等七大知名浙商承办。旨在响应省委、省政府号召，落浙商实回归工程，凝聚浙商巨大能量，共谋浙江新的发展。省经合办主任姚少平，副主任林骏、郑宪宏及浙沪两地金融界的领导、专家学者、媒体记者共400余人参加了峰会。

8月27日，由浙江经合办和青川人民县政府共同主办，中国农业科学院茶叶研究所承办的青川县茶叶加工培训班在杭州举行了开班典礼。此次培训班是为了落实省委、省政府对青川县后续帮扶的指示精神，更好的推进青川县茶叶产业发展。培训班将采取集中授课、实际操作、实地考察等形式展开，培训时间约为25天。

9月1日，浙江省支持浙商创业创新服务中心开始试运行。

9月24日，副省长王建满在省浙商服务中心了解试运行情况并讲话。 省政府副秘书长谢济建，省经合办主任姚少平，副主任郑宪宏、率永利，杭州市经合办主任董祖德陪同视察。

10月17日，全省支持浙商创业创新工作交流会在湖州市南浔区举行。省委副书记李强出席会议并强调，要把支持浙商创业创新作为当前和今后一个时期的重大战略任务，交流经验、深化举措，处理好扩量与提质、引进与落地、引资与引智的关系，坚定信心决心、强化乡情感召，狠抓项目推进、促进县域平衡，确保年度目标任务保质保量甚至超额完成，为全省经济社会发展增添持续动力。副省长王建满主持会议。省委副秘书长林云举，省政府副秘书长谢济建，省经合办主任姚少平、副主任林骏以及各市政府、省级有关部门负责人等共100多人参加会议。

10月30日，世界浙商大会2012年专题活动启动仪式暨第三届中国•浙江成长型企业投融资大会开幕式在省人民大会堂举行。省委书记、省人大常委会主任赵洪祝在仪式上真诚地向天下浙商宣告：浙商归来，一定能在家乡得到最充分的尊重和长足的发展。省外浙商代表张国标、省内浙商代表胡季强在仪式上发言。省经合办主任姚少平参加仪式。

11月5日，副省长王建满在杭州会见重庆市涪陵区党政代表团一行，共商对口支援工作。省政府副秘书长谢济建，省经合办主任姚少平、副主任夏炳荣陪同会见。

11月8日，全国人民企盼已久的党的十八大在北京隆重召开。省经合办组织全体干部职工集中收看了大会开幕式，实时感受了大会的盛况，聆听了胡锦涛总书记代表十七届中央委员会所做的大会报告。省经合办党组书记、主任姚少平等领导参加了观看。

11月12日至13日，以市委书记马华为团长的广元市党政代表团一行18人到浙江考察交流。省经合办在潮王大酒店举行了对口帮扶工作座谈会，省经合办主任姚少平参加了座谈会并讲话。会上，主任姚少平代表浙江省经合办对广元市党政代表团的到访表示热烈欢迎。他指出，浙广16年的对口帮扶工作，令双方结下了深厚的友谊，合作也取得了很大的成效，走出了一条帮基本、扶重点、重智力的浙广帮扶新路子

11月23日，诸暨—遂昌山海协作产业园共建协议签约仪式在遂昌县隆重举行，这是浙江省首批9个省级山海协作产业园中首个正式签约的产业园，标志着浙江省山海协作产业园建设迈出实质性步伐。诸暨、遂昌两市县四套班子主要领导出席签约仪式，省经合办区域发展处负责人、丽水市协作办负责人应邀出席仪式并见证签约。

12月12日，省经合办举办学习贯彻党的十八大精神辅导报告会，邀请省委宣讲团成员、省委党校副校长马力宏教授作专题辅导报告。省经合办党组书记、主任姚少平出席并主持会议。办机关全体干部职工和各公司、外地驻浙办事处代表及离退休老同志代表共100多人参加报告会。

12月18日至19日，以青川县委书记向此德为团长的青川县党政代表团一行15人到浙江考察交流。双方在杭州潮王大酒店举行了座谈交流，省经合办副主任夏炳荣出席会议并讲话。会上，向此德书记首先感谢浙江省对青川多年的无私援助和帮扶，介绍了青川县的经济社会发展情况，就下步长效帮扶和经贸合作提出了建议要求。

2012年浙江省残联大事记

1月6日至10日，省残工委副主任、省残联理事长陈燕萍带队赴温州，对鹿城区、平阳县的省级扶残助残爱心城市（区）创建工作进行验收，对永嘉县的省级扶残助残爱心城市（区）创建工作进行初审，并对温州市2011年度工作进行目标考核。省交通运输厅、省法制办、省残联等省政府残工委成员单位相关人员参加。副省长、温州市委书记陈德荣接见了验收考核组全体成员。

1月12日至13日，全国残联宣传文化体育工作会议在北京召开，来自全国各省（区、市）残联分管宣传文化体育工作的理事长和部门负责人参加会议。省残联党组成员、副理事长郑瑶和宣传文体部部长邬祖根参加。

1月18日，省残联在浙江省残疾人体育训练指导中心举行了2011年度工作总结表彰暨新春团拜会。省残联党组书记、理事长陈燕萍，中国残联“两建办”副主任、原省残联党组成员、副理事长凌晓光，省残联党组副书记、副理事长陈玉国，党组成员、副理事长郑瑶、吴一农出席会议，省残联机关和直属单位全体干部职工、退休老同志等参加会议。

2月9日至10日，副省长陈加元赴嘉兴开展“进村入企”大走访活动，深入农村、企业、基层部门单位，听真话、访真情、解真难。省政府副秘书长施利民、省残联理事长陈燕萍、省信访局副局长周维亮、省民政厅副厅长苏长聪、省政府社保处调研员徐新尔等参加。

2月21日，受副省长陈加元的委托，省政府副秘书长施利民专题听取省残联工作汇报，省残联理事长陈燕萍，副理事长陈玉国、郑瑶、吴一农及省政府残工委秘书处、省残联办公室、计财部有关人员参加汇报会。

2月22日，宁波市残联新任理事长胡望荣一行到省残联汇报工作。省残联理事长陈燕萍对宁波市残联工作提出了希望和要求。

3月2日，由省残联等16个部门、单位联合主办的浙江省2012年全国“爱耳日”公益音乐会在浙江音乐厅举行，省政府副秘书长施利民等出席。

3月8日，省政府残疾人工作委员会全体会议在省人民大会堂召开。副省长、省政府残工委主任陈加元，省政府副秘书长、省政府残工委副主任施利民，省残联理事长、省政府残工委秘书长陈燕萍，以及42家省政府残工委成员单位委员和联络员出席会议。

3月21日，全省残疾人工作会议暨省残联第五届主席团第四次全体会议在杭州隆重召开。副省长陈加元出席会议并作重要讲话。

3月30日，省残联党组副书记、副理事长陈玉国主持召开理论中心组（扩大）学习会，传达学习全国“两会”精神，部署学雷锋、价值观大讨论工作。党组成员、副理事长郑瑶及省残联机关各部室、直属各单位主要负责人参加学习。

4月10日至11日，省残联党组书记、理事长陈燕萍带领省残联进村入企（户）第一组赴杭州市桐庐县横村镇走访调研，拉开了浙江省残联系统进村入企（户）走访调研活动的序幕。省残联组人部部长邵建、康复部部长黄树良、计财部部长陆文龙等参加。

4月12日至13日，省残联党组书记、理事长陈燕萍带领省残联进村入企（户）第一组赴杭州市萧山区瓜沥镇走访调研。省残联组人部部长邵建、康复部部长黄树良、计财部部长陆文龙等参加。

4月16日至17日，省残联党组副书记、副理事长陈玉国带领省残联机关党委、组人部、康复部、办公室有关人员赴宁波市北仑区梅山乡梅港村，走访残疾人家庭，调研当地残疾人生产生活情况和需求，以及各项残疾人政策落实情况等。

5月3日至4日，省残联党组书记、理事长陈燕萍带领省残联进村入企（户）第一组赴金华市金东区多湖街道走访调研。省政府残工委副秘书长陈平、省残疾人就业服务中心主任陈益伟、省残联宣文部副部长潘国新等参加。

5月9日，省残联党组书记、理事长陈燕萍带领省残联进村入企（户）第一组赴杭州市拱墅区拱宸桥街道走访调研。省政府残工委副秘书长陈平、省残联组人部部长邵建、省残疾人就业服务中心主任陈益伟、省残联宣文部副部长潘国新等参加。

5月18日，在杭州市江干区采荷街道文体中心广场，“文化助残•放飞梦想”——

浙江省第二十二次全国助残日庆祝活动隆重举行。副省长、省政府残工委主任陈加元出席活动并讲话，省政府副秘书长、省政府残工委副主任施利民主持活动，省残联党组副书记、副理事长陈玉国、江干区区长滕勇分别致辞。杭州市副市长戚哮虎、省残联副理事长郑瑶、省委宣传部副巡视员杨丽英、省经信委副巡视员丛培江、省文化厅副厅长陈瑶、省广电局副巡视员傅宏章、省新闻出版局副巡视员沈森、省体育局副局长孔建军、省妇联副主席陈美云、省残联副巡视员邬祖根、杭州市残联副理事长汤建新、江干区委常委、副区长王辉玲、区人大常委会副主任孙伟明出席活动。省残联机关处以上干部、直属单位班子成员和300多名残疾人代表一起参加了庆祝活动。

5月29日至30日，省残联召开了全省市级残联康复工作会议。省残联副理事长吴一农出席会议并讲话，中国残联康复部副巡视员杨津惠作了康复干部素质培养和形象塑造专题讲座。

6月25日，全省市、县（市、区）政府残工委领导、残联新任理事长培训班在省残疾人体育训练指导中心开班。省政府副秘书长、省残工委副主任施利民出席开班仪式并作开班动员讲话、主题授课，省残工委副主任、省残联党组书记、理事长陈燕萍主持开班仪式，省残联党组成员、副理事长吴一农出席。

7月9日，浙江省残疾人体育健身指导员培训班在杭州举行，全省各市的残疾人体育管理者、体育系统主管群体项目人员、学校从事残疾人体育教学和训练人员共计60多人参加了培训。省体育局副局长孔建军、省残联副理事长郑瑶等出席开班仪式。

7月20日，浙江省暨杭州市庆祝第六个“全国特奥日”纪念活动在杭州市残疾人托管中心成功举行。省残联党组成员、副理事长吴一农出席并宣布活动启动，杭州市残联党组书记、理事长杨广发致辞，省、市智精残协会负责人及特奥运动员和亲友代表约180人参加了活动。活动由省残联副巡视员邬祖根主持。

8月7日至8日，省残联在诸暨市举办党组理论学习中心组专题深入学习贯彻省第十三次党代会精神读书会。党组理论学习中心组成员、机关和直属单位处级及以上干部参加了会议。

8月13日至14日，全省市级残联理事长会议在省残疾人体育训练指导中心召开。省残联理事长陈燕萍，副理事长陈玉国、郑瑶、吴一农出席。

8月14日，浙江省第三届聋人运动会在杭州开幕。省人大常委会副主任厉志海宣布运动会开幕，省政协副主席姚克、省政府副秘书长施利民及省农办、发改委、教育厅、卫生厅等残工委成员单位领导出席开幕式。省残联理事长陈燕萍致辞，省体育局副局长孔建军主持。

8月24日，副省长陈加元听取省残联党组书记、理事长陈燕萍关于2012年上半年工作进展、下半年工作安排、全省残联组织换届、残疾人基本公共服务、康复中心迁建工程等情况的汇报。

8月31日，全省残联换届工作会议在杭州召开。省残联党组书记、理事长陈燕萍，党组成员、副理事长吴一农等领导出席会议。

9月13日至14日，2012年度省（部）属单位残疾人按比例就业工作会议在建德召开，百家省（部）属单位分管残疾人按比例就业工作的人事干部出席了会议。省残联副主席、省残疾人福利基金会理事长陈晓非、建德市副市长祝军、省残工委副秘书长陈平、省残联教就部部长陈晓雁、省残疾人就业服务中心主任陈益伟在主席台就座。

9月24日至25日，全省残联系统维权干部培训会在杭州召开。省残联党组成员、副理事长吴一农出席会议并讲话。

9月29日，在省人民大会堂隆重举行浙江省伦敦残奥会运动员庆功表彰大会。省领导赵洪祝、夏宝龙、乔传秀、李强、任泽民、黄坤明、葛慧君、蔡奇、刘力伟、赵一德、厉志海、陈加元、王永昌等出席。

10月9日，省政协社法委主任方泉尧、社法委专职副主任陈琪一行专程到省残联调研全省残疾人工作，省政协社法委办公室主任石斌正等一同前往。省残联理事长陈燕萍、副理事长吴一农等陪同。

10月23日，浙江省第三届残疾人文化艺术周在衢州市常山县开幕。省政协副主席徐辉宣布文化艺术周开幕，省残联党组书记、理事长陈燕萍讲话，衢州市委副书记、代市长沈仁康，常山县委书记李华分别致辞，省政协社法委主任方泉尧、省残联副理事长郑瑶、衢州市政协副主席刘炳炎、省残联副巡视员邬祖根、常山县县长毛建国等出席，衢州市副市长毛建民主持开幕式。

10月31日，浙江省“残奥英雄事迹”首场报告会在省人民大会堂举行。会前，省委常委、副省长、宣传部长葛慧君、副省长陈加元接见了报告团成员。省委副秘书长、省直机关工委书记施利民、省残联副理事长郑瑶、省教育厅副厅长韩平、省总工会副主席陈世权、团省委副书记朱斌等一同参加会见并出席报告会。报告会由省残联理事长陈燕萍主持。

11月8日，上午9时整，省残联机关和直属单位认真组织收听收看胡锦涛同志在中国共产党第十八次全国代表大会上报告的实况。结束时，省残联党组书记、理事长陈燕萍同志就下一步深入学习十八大精神提出了要求。

11月9日，省残联党组书记、理事长陈燕萍在省残联会议室会见了温州市委常委、鹿城区委书记王立彤，副区长张清。省残联党组副书记、副理事长陈玉国，党组成员、副理事长郑瑶及办公室、组织人事部、教育就业部负责人会见时在座。

11月15日，金华市残联新任理事长骆芳一行到省残联汇报工作。省残联党组书记、理事长陈燕萍对金华市残联工作提出了希望和要求。

11月20日，省委副书记李强听取省残联党组书记、理事长陈燕萍关于2012年全省残疾人工作进展情况，省残联本级换届工作，省人大代表、政协委员的推荐，基层残联组织建设等事项的汇报。省委副秘书长林云举、省委办公厅综合二处负责人参加会议。

12月3日，第21个国际残疾人日。晚上，“创业自强•爱心浙江”浙江省第二届“自强创业之星”和首届“助残爱心企业”颁奖晚会在浙江广电集团广播音乐厅隆重举行。省人大常委会副主任厉志海，副省长陈加元，省政协副主席王永昌，省政府副秘书长冯波声，省政协社法委主任方泉尧、专职副主任陈琪，省残联理事长陈燕萍、副理事长陈玉国、郑瑶、吴一农、副巡视员邬祖根，省人力社保厅副厅长黄亚萍，省民政厅副厅长苏长聪，省广电局副巡视员傅宏章，省广电集团副总编辑顾顺坤，以及省残疾人各专门协会的负责人，省残联机关和直属单位有关人员，各有关市、县（市、区）残联负责人参加晚会。厉志海、陈加元、王永昌、冯波声、方泉尧、陈玉国、黄亚萍、苏长聪、顾顺坤为获奖者颁奖。陈燕萍代表活动主办单位致辞。

12月10日至14日，理事长陈燕萍率领省残联第一调研组赴嘉兴市、海宁市和金华市、浦江县开展残疾人工作思路调研。省残联办公室、组人部、计财部主要负责人参加调研。

12月18日，全省首期残疾人文化辅导员培训班在杭州开班。省残联副巡视员、宣文部部长邬祖根出席开班仪式并讲话，中国残联宣文部文化处处长张学超、有关专家学者、各市残疾人文化辅导员等参加开班仪式。

12月22日至26日，省残联和省体育局联合举办了浙江省第二期残疾人体育健身指导员暨残疾人体育分级知识培训班。省残联副巡视员邬祖根等出席开班仪式。

2012年浙江省邮政管理局大事记

1月12日，省十一届人大五次会议在杭州召开，代省长夏宝龙代表省政府在会上做工作报告。报告提出，2012年在新农村建设方面要达成“基本实现村村建邮站”的目标，浙江省村邮站建设首次写入省政府工作报告。

1月18日，省邮政管理2012年工作会议在杭州召开。省政府副秘书长谢济建参加会议并作重要讲话，局长杨世忠做工作报告。

2月20日，国家邮政局申诉受理中心授予广东、江苏、浙江、山东、江西、湖北、天津7个省（市）邮政管理局申诉中心先进集体称号。

2月28日，杭州市经济和信息化委员会副主任郑荣新带领相关同志到省局开展调研，副局长王文海、市场监管处领导和相关同志参加了调研。

3月9日，副局长王文海、市场处处长黄立群，杭州市经济和信息化委员会副主任郑荣新、市场处处长蔡德全等一行赴上海申通、圆通、中通、韵达快递公司总部就杭州市政府即将出台促进快递业发展方面的有关政策进行专题调研。

4月20日，省局在杭州召开全省快递市场工作会议。副局长王文海出席会议并讲话。

6月11日，省局党组召开扩大会议，学习传达省第十三次党代会精神。省局党组书记、局长杨世忠同志主持会议并传达中共浙江省第十三次代表大会主要精神。省局党组全体成员、机关各党支部书记参加了会议。

7月17日，省局召开全体干部会议，贯彻国家邮政局2012年年中工作电视电话会议，传达省政府经济形势分析会精神。局长杨世忠出席并作重要讲话。

7月30日，省局召开2012年年中工作会议。会议传达了国家邮政局局长马军胜在全系统2012年年中工作电视电话会议上的讲话和省政府第十次全体（扩大）会议的精神，总结了全省2012年上半年主要工作，并对下半年计划安排的重点工作进行部署。局长杨世忠出席并作重要讲话。

8月2日，省政府在杭州召开全省村邮站建设推进工作座谈会。副省长王建满出席会议并讲话，省发改委、省财政厅、省监察厅、省政府督查室、省邮政管理局、省邮政公司领导参加会议。全省各市和部分县（区）政府分管领导、邮政局领导参加了会议。

9月6日至7日，国家邮政局委托课题组到浙江对当地邮政普遍服务体系中“村邮户箱”建设的相关情况进行实地调研。

11月23日，省局召开机关副处级以上干部及11个市邮政管理局领导班子成员大会，集中传达学习贯彻十八大会议精神。党组书记、局长杨世忠同志传达了党的十八大精神，会议组织全体与会人员学习了胡锦涛总书记代表十七届中央委员所作的报告和党章修正案。

12月3日至5日，国家邮政局局长马军胜一行赴快递服务发展前沿“阵地”之一——浙江，在杭州、金华、义乌、桐庐等市县密集调研。局长杨世忠、副局长王文海、办公室主任谷敏元及国家邮政局办公室副主任沈鸿雁陪同调研。

12月3日，浙江省11个市级邮政管理局在浙江杭州集中揭牌成立。交通运输部副部长冯正霖、国家邮政局局长马军胜和浙江省副省长王建满出席仪式，并共同为其揭牌。在仪式上，局长杨世忠致辞，介绍了浙江省完善省级以下邮政监管体制工作实施方案的组织实施进展。

12月19日，宁波市邮政管理局举行成立揭牌仪式。宁波市副市长王仁洲、省局局长杨世忠到会并作重要讲话。

12月21日，杭州市召开快递企业诚信建设座谈会，专题研究加强快递企业诚信建设。杭州市副市长徐文光、省局副局长王文海出席并讲话。

12月27日，绍兴市邮政管理局举行成立揭牌仪式。绍兴市常务副市长陈月亮到会出席，省局局长杨世忠到会并作重要讲话。

12月31日，温州市邮政管理局成立揭牌仪式隆重举行。温州市副市长陈浩、省局局长杨世忠出席揭牌仪式并作重要讲话。

2012年浙江省畜牧兽医局大事记

1月5日，省防治动物疫病指挥部办公室召开专题会议，汇报交流冬季防疫和畜产品安全监管工作督查情况。省防指办主任张火法主持会议并讲话。

1月11日，省畜牧兽医局局长张火法专程赴嘉兴市检查指导春节期间重大动物疫病防控和畜产品安全监管工作。

1月17日，省农业厅厅长史济锡赴湖州市长兴县检查指导春节期间动物防疫和畜产品安全监管工作并慰问了站内动物卫生监督检查人员。省畜牧兽医局局长张火法，省农业厅党组成员蔡元杰陪同检查。

2月9日，省畜牧兽医局副局长潘天银专程赴海宁市调研病死猪无害化处理工作。

2月14日，全省畜牧兽医工作座谈会在杭州召开。会议总结2011年我省畜牧兽医工作的成效和经验，分析当前形势，研究部署2012年工作。各市农业局分管局长、各市畜牧兽医局长和办公室主任、部分畜牧业主产区和重点调入县（市、区）畜牧兽医局局长参加了会议。省农业厅厅长史济锡、副厅长赵兴泉出席会议并讲话。

2月16日，农业部对我省2011年“菜篮子”畜牧产品生产项目实施工作进行现场考核，对我省“菜篮子”畜牧产品生产项目实施完成情况给予充分肯定。2011年，我省圆满完成了29个2011年“菜篮子”畜牧产品生产项目建设。项目年新增出栏肉猪3.71万头、肉鸡169.98万只、鸡蛋1894吨，年新增产值1.3亿元，利润2453万元。

2月22日，省畜牧兽医标准化技术委员会2012年度工作会议在杭州召开。会议通报了2010—2011年标技委工作情况，宣贯了新出台实施的《浙江省地方标准管理实施细则》，讨论2012年度工作计划。

2月27日至29日，全省能繁母猪信息预警体系建设培训班在杭州召开，各市、县（市、区）畜牧兽医局（处、中心）分管领导、信息采集员参加了本次培训班，省畜牧兽医局副局长潘天银到会并讲话。

3月8日，省畜牧兽医局局长张火法赴绍兴开展“进社入企、服务基层”大走访活动。

3月14日，由省畜牧兽医局、省农业厅经作局和农村信息报社等单位组成的服务组到慈溪，开展“进村入企、服务基层”大走访活动。

3月20日至22日，中国兽医药监察所杨劲松副所长、质量监督处阚鹿枫副处长、农业部兽医局耿玉亭处长一行，考察了浙江海正药业股份有限公司和浙江升华拜克生物股份有限公司，省畜牧兽医局副局长范克强陪同考察调研。

3月26日至29日，由工信部、国家食品药品监管局、农业部等部门组成的国家“瘦肉精”和含“瘦肉精”饲料清查收缴联合督查组对我省“瘦肉精”清缴工作进行了督查指导，省农业厅副厅长赵兴泉、省畜牧兽医局局长张火法、范克强副局长及省经信委、食品药品监管局等相关单位领导陪同检查。

4月12日至14日，全省动物防疫技术培训班在绍兴召开。省畜牧兽医局局长张火法出席并讲话。

4月19日，全省新型畜牧产业体系建设工作会议在杭州隆重召开。会议总结交流了近年来畜牧兽医工作，分析当前形势，研究部署今后一个时期建设新型畜牧产业体系、促进畜牧业现代化发展工作。各市、县（市、区）政府分管领导、农业局长，各市畜牧兽医局长，省级有关单位负责人参加会议。省委常委、副省长葛慧君、农业部国家首席兽医师于康震出席会议并讲话，省农业厅厅长史济锡阐述了新型畜牧产业体系的内涵，提出了下阶段的工作打算。省政府副秘书长陈龙主持会议。

同日，浙江省人民政府下发了《关于加快构建新型畜牧产业体系促进畜牧业现代化建设的意见》，指导我省新型畜牧产业体系建设。

5月1日，新修订的《饲料和饲料添加剂管理条例》正式实施。

5月3日，财政部发文，确定我省今年国家生猪调出大县奖励资金为8474万元，富阳市、秀洲区、平湖市、海盐县、桐乡市、德清县、龙游县等7个县（市、区）首次新增为2012年全国生猪调出大县。至此，全省已有12个国家生猪调出大县（其他5个分别是衢江区、萧山区、南湖区、江山市、嘉善县）。

5月8日，召开全局干部职工大会，专题部署全省新型畜牧产业体系建设工作会议精神和省政府政策的贯彻落实工作。会上学习解读了《浙江省人民政府关于加快构建新型畜牧产业体系，促进畜牧业现代化建设的意见》，对贯彻落实的情况和打算进行了交流。省农业厅党组成员、省畜牧兽医局局长张火法对进一步推动省政府会议精神和政策的贯彻落实作了部署。

5月17日，省农业厅专题召开全省病死动物无害化处理监管工作视频会议。省农业厅党组成员、省畜牧兽医局局长张火法主持会议。

5月29日，省畜牧兽医局局长张火法赴临安市调研指导新型畜牧产业体系建设工作。

5月31日，省畜牧兽医局局长张火法赴湖州南浔区调研畜牧业工作。

同日，省畜牧兽医局副局长戴旭明赴绍兴县天鸿鹅业有限公司调研指导浙东白鹅养殖技术工作。

6月1日，《浙江省种畜禽管理办法》正式实施。

6月8日，农财两厅联合下发了《关于做好生猪规模化养殖场病死猪无害化处理补助相关工作的通知》，明确我省病死猪无害化处理采取集中处理和自行处理两种模式。对全省所有年出栏50头以上的规模猪场的病死猪无害化处理按每头80元的标准给予补助，其中欠发达地区中央和省财政承担80%、地方财政承担20%，其他地区中央和省财政承担60%、地方财政承担40%。

6月19日，省畜牧兽医局在杭州召开专题会议，研究部署动物标识及动物产品追溯体系建设、夏季重大动物疫病防控和动物卫生监督等重点工作。省农业厅党组成员、省畜牧兽医局局长张火法同志到会并讲话。

6月26日至29日，省畜牧兽医局副局长潘天银带领财务处、防治处等一行4人赴温州调研指导新型畜牧产业体系建设工作，并出席参加温州市畜牧兽医局局长例会。

7月5日至6日，省畜牧兽医局党委副书记朱根虎一行到金华市调研指导新型畜牧产业体系建设工作，听取了金华市工作情况汇报，考察了永康动物疫病防控中心、东阳吴宁高新种养场和斯村高坤蔬菜基地。

7月10日至13日，省畜牧兽医局党委副书记朱根虎一行到丽水市调研指导新型畜牧产业体系建设工作，听取了丽水市贯彻落实省政府会议精神和新型畜牧产业体系建设工作情况汇报，先后调研了莲都区大德红豆杉养鸡基地、云和县孕妇鸡和“我们养猪吧”生态精品养殖基地、景宁县有机肥加工基地及庆元县星光白鸷鸭精品养殖场。

7月11日至12日，省畜牧兽医局副局长范克强专程赴嘉兴市指导新型畜牧产业体系建设工作，并应邀参加嘉兴市人民政府召开的全市新型畜牧产业体系建设工作现场会。

7月12日，农业部畜牧业司巡视员陈伟生一行到我省调研畜禽养殖污染防治工作。省畜牧兽医局副局长戴旭明陪同调研。

7月17日至18日，省畜牧兽医局副局长戴旭明一行赴绍兴调研指导新型畜牧产业体系建设工作。

7月23日，省畜牧兽医局副局长潘天银、调研员洪建伟赴湖州检查指导畜产品安全监管工作。

8月16日至17日，全省畜牧兽医半年度工作座谈会暨畜禽种业管理工作会议在诸暨召开。会议总结交流了各地新型畜牧产业体系建设工作会议精神和政策贯彻落实情况，分析当前畜牧兽医工作形势，并部署下半年畜牧兽医工作。省农业厅副厅长赵兴泉出席会议并讲话，厅党组成员、畜牧兽医局局长张火法主持会议并作小结。

8月20日至21日，省畜牧兽医局局长张火法一行赴宁波市督查农产品质量安全大整治百日行动。

9月6日至7日，省农业厅副厅长赵兴泉赴金华市调研指导畜禽种业及新型产业体系建设工作。省畜牧兽医局党委副书记朱根虎、金华市农业局副局长冯兴良、金华市畜牧兽医局局长谭广潮等陪同调研。

9月12日至15日，省畜牧兽医局党委副书记朱根虎带队赴温州调研林牧结合发展林下经济工作，实地察看了乐清市雁湖盛鑫畜牧养殖场、泰顺县灵狐农业实验场等养殖场（户），并与农业、林业等相关部门进行了座谈。

9月25日至27日，省畜牧兽医局局长张火法一行赴丽水调研林牧结合和新型畜牧产业体系建设等工作。

10月9日至10日，全省畜牧机械化促进大会暨农机牧艺融合现场会在海宁隆重召开。省农业厅副厅长赵兴泉出席会议并讲话，省农机局局长杨大海发言，海宁市农经局、金东区畜牧兽医局作了典型交流。会议由省农业厅党组成员、省畜牧兽医局局长张火法主持。

10月18日，浙江湖羊产业发展大会暨第三届南浔湖羊文化节在南浔举行。省人大常委会副主任程渭山，省农业厅厅长史济锡，农业部畜牧业司巡视员陈伟生，中国畜牧业协会羊业分会专家委员会主任、名誉理事长、中国畜牧兽医学会养羊分会名誉理事长赵有璋等出席大会。省、市相关部门负责人，旅游、餐饮等行业协会代表，浙江大学、浙江省农科院等高校院所专家，省内部分餐饮集团、畜牧养殖加工企业负责人，湖州市和南浔区有关部门负责人、企业代表，以及上海、天津、新疆、江苏、江西、安徽、河南等兄弟省（市、自治区）畜牧系统领导和专家参加此次活动。

10月25日至27日，农业部兽医局张仲秋局长一行到浙江调研动物防疫工作。省农业厅厅长史济锡、副厅长赵兴泉，厅党组成员、省畜牧兽医局局长张火法等陪同调研。

11月6日，由农业部主办的全国畜禽标准化规模养殖现场会在浙江省龙游县召开。国家首席兽医师于康震出席会议并作重要讲话。省政府副秘书长陈龙，省农业厅领导史济锡、赵兴泉、张火法出席会议。会议由农业部畜牧业司司长王智才主持。

11月12日至14日，全省动物防疫技能和实验室监测技术大比武活动在义乌举行。省农业厅副厅长赵兴泉、厅党组成员、省畜牧兽医局局长张火法出席并讲话。杭州市、金华市、丽水市代表队分获动物防疫技能比武团体前3名，金华市、绍兴市、杭州市代表队获得实验室监测技术比武团体前3名，陈玉华等10人荣获“浙江省十佳动物防疫能手”称号，马鹏飞等9人荣获“浙江省动物监测技术能手”称号。

11月26日，杭州市暨萧山区防控重大动物疫情应急演练在萧山区河庄镇成功举行。省农业厅党组成员、省畜牧兽医局局长张火法出席并讲话。

11月27日，全省官方兽医骨干培训班在杭州举行。各市、部分县（市、区）动物卫生监督所负责人和官方兽医骨干参加培训。省农业厅党组成员、省畜牧兽医局局长张火法出席会议并讲话。

11月28日，山区海岛特色畜牧业发展项目培训班在缙云召开。全省8个市29个欠发达县（市、区）畜牧兽医局分管领导、35个项目实施单位共120多人参加了培训。省畜牧兽医局副局长戴旭明出席并讲话。

12月3日，在省财政厅预算执行局年终工作布置会议上，根据《浙江省财政厅关于表彰2011年度省级集中核算同工种竞赛优胜单位和优秀会计人员的通报》（浙财预执〔2012〕44号）通报表彰省级会计集中核算单位同工种竞赛获奖名单，省畜牧兽医局榜上有名，被评为2011年度浙江省省级会计集中核算单位同工种竞赛优胜单位。

12月10日，全省防控高致病性禽流感应急演习在余姚市举行。

12月14日，农业部在陕西咸阳召开加强基层动物检疫工作现场经验交流会。省农业厅党组成员、省畜牧兽医局局长张火法局长出席会议，并就我省加强地方性动物防疫法规建设，探索建立调入动物及其产品动物疫病风险管控机制向大会介绍了做法。

12月16日至18日，省咨询委委员顾益康、浙江大学中国农村发展研究院院长黄祖辉一行4人赴衢州龙游、金华、绍兴等地开展现代畜牧业发展模式和路径研究调研。省畜牧兽医局局长张火法、副局长戴旭明等陪同调研。

12月19日，省畜牧兽医局举办贯彻党的十八大精神学习会，全局干部职工参加。省农业厅党组成员、省畜牧兽医局党委书记、局长张火法出席学习会并就如何贯彻落实十八大精神，推动我省畜牧兽医事业科学发展作了讲话。

12月27日，省畜牧兽医局在杭州召开了供沪动物产品生产基地监管工作会议，相关市畜牧兽医局和37家供沪动物产品生产基地负责人参加会议。会议通报了2012年我省供沪动物和动物产品总体情况，交流了屠宰副产品管控、检疫不合格产品无害化处理等问题，并就上海市《供沪动物及动物产品备案及监管暂行办法》征求意见，省畜牧兽医局副局长范克强到会并作讲话。

2012年浙江省测绘与地理信息局大事记

1月6日，省局举行主题为“测绘情”的新春联欢会，厅工会主席陈月明，局领导陈建国、鲍伟民、马建平、钱文华、徐焕凤等出席了联欢会。

1月11日，省局召开浙江省地理空间数据交换和共享平台建设及应用工作交流会。

1月14日，副局长鲍伟民带领局人事处和局直属各单位主要负责人、联络员到仙居县大战乡召开结对帮扶座谈会，走访慰问帮扶村的困难群众。

2月2日，省局召开专题会议，学习贯彻十七届中央纪委七次全会和省纪委十二届八次全会精神。

2月3日，浙江省地理信息产业园、德清科技新城道路开工仪式在德清县武康镇隆重举行。

2月27日，数字衢州地理空间框架建设技术总体设计书顺利通过专家评审。浙江省测绘与地理信息局、衢州市规划局、浙江地理信息中心和项目监理单位等有关领导和人员参加评审会。

2月29日至3月1日，省局党委召开第一季度中心组理论学习会，专题学习胡锦涛总书记在中纪委十七届七次全会上的重要讲话和赵洪祝书记在浙江省纪委十二届八次全会上的重要讲话。

3月8日，局长陈建国、副局长鲍伟民带领局相关处室人员一行赴德清调研指导浙江省地理信息产业园建设工作。

3月14日，省第二测绘院党委召开以“贯彻落实局党建和党风廉政建设工作会议精神，以党建新成绩，促进测绘与地理信息工作再上新台阶”为主题的一季度中心组理论学习会。局长陈建国出席并作重要讲话。

3月28日，浙江省国家版图意识宣传教育和地图市场监管协调指导小组专题会议在省局举行，会议由协调指导小组组长、副局长周方根主持，协调指导小组成员单位省测绘与地理信息局、省委宣传部、省人民政府外事办公室、省教育厅、省商务厅、省工商行政管理局、省新闻出版局、省经济和信息化委员会、省民政厅、省通信管理局、中华人民共和国杭州海关等11个部门共16人参加了会议。

4月10日，省局召开党风廉政建设报告会，局机关全体人员，局属单位副科以上干部100余人参加了报告会。

4月11日至13日，局长陈建国一行6人，赴武汉参加“移动测量技术及其在数字城市中的应用高峰论坛”。

5月3日，召开全省第三次全国文物普查工作总结表彰大会，省局被授予先进集体荣誉称号。副省长郑继伟到会并作重要讲话，他在讲话中高度评价了浙江省测绘与地理信息局为浙江省第三次全国文物普查工作作出的显著贡献。

5月14日，浙江省第一测绘院完成的《基于公共网络的地理信息公共服务关键技术研究与工程应用》科技成果顺利通过了鉴定。

5月24日，浙江省地理信息产业园奠基仪式在德清县隆重举行。国土资源部党组副书记、副部长、国家土地副总督察、国家测绘地理信息局局长徐德明，副省长王建满，国家测绘地理信息局党组成员、办公室主任吴兆琪，省政府副秘书长冯波声，局长陈建国，湖州市代市长金长征，德清县委书记张晓强等领导出席奠基仪式，并共同为浙江省地理信息产业园挥锹奠基。

同日，中国—联合国地理信息国际论坛会址落户浙江。德清县科技新城（浙江省地理信息产业园）核心区——湖心岛有望成为该论坛永久会址。

6月1日，上海市测绘管理办公室在副主任朱莺常务的带领下，一行8人到省局进行地理信息产业发展及地图管理工作的考察调研。

5月29日，浙江省农村工作指导员工作电视电话会议在省人民大会堂召开，大会表彰了第七批省农村工作指导员工作和第八批省科技特派员工作先进单位和先进个人。浙江省测绘与地理信息局被评为第七批省农村工作指导员工作先进单位，受到省委、省政府表彰。

6月14日，省局召开党委（扩大）会议，传达贯彻省第十三次党代会精神。省局党委委员、副巡视员、机关各处室处长（主任），局直属单位党政负责人、省海洋测绘办、省空调委办、基建办、编志办负责人，省测绘协会、测绘学会秘书长约30人参加会议。

6月15日，国家测绘地理信息局、国家

保密局召开了全国测绘成果保密检查总结暨表彰电视电话会议。在会上，浙江省测绘与地理信息局受到了国家测绘地理信息局、国家保密局表彰，被授予全国测绘成果保密检查省级先进集体称号。

6月8日，副局长马建平、鄞州区人民政府副区长王洪平和宁波市测绘与地理信息局副局长王丽萍签署了数字鄞州地理空间框架共建共享合作协议。局长陈建国出席签署仪式。

6月26日，浙江省第二测绘院与浙江建设职业技术学校共建大学社会实践基地签约挂牌。浙江省第二测绘院书记金洪芳和校方代表金夏老师出席了挂牌仪式。

6月29日，省局召开庆祝中国共产党成立91周年大会，认真学习贯彻省第十三次党代会精神。

7月20日，省局召开党委扩大会议，学习贯彻全国测绘地理信息局长座谈会精神，部署下一步的重点工作。

7月23日至24日，局长陈建国一行3人到义乌市调研测绘与地理信息工作。

7月27日，省发改委副主任高乙梁率调研组到省局调研。

8月10日至11日，全省测绘与地理信息局长座谈会在德清莫干山召开。

8月14日，省局在海宁市组织召开了“数字海宁”地理空间框架建设项目设计书评审暨合作协议签署仪式，取得了圆满成功。

9月7日，副局长马建平参加第二届中国（宁波）智慧城市技术与应用产品博览会。

同日，省局组织召开了学习贯彻《浙江省人民政府关于促进地理信息产业加快发展的意见》座谈会。

9月20日，省局在杭州组织召开了《浙江省地理信息产业发展“十二五”规划》（下称《规划》）论证会，省发改委、省经信委、省科技厅、省财政厅、省新闻出版局等部门代表和专家组成员参加了会议。与会专家认真听取了规划编制汇报，审阅了《规划》文本和规划编制说明，致认为《规划》依据充分、内容全面、重点突出、合理可行，同意通过论证。

10月17日，浙江联通公司与阿里巴巴公司在副局长鲍伟民陪同下考察了省地理信息产业园。

同日，浙江省第二测绘院顺利通过北京埃尔维质量认证中心的质量管理体系监督审核。

10月22日，省政府参事室（文史研究馆）党组书记、主任潘海生率29名省政府参事到省测绘与地理信息局考察调研，并召开参事学习会。

10月26日，浙江省地理国情监测试点项目—城镇建成区监测试点成果在杭州通过评审。专家组一致认为项目成果填补了该领域的空白，达到国内领先水平。

10月30日，省局召开了地图编制单位研讨会，省第一测绘院等15家单位参与研讨，副局长鲍伟民参加研讨会。

11月1日至3日，省局在杭州举办第四期地理信息公共服务县（市、区）局长研究班。局长陈建国为学员们上了《我省测绘与地理信息的任务和形势》一课。

11月7日，浙江省测绘与地理信息局、台州市人民政府在台州召开数字台州地理空间框架建设项目设计书评审会暨合作协议签署仪式。局长陈建国、台州市人民政府副市长蔡永波等领导和专家参加了会议。

11月21日，国家测绘地理信息局组织专家在舟山召开了“数字舟山地理空间框架建设项目验收暨成果推广会”。会议邀请了中国测绘科学研究院副院长王权等7位专家组成了验收专家小组。国家测绘地理信息局副局长李维森、省测绘与地理信息局局长陈建国、舟山市副市长王忠志等领导出席会议，舟山市有关部门及县区负责人等60多人参加了会议。

11月22日，国家测绘地理信息局组织专家在杭州市召开了数字杭州地理空间框架建设项目验收暨成果推广会。国家测绘地理信息局副局长李维森、省测绘与地理信息局局长陈建国、杭州市人民政府副市长俞东来，杭州市有关部门及下辖县（市、区）负责人均参加了会议。11月22日，国家测绘地理信息局组织专家在湖州市召开了数字湖州地理空间框架建设项目验收暨成果推广会。国家测绘地理信息局副局长李维森、省测绘与地理信息局局长陈建国、湖州市人民政府常务副市长杨建新，湖州市有关部门及下辖县（市、区）负责人均参加了会议。

11月27日，省海洋鱼渔业局局长赵利民一行在省测绘与地理信息局局长陈建国的陪同下考察了省局。陈建国、赵利民分别代表省测绘与地理信息局和省海洋与渔业局签署了战略合作框架协议。

12月7日，由中国社会科学研究院信息化研究中心和国脉互联政府网站评测研究中心联合举办的“2012年第七届中国政府网站特色评选”活动进行了总结表彰，浙江省测绘与地理信息局网站与国家科学技术部、国家农业部和佛山市政府等4家政府网站荣获评选活动的最高类综合奖项“最佳实践案例奖”。

12月19日至20日，省局党委召开四季度中心组理论学习会暨党委务虚会。

12月24日，在北京召开的全国测绘地理信息局长会议上，宣布了2012年全国省级测绘地理信息行政主管部门贯彻落实科学发展观年度工作考评结果，浙江省测绘与地理信息局获得优秀单位，并连续第三年在全国各省（自治区、直辖市）位列第一名，特授予全国唯一的“杰出单位”称号并颁发奖牌。

12月25日，《浙江通志•测绘与地理信息卷》篇目论证会在杭州召开。副局长周方根，省方志办等有关领导、专家及局编纂办人员参加会议。

12月28日，省委书记夏宝龙对浙江省测绘与地理信息工作作出重要批示：“祝贺省测绘与地理信息局在全国测绘系统年度考核中获得‘三连冠’并被授予‘杰出单位’称号！你们围绕中心，服务大局，求真务实，勤奋工作，各项工作都走在了全国前列，为我省经济社会发展和国家海洋经济示范区建设作出了重要贡献。我代表省委对同志们表示崇高的敬意和衷心的感谢！希望你们深入贯彻落实科学发展观和党的十八大精神，按照省委‘干好一三五，实现四翻番’的战略部署，继续发扬成绩，大胆改革创新，为我省经济社会发展提供更加准确、更加有效的测绘与地理信息服务，在全国测绘系统起到更好的引领和示范作用。”

2012年浙江省总工会大事记

1月17日，省总工会举办2012年外来务工人员迎春团聚会，邀请190多名在浙外来务工人员同吃年夜饭。省总工会党组书记、常务副主席金长征出席并讲话，副主席李锦平主持，副主席陈世权、吴建宪、周小兵等领导出席。

2月10日，省人大常委会副主任、省总工会主席厉志海先后到省总工会技协办、省总工会干部学校、浙江工人日报社调查研究。

2月17日，省人大常委会副主任、省总工会主席厉志海赴杭州市总工会调研。

2月27日，浙江省工会女职工委员会五届五次会议在杭州举行。省政协副主席盛昌黎出席并讲话。省直机关工委副书记鲁维明等领导出席会议。省总工会党组书记、常务副主席金长征主持会议并作工作报告。

2月28日至29日，全省工会宣教工作座谈会在温州召开。会议回顾总结了2011年全省工会宣教工作，研究部署了2012年的工作任务。省总工会副主席陈世权出席会议并讲话。

3月5日，全省工会组织工作会议在杭州临安召开。省总工会副主席曹国旗出席会议并讲话。

3月7日至8日，省人大常委会副主任、省总工会主席厉志海先后在宁波、舟山调研工会工作，副主席吴建宪等陪同调研。

3月19日，浙江省人大常委会副主任、省总工会主席厉志海亲切会见应省总工会邀请，以本部议长裴东韩先生为团长的韩国劳动组合总联盟庆尚南道本部第9次友好访华代表团一行。

3月19日至20日，全省工会法律工作会议在杭州召开。会议贯彻落实省委十二届十次全会、全总十五届六次执委会议和省总十三届七次全委（扩大）会议精神，总结回顾2011年全省工会法律工作，研究部署今年的重点工作。省总工会副主席李锦平出席会议并讲话。

3月19日至22日，省总工会副主席周小兵带领省总资产监管部干部一行到嘉兴市调研工会资产监管工作，实地走访了市、县总下属企事业单位，与企事业负责人座谈，听取了企事业负责人关于企事业发展、存在问题及意见建议的汇报。

4月13日，省总工会召开调查研究工作动员会，省人大常委会副主任、省总工会主席厉志海主持会议并作重要讲话。

4月18日，省人大常委会副主任、省总工会主席厉志海到衢州市调研工会工作。

4月22日至25日，由省总资产监管部主办，省总干校承办的全省工会资产监管和企事业改革发展培训班在杭州举办。

4月25日，浙江省8位劳模代表赴京参加全国“五一”表彰大会。

5月8日，在省人民大会堂隆重召开庆祝“五一”国际劳动节暨劳模先进表彰大会。省委书记、省人大常委会主任赵洪祝在会上讲话。省委副书记、省长夏宝龙主持大会。省领导李强、任泽民、黄坤明、茅临生、蔡奇、厉志海、陈加元、汤黎路和省人民检察院检察长陈云龙等出席大会。

5月12日，浙江省总工会和杭州市总工会联合举办《女职工劳动保护特别规定》宣传咨询日现场活动。

5月14日，全国劳动模范先进事迹报告团到浙江的首场报告会在省人民大会堂举行。省委副书记李强会前接见报告团成员。全国总工会副主席倪健民出席报告会，副省长陈加元出席并讲话。省委副秘书长林云举，省政府副秘书长施利民，省总工会副主席曹国旗、陈世权、周小兵等领导出席活动。

5月23日，省总工会召开机关干部大会。省人大常委会副主任、省总工会主席厉志海出席会议并讲话。省委组织部常务副部长于跃敏到会宣布省委关于省总工会主要领导职务变动的决定。省委决定，金长征同志任湖州市委常委、副书记，提名为湖州市市长候选人；戴震华同志任省总工会党组书记，提名为省总工会副主席候选人。经湖州市第七届人大常委会第一次会议，金长征当选湖州市副市长、代市长。

5月28日，省总工会第十三届八次全委会在杭州召开。省人大常委会副主任、省总工会主席厉志海在会上强调：省委省政府对工会工作高度重视，工会工作面临良好的机遇，我们要团结带领全省职工奋发进取，以崭新的姿态开创工会工作新局面。会议选举省总工会党组书记戴震华为省总工会副主席。

6月4日，省总工会党组书记、副主席戴震华，省总工会副主席陈世权、吴建宪，杭州市总工会主席陈永良等专程到英雄吴斌家中，将全国总工会追授吴斌全国“五一”劳动奖章，省总工会追授吴斌浙江省“五一”劳动奖章，省政府追授吴斌为“浙江省劳动模范”，市总工会追授吴斌为“杭州市杰出职工”的荣誉证书和奖章交给了吴斌的家属，向他们表示深切地慰问并送上了慰问金。

6月7日，省总工会召开学习平民英雄、职业楷模吴斌同志座谈会。省人大常委会副主任、省总工会主席厉志海发表重要讲话。省总工会党组书记、副主席戴震华主持会议。

6月11日，省总工会召开党组中心组学习会，传达学习贯彻我省第十三次党代会精神，部署学习宣传贯彻工作。省总工会党组书记、副主席戴震华出席并讲话。

6月19日、21日，省人大常委会副主任、省总工会主席厉志海在嘉兴和金华市调研工会工作，主持召开全省工会深入学习贯彻省第十三次党代会精神，推动工会工作创新发展座谈会。

6月26日，由省总工会会同省协调劳动关系三方会议成员单位联合举办的第一期工资集体协商培训班在杭州开班，首批150名谈判专家将通过统一的培训和考试，获取全省统一的集体协商指导员证，分赴各地持证上岗。

7月13日，省委副书记李强专程到省总工会指导工会工作。省人大常委会副主任、省总工会主席厉志海，省总工会党组书记、常务副主席戴震华，向李强汇报了全省工会基本情况。

8月1日至3日，全省工会领导干部学习会在杭州举行。省人大常委会副主任、省总工会主席厉志海在会上强调，各级工会要深入学习贯彻胡锦涛总书记7月23日在省部级主要领导干部研讨班上的重要讲话和省第十三次党代会精神，坚持走中国特色社会主义工会发展道路，求创新，谋发展，努力推动浙江工会工作实现新跨越。

9月18日至20日，以省总工会副主席李锦平为组长、由浙江、天津、湖南三省组成的中华全国总工会第八检查调研组对杭州市职工法律援助维权服务工作进行检查调研。

10月11日，浙江省第五届职工运动会开幕式在杭州黄龙体育中心隆重举行。浙江省委书记、省人大常委会主任赵洪祝发来贺信；浙江省委副书记、省长夏宝龙宣布运动会开幕；中华全国总工会副主席、书记处书记倪健民，浙江省委副书记李强出席开幕式并讲话；浙江省人大常委会副主任、省总工会主席厉志海主持开幕式。

11月22日，省人大常委会副主任、省总工会主席厉志海在杭州临安调研《浙江省企业民主管理条例》《浙江省集体合同条例》贯彻实施情况。

11月23日，省人大常委会副主任、省总工会主席厉志海，宁波市委副书记王勇会见了由中国国民党中央常务委员、海峡两岸劳工发展交流协会理事长侯彩凤率领的海峡两岸劳工发展交流协会代表团一行。

11月25日，浙江省暨宁波市第三届职工科技周在宁波国际会展中心开幕。省委常委、宁波市委书记、市人大常委会主任王辉忠宣布开幕。省人大常委会副主任、省总工会主席厉志海出席并讲话。

12月13日，全国工会落实会员“四权”，增强基层工会活力研讨会在杭州市余杭区召开。浙江省总工会、杭州市总工会及余杭区总工会在会上作典型发言。

12月19日，浙江省总工会成立60周年纪念大会在省人民大会堂举行。省委副书记李强出席会议并讲话。全国总工会发来贺信。省人大常委会副主任、省总工会主席厉志海，副省长陈加元，省政协副主席、省委统战部部长汤黎路，省委副秘书长林云举，团省委、省妇联负责人出席会议。省总工会党组书记、常务副主席戴震华主持纪念大会。

2012年共青团浙江省委员会大事记

1月29日，新春假期后上班第一天，由共青团浙江省委、共青团杭州市委、中共富阳市委主办，共青团富阳市委、富阳市林业局承办，以“情系母亲河，绿动钱江畔”为主题的“浙江省青少年植绿护绿”行动在富阳市新桐乡富春江畔举行。

2月7日至8日，团浙江省委召开了第二轮首批派驻干部集中培训和座谈会。

2月8日，团省委在机关五楼会议室召开2012年机关挂职团干部座谈会，欢迎新一批机关挂职干部。团省委副书记苗伟伦出席座谈会，并与全体挂职干部座谈交流。

2月16日至17日，团省委书记周艳赴宁波调研共青团组织格局创新和基层基础建设工作。团省委常委、办公室主任陈江，团省委常委、组织部长斯力陪同调研。

2月17日，团省委副书记朱斌、团省委少年部部长劳虓虓、省少先队总辅导员魏慈瑛一行到绍兴县鉴湖小学调研少先队工作。

同日，团省委副书记朱斌一行赴浙江科技学院、浙江长征职业技术学院调研高校共青团和学生会工作。

同日，团省委王征副书记一行赴巨化集团公司调研企业共青团工作。

2月21日，共青团浙江省十三届二次全委（扩大）会议在杭州召开。省委副书记李强代表省委到会讲话，省委副秘书长林云举出席会议。团省委书记周艳代表团省委常委会作了工作报告，团省委副书记苗伟伦、王征、朱斌参加了会议。

2月23日，团省委召开机关干部作风建设动员大会。团省委书记周艳就机关干部作风建设问题做了动员讲话。团省委副书记苗伟伦、王征、朱斌参加了会议。

2月24日、25日，由省委组织部、团省委联合主办的浙江省“优秀大学生村官”先进事迹报告会分别在浙江大学和宁波大学隆重举行。省委组织部副部长姚志文、团省委副书记朱斌、浙江大学党委副书记郑强、宁波大学党委副书记唐绍祥等领导以及来自浙江大学、宁波大学、杭州电子科技大学、浙江工商大学、宁波工程学院、宁波纺织服装职业技术学院的学生代表到会聆听了两场报告会。

3月2日，团省委副书记朱斌一行赴宁波大学、宁波工程学院、浙江纺织服装技术学院、宁波效实中学以及东恩中学调研高校及中学共青团工作。

3月4日，团省委、浙江日报社、武警浙江省总队联合在江干区闸弄口街道闸弄口社区举行了“学雷锋，树新风”浙江省“三•五”志愿服务统一大行动暨共青团关爱农民工子女志愿服务集中行动启动仪式。省委副书记李强，省委副秘书长林云举，团省委书记、省志愿者协会理事长周艳，武警浙江总队副政委贾龙武，杭州市委常委、宣传部长翁卫军，中共江干区委书记盛阅春，武警浙江总队政治部副主任费海平，团省委副书记苗伟伦等领导以及来自全省各条战线学雷锋先进典型、志愿者代表和来自各级青年文明号“岗位学雷锋”的先进代表共300余人参加了启动仪式。

3月9日至10日，团中央组织部组织处处长张向群、副处长孙培元一行到浙江调研青年自组织团建工作。团省委书记周艳就团的基层组织建设工作与调研组进行了深入交流，团杭州市委、团省委组织部负责同志等陪同调研。

3月12日，第34个植树节，团省委联合省文明办、省林业厅、省绿委、省总工会、省妇联在杭州余杭和睦桥村举行“关爱自然、义务植树”志愿服务大行动启动仪式。省政协副主席陈艳华、团省委副书记朱斌等领导出席仪式。

3月14日，团省委召开了浙江省青年网络协会第二次会员大会，同时举办了浙江青年与微博发展论坛。团省委副书记、省青联主席苗伟伦出席并致辞。

3月15日，为深入开展“三进三服务”活动，团省委副书记苗伟伦一行赴海宁市走访调研行政村、企事业单位团工作。团省委常委、宣传部部长杜作锋，团嘉兴市委副书记朱永领等陪同调研。

4月5日，共青团浙江省委，诸暨市委、市政府在诸暨市次坞镇俞秀松烈士陵园举行纪念大会。团省委领导、团省委机关干部、诸暨市领导、诸暨市各界团员青年代表等300余人参加了本次活动。

4月8日，由共青团浙江省委、共青团杭州市委共同主办、杭州图书馆承办的“轻松备考12355与你同行”2012年共青团阳光行动启动仪式暨“青少年社会教育基地”揭牌仪式在杭州图书馆举行。团省委副书记王征出席活动并讲话。

4月16日，团省委在宁波召开2012年一季度团市委书记例会，团省委书记周艳出席会议并讲话，团省委副书记苗伟伦、王征、朱斌就分管的工作进行了强调部署。

4月26日至27日，团省委书记周艳赴衢州常山、江山等地调研共青团工作。

5月2日，团省委在中国计量学院举行了主题为“高举旗帜跟党走，创业创新作贡献”的第九届“浙江青年五四奖章”获得者首场先进事迹报告会。

5月4日，纪念中国共产主义青年团成立90周年大会在北京隆重召开，胡锦涛总书记在会上发表重要讲话。共青团浙江省委组织全体机关干部、直属单位班子成员和杭州团市委机关全体干部集中收看了纪念大会的直播盛况，认真聆听胡锦涛总书记的重要讲话。

5月8日，浙江省隆重集会纪念中国共产主义青年团成立90周年。省委书记、省人大常委会主任赵洪祝出席并作重要讲话。省领导夏宝龙、乔传秀、黄坤明、葛慧君、茅临生、蔡奇、刘力伟、王永明、厉志海、陈加元、王永昌，省军区副政委马家利等出席大会。省委副书记李强主持大会。团省委书记周艳在会上发言。

5月16日至17日，团省委副书记、省青年企业家协会会长王征赴湖州调研共青团工作，并出席浙江青年企业家协会会员“走进地市”之湖州行活动。

5月27日，中国共产主义青年团浙江大学第十九次代表大会在紫金港校区剧场隆重召开。省人大常委会副主任、浙江大学党委书记金德水，团省委书记周艳出席会议并讲话。团省委副书记朱斌，校党委副书记邹晓东、郑强等领导出席会议。

6月20日，团省委书记周艳、副书记朱斌一行赴杭州市上城区调研指导“双网互动”基层团建工作。

6月21日，全省省属企业共青团贯彻省第十三次党代会精神座谈会暨省属企业共青团半年度工作会议在杭州举行，全省35家省属企业团委书记参加了会议。团省委副书记王征参加会议并做了重要讲话。

6月26日，团省委副书记朱斌赴舟山出席浙江省本科院校共青团工作联席会东部片区校地共建“十百千万工程”启动仪式并讲话。

7月13日，省委副书记李强莅临团省委机关调研指导工作，并走访看望了全体机关干部。

7月17日至18日，团中央书记处书记贺军科一行先后赴舟山和宁波调研我省“双网互动”基层团建模式创新、非公有制企业团建和街道团工作，团浙江省委书记周艳陪同调研。

8月21日，河南驻浙江团工委工作推进交流会暨“豫籍在浙务工创业有为青年”表彰大会在杭州举行。团河南省委副书记郭鹏、团浙江省委副书记苗伟伦出席会议并讲话。团浙江省委书记周艳看望了河南团省委和驻浙团工委一行。

9月3日，省网络文明志愿者总队成立大会暨“共建文明e家园”活动启动仪式在杭州举行。省委常委、副省长、宣传部长葛慧君，省委宣传部副部长、省委外宣办主任吕建楚，团省委书记、省志愿者协会理事长周艳，省委教育工委副书记、省教育厅副厅长蒋胜祥，省公安厅党委委员、副厅长、政治部主任华乃强等领导出席成立仪式，团省委副书记朱斌主持仪式。

9月12日，由共青团浙江省委、浙江省商务厅、浙江省农业厅联合举办的首届长三角地区农超对接洽谈会在嘉兴隆重开幕，吸引了上海、江苏、安徽、浙江等地大批农产品生产商、采购商参加。

9月17日，由浙江省文明办、共青团浙江省委、浙江广播电视集团共同主办，少先队浙江省工作委员会和浙江电视台少儿频道承办的喜迎十八大大型新闻行动“信仰的种子——浙江省未成年人核心价值体系建设成就巡礼”新闻发布会暨启动仪式在杭州市天长小学举行。

9月19日，团省委书记周艳前往浙江财经学院调研高校共青团和学生会工作。

9月25日，由共青团浙江省委、浙江省文明办、共青团杭州市委共同主办的12355“心灵花园”体验活动推进会在余杭区信达外国语学校举行。团省委副书记王征出席会议。

10月21日，由共青团浙江省委、浙江省经济和信息化委员会、浙江省商务厅、义乌市委市政府共同主办的“网聚青年力量 服务国家战略”浙江青年网商创业行动启动仪式暨浙江青年网商创业创新高峰论坛在义乌举行。

10月30日至31日，团省委书记周艳一行赴湖州调研“双网互动” 基层团建工作试点和乡镇实体化“大团委”建设情况，并看望了团省委驻点干部。

11月6日至7日，团省委在宁波市北仑

区召开了全省共青团“双网互动”试点单位座谈会和专题座谈会。团省委副书记苗伟伦出席会议并讲话。

11月7日，团省委副书记朱斌一行赴浙江金融职业学院调研共青团及文明寝室创建工作。

11月19日，团省委召开常委扩大会议，传达学习党的十八大精神。党的十八大代表、团省委书记周艳出席会议并讲话，团省委副书记苗伟伦主持会议，团省委副书记王征、朱斌出席会议。团省委常委、团省委机关干部、离退休老同志和直属单位领导班子参加会议。

11月27日至28日，团中央权益部部长刘涛到浙江省调研共青团权益工作，团省委书记周艳、副书记王征陪同调研。

12月4日，共青团浙江省委、浙江省农办、浙江农林大学联合举办浙江省优秀农村创业青年送十八大精神进百校（村）集中宣讲活动启动仪式。团省委副书记苗伟伦、浙江农林大学副校长鲍滨福等领导参加启动仪式。

12月11日至12日，根据团中央统一部署，2012年全国县级团委书记电视电话培训（浙江分会场）在杭州顺利举办。团省委书记周艳，副书记苗伟伦、朱斌，团省委相关工作战线负责人以及全省新任职未参加过培训的地市级团委班子成员、县级团委书记、新任职的县级团委副书记共160余人参加了此次培训。

12月12日至14日，团省委书记周艳赴宁波调研共青团工作，并在宁波大学作党的十八大精神宣讲报告。团省委副书记朱斌出席宣讲报告会。

12月13日，团省委副书记朱斌一行在团舟山市委书记解延海的陪同下，专程赴浙江海洋学院调研指导共青团工作。

12月28日，在省“两会”召开前夕，省人大内司委、省政协社法委、团省委联合举行了2013年浙江省“共青团与人大代表、政协委员面对面”集中座谈交流活动。

2012年浙江省社会科学院大事记

1月9日，全省人力资源和社会保障工作会议在杭州召开。会上表彰了2011年度浙江省有突出贡献中青年专家，副院长陈柳裕研究员获得了这一荣誉称号。

2月14日，省社科院浙江省哲学社会科学省级重点研究基地——浙江省浙江历史文化研究中心召开了工作会议。文、史、哲、方志办的科研人员参加了会议，院党委书记、中心主任林吕建出席会议并讲话，科研处处长卢敦基主持会议。

3月9日，全省各市地方志办公室主任座谈会在省方志办召开。省地方志编纂委员会副主任张曦，各市地方志机构负责人，省方志办有关人员参加会议。会议由省方志办主任潘捷军主持。

3月13日至16日，副院长葛立成带领调研中心人员组成的走访调研组到湖州市吴兴区开展进村入户大走访活动。

3月15日，“寻找浙江文化符号”项目召开了院内专家论证会，标志着这一项目的正式启动。

3月16日，根据省委宣传部指示开展的院重大课题《浙江历史文化读本》课题组召开了第二次全体成员会议。会议由课题负责人陈野主持，院党委书记林吕建参加会议并作重要指示。课题组全体成员吴晶、项义华、张学继、俞为洁、郑绩、陈刚、王宇、周静、俞强、蒋中崎、汤敏、刘俊峰、于英红参加了会议。

3月20日，中国(浙江)地方志学术研究中心首批课题论证会在省方志办召开。省地方志编纂委员会副主任张曦，省社科院党委书记林吕建，上海市方志办副主任莫建备，江苏省方志办副主任蔡金良，省档案局副局长王茂法，中国丝绸博物馆馆长赵丰，省委宣传部理论处处长陈先春，省发改委社会处处长张黎明，省统计局综合处处长王美福、省委宣传部事业处副处长申中华，省地方志专家委员会主任魏桥，杭州市方志办主任贾大清，省图书馆副馆长徐晓军，浙江大学历史系教授仓修良，原省方志办副主任顾志兴，中国美术学院教授王其全及省方志办相关人员共20余人参加会议。会议由省社科院党委委员、省方志办主任潘捷军研究员主持。

3月31日，召开全院职工大会，省委组织部常务副部长于跃敏同志代表省委、省政府宣布关于省社科院主要领导的任命决定：张伟斌同志任省社科院党委书记、副院长。

4月18日，党委书记张伟斌同志参加了该院科研人员座谈会，科研处长卢敦基同志主持了会议。

5月4日，党委书记张伟斌同志主持召开了政治学研究所座谈会，与政治学研究所科研人员进行了座谈。

5月20日，省委书记赵洪祝同志对省社科院院2012年第8期《智库报告》——《物质上共同富裕　精神上共同富有——浙江经济社会发展转型期的一个重大命题》作出重要批示：“这份研究报告,围绕省委提出的“物质上共同富裕，精神上共同富有”这一重大命题作了深入研究，内容全面，分析透彻，逻辑严密，说服力强，对于起草和修改好党代会报告很有帮助。”要求将该文送李强和赵一德、潘家玮、舒国增等领导阅。

5月22日至26日，院领导班子成员及部分中层干部赴福州、宁德、龙岩、厦门等地就福建海西经济区建设、福建社科院工作等内容进行了调研。

5月29日，浙江全省农村工作指导员工作电视电话会议召开，副院长毛跃出席会议。会议表彰了全省农村指导员工作先进单位和个人。省社科院荣获“省农村指导员工作先进单位”称号。

同日，《2013年浙江蓝皮书》启动会议举行，党委书记、蓝皮书主编张伟斌听取了经济、社会、法治、浙商等分卷执行主编关于今年各分卷内容框架和编写计划的汇报，充分肯定了《浙江蓝皮书》作为该院重要的应用研究平台和扩大科研影响力的有效渠道的积极作用，并对今年的蓝皮书工作提出了进一步的要求。会议由副院长葛立成主持，副院长陈柳裕、科研处处长卢敦基、调研中心主任杨建华等参加了会议。

6月1日，由浙江省文明办、浙江省社科院主办，省文明办综合处和《观察与思考》杂志社承办的浙江省第七届精神文明建设理论研讨会暨“我们的价值观”论坛，在杭州之江饭店召开。

6月2日，浙江省中国特色社会主义理论研究中心联合浙江省哲学社会科学规划领导小组办公室、浙江省教育厅宣传教育处、浙江省马克思主义学会在舟山浙江海洋学院召开了第六届浙江省马克思主义理论研讨会。省社会科学院党委书记、省中国特色社会主义理论研究中心主任张伟斌出席会议并讲话。

6月25日，省委宣传部常务副部长胡坚对转型以来的《观察与思考》作了肯定性和指导性的批示。批示内容如下：“《观察与思考》改版后，充分体现了省社科院的特色和优势，刊物的内容、形式、主题的思想性、学术性、探索性、指导性都很强。‘我们的价值观’专栏办得很有特色，也很有份量。向编辑部的同志们致谢！同时请社科院继续加强办刊工作，创出学术刊物的品牌。”

6月28日，省委宣传部常务副部长胡坚到省社科院调研省十三次党代会精神学习情况。党委书记张伟斌、院长迟全华，党委委员、省方志办主任潘捷军出席会议，张伟斌主持了会议。

7月4日，以《浙江学刊》入选国家社科基金资助名单为契机，《浙江学刊》编辑部召开工作会议讨论如何尽快把《浙江学刊》建设成为国内一流期刊。党委书记张伟斌同志参加并主持了会议。

7月7日至9日，全国社科院系统中国特色社会主义理论体系研究中心第十七届年会暨学术研讨会在山西太原召开，会议的主题是“文化建设与中国发展道路”。党委书记张伟斌出席了会议，拜会了中国社会科学院领导，会晤了中国社会科学院中特中心的负责人，并广泛地与各地方社科院领导进行了会谈。

7月19日，省委书记、省人大常委会主任赵洪祝在省社科院7月17日报送的《2012年上半年工作总结和下半年工作重点》报告上作出重要批示。批示指出：“今年以来，省社科院求真创新，在应用对策和基础理论研究方面取得了显著成绩，尤其是围绕省第十三次党代会召开，深入调研，认真思考，提供了许多重大研究成果，值得充分肯定”。

同日，省委常委、副省长、宣传部长葛慧君在省委宣传部常务副部长胡坚和省委宣传部有关处室负责人的陪同下，到省社科院调研指导工作。

9月26日，浙江省党的建设研究会第五次会员代表大会和五届一次理事会议在杭州召开。党委书记张伟斌当选浙江省党的建设研究会副会长，政治学研究所所长陈华兴当选浙江省党的建设研究会常务理事、副秘书长。

10月17日，中国社会科学院网络中心一行16人由中国社会科学院计算机网络中心党委书记、主任张新鹰带队到省社科院进行信息化建设调研。

10月19日，党委书记张伟斌、院长迟全华一行赴中国社会科学院访问交流。

10月26日，省长夏宝龙主持召开省政府第99次常务会议，审议并原则通过《浙江省实施〈地方志工作条例〉办法（草案）》。

10月27日，由安徽、上海、江苏和浙江省社科院联合主办，安徽省社科院经济研究所和安徽省经济研究院承办的“长三角地区产业发展论坛”在安徽合肥举行。院长迟全华出席论坛。

10月29日至11月1日，2012年华东地区六省一市社科院院长联席会议在江西南昌召开，党委书记张伟斌和有关职能部门的负责同志参加了会议，

11月2日，由省社科院主编，省教育厅、省社科联等参编的《浙江通志•人文社会科学卷》篇目论证会在省社科院召开。

11月13日，2013年度全国社科基金规划项目课题申报动员会议举行，副院长葛立成作了动员讲话，并对即将开展的申报工作提出了要求，鼓励科研人员和团队积极申报，提高质量，科研处处长卢敦基对有关申报要求作了说明。

11月17日，省长夏宝龙签署第303号省长令，颁布《浙江省实施〈地方志工作条例〉办法》，该办法将于2013年1月1日起实施。

12月14日，省社科院“新工业革命与浙江经济转型升级”形势分析会在省行政中心3号楼11楼电视电话会议室举行。省委副书记李强出席会议并讲话。省委常委、副省长、宣传部长葛慧君，省委常委、常务副省长龚正，省人大常委会副主任冯明、副省长郑继伟、省政协副主席黄旭明等省领导出席会议。会议由党委书记张伟斌主持。

12月25日，《浙江通志•人文社科卷》第一次编纂委员会会议在省社科院召开，省社科院党委委员、副院长，编纂委员会常务副主任葛立成主持会议并讲话。

2012年浙江省贸促会大事记

1月9日，2012年全国贸促工作会议在北京召开。会长铁建设、办公室主任李立嘉、会员事务部部长吕雨葭参加了会议。

1月11日，副会长胡纲高在杭州会见了以土耳其—中国工商业协会会长穆拉特•桑谷尔鲁为团长的土耳其建筑业代表团一行三十余人。在会上，省贸促会与土耳其—中国工商业协会还就加强机构合作签署了备忘录，正式结成友好合作关系。

1月19日，应印度驻沪总领事戴思锐的邀请，副会长胡纲高参加了印度驻沪总领事馆在上海举办的印度第63个共和日庆典活动。

2月2日，省委书记、省人大主任赵洪祝在省贸促会上报的《2011年工作总结和2012年主要工作打算》作出重要批示：2011年，省贸促会、国际商会围绕我省中心工作，发挥自身优势，扎实开展对外联络和商务交流，为促进我省经济平稳较快发展作出了积极贡献。希望新的一年，按照省委、省政府“稳中求进、转中求好”工作基调，着力帮助企业拓展国际市场，着力扩大境外营销网络，着力提升国际联络和经贸服务水平，更好地发挥贸促机构在推进经济转型升级中的作用。

2月13日，召开领导干部会议，传达贯彻中国贸促会党组中心组专题学习会精神。党组书记、会长铁建设主持会议，会领导徐山、邵志华、胡纲高、吴莉芬和会机关各部门主要负责人参加会议。

2月16日至17日，2012年全国贸促法律工作会议在海南省海口市召开。副会长徐山出席会议。省贸促会再次获评“2011年度中国贸促会法律工作先进单位”。

2月20日，副会长徐山参加2012年浙江省茶叶对外贸易预警示范点工作会议。

2月23日，湖北省贸促会会长周彩娟率代表团到省贸促会进行工作交流。会长铁建设，副会长徐山、邵志华、胡纲高，秘书长吴莉芬及各部门主要负责人参加了交流。

3月5日，大连贸促会副会长张凯华率代表团到省贸促会进行工作交流。副会长邵志华及各部门负责人参加了交流。

3月6日，中国浙江—纳米比亚产业对接洽谈会在纳米比亚首都温得和克隆重开幕。省政府代表团出席开幕式。中国驻纳米比亚大使魏瑞兴、省贸促会会长铁建设，纳米比亚工商会主席蒂拉胡恩、纳米比亚贸工部秘书长恩迪希希分别在开幕式上致辞。中国驻纳米比亚大使馆商务参赞刘如宁、省贸促会副会长徐山、胡纲高，纳米比亚农业水利林业部副部长特维亚、温得和克市副市长卡马图卡以及来自浙江和纳米比亚的工商界人士共170人参加了会议。

3月6日至8日，副会长邵志华率会机关处以上干部赴宁波镇海区开展“进村入企”走访活动。

3月9日，2012中国浙江—坦桑尼亚产业对接洽谈会在坦桑尼亚第一大城市达累斯萨拉姆开幕。中国驻坦桑尼亚大使馆商务代表林志勇、省贸促会会长铁建设、坦桑尼亚交通部长奥马里南杜、坦桑尼亚投资中心主席姆坦戈和首席执行官姆林伊分别在开幕式上致辞。省贸促会副会长徐山、胡纲高，秘书长吴莉芬以及来自浙江和坦桑尼亚的工商界人士共220余人参加了会议。

3月13日，2012中国浙江—沙迦投资研讨会在沙迦隆重举行。中国驻迪拜总领事詹京保、省贸促会会长铁建设、沙迦工商会第一副主席穆罕默德•苏尔坦先后在会上发言。中国驻阿联酋商务参赞王国强、中国驻迪拜总领事馆商务领事张艺、中国贸促会驻海湾地区首席代表张宝俊、省贸促会副会长徐山、胡纲高、秘书长吴莉芬、沙迦工商会总裁侯塞因•穆罕默德、董事穆罕默德•穆沙拉赫以及浙江和沙迦的110多位企业代表出席会议。

3月19日，副会长胡纲高会见了西澳州大中华区首席代表包宁生一行5人。

3月28日，由省贸促会及亚特兰大市政府、亚特兰大招商局及亚特兰大商会主办的美国亚特兰大市经贸及投资双边交流会在杭州成功举办。副会长徐山、亚特兰大市市长Kasim Reed、亚特兰大招商局总裁Brian McGowan、亚特兰大商会经济发展资深副总裁Hans Gant在会议中致辞，副会长胡纲高与亚特兰大商会就双方进一步深化合作及交流展开深入探讨。

3月29日，中国国际商会与江苏省人民政府联合主办的首届中国国际进口产品博览会在江苏省昆山市隆重开幕。副会长邵志华应邀出席开幕式。

4月18日，省贸促会、省新闻办在省新闻发布厅联合举办2012国际数字营销展览会新闻发布会。

4月21日，首届义乌进口商品展在义乌国际博览中心拉开帷幕。省国际商会常务副会长邵志华应邀出席开幕式。

4月24日，2012（杭州）泰安经济合作洽谈会在杭州召开。副会长徐山应邀出席洽谈会。

5月6日至8日，2012年中国柯桥春季国际纺织品面辅料博览会在柯桥隆重举行。会长铁建设应邀出席了博览会首日的相关活动。

5月11日，第八届长三角贸促机构联席会议在上海召开。副会长徐山出席会议并讲话。

5月15日，世界贸促高峰论坛在北京隆重举行。会长铁建设代表全国贸促系统在论坛作发言，并在人民大会堂受到温总理的亲切接见。

5月22日，由印尼驻华大使馆主办、省贸促会等单位协办的印尼贸易投资及旅游促进论坛在杭州成功举办。

5月30日，中国国际商会温州市瓯海区商会三届一次会议暨瓯海区2011年度国际贸易信用企业表彰大会在温州市瓯海区隆重召开。副会长许勇出席会议并讲话。

6月6日，副会长徐山会见了马来商会常务副会长拿督•穆罕默德•哈桑一行，并代表省贸促会与马来商会签署了友好合作协议。

6月8日，由浙洽会组委会主办、省贸促会承办的第十四届浙洽会风险投资和农业休闲产业投资合作对接洽谈会在宁波举行。浙洽会组委会成员、省国际商会副会长邵志华出席并致辞。

7月16日至17日，2012贸促系统建设工作座谈会在山东省济南市召开。副会长许勇出席了会议。

8月1日，副会长许勇会见了英中贸易协会总裁傅仲森一行。

8月8日，国家级义乌经济技术开发区授牌仪式在义乌幸福湖国际会议中心举行。会长铁建设应邀出席授牌仪式。

8月20日，衢州市国际商会成立大会在衢州隆重召开。副会长徐山出席并讲话。

8月31日，绍兴县国际商会成立大会暨第一次会员大会在绍兴县隆重召开。副会长许勇出席并讲话。

9月4日，全省贸促系统国际联络工作会议在杭州召开。副会长徐山出席大会并作了重要讲话。

9月14日，由浙江省贸促会与省商务厅、省工商联合主办的“境外浙商与浙江开发区(园区)对接会暨境外浙商回归投资重大投资项目签约仪式”在杭州黄龙饭店举行。副会长徐山出席并参加签约仪式。

9月19日，省贸促会再次荣获浙洽会最佳组织奖。

同日，会长铁建设会见了马来西亚怡保市市长罗西迪一行。

9月21日，全省贸促系统信息员工作会议在杭州召开。副会长许勇出席会议并讲话，会务部部长吕雨葭主持了会议。

9月26日，第17届中国五金博览会在永康隆重开幕，会长铁建设应邀出席开幕式。

10月17日至18日，由中国贸促会、中国人民银行、杭州市人民政府和泛美开发银行联合主办的第六届中国—拉美企业家高峰会在杭州举办。会长铁建设参加了会议开幕式。

10月26日，浙江临海首届户外家具及庭院休闲用品展览会在临海市隆重开幕。会长铁建设出席开幕式并宣布展览会开幕。

11月8日至10日，2012中国舟山国际船业博览会在中国“千岛之城”——浙江省舟山市举办，副会长许勇出席开幕式。

11月29日，会由省贸促会、省外商投资企业协会主办的2012（第三届）环杭州湾海洋休闲产业合作峰会在平湖市九龙山旅游度假区隆重开幕。会长铁建设在开幕式上致辞。

12月3日，副会长许勇赴哥伦比亚哥中商会上海办事处和美国密苏里州国际贸易与投资上海办事处，就浙江省经贸代表团参加“2013（厄瓜多尔）第三届中国商品展暨浙江省出口商品展”并顺访美国密苏里州等事宜进行交流与座谈。

同日，秘书长吴莉芬会见了西澳州工商会国际贸易服务处主任苏楷智一行，并分别代表了省贸促会与西澳洲工商会签署了友好合作协议。

12月6日，秘书长吴莉芬会见了美国印第安纳州经济发展部国际关系主任肯特•安德森一行。

12月13日至14日，全省贸促工作会议在温州召开。会长铁建设、副会长徐山，省国际商会常务副会长邵志华、王玉傅出席会议。秘书长吴莉芬主持会议。

12月21日至28日，应台北世界贸易中心邀请，中国贸促会于平副会长率由14个省市贸促会的领导和代表组成的贸促会代表团共39人参加了与台北世界贸易中心共同举办的2012年度高层会议。会长铁建设一行3人随团出访并参加相关经贸活动。

2012年浙江省人民检察院大事记

1月5日，第十五次全省检察工作会议在杭州召开。省检察院检察长陈云龙出席并作报告。

同日，在举行的省市检察院党风廉政建设责任书签订仪式上，省检察院检察长陈云龙分别与省检察院领导班子成员和11个市检察院检察长签订了党风廉政建设责任书。

2月1日，召开全院干部职工大会，对在2011年度作出优异成绩的先进集体和个人予以表彰。省检察院检察长陈云龙在会上作重要讲话。

2月6日，省检察院党组理论学习中心组召开会议，学习传达了十七届中央纪委七次全会和省纪委十二届八次全会的主要精神。省检察院党组书记、检察长陈云龙主持学习会。

2月9日至10日，全省检察机关政治部主任会议在湖州召开。省检察院政治部主任任国，省检察院检委会专职委员、政治部副主任钱华等出席会议。

2月14日，省检察院检察长陈云龙到临平地区人民检察院，视察调研该院监所检察工作。省检察院副检察长王祺国、杭州市人民检察院检察长吴春莲等陪同调研。

2月16日至17日，全省检察机关反贪工作座谈会在杭州召开。省检察院副检察长刘建国、反贪污贿赂局局长陈春玉出席会议并讲话。

2月28日，全省检察机关党风廉政建设暨纪检监察工作会议在杭州召开。省检察院检察长陈云龙出席会议并代表省院党组作重要讲话。

2月28日至29日，全省检察机关预防职务犯罪工作座谈会在宁波鄞州召开。省检察院副检察长刘建国出席会议并讲话。

3月6日至7日，省人民检察院副检察长庄建南一行到富阳市高桥镇勤丰村开展“进村入企”大走访活动。

3月6日至8日，省人民检察院副检察长张雪樵一行到龙泉市开展“进村入企”大走访活动。

3月12日至14日，全省检察机关侦查监督工作会议在开化县召开。省人民检察院副检察长刘晓刚出席会议并讲话。

3月14日至16日，全省检察机关监所检察工作会议在龙游县召开。省人民检察院副检察长顾雪飞出席会议并讲话。

3月20日至21日，省检察院检察长陈云龙一行到富阳开展“进村入企”活动。

4月10日，全省基层检察院建设工作会议在绍兴召开。省检察院检察长陈云龙作了题为“继往开来，创先争优，努力开创我省基层检察院建设新局面”的工作报告。最高人民检察院政治部副主任夏道虎到会指导工作并讲话。省检察院副检察长庄建南主持会议。

同日，全省基层检察院建设工作会议进行大会经验交流。省检察院政治部主任任国主持大会。

4月11日，浙江省检察官文学艺术联合会第一次会员代表大会在绍兴召开，选举产生了浙江省检察官文联第一届委员会。省检察院政治部主任任国当选为浙江省检察官文联第一任主席。

4月16日至17日，省检察院检察长陈云龙、副检察长顾雪飞一行到舟山调研检察机关对接“网格化管理、组团式服务”工作。

4月25日，省检察院检察长陈云龙到江山市人民检察院，专题调研该院贯彻落实《省人大常委会关于加强检察机关法律监督工作的决定》的工作情况。

5月4日，省检察院举行简朴、庄严的检察官宣誓仪式。省检察院检察长陈云龙在仪式上讲话。省检察院政治部主任任国主持宣誓仪式。

5月9日，省检察院检察长陈云龙、副检察长顾雪飞一行到云和县人民检察院视察调研检察工作。

5月24日，省检察院检察长陈云龙到瑞安市人民检察院，调研指导基层检察室工作。

6月12日，省检察院召开党组理论中心组学习会议，认真传达学习省十三次党代会精神。省检察院党组书记、检察长陈云龙主持会议。

6月18日至19日，省检察院检察长陈云龙一行到宁波调研指导工作。

7月6日，省检察院检察长陈云龙一行在绍兴市检察院检察长胡东林的陪同下，到诸暨市人民检察院调研基层检察室工作。

7月9日，浙江省检察摄影协会第一次会员代表大会在杭州召开。这标志着浙江省检察官文学艺术联合会下属的第一个协会正式成立。省检察院政治部主任、浙江省检察官文联主席任国出席会议并讲话。

7月26日至27日，全省检察机关反贪工作会议在三门县召开，省检察院副检察长刘建国出席会议并讲话。

8月28日，省检察院检察长陈云龙专程赶赴西藏自治区那曲地区，考察浙江检察机关对口援藏工作开展情况。

8月29日至30日，全省检察机关行政执法监督现场会暨民事行政检察处长座谈会在永康召开。省检察院副检察长张雪樵、省检察院检察委员会专职委员、民事行政检察处处长傅国云出席会议。

8月29日至30日，全省检察机关控告申诉工作及信息平台建设座谈会在绍兴召开。省检察院副检察长王祺国出席会议并讲话。

9月4日，全省检察机关科技强检规划征求意见座谈会在湖州市德清县召开。省检察院副检察长刘晓刚出席并讲话。

9月13日，由检察日报社、浙江省人民检察院主办，杭州市人民检察院承办的第十届全国检察长论坛杭州会议在萧山召开。最高人民检察院专职委员童建明出席会议并讲话。省检察院检察长陈云龙，杭州市委常委、市委副书记王金财等出席会议。会议由检察日报社社长李雪慧主持。

9月20日，浙江省检察书画协会第一次会员代表大会在武义召开。省检察院副检察长刘建国，省检察院政治部主任、浙江省检察官文联主席任国出席会议。

9月25日至26日，沪苏皖浙检察工作座谈会在台州市召开。上海市人民检察院检察长陈旭、江苏省人民检察院检察长徐安、安徽省人民检察院检察长崔伟、浙江省人民检察院检察长陈云龙出席会议并讲话。

10月16日，全省检察机关预防职务犯罪警示教育基地建设工作现场会在绍兴召开。省检察院副检察长刘建国出席会议并讲话。

11月5日至6日，省检察院检察长陈云龙到湖州进行工作调研。

11月8日，全省检察机关检务保障工作座谈会在新昌县举行。省检察院副检察长刘晓刚出席并讲话。

11月20日，省检察院召开全院党员干部大会，学习传达党的十八大精神。

11月21日，省检察院党组理论学习中心组召开会议，专题学习党的十八大精神。省检察院党组书记、检察长陈云龙主持会议并讲话。

12月6日，第七届环太湖检察论坛在嘉兴召开。省检察院副检察长王祺国出席会议并讲话。

12月11日至12日，全省检察机关“三个千亿”工程建设预防工作第三次交流会在宁海县召开。省检察院副检察长刘建国出席会议并讲话。

12月18日，全省市院《浙江通志•检察卷》联络员会议在新昌举行。省检察院副检察长顾雪飞、院志办主任倪集华以及各市检察院联系员参加会议。

12月19日，全省检察机关党建工作研讨会在龙泉召开。省检察院党组成员、政治部主任任国出席会议并讲话。

12月27日至28日，第四届沪苏浙皖检察机关政治工作座谈会在上海市嘉定区召开。上海市检察院政治部主任周越强、江苏省检察院政治部主任朱斌、浙江省检察院政治部主任任国、安徽省检察院政治部主任李中学以及四省市检察院政治部相关部门负责人出席会议。

2012年浙江省妇女联合会大事记

1月9日，主席厉月姿，副主席金敏、张丽萍、陈美云分别带队，赴杭州、金华、衢州、丽水等市慰问“三老”（老党员、老先进、基层老妇女干部）妇女。

1月9日至10日，副主席陈美云带队赴丽水遂昌县开展“平安家庭”创建活动情况抽查。

1月10日，省妇联与省人力资源和社会保障厅、省总工会在官方网站联合举行“2012年浙江省春风行动”启动仪式，副主席张丽萍致辞。

1月14日，举行机关离退休干部春节团拜会，主席厉月姿讲话，副主席金敏、张丽萍、陈美云参加。

1月18日，召开“关于落实党风廉政建设责任制和推进惩防体系建设情况”为主题的领导干部专题民主生活会，副省长陈加元参加会议并讲话，主席厉月姿，副主席金敏、张丽萍、陈美云及省纪委、省委组织部和省党风廉政建设检查组人员参加。

2月8日，副主席张丽萍陪同全国妇联书记处书记崔郁一行，参加省妇联、省人力资源和社会保障厅、省总工会在余杭举办的余杭区、下城区、临安市三地劳务协作暨“春风行动”招聘大会并致辞。

2月14日至16日，副主席陈美云带队就“农嫁女”信访开展下访工作，组织乐清市、镇、村三级和相关部门座谈会，探讨解决方案。

2月23日，省妇女研究会六届三次常务理事会在杭州召开，主席、研究会会长厉月姿在会上作工作报告，副主席、研究会副会长金敏主持会议。

2月27日，省妇联与武警浙江省总队政治部，浙江广电集团共同主办，钱江频道承办的“道德的光辉、女性的力量——浙江省庆三八主题晚会”在省广电演播厅举行。

2月28日至29日，副主席金敏带队赴舟山调研，期间出席浙大—牛津中国女性创业能力开发项目舟山基地授牌仪式并讲话。

3月1日，制定并下发《浙江省预防和制止家庭暴力行动计划（2011－2015年）》。

3月3日至14日，主席厉月姿赴北京出席第十一届全国人民代表大会第五次会议。

3月6日至15日，参加全国妇联在北京国家博物馆举办的中国妇女儿童十年发展成就展，浙江展厅以“创业富民、创新强省”为主题，全面展示我省妇女儿童事业的成就。

3月14日，经省政府同意，“浙江省妇女儿童工作委员会”更名为“浙江省人民政府妇女儿童工作委员会”，“浙江省妇女儿童工作委员会办公室”更名为“浙江省人民政府妇女儿童工作委员会办公室”。

3月20日，省妇女儿童基金会在省武警总队杭州医院召开2011年度浙江省妇女健康援助基地公益活动表彰大会暨2012年卫生健康与流动妇女儿童发展关爱行动启动仪式，主席厉月姿到会并讲话。

4月6日，省妇联组织机关和离退休干部开展“走基层、看变化、促发展”主题实践活动，赴桐庐参观“美丽乡村”建设情况。主席厉月姿，副主席金敏、张丽萍参加活动。

4月11日，全省女企业家协会工作会议在杭州召开，省女企业家协会副会长、省妇联副主席张丽萍主持会议，省女企业家协会执行副会长、万事利集团董事局主席屠红燕出席会议并讲话，全省近50个团体会员单位的会长、秘书长参加会议。

4月23日，省预防和制止家庭暴力委员会第二次会议在杭州召开，主席厉月姿作工作报告，省委常委、副省长、省反家暴委主任葛慧君参加会议并作重要讲话。

4月24日至28日，全国妇联儿童工作调研座谈会在杭州召开，浙江省、江苏省、上海市、福建省、湖北省和重庆市等六省（市）妇联儿童工作分管领导及部长参加会议。

4月27日，在玉环县举办“尚善基金”成立暨“母亲邮包”项目启动仪式，主席厉月姿、全国妇联儿童工作部部长邓丽、玉环县县委书记张加波分别在启动仪式上致辞。玉环各界向“尚善基金”捐款123万元。

5月7日至9日，副主席金敏赴海南三亚参加全国妇联妇女地位调查研讨会，就我省妇女地位调查阶段性研究成果《微观教育收益的性别差异——以浙江省为例》在研讨会上进行交流发言。

5月10日，浙干任〔2012〕17号文件，任命劳红武同志为省妇联党组副书记。

5月16日至17日，主席厉月姿出席嘉兴市工青妇工作会议并讲话。

5月28日至30日，举办2012年省级机关申报创建全国、省“巾帼文明岗”负责人（岗长）培训班，副主席张丽萍在开班仪式上讲话，浙江大学教授李笑月等作专题讲座。

5月30日至6月1日，副主席劳红武赴《家庭教育》杂志社、省妇女儿童活动中心、省妇女儿童国际交流中心、省妇女干部学校（浙江女子专修学院）调研。

6月5日至10日，主席厉月姿、副主席劳红武出席浙江省第十三次党代会，劳红武当选为浙江省第十三届委员会委员。

6月6日至8日，长三角地区妇儿工委办公室工作座谈会在绍兴召开，省妇联副主席、省政府妇儿工委办公室主任陈美云参加会议并讲话，苏、浙、沪三省（市）妇儿工委办公室工作人员参加。

6月13日至14日，副主席张丽萍赴金华武义县参加团组结对帮扶会议并讲话。

6月25日至27日，各市妇联主席会议在宁波召开，主席厉月姿作工作报告，副主席劳红武主持会议，副主席金敏作会议小结，11个市及龙湾区、兰溪市等妇联主席交流工作。

7月1日至3日，主席厉月姿陪同全国妇联党组副书记、副主席、书记处书记孟晓驷赴金华、杭州调研，并参加由中央对外联络部、全国妇联在浙江师范大学举办的“妇女参与发展第三届非州政党与妇女组织干部研修班”开班仪式。

7月9日，副主席劳红武赴浙江师范大学参加非洲党政与妇女组织干部研修班结业典礼。

7月10日至12日，省妇联副主席、省政府妇儿工委办公室主任陈美云赴哈尔滨参加国务院妇儿工委办举办的2011—2020年中国妇女儿童发展纲要培训班。

7月14日，《中国妇女报》头版刊登《适应大局、实现妇女儿童与经济社会协调发展—浙江省妇女儿童工作十年纪实》，展示我省妇女儿童事业十年发展取得的显著成绩。

7月23日至27日，省“双学双比”女能手培训班在杭州举办，副主席张丽萍到会并讲话，省农办副主任邵峰作《现代农业的发展趋势》讲座。

7月26日，由省妇联、《浙江日报》、浙江在线、浙江电视台少儿频道等单位联合主办，省妇女儿童基金会和杭州微笑行动慈善医院承办的“关爱阿克苏唇腭裂儿童”项目启动仪式在杭州举行。

7月30日至8月3日，省“妇”字号农家乐女业主培训班在杭州举办，副主席张丽萍到会并讲话，省农办专家讲授浙江农家乐发展的政策措施及农家乐星级评比的标准条件等。

8月13日至17日，省级巾帼文明岗创建培训班在杭州举办，副主席张丽萍在开班仪式上讲话，浙江大学教授李笑月等作专题讲座，宁波慈溪农村合作银行胜山支行营业部等13个单位和个人讲述创建经验和体会。培训期间还表彰省“百佳优质服务窗口”“百名岗位建功标兵”。

8月17日至18日，副主席张丽萍参加温州“魅力女温商”表彰活动并讲话。

8月20日至24日，全省县（市、区）妇联主席培训班在浙江大学举办，主席厉月姿主持开班仪式，副主席劳红武作动员讲话，各县（市、区）妇联主席和省妇联机关全体干部及直属单位主要负责人共125人参加培训学习。

9月11日至12日，副主席劳红武赴衢州调研两新妇女组织建设，参加衢州市党建带妇建、两新组织妇女组织建设现场会并讲话。

9月13日，省妇女儿童基金会承办中国妇女发展基金会全国PAC流产后关爱优质服务示范医院杭州站评审会，12家医院（计生指导站）参与创建PAC优质服务示范医院的评审，有9家单位通过专家评审获得PAC项目资助。省妇联副主席、省妇女儿童基金会理事长陈美云到会并致辞。

9月20日至21日，省妇联主席、省妇女研究会会长厉月姿赴安徽合肥参加中国妇女研究会年会暨“社会主义文化发展繁荣与性别平等”研讨会，就《妇女发展与先进性别文化建设——以浙江妇女社会地位发展为例》作主题发言。

10月9日至11日，第十届泛长三角地区女性合作发展联席会议在绍兴召开，省委书记赵洪祝发来贺信，全国妇联党组副书记、副主席、书记处书记陈秀榕与省委常委、组织部长蔡奇和绍兴市市长钱建民在开幕式上致辞，会议由主席厉月姿主持，副主席陈美云宣读贺信，副主席张丽萍及上海、江苏、安徽等省市妇联领导在“妇女发展与文化繁荣”启动仪式上作交流发言，副省长陈加元在闭幕式上讲话，绍兴市委副书记、政法委书记王文序致闭幕辞。

10月16日，省妇联与省教育厅联合在浙江财经学院举办浙江省“优秀成功女性进高校”系列活动之“榜样与我们同行”报告会。

10月24日，省妇联与省扶贫办在义乌国际博览中心联合召开全省来料加工精品展暨工作会议，主席厉月姿出席会议并讲话，副主席张丽萍参加。

10月25日，在杭州市拱墅区举行全国“敬老宣传月”暨“心系老年孝心工程”浙江省启动仪式。全国妇联老龄办主任崔淑惠到会讲话，副主席陈美云致辞，200多名妇女群众代表参加启动仪式。

11月1日至2日，副主席劳红武赴温州市调研“两新”组织妇女组织和“妇女之家”建设工作，参加正泰集团妇联换届大会并讲话。

11月5日至9日，副主席陈美云带队赴宁波、舟山市开展督查出生人口性别比工作。

11月17日，省妇联、省教育厅、省家庭教育学会联合编撰的《0—18岁家庭教育指导读本》小学低段册正式发行。

同日，省家庭教育学会成立30周年庆祝会在杭州召开，中国家庭教育学会副会长傅国亮，省社科联副主席何一峰，省妇联主席厉月姿出席会议并致辞，省政府副秘书长、省家庭教育学会会长马林云主持会议，省妇联副主席、省家庭教育学会常务副会长陈美云作工作报告，学会会员代表、各市妇联领导及儿童工作部部长共计200余人参加会议。

11月18日，省妇联、省社科联、省家庭教育学会联合举办的海峡两岸中华民族传统文化与家庭教育论坛在杭州召开，省委常委、副省长、宣传部部长葛慧君参加论坛并致辞，主席厉月姿主持论坛开幕式，新东方总裁俞敏洪主持主论坛，复旦大学教授钱文忠作论坛主旨报告，台湾吴凤技术学院教授纪洁芳等3位专家作主论坛发言。

11月23日，省委副书记李强对《浙江省妇女社会地位状况调查报告（2000—2010）》批示：“这个调查报告内容丰富、数据翔实、分析深刻，全面客观地反映了我省妇女社会地位的现状，为党委政府决策提供了重要的参考依据。报告中提出的五项对策建议，符合我省实际，可结合下一步工作逐项研究，扎实推进”。

11月26日，党组理论学习中心组被省直机关工委评为先进单位。

12月3日，副省长陈加元对《浙江省妇女社会地位状况调查报告（2000—2010）》批示：“这个调查报告全面、系统、深刻、客观，为我省妇女工作创新发展和党委政府决策部署提供了重要参考依据。要充分利用这一研究成果进一步深化政策措施和工作举措，更好地推动妇女工作又好又快发展，为两富现代化浙江建设作出新贡献”。

12月6日至7日，副主席张丽萍赴衢州开化县参加全省扶贫工作现场推进会并讲话。

12月11日，副主席劳红武陪同中华女子学院副院长李明胜赴嘉兴海宁市考察，并洽谈有关在我省建实践基地、合作办班办学等事宜。

12月19日，杭州市上城区、宁波市鄞州区被国务院妇儿工委确定为实施中国妇女儿童发展纲要国家级示范县（市、区）。

同日，全省妇联系统维权工作研讨会在湖州召开，会议总结交流近年来我省妇联系统维权工作情况，部署实施今后一个时期的工作任务，副主席陈美云到会讲话。

12月28日，副主席张丽萍赴浦江参加农博会暨来料加工展示会。

2012年浙江省医科院大事记

1月10日，院党委召开年度工作总结暨党建工作交流会。院党委委员、纪委委员，各党总支、党支部委员40余人参加会议。会议由院党委书记郭建平主持。

1月31日，省科技厅条件处严明潮副处长、何森伟主任科员一行到省医科院走访调研。

2月8日，院党委召开党内骨干会议，就我院组织开展民主评议党员工作进行了动员部署。院党委书记郭建平主持会议。院纪委书记沈钢，院党委委员、副院长倪崖、徐泉玉及各党总支、党支部委员等30余人参加了会议。

同日，院长张幸到院分子医学研究中心调研。

2月14日，省卫生厅疾控处夏时畅处长、高璐璐副调研员一行莅临省医科院省血防中心调研血防工作。

2月23日，根据省卫生厅直属机关党委〔2012〕2号文件精神，院党委召开了以“奋发有为、做强做大、加快发展”为主题的民主生活会。省纪委纠风室副主任余灿和省卫生厅党组成员、人事处处长徐龙仁、厅直机关党委副书记熊志明等领导到会指导。

2月29日，第十五届浙江省青少年英才表彰大会在省人民大会堂人大厅隆重举行。省人大常委会副主任徐宏俊、副省长陈加元等领导亲临现场，并为青少年英才奖获得者颁奖。省医科院药物所杨叶伟副研究员荣获三等奖。

3月1日，在纪念雷锋同志牺牲50周年之际，由省直机关团工委联合浙江省文明办、浙江广电集团、浙江之声共同举办的“万朵鲜花送雷锋”大型活动送花车队发车仪式在浙江省人民大会堂广场隆重举行。省医科院卫研所刘克澄同志在2012“万朵鲜花送雷锋”大型社会公益活动中，荣获“百姓心中的雷锋”荣誉称号。

3月7日至8日，院长张幸、副院长沈正荣带领药物研究所、寄生虫病研究所、卫生学研究所负责人以及院办、科技处和成果推广办负责人赴舟山进行科研合作洽谈，走访了舟山最大的药企海力生集团、舟山市科技局、舟山市卫生局和舟山市疾控中心等单位。

3月12日，九三学社浙江省医学科学院支社在院多功能厅隆重召开了换届选举大会。九三学社浙江省委组织部部长李立飞、副部长汤永明、副巡视员李慧英，省医学科学院党委书记郭建平、党办主任朱华出席了会议。会议由支社副主委郑名友主持。

3月15日，院党委召开民主评议党员工作总结交流会。院领导郭建平、沈钢、徐泉玉，各党总支委员及所属党支部委员、各直属党支部书记等30余人参加会议。

3月30日，院三届八次职工代表大会在多功能厅隆重召开。院党委书记郭建平致开幕词。院长张幸作了题为《调整结构促转变 加快建设促发展 为实现创建一流院所阶段性目标而努力》的工作报告。

4月9日，省卫生厅党组成员、副厅长王国敬率厅直机关党委副书记熊志明、妇幼处处长胡崇高、基层处副处长胡玲，深入其创先争优活动联系点——院安评中心党支部调研基层党建工作。院领导郭建平、沈钢、徐泉玉等参加调研。

5月4日，院团委组织开展了“喜迎五四 激扬青春”主题团日活动，50余名团员青年在西湖边庄严宣誓，用激情展现了医科院青年朝气蓬勃的精神面貌。院领导沈钢、党委委员凌文娟、卫生厅团委书记章平参加了此次活动。

5月22日至24日，第十二届华东地区实验动物科学学术交流会在宁波市举行，浙江省科技厅副厅长丁康生到会致词。本次大会由浙江省实验动物管理办公室、省实验动物公共服务平台管理办公室主办，浙江省医学科学院、浙江大学等单位承办，来自华东六省一市及北京、广东、重庆、辽宁等省市实验动物工作者及实验动物相关仪器企业代表共526人参加了本次交流会，参会人数为历次之最。

5月28日，全国人大常委会桑国卫副委员长在浙江省人大副秘书长吴亚芳、省卫生厅厅长杨敬、副厅长马伟杭、省科技厅副厅长寿剑刚等陪同下，再次视察他工作过33年的省医科院，并指出要抢占生物医药科技制高点，再创省医科院的新辉煌。

6月7日，“第十届中日国际健康科学研讨会”在杭州金溪山庄隆重召开。大会由浙江省医学科学院副院长倪崖主持。院长张幸宣布“第十届中日国际健康科学研讨会”开幕，并致欢迎辞。静冈县立大学校长Naohide Kinae教授、浙江省卫生厅马伟杭副厅长先后致辞，并预祝研讨会举办成功。

6月11日，省卫生厅副厅长、省药监局局长朱志泉和省卫生厅副厅长马伟杭一行到省医科院调研考察。院长张幸和书记郭建平等院领导和有关职能处室负责人参加调研会。

6月28日，衢州市卫生局副局长杨云贵一行到省医科院洽谈科技合作事宜。院长张幸、有关研究所、职能处室负责人和衢州疾控中心方春福主任等参加洽谈。

6月29日，2012届硕士研究生毕业典礼暨学位授予仪式在省医科院多功能厅隆重举行。院长张幸、副院长沈正荣、2012届全体毕业研究生和导师，以及在读研究生和部分科研人员参加了典礼。典礼由科技处王茵处长主持。

7月11日，卫生部副部长刘谦专程到省医科院视察生物医药研究工作。

7月12日，中华预防医学会科学技术奖颁奖大会在北京隆重举行，全国人大常委会韩启德副委员长、卫生部部长陈竺院士、中华预防医学会会长王陇德院士等领导出席并为获奖者颁奖。浙江省医学科学院闻礼永研究员应邀参加大会，其主持完成的“伊维菌素治疗土源性寄生虫病的基础和临床研究”荣获2011年度中华预防医学会科学技术奖三等奖。

7月18日，召开专题会议，动员干部职工深入学习领会全国科技创新大会和《中共中央国务院关于深化科技体制改革加快国家创新体系建设的意见》精神，努力将中央关于科技改革发展的决策部署落到实处。院长张幸传达了会议主要精神，书记郭建平作总结讲话。

8月10日，召开党群工作会议，总结了上半年工作，交流了党群工作经验，推进了“基层组织建设年”活动深入开展。省卫生厅党组成员、副厅长、直属机关党委书记王国敬出席会议并作重要讲话。院党委书记郭建平作了题为《巩固创先争优活动成果，为加快我院科学发展提供重要保证》的工作报告。

9月3日，省卫生厅纪检组长蔡新光到省医科院调研指导党风廉政建设工作，并实地查看了正在建设的科技医疗综合楼建设工地，院领导沈正荣、徐泉玉及有关部门负责人陪同。

10月11日，省政府在省人民大会堂人大厅隆重举行颁奖大会，授予浙江省医学科学院客座研究员森永谦二博士等30名外国专家“西湖友谊奖”，副省长陈加元出席大会并为获奖专家颁发奖章和证书。

企业卷

2012年浙江物产集团公司大事记

1月8日，董事长胡江潮获“2011浙江经济年度人物”。

1月9日，上海大宗钢铁电子交易中心企业代表2012新春座谈会在上海宝山区举行。董事长胡江潮专程赶赴上海出席了会议。

1月12日，董事长胡江潮获2011年度“风云浙商”。

1月16日，董事长胡江潮、副总经理陈敏、党委副书记周冠女等一行专程走访慰问了集团总部的部分离退休老领导、老同志和困难员工家庭。

2月6日，董事长胡江潮在集团总部会见了中国进出口银行浙江省分行徐建华行长、副行长许小勇等一行。总经理隋剑光及集团总部有关部门人员参加了会见。

2月10日，浙江物产集团与杭州市下城区人民政府战略合作协议签约仪式在集团总部三楼贵宾厅举行。董事长胡江潮、总经理隋剑光、副总经理陈敏出席了签约仪式。

2月16日，浙江物产集团2012年工作会议在杭州黄龙饭店召开。省长夏宝龙向大会发来了贺信。副省长葛慧君出席大会并作重要讲话。省政府秘书长张鸿铭特地到会宣读夏省长的贺信。省国资委主任陈正兴也到会讲话。省政府副秘书长陈龙出席会议。董事长胡江潮在会上作了题为《立足世界500强企业》的主题报告。

2月21日，总经理隋剑光在集团总部亲切会见了来访的中石化国际事业（香港）公司总经理李建国一行。党委副书记周冠女，物产燃料、物产化工公司及集团总部相关职能部门负责人等参加了会见。

2月29日，浙江省政府第九次全体会议在省人民大会堂召开。董事长胡江潮代表浙江物产集团参加了会议，并在会上作了题为《以进入“世界500强”为新起点，为我省经济社会发展作出新贡献》的交流发言。

3月7日，浙江物产集团与中国出口信用保险公司浙江分公司战略合作协议签约仪式在集团总部贵宾厅举行。董事长胡江潮和中信保公司总经理助理殷延辉分别在签约仪式上致辞。总经理隋剑光与中信保浙江分公司总经理钱水凤分别代表双方共同签署战略合作协议。

3月13日，总经理隋剑光会见了上海浦东银行总行大客户部总经理姚良、上海浦东发展银行杭州分行行长赵峥嵘等8人一行。集团总部相关职能部门负责人等参加了会见。

3月15日，作为浙江物产在中国北方的重点供应链服务项目，浙江物产（迁安）国际供应链物流基地在河北省迁安市隆重举行奠基仪式。集团领导胡江潮、陈继达、王露宁，迁安市委书记胡国辉、市长李忠以及集团相关成员公司和总部有关部门负责人、迁安市有关部门负责人、迁安物流基地5大合作钢厂的领导等出席了奠基仪式。

4月4日至9日，董事长胡江潮率集团有关人员组成的代表团，随同省长夏宝龙率领的浙江省政府友好代表团出访日本静冈，庆祝浙静结好30周年，以加强中日经贸交流。

4月17日至20日，总经理隋剑光率集团公司有关职能部门负责人等，就企业信用管理解决方案、物产迁安国际供应链物流基地运行模式等赴中国出口信用保险公司北京总部、迁安市等地考察调研。

4月23日，董事长胡江潮、党委书记沈坚在集团总部会见了美国KSS公司首席运行官马克和首席工程师马丁。

5月4日，省审计厅厅长陈荣高一行到物产集团考察调研。董事长胡江潮、总经理隋剑光及总部相关职能部门负责人参加了调研座谈。

5月7日至9日，集团召开转型升级突破口会议，董事长胡江潮主持会议并作主题报告。集团公司领导班子全体成员，监事会，各成员公司和浙经院领导班子、总部各职能部门正副职等参加了会议。

5月12日，浙江物流信息技术产学研联盟成立暨第一届会员大会在杭州星都宾馆隆重召开。副总经理沈光明出席会议并当选为联盟首届名誉理事长。

5月30日，董事长胡江潮在集团总部会见了来访的花旗银行（中国）有限公司副行长张之皓一行。总经理隋剑光、资金运营管理中心相关人员参加了会见。

6月6日，中国共产党浙江省第十三次党代会在省人民大会堂隆重召开。董事长胡江潮和浙江物产金属集团有限公司船舶供应链部负责人邓波同志作为省党代会代表出席这一盛会。

6月21日，浙江物产环保能源股份有限公司创立。董事长胡江潮、党委书记沈坚和河北港务集团代表葛庆成等领导出席了物产环能公司创立大会暨首次股东会。

6月28日，物产民爆公司和美国KSS公司汽车安全气囊产气药项目合作签约仪式在杭州国际假日酒店举行。董事长胡江潮、党委书记沈坚，KSS公司首席营运官Mark Wehner、中国区总裁胡海梁，浙江省国防工办副主任张跃及长兴县副县长熊翊等出席了签约仪式。

7月2日，董事长胡江潮宣布了“物产大宗”电子商务平台上线试运行。总经理隋剑光主持了仪式。集团领导班子成员及相关成员单位领导、总部有关部门负责人等参加了上线仪式。

7月9日，浙江物产再次荣列“世界500强”排行榜，排名跃升58个位次，至第426位。

7月29日，夏宝龙省长视察浙江物产南疆物流园。董事长胡江潮随同考察。

8月18日，副总经理王露宁代表浙江物产，参加了河北迁安市举办的“魅力钢城、绿色迁安”经贸洽谈会。

9月3日至6日，党委书记沈坚率集团总部相关职能部门及物产环保能源、物产民爆公司负责人等，专程赴内蒙古锡林浩特，对中国神华集团旗下的神华北电胜利能源有限公司进行考察，并出席了浙江物产与神华胜能公司的战略合作签约仪式。

9月13日，浙江物产蝉联“浙江省百强企业”首位并获“杰出贡献奖”。

9月20日，党委书记沈坚、副总经理陈敏与杭州市发改委、市科委、市高科技投资公司等有关部门、单位负责人等，就浙江物产与杭州市政府在产业投资、产融结合等方面的合作进行了座谈交流。

10月8日至11日，董事长胡江潮、党委书记沈坚一行赴北京与中国神华能源股份有限公司、中国中煤能源集团有限公司、中国储备棉管理总公司等央企以及中国工商银行、中国进出口银行等大银行主要领导进行会谈。

10月15日，集团公司与台州市在集团总部签订了新一轮战略合作协议。台州市副市长李跃程，副总经理陈敏出席了签字仪式。

10月29日至11月2日，为响应省委、省政府号召，充分发挥省属大企业在浙江海洋经济建设中的引领带动作用，力推集团转型升级，董事长胡江潮率队赴舟山、宁波等地，就当地相关重点合作项目落实、区域业务开展情况等进行考察调研。

11月7日，副省长朱从玖在省国资委副主任桑均尧等的陪同下，专程到集团公司调研指导工作。

11月15日至17日，由浙江物产国际贸易有限公司与上海钢联电子商务股份有限公司联合举办的“2012我的钢铁网矿石年会”在杭州召开。副总经理张国强出席会议并围绕“运筹、度势、共赢”为大会致辞。

12月4日至7日，董事长胡江潮在沈光明、王露宁、董明生等集团领导的陪同下，专程前往河北迁安，视察集团迁安物流基地建设情况，并就推进“物产大宗”电子商务平台建设等事宜与迁安市政府、当地钢厂进行合作商谈。

12月13日，董事长胡江潮在杭州会见了普洛斯全球CEO梅志明、普洛斯中国董事总经理杨传德一行。副总经理王露宁，集团现代流通部、物产中大元通、物产实业有关负责人等参加了会见。

2012年浙江省商业集团有限公司大事记

1月16日，召开2012年工作会议，总结2011年工作，分析当前经济形势和市场走势，明确2012年发展思路，部署2012年目标任务。集团公司领导班子成员，省国资委派驻监事，各成员单位、集团公司各部室助理以上领导人员参加了会议。会议由副总裁叶晓英主持。

2月15日，总裁张德潭、副总裁任潮龙带领浙商控股、商裕投资主要领导及集团办公室、投资发展部相关人员赴金华考察。

3月15日，召开2012年安全工作会议在杭州，副总裁叶晓英、王晓哲、蔡玉林和各部室负责人，各成员单位主要负责人及安全管理人员出席会议。会议由副总裁蔡玉林主持。

3月23日，召开百诚股份IPO推进情况汇报会。总裁张德潭，副总裁叶晓英、王晓哲、任潮龙，浙江国大集团有限责任公司总经理刘仁安，浙江百诚集团股份有限公司董事长兼总经理叶惠忠，副董事长兼常务副总经理叶剑强，集团公司和百诚股份相关部门负责人参加了会议。

3月28日，总裁张德潭、副总裁叶晓英会见了上城区区长缪承潮、区委常委叶素一行，双方开展了深入的交流。

4月5日，总裁张德潭、副总裁任潮龙会见了华泰联合证券副总裁刘晓丹一行。

3月31日，举办第四期期货沙龙活动。总裁张德潭、副总裁任潮龙，部分成员企业的投资工作分管领导、投资部负责人及业务骨干，集团公司投资部人员共30余人参加了此次沙龙活动。

4月9日，副省长葛慧君由省政府副秘书长陈龙、省国资委主任陈正兴等陪同，莅临集团公司调研指导工作，深入了解集团公司近期发展情况。

4月17日，召开选人用人工作座谈会暨一季度经营分析例会。集团公司领导班子成员，省国资委派驻监事，各部室主要负责人，各成员单位董事长、党委书记、总经理、院长、分管党群工作负责人及职能部门负责人参加了会议。董事长何剑敏在会上作重要讲话。

4月27日，省属企业外派监事会副主席童建新一行在副总裁叶晓英、任潮龙的陪同下，赴上海考察了集团房地产项目。

6月20日，召开调整结构、降本增效专题工作会议。集团公司领导班子成员，部分成员企业主要负责人，浙商财产保险股份有限公司分管投资副总经理，集团公司相关职能部门以及参会成员企业财务部负责人参加了会议。会议由总裁张德潭主持。

6月21日，成功通过全国银行间债券市场续发14亿元短期融资券。

6月27日，党委副书记陈向明、副总裁王晓哲带队赴磐安县仁川镇考察对口扶持项目。

8月7日，省委组织部副部长庄跃成在省国资委纪委书记陈松根、省委组织部干部三处副处长何震、省国资委企领处副处长蔡亦军陪同下，莅临集团公司调研指导工作。董事长何剑敏作了工作汇报。

9月1日至2日，2012中国企业500强发布会暨中国大企业高峰会在吉林长春召开。会上，中国企业联合会和中国企业家协会联合发布“2012中国企业500强”名单，浙江省商业集团有限公司名列第267位，这是集团公司连续第10年入选中国企业500强。在同时公布的“2011中国服务业企业500强”名单上，集团公司排名第86位。

10月9日，副省长朱从玖在省政府副秘书长冯波声、省国资委主任陈正兴等陪同下，到集团公司检查指导工作。董事长何剑敏、总裁张德潭分别作了工作汇报。

10月16日，在副总裁蔡玉林的带领下，浙江省商业集团有限公司职工思想政治工作研究会、企业文化建设研究会各会员单位代表及理事赴宁波港集团考察。

11月8日，中国共产党第十八次全国代表大会在北京人民大会堂隆重召开。集团公司党委组织集团本部人员集中收看了大会盛况，认真聆听了胡锦涛同志代表十七届中央委员会向大会作的报告。

11月13日，省委组织部干部三处处长朱恒福一行在董事长何剑敏、总经理张德潭、党委副书记陈向明的陪同下，到浙商财产保险股份有限公司、浙江商业职业技术学院调研指导工作。

11月21日，召开党委理论学习中心组学习（扩大）会，认真传达学习党的十八大会议精神，统一思想认识，凝聚发展共识。集团公司党委理论学习中心组成员、各部室负责人参加了会议。党委书记、董事长何敛敏同志主持会议。

12月6日，召开企业文化建设工作会议，集团公司领导班子成员，各成员单位、集团公司本部部门助理以上领导人员，成员单位职能部门负责人等共105人参加了会议，省委宣传部副部长来颖杰，省思想政治工作研究会、省企业文化建设协会常务副秘书长马玲，省国资委党委委员、企领处处长郑伟、省国资委党建处副处长范红出席了会议。总裁张德潭主持会议。党委副书记陈向明作了工作报告。

12月18日，党委副书记陈向明、副总裁王晓哲，浙江国大集团有限责任公司、嘉凯城集团名城有限公司及集团公司本部相关部门负责人一行赴磐安县仁川镇调研指导结对联村帮扶工作。

2012年浙江省国际贸易集团有限公司大事记

1月9日，董事长王挺革、总经理叶朴勇带领东方股份、省粮油、省医保、浙金信托、金信资产、国贸物流等成员公司的主要领导参观考察了绍兴滨海新城。董事徐德良，副总经理楼国庆、黄道领及集团办公室、投资发展部、资产经营部的相关人员陪同考察。

1月，省土畜产公司获得了第五批“农业产业化国家重点龙头企业”的称号。

2月9日，董事长王挺革一行四人赴金信资产所属台信公司进行考察调研。

2月22日，经中国银行间市场交易商协会批准，成功发行2012年度第一期短期融资券10亿元，期限1年，债券主体信用级别为AA，债券票面利率为6%。

2月24日，省土畜产公司与杭州联华华商集团有限公司签署了战略合作协议，

3月13日，董事长王挺革会见了省国资委副主任董贵波、宁波北仑区委常委兼梅山保税区管委会副主任叶苗一行。

3月22日，国家外汇管理局浙江省分局副局长李虹等一行6人莅临省土畜产公司义乌国际商贸城展示中心视察调研。

3月31日，召开风控委员会会议，并邀请了5名业内专家，共同研究论证国兴公司开展大宗贸易项目。

4月10日，副总裁黄道领陪同省国资委纪委书记陈松根一行赴塔牌绍兴酒公司、宁波狮丹努集团。

4月15日，组团参加第111届中国进出口商品交易会，共有15家成员公司约千人与会，共有展位327个（品牌展位68个）。

4月16日，召开董事会，审议并通过了省土畜产战略规划、集团2012年度全面预算和宁波狮丹努集团在柬埔寨设立控股子公司等议案。

4月20日，董事长王挺革参加金华市与省属企业——央企驻浙机构对接座谈会并代表省属企业发言。

5月，东方股份宁波狮丹努集团在柬埔寨设立服装生产基地。

5月2日，董事长王挺革、副总裁黄道领会见了来访的中国精工集团董事局主席金良顺一行，双方就如何推动在信托产品创新、融资租赁服务、股权投资基金设立等领域的合作进行了沟通，并就探索浙江省通用航空事业发展方式进行了交流。

5月10日，省国资委召开中共浙江省省属企业代表会议。选举产生了省属企业出席中共浙江省第十三次代表大会31名代表。董事长王挺革和省医保公司化工分公司经理汤小兰当选为省第十三次党代会代表。

5月16日，董事长王挺革，副总裁谢伟鸣、黄道领，相关部室负责人及省纺织公司相关人员赴今飞集团洽谈项目合作事宜，双方原则上同意建立长期合作关系。

5月22日，董事长王挺革、副总裁楼国庆等会见了美银美林董事总经理Philip Duffy先生一行。

6月6日，董事长王挺革、党委副书记耿平、副总裁楼国庆、胡承江等会见了台州市路桥区书记郑敏强、区长徐仁标等，双方就房地产等合作事宜进行了洽谈。

7月2日，集团一届128次董事会原则审议并通过了集团成员公司2011年度经营者年薪、集团外派专职监事会负责人管理暂行办法、国贸资产审计报告意见议案。

7月3日，省委书记、省人大常委会主任赵洪祝到诸暨市调研拓市场促外贸工作。董事长王挺革参加并代表外贸企业作了汇报。

7月16日，董事长王挺革、副总裁胡承江一行拜访了湖州市市委书记马以、常务副市长杨建新、秘书长高屹等领导，双方就湖州仁皇山项目有关事项进行了洽谈。湖州市政府对此表示了支持。

同日，省纺织品、集团与今飞集团于5月底签订三方战略合作协议后，已开展合作了4800万元的业务。

7月17日，集团一届一百三十次董事会审议并通过了温州公司2011年度利润分配方案、省土畜产惠元公司投资新设富阳鞋厂、《关于进一步促进集团商贸流通主业稳定发展的若干意见(试行)》、大地期货战略规划与增资扩股等议案。

7月23日至31日，董事徐德良随省委常委、常务副省长龚正代表团出访韩国、斐济、美国，参加韩国世博会中国馆“宁波活动周”开幕等活动。

7月25日，董事长王挺革，党委副书记耿平，副总裁黄道领、人力资源部总经理郑顺民赴省纺公司检查年度指标分解落实情况。

7月26日，召开本部岗位价值评估会，

15位集团内外部专家对本部岗位进行了评估。

7月30日，集团召开一届一百三十一次董事会，审议通过了省化工设立全资子公司、嘉兴粮油整体改制实施方案和资产处置方案、金信资产所属浙江汇源设立PE基金管理公司、国兴等公司收购NEWSOLARENERGYSRL公司股权并兴建太阳能光伏电站、东方股份设立融资租赁公司等议案。

8月1日，董事长王挺革、副总裁楼国庆拜访了北京市流动医院张治中院长。双方就健康产业的发展与合作进行了探讨交流。

8月2日，董事长王挺革、副总裁楼国庆拜访了中国天信集团董事长夏亮。双方就证券公司合作事宜进行了洽谈。

8月6日，董事长王挺革，党委副书记耿平，董事徐德良，副总裁胡承江、任海津等集团领导赴广鸿桥西项目实施地进行调研。

8月14日，董事长王挺革、副总裁谢伟鸣与东方股份、省纺织品公司业务员进行了交流座谈，深入了解业务开展情况。

8月15日，召开一届一百三十二次董事会，审议通过了《关于加强集团风控建设的若干意见》、东方股份以志远投资为基础组建大宗商品内贸平台、集团广鸿委贷后续解决方案、集团总部大楼项目委托管理合同等议案。

8月28日，董事长王挺革、副书记耿平、董事徐德良等领导及相关部室研究讨论浙金信托筹备浙商共赢母基金事项。

8月30日，国贸东方房产公司与浙江前十强房产公司滨江集团等合作联合竞得西溪湿地25、26号地块（平均楼面地价6500元/平方米）。

9月12日，董事长王挺革、副书记耿平、董事徐德良、副总裁任海津等领导专题研究集团钢材贸易有关事宜，省粮油、法务风控部、商贸流通部、财务部负责人参加并就相关情况进行了汇报。

9月13日，董事长王挺革陪同省委书记、省人大常委会主任赵洪祝会见辉瑞公司董事会主席兼首席执行官官晏•瑞德一行，并参加招待晚宴。

同日，海正药业与美国辉瑞公司共投资2.95亿美元合资组建海正辉瑞制药有限公司。

9月17日，召开一届一百三十五次董事会，审议通过了《内部借贷管理》和《国有资产评估管理实施办法》制度、认购部分德邦基金首只公募基金、金信资产拟转让通和置业50%股权、国贸物流公司股权结构优化重组方案等议案。

10月21日，集团所属东方股份、省土畜产、省粮油、省纺织、东方轻工5家成员公司组团参加第十八届义博会。商务部钟山副部长出席义博会开幕式期间，在董事长王挺革、副总裁谢伟鸣的陪同下参观了省土畜产在义乌进口馆的精品厅。董事长王挺革一行还与义乌市政府、企业召开了外贸座谈会，双方就加强合作、实现共同发展进行探讨与交流。

10月24日，东方机电与中国联合工程公司签订了土耳其奥塔燃煤电站项目设计合同。董事长王挺革、副书记耿平、副总裁谢伟鸣等出席签字仪式，并就进一步开展项目总承包、房地产等领域合作进行深入洽谈。

11月9日，集团公司与中国出口信用保险浙江分公司在杭州香格里拉饭店举行全面合作协议签订仪式。副总裁谢伟鸣、中信保浙江分公司杨忆副总经理代表双方在《全面合作协议》上签字，董事长王挺革、中信保浙江分公司钱水凤总经理在签约仪式上致辞。

12月3日，董事长王挺革率东方股份、省土畜产主要负责人参加了浙江西澳洲经贸交流会。

12月10日，集团召开了一届一百四十五次董事会，审议并原则上通过了向公安干警英模捐赠100万元公益基金、省土畜产收购国贸天堃国有股权和投资设立生物科技实业公司、国兴公司投资参与温岭TP030314地块项目开发等。

12月13日，副总裁楼国庆主持召开半山仓库开发利用座谈会，投资部和部分成员公司等参加。

12月12日至13日，董事徐德良赴昆明参加了2012年中国信托业峰会。

12月20日，中韩人寿保险有限公司成立，它是首家总部设在浙江的中外合资寿险公司。中韩人寿由集团公司与韩华生命保险株式会社共同出资成立，公司注册资本金5亿元人民币，主要经营人寿保险、健康保险、意外伤害保险等保险业务。

12月26日，董事长王挺革、副总裁楼国庆接待了联想控股企业弘毅投资（国内领先的基金公司）董事总经理林盛一行，双方就有关业务合作进行了洽谈。

2012年杭州市地铁集团有限责任公司大事记

1月6日至8日，地铁1号线工程车辆及机电设备国产化实施情况通过专家复审。

2月28日，地铁1号线湘湖停车场出入场线1号暗挖隧道贯通，这是杭州地铁首条采用铣挖机施工并安全贯通的隧道。

3月8日，地铁1号线翁梅站—余杭高铁站区间左线贯通，标志着浙江省首条地铁线路全线洞通。

3月28日，市委、市政府召开全市地铁建设动员大会。

3月，经过层层筛选、严格评审，集团公司质量安全部被全国总工会授予2011年度全国“安康杯”先进班组称号。

4月8日，地铁1号线临平段乔司南站、临平南站、余杭高铁站、南苑站、临平站5座35kV变电所顺利送电。

4月10日，地铁1号线正线短轨道贯通。

4月24日，地铁1号线商业资源开始公开招商意向登记。

5月6日，地铁1号线全线“电通”。

6月21日，国家发改委正式批复了《浙江省发改委关于申请杭州地铁1号线特许经营项目的请示》。

7月17日，集团公司与香港铁路有限公司签署合作经营协议。

8月7日，地铁1号线人防工程通过专项验收，这是杭州地铁1号线通过的第一个政府部门的专项验收。

8月17日，国家商务部正式批复同意在设立杭州杭港地铁有限公司。

9月6日，杭州杭港地铁有限公司完成工商注册。

9月16日，集团公司召开地铁1号线“保开通”动员大会。

9月18日，地铁公安民警进驻杭州地铁车站执勤哨位。

9月28日，市交通运输局代表市政府与杭州杭港地铁有限公司签署了地铁1号线《特许协议》。

9月30日，地铁2号线萧山段12座车站主体结构全部完工。

10月12日，集团公司员工张大华荣获第八届杭州市十大道德模范（平民英雄）称号。

10月18日，市政府召开地铁票价新闻通报会，公布杭州地铁票价方案。杭州地铁票制采用里程分段计价，具体方案为：起步价2元可乘4公里，4—12公里每1元可乘4公里，12—24公里每1元可乘6公里，24公里以上每1元可乘8公里，即起步公里以外部分，每增加1元分别可乘4、4、6、6、8……公里。

10月19日至22日，浙江省交通运输厅和杭州市人民政府联合在杭州组织召开了杭州地铁1号线工程试运营基本条件评审会。会议认为，杭州地铁1号线已基本达到试运营基本条件，在完成后续的相关整改工作后可开通试运营。

11月1日，杭州市轨道交通应急指挥部在地铁1号线下沙金沙湖站举行轨道交通运营突发事件综合应急演练。这是杭州市举行的第一次轨道交通运营突发事件大型应急演练。

11月18日至21日，杭州地铁开展了地铁1号线免费试乘体验活动，共有22万余名市民持免费体验券试乘。

11月22日，市政府组织召开杭州地铁1号线通车新闻发布会，宣布地铁1号线将于11月24日正式开通试运营。

11月24日上午，杭州地铁1号线开通暨全省治理城市交通拥堵工程启动仪式在武林广场东跑道举行。

11月24日14:30，地铁1号线正式售票试运营。

11月27日，集团公司荣获“轨道交通运营突发事件综合应急演练先进集体”称号。

11月29日至30日，国家环境保护部环境影响评价司在杭州主持召开了《杭州市城市快速轨道交通二期建设规划（2012—2018）环境影响报告书》审查会。

12月8日，集团公司召开“决战三年行动计划”总结会议。

12月10日，地铁2号线过江隧道（钱江世纪城站—钱江路站区间）双线贯通。

12月21日，杭州地铁2号线东南段铺轨工程开工。

12月25日，集团公司荣获浙江省新型城市化建设“十大功勋企业”称号。

12月28日，集团公司和杭报集团联合创办的浙江省第一份免费地铁报——《城报》正式创刊，同时，杭州地铁文化传媒有限公司成立。

同日，武林广场地下商城项目正式开工。

2012年杭州钢铁集团公司大事记

1月10日，举行政研会、企管协会成果发布会。公司领导李世中、汤民强、张利明、周生琦、任海杭、寿云来、李凯、殳黎平等出席课题成果发布会。发布会由党委宣传部长方霞蓓主持。

1月13日，省国资委主任陈正兴一行到杭钢看望、慰问全省人才工作的联系对象——技术中心专职副主任叶健松。董事长李世中、总经理汤民强、党委副书记任海杭、组织部长王安平等陪同。

2月6日，常州杭钢卓信机械装备有限公司工程机械零部件项目签约仪式及奠基典礼在江苏常州隆重举行。集团公司领导班子成员李世中、汤民强、任海杭、殳黎平、方霞蓓，常州市高新区党工委副书记、管委会副主任戴士福，中国煤炭地质总局浙江煤炭地质局局长田国华、副局长田招龙，杭钢紫鼎工贸有限公司董事长、总经理陶力农，常州卓信机电设备制造有限公司总经理张培根等出席。

2月16日，召开领导班子和领导人员年度考核工作会议。董事长李世中作领导班子总结报告和个人述职述德述廉，总经理汤民强作个人述职述德述廉，集团公司领导班子其他成员进行书面述职述德述廉。

2月20日，工会主席寿云来接待了以巴西圣保罗商业雇员工会部长鲁伊斯•哈米尔顿•索萨为团长的巴西圣保罗商业雇员工会友好访问代表团一行。

2月24日，省国资委副主任戴震华带领调研组来杭钢开展“进企业、促发展”走访活动。集团公司领导班子成员李世中、张利明、周生琦、寿云来、李凯、王安平、方霞蓓等热情接待了戴震华一行。

3月8日，中天钢铁集团公司常务副总裁刘伟一行就发展置业问题来杭钢考察交流。总经理汤民强和紫元置业、资产部、财务部等负责人接待了来访客人。

3月14日，宣传部长茅临生在集团公司、富春公司董事长李世中的陪同下，视察了富春公司。

3月15日，富春紫光公司与桐庐县瑶琳镇人民政府签订了《桐庐县瑶琳镇林场新区供水工程项目特许经营协议》。

3月30日，举办《卓越绩效评价准则》培训，邀请中国计量学院经济与管理学院副院长、省市质量奖资深评审员周立军博士担任主讲。副总经理李凯，各二级单位、公司机关部门负责人以及相关人员参加了培训。

4月11日，2012年度QC成果发表会在会展中心四楼多功能厅举行，副总经理李凯到会讲话。

4月28日，召开劳模先进表彰大会，隆重表彰2011年度集团公司先进集体和先进个人。董事长李世中作重要讲话，总经理汤民强主持会议，党委副书记任海杭宣读《关于表彰2011年度集团公司先进集体和先进个人的决定》。集团公司领导班子成员张利明、周生琦、寿云来、李凯、殳黎平、杨静波、王安平、方霞蓓，老领导何光辉，省国资委监事会副主席凌传运等出席会议。

5月8日至10日，浙江公信认证有限公司、北京九鼎国联汽车管理体系认证有限责任公司对杭钢质量管理体系进行了现场审核，并作出审核结论：杭钢ISO9001、TS16949质量管理体系符合审核要求，保持认证注册资格。

5月10日，中国共产党浙江省省属企业代表会议选举产生了省第十三次党代会的32名省属企业代表，董事长李世中和炼铁厂计算机技术主管马为卿（女）光荣当选为省第十三次党代会代表。

5月11日，在重庆举行的2012年中国企业家年会暨两江论坛上，董事长李世中荣获2011—2012年度“全国优秀企业家”荣誉称号，并受到了时任中共中央政治局委员、国务院副总理、重庆市委书记张德江，全国政协原副主席、中国企业联合会会长、中国企业家协会会长王忠禹的亲切接见。

6月7日，省社科联副主席邵清一行来杭钢，就进一步开展好杭钢社科普及示范基地活动进行指导，党委副书记任海杭汇报工作，党委宣传部部长方霞蓓等参加汇报。

6月10日，由中国对外经济贸易统计学会、宁波市政府共同主办的2012中国对外贸易500强企业论坛在宁波举行。论坛发布了“2012年中国对外贸易500强企业排名”榜单，外经贸公司以10.67876735亿美元的进出口总额位居排行榜的第316位，比2011年的第366位排名提升50位。

6月13日，国家环境保护部副部长张力

军视察杭钢。

6月14日，国家安全生产监督管理总局第六督查组到杭钢进行安全培训专项督查调研。副总经理殳黎平和安环处、人力资源部等部门负责人，汇报了集团公司安全培训工作。

7月18日，董事长李世中在副总经理李凯的陪同下到紫元置业·马鞍山项目公司调研。

8月23日，南京军区装备部副部长潘照年少将携首长机关、浙江省军区副司令员徐云法少将携首长机关、杭州警备区首长，在党委副书记任海杭的陪同下对杭钢火炮维修分队和装备器材室、分队办公室进行了检查指导。

9月13日，2012浙江省企业领袖峰会在省人民大会堂隆重召开。省长夏宝龙出席会议并讲话。杭钢集团荣获浙江省企业杰出贡献奖，总经理汤民强代表杭钢上台领奖。

9月19日，省国资国企文化节国有企业文化论坛暨国有企业党建研究专业委员会2012年会在杭钢冶金科技大厦召开。省委宣传部副部长来颖杰，省国资委纪工委书记、监察专员陈松根出席会议并讲话，党委副书记任海杭致辞。宣传部部长方霞蓓参加会议。各省属企业、各市国资委共计30家单位领导参加论坛。

9月20日，副省长朱从玖在省国资委主任陈正兴的陪同下，专程到集团公司视察工作，并就当前生产经营及下一步工作安排等情况开展调研。董事长李世中作了情况汇报，集团公司领导班子成员汤民强、张利明、周生琦、任海杭、李凯、殳黎平、杨静波、龚平、方霞蓓及相关部门负责人参加汇报，并陪同参观炼铁厂一号高炉和高速线材生产线。

同日，德清杭钢100万吨金属再生项目开工仪式在德清县新安镇隆重举行。省商务厅副厅长周日星宣布项目开工，董事长李世中，德清县常务副县长潘华明在仪式上致词。省商务厅、省发改委环资处、德清县政府、新安镇政府等有关部门，总经理汤民强，副总经理张利明、殳黎平及宣传部部长方霞蓓等领导出席仪式。

10月14日，200余名杭钢青年参加了省委宣传部和浙江广播电视集团组织的2012“十月的阳光两富浙江·激情飞扬”浙江儿女喜迎党的十八大电视文艺直播活动。

10月29日至30日，南方20家钢铁企业理事会2012年年会在三钢召开。董事长、南方20家钢铁企业理事会理事长李世中主持会议，三钢等16家成员企业的董事长、党委书记、总经理和有关领导共30余人参加了会议。

11月14日，中国科协在北京举办中国科协会员日暨第五届“全国优秀科技工作者”颁奖大会，发布了《关于表彰第五届全国优秀科技工作者的决定》，集团公司技术中心叶健松荣获“全国优秀科技工作者”称号。

11月23日，中国机冶建材工会在湖北武汉组织召开全国冶金行业职工技术创新优秀成果奖评选展示会。杭钢维检中心高技能人才创新工作室选送的项目《打包机备件国产化及技术改进》荣获二等奖。

11月26日，中国科协、国家发改委、科技部和国务院国资委联合在北京召开2011—2012年度全国“讲理想、比贡献”活动总结表彰大会，对作出突出贡献的先进集体、先进专家工作站、科技标兵和优秀组织者进行了表彰奖励。杭钢科协被评为先进集体，秘书长裘正刚被评为优秀组织者。这是杭钢科协连续第二次获此殊荣。

12月25日，原酒钢集团党委书记、现甘肃省政协经济委员会副主任梁传密一行来杭钢交流。董事长李世中、党委副书记任海杭、宣传部部长方霞蓓接待了来访客人，有关部门还进行了对口交流。

2012年巨化集团公司大事记

1月9日、12日，纪委副书记刘云辉、审计监察法务部副部长任向欣分两组带队到氟聚合物事业部、锦纶厂、晋巨公司、衢化医院等单位进行党风政风抽查。

2月6日，召开2012年形势任务教育动员会，公司党群部门负责人、各二级单位党委书记、工会主席等参加了会议。副书记吴宪钢主持。

2月9日，董事长杜世源在会展中心为工程公司和冷轧薄板厂骨干进行形势任务教育宣讲。

2月15日，董事长杜世源在宁化公司总经理郭志毅、供销部经理杨佩锋及东海化工商城项目组人员的陪同下，到镇海物流枢纽港进行考察。

同日，温州市现代服务业投资集团有限公司副总经理南品仁一行9位领导到公司进行财务管理工作研讨和经验交流。

2月23日，“巨化万名职工游农家活动”活动签约仪式在会展中心举行。

3月5日，衢州市召开了创建环保模范城市动员大会。会议肯定了公用公司的环保工作，并授予该公司市2011年度环保先进单位称号。

3月15日，衢州市国税局副局长方晓青带领纳税服务处、直属分局管理四科等一行6人到公司进行“两服务”走访企业座谈活动。

3月21日，经浙江省劳动厅推荐，新疆阿克苏地区技工学校党委书记吕学明率团到公司培训中心浙江化工技工学校学习考察。

4月11日至13日，以“创新发展、节能减排”为主题的第23届国际制冷、空调、供暖、通风及食品冷冻加工展览会，在北京新国际博览中心举行。董事长杜世源、总经理王峰涛、副总经理唐舟山，巨化股份公司总经理周黎旸参加展览会。

4月19日，衢州市税务局、地方税务局联合召开2009—2010年度3A级纳税信用登记企业表彰大会。公司有11家企业荣获3A级，分别为巨化集团公司、巨圣公司、氟化公司、有机氟厂、锦纶厂、热电厂、电化厂、物资装备分公司、巨程钢瓶公司、新联包装材料公司、房开公司。

5月7日，由衢州市工行衢化支行牵线，公司财务部承办了巨化集团公司工商银行银企互联现场观摩会。

5月10日，召开公司商贸工作推进会。副总经理唐舟山主持。

5月17日，召开2012年残疾人工作会议暨总结表彰会，党委副书记、残疾人工作领导小组组长吴宪钢，党委宣传部部长吴坚以及公司残疾人工作领导小组成员，各单位残疾人工作分管人员、获得2011年度残疾人工作先进集体的领导、先进工作者、先进残疾职工、残疾职工代表等参加会议。

5月29日，省交通运输厅党组成员、运管局局长赵雁携省运管局货运处及衢州市交通局相关领导到公司，对衢州工业新城物流园区筹建情况进行了现场调研。副总经理唐舟山及市场部、物流公司负责人陪同调研。

6月20日，安徽省石化协会会长李韵、芜湖市经信委总工程师陈传宏、芜湖市融汇化工集团总经理周杰等一行到公司进行了合作交流和参观考察。董事长杜世源、总经理王峰涛、总经理助理吴周安，以及投资发展部、股份公司、电化厂等有关领导和人员参加了交流。

7月20日，在中央电视台财经频道主持的央视财经50指数2012年度样本股发布仪式上，揭晓了“央视财经50指数2012年度样本股”名单。巨化股份首次入选样本股。

7月31日，公司与国家农业部信息中心在衢化宾馆举行12316农业综合信息门户建设项目启动仪式，双方签署了项目开发合作协议。国家农业部信息中心副主任吴秀媛、数据库处副处长唐文凤、工程师王家农、省农业厅产业处调研员戴守勤、省农业厅信息中心主任董越勇及公司党委副书记吴宪钢、总经理助理余建明等领导出席。

8月24日，总经理王峰涛和衢州市党政代表团出席衢甬两地座谈会及项目签约仪式。

9月14日，由热电厂组队代表公司参赛的“巨化代表队”，在衢州市“联通杯”——“喜迎十八大、反邪促和谐”知识竞赛中荣获第一名，并获组织参赛奖，参赛选手赵丽喜获最佳风采奖。

9月28日，董事长杜世源、总经理王峰涛等一行到浙江师范大学调研。

10月6日，科技部国际合作司陈霖豪副司长一行到公司考察。董事长杜世源、总经理助理吴周安、衢州市科技局副局长郑洪福、衢州氟硅研究院院长陈晓克以及股份公司、技术中心等领导与副司长陈霖豪一行举行会谈。

10月17日至20日，公司派员参加了在韩国釜山举办的中韩科技创新成果与产品展，展会由中韩两国科技部主办，浙江省科技厅承办。

10月28日，公司与中科院上海有机所及衢州学院的两个共建合作平台签约暨巨化——衢州科技服务中心揭牌仪式在巨化宾馆举行。

11月19日，全国石油和化学工业协会在上海召开了2012年度全国石油和化学工业“质量兴业”活动总结暨知名品牌表彰大会。公司被授予“2012年度中国石油和化工行业质量标杆”称号。总经理助理汤月明参加了质量标杆授牌仪式。

11月26日，国家交通部科学研究院高级工程师张文涛、王娟及省交通厅副处长黄海到公司，对衢州工业新城物流园区货运配载服务中心项目进行实地考察和申请补助条件的代部审查。

12月13日，中国农业银行浙江省分行副行长李智馨一行6人到公司参观访问。杜世源董事长、副总经理唐舟山会见来宾并作友好交流。

12月19日，公司保卫处负责人代表集团公司参加了浙江省社会管理综合治理委员会、浙江省社会治安综合治理协会召开的表彰会，对2012年省级社会管理创新和社会治安综合治理工作示范单位和先进工作者进行了表彰。集团公司荣获省综治协会2012年度“先进团体会员单位”称号，并受到表彰。

2012年浙江省交通投资集团有限公司大事记

1月4日，总经理王洪涛、副总经理李雪平率相关部门负责人到交通实业公司调研指导工作。

同日，集团公司成功获得国家银监会批文筹建财务公司。

1月8日，副省长毛光烈一行到沪杭甬高速杭州管理处检查指导春运安全工作。总经理王洪涛等陪同。

1月10日，省政府安委会办公室组织的安全生产目标管理考核组在省安监局副局长徐洪军带领下，对集团公司2011年度安全生产管理目标责任落实情况进行了考核。副总经理李雪平、总部安委会成员和杭金衢分公司班子成员陪同并出席考核会议。

1月14日至15日，浙南板块2012年度工作会议在杭州召开。副总经理张鲁芸参加并作了重要讲话。

1月18日，董事长陈继松参加了海运集团2012年度工作会议，并作重要讲话。

1月19日，召开总部全体员工会议。董事长陈继松作总结讲话，总经理王洪涛主持，集团公司领导班子及监事参加。

2月7日，副省长毛光烈到集团公司调研高速公路科技信息化工作并召开座谈会。省政府副秘书长孟刚、省经信委副主任吴君青、省公安厅副厅长郑兴军、省交通运输厅副厅长郑黎明等陪同调研。董事长陈继松主持会议，总经理王洪涛作工作汇报，副总经理马克华、李雪平参加会议。

2月20日，总经理王洪涛、副总经理李雪平、副总工程师文斌等一行到杭金衢分公司，督办新岭隧道段拓宽工作。

2月22日，省国资委主任陈正兴在董事长陈继松的陪同下，赴省交工集团和舟山跨海大桥现场调研。

2月23日，召开“廉洁企业”建设大会。董事长陈继松作重要讲话，总经理王洪涛主持会议。集团公司领导班子成员刘鹏、刘利、马克华、李雪平、刘纯凯、詹小张，监事会主席张仕达、监事叶根英，总部各部门正副职、助理，子（分）公司领导班子成员、总助、纪检监察室负责人、内审部负责人近160人参加了本次大会。

3月7日，总经理王洪涛会见了中国交通报社社长周世旺、副总编靳杨一行。副总经理马克华参加会见。

3月14日，总经理王洪涛在台州市副市长蔡永波的陪同下，前往台州港海门港区黄礁作业区现场调研项目建设进展情况。

3月27日，副总经理李雪平率相关部门负责人一行到浙北公司检查指导清明节期间的安全保畅工作。

3月28日，召开2012年党建纪检工作季度例会。纪委书记刘利到会讲话，各子分公司党委副书记、纪委书记及分管领导、总部人力资源部（组织部）、纪检监察室部门负责人近20人参加了本次会议。

3月30日，召开高速公路打击偷盗专项行动、“清明”和“五一”节保畅、开展“庭院经济”建设等营运管理专题会议。总经理王洪涛主持会议并作重要讲话，副总经理李雪平、詹小张，党委委员、工会主席刘纯凯出席。

4月6日，董事长陈继松率董秘处、办公室、高管部有关负责人到杭甬、上三高速公路检查路容路貌及沿线综合环境情况。副总经理、沪杭甬公司总经理詹小张等陪同检查。

4月17日，董事长陈继松，副总经理王国伟、李雪平率董秘处、办公室、高管部、发展部有关负责人实地调研杭金衢拓宽工程沿线环境。

4月17日至18日，集团公司组织新华社、人民日报社、中新社、中国交通报、浙江日报、浙江经视、浙江在线等11家中央、省级新闻媒体的11名记者赶赴头门港，开展“重点项目一线行”采访活动。工会主席刘纯凯陪同。

4月24日，总经理王洪涛参加丽水市高速公路建设工作座谈会。

5月4日，董事长陈继松在集团总部会见了奇力资本（香港）有限公司董事、总经理陈斌一行。

5月9日，江苏交通控股有限公司党委书记张新实率考察团一行13人到集团公司考察交流。副总经理王国伟、马克华、李雪平及工会主席刘纯凯负责接见。

5月10日，监事会主席叶朴勇、副主席吴高平，在副总经理刘鹏的陪同下，到浙商证券调研。专职监事、职工监事和董秘处有关负责人参加了调研。

5月16日至18日，董事长陈继松、纪委

书记刘利、副总经理王国伟、工会主席刘纯凯率董秘处、发展部、财务部等部门负责人赴头门港公司和台州板块调研工作。

5月23日至24日，董事长陈继松、副总经理王国伟率集团公司相关部门负责人和子公司主要领导共10人，赴江苏交通控股有限公司考察交流高速公路营运养护管理经验。

5月25日，成功发行七年期30亿元中期票据。

6月4日，浙江大酒店与世贸君澜酒店管理公司在杭州举行委托经营管理签约仪式。副总经理李雪平，交通实业公司董事长陈宁辉、君澜酒店管理公司董事长吴启元出席签约仪式并致辞祝贺。

6月8日，副总经理王国伟一行到新岭隧道段拓宽工程现场会会场调研指导工作。

6月15日，副总经理李雪平率集团安监部、高管部、新闻中心相关人员对沪杭甬公司杭甬养护中心、省交工集团钱江通道南接线十一标项目部进行了安全生产标准化建设示范班组授牌。

6月18日，召开党委中心组（扩大）学习会议，传达学习省第十三次党代会精神。省第十三次党代会代表、集团公司党委书记、董事长陈继松主持会议，传达会议精神，并作重要讲话。集团公司领导班子成员，各子分公司党委书记和上市板块、浙江远洋、头门港公司总经理，集团公司董秘处、办公室（新闻中心）、组织部、党群部等部门负责人共30人参加会议。

6月21日，海运集团在舟山五洲船舶公司为由该公司建造的“ZHEHAI1”轮举行船舶首航仪式。监事会主席叶朴勇、副主席吴高平，副总经理李雪平等参加了仪式。

7月2日，新加坡胜科工业集团高级经理沈惠民到集团公司进行商务洽谈。

7月10日，集团公司领导陈继松、王洪涛、刘鹏、刘利、张鲁芸、王国伟、李雪平、詹小张分组奔赴基层一线，慰问高温下仍在室外坚持工作的广大员工，送上清凉避暑用品，向他们表示衷心的感谢和亲切的问候。

7月16日至17日，董事长陈继松、副总经理张鲁芸率办公室、高管部、发展部负责人赴浙南板块，调研项目推进情况及存在的困难与问题。

7月20日，召开集团公司党建示范点和2010—2012年创先争优百名先锋人物表彰大会。董事长、党委书记陈继松作重要讲话，总经理王洪涛宣读表彰通报，纪委书记刘利主持会议。集团公司其他班子成员，各子分公司党委书记、副书记、党群部负责人，受表彰的单位代表和个人代表近90人参加了本次会议。

8月1日，总经理王洪涛一行调研头门港开发建设工作并指导抗台工作。

8月1日至2日，副总经理王国伟率集团公司高管部及试验检测中心有关人员，各路公司及省交工集团分管领导，赴安徽省高速公路控股集团有限公司考察交流高速公路养护管理经验。

8月10日，浙江省信息化工作领导小组办公室在杭州组织召开了“智慧高速建设实施方案”专家评审会议。省政府办公厅、省公安厅、省交通运输厅、省财政厅、省经信委、省质监局等单位参加了会议。副总经理李雪平代表集团出席会议。

8月16日，副省长朱从玖在省政府副秘书长冯波声、省国资委主任陈正兴的陪同下，到集团公司调研指导工作。

8月20日，召开总部员工大会，宣布总部办公大楼搬迁工作圆满完成。董事长陈继松、总经理王洪涛出席会议并作重要讲话，纪委书记刘利，副总经理张鲁芸、李雪平出席会议。

8月21日，省国资委主任陈正兴在董事长陈继松、副总经理李雪平的陪同下，赴浙江远洋公司和金基置业公司调研工作。

9月2日，中国企业家联合会、中国企业家协会联合在吉林长春发布了2012年中国企业500强、服务业企业500强和企业效益200佳名单。集团公司分别名列中国企业500强第374位，中国服务业企业500强第114位和企业效益200佳第182位，道路运输、城市公交及辅助、服务业分项第2位，人均资产排序第54位，收入利润率排序第75位，资产排序第97位。

9月3日，总经理王洪涛一行到浙西公司余杭收费所调研指导庭院经济建设工作。

9月12日，召开迎国庆高速公路服务区文明创建推进会，副总经理王国伟出席会议，集团高速公路管理部、经营产业部相关人员，各路公司、实业公司领导及相关部门负责人，部分服务区负责人参加了会议。

9月13日，省企业联合会、省企业家协会在杭州举办2012浙江省企业领袖峰会暨百强企业发布会。按照2011年营业（销售）收入为排序标准，集团公司以244.58亿元营业收入位列“2012年省百强企业”第34位，“2012年服务业百强企业”第10位。

9月24日，董事长陈继松、纪委书记刘利、副总经理张鲁芸、集团老领导马克华在浙西公司董事长叶万里等人的陪同下，到杭徽高速公路余杭收费所调研指导庭院经济建设工作。

9月26日，董事长陈继松，副总经理王国伟、李雪平对直管板块、交通实业国庆节安全保畅工作进行检查指导。

10月3日，总经理王洪涛率领有关人员，到舟山跨海大桥检查长假小型客车免费通行安全保畅工作。

10月11日，工会主席刘纯凯一行到定点单位——甬金高速白峰岭隧道所党支部调研基层组织建设年活动开展情况。

10月16日，总经理王洪涛在浙南公司、交通实业、交工集团主要领导，集团公司办公室、高管部负责人的陪同下，赴龙庆云景项目检查指导工作。

10月17日，董事长陈继松、副总经理李雪平率董秘处、高管部、经营部有关部门负责人，专程赴交工集团杭州地铁盾构施工工区调研指导。集团公司副总工程师文斌，交工集团董事长程涛、总经理冯康言等陪同调研。

11月6日，总经理王洪涛、副总经理李雪平一行前往杭金衢高速公路拓宽工程建设指挥部，调研工程建设进展情况。

11月13日，副省长朱从玖在省政府副秘书长冯波声、浙江省证监局局长吕逸君、省金融办副主任包纯田的陪同下，到浙商证券调研指导工作。董事长陈继松、副总经理张鲁芸参加了调研工作汇报会。

11月28日至29日，总经理王洪涛、副总经理李雪平率集团公司相关部门负责人，赶赴萧山、兰溪、新昌、宁海、余姚服务区调研文明创建工作。

12月3日，召开总部员工大会，传达学习贯彻党的十八大会议精神，布置年末扫尾重点工作。董事长陈继松、总经理王洪涛到会并作讲话，纪委书记刘利传达十八大会议精神，副总经理张鲁芸、李雪平、詹小张参加会议。

12月7日，省属国有企业2011年社会责任报告发布会在杭州举行，这是全省国资国企系统首次进行社会责任报告对外发布。集团公司和建设集团、能源集团作为省属国有企业的3家试点单位，在发布会上以视频形式展示了履行社会责任的成果，介绍了社会责任履行的情况。

12月14日，交通实业公司与中石化浙江石油分公司高速公路加油站合作协议签约仪式在杭隆重举行。副省长王建满，浙江石油分公司总经理徐祥燕，党委书记岑利祥，集团公司董事长陈继松、总经理王洪涛、副总经理张鲁芸，交通实业公司董事长陈宁辉，总经理王以好等出席签约仪式。

12月24日，董事长陈继松、总经理王洪涛，纪委书记刘利，先后来到省海运集团和省交工集团，开展年度工作调研。

12月26日，董事长陈继松、总经理王洪涛，纪委书记刘利率集团公司董秘处、办公室、高管部、财务部、投资部、经营产业部负责人到沪杭甬公司开展年度工作调研。

12月28日，集团财务公司正式开业。

12月31日，董事长陈继松，副总经理李雪平、詹小张率集团公司董秘处、高管部负责人，专程到沪杭甬公司监控中心检查智慧高速工程项目建设情况。

2012年浙江省农村发展集团有限公司大事记

1月13日，召开年度工作会议。会议全面总结2011年集团各项工作，深入分析当前经济形势，科学部署2012年集团重点工作，并对2011年先进单位和个人进行表彰。董事长楼永志、总经理施小东分别作重要讲话。

1月18日，召开2011年度安全生产工作会议。董事长楼永志、总经理施小东、副总经理翁云翔，总经理助理陶美娟及安委会成员，集团公司各部门负责人，集团所属各公司安全生产工作分管领导、部门负责人参加了会议。

2月8日，召开2011年度考核工作会议。省委组织部干部三处副处长何震、省国资委企领处副处长蔡亦军到会指导。集团公司领导班子成员、监事会成员、集团全体中层管理人员、本部员工以及集团公司退休人员党支部书记参加会议。

2月10日，省委副秘书长、省农办主任章文彪带领省农办副巡视员孙飞翔、人事秘书处处长骆建华到集团公司调研。

2月20日，新疆自治区党委副秘书长、农办主任代宁祥及自治区农业厅党组书记刘学虎一行12人，在省农办副主任余振波的陪同下考察新农都实业公司。副总经理梁培甫，新农都实业公司董事长方伟、总经理赵永夫接待考察团一行并召开座谈会。

2月23日，省农业厅厅长史济锡、副厅长冯一鹤、优农中心主任成灿土一行七人到新农都实业公司，就新农都物流中心承办2012年省农博会相关事宜进行调研。董事长楼永志、副总经理梁培甫，新农都实业公司董事长方伟陪同。

2月27日，省农办主任章文彪、副巡视员孙飞翔一行到新农都公司检查指导工作。

同日，杭州市政府副秘书长王光荣主持召开关于省农都农副产品批发交易市场搬迁改造有关问题的专题会议。

3月2日，省国资委纪工委书记陈松根一行赴省粮食集团公司，开展“进企业、促发展”走访工作。

3月5日，董事长楼永志、副总经理梁培甫赴农都公司考察调研。

3月6日，杭州市委常委、宣传部长翁卫军，市文创办副主任陆政品，市委宣传部办公室主任刘长征一行到瞬时达公司考察指导。

3月16日，召开办公室主任和信息宣传工作会议，全面总结2011年集团办公室和信息宣传工作，部署2012年相关工作。

3月30日，省农业厅优农中心主任成灿土一行五人到新农都实业公司，就省农博会相关事宜进行对接。总经理助理、办公室主任傅德荣，投资部经理邬建春，发展研究部副经理邹刚，新农都公司班子成员及各部室相关负责人，新农都传媒中心和瞬时达公司负责人参加会议。

4月12日，省粮食局副局长韩鹤忠一行到辽北库走访调研。

4月17日，省农办主任章文彪率领全省各地市农办负责人赴萧山考察新农都物流中心，研究如何依托华东地区最大的农产品物流配送集散基地——新农都物流中心平台，打造“浙江省名特优农产品一条街”。

4月19日，省国资委纪工委书记陈松根、考核处处长刘盛辉等一行到瞬时达公司调研指导。

4月27日，召开第一季度工作会议。会议回顾总结了集团一季度生产经营和重点工作进展情况，部署了下一阶段生产经营和重点工作。

5月3日，绍兴市副市长钟洪江到宝仔公司，考察了种猪养殖场的农产品质量安全情况。

5月4日，由省民政厅副厅长梁星心带队的省委“创先争优”活动督查组到集团公司对“创先争优”活动进展情况进行督查。

5月8日，副总经理冯洪山、总经理助理傅德荣、顾问肖歌赴澜海实业公司，就杭州湾商贸综合体项目总体方案设计听取汇报。

5月15日，集团公司工会组织开展了第一期“幸福农发疗养周”活动，2011年度集团突出贡献奖获得者和先进工作者参加疗养。

6月6日，董事长、党委书记楼永志参加省第十三次党代会并被推选为提案工作委员会委员。

6月13日，召开第一届第二次职工大会暨第三届第二次机关工会会员大会。董事长楼永志代表集团公司，陶美娟委员代表机关工会签订了《集体合同》和《女职工权益保护专项合同》。

6月14日，省国资委纪工委书记陈松根一行到银通典当公司开展“进企业、促发展”大走访活动专题调研。

6月15日，千岛湖润和建国度假酒店举行盛大的开业庆典。省政协副主席王永昌、省国资委主任陈正兴、省财政厅副厅长罗石林、省建设厅副厅长应柏平、省旅游局副局长许澎、省属企业外派监事会副主席凌传运、淳安县四套班子领导、淳安县有关部门负责人，省、市、县银行界、新闻界朋友，酒店合作单位，以及参与酒店设计、建设的代表等共300多位嘉宾参加了开业庆典。董事长楼永志参加并致辞。

6月19日，副省长葛慧君赴新农都物流中心现场办公，推进新农都物流中心开业及省农博会筹备工作。葛慧君副省长在调研中指出，把新农都物流中心打造成华东地区最大的农产品配送中心。

6月27日至28日，董事长楼永志前往浙江省镇海港周转粮库有限公司、浙江省嘉善银粮国家粮食储备库有限公司和绍兴润和购物中心有限公司开展年中工作调研。

7月13日，省政府组织召开2012年省农博会筹备专题协调会议，确定集团下属新农都物流中心作为2012年省农博会主会场。

7月26日，召开第三次工会会员暨第一届职工代表大会，会议审议通过第二届工会委员会工作报告、经费审查委员会工作报告，并选举产生集团第三届工会委员会委员、经费审查委员会委员和女职工委员会委员。

8月14日，召开2012年年中财务工作会议。

8月27日，省政府副省长王建满到新农都实业公司，实地考察调研新农都农产品物流中心建设和2012年省农博会准备情况。

9月13日，由省农发集团牵头组建的浙江省农产品流通行业协会成立大会在萧山举行，省长夏宝龙发来贺信，对省农产品流通行业协会成立表示热烈祝贺。副省长王建满、省政协副主席王永昌出席大会并讲话。

9月17日，由省农发集团牵头组建的浙江省现代农业研究会成立大会在省人民大会堂隆重召开。省委书记赵洪祝专门发来贺信，副省长王建满，全国政协文史与学习委员会副主任、省政协原主席周国富，中国扶贫基金会会长、中国农业经济学会会长、中农办原主任段应碧出席成立大会并讲话。

9月24日，副省长葛慧君对浙江省现代农业研究会作出重要批示：“浙江现代农业研究会汇聚行家学者，相信对破解‘三农’发展难题、推进‘三农’发展，必将起到积极的作用。”

同日，省委赵洪祝书记对浙江省现代农业研究会作出重要批示：“祝贺省现代农业研究会的成立，祝贺大会的圆满成功，希望今后充分发挥好这一组织的作用。”

10月9日，副省长朱从玖到集团公司调研指导工作。省政府副秘书长冯波声、省国资委主任陈正兴等陪同调研。

10月12日，召开三季度工作会议，强调转变作风狠抓落实，全面完成年度目标。集团公司领导班子成员，监事会成员，集团中层管理人员，二级企业总经理助理，二级产业集团所属三级企业副总经理，园林公司、瞬时达公司主要负责人，集团公司本部员工参加会议。董事长楼永志在到会并作重要讲话。

10月18日，省农发集团杭州湾商贸综合体项目奠基仪式在上虞滨海新城隆重举行。董事长楼永志、党委副书记陈怀义、副总经理冯洪山、总经理助理傅德荣参加仪式。

10月26日，集团在省老年活动中心举办2012年职工运动会。董事长楼永志到会并参与了相关比赛。党委副书记陈怀义宣布运动会开幕，工会主席陶美娟在开幕仪式上讲话。

11月2日，董事长楼永志到新农都物流中心，对物流中心试营业和省农博会筹备工作现场检查指导。副总经理梁培甫陪同。

11月5日，农都公司与杭州市前期办顺利签订农都市场拆迁补偿协议。

11月8日，集团公司及所属各公司认真组织全体党员和干部职工收看中国共产党第十八次全国代表大会开幕式盛况。

11月18日，农都市场粮油、副食品、冻品三大区块经营户顺利搬迁到新农都物流中心。董事长楼永志第一时间赶到现场了解情况。

11月20日，杭州湾旅游商贸综合体休闲旅游区块修建性详细规划编制研讨会在集团公司召开。总经理助理傅德荣，澜海实业公司董事长张健、副总经理胡建伟及规划编制机构达沃斯巅峰上海分院副院长蒋圣安参加会议。

11月22日，副省长王建满到新农都会展中心检查第十届省农博会布展情况。省政府副秘书长陈龙、省农业厅厅长史济锡，董事长楼永志等陪同。

11月23日，2012浙江农业博览会、全国名优果品交易博览会在新农都会展中心盛大开幕。新农都物流中心同步试营业。国家农业部党组成员张玉香、省人大常委会副主任程渭山、副省长王建满，爱沙尼亚总领事任华、保加利亚总领事白爱琳、乌兹别克斯坦总领事阿戈扎姆赫德热耶夫·萨伊达卡摩勒、埃塞俄比亚总领事约哈内斯·芬塔出席开幕式。省农业厅厅长史济锡主持开幕式。

11月24日，省长夏宝龙，省委常委、省委组织部长蔡奇，省人大常委会党组副书记茅临生等省领导分别到新农都会展中心参观省农博会。

11月25日，省政协主席乔传秀、省政协副主席黄旭明来到新农都会展中心参观第十届省农博会。

11月26日，全国政协文史和学习委员会副主任、省政协原主席周国富，省委常委、副省长、宣传部长葛慧君，到新农都会展中心参观省第十届农博会。

11月28日，副总经理冯洪山赴澜海实业公司对接杭州湾商贸综合体休闲旅游区块设施农用地报批事项。

12月11日，省政协副主席王永昌到新农都物流中心调研，董事长楼永志、副总经理梁培甫陪同。

12月22日，集团公司副总经理、省粮食集团公司董事长屠建民赴银粮库检查新年度“北粮南调”工作开展情况。

12月25日，召开2012年度财务工作会议。董事长楼永志，纪委书记陈怀义，工会主席陶美娟，专职监事江建军，集团公司财务部，集团所属各公司财务负责人、主办会计等参加了会议。会议由集团公司财务部经理何启海主持。

12月26日，董事长楼永志到润和·信雅达国际，调研即将开业的农发集团农产品连锁滨江店。

2012年浙江省电力公司大事记

1月9日，从全省人力资源和社会保障工作会议上传来喜讯，省电力公司系统多名员工获省高技能人才荣誉并受表彰，其中嘉兴电力局的孙云峰获首届浙江省“钱江技能大奖”，另外共有六人获得第一届“浙江省首席技师”称号。

1月13日，召开党政联席会议，落实国家电网公司“安全日”活动部署。省电力公司领导李卫东、姜雪明、徐伟良、陈安伟、石华军、于金镒、江华东、王幼成、孔繁钢出席会议。

1月31日，召开安全稳定优质服务电视电话会议。总经理李卫东在会上讲话，对“安全年”活动进行全面部署。党组书记姜雪明主持会议，公司领导徐伟良、陈安伟、石华军、于金镒、江华东、王幼成、孔繁钢等分别在主会场、杭州分会场和宁波分会场出席会议。

2月4日，从省委省政府召开的全省农村工作会议上传来消息，省电力公司荣获2011年度“低收入农户奔小康工程”结对帮扶工作先进单位、2011年度减轻农民负担工作优秀单位两项荣誉。

2月13日，国家能源局调研组到省电力公司调研。总经理李卫东会见了国家能源局发展规划司副司长何勇健一行，双方就深化电力体制改革等问题进行了座谈并深入交换意见。副总经理徐伟良、石华军，省能源局总工程师金毅陪同调研。

同日，在国家电网公司2012年科技暨智能电网工作会议上，省电力公司2011年科技工作获得国家电网公司高度肯定。副总经理陈安伟出席会议并作交流发言。

2月20日，省电力公司与国网电力科学研究院在杭州签署《2012年度科技项目合作意向协议》，双方将在十个科技项目上开展科研合作。总经理李卫东、国网电科院院长肖世杰分别代表双方在协议上签字，副总经理陈安伟主持签字仪式，电科院副院长胡江溢、奚国富出席签字仪式。

3月8日，召开“为民服务标杆营业厅”评审会，评审专家在省公司营销稽查监控中心，通过稽查监控视频系统对全省10家供电营业厅进行现场评审。

3月27日，浙江浙电节能服务公司挂牌成立。党组书记姜雪明出席揭牌仪式，为节能服务公司揭牌并讲话。

4月11日，省电力公司发出通知，要求全面实施“个十百千万行动计划”，推进“三集五大”政治保障工程，以优异的成绩向党的十八大献礼。

4月12日，举行《国家电网浙江省电力公司2011社会责任实践报告》发布会，党组书记姜雪明向社会公开发布2011年社会责任实践报告。省经济与信息化委员会巡视员郑一方、省企业联合会执行副会长叶国坚出席发布会，人民日报、工人日报、经济日报、中新社、浙江日报、浙江卫视等中央和地方主要媒体受邀采访报道。

5月6日，省委书记赵洪祝对省电力公司工作作出批示，充分肯定省电力公司工作。批示指出：“2012年以来，省电力公司注重政企合作，加快电网发展，提升服务效率，确保电力供应，为促进我省经济平稳较快发展与社会和谐稳定发挥了重要的作用，向国家电网公司和省电力公司表示诚挚感谢。”

5月14日，召开干部任命宣布大会，总经理李卫东受国家电网公司委托，宣布国家电网公司对浙江省电力公司领导班子调整的决定。国家电网公司党组经研究并征得浙江省委同意，决定任命孔繁钢为浙江省电力公司副总经理，杨勇为浙江省电力公司副总经理、党组成员，吴国诚为浙江省电力公司党组成员，商全鸿为浙江省电力公司党组成员、纪检组组长。江华东不再担任浙江省电力公司党组成员、纪检组组长，任浙江省电力公司副局级调研员。

5月17日至18日，总经理李卫东到温州电力局调研指导工作，并进行春季暨迎峰度夏安全大检查。

6月1日，副总经理孔繁钢到省人民大会堂高低压配电室，检查配电室供用电安全管理情况。

6月18日至19日，国资委纪委书记强卫东、纪委副书记阮国平带队的国资委调研组，在国家电网公司纪检组长潘晓军的陪同下，到浙江省电力公司及所属单位调研。公司领导李卫东、姜雪明、于金镒、吴国诚、商全鸿、江华东等陪同调研。

6月27日至28日，国家电监会副主席王野平在浙江调研时，充分肯定了浙江落实居民用电服务质量监管专项行动所取得的成效。

7月3日，召开党组理论学习中心组

扩大会，深入学习贯彻省第十三次党代会精神和浙江省委书记赵洪祝为《光明使者江小金》一书所作序言的精神。公司领导李卫东、姜雪明、徐伟良、陈安伟、石华军、全生明、于金镒、孔繁钢、杨勇、王幼成、吴国诚、商全鸿、江华东，以及省电力公司党组理论学习中心组成员等参加学习会。

7月5日，浙江500千伏仁和变、芝堰变两座变电站开始实施无人值守管理双轨制试运行，此为省电力公司率先在国家电网公司系统内开展500千伏变电站无人值守工作。

7月6日，95598呼叫大厅举行启用仪式。经理李卫东出席启用仪式并为95598呼叫大厅揭幕。副总经理、杭州市电力局局长于金镒主持仪式。

7月10日，省委书记赵洪祝、省长夏宝龙等到省电力公司，专题调研电力迎峰度夏工作，并慰问电力系统职工。

7月19日，党组书记姜雪明到省供电服务中心调研指导工作。副总经理、杭州市电力局局长于金镒陪同调研。

7月27日，国家电网公司总经理、党组书记刘振亚在杭州与浙江省委书记、省人大常委会主任赵洪祝，省委副书记、省长夏宝龙举行会谈，双方就保障浙江电力需求深入交换了意见，并出席了国家电网公司与浙江省人民政府战略合作框架协议签字仪式。根据协议，双方要建立合作协调机制，共同推动“十二五”浙江电网建设与发展。

7月28日，溪洛渡左岸—浙江金华800千伏特高压直流输电工程开工动员大会在杭州举行。该工程是800千伏直流输电技术的标准化工程，具有重大示范效应。工程建成后，每年可将西南地区约400亿千瓦时清洁水电能源输送至浙江。

9月19日，国家电网公司综合验收组对浙江省电力公司“三集五大”体系建设进行综合验收，并对公司高标准高质量建成“三集五大”体系建设给予充分肯定。

同日，省电力公司成功入选第四届“浙江省最具社会责任感企业”。

9月25日，省电力公司部署加强中秋和国庆节日期间安全生产工作，保证人身、电网和设备安全，确保电网安全可靠供电。

10月12日，省党代会省直代表三团代表工作室在省电力公司湖墅南路供电营业厅揭牌。省委副秘书长、省直机关工委书记施利民，省委组织部副部长朱伟，党组书记姜雪明等出席揭牌仪式。

10月29日，省电力公司印发通知，要求在公司系统全面组织开展“制度管事、文化管心”主题大讨论活动，推进国家电网公司“五统一”企业文化在浙江落地生根，并转化为“成就共同事业、建设共同家园”的强大精神动力。

10月31日，副总经理陈安伟到500千伏瓶窑变和220千伏大陆变，开展“十八大”安全保供电情况飞行检查。

11月8日，中国共产党第十八次全国代表大会在北京隆重召开。按照中共中央办公厅和国家电网公司《关于组织收听收看十八大盛况的通知》的有关要求，省电力公司本部由机关党委统一安排，组织各级党组织和广大党员积极利用电视、网络、广播等媒体和电视电话会议系统集中收听收看了十八大盛况。

11月12日，国家发改委资源节能和环境保护司司长何炳光、节能处处长陆新明到省电力公司调研办公大楼玻璃节能膜项目，并在公司召开节能环保产业座谈会。省经信委副主任蔡刚，省发改委副主任周华富，副总经理孔繁钢等陪同调研，并参加座谈会。

11月18日，省电力公司“智能变电站站域保技术研究和应用”项目顺利通过中国电机工程学会组织的技术鉴定。

12月7日，省电力公司收到国资委关于富阳市供电局等61家浙江省地方供电企业国有产权无偿划转有关问题的批复文件。国资委同意，自2012年1月1日起将这61家代管县供电企业全部国有产权无偿划转给浙江省电力公司，成为直供直管全资子公司。

12月14日，省电力公司首家通过国家电网公司状态检修工作质量达标评价，综合评定为最高级A级，公司成为国家电网公司系统状态检修标杆单位。

12月20日，省电力公司组织开展“诚信计量 用心服务——零距离体验电能表全自动检定（社会各界走进电能计量）”专题宣传活动。

12月28日，由省经信委、省国资委、浙江银监局、浙江证监局等联合组织的2012浙江省企业社会责任报告发布会在杭州召开。党组书记姜雪明代表公司发布了《国家电网浙江省电力公司2011社会责任实践报告》，该报告被评为“2012浙江省企业社会责任优秀报告”。

2012年杭州汽轮动力集团有限公司大事记

1月11日，召开集团年度工作会议。总经理王鸿康向大会做了《控风险保效益抓机遇促转型为企业持续发展、员工安居乐业而奋斗》的年度行政工作报告。党委副书记诸水龙代表公司党委做了《加强思想引领作用提升党建工作水平为加快实现新一轮大发展奋力前进》的工作报告。聂忠海董事长与各单位法人代表签订了安全责任书并作会议最后发言。

2月17日，召开党建工作会议。会议总结了企业2011年党建工作成绩和经验。部署2012年度党建工作要点、党建目标责任制；部署年度纪检工作；布置“双争双评”暨“创先争优”评议工作及“我是汽轮人、文明随我行”主题实践活动。党委班子成员聂忠海、诸水龙、王鸿康、郑斌、严敬和、叶钟等与集团下属各基层党组织负责人出席了会议。集团党委委员王鸿康主持会议。

3月6日，杭州市委常委、宣传部长翁卫军与市经信委、下城区委办、区委宣传部、区文创办、区经贸旅游局、区高新办、石桥街道等部门领导来杭汽轮进行综合调研。

3月9日，召开2012年度工会工作会议。工会主席诸水龙、股份公司工会主席刘国强、各分子公司工会主席、股份公司基层工会主席及工会干部等共60余人参加了会议。市直属工会主任袁野应邀参加会议。会上对罗尉民等12位同志进行了表彰，获评杭汽轮集团2011年度“优秀工会干部”荣誉称号。

4月5日，集团公司邀请杭州市城市品牌办公室副主任、中国美术学院教授、博导曹增节作《品牌价值与企业境界》专题讲座。公司领导班子成员聂忠海、王鸿康、诸水龙、郑斌、严敬和、严建华、叶钟和品牌领导组、工作组其他成员参加了讲座。

5月4日，经济日报社副总编丁士一行，在省委、市委宣传部领导陪同下，到杭汽轮集团进行“发展实体经济、加快转型升级”的专题调研。董事长聂忠海、副总经理郑斌、汽轮机股份公司总经理严建华等一起参加了座谈交流。

5月22日，召开“五四”先进表彰大会。会议表彰了2011年中涌现出的先进团组织、优秀团干部及十佳青年岗位能手等组织典型和青年模范。总经理王鸿康，党委副书记诸水龙，副总经理郑斌、严敬和，党委青工委员叶钟等领导出席了会议。团市委副书记赖明诚、青工部部长周骆斌应邀到会。会议听取了集团公司团委书记常谦做的工作报告，会议由集团公司团委委员、股份公司团委书记韩子云主持。

5月25日，中国机械工业联合会在江苏省举行中国机械工业百强、汽车工业30强的信息发布会暨机械工业发展战略研讨会，副总经理严敬和参加了此次会议。集团公司以2011年主营业务收入实现52.78亿元位列第63位而继续蝉连中国机械工业100强。

6月14日，举办“品牌培育试点工作”培训及座谈会，邀请国家工信部品牌培育工作小组专家、中国航空综合技术研究所主任周宏宁主讲。总经理王鸿康、党委副书记诸水龙、副总经理严敬和等领导和“品牌培育试点”工作小组成员，集团中层以上干部，分子公司主要负责人或品牌主管领导、办公室主任、工会主席、团组织负责人100余人参加了培训。

7月1日，举行纪念“七一”表彰大会。党委班子成员聂忠海、诸水龙、王鸿康、郑斌、严敬和、叶钟及集团两级干部；股份公司两级干部；集团下属各基层党组织的全体委员；汽轮机股份公司各党支部（总支）委员参加会议。党委副书记诸水龙主持会议。会后还特邀省委党校副校长郑仓元教授作《关于领导干部的素质能力规范和心态》的专题教育讲座。

8月6日，省委副秘书长、政研室主任舒国增等一行到杭汽轮集团下属分子公司杭州汽轮机股份有限公司调研杭州市装备制造业情况及存在的困难。杭州市副市长徐文光、市府副秘书长李强煜、经信委主任赵纪来、公司领导聂忠海、王鸿康、叶钟以及杭氧集团等兄弟单位的代表参加了调研会。

8月29日，中国社会科学院经济研究所所长、研究员、博士生导师裴长洪一行到杭汽轮调研考察。

9月13日，由浙江省工业经济联合会、浙江省企业联合会、浙江省企业家协会联合主办的2012浙江省企业领袖峰会暨企业家活动日在省人民大会堂举行。会上揭晓了2012年浙江省百强企业榜单，颁发了企业“杰出贡献奖”、行业“领军企业奖”。杭州汽轮动力集团有限公司等10家企业被授予“2012行业领军企业”称号。董事长聂忠海代表杭汽轮上台领奖。

9月21日，杭汽轮首次严格按照国际通用的美国API标准进行的压缩机一汽轮机联动试车成功。本次联动试车的是陕西蒲城甲醇循环气项目第一套汽轮压缩机组，该套汽轮压缩机组的一次性试车成功，标志着杭汽轮在压缩机组的生产制造和质量控制方面迈上新的高度，使杭汽成为国内唯一具备按照API标准进行压缩机一汽轮机联动试验能力的厂家。

9月28日，杭汽轮集团第五届职工运动会隆重举行。总经理王鸿康主持了开幕式。董事长聂忠海致开幕词。杭州市国资委主任屠辛庚致辞。杭州市人大常委会副主任、市总工会主席郑荣胜宣布运动会开幕。

2012年浙江吉利控股集团有限公司大事记

1月9日，浙江豪情汽车制造有限公司迁建项目在临海正式签约，副总裁潘巨林代表吉利控股集团与临海市市长蒋冰风签订协议，临海市委书记柯昕野、董事长李书福等出席并致辞。

1月10日，省委常委、杭州市委书记黄坤明在中共杭州市委常委、秘书长许勤华，滨江区委书记张耕陪同下，莅临集团杭州总部探望杭州市高层次科技人才。董事局主席李书福、副主席杨健，总裁安聪慧、副总裁赵福全陪同。

2月4日，中央电视台“春暖2012”大型公益晚会在京举行，集团公关总监杨学良应邀出席晚会并代表集团捐助100万元，帮助农村贫困地区1到6岁留守儿童开展“乡村幼儿园公益计划”。

2月17日，全球型企业文化研究中心启动揭牌仪式在海南大学三亚学院隆重举行，董事长李书福出席。

2月22日，吉利国际—埃及GBAuto签约仪式在上海美嘉峰举行，集团副总裁张林出席。

3月2日，杭州市民营经济和开放型经济大会在浙江省人民大会堂召开，集团获“2011中国民营企业500强”“杭州市民营企业百强”“杭州市实施‘走出去’战略示范企业”称号，副总裁余瑾出席并领奖。

3月3日至13日，全国政协十一届五次会议在北京召开，全国政协委员、董事长李书福出席，并提交了《提升车内空气质量、防范车内环境污染》的提案。

3月9日，沃尔沃——吉利技术转让协议签字仪式在上海举行，总裁安聪慧和沃尔沃汽车公司总裁雅各布代表双方签字，董事长李书福，副总裁李东辉、赵福全等出席。

3月15日，“吉利远程维修技术支持系统”上线运行。

3月30日，浙江省机械工业联合会三届三次理事（扩大）会议暨2011年度浙江机械工业科学技术奖颁奖大会在浙江省军供大厦召开，“吉利帝豪EC7系列轿车研发”“4G18N/15N型发动机研发”项目分别荣获浙江省机械工业科学技术一等奖和三等奖。

4月12日，浙江吉利控股集团与天安保险股份有限公司战略合作暨帝豪EC7查勘用车交付仪式在杭州举行首批200辆帝豪EC7将成为天安保险产险指定查勘用车。

4月23日，吉利首款SUV——全球鹰GX7上市仪式在北京国际车展吉利展台隆重举行。

4月23日至5月2日，第十二届北京国际汽车展览会在北京举行，集团以“品质吉利”为主题，携旗下帝豪、全球鹰、英伦汽车三大品牌27款整车车型、发动机/自动变速器等核心零部件及新能源、安全技术等参展。

4月24日，国务院总理温家宝在瑞典访问期间，莅临哥德堡沃尔沃汽车公司总部参观视察并出席见证国家开发银行与沃尔沃汽车战略合作备忘录签字仪式，董事局主席李书福、沃尔沃汽车公司总裁兼首席执行官斯蒂芬•雅各布等陪同参观，并作沃尔沃汽车发展情况汇报。

5月8日，吉利汽车全球鹰湘潭公司产品平台扩建项目签约仪式在杭州举行，中共湘潭市委副书记、市长胡伟林，中共湘潭市委常委、副市长、九华经济开发区党工委书记杨亲鹏，中共湘潭市委常委、副市长刘键，董事局副主席杨健，总裁安聪慧，副总裁李东辉、陈文明、侯海靖、苏效玺等出席。

5月14日，国家工业和信息化部人才交流中心与吉利控股集团“中小企业服务年”融资活动战略合作签约仪式在杭州举行，吉利控股集团、工信部人才交流中心、中国民生银行三方将联手共同为吉利供应商提供更广泛融资途径。工信部人才交流中心人才规划发展处处长白晓、中国民生银行交通金融事业部汽车业务部副总经理袁林、集团副总裁李东辉等出席。

5月19日，中共中央政治局委员、中央书记处书记、中央组织部部长李源潮，中央组织部常务副部长沈跃跃，在浙江省委书记赵洪祝、浙江省组织部部长蔡奇等领导陪同下莅临集团路桥基地视察，董事长李书福，副总裁陈文明、顾伟明出面接待。

5月22日，“浙江吉利控股集团与上海农商银行战略合作备忘录签约仪式”在上海举行，上海农商银行董事长胡平西、行长侯福宁，董事长李书福，副总裁李东辉、刘金良，沃尔沃汽车(中国)公司董事长沈晖等出席。

5月23日，浙江省省长夏宝龙在宁波市委书记王辉忠、宁波市市长刘奇等领导陪同下莅临集团杭州湾基地视察，董事长李书福、总裁安聪慧、副总裁冯擎峰出面接待。

5月30日，由北京大学管理案例研究中心和经济观察报社共同主办的“2011－2012年度中国最受尊敬企业评选”活动在北京大学举行，集团连续6年荣获“中国最受尊敬企业”称号。

6月9日，集团荣获“2012浙商实业榜样十大营收增长王”称号。

6月12日，集团“生产管理财务模型”项目上线汇报会在集团杭州总部召开，标志着集团“对标管理•品质经营”工作率先在制造模块取得突破进展，总裁安聪慧，副总裁魏梅、余瑾、苏效玺等出席。

6月13日，集团荣获“中国最佳全球品牌奖”称号。

6月19日，中共浙江吉利控股集团有限公司第二次代表大会在集团杭州总部召开，陈文明、王琳、邱军荣、封飞行、陈放鸣、由毅、陈洪生、陈剑国、莫若等九人当选第二届党委委员，陈文明为党委书记，陈放鸣、封飞行为副书记（其中封飞行专职）；陈剑国、练满意、董大伟、肖卫平、雷伟标五人当选第一届纪委委员，其中陈剑国为纪委书记。

6月28日，全国创先争优表彰大会在北京人民大会堂召开，集团党委荣获“全国创先争优先进基层党组织”称号，集团党委书记、工会主席、资深副总裁陈文明代表集团出席领奖，并受到了中共中央总书记、国家主席胡锦涛亲切接见。

6月29日，“中国移动通信集团公司与浙江吉利控股集团有限公司车联网战略合作签约仪式”在重庆举行，中国移动副总裁沙跃家、集团副总裁刘金良代表双方签字，重庆市副市长马正其、重庆市政府副秘书长部展、重庆市南岸区区长刘宝亚等出席。

6月30日，继2012年5月份吉利汽车出口销量突破6500台后，6月份出口销量首次突破万辆大关（10481台），连续3个月稳居中国汽车企业出口销量前茅。

7月5日，由中国机械工业质量管理协会组织的全国机械工业第三十一次质量信得过班组和质量管理小组代表大会在宁夏银川召开，集团申报的“降低479曲轴后油封组件漏油故障率80%”“降低4G发动机VVT电阀故障率”等五个项目获得一等奖，“降低远景车型后桥异响故障率80%”项目获得二等奖，浙江吉利控股集团有限公司获得全国机械工业群众性质量管理活动“优秀企业”称号。

7月6日，2012年度第二批C－NCAP汽车安全碰撞测试评价结果发布，集团首款SUV车型——全球鹰GX7以50.3的高分获得C－NCAP超五星安全评级，成为迄今中国自主品牌最高安全性能车型。

7月9日，2012年《财富》杂志，世界500强企业排行榜发布，吉利控股集团以营业收入233.557亿美元（含沃尔沃）首次进入世界500强，位居第475位。

7月17日，“全国就业创业工作表彰大会”在北京人民大会堂举行，中共中央政治局常委、国务院总理温家宝出席并发表重要讲话。集团荣获“全国就业先进企业”荣誉称号，副总裁魏梅出席并上台领奖。

8月14日，中共中央政治局常委、国务院总理温家宝在浙江杭州视察经济运行情况并召开企业座谈会，董事长李书福应邀出席并作企业经营及用工情况汇报。

8月16日，中共浙江省委书记赵洪祝，浙江省委常委、浙江省纪委书记任泽民，浙江省委常委、宁波市委书记王辉忠等领导莅临集团新基地视察，董事长李书福、副总裁冯擎峰出面接待。

同日，浙江省杭州市政府办公厅下发《关于表彰杭州市2011年度工业功勋企业、十大突出贡献工业企业及其优秀经营者的通报》（杭政办函〔2012〕204号）、《关于表彰2011年度工业大企业大集团综合考核奖获奖企业的通报》（杭政办函〔2012〕206号）、《关于表彰杭州市2011年度上规模工业大企业大集团的通报》（杭政办函〔2012〕208号），浙江吉利控股集团有限公司被授予“杭州市2011年度十大突出贡献工业企业”称号，董事长李书福被授予“杭州市2011年度十大突出贡献工业企业优秀经营者”称号，同时，集团获得杭州市2011年度工业大企业大集团综合考核、营业收入上规模工业大企业大集团等表彰与奖励。

8月16日至17日，由国家工信部科技司主办、浙江省经信委承办的全国第四期“质量标杆”经验交流活动在杭州举行，《吉利汽车实施质量改善的3824法的实践经验》作大会交流。国家工信部科技司副司长沙南生，浙江省经信委总工程师李上葵，副总裁张爱群等出席。

8月17日，吉利控股集团与中央人民广播电台、中央少年广播合唱团战略合作签约仪式在北京召开，公关总监杨学良、中央人民广播电台机关党委书记刘智力分别代表双方签署协议。

8月30日，2012中国民营企业500强发布会在北京召开，吉利控股集团以营业收入1510亿元位居民营企业500强第六位。

8月31日，吉利全球鹰GX72.4LDSI6AT首发上市仪式在2012成都国际车展吉利展台举行。

10月14日，吉利埃及CKD工厂投产仪式在埃及开罗举行，中国驻埃及大使宋爱国，副总裁张林、冯擎峰，埃及嘉宝尔集团董事长Mr.Roulf Gabour等出席。

10月12日，吉利控股集团宁波变速器公司第200万台变速器下线，副总裁俞学良、余瑾出席下线仪式，总裁安聪慧致以贺信。

10月16日，“吉利帝豪EC7埃及上市仪式”在埃及开罗万豪酒店举行，标志着吉利正式进入非洲市场，副总裁张林出席。

11月24日至25日，由中国人民大学商学院和中国人力资源理论与实践联盟联合主办的“2012（第五届）中国人力资源管理年会”在北京举行。吉利控股集团凭借《产教协同、职业助推与元动力工程》案例荣获“2012年中国人力资源管理学院奖——中国人力资源管理十大最佳实践奖”；副总裁魏梅女士荣获“2012年中国人力资源管理十大年度人物奖”。

12月6日，吉利汽车（00175）公布其11月销量。吉利汽车11月销量达51282辆，同比增长15%，较上月增长5%。其中吉利首款SUV全球鹰GX7表现继续抢眼，达到4650辆，是上市以来销量最好的一个月。帝豪、英伦、全球鹰三个品牌的销量分别为16947辆、14323辆及20012辆。

12月22日，由南方报业传媒集团主办，南方都市报、中国财富承办的“2012年度中国汽车企业公益贡献大奖”颁奖典礼暨中国汽车行业公众形象论坛在广州举行，公关总监杨学良应邀出席并代表集团领取了“2012年度中国汽车企业公益贡献奖”。

12月27日，2012天猫汽车年度高峰论坛在西溪度假酒店隆重召开。其中，吉利旗下的全球鹰官方旗舰店斩获了2012年度天猫汽车电商行业的先锋奖。

2012年杭州萧山国际机场有限公司大事记

1月13日，合资公司董事会二届四次会议在杭州召开。

1月17日，机场公司召开2012年工作会议，回顾总结2011年主要工作，全面部署2012年工作。

2月26日，杭州机场迎来春运以后第一场雪，机场公司以最快速度开展除防冰工作，确保航班运行顺畅。

3月27日，经过两年多时间的紧张建设，杭州萧山国际机场浙旅大酒店开张试营业，填补了机场内相关配套服务的空白。

4月13日，合资公司董事会二届五次会议在香港举行。

4月19日，机场公司正式与交行浙江省分行签署中期票据战略合作协议。

4月20日，杭州至花莲定期直达航线开通，杭州机场成为大陆首个与台湾花莲开通定期直达航线的机场。该航线由复兴航空执飞，每周一班。

5月22日至25日，第七届国际机场协会（ACI）亚太区年会在新加坡召开，作为该协会2011年全球1500万—2500万人次“最佳机场”之一的杭州机场派代表参会并领奖。

6月4日，圆通速递杭州至深圳全货机航线正式开通，这标志着继顺丰速运、联邦快递后又一家快递运输企业在机场开通运营全货机业务。

7月2日，杭州至岘港直飞航线正式开通，由越南航空公司执飞，每周2班。

7月26日，合资公司董事会二届六次会议在杭州召开。

7月27日，机场公司召开2012年半年度工作会议，回顾总结公司上半年主要工作，全面部署下半年各项工作。

8月8日，第11号台风“海葵”正面袭击杭州机场，机场公司上下齐心协力，严密组织，有序实施，确保了“无人员伤亡、无重大财产损失、无旅客滞留机场”，得到了省委省政府的充分肯定。

8月20日，首家以杭州机场为主运营基地的货运公司——长龙国际货运航空有限公司开航庆典在杭州举行，国家民航局局长李家祥、浙江省副省长王建满、杭州市市长邵占维以及民航和地方有关单位领导出席了庆典。

9月6日，杭州机场110KV变电站通电投入试运行，为二期工程的设备调试和顺利投运提供了电力保障。

9月15日，杭州机场内部东西联络隧道正式通车试运行。

9月21日，机场公司联合国航浙江分公司、空管浙江分局、机场公安局及驻场武警、海关、边检、检验检疫等单位，举行“2012杭州萧山国际机场非法干扰事件应急处置演习”。

10月17日，“奖状”C560校飞飞机完成最后一个飞行科目后在杭州机场安全着陆，标志着为期9天的第二跑道校飞任务顺利完成。

10月18日，合资公司董事会二届七次会议在温州召开。

10月26日，机场公司组织T3航站楼第一次投运演练，以检验各项流程的合理性与顺畅度。

11月6日，杭州机场第二跑道试飞取得圆满成功，标志着该跑道已具备开放使用条件。

11月22日，在合资公司第一副董事长许汉忠，董事曾慧仪等陪同下，香港机管局董事会主席张建东前来杭州机场考察二期扩建工程进展情况。

12月9日，机场公司组织T3航站楼第三次投运演练，来自28家各级新闻媒体的45名记者对演练进行了全程报道。

12月11日，民航华东地区管理局完成对杭州机场终端区容量的评估评审工作，未来两年机场终端区高峰小时容量逐步提升到45架次/小时。

12月13日，杭州机场二期航行公告正式生效。

12月26日，杭州机场二期工程行业验收总结大会在机场召开。民航局副局长夏兴华、浙江省副省长王建满，省市政府、民航上级和参建单位的领导以及机场公司、相关二级机构领导等出席了大会。会上，民航局机场司司长覃章高正式宣布机场二期通过行业验收。

12月30日，机场公司举行二期工程竣工启用仪式，自此杭州机场迈入双跑道、多航站楼的全新发展时代。省政府副省长王建满，省政协副主席盛昌黎，杭州市副市长佟桂莉及来自国家和民航有关部门，浙江省、杭州市、萧山区有关部门，工程参建单位，航空公司，驻场单位的领导嘉宾，公司各单位干部员工代表以及新闻媒体人员近500人参加了仪式。副省长王建满宣布机场新跑道、新航站楼正式启用。

2012年三门核电有限公司大事记

1月5日，三门核电1号核岛安全壳厂房自动卸压喷淋器A（俗称ADS鼓泡器）的就位引入工作完成。

1月6日，三门核电500KV开关站厂房LD型电动单梁起重机完成单梁吊装。

1月8日，三门核电一号机组反应堆一体化顶盖（IHP）顺利完成中、上屏蔽罩整体吊装，并与下屏蔽罩连接固定。至此，IHP上、中、下屏蔽罩全部吊装就位。

1月9日，中核集团召开2012年党建工作会议，会上中核集团党组对党建工作先进单位和优秀党务工作者进行了表彰，三门核电荣获“中核集团公司党建工作先进单位”称号。

1月17日，三门核电一期工程1号机组一体化顶盖上的69个数字化棒位指示探测器（Digital Rod Position Indicator，简称DRPI）全部完成吊装。

2月6日至10日，三门核电顺利完成了220kV倒送电相关运行规程的验证工作，为即将开始的倒送电工作提供了宝贵的现场操作经验，也为日后220kV系统设备的安全、稳定运行打下了良好的基础。

2月14日，三门核电一期工程1号机组气体厂房和高压氢气站开始负挖，标志着1号机组气体子项的全面开工。

3月6日，三门核电1号机组3台凝结水泵本体全部吊装就位。

3月12日，11:50三门核电2号机组CA02模块开始起吊，15:38吊装就位。

3月23日，11:00三门核电一期工程里程碑节点目标，即220kV倒送电顺利完成。

4月5日，三门县召开党建工作会议。会议宣读了2011年党建工作先进集体和先进个人名单，并进行表彰。三门核电获2011年度宣传思想工作先进集体称号。

4月12日，三门核电1号机组循环水泵B的下半部分吊装就位，标志着循环水泵安装工作正式开始。

4月20日，三门核电项目一期工程首台机组主变顺利就位。

4月23日，三门核电1号机组上、下部堆内构件（RVI）存放架安装完成。

4月28日，三门核电工程1号核岛反应堆厂房 CA55模块成功吊装就位。

5月1日，上午9点，三门核电一期工程实物保护系统土建负挖正式开始，标志着三门核电实物保护系统建安工作全面启动。

5月25日，三门核电总经理卢洪早带队赴哈电股份召开了常规岛设备月度协调会。

5月30日，三门核电1号机组两台循环水泵（A和B）电机顺利吊装就位，本次吊装的循环水泵电机重150.5吨。

6月16日，阿联酋核电公司首席项目官Ken Petrunik到访三门核电。

6月25日，三门核电从台州市环保局取得了《辐射安全许可证》，标志着三门核电具备了IV类、V类放射源的使用权限。

6月28日，全球首台全范围AP1000模拟机——三门核电1号模拟机正式由美国西屋公司移交给三门核电。

7月12日，三门核电1号机组柴油发电机厂房屋面混凝土浇筑完成，标志着柴油发电机厂房主体结构施工完成。

7月18日，三门核电一期排水口和排水明渠工程中排水口主体结构施工完成。

7月24日，三门核电2号机组核岛柴油发电机厂房负挖开工，标志着2号机组核岛五大厂房全面开工建造。

7月24日至26日，三门核电联合调试队在中核五公司、SPMO（现场项目管理机构）、保卫处消防队等的大力支持下，圆满完成首个核岛子系统——钢制安全壳顶封头内喷淋环管的冲洗。

7月27日晚，三门核电一期工程1号常规岛基础底板BPB101零米层浇筑完成，标志着1号常规岛土建施工进入尾声，为1号常规岛主体结构施工画上了句号。

7月30日，三门核电1号机组汽轮机3只低压外缸下半全部吊装就位并拼装结束，标志着三门核电1号机组汽轮机开始安装。

8月9日，三门核电首个倒送电移交包移交成功。

8月12日，三门核电工程1号核岛辅助厂房6区钢板墙顺利吊装就位。

8月14日，三门核电一期工程，顺利完成了181.5吨重的2号机组两个循泵电机安装施工。

8月17日，三门核电2号核岛屏蔽厂房第一段墙体混凝土浇筑完成，标志着2号核岛屏蔽厂房墙体正式开工。

8月18日，三门核电一期工程1号核岛辅助厂房第一个主蒸汽管道贯穿件顺利完成吊装。

8月24日，三门核电一期工程1号核岛内部结构CA01（蒸汽发生器及燃料槽模块）C1、D1及F段墙体顶部区域砼浇筑顺利完成。

8月29日，三门核电1号机组汽轮机“主汽阀—主调阀”蒸汽室顺利吊装就位。

9月10日，三门核电1号发电机组发电机定子端盖区域的保护板顺利开启，标志着发电机安装工作正式开始。

10月5日，17时15分，三门核电1号机组主冷却剂管道热段L001A压力容器侧管段粗切断工作开始，标志着该机组主冷却剂管道安装工作正式启动。

10月12日，浙江三门核电站1号机组发电机转子顺利穿装完成。

10月18日，三门核电工程1号机组装卸料机组装工作正式启动。

10月26日，中核集团三门核电1号机组500千伏气体绝缘金属封闭母线（GIL）安装工作正式开始。

10月27日晚，经过7个小时连续施工，三门核电工程厂址废物处理设施厂房（SRTF）处理厂房正15米屋面板顺利完成浇筑。

11月16日至29日，三门1号机组核岛放射性废物处理厂房主行车MH50及附属厂房热检修车间行车MH41，在浙江省特种设备检验研究院的监督和检测下完成行车所有试运转试验,这标志着1号核岛首批起重设备取得可用资格。

11月20日，三门核电一期工程1号常规岛变压器区域水喷雾灭火系统管道安装施工、火灾报警系统管道安装施工完成。

11月21日，《三门核电一期工程核岛工程款支付备忘录》签字仪式在三门核电现场举行。

11月21日，AP1000核燃料元件锆材国产化研讨会在三门核电举行。

11月23日，浙江省工业旅游发展推进会在新昌达利丝绸工业园召开。三门核电有限公司在会上被省旅游局和经信委授予“首批浙江省工业旅游示范基地”称号（全省共16个）。

11月26日，三门核电工程2号机组1号蒸汽发生器传热管穿管及定位胀接工作顺利结束，标志着三门2号机组蒸汽发生器制造进入了新的阶段。

12月13日，一体化顶盖存放架安装完成。

12月17日，三门核电一期工程TCPS系统（汽轮机控制与保护系统，即传统的DEH+ETS系统）工厂试验顺利完成。

12月19日，三门核电1号机组主管道坡口加工工作全部完成。

12月20日，三门核电1号机组蒸汽发生器1A就位至反应堆厂房11201房间，这标志三门核电1号机组蒸汽发生器1A吊装成功。

12月25日和26日，三门核电1号机组上、下部堆内构件（RVI）分别顺利完成吊装引入。

高校卷

2012年浙江大学大事记

1月10日，浙江大学召开党委中心组理论学习（扩大）会议，传达学习第二十次全国高校党建工作会议和教育系统党风廉政工作会议精神，部署学习贯彻学校第十三次党代会精神有关工作。党委书记金德水主持会议，并传达了第二十次全国高校党建工作会议和教育系统党风廉政工作会议精神；党委副书记郑强部署学习贯彻学校第十三次党代会精神有关工作。校领导杨卫、来茂德、褚健、夙健敏、张土乔、吴朝晖、邹晓东、郑强、任少波、罗卫东、周谷平等出席会议。

2月1日至3日，世界大学联盟（WUN）高等教育论坛在英国布里斯托尔大学举行。浙江大学校长杨卫应邀出席会议，并作了题为《从东方视角看高等教育全球化》的主题报告。

2月12日至13日，全国第三届大学生艺术展演活动高校艺术教育科研论文报告会暨全国大学校长美育论坛在浙江大学举行。浙江大学校长杨卫出席开幕式并致辞。

3月5日，法国巴黎政治学院副校长Francis Verillaud率代表团访问浙江大学。浙大副校长吴平会见代表团一行，并与Francis Verillaud签署了两校合作备忘录。

3月12日，“芸香百年，求是珍秘——浙江大学珍贵古籍展”在西溪校区图书馆开展。这是浙大首次规模展出馆藏元明清古籍善本。副校长罗卫东出席开幕式并为新落成的古籍阅览室揭牌。

同日，浙江大学举行首届临床医学本科留学生毕业典礼，副校长来茂德等为来自8个国家的37名留学生颁发了毕业证书。

3月19日，中航机电系统有限公司负责人一行访问浙江大学，与浙江大学签订战略合作协议。签约仪式上，中航机电——浙江大学民用飞机航空机电液压研究中心揭牌成立。

3月20日，浙江大学与欧琳集团在浙大紫金港校区国际会议中心签署战略合作协议，并先期启动橱柜生产管理优化技术的研究与应用等四个项目的合作。欧琳集团还向浙大教育基金会捐赠200万元，用于支持合作项目的开展和在浙江大学设立奖学金。浙江大学党委书记金德水出席捐赠仪式并讲话。

4月8日，浙江大学——贵州省省校合作座谈会在浙大玉泉校区邵科馆举行。浙江大学校长杨卫与率团来访的贵州省副省长刘晓凯出席座谈会并讲话。

4月17日，浙江大学与杭州市在黄龙饭店召开市校战略合作促进委员会第九次会议，介绍市校战略合作“十二五”规划情况，回顾总结过去的工作，研究部署下一阶段任务。

4月18日，香港实业家詹荣良、詹耀良、詹洪良三兄弟向浙江大学教育基金会捐赠500万元港币，设立“浙江大学詹氏基金”。

5月4日，韩国高等教育财团事务总长朴仁国一行访问浙江大学。浙江大学校长杨卫和朴仁国代表双方签约合作建设浙江大学亚洲研究中心，并向客人赠送了浙大编纂出版的《宋画全集》。

5月5日，浙江大学与塔里木大学合作共建的西域文化遗产保护研究中心、南疆三农发展研究中心和浙江大学中国西部发展研究院南疆研究中心等三个人文社科研究中心在塔里木大学成立，浙江大学副校长罗卫东与塔里木大学校长王合理共同为研究中心揭牌。揭牌仪式上，浙江大学图书与信息中心还向塔里木大学图书馆赠送了5000册图书。

5月7日，浙江大学副校长罗卫东与新疆维吾尔自治区文物局局长盛春寿、浙江省文物局副局长陈官忠、塔里木大学校长王合理在乌鲁木齐共同签订《新疆文化遗产保护与研究战略合作框架协议》。

5月9日至10日，浙江大学校长杨卫应欧洲研究型大学联盟(League of European Research Universities, LERU)的邀请，赴西班牙参加了该联盟10周年年会，并在会上作了主题报告。

5月15日，随着一台型号为Chem-STEM的电子显微镜在浙江大学玉泉校区正式投入使用，标志浙江省电镜中心暨浙江大学电镜中心揭牌成立。

5月19日，国家自然科学基金委员会第73期双清论坛“超分子聚合物科学与材料前沿问题”学术研讨会在浙大举行。

5月21日，在举行的“2012协同创新浙江大学高端论坛”上，浙江大学创新技术研究院有限公司宣告成立。

5月25日，由浙医一院郑树森、李兰娟两位院士发起设立的“树森•兰娟院士人才基金”在浙江大学成立。

6月1日，浙江大学与贵州省人民政府在贵阳签署战略合作协议。贵州省委副书记、省长赵克志出席签约仪式并讲话，浙江大学党委书记金德水与贵州省委常委、副省长刘晓凯代表省校签约。

6月10日，浙江大学——舟山市人民政府共建浙江大学舟山校区暨浙江大学海洋学院合作协议在浙大签署。

6月18日，浙江大学校长杨卫与新疆农业大学党委副书记、校长雒秋江代表两校在浙大玉泉校区邵科馆正式签署合作框架协议。

6月25日，浙江大学——华源制药联合研发中心在玉泉校区邵科馆成立。浙江大学党委书记金德水和康恩贝集团总裁胡季强共同为联合研发中心揭牌。

6月28日，在中央召开的全国创先争优表彰大会上，浙江大学党委被授予“全国创先争优先进基层党组织”荣誉称号，全国教育系统共有50个基层党组织获此称号。

7月5日至6日，浙江大学校长杨卫一行6人应邀访问文莱。期间，杨卫与文莱大学校长祖尔卡内代表两校签署了合作备忘录。

7月27日，浙江大学昆山创新中心在江苏省昆山市成立。浙江大学校长杨卫出席签约暨揭牌仪式，并与昆山市委书记管爱国共同为中心揭牌。

8月6日，浙江大学与鄂尔多斯市市校合作座谈会暨全面合作签约仪式在鄂尔多斯市举行。

9月13日，浙江大学在紫金港校区西部研究院综合楼召开2012年文科大会，进一步明确学校当前文科发展所面临的新形势和新机遇，分析制约文科发展的突出问题，并启动实施《中共浙江大学委员会浙江大学关于进一步发展繁荣哲学社会科学的意见》。教育部副部长李卫红，浙江大学党委书记金德水、校长杨卫出席会议并讲话。

10月8日，以“面向2020的协同创新道路”为主题的“2012一流大学建设系列研讨会”在浙江大学开幕。

10月10日，“2012两岸四地部分高校学术交流负责人研讨会”在杭州举行。浙江大学校长杨卫出席开幕式并致辞。

10月13日，浙江大学与中国井冈山干部学院在紫金港校区签署战略合作协议。

10月26日，浙江省委书记赵洪祝到浙江大学，与浙大师生代表座谈并作形势报告。

11月1日至3日，世界大学网络2012年大学与理念国际研讨会在杭州举行。浙江大学校长杨卫为研讨会致辞并作主旨报告。

11月5日，浙江大学艺术与考古博物馆开工仪式在浙江大学紫金港西区的建设场址举行。

11月22日至23日，由中国研究生院院长联席会（ACGS）主办、浙江大学承办的ACGS International Forum（2012）暨研究生院院长联席会2012年年会在杭州召开。

11月28日至30日，应国际大学联盟(International Association of Universities --IAU)的邀请，浙江大学校长杨卫赴波多黎各泛美大学，参加了该联盟第14届全会，并代表亚太地区当选为IAU执行委员会委员。

12月8日，由浙江大学与北京碧水源科技股份有限公司合作共建的膜与水处理技术联合研发中心在玉泉校区高分子大楼揭牌成立。

12月18日，浙江大学新农村发展研究院揭牌成立。浙江大学党委书记、研究院院长金德水为研究院咨询委员会、学术委员会成员颁发聘书，并与全国政协文史和学习委员会副主任、研究院咨询委员会主任周国富，中国工程院院士、研究院学术委员会副主任盖钧镒和科技部农村司司长陈传宏等共同为研究院成立揭牌。

同日，由浙江大学、中国农业大学、南京农业大学三家核心协同创新单位牵头的作物品质与产品安全协同创新中心培育在浙江大学正式启动。浙江大学校长杨卫出席启动仪式，向中心学术委员会委员颁发聘书，并与中心学术委员会副主任盖钧镒院士共同为中心揭牌。

12月20日，浙江大学发文聘任管理学院王重鸣为浙江大学文科资深教授。这是自2010年底浙大文科大会提出设立文科资深教授岗位之后，学校发文聘任的首位享受院士待遇的人文社会科学领域的学者。

12月24日，浙江大学2012年海洋科技发展战略研讨会在舟山召开。

2012年杭州电子科技大学大事记

1月4日，浙江省委统战部副部长徐建华、干部处副处长贾宝梅一行莅临学校指导工作。

1月5日，学校举行“2011年度浙江省政府来华留学生奖学金”和“2011年度杭州电子科技大学留学生奖学金”颁奖仪式，副校长朱泽飞为获奖留学生颁发奖学金。

1月16日，校党委副书记陈畴镛率组织部、人事处、计财处、校工会和管理学院有关课题负责人，赴学校结对帮扶单位——仙居县田市镇进行新年走访慰问活动。

1月18日，第九届亚洲印刷大奖赛颁奖典礼在泰国曼谷香格里拉酒店举行，学校新闻出版学院王强教授荣获“2011亚洲印刷终身成就奖”。

2月13日，副校长孙玲玲主持召开研究生教育工作会议，围绕学校总体发展战略，部署2012年工作重点。

2月20日、22日，学校首批4名参加“长三角地区高校交换生计划”的优秀学子，分赴上海外国语大学、南京邮电大学和南京师范大学，进行为期一学期的学习交流。

3月2日，中国共产党杭州电子科技大学第二次代表大会在下沙校区文化活动中心剧院隆重开幕。

3月3日，中共杭州电子科技大学第二次代表大会闭幕后，新一届校党委和新一届校纪委分别召开第一次全体会议，选举费君清为校党委书记，薛安克、陈畴镛、金一斌为校党委副书记，冯浩为校纪委书记，鲁剑伟为校纪委副书记。

3月22日，美国加州州立大学东湾分校地理与环境学院李刚教授到杭电访问，并举行“留学美国”项目说明会。

3月23日，2011浙江教育十大年度新闻、浙江教育十大年度新闻人物、十大年度影响力人物颁奖典礼在杭州举行，学校党委办公室主任吕金海入选“2011浙江教育十大年度新闻人物”。

3月27日，学校召开2012年度目标任务书签订会。校党委书记费君清、校长薛安克代表学校分别与各部门、各学院负责人签订年度目标任务书，并作重要讲话。

3月29日至30日，由浙江省教育厅和浙江省高教学会主办、杭电承办的省高校“十一五”重点专业建设项目检查验收和“十二五”优势专业建设项目评审会（理科组）在杭州花家山庄举行。

4月11日，学校举行聘任仪式，聘请中国工程院刘人怀院士为学校客座教授。校长薛安克出席聘任仪式，并为刘人怀院士颁发聘书、佩戴校徽。

4月14日，2012年全国无线电测向锦标赛高校巡回赛首站比赛在杭电举行，这也是国家体育总局航空无线电模型运动管理中心首次在高校举行该项赛事。

4月17日，杭电与浙江宇视科技有限公司“卓越工程师教育培养计划”合作签约仪式在下沙校区举行，副校长郑宁，校党委委员、教务处处长陈光亭，浙江宇视科技有限公司副总裁张浙亮，宇视科技研发人员代表、通信工程学院党政负责人和教师代表参加了签约仪式。

4月中旬，全国机械创新设计大赛慧鱼组（2012）竞赛在湖北省宜昌市三峡大学举行。杭电组织学生首次参加该项赛事，所选送的4件作品全部获奖，成绩名列浙江省参赛高校第一。

4月21日至22日，由杭电承办的国家级实验教学示范中心计算机学科组联席会议在杭州召开。

5月2日，省委、省政府召开全省推进国家技术创新工程试点省建设工作电视电话会议，省委书记、省人大常委会主任赵洪祝，省委副书记、省长夏宝龙在会上讲话。会议表彰了2011年度浙江省科学技术奖获得者，杭电7项科技成果榜上有名，其中“印染色彩数字化设计与生产优化运行关键技术及应用”获得一等奖，“国产化多通道实时视频处理SoC芯片研发及产业链应用”“基于物联的城市公交资源数据融合与智能协同管理系统”和“车载电子装置及其相关技术研究”三项成果获得二等奖，“浙江省企业自主创新能力评价及提升对策研究”“高效、低阻驻极体空气过滤材料制备关键技术及应用”两项成果获得三等奖。此外，杭电湖州技术转移中心获得浙江省科技成果转化奖三等奖。会议还公布了新任的20名浙江省特级专家名单，并为特级专家颁发聘书，杭电教授薛安克名列其中。

5月9日，校党委书记费君清在行政

楼三楼会议室会见了德国弗朗恩霍夫协会（FHG）工业工程与组织研究所（IAO）前所长、我校兼职教授汉斯•彼德•伦特斯先生。

5月16日，浙江省高校科研成果面向企业转化推介会在杭电科技馆召开。省委副书记、省长夏宝龙出席并作重要讲话。

5月21日，全国哲学社会科学规划办公室公布2012年度国家社科基金项目评审结果，杭电共有3个课题获准立项资助。

5月24日，应杭电邀请，英国东伦敦大学国际部主任阿德里安那•克拉克女士，建筑、计算机与工程学院院长哈桑•巴布达拉格教授、专业课程负责人加斯温德•洛塔博士、瑞宾•巴士拉斯博士一行到该校访问。副校长郑宁会见了来宾，教务处、学生处、国际处、通信工程学院、经济学院和会计学院负责人等陪同会见。

5月30日，香港城市大学协理副校长薛泉教授、电子工程系主任文剑锋教授、梁世荣副教授等一行4人到杭电访问。

6月8日，杭电与吉利控股集团“卓越工程师教育培养计划”签约暨就业基地授牌仪式在下沙校区举行。

6月18日，校党委书记费君清主持召开党委理论中心组学习会，传达学习和贯彻落实省第十三次党代会精神，布置全校结合工作实际学习宣传贯彻落实省党代会精神工作。

6月19日，辽宁（营口）产业基地管委会主任张东、浙江省人才开发协会常务秘书长汪炎一行到杭电考察交流，并出席“杭州电了科技大学 辽宁（营口）产业基地管委会科技经济全面合作协议”签约仪式。

7月19日，杭电与杭州安恒信息技术有限公司“卓越工程师教育培养计划”合作签约仪式在文一校区举行。

8月16日，由国家体育总局、教育部、中国科协、共青团中央、全国妇联共同主办的2012年全国无线电测向锦标赛在广州落幕。杭电无线电测向运动队在标准距离和短距离无线电测向比赛中取得优异成绩。

8月22日，由省财政厅和省教育厅联合主办，杭电国有资产管理办公室承办的浙江省省属高校资产管理工作座谈会，在我校下沙校区科技馆召开。

8月27日、28日，学校召开校院两级管理领导小组工作会议，研究讨论《杭州电子科技大学两级管理实施意见》《杭州电子科技大学校学院（部门）目标管理实施办法》《杭州电子科技大学学院绩效工资分配办法》等文件。

9月11日，杭电与美国道富银行全资子公司——道富信息科技（浙江）有限公司“道富奖学金”签约仪式，在该校下沙校区科技馆举行。

9月25日，副校长孙玲玲主持召开国家级实验教学示范中心验收评审会。

9月27日，杭电与英国东伦敦大学合作办学本科项目开班典礼在通信工程学院会议室举行。

10月9日，国家国防科技工业局地方共建高校联席会2012年年会在南昌航空大学召开，国家国防科工局科技与质量司副司长孙莉、江西省国防科工办主任李贤书、江西省教育厅副厅长彭世东，以及包括杭电校长薛安克在内的9所共建高校的领导和相关部门负责人参加。

10月10日，杭电与杭州中萃食品有限公司合作签约暨第九届就业文化节启动仪式，在下沙校区科技馆二楼报告厅举行。

10月22日至23日，由浙江省自然科学基金委员会主办，杭州电子科技大学、平阳县人民政府承办的“技术标准联盟与自主创新能力培育”研讨会在平阳召开。

10月25日，浙江省首届“高校优秀教师”表彰大会在省人民大会堂举行，省委副书记、省长夏宝龙，省领导葛慧君、吴国华、郑继伟、徐辉等出席会议，并为包括杭电电子信息学院王光义教授、理学院裘哲勇副教授、会计学院祝素月副教授在内的首届100名省“高校优秀教师”颁奖。

10月30日，校长薛安克、副校长朱泽飞，率自动化学院、电子信息学院、机械工程学院、计算机学院、材料与环境工程学院有关教师和校办、地方合作处有关人员赴富阳市开展科技对接活动，并出席“富阳市人民政府•杭州电子科技大学科技合作签约仪式”，富阳市委副书记、市长章舜年，市委常委、副市长韩璐等出席仪式。

同日，校党委书记费君清率科学技术研究部、电子信息学院相关教师赴桐乡市参加“中国•桐乡‘金凤凰计划’科技人才博览会暨国际科技创业园揭牌仪式”，省科技厅副厅长王宏理、桐乡市市长盛勇军及相关部门领导出席会议。

11月10日至11日，由中国社会科学院数量经济与技术经济研究所、中国技术经济学会、浙江省社会科学界联合会、杭州电子科技大学、清华大学经济管理学院等单位共同主办的“中国技术经济论坛2012•杭州暨浙江省社会科学界首届学术年会技术经济论坛”，在杭电下沙校区科技馆举行。

11月20日，省委宣传部在杭召开全省社科理论界学习贯彻十八大精神座谈会，省委常委、副省长、宣传部长葛慧君出席会议并讲话，省委宣传部常务副部长胡坚主持会议。校党委书记费君清出席会议并作了题为《高校要为文化强国建设多作贡献》的交流发言。

同日，浙江省教育厅组织专家组对杭电两个国家级实验教学示范中心进行评审验收。

11月24日，杭州电子科技大学与天健会计师事务所战略合作协议签约仪式在杭电下沙校区科技馆报告厅举行。

11月27日，受浙江省教育厅委托，学校组织召开“计算机应用技术”浙江省重中之重学科建设验收会。

11月28日，受浙江省教育厅委托，学校组织专家对“海洋机电装备技术”省重中之重学科进行了验收。

12月3日，杭电深港校友会2012年年会在深圳举行。

12月12日，中北大学校长刘有智一行到杭电访问交流。

12月13日，浙江省国防科技工业办公室组织专家对杭电“通信信息传输与融合技术”国防重点学科实验室进行2012年度考核验收。

12月14日，由中国教育电视台联合光明日报、中国教育报、中国教育手机报、腾讯网等多家媒体举办的2012年“开学第一讲”活动在北京举行颁奖典礼，杭电校长薛安克荣获“开学第一讲（2012）”十大最受欢迎校长奖。

12月25日，由浙江省自然科学基金委员会主办、杭电承办的工程材料学科基础研究学术交流会在该校举行。

12月28日，副校长朱泽飞率生命信息与仪器工程学院有关教师及科学技术研究部有关人员，赴解放军第一一七医院出席“解放军第一一七医院•杭州电子科技大学合作协议签署仪式”，解放军第一一七医院政委赵燕江，副院长施建国、费军，杭疗医务部副主任宋启哲大校等出席仪式。

12月31日，校党委书记费君清主持召开校教育发展基金会第一次理事会议，全体在校校领导、相关职能部门负责人参加会议。

2012年浙江工商大学大事记

1月5日，浙江工商大学女教授联谊会成立，44名女教授参加成立大会。

1月8日，省科技厅浙科发办〔2012〕1号文件宣布，张仁寿、李金昌、胡祖光、钱雪亚当选为省科技发展咨询委员会委员。

1月10日，省属高校首个正式挂牌的浙江工商大学教师教学发展中心成立。

1月11日，举行2012届研究生毕业典礼暨学位授予仪式。本期共有6名博士生和667名硕士生被分别授予博士学位和硕士学位。

1月12日，省委书记赵洪祝给校党委书记蒋承勇、校长张仁寿发来新年贺卡，并通过他们向全校师生祝贺新年。

1月20日，省委教育工委书记、教育厅厅长刘希平到学校看望留校学生，并在行云苑食堂与来自下沙9所高校的近200名中外学子共进年夜饭。

2月16日，在全国第三届大学生艺术展演活动中，本校参加现场比赛的3个节目获全国一等奖，光碟选送的1个节目获二等奖，学校获全国优秀组织奖。

2月20日，学校首批参加“长三角地区高校交换生计划”的4名学生分赴上海、南京高校进行为期一学期的访学交流。

2月23日，浙政发〔2012〕4号文：学校21项科研成果获浙江省第十六届哲学社会科学优秀成果奖，其中一等奖5项，全省排名第二。

2月27日 教育部教学司〔2012〕3号文件宣布，学校教务处被评为“全国高等教育学籍学历管理工作先进集体”。

2月28日，教育部教高〔2012〕2号文件宣布，学校新增投资学、商务英语、工业设计等3个专业，并于2012年开始招生。学校本科专业增至58个，知识产权专业更名为知识产权法。

2月29日，王伟明主持的课题“网络重构的关键机制及结构”获2012年度科技部973计划课题资助，资助时间5年，前2年资助经费220万元。

3月2日，学校与杭州市物价局联合主办《市场与价格瞭望》杂志创刊二十周年座谈会，副校长李金昌到会。

3月6日，浙发改函〔2012〕34号文件宣布，同意杭州商学院迁建工程立项建设。根据批复，杭州商学院在校生规模为8500人，项目总用地面积557.6亩，总建筑面积234440平方米，项目估算总投资59950万元。

3月15日，国家汉办/孔子学院总部正式批准学校与比利时王国西弗兰德大学合作举办孔子学院。

同日，浙江工商大学杭州商学院召开第一届董事会第一次会议，审议通过《浙江工商大学杭州商学院章程》和一届董事会董事长、副董事长、董事会成员名单。

3月20日，省审计厅党组书记、厅长陈荣高前往浙江工商大学校调研并受聘该校客座教授。

3月29日，举行首届“王光明奖学金”颁奖典礼。

3月30日，学校与五芳斋集团战略合作暨第二期五芳斋奖学金设立签约仪式在嘉兴举行，校长张仁寿、副校长李金昌。

4月11日，浙干任〔2012〕10号文件决定，吕君芳不再担任浙江工商大学党委委员、纪委书记职务。

4月14日至25日，校党委书记蒋承勇率团访问英国、比利时和土耳其，并出席2012伦敦书展开幕式和西弗兰德大学孔子学院揭牌仪式。

4月15日，学校出版社出版的《狄更斯全集》被国家领导人作为国家礼品书赠送给英国。

4月16日，学校与慈溪市人民政府签订战略合作协议，副校长李金昌、慈溪市市委常委、常务副市长孙百南出席签约仪式。

同日，在2012年美国（国际）大学生数学建模竞赛中，本校获提名特等奖1个、金奖和银奖各5个，创学校参与此项赛事以来的最好成绩。

4月20日，学校与西湖区人民政府、杭州云计算产业发展有限公司签署共建“西湖电子商务产业基地”合作协议。

4月26日，教高司函〔2012〕52号文件宣布，学校赵荣光教授主讲的《中华饮食文化》入选教育部2012年度精品视频公开课第一批建设课程。

5月4日，举行中国科学院上海生命科学研究院——浙江工商大学食品营养科学联合研究中心签约暨揭牌仪式。

同日，中青发〔2012〕5号文件宣布，

电子信息工程0901班莫嵘管振同学获“全国优秀共青团员”荣誉称号。

5月8日，举行《狄更斯全集》首发暨赠书仪式，中国社科院文学研究所所长陆建德、省新闻出版局副局长陈克韶、校党委书记蒋承勇等出席仪式。

同日，教育部高等教育司司长张大良到学校作《校校有行动，人人负起责——把“高教质量会议”精神落到实处》的专题报告。

5月17日，校长张仁寿获2011世界温州人年度人物称号并出席颁奖典礼。

5月18日，教育部《普通高等学校本科专业目录》和《普通高等学校本科专业设置管理规定》专家审议会在学校召开，第三届教育部学科发展与专业设置专家委员会委员，教育部高等教育司司长张大良，高等教育司、政法司等部门有关人员出席。

5月24日，浙教高教〔2012〕70号文件宣布，学校会计学、工商管理、国际经济与贸易、金融学、电子商务、法学、统计学、计算机科学与技术、电子信息工程、食品质量与安全、市场营销等11个专业被确定为省本科院校“十二五”优势专业建设项目。

6月8日，举行2012届本科毕业生毕业典礼暨学位授予仪式。本期共有5900余名本科生毕业，其中154人被评为省级优秀毕业生，660人继续攻读硕士学位（含出国深造179人）。

6月14日，举行中国社会科学院财经战略研究院——浙江工商大学战略合作签约暨商贸企业研究与培训中心揭牌仪式。

6月15日，浙江工商大学杭州商学院桐庐校区基建指挥部成立。

6月18日，信息与通信工程、环境科学与工程、城乡规划学等3个一级学科，行政管理、比较文学与世界文学、英语语言文学、计算数学、计算机应用技术等5个二级学科成为“十二五”第一批省重点学科。

同日，浙江工商大学——义乌工商学院战略合作协议暨“中国义乌全球贸易研究院”揭牌仪式在义乌举行。

6月23日，《光明日报》在头版以《浙江工商大学寻找身边的感动》为题报道“寻找身边的感动”活动。

同日，《中国教育新闻网》也在网站首页以《校园话剧为何能打动人？因取材于”身边的感动“》为题进行报道。

6月24日，省委书记赵洪祝批示肯定学校开展“寻找身边的感动”活动。

6月25日，浙江工商大学——慈溪市人民政府合作建立生态环境研究院签约暨揭牌仪式在慈溪举行，校党委书记蒋承勇、校长张仁寿、副校长李金昌，慈溪市人民政府市长施惠芳、副市长许文东出席。

7月1日，浙委〔2012〕87号文件宣布，学校施建祥教授荣获“省创先争优优秀共产党员”荣誉称号。

7月11日，教技发中心函〔2012〕120号文件宣布，信息学院申报的“新一代电子商务技术与应用网络创新平台”成为首批互联网应用创新开放平台示范基地。

7月12日，浙教办高教〔2012〕107号文件宣布，艺术设计、食品工程、计算机技术与工程和国际电子贸易等4个实验教学中心成为省级实验教学示范中心。

7月16日，学校王来法教授入选“2012年全国高校思想政治理论课教学能手”。

7月30日，学校与省商务厅签订战略合作协议书，合作建立“现代商贸流通体系建设协同创新中心”，并将联合申报省“2011计划”项目。

8月5日，学校在全国25个省(直辖市、自治区)的录取工作结束，共录取新生6113人，其中浙江工商大学录取新生4076人（含人民武装学院70人，专升本217人，“2+2”154人），杭州商学院录取新生2037人。

8月13日至22日，校长张仁寿率团访问泰国、柬埔寨高校，并出席2012曼谷•亚洲食学论坛。

8月18日，浙财教〔2012〕159号文件宣布，学校8个项目获批2012年度中央财政支持地方高校发展专项资金800万元。

8月21日，学校组织赴英国曼彻斯特大学“高等教育管理培训班”为期三周的培训结束。

9月4日，食品学院设计团队获第六届全国大学生化工设计竞赛二等奖；信电学院团队获省第四届大学生电子设计竞赛一等奖1项、二等奖3项、三等奖2项。

9月6日，举行庆祝第28个教师节暨创先争优活动总结表彰大会。

9月12日，浙教工委〔2012〕29号文件宣布，信息学院党委被确定为省第二批高校基层党建工作示范点。

同日，学校与国家商务部政策研究室签订合作协议书，双方联合申报“2011计划”项目，开展我国商贸流通行业重大战略问题的协同创新研究。

9月13日，学校与省商贸业联合会、浙江商业职业技术学院等单位联合发起的“浙江现代商贸发展研究院”成立。

9月18日，浙科发条〔2012〕161号文件宣布，以顾青为负责人的“浙江省食品微生物技术研究重点实验室”被列为省重点实验室。

9月28日，在2012年全国高等学校英语专业四级统考中，本校通过率97.56%，比全国平均通过率超出46.47个百分点，在省属高校中名列前茅。

10月12日，人社部发〔2012〕48号文件宣布，学校统计学博士后科研流动站获准设立。

10月17日，学校与云南省保山市人民政府签订教育交流合作框架协议。

10月25日，熊春华、柴改英教授荣获“浙江省优秀教师”称号。

10月27日至28日，承办第九届中国金融学年会。

11月1日，全国人大原副委员长、国家孔子学院——世界汉语教学学会会长许嘉璐在杭州接见校党委书记蒋承勇。

11月11日，副校长戴文战当选为浙江省中韩经济文化交流研究会会长。

11月14日，举行诺贝尔奖得主吕克•蒙塔尼名誉教授聘任仪式暨学术报告会。

11月23日，信息学院研究生鲍福光被评为省教育系统“十大成才先锋”。

11月24日，举办2012年校友企业及有关单位专场招聘会，450余家企业提供近10000余个就业岗位。

11月27日，召开浙江工商大学第一次研究生代表大会。

12月1日，承办2012亚太旅游协会中国（杭州）青年旅游论坛暨浙江省休闲学会年会。

12月4日，举行浙江工商大学首届青年教师发展论坛，100余名青年教师代表参与。

12月11日，考委办函〔2012〕51号文件宣布，学校获准为高等教育自学考试“全国示范学习服务中心”。

12月17日，学校与浙江海洋学院在舟山举行战略合作协议签订仪式，共建海洋经济与管理研究院。

12月21日，学校入选全国首批“卓越法律人才教育培养基地”。

12月26日，教思政司函〔2012〕91号文件宣布，学校“寻找身边的感动”校园文化活动获全国高校校园文化建设优秀成果奖。

12月27日，浙江工商大学杭州商学院迁建工程奠基仪式在桐庐经济开发区举行。

2012年浙江中医药大学大事记

1月14日，学校召开第七届教职工代表大会暨第九届工会会员代表大会第二次会议。校长范永升在会上作题为《把握机遇，精心谋划，狠抓落实，努力推动学校各项工作再上新台阶》的工作报告。

1月18日，据团浙〔2012〕2号文，计算机科学与技术专业08级2班团支部荣获“浙江省先进团支部”称号。

1月31日，据浙妇〔2012〕4号文，应航教授被授予“浙江省三八红旗手”荣誉称号。

2月14日，在国家科学技术奖励大会上，校长范永升主持完成的科研成果“从毒瘀虚论治系统性红斑狼疮的增效减毒方案构建与应用”荣获2011年度国家科学技术进步奖二等奖。

同日，据教高〔2012〕2号文，学校申报的医学信息工程（隶属校本部信息技术学院）、化学工程与工艺（隶属滨江学院生物制药与工程系）两个新专业通过审批，自2012年9月开始招生，学制4年，授予工学学士学位。

2月21日，据教学司〔2012〕3号文，教务处被评为“全国高等教育学籍学历管理工作先进集体”，傅斌被评为“全国高等教育学籍学历管理工作先进个人”。

2月22日至25日，日本东洋医疗专门学校理事长宫川藤一郎一行访问学校，校长范永升、党委副书记黄文秀、副校长李俊伟分别会见访问团一行。

2月23日，浙江省唯一国医大师、原浙江中医学院院长、学校终身教授、博士生导师何任先生在杭州逝世，享年93岁。

2月29日，第一临床医学院中医骨伤科学专业2009级硕士研究生许兵被浙江省青少年英才奖励基金会、浙江省科学技术协会、浙江省教育厅关工委联合授予“浙江省青少年学生道德榜样”称号。

3月1日，国医大师何任先生遗体告别仪式在杭州殡仪馆天下第一殿大厅举行。副省长郑继伟，原省政协主席刘枫、原副省长鲁松庭、原省高级人民法院院长张启楣，中国中医科学院院长张伯礼院士、国家中医药管理局人事教育司司长姜在旸等参加告别仪式。告别仪式由省人大常委会科教文卫委员会副主任委员、原浙江中医药大学校长肖鲁伟主持，省卫生厅厅长杨敬致告别词。

3月6日，美国协和大学代表团访问学校，双方就继续推进美国协和大学的“硕士研究生国际学习”项目进行了友好会谈并正式签署合作协议。

4月21日，由附属第一医院和中国中医科学院西苑医院共同牵头全国10家单位组成的国家中医临床研究基地中医药防治血液病临床研究联盟在杭州成立。

4月25日，据浙科金发〔2012〕3号文，学校被评为“2010—2011年度浙江省自然科学基金管理工作先进集体”。

5月8日，学校与马来西亚大马中医药学院就联合培养马来西亚中医药研究生事宜签署合作协议。

5月17日，由学校承办的全国高等中医药院校党建和思想政治工作研究会六届四次理事会暨第21次年会在杭州举行。卫生部副部长、国家中医药管理局局长王国强，教育部思政司副巡视员俞亚东，国家中医药管理局人事教育司巡视员、副司长、全国中医药高等教育学会理事长洪净，省委教育工委副书记、省教育厅副厅长蒋胜祥，研究会理事长、北京中医药大学党委书记吴建伟等出席并讲话。年会开幕式由校长范永升主持，党委书记孙秋华致欢迎词。

5月18日，据浙教高教〔2012〕70号文，学校中医学、中药学、针灸推拿学、听力学、护理学、生物工程等6个专业被列为浙江省本科院校“十二五”优势专业建设项目。

5月20日，副校长方剑乔当选民盟浙江省第十一届委员会副主任委员。

5月23日，校学生会成立五十周年庆典晚会在行政楼报告厅举行。

同日，附属第二医院院长蔡宛如当选中国农工民主党浙江省十一届委员会副主任委员。

5月24日，省人大常委会副主任吴国华一行12人在省委教育工委书记、省教育厅厅长刘希平、副厅长褚子育等陪同下到学校视察指导工作，重点了解省财政对高等学校的投入情况和大学生创业情况。

5月26日，中医学专业认证（试点）工作总结暨经验交流会在我校召开。来自全国19所院校的85名代表参加了本次会议。教育部高等教育司副司长石鹏建，国家中医药管理局人事教育司副司长洪净，教育部高等学校中医学教学指导委员会主任委员、中国中医科学院院长、天津中医药大学校长张伯礼院士等出席会议并讲话。校长范永升致欢迎辞。

6月1日，浙江人文大讲堂第280讲暨远志大讲堂第24讲在我校行政楼报告厅举行，教育部语文出版社社长王旭明作题为“当代中国大学和大学精神”的专题报告。报告会由副校长李俊伟主持。

6月8日，据浙教高科〔2012〕80号文，学校中医学获批为“十二五”第一批省重中之重一级学科。

6月12日，学校与杭州市拱墅区签订战略合作框架协议。副校长李俊伟和拱墅区区长朱建明代表双方签署协议。

同日，在全国第三届大学生艺术展演活动总结表彰大会上，学校被省人民政府授予“全国第三届大学生艺术展演活动筹办工作先进集体”，张世杰被省人民政府授予“全国第三届大学生艺术展演活动筹办工作先进个人”。

7月3日至7日，学校2012年暑期中层领导干部集中培训班在江西干部学院举行。党委书记孙秋华在开班仪式上作动员讲话。

7月6日，据浙社科联〔2012〕21号文，学校中医药文化社科普及示范基地被省社科联评为“优秀社科普及示范基地”。

7月9日，据浙中医药〔2012〕53号文，学校16位专家入选第五批全国老中医药专家学术经验继承工作指导老师。

8月10日，在2012年全国ITAT教育工程工作会议上，学校ITAT教育工程培训基地获2011—2012年度优秀培训机构银奖。

8月13日，在全国中医药标志性文化内涵学术交流会暨中医药标志性优秀文化作品颁奖会上，校图书馆荣获全国中医药标志性文化（图书馆）一等奖。

8月31日，据浙中大发〔2012〕98号文，学校成立教师教学发展中心。

9月5日，在庆祝教师节暨浙江省教育系统“三育人”先进、双“十佳”青年教师表彰大会上，王晓林、曹灵勇获浙江省首届五星级青年教师称号。

9月6日，据教高函〔2012〕85号文，学校成为浙江省首批国家级大学生创新创业训练计划高校。

9月17日，据中博基〔2012〕15号文，学校博士后研究人员夏道宗申报的项目《基于NLRP3炎性体信号通路研究土茯苓抗痛风作用机制》获得特别资助，为我省首次获得中国博士后科学基金特别资助。

9月26日，校大学生合唱团演唱的《飞来的花瓣》和《I’ll be there》荣获浙江省大学生合唱比赛一等奖，这是学校近十年来在大学生艺术比赛中取得的最好成绩。

9月27日，浙江省首个统战人士志愿服务团——“同心”志愿服务团在学校成立。

同日，据人社部发（2012）48号文，学校获准设立中西医结合博士后科研流动站，至此，中医药学类三个一级学科博士后科研流动站在我校全部布齐。

10月10日，校学生会当选为省学生联合会第八届主席团单位并被授予“浙江省优秀学生会”荣誉称号。

10月23日，据浙教高科〔2012〕146号文，第二临床医学院袁强教授、药学院张水利教授被授予浙江省首届“高校优秀教师”称号。

10月29日至11月9日，校党委书记孙秋华教授率团前往新加坡、泰国考察交流，并与新加坡国立大学医学院、新加坡科技研究院、清迈大学医学院等交流了合作意向。

11月1日，在桐庐县首届华夏中医药养生旅游节开幕式上，学校和桐庐县人民政府签订战略合作协议。校党委副书记黄文秀与桐庐县人民政府副县长周建英分别代表双方签署协议。

同日，国家中医药管理局副局长李大宁、世界中医药学会联合会副主席李振吉一行到学校考察指导工作。校长范永升、党委副书记熊耀康、副校长李俊伟参加汇报会。

11月9日，校辅导员协会举行辅导员导师聘任仪式，正式实行辅导员导师制。

11月19日，据浙教体〔2012〕156号文，学校被授予“浙江省参加第九届全国大学生运动会突出贡献单位”荣誉称号。

11月22日，学校召开专题会议，布置学习宣传贯彻十八大精神工作，并下发《关于认真学习宣传贯彻党的十八大精神的通知》（浙中大党委发〔2012〕51号），全面掀起学习宣传贯彻党的十八大精神热潮。

11月26日，在全省党的十八大精神宣讲工作会议暨宣讲员培训班上，学校形势与政策讲师团被授予“浙江省优秀宣讲团队”称号。

12月6日，浙江中医药大学中医门诊部举行二十周年庆典活动。省中医药管理局局长徐伟伟、上城区副区长马彦，校领导范永升、黄文秀、熊耀康、茹惠祥、张光霁出席庆典。

12月20日，由生物工程学院与步长制药联合组建的脑心同治研究院在学校揭牌成立。中国科学院院士、上海中医药大学校长、中国中西医结合学会会长陈凯先院士，步长制药创始人、中国中西医结合学会脑心同治专业委员会主任委员赵步长教授，省中医药管理局副局长陈学奇，省中西医结合学会会长吴章穆，校长范永升，纪委书记茹惠祥等出席揭牌仪式。

12月25日，省委常委、省军区政委王新海少将在行政楼报告厅为学校师生作学习贯彻十八大精神辅导报告。省教育厅副厅长鲍学军出席报告会。报告会由党委书记孙秋华主持。

12月27日，滨江学院迁建工程在富阳市富春街道高教园综合体内正式开工建设。副省长郑继伟、教育厅厅长刘希平等领导亲临现场指导。

2012年中国计量学院大事记

1月5日，在北京香格里拉酒店，拥有140年历史的欧洲最大、全球第二大专业学术学会和全球最大的国际注册工程师资质认证机构IET（英国工程技术学会），向中国计量学院（机电工程学院）颁发了IET“教育合作伙伴”的资质认证证书。

1月10日，省委教育工委副书记、省教育厅副厅长蒋胜祥在教育厅宣教处处长薛晓飞、学生处处长丁松泉、下沙高教园区办公室主任王振斌等陪同下到学校检查指导寒假工作。

2月1日至2日，校党委书记于永明、校长林建忠、党委副书记徐涌金、副校长俞晓平等一行赴京向国家质检总局领导汇报学校工作。

2月27日，由团省委、浙江日报社等联合举办，中国计量学院承办的“学雷锋，树新风”——浙江青少年学习雷锋精神活动在该校举行隆重的启动仪式。

3月10日，凌晨三点左右，位于浙江诸暨市艮塔东路36号的义乌小商品直销连锁店发生火灾。诸暨消防城东中队副指导员，学校09届毕业生田思嘉在搜救被困人员时，不幸英勇牺牲。

3月11日，副校长宋明顺带领学校党委委员、学生处处长范庆瑜以及党校办、学生处、宣传部、理学院等相关部门负责人，前往诸暨西子宾馆，亲切慰问了英雄的父母，并送上慰问金。

3月13日，学校隆重举行2012年硕士学位授予仪式。学校领导于永明、林建忠、徐涌金、陶伟华、蒋家新、冯时林以及相关二级学院院长出席授予仪式并在主席台就座。有关二级学院分管研究生工作领导，指导教师，二级学院研究生教学秘书、研究生辅导员，2012年（春季）硕士学位获得者及亲友参加了授予仪式。授予仪式由校党委副书记陶伟华主持。

3月20日，由教育部思想政治工作司举办的高校校园文化建设优秀成果表彰暨专题工作研讨会在北京召开，学校选送的“传承计量文化，思量国计民生——中国计量学院特色校园文化建设的探索与实践”荣获2011年高校校园文化建设优秀成果评选一等奖。校党委宣传部部长姜羡萍参加了研讨会并接受了表彰。

3月22日至30日，由校长林建忠率领的学校访欧代表团访问了斯特拉思克莱德大学、英国基尔大学、德国联邦物理研究院（PTB）、阿伦大学和卡尔斯鲁厄理工学院，并与部分高校签订了相关合作协议。

4月5日，学校新进教师2012年专题研修正式开讲。

4月20日，省委基层组织建设年督查组一行在督查组组长、省农办副主任严杰同志带领下，到学校督查基层组织建设年活动进展情况。

4月20日至22日，浙江省第九届大学生机械设计竞赛暨全国第五届大学生机械竞赛选拔赛在金华举行，学校派出15支队伍参加比赛，共获得一等奖2项、二等奖6项、三等奖6项，总成绩排名浙江省前三。

5月3日，校党委中心组召开专题学习会议学习《教育部关于全面提高高等教育质量的若干意见》和《教育部、财政部关于实施高等学校创新能力培养提升计划的意见》精神。学校党政领导班子成员和相关职能部门负责人参加了会议。校党委书记于永明主持学习会。

5月21日，全国哲学社会科学规划办公室正式发布了2012年度国家社科基金项目评审结果消息，学校共有3个项目获得立项资助，分别为法学院王斐弘教授的一般项目《敦煌契约文书研究》；法学院朱一飞博士的青年项目《重大经济活动知识产权审议的原理与制度研究》；理学院许如星博士的青年项目《动态违约相关的组合信用风险建模与数值算法研究》。

5月21日至30日，校党委书记于永明率团访问台湾和香港。

6月6日，中国计量学院教师教学发展中心正式揭牌成立。省教育厅高教处副处长王国银，校党委书记于永明，副校长宋明顺，人事处副处长秦来顺出席仪式。教务处处长潘岚主持成立仪式，各分院教学院长，专业负责人，新进专任教师和教辅人员以及教务处全体人员参加了成立仪式。

6月15日，学校第八届一次教职工代表大会暨第十届一次工会会员代表大会在闻厅二楼隆重开幕。

8月15日，行业特色型院校高质量专门人才培养专题研讨会在学校闻厅二楼举行。国家质量监督检验检疫总局人事司副巡视员瞿兆宁、浙江省教育厅高教处副处长王国银、校党委书记于永明出席会议并致辞，校长林建忠作主题发言，来自北京邮电大学、大连理工大学、哈尔滨工程大学等国内20余所院校领导、专家学者参加了本次研讨会。会议由副校长宋明顺主持。

8月30日，省高校设置评议委员会专家组莅临中国计量学院，考察指导该校申报更名“中国计量大学”工作。

9月6日，省委教育工委副书记、教育厅副厅长汪晓村，省委组织部干部三处处长朱恒福到学校宣布关于于永明同志任职的决定。根据省委文件，于永明同志任中共浙江省委教育工委委员，浙江省教育厅副厅长（保留正厅长级）。

9月21日，由省委宣传部、团省委、省公安厅主办，省公安消防总队和学校承办的田思嘉英雄事迹报告会在嘉量大会堂举行。

10月12日，学校专业心理素质拓展——“心理能量魔方”揭牌仪式在东区图书馆107室隆重举行。

10月13日，由浙江省文明办、浙江省教育厅、共青团浙江省委、浙江省学生联合会共同主办的浙江省大学生礼仪大赛在浙江万里学院拉开帷幕，此次大赛由中国高等教育学会公共关系教育专业委员会浙江研究中心协办，中国计量学院参赛队伍荣获团体一等奖。

10月22日，国家知识产权局函复浙江省知识产权局，同意在中国计量学院设立“国家知识产权培训（浙江）基地”，这标志着该校进入知识产权培训“国家队”行列。

10月24日，学校在闻厅举行了“中国标准化研究院与中国计量学院战略合作推进会”，中国标准化研究院院长马林聪与校长林建忠共同签署了推进战略合作备忘录。

同日，原国家标准化管理委员会主任，现任中国标准化协会理事长纪正昆一行莅临学校指导工作。

11月8日，上午9：00，举世瞩目的中国共产党第十八次全国代表大会在北京隆重开幕。学校师生满怀激动迎接大会召开。

11月9日，浙江省社科联首届学术年会“经济转型中的理论与实践—标准化与技术创新”研讨会在中国计量学院召开。本次研讨会由浙江省社科联和中国计量学院主办，浙江省标准化研究院、浙江省哲学社会科学重点研究基地“产业发展政策研究中心”、浙江省标准化与知识产权管理人文社科重点研究基地协办。

11月14日，国家知识产权培训（浙江）基地揭牌仪式在学校闻厅二楼举行。国家知识产权局甘绍宁副局长和校长林建忠为基地揭牌并致辞。省教育厅副厅长于永明，省知识产权局局长洪积庆出席仪式并讲话。国家知识产权局培训中心副主任燕冲，校纪委书记王小华参加了揭牌仪式。揭牌仪式由副校长宋明顺主持。

11月20日，学校党委召开中心组理论学习会，专题学习党的十八大报告精神。学校全体党政领导，党办校办、组织部、宣传部、纪监办、学工部等部门负责人参加了学习会。会议由校长林建忠主持。

11月22日，由团省委主办，以“高举旗帜跟党走，创业创新促两富”为主题的“浙江共青团十八精神巡回报告会暨首场报告会”在学校嘉量大会堂隆重举行。

11月24日至29日，第八届“挑战杯”复星中国大学生创业计划竞赛决赛在上海同济大学举行，学校作品《杭州赛科尔摩擦材料有限责任公司创业计划书》荣获全国金奖。

12月7日，学校与浙江省标准化研究院在明德南楼213会议室举行了合作培养硕士研究生签约仪式。副校长俞晓平、省质量技术监督局副局长杨烨，以及合作双方相关部门代表等15人出席了签约仪式。签约仪式由研究生部副主任张洪军主持。

12月11日，《浙江科技报》发表《制服小虫挽回损失超10亿元》一文，报道副校长俞晓平教授研究褐飞虱的科研历程和成果。

12月13日，学校在嘉量大会堂举行学习贯彻党的十八大精神报告会，十八大代表、省委常委、省委秘书长赵一德同志为学校师生作十八大精神宣讲报告。

2012年浙江海洋学院大事记

1月5日，学校召开辅导员座谈会，校党委副书记夏跃平出席会议并讲话。

1月6日，学校在东校区活动中心大会议室召开《浙江舟山群岛新区空间发展战略规划》制定工作征求意见座谈会，副院长吴中平主持座谈会议，学校相关部门、学院负责人和专业教师代表20余人参加座谈会。

2月21日，学校召开今年第一次创先争优工作例会，校党委副书记、创先争优活动领导小组副组长黄建钢出席会议并讲话，校党委委员、组织部长刘定山主持会议，活动领导小组办公室成员和各党总支负责人参加会议。

同日，学校召开中层干部会议，通报2012年全省教育局长会议精神，布置新学期工作。校党委书记周克非主持会议并作重要讲话。

2月22日，省委教育工委委员、省教育厅副巡视员、省教改办副主任丁天乐和随行的计财处干部陈正西到学校，就开学初工作进行检查。校党委书记周克非主持汇报会，校党委副书记夏跃平汇报开学工作有关情况。

2月23日，国家海洋局党组书记、局长刘赐贵，海洋局党组成员、副局长陈连增一行在浙江省政府副秘书长陈龙，省发改委党组成员、省海经办专职副主任张善坤，省海洋与渔业局局长赵利民和舟山市委书记、市人大常委会主任梁黎明，市委副书记、市长周国辉的陪同下，到学校考察。

2月28日，学校召开纪检监察工作会议，校纪委书记张元龙主持会议并讲话。

2月29日，学校召开2012年宣传思想工作会议，校党委书记周克非出席会议并讲话，党委副书记黄建钢主持会议，各党总支（党委、直属支部）和相关部门负责人参加了会议。

3月6日，新城校区分类建设对接工作专题会议在长峙现场召开，副校长吴中平主持会议，学校有关职能部门、浙江海洋学院迁建工程项目建设管理办公室负责人及有关人员参加了会议。

3月9日，以省咨询委重点项目部副主任、原省委副秘书长、省农办主任夏阿国为组长的省咨询委调研组一行9人，在舟山市委、市政府决策咨询委常务副主任戴秀开和市政协副主席张昌义等领导的陪同下，考察学校建设中的新城校区，学校党委书记周克非、副校长吴中平陪同考察并介绍学校办学情况。

同日，共青团浙江海洋学院四届三次全委（扩大）会议召开，会议传达学习团省委十三届二次全委会精神，回顾总结学校2011年工作，部署安排2012年共青团工作。

3月13日、14日，校党委副书记夏跃平一行5人在北京走访中国石油化工集团公司总部。

3月28日，为贯彻落实《浙江海洋经济发展示范区规划》和浙江省“十二五”规划有关指示精神，加快推进我省海洋高等教育和涉海院校建设与发展，省委教育工委书记、省教育厅厅长刘希平率领有关人员，专程到浙江海洋学院调研指导工作。

4月6日，学校与舟山市审计局签署科研与人才培养战略合作关系协议，副校长吴常文、市审计局局长乐海华代表双方在协议书上签字。

4月12日，校党委理论学习中心组举行学习（扩大）会，邀请舟山市经济信息委员会主任张立军作题为《舟山港综合保税区与舟山自由港发展思路研究》的专题报告。

4月13日，学校召开省级教育体制改革试点项目工作会议，交流项目开展情况，布置下阶段工作。

4月15日，浙江海洋学院与中国交通运输协会邮轮游艇分会签署建立长期战略合作框架协议书，副院长吴常文和中文协邮轮游艇分会常务副会长兼秘书长郑炜航先生在协议书上签字，该校聘请郑炜航、王依欣两位专家为船舶与建筑工程学院客座教授，浙江海洋学院游艇规划设计研究所同时揭牌。

4月21日，浙江民泰商业银行舟山分行团委与学校团委合作签约暨百合助学金发放仪式在学校学生活动中心举行。

4月27日，学校召开人才培养模式改革专题研讨会，校党委副书记夏跃平、副院长虞聪达出席会议，教务处、发展规划处、教学质量监控中心和各教学单位院长、教学副院长、专业负责人参加研讨。

5月2日，省委、省政府召开全省推进

国家技术创新工程试点省建设工作电视电话会议，表彰2011年度在全省科技工作方面做出突出贡献的先进单位和个人，由学校教授吴常文和研究员徐汉祥牵头的“东海区重要渔业资源调查及名优水产增养殖的关键技术研究与示范”项目，荣获2011年度浙江省科学技术奖一等奖。

5月16日，校党委书记周克非带队参加浙江省高校科研成果面向企业转化推介会。

5月22日，省委副书记、省长夏宝龙和随行的省政府秘书长张鸿铭一行在中共舟山市委书记梁黎明，市委副书记、市长周国辉，市委常委、宣传部长周伟江等领导的陪同下视察建设中的浙江海洋学院新城校区。学校党委书记周克非，副院长吴中平陪同视察。

5月27日，赴舟山专题调研海洋经济发展工作的省委书记、省人大常委会主任赵洪祝第一站即到建设中的浙江海洋学院新城校区视察。

6月14日，市委副书记、市长、浙江海洋大学创建工作领导小组组长周国辉主持召开浙江海洋大学创建工作领导小组会议，现场协调解决浙江海洋学院迁建及浙江海洋大学创建工作中存在的相关问题。

6月15日，浙江海洋学院书法协会成立大会在学校举行，市委常委、市委秘书长、市委统战部长忻海平出席大会并讲话，校党委书记周克非到会祝贺，校党委副书记、协会会长黄建钢作协会年度工作部署。

6月16日，作为2012舟山群岛•中国海洋文化节的固定活动之一的2012中国海洋文化论坛高峰研讨会在舟山市行政中心举行。中国海洋文化论坛自2005年创办以来，已经举办了七届。本年度的中国海洋文化论坛由国家海洋局、浙江省人民政府主办，舟山市人民政府、浙江海洋学院、国家海洋局第二海洋研究所、浙江省海洋与渔业局、浙江省文化厅、浙江省海洋文化研究会承办。

6月20日，副省长郑继伟和省政府副秘书长马林云一行在舟山市副市长朱世强、徐燕峰等领导的陪同下视察建设中的浙江海洋学院新城校区，并听取学校工作汇报。学校党委书记周克非，副院长吴中平、吴常文陪同视察。

7月10日，学校与定海区委、区政府合作交流座谈会在区政府举行。

7月24日，学校与普陀区委、区政府举行合作交流座谈会。

7月24日至26日，学校承办了主题为“国家海洋战略下的长三角区域合作与舟山群岛新区发展战略学术会议暨江浙沪皖政治学年会”的“当代浙学论坛”暨“长三角一体化进程中的政治与行政”论坛第六次理论研讨会。

8月15日，2012舟山群岛•中国海洋文化节压轴大戏——中国海洋歌会在舟山市体育馆激情上演，海洋文化节的18项特色活动受到了表彰，由浙江海洋学院、浙江省海洋文化研究会承办的2012中国海洋文化论坛荣获“蔚蓝学术奖”。

8月28日，由学校与温州平阳保护区管理局在南麂列岛国家级海洋自然保护区合作共建的“浙江海洋学院海洋渔业科学与技术省重中之重学科野外科研工作站”和“浙江海洋学院水产学科研究生科研与教育实习基地”正式挂牌成立，副院长、水产学科负责人虞聪达出席仪式并与保护区管理局局长方明晓共同为基地揭牌。

9月16日，常务副省长龚正和随行的省政府副秘书长夏海伟，省委统战部副部长、省民宗委党组书记冯志礼等一行，在舟山市委副书记、市长周国辉等领导的陪同下，到长峙岛正在建设中的浙江海洋学院新城校区视察，学校党委书记周克非、院长吴常文、副院长吴中平等作情况汇报。

9月22日，浙江海洋学院宁波青年校友会举行成立大会，标志着学校第一个地方青年校友会的诞生。

9月29日，学校党委理论学习中心组举行扩大学习会，学习研讨《国务院关于加强教师队伍建设的意见》精神。

10月25日，学校与交通运输部天津水运工程科学研究院合作座谈会在建设中的长峙校区召开。天津水运工程科学研究院院长张华勤、副院长张华庆，学校院长吴常文，党委副书记、副院长朱世强等出席座谈会，并实地参观了新校区。

10月31日至11月3日，校领导副院长徐士元带领人事处、相关学院负责人专程前往新疆阿克苏，看望慰问学校援疆支教的教师。

11月10日，中国—意大利海洋科技学术交流会在学校举行。

11月20日，学校与东港投资发展集团有限公司举行合作签约仪式。学校党委书记周克非、院长吴常文、副院长吴中平，东港投资发展集团有限公司董事长张忠华、总经理殷亚年和双方有关职能部门的负责人出席签约仪式。

12月7日至9日，由浙江海洋学院、中国社会科学院中国边疆史地研究中心主办的“国际化视野下的中国东海——历史•现实•未来”高端学术研讨会在浙江海洋学院隆重举行。

12月17日，学校与浙江工商大学共同签署战略合作协议，在科学研究、人才培养、社会服务等领域深入开展合作。

12月26日，由学校人文学院承编的《浙江通志•海洋经济卷》篇目顺利通过专家组评审。

12月27日，浙江工业大学、浙江师范大学、杭州电子科技大学、浙江工商大学和浙江财经学院五所高校对口帮扶共建浙江海洋学院学科专业签约仪式在省教育厅会议室隆重举行。省委教育工委书记、省教育厅厅长刘希平出席签约仪式并讲话，省委教育工委副书记、省教育厅副厅长汪晓村主持签约仪式，浙江工业大学党委书记梅新林、浙江师范大学党委书记陈德喜、杭州电子科技大学党委书记费君清、浙江财经大学党委书记韩翼祥、副校长苏为华，浙江海洋学院党委书记周克非，副院长吴中平、徐士元出席签约仪式。

同日，澳门科技大学常务副校长张曙光教授到学校校访问交流，党委副书记、副院长朱世强副书记会见来宾并主持召开合作洽谈会。

2012年浙江农林大学大事记

1月5日，新农村发展研究院组织校内有关专家，对《浙江农林大学生态文化研究中心组建方案》进行论证。校党委书记宣勇出席会议并讲话。校长周国模，校党委副书记宣裕方，校党委委员、科技处处长陈永富出席论证会。会议由副校长金佩华主持。

2月3日至4日，全省农村工作会议在杭召开。省委书记赵洪祝，省委副书记、省长夏宝龙，省政协主席乔传秀，省委副书记李强，省委常委、副省长葛慧君，省人大常委会副主任程渭山出席会议。副校长鲍滨福代表浙江农林大学参加了会议。会上，学校作为2011年度“低收入农户奔小康工程”结对帮扶工作先进单位受到了表彰。省领导为先进单位代表颁发了奖牌。

2月14日，省教育工会主席李逸凡、副主席王卫在办公室主任朱乃行的陪同下到学校开展调研。

2月20日，校党委理论学习中心组召开扩大会议，认真学习2012年中央一号文件《关于加快推进农业科技创新，持续增强农产品供给保障能力的若干意见》精神，并结合实际，就全校学习宣传、贯彻落实中央一号文件精神进行了研究和部署。

2月28日，学校生态文化研究中心学术委员会成立大会在东湖校区行政楼第一会议室召开。

3月6日，学校在东湖校区行政楼第二会议室召开贯彻落实2012年中央一号文件精神工作推进会。

3月14日，学校教学委员会召开专题会议，审议教务处提交的《浙江农林大学关于修订新一轮本科人才培养方案的指导性意见》。校长、校教学委员会主任周国模主持会议。副校长、校教学委员会副主任张立钦，以及校教学委员会其他委员参加了会议。

3月20日，经学校教代会审议、党委会审定，《浙江农林大学中长期发展规划纲要（2011—2020年）》和11个“十二五”专项规划正式颁布实施。

3月31日，浙江农林大学天目学院新建工程奠基仪式在诸暨市暨阳街道侣东新村隆重举行，这标志着学校天目学院新校区建设正式拉开序幕。

4月12日，省委教育工委副书记、省教育厅副厅长蒋胜祥在省教育厅学生处处长丁松泉陪同下，到学校调研校园安全稳定和就业创业工作。

4月26日，香港大学副校长谭广亨一行8人，在浙江省科技厅厅长蒋泰维、临安市市长张振丰、临安市委副书记柴世民的陪同下到学校参观访问。校党委书记宣勇、副校长王自勇在东湖茶室与客人进行了友好交流。

4月27日，省委教育工委书记、省教育厅厅长刘希平到学校，就推进学校教育改革、大学生理想信念教育和高校中青年教师党员发展等工作开展调研。

5月2日，省委、省政府召开全省推进国家技术创新工程试点省建设工作电视电话会议，表彰2011年度在全省科技工作方面做出突出贡献的先进单位和个人，深入部署推进国家技术创新工程试点省建设工作。省委书记赵洪祝、省长夏宝龙等出席并讲话。省委常委、组织部长蔡奇宣读表彰决定。学校校长周国模、党委副书记方伟、副校长金佩华参加会议，副校长鲍滨福作为2011年度浙江省科学技术奖一等奖获得者出席会议并接受赵洪祝书记颁奖。

5月8日，学校召开2012年省级科技特派员工作对接会暨集体出征仪式，校长周国模、副校长鲍滨福出席会议。

5月12日，中国科学院院士、国家自然科学基金委员会副主任沈岩在国家自然科学基金委员会机关党委副书记、人事局局长李兆新，生命科学部常务副主任杜生明陪同下到学校调研并就相关工作进行指导。

5月16日，“2012年全国林业科技周暨浙江省第九届林业科技周启动仪式”在金华市浦江县文化广场拉开序幕。本次活动设1个主会场和11个分会场。在主会场举行的浙江省林业厅第十二届“科技兴林奖”的颁奖典礼上，浙江农林大学周国模教授主持的“竹林生态系统碳过程、碳监测与增汇技术研究”和傅深渊教授主持的“浙江省特色林化产业培育关键技术研究与示范”两项成果获科技兴林奖一等奖。

5月16日至18日，第十二届全国高等农业院校学生工作研讨会在山西太原召开。大会对39名来自全国农业院校的优秀辅导员进行了表彰，浙江农林大学农业与食品科学学院辅导员董军强名列其中。

6月3日，浙江农林大学中国农民发展研究中心成立大会在学校东湖校区图书馆第一报告厅隆重举行，这标志着我国首个专门从事农民发展问题研究的机构正式成立。

6月12日，全国第三届大学生艺术展演活动总结表彰大会在浙江省人民大会堂国际厅召开。会上，浙江农林大学被授予“全国第三届大学生艺术展演活动先进集体”荣誉称号。

7月14日，南京林业大学党委书记封超年一行到学校考察。

7月23日，天目学院“智慧校园”战略合作协议签约仪式在诸暨举行。签约仪式由诸暨市副市长方建明主持，校长周国模、副校长王自勇出席了仪式。

8月23日，香港城市大学协理副校长薛泉一行4人到学校考察交流。

9月11日，全省组织系统“讲党性、重品行、作表率”活动总结表彰电视电话会议在杭州召开。省委书记、省人大常委会主任赵洪祝看望先进代表，省委常委、组织部长蔡奇出席会议。会上，浙江农林大学党委组织部被授予“全省组织系统先进集体”称号。

9月24日，第十二届精神文明建设“五个一工程”颁奖晚会在中央电视台新址举行，中共中央政治局常委李长春出席观看，并为获奖代表颁奖。浙江农林大学文化学院院长、茶文化学科带头人王旭烽教授的著作《主义之花》榜上有名，这是王旭烽教授继《南方有嘉木》《让我们敲希望的钟啊》《家国书》之后第四次获此殊荣，也是她自2006年至2012年连续三届获奖，成为了浙江省唯一四次荣获全国“五个一工程”奖的著名作家和学者。

9月27日，校党委书记宣勇与省林业厅厅长楼国华一起在北京拜访了国家林业局局长赵树丛、副局长张建龙，汇报学校办学情况和省部共建工作。

11月2日，学校与嘉兴市全面战略合作签约仪式在嘉兴举行。嘉兴市市长鲁俊、市委副书记高慧玲、市人大常委会副主任沈利农、副市长赵树梅、副市长柴永强，校长周国模出席签约仪式。签约仪式上，周国模与鲁俊签署了“嘉兴市人民政府与浙江农林大学全面开展战略合作协议书”，学校相关学院和嘉兴市有关部门签署了5个专题合作协议。

11月10日，浙江农林大学学生通讯社成立大会在东湖校区图书馆第二报告厅举行。

11月17日，浙江德清第三届游子文化节暨2012年投资贸易洽谈会在德清拉开帷幕，学校校长周国模、副校长金佩华应邀出席了洽谈会。开幕式上，周国模与德清县县长胡国荣签署了“合作共建浙江农林大学（德清）现代农林科技园区框架协议书”。

11月22日，九三学社浙江农林大学委员会成立大会在智能实验楼会议室举行。

12月12日，浙江全省就业创业和城乡居民社会养老保险工作表彰大会在杭州召开。省委副书记、省长夏宝龙，副省长陈加元出席并讲话。会上，全省34个单位和32家企业被授予“浙江省就业先进工作单位”和“浙江省就业先进企业”称号，34人被授予“浙江省就业先进工作者”称号，33人被授予“浙江省就业创业优秀个人”称号。浙江农林大学2010级硕士研究生赵颖雷荣获“浙江省就业创业优秀个人”称号，也是本次获奖的唯一一位省本科高校在校生。

12月15日，生物农药高效制备浙江省工程实验室揭牌仪式在学校行政楼第一会议室举行。

12月16日，浙江农林大学•国际竹藤组织“非洲农林研究院”成立仪式在东湖校区图书馆第一报告厅隆重举行。

同日，校长周国模与欧盟签署“促进竹笋产业链的绿色生产和消费”项目受赠协议。

12月19日，副省长王建满到学校宣讲党的十八大精神。

12月22日，著名“三农”问题专家温铁军教授聘任仪式暨学术报告会在经济管理学院会议室举行。

2012年温州医科大学大事记

1月16日，来自温、丽、台、衢的47名浙江省第一期全科医生骨干师资培训学员在温州医学院顺利结业。

2月14日，在2011年度国家科学技术奖励大会上，温州医学院池永龙教授领衔的科研项目“微创脊柱外科新术式”获国家科技进步二等奖。

3月10日，教育部公布2011年科学研究优秀成果（科学技术）奖获奖名单。温州医学院李校堃教授牵头完成的“氧化损伤是导致糖尿病心血管并发症的关键机制”获高等学校自然科学奖二等奖。

3月17日，学校在浙江省第三届大学生医学竞赛决赛中获一等奖3项、二等奖2项，学校获优秀组织奖。

3月21日，副省长郑继伟在省政府办公厅教卫处处长吕伟强、副处长华军及温州市副市长郑朝阳等的陪同下到学校视察。

4月10日，第七届中华慈善奖颁奖典礼在北京举行，“爱心温州•善行天下•明眸工程”入选中华慈善奖“最具影响力慈善项目”获表彰。中共中央政治局常委、国务院副总理李克强在中南海会见包括温州医学院附属眼视光医院执行院长王勤美在内的获奖者代表。

5月1日，温州医学院眼视光学院、附属眼视光医院修订的新版国家标准对数视力表正式启用。新标准对数视力表国家标准已于2011年12月30日正式颁布。

5月2日，省委、省政府在杭召开全省推进国家技术创新工程试点省建设工作电视电话会议暨2011年度省科技奖励大会。会议表彰了2011年度浙江省科学技术奖获得者，省委书记、省人大常委会主任赵洪祝，省委副书记、省长夏宝龙在会上发表重要讲话。此次共有3人被授予浙江省科学技术重大贡献奖，温州医学院瞿佳教授榜上有名。学校还有6个科技项目获得表彰，其中省科学技术奖一等奖2项，二等奖1项。

5月8日，浙江省纪念中国共产主义青年团成立90周年大会在杭州召开。学校团委荣获2011年度“浙江省五四红旗团委”荣誉受大会表彰，此次省属高校中获此殊荣的仅两家。

5月9日，省委教育工委副书记、省教育厅副厅长汪晓村一行到学校考察调研，学校领导班子成员陪同。

5月18日，浙江省教育厅公布本科院校“十二五”优势专业建设项目立项名单，学校眼视光学、医学检验、临床医学、药学、护理学5个专业入选。

5月18日至20日，浙江省第八届“挑战杯”大学生创业计划竞赛决赛举行，学校14个项目获奖，其中特等奖2项、一等奖1项，学校获“优秀组织奖”。

5月23日、24日，院长瞿佳随仇杨均副市长带队的温州市社会事业考察代表团访问了台湾中山医学大学，瞿佳代表温州医学院与中山医学大学签订了新的校际合作协议。

6月8日，浙江省教育厅公布“十二五”第一批省重中之重一级学科和“十二五”省高校重点学科名单，学校临床医学成为“十二五”第一批省重中之重一级学科，细胞生物学、生态学、神经生物学、流行病与卫生统计学、中西医结合临床、危重病与灾害救援医学、口腔临床医学、基础医学、护理学成为省“十二五”高校重点学科。

6月29日，教育部首届全国民办高校党的建设和思想政治工作优秀成果评选结果揭晓，温州医学院仁济学院的《万里家访路情暖学子心——温州医学院仁济学院家校合作机制》获得优秀奖。

7月17日至18日，国家教育部副部长鲁昕到学校视察调研。教育部发展规划司司长谢焕忠、副司长宋德民、王碧海及省教育厅副厅长褚子育、温州市副市长仇杨均等陪同。

7月20日，中国工程院副院长、第四军医大学校长、我国著名消化病学专家樊代明院士到学校访问。

7月30日，温州医学院附属眼视光医院被卫生部确定为2012年度国家临床重点专科建设项目单位，眼科获评国家临床重点专科，卫生部视觉科学研究重点实验室获评优秀重点实验室。

8月19日，根据国家自然科学基金委公布的评审结果，温州医学院获84项国家自然科学基金资助项目，其中面上项目41项、青年科学基金项目39项。至年底，学校又增获国家自然科学基金资助3项，全年资助金额合计4046.5万元，立项数和资助经费总额均创历史新高。

8月28日，浙江省首届十佳青年教师暨五星级青年教师评选结果揭晓，温州医学院教师王朝杰获“五星级青年教师”称号。

9月3日，温州医学院与澳大利亚联邦科学与工业研究组织（CSIRO）战略合作签约仪式在西澳州首府珀斯举行，浙江省省长夏宝龙、西澳州总理科林•巴奈特等出席，温州医学院院长瞿佳代表中方签约。

9月14日，中共浙江省委教育工委、浙江省教育厅公布2012年全省高校校园文化品牌项目名单，学校“生命相‘髓’，因爱而‘生’——温州医学院骨髓捐献志愿服务推广”项目入选。

同日，教育部颁布《普通高等学校本科专业目录（2012年）》，我校领衔倡议的眼视光医学、医学影像学作为特设专业归属临床医学类，授予医学学位；眼视光学作为基本专业归属医学技术类，授予理学学位。

9月19日，学校召开干部大会，启动校本部中层干部换届聘任工作。

10月1日，温州医学院附属第一医院新院试运行。新院占地500.6亩，建筑面积35.5万平方米，为亚洲单体面积最大的医疗建筑。医院设有床位3300张，日门诊量预设2万人次。

10月11日，温州医学院外国专家直井信久教授获省政府“西湖友谊奖”。2012年，学我校另有3位外国专家被温州市政府授予“雁荡友谊特别奖”，学校获“外国专家工作先进单位”称号，1人获“外国专家工作先进个人”称号。

10月12日，学校附属第二医院与平阳县第二人民医院签订托管协议。

10月12日至14日，在辽宁锦州举行的全国第二届医学（医药）院校青年教师教学基本功比赛上，学校推荐参赛的基础医学院教师陈然荣获基础组比赛二等奖。

10月25日，我省首届“高校优秀教师”表彰会在省人民大会堂隆重举行。省委副书记、省长夏宝龙出席会议并发表讲话，省领导葛慧君、吴国华、郑继伟、徐辉等出席。此次被评为首届浙江省“高校优秀教师”的100名教师来自全省各大高校，温州医学院的仇佩虹和周铁丽两位老师名列其中。

同日，省委副书记李强莅临学校附属第一医院新院视察，省委副秘书长林云举、温州市市委副书记王昌荣，省委办公厅、温州市委办等负责人及温州医学院领导仇毅、瞿佳、陈肖鸣、吕帆、陈培根及附属第一医院领导陪同视察并出席汇报会。

10月27日，2012年高教社杯全国大学生数学建模竞赛评选结果揭晓，学校学生代表队获竞赛一等奖。

10月29日至31日，第四届浙江省大学生职业生涯规划大赛举行，学校获职业、创业规划类一等奖3项，创业规划类二等奖1项，3名同学分获“2012年度浙江省最佳职业、创业规划之星”称号，6位教师获“优秀指导教师”称号，学校获“最佳组织奖”。

11月8日，中国共产党第十八次全国代表大会在北京隆重召开。学校组织全校师生收看、收听了会议开幕式。会议闭幕后，校党委积极部署全校学习宣传贯彻十八大精神，掀起了学习宣传党的十八大精神的热潮。

11月9日，教育部、卫生部公布第一批卓越医生教育培养计划项目试点高校名单，温州医学院名列其中，并承担“五年制临床医学人才培养模式改革试点”和“农村订单定向免费医学教育人才培养模式改革试点” 两项改革试点项目。

11月18日，浙江省第四届大学生生命科学竞赛结果揭晓，学校获一等奖5项、二等奖3项，成绩位列全省所有参赛学校首位。

11月24日至28日，第八届“挑战杯”中国大学生创业计划竞赛决赛举行，学校获金奖1项、铜奖1项。

11月28日，教育部思政工作司公布2011年高校校园文化建设优秀成果名单，我校‘用爱筑起生命的堤坝——温州医学院“关爱生命”志愿服务二十七载砥砺前行’获优秀奖。

同日，学校浙江省第二批重中之重学科药理学与生化药学通过省教育厅验收。第一批省重中之重学科临床检验诊断学、外科学于12月通过验收。

12月1日，第十六届全国多媒体教育软件大奖赛结果揭晓，学校教师刘丽娜获高等教育组课件一等奖。

12月6日至9日，学校口腔医学本科专业接受教育部专家组认证考察。口腔医学专业建设成果获得专家组认可。

12月12日，副省长郑继伟在省政府副秘书长马林云、省教育厅副厅长褚子育、省政府办公厅教卫处处长吕伟强以及温州市副市长郑朝阳、市政府副秘书长叶世强、市教育局局长谢树华等的陪同下前往学校附属第一医院新院调研指导。校领导仇毅、瞿佳、陈肖鸣、王良兴以及附属第一医院负责人等陪同。

2012年浙江财经学院大事记

1月6日，日本早稻田大学向学校赠送13829册图书，并在图书馆设立“早稻田书库”。

1月11日，杭州市委副书记王金财到学校指导市直单位综合考评工作。

1月16日，学校隆重举行“全国模范职工之家”授牌仪式，浙江省教育工会主席李逸凡一行到学校祝贺并授牌、颁奖。

3月6日，浙江省发改委主任孙景淼到学校作经济形势报告。

3月12日，浙江省教育厅普通高校生均经费和拨款标准试点方案布置分析会议在学校召开。

3月17日至18日，近代东亚语言接触国际学术研讨会在学校召开，来自中、日、韩16所高校和科研机构的专家学者出席会议。

3月20日，浙江省审计厅厅长陈荣高、副厅长王小龙一行到学校调研。

3月22日，学校荣获杭州市“绿化模范单位”先进集体荣誉称号。

4月21日，学校成功举办首届政府管制论坛，来自中国人民大学等十余所高校的知名专家学者出席了论坛。

4月24日，浙江省委政法委副书记宋光宝来学校作专题报告。

5月，财政学、会计学、经济学、金融学、财务管理、税务等6个专业被列为省级优势专业建设项目。

5月，会计学、企业管理、统计学、伦理学和汉语言文字学等5个学科成为“十二五”省级重点学科。

5月，学校一次性获准立项17项国家社科基金规划项目，立项数再创新高。

5月8日，由学校王俊豪教授主持的“水体污染控制与治理”国家科技重大专项子课题“城镇供水安全保障管理支撑体系研究”正式签订合同。

5月9日，浙江省物价局副局长冯海军到学校调研。

5月10日，浙江省国税局局长周广仁到学校讲学并受聘为兼职教授。

5月11日，武东和大使应邀到学校作国际形势报告。

5月18日，教育部高等教育司司长张大良到学校作全面提高高等教育质量专题报告。

5月21日，学校与浙江省地税局签署共建税务系框架协议。

6月20日，学校与中国农业发展银行浙江省分行签署战略合作协议。

6月22日至23日，全省高校“校长杯”羽毛球比赛在学校举行。

6月28日，学校与温州市瓯海区人民政府签署战略合作协议。

7月，学校完成首次“三位一体”综合评价招生录取工作，共招生100人。

7月2日，以学校钟晓敏教授为首席专家的《促进经济发展方式转变的地方财税体制改革研究》获准教育部哲学社会科学研究重大课题攻关项目立项。

8月3日，浙江省高校设置评议委员会专家组到学校考察指导大学更名工作。

8月11日，知名校友、深圳富春东方集团有限公司总裁胡惠康为母校捐赠人民币200万元。

同日，学校首个省外校友会——深圳校友会成立。

8月16日，教育部社科司司长杨光应邀到学校作报告。

8月17日，学校获准立项9项国家自然科学基金项目，项目数量和资助经费总额均创学校历史新高。

8月24日，学校与丽水市人民政府签署战略合作协议。

8月27日，浙江省教育厅厅长刘希平一行到学校检查指导学生生活园区和文明寝室建设工作。

8月29日，美国游泳协会专家代表团访问学校。

9月15日，中国税收教育研究会第六次年会在学校举行。

9月19日，团省委书记周艳一行到学校专题调研学校共青团工作。

9月25日，“星闾研究生奖学金”设立暨首届颁奖仪式在学校举行。

9月26日，学校与国家住房和城乡建设部政策研究中心签订战略合作协议，这是学校与住建部继2010年共建“公用事业管制政策研究所”之后的又一次合作。

同日，浙江省社科联党组书记陈荣一行莅临学校“政府管制与公共政策研究中心”指导工作。

9月27日，学校王俊豪教授研究成果入选2012年《国家哲学社会科学成果文库》。

10月，学校“城市公用事业政府监管人才培养项目”获批服务国家特殊需求博士人才培养项目。

10月，学校民进支部获民进中央“学习践行社会主义核心价值体系全国先进集体”荣誉称号。

10月8日，浙江省审计厅副厅长王小龙、陈棉权一行到学校调研。

10月13日，出版的《光明日报》在头版头条显著位置，以《王俊豪和他的学术团队——浙江财经学院创建政府管制经济学纪实》为题，用近乎半个版面的篇幅详细报道了王俊豪校长和他的学术团队在政府管制经济学领域的突出成就。省委书记赵洪祝、副省长郑继伟等领导对此作出重要批示。

10月20日，外交部条法司司长、联合国国际法委员会委员黄惠康博士应邀来学校作国际形势报告。

10月22日，由学校承担的教育部哲学社会科学研究重大课题攻关项目“促进经济发展方式转变的地方财税体制改革研究”开题会隆重举行，教育部社科司副司长张东刚出席开题会。

同日，学校与台湾健行科技大学正式确立友好合作关系。

10月23日，加拿大劳伦森大学代表团访问学校，并与学校签订合作协议。

10月25日，学校项后军教授、汪化云教授获“浙江省高校优秀教师”荣誉，并在浙江省人民大会堂接受了表彰。

11月，《产业经济学》、《地方财政学（第二版）》和《现代成本会计学》3部教材入选“十二五”本科国家级规划教材。

11月，学校施翔老师原创声乐作品《春天的脚步》获浙江省精神文明建设“五个一工程”奖。

11月2日，全国首个“外交官进校园”展览馆在学校隆重开馆，中外外交官吴建民大使、沙祖康大使、吴思科大使、前巴勒斯坦驻华大使穆斯塔法•萨法日昵博士亲临现场为展览馆揭幕。

11月9日，学校“诺贝尔经济学奖文库”开放仪式隆重举行，

11月13日，学校成立留学归国人员联谊会，简称“浙财留联会”。

11月26日，浙江省高校第七届青年教师教学技能竞赛总结表彰暨教学观摩大会在学校举行。

11月29日，全国首家书法产业研究所在学校成立。

12月，学校王俊豪教授担任首席专家申报的课题获得国家社科基金重大项目立项，实现了学校在全国人文社科领域最高级别科研项目中的重大突破。

12月，由学校与浙江省财政厅、浙江省国税局、浙江省地税局联合申报的“浙江财经学院校外财税实践教育基地”获准立项为“十二五”首批省级大学生校外实践教育基地建设项目。

12月，学校“学习型公寓”建设文化品牌荣获教育部全国高校校园文化建设优秀奖，为建校以来在校园文化建设方面取得的最高奖项。

12月，马汴京老师获第17届安子介国际贸易研究奖。这是学校教师首次获得这一中国经贸领域的最高学术奖。

12月，金戈教授入选教育部“新世纪优秀人才支持计划”。

12月12日，学校获1项国家社科基金教育学项目（单列学科），这是学校首次获得国家社科基金教育学项目。

12月17日至18日，全国高校设置评议委员会专家组到学校考察评估大学更名工作。

12月21日，浙江省副省长朱从玖到学校作党的十八大精神宣讲。

2012年浙江科技学院大事记

1月5日，2012年度国家自然科学基金申报动员暨培训会举行。副校长郑友取主持会议并讲话。

同日，民盟浙江科技学院总支部委员会成立大会举行。

1月12日，学校召开中层干部（扩大）会议，部署2012年工作。校党政领导班子成员出席会议。会议由校党委书记王建华主持。

2月11日，正在杭州参加第三届全国大学生艺术展演活动的江西省教育厅副厅长郭奕珊等到学校访问。校党委书记王建华代表学校接受了江西省教育厅赠送的感谢铭牌。

2月16日，教育部高教司理工处处长李茂国到学校指导工作，并出席学校举行的“卓越工程师教育培养计划”工作交流座谈会。

3月3日、5日，全国政协十一届五次会议和十一届全国人大五次会议先后在京开幕。校党委书记、全国人大代表王建华，校长、全国政协委员杜卫分别赴京参加会议。

3月22日，澳大利亚埃迪斯科文大学校长凯里•考克斯教授（Kerry O.Cox）携该校国际学院院长沈根生教授及中国代表处主任赵铁博士到学校访问。双方还签署了校际学生交换协议。

3月23日，机械学院大四学生徐建龙被授予杭州市“见义勇为积极分子”荣誉称号。

4月1日，浙江省林业科学研究院党委书记、院长汪奎宏，副院长高智慧、柳新红，党委委员、综合处处长李长缨等到学校访问。

4月15日至21日，应台湾南台科技大学等高校的邀请，校长杜卫率教务处及科技处负责人赴台湾参访，分别考察了台北科技大学、南台科技大学和台南应用科技大学等学校。

4月26日，省教育工会办公室主任朱乃行等一行到学校开展教职工队伍素质与教师职业道德建设研究专题调研活动。

4月28日至5月6日，副校长吕进率团对罗马尼亚克鲁日大学、德国吕贝克应用科学大学和西海岸应用科学大学等进行了访问。

5月16日，学校参加浙江省高校科研成果面向企业转化推介会及省高校科研成果展。省委副书记、省长夏宝龙出席会议并作重要讲话。校长杜卫、副校长郑友取出席活动，并向夏宝龙省长介绍了学校科技成果。活动中，学校与杭州春胜纸业有限公司签订了“关于共建‘微米碳粉电磁屏蔽纸技术研发中心’的协议”。

5月18日，新西兰梅西大学副校长克里斯•摩尔教授（Chris Moore）及管理学院院长克莱尔•梅西教授（Claire Massey）到学校访问。

5月21日，全国哲学社会科学规划办公室公布2012年度国家社科基金项目评审结果，浙江科技学院1项目获资助。获资助项目为杜卫教授《中国现代审美功利主义思想与儒家心性文化传统关系研究》。

6月6日，中国共产党浙江省第十三次代表大会在杭州开幕。校党委书记王建华作为代表参加这次盛会。全国政协委员、省知联会会长、校长杜卫受邀出席了大会开幕式。

6月19日、20日，2012届毕业生学位授予仪式隆重举行。

7月30日，校党委书记王建华、副校长郑友取率电气学院、科技处负责人赴绍兴走访了温家环保新材料有限公司。

8月7日，省委教育工委书记、省教育厅厅长刘希平等一行，专程到学校检查指导台风“海葵”防御工作。

9月3日至4日，在上海召开的国家标准《海岸软土地基堤坝工程技术规范（送审稿）》审查会议上，审查通过了由浙江科技学院建工学院教授级高工陶松垒主持的，由该校和红阳建设集团有限公司主编，浙江省水利河口研究院、清华大学、河海大学等11个单位参编的国家标准《海岸软土地基堤坝工程技术规范》。这是该校主编的首个国家标准。

9月10日，学校隆重召开庆祝第28个教师节暨先进表彰大会。学校领导出席会议。

9月12日，学校召开省社科重点研究基地建设调研座谈会。校党委书记王建华、校党委副书记陈根芳出席会议，校社科联主席、理事，部分二级学院院长、人文社科类教授博士共20余人参加了此次座谈会。会议由王建华主持。

9月20日，浙江科技学院资产经营管理有限责任公司正式注册成立 。

9月25日，校党委副书记陈根芳、副校长冯军在相关职能处室负责人陪同下，到安吉洽谈校地合作事宜。

9月27日至29日，应用型本科院校贯彻落实全面提高高等教育质量的若干意见、深化教学改革高层研讨会在黑龙江举行。副校长赵东福代表学校出席，教务处负责人参加会议。赵东福在会上作了题为“以行业需求为导向，深化应用型人才教育教学改革”的交流发言。

10月15日至24日，应德国和瑞士高校的邀请，校党委书记王建华率相关二级学院、部门负责人出访德国和瑞士，分别访问了德国汉诺威应用科学大学、埃尔福特应用科学大学和瑞士圣加伦应用科学大学。

10月17日，岱山县副县长郑志斌带领岱山县发改局、科技局、海洋综合开发建设办公室等部门负责人以及企业代表到学校考察交流。

10月29日，英国法尔茅斯大学学院（University College Falmouth）副校长吉奥夫•史密斯（GEOFF SMITH）率该校设计系、动画系及国际处负责人等一行5人到学校访问。双方签署了两校合作备忘录。

10月30日、31日，校党委书记王建华，党委委员、组织部长李明等前往宁波海曙区、天台县南屏乡考察慰问。学校办公室负责人陪同考察。

11月5日，由科技部、国家知识产权局、中国科学院、中国工程院、浙江省政府主办，省科技厅、省委宣传部、省经信委、省中小企业局、省教育厅、省新闻出版局、省科协、省知识产权局、各市政府承办的2012中国浙江网上技术市场活动周开幕。活动中，学校就“竹中多种活性物综合提取分离和生化转化关键技术研究及中试产业化”与浙江圣氏生物科技有限公司在开幕式现场签订了技术合作协议。

11月15日，斯洛伐克日利纳自治州州长、斯洛伐克共和国国会外事委员会副主席犹拉耶•布拉纳尔先生（Juraj Blarnar）、斯洛伐克共和国驻上海总领事帕沃尔•希考勤（Pavol Sykrcin）、日利纳大学校长塔蒂安娜•佐瑞可波娃（Tatiana Corejova）等一行9人到学校访问。

11月21日至23日，浙江省教育工会信息工作会议在温州雁荡山召开。省教育工会主席李逸凡出席会议并讲话。会议表彰了2011—2012年度全省教育系统工会信息工作先进集体和个人，浙江科技学院工会荣获“2011－2012年度工会信息工作先进集体一等奖”。

11月22日，校长杜卫主持召开会议，动员和部署学校硕士学位授予单位立项建设验收工作。

12月5日至14日，校党委副书记陈根芳应邀率团出访澳大利亚、新西兰，分别访问了澳大利亚埃迪斯科文大学、南昆士兰大学和新西兰梅西大学及奥克兰UNITEC国立理工学院。

12月14日，浙江省高校国际化专业建设工作交流会在浙江科技学院举行，此次会议由浙江省外国留学生教育管理专业委员会主办，该校承办。

12月14日至16日，第二届全国高等学校教学研究会理事大会暨第五届中国大学教学论坛在河南召开。大会选举产生了第三届全国高等学校教学研究会正、副理事长和常务理事、理事名单。原清华大学校长顾秉林院士当选为理事长，浙江科技学院校长杜卫教授当选为副理事长。

12月21日，副省长陈加元到学校作党的十八大精神宣讲报告。

12月28日，学校中德工程师学院落户安吉签约仪式在安吉举行。湖州市委书记马以、省教育厅副厅长褚子育、计财处副处长陈于杰和学校党委书记王建华、校长杜卫等出席签约仪式。

2012年浙江传媒学院大事记

1月8日，由传媒杂志社主办，中国新闻文化促进会、中国广播电视协会、清华大学新闻与传播学院、北京大学新闻与传播学院、中国人民大学新闻学院、中国传媒大学媒体管理学院、暨南大学新闻与传播学院联合主办的2011中国传媒年会在浙江传媒学院隆重举行。

2月5日至11日，桐乡市十五届人大一次会议和桐乡市政协八届一次会议在桐乡市隆重召开，校长助理、桐乡校区管委会主任张梁、桐乡校区党工委书记戚鸿峰、音乐学院常务副院长王保华、文学院刘志宏老师等四人应邀参加了两会。

2月14日，省委教育工委委员、省教育纪工委书记葛菲到学校，现场视察指导艺术类专业校考（杭州考点）工作，省教育纪工委副书记朱金中陪同来校。副校长王渊明、纪委书记柯力作汇报，校纪委副书记、党校办主任、招生办主任参加并陪同。

2月22日，校党委副书记宣裕方到桐乡校区亲切慰问教职工并检查校区的工作，在桐乡校区党工委书记、管委会副主任戚鸿峰、管委会副主任黄洁、教务办主任陈佩芬、保卫办主任王奕全等人的陪同下，宣裕方走访了校区五个二级学院和各机关职能部门。

2月24日，澳大利亚科廷大学国际学院院长Walter Ong教授以及科廷大学国际事务部中国东区代表马春燕女士到学校访问。

同日，桐乡校区2012年建设及对外合作协调会在桐乡校区召开，校长彭少健主持会议，副校长沈兵虎、李军，校长助理、桐乡校区管委会主任张梁以及桐乡校区党工委管委会、发展合作处、校园建设处、监察处、教务处、学生处、国资处、设备处、信息办、计财处、实验电视台以及桐乡校区职能部门和二级学院领导参加了会议。

3月2日，中国共产党浙江传媒学院第二次代表大会在报告厅隆重开幕。省委教育工委副书记、省教育厅副厅长汪晓村，省委组织部干部三处处长朱恒福，省委教育工委干部处副处长周增逵，校党政领导奚建华、彭少健、柴志明、王文科、宣裕方、沈兵虎、王渊明、项仲平、李军、柯力、汤兆武出席并在主席台前排就座。

3月6日，华中科技大学新闻与信息传播学院院长、博士生导师张昆教授时隔一年之后再次莅临学校，开展了“中国媒介改革的政治限度”的专题讲座，新闻与传播学院师生到场聆听。

3月13日，学校首期出国研修人员外语培训班在A214教室正式开班。

同日，桐乡市疾控中心走进文创暨文化创意学院青年志愿者协会实践基地授牌仪式在桐乡校区行政楼报告厅隆重举行。

3月18日，江苏卫视优漫卡通第二届“闪亮星主播”主持人选拔大赛在南京圆满落下帷幕。经过激烈角逐和严格评选，来自浙江传媒学院播音主持艺术学院11级未来主打星班的赵庆楠同学以其健康阳光的外表形象和幽默风趣的主持风格赢得评委们的一致好评，最终夺得冠军。

3月23日，省教育厅副厅长褚子育陪同美国肯恩大学校长Dawood Farahi一行到访学校桐乡校区，校长彭少健、副校长李军出席了此次会面。

同日，浙江省广播电视人力资源培训工作研讨会在浙江传媒学院桐乡校区顺利召开。

3月26日，浙江传媒学院党委副书记宣裕方同艺术学院常务副院长胡晓阳、院长助理陈凌广、艺术设计系副主任徐浩、外事处包晓峰等，与英国考文垂大学艺术设计学院国际部主任Andrew Beck、艺术设计学院教授Bob Verhei Jeiden一行同赴嘉兴，与嘉兴市经济和信息化委员会就联合开展工业设计培训项目进行磋商。

3月30日，在浙江传媒学院桐乡校区的文化创意学院会议室，文创学院领导与桐乡市国税局及地税局有关领导就动漫创意大赛合作等相关项目进行洽谈。

4月6日至12日，中国人民政治协商会议第十届杭州市委员会第一次会议在杭州举行，学校浙江省文化产业发展研究中心葛继宏老师当选为委员，参加本次会议。

4月17日，由浙江传媒学院桐乡校区管委会、桐乡市文化广电新闻出版局主办，图书馆、设计艺术学院、桐乡市丰子恺纪念馆承办的“丰子恺艺术进大学”活动浙江传媒学院站开幕式在桐乡校区行政楼隆重举行。

4月25日，学校副院级巡视员沈兵虎、

教务处处长姚争、电子信息学院院长金步平、党总支书记李雪、副院长张根源、瞿有甜等一行代表浙江传媒学院到杭州万隆光电设备股份有限公司，双方签订了产学研合作教育基地协议书，并举行了挂牌仪式。

4月28日，文化创意学院雷锋服务公司在下沙校区体育馆前举行隆重的成立大会。

4月28日至5月3日，学校承办的第八届中国国际动漫节于中国杭州动漫产业的重镇——滨江区白马湖生态创意城举行。

5月2日，浙江影视艺术研究基地启动仪式在浙江传媒学院行政楼报告厅举行。浙江大学传媒与国际文化学院院长吴飞教授、影视研究所所长范志忠教授、浙江传媒学院副校长项仲平、科研处处长詹成大参加了启动仪式。大会由影视艺术学院常务副院长汪振城主持。

5月4日，浙江传媒学院与振石控股集团有限公司合作办学签约仪式在桐乡振石大酒店隆重举行。

5月8日，浙江传媒学院南宁广播电视局实训基地挂牌仪式暨南宁广播电视局第三期“四名”人才培训班结业典礼，在新闻与传播学院会议室举行。

5月21日，桐乡市春晖小学挂牌浙江传媒学院附属小学签约仪式在桐乡市教育局隆重举行，副校长李军、校长助理、桐乡校区管委会主任张梁、发展合作处副处长吴蓉、桐乡市副市长费玉林、桐乡市教育局局长施勤高以及桐乡市实验小学教育集团领导、桐乡市教育界同仁和代表参加了签约仪式。

5月28日，由共青团浙江省委、新浪浙江、浙江传媒学院共同主办，浙江教育科技频道、杭州大学生创业联盟协办的首届中国（浙江）青年微电影大赛在学校艺术楼小剧场正式启动。

6月1日，桐乡市实验小学教育集团庆“六一”办学成果展暨春晖小学（传媒学院附小）揭牌仪式在桐乡科技会展中心隆重举行，浙江传媒学院校长彭少健和桐乡市委书记卢跃东为春晖小学（传媒学院附小）揭牌。

6月10日，浙江传媒学院“思美微电影基金”签约仪式在行政楼509会议室正式举行。

6月22日，嘉兴市浙商创业创新文化产业洽谈会在嘉兴国际会展中心举办，原国家文化部副部长潘震宙，原浙江省政协副主席徐鸿道，浙江省委宣传部常务副部长胡坚，国家话剧院院长周志强，嘉兴市领导李卫宁、鲁俊、刘冬生、冯志礼、梁群、孙贤龙、陈越强、金成胜、柴永强、邢海华等出席会议。副校长李军，发展合作处副处长吴蓉参加此次洽谈会。会上，副校长李军、桐乡市副市长王尧祥、中华国际影视传媒集团中国区总裁袁元签订共同打造“桐乡国际影视后期制作基地”战略合作协议。

7月3日，校长彭少健亲切会见了到访的韩国光州女子大学朱子文校长一行，并举行了签约仪式，会议由副校长李军主持。

8月16日，由浙江传媒学院、桐乡市政府和华数集团合营的新业态媒体（青春频道），在桐乡市广电大楼举行签约仪式。

9月6日，嘉兴73026部队防空团朱森源政委、刘江主任一行到学校桐乡校区洽谈军民共建合作事宜，校长助理、桐乡校区管委会主任张梁、桐乡校区党工委书记戚鸿峰、桐乡校区保卫办主任王奕全、图书馆副馆长叶福军参加了座谈会。

9月20日，浙江省社科联何一峰副主席、民管处刘东处长、余玉龙等一行三人到学校传播与文化产业研究中心调研指导工作。

9月26日，设计艺术学院院长助理陈凌广教授前往嘉兴洁阳家居用品有限公司，与盛栋良总经理洽谈“喷雾健康拖”广告项目合作协议。

10月13日至14日，第六届海峡两岸文化创意产业高校研究联盟会议在杭州白马湖建国饭店举行，全国台联副会长史茂林、杭州市政协主席叶明、杭州市副市长陈小平、原台北市副市长李永萍、原台北县县长周锡玮等出席开幕式。浙江传媒学院作为联盟成员单位，文化创意学院教学副院长史征、科研副院长赵思运，受邀与会并作论坛发言。

10月29日至31日，受国家留学基金委邀请，浙江传媒学院作为浙江省六所高校代表之一参加了在杭召开的2013年国家公派出国留学选派工作会议。国际交流与合作处处长王蓉晖、人事处处长李文冰参加了会议。会上传来令人欣喜的消息：自2013年起，该校作为教育部批准的参照独立设置本科艺术院校的高校被纳入国家公派出国留学艺术类人才培养特别项目选派院校范围。

10月31日，“菊”中国大学生创意设

计大赛颁奖典礼在浙江传媒学院桐乡校区报告厅隆重举行。桐乡市市委常委、宣传部长沈建坤，桐乡市委常委、副市长王尧祥等领导，校党委副书记宣裕方，校长助理、桐乡校区管委会主任张梁，桐乡校区党工委书记戚鸿峰等领导和有关专家学者出席了本次典礼。

11月7日，2012年马来西亚高等教育论坛在北京中国东盟中心召开。在这次论坛中，浙江传媒学院获得马来西亚高等教育优质合作院校的荣誉称号。

11月20日，校长彭少健带队，桐乡校区管委会主任张梁，设计艺术学院常务副院长胡晓阳、院长助理陈凌广教授等到桐乡市政府大楼出席工业设计示范基地建设洽谈会。

11月23日，广西电视台与浙江传媒学院签订战略合协议。

12月6日，浙江传媒学院国际交流与合作处处长王蓉晖及相关人员在北京参加全美国际教育协会年会，会上加州大学河滨分校代表Bronwyn Jenkins Deas女士向该校颁发2012年度优秀合作院校证书。

12月8日至10日，2012年全国高校后勤系统信息宣传与理论研究工作年会在北海召开。会上表彰了2012年全国高校后勤系统信息宣传工作100家先进单位和178位先进个人。学校后勤荣获“2012年全国高校后勤系统信息宣传工作先进单位”称号，桐乡校区后勤办宋冬冬同志荣获“2012年全国高校后勤系统信息宣传工作先进个人”称号。

12月19日，美国圣托马斯大学首席副校长陈思齐博士一行到学校访问，校党委书记奚建华亲切会见了来宾，国际交流与合作处处长王蓉晖，新闻与传播学院、管理学院以及新媒体学院相关领导参与了会谈。

12月29日，在刚刚结束的2012浙江省高校校报研究会上，经专家审定，《浙江传媒学院报》揽得“2011年浙江省高校好新闻评选”13个奖项，其中一等奖4项，二等奖5项，成为本次参评的70多所院校中获奖最多的学校之一，也是校报自06年参评以来获奖最多的一次。

2012年嘉兴学院大事记

1月6日，国家工业和信息化部下发《关于成立工业和信息化部安全生产专家组的通知》，为进一步加强我国工业和信息化领域安全生产管理工作，完善安全生产技术保障体系，发挥安全生产专家在重大安全生产决策、事故调查、隐患治理、安全咨询等方面的技术支撑和决策支持作用，决定成立工业和信息化部安全生产专家组，包括综合、金属与非金属、通信、医药食品、电子、机电装备、石油化工、高等院校等八个小组。学校建筑与工程学院蒋元海教授被聘任为“工业和信息化部安全生产专家组—金属与非金属小组”成员。

1月7日，国家自然科学基金委副秘书长、办公室主任、研究员高瑞平博士应邀到学校做“2011年国家自然科学基金申请和立项情况及2012年申报指南简介”的报告。

1月13日，中国科学院青海盐湖研究所所长助理吴志坚研究员、科技处处长周元研究员、工程中心主任孙庆国研究员等一行六人到学校生物与化学工程学院考察交流。

2月6日，嘉兴学院数理与信息工程学院黄文烈等4名同学作为交换生和研修生赴台湾静宜大学进行专业学习，时间为一个学期，这是该校首次向台湾高校派遣学生。

2月29日，省委教育工委副书记、省教育厅副厅长蒋胜祥一行到学校调研大学生就业和校园安全稳定工作。

3月7日，嘉兴市毛衫产业转型升级与纺纱技术发展策略研讨会在嘉兴学院举行。

3月20日，嘉兴学院在行政楼三楼会客室举行受聘仪式，聘请中国科学院院士、华东理工大学化学与分子工程学院院长兼精细化工研究所所长田禾教授为该校名誉教授。

3月20日至24日，校党委书记胡建成、副校长严从荃率教务处、人事处和相关教学单位负责人一行6人赴重庆大学、四川文理学院、成都大学和西华大学4所高校访问交流。

3月底，浙江省自然科学基金委员会发布《关于表彰2010-2011年度省自然科学基金管理工作先进集体、先进个人的通报》（浙科金发[2012]3号文件），对10个省自然科学基金管理工作先进集体、15名省自然科学基金管理工作先进个人予以通报表彰，嘉兴学院获评管理工作先进集体。

4月25日，石家庄学院副校长曲仓坤率规划处、体育系有关负责人及北方工程设计研究院设计人员专程到学校考察校园基本建设。

5月2日至6日，校友办盛高民老师、统战部巴格那老师先后走访了黄石、武汉等地校友，并在两地分别召开校友代表座谈会。

5月8日，医学院举行社区（全科）教学基地授牌仪式。医学院罗本燕院长代表学院与南湖区建设街道社区卫生服务中心、新兴街道社区卫生服务中心、新嘉街道社区卫生服务中心、城南街道卫生院等四家社区（全科）教学基地签署协议书并授牌。

5月12日，由中国科学院化学所、嘉兴学院联合主办，嘉兴市科协、嘉兴市纺织工程学会协办，学校材料与纺织工程学院承办的“2012高分子材料与科学”学术论坛在学校召开。

5月15日，美国明尼苏达州中国文化艺术考察团一行32人到学校考察访问。

5月20日，2012年度国家社科基金项目评审结果公布，学校文法学院中国古代文学与地方文献研究所张春义教授主持申报的《大晟府及其乐词通考》获得立项，资助经费15万元。中国古代文学与地方文献研究所连续两年获得国家社科基金项目立项。

5月26日，嘉兴学院桐乡校友会成立仪式在桐乡银园大酒店举行。

同日，学校机电工程实验中心顺利通过省高校实验教学示范中心验收。

6月28日，嘉兴学院大学生创业实践园开园仪式在越秀校区北区子良楼前广场举行。校长徐宪民、校党委副书记吕延勤、副校长严从荃出席开园仪式。

7月18日，2012年全国医师协会及中国医师协会二级机构工作会议在学校梁林校区TCL报告厅举行。会上，举行了中国医师协会（嘉兴）国际医学培训基地揭牌仪式。原卫生部副部长、现任中国医师协会会长殷大奎、中国医师协会常务副会长、秘书长杨镜、中国医师协会副会长王智琼、蔡忠军、浙江省卫生厅副厅长马伟杭、嘉兴市副市长柴永强、北美医学联合会会长张恒志、校长徐宪民、科普兰培训集团全球副总裁Sean J.Hire Stein等领导和嘉宾出席揭牌仪式。

8月28日，嘉兴学院老年活动中心正式挂牌成立。

9月19日至28日，校党委书记胡建成率学校代表团一行4人应邀赴美国阿拉巴马大学和加拿大汤普森河大学访问。

10月9日，嘉兴市委常委、纪委书记徐鸣华在市纪委副书记王蕾、市教育局局长赵建明等陪同下到学校考察。校党委书记胡建成、党委副书记吕延勤、纪委书记史永安、副校长费建文等与徐鸣华书记一行进行了座谈。

10月25日，浙江省首届“高校优秀教师”表彰会在杭州举行。校党委书记胡建成、校人事处负责人参加表彰会，学校材料与纺织工程学院易洪雷教授作为百名获奖教师之一受表彰。

10月25日至28日，校党委副书记吕延勤率教务处、人事处、科技处、学生处和公管处负责人一行6人到桂林理工大学调研学习。两校签订了本科生交换培养协议，根据协议两校计划于2013年9月互派交换生到对方学校培养。

11月2日，副校长杜欢政率科技处、材料与纺织工程学院相关负责人赴福建泉州实地考察了福建百宏聚纤科技企业实业有限公司、泉州海天材料科技股份有限公司，代表学校与福建百宏聚纤科技企业实业有限公司签订了“福建百宏—嘉兴学院产品研发中心”合作协议和“在线添加熔体直纺抗菌纤维研究开发”合作研究项目。

11月13日，学校与武警浙江省总队嘉兴医院（江南医院）合作签约暨嘉兴学院附属江南医院揭牌仪式在武警医院隆重举行，武警浙江省总队后勤部部长杜芬萍，武警医院院长陈国军、政委项永忠、副院长胡忠杰，校党委书记胡建成、副校长杜欢政、严从荃出席仪式。签约揭牌仪式由武警医院杜开齐副院长主持。

11月17日，浙江省高等学校后勤协会房地产管理专业委员会举行2012年年会，会上，嘉兴学院被评为2012年度浙江省高校房地产管理工作先进单位。

11月27日，由嘉兴学院和韩国关东大学校共同举办的第八届“东亚经济文化论坛”在嘉兴学院校顺利举办。

12月11日，美国印第安纳州瓦尔帕莱索市市长约翰•科斯塔一行4人到学校访问。

12月13日，校长徐宪民会见了美国加州大学洛杉矶分校（UCLA）知名语言测试专家Bachman教授。Bachman教授及妻子Barbara是嘉兴学院外国语学院首批外国文教专家。

12月20日，浙江省高校实验室工作研究会第七次会员大会在杭州召开，会议表彰了为省高校实验室建设与管理以及研究会工作做出突出贡献的集体和个人。全省101个会员单位参会，共评选出了12个先进集体、30个先进个人。学校实验室与设备管理处荣获2012年“浙江省高校实验室工作先进集体”称号，经济管理实验中心副主任葛培华荣获2012年“浙江省高校实验室工作先进个人”称号。

2012年浙江外国语学院大事记

1月5日，学校召开干部大会，对2011年处级领导班子和领导干部换届工作进行了总结回顾，标志着学校本次换届工作顺利结束。大会由校长鲁林岳主持，校党委书记姚成荣作了总结报告。

1月6日，副校长金运成率校基建领导小组成员赴小和山校区检查新校区建设施工情况。

2月10日，学校召开2012年度工作会议。校党委书记姚成荣主持会议并作重要讲话，校长鲁林岳作年度工作报告。

2月22日，美国威斯康星大学河城分校、白水分校、苏必略分校、巴拉布索克县分校以及威斯康星联合大学院代表团一行11人到学校访问。

3月16日，学校召开“十二五”规划工作推进会。会议由校长鲁林岳主持。

3月29日，校党委理论学习中心组召开专题学习会，认真学习贯彻2012年全国“两会”精神。

4月9日，校党委副书记、纪委书记徐颂列带领英文、欧亚、中文学院主要负责人赴侨乡丽水市青田县开展社会服务项目调研。

5月11日，省教育纪工委书记葛菲、副书记陈金方一行莅临学校指导工作，并召开专题座谈会，校领导姚成荣、徐颂列、骆伯巍、洪岗、金运成等参加座谈。

6月12日，学校召开党委理论学习中心组扩大会议，传达、学习浙江省第十三次党代会精神。学校党委理论学习中心组成员出席会议，各二级学院、直属单位书记参加会议。会议由校党委书记姚成荣主持。

6月18日，学校2012届学生毕业典礼在校小礼堂隆重举行，校领导姚成荣、鲁林岳、程胜松、徐颂列、洪岗、金运成、郑亚莉、赵庆荣，各学院、有关职能部门领导，教师、学生代表参加了毕业典礼。毕业典礼由程胜松副书记主持。

6月26日，副校长郑亚莉带领教务处、英文学院、国际工商管理学院、科技学院、应用外语学院、社科部、图书馆等部门相关负责人赴浙江财经学院调研教学管理和教学建设工作。

7月3日，副院长金运成率艺术学院、资产经营公司等学院（部门）负责人和专家赴常山就县域文化建设进行实地考察。

7月11日，民建浙江省委员会第八次代表大会在杭州闭幕。大会选举产生了民建浙江省第八届委员会，副院长郑亚莉当选为民建浙江省第八届委员会副主任委员。

同日，全国外国语院校体育2012年工作会议在浙江外国语学院举行。教育部体卫艺司司长王登峰，浙江省教育厅副厅长鲍学军、院长鲁林岳、副院长骆伯巍、教育部体卫艺司体育处处长王龙龙、省教育厅体卫艺处处长李建章出席了会议开幕式。

7月18日至20日，由中国国家汉办、孔子学院总部主办的2012年伊比利亚美洲地区孔子学院联席会议在巴西召开。国务院参事、国家汉办主任、孔子学院总部总干事许琳作主旨发言。校党委书记姚成荣应邀全程出席会议。

9月20日，由福建教育学院承办的全国教育学院第二十届书记院长协作会在福州召开。浙江外国语学院副院长骆伯巍及相关部门负责人参加了会议。

10月8日，国际化应用人才培养实验班开班典礼在小和山校区举行。副院长郑亚莉出席开班典礼。

10月10日，校党委书记姚成荣陪同北京外国语大学钟美荪副校长到教师教学发展中心，指导教师教学发展工作。

10月25日，省首届“高校优秀教师”表彰大会在省人民大会堂隆重举行，省委副书记、省长夏宝龙出席会议。浙江外国语学院中国语言文化学院教授周明强被评为浙江省首届“高校优秀教师”，受到省领导的亲切接见。

同日，学校与智利中央大学在杭签署合作协议。院长鲁林岳和智利中央大学校董事会主席纳帕邓思吉先生代表双方签字。副院长洪岗及有关学院和部门代表参加了仪式。

11月2日，学校客座教授聘任仪式暨学术座谈会在第一会议室举行。院长鲁林岳、德国波恩大学终身教授沃尔夫冈•顾彬出席仪式。

11月13日，副院长洪岗会见了美国威斯康星大学欧克莱尔校区代理校长吉尔•布斯基博士一行。

11月26日，学校召开传达部署学习党的十八大精神会议，邀请党的十八大代表、中国美术学院党委书记钱晓芳作专题报告。报告会由校党委书记姚成荣主持。学校党政领导班子成员，全体中层干部参加报告会。

同日，浙江省教育厅、省教育工会在浙江财经学院召开浙江省高校第七届青年教师教学技能竞赛总结表彰暨教学观摩大会。浙江外国语学院英语语言文化学院胡阳老师和国际工商管理学院周彦老师荣获浙江省高校第七届青年教师教学技能竞赛优秀奖并受到表彰。

12月6日至12日，2012两岸教育亮点学术论坛在台湾屏东教育大学召开，院长鲁林岳应邀出席会议。

12月7日，美国威斯康星大学河城校区教务长费尔南多•代尔加多先生到学校访问，副院长洪岗会见了来宾。

同日，副院长洪岗与欧亚语言文化学院、科研处负责人一行赴上海外国语大学调研考察中东研究所的建设发展情况。

12月16日，第七届孔子学院大会在北京开幕，来自全球108个国家的2000余名代表围绕“促进孔子学院融入大学和社区”这一主题进行了会议交流。校党委书记姚成荣应邀参会，并在会议期间着重考察了解了“孔子新汉学计划”“核心教师岗位”等孔子学院总部的重点项目。

12月18日至19日，一年一度的中德浙沪教师培训项目主任会议在无锡召开。副院长、浙江省师训干训中心主任骆伯巍，浙江省教育厅师范教育处处长庄华洁、正处级调研员李敏强，德国汉斯•赛德尔基金会项目主任凯夫勒，上海市师资培训中心主任郑百伟等19人参加会议。

2012年浙江警察学院大事记

1月9日，学院党委书记王和赴长兴看望慰问特困学生。

1月11日，湖南省公安厅副巡视员王抗美一行6人在省公安厅党委委员、政治部主任华乃强，厅政治部副主任、干部处处长张申才的陪同下，到学校考察公安院校毕业生公务员招录工作。学院党委书记王和，党委委员、政治部主任何建军陪同考察。

1月12日，学院召开会议专题研究2012年民警教育训练工作。院长傅国良、副院长翁文出席会议，省公安厅教育训练处处长夏文星等到会指导。

2月15日至17日，以白瑞•沃森博士为团长的澳大利亚昆士兰科技大学代表团一行2人应邀到学校交流访问。学院党委书记王和，院长傅国良，党委委员、办公室主任周钦，党委委员、教务处处长宫毅分别会见代表团成员。

2月17日，学院举行国际合作交流中心成立仪式。傅国良院长到会并讲话。

2月23日，学院召开校局合作暨共同体建设工作会议。院长傅国良，副院长寿远景，党委委员、办公室主任周钦，党委委员、教务处处长宫毅出席会议。

3月1日，由商务部主办、学院承办的国家对外援助培训项目——出入境管理研修班开班仪式在该校隆重举行。院长傅国良，党委委员、办公室主任周钦出席开班仪式。

3月5日，院长傅国良亲切会见到学校讲学交流的美国山姆•休斯敦大学刑事司法学院凯利•南特博士，并就国际警务合作班的教学工作进行了交流。

同日，由商务部主办，学院承办的国家对外援助培训项目——上海合作组织成员国执法安全部门边防管理研修班开班仪式在该校举行。

3月9日，学院与杭州海康威视数字技术股份有限公司举行了校企合作协议签署暨联合实验室启动仪式。王和书记代表学院致辞，并与海康威视公司总裁胡扬忠签署了合作协议。

3月14日，省委常委、公安厅长刘力伟在厅党委委员、副厅长、政治部主任华乃强，厅党委委员、纪委书记王海仁，厅党委委员、办公室主任石小忠等陪同下到学校调研。

3月30日，浙江警察学院名誉教授、著名国际刑侦专家、美国康涅狄格州警政厅终身荣誉厅长、美国纽海文大学终身教授李昌钰博士一行4人到学校讲学访问，并作题为《物证科学的新定位及分享成功的经验》学术报告。

4月12日至13日，以公使衔参赞唐梦琇女士为团长的澳大利亚联邦警察驻北京办公室警务联络官代表团一行3人到学校访问交流。

4月26日，学院召开教授座谈会，院长傅国良、副院长宫毅和教学系部的7位教授出席会议。

5月2日至7日，应韩国顺天乡大学邀请，学院党委副书记张福成一行3人赴韩国访问交流。

5月11日，公安部技侦局宋林处长和中国刑警学院领导到学校考察技侦培训工作，并就技侦培训中心建设规划召开座谈会。学院副院长翁文参加座谈会，并陪同参观学校技侦培训场所。

5月14日，院长傅国良亲切会见到校讲学的美国山姆•休斯敦州立大学刑事司法学院史马特•纳波尔斯博士，并就国际警务合作班的教学工作进行了交流。

5月18日，省教育厅公布了本科院校“十二五”优势专业建设项目立项名单，学校治安系主任丁建荣教授主持的“治安学”被确定为全省本科院校“十二五”优势专业建设项目。

5月24日，学院举办第59期“浙江公安论坛”，邀请中国政法大学诉讼法学研究院院长、博士生导师卞建林教授作《中国特色刑事诉讼制度的重大发展》专题讲座。

5月25日，学院隆重举行“世博卫士”雕塑落成仪式，党委书记王和，党委副书记张福成，党委委员、政治部主任何建军，雕塑制作公司领导及师生代表约100人参加了仪式。何建军主任主持落成仪式。

5月26日，学院邀请美国华盛顿哥伦比亚特区交通部主任工程师陶现定博士到学校作学术报告，并聘请其为学院名誉教授。当日上午，学院举行名誉教授聘任仪式，院长傅国良向陶现定博士颁发了聘书。

5月30日，学院党委书记王和给全国首

任县市公安局政委培训班学员作《中国共产党党员领导干部廉洁从政若干准则》专题讲座。

6月12日，全国第三届大学生艺术展演活动总结表彰大会在省人民大会堂举行。浙江警察学院因在对口接待工作和开闭幕式演出中表现突出，被省政府评为“全国第三届大学生艺术展演活动筹办工作先进集体”，该院的表演团队获评“全国第三届大学生艺术展演活动优秀表演团队”。

6月26日，由公安部主办、省公安厅协办、浙江警察学院承办的公安部外警培训项目——中国与东盟警察组织高级警官研修班在该院开班。院长傅国良，党委委员、办公室主任周钦出席开班仪式。

7月3日，省公安厅党委委员、副厅长、政治部主任华乃强到学校检查指导首届全国公安院校教学技能大赛集训工作。

7月3日至7日，“2012年全国公安院校学报建设与发展论坛”在吉林警察学院召开，来自全国近30所公安院校的领导、学报编辑参加论坛。学院副院长寿远景主持论坛交流，并作《公安院校学报可持续发展的路径思考》专题报告。

7月13日，第三届公安本科院校高峰论坛在云南警官学院举行。浙江警察学院院长傅国良在会上作了题为《创新培养模式，坚持特色发展，打造卓越警务人才成长的摇篮》交流发言，主持了14日上午的交流会，并参观了云南警官学院在建反恐基地、实验室、学生宿舍、校史馆等场所。

7月18日至27日，应巴西里约州警察厅和秘鲁国家警察总局的邀请，学院党委书记王和率学校警务教育考察团一行6人赴巴西、秘鲁考察访问。

8月30日，学校2010级国际警务合作班20名同学启程远赴韩国顺天乡大学，开始为期一学年的留学生活。

9月2日至13日，公安部在西藏召开全国公安机关东西合作素质强警行动计划总结暨深化素质强警交流合作会议，副院长翁文参加会议。

9月9日，副院长宫毅亲切会见到校讲学的美国山姆•休斯顿州立大学刑事司法学院米切尔•罗斯教授，并就涉外警务专业的教学工作进行了交流。

9月19日，副院长翁文出席在温州召开的浙江安防职业学院筹建工作会议。

9月28日，杭州海康威视股份有限公司总裁胡扬忠一行7人到学校考察。学院党委书记王和、副院长寿远景会见了胡扬忠总裁一行，并就加快推进校企合作共建项目——视频侦查实验室建设进行了商谈。

10月17日，副院长翁文率浙江安防职业技术学院筹建配合工作班子部分成员赴浙江农林大学考察，与浙江农林大学副校长鲍滨福及相关部门负责人就高校与地方人民政府合作办学等问题进行了广泛深入的交流。

10月26日，学院召开东盟非传统安全领域研究中心工作会议，副院长、东盟非传统安全领域研究中心主任寿远景出席会议。

11月1日，学校隆重举行与美国山姆休斯敦大学刑事司法学院友好合作交流五周年庆祝大会暨合作协议续签仪式。

11月9日，省公安厅党委委员、政治部主任石小忠在厅政治部副主任刘静、教育训练处副处长毛伟平的陪同下到学校调研。

11月13日至16日，副院长寿远景率治安学、侦查学、刑事科学技术学、计算机与信息技术学等四个重点学科带头人赴中国人民武装警察部队学院进行考察交流。

11月18日至30日，公安部人事训练局在上海公安高等专科学校举办了两期全国公安院校公安专业骨干师资培训班。副院长宫毅应邀做了《校局深度融合，创新公安教育新模式》的专题讲座，治安系俞秋明老师做示范教学展示。

12月5日，省教育厅发文公布了普通本科院校省级大学生校外实践教育基地建设项目，经专家评审，学校和海宁市公安局联合申报的“浙江警察学院—海宁市公安局实践教育基地”项目被确定为普通本科院校省级大学生校外实践教育基地建设项目。

12月5日至10日，学院党委委员、办公室主任周钦应邀赴澳大利亚昆士兰科技大学商谈两校合作事宜。

12月7日，根据省委统一安排，省委副书记、省长夏宝龙到学校作学习贯彻十八大精神宣讲报告。省委常委、副省长、省委宣传部部长葛慧君，省委常委、省公安厅厅长刘力伟，省委常委、秘书长赵一德，副省长郑继伟，省政府秘书长张鸿铭，省政府副秘书长马林云，省委教育工委书记、省教育厅厅长刘希平，省委组织部副部长、省人力社保厅厅长吴顺江，省委办公厅副主任吴伟平，省政府办公厅副主任朱重烈，省政府研究室副主任吴伟斌等领导出席报告会，报告会由省委常委、省公安厅厅长刘力伟主持。

12月11日，公安部在中国人民公安大学举行中国—欧盟警务培训项目启动仪式，浙江警察学院及中国人民公安大学等8所公安院校被确定项目承办基地。

12月11日至13日，第六届全国公安院校刑事科学技术研讨会暨刑事科学技术教育论坛在学院召开。院长傅国良开幕式上致欢迎辞，省公安厅刑侦总队蒋庆明总队长致贺辞，副院长宫毅主持开幕式。

12月13日至24日，应中央人民政府驻香港特别行政区联络办公室警务联络部、法国内政部国际合作局和意大利内政部公安司警力协调计划办公室的邀请，院长傅国良率警务教育考察团一行6人赴香港、法国和意大利进行了为期12天的考察访问。

12月14日，学院在大礼堂隆重举行“青春的荣耀”2012年度颁奖典礼。学院领导王和、张福成、何建军、沈慧敏、周钦出席活动，各有关部门主要负责人、教师干部代表、家长代表以及全校学生参加典礼。

12月27日，第九届华东地区公安院校警务技战术研讨会在学院顺利举行。副院长寿远景出席会议并致欢迎辞，来自北京、上海、新疆等地14所公安院校的警务技战术专家和教官共27人参会。

2012年浙江万里学院大事记

1月4日，南高教园区教务处长联席会议在我校行政楼202会议室举行。宁波市教育局高教处处长王旭峰、副处长王勇，浙江大学宁波理工学院、宁波诺丁汉大学、浙江医药高等专科学校、宁波城市职业技术学院、宁波天一职业技术学院和浙江万里学院等南高教园区六所高校的教务处长共聚一堂，共同协商，共谋发展。副校长钱国英教授出席会议。

1月6日，校党委书记、执行校长陈厥祥到外语学院，与外语学院领导班子成员共商外语学院发展大计。

2月8日，墨西哥驻上海总领事Rolando Garcia Alonso（罗兰多•加尔西亚•阿隆索）先生一行4人访问学校。副校长钱国英等会见访问团一行。

2月11日，中国传媒大学、青岛经济技术开发区联合考察团一行14人，专程前来考察学校。校党委书记、执行校长陈厥祥，宁波诺丁汉大学校长助理沈伟其等人热情接待。

2月12日，校党委书记、执行校长陈厥祥专程赴回龙校区指导基础学院工作，并与基础学院领导班子座谈。校办副主任戴炬炬陪同指导。

2月17日，校党委书记、执行校长陈厥祥率领校党委宣传部、校办相关负责人和文化与传播学院於贤德院长、许国君书记等人，拜会了宁波日报报业集团党委书记、社长何伟和集团副总编、中国宁波网总编田勇。

同日，古巴驻上海总领事罗伦索（Ariel Lorenzo Rodrigue）先生在宁波市外办涉外处焦双林副处长的陪同下访问学校。校党委书记、执行校长陈厥祥会见了客人。

2月22日，国家海洋局与省政府在杭州联合召开“海洋科技促进浙江海洋经济发展”座谈会。国家海洋局刘赐贵局长、陈连增副局长及相关司办负责人；省及沿海市相关部门负责人以及有关专家和企业家代表共60余人出席会议。校党委书记、执行校长陈厥祥与浙江大学、浙江工业大学、宁波大学、浙江海洋学院等5所高校领导作为全省高校代表出席会议。

2月23日，副校长、科协主席应敏教授在行政楼102会议室接待了杭州市科协副主席陈天开一行，深入交流了高校科协工作的经验与启示。

2月28日，浙江省红十字会第六届理事会第二次(扩大)会议在杭州召开，浙江万里学院增补为浙江省红十字会理事单位，校党委副书记、副校长蒋建军当选为省红十字会理事。

3月4日，国家海洋局中国大洋矿产资源研究开发协会秘书长兼办公室主任金建才、科技发展处处长邬长斌一行到学校考察。

3月15日，公安海警学院政委吴建森少将、训练部部长王金堂大校一行5人前来参观考察。校党委书记、执行校长陈厥祥以及校办相关负责人接待。

3月21日，广东外语外贸大学校长仲伟合一行6人到学校考察中外合作大学筹建、申报和运行模式等工作。校党委书记、执行校长陈厥祥，文传学院院长於贤德，国际交流合作部部长贺继军，校办副主任戴炬炬等热情接待。

3月28日，学校外语学院与宁波市鄞州区体育中心签订合作协议。

4月8日，海峡两岸应用数学会议在浙江万里学院图书馆报告厅隆重举行。校长、中科院院士石钟慈，校党委书记、执行校长陈厥祥，宁波市科协秘书长张定科，复旦大学程晋教授，台湾大学陈宜良教授，台湾静宜大学林吉田教授，台湾中央大学杨肃煜教授，台湾中山大学吕宗泽教授及海峡两岸数学专家学者、万里师生共100余人出席了开幕式。

4月13日，工信部——浙江万里学院“全国移动互联网创新教育基地”授牌仪式在图书馆报告厅举行，浙江万里学院获批成为工信部首批基地。

4月25日，省教育工会在浙江万里学院召开了“面对面、心贴心、实打实——服务职工在基层”座谈会。

5月13日，2012第十六届“外研社•亚马逊杯”全国大学生英语辩论赛华东赛区决赛在南京师范大学落下帷幕。学校外语学院学生李楠、戴斯雨同学获得一等奖，同时李楠同学被评为最佳辩手，他们将在7月赴北京参加全国总决赛。

5月29日，新疆石河子大学校长向本春一行5人到学校考察学科专业设置、教育教学改革、人才培养模式等工作。校党委书记、执行校长陈厥祥，副校长钱国英，教务部、产学研合作办公室负责人等接待。经商谈，双方签订了战略合作框架协议。

5月30日，校党委书记、校社科联主席陈厥祥参加宁波市第十二次哲学社会科学优秀成果颁奖暨社科联六届三次理事（扩大）会议。

6月4日至8日，学校国际SIFE协会以华东赛区第一名的成绩赴首都国家会议中心参加“SIFE CHINA”创新公益大赛全国总决赛。全国共有190余所高校参赛，万里SIFE最终荣获全国三等奖。这是校SIFE协会成立以来获得的最好成绩。

6月5日，宁波市哲学社会科学学科带头人培育项目第三批培育对象名单公布，学校推荐的谢子远、张海波、李秋正、刘利民、范世清5位教师全部入选。

6月5日至15日，应法国勃艮第大学、克罗地亚萨格勒布大学和萨格勒布经济管理学院的邀请，执行校长陈厥祥、校长助理傅宝荣一行6人对上述高校进行了友好访问。

6月21日，庆浙江万里学院学子创业逾1000家暨“万里学子创业联谊会”成立仪式在学术报告厅隆重举行。校党委书记、执行校长陈厥祥在庆祝仪式上致辞。

7月23日，在宁波市台湾事务办公室副主任江长荣的陪同下，由台北宁波同乡会组织的台湾高校30多名大学生到学校交流访问。

8月14日，校党委书记、执行校长陈厥祥一行赴宁波市国家大学科技园考察、调研。

9月5日，学校首届物流工程领域硕士研究生报到工作在62号楼一楼大厅进行。校党委书记、执行校长陈厥祥，副校长应敏，相关职能部门负责人及相关学院领导亲临报到现场慰问新生。

同日，浙江省教育工会在中国计量学院隆重举行了庆祝教师节暨浙江省教育系统“三育人”先进、“十佳”青年教师表彰大会。在本次表彰会上，学校生物与环境学院被授予2011—2012年度浙江省教育系统“三育人”先进集体荣誉称号，法学院丁寰祥、物流学院王琦峰、生环学院刘利萍等三位老师被授予2011—2012年度浙江省教育系统“三育人”先进个人荣誉称号，法学院彭新敏老师获浙江省首届“五星级”青年教师荣誉称号。

9月14日，省科技厅副厅长丁康生、副处长施冬材在宁波市科技局陈建章副局长等陪同下，莅临学校指导重点科技创新平台建设工作。

9月17日，由第二届中国海洋经济投资洽谈会组委会主办，宁波市科学技术协会、宁波市物流办、浙江万里学院承办的第二届中国海洽谈会专题论坛——国际航运及物流产业发展与人才培养高端论坛在宁波南苑环球酒店隆重举行。

9月19日，学校领导陈厥祥书记、钱国英副校长、蒋建军副书记一行前往创新学院调研。

10月17日，主题为“渔业资源可持续利用与生态环境修复”的2012中国水产科技论坛在上海开幕，校党委书记、执行校长陈厥祥、副校长钱国英应邀出席。

10月18日，宁波市汽车营销与管理高级研修班暨第四期浙江万里学院汽车营销与管理班在电子信息学院4212会议室开班。

10月23日，齐齐哈尔工程学院副院长张振笋一行7人到学校调研学生协同创新中心建设、学生管理模式等。校党委副书记、副校长蒋建军，学校办公室、学生事务与发展中心相关负责人接待。

10月25日，省首届“高校优秀教师”表彰大会在杭州举行，100名高校教师受表彰，学校戚向阳、岑仲迪两位教师会上领奖。省委副书记、省长夏宝龙，省委高校工委书记、教育厅厅长刘希平出席表彰大会，副校长应敏和人事部相关负责人也参加了表彰大会。

10月30日，由全国高等学校学生信息咨询与就业指导中心主办的、浙江万里学院承办的全国首期“高校创业指导师”培训班在图书馆报告厅举行开班仪式。仪式上，全国首家高校创业指导师培训基地落户该校。

11月1日至3日，浙江省2011—2012学年“高校优秀辅导员”表彰大会暨浙江省第四届高校辅导员论坛之省优秀辅导员工作创新分论坛在浙江农林大学举行。来自省内80余所高校的省级优秀辅导员参加大会，浙江万里学院陈彩祥、陈清升老师获得“省优秀辅导员”称号受表彰。省委教育工委副书记、省教育厅副厅长蒋胜祥，省委教育厅宣教处处长薛晓飞等领导出席表彰大会。

11月8日，美国硅谷大学校长萧凤鸣应邀到学校访问。

11月9日，中国社科院欧洲研究所副所长、欧洲研究系主任、原中国社会科学院拉丁美洲研究所副所长、“政府特殊津贴”获得者江时学博导莅临学校开讲《海洋经济与比较优势——以加勒比国家和冰岛为例》。

11月17日，浙江省哲学社会重点研究基地“临港现代服务业与创意文化研究中心”学术委员会会议在浙江万里学院62—312会议室召开。

11月18日，由浙江省社会科学界主办、浙江万里学院社科联和浙江省临港现代服务业与创意文化研究中心承办的浙江省社会科学界首届学术年会分论坛“海洋经济背景下临港现代服务业发展”学术研讨会在我校图书馆学术报告厅举办。

11月30日，省国资委主任陈正兴、副主任董贵波，浙江省机电集团董事长、党委书记王敏等领导，在徐亚芬、应雄、张文燮、任海松等集团领导的陪同下，到学校考察指导。校陈厥祥书记、钱国英副校长等热情接待。

同日，浙江万里学院“工信部微软嵌入式技术联合实验室”授牌仪式在行政楼112会议室隆重举行。

12月7日，校党委书记、执行校长陈厥祥在行政楼102会议室会见了美国特拉华州立大学助理校长刘凤山教授。

12月8日至9日，全校党总支（分党委）书记学习十八大精神读书会召开。校党委书记陈厥祥出席会议并讲话。校党委副书记蒋建军主持会议。

12月19日，2012年鄞州——驻鄞高校人才科技产业合作活动暨校地合作签约仪式举行。这是宁波市第一个区域性人才科技产业“区校合作平台”。市委常委、组织部部长杨立平，市委常委、鄞州区委书记陈伟俊等领导出席仪式。校党委书记、执行校长陈厥祥代表学校与鄞州区政府签订了战略合作框架协议。

12月26日，“十二五”浙江省高校重点学科“食品科学”建设启动仪式在生物与环境学院会议室举行。副校长应敏，学科办、生物与环境学院领导，重点学科各方向骨干成员及本学科在读硕士研究生等参加了启动仪式。仪式由副院长吴月燕主持。

12月26日至28日，由副校长钱国英带领的二级学院分管教学副院长、教务部、教师发展中心等部门相关人员一行赴深圳大学、深圳职业技术学院、海口大学学习考察。

2012年浙江树人大学大事记

1月7日，学校2012年优秀校友代表新春座谈会和团拜会在学校隆重举行。学校党政领导毛雪非、郑吉昌、章清、童国尧、王军、陈新民出席会议。

1月11日，澳门科技大学副校长张曙光率人文艺术学院副院长潘知常、研究生处冯钧国一行到学校访问。副校长陈新民亲切接见了来宾，陈新民和张曙光代表两校签订了“教育学术交流合作协议书”。

1月11日至16日，省十一届人大五次会议、省政协十届五次会议在杭州隆重召开。省人大代表、校党委书记毛雪非，省政协委员、校长郑吉昌，省政协委员、生物与环境工程学院主持工作副院长活泼等出席两会。

2月2日，学校领导毛雪非、郑吉昌等专程前往桐庐，与桐庐县委、县政府专题研究新校区建设。

2月15日，校长郑吉昌到现代服务业学院，了解学院开学初工作并听取学院学期主要工作思路汇报。

2月29日，湖南涉外经济学院一行34人在执行校长李钊的带领下，到学校就本科教学合格评估等工作进行了深入交流与考察。

2月24日，教育部社会科学司下达了《关于2012年度教育部人文社会科学研究一般项目立项的通知》（教社科司函〔2012〕36号），学校有4个项目获得立项。其中，吕何新、姜文杰两位老师获规划基金项目立项，分属教育学、管理学学科门类；任萍、孙旭辉两位老师获青年基金项目立项，分属外国文学、中国文学学科门类。

3月2日，浙江社科联在杭州隆重举行第十六届省哲学社会科学优秀成果奖颁奖大会。浙江省委宣传部常务副部长胡坚，浙江省社科联党组书记陈荣，浙江省社科联主席蒋承勇等领导出席大会并为获奖代表颁奖，第十六届省哲学社会科学优秀成果奖颁奖大会由陈荣主持。浙江树人大学共有2项成果受到省政府表彰。

同日，副校长陈新民教授率教务处相关同志就教学业绩考核管理办法、教师教学发展中心的建设、人才培养模式的改革和校企合作的推进等问题赴浙江工商大学、杭州师范大学调研。

3月20日，管理学院与高才会计培训（上海）有限公司举行签约授牌仪式。高才财经执行总裁陈越，企业发展部经理黄雪梅，管理学院领导及部分教师代表出席了签约仪式。

3月27日，南昌理工学院一行58人在邱小林理事长带领下，到学校就本科教学合格评估等工作进行了深入交流与考察。

3月28日至4月10日，全国第五期新建本科院校书记校长培训班在北京国家教育行政学院举行。学校执行校长郑吉昌和全国其他65所新建本科院校的书记校长们参加了培训班。

4月16日至21日，台湾辅仁大学应用统计研究所所长陈瑞照教授到现代服务业学院进行为期六天的授课与交流。

4月22日，《浙江树人大学学报》教育部名栏建设座谈会在学校行政中心举行。

4月26日，学校友好合作院校日本东京日语学院理事长•学院长荒木干光先生到学校访问交流。

5月5日，全国人大常委、全国人大教科文卫委员会副主任委员、民进中央副主席、中国民办教育协会会长王佐书在省政协副主席盛昌黎的陪同下，到学校考察调研。

5月9日，校党委副书记章清率学生发展与服务处负责人先后到人文学院和现代服务业学院调研指导就业工作。

5月14日，拱墅区政协教育共青团界别一行15人在区政协副主席赵红带领下到学校开展“加强拱墅高校与区域合作”调研活动。

5月15日，教育部思政司举办的民办高校党建情况调研杭州片会在学校隆重举行。

5月30日，第三届中国城市文化墙创意设计大赛颁奖典礼在美术馆隆重举行。

6月15日，桐乡市人民政府委托浙江树人大学现代服务业学院举办的“桐乡市领导干部现代服务业培训班”在该校圆满结束。

6月16日，由中实国金国际实验室能力验证研究中心主任、中国工程院王海舟院士率领国家认监委认证认可技术研究所所长乔东、中国分析测试协会培训部主任佟艳春、国家认监委认证认可技术研究所培训部主任谭晓东一行4人组成的全国分析检测人员能力培训委员会（NTC）现场评审组，及由国家科技图书文献中心副主任、原国家科技部条件财务司司长吴波尔、国家质量监督检验检疫总局总工程师、原国家质检总局产品质量监督司司长刘卓慧、中国分析测试协会秘书长、原科技部国家科技基础条件平台管理中心副主任张渝英组成的观察团对浙江树人大学生物与环境工程学院培训中心进行了现场评审。

6月27日，由副校长陈新民带队，教务处负责人、城建学院领导班子成员和专业教师、各学院教学副院长等20余人赴天目山，参加浙江树人大学•天目山自然保护区校外实习基地签约挂牌仪式。仪式由城建学院院长兼党总支书记姚谏教授主持。

7月2日，外国语学院——杭州汉世商贸有限公司校外实习基地签约仪式在外国语学院会议室隆重举行。

8月21日，学校2012年暑期中层干部研讨会在临安召开，省政协副主席、学校董事长斯鑫良到会并发表重要讲话，原省教育厅厅长、学校副董事长侯靖方、全体学校领导、全校中层干部、院长（处长）助理等80余人参加了会议，会议由陈昭典校长主持。

9月19日，副校长徐绪卿率学校办公室、科研处有关人员，赴西湖文化广场“御富永藏——叶宏明古陶瓷工作室”参观考察。

9月25日，学校副校长徐绪卿应西安外事学院邀请，参加了该校举行的建校20周年庆典大会，并在中外大学校长论坛上发表演说。

9月28日，副校长徐绪卿应上海杉达学院邀请，参加了该校建校20周年庆典大会，并在校长论坛上作了主题演讲。

10月12日，青岛滨海学院隆重举行了20周年庆祝大会，副校长陈新民代表学校出席庆祝大会。

10月16日，学校在学术报告厅举行中层干部扩大会议，省委教育工委副书记、教育厅副厅长汪晓村出席会议并发表重要讲话，省政协办公厅党组成员、组织人事处处长施建荣，全体学校领导、部分老领导、民主党派负责人、中层干部、教授、具有博士学位的副教授等120余人参加了会议，会议由校党委书记毛雪非主持。

同日，美国俄亥俄州阿克伦大学（the university of Akron）国际项目部主任Peter Li与社会工作专业赵葆梅教授到学校访问。

10月24日，校长徐绪卿、副校长陈新民、叶时平赴现代服务业学院调研指导工作，学校办公室、教务处、人事处等相关职能部门负责人陪同调研。

10月25日，我省首届“高校优秀教师”表彰大会在省人民大会堂隆重举行。省领导夏宝龙、葛慧君、吴国华、郑继伟、徐辉等出席了表彰大会。学校尹晓敏老师获此荣誉称号并受表彰。

11月10日，应浙江越秀外国语学院的邀请，校长徐绪卿专程赴绍兴作《新建本科院校教学质量保障体系构建要点》的专题报告。

11月13日，学校友好院校日本东京日语学院理事长、学院长荒木干光先生到校访问，副校长叶时平会见了来宾。

11月17日，德清县第三届游子文化节暨2012年投资贸易洽谈会在德清开幕。校长徐绪卿应邀参加本次贸洽会。副省长朱从玖出席开幕式，湖州市委书记马以致辞。校长徐绪卿与德清县县长胡国荣签订战略合作协议协议。

11月22日，浙江省教育厅举行了第九届全国大运会浙江代表队总结表彰大会，学校荣获“浙江省参加第九届全国大学生运动会优秀单位”。

12月7日，国内首个“民办本科院校科研竞争力评价报告”在浙江树人大学发布。

12月13日，学校友好院校日本活水女子大学现代日本文化学科教授荒木龙太郎、国际交流中心事务室长三浦修成、讲师岩下真澄来校访问并开展合作交流活动。

12月18日，由浙江省社科联主办，浙江省哲学社会科学扶持型研究基地“浙江省现代服务业研究中心”和现代服务业学院、管理学院联合承办的“2012浙江省社会科学界首届学术年会分论坛——第二届现代服务业发展论坛”在学校学术报告厅隆重举行。

同日，由浙江树人大学勘察工程校友会承办的浙江省纪念杜甫诞生1300周年大会在学校行政中心六楼会议厅隆重举行。

同日，浙江树人大学2012年表彰大会举行。学校领导毛雪非、徐绪卿、章清、童国尧、王军、陈新民、叶时平以及各学院领导、相关职能处室负责人、部分获奖单位和个人代表出席了本次大会。大会由校党委副书记章清主持。

12月20日，校长徐绪卿、党委副书记章清、纪委书记王军率办公室、管理学院等相关职能部门（学院）负责人一行13人赴浙江万里学院，就校院两级管理、编制核定、分配激励制度等进行调研。

12月26日，“浙江树人大学•建华集团全面战略合作签约授牌仪式”在建华文化创意产业园广场隆重举行。学校党委书记毛雪非、校长徐绪卿、副校长童国尧、陈新民、叶时平，拱墅区拱墅区人大常委会主任洪永跃、副区长康健、区政协副主席赵红出席了签约仪式。

2012年温州大学大事记

1月9日，创业学院获“全国青年就业创业教育2011年度先进集体”称号。

2月11日，校党委书记陈福生当选为中共温州市第十一届委员会委员，校长蔡袁强当选为中共浙江省第十三次代表大会代表。

2月13日，温州大学女声合唱队获得第三届全国大学生艺术展演活动艺术表演类声乐乙组(专业组)一等奖。

2月17日，方益权、张一力、江华、郑慧等四人被温州市决策咨询委员会评为先进个人，学校公共政策研究中心被评为先进单位，张一力、林亦修、江华教授分别主持的三个课题被评为优秀课题。

2月20日，校党委副书记林娟娟、民盟温大主委叶明德当选为温州市人大常委，蔡贻象、钱晓薇、黄少铭、张小燕、符丕盛、张汉鸣等六人当选为温州市政协常委。

3月1日，学校机械工程及自动化、网络工程、服装设计与工程等三个本科专业入选教育部第二批卓越工程师教育培养计划。

3月26日，在浙江省2011年“万人评组工”活动中，学校满意度列全省高校第六，本科高校第二。

3月27日，教育部成立新一届全国高校体育教学指导委员会，袁建国教授被聘任为该委员会委员。

3月，学校社科联被评为2011年度全省社科联系统先进集体。

4月1日，学校学生组团参加2012年度美国大学生数学建模竞赛，获3项二等奖。

4月11日，学校举行首届“华峰品德奖”颁奖典礼。

4月23日，温州大学“文成县研究生社会实践基地”授牌仪式举行。

4月，温州大学建筑规划与设计研究院计川被评为第十二届温州市十大杰出青年。

5月3日，学校举行新疆阿克苏地区高校毕业生培训班开学典礼。

5月4日，许青获第三届“外教社杯”全国高校外语教学大赛(英语专业组)浙江赛区第一名。

5月19日，学校八十周年校庆动员大会暨教育发展基金会成立仪式在育英图书馆举行。

5月24日，缪天瑞校友的女儿缪裴芙女士来校捐赠缪天瑞校友的手稿。

5月25日，学校13个项目获2012年度国家社科基金常规项目立项，课题总资助经费达205万元。

5月26日，绍兴市温州大学校友会成立。

6月11日，浙江省教育厅公布浙江省“十二五”重点学科评审结果，学校民俗学、应用经济学、马克思主义中国化研究、文艺学、应用数学、凝聚态物理、生态学、电气工程、防灾减灾工程及防护工程等9个学科成为浙江省“十二五”重点学科。

6月21日，学校召开学区管理与文明建设工作会议，推进学区制教育管理模式改革。

6月24日，著名数学家、教育家、原温州大学校长谷超豪院士病逝，享年87岁。

6月26日，学校师生在育英图书馆举行座谈会，深情缅怀老校长谷超豪先生。

7月4日，舟山市温州大学校友会成立。

7月21日，北京市温州大学校友会成立。

8月3日，温州金融综合改革暨温州大学经济学学科建设与发展学术研讨会召开。

8月7日，永嘉县温州大学校友会成立。

8月18日，北美温州大学校友会(WUAANA)在洛杉矶成立。

8月，学校45个项目获得2012年国家自然科学基金项目立项，其中重点项目1个，青年基金项目26个，面上项目18个，课题资助经费总金额达2303万元。

8月，浙江省作家协会“2009—2011年度优秀文学作品奖”揭晓，副校长叶世祥教授的《20世纪中国审美主义思想研究》获奖。

9月2日，中国生物数学学会第七届学术年会暨理事会召开，副校长赵敏教授当选为副理事长。

9月5日，步青学区揭牌仪式在大学生活动中心举行。

9月7日，中央电视台科教频道“我爱发明”栏目专题介绍学校学生科技创新作品“五人娱乐小车”。

9月9日，校领导走访溯初学区、步青学区和超豪学区，看望慰问2012级新生。

同日，教师教育学院获省教育系统“三育人”先进集体称号，方均斌、刘玉亭、张纯容、倪建发等四人获省教育系统“三育人”先进个人，孙芙蓉、王佑镁获省“五星级青年教师”称号。

9月10日，校党委被中共浙江省委授予“创先争优先进基层党组织”荣誉称号。

9月13日，网络工程专业2009级学生张建、王家乐、苏杰组成的温州大学一队以总分第一的成绩获得2012年度“思科网院杯”全国大学生网络技术大赛冠军。

9月15日，学校“浙江省碳材料技术研究重点实验室”“浙江省软弱土地基与海涂围垦工程技术重点实验室”“浙江省水环境与海洋生物资源保护重点实验室”获省重点实验室立项建设。

9月21日，2012年全国数学建模竞赛评阅会在学校召开。

9月22日，苍南县温州大学校友会成立。

9月24日，学校外籍专家亚历山大•毕乐岛(Alexander Bildau)、莉迪亚(Lidia Rosa Frances Gonzales)获温州市第十届“雁荡友谊奖”。

9月28日，学校寝室导师制启动仪式在溯初学区举行。

9月，中国物理学会首次颁发最有影响论文奖，郑亦庄教授与中国科大郭光灿院士等合作发表的论文获一等奖。

9月，学校大学生创新创业训练计划实施方案通过教育部专家组论证，学校成为首批入选“国家级大学生创新创业训练计划”的高校。

10月5日，学校发绣研究所所长孟永国应邀访问奥地利、德国和瑞士。

10月15日，王小盾教授作为首席专家申报的“域外汉文音乐文献整理与研究”课题中标2012年度国家社科基金重大项目(第三批)课题，获资助80万元。

10月17日，第三届世界温州人研究国际学术研讨会暨第五届“普拉托的中国人”专题学术研讨会开幕式在育英图书馆举行。

10月25日，学校学生代表队获思科亚太区2012年Net Riders网络技术大赛冠军。

10月26日，学校举行古尔邦节联欢晚会，全体新疆班学员以及20余位新疆维族和回族学生参加了晚会。

10月26日至27日，第五届全国高校计算机网络教学研讨会在学校召开。

10月26日至28日，中国生物数学学会第七届理事会会议在学校召开。

10月28日，浙江省首届大学生力学竞赛落幕，学生方佳、郁小昌、吴骥组成的团队获一等奖。

10月31日，第四届浙江省大学生职业生涯规划大赛落幕，学校获得最佳组织奖。

10月，由赵敏教授主持申报的“亚热带地区湖库水华爆发与演化的扩散动力学机理研究”项目，获2012年度国家973计划前期研究专项课题立项。

11月8日，首届全国民办高校党的建设和思想政治工作优秀成果评比结果揭晓，城市学院选送的《“三定六岗”党员培养模式》获优秀奖。

11月，学生张唯婕、刘婷婷获第七届浙江省大学生英语演讲竞赛暨2012年“外研社杯”全国英语演讲大赛浙江赛区一等奖。

11月10日，“金蝶杯”浙江省第九届财会信息化大赛决赛落幕，学校代表队获一等奖两项。

11月18日，许青获第三届“外教社杯”全国高校外语教学大赛(英语专业组)全国总决赛二等奖。

11月21日，温州市戏曲艺术研究基地揭牌仪式暨温州市戏曲艺术研究工程座谈会在学校举行。

11月24日，《教育部简报》(2012)第193期专题报道《温州大学积极探索以岗位创业为导向的创业教育新体系》，推广学校创业教育新模式。

11月，商学院代表队获第十五届浙江省高校管理案例分析大赛最佳团队配合奖和综合得分第一名。

11月，2012中国教育机器人大赛在深圳大学举行，教师教育学院学生的智能搬运队获教育机器人智能搬运比赛(大学C51组)一等奖。

11月28日，浙江省教育厅检查组对学校第二批省重中之重学科有机化学与皮革化工进行检查验收。

12月3日，施晓秋教授主编的教材《计算机网络技术》入选教育部第一批“十二五”普通高等教育本科国家级规划教材书目。

12月5日，钱莲芬、李长军、崔桂华、王继昌、杨小平、马塞洛和乔塞里托等七位教授入选2012年浙江省“千人计划”。

12月17日，浙江省教育厅主办浙江省首届大学生工程训练综合能力竞赛，机电工程学院选派的4支参赛队伍获得两个一等奖、两个二等奖。

12月19日，中国高校校报协会评出2012年度好新闻，潘玉驹获言论类一等奖，学生傅曼溶、高上兴获消息类一等奖。

12月22日，全国高校创业教育与专业教育深度融合研讨会在学校召开。

12月26日，由赵敏教授牵头主持申报的国家科技重大专项课题——“分散式污水就地处理和利用技术研究与示范”获准立项，课题总经费3000万元。

同日，学校机关青年联谊会成立。

12月28日，学校青年博士联谊会成立。

2012年绍兴文理学院大事记

1月7日，浙江海洋学院党委副书记黄建钢率该校党委宣传部一行到学校交流工作。校党委书记周达军、正校级巡视员宋培基出席交流活动，党委宣传部相关人员参加交流。

1月10日，省委组织部、省委教育工委和市委组织部在学校召开校领导班子成员会议，宣布邱卫东同志任绍兴文理学院党委委员、纪委书记（前任党委委员、纪委书记沈赤已履新，任浙江医药高等专科学校党委书记）。

2月14日，国家科学技术奖励大会在北京人民大会堂隆重举行，党和国家领导人胡锦涛、温家宝、李长春、李克强出席大会并为获奖代表颁奖。绍兴文理学院首获国家技术发明奖。

2月17日，校党委书记周达军、校长叶飞帆视察了元培学院新校区建设工程，校领导唐和祥、陈健尔、王建力、邱卫东，校党委委员裘愉萍、柳国庆，校长助理、元培学院院长叶国灿等陪同视察。

2月23日，学校新一届学术委员会第一次全体会议在铁城科教一楼会议室召开。

3月6日，浙江省委教育工委副书记蒋胜祥到学校调研校园安全稳定和毕业生就业工作。校党委书记周达军、副书记唐和祥陪同调研。

3月9日，学校五届一次教职工代表大会暨工会会员代表大会第一次全体会议在铁城科教馆隆重召开。

3月13日，党委书记周达军教授在党办校办负责人陪同下到图书馆、网络管理办公室调研指导工作。

3月15日，学校收到了浙江省司法厅准予司法鉴定所更名的行政许可决定书（详见浙司许鉴决字〔2012〕18号文件）及新的司法鉴定许可证，证件上的机构名称已变更为“绍兴文理学院司法鉴定中心”，鉴定业务范围为：法医精神病鉴定、法医临床鉴定、法医病理鉴定、法医物证鉴定；法医毒物鉴定乙醇检测。

3月17日，法学院与浙江震天律师事务所理论与实务战略合作签约仪式在铁城科教馆一楼会议室举行。

3月21日，学校与越兴专利事务所联合举办了专利申报培训会。

3月22日，由中国社会科学院出版社重点推出、绍兴文理学院越文化研究中心组织完成的越文化研究新的标志性成果《广义吴越文化通论》《越中书法史》，在校长助理兼人文学院院长寿永明教授主持下，在铁城科教馆一楼会议室隆重首发。

3月25日，鲁迅与池田大作研究所揭牌仪式在铁城科教馆一楼会议室举行。

3月26日，美国南方理工州立大学国际项目部部长Richard博士、副部长Linda Sun博士到工学院进行访问，具体洽谈自动化专业国际合作办学项目课程对接。

3月31日，外国语学院建院十周年庆典在铁城科教馆隆重举行。

4月10日，校长叶飞帆会见了以南塞沃地区议会主席马库•卡克瑞亚宁先生(Markku Kakriainen) 为团长的政府友好代表团。

4月11日，浙江省学位委员会正式发文（浙学位〔2012〕4号）批复元培学院具有学士学位授予权。

4月17日，学校教育学院与越城区教育局战略合作会议在铁城科教馆一楼会议室隆重举行，越城区教育局副局长寿建明、越城区各中小学校长和我校教育学院相关负责人、教师代表参加会议，会上签署了《绍兴文理学院教育学院与越城区教育局战略合作意向协议》。

4月25日至29日，两位俄罗斯专家姜尚荣与津尼斯•切法诺夫到学校音乐学院进行交流访问。

5月8日，兰亭书法艺术学院书法专业2012届毕业生作品展在学院展厅开幕，副市长冯建荣、市纪委副书记杨晔、绍兴日报社总编辑鲁兰洲、市教育局副局长钱伟平、校党委书记周达军、副校长华小洋，校学工部、教务处相关负责人，兰亭书法艺术学院领导班子和师生代表出席开幕式。周达军书记宣布作品展开幕。

5月13日，司法鉴定中心国家级资质认定启动仪式在医学院财贞楼学术报告厅举行。

5月16日，浙江省高校科研成果面向企业转化推介会在杭州电子科技大学召开，全省31所本科院校和10所高职院校的书记、校长参会，绍兴文理学院作为参展单位，校长叶飞帆、副校长王建力率化学化工学院、生命科学学院以及科研处相关人员参会。

5月21日，2012年度国家社科基金项目评审结果揭晓，学校两项课题榜上有名。

5月30日，由校党委宣传部联合国际教育中心主办，校大学生传媒中心承办，绍兴文理学院首部微电影《春天里》在铁城科教馆震撼上映。

6月7日，《浙江教育报》刊发了叶飞帆校长的文章《新建本科院校提高教学质量的若干思考》。

6月9日，医学院护理学学科与专业建设研讨会暨护理学专业认证启动仪式在铁城科教馆举行。

6月18日，校党委理论学习中心组召开扩大会议，专题学习浙江省第十三次党代会精神。

7月19日，代表绍兴市赴美国辛辛那提市参加第七届世界合唱比赛的学校合唱团勇夺两块金牌载誉归来。

8月25日，在开幕的2012中国•绍兴“名士之乡”人才峰会上，绍兴市的10家院士专家工作站正式成立并举行了签约授牌仪式，徐寿波院士与学校正式签约。

9月12日，省教育工委委员、省教育考试院院长葛为民一行到学校检查开学工作，校长叶飞帆、校党委副书记唐和祥，党校办、宣传部、学工部、保卫处等部门负责人陪同。

9月14日，法国北部城市蒙桑巴勒尔市政府文化中心展出了学校美术学院院长陈浩教授的油画作品。

10月8日，市委书记张金如在市教育局等有关部门负责人的陪同下视察元培学院新校区。

10月10日，根据教育部学位与研究生教育发展中心〔2012〕87号文件，学校美术学院院长陈浩教授被聘为教育部学科评估专家，将参与第三轮学科评估指标权重调查与学科声誉调查等工作。

10月15日，学校与浙江省中国现代研究会联合举办的“白马湖文学论坛”全国学术交流会在白马湖畔春晖中学顺利召开。

10月18日至19日，校长叶飞帆赴马来西亚拉曼大学参加“教育与研究国际研讨会”（International Symposium on Education and Research, ISER 2012）。

10月25日，浙江省首届“高校优秀教师”表彰会在省人民大会堂隆重举行。省委副书记、省长夏宝龙出席会议并讲话，省领导葛慧君、吴国华、郑继伟、徐辉等出席。学校数理信息学院盛宝怀教授和人文学院王晓初教授被授予浙江省“高校优秀教师”荣誉称号，并获五万元奖励。

10月30日，市人大常委会主任谭志桂一行视察镜湖科教园。校领导叶飞帆、唐和祥，校长助理、元培学院院长叶国灿等陪同视察。

11月23日，学校召开浙江省“十二五”重点学科建设工作会议。

同日，学校教育学院与越城区教育局战略合作——院、校（园）教科研对接活动启动仪式在铁城科教馆一楼会议室举行。

11月29日，首届全国纺织品与创意设计教学研讨会在我校纺织服装学院召开。

12月7日，为进一步加强学生工作，优化全员育人的体制机制，经学校党委会研究决定，校党委学生工作委员会正式成立。

同日，第21届金鸡百花电影节志愿服务工作表彰大会在绍兴举行。市委副书记王文序、团省委副书记朱斌、市人大常委会副主任阮坚勇、副市长丁晓燕等出席活动。绍兴文理学院被评为“优秀组织奖”，1位教师被市委市政府评为“先进工作者”，14位带队教师被组委会评为“先进工作者”，55位志愿者被评为“优秀志愿者”。

12月7日至8日，由校司法鉴定中心承办的2012年全省法医毒物鉴定继续教育培训班在绍兴市稽山宾馆举行。

12月14日，特立宙影视剧本创作基地成立暨“特立宙奖学金”签约仪式在学校月明音乐楼演播厅举行。

同日，“第八届中国人日本语作文大赛”颁奖典礼在北京的日本驻华大使馆新闻文化中心隆重举行。绍兴文理学院日语091班叶楠梅同学荣获二等奖。

12月21日，“绿色建筑•生态校园”学术会议主题论坛在学校元培学院举行。

12月26日，由学校与浙江医药股份有限公司共同组建的“浙江医药股份有限公司——绍兴文理学院联合实验中心”挂牌成立。

12月27日，浙江省首家统计研究中心——绍兴统计研究中心正式落户绍兴文理学院，成立仪式在铁城科教馆报告厅隆重举行。

12月29日，学校与台湾中国文化大学正式签订学术合作与交流协议书。

2012年丽水学院大事记

1月10日，中共丽水市委副书记沈仁康在市委组织部副部长、市人才办主任陈立新，副主任叶挺辉的陪同下到学校慰问高层次人才，校党委书记肖建中，校长周湘浙，党委委员、组织部长郭献进和人事处负责人出席座谈会。

2月12日，新学期中层干部大会在音乐厅召开。党委书记肖建中主持并讲话，校长周湘浙部署新学期工作，党政班子成员张建平、徐德钦、李江波、谢林森、吕立汉、叶丽萍、胡学云、郭献进、申世英、潘丽萍、余德华出席。

2月13日，浙江农林大学校长周国模到学校访问，校党委书记肖建中，校长周湘浙，党委委员潘丽萍，金爱武教授接待了周国模并与其座谈。

2月20日至24日，校党委书记肖建中和文学院王赳博士作为丽水市第三次党代会代表出席了丽水市第三次党代会。

3月5日，丽水市国民体质监测与健身指导中心在学校学生事务中心二楼揭牌。

3月9日，教育部高等教育司正式发文关于公布对江南大学等学校医学类本科专业审核结果的通知，丽水学院榜上有名，通知上指出，依据专家组的考察意见，经研究，江南大学等6所高校（包含丽水学院在内）的临床医学（口腔医学）等6个新增医学类本科专业审核结论为合格，可自2012年开始招生，专业代码100401，专业名称口腔医学，修业年限5年，学位授予门类为医学。

4月13日，浙江理工大学、宁波大学、浙江农林大学、杭州师范大学等四所高校对口帮扶我校建设和发展备忘录签字仪式在学院行政楼五楼会议室隆重举行。

4月15日至16日，校党委书记肖建中率队赴庆元调研生态休闲养生农业发展及欠发达地区特别扶持计划绩效评价等工作，庆元县常务副县长胡献如陪同调研。

4月17日至21日，中国人民政治协商会议第三届丽水市委员会第一次会议在丽水大剧院隆重召开。学校李江波、谢林森、郭献进、李振亮、郑志龙、张凯波、金晓峰、施强、王书芳、陈海燕、刘美娟等11名政协委员出席了会议，朱土兴、雷法全列席了本次会议。

4月25日，学校汇聚•陈军奖学金签约仪式暨第一期奖学金发放仪式在学术报告厅举行。

5月7日，浙江省社科联科普处处长郁兴超、温州市社科联主席蒋省三一行在丽水市社科联专职副主席李建荣的陪同下到学校评估社科普及工作。

5月11日，校党委委员、校长助理潘丽萍率党委统战部及少数民族教职工联谊会筹备组成员到浙江师范大学考察交流。

5月18日，学校与对接帮扶四校教务处长会议在行政楼五楼会议室召开。副校长吕立汉，党委委员、校长助理潘丽萍出席并讲话。

5月29日，校长周湘浙与校长助理潘丽萍率办公室、人事处、地方合作处、工学院、商学院、医学院负责人前往浙江大学考察学习，浙江大学党委副书记周谷平接待了周湘浙一行。

6月19日，省教育厅副厅长褚子育在教育厅高教处、基教处、纪工委、计财处相关负责人和丽水市教育局党委书记王志鹏、副局长吴燕的陪同下莅临学校视察。校长周湘浙、副校长李江波、校长助理申世英出席汇报会。

6月27日，省级现代服务业高级研修班暨丽水市首期现代社区服务人员高级研修班在学校成教学院开班。

8月21日至23日，学校与浙江理工大学暑期教务管理工作研讨交流会议在缙云召开。

8月23日，中共丽水市委书记、市人大常委会主任卢子跃在市委常委、宣传部长陈建波，市委常委、秘书长朱继坤，市政府副市长梁细弟，市政协副主席、市教育局局长戚永远的陪同下到学校调研指导工作。

9月4日，省教育厅副厅长于永明在省教育厅师范处处长庄华洁等的陪同下到学校调研指导开学工作。

9月5日，浙江省教育工会在中国计量学院隆重召开庆祝第28个教师节暨浙江省教育系统“三育人”先进集体和个人、双“十佳”青年教师表彰大会。学校艺术学院陈琳老师被授予“浙江省首届五星级青年教师”荣誉称号；人事处处长柳亚平、理学院吴红玉副教授被授予浙江省“三育人”先进个人荣誉称号；理学院荣获浙江省“三育人”先进集体。

9月12日至21日，校党委书记肖建中一行应邀出访非洲埃塞俄比亚阿瓦萨大学（Hawassa University）和坦桑尼亚阿鲁沙大学（Arusha University），就生态经济合作、教师互访、学生交流等事项进行考察交流。

9月24日，由中宣部组织的第十二届精神文明建设“五个一工程”奖在北京揭晓，中共中央政治局常委、中央文明委主任李长春出席并讲话。全国共176部作品获奖，浙江7部作品上榜，其中39集电视连续剧《东方》系丽水学院农84班校友、杭州佳平影业有限公司董事长、杭州丽水学院校友联谊会副会长吴家平投资拍摄。

9月26日，巴塞罗那自治大学亚洲与东方系教授、巴塞罗那孔子学院基金会主席Joaquin Beltran教授到丽水学院访问，与学校文学院商谈以学分互认形式开展对外汉语专业办学合作。

10月7日，学校首个卓越教师实验班开班仪式在5208教室举行，副校长、教师教育学院院长吕立汉出席仪式并讲话。

10月12日，学校在德涵书院会议室召开书院建设工作交流会，校长周湘浙出席并作重要讲话。

10月20日，学校“十二五”省高校重点学科——生态学学科建设工作会议在生态学院会议室召开。学科负责人、党委书记肖建中主持会议并讲话。

10月25日，浙江省人民政府在省人民大会堂隆重召开浙江省首届“高校优秀教师”表彰大会，省长夏宝龙出席会议并讲话。学校文学院王赳老师被授予省“高校优秀教师”荣誉称号。11月10日，2012中国•丽水畲族文化国际学术研讨会筹备会在图书馆三楼会议室召开。副校长吕立汉主持会议并讲话。

11月11日，丽水学院附属高级中学举行建校十周年庆典大会，校党委书记肖建中，党委副书记张建平，副校长吕立汉，党委委员、校长助理潘丽萍应邀出席庆典大会。

11月15日，浙江省语言文字工作委员会办公室主任、浙江省教育厅语言文字管理处处长王振斌到学校考察语言文字工作，校长周湘浙接待了王振斌一行。

11月24日至25日，“新农村•新文化”研讨会暨浙江省农业经济学会第五届会员代表大会在东阳市花园村召开，校党委书记、经济学博士肖建中当选为浙江省农业经济学会新一届副会长；资产经营公司董事长、教授罗高峰，商学院经济学系副主任、副教授朱显岳再次当选为常务理事；商学院副教授何景伟、博士陈光炬当选为理事。

11月30日，《浙江日报》在“人文世界•艺文志”栏目中介绍了学校龙泉青瓷研究院概况，选登并详解了“书韵青瓷”作品《瓯江源》和《书镌碧玉斗笠碗》。

12月3日，校党委书记肖建中赴教育学院召开十八大精神学习座谈会。

12月13日，浙江山蒲照明电器有限公司董事长江涛与学校光源与照明专业师生畅谈人才培养。

12月14日，校党委书记肖建中率中层干部、博士80余人赴丽水生态产业集聚区（经济开发区）考察，丽水生态产业集聚区（经济开发区）管委会主任陈景飞接待了肖建中一行。

12月18日，丽水市瓯江文化研究中心揭牌仪式在学校隆重举行。

12月19日，校党委书记肖建中赴商学院调研指导省“十二五”重点学科——区域经济学学科建设工作。

12月29日，学校校园完整项目（东门）破土动工，校党委书记肖建中、校长周湘浙、副校长李江波参加了开工仪式。

2012年宁波工程学院大事记

1月14日，学校可再生能源建筑应用能效测评研究中心成立，市住宅与建设委员会副主任方锡彪出席成立仪式。

2月14日，杭州湾跨海大桥“强潮海域跨海大桥建设关键技术”获得2011年度国家科学技术进步奖二等奖，学校“杭州湾跨海大桥混凝土结构耐久性成套技术研究与应用”研究成果是获奖项目的6项关键技术创新之一。

2月21日，中共宁波镇海区委书记薛维海，区委常委、宣传部长王耀军，副区长张颖、刘毅等来校调研。

3月2日，团省委副书记朱斌，团市委副书记、党组副书记（主持工作）鲍娴萍，副书记方晴等一行12人来校考察。

3月15日，丽水学院院长周湘浙、副院长吕立汉一行14人来校访问。

同日，公安海警学院政委吴建森少将一行5人来校访问。

3月24日，学校北仑校友分会成立。

3月25日，学校召开“加强教学监控，提高教学质量”动员大会，启动迎接教育部新建本科学校教学评估准备工作。

3月29日，学校与同济大学共建杭州湾新区汽车学院签约仪式在恒元大酒店举行，省委常委、市委书记王辉忠，市委常委、市委秘书长王剑波，市委常委、杭州湾新区管委会党工委书记周江勇，副市长成岳冲，同济大学党委书记周祖翼，同济大学副校长董琦、蒋思俊，党委书记郭华巍，院长高浩其等出席签约仪式。该学院为学校所辖中外合作二级学院，由宁波市投资3.3亿元建设。

4月9日至13日，学校承办宁波舟山片区高校干部第三期联合培训，来自宁波、舟山两市近100名二级学院分管学生工作的干部参加培训。

4月19日，市教育局副局长胡赤弟等来校调研。

4月25日，省委教育工委副书记、教育厅副厅长汪晓村在教育厅高科处副处长王迪钊、高教处副处长王国银的陪同下来校调研。

4月27日，学校承办宁波地方文化进校园巡展活动启动仪式。

5月11日，海曙区区长吴胜武等到学校西校区调研海曙留学生创业园。

5月11日至13日，学校承办以“创新结构，助力海洋，成就卓越”为主题的省第十一届“华恒杯”大学生结构设计竞赛，浙江大学等42所本专科院校的87支队伍、300多名师生参加，学校获最佳创意奖，获一二三等奖各1项。

5月12日，学校举行“两弹一星”精神报告会，“两弹一星”历史研究会顾问、原核工业部办公厅主任李鹰翔，“两弹一星”历史研究会宣传部主任、中国航天科技集团政治部原主任王春河为300多名师生作报告。

同日，建工学院团委获全国五四红旗团委（支部）称号。

5月18日至19日，学校六届二次教职工代表大会暨工会会员代表大会召开。

5月18日至20日，学校代表队参加省第八届“挑战杯”大学生创业计划竞赛，获二等奖1项，三等奖7项，学校获最佳进步奖。

同日，管理科学与工程、计算机技术应用、机械制造及其自动化、材料学、化学工艺、防灾减灾工程及防护工程等6个学科被列为“十二五”省高校重点学科。

6月21日，由学校牵头的宁波物流产业产学研技术创新战略联盟成立揭牌仪式在宁波万豪大酒店举行。

6月25日，“青春九十年，报国勇争光”——2012宁波市大中学生暑期社会实践暨宁波工程学院创新社会实践行动计划启动仪式在学校东校区体育馆举行。

6月28日，宁波市智慧城市规划标准发展研究院与学校联合成立“宁波智慧企业研究所”，揭牌仪式在学校东校区举行。

7月4日，市委副书记王勇一行来校调研。

7月16日，学校承办全国大学物理及大学物理实验课程建设骨干教师研讨会。

7月24日至28日，学校代表队在“远东理工杯”第十四届全国机器人锦标赛及“上海太敬杯”第三届国际仿人机器人奥林匹克大赛上获3个项目比赛冠军。

7月27日，学校承办全国高校建筑施工学科研究会第七届第二次年会。

8月17日，学校杭州湾新区汽车学院开工奠基仪式举行。

8月31日，省教厅厅长刘希平一行来校调研。

同日，学校“社会流动与和谐社会建设研究”获2012年国家软科学重大招标项目立项。

9月7日，市委常委、宣传部长余红艺一行来校进行教师节慰问。

同日，学校代表队参加第六届全国大学生化工设计大赛，获全国总决赛一等奖，华东赛区特等奖、一等奖，省一等奖。

9月17日，由学校与上海陆家嘴金融城人才发展中心投资共建的宁波人才金港开港仪式在市国家大学科技园举行。

9月19日，甬港教育合作论坛代表团一行10人在教育局副局长胡赤弟的陪同下来校指导考察。

9月20日，学校承办宁波市高校文明寝室建设工作现场会暨高校思想政治教育工作会议。

9月24日至10月3日，党委书记郭华巍一行出访德国、波兰，与德国埃斯林根应用科技大学就举办中德合作汽车学院事宜达成合作办学协议。

10月9日，副市长张明华一行来校调研。

10月12日，学校承办省委教育工委惩防体系建设重点工作调研座谈会。

10月22日至25日，教育部评估专家组对学校进行为期4天的本科教学工作水平评估。

10月23日，深圳宁波经济促进会（商会）会长王伟明向学校教育发展基金会捐赠200万元，用于学生科研计划、大学生科技竞赛、学生创新奖励等项目。

10月25日，香港华侨华人总商会常务副会长、宁波侨商会商务副会长、宁波市荣誉市民徐旭昶向学校教育发展基金会捐赠300万元，用于资助学生参加国际交流、海外实习等项目。

同日，电信学院教师范剑波获省首届高校优秀教师荣誉称号。

10月26日至28日，学校代表队参加省第一届大学生力学竞赛，获得一等奖1项，三等奖1项。

11月10日，在第十一次中国物流学术年会上，学校成为全国第五批中国物流学会产学研基地。

11月21日，学校代表队在省第十一届大学生多媒体作品设计竞赛中获一等奖1项，二等奖2项，三等奖2项。

11月24日，学校承办的宁波市经济学会2012年年会暨“海洋经济与转型升级：宁波实践与创新”学术研讨会在华侨豪生大酒店举行，副市长张明华出席会议。

12月13日，省委常委、市委书记王辉忠一行到学校作十八大精神宣讲，报告会后听取学校工作汇报，市委常委、市委秘书长王剑波，市委副秘书长、办公厅主任高浩孟，市教育局局长沈剑光等陪同调研。

12月14日，学校承办宁波市社会科学界第三届学术年会“经济•管理”学科专场学术活动。

12月15日至16日，学校代表队参加省大学生工程训练综合能力竞赛，获得一等奖1项，二等奖3项。

12月16日，学校市区校友分会召开成立大会。

12月21日，学校承办2012年市大中学生暑期社会实践表彰大会。

12月28日，学校举行师生迎新年联欢会。

2012年浙江金融职业学院大事记

1月5日，学院离退休干部春节团拜会在金苑宾馆隆重举行。

1月7日，浙江省科技发展咨询委员会第一次全体会议在杭州举行，中国科技战略发展研究院常务副院长王元，中国工程院院士、原省人大常委会副主任孙优贤，省科技厅厅长蒋泰维等领导出席会议并讲话。学院党委书记周建松作为全省高职院校的唯一代表当选省科技发展咨询委首届委员并出席会议。

1月9日至11日，浙江省大学生体育协会2011年度年会暨省高校第32届体育科学论文报告会在衢州学院举行。学院张煜、翁惠根老师的《浙江省体育特色学校和高校特色体育项目建设现状及其分析》论文荣获一等奖。

2月9日，学院党委书记周建松主持召开党委中心组（扩大）学习会。

2月15日，浙江金融职业学院2011年度“平安校园”建设总结表彰大会暨2012年社会治安综合治理和新一轮“平安校园”建设目标管理责任书鉴订仪式在明理报告厅举行。

2月16日，“ECFA（两岸经济合作架构协议）时代海峡两岸金融教育论坛”在福建省福州市隆重举行，全国人大财经委副主任委员、中国金融教育发展基金会理事长吴晓灵等主要领导出席开幕式并作重要讲话。学院党委书记周建松教授作为特邀嘉宾出席论坛。

2月23日，学院党委书记周建松、院长盛健、副院长吴胜率队走访了嘉兴市的有关金融机构，积极开展“校企合作基层行，推进就业金融行”活动。

3月2日，浙江省社科联六届三次理事（扩大）会议在杭州召开。省委宣传部常务副部长胡坚出席会议并作重要讲话，省社科联党组书记陈荣做工作报告。会议对2011年社联系统先进集体与先进个人进行了表彰，学院社科联荣获全省社联系统先进集体，师资科研处郑燕同志获年度先进个人。

3月5日，美国北伊利诺伊大学商学院（NIU）美中合作项目主任吴蓓女士到学校访问。

3月21日，英国伦敦城市大学东亚总监屈敏女士和项目经理李斌先生第四次到学院访问交流。副院长方华出席接待并进行了座谈。

3月24日，由商务部全国商务秘书考试中心、教育部文秘教指委浙江省高职院校文秘专业协作委员会、浙江金融职业学院联合主办，中国人民大学出版社协办的全国高等院校文秘专业建设研讨会在浙江金融职业学院举行。

3月28日，学院院长盛健、工会主席盖晓芬率学院办公室、培训中心、招生就业处的相关负责人赴台州银行股份有限公司调研。

4月11日，“浙江金融职业学院—英国伦敦城市大学合作项目工作站”成立仪式在学院汇丰大厦汇萃厅举行。院长盛健、副院长方华、英国伦敦城市大学国际办公室主任Mark Bickerton先生出席了成立仪式。

4月25日，学院党委书记周建松出席中国高等职业技术教育研究会2012年工作会议。

5月4日，学院召开中层干部会议暨推进七彩金院工作会议。学院党委书记周建松出席会议并作重要讲话，会议由学院院长盛健主持。

5月6日，学院党委书记周建松当选浙江省企业管理研究会副会长。

5月30日，浙江金融职业学院与浙江省金融教育基金会共同举办的温州金融改革主题报告会在学院明理报告厅举行。

6月15日，学院在金葵花艺术中心隆重举行2012届毕业典礼。

7月15日，浙江金融职业学院长兴校友会在长兴新紫金大酒店举行成立大会，这是浙江金融职业学院成立的第23个县域校友会。

7月16日，学院在长兴召开县域经济发展与应用型金融人才培养恳谈会。

8月31日，学院党委书记周建松、院长盛健率队考察了苏州经贸职业技术学院和苏州工业园区职业技术学院，学院党委副书记姜进、副院长吴胜、纪委书记陈利荣、副院长王琦、方华参加了考察。

9月6日，党委书记周建松受全国高职高专校长联席会议邀请，赴上海参加2012中国高等职业教育质量报告深度宣传工作会议。

9月17日，浙江金融职业学院2012级新生开学典礼暨军训动员大会在华夏运动场隆重举行。

9月25日，以“合作•创新•共赢”为主题的全国示范性高职院校校企合作高峰论坛在江苏常州隆重举行。教育部职成教司和中国职教学会领导出席论坛并作重要讲话。学院副院长王琦应邀出席本次高峰论坛。

10月11日，学院党委书记周建松率队，就高职党建、产学合作机制、院系两级管理等问题，考察了位于北京亦庄经济技术开发区的北京电子科技职业学院。

10月24日，学院院长盛健会见了到访的台湾中国科技大学校长谷家恒博士、两岸交流中心执行长谢尧宏博士一行。

10月26日，浙江省政府在人民大会堂召开浙江省首届“高校优秀教师奖”表彰大会。学院章安平教授获得浙江省首届“高校优秀教师奖”荣誉。

10月27日，浙江金融职业学院三门校友会成立。

10月28日，浙江金融职业学院上虞校友会成立。

11月3日，学院杰出校友、中国工商银行总行副行长易会满在金葵花艺术中心为学子做了一场精彩报告，报告会由学院党委书记周建松主持。

同日，学院隆重举行“行业、校友、集团”共生态办学推进暨2012年度校友大会。

同日，学院杰出校友、中国银行上海市分行行长潘岳汉先生回母校参加2012年度校友大会。

11月7日，学院学生事务大厅启用仪式在浙商学生发展中心前广场举行。

11月12日，以“协同•创新•发展•共赢”为主题的“2012长三角高等职业教育改革与发展高层论坛”在江苏南京隆重举行，浙江省高职教育研究会理事长、学院党委书记周建松，浙江省高职教育研究会秘书长、学院副院长方华出席了本次论坛。

11月12日至15日，由中国国际贸易促进委员会商业行业分会和中华国际经贸研究学会共同主办，台湾德明财经科技大学承办的“2012年海峡两岸高等院校财经科技教育合作发展论坛”在台北举行。院长盛健教授出席此次论坛，学院教务处、计划财务处等相关部门同志随行参会。

11月18日，浙江金融职业学院永康校友会成立。

11月27日至29日，学院党委书记周建松率队参加省高职教育研究会第九届高职高专院校教学院（校）长联谊会。

12月4日，学院党委书记周建松主持召开党委会议，认真传达学习习近平总书记在新一届中央领导集体参观《复兴之路》展览时作的重要讲话精神。

12月17日，中央经济工作会议后，浙江电视台《经视频道》栏目记者专程到学院，采访了党委书记周建松教授及学院行业兼职教授钱向劲。

12月27日至29日，由中国高等教育学会学生工作研究分会主办、中北大学承办的2012年全国高校学生工作年会在山西太原隆重召开。年会对2012年全国高校学生工作优秀学术成果进行了表彰，学院盖晓芬老师的著作《思与治——高等职业教育学生管理研究与实践》、张鹏超老师的论文《增强高职学生可持续发展内驱力的探讨》、王瑾老师的论文《当代大学生理想信念教育的现状与对策》喜获优秀学术成果二等奖。

12月28日，“中国梦，梦之蓝——2012沪上金融家”评审结果在上海黄浦江畔揭晓。浙江金融职业学院84届校友、中国银行上海市分行行长潘岳汉荣获2012“沪上十大金融家”殊荣。

12月28日至29日，学院学习贯彻十八大精神 谋划新五年工作研讨会（第一阶段）在汇丰大厦隆重举行。会议由党委书记周建松主持。

2012年浙江医药高等专科学校大事记

1月5日，省食品药品监督管理局副局长黑振海、校党委书记眭宝良等前往磐安县双峰乡慰问，送去扶贫慰问金，并看望慰问农村工作指导员。

1月6日，天津医学高等专科学校校长刘斌、主任罗跃娥到学校交流国家药物制剂技术专业教学资源库子项目建设工作。

2月13日，省食品药品监督管理局朱志泉局长在省局办公室、餐饮服务监管处、药品安全监管处等部门负责人陪同下，莅临学校调研指导工作。

2月15日，盐城卫生职业技术学院党委书记王光文、院长蔡红星、副院长常唐喜等一行到学校考察交流。

3月7日，校党委书记沈赤带队，校党委副书记杨俊杰，党委委员、校长助理韩忠培及组织部、办公室、宣传部人员一起走访浙江工商职业技术学院，调研党代会筹备工作。

3月8日，校长沈其君率校党委委员、校长助理韩忠培、教务处和产学合作处负责人到浙江华海药业股份有限公司调研。

3月9日至11日，国家级药物制剂技术专业教学资源库建设中期推动会在四川雅安举行，校长沈其君、副校长许莉勇和子项目负责人一行8人参加会议。

3月22日，校党委书记沈赤主持召开党委理论学习中心组学习会，传达学习全国“两会”和宁波市党代会精神。

4月18日，宁波大学校长聂秋华、副校长郑孟状、校长助理徐铁峰等一行到学校走访交流。

4月19日，校党委书记沈赤、校党委副书记杨俊杰、副校长许莉勇、副校长金辉、校长助理韩忠培及相关部门负责人一行，赴绍兴文理学院学习考察万人评组工、新疆班开办和招投标平台、重点实验室建设等工作。

4月20日，校党委书记沈赤、校党委副书记杨俊杰、副校长许莉勇、副校长金辉、校长助理韩忠培和相关部门负责人一行到杭州湾上虞工业园区考察。

4月24日，省教育厅副厅长褚子育一行到学校检查指导新疆培训班筹备工作。

4月25日至26日，校长沈其君、副校长许莉勇等一行走访中国药科大学。

5月4日，校长沈其君在党委委员、校长助理韩忠培的陪同下走访了中药标本馆。

5月17日，校长沈其君率副校长金辉、校长助理韩忠培和学校相关职能部门负责人到浙江工商职业技术学院学习交流。

同日，学校与宁波市天衡制药有限公司联合在学校图书馆报告厅举办学术报告会，邀请北京生命科学研究所雷晓光教授与中国军事医学科学研究院张秀国研究员分别作专题学术报告。

5月24日，校长沈其君率副校长许莉勇、校长助理韩忠培和学校各系部负责人到湖州职业技术学院学习交流。

6月20日，宁波市食品药品监督管理局执法服装启用仪式在学校体育馆隆重举行。

6月25日，宁波市教育局召开宁波市高等职业教育综合改革试点重点项目实施动员会，校长沈其君、副校长许莉勇以及协作研究项目负责人和教务处相关人员参加会议。

6月30日，学校与宁波市天衡制药有限公司联合在学校图书馆报告厅举办学术报告会，邀请国家知识产权局副部级专利审查研究员刘桂明先生作专题学术报告。

7月30日，《人民日报》理论版刊登学校党委书记沈赤署名文章《深化科技体制改革，提高科技创新效能》。

8月6日至8日，全省高校宣传部长会议在湖州安吉召开，学校选送的“远志医药职场训练营”校园文化品牌，通过材料申报、现场展示、专家和各高校宣传部长投票等环节，最终名列全省高职院校组第三，成功入选浙江省高校校园文化品牌。

9月14日，绍兴滨海新城管委会主任孙哲君、办公室副主任黄汉平、投资促进局副局长冯星等一行到学校参观调研。

9月20日，全国医药行业第二届特有职业技能竞赛在北京举行，学校选手围绕“医药商品购销员”和“中药调剂员”两个组别展开全力角逐，最终喜获团体三等奖、中药调剂员技能竞赛优秀单项二等奖和优秀组织奖。中药系蔡燕子、张薇荣获中药调剂员竞赛二等奖，药学系钱建波荣获医药商品购销员技能竞赛三等奖。

10月23日至24日，校长沈其君带领招生就业处（产学合作处）、总务处、成教部等相关部门负责人到台州临海医化园区考察。

10月24日至25日，校党委书记沈赤、党委副书记杨俊杰、副校长金辉等一行走访广东食品药品职业学院和深圳职业技术学院。

11月14日，鄞州区委常委、组织部部长郑坤法等一行8人到学校进行校地合作交流洽谈。

12月7日，学校与台湾大仁科技大学签订《友好合作备忘录》。

12月13日，学校新设科研机构工作座谈会召开。

12月17日，浙江医药高等专科学校校地校企合作推进大会暨签约仪式在学生活动中心隆重举行。

2012年浙江交通职业技术学院大事记

1月6日，《浙江省现代交通运输科技创新基地可行性研究报告》顺利通过省发改委的第三方评估。

1月7日，省交通科学研究所牵头编制的《浙江省公路信息化“十二五”发展规划》在杭州通过专家评审。

2月1日，学院党委副书记兼浙江省交通科学研究所党委书记胡克到交科所调研指导工作，并与科研所中层干部进行座谈。

2月7日，由浙江省交通科学研究所承接的“浙江省交通物流基地普查”与“2011年度全省重点物流基地评估”两项工作成果顺利通过浙江省道路运输管理局组织的专家验收。

2月14日，省交通运输厅科教处吕新龙处长到临安青山湖科技城交通科创基地工地现场调研基地建设工作并听取相关汇报。院党委副书记兼交科所党委书记胡克，副院长姚钟华，交科所所长金小平陪同调研。

2月15日，院党委副书记、院长王怡民到省交通科研所调研指导工作。

2月18日，浙江首个物流移动商务科研基地在杭州正式挂牌，交科所将和网达物流科技有限公司组成科研小组，开展在交通物流信息化等多领域的技术联合攻关，全力开拓网上物流电子商务交易新模式。

2月22日，浙江海事局副局长赵青云到学院考察调研，院长王怡民、副院长金仲秋陪同。

3月2日，学院交科所承担的“浙江省道桥检测与养护技术研究重点实验室”建设方案在杭州顺利通过专家论证。

3月31日，由浙江省教育厅主办，浙江交通职业技术学院承办的2012年浙江省高职高专院校职业技能大赛暨全国职业院校技能大赛（高职组）“汽车检测与维修”和“汽车营销”两项目选拔赛的技术研讨会在该院举行。

4月13日，在上海举行的国际桥梁维护与安全协会中国团组理事会成立大会暨第一届全国桥梁维护与安全学术会议上，浙江省交通科学研究所顺利列入国际桥梁维护与安全协会中国团组理事会单位。

4月27日，学院与通信行业领军企业中兴通讯（ZTE）联合举办的“ICT专业建设研讨会”隆重召开。

同日，学院党委书记郑惠明、院长王怡民带队赴舟山群岛新区开展校企合作工作。王怡民院长和舟山港股份有限公司党委副书记杨成军代表双方签署了订单培养协议书和教师企业实践基地协议书，并举行授牌仪式。

5月19日至23日，受丽水市公路管理局委托，省交通科研所组建的浙江首个桥梁水下结构检测技术团队对丽水绕城公路上的钢管混凝土系杆拱桥——塔下大桥进行了信息化、高精度“体检”。

5月25日，金仲秋调研员和罗战强副总经理分别代表学院和宁波中策动力机电集团有限公司在宁波签订了联合培养学生协议书。

同日，学院与浙江全麦电子商务有限公司校企合作签约仪式举行。

5月28日至6月4日，受新疆交通职业技术学院、新疆浙源农机产业科技发展有限公司邀请，浙江交通职业技术学院党委书记郑惠明、浙江省交通科学研究所所长金小平一行赴新疆地区就交通援缰项目推进落实情况进行考察调研。

6月14日，浙江省交通运输厅党组成员、厅人事处处长于万春在直属机关党委副书记、人事处副处长戴英、副调研员陈雅萍的陪同下，到学院调研指导事业单位机构编制工作。

7月20日，由中央财政专项资金扶持，省交通科研所负责建设的浙江首个《智能交通技术试验场》在学院内正式开建，预计2012年底正式交付使用。

9月11日，省人大常委会副主任王永明赴浙江交通职业技术学院视察工作。

9月14日，学院隆重举行了与浙江和诚汽车集团的校企合作签约仪式暨首届和诚班开班典礼。

10月18日，温州科技职业学院党委书记吕一军一行到浙江交通职业技术学院考察学习。

10月25日，浙江省首届“高校优秀教师”表彰大会在省人民大会堂国际会议厅隆重召开，省委副书记、省长夏宝龙出席会议并讲话，省领导葛慧君、吴国华、郑继伟、徐辉等出席会议。副省长郑继伟主持表彰大会，省教育厅厅长刘希平宣读了表彰决定，与会领导为获奖教师代表颁奖。学院戎成老师获得首届“高校优秀教师”称号。

同日，省交通运输厅信息中心规划发展处葛晓峰副处长一行到学院调研学校OA系统建设工作。

10月30日，学校举办“杭港地铁”专场招聘会。

11月15日，教育部下发教技函【2012】70号文件，《教育部关于公布第一批教育信息化试点单位名单的通知》。浙江交通职业技术学院被教育部列为第一批教育信息化试点单位。

11月26日，浙江省现代交通运输科技创新基地开工庆典仪式在青山湖科技城举行。浙江交通职业技术学院党委副书记、省交通科学研究所党委书记胡克，副院长姚钟华，浙江省交通科学研究所党委副书记、所长金小平，学院资产管理处副处长吴兴培等领导出席开工庆典仪并剪彩。

11月30日，浙江省交通科学研究所顺利通过ISO9001:2008质量管理体系复评审。

2012年浙江同济科技职业学院大事记

1月4日，学院召开2012年离退休老同志迎新春团拜会。

1月9日，水利部办公厅《关于公布全国水利职业教育示范院校建设单位的通知》（办人事〔2012〕6号），确定了第三批共5所“全国水利职业教育示范院校建设单位”，浙江同济科技职业学院名列其中。

1月22日，2012中国•昆山国际包装创意大赛组委会隆重推出了2012中国（昆山）国际包装创意大赛各类奖项的获奖名单，学院艺术系李琦老师在“论文类”（专业、学生组）单项奖一、二、三等奖获奖名单中榜上有名。

2月16日，全省大中型水库工程单位负责人综合管理培训班开班仪式在学院举行。

2月17日，浙江省专业技术人员继续教育工作座谈会在杭州举行，学院继续教育学院院长沈自力、成教部主任张文兵参加会议。

3月6日，学院与浙江科技学院就艺术类自学助学基地的签约仪式举行。

3月14日，浙江特殊教育职业学院（筹）院长许保生一行到学院进行交流考察，学院党委书记丁坚钢、副院长郭雪莽及办公室、教务处、科研设备处、基础部等部门负责人出席交流会。

4月11日，学院召开省级特色专业建设项目中期检查汇报会，学院副院长郭雪莽出席会议。

4月17日，学院团委与萧山区血液中心联合举办了以“无偿献血，奉献爱心”为主题的2012年春季无偿献血活动。

4月22日，第九届中国教育改革论坛在北京开幕。论坛期间还举办了中国教育改革成就奖宣传评选活动，其中，浙江同济科技职业学院被评为2012中国教育改革创新示范院校，院党委书记丁坚钢荣膺2012中国教育改革创新先锋人物。

4月25日，第八届浙江滨江（萧山）高教园区文化节筹备工作协调会在学院召开。

5月14日，学院举行了中国高等教育学会“十二五”教育科学研究规划课题——土木类高职院校教学质量保障体系的制度研究开题研讨会。

5月18日，学院副院长吴宏平在杭州大禹水利工程咨询有限公司董事长章晓平、总监于会泉等的陪同下，赴宁海项目监理部检查指导工作。

6月4日，学院举行全省水利施工企业三级项目经理聘用资格考试考前培训班开班仪式。

6月6日，学院“发电厂及电气自动化技术省级示范性实训基地”顺利通过验收。

6月12日，学院第四届“周恩来班”“邓颖超班”命名仪式在文体中心召开。

6月15日，学院成为首批“浙江省汽车及零部件产业人才培养战略联盟高技能人才培养基地”。

8月30日，省教育工委副书记、省教育厅副厅长蒋胜祥在省教育厅宣教处处长薛晓飞、滨江高教园区管委会主任朱鸿飞的陪同下，到学院进行视察。

10月18日，学院与浙江艮威水利建设有限公司校企合作签约暨实习基地揭牌仪式在艮威公司举行。

10月23日，省水利厅副厅长冯强在办公室主任吕峰、人事教育处处长葛平安、副处长毛永强、魏田坑的陪同下，到学院视察指导工作。

11月8日，由省水利厅河道管理总站和省水利学会联合举办的全省河道生态建设技术培训暨河湖水文化建设研讨会在杭州举行，省水利厅河道管理总站主任陈永明、省水利学会副秘书长徐庆南、学院党委委员、干校副校长金连根等领导出席了开班仪式，仪式由学院继续教育学院沈自力院长主持。

11月20日，由浙江省社科联主办、浙江同济科技职业学院承办、中国水利博物馆协办的“水文化与水利科学发展”分论坛学术报告会在学院举办。

11月27日，副院长郭雪莽、水利系及实训中心负责人参加了在广州从化隆重举行的全国水利职业教育集团第二届理事会议。

12月6日，学院举行与杭州科澜信息技术有限公司校企合作签约仪式。

12月18日，由教育部教育信息中心主办的第七届全国信息技术应用水平大赛在北京大学落下帷幕。浙江同济科技职业学院代表队在决赛中表现出色。个人赛取得二维CAD机械设计项目全国一等奖1个，全国二等奖1个，省二等奖2个，省三等奖1个；团体赛取得“和利时杯”电气控制应用设计项目全国二等奖1个，省二等奖3个。徐跃增、蒋帆、周柏青、张仁贡老师获最佳指导老师奖，单澜、叶炬锋、卢蔚瑶、姚佩琰获优秀指导教师奖，吕兴虎、徐跃增老师获先进个人奖，学院因组织有力、学子参赛成绩突出而被教育部教育管理信息中心授予组织奖。

12月28日，《浙江省农村供水管理办法》宣传贯彻会议在省人民大会堂举行。学院纪委书记、副院长沈燕参加会议。

2012年浙江经贸职业技术学院大事记

1月9日，院长李曙明率学院教务处、招生就业处、督导室及应用工程系等部门负责人赴浦江县大畈乡东坪茶叶专业合作社，出席校企合作签约仪式暨教学科研实践基地授牌仪式。

2月9日至10日，浙江省兴合集团公司第二十二次工作会议暨浙江供销合作论坛在良渚文化村召开，院党委书记童学敏、副书记周文根及宣传部、招生就业处、继续教育学院的负责人参加了会议。

2月22日，德国汉莎航空企业培训高级项目经理Holger Berg，浙江省对外服务公司国际教育培训中心刘俊总经理等一行三人到学院参观访问并会谈，院长李曙明和外事办、工商系等部门负责人热情接待了来宾。

3月8日，全国供销合作总社监事会原副主任张祥茂到学院视察指导工作，总社杭州茶研院院长张士康和福士达集团公司总经理黄国松陪同考察。

3月24日，第四届浙江会展教育与产业论坛在学院会议中心举行。

同日，第五届浙江会展经济论坛在学院会议中心举行。

3月29日，2012年度全国供销合作社行业国家职业标准与农民实用技能鉴定工作会议在北京召开。会议对2010—2011年度全国供销合作社农民实用技能鉴定和农产品经纪人星火科技培训工作突出贡献单位、优秀单位、先进单位进行了表彰。浙江经贸职业技术学院等12家单位荣获“2010—2011年度全国供销合作社农民实用技能鉴定和农产品经纪人星火科技培训工作突出贡献单位”荣誉称号。

4月8日，在成都举行的中国会展经济研究会第七届年会上，浙江经贸职业技术学院被授予中国会展经济年度大奖中的“2011年度中国会展教育优秀奖”。

4月13日，省供销社党委书记、理事会主任马柏伟，党委委员、理事会副主任王东方到学院视察调研、指导学院工作。

4月26日，陕西银行学校党委副书记贾平率领该校考察团一行十人到学院访问交流。

5月4日，院长李曙明带领党院办主任李国华、人事处处长何学军、教务处处长俞校明、教务处处长助理韩继红等一行到平湖市供销社开展管理创新课题调研。

同日，学院党委书记童学敏带领总督学、人事处等职能处室人员赴丽水职业技术学院进行调研。

5月19日，学院湖州校友会成立大会在湖州正式举行。

6月8日，2012年全国职业院校技能大赛（高职组）浙江赛区在学院会议中心举行开幕式。

6月13日，浙江会展能力建设与创意产业发展专家团成立，并在人民大会堂举行了聘任仪式。学院丁萍萍教授担任浙江会展创意产业专家团副团长。

6月27日，《中国高等教育》杂志社总编陈浩到学院视察。

7月9日，学院家庭经济困难大学生暑期社会实践启动仪式暨“浙江经贸职业技术学院大学生校外实践基地”授牌仪式在高速交警舟山支队举行。

8月31日，学院举行宁波校友会成立大会。

9月8日，香港城市大学周亦卿研究生院副院长许溢宏教授、商学院谢俊霖博士等一行12人到学院访问。

10月11日，杭州成人高校协会第四届理事会扩大会议在学院文一路会议室举行。会议选举产生了了新一届理事会，院长李曙明被推选为杭州成人高校协会理事长，董伟统同志担任理事会秘书长。王仁龙、朱椿龄两位同志担任协会顾问。

10月29日至11月7日，学院党委书记童学敏率党院办、审计监察室、总务处、高教研究所相关负责人前往澳大利亚、新加坡进行教育考察。

11月5日，美国明尼苏达大学克鲁斯丁校区（UMC）副校长Dr.Thomas Buldwin等一行到学院访问。

11月15日，浙江社会科学界首届学术年会分论坛——农民专业合作社建设与发展研讨会在学院召开。

11月23日，全国供销合作总社职业教育科研中心挂牌仪式在学院图书馆报告厅举行。

同日，第二届全国电子商务职业教育与行业对接大会开幕式在学院会议中心举行。

12月2日，由中国商业联合会、教育部高等学校高职高专旅游管理类专业教学指导委员会、中国会展经济研究会联合主办的2012年（第六届）全国商科院校技能大赛会展专业竞赛总决赛在北京举行。学院两个策划项目摘得高职组一等奖、二等奖；设计项目摘得高职组一等奖。

12月12日，浙江省就业创业和城乡居民社会养老保险工作表彰大会在杭州举行。省委副书记、省长夏宝龙，副省长陈加元出席并讲话。学院招生就业处张瑶祥老师被授予“浙江省就业先进工作者”称号。

12月16日，2012中国会展行业年会暨全国会展节庆高峰论坛在杭州隆重举行。会上，杭州被授予“2012年度中国十大影响力会展城市”称号，学院被授予“2012年度中国优秀会展教育奖”称号。丁萍萍老师被授予“2012年度全国十佳会展教育人物”称号。

2012年浙江经济职业技术学院大事记

1月3日，学院举办2012年全校教职工新春团拜会。

1月9日，学校纪委书记张伟萍喜获浙江省第一届人力资源和社会保障学会优秀科研成果奖。

1月10日，学校召开2011年部门工作考核汇报会暨中层干部测评会议。

2月5日，学校志愿者参加全国第三届大学生艺术展出征仪式。

2月23日，省人社厅到学院调研检查公开招聘工作。

同日，省物产集团党委副书记周冠女等到学校调研工作。

2月24日，学校召开“助学助困”表彰会。

2月27日，学校召开2011年度领导班子和领导干部考核及述职述德述廉大会，省委组织部应方彩副处长、教育工委干部处周增逵副处长、集团人力资源部黎曦部长参加大会。

2月28日，学校国家职业技能鉴定所荣获“省级质量评估金牌单位”称号。

3月2日，书记俞步松、纪委书记张伟萍出席全省高校党委书记暨教育系统党风廉政建设工作会议。

3月6日，浙江省标准化研究院——浙江经济职业技术学院产学研战略合作签约暨杭州市国家物流服务标准化试点物流信息技术实验与测评基地、浙江省重点实验室电子商务与物流信息技术研究实验室物流信息标准化与检测技术分实验室授牌仪式在该校举行。

3月12日，学校与浙江省标准化研究院签订合作协议，实现产学研战略新突破。

3月13日，学校党委书记俞步松被聘为全国物流职业教育教学指导委员会副主任委员。

3月19日，新疆阿克苏地区组织部王新革副部长一行莅临学校考察交流，举行援疆工作推进会。

3月20日，学院举办“学之境”主题活动启动仪式。

同日，美国俄克拉荷马大学（The University of Oklahoma)教师和学生一行12人到学校交流访问。

3月22日，书记俞步松当选中国高等教育学会大学素质教育研究分会第一届常务理事。

3月23日至29日，书记俞步松率团赴台考察职业教育，与南台科技大学签署合作协议，缔结姊妹学校。

3月27日至28日，副院长黄春麟一行赴义乌参加浙江省高职教育研究会主办的“对接国际贸易综合改革试点，提升专业服务产业发展能力论坛暨第八届高职高专院校教学院（校）长联谊会”。

3月28日，在以“2012开源中国”为主题的LUPA 2012年渠道大会上，学校院长陈丽能获得中国开源软件推进贡献奖，同时，中华人民共和国人力资源和社会保障部、中华人民共和国教育部国家开源软件（浙江）师资中心落户学校。

3月31日，院长陈丽能一行赴温州职业技术学院进行合作交流，并签订合作协议书。

4月11日，省物产集团党委书记、副董事长沈坚一行到学校调研。

4月16日，学校举办“我勤工，我自豪”演讲决赛比赛暨2011年国家奖学金表彰大会。

4月18日，以“传承经典艺术，繁荣校园文明，推进文化创新”为宗旨的“钱塘春韵——高雅美术进校园”活动在浙江经贸职业技术学院隆重开幕。

4月19日，学校举行与康桥集团股份有限公司订单培养签约仪式。

4月21日至22日，学校承办2012年全省中等职业学校学生技能（物流管理、会计）大赛。

5月4日，物产集团召开纪念建团90周年暨“五四”表彰大会，学校两个基层团组织和7名优秀个人获得表彰，数字信息技术学院和社区团工委被授予“先进基层团组织”，袁之健、吴峥、杨明峰、俞琰、周美华被授予“优秀团员”，张妮佳、张穹被授予“优秀团干部”。

5月5日至6日，学校承办省教育考试院首次汽车专业技能水平证书操作技能考试。

5月9日，省教育厅刘希平厅长一行到学校调研“双师”队伍建设、领导班子建设、大学生理想信念教育、党的基层组织建设年活动等情况，实地考察了学校文化素质教育展厅、物流实训基地、汽车实训基地以及校企视频互动中心和学生社区管理服务中心。

5月11日至13日，学校数字信息学院吴高峰、胡文瑜、吴宇航三位同学在2012年浙江省高职高专院校职业技能大赛暨全国职业技能大赛选拔赛“信息安全管理与评估”竞赛中获得一等奖，将代表浙江省参加全国职业院校技能竞赛。

5月12日，学校召开浙江物流信息技术产学研联盟成立暨第一届会员大会。

5月14日，副院长黄春麟作为中国正式代表应邀出席了在上海召开的第三届国际职业技术教育大会。

5月16日，书记俞步松、副院长应智国等参加浙江省高校科研成果面向企业转化推介会。

5月22日，学校召开浙江经济职业技术学院第八届教职工代表大会第一次会议，通过了学院“十二五”事业发展规划和学院岗位设置实施方案。

5月26日，学校应邀参加宁波市第二届“百校千企”人才培养合作交流大会。

6月6日，书记俞步松列席浙江省第十三次党代会。

6月7日，省教育厅副厅长何杏仁一行到学校调研校园信息化建设情况。

6月9日至10日，学院举办由中国物流与采购联合会物流产业发展与职业技能研究中心、浙江省工商管理教指委物流分委会主办的首届华东地区高职院校物流技能邀请赛。由学校物流技术学院学生组成的代表队获得方案实施单项奖一等奖和技能测评二等奖。

6月24日，学校举行董事会成立暨产学研结合推进大会。

6月28日，院长陈丽能一行出席省级示范性高职院校建设成果汇报会，并作学校示范建设成果汇报。

7月9日，根据中组部的有关规定和浙江省委组织部的安排，学校援疆干部单伟明圆满完成各项工作任务载誉归来。

8月12日至24日，书记俞步松随集团胡江潮董事长一行赴台湾考察。期间访问了学校姐妹学校南台科技大学。

8月17日，学校承办全国电子商务校企对接筹备会。

9月21日，省物产集团公司宋宏炯副总经理一行到学校调研。

9月26日至27日，副院长邵庆祥应邀在首届中国画廊行业优秀企业座谈会暨全国诚信画廊授牌仪式上作题为《从西方画廊发展看画廊产业的本质》的学术报告。

10月16日至18日，书记俞步松一行受邀参加全国物流行业职业教育工作会议。

10月17日至11月18日，院长陈丽能参加由教育部组织的中国校长代表团赴美培训学习。

10月25日，学校财会金融学院王茜教授喜获浙江省首届“高校优秀教师”荣誉称号。

11月2日，由江浙高职院校文秘专业协作委员会联合举办的国家二级秘书职业认证暨“双师素质”培训班开班仪式在学校举行。

11月3日，学校承办浙江物产集团第四届职工运动会。获得团体总分第三名、道德风尚奖和组织奖。

11月6日，学校举行国家骨干高等职业院校建设项目——以培养现代“和谐职业人”为目标的高职文化素质教育平台项目其中的“诚之语”主题活动的启动仪式。

11月8日，学校组织收看中国共产党第十八次全国代表大会开幕式实况。

11月8日至11日，学校管理技术学院何磊、王世波老师参加了由全国机械职业教育教学指导委员会、浙江省教育厅、机械工业教育发展中心主办的“2012年全国职业院校现代制造及自动化技术教师大赛——高职组楼宇自动化系统安装与调试项目比赛”，荣获三等奖。

11月13日，书记俞步松应邀参加由光明日报社教育部、中国高等职业教育研究会、浙江金融职业学院等单位主办的第三届高职教育文化建设与可持续发展论坛。会上表彰了“文化·传播·育人”主题征文一等奖获奖者，学校党委书记俞步松论文《以诗歌文化内化为路径的高职素质教育改革研究》。

11月15日，教育部下发《关于公布第一批教育信息化试点单位名单的通知》（教技函〔2012〕70号），学校正式被批准为国家教育信息化院校职教信息化试点单位，试点工作重点内容是信息化环境下校企合作创新人才培养模式探索。

11月17日，学校承办由浙江省教育考试院主办的2012年下半年浙江省汽车专业水平证书考试操作技能考试。

11月21日，书记俞步松参加全省领导干部会议。

11月27日，学校举行国家骨干高等职业院校建设项目——以培养现代“和谐职业人”为目标的高职文化素质教育平台项目的“新之路”主题活动启动仪式。

11月28日，学校领导班子参加省物产集团十八大精神学习贯彻会议。

12月7日，院长陈丽能参加省委教育工委召开的党的十八大精神宣讲报告会。

12月17日至21日，院长陈丽能参加省直单位党的十八大精神学习班。

2012年浙江工贸职业技术学院大事记

1月10日，省委组织部、省委教育工委、杭钢集团组织部联合在浙江工贸职业技术学院举行学院党政领导班子同步换届推荐大会。

1月15日，第二届温州•高雄产学研合作学术研讨会在学院举行。

2月9日至10日，学院隆重召开第三届四次教职工代表大会。

2月14日，浙江省经济与信息化委员会吴家曦副主任率产业处、合作处一行对浙江创意园及园区内省级特色工业设计示范基地建设情况进行调研。学院领导何向荣、盖庆武陪同。

2月19日，副省长、市委书记陈德荣，市委常委、秘书长葛益平，副市长仇杨均一行在学院党委书记、院长何向荣的陪同下参观了学院浙江创意园7号艺术中心举办的艺术家陈守义旅欧油画作品展。

2月22日，成教学院顺利通过浙江省考试院评估检查组检查。

3月1日，省经信委生产服务处副处长黄折明一行到学院调研省级特色工业设计示范基地建设情况。

3月5日，学院召开各校区功能定位专题会议。

3月13日，中科院固体物理所（龙湾）先进金属材料研发中心揭牌仪式在学院举行。

3月16日，温州市委、市政府召开全市三级干部大会，学习传达全国“两会”精神，总结表彰2011年全市重点工作，动员部署2012破难攻坚大行动。大会宣读了市委市政府关于表彰2011年度工作先进集体和先进个人的决定。浙江工贸职业技术学院喜获市直单位“十大项目”实施工作一等奖。

3月17日，浙江工贸职业技术学院第二次代表大会召开。

3月26日至27日，温州市副市长仇杨均、浙江工贸职业技术学院党委书记何向荣，温州市教育局高教处处长，及学院升格办相关人员一行就温州市人民政府与中国政法大学全面合作事宜，赴中国政法大学洽谈。

3月28日，学院举行干部大会宣布党政领导班子同步换届结果。

3月，学院体育教师，国际级地掷球裁判员王美收到国际地联颁发的国际大金属地掷球国际级裁判员证书，成为中国第一位获得国际级裁判证书的女子地掷球裁判员。

4月11日，学院与中国光学学会激光加工专委会举行共建“光机电一体化专业教学基地”的合作签约仪式。

4月26日，温州市文化产业园区命名仪式在学院浙江创意园举行。

5月17日，学院在知识产权服务园会议室召开浙江省新世纪高等教育教学改革项目结题验收评审会议，学院五项教改课题顺利通过验收，并获得验收组专家的一致好评。

5月24日，浙江工贸职业技术学院与台湾中华大学举行了合作师资队伍培训基地签约仪式，成为此次温州赴台考察的首个签约项目。学院党委书记何向荣和台湾中华大学校长沙永杰分别代表双方学校签约合作协议，温州市副市长仇杨均、市教育局局长谢树华等温州社会事业团成员、台湾中华大学董事长黄河鑫及台湾教育界名流出席签约仪式。

6月5日，浙江省商务厅服务贸易处周宏副处长、陈文辉和温州市商务局科技与服务贸易处殷文茹处长、严广等一行到学院检查温州市国际服务外包综合考试平台建设落实情况及国际服务外包培训工作。

6月21日，深圳出版发行集团总经理、深圳海天出版社社长尹昌龙率深圳市文化产业考察团一行，在温州市委宣传部有关领导和学院党委副书记、院长贺星岳的陪同下，一起参观考察了浙江创意园，并调研了入园企业。

6月28日，中国人民大学研究生院副院长宋远方教授一行到学院参观考察，考察结束后双方在浙江创意园思珀会议室就合作建立中国人民大学温州研究院等相关事宜举行了座谈。

8月11日，学院浙江创意园应邀参加开幕的2012中国杭州工业设计产业博览会。副省长毛光烈、省政府副秘书长孟刚参观了本届博览会，省经信委副主任邓国强、杭州市副市长戚哮虎等出席开幕式。

8月27日，由温州市文化广电新闻出版局、温州市商务局、浙江工贸职业技术学院和温州国际葡萄酒交易集散中心联合共建的“温州国际葡萄酒文化学院”正式落户浙江工贸职业技术学院，四家单位在高峰论坛的开幕上签订了共建协议。

9月7日，学院与吉林大学、温州市龙湾区政府举行共建激光加工技术应用中心签约授牌仪式。

9月28日，温州市艺术品投资研究会成立大会暨海峡两岸艺术品投资高峰论坛在学院学术报告厅顺利召开。温州市艺术品投资研究会由学院与温州华商会联合发起成立。

10月22日，学院和中国国际贸易促进委员会温州市支会在学院多功能厅举行了战略合作签约仪式。

10月23日，温州市电子商务技术支撑与人才培养公共服务平台认定会在学院风投院会议室召开。

10月27日，“温州市第二届职业技能大赛暨青年创业大赛”在温州世纪广场开幕，学院党委书记何向荣教授应邀作为主席台嘉宾出席会议。

11月6日，浙江省国资委主任、党委书记陈正兴率相关处室负责人到学院视察指导工作。

11月12日，学院党委书记何向荣应邀在长三角高等职业教育改革与发展高层论坛上作主题发言。

11月26日，学院教师赵秀芝荣获浙江省高校第七届青年教师教学技能竞赛优秀奖。

12月7日，学院党委书记何向荣教授应邀在清华大学为参加第八期职业院校校长现代教育体系专题研究班的学员上课。

12月20日，在风险投资研究院会议室举行了首届校企合作示范企业经验交流会，学院院长贺星岳、副院长张俊平、17家示范企业代表、各二级院系负责人、各教研室主任、校企办全体、教务处、高职所及三大园区负责人参加了会议。

12月23日，学院党委书记何向荣教授结合“十八大精神”和“温州一家人”亲自主作以“学习落实十八大精神，提高创新创业素质”为主题的讲座。

12月26日，学院组队前往苍南就苍南县政府与我院共建苍南分院合作事宜进行考察与洽谈。

2012年浙江旅游职业学院大事记

1月4日，浙江省职业技能中心召开了2011年度全省职业技能鉴定工作总结会暨金牌职业技能鉴定所授牌仪式。会上，浙江省人力资源和社会保障厅公布了浙江省职业技能鉴定所（站）质量管理评估结果，浙江旅游职业学院国家职业技能鉴定所荣获“省级金牌鉴定所”，并推荐至国家人社部评比国家示范职业技能鉴定所（站）。

1月6日，省旅游局党组书记、局长赵金勇到学院调研，重点参观了模拟导游实训中心和二期校园的三号教学楼。学院领导王昆欣、金炳雄、董捷、陈宝珠、徐云松、谢征、王忠林参加调研。

同日，浙江旅游职业学院发展理事会成立。

1月11日，民盟浙江旅游职业学院支部委员会成立。

1月15日，学院在海南召开了国家骨干院校建设项目研讨会暨工作推进会。

3月1日，浙江旅游职业学院宋城学院2011级“宋城班”在杭州宋城旅游发展股份有限公司总部成立。

3月16日，浙江旅游职业学院第三届教职工代表大会第八次会议在缙云厅隆重开幕。

3月17日，由日本文部省课题组、东京大学主办，浙江旅游职业学院承办的中日民间外交国际学术研讨会在旅苑宾馆顺利召开。

3月22日，浙江省财贸工会主席沈一凡、副主席吴海瑜在省旅游局行业管理处调研员王泉州的陪同下到访浙江旅游职业学院，为该院授予“全省厂务公开民主管理工作先进单位”荣誉奖牌。学院领导金炳雄、陈宝珠出席了授牌仪式。

同日，副院长徐云松率产学合作处、科研处和武义温泉旅游研究团队一行7人专赴武义，推进落实牵手“1+6”旅游综合改革试点市县校地深度融合项目。

3月27日，浙江旅游职业学院首届中青旅班开班典礼在缙云厅隆重举行。

3月30日，学院与丽水市旅游局签订校地战略合作协议。

4月12日至13日，学院纪委书记谢征率仙居绿道旅游项目团队一行6人专赴仙居，对仙居旅游业发展情况进行考察调研，着手落实学院牵手仙居旅游综合改革试点县的校地服务项目。

4月24日，国家旅游局在安徽黄山召开的全国旅游公共服务工作座谈会上，举行了《旅游突发事件应急手册》暨《旅游安全管理培训系列丛书》的首发仪式。其中，《旅游突发事件应急手册》由学院专业教师任鸣教授主编。

5月8日，在东阳举行的“浙江省旅游标准化工作座谈会”上，浙江省旅游局副局长方敬华代表国家旅游局向浙江旅游职业学院授予了“全国旅游标准化示范单位”奖牌，院党委副书记、副院长金炳雄代表学院参加了授牌仪式。

5月17日，国家旅游局党组成员、规划财务司司长吴文学莅临学院考察调研。学院领导王昆欣、金炳雄陪同考察。

5月23日，国家旅游局与浙江省政府在浙江义乌就推进浙江旅游职业学院国家示范性骨干高职院校建设举行了专题会议。

6月7日，牵手“1+6”校地深度融合项目推进工作会议在学院党委会议室召开。

6月8日，2012届中澳合作办学项目毕业典礼在缙云厅隆重举行。

6月11日，学院第九届文化艺术节闭幕式暨2012年高雅文化艺术进校园之音乐舞蹈专场在精致馆隆重举行。

6月12日，学院荣获“全国第三届大艺展筹备工作先进集体”称号。

6月14日至15日，学院党委书记、院长王昆欣率旅行社管理系、艺术系负责人和相关专业教师赴上海春秋国旅和携程网考察交流，商谈推进双方深度合作事宜。

6月21日，学院与浙江米奥兰特商务会展股份有限公司举办了关于在会展专业成立“米奥兰特订单班”的合作签约仪式。

7月13日，由教育部、国家旅游局指导，全国旅游职业教育教学指导委员会、中国职业技术教育学会、中国旅游协会旅游教育分会、中国高等教育学会、教育部职教研究所主办，浙江旅游职业学院承办的“2012年旅游职业教育与产业发展对话活动”在杭州成功举行。

8月17日至19日，中国旅游院校五星联盟2012交流活动在山东济南举行。浙江旅游职业学院作为中国旅游院校五星联盟成员之一，由党委副书记陈宝珠率队参加。

9月3日，浙江省教育厅、财政厅公布了省示范性高等职业院校名单（浙教高教［2012］119号），浙江旅游职业学院名列其中。

10月11日，由山东旅游职业学院承办的中国旅游院校五星联盟校长会议在济南召开，会议主题为“加强师资队伍建设，推进五星联盟院校深度合作”。学院党委副书记、副院长金炳雄出席会议并作交流发言。

10月23日，山东省枣庄市政府副秘书长陈广良、枣庄市旅游服务委员会主任刘中波一行8人到学院考察交流。

10月25日，浙江省首届高校优秀教师表彰大会在省人民大会堂隆重举行，省委副书记、省长夏宝龙出席会议并讲话，省领导葛慧君、吴国华、郑继伟、徐辉等出席会议。共有来自全省各高校的100名一线教师获得“高校优秀教师”荣誉称号，学院旅游规划系休闲专业教师康保苓教授名列其中。

11月1日，学院第四届体育节在田径场隆重开幕。学院领导陈宝珠、徐云松、王忠林出席开幕式。开幕式由副院长王忠林主持。

同日，以“校企人才共育探讨和交流”为主题的旅行社管理系开放式校企联盟年度会议在旅苑酒店二楼多功能厅隆重举行。

11月6日，浙江省首所“世宗学堂”——杭州世宗学堂在浙江旅游职业学院揭牌成立，同时这也是我国境内成立的第18所世宗学堂。

11月9日，学院召开了中国共产党浙江旅游职业学院第一次代表大会动员会。

11月15日，学院与中国电信萧山分公司签署“智慧旅院”无线项目合作协议。院党委副书记陈宝珠、中国电信萧山分公司副总经理来益红出席签约仪式，并代表双方签订合作协议。

11月26日至27日，台湾育达商业科技大学董事长王育文、校长陈建胜、综合开发处开发长李义祥和国际与两岸合作交流中心主任陈娟玫一行四人访问学院，就进一步加强合作进行沟通。

12月8日至9日，由商业饮食服务业发展中心（国务院国资委下属事业单位）、全国旅游服务业校企合作工作委员会主办的“第二届全国旅游院校与酒店行业校企合作对话活动暨酒店人才供需对接洽谈会”在无锡举行。学院党委书记、院长王昆欣携教务处、旅游规划系负责人应邀参加。

12月12日，意大利歌诗达邮轮公司人力资源部培训项目经理Antonella Varbaro女士，亚太区办公运营经理杨蓓蕾女士、招聘经理沈凌燕女士，以及上海区间建筑设计公司等企业的相关负责人到访学院，商洽推进歌诗达邮轮中国培训中心建设和共建学院国际邮轮乘务专业等方面内容。

12月19日，福建省旅游局副局长陈扬标带领局属管理部门及旅游培训部门主要负责人一行6人到学院考察调研。

12月24日，浙江省旅游发展研究中心产业研究所工作会议在我院召开。学院领导金炳雄、徐云松出席会议，合作发展处、科研处以及十一个产业研究所负责人参加会议。

12月25日，浙江旅游职业学院与西湖国际高尔夫乡村俱乐部合作成立的“西湖高尔夫学院”成立签约仪式在杭州举行。

杭州卷

2012年杭州市大事记

1月6日，市领导黄坤明、邵占维、许勤华等陪同省委书记赵洪祝走访慰问困难群众、困难企业和信访干部。

1月10日，市领导黄坤明、邵占维、王金财、于跃敏、许勤华等参加2012年老红军和市级离退休领导干部新春团拜会。

1月13日，副市长陈小平出席中国高新投资集团与杭州正方软件股份有限公司合作签约仪式。

1月17日，市领导黄坤明、叶明、许勤华、翁卫军、陈小平等出席2012杭州首届动漫春节晚会。

1月19日，市委常委、副市长沈坚走访慰问所联系的科技高层次人才。

1月30日，市领导黄坤明、邵占维、孙忠焕、叶明、于跃敏、许勤华、于辉达、陈振濂、陈小平、董建平等参加市各民主党派、工商联负责人、无党派人士新春座谈会。

2月1日，市委常委、常务副市长杨戌标会见中国建设银行纪委书记、副行长朱洪波一行。

2月9日，市领导黄坤明、邵占维、王金财、许勤华、洪航勇、朱金坤、何关新、张建庭、朱祖德等参加全市城乡区域统筹发展暨农村工作会议。

2月10日，市领导黄坤明、佟桂莉会见美国思科公司大中华区董事长兼首席执行官陈仕炜一行。

2月23日，市长邵占维、常务副市长杨戌标调研杭州铁路东站枢纽工程和城东新城建设工作。

2月27日，市领导邵占维、翁卫军调研市民大学建设工作。

2月29日，副市长佟桂莉赴北京参加2012年全国对台工作会议。

3月7日，市领导黄坤明、王金财、杨戌标、陈必凯等会见并宴请南京军区政委陈国令一行。

3月13日，市长邵占维、副市长沈坚出席在北京举行的杭州市政府与中国普天集团全面战略合作签约仪式、中国软件名城创建工作合作备忘录签约仪式。

3月19日，副市长张建庭到杭州高新开发区（滨江）开展“进村入企、服务基层”大走访活动。

3月22日，市领导黄坤明、邵占维、俞志宏等陪同省委书记赵洪祝调研杭州大江东产业集聚区建设工作。

3月28日，市领导黄坤明、邵占维、杨戌标、许勤华、朱祖德等参加全市地铁建设动员大会。

4月2日，副市长佟桂莉出席台湾顶新国际集团“全家Family Mart”杭州区开业仪式。

4月5日至8日，市委常委、常务副市长杨戌标赴日本参加浙江省与日本静冈县缔结友好省县30周年庆典活动；出席杭州市与日本浜松市缔结友好城市签字仪式。

4月11日，市领导邵占维、孙忠焕、王金财等陪同安徽省省委书记张宝顺、省长李斌率领的党政代表团在杭考察。

4月16日，副市长陈小平出席浙江省暨杭州市纪念爱国卫生运动60周年活动启动仪式。

4月17日，市领导黄坤明、叶明、郑荣胜、张建庭等出席2012中国杭州·西溪花朝节开幕式。

4月20日，市委常委、常务副市长杨戌标参加省政府第九十一次常务会议。

4月25日，市领导黄坤明、杨戌标、俞志宏、徐立毅等参加全省金融工作会议暨推进温州市金融综合改革试验区工作动员大会。

4月30日，市领导陈小平、汪小玫出席第八届中国国际动漫节“中南日”主题活动启动仪式。

5月4日，市领导黄坤明、邵占维、许勤华、何关新等参加杭州——嘉兴两市工作交流座谈会。

5月7日至11日，副市长张建庭带队赴北京、郑州、长沙、武汉等城市开展2012杭州市旅游国内巡回促销活动。

5月12日，副市长徐文光出席首届中国转型发展论坛。

5月22日，市领导黄坤明、邵占维、翁卫军等陪同省委书记赵洪祝调研杭州市文化产业发展工作。

5月25日，市领导王金财、佟桂莉、张必来等参加杭州市支持浙（杭）商创业创新座谈会暨合作项目签约仪式。

5月28日，市领导黄坤明、许勤华、翁卫军、张建庭、徐文光、汪小玫等出席何水法美术馆开馆仪式暨“百花迎春——2012抱华楼国际花卉画邀请展”开幕式。

6月1日，市领导邵占维、杨戌标、翁卫军、张建庭等陪同省长夏宝龙调研浙江文化城规划建设有关工作。

6月9日，市领导叶明、许勤华、项勤、戚哮虎、汪小玫等参加2012杭州生活现象总点评交流发布会。

6月11日，副市长佟桂莉参加西安市杭州商会成立大会。

6月14日，市领导黄坤明、邵占维、杨戌标等会见中国建设银行董事长王洪章一行。

6月19日，市领导黄坤明、王金财、佟桂莉等出席浙商创业创新杭州新天地——东方茂项目奠基仪式。

6月21日，市领导黄坤明、佟桂莉会见美国惠普公司高级副总裁兼惠普网络总经理贝丝尼·梅尔一行。

6月27日，副市长戚哮虎到余杭区调研农业物流和产业发展工作。

6月29日，副市长佟桂莉出席上城区支持浙商创业创新工作大会暨合作项目签约仪式。

7月2日，市领导黄坤明、叶明、张建庭等出席庆祝西湖成功申遗一周年暨世界遗产标志揭幕仪式。

7月5日，市长邵占维、副市长俞东来出席上海铁路局与杭州地铁集团战略合作签约仪式。

7月9日，市长邵占维，副市长杨戌标、张建庭等检查地铁1号线开通试运营筹备工作。

7月18日，市领导黄坤明、叶明、王金财、许勤华、洪航勇、徐文光等出席中国杭州低碳科技馆开馆仪式。

7月25日，市领导黄坤明、翁卫军、徐文光等出席中国美术学院国家大学科技园示范平台开工典礼。

7月26日，副市长佟桂莉出席杭州经济开发区现代服务业三年行动计划首批9大重点项目开工典礼。

8月1日，市领导黄坤明、王金财、徐立毅、徐文光等陪同省委书记赵洪祝到余杭区检查指导全国科技创新大会精神贯彻落实工作，并调研高科技人才创业企业发展情况。

8月8日，市领导黄坤明、邵占维、许勤华、洪航勇、俞东来等分赴各地检查指导防汛防台工作。

8月13日，副市长张建庭参加全市创建文明示范农贸市场工作推进会暨星级文明规范市场授牌大会。

8月20日，市长邵占维、副市长佟桂莉先后出席西子航空飞机零部件项目奠基仪式、长龙货航杭州萧山国际机场开航仪式。

8月29日，市领导黄坤明、邵占维、罗悦明、佟桂莉等出席长安福特马自达浙江（杭州）项目开工典礼。

8月30日，副市长佟桂莉到杭州经济开发区参加领导干部下访接待活动。

9月3日，市长邵占维，副市长杨戌标、陈小平、俞东来、戚哮虎等参加市委常委会第16次会议。

9月6日，副市长佟桂莉会见保时捷控股有限公司首席执行官AlainFavey一行，并出席保时捷（中国）投资公司落户杭州高新区（滨江）签约仪式。

9月10日，市领导黄坤明、邵占维、许勤华、陈小平等陪同省委书记赵洪祝先后到杭州市杨绫子学校、杭州市大关小学和杭州市安吉路实验学校慰问教师。

9月14日，市领导王金财、戚哮虎、徐文光等参加全市“三江两岸”生态景观保护与建设工作推进会。

9月17日，副市长俞东来陪同国土资源部副部长胡存智到钱江新城考察。

9月19日，市领导黄坤明、佟桂莉会见美国运通企业发展集团全球总裁丹·舒尔曼一行。

9月26日，市长邵占维、副市长佟桂莉出席第四届中国国际服务外包交易博览会开幕式。

10月1日，市领导黄坤明、叶明、王金财、杨戌标、许勤华、陈必凯、张仲灿、洪航勇、陈振濂、徐祖萼、郑荣胜、徐苏宾、张建庭、戚哮虎、徐文光、何关新、董建平、赵光育、朱祖德、汪小玫、叶鉴铭等出席国庆升国旗仪式。

10月10日，副市长佟桂莉会见香港盈科电讯公司董事总经理霍耀昌一行。

10月11日，市领导邵占维、王金财、郑荣胜、佟桂莉、朱祖德等出席2012西博会杭州国际投资合作大会开幕式。

10月12日，市领导黄坤明、叶明、陈小平等出席2012中国杭州文化创意产业博览会开幕式。

10月18日，市领导黄坤明、杨戌标、俞志宏、佟桂莉等出席大江东产业集聚区管委会授牌仪式。

10月19日，市领导黄坤明、许勤华、俞东来等出席浙商回归项目——中大银泰城主体工程启动仪式。

10月22日，市委常委、常务副市长杨戌标出席杭州市与红杉资本中国基金战略合作签约仪式。

10月30日，市领导黄坤明、邵占维、王金财、许勤华等陪同省委书记赵洪祝考察临安青山湖科技城及杭新景高速公路延伸线工程建设情况。

11月1日，杭州市伦敦残奥会运动员庆功表彰大会在省人民大会堂召开。杭州市9名参赛运动员共获得3金、4银、3铜，并打破1项世界纪录和1项亚洲纪录，创造历史最好成绩。市领导黄坤明、邵占维、王金财、徐祖萼、张必来等参加会议。

11月6日，副市长张建庭出席浙江省首届运动休闲旅游节暨2012富春江运动节开幕式。

11月8日，市长邵占维，副市长杨戌标、佟桂莉、张建庭、陈小平等收听收看中国共产党第十八次全国代表大会开幕式，聆听胡锦涛同志代表十七届中央委员会向大会所作的报告。

11月9日，市领导王金财、佟桂莉参加杭州支持浙商创业创新工作现场会。

11月16日，副市长佟桂莉出席临江新城2012年“十大项目百亿工程”开工典礼。

11月23日，市领导王金财、俞志宏、戚哮虎等陪同省委副书记李强参观2012年浙江省农业博览会。

11月24日，杭州市举行杭州地铁1号线开通和全省治理城市交通拥堵工程启动仪式。省长夏宝龙宣布杭州地铁1号线开通、全省治理城市交通拥堵工程启动。副省长王建满就全省今后五年治理城市交通拥堵工程作出部署。省委常委、杭州市委书记黄坤明致辞，市长邵占维主持启动仪式。杭州地铁1号线是省和杭州市重点工程，也是杭州迄今规模最大、投资最多、技术条件最复杂的城市基础设施工程。该项目历经五年建设，全长47.97公里，共设车站31座。省领导乔传秀、蔡奇、赵一德、王永明，省咨询委副主任王国平，杭州市政协原主席孙忠焕，省级有关部门和各市政府有关负责人，市领导王金财、杨戌标、许勤华、洪航勇、张建庭、俞东来、董建平等出席仪式。

11月29日，副市长徐文光出席杭州火车东站邮政综合楼工程奠基典礼。

12月5日至6日，市领导黄坤明、邵占维、柯良栋、罗悦明、俞志宏、徐立毅等参加省委十三届二次全体（扩大）会议。

12月6日，市长邵占维、副市长袁野出席杭州市与信达资本战略合作签约仪式暨茂信投资管理（杭州）有限公司成立揭牌仪式。

12月11日，市委常委、常务副市长杨戌标出席省属三家企业集团（杭钢集团、巨化集团、浙能集团）与杭氧集团战略合作签约仪式。

12月18日，副市长佟桂莉出席富阳国家级经济技术开发区授牌仪式。

12月19日，市长邵占维、副市长佟桂莉出席首届“两岸文创产业合作论坛”开幕式。

12月21日，副市长俞东来出席宁德（杭州）投资说明会暨项目签约仪式。

12月25日，市领导黄坤明、邵占维、徐立毅等陪同代省长李强到未来科技城调研创新发展工作。

12月31日，市领导翁卫军、陈小平参加“美丽杭州·祈福2013”送福进万家活动。

2012年上城区大事记

1月12日，区委书记陈红英、区长缪承潮、区政协主席余勇、副区长麻承荣、区人大常委会副主任叶洪泉等区四套班子领导赴市交警支队慰问支队干警，并召开座谈会。市交警支队支队长乐华，副支队长陈泽重、阎浩等出席座谈会。

1月12日至13日，召开《政府工作报告》征求意见会，征求拟提交区十四届人大一次会议审议的《政府工作报告》的意见和建议。区长缪承潮出席并讲话，副区长顾文友主持会议，副区长刘志安、宦金元、管光尧出席会议，区府办负责人、人大代表、政协委员、老干部、部门及企业的代表等参加会议。

2月1日，区长缪承潮、副区长宦金元在区府办、发改局、财政局、民政局等部门负责人的陪同下，赴小营巷社区调研小营街道社区服务中心建设工作，并召开座谈会，讨论研究推进建设社区服务中心的各项工作。

2月2日，召开建设项目工作专题会议，区委书记陈红英、区长缪承潮出席并讲话，副区长顾文友、刘志安、管光尧出席会议，区重点办、建设局、城管办、财政局、国资办、考评办、望江、湖滨、吴山、玉皇山南指挥部主要负责人参加会议。

2月3日，召开“十二五”金融业发展规划专家座谈会，征求省市有关部门领导及专家对上城区“十二五”金融业发展规划的意见和建议。省委政策研究室副主任郭占恒，省金融办副主任徐素荣，市金融办主任奚素勤，浙江大学金融学院院长汪炜，浙江工商大学金融学院院长钱水土，中投公司副总经理汪六七，省委政策研究室信息处处长吴彬出席会议。区委书记陈红英出席并讲话，区长缪承潮致辞，区领导麻承荣等出席会议，区发改局、财政局、招商局、玉皇山南指挥部等部门分管负责人参加会议。

3月6日，召开全区领导干部大会，区委书记陈红英主持会议并讲话，区长缪承潮传达市第十一次党代会精神，区委副书记袁建祥部署政府机构改革和“两轮推荐、两轮票决”区管正处级领导职位建议人选有关工作。

3月7日，召开第三次妇女儿童工作会议，区长缪承潮与市妇联副主席姚萍出席并讲话，副区长、区妇女儿童工作委员会主任宣寅作工作报告，区领导顾敏达、袁巧玲出席会议。

3月8日，区政府召开全体（扩大）会议，认真贯彻市第十一次党代会、区第九次党代会和区“两会”精神，深入落实科学发展观，部署2012年的重点工作。区长缪承潮出席并作重要讲话。会议由常务副区长王越剑主持，副区长黄爱芳、陈洪涛、管光尧、来剑波、宣寅、马彦出席会议。

3月9日，由深圳市福田区区委副书记、区长杨洪率领的福田区政府考察团一行到上城区考察，并召开座谈会。区长缪承潮、常务副区长王越剑，副区长来剑波、宣寅以及区府办、发改经信局、统计局、科技局、城管局、住房和城建局、吴山指挥部等相关部门负责人陪同考察。

4月5日，区领导缪承潮、黄爱芳、管光尧一行，在小营巷社区召开现场办公会，讨论研究推进建设小营巷社区服务中心工作。区府办、发改局、监察局、民政局、建设局等部门负责人参加会议。

4月19日，由广州市委副书记方璇率领的广州市考察团一行，到上城区考察了南宋御街、清河坊历史街区。区委书记陈红英、区人大常委会主任丁晓芳、副区长黄爱芳、区委常委叶素，以及区住房和城建局、城管局、吴山指挥部等负责人一起陪同考察。

4月26日，召开庆“五一”暨东方品质体验区、幸福和谐示范区建设推进会。区委书记陈红英出席会议并讲话，区长缪承潮主持会议，区四套班子领导丁晓芳、余勇、麻承荣、郑平等出席会议。区委常委叶素宣读表彰决定。

5月4日，召开“奋战望江、克难攻坚”动员大会，区长缪承潮和区人大常委会副主任顾文友出席并讲话，区人大常委会副主任李静、区政协副主席陈小玲等出席会议，会议由副区长管光尧主持。

5月6日，区政府召开务虚会，区长缪承潮出席会议并讲话。常务副区长王越剑，副区长黄爱芳、管光尧、来剑波、宣寅、马彦等区政府领导分别对各自分管工作的进展情况、形势、问题作了分析，并提出下一阶段工作的对策和思路。

5月9日，全国妇联书记处书记范继英一行在省妇联副主席张丽萍、市政府副秘书长刘小明的陪同下到上城区，调研家庭道德建设工作，并召开座谈会。区长缪承潮汇报相关工作，区委常委叶素等参加座谈会。

同日，召开创建充分就业城区·创业型城区工作会议，回顾总结2011年上城区充分就业、创业工作，部署安排2012年“双创”工作任务。区长缪承潮出席会议并讲话，副区长陈洪涛主持会议，区人大常委会副主任王国民，区政协副主席、区委统战部部长袁巧玲出席会议。会上表彰了2011年先进集体和个人。

5月15日，召开“创模”迎复检工作动员会议，区长缪承潮出席会议并讲话，区人大常委会副主任李静、副区长宣寅出席会议。副区长管光尧主持会议。区府办、区委宣传部、区发改经信局、监察局、城管局、绿化办、上城环保分局等部门负责人参加会议。

5月16日，区长缪承潮参加“区领导信访接待日”活动，接待市长信访联络员、望江街道近江东园社区主任朱静霞。

5月17日，区长缪承潮主持召开区政府常务会议，常务副区长王越剑，副区长黄爱芳、来剑波、宣寅、马彦，区长助理沈伟锋等参加会议。区政协副主席刘志安，以及部分区人大代表和政协委员列席会议。

5月22日，由中日节能环保投资基金日方投资方株式会社国际协力银行核电、新能源部第4课课长（中国负责人）越智千文，株式会社瑞穗实业银行北京分行行长助理黄海云，日挥株式会社事业推进项目总部、商务开发部部长板桥徹等组成的代表团一行到上城区，与该区就中日节能环保投资基金项目落户的前期准备工作（移交出资承诺书）及落户后的服务措施进行交流洽谈。区长缪承潮以及区府办、区投资控股有限公司、商务局等部门相关负责人参加交流洽谈。

6月6日，举行区人力资源和社会保障局成立授牌仪式，区长缪承潮出席并讲话。

6月13日，区委书记陈红英、区委副书记袁建祥率区委办、区府办等部门主要负责人调研湖滨指挥部相关工作，并召开座谈会，听取湖滨指挥部近期工作汇报。

6月28日，召开区公务用车制度改革动员大会，部署公务用车制度改革工作，区长缪承潮出席会议并讲话。常务副区长王越剑主持会议。区纪委书记沈民宣读了上城区区级机关公务用车制度改革纪律规定。

同日，召开庆祝中国共产党成立91周年暨创先争优表彰大会。区委书记陈红英出席并讲话。区领导丁晓芳、余勇、袁建祥、王越剑、黄爱芳、麻承荣等，区人武部部长，区法、检两长，区长助理以及曾担任过副区级以上领导职务的离退休老同志出席大会。

7月2日，区长缪承潮在区府办、区财政局、国土分局等部门负责人的陪同下调研区公安分局的相关工作，并召开座谈会，听取工作汇报。

7月11日，区长缪承潮和区府办有关人员一同，在清波街道党工委负责人、吴山商圈党委负责人的陪同下，调研指导浙江鑫和实业集团有限公司党支部整改提升工作。

7月19日，区长缪承潮在副区长管光尧陪同下，携区府办、财政局、编委办和投控集团等单位负责人一行，赴区住房和城建局调研全区建设工作，并召开工作座谈会。

7月24日，区长缪承潮主持召开区政府常务会议，常务副区长王越剑，副区长黄爱芳、管光尧、来剑波、马彦，以及区长助理沈伟锋等参加会议。区人大常委会副主任王国民，区政协副主席刘志安，以及部分区人大代表和政协委员列席会议。

8月15日，区委书记陈红英、副区长来剑波在富阳市委书记姜军、市委副书记华德法、副市长王小丁等陪同下，与区委办、区发改经信局、教育局、商务局、统筹办、望江街道、清波街道等负责人一起，赴富阳市调研区市协作工作。

8月21日，区长缪承潮率区府办、财政局、商务局等部门的主要负责人，赴区风景旅游局调研。

9月6日，区长缪承潮率领区财政局、国资办、城管局、商务局及湖滨街道的主要负责人，到庆春路杭州市民卡有限公司总部进行走访。

9月10日，第28个教师节，省委书记、省人大常委会主任赵洪祝在省委常委、市委书记黄坤明，省委常委、秘书长赵一德，副省长郑继伟，杭州市市长邵占维，省委副秘书长、政研室主任舒国增，省政府副秘书长马林云，省教育厅厅长刘希平的陪同下到上城区慰问了杭州杨绫子学校的教师。区委书记陈红英、区长缪承潮、区委副书记袁建祥、区人大常委会主任丁晓芳、常务副区长王越剑、副区长马彦、区政协副主席陈小玲等陪同慰问。

9月13日，由浙江大学和上城区政府联合主办的“社区发展与中国实践”国际交流会在大华饭店召开。民政部基层政权和社会建设司副司长王金华，副省长陈加元，浙江大学党委副书记任少波，杭州市副市长戚哮虎出席并致辞。省民政厅厅长尚清、副厅长万亚伟，市民政局局长邵胜，区政协主席余勇，区委常委、副区长黄爱芳，区人大常委会副主任顾敏达，区政协副主席袁巧玲参加会议。区委书记陈红英在会上作主题发言，区长缪承潮主持会议。

9月16日，由市委宣传部、市文创办和上城区主办的“2012杭州国际设计周”在南宋御街小广场拉开帷幕。

9月18日，由省委委员、省委党校常务副校长李德忠率领的调研组到上城区进行调研。区委书记陈红英、区长缪承潮、区人大常委会主任丁晓芳、区委副书记袁建祥、常务副区长王越剑、区组织部长陈秋芳、副区长段法雷等陪同调研。

10月13日，由区政府主办，区老龄委、民政局、体育局、老年体协承办的区第六届老年人运动会在清河中学举行开幕仪式。原市九届政协副主席、市老年体协主席曾东元，杭州市老龄工办主任、市民政局副局长杨英英莅临指导。区委书记陈红英出席仪式并致辞。区委副书记袁建祥、区政协副主席袁巧玲等出席开幕式。开幕式由副区长黄爱芳主持。

10月17日，召开十大为民办实事项目推进情况汇报会。区长缪承潮出席会议并讲话。区委常委、副区长黄爱芳，区人大常委会副主任李静，副区长管光尧、宣寅、马彦、段法雷，区政协副主席陈小玲，区长助理沈伟锋等出席会议。

10月30日，召开安委会（消安委）第三季度例会，区长缪承潮出席并讲话，副区长来剑波主持会议。

11月2日，召开望北地区城市设计专题研究会，区委书记陈红英、区长缪承潮出席并讲话，区人大常委会主任丁晓芳、区政协主席余勇、区委常委叶素、副区长管光尧等出席。会议由区人大常委会副主任顾文友主持。

11月7日，召开2013年区级预算编制工作会议，区长缪承潮出席并讲话，常务副区长王越剑主持会议。

11月14日，区召开地铁站点出入口周边环境整治专题会议。区委书记陈红英、常务副区长王越剑、副区长宣寅出席会议并讲话。副区长管光尧传达了市领导调研地铁站点的精神。

11月21日，召开优化政务环境、推进行政审批制度改革动员大会。区长缪承潮出席并讲话。常务副区长王越剑对优化政务环境、推进上城区行政审批制度改革工作作了部署。区人大常委会副主任顾敏达，区政协副主席刘志安出席会议。区委常委、区纪委书记沈民主持会议。

12月17日，召开2013年全区重点项目计划专题研究会议，研究讨论2013年全区重点项目计划安排。区委书记陈红英、区长缪承潮出席并讲话。区领导丁晓芳、王越剑、管光尧、宣寅、叶榕出席会议。

12月19日，区政府召开全区政府系统学习贯彻落实党的十八大精神专题会议。区长缪承潮出席并讲话。副区长王越剑、黄爱芳、管光尧、来剑波、宣寅、马彦、段法雷及区长助理沈伟锋参加会议。

12月20日，召开“两非”车辆综合整治工作动员大会，区长缪承潮出席并讲话。区委常委、区公安分局局长刘一明作动员部署，副区长宣寅主持会议。区长缪承潮代表区委、区政府与责任单位签订了责任状。上城交警大队、市运管局直属大队、区残联、望江街道作了表态发言。

同日，区人大常委会召开2012年政情通报会。区委书记陈红英出席会议，区长缪承潮通报2012年区政府关于产业集聚区建设工作。区人大常委会副主任顾文友主持会议。区人大常委会副主任李静、王国民、韦云、顾敏达、朱荷芳出席会议。

12月24日，区长缪承潮主持召开区政府常务会议。常务副区长王越剑、副区长黄爱芳、管光尧、来剑波、马彦、段法雷，区长助理沈伟锋等参加会议。区人大常委会副主任王国民，区政协副主席刘志安及部分人大代表和政协委员列席会议。

2012年下城区大事记

1月3日，区政府召开第六十七次区长办公会议，会议听取了第三批事业单位实施绩效工资工作的情况汇报，研究了2012年信访形式和区领导大接访活动安排、《关于创建全民共享的充分就业城区和创业型城区的若干意见》、《2012年下城区财政预算草案》修订工作。

1月4日，副区长王翀召集区发改局、区经贸旅游局负责人，浙江省南方中辰律师事务所、宝仕隆公司、相关银行及金融机构负责人，就杭州宝仕隆房地产开发有限公司经营脱困工作进行了专题协调。

1月5日晚，举行2012年新春团拜会。项永丹、吴才敏、朱钟毅、赵洁生等区四套班子领导与区各界人士欢聚一堂，共贺新春佳节。区委书记项永丹在团拜会上致辞，代区长吴才敏主持团拜会。驻杭部队代表，企事业单位负责人代表，部分区人大代表和政协委员，各民主党派、工商联、宗教、侨台人士代表。区相关部门、各街道、各市级垂直机构主要负责人等参加了团拜会。

1月6日，召开九届区委常委会第二次会议，研究和讨论区人大、政协两会筹备工作情况，政府工作报告，2012年区财政预算安排，信访维稳工作情况。

同日，召开2012年第一次招商中心主任会议，通报去年全区招商引资、外经外贸、服务外包、楼宇工作情况，研究部署第一季度招商引资“开门红”工作。副区长王翀到会并讲话。

1月9日，省委副书记李强，省委常委、副省长葛慧君先后到天水街道综治中心和区法院走访慰问了有关工作人员和基层政法干警。区领导项永丹、郑洪彪陪同慰问。

同日，下发《关于印发<关于全面推广应用“掌上66810”信息系统的实施意见>的通知》，就全区全面推广该项工作作出部署。

同日，召开安全生产消防工作大会，回顾总结2011年度安全生产和消防工作，表彰先进，研究部署2012年各项任务，代区长吴才敏代表区政府与各街道及相关部门签订了安全生产目标管理责任书。区领导陈合达、张汝民出席会议，市安监局有关领导应邀到会讲话。会议由副区长王翀主持。

1月12日，根据市委干〔2012〕2号文件，程华民同志任中共下城区区委委员、常委（省下派挂职干部）。

1月16日，区委、区政府召开全区政法暨信访维稳工作会议。

1月18日，市领导黄坤明、邵占维、许勤华、沈坚一行到下城慰问行政执法人员。区领导项永丹、吴才敏、何伟、王仁陪同慰问。

1月20日，召开九届区委常委会第三次会议，研究和讨论干部工作，区人大、政协会议建立临时党组织等有关事项，区委常委分工，下城区巡视整改领导小组组成成员，《下城区关于落实省委巡视组反馈意见整改工作的实施意见》。

1月29日，区委常委、宣传部长周澍，副区长洪明召集区政府办、财政局、建设局、文广新局、都工办、丝绸城管委会相关负责人，就落实2012年元宵灯会经费有关问题进行了专题研究。

2月3日，召开2012年全区民政系统工作会议，全面总结2011年全区民政工作，表彰了民政信息工作先进集体和“十佳帮扶救助员”，深入分析当前面临的新形势、新任务，部署今年主要工作任务。区委常委、副区长王国珍到会讲话。

同日，召开“消费促进”务虚会。区领导吴才敏、洪建明、王国珍、王仁、莫永耀、王翀、张汝民、王勇超出席会议。

2月7日，区政府召开第六十八次区长办公会议，会议研究了区综合考评、满意单位评选等工作。

2月8日，区委常委、副区长程华民，区人大常委会副主任莫永耀、副区长陈治带领的有关部门，专题调研杭州中国丝绸城。区领导实地踏看了丝绸城特色街区、市体育中心改扩建项目,深入了解街区发展情况，并就下一步如何加快丝绸城发展提出了具体要求。

2月9日，下发《关于印发<下城区信访维稳工作“百日攻坚活动”实施意见>的通知》（区委办发〔2012〕10号），切实维护区社会和谐稳定，为党的十八大、省市党代会和各级两会胜利召开营造良好外部环境。

2月14日至17日，省教育厅厅长刘希平带队的省政府改善发展环境调研组到下城开展调研活动，全面了解该区经济社会发展环境存在的矛盾和问题，听取基层和企业对改善政务环境、政策环境、服务环境、商务环境、法制环境和舆论环境等方面的意见和建议。区领导项永丹、吴才敏、洪建明、王翀、洪明陪同调研，相关部门、街道、社区和部分企业代表应邀参加座谈会。

2月15日，区政府召开第四十二次常务会议，会议专题听取了区人大十四届一次会议、区政协四届一次会议期间人大代表建议、意见和政协委员提案收集情况汇报。

2月20日，区政府召开第一次区长办公会议，会议研究了区长、副区长工作分工调整事宜、2012年全区经济工作大会方案、2011年度区综合目标考核等相关事宜。

2月21日，副区长王翀召集区发改局（区金融办）、区经贸旅游局负责人及浙江南方中辰律师事务所、宝仕隆公司及相关银行负责人，就杭州宝仕隆房地产开发有限公司及关联企业经营脱困工作进行第二次专题协调。省银监局蔡晓明、市金融办朱志刚应邀参加会议。

2月22日，召开控违专题工作会议。区长吴才敏、副区长陈治、区政协副主席任雁鸣出席。区委常委、副区长何伟主持会议。

2月23日，召开打造体育场路文化产业集聚带课题第三次汇报会，听取了课题组关于打造体育场路文化产业集聚带课题进展情况工作的汇报，并就课题研究的深化问题展开讨论研究。区领导项永丹、吴才敏、杨国琴、王国珍、周澍、程华民、王仁、周钢出席会议。

2月23日至24日，在成都召开的全国艾滋病防治工作会议上，下城区获得2011年度优秀艾滋病防治示范区称号，并作为全国示范区唯一代表在会上发言。

2月27日，召开2012年下城区国税税收工作会议，回顾总结去年税收工作，总结经验，表彰先进，部署了2012年各项工作任务。区委常委、常务副区长王国珍，市国税局有关领导到会讲话。

2月29日，副区长沈凯波带领区政府办相关负责人走访调研区民政局工作，听取了区民政局领导的工作汇报，对下一阶段工作进行部署。

3月1日，区委召开领导班子民主生活会。

同日，召开“投资推进”专题会议，研究部署今年推进项目建设相关情况。区领导吴才敏、何伟、洪建明、任雁鸣出席会议。区委常委、常务副区长王国珍主持会议。

同日，区政府与区总工会召开2012年第一次联席会议，听取了区总工会2011年工作汇报，并讨论研究了区总工会提请区政府帮助解决的问题。区领导吴才敏、王国珍、程华民、王翀、沈凯波、王勇超出席会议。区政府办、财政局、民政局、劳动和社会保障局以及区总工会等部门主要负责人参加会议。

3月6日，中央政法委办公室王晓光主任一行，在省、市政法委相关领导陪同下，到下城调研指导加强和创新社会管理工作。区领导项永丹、杨国琴、王仁及相关街道、职能部门负责人陪同调研。

同日，受区委常委、副区长何伟的委托，区政府办公室副主任林剑云召集东新街道、规划下城分局、三塘经合社等单位负责人，就浙江三立时代广场规划竣工验收有关问题进行了专题研究。

3月7日，下发《中共下城区委下城区人民政府关于在全区开展“进楼（村）入企、服务基层”大走访活动的实施意见》（区委〔2012〕4号），就下城区进一步深化“服务先锋”创先争优活动，巩固发展深化作风建设活动成果，开展“进楼（村）入企、服务基层”大走访活动作出部署。

3月12日至14日，区委常委、常务副区长王国珍，副区长沈凯波带领区民政局、长庆街道负责人赴广西省百色市开展社区结对共建活动。王国珍一行还实地考察了右江区百城街道办事处、中山社区和华润希望小区等。

3月15日，区领导记项永丹、吴才敏、杨国琴、王国珍、程华民、王仁率领区有关部门和街道负责人赴临安开展“走村入户”和“街镇结对”活动。

3月20日，区政府召开第二次区长办公会议，会议听取了2011年下城区政府质量奖申报评审工作情况汇报，研究了《杭州市下城区全民健身计划（2011-2015）》、《2012年全区主要经济指标任务分解表》、2012年政府工作报告任务分解和2012年区政府为民办实事项目任务分解工作。

3月22日，区委、区人大、区政府、区政协联合召开2012年区党代表提案、人大代表建议和政协委员提案交办暨办理先进表彰大会。区领导吴才敏、王国珍、李志龙、张毅敏、薛志英参加了会议。

3月23日，召开劳动和社会保障工作会议，回顾总结去年全区劳动保障工作，部署今年主要工作任务。潮鸣街道、文晖街道胜利社区、杭汽轮股份有限公司等单位作了表态发言。区委常委、常务副区长王国珍讲话并代表区委、区政府与各街道签订今年劳动保障工作目标责任书，副区长沈凯波主持会议。

3月26日，杭州市“家庭拒绝邪教”活动启动仪式在下城区朝晖三区公园举行，省委610办副主任金国华、市反邪教协会理事长安志云、市委610办副主任余敏、区委副书记杨国琴等领导出席了启动仪式并做讲话。杭州市西湖、江干、拱墅、上城等10个区、县（市）610办主任和反邪教协会秘书长参加了仪式。

3月28日至30日，下城党政代表团赴上海黄浦区、苏州金阊区、昆山市等地考察学习。

4月1日，下发《关于下城区国内外出学习考察、疗休养的管理规定（试行）》（区委办发〔2012〕36号），切实加强该区外出学习考察管理，大力建设节约型机关。

4月12日，召开九届区委常委会第十二次会议，研究和讨论干部工作、政府机构改革相关部门主要负责人名单、下城区巡视整改方案。

4月16日，区政府召开第三次区长办公会议，会议研究了《搭建企业化融资平台方案》、《下城区行政事业单位银行账户管理暂行办法》、《关于进一步规范区属各单位银行账户和资金管理的通知》、《杭州市下城区公务用车制度改革实施意见》制定工作和下城区民办幼儿园非编制教师待遇补助相关工作。

同日，区政府召开第一次常务会议，会议传达了杭州市市长邵占维在市十二届人大一次会议下城代表团分组审议时的讲话精神，研究了《关于进一步加强集体土地回迁安置工作的若干意见》和《下城区三塘、灯塔、西文“城中村”改造试点（一村一方案）农居回迁安置实施办法》制定工作。

4月20日，召开今年首次城建工作例会，部署下阶段城建工作。区领导何伟、张鑫良、任雁鸣出席会议并讲话。

4月24日，召开2011年度科技进步与可持续发展实验区建设目标考评会议，总结工作，评选优秀部门与街道。区领导杨国琴、程华民、陈圣杭出席会议。

4月26日，区政府召开第四次区长办公会议，会议研究了《杭州市下城区北部地区概念规划》编制工作、2012年区科技三项经费安排情况、《关于深化“春风常驻”提升困难群体生活品质的若干规定》修订工作和关于推荐2012年享受市政府特殊津贴人员名单。

5月4日，下发《中国共产党杭州市下城区委员会工作规则》（区委〔2012〕6号）。

5月11日，省委常委、宣传部长茅临生率相关处室领导到下城区调研文化建设工作。市委常委、宣传部长翁卫军，副部长余新平和区领导项永丹、周澍、程华民、王仁陪同调研。

5月25日，苏州市沧浪区委书记陆春云、区长杜小刚一行到下城区考察交流。

同日，乌鲁木齐市水磨沟区代表团到下城区考察。

5月28日，区政府召开第五次区长办公会议，会议研究了《下城区关于建立全科医生制度的实施意见》、《下城区政府性融资操作规程》、《下城区人民政府工作规则》修订工作和各条线双过半工作安排进展情况。

5月29日，下发《中共下城区委关于推进文化强区建设的决定》（区委〔2012〕7号），就深入推进文化强区建设工作作出部署。

同日，区举办的2012“购物天堂 特色风采”丝绸城夜市活动启动仪式暨丝绸城微电影首映式在丝绸城凤起路口举行。区委副书记杨国琴宣布丝绸城夜市活动正式开始，区委常委、副区长程华民致辞，区领导周澍、洪建明、陈圣杭等出席。

5月30日，区康乃馨儿童康复中心举行开园仪式，副省长郑继伟、区委书记项永丹为儿童康复中心揭牌，省政府副秘书长马林云、省教育厅副厅长韩平、省残联副理事长吴一农、致公党杭州市委会主委王坚，以及区领导王仁、沈凯波、周钢等出席仪式。

6月4日，省、市、区领导赵洪祝、黄坤明、茅临生、邵占维、张建庭、项永丹、吴才敏、周澍、王仁、沈凯波等看望慰问了家住朝晖五区应家桥社区的“平民英雄”吴斌家属，向英雄敬献花圈。社会各界也纷纷通过各种形式向英雄表示哀悼和敬意。

6月7日，中央文明办专职副主任王世

明代表中共中央政治局常委李长春，中共中央政治局委员、中央书记处书记、中宣部部长刘云山同志，专程到杭州赴下城区朝晖街道应家桥社区探望“平民英雄”吴斌烈士家属，赵洪祝、黄坤明、茅临生、翁卫军、项永丹、周澍等省市区领导一同前往探望。

6月12日，杭州市科协第五届学术年会开幕式在下城行政中心会堂举行，省科协党组成员、副主席章丰，市领导徐苏宾、徐文光、汪小玫，区领导吴才敏、杨国琴等出席开幕式，市科协党组书记、主席邬丽娜主持开幕式。

6月14日，召开学习贯彻省第十三次党代会精神暨创建“法治下城”、“平安下城”推进大会。会上，省政法委副书记、省平安办主任宋光宝，区委书记项永丹讲话，区委副书记、区长吴才敏主持，区委副书记、政法委书记杨国琴总结部署工作，区四套班子领导朱永祥、王国珍、富永伟、何伟、郑洪彪、程华民、杨能丹、李志龙、王仁等出席。

6月18日，区长吴才敏带领区政府办、区商务局（经合办）及武林街道负责人，随杭州市党政代表团赴上海参加在沪浙（杭）商创业创新座谈会和第十四届中国杭州西湖国际博览会新闻发布会。会后，吴才敏一行还开展了敲门招商活动，拜访了我区部分在沪浙商，实地考察了无限度广场、福都商厦等。

6月19日，举行浙商创业创新杭州新天地•东方茂项目奠基仪式。省市领导夏宝龙、黄坤明、王建满、王金财、佟桂莉，以及区领导吴才敏、杨国琴、王翀等出席奠基仪式。

6月21日，区长吴才敏、副区长洪明带领区政府办、区委宣传部、区经旅局、教育局、监察局、财政局、商务局、卫生局、食药监局、城管局、公安分局、信访局、工商下城分局、环保下城分局、质监下城分局及各街道办事处主要负责人，检查辖区内部分学校周边校园食品安全工作，并召开专题会议，研究部署下一阶段全区食品安全工作。

6月25日，区委常委、常务副区长王国珍召开分管联系工作半年度工作会议，听取了各部门工作汇报，分析下半年我区面临的形势，提出超前谋划好明年工作总体思路。

6月27日，全国普法办公室副主任、司法部副部长张苏军等一行在省司法厅厅长赵光军和区领导吴才敏、王国珍等陪同下，实地考察了下城区朝晖法治文化公园，并在该区召开了司法部“法律进社区专场推进会”。全国各省、自治区、直辖市等司法部门有关负责人参加会议，吴才敏致辞。

6月28日，区政府召开第六次区长办公会议，会议研究了《关于下城区民办残疾人康复机构扶持政策的若干规定》、新一轮区街税收考核办法、《2012年度下城区融资计划》制定工作和新设立一家小额贷款公司事宜及各条线6月份工作进展、7月份工作安排。

6月29日，区委召开下城区庆祝中国共产党成立91周年暨胡锦涛总书记视察王马社区五周年纪念大会。会上，市委常委、组织部长张仲灿，区委书记项永丹讲话，区委副书记、区长吴才敏主持，区委副书记、区委政法委书记杨国琴宣读表彰决定，区四套班子领导朱钟毅、朱永祥、王国珍、富永伟、何伟、郑洪彪、周澍、程华民、杨能丹、李志龙、王仁等出席。

7月3日，隆重举行了“党，永远的旗帜”政法干警核心价值观演讲比赛暨先进表彰大会。全区政法干警代表250余人参加了本次活动。省、市政法委领导、区四套班子主要领导、政法部门主要负责人出席了活动。

7月4日，根据市委干〔2012〕880号文件，劳虓虓同志任中共下城区委委员、常委（省下派挂职干部）。

7月10日，区长吴才敏、副区长何伟、沈凯波召集区政府办、区教育局、区财政局、百井坊地区综合改造工程指挥部、区多层农居建管中心等单位，就下城区部分教育资源调整工作进行专题研究，会议原则同意区教育局提出的教育资源重新配置方案。

7月18日，召开质量强区工作推进大会，市质监局副局长卢建祥到会指导并作重要讲话，区质量强区工作领导小组组长、副区长王翀作质量强区建设工作动员讲话。

7月20日，受区委常委、副区长何伟的委托，区政府办公室副主任林剑云召集区住建局、城管局、石桥街道等相关单位负责人，就永宁道口平改立工程移交接收工作进行专题协调。会议还邀请了省道口办、上海铁路局杭州工务段、市建委铁路办、杭州铁路枢纽公司、中铁二十四局杭北货场项目部等单位相关负责人参加。

同日，“联乡结村”下城帮扶集团召开联席会议，市统计局、区经旅局、浙商证券、德胜小学等帮扶集团成员单位负责人参加会议。市人大常委会副主任徐苏宾出席会议，会议由区委常委、副区长程华民主持。

7月23日，召开2012年半年度经济形势分析会。会议总结回顾了今年上半年全区经济发展情况，科学分析了当前发展面临的形势，认真剖析了工作中存在的困难和问题，并对下一阶段全区经济工作作了部署。区四套班子领导出席，区委书记项永丹、区长吴才敏、区人大常委会主任朱钟毅分别讲话。

7月26日，召开加强政府投资项目监管暨深化作风效能建设工作会议。区领导王国珍、富永伟出席会议并讲话。

7月27日，下城区“掌上66810”信息系统启动仪式在浙江大酒店举行。区民政局与移动武林分公司签署“掌上66810”信息系统项目建设合同书，正式启动了“掌上66810”信息系统在下城区社工中的实际应用。区领导王仁、沈凯波出席仪式。

7月31日，副区长王翀带领区经旅局、长庆街道等负责人，赴北京推进跨境贸易电子商务集聚区建设工作。

8月2日，区委理论学习中心组邀请了吴斌同志先进事迹报告团作报告。报告团团长、浙江省交通运输厅副厅长储雪青同志出席报告会。区委书记项永丹出席报告会并讲话。报告会由区委副书记、区长吴才敏主持。

8月2日，区政府召开第七次区长办公会议，会议听取了《关于杭州市下城区2011年度财政决算情况报告》、《关于杭州市下城区2012年度上半年财政预算执行情况的报告》和《关于下城区2011年度财政预算执行及其他财政收支情况的审计报告》。

同日，区政府召开第二次常务会议，会议研究了新一轮“1+X”经济政策修订工作。

8月6日，区委召开九届二次全体（扩大）会议，深入贯彻落实省、市党代会和市委十一届二次全会精神，总结工作，部署任务，全面部署“人才强区”战略。区委书记项永丹在会上作了题为《弘扬下城精神 打造人才强区 推动科学发展 为共建共享“繁华时尚之区”再谱新篇》的报告。区委副书记、区长吴才敏作会议小结，区委副书记杨国琴，区委常委王国珍、富永伟、郑洪彪、周澍、程华民、杨能丹、李志龙、王仁、劳虓虓，区委委员、候补委员出席会议。

8月7日，副市长徐文光一行在区领导项永丹、吴才敏、王仁、陈治及相关街道、部门负责人的陪同下，实地检查了下城新华广场建筑工地、永华街低洼易涝区、杨家泵站、浙江物产大楼等易发险地段，并部署防汛抗台工作。

8月10日，区长吴才敏一行实地踏看了杭纺机天盛科技产业园发展情况，并召开专题会议，就下城科技创新工作进行座谈交流，研究部署下一步重点工作。

8月13日，区委书记项永丹，区委常委、副区长何伟，区委常委王仁一行实地踏看了中大圣马广场建设情况，并召开座谈会专题研究部署下阶段项目建设推进工作。

8月14日，区委书记项永丹、区长吴才敏、区委常委王仁、副区长王翀带领有关部门和街道负责人，实地走访了杭州快捷通网络科技有限公司、杭州环境检测科技有限公司等多家创新型企业，并于下午召开专题会议，就下城北部地区创新型产业发展进行座谈交流，研究部署下一步重点工作。

8月20日，市委常委、组织部长张仲灿，市政协副主席、市工商联主席张必来带领市经信委、科委、财政局、工商局、金融办、人社局、工商联等部门主要领导和相关业务处室领导到下城调研小微企业发展情况。区领导项永丹、李志龙、王仁、王翀，以及区委办、政府办、组织部、发改局、经旅局、科技局、商务局、财政局、地税下城分局、工商下城分局、都工办、工商联等部门主要领导陪同调研，副区长王翀主持下午座谈会。

8月22日，下发《中共下城区委 下城区人民政府 关于实施“人才强区”战略的决定》（区委〔2012〕10号），就进一步加强我区人才队伍建设，优化人才工作环境，完善人才工作机制，扎实做好各类人才的引进、培养和使用工作作出部署。

同日，下发《中共下城区委 下城区人民政府 关于进一步完善人才引进和培养的实施办法（试行）》（区委〔2012〕11号），就加快建设“繁华时尚之区”，大力引进和培养各类人才，积极营造尊重劳动、尊重知识、尊重人才、尊重创造的浓厚氛围提出意见。

同日，举行创新中国2012总决赛参赛

企业欢迎仪式暨“创新中国产业园”专场推介会。区领导吴才敏、何伟、程华民、王翀、沈凯波、王勇超等出席仪式，80余名参加创新中国2012总决赛的企业精英和创新人才应邀参加推介会。

8月23日，区委书记项永丹、副区长王翀会见清科集团CEO倪正东和创业邦总裁南立新。双方就打造“下城区创新中国产业园”，建立创新产业基金，培育扶持创新型、高成长型企业等问题进行深入的探讨和交流。

8月24日，区政府召开第八次区长办公会议，会议听取了下城区创建浙江省文化先进区工作情况汇报、“创新中国产业园”筹备情况汇报，研究了《杭州市下城区“十二五”金融业发展规划》和各条线9月份工作安排制定工作。

8月27日，区领导项永丹、何伟、劳𬀩𬀩、张鑫良、任雁鸣带领有关部门和街道负责人，实地调研延安路（下城段）综合整治工作，并召开座谈会，研究部署最后一个月的整治工作。市建委有关领导出席会议。

8月28日，下城区与杭州市电力局召开工作座谈会。区委书记项永丹，区委常委、副区长何伟和市电力局于金镒、曹杰人、金玉琪等领导出席会议。会上，市电力局详细介绍了杭州电力设施建设情况，区政府办对下城区电网建设工作有关情况作了汇报。

8月30日，区政府办公室副主任林剑云召集区纪委效能办、住建局、卫生局、信访局、工商下城分局、环保下城分局、国土下城分局、消防下城大队、石桥街道相关负责人，就妥善解决童国青信访问题进行专题研究。

9月4日，受区委常委、副区长何伟的委托，区政府办公室副主任林剑云召集发改局、民宗局、多层农居建管中心、东新街道、规划下城分局、国土下城分局、沈家经合社、基督教东新聚会点等单位相关负责人，就东新聚会点建设的前期审批手续和搬迁工作进行了专题研究。市土地储备中心、市前期办、市市政开发公司等单位相关负责人受邀参加。

9月5日，召开创建浙江省文化先进区动员大会，区长吴才敏讲话，区委常委、宣传部长周澍主持，副区长洪明部署创建工作，区政协副主席张红舞参加会议。省文化厅社文处处长戴言，市文广新局副局长何平应邀出席。

同日，召开九届区委常委会第二十四次会议，研究和讨论干部工作、区管干部案件查处情况、《杭州市下城区事业单位工作人员公开招聘办法》（送审稿）。

9月7日，区政府召开第九次区长办公会议，会议研究了干部行政处分事宜和《杭州市下城区事业单位工作人员公开招聘实施办法》制定工作。

9月10日，在武林广场举行了“食品安全大整治百日行动”现场销毁仪式，市工商局副局长冯世联、副区长洪明及市工商局经检支队、食品监管处等领导出席销毁仪式。

9月13日，下发《关于印发〈下城区进一步促进经济发展的若干意见〉的通知》（区委〔2012〕13号），就推进经济发展工作作出部署。

9月17日，2012年“全国安全用药月”下城区启动仪式暨药械服务活动在张同泰名医国药馆门口举行。市食品药品监管局纪检组长楼坚、党委副书记余元彬应邀参加，副区长洪明出席启动仪式并宣布活动启动。

9月18日，副市长俞东来率领市发改委、市建委、市规划局、市消防局、市安监局等单位负责人，赴下城督查扩大有效投资及安全生产工作。督查组一行先后实地检查了创新创业新天地和浙江科奥机电五金市场，并召开会议听取该区关于扩大有效投资和安全生产工作情况汇报。会议由市政府副秘书长朱云夫主持。区委常委、常务副区长王国珍，副区长陈治陪同督查。

9月19日，举行和市外经贸局合作主办的“2012杭州——欧洲产业对接会”。区委常委、副区长程华民，区政协副主席、统战部部长周钢出席对接会。

9月24日，区委常委、常务副区长王国珍、副区长沈凯波召集区政府办、区民政局、区人力社保局、区信访局、朝晖街道等单位负责人，就夏彩云夫妇信访事项公开评议终结意见进行专题研究。

9月29日，区2012“乐享地铁、欢购武林”武林商圈消费促进活动启动仪式在杭州百货大楼广场举行。副市长张建庭，市政府副秘书长张文戈，市贸易局纪委书记杨新成，区领导吴才敏、程华民、王仁、洪建明、王翀出席仪式。

10月11日，下城区与浙江工业大学举行区校合作对接活动，双方共商区校合作发展方式，并就进一步加强交流和沟通，形成区校合作的良性互动机制达成了共识。区委常委、常务副区长王国珍出席活动，市决咨委相关负责人应邀参加了活动，区政府办、区发改局、石桥街道相关负责人陪同。

10月12日，2012中国杭州文化创意产业博览会在杭州和平国际会展中心隆重开幕，省、市领导黄坤明、葛慧君、叶明、陈小平等出席，区领导项永丹、周澍、王仁等参加并陪同参观下城展区。

同日，区政府召开跨境贸易电子商务产业园及创新中国产业园建设专题会议。区领导吴才敏、王国珍、何伟、程华民、王翀、王勇超出席会议，区政府办、发改局、经旅局、科技局、监察局、财政局、住房城建局、商务局、审计局、城管局、都工办、农居建管中心、石桥街道、规划分局负责人参加会议。会议听取了有关部门、街道对跨境贸易电子商务产业园及创新中国产业园租赁、装修、招商和产业园周边外环境整治情况汇报，研究部署了下一步重点工作。

10月15日，召开九届区委常委会第二十五次会议，研究和讨论干部工作、圈选省人大代表候选人建议人选。

10月16日，区长吴才敏、副区长王翀带领有关部门主要负责人实地踏看了中大•圣马广场、城北体育公园市民中心地块建设情况，并召开专题会议，研究部署国有控股投资公司下一步重点工作。

10月17日，区政府召开第十次区长办公会议，会议听取了我区经济形势分析、市级目标责任书完成情况、《政府工作报告》和为民办实事项目完成情况、存在困难及下一步对策的情况汇报，研究了区事业单位工作人员公开招聘实施办法的补充规定和《下城区十大产业发展总体规划》制定工作。

10月18日，召开2012年冬季征兵工作会议。区领导吴才敏、杨能丹出席会议，副区长沈凯波主持会议。

10月19日，作为“浙商回归工程”重点项目、位于下城区东新路与石祥路交汇处北侧的中大银泰城项目主体工程全面启动，为杭州城北新城商贸经济再立新坐标。在启动仪式上，省委常委、市委书记、市人大常委会主任黄坤明宣布项目启动，区委书记项永丹讲话，区长吴才敏主持。许勤华、俞东来、朱钟毅、周澍、王仁等市、区领导出席启动仪式。

同日，北京市东城区委书记杨柳荫率领党政代表团一行在杭州市委副书记王金财，下城区领导项永丹、王仁、沈凯波的陪同下到长庆街道王马社区参观考察。

10月23日，市建委副书记郑书文、副主任竺豪立一行到下城对接2013年城建工作计划，区委常委、副区长何伟，区政府办、发改局、住建局、多层农居建管中心、都工办、国土下城分局相关负责人参加对接会。

10月25日，区领导吴才敏、陈治、沈凯波、王勇超在区政府办、区委政法委、区民政局、区城管局、天水街道、长庆街道、潮鸣街道主要负责人陪同下，先后赴天水街道仓桥社区、长庆街道王马社区、潮鸣街道东园社区，实地调研公共服务中心、“66810”为民服务体系以及“数字潮鸣、民生在线”服务平台建设等社会管理创新工作，并召开工作座谈会。

10月31日，全国人大常委会原副委员长许嘉璐视察下城区优秀文创企业“十竹斋”。

11月1日，召开九届区委常委会第二十六次会议，贯彻传达全市领导班子内部制度建设工作会议精神；研究干部工作、传达学习市推进干部人事制度改革会议精神、贯彻传达全国创先争优活动总结交流会议精神和省、市维稳工作会议精神。

同日，2012第七届中国（杭州）国际运动休闲产业博览会在下城区和平国际会展中心隆重开幕。

11月2日，区政府召开第十一次区长办公会议，会议听取了民政局关于东新街道、石桥街道部分社区调整方案的汇报；研究了下城大项目扶持操作方案、《下城区进一步促进经济发展若干意见的实施细则》、各条线本月工作进展和下月工作安排情况；讨论了《杭州市下城区创新型城区建设规划》。

11月5日至16日，区长吴才敏带领下城区“繁华时尚之区”建设考察团一行，先后赴意大利、瑞士、西班牙，考察当地中央商务区建设和特色街区经济。

11月8日上午9时，中国共产党第十八次全国代表大会在北京隆重召开，下城区组织党员群众认真收看党的十八大开幕式盛况。

11月19日，区委召开全区领导干部会议传达学习党的十八大精神，研究部署全区学习宣传贯彻工作。区委书记项永丹传达党的十八大精神并讲话，区委副书记、区长吴才敏主持会议，区领导朱钟毅、朱永祥、杨国琴、富永伟、何伟、郑洪彪、周澍、程华民、杨能丹、李志龙、王仁、劳𧆞𧆞等在主席台就座。

11月21日，召开下城区府院联席会议，区委常委、常务副区长王国珍，区法院院长何敏出席，政府全体组成部门及部分相关单位参加了会议。会议通报了2011年行政案件司法审查情况，研究部署了下一阶段工作重点。

11月22日，区长吴才敏，区委常委、副区长何伟带领区政府办、区住建局有关负责人，实地踏看了延安路（下城段）综合整治情况，并到区住建局调研，研究部署下一步城市建设等有关工作思路。

11月27日，区长吴才敏，副区长王翀、陈治带领区政府办和有关部门、街道、经和社主要负责人，实地踏看了跨境贸易电子商务产业园及创新中国产业园建设情况，并召开专题会议，研究部署了下一阶段两个产业园区建设工作。

11月28日，西博会注册项目——2012中国杭州国际教育创新大会（文晖论坛）开幕。

12月3日，召开2012年定兵会议。区委常委、常务副区长王国珍，区委常委、人武部政委杨能丹出席。会议通报了今冬征兵工作基本情况，商定了全区81名兵员名单及去向。

12月4日，举行"12•4"法制宣传日暨武林商圈法治宣传基地成立仪式。区领导项永丹、劳𧆞𧆞、王仁等出席。

12月6日，召开了全区民政工作务虚会，副区长沈凯波出席会议。沈凯波在听取各部门工作汇报后，对我区民政各项工作所取得的成绩给予肯定，同时对下一步深化和谐社区建设，推进养老服务建设、加快社会组织培育等方面工作提出要求。区民政局领导班子成员、各科室负责人，各街道分管民政副主任、民政科科长参加了会议。

12月7日，隆重举行入伍新兵欢送大会。区领导吴才敏、王国珍、王仁出席，区委常委、区人武部政委杨能丹主持会议。

12月8日，2012杭州COSPLAY文化节在和平会展中心举行。

12月10日，区政府召开第十二次区长办公会议，会议研究了为杭州市市区河道整治建设中心做地垫资的有关情况、西湖漾河整治农居拆迁垫资的有关情况；确定了2012年下城区政府质量奖获奖企业名单；听取了《政府工作报告》起草说明。

12月12日，召开九届区委常委会第二十八次会议，研究和讨论干部工作、杭州商业储运公司做地地块以及西湖漾河整治涉及西文农居拆迁等项目垫资工作、《关于规范"三重一大"事项决策制度的若干意见》（送审稿）、《下城区委、区政府会议管理制度》（送审稿）、关于召开区慈善总会第三次会员代表大会有关事项。

12月16日至20日，区委书记项永丹带队赴长沙、武汉、合肥等地考察。

12月21日，区政府召开第十三次区长办公会议，会议听取了2012年度文化社区创建工作情况汇报。

同日，区政府召开第三次常务会议，会议研究了《政府工作报告》及2013年区政府为民办实事项目。

12月24日，举办慈善总会第三次会员代表大会。区长吴才敏、区人大常委会副主任王守全、副区长沈凯波、区政协副主席周钢等区领导出席会议。市慈善总会副会长、市民政局局长部胜到会祝贺并讲话。

12月25日，下发《关于整合规范基层社会服务管理中心的实施意见》（区委办发〔2012〕164号），就进一步整合基层公共行政服务资源，完善基层社会管理服务体系，提升基层服务管理效能提出实施意见。

12月26日，举行学习贯彻党的十八大精神暨2012十佳公德人物表演文艺汇演。市委常委、宣传部长翁卫军，省文明办副主任徐晓，市委副秘书长、宣传部副部长、市文明办主任陈卫强，市文广新局局长钮俊以及区四套班子领导出席活动。区委书记项永丹致辞，教师和学生代表、志愿者代表、社工代表和市民代表共1500余人观看了演出。

12月31日，召开九届区委常委会第三十一次会议，研究和讨论干部工作、区十四届人大二次会议和区政协四届二次会议有关工作及报告。

2012年江干区大事记

1月13日，区委、区政府召开离退休干部新春团拜会。区领导盛阅春、滕勇、蔡仲光、朱关泉、陈祥兴、蔡建云、江小华出席了团拜会，团拜会由代区长滕勇主持。

1月18日，代区长滕勇、副区长刘秋敏对区食品安全工作进行了督查。区政府办、区食品药品监管局、区卫生局、区商贸旅游局、江干工商分局、江干质监分局等单位主要负责人参加了联合检查。

1月30日，召开机关作风建设大会，认真贯彻落实区第九次党代会精神，狠抓机关作风建设，着力以一流的干部队伍，为打造“国内一流的现代化中心区”提供坚强保障。区四套班子领导，法、检“两长”，人武部部长出席会议。会议由区委常委、区纪委书记施华淼主持。

2月1日，代区长滕勇、区委常委王敏到彭埠调研工作，区政府办、区建设局、区财政局、区国土分局、区农居建管中心、区城建开发办、区拆违办负责人陪同调研。

2月20日，区长滕勇到区人民来访接待室，与区卫生、行政执法、环保、工商及凯旋街道等单位负责人共同接待群众来访，面对面研究解决信访问题。

2月23日，副区长楼玉宇一行到江干区文广新局、体育局调研。

2月24日，副区长楼玉宇在区政府办副主任周林敏等人的陪同下，赴区人口计生局调研指导。

2月27日，副区长沈燕俊在政府办副主任练敏的陪同下到江干区残疾人就业和综合服务中心调研。

2月29日，副区长张玮、区政协副主席黄国兴在区政府办副主任肖硕陪同下到区建设局，调研并指导城建工作。

3月1日，区长滕勇在区教育局局长徐晖的陪同下，走访、调研杭师大东城实验学校，了解相关工作情况。

3月12日，副区长魏丹英到江干科技经济园调研指导。

3月16日，副区长张玮一行到丁桥镇调研城建工作，区政府办、区建设局、江干国土分局、江干规划分局及丁桥镇主要负责人陪同调研。

3月20日，区人大常委会副主任到杭州能源环境工程有限公司，走访区“百人计划”创新人才蔡磊总工程师。

3月22日，常务副区长王敏到区信访局调研信访工作。

3月28日，区人大工作研究会召开第一次会员大会。区人大常委会主任蔡仲光、副主任周志宏，区人大常委会巡视员陈祥兴、章敏吉、沈健，区人大工作研究会全体会员，区人大机关有关同志参加了会议。

3月29日，召开建筑业大会暨第五届建筑行业协会大会。区人大常委会副主任周志宏、副区长张玮出席会议。

3月30日，杭州市国土资源局领导卢春强、赵春、朱欢率相关处室负责人到江干区专题召开对接工作会议，区领导盛阅春、滕勇、张玮等出席，区有关部门负责人参加会议。

4月6日，隆重举行创建全国文明城市总结表彰暨2012年江干区文明委全体（扩大）会议。区领导盛阅春、滕勇、蔡建云、郑桂岚、江小华、刘继明、施华淼、王震、陈华、王国强、刘秋敏出席会议。

4月17日，常务副区长王敏到凯旋街道调研指导工作。

4月18日，由南京市浦口团区委书记郭玉臣带队的考察团一行6人到江干区就大学生创业就业工作进行考察和交流。

4月27日，召开全区安全生产工作会议，区长滕勇到会并作重要讲话。

4月28日，常务副区长王敏赴区纪委（监察局）调研全区纪检监察工作。区委常委、纪委书记施华淼，区监察局班子成员出席调研活动。

5月7日，南宁市西乡塘区区委书记黄润斌率考察团一行40余人到江干区学习考察城中村改造、旧城改造、征地拆迁和拆违等方面的工作做法和经验。副区长张玮，区政府办、区住建局、区农居建管中心、区拆迁办、江干国土分局、江干规划分局、闸弄口街道、笕桥镇有关负责人陪同考察。

5月10日，副区长王晖玲一行到采荷街道专题调研残疾人工作。

5月23日，区长滕勇在副区长魏丹英和区政府办有关负责人的陪同下，到区安监局调研全区安全生产工作，并对下阶段工作提出了具体要求。区安监局班子全体成员参加了会议。

5月24日，副区长魏丹英、区科技局局

长王志强一行到丁桥镇调研科技文创产业发展情况。

5月29日，区长滕勇、副区长魏丹英、副区长库尔班江·玉苏甫等一行赴科技园区企业走访调研，并召开十大产业发展及扩大有效投资专题座谈会。

6月6日，区长滕勇、副区长张玮调研全区安置房开、竣工和建设情况。

6月12日，太原市委市政府领导一行在杭州市科技局领导的陪同下走访区科技园区企业。副区长王国强陪同考察。

6月29日，区长滕勇在副区长楼玉宇、政府办负责人的陪同下到区文广新局、体育局走访调研。

7月2日，副区长楼玉宇，区政府办副主任练敏到区疾病预防控制中心和卫生监督所专题调研食品安全工作。

7月5日，副区长王国强在区政府办副主任陈一春、区城管局副局长胡耀文的陪同下，赴采荷街道专题调研铁路花圃新村城市管理工作。

7月19日，副区长王国强一行调研九堡镇八堡农居污水直排口、十号港水生态治理项目等河道水质改善提升工作。

8月2日，副区长沈燕俊在区政府办、区人力社保局相关负责人的陪同下来科技园区调研人才工作。

8月7日，副区长沈燕俊在区民政局、区人力社保局、区残相关负责人的陪同下到凯旋街道调研社区工作。

同日，召开庆春广场地下空间利用设计方案汇报会议，区政府办、区住建局、区农居建管中心、江干规划分局负责人参加了会议。

8月9日，副区长楼玉宇赴丁桥镇社区卫生服务中心调研指导新中心建设工作。

8月20日，副区长楼玉宇在区文广新局局长步汉英及相关科室负责人的陪同下，到万事利集团丝绸艺术馆走访指导。

8月22日，副区长张玮到笕桥镇落实“十八大”前期信访接待工作，对信访包案案件的处理和进展情况进行督察和指导，区政府办、区信访局、区住建局、江干国土分局、笕桥镇和相关社区负责人参加会议。

8月24日，区长滕勇带队对全区城市文明程度指数测评工作进行督查。区委常委、宣传部长郑桂岚，副区长王国强及区政府办、区委宣传部（文明办）、区住建局、区城管局、江干交警等部门主要负责人陪同督查。

9月5日，区长滕勇、副区长张玮带领区政府办、区财政局、九乔国际商贸城江干指挥部办公室、皋亭山景区建设管委会、江干国土分局主要负责人赴杭州市国土资源局对接工作。

9月6日，杭州市红十字会在杭州市备灾救灾中心举行全市、县（区）红十字会会长座谈会，学习贯彻《国务院关于促进红十字事业发展的意见》精神。市政府副秘书长徐一超，市红十字会党组书记、副会长唐奕，副巡视员陈美丽，各县（市、区）红十字会会长参加了会议。副区长、区红十字会会长楼玉宇参加会议并发言。

9月26日，副区长楼玉宇到区图书馆进行调研。

10月10日，副区长沈燕俊，区民政局副局长兰拥军，区政府办副主任何静一行到凯旋街道景新社区调研社会组织发展情况。

10月11日，召开2013年全区城建计划编制工作会议，区政府办、区住建局、区城建开发办、区农居建管中心、凯旋地区旧城改造指挥部、运河（江干段）分指挥部、江干国土分局、江干规划分局有关负责人参加了会议。

同日，副区长沈燕俊到四季青街道、区科技经济园区调研企业创建和谐劳动关系情况。区人力社保局局长杜梦菲，区政府办、区总工会、相关街道（镇）分管负责人等陪同调研。

10月16日，区委书记盛阅春调研区纪委工作。区委常委、纪委书记施华淼陪同调研。

同日，杭州市第九届邻居节在江干区隆重开幕。市人大常委会副主任徐祖萼、市委副秘书长陈卫强、省文明办城市处处长王先中等省市相关领导，区四套班子领导郑桂岚、陈华、沈燕俊等出席开幕式。

10月19日，省人大代表第五小组对万事利集团进行了调研，并就丝绸行业的发展方面进行了座谈讨论。省、市领导叶荣宝、高乙梁、于辉达参加，区人大常委会副主任王卫荣，代表工委主任肖茶仙陪同。

10月23日，常务副区长王敏到笕桥镇调研财政体制调整工作。

10月24日，区政协主席朱关泉一行到皋亭千桃园视察建设情况，区住建局局长范卫东、副书记蒋缙陪同视察。

10月26日，召开第三季度城建工作例会暨2013年城建计划编制工作会议，区人大副主任周志宏、区政协副主席黄国兴出席了会议，会议由副区长张玮主持召开。区政府办、区财政局、区住建局、区审计局、区城建开发办、区农居建管中心、凯旋地区旧城改造指挥部、运河江干指挥部办公室、江干国土分局、江干规划分局负责人参加了会议。

同日，召开全区科技创新暨创新型城区建设工作动员大会，区委书记盛阅春、市科委副主任周军分别作重要讲话；区长滕勇主持；副区长魏丹英作全区科技创新工作报告；西子研究院、巨星科技和浙江省国家大学科技园3家单位作大会交流发言；区领导王敏、陈华、刘兴仙出席会议；区机关部门主要负责人，各街道、镇主要负责人，社区（村）书记（主任），辖区部分科技企业、科技平台、科技载体负责人共400余人参加会议。

11月1日，副区长张玮赴钱江新城对接有关工作，区政府办、国土局分局、住建局有关负责人陪同参加。

11月5日，浙江（江干）东方电子商务高层论坛在杭州市天元大厦隆重举行。人民日报社人民论坛杂志社副总编陶建群、国务院研究室社会发展司原司长朱幼棣、国务院发展研究中心研究员李春苗、省委政研室副主任郭占恒、省商务厅副巡视员陈晓龙，江干区领导滕勇、郑桂岚、魏丹英、区级有关部门负责人以及资深专家学者、阿里巴巴和麦包包等国内知名电商企业、区内东方电子商务园的企业家共130余人齐聚一堂，共襄盛会，共谋发展。

11月8日，区委书记盛阅春、区长滕勇、常务副区长王敏，副区长魏丹英、张玮专题调研2013年全区城建计划。

11月13日，区委书记盛阅春调研卫生工作，副区长楼玉宇陪同调研。区卫生局党委班子成员参加。

11月21日，浙工大博士后联谊会江干创业创新基地成立揭牌暨合作签约仪式在江干区天元大厦隆重举行。浙江工业大学副校长盛颂恩，区委常委、组织部部长江小华，区委常委、副区长魏丹英，江干区政府办、科技局、园区管委会、省高校科技园和联谊会的有关负责人，以及入驻企业代表、浙工大博士后联谊会代表80余人出席活动。会议由园区管委会主任盛桂浩主持。

11月22日，天翼阅读“腾飞计划”暨天翼阅读文化传播公司揭牌仪式在江干区隆重举行，国家新闻出版总署副署长孙寿山，省委常委、宣传部长、副省长葛慧君，中国电信副总经理杨晓伟和江干区委副书记、区长滕勇，区委常委、宣传部长郑桂岚等领导应邀出席了揭牌仪式。

12月6日，区流动儿童关爱服务体系试点工作领导小组在四季青小学隆重举行试点工作总结大会。省妇联副主席陈美云，市妇联副主席朱红丹，区委常委、宣传部长郑桂岚，区人大副主任陈华，副区长沈燕俊，区政协副主席刘秋敏应邀出席会议。

12月10日，由中国电影家协会、中国电影资料馆、中国文化国际传播研究院、中共江干区委、江干区人民政府主办的“巨匠光华映钱塘”夏衍研究会建会十周年暨“中国夏衍电影周”活动在天元大厦隆重启幕。区领导滕勇、朱关泉、蔡建云、郑桂岚、楼玉宇、刘秋敏等出席开幕式并与艺术家及会员亲切交流。

12月28日，杭州市创建充分就业区工作考核评估第一小组成员一行5人由市人力资源和社会保障局副局长方海洋带队到江干区检查、验收充分就业区创建工作。副区长沈燕俊出席会议，区创建充分就业区和创业型城区工作领导小组部分成员单位相关负责人等参加会议。

12月31日，区委、区政府召开第十三次“春风行动”动员大会，拉开了新一轮“春风行动”的帷幕。区委副书记蔡建云出席会议并讲话。区人大常委会副主任陈华、区政协副主席刘秋敏出席会议。副区长沈燕俊主持。

2012年西湖区大事记

1月4日，举行2012年社工新春团拜会。区委书记王立华致辞。区人大常委会主任吴国良，区政协主席张岐，区领导费敏儿、谭飞、郑惠明、沈阳红、郑重圭出席。

1月6日，省委书记、省人大常委会主任赵洪祝，省委常委、市委书记黄坤明，副省长陈加元，市委副书记、市长邵占维以及市领导许勤华、陈新华等在区委书记王立华，代区长朱党其以及区领导沈阳红的陪同下先后到区信访局、悉雅特楼宇自控（杭州）有限公司、登新公寓、紫金小区、文新街道养老服务中心、湖畔花园，看望慰问了信访干部、困难企业、困难党员、困难群众，并送上慰问金、慰问品。

1月10日，区政协召开三届第二十四次常委会。区政协主席张岐主持，区领导祝永华、郑重圭、樊生富、蔡茜及区政协常委出席。

1月12日，区委常委会召开会议，学习贯彻市委十届十二次全体（扩大）会议精神，专题听取了11个镇街党（工）委书记对基层党建工作责任制落实情况的汇报，并进行了民主测评。区委书记王立华主持会议并讲话。代区长朱党其，区委副书记马杭军，区委常委费敏儿、应敏扬、谭飞、赵忠伟、金承涛、孙国方、周卫兵、陈云甫出席会议。区领导黄平、吴吉春、祝永华和区党建工作领导小组成员以及30位区党代表列席会议。

1月18日，区委书记王立华、代区长朱党其一行前往浙江预备役师和杭州警备区，走访慰问部队官兵，并进行了座谈交流。区领导陈云甫、沈阳红陪同。

1月30日，区领导陈叶根专题调研闲林水库国防工程迁建项目。

2月1日，区委书记王立华一行专题调研“美丽乡村”和基层组织建设工作，实地查看了双浦镇双灵村沿山南渠建设情况和双浦镇浦塘村村级组织建设情况。

2月2日，第16个“世界湿地日”宣传活动启动仪式在西溪国家湿地公园隆重举行。全国政协文史和学习委员会副主任、省生态文化协会名誉会长周国富，省人大常委会副主任、省生态文化协会名誉会长程渭山，省政协副主席、省生态文化协会会长陈艳华，市委副书记王金财出席活动并共同启动宣传活动。副市长何关新讲话，市政协副主席、统战部长董建平出席，区委书记王立华出席并讲话，代区长朱党其，区领导赵忠伟以及省、市相关单位负责人出席。

同日，召开打造旅游休闲示范区暨成功创建西溪湿地5A级景区和西山国家森林公园总结表彰大会。副市长张建庭、区委书记王立华出席会议并讲话。代区长朱党其主持。区人大常委会主任吴国良，区政协主席张岐，区委副书记马杭军，区领导叶伟平、赵忠伟、干新卫、丁庆怀、赵欣浩出席。

2月9日，代区长朱党其一行专题调研转塘街道。区领导陈叶根陪同。

2月15日，召开深化作风建设暨满意单位评选表彰大会。区委书记王立华出席会议并讲话。代区长朱党其主持。区人大常委会主任吴国良，区政协主席张岐，区委副书记马杭军，区领导费敏儿、叶伟平、应敏扬、谭飞、赵忠伟、金承涛、孙国方、周卫兵、黄平、陈云甫在主席台就坐。

2月29日，省委宣传部相关负责人一行调研之江地区申报浙江文化城项目。区委书记王立华，区领导叶伟平、赵忠伟、陈叶根、郑国梅、赵欣浩以及中国美术学院、市规划院等相关单位负责人陪同调研并出席座谈会。

3月4日，由市委宣传部、市文明办和区委、区政府等单位主办的杭州市学雷锋为民服务日活动启动仪式在西湖区黄龙体育中心广场举行。省委常委、市委书记黄坤明宣布仪式正式启动并接受媒体采访。市委副书记王金财讲话。市委常委、秘书长许勤华，市委常委、宣传部长翁卫军，副市长陈小平，市政协副主席郁嘉玲，区委书记王立华、区长朱党其，区领导赵忠伟等出席。

3月6日，召开国家级生态区创建工作动员部署会，对2012年国家级生态区创建工作进行全面部署。区长朱党其出席会议并讲话。区领导张利群、张德平、陈玮、丁庆怀、赵欣浩出席。

3月9日，西湖区留下街道农转居多层公寓(二期)工程、留下汇峰国际项目、杭州叠翠湾度假村项目举行开工奠基仪式，随后还举行留泗路整治工程开工典礼暨龙坞旅游综合体启动仪式。区委书记王立华宣布项目开工，区长朱党其致辞，区政协主席张岐，区领导叶伟平、谭飞、金承涛、黄幼钧、吴兴根、张德平、陈叶根、郑国梅、赵欣浩出席开工仪式。

3月21日，召开“桥隧工程”政银企座谈会。区委书记王立华出席会议并讲话。区长朱党其代表西湖区与建设银行浙江省分行、杭州银行分别签订政银企合作协议书，与杭州银行、浙江华睿投资管理有限公司签订“桥隧”项目设立西湖区小企业投资基金合作意向书。区领导谭飞、吴兴根、张文阳出席。

3月30日，之江国家旅游度假区召开“激情创业、加快发展”动员大会。区委书记王立华出席会议并讲话。区长朱党其主持。区政协主席张岐，区领导叶伟平、黄幼钧、陈叶根、郑国梅、赵欣浩出席。

4月10日，召开工业经济结构调整专题会议。区长朱党其出席会议并讲话。区领导周卫兵、张德平出席。

4月16日，西湖区与浙江大学举行工作对接座谈会。浙江大学副校长褚健，区委书记王立华出席会议并讲话。区领导金承涛、周卫兵、张德平出席。

4月17日，2012中国杭州•西溪花朝节在西溪湿地盛大开幕。省委常委、市委书记、市人大常委会主任黄坤明宣布开幕。市政协主席叶明，市人大常委会副主任郑荣胜出席。副市长张建庭，区委书记王立华致辞。区长朱党其主持。区委副书记马杭军，区领导赵忠伟、金承涛、卢华英、张利群、张德平、张文阳以及市相关部门负责人参加。

4月18日，之江国家旅游度假区(之江新城)召开办公会议。区委书记、区人大常委会主任、之江国家旅游度假区党工委书记王立华，区委副书记、区长、之江国家旅游度假区党工委副书记、管委会主任朱党其出席会议并讲话。区领导叶伟平、陈叶根、郑国梅、赵欣浩出席。

4月22日，2012西湖国际茶文化博览会系列活动之“全民品茶日”在转塘外桐坞村举行。

4月28日，西湖区举行浙商创业创新大会，吸引了各地浙商商会会长以及250位有意来西湖区投资的浙商企业家代表参加。副市长佟桂莉出席会议并讲话。区委书记王立华对西湖区浙商创业创新工作进行全面部署。区长朱党其介绍西湖区投资环境并为杭州市西湖区青田商会授牌。会上，区国土分局、之江国土分局推介了2012年西湖区重点地块项目，成功签约12个项目，涉及总金额65亿元。

同日，第八届中国国际动漫节国际动画节峰会暨第二届“中国动漫新锐榜”、“之江高端创意人才”颁奖仪式在【之江文化创意园】凤凰•创意国际隆重举行。区委书记王立华出席并致辞。区长朱党其与我国著名动漫企业深圳方块动漫公司进行方块动画电影项目暨人才基地落户签约。区政协主席张岐，区领导叶伟平、赵忠伟、孙国方、王炬、黄幼钧、郑国梅、赵欣浩以及省、市和中国美术学院相关负责人出席。

5月11日，西湖福地创业园举行隆重的开园暨园区党总支成立仪式。省委常委、组织部长蔡奇宣布开园。市委常委、组织部长张仲灿，区委书记王立华致辞。区政协主席张岐，区领导叶伟平、谭飞、金承涛、孙国方、黄幼钧以及省、市有关部门负责人出席。

5月25日，召开房地产企业座谈会。区长朱党其出席会议并讲话，区领导叶伟平、谭飞、张德平、陈叶根出席。

6月4日，区委书记王立华一行赴文新街道下访接待群众。区领导张利群、张德平以及相关部门负责人参加接访活动。

6月5日，台湾漫画大师蔡志忠工作室以及由该工作室等机构联合注册成立的商务印书馆(杭州)有限公司，在西溪创意产业园举行揭牌仪式。市人大常委会副主任徐苏宾出席，副市长陈小平讲话，市政协副主席汪小玫出席，区委书记王立华致辞，区领导金承涛以及漫画家蔡志忠、商务印书馆负责人出席揭牌仪式。

6月22日，“迎浙江生态日——花卉园艺进社区、生态文明促和谐”活动开幕式在西湖区举行。省政协副主席、省生态文化协会会长陈艳华宣布开幕，副市长戚哮虎出席并讲话。市政协副主席何关新出席。区委书记王立华致欢迎辞。区长朱党其、区人大常委会党组书记施增富，区领导陈玮、张文阳以及省、市相关部门负责人出席活动。

6月29日，召开庆祝中国共产党成立91周年暨创先争优活动表彰大会。区委书记王立华作重要讲话，区长朱党其主持会议。

7月17日，区政协主席张岐一行调研了中国美院风景建设设计创意产业园。

7月23日，省工商局局长郑宇民一行到西湖区调研西湖广告产业园区，听取了相关工作汇报，并召开座谈会。区委书记王立华作汇报，区领导谭飞、赵忠伟、金承涛、周卫兵以及相关部门负责人出席。

7月24日，区委书记王立华、区长朱党其一行先后来到省军区、杭州警备区走访慰问辖区部队。区领导谭飞、张荣贵、沈阳红陪同。

8月7日，召开2012年建筑业大会。区长朱党其出席会议并讲话。区领导干新卫、张德平、丁庆怀、陈叶根、董清源及市相关单位负责人出席。

8月15日，召开政情报告会。区委书记王立华讲话。区长朱党其报告上半年全区经济建设与社会事业发展情况。

8月24日，副省长葛慧君一行到西湖区调研文化产业发展情况并召开座谈会。市委常委、宣传部长翁卫军陪同考察并作汇报，区委书记王立华出席会议并作汇报，区领导赵忠伟、金承涛、黄幼钧、陈玮、赵华达陪同考察并出席会议。

9月10日，区委书记王立华调研留泗路整治工作并召开座谈会。区领导叶伟平、陈叶根陪同。

9月17日，阿里巴巴支付宝浙江总部项目奠基仪式在西湖区举行。省委常委、市委书记、市人大常委会主任黄坤明宣布项目奠基，市人大常委会副主任、市总工会主席郑荣胜出席，副市长俞东来讲话。区委书记王立华致辞。区人大常委会党组书记施增富，区政协主席张岐，区委副书记马杭军，区领导谭飞、孙国方、吴兴根、董清源以及市区相关单位负责人、阿里巴巴集团主席和首席执行官马云及集团有关负责人参加。

9月19日，区委书记王立华调研西湖广告产业园区。

10月10日，召开招商引资工作专题会议。区长朱党其出席会议并讲话。区领导叶伟平、周卫兵、郑国梅出席。

10月13日，杭州市2012社会科学普及周活动开幕式在西湖区举行。市人大常委会副主任徐苏宾宣布开幕，副市长陈小平讲话，市政协副主席汪小玫出席，区委书记王立华致辞，区领导赵忠伟、张利群以及省、市相关单位负责人出席。

10月25日，召开质量强区推进暨区政府质量奖表彰大会。区长朱党其出席会议并讲话。

11月2日，召开之江国家旅游度假区重点工作座谈会。区委书记、区人大常委会主任、之江国家旅游度假区党工委书记王立华，区长、之江国家旅游度假区党工委副书记、管委会主任朱党其出席会议并讲话。区委副书记马杭军，区领导叶伟平、陈玮、陈叶根、赵欣浩出席。

11月9日，区委书记王立华一行调研西湖广告产业园区。

11月13日，区委书记王立华到西溪谷调研。

11月14日，区长朱党其一行走访西湖科技经济园区。

11月28日，举行杭州国家西湖广告产业试点园西湖园区开园仪式。国家工商行政管理总局副局长甘霖宣布开园。副省长王建满、国家工商行政管理总局广告司司长孙鸿志、国家工商行政管理总局广告司副司长黄新民、省工商行政管理局局长郑宇民、副市长俞东来出席。区委书记王立华致辞。区长朱党其主持。

12月1日，举行区社会组织服务中心启动仪式暨“公益月”开幕仪式。区长朱党其为区社会组织服务中心揭牌，并与区领导孙国方、沈阳红及省、市相关单位负责人一起向8名社会组织代表颁发社会组织入驻证书。

12月14日，召开“三化一拆”工作推进会。区委书记王立华出席会议并讲话。区长朱党其主持。区领导叶伟平、干新卫、张利群、张德平、丁庆怀、陈叶根、赵欣浩出席。

12月16日至18日，由中国生态文明研究与促进会常务副会长、原环保总局党组副书记、副局长祝光耀带队的国家生态区考核验收组一行10人，对西湖区创建国家生态区工作进行考核验收。西湖区顺利通过此次验收，成为杭州市主城区首个通过验收的城区。

12月19日，副省长王建满来西湖区调研。区委书记王立华陪同调研并汇报工作。区长朱党其，区领导叶伟平、陈玮、陈叶根、郑国梅、赵欣浩、杨敏华以及省相关部门负责人陪同调研。

12月26日，浙江省第一所音乐艺术本科院校——浙江音乐学院在西湖区象山区块正式动工兴建。省委书记夏宝龙，省委常委、市委书记、市人大常委会主任黄坤明，省委常委、副省长、宣传部长葛慧君，省委常委、秘书长赵一德，副省长郑继伟，市委副书记、市长邵占维，市委常委、副市长杨戌标，市委常委、宣传部长翁卫军，副市长俞东来赴建设工地考察。区委书记王立华、区长朱党其、区委副书记马杭军，区领导费敏儿、叶伟平陪同。

2012年拱墅区大事记

1月20日，区委书记许明、区政协主席钟丽萍、常务副区长卢建标，区委常委范永晨等区领导一行到区信访局看望慰问信访干部。

2月8日，区“两会”召开党员代表、委员大会。区委书记、“两会”临时党委书记许明作重要讲话。区委副书记、“两会”临时党委副书记朱建明主持会议。

同日，区“两会”召开各民主党派、无党派人士会议。区委副书记周志辉出席并作重要讲话，区人大常委会副主任洪嫦，区政协副主席陈曦、李玉美、陈林海出席会议。

2月21日，举行签约仪式，与电信杭州分公司、华信设计院确定了战略合作关系。区委书记许明、区长朱建明、副区长王新宇、区委办主任周国如、电信杭州分公司总经理金晶、华信设计院总经理余征然出席签约仪式。

2月27日，召开2011年度特种设备安全暨质量安全区域监管网络建设总结表彰大会。副区长齐力、市质监局副局长李祖明参加会议并讲话，区人大副主任来鸣、区政协副主席李玉美出席会议。

3月1日，金海岸大舞台在拱墅区文体中心成功举行开张首演，标志着这家由区文广新局重点引进的国内最大的连锁演艺企业正式入驻拱墅区。

3月6日，召开全区民营经济开放型经济大会。区委书记许明作重要讲话，区长朱建明作工作报告，区委副书记周志辉主持会议，常务副区长孙壁庆宣读表彰文件，区领导洪永跃、钟丽萍、齐力、范永晨、来鸣、李玉美在主席台就坐。

3月22日，召开全区人口和计划生育工作会议，市人口计生委主任姚雅仙、区委书记许明、区长朱建明、区人大常委会副主任洪嫦、副区长虞文娟、区政协副主席陈曦出席会议。

3月29日，区政协召开城建资金投融资相关主题座谈会，区政协副主席陈曦，三届区政协副主席陈林海，区政协城建资金统筹课题组部分成员，十余位银行、信托机构负责人及有意愿参与拱墅区土地投资及城建融资的实业家出席会议。

4月1日，召开“优化环境走百企”活动企业问题交办工作会议，各街道、园区、区各相关部门、市各延伸部门等单位50余名相关负责人参加了会议。

4月12日，召开2012年公共卫生工作暨创建国家卫生应急综合示范区动员会。副区长虞文娟出席会议。

4月13日，召开拱墅区银企融资对接会，农业银行、浦发银行、渣打银行、杭州银行、杭州联合银行、建华小贷公司、泰丰小贷公司等金融机构及具有融资需求的40余家企业负责人参加了会议。

4月16日，召开运河文化名区建设暨“践行共同价值观建设东方品质城”大讨论动员会。市委常委、宣传部长翁卫军，区领导许明、朱建明、洪永跃、钟丽萍、周志辉、徐美娟、洪嫦、虞文娟、赵红出席会议。

5月3日，拱墅区纪念建团90周年大会暨“新拱墅•新青年”青春风尚节开幕式成功举行。区委书记许明、团市委副书记周扬、区委副书记周志辉、区委常委、组织部长李炜、区人大副主任洪嫦、副区长虞文娟、团市委学校部部长茹意出席开幕式。

5月5日，在半山国家森林公园游客服务中心举办拱墅区首届“半山立夏节”暨半山国家森林公园游客服务中心启用仪式。

5月28日，拱墅区庆祝“六一”儿童节表彰大会暨“童年的旅行”展示活动在大关中学文澜校区报告厅隆重举行。市教育局局长徐一超，省教育厅基教处马骏，省青少年校外教育中心常务副主任叶青，共青团杭州市委学少部长、杭州市总辅导员茹意，市教育局宣传处处长张志龙，市教育局高中处副处长边宏，《都市快报》科教部主任江武，区人大常委会副主任洪嫦，副区长虞文娟，区政协副主席赵红，区教育局局长张云雷，区关心下一代工作委员会常务副主任赵树华，区少工委主任、团区委书记翁嫣，区少工委主任、教育局副局长周建仁出席会议。

5月30日，举行支持浙商创业创新暨2012总部（楼宇）经济发展推介会。区长朱建明出席会议并致欢迎辞，副区长齐力主持会议。

6月5日，杭州市各区、县（市）政协文史课题协作会议在拱墅区召开。市政协副主席赵光育、叶鉴铭出席，市政协文史委主任宋传水、副主任王英，区政协主席钟丽萍、副主席赵红及各区、县（市）政协分管副主席、文史委主任参加会议。

6月12日，浙江省社区中医药服务研究中心成立揭牌仪式在杭州市拱墅区米市巷街道社区卫生服务中心隆重举行。省卫生厅副厅长张平、区委书记许明、区长朱建明、省中医药管理局局长徐伟伟、杭州市卫生局副局长滕建荣、区人大副主席洪嫦、区政协副主席赵红，杭州市卫生局中医处处长袁北方，区卫生局局长冷静等领导出席仪式。副区长虞文娟主持仪式。

同日，杭州市拱墅区人民政府与浙江中医药大学隆重举行区校合作签约仪式，双方就人才培养、中医科研、中医药产业发展等方面展开合作。省卫生厅厅长杨敬、副厅长张平，省中医药管理局局长徐伟伟，浙江中医药大学书记孙秋华、副书记黄文秀、副校长李俊伟，第二临床医学院、附属第二医院院长蔡宛如，管理学院院长王悦，市卫生局局长陈卫强、副局长滕建荣，区委书记许明、区长朱建明及四套班子分管领导出席仪式。仪式由副区长虞文娟主持。

6月19日，区政府4G（LTE）项目建设协调会在中国移动拱墅分公司顺利召开。

6月26日，市委常委、组织部长张仲灿参加拱墅区党员“网淘”志愿服务平台启动仪式。省委组织部电教中心主任童发根、市委两新工委书记、组织部副部长戴文昌以及区领导许明、周志辉、孙璧庆、李炜、卢建标、陈曦出席仪式。

6月27日，举行庆祝中国共产党成立91周年暨创先争优活动表彰大会。区委书记许明出席大会并作重要讲话。

7月5日，新疆克拉玛依市副市长祝贺杳一行到拱墅区，考察区文化创意产业发展情况。副区长虞文娟陪同考察。

7月11日，区政府召开半年度重点工作推进会暨经济形势分析会。区领导朱建明、孙璧庆、齐力、王新宇、曹晓春、虞文娟、方友青、艾尼瓦尔•买买塔吾拉、刘用全，区人大常委会副主任来鸣、区政协副主席李玉美受邀参加会议。

7月19日，召开2012年半年度城市建设工作会。区领导许明、朱建明、卢建标、王新宇、陈曦出席会议。

8月23日，召开2012年半年度人口形势分析会，区长朱建明、区人大副主任洪嫦、副区长虞文娟、区政协副主席陈曦出席会议。会议由副区长虞文娟主持。

8月24日，副区长虞文娟在区卫生局冷静局长等陪同下，莅临拱宸桥中心，调研浙江老年关怀医院并召开座谈会。

8月29日，召开2012年拆迁“百日攻坚”动员会。区委书记许明、区长朱建明、区人大常委会副主任卢建标、副区长王新宇、区政协副主席陈曦出席会议。

9月5日，召开全区发展楼宇经济推进大会。区领导许明、朱建明、洪永跃、钟丽萍等区四套班子领导出席会议。

9月14日，区食安委主任、副区长王华率区食安办各职能部门、各街道分管负责人和胜利河大兜路美食街管委会负责人前往常州市钟楼区实地考察学习“双桂坊诚信做食品”管理经验。

9月17日，区科技工业区（杭州运河广告产业园）召开拱墅区科技工业功能区暨企业关工委成立大会。省关工委副主任徐全升，市关工委副主任林振国，省关工委办公室主任沈国华，区委常委、园区党委书记范永晨，区委常委、组织部长、区关工委主任李炜，副区长方友青，区关工委常务副主任赵树华，区老干部局副局长、区关工委副主任傅瑞敏出席了会议。

9月28日，副区长王华、区政协副主席李玉美带队对大关东十苑农贸市场、杭州九洲大药房连锁有限公司大关二店、世纪联华超市大关店进行了现场检查。

10月8日，召开2012年“百日招商”动员大会。区长朱建明、副区长齐力，区委常委范永晨，区人大常委会副主任来鸣，区政协副主席李玉美参加会议。

10月9日，拱墅区行政服务中心正式启用。杭州市行政服务中心主任祝永平、区人大常委会主任洪永跃、区政协主席钟丽萍、区委副书记周志辉、常务副区长孙璧庆、区纪委书记蒋杭平出席启动仪式。

10月19日，“幸福养老，和谐拱墅”大型广场志愿者服务活动在运河文化广场举行。副区长、区老龄工作委员会主任方友青，杭州市老龄工作委员会办公室权益保护处处长郑文嫣，区人民政府办公室副主任、区老龄委副主任王嘉武，区府办副主任、信息中心分管领导葛彤以及区老龄工作委员相关成员单位领导出席了启动仪式。

10月20日，“杭州银泰城杯”2012年中国龙舟公开赛年度总决赛在拱墅运河段隆重拉开大幕。国家体育总局社会体育指导中心主任胡建国、副主任邹积军、业务二部主任余汉桥、省体育局局长李云林、市人大常委会副主任徐苏宾、副市长陈小平，区委书记许明、区长朱建明等领导出席开幕式。

10月23日，省委“两新”工委书记、组织部副部长庄跃成到拱墅区调研非公企业党建工作。市委“两新”工委书记、组织部副部长戴文昌，区领导许明、李炜、周国如陪同调研。

11月2日，杭州市云门户研讨会暨“杭州•拱墅”门户网站新版上线启动仪式在拱墅区召开。省政府办公厅电子政务处处长陈新忠，常务副区长孙璧庆，杭州市政府电子政务办公室主任黄锐、区府办主任吕劲松参加会议。会议由区府办副主任葛彤主持。

11月8日，中国共产党第十八次全国代表大会隆重开幕。区四套班子领导，法、检两长，副区长级领导，正区级巡视员，区人武部政委以及区政府大楼内部机关工作人员一起在现场认真收听收看了胡锦涛同志在大会所作的报告。

11月15日，九三学社拱墅区基层委员会举行成立大会，选举产生九三学社拱墅基层委员会的领导班子。区委副书记周志辉出席会议，区政协副主席、区委统战部长赵红出席并讲话，市政协副主席、九三学社杭州市委会主委朱祖德应邀出席会议。

11月22日，召开文化创意园区建设推进工作会议。区领导徐美娟、虞文娟出席会议。

11月28日，国家级广告产业园试点园区——杭州运河广告产业园盛大开园。国家工商行政管理总局副局长甘霖、副省长王建满、省政府副秘书长谢济建、省工商局局长郑宇民、杭州市副市长俞东来，区领导许明、朱建明、范永晨、邱建伟、赵红、周国如出席开园仪式。甘霖宣布杭州国家广告产业试点园运河园区开园，区委书记许明致辞，区长朱建明主持开园仪式。

12月8日，“2012中国最佳休闲城区”等五项休闲大奖，在重庆召开的“2012中国（国际）休闲发展论坛”上正式公布。拱墅区荣膺“2012中国最佳休闲城区”大奖。

12月15日，国内首个电子政府发展指数在杭州诞生，2012年度杭州地区电子政府发展总指数最高是拱墅区，指数为0.8709。

12月28日，区委召开六届三次全体（扩大）会议，认真学习贯彻党的十八大和省、市委全会精神，落实省委书记夏宝龙、市委书记黄坤明到区调研指示要求，审议通过《中共杭州市拱墅区委关于认真学习贯彻党的十八大精神，扎实推进富强秀美文化和谐新拱墅建设的决定》，总结2012年工作，部署2013年任务。区委常委会主持会议。区委书记许明代表六届区委常委会向全会作报告。区委委员、候补委员出席会议。

2012年高新区（滨江）大事记

1月9日，召开第十二次“春风行动”动员会。区党委书记张耕出席会议并讲话，区委副书记、管委会主任、代区长詹敏主持会议。

1月13日，区委书记张耕会见了到访的诺基亚西门子通信浙江/上海研发中心总经理思雅（中文名）女士一行。

1月17日，区委副书记、管委会主任、代区长詹敏，区委副书记俞少平，副区长袁如祥等热情接待了桐庐县委副书记吴玉凤、副县长王金才一行，叙友谊谋发展。

1月30日，区委书记张耕，区委副书记、管委会主任、代区长詹敏，区党工委委员、区委常委、管委会副主任、副区长陈瑾走访了恒生电子、贝因美、华三通信、恒基钱江三桥等公司。

2月1日，副省长王建满到滨江区中南卡通、海康威视等民营企业调研。区委书记张耕，区党工委委员、区委常委、管委会副主任、副区长金志鹏等陪同调研。

2月8日，省委组织部副部长、人才办主任姚志文一行到滨江区调研海外引才工作情况。区委书记张耕，区党工委委员、区委常委、组织部长叶泽陪同调研。

2月12日，杭州市委常委、组织部长张仲灿一行调研滨江区人代会筹备以及迎接市党代会的准备情况。区委书记张耕，区委副书记、管委会主任、代区长詹敏，区人大常委会主任周瑞烈，区委副书记俞少平，区人大常委会党组副书记韩建中，区党工委委员、区委常委、组织部长叶泽，区政协工委副主任毛进等陪同调研。

2月22日，区委书记张耕，区党工委委员、区委常委、管委会副主任、副区长陈瑾、孙剑甫，区党工委副书记楼杏元，区党工委委员、区委常委、管委会副主任、副区长、宣传部长卓超检查第八届中国国际动漫节筹备工作。

2月29日，召开彩虹快速路建设领导小组会议，研究解决征地拆迁和工程建设中遇到的问题。区委副书记、管委会主任、区长詹敏，区委副书记俞少平，区党工委委员、区委常委、管委会副主任、副区长陈瑾，区党工委委员、区委常委、纪（工）委书记王慎非，区党工委委员、区委常委、管委会副主任、副区长孙剑甫，区党工委副书记、区委常委楼杏元等出席会议。

3月2日，召开“进村入企、服务基层”暨征地拆迁工作会议。区党委书记张耕作重要讲话，区委副书记、管委会主任、区长詹敏作报告，区委副书记俞少平主持会议。

3月9日，区委书记张耕，区政协工委主任沈孔良，区党工委委员、区委常委、管委会副主任、副区长陈瑾，区党工委委员、区委常委、组织部长叶泽，区人大常委会副主任袁如祥，区政协工委副主任余静漪到浦沿街道调研。

3月19日，南京市六合区党政代表团到滨江区考察。并举行缔结友好城区签约仪式，区委书记张耕，六合区区委书记李世贵致辞。区委副书记、管委会主任、区长詹敏和六合区区委副书记、代区长霍慧萍代表两区在建立友好城区关系协议书上签字。

3月20日，区委书记张耕，区党工委副书记、区委常委楼杏元，区党工委委员、区委常委、宣传部长、管委会副主任、副区长卓超一行到白马湖生态创意城检查指导工作。

3月24日，举行2012年第一次“项目开工月”活动暨英飞特电子（杭州）有限公司LED研发生产基地开工典礼。省科技厅厅长蒋泰维宣布开工；杭州市委组织部常务副部长、市委人才办主任李震范，区委书记张耕致辞；区委副书记、管委会主任、区长詹敏主持；英飞特电子（杭州）有限公司董事长华桂潮介绍了项目情况；区领导韩律中、沈孔良、陈瑾、孙剑甫、金志鹏、叶泽出席开工典礼。

4月12日，区党委副书记、管委会主任、区长詹敏，区党工委委员、区委常委、管委会副主任、副区长金志鹏到江北调研区行政服务中心、科创中心、人才中心工作。

4月19日，区委书记张耕，区党工委委员、区委常委、管委会副主任、常务副区长陈瑾，区党工委委员、区委常委、管委会副主任、副区长金志鹏及有关部门负责人先后走访区重点产业项目及企业，调研经济工作。

4月26日，市委常委、公安局长柯良栋到滨江区检查第八届中国国际动漫节安保准备工作。区委书记张耕，区委副书记俞少平，区委常委、宣传部长、副区长卓超，区委常委、公安分局局长周建杭陪同检查。

4月28日，中国国际动漫交易网启动暨2012国际动画片交易会开幕仪式在白马湖动漫广场会展中心举行。国家广播电视总局副局长李伟，国家广电总局副总编辑、宣传管理司司长金德龙，国家广电总局国际合作司副司长曹寅，省广播电视局局长张宝贵，杭州市委常委、宣传部长翁卫军，市政协副主席汪小玫，区委副书记、管委会主任、区长詹敏，区党工委委员、区委常委、管委会副主任、副区长卓超等出席。

4月29日，中国国际动漫产业博览会在白马湖生态创意城启幕。中共中央政治局委员、国务委员刘延东宣布本届动漫产业博览会开幕。全国人大常委会副委员长路甬祥启动水晶球。国家有关部门领导江小涓、杜玉波、王志刚、孙寿山、杨承志，省领导赵洪祝、夏宝龙、黄坤明、冯明以及海内外嘉宾参加开幕式。省委常委、宣传部长茅临生，国家广电总局副局长李伟先后在开幕式上致辞。开幕式由市政协主席、中国国际动漫节执委会主任叶明主持。区委书记张耕，区委副书记、管委会主任、区长詹敏参加开幕式。

5月3日，区委书记张耕，区委常委、常务副区长陈瑾，副区长万爱民调研教育工作。

5月10日，国家发改委副主任张晓强到滨江区考察。省政府副秘书长冯波声，省发改委主任孙景淼，区委副书记、管委会主任、区长詹敏，区党工委委员、区委常委、管委会副主任、常务副区长陈瑾，区党工委委员、区委常委、管委会副主任、副区长金志鹏等陪同考察。

5月28日，欧姆龙通灵自动化系统（杭州）有限公司举行开业典礼，由欧姆龙株式会社和杭州通灵自动化股份有限公司合资的自动化信息领域又一实力强劲公司正式入驻滨江区。区委副书记、管委会主任、区长詹敏，区党工委委员、区委常委、管委会副主任、副区长金志鹏，欧姆龙株式会社执行董事、欧姆龙（中国）有限公司董事长土居公司等出席开业典礼。

6月7日，区人大常委会主任韩建中、副主任谭敏捷到区法院调研。

6月13日，市政协主席叶明到滨江区调研“以创新促转型、做强实体经济”专题。市政协副主席何关新、朱祖德、张必来参加调研。区委书记张耕，区委副书记、管委会主任、区长詹敏，区政协工委副主任俞小安、毛进、余静漪等陪同调研。

6月21日，全区村级集体经济股份制改革推进会议召开，区党工委委员、区委常委、管委会副主任、副区长兰斌出席会议。

6月25日，召开庆祝中国共产党成立91周年暨创先争优表彰大会。区党委书记张耕作重要讲话，区委副书记、管委会主任、区长詹敏主持，区委副书记俞少平宣读表彰文件。

6月29日，副市长佟桂莉到滨江区调研招商引资和外经贸工作。区委书记张耕，区委常委、副区长金志鹏，区委常委、组织部长叶泽陪同调研。

7月6日，全国科技创新大会在北京举行。杭州高新技术产业开发区管委会荣获“国家高新技术产业开发区建设二十年先进集体”荣誉称号，张耕、金志鹏、马品芳、高萍等4位同志被授予“国家高新技术产业开发区建设二十年先进个人”荣誉称号。

7月13日，城乡区域统筹第五协作组暨滨江——拱墅——桐庐区县协作工作本年度第一次联席会议在桐庐县召开。市委常委、常务副市长杨戌标出席并讲话。市委常委、组织部长张仲灿，副市长佟桂莉，区领导詹敏、陈瑾、金志鹏、楼杏元、叶泽等出席会议。

7月20日，省委、省政府召开全省拓市场促外贸工作电视电话会议。区委书记张耕在高新区（滨江）分会场参加会议。区委副书记、管委会主任、区长詹敏在杭州主会场参加会议并上台接受“2011年对外投资和经济合作成绩显著的县（市、区）”铜牌。

8月2日，区委书记张耕专题调研区文化中心建设情况。区领导詹敏、俞少平、陈瑾、金志鹏、卓超、万爱民参加调研。

8月27日，省住房和城乡建设厅党组书记、厅长谈月明率省委督查组到滨江区，开展关于全省推进新型城市化战略专项督查并召开汇报会，副市长俞东来，区党委书记张耕，区委副书记、管委会主任、区长詹敏，区委常委、副区长孙剑甫参加会议。

9月6日，保时捷控股投资性公司落户滨江区。副市长佟桂莉，市政府副秘书长冯国明，区党委书记张耕，区委副书记、管委会主任、区长詹敏出席签约仪式，区党工委委员、区委常委、管委会副主任、常务副区长陈瑾主持签约仪式。

9月20日，第三批“5050计划”入选项目签约仪式暨“人才+资本”对接会在区国家级海外高层次人才创新创业基地举行，市委人才办副主任楼建忠，区委副书记俞少平出席并致辞，区党工委委员、区委常委、管委会副主任、常务副区长陈瑾代表区管委会、政府与入选第三批“5050计划”项目代表签约，区党工委委员、区委常委、组织部长叶泽等主持签约仪式。

9月21日，2012杭商发展论坛——“浙商创业创新·看杭州”在洲际酒店举行。市委副书记、市支持浙商创业创新领导小组组长王金财致辞，副市长佟桂莉主持会议，区委副书记、管委会主任、区长詹敏出席并作投资推介。

9月27日，匈牙利驻沪总领事馆副总领事米哈依率2012“携手浙商”考察组一行到滨江区考察并举行座谈会，省工商联副主席尹健，区委常委、副区长孙剑甫等陪同考察。

10月12日，区委书记张耕实地检查区产业项目进展情况，区党工委委员、区委常委、管委会副主任、常务副区长陈瑾，区党工委委员、区委常委、管委会副主任、副区长金志鹏，区发改局、住建局、商务局、国土分局、高新总公司负责人陪同检查。

10月13日，第六届海峡两岸文化创意产业高校研究联盟论坛在白马湖建国饭店开幕。全国台湾同胞联谊会副会长史茂林出席会议，市政协主席叶明为杭州文化创意产业研究中心和中国传媒大学文化产业博士后工作站（杭州）揭牌，副市长陈小平致辞。区委副书记、管委会主任、区长詹敏，区政协工委主任沈孔良，区委常委、宣传部长、副区长卓超等出席开幕式。

10月16日，区文化中心正式开建，预计将于2015年3月对外开放。副市长佟桂莉，区委书记张耕，区委副书记、管委会主任、区长詹敏，区委副书记俞少平，区委常委、常务副区长陈瑾，区人大常委会副主任何文林，副区长万爱民，区政协工委副主任毛进等出席开工典礼。

10月24日，区国家知识产权示范园区创建工作通过省级验收。区委副书记、管委会主任、区长詹敏，区党工委委员、区委常委、管委会副主任、副区长张红英等出席验收评审会。

11月12日，全市海外高层次人才工作现场推进会在滨江区召开。市委常委、组织部长张仲灿出席并讲话。区委副书记、管委会主任、区长詹敏，区委常委、组织部长叶泽出席会议。

11月29日，区委书记张耕到大华股份、正泰太阳能、华三通信调研工业经济。区委常委、常务副区长陈瑾，区委常委、副区长金志鹏陪同调研。

12月10日，芬兰Avain Technologies Ltd（艾维科技）公司CEO佩卡·库奥斯马宁（Pekka Kuosmanen）一行到滨江区考察，区委副书记、管委会主任、区长詹敏会见并就双方投资合作事项作了友好交流。

12月18日，中国空分设备有限公司国家大型天然气液化及储存设备杭州基地奠基典礼在滨江区举行，中国机械工业集团有限公司副董事长陈志，省发改委总工程师金毅，省直机关工委副书记张小勇，区委副书记、管委会主任、区长詹敏，区党工委委员、区委常委、管委会副主任、副区长金志鹏出席奠基仪式。

同日，浙江大学管理学院院长吴晓波到滨江区参观考察。区委书记张耕，区党工委委员、区委常委、管委会副主任、副区长金志鹏会见了吴晓波一行，共商区校合作方案。

12月26日，召开“两非”综合整治工作部署会，专题部署滨江区“两非”综合整治有关工作。区委副书记俞少平，区委常委、副区长卓超，区委常委、公安分局局长周建杭出席会议。

12月27日，区委书记张耕，区委副书记、管委会主任、区长詹敏，区委常委、副区长孙剑甫调研白马湖生态创意城建设项目。

2012年萧山区大事记

1月9日，副市长、区委书记俞志宏会见了日本静冈县日中友好协会副理事长村上光广率领的代表团一行，双方就加强萧山与静冈县的经贸合作进行了友好交流。

1月13日，杭州市学前教育强区评估验收组正式宣布：萧山区已达到了杭州市学前教育强区的总体要求，建议市政府批准萧山区为市学前教育强区。区领导李玲、周红英、张爱莲、汤金友参加汇报会。

1月16日，区委副书记、代区长李玲，区委常委、副区长赵立明和区政府办、区经发局、区农办和恒逸集团、龙达集团、三弘集团、杭州杭发发电设备有限公司、工商银行萧山支行、民生银行萧山支行等帮扶成员单位负责人，到新湾街道开展欠发达村帮扶工作。

1月29日，召开全区2011年度总结表彰大会。副市长、区委书记俞志宏出席并讲话。区委副书记、代区长李玲主持会议。沈奔新、王珠瑛、谭勤奋等区四套班子领导出席会议。区委副书记、副区长许岳荣宣读各类表彰决定。

1月30日，区四套班子领导向为萧山经济社会发展做出突出贡献的万向集团、浙江恒逸集团、东南网架集团等规模企业送匾。

2月8日，召开2011年度全区百强企业座谈会。副市长、区委书记俞志宏出席并讲话。李玲、沈奔新、王珠瑛、谭勤奋等区四套班子领导出席会议。区委副书记、副区长许岳荣主持会议。

2月9日，在召开的全省宣传思想工作会议上，萧山区喜获“2011年浙江省‘春泥计划’实施先进工作县（市、区）”称号并受到表彰。

2月18日，由福建省福州市市委副书记、市长杨益民率领的福州市党政代表团一行到萧山区考察。市、区领导黄坤明、叶明、杨戌标、郑荣胜、俞志宏、赵光裕、李玲、沈奔新、王珠瑛、谭勤奋、洪松法等陪同考察。

2月22日，举行“项目推进年”动员大会。市、区领导邵占维、俞志宏、李玲、王珠瑛、谭勤奋、许岳荣、洪松法等出席会议。

同日，萧山“进村入企强服务、优化环境促发展”大走访活动正式启动。

3月1日，召开政府投资项目推进工作领导小组办公室（以下简称项目推进办）动员会议。区委常委、常务副区长洪松法出席会议。

3月3日，2012中国（萧山）花木节暨第七届中国园林绿化产业交易会隆重开幕。 省、市、区领导葛慧君、程渭山、陈艳华、俞志宏、何关新、李玲、许岳荣、汪柏遂、赵文虎、叶永浩等出席开幕式。

3月9日，副省长王建满到萧山区调研浙商创业创新工作。区领导俞志宏、李玲、裘超、赵立明、金焕国陪同调研。

3月15日，召开区政府、区政协联席会议。区委副书记、区长李玲，区政协主席谭勤奋，区领导洪松法、施水祥、赵立明、琚朝晖、洪关良、金焕国、赵文虎、黄晓燕，区政协副主席蒋金梁、俞志仁、叶永浩、朱国铭、吴关林、申屠敏，秘书长钱大荣，区十二届政协副主席汤金友参加会议。区政协主席谭勤奋主持会议。

4月1日，省产业集聚区综合考评组到该区对大江东产业集聚区进行考评。市、区领导陈新华、李玲、裘超、施水祥、赵立明陪同考评。

4月9日，东阳市萧山商会正式成立。区政协副主席叶永浩应邀出席成立仪式。

4月10日，由国家发改委副主任徐宪平率领的考察组到萧山区调研中心镇建设和农民工市民化工作。市委常委、区委书记俞志宏，区委常委、副区长赵立明，省、市发改委领导陪同调研。

4月23日，由江苏省南京市江宁区区委副书记、区长陈发喜率领的江宁区考察团一行到萧山区考察。区领导谭勤奋、洪松法、朱先良、赵立明、汪柏遂陪同考察。

4月25日至26日，副区长金焕国率区政府考察团赴江西省吉安市考察，吉安市有关领导陪同考察。

4月28日，总投资达16亿元的浙江南车轨道车辆产业园在空港经济区开工奠基。省委副书记、省长夏宝龙为项目开工发来贺信。副省长王建满宣布浙江南车轨道车辆产业园开工。区领导俞志宏、洪松法、李金达、叶永浩出席奠基仪式。

5月9日，召开全区公共机构节能工作会议。会议对2011年全区公共机构节能工作进行总结表彰，并部署了2012年工作重点。区领导洪松法、董祥富、申屠敏出席会议。

5月10日，杭州大天数控机床有限公

司与西子联合控股举行合资签约仪式。区领导赵立明、叶建宏、董祥富、叶永浩参加。

5月13日，由安徽省黄山市徽州区区委书记、区人大常委会主任张武率领的徽州区党政代表团一行到萧山区考察。区领导谭勤奋、洪松法、朱先良、汪柏遂陪同考察。

5月17日，召开全区深化权力阳光运行暨政务公开和政务服务国家级试点工作动员大会。区领导洪松法、郎文荣、汪柏遂、俞志仁出席会议。

5月26日，杭州市首个区县级联合性、地方性、非营利性法律服务业协会——萧山区法律服务业协会正式成立。区领导许岳荣、邱有来、吴关林参加成立大会。

6月8日，山东省莱芜市党政企考察团100余人在市委书记、市人大常委会主任刘士合，市委副书记、市长杨宜新和市政协主席牛志春率领下到萧山区考察。区领导俞志宏、李玲、王珠瑛、谭勤奋、许岳荣、赵立明、宁承江陪同考察或参加座谈。

6月17日，首个采用商会模式筹建的首期注册资本金最大的小额贷款公司——杭州市萧山区新萧商小额贷款股份有限公司正式开业。区领导洪松法、李金达、吴关林以及省、市相关部门负责人出席成立庆典仪式，并为公司开业剪彩。

6月20日，举行重大项目集中开工仪式，15个重大项目集中开工，总投资约70亿元。俞志宏、李玲、王珠瑛、谭勤奋、许岳荣等区领导分五路参加重大项目集中开工仪式。

6月28日，召开全区推进“网格化管理、组团式服务”工作现场会。区领导许岳荣、洪松法、李磊、何凌超出席会议。

7月9日，由日本三井物产株式会社副社长川岛文信率领的考察团一行到萧山区考察。市委常委、区委书记俞志宏，区委常委、开发区管委会副主任裘超，副区长金焕国会见日本客商。

7月13日，由上城区区委书记陈红英，区委副书记、区长缪承潮带队的上城区党政考察团一行，到萧山区考察构筑大平台、招引大项目、培育大产业及促进新兴产业发展等方面的经验和做法。区领导俞志宏、李玲、王珠瑛、谭勤奋、洪松法、琚朝晖、董华恩、申屠敏等陪同考察。

7月16日，浙江湘湖旅游度假区（湘湖新城）正式挂牌。区领导俞志宏、李玲、王珠瑛、谭勤奋、许岳荣、洪松法、郎文荣、何凌超、汪柏遂、商怀远、金焕国出席授牌仪式。

7月17日，区领导许岳荣、赵文虎赴富阳市考察调研区市协作工作。富阳市领导华德法、王小丁陪同考察。

7月18日，日资银行瑞穗实业银行（中国）上海分行原行长花井健一行到萧山区考察投资环境，寻找合作项目。市委常委、区委书记俞志宏，区委常委宁承江会见了日本客商。

7月30日，区政协召开十三届常委会第二次会议。区政协主席谭勤奋，副主席蒋金梁、俞志仁、叶永浩、朱国铭、吴关林、申屠敏，秘书长钱大荣，区政协巡视员张龙生、汤金友参加会议。区委常委、常务副区长洪松法，区人大常委会副主任董华恩应邀参加会议。

8月3日，副省长毛光烈到萧山调研杭州自主创新示范区创建工作。副市长徐文光，区委副书记、区长李玲，区委常委、副区长赵立明陪同调研。

8月21日，省政府“工业强县”建设规划指导组到萧山区调研“工业强区”建设规划编制工作。

8月27日，区政协召开十三届十次主席会议，专题视察区级医院建设情况。区政协主席谭勤奋，副主席蒋金梁、俞志仁、叶永浩、朱国铭、吴关林，秘书长钱大荣，区政协巡视员张龙生、汤金友参加会议，区政协副主席申屠敏主持会议。区委常委、常务副区长洪松法应邀出席会议。

8月29日，长安福特马自达汽车公司杭州新整车工厂在前进园区破土动工，该项目投资7.6亿美元，约合人民币49亿，也是目前落户该园区最大的项目。省委书记、省人大常委会主任赵洪祝发来贺信，省市区领导龚正、黄坤明、邵占维、罗悦明、佟桂莉、李玲参加典礼。

9月3日，萧山区与中国电信杭州分公司签署了富民强区、智慧萧山“十二五”信息化战略合作实施协议。区委副书记、区长李玲出席并讲话。区委常委、常务副区长洪松法代表区政府与电信签约，区委常委、副区长赵立明主持仪式。

9月6日，世界化纤业界具有广泛影响力的行业盛会——第十八届中国国际化纤会议在萧山区隆重开幕。萧山被中国化学纤维工业协会授予“中国化纤新材料示范基地”称号。

9月19日，第三届萧山国际旅游

节·2012中国国际（萧山）钱江观潮节开幕。副省长王建满宣布开幕。市、区领导俞志宏、张建庭、李玲、王珠瑛、谭勤奋、许岳荣、叶建宏、宁承江、商怀远、金焕国、朱国铭参加开幕式。

9月25日，浦阳江生态经济区发展领导小组办公室正式挂牌成立。区领导俞志宏、李玲、王珠瑛、谭勤奋、许岳荣、洪松法、叶建宏、商怀远、黄晓燕、朱国铭参加授牌仪式。

10月10日，由市委常委、区委书记俞志宏带队，王珠瑛、许岳荣等区四套班子领导以及80余名区管干部组成的萧山首批学习考察团成员，赴苏南、上海等地考察，北上“读书取经”。

10月15日，区人大常委会主任王珠瑛，副主任汪柏遂、李金达、董华恩、董祥富，区级巡视员蒋建国等调研萧山经济技术开发区工作。区委常委、开发区管委会副主任裘超陪同调研。

10月22日，区政府召开三季度经济形势分析会。区委副书记、区长李玲出席并讲话。副区长洪松法、赵立明、琚朝晖、洪关良、金焕国、赵文虎、黄晓燕出席会议。

10月23日，区人大常委会举行第十四次主任会议。区人大常委会主任王珠瑛，副主任汪柏遂、邱有来、商怀远、董华恩、董祥富出席会议，区委常委、常务副区长洪松法，区级巡视员周红英、潘季林、蒋建国等列席会议。

11月12日，浙江省外商投资企业转型升级经验交流会暨第三届浙江省“百强”外商投资企业峰会在萧山区举行。省人大常委会副主任冯明，市委常委、区委书记俞志宏，副区长金焕国参加会议。萧山上榜2011年度浙江省“百强”外商投资企业（独资）有12家。

11月13日，萧山区与滨江区举行有关水域土地换租签约仪式。区领导李玲、洪松法、金焕国，滨江区领导詹敏、陈瑾、丁幼芳参加签约仪式。

11月21日，区委副书记、区长李玲会见了美国安盈资本亚太区董事长欧文斯先生一行。

12月5日，区人大常委会主任王珠瑛赴进化镇调研区旅游“1010”工程之一的天乐庄园项目建设情况。

12月6日，召开省级银行业金融机构负责人“萧山行”政银企恳谈会。会上与6家省级银行签订了《全面战略合作框架协议》。区领导俞志宏、李玲、谭勤奋、洪松法、朱先良、赵立明、汪柏遂、董祥富、蒋金梁等参加恳谈会。

12月14日，江干区区委书记盛阅春，区委副书记、区长滕勇率领党政考察团，到萧山考察在大江东产业集聚区开发建设和湘湖景区建设管理中的经验和做法。区领导俞志宏、李玲、许岳荣、琚朝晖、叶建宏、赵文虎陪同。

12月24日，省委常委、市委书记、市人大常委会主任黄坤明带队，对萧山区2012年度推进惩防体系建设和落实党风廉政建设责任制情况进行检查考核。俞志宏、李玲、王珠瑛、谭勤奋、许岳荣等区四套班子领导参加工作汇报会。

12月25日，召开全区镇街党委（党工委）书记工作汇报会。市委常委、区委书记俞志宏出席并讲话。李玲、王珠瑛、谭勤奋、许岳荣等区四套班子领导参加会议。

12月26日，区中介服务业发展促进会举行会员代表大会暨新年团拜会。区领导许岳荣、董祥富参加。

2012年余杭区大事记

1月10日，举行“送温暖献爱心”动员大会，会议由区委副书记沈昱主持，区委常委、副区长、区慈善总会会长祝振伟作动员讲话。

1月12日，举行旅游集团与省地勘基金合作勘查闲林地热项目的签字仪式。省国土资源厅副厅长（正厅级）潘圣明，市国土资源局局长卢春强，副区长屠冬冬出席签字仪式。

1月17日，省委组织部副部长姚志文调研杭州未来科技城（海创园），市委组织部副部长戴文昌，区领导朱华、孙炳松、李敏华、沈文南、许宏球等陪同调研。

2月15日，省政府副秘书长陈广胜一行前往未来科技城开展“改善发展环境”调研活动。区委常委、未来科技城（海创园）党工委副书记、管委会副主任沈文南，区长助理周坚等陪同调研。

2月21日，副区长李红良一行到区供销联社（供销集团）调研工作。

2月22日，国家农业部财务司李健华司长等一行6人到余杭区开展支农资金使用情况专题调研。省农业厅副厅长叶新才，副区长李红良及区农业局、有关镇街负责人陪同调研。

2月23日，副区长阮英一行到区劳动保障局专题调研劳动和社会保障工作。

2月27日，区委常委、副区长祝振伟到区统计局就全区统计调查工作进行调研指导。

2月28日，副区长许玲娣到区教育局专题调研全区教育工作。

同日，副区长阮英专题调研西溪湿地三期项目推进以及西溪·洪园景区经营管理工作。

3月1日，区委副书记、区长朱华到余杭街道华坞村开展“走村入户”走访活动。

3月6日，副区长李红良赴高新农业示范中心进行调研。

3月7日，美中合作发展委员会郑澈女士一行赴浙江杭州未来科技城（海创园）考察，市委常委、区委书记徐立毅，区委常委、未来科技城（海创园）党工委副书记、管委会副主任沈文南，区长助理周坚，余杭组团（创新基地）党工委副书记陆建友陪同调研。

3月12日，区委常委、副区长祝振伟先后到塘栖镇超山村、柴家坞村、塘北村、宝鼎重工等单位，开展“进村入企、服务基层”大走访活动。

3月19日，区纪委书记方东晓、副书记丰曦红等一行赴开发区调研。

3月20日，区政协主席阮文静一行到绿景村走村入户进行调研。

3月22日，区委书记徐立毅率区委办、区经信局、商务局、住房和城乡建设局等部门主要负责人调研运河街道。

3月29日，区委常委、副区长祝振伟接待了宜家（中国）置业发展总监乔恩一行，并就该企业在乔司区块选址投资建设宜家家居商场相关事宜进行了深入交流。

3月31日，副区长许玲娣到鸬鸟镇山沟沟村进行“进村入企、服务基层”大走访活动。

4月5日，市委常委、区委书记徐立毅，区委常委、组织部部长陈如根，副区长阮英一行走访调研余杭街道。

4月16日，市委常委、区委书记徐立毅一行走访调研闲林水库工程征迁安置工作。

4月17日，区委常委、副区长祝振伟到余杭街道专题调研工业经济工作，并走访了辖区部分重点企业。

同日，区委常委、良管委副书记、良渚组团党工委书记张俊杰，良管委副主任吴立炜、陈寿田、姚文华等一行调研良渚组团和杭州农副产品物流中心有关工作，良渚组团管委会和杭州农副产品物流中心管委会领导班子成员参加了会议。

4月19日，市委常委、区委书记徐立毅到仓前街道开展调研。

4月25日，宁波市江东区委副书记、政法委书记杨慧芳率江东区社会管理考察团一行来到临平、东湖街道社会服务管理中心参观考察，区委副书记、区政法委书记沈昱，区委政法委翁建昌、张金泉、李宾等领导陪同考察。

5月7日，区委副书记沈昱到区农办区农业局走访，专题调研农业农村工作。

5月8日，区委副书记沈昱、副区长施建华到良渚街道调研信访维稳、社会管理创新工作，区委政法委、区府办、国土余杭分局、区住建局、区城市管理局、区法制办等相关部门陪同调研。

5月11日，副区长李红良到余杭街道开展调研。区府办、区发改局、财政局、农业局、林水局、国土余杭分局、住建局（规划分局）等部门相关领导陪同调研。

5月21日，区委副书记、区长朱华到市民之家调研。

6月1日，市委副书记王金财到余杭调研水利工作，副市长戚哮虎、市委副秘书长郭禾阳、市委副秘书长、市农办主任张如勇、市政府副秘书长赵国钦、区委副书记沈昱，市、区有关部门负责人陪同调研。

6月7日，区委常委、宣传部长王姝专题调研西溪湿地·洪园文创有关工作。

同日，区委副书记、区长朱华，副区长阮英到区人力社保局调研全区人力资源和社会保障工作。

6月8日，区委常委、常务副区长楼建忠一行到市民之家专题调研投资项目联合审批服务相关工作，区府办副主任斯建刚等陪同调研。

6月19日，区委副书记、区长朱华，良渚组团党工委书记张俊杰、区府办主任曾宏及区府办有关工作人员一行走访调研良渚街道。

6月25日，市委常委、区委书记徐立毅率区委办（政研室）、农业局、林水局、风景旅游局有关领导调研黄湖工作。

6月28日，区委副书记、区长朱华带领相关人员到华坞村走访慰问。

6月29日，区委副书记、区长朱华带队开展防汛工作专项检查。

7月9日，区委常委、组织部长陈如根专程到区环保局调研全区生态环保工作。

7月10日，区委副书记沈昱赴区住建局专题调研城乡规划建设工作。

7月11日，副区长施建华专程到乔司街道调研乔司地区生态环境整治工作。

7月24日，女大学生创业就业座谈会暨女大学生实训基地授牌仪式圆满落下帷幕。各镇街女大学生、区梅花巾帼志愿者服务团各爱心姐姐志愿服务队小组组长、女企业家代表等60余人参加会议，副区长阮英、区人社局局长马金德、区妇联主席项茶英等有关领导出席会议。

7月26日，广东省委副书记、政法委书记朱明国一行在省委副书记、政法委书记李强等省、市、区领导的陪同下考察了临平、东湖街道社会服务管理中心。

7月30日，副省长毛光烈率省卫生厅、省质监局、省食品药品监管局以及杭州市质监局相关人员，检查了余杭食品企业杭州贝因美集团有限公司，并与有关部门、企业负责人就食品安全工作进行座谈。副区长许玲娣、钱江经济开发区管委会副主任陆建明、质监余杭分局局长曹云根等陪同参加检查。

8月1日，区委副书记沈昱、副区长李红良、区政协副主席孔祥华、区长助理黄海峻一行专题调研区渔业渔政工作，区财政局、国土分局、工商分局、区环保局等有关部门领导参加调研。

8月8日，市委常委、区委书记徐立毅到余杭街道检查防台工作。区领导沈旭微、方国伟、孙炳松陪同视察。

同日，中国社会科学院法学研究所和余杭区共建的“中国社科院法学研究所法治国情调研余杭基地”举行隆重的揭牌仪式。中国社会科学院法学研究所、国际法研究所联合党委书记，研究员陈甦，社科院法学研究所研究员、法治国情调研室主任、《法治蓝皮书》执行主编田禾等法学专家，区人大常委会副主任杜坚强、副区长施建华及区直各部门负责人出席仪式。

8月15日，副区长施建华携政法、区府办、环保、住建、信访、公安、商务等部门赴临东街道调研工作。

8月22日，区人大领导汪宏儿、孙炳松、屠冬冬、王云联及办公室、财经工委、城建环保工委、教育文卫工委、农业农村工委、法制工委、代表工委等区人大工委部门专题调研临平副城政府投资项目建设情况。

8月28日，副区长施建华带领政法委、经信局、环保局等有关部门来到仁和街道调研社会管理创新工作。

9月5日，副区长李红良专题调研双溪集镇改造提升项目，区财政、农业、旅游、供销、径山镇、双溪漂流公司等部门和单位相关负责人陪同调研。

9月11日，区委常委、副区长张斌带领区食品药品监管局、质监余杭分局等部门负责人赴乔司街道开展食品安全大整治百日行动综合督查。

9月25日，召开首届区政府质量奖颁奖暨2012年“质量强区、强业、强企”建设工作会议，市质监局党委委员、副局长卢建祥，区委常委、副区长张斌，区人大常委会副主任孙炳松，区政协副主席戴桂香出席会议，质量强区领导小组成员单位，各镇人民政府、街道办事处和有关企业的负责人参加会议。

9月26日，区委常委、副区长祝振伟到区经信局专题调研全区工业经济工作。区府办、区发改局（项目办）、区统计局有关负责人陪同调研。

10月9日，区委副书记、区长朱华到国土余杭分局调研工作，副区长李红良陪同调研。

10月10日，区委常委、副区长祝振伟到区科技局专题科技工作。

10月17日，区人大常委会副主任孙炳松、王少青、白美玉、王云联等一行，到区财政局调研2012年财政收支预算调整情况。

10月25日，宁波鄞州区政协副主席吴海平率团到余杭区考察社会主义新农村建设工作。区政协副主席黄莉陪同考察。

10月30日，区委常委、副区长张斌到人民银行余杭支行调研指导金融工作。

11月8日，区委常委、组织部长陈如根到仓前街道调研。

11月12日，区委副书记、区长朱华专题调研西溪湿地·洪园景区建设经营管理工作。区长助理黄海峻、区政府办主任曾宏，西溪湿地管委会办公室主任楼秀华、党组书记郭迎辉等陪同调研。

同日，副区长许玲娣到区卫生局调研工作，区卫生局领导班子成员陪同调研。

11月13日，区委常委、区人武部政委朱吉明带领区征兵办工作人员到运河街道检查指导征兵工作。

11月15日，区委常委、常务副区长楼建忠专题调研区住建局工作，区府办、财政局、发改局负责人陪同调研，区住建局班子成员参加会议。

11月19日，区委常委、常务副区长楼建忠带领区府办、区发改局、区财政局相关负责人调研交通工作。

11月29日，区委副书记、区长朱华在区委常委、副区长张斌的陪同下，率区府办一行，到工商余杭分局视察指导全区工商行政管理工作。

12月6日，由安徽省广德县政协主席周凤月率领的安徽广德县考察团一行到国家5A级风景区——西溪湿地·洪园进行了参观考察。区政协主席阮文静、区长助理黄海峻，西溪湿地（余杭）管委会办公室主任楼秀华等陪同参观考察。

12月11日，区委常委、副区长张斌一行到余杭街道走访调研。

12月12日，副区长李红良带领区府办、区安监局、区农业局、区食药局等相关部门负责人专程调研质监余杭分局，分局班子成员陪同调研。

12月13日，余杭区大普宁禅寺复建启动仪式暨祈福开光法会在仁和街道普宁村隆重举行。省委统战部副部长、省民宗委主任冯志礼，市民宗局副局长封懿，区领导沈旭微、屠冬冬、阮英、潘法高、戴桂香和来自省内外的佛教信众以及社会各界人士1500余人参加了启动仪式。

12月19日，召开全区“联乡结村”活动总结座谈会，全区34个帮扶集团牵头单位，有关帮扶镇街参加会议，区委常委、组织部长陈如根出席会议并作重要讲话。

12月25日，副市长戚哮虎、市政协副主席何关新一行考察余杭区现代农业园区建设情况。副区长李红良，区农业局、余杭街道、径山镇相关负责人等陪同考察。

2012年富阳市大事记

1月9日，富阳市召开全市安全生产工作会议。代市长章舜年出席并讲话。市领导陆洪勤、吴炳林与会。

1月18日，富阳大桥暨杭新景富阳互通通车典礼在富阳互通口举行。市四套班子领导姜军、章舜年、胡志坚、汤金华、华德法、华爱金、童定干、潘建平、王书评、陈国康出席通车典礼。

1月31日，省纪委常委罗悦明在杭州市纪委有关负责人陪同下到富阳调研纪检监察工作，并召开专题座谈会。市领导姜军、章舜年、蒋金娥与会。

2月2日，市政协召开七届二十九次常委会，协商讨论市政协八届一次会议的有关事项。市政协主席胡志坚主持会议，副主席陈国康、朱水根、吴炳林、章刚良、祝一君、张志根，秘书长蒋建民出席会议。

同日，代市长章舜年主持召开座谈会，听取部分乡镇（街道）、市级机关对《政府工作报告（征求意见稿）》的意见和建议。市领导童定干、吕清民出席座谈会。

2月7日，副省长王建满到富阳调研民营企业。杭州市副市长佟桂莉，市领导姜军、章舜年、陆洪勤陪同调研。

2月8日，代市长章舜年主持召开市政府第五十八次常务会议。市政府各位领导出席会议，市人大常委会副主任郎卫国、市政协副主席陈国康等列席会议。

2月13日，副省长毛光烈到富阳调研工业经济发展情况。市领导姜军、章舜年、陆洪勤、祝一君陪同调研。

2月14日，举行江南新城大桥南路通车暨江滨南大道、洋浦江生态整治、民主安置小区工程开工典礼。市领导姜军、章舜年、胡志坚、华爱金、王小丁出席典礼，副市长陆洪勤主持。

2月29日，举行全市工业兴市招商引资大会。市委书记姜军、市长章舜年、市人大常委会主任汤金华、市政协主席陆洪勤、市委副书记华德法、常务副市长童定干、副市长方仁臻、裘富水出席会议并在主席台就坐。

3月4日，召开全市总结表彰暨深化作风建设、“进村访民情、入企助发展”活动动员大会。市领导章舜年、汤金华、陆洪勤、华德法、童定干、方仁臻、吕清民、姚利民、蒋金娥、杨国正、王进参加会议。

3月6日，市长章舜年主持召开本届政府第一次市政府常务会议，副市长童定干、方仁臻、吕清民、王小丁、王书评、裘富水、孙洁等参加会议。

3月8日，市老年大学教学楼落成典礼。省、杭州市委老干部局有关负责人及市领导章舜年、华德法、孙洁等参加典礼。

3月12日，副市长王小丁到市残联调研工作。

3月12日至13日，2012年全省重大项目稽察工作会议在富阳召开。常务副市长童定干到会致辞，省发改委副主任周华富、稽察特派员陶国胜到会并讲话。

3月13日，市长章舜年赴场口就城防工程、集镇规划、平台建设、企业发展等进行调研。市委常委、常务副市长童定干陪同调研。

3月19日，浙江省体育局与浙江省旅游局在杭州签署《加强运动休闲旅游产业战略合作框架协议》，副省长王建满出席签约仪式并为浙江省首届运动休闲旅游节承办单位——富阳市人民政府授旗，市长章舜年接旗。

3月27日，副市长王小丁会同市农办、财政局、农业局、林业局、水电局、国土资源局、规划局、供销总社等主要负责人到渔山乡调研农业产业化发展工作。

3月31日，市委书记姜军调研新登产业平台建设。

4月6日，市政府与移动杭州分公司举行战略合作签约仪式。市领导章舜年、吕清民及中国移动杭州分公司总经理林长春等参加仪式。

4月12日，召开国家环保模范城市复检工作领导小组会议。市长章舜年出席并讲话。副市长方仁臻与会。

4月18日，富阳市国学研究会举行成立大会。市委书记姜军发来贺信，市人大常委会副主任郎卫国到会并讲话，省政协原常委唐永富等应邀出席并为新成立的国学研究会授牌。

同日，富阳市人民政府和深圳天安数码城集团，正式就杭州天安·富春硅谷项目落户富阳举行签约仪式。省委常委、杭州市委书记、市人大常委会主任黄坤明，杭州市领导许勤华、佟桂莉，市领导姜军、章舜年、汤金华、陆洪勤、童定干、方仁臻、杨国正、裘富水出席签约仪式。

4月20日，“中国赛艇研发制造基地”授牌仪式在浙江华鹰集团举行。国家体育总局水上运动管理中心主任王渡，省体育局副局长李期华，杭州市体育局局长赵荣福及市领导章舜年、杨国正、裘富水参加仪式。

4月24日至25日，市委副书记华德法率富阳考察团，赴舟山市普陀区考察“网格化管理、组团式服务”和社会管理创新工作。市领导姚利民、陈鸿麟等参加考察。

5月3日，市长章舜年主持召开市政府第三次常务会议，副市长童定干、方仁臻、吕清民、王书评、裘富水、孙洁出席会议，市人大常委会副主任陈鸿麟列席会议。

5月9日，省经信委主任谢力群到富阳市，调研工业企业发展情况。副市长方仁臻陪同。

5月11日，举行富阳市省级特色工业设计示范基地建设试点工作领导小组会议暨目标责任书签约仪式。副市长、省级特色工业设计示范基地建设试点工作领导小组组长方仁臻，开发区主任杨国正出席会议。

5月12日，召开“一创两评”迎检工作会议。市领导章舜年、华德法、童定干、赵玉龙、方仁臻、姚利民、蒋金娥、王进、郎卫国、王小丁、王书评、裘富水、孙洁、蒋建民出席。

5月15日，全省森林抚育工作现场会在富阳召开。富阳荣获“全省森林抚育工作先进县”称号。市长章舜年出席。

5月20日，广东浙江富阳经济文化交流促进会正式成立。市领导章舜年、赵玉龙参加成立仪式。

5月28日，市长章舜年调研江南片造纸功能区整合提升工作。副市长方仁臻陪同调研。

6月7日，市委副书记华德法带领有关部门负责人赴常安镇开展接访活动。

6月13日，宁波鄞州区副区长黄新山率政府考察团到富考察工业经济。副市长张振军陪同。

6月15日，市长章舜年主持召开市政府第4次常务会议。会议审议并原则通过《富阳市“工业兴市”财政扶持政策（试行）》《2012年度富阳市住房保障专项救助收入及财产认定标准（试行）》及保障性住房建设销售有关问题、《富春江（富阳段）岸线综合利用规划》和《杭州龙门永安运动休闲综合体总体规划》。副市长童定干、王小丁、王书评、裘富水、张振军出席。

6月18日，富阳市经济和信息化局正式挂牌。市委常委、副市长方仁臻参加揭牌仪式。

6月26日，富阳经济开发区举行集中签约仪式暨项目推进会议，集中签约项目15个，其中场口新区11个、新登新区4个，总用地面积约472亩，总投资14.3亿元。

7月2日，省经合办主任姚少平一行到富考察指导浙商创业创新工作。副市长裘富水陪同考察。

7月4日，新登、银湖、富春、鹿山、场口五地举行25个项目集中开工仪式，市四套班子领导分赴现场。市领导姜军、章舜年、陆洪勤、童定干、杨国正、孙柏平出席新登主会场开工仪式。

7月17日，省级特色工业设计示范基地颐高圣泓工业设计创意园正式开园。杭州市副市长徐文光宣布开园，市领导姜军、章舜年、方仁臻、杨国正等出席。

7月18日，市政府召开“工业强市”建设实施方案（2012—2016）征求意见会。市领导章舜年、方仁臻与会。

7月19日，市委书记姜军带领市委办、发改局、经信局、规划局、国土局、运休办、经济开发区、交通局、城投集团、富春山居集团等单位负责人赴东洲街道调研。

7月27日至8月2日，市长章舜年率团赴新疆阿克苏、阿瓦提、奎屯等地考察。

8月6日，召开全市工业线半年度工作会议。上半年，富阳实现工业总产值680.6亿元，同比增长7.5%。市领导方仁臻、孙柏平、章刚良等出席会议。

8月14日，召开招商引资工作督查会。市长章舜年出席并讲话。副市长裘富水出席会议。

8月23日，参加全省工业强县（市、区）试点工作座谈会的人员到富阳参观企业。副市长方仁臻陪同。

8月29日，市委副书记华德法带领有关部门负责人、乡镇（街道）党（工）委副书记组成考察团，赴杭州市上城区学习考察社会管理创新工作。市领导蒋金娥、王进参加考察。

8月29日至9月4日，市长章舜年率富阳市政府经贸交流参访团赴台湾台北市、基隆市、南投市交流考察。市政协副主席、统战部长夏芬陪同考察。

9月14日，杭州市“三江两岸”生态景观保护与建设工作现场推进会在富阳召开。杭州市领导王金财、戚哮虎、徐文光，市领导姜军、章舜年、华德法、方仁臻、王小丁与会。

9月16日，在2012年度浙江省十大欢乐健康旅游城市颁奖大会上，富阳被授予“浙江省十大欢乐健康旅游城市”。

9月21日，召开全市“奋战一百天、投资超百亿”攻坚行动动员大会。市委书记姜军出席并讲话。

9月26日，市长章舜年到常绿镇接访群众。

9月27日，由中国书法家协会、浙江省书法家协会、中共富阳市委、富阳市人民政府主办的“中国书法之乡”富阳命名授牌仪式暨“水墨富春”全国书法名家作品邀请展开幕式在东吴公园隆重举行。市委书记姜军出席开幕式并致辞，市长章舜年主持。

10月19日，市长章舜年一行到受降镇，调研项目推进及征地拆迁工作。常务副市长童定干陪同调研。

10月26日，结合西博会第十五届杭州国内经济合作洽谈会召开契机，富阳向全国各地浙江商会会长、副会长、秘书长，杭州在外商会会长、副会长、秘书长、异地在杭商会会长等100余人推介投资环境。市长章舜年致辞，副市长裘富水主持会议。

10月30日，全市项目集中开工仪式在场口新区举行，市委书记姜军宣布开工，市长章舜年致辞。

同日，市政府与杭州电子科技大学举行科技合作签约仪式。杭州电子科技大学负责人及市领导章舜年、韩璐参加仪式。

11月6日，富阳市重点运动休闲项目，也是省重点“浙商回归”项目——杭州龙门永安运动休闲综合体开工奠基仪式举行。副省长王建满、省政协副主席黄旭明，杭州市副市长佟桂莉，市领导姜军、章舜年、汤金华、陆洪勤、华德法、裘富水等出席仪式。

同日，举行投资环境推介会暨招商引资项目签约仪式。市长章舜年、市人大常委会副主任华之江、市政协副主席章刚良出席会议。副市长裘富水主持会议。

11月15日，省环保厅厅长徐震到富阳调研造纸行业整治提升工作。杭州市环保局局长胡伟，市领导章舜年、方仁臻、华之江、邵良陪同调研或参加汇报会。

11月23日，省政府召开全省工业强县（市、区）建设工作电视电话会议。市长章舜年在主会场参加会议，副市长方仁臻在富阳分会场收听收看会议。会上，富阳市等20个省工业强县（市、区）建设试点单位接受授牌。

12月3日，市长章舜年主持召开市政府第十三次常务会议。副市长童定干、方仁臻、韩璐、王书评、张振军出席会议，市人大常委会副主任祝一君列席会议。

12月6日，召开第二十三次市委常委会“双百”攻坚行动汇报会。市领导章舜年、陆洪勤、华德法、童定干、方仁臻、王进、杨国正、张健、楼正权、韩璐、王小丁、王书评出席会议。

12月14日至15日，副市长裘富水率市商务局、财政局等部门负责人和部分企业代表，赴衢州市龙游县开展“山海协作”交流活动。

12月17日，市长章舜年主持召开市政府第十四次常务会议。市领导童定干、方仁臻、杨国正、韩璐、王小丁、王书评、裘富水、孙洁、张振军、邵良出席会议。

12月18日，原全国人大常委会副委员长蒋正华为“国家级富阳经济技术开发区”授牌。省政府副秘书长夏海伟，杭州市副市长佟桂莉等省、市领导及部门负责人和省内兄弟开发区负责人参加。市领导姜军、章舜年、汤金华、华德法、童定干、赵玉龙、方仁臻、蒋金娥、王进、杨国正、楼正权、韩璐、裘富水、王建沂等出席。

12月24日，姜军、章舜年、汤金华、陆洪勤、华德法等市四套班子领导率乡镇（街道）、部分市级机关单位负责人赴杭州高新开发区（滨江）、江干区学习取经。

12月25日，市委书记姜军、市长章舜年为国家级富阳经济技术开发区揭牌。市领导汤金华、陆洪勤、杨国正、裘富水等出席揭牌仪式。

12月27日，浙江中医药大学滨江学院迁建工程在高教园综合体内正式动工。副省长郑继伟赴建设工地考察调研。市领导姜军、童定干陪同考察。

2012年桐庐县大事记

1月4日，县委、县政府在北京举行2012年新春团拜会，县领导毛溪浩、方毅、竺泉海、游宏、毛根洪、方志远、徐海初等出席。

1月9日，县委、县政府在上海举行2012年新春团拜会。县领导毛溪浩、方毅、吴玉凤、程春明、毛根洪、童明、樊春、俞建华等出席团拜会。

1月10日，召开2011年度经济社会发展情况通报会。县领导毛溪浩、方毅、吴玉凤、骆安全等出席会议。

1月20日，县领导毛溪浩、方毅、竺泉海、游宏、程春明、毛根洪、王金才、周建英、童明等走访慰问一线工作人员。

1月29日，县委、县政府召开全县领导干部大会，县四套班子领导、法检两长、人武部主要领导出席会议。

2月1日，省纪委常委罗悦明一行到桐庐调研基层纪检监察和反腐倡廉工作，县领导毛溪浩、吴玉凤、胡绍平等陪同。

2月8日，宁波市考察团到桐庐考察乡村旅游发展工作，县委书记毛溪浩陪同。

2月9日，省农办主任章文彪一行到桐庐调研“美丽乡村”建设工作，县领导毛溪浩、方毅、吴玉凤、王金才等陪同。

2月10日，召开武装工作会议，县领导毛溪浩、程春明、毛根洪、徐海初、濮樟明等出席会议。

2月12日至16日，桐庐县第十五届人民代表大会第一次会议召开。会议依法选举产生了县十五届人大常委会主任、副主任；县人民政府县长、副县长；县人民法院院长、县人民检察院检察长。

2月17日，省小城市培育试点工作2011年度考核组到桐庐实地考核，县领导方毅、毛根洪等陪同。

2月23日，省政协副主席陈艳华到桐庐开展“进村入企”大走访活动，县领导毛溪浩、方毅、程春明、吴玉凤、王优健、潘立铭、周媛玉等陪同。

2月26日至28日，中国青年报社长徐文新一行到桐庐考察城市建设和“美丽乡村”建设情况，县领导毛溪浩、王金才、王优健、樊春等陪同。

3月6日，全省春耕备耕“五送”服务月暨农业科技促进年活动在江南镇荻浦村启动，省农业厅厅长史济锡、副市长何关新、浙江日报社副总编辑徐峻，县领导方毅、吴玉凤、王金才等出席启动仪式。

3月15日，杭州市政协主席孙忠焕到桐庐参加“进村入企、服务基层”大走访活动，县领导毛溪浩、程春明等陪同。

3月16日，丽水市云和县党政代表团到桐庐考察城市规划和新区建设情况，县领导方毅、游宏、程春明、王金才、华健、郑为民等陪同。

3月22日，召开城乡统筹示范区创建动员暨全县农村工作会议，回顾总结2011年农业农村和统筹城乡工作，全面部署2012年“三农”工作，县四套班子领导出席会议。

3月23日，召开全县“社会管理创新年”活动动员暨政法（综治）信访工作会议，县领导毛溪浩、方毅、吴玉凤、毛根洪、周郑、徐海初、濮樟明、刘波、郑建军等出席会议。

3月29日，杭州•桐庐第四届山花节在横村镇阳山畈村开幕。浙江省人大常委会副主任程渭山宣布开幕，杭州市副市长何关新、省农办副主任余振波、省农业厅纪检组长马万里，县领导方毅、游宏、程春明、吴玉凤、王金才、周郑、王优健等出席仪式。

3月31日，召开全县建设“幸福桐庐”暨民生工作会议，县领导毛溪浩、方毅、游宏、程春明、毛根洪、周郑、李鹏等出席会议。

4月1日，县领导毛溪浩、方毅、游宏、程春明等县四套班子领导赴新合乡浙东人民解放军金萧支队纪念馆祭奠革命先烈。

4月6日，副省长毛光烈一行到桐庐调研工业经济工作情况，县领导毛溪浩、方毅、徐海初、潘立铭、周媛玉等陪同。

4月12日，浙江卫视大型新闻行动《小康村里的幸福事》在桐庐县举行启动仪式，县领导吴玉凤、王金才、王优健等出席活动。

4月14日，水利部部长陈雷一行到桐庐视察水利工作，省委常委、副省长葛慧君，县领导毛溪浩、方毅、吴玉凤、王金才等陪同。

4月15日，中组部党员教育中心副主任、全国远程办副主任李丰来桐检查指导远程教育工作，县领导方毅、吴玉凤等陪同。

4月19日，召开“风景桐庐”建设启动

年暨旅游业发展大会，全面部署“风景桐庐”建设和旅游业发展各项工作任务，毛溪浩、方毅、游宏、程春明等县四套班子领导出席会议。

5月2日，召开2011年度全县乡镇（街道）党（工）委书记落实基层党建工作责任制专项述职会议，县领导毛溪浩、王金才、胡绍平、骆安全、王优健、盛春霞、樊春等出席会议。

5月6日，举办首个“桐庐百姓日”活动。县四套班子领导出席活动。

5月19日，中央电视台副台长、中央新影集团总裁高峰一行到桐庐考察城市和新农村建设，县领导毛溪浩、方毅、吴玉凤、王优健等陪同。

5月23日，召开“三江两岸”生态景观保护和建设工作会议，县领导吴玉凤、王金才、华健、樊春、李鹏、郑为民等出席会议。

5月25日，召开县政府常务会议。研究《2012年招才引智实施意见》《关于加快新兴服务业发展的若干意见》《关于加快开放型经济发展的实施意见》《关于进一步加快桐庐商贸服务业发展的扶持意见》和《关于进一步加快桐庐旅游业发展的扶持意见》等有关事宜。

6月1日，县党政代表团赴宁波市鄞州区、江北区考察学习两地工业经济发展和城市建设的经验和做法。

6月6日至10日，浙江省第十三次党代会在杭州召开，县委书记毛溪浩出席会议。

6月14日，杭州市农村现代化县（市）标准体系研究课题组第一次联席会议在桐召开，市政协党组副书记、副主席兼秘书长何关新，县领导毛溪浩、吴玉凤、王金才、雷国兴等出席会议。

6月21日，省同心•知联服务团“双服务”活动周在桐庐县启动，省政协副主席、省委统战部部长汤黎路，省知联会会长、浙江科技学院院长杜卫，市政协副主席、市委统战部部长董建平，省委统战部有关领导，县领导毛溪浩、方毅、程春明、吴玉凤、盛春霞等出席仪式。

6月24日，国家“千人计划”联谊会新材料分会副会长姚力军一行到桐庐考察城市建设、科技平台、产业布局、转型发展等情况，县领导毛溪浩、方毅、毛根洪、潘立铭等陪同。

6月27日至28日，县委书记毛溪浩率团赴香港开展招商引资活动，县领导樊春、潘立铭及有关部门、乡镇（街道）负责人参加活动。

7月2日，杭州市副市长佟桂莉一行到桐调研招商引资和外经外贸工作，县领导毛溪浩、方毅、潘立铭等陪同。

7月11日，召开2012年半年度经济形势分析暨项目推进会，县领导毛溪浩、方毅、程春明、吴玉凤、毛根洪、王金才、方志远、潘立铭等出席会议。

7月13日，拱墅—滨江—桐庐区县协作工作第三次联席会议在桐庐县召开，市领导杨戌标、张仲灿、佟桂莉，拱墅、滨江区党政主要领导、分管领导，县领导毛溪浩、游宏、程春明、吴玉凤、毛根洪、王金才、胡绍平、骆安全、樊春、潘立铭等出席会议。

8月5日，举行第二次政府开放日活动，县领导毛溪浩、方毅、游宏、程春明、吴玉凤、毛根洪、王金才、方颖、胡绍平、王优健、白宇、周建英、樊春、潘立铭、李鹏等出席活动。

8月17日，召开“三农”工作座谈会，县领导毛溪浩、吴玉凤、王金才等出席会议。

8月26日，首届杭州市工艺美术成果展暨当代工艺美术高峰论坛在桐庐县叶浅予艺术馆开幕。中国轻工业联合会副会长陶小年宣布活动开幕，副省长王建满，市领导郑荣胜、徐文光、张鸿建，中国工艺美术学会会长杨自鹏，省市相关部门领导，县领导毛溪浩、方毅、游宏、程春明、周建英、潘立铭等出席仪式。

8月31日，在北京国际饭店举行“中国画城•潇洒桐庐”城市品牌发布暨招商推介会，县领导毛溪浩、方毅、樊春、潘立铭等出席会议。

9月5日，召开“君山引凤”科技人才周组委会会议，县领导毛溪浩、毛根洪、王金才、方颖、骆安全、周建英、潘立铭等出席会议。

9月12日，召开首届中国（桐庐）休闲乡村旅游季组委会会议，县领导毛溪浩、吴玉凤、王金才等出席会议。

9月18日，举行第三季度重大项目“集中开工”活动暨顺发•富春峰景项目奠基仪式，县领导毛溪浩、游宏、程春明、毛根洪、王金才、潘立铭等出席仪式。

9月27日，中国休闲乡村旅游季开幕式暨“画城之夜”主题晚会在桐庐举行，省政协副主席陈艳华宣布中国休闲乡村旅游季开幕，县领导毛溪浩、方毅、游宏、程春明、吴玉凤、王优健、潘晓萍、樊春、周媛玉、王志炎等出席活动。

9月29日，举行首届桐商大会，县领导毛溪浩、方毅、游宏、程春明、吴玉凤、毛根洪、王优健、盛春霞、樊春、潘立铭等出席会议。

10月11日，上海新沪商联合会会长、杉杉集团董事长郑永刚一行到桐庐考察投资环境，县领导毛溪浩、方毅、毛根洪等陪同考察。

10月15日，召开首届华夏中医药养生旅游节组委会工作会议，县领导毛溪浩、方毅、吴玉凤、王优健、周建英、樊春、潘立铭等出席会议。

10月20日，首届两岸三地公共关系论坛暨第三届西湖公共关系论坛在桐庐县举行，县领导毛溪浩、方毅、游宏、吴玉凤、毛根洪、王金才、樊春、潘立铭等出席论坛。

10月25日，全市“110”社会应急联动工作现场会在桐庐召开，市领导王金财、杨戌标、柯良栋、徐祖萼，县领导毛溪浩、方毅、吴玉凤、周郑等出席会议。

10月26日，在上海举行2012潇洒桐庐（上海）推介会，县领导毛溪浩、方毅、樊春、潘立铭等出席会议。

10月29日，中国美术学院与桐庐县人民政府战略合作协议签约仪式隆重举行，县领导毛溪浩、方毅、程春明、吴玉凤、王优健等出席仪式。

11月1日，省金融办副主任盛益军一行到桐庐考察金融业发展环境，县领导毛溪浩、毛根洪、潘立铭等陪同。

11月3日，举行富春江科技城新材料产业园奠基仪式，省委组织部副部长、省人才办主任姚志文，县领导毛溪浩、方毅、毛根洪、方颖、骆安全、潘立铭、周媛玉等出席仪式。

11月8日，中国共产党第十八次全国代表大会在北京人民大会堂隆重开幕，县四套班子领导、法检两长、县级巡视员、人武部部长集中收看党的十八大开幕式。

11月15日，召开全县改革工作推进会，县领导毛溪浩、吴玉凤、毛根洪、李鹏等出席会议。

11月22日，省委常委、市委书记、市人大常委会主任黄坤明到桐庐宣讲党的十八大精神，并进行考察调研，毛溪浩、方毅、游宏、程春明等县四套班子领导陪同。

11月23日，“山高水长——桐庐、余姚、慈溪三地书画联展”在叶浅予艺术馆开幕，县领导毛溪浩、王优健、周建英等出席仪式。

11月24日，2012年中国动漫万里行走进桐庐暨“中国画城•潇洒桐庐”第三届文化创意节在桐开幕，县领导方毅、吴玉凤、王优健、潘晓萍、樊春、周媛玉等出席开幕式。

同日，“中国制笔之乡”命名十周年庆典暨首届制笔文化节开幕式在分水镇举行，副省长陈加元宣布开幕，杭州市副市长徐文光，县领导毛溪浩、方毅、游宏、程春明等出席仪式。

11月29日，富春江科技城通信产业园开园暨11月份重大项目集中开工仪式在县经济开发区圣力控股集团有限公司项目工地隆重举行，县领导毛溪浩、方毅、程春明、潘立铭，县检察院检察长郑建军等出席仪式。

12月3日，县委召开党的十八大精神学习报告会，县四套班子领导、法检两长、县级巡视员、人武部部长等出席报告会。

12月5日，国家邮政局局长马军胜一行到桐调研快递业发展情况，县领导毛溪浩、方毅、游宏、毛根洪等陪同。

12月21日，县委召开常委会，审议《桐庐县拟提任县管领导干部财产申报办法（试行）》、《关于进一步完善乡镇（街道）干部住夜值班制度的意见》和其他事项。

12月24日，省委常委、组织部长蔡奇一行到桐调研“基层走亲”干部直接联系服务群众和乡镇（街道）干部队伍建设情况，县领导毛溪浩、骆安全等陪同。

12月26日，召开第十二次“送温暖献爱心”活动动员大会，县四套班子领导、法检两长、人武部部长等出席会议。

12月27日，由浙西旅游合作组织、桐庐县人民政府主办的2012中国杭州“三江两岸”旅游发展桐庐论坛暨第八届浙西旅游合作峰会在该县隆重举行，杭州市副市长张建庭，县领导毛溪浩、方毅、游宏、程春明、樊春等出席开幕式。

12月28日，县委召开常委会，审议研究县委县政府全会报告、《中共桐庐县委关于深入贯彻党的十八大精神扎实推进中国最美山水型现代化中等城市建设的决定》和公立医院综合改革方案，听取“两会”筹备工作、全县春节前重大工作安排、烟花燃放方案等汇报及交流月度工作。

2012年临安市大事记

1月5日，代市长张振丰、副市长柴世民赴上海联系工作。

1月9日，副市长李文钢、冯镭参加“绿色家园、富丽山村”建设工作领导小组会议。

1月10日，代市长张振丰，副市长柴世民、李文钢、冯镭研究2012年重点项目有关工作。

1月11日，代市长张振丰、副市长柴世民参加共建青山科技城孵化楼项目签约仪式。

1月16日，代市长张振丰、副市长柴世民接待大冢制药企业负责人。

同日，代市长张振丰，副市长柴世民、李文钢参加十三届市委常委会第2次会议。

1月17日，副市长柴世民走访慰问困难群众。

1月19日，代市长张振丰，副市长柴世民调研青山湖科技城建设工作。

1月30日，副市长柴世民研究18省道龙岗至鱼跳段开通仪式筹备工作。

2月1日，代市长张振丰，副市长李文钢、冯镭调研城市环境综合整治工作。

2月6日，代市长张振丰，副市长柴世民、李文钢参加临安市•兴业银行杭州分行政银合作签约仪式。

2月13日，市长张振丰，副市长李文钢参加杭州市推进十大产业发展工作会议。

2月14日，副市长李文钢参加浙北一浙中特高压线路路径选线对接会。

2月16日，市长张振丰，副市长李文钢专题研究盾安环境技术中心、杭叉工业园项目、杭州电子科技大学项目建设工作。

2月22日至23日，市长张振丰，副市长冯镭、沈慧、章登峰赴宁海县考察。

2月24日，副市长裘小民协调临安中学、天目外国语学校迁建项目建设工作。

2月29日，副市长李文钢到清凉峰镇白果村、顺溪村、新峰村开展“进村入企、服务基层”大走访活动。

3月1日，市长张振丰参加省科创基地（青山湖科技城）建设领导小组办公室会议。

3月6日，副市长冯镭参加工业经济政策专题会议。

3月8日，副市长周玉祥参加城乡区域统筹发展和新农村建设讲座。

3月15日，市长张振丰，副市长李文钢、冯镭、章登峰参加全市镇（街道）党（工）委书记履行基层党建工作责任制情况述职会议。

3月16日，市长张振丰，副市长李文钢、冯镭参加市政府与杭州电信战略合作协议签约仪式。

3月21日，市长张振丰、副市长冯镭参加万马集团工业企业（临安）发展战略汇报会。

3月28日，市长张振丰，副市长李文钢、裘小民、冯镭、周玉祥、沈慧、章登峰、吴春法参加2012工业强市暨开放型经济大会。

4月1日，副市长吴春法到杭州参加产业集聚区综合考评汇报会。

4月5日，市长张振丰，常务副市长李文钢、副市长章登峰研究滨湖新区规划工作。

4月9日，副市长周玉祥参加昌化镇后葛村便民服务中心落成典礼。

4月10日，常务副市长李文钢，副市长冯镭协调长西线项目推进有关工作。

4月13日，副市长沈慧参加2012中国•临安百笋宴美食文化节开幕式。

4月17日，副市长吴春法参加杭州市与浙江大学战略合作座谈会。

4月20日，市领导邵毅、章燕、楼国富、裘小民参加浙二医院与市人民医院影像远程联合诊断中心暨医技楼揭牌启用典礼。

4月24日，市领导张振丰、柴世民、吴春法考察青山湖科技城招商引资项目。

4月28日，市领导张振丰、章燕、朱霞生、周玉祥、翁东潮参加2012茶博会•天目源茶文化节活动。

5月4日，副市长冯镭陪同市政协视察工业重点项目推进工作。

5月8日，副市长沈慧参加杭州市招商引资工作专题会议。

5月10日，市长张振丰主持召开市政府第4次常务会议，常务副市长李文钢，副市长裘小民、冯镭、周玉祥、沈慧、章登峰、吴春法、沙拉木•乃买提参加。

5月16日，副市长沈慧到锦南新城对接招商引资工作。

5月22日，副市长周玉祥参加杭州供销农信担保有限公司临安分公司开业典礼。

5月25日，市长张振丰主持召开第四

次市长办公会议、市长工作例会，常务副市长李文刚，副市长裘小民、冯镭、周玉祥、沈慧、章登峰、吴春法、沙拉木·乃买提参加。

5月29日，副市长周玉祥赴上海商谈农业招商项目。

6月4日，副市长沙拉木·乃买提参加杭州市进一步加强政府投资项目监管暨深化工程建设领域突出问题专项治理会议。

6月8日，副市长冯镭、吴春法陪同省交通厅领导调研青山湖科技城道路建设工作。

6月12日，常务副市长李文钢，副市长冯镭参加市“2012安全生产月”活动启动仪式。

6月14日，副市长章登峰参加城东区块综合改造工程工作例会。

6月15日，副市长沈慧、吴春法参加全市招商引资工作推进会。

6月19日，副市长冯镭参加全省扩大交通有效投资暨重点交通项目推进现场会。

6月27日，副市长冯镭参加中国五金制品协会工具分会年会暨临安市中国五金工具生产基地授牌仪式活动。

6月29日，市长张振丰参加市委党校新校区落成启用暨建校60周年庆典活动。

7月3日，市长张振丰，常务副市长李文钢，副市长冯镭调研交通工作。

7月5日，常务副市长李文刚，副市长裘小民、吴春法参加市领导联系重点项目建设工作交流汇报会。

7月9日，副市长冯镭参加全市来料加工业发展推进会。

7月13日，市长张振丰主持召开市政府第六次常务会议，常务副市长李文钢，副市长冯镭、沈慧、章登峰、吴春法参加。

7月16日，副市长沈慧参加万吨新技术竹笋果蔬气调保鲜库及商品化市场项目开工典礼。

7月19日，市长张振丰参加杭州绿色农产品展示展销中心开展仪式。

7月25日，市长张振丰，副市长冯镭、周玉祥、章登峰参加市领导联系重点项目建设工作交流汇报会。

7月30日，市公安分局局长李建明主持召开全市禁毒工作会议。

8月3日，市委副书记柴世民，副市长周玉祥调研市农村电子商务发展情况。

8月11日，市委副书记柴世民，副市长周玉祥到太阳镇横路村检查山核桃受损情况。

8月13日，年产5.6亿片成人护理用品自动化生产线建设项目在玲珑街道夏禹桥村动工建设。市领导邵毅、吴苗强、张金良、范飞、俞琳波、冯镭参加开工典礼。

8月14日，市委书记邵毅主持召开十三届市委常委会召开第16次会议。

同日，市领导柴世民、章燕、周玉祥出席第四届横街葡萄节甜蜜开幕式。

8月16日，省政协副主席姚克到临调研，市政协主席张金良，副市长冯镭等部门负责人陪同。

同日，市长张振丰出席政银企对接会，金融机构与企业签订13.3亿元融资协议。

8月20日，市委副书记黄海峰，副市长裘小民、周玉祥，调研湍口镇联乡结村工作。

8月24日，副市长冯镭参加市安全生产工作例会暨消防和道路交通安全工作会议。

8月31日，市长张振丰主持召开市政府第8次常务会议。

9月3日，长兴县党政代表团到临安考察。市领导邵毅、张振丰、吴苗强、张金良、柴世民、严明潮陪同考察。

9月7日，常委副市长李文钢参加农村土地综合整治工作动员会。

9月10日，市人大常委会主任吴苗强、副主任朱霞生到板桥镇花戏村和锦城街道横街村，调研“绿色家园、富丽山村”建设工作。

9月17日，杭州城西科创产业集聚区管委会主任李震范到临安调研青山湖科技城建设。市领导张振丰、柴世民、严明潮、吴春法陪同调研。

9月19日，副市长沈慧陪同省浙商促进办考察临安高新技术产业园。

9月20日，市委副书记柴世民，副市长周玉祥调研市山核桃加工和销售工作。

9月25日，副市长沈慧参加市假日旅游工作领导小组暨旅游安全工作会议召开。

9月29日，市长张振丰主持召开全市科技创新大会。

10月9日，市长张振丰出席浙江地税促发展强服务优环境会议暨地税大集中系统全面上线仪式。

10月11日，市委副书记柴世民调研昌化副中心城市发展工作。

10月12日，市十五届人大常委会举行第六次会议。市人大常委会主任吴苗强，副主任陈伟民、楼国富、朱霞生、杨为伟、钱铮、罗石荣和委员共20人出席会议。

10月15日，市领导柴世民、李文钢、冯镭、吴春法，参加市综合考评工作推进会。

10月17日，市纪委书记沈国祥调研市行政审批制度改革“两集中、两到位”和电子监察工作。

10月23日，市领导章燕、楼国富、沈慧，参加市旅游行业协会换届大会。

10月25日，市长张振丰主持召开市政府第十一次常务会议。

同日，市领导章燕、楼国富、裘小民、张亚联参加“喜迎十八大第三届国石文化节”开幕式。

10月29日，副市长周玉祥出席全市森林消防工作会议。

10月31日，市领导邵毅、张振丰、李文钢等领导出席临安市政府与浙江医学高等专科学校签署建设新校区合作协议。

11月1日，市长张振丰、副市长周玉祥参加第五届中国杭州临安山核桃文化节开幕式。

11月5日，市长张振丰主持召开市政府第十二次常务会议。

11月8日，市领导邵毅、吴苗强、张金良、黄海峰、柴世民、章燕、周焕泽、沈国祥、李建明、俞琳波等市四套班子成员、法检两长、人武部政委集中收看党的十八大开幕盛况。

11月10日，市领导俞琳波、朱霞生、冯镭、翁东潮参加2012年中国装饰纸产业重构峰会暨临安市“中国装饰纸之都”授牌仪式，临安市荣膺全国唯一的“中国装饰纸之都”称号。

11月16日，市委副书记、青山湖管委会党工委副书记、管委会副主任黄海峰，副市长、青山湖科技城管委会副主任吴春法出席北京银行杭州分行与青山湖科技城战略合作签约仪式。

11月22日，常务副市长李文钢参加市农民工工作联席会议。

11月24日，市长张振丰主持召开市政府第十三次常务会议。

11月28日，市领导邵毅、黄海峰、俞琳波、严明潮、楼国富、冯镭、翁东潮参加2012年临安市科技合作交流洽谈会。

12月4日，市领导张振丰、黄海峰、严明潮、吴春法出席科技浙商·青山湖科技城对接大会。

12月6日，市长张振丰，市人大常委会主任吴苗强，市委副书记柴世民，副市长、城东区块综合改造提升工程建设指挥部常务副总指挥章登峰，市政协副主席斯嘉平出席城东区块钱锦花园（安置小区）开工奠基仪式。

12月11日，市长张振丰出席杭氧集团与杭州钢铁股份有限公司、巨化集团公司、浙江能源集团有限公司三家省属企业签署战略合作协议签约仪式。

12月20日，市长张振丰主持召开市政府第十四次常务会议。

12月25日，市领导张振丰、柴世民、李文钢、杨为伟、冯镭、沈慧、章登峰参加市政府与市总工会召开第九次联席会议。

12月27日，市领导黄海峰、严明潮、吴春法参加中科院长春应化所浙江化工及材料研究基地开工培土奠基。

12月28日，市人大常委会主任吴苗强，市政协副主席张亚联调研市特色村创建工作。

12月29日，市领导章燕、沈慧检查节前市场供应和食品安全工作情况。

2012年建德市大事记

1月4日，杭州市政府务虚会召开，代市长陈震山参加。

1月6日，省参事室领导一行到建德考察化工产业链整合座谈会，副市长吴铁民、祝军出席。

1月9日，2012年企业界新春团拜会召开,副市长吴铁民、李磊出席。

1月11日，杭州市特色创新目标绩效考核专家评估汇报会召开，副市长徐建华出席。

1月12日，洋溪大桥南北岸贯通，代市长陈震山、副市长叶万生出席贯通仪式。

1月13日，全市工业平台会议召开，副市长吴铁民出席。

1月16日，全市公安工作会议召开，代市长陈震山出席。

1月18日，联系乡镇结对帮扶工作汇报会召开，副市长李磊出席。

1月30日，全市机关作风建设动员暨综合考评总结表彰大会召开，代市长陈震山，副市长吕平、叶万生、徐建华、郑冰、祝军出席。

2月1日，市2012年春季大型劳动力招聘会暨春风行动招聘周活动开展，代市长陈震山出席。

2月6日，领导干部经济责任审计联席会议召开，代市长陈震山出席。

2月8日至10日，省级机关“改善发展环境”调研组到建德市调研相关工作，代市长陈震山、副市长徐建华陪同。

2月10日，市政协第十三届第一次会议开幕式召开，代市长陈震山，副市长吴铁民、吕平、叶万生、徐建华、郑冰、李磊、祝军列席。

2月13日至15日，市十五届人大一次会议召开，代市长陈震山，副市长吴铁民、吕平、叶万生、徐建华、郑冰、李磊、祝军出席。

2月16日，第四届建德新安江·中国草莓节开幕，市长陈震山、副市长徐建华出席开幕式。

2月24日，杭州独流入海钱塘江治理工程（建德段）可行性研究报告审查会召开，副市长尤荣福参加。

2月29日，百名农村科技带头人工程领导小组成员会议召开，副市长李磊、尤荣福出席。

3月5日，市政府召开十五届1次常务会议，市长陈震山，副市长郭坚、叶万生、郑冰、李磊、祝军、尤荣福出席。

3月6日，省经信委主任谢力群一行到该市开展“进万企解难题”专项行动，市长陈震山，副市长郭坚、徐建华陪同。

3月8日，副省长葛慧君到建德调研，市长陈震山陪同。

3月14日，新安江、兰江治理工程专题会议召开，副市长郭坚、尤荣福出席。

3月15日，建德市与嵊泗县创国卫工作交流座谈会召开，副市长李磊出席。

3月22日，市政府全体（扩大）会议召开，市长陈震山，副市长郭坚、叶万生、徐建华、李磊、祝军出席。

3月26日，全市农村工作会议召开，市长陈震山，副市长郭坚、祝军、尤荣福出席。

3月29日，2012年全国艺术体操集体锦标赛和个人冠军赛在该市开幕，副市长郑冰出席开幕式。

3月31日，全省改善环境电视电话会议召开，市长陈震山，副市长郭坚、叶万生、郑冰、李磊、祝军、尤荣福出席。

4月1日，建德市畲族文化教育传承暨民族小学第二届文化节召开，副市长祝军出席。

4月11日，省人大调研组洪建新一行到建德调研生态公益林建设情况，副市长尤荣福陪同。

4月12日，白章线改建工程建设专题会议召开，副市长叶万生出席。

4月16日，市政府第七次市长办公会议召开，市长陈震山，副市长郭坚、叶万生、徐建华、郑冰、李磊、祝军出席。

4月18日，全市工业经济和招商引资大会召开，市长陈震山，副市长郭坚、徐建华、李磊出席。

4月23日，建德市国家卫生城市复评迎检动员大会召开，市长陈震山、副市长郑冰出席。

4月24日，全市残疾人工作会议暨“浙江省扶残助残爱心城市”创建动员会议召开，副市长祝军出席。

5月9日，全省历史文化村落保护利用工作现场推进会召开，副市长祝军参加。

5月11日，杭师大建德校友会成立大会暨杭师大教育教学实验基地授牌，副市长郑冰出席授牌仪式。

5月15日，全省工业强省建设工作动员

视频会议召开，市长陈震山、副市长徐建华出席。

同日，梅城镇柘溪山生态农业项目签约，副市长尤荣福出席签约仪式。

5月16日，国际生态城市建设理事会主席伊恩·道格拉斯一行考察千岛湖源新安江生态经济示范区项目，副市长叶万生陪同。

5月25日，重点项目推进工作专题会召开，副市长叶万生出席。

5月30日，市政府召开十五届三次常务会议，市长陈震山，副市长郭坚、徐建华、郑冰、李磊、祝军、尤荣福出席。

5月31日，全市人力资源和社会保障暨“两创”工作动员会议召开，副市长郭坚出席。

6月5日，市长陈震山、副市长徐建华出席电网建设框架协议签约仪式。

6月12日，杭州科技职业技术学院党委书记郦华才调研严州师范，副市长郑冰陪同。

6月13日，全市质量强市工作推进会召开，副市长徐建华出席。

6月14日，杭州市委副书记王金财调研建德市城乡统筹工作，市长陈震山，副市长叶万生、尤荣福陪同。

6月21日，省交通厅副厅长储雪青一行调研建德千岛湖机场，副市长郭坚陪同。

同日，全市“清剿火患”战役总结暨国务院46号文件宣贯会召开，副市长叶万生出席。

6月26日，上海合作组织杭州国际人文交流中心新安江接待处暨西湖国际美术家联谊会新安江创作交流中心挂牌，副市长祝军出席启用仪式。

6月28日，纪念建党91周年暨“新安先锋”创先争优表彰大会召开，市长陈震山、副市长祝军出席。

7月10日，全市工业经济与外向型经济半年形势分析会召开，副市长徐建华出席。

7月12日，党的十八大消防安全保卫战誓师大会暨宣传活动开展，副市长叶万生出席启动仪式。

7月17日，“三江两岸”整治领导小组会议召开，副市长尤荣福出席。

7月18日，第四届建德市里叶十里荷花节开幕，副市长李初排出席开幕仪式。

7月25日，十五届市政府五次常务会议召开，市长陈震山，副市长郭坚、叶万生、徐建华、郑冰、祝军出席。

7月26日，上半年经济形势分析会召开，市长陈震山，副市长郭坚、李初排、叶万生、徐建华、祝军、尤荣福出席。

7月27日，环境保护和生态建设大会召开，市长陈震山、副市长徐建华出席。

8月6日，兴溪花园改建项目专题会议召开，副市长叶万生出席。

8月13日，全市创建文明示范农贸市场工作推进会暨星级文明规范市场授牌大会召开，副市长徐建华出席。

同日，杭州市千岛湖引水工程前期工作协调小组会议召开，副市长尤荣福参加。

8月16日，中国（建德）国大阳光家居博览中心全球招商大会召开，副市长徐建华出席。

8月22日，建德金融恳谈会召开，副市长郭坚、徐建华参加。

8月24日，中心城区改造项目专题会议召开，市长陈震山、副市长郭坚出席。

8月30日，省物产集团书记沈坚调研建德市相关工作，副市长徐建华陪同。

8月31日，全市“工业、招商和重点项目服务月活动”动员大会召开，市长陈震山，副市长徐建华、祝军、尤荣福出席。

9月3日，副市长郑冰出席国家卫生城市迎复评现场督查会议。

9月4日，市长陈震山，副市长郭坚、叶万生出席桥东区块工作专题会议。

9月5日，副市长郭坚、叶万生、祝军出席千岛湖源新安江生态经济示范区项目建设领导小组会议。

9月13日，副市长李初排出席全国科普日宣传周活动暨建德市明珠科技馆开馆启动仪式。

9月20日，副市长尤荣福陪同杭州市人大副主任郑荣胜调研城乡区域统筹工作。

9月25日，副市长李初排出席四川大学——浙江杭州建德市科技合作洽谈会。

9月29日，市长陈震山，副市长郭坚、李初排、叶万生、徐建华、祝军、尤荣福出席市级党员领导干部会议。

10月9日，市长陈震山,副市长郭坚、叶万生出席中心城区改造项目专题会议。

10月10日，副市长郑冰出席“牵手农村学校，助推教育均衡”活动启动暨“同心·知联服务基地”揭牌仪式。

10月11日，副市长李初排参加2012西博会杭州国际投资合作大会开幕式。

10月16日，市长陈震山、副市长尤荣福接待省委书记赵洪祝到建德考察“三江两岸”整治工作。

10月23日，市长陈震山、副市长徐建华与外海集团洽谈月亮湾改扩建项目。

10月26日，市长陈震山、副市长叶万生出席盛德国际广场项目开工典礼。

10月29日，市长陈震山，副市长徐建华、尤荣福出席招商引资工作专题会议。

10月31日，副市长尤荣福陪同杭州副市长戚哮虎调研精品村建设、三江两岸、林业产业等工作。

11月7日，副市长李初排参加2012浙江·杭州国际人才交流与合作大会。

11月8日，市长陈震山，副市长李初排、祝军收看胡锦涛同志在中国共产党第十八次全国代表大会上的报告。

11月12日，副市长尤荣福陪同创新型国家战略推进委员会领导调研。

11月14日，市长陈震山赴杭州经济技术开发区走访城乡统筹工作。

11月20日，市长陈震山，副市长郭坚、祝军出席创建浙江省双拥模范城市动员大会。

11月26日，副市长叶万生出席绿城集团——建德市桥东城市客厅一期项目投资签约仪式。

11月29日，市长陈震山、副市长李初排出席建德市与中国电信杭州分公司“十二五”信息化战略合作协议签约仪式。

同日，副市长李初排出席浙江新安化工集团股份有限公司与俄罗斯国家元素有机物化学与技术科研所签订战略合作签约仪式。

12月6日，副市长郭坚、祝军出席第十三次“春风行动”领导小组成员会议。

12月11日，副市长郭坚赴杭州参加民生领域融资租赁业务推介会。

12月14日，市长陈震山，副市长郭坚、叶万生出席桥东征迁工作专题会议。

12月15日，副市长徐建华出席浙江致中和实业有限公司年产三万吨健康酒生态酿造技改项目开工典礼。

12月19日，副市长祝军出席杭州专家服务建德暨建德市“282”人才导师对接会。

12月21日，市长陈震山，副市长郭坚、尤荣福出席市政府与建行省分行营业部签署战略合作协议。

12月25日，市长陈震山，副市长郭坚、李初排、叶万生、徐建华、祝军、尤荣福参加2012建德市推进惩防体系建设和落实党风廉政建设责任制检查考核工作。

12月31日，市长陈震山、副市长郭坚出席2012年度金融系统慰问会议。

同日，市长陈震山，副市长郭坚、李初排、叶万生、郑冰、祝军、尤荣福出席市政府与市政协年度联席会议。

2012年淳安县大事记

1月7日，县委书记凌志峰、代县长柴宁宁率县四套班子领导进京举行淳安发展汇报会。

1月12日，副县长王晓林检查春运安全保障工作。

1月16日，举行银企新春团拜会。代县长柴宁宁主持团拜会。

1月29日，全县党政军领导集体参加义务植树。

1月30日，召开全县领导干部大会。县委书记凌志峰出席并作重要讲话。

1月31日，2012“统筹区域协作、打造创业淳安”人力资源和创业项目推介大会在千岛湖广场隆重举办。县委书记凌志峰、代县长柴宁宁，县领导董文吉、童忠理、王晓林、徐月焕等到现场了解情况。

2月1日，县慈善总会第二届第七次常务理事会议举行，副县长、县慈善总会会长王晓林参加会议。

2月2日，全县工商行政管理工作会议召开。副县长王军、县人大常委会副主任何建法、县政协副主席翁江涛参加会议。

2月6日，全县林业工作会议召开。县人大常委会副主任童忠理、副县长童小威、县政协副主席徐月焕参加会议。

2月8日，全省审计工作电视电话会议召开。县委常委、副县长余力行在淳安分会场参加会议。

2月9日，全市城乡区域统筹发展暨农村工作电视电话会议召开。县政协副主席徐月焕在淳安分会场参加会议。

2月14日，“两江一湖”五县市第七届暨淳安第六届兰花展正式开展。县人大常委会副主任童小威、县政协副主席徐月焕出席开展仪式。

2月15日，淳安——省农科院产学研签约活动举行。副县长吴新民、郑志光参加活动。

2月19日，淳安县茶叶良种场科技茶园举行“千岛玉叶”科技茶开采仪式，副县长郑志光，县茶文化研究会会长徐光进出席仪式。

2月27日，淳安县——建德市“国卫”复评情况交流会举行，县宣传部长汪建华，副县长吴新民参加会议。

3月7日，副县长王军参加淳杨公路上江埠至汾口段改建工程可行性研究报告评审会。

3月12日，常务副县长余力行到县行政服务中心开展走访调研。

3月13日，千岛湖秀水广场——滨水景观飘带（一期）启用仪式暨“巾帼韵律·舞动淳安”城乡舞林大会在秀水广场隆重举行。县委书记凌志峰宣布开幕。

3月15日，举行“3·15国际消费者权益日”暨“消费与安全”年主题宣传活动，副县长王军、县人大常委会副主任章传强参加。

3月20日，举行“技校杯”千岛湖镇农家菜烹饪技能大赛，副县长王军参加，并为获奖者颁奖。

3月21日，召开城乡统筹专项资金管理会议，副县长郑志光参加会议。

3月23日，“跨业联动助农缴费”电力专项服务活动举行。副县长王军、县人大常委会副主任何建法、县政协副主席徐月焕参加活动。

3月24日，2012千岛湖啤酒生态探源暨三江两湖黄金骑游线——环千岛湖骑游大会开幕。副县长王军致辞并宣布开幕，县人大常委会副主任何建法、县政协副主席占志明出席开幕式，杭州市旅委、市体育局相关负责人出席开幕式并致辞。

3月28日，召开千岛湖水下古城直播工作研讨会。县宣传部长汪建华主持会议。

3月30日，“2012杭州千岛玉叶（里商）茶体验节”开幕式在茶乡里商举行，副县长王军宣布开幕，县领导储志林、童小威、王晓林，正县级巡视员、县茶文化研究会会长徐光进参加开幕式。

4月11日，召开防灾减灾工作会议，副县长郑志光参加。

4月18日，副县长江华平率教育、卫生等部门负责人视察2012年度教育卫生实事工程建设情况。

4月19日，召开千岛湖保护管理工作立法调研座谈会，副县长郭东晓参加。

4月20日，行政事业单位经营性国有资产重组整合工作会议召开。常务副县长余力行参加会议。

4月27日，“火树银花千岛湖”烟花常态化项目正式启动，县宣传部长汪建华、副县长王军、县人大常委会副主任章消美、县政协副主席占志明出席启动仪式。

5月4日，“优环境促发展落实年”暨“问效评议”活动动员会召开。县委常委、纪委书记胡光伟参加会议。

5月9日，省经济和信息化委员会到淳安县调研工业经济运行情况，副县长郭东晓陪同调研。

5月10日，召开工业经济运行情况汇报会，副县长郭东晓参加会议。

5月15日，中国美术家协会千岛湖写生创作基地在龙山岛新安画院揭牌。县宣传部长汪建华和中国美协副秘书长张旭光共同揭牌，副县长王军致辞。

5月17日，县招商引资第五组召开工作推进会议。纪委书记胡光伟主持会议并讲话，县领导章传强、徐月焕参加会议。

5月22日，召开“两会”重点建议提案办理会议。副县长江华平、县政协副主席徐月焕参加会议。

5月23日，召开千岛湖中心湖区景观飘带（秀水广场）城市家具设计方案评审会，县宣传部长汪建华，副县长王军参加。

5月26日，举行千岛湖首届户外休闲运动大会，县人大常委会副主任章湑美出席开幕式并致辞。

6月1日，召开县高学历人才座谈会，县组织部长董毓民参加会议。

6月5日，举行“6.5”世界环境日宣传活动仪式，县人大常委会副主任章湑美、副县长郭东晓、县政协副主席占志明参加。

6月7日至11日，“中国宜居城市”专家评审检查组一行对淳安县千岛湖“中国宜居城市”创建工作进行检查初评。副县长王军汇报了千岛湖“中国宜居城市”创建工作情况。

6月19日，中船重工远舟（北京）科技有限公司与杭州千岛湖阳光游艇制造有限公司正式签约暨澳大利亚中船阳光游艇有限公司正式成立。常务副县长余力行致辞，县人大常委会副主任章传强、副县长郭东晓、县政协副主席徐月焕出席签约仪式并鉴签。

6月21日，常务副县长余力行前往县旅游集团调研重点项目建设情况。

7月4日，2012年政府实事工程督查推进会召开。常务副县长余力行、县人大常委会副主任何建法、县政协副主席胡敏参加会议。

7月11日，2012年全县工业和招商引资培训班开班。副县长郭东晓参加开班典礼并讲话。

7月20日，全县行政事业单位经营性国有资产交接工作会议召开。县委常委、常务副县长余力行出席并讲话。

7月26日，全县农产品安全工作会议召开。副县长郑志光参加会议并讲话。

7月27日，2012千岛湖·临岐“激情夏日·山水临岐”农事体验节在临岐村举行开幕式。县委常委、人武部长黄彤强宣布开幕，县人大常委会副主任鲁连美、县政协副主席占志明参加开幕式。

8月5日，以“魅力名镇、畲族风情”为主题的千岛湖畲族文化节，在富泽村畲族文化公园开幕。县委副书记钱美仙宣布文化节开幕。副县长王军参加开幕式并讲话。

8月9日，县长柴宁宁率度假区、公安局、旅委等部门专程到界首乡，现场研究雨润江南旅游综合体项目的推进情况，同时，调研浪川乡芹川村的保护与开发工程。

8月10日，县资本市场投融资知识培训班开班。副县长郭东晓出席开班仪式并致词。

8月16日，2012杭州·千岛湖第二届王阜幽谷纳凉节开幕。县宣传部长汪建华、县人大常委会副主任章湑美、县政协副主席占志明出席开幕式。

8月28日，环千岛湖度假旅游推介会在上海举行。上海市旅游局副局长程梅红和副县长王军分别致辞。

9月6日，举行2012千岛湖宜居论坛。副县长王军主持，县人大常委会副主任章湑美、县政协副主席占志明参加。

9月13日，副县长王军参加千岛湖镇撤村建居工作部署会议。

9月19日，召开县规划展览馆布展工作会议。

9月21日，召开来料加工工作会议。县委副书记钱美仙、县人大常委会副主任王建民、副县长郑志光、县政协副主席徐月焕参加会议。

9月25日，淳安总商会温州商会乔迁新址暨浙江千岛神韵文化发展股份有限公司举行揭牌仪式。

9月28日，副县长江华平出席汾口镇畹墅小学举行塑胶运动场竣工仪式。

10月9日，县委书记凌志峰调研康盛股份有限公司。

10月10日，召开征兵工作会议，常务副县长余力行、县人武部部长黄彤强参加会议。

10月12日，淳安县“千岛秀”书法作品展览开幕式举行。县人大常委会副主任章湑美、县政协副主席徐月焕参加了开幕式。

10月17日，副县长郑志光出席2012中国·杭州名优茶全程清洁化、智能化、连续化流水生产线技术研讨会。

10月19日，千岛湖旅游三十周年图片展开幕式、千岛湖旅游三十周年献礼演出暨主题音乐会在秀水广场举行。

10月23日，千岛湖源韵茶叶专业合作社成立及“千贺源茗茶”专卖店开张庆典仪式在千岛湖茶叶市场举行。

10月31日，第三届中国杭州·千岛湖有机鱼文化节开幕。杭州市副市长戚哮虎宣布开幕。县长柴宁宁及省海洋与渔业局副局长俞永跃致辞。

11月10日，县宣传部长汪建华参加《杭州日报》枫树岭镇下姜村摄影基地挂牌仪式。

11月11日，副县长王军参加千岛湖旅游服务业国家级标准化试点项目评估会议（首次会议）。

11月11日至13日，国家标准化委员会项目验收组考察验收千岛湖旅游服务业国家级标准化试点项目，淳安县顺利通过验收。

11月18日，召开千岛湖旅游发展30周年恳谈会。县长柴宁宁参加会议并讲话。县委副书记钱美仙、副县长王军、江华平参加会议。

11月30日，县首个院士工作站——杭州清正生物科技有限公司院士工作站正式挂牌。县委书记凌志峰，中国农业科学院植物保护研究所所长、研究员成卓敏共同为院士工作站揭牌。

12月13日，副县长江华平参加“茶文化进学校”活动启动仪式。

12月14日，县中国工农红军北上抗日先遣队暨新四军历史研究会成立。

同日，举行“杭州银行电力采购卡”推广现场会暨授卡仪式。副县长郭东晓参加并讲话，县人大常委会副主任章传强、县政协副主席徐月焕参加。

12月24日，全省发展和改革工作电视电话会议在杭州召开，常务副县长余力行在淳安分会场参加会议。

12月26日，举行2012·千岛湖水上应急搜救演习。副县长王军指导并观摩演习。

12月27日，县委书记凌志峰到金峰乡、左口乡调研城乡统筹工作。

同日，县政府召开座谈会，征求老干部对《政府工作报告》（征求意见稿）的意见和建议。

同日，副县长王军参加2012年淳安县知名商标评审会。

12月31日，县第一人民医院、县中医院、县妇幼保健院以及县第二人民医院正式启动公立医院综合改革。

宁波卷

2012年宁波市大事记

1月5日，市领导刘奇、余红艺、徐明夫、刘海泉、陈奕君等分五路慰问城区困难群众及企业，捎去党和政府的深切关怀和节日问候。

1月10日，常务副市长王勇出席全市司法行政工作会议并讲话。

1月18日，市长刘奇和副市长苏利冕、王仁洲、陈奕君等先后来到汽车客运中心站、栎社国际机场、鄞州万达广场沃尔玛超市和铁路宁波东站等地检查节前安全生产工作。

同日，市长刘奇会见了由德国亚琛市市长马塞尔·菲利普率领的德国亚琛市政府代表团。副市长、市政府秘书长王仁洲一同参加了会见。

1月19日，市长刘奇主持召开第118次市政府常务会议，审议并原则通过《宁波市“十二五”金融业发展规划》。

1月30日，市长刘奇会见由辽宁省委副书记、省长陈政高率领的辽宁省政府代表团。辽宁省副省长邴志刚、宁波市副市长王仁洲等参加了会见。

1月31日，发布《宁波市休闲旅游基地评定规则》公告，标志着国内第一部以休闲旅游基地为专题的地方标准正式出台。该规定于2月1日起正式实施。

2月2日，市长刘奇会见了上海浦东发展银行党委书记、董事长、行长吉晓辉一行。

2月9日，市政府召开全体（扩大）会议，深入分析研判当前形势，部署落实全年工作任务。市长刘奇出席会议并讲话，常务副市长王勇主持会议，副市长余红艺、成岳冲、王仁洲、陈奕君、刘海泉和市长助理林静国等参加会议。

2月14日至15日，市长刘奇、副市长王仁洲等在余姚调研。

2月20日，副市长苏利冕主持召开全市交通铁路工作会议。

2月24日，国家海洋局局长刘赐贵率调研组到甬考察海洋经济工作。副省长葛慧君、市长刘奇陪同考察。

2月27日，在全国双拥模范城（县）命名大会上，宁波市荣获“全国双拥模范城”称号。

3月1日，市政府召开全面推动金融支持实体经济发展大会。市长刘奇出席会议并讲话。副市长苏利冕主持会议。

3月7日，上海大众宁波基地供应商园区暨宁波国际汽车（零部件）产业园推介会在上海举行。市长刘奇，上海大众汽车有限公司总经理张海亮，市委常委、杭州湾新区管委会党工委书记周江勇出席推介会并致辞。

3月13日，市长刘奇到慈溪开展“进村入企”大走访活动。

3月15日，市长刘奇出席全市工业转型升级工作会议并讲话。副市长余红艺主持会议。

3月29日，宁波市金融业联合会成立。副市长苏利冕出席会议。

3月30日，中国文具创意设计中心、中国文具商品交易中心在宁波和丰创意广场落成。中国轻工业联合会副会长王世成、副市长余红艺出席落成典礼。

4月12日，市长刘奇与企业家代表座谈。副市长王仁洲等参加座谈。

4月16日，市领导王辉忠、刘奇、唐一军、王勇、王剑波、朱伟看望参加市政协十四届一次会议的委员们。

4月23日，副市长王仁洲在东港喜来登酒店会见了到访的比利时驻上海总领事乔志一行。

4月24日，市十四届人大一次会议胜利闭幕。会议依法选出新一届市政府领导班子成员。市长刘奇；副市长寿永年、王仁洲、陈奕君（女）、张明华、洪嘉祥、马卫光、陈仲朝。

4月26日，市长刘奇在镇海和北仑调研企业。副市长陈仲朝等参加了调研活动。

5月2日，宁波市政府与国家开发银行在南苑环球酒店举行高层联席会议暨《开发性金融支持宁波市“六个加快”战略重大项目建设合作备忘录》签字仪式。国家开发银行董事长陈元、市委书记王辉忠、市长刘奇、国家开发银行副行长袁力等出席。市秘书长王剑波、副市长王仁洲等出席签字仪式。

5月6日，匈牙利赛格萨德市市长伊斯特万·霍尔瓦一行在匈牙利驻上海总领事库蒂·拉斯洛的陪同下访问宁波市。副市长洪嘉祥会见了霍尔瓦一行。

5月7日，副市长王仁洲陪同市委书记王辉忠调研城市管理工作。

5月17日，副市长陈仲朝陪同市委书记王辉忠在宁波国家高新区成长型企业调研。

5月22日，市长刘奇主持召开市政府第3次常务会议。

5月23日，副市长洪嘉祥会见了到访的澳大利亚驻上海总领事柯未名女士一行。

5月29日，省委书记赵洪祝在宁波专题调研海洋经济发展。市委书记王辉忠、市长刘奇、常务副市长寿永年等陪同调研。

6月6日，副市长洪嘉祥会见前来参加浙洽会、消博会的日本名古屋商工会议所顾问栗冈完尔一行。

6月8日，副市长刘海泉在宁波开元度假酒店会见了到甬参加第五届中国开放论坛的国务院发展研究中心副主任韩俊一行。

6月9日，常务副市长寿永年在香格里拉大酒店会见法国道达尔炼化中国区总裁陆豪杰一行。

6月12日，市委召开全市党员领导干部会议。市长刘奇传达省党代会精神。

6月14日，市长刘奇和副市长王仁洲、张明华及市政府秘书长王建社等先后实地考察了庆安会馆、安澜会馆等文化遗产保护工作。

6月27日，民企对话世界500强活动举行。市长刘奇，商务部部长助理俞建华出席开幕式并致辞，商务部外资司司长刘亚军，副市长刘海泉、洪嘉祥及市政府秘书长王建社等出席。商务部投资促进事务局局长刘殿勋主持开幕式。

6月28日，市长刘奇在鄞州区深入基层联系点和联系企业调研。

7月2日，市长刘奇考察8718公共服务平台。副市长陈仲朝、市政府秘书长王建社等陪同考察。

7月3日，市长刘奇考察南北环快速路建设工程并主持召开座谈会。副市长王仁洲、市政府秘书长王建社等陪同考察。

7月12日，市政府召开“奋战五百天、开通新南站”誓师动员大会。市长刘奇出席会议并讲话。市长助理林静国及市政府秘书长王建社等出席会议。副市长王仁洲主持会议，并代表市政府与11个有关单位签订责任书。

7月18日，经国务院批准，应韩国大邱市政府、芬兰国际贸易协会、波兰比得哥什市政府的邀请，市长刘奇率宁波市政府代表团离甬前往上述三国进行工作访问。

7月26日，副市长刘海泉在南苑饭店会见了来访的埃塞俄比亚驻华大使塞尤姆·梅斯芬一行。

7月31日，市长刘奇在宁波万豪酒店会见了中国太平洋保险（集团）股份有限公司董事长高国富一行。副市长王仁洲及市政府秘书长王建社等陪同。

8月7日，市长刘奇和副市长洪嘉祥、市政府秘书长王建社等赴象山检查指导防台工作。

8月8日，省委书记赵洪祝，国家防总、水利部防台工作组组长、水利部党组副书记、副部长矫勇等到宁波，在市委书记王辉忠、市长刘奇陪同下赶赴象山、奉化、鄞州等地，实地察看灾情，慰问受灾群众和在一线防台救灾的基层干部，检查指导抢险救灾和恢复重建。

8月16日，省委书记洪祝在北仑区下访约访群众。市委书记王辉忠、市长刘奇等参加活动。

8月23日，市长刘奇在鄞州区下访约访群众，现场协调解决有关信访问题。

8月27日，在台风“布拉万”影响之际，副市长王仁洲率领交通、交警、公路等部门前往北仑、镇海等地检查桥梁安全。

9月5日，副市长陈仲朝会见西门子（中国）有限公司高级副总裁兼华东区总经理高岩博士一行，并出席西门子（中国）有限公司宁波分公司成立仪式。

9月8日至11日，市长刘奇陪同十届全国政协副主席、中国工程院主席团名誉主席徐匡迪考察宁波。

9月17日，市长刘奇会见到甬参加2012甬港经济合作论坛的香港贸易发展局总裁林天福以及香港工业总会名誉主席孙启烈、香港新界工商业总会会长马庆丰等工商界人士。副市长洪嘉祥、市政府秘书长工建社参加会见。

9月20日，第八届中国总部经济高层论坛在宁波举行。市长刘奇，第八届中国总部经济高层论坛组委会主任、北京市社会科学院院长谭维克致辞。副市长陈奕君主持开幕式。

9月21日，市委书记王辉忠，市长刘奇会见中国太平洋经济合作全国委员会会长唐国强、中国人事科学研究院院长吴江研究员等70余位前来参加中国浙江·宁波人才科技周的嘉宾。

9月25日，省长夏宝龙率“千里海岸线、海洋经济发展”考察团到宁波调研海洋经济发展情况。市长刘奇、副市长王仁洲及市政府秘书长王建社等陪同调研。

9月27日，市长刘奇会见金华市党政代表团一行，并就两市各方面工作进行座谈交流。

10月9日，市长刘奇在慈溪考察工业企业和工业经济运行情况。

10月10日，全市外商投资项目推进现场会在余姚召开。市长刘奇、副市长洪嘉祥、市政府秘书长王建社等实地考察相关企业。

10月15日，市长刘奇出席中心城区户外广告整治会议，并与市六区政府及国家高新区签订了户外广告整治责任书。市领导成岳冲、王仁洲、陈奕君、徐明夫参加会议。

10月24日，市长刘奇会见美国华特迪士尼公司执行副总裁兼大中华区行政总裁张志忠一行。

10月31日，市长刘奇先后赴江东区、宁波国家高新区，专题调研企业转型升级发展。

同日，副市长陈仲朝出席全市工业经济形势分析会议。

11月5日至6日，市长刘奇、副市长陈仲朝、市政府秘书长王建社等在宁海县深入企业调研生产经营状况。

11月7日，市长刘奇会见到甬考察的华润集团副董事长兼华润置地董事长王印一行。市政府秘书长王建社陪同。

11月14日，常务副省长龚正、市长刘奇在泛太平洋大酒店会见了前来参加2012中国食品博览会的中国商业联合会会长张志刚、中国轻工业联合会副秘书长朱念琳和麦德龙、乐购、上海快客便利等采购商代表。

11月16日，宁波市与四川大学战略合作签约仪式举行。四川大学校长、中国工程院院士谢和平，市长刘奇出席。副市长张明华和四川大学副校长晏世经代表双方签约。

11月27日，总投资约150亿元，涉及轨道交通、装备制造、商务楼宇、智能开发、科研平台等多个领域的6个重大项目在鄞州区签约落户。市委书记王辉忠、市长刘奇会见中国南车集团董事长郑昌泓、博格华纳集团全球首席执行官孟天慕、中国工程物理研究院军转民发展部部长高文、新加坡IGB集团亚洲区总经理黄昆义、北京华油国源科技有限公司总裁甘云天等投资合作方嘉宾。市长刘奇出席了项目签约仪式。

11月28日，副市长王仁洲会见了到甬考察的新加坡高科技公会代表团。

11月29日，第七届中国城镇水务发展国际研讨会与新技术设备博览会在宁波举行。

11月30日，副市长王仁洲率有关部门负责人调研江北区重点项目。

12月2日，市长刘奇会见由地委副书记、行署专员麦尔丹·木盖提（JP）为团长的新疆阿克苏地区党政代表团一行。副市长洪嘉祥和市政府秘书长王建社等参加会见。

12月3日，举行伦敦残奥会运动员庆功表彰大会。市长刘奇出席会议并讲话。副市长马卫光等出席会议。

12月6日，总投资额超100亿元的华侨城文化旅游综合项目花落鄞州。市委书记王辉忠、市长刘奇出席项目签约仪式。

12月11日，市长刘奇、副市长陈奕君到奉化调研商贸物流现代服务企业。

12月13日，市长刘奇、鄞州区委书记陈伟俊考察鄞州区机械制造业，

12月19日，市委举行老干部情况通报会。

12月26日，市长刘奇主持召开市政府第十九次常务会议，审议并原则通过《政府工作报告》(讨论稿)。会议还听取了关于2013年市政府民生实事项目安排情况的汇报。

12月31日，市长刘奇、副市长王仁洲率市财政局、市金融办、人行市中心支行、宁波银监局等部门有关负责人，慰问金融系统干部职工。

2012年江东区大事记

1月7日，区政府召开第八十一次常务会议。会议由区长孙黎明主持，副区长李国宏、翁雪莲、丁丁、陈家连、邵方毅、荣安华，区人大常委会副主任楼爱萍，区政协副主席潘保国参加了会议。

1月9日，副市长苏利冕一行到火车宁波铁路车站东站检查春运工作。区长孙黎明、常务副区长李国宏等陪同。

1月16日，区委召开书记办公（议事）会议。会议讨论研究“重大项目突破年”活动方案以及区“两会”组织工作等。

1月18日，召开年度财政工作会议。区长孙黎明出席并讲话。

1月19日，召开2012年全区安全生产工作会议。区长孙黎明讲话，副区长陈家连主持。

1月30日，区委书记胡军、区长孙黎明走访辖区部分骨干企业。区领导冯全国、陈家连、邵方毅分别陪同走访。

1月31日，召开“重大项目突破年”活动动员大会。区长孙黎明主持会议，于海平、陈勤俭等区四套班子领导出席。

2月2日，区委书记胡军、区人大常委会主任于海平、区人大常委会副主任沃兆珠等参加“网上窗口”接待选民活动。

2月10日，江东区职工服务中心成立揭幕仪式举行，区委副书记杨慧芳、副区长丁丁出席。

2月13日至17日，江东区第十届人民代表大会第一次会议隆重举行。

2月20日，常务副市长王勇、宣传部部长宋伟一行，考察江东区网络社会综合管理体系建设情况。区领导胡军、孙黎明、杨慧芳、戴嘉敏陪同。

2月27日，区十届人大常委会召开第一次主任会议。

同日，召开区政协四届一次主席会议。会议由陈勤俭主席主持，讨论三月份工作安排和2012年工作要点等事项。苏晓光、石兰、杜益民、陈华安等参加。

3月1日，“学雷锋讲文明树新风”志愿服务启动仪式在滨江国际广场举行。区委副书记杨慧芳致辞，区领导戴嘉敏、张定龙、翁雪莲、苏晓光等出席。

3月5日，由中央编译局副局长、比较政治与经济研究中心主任、教授俞可平，民政部民间组织管理局副局长李勇、联合国驻华协调代表兼联合国开发计划署常驻代表罗黛琳女士等组成的专家组实地考察江东社区邻里中心建设情况。区领导胡军、冯全国、翁雪莲等陪同考察。

3月7日，举行全区精神文明建设指导委员会全体(扩大)会议。区长孙黎明出席并讲话，区领导杨慧芳、李国宏、戴嘉敏、翁雪莲等出席。

3月9日，召开全区社会管理创新工作部署会。区政法委书记杨慧芳讲话，区公安分局局长田宾主持。

3月12日，区委副书记杨慧芳一行到深圳发展银行宁波分行、斐戈服装设计院开展“进千企促发展”专项调研服务。

3月13日至14日，市委书记王辉忠在市纪委书记暨军民、副市长苏利冕等陪同下，到江东区考察调研城市建设工作。区委书记胡军、区长孙黎明、常务副区长李国宏等陪同。

3月20日，区委书记胡军、常务副区长李国宏一行到宁丰区块开展“进项目破难题”活动。

3月26日，区长孙黎明接待了长沙市芙蓉区区委副书记、区长李蔚带领的代表团一行。

4月1日，区委书记胡军到斐戈集团开展“进企业促发展”专题调研，区政协副主席、东郊街道党工委书记陈华安参加。

4月5日，“甬港产业设计中心”正式开业，区长孙黎明出席开业仪式。

4月6日，宁波东海银行在东部新城举行开业典礼，副市长苏利冕、区长孙黎明出席该典礼。

4月12日，区委书记胡军到江南社区开展“三进”活动。

4月13日，第十届家博会在国际会展中心拉开帷幕。副市长刘海泉、中国轻工业联合会副会长杜同和、中国轻工业展览中心主任房敏，区领导胡军、孙黎明、陈勤俭、楼爱萍、邵方毅等出席展会开幕式。

4月15日，区领导会见到江东参观考察的香港甬港联谊会客人。

4月26日，区领导孙黎明、李国宏、翁雪莲、丁丁、陈家连、邵方毅、荣富华分别带队检查节前安全生产工作。

4月28日，区委书记胡军、常务副区长李国宏专题调研城市管理工作。

5月4日，召开重大项目督查会。区长孙黎明、常务副区长李国宏以及重点办、住建局、城管局等相关部门和街道负责人参加了会议。

5月7日，区委书记胡军、副区长邵方毅先后到银泰百货江东店、宁兴汽车投资有限公司调研，并召开座谈会专题分析商贸业发展情况。

5月17日，副市长马卫光一行在区委书记胡军、副区长翁雪莲等陪同下，调研白鹤街道阳光驿站。

5月24日，举行行政审批服务工作会议。区委副书记杨慧芳讲话，区纪委书记徐大聪宣读表彰文件，常务副区长李国宏主持会议，副区长丁丁作行政审批服务工作报告，区领导楼爱萍、苏晓光出席。

5月30日，区委书记胡军随市党政代表团到贵州学习考察。副区长陈家连，区政协副主席石兰等陪同。

5月31日，召开重大事项社会稳定风险评估推进工作会议。区政法委书记杨慧芳出席会议并讲话。

6月4日，全区招商选资工作例会召开。区委书记胡军作了重要讲话，区领导冯全国、陈家连、邵方毅、陈华安等参加了会议。

6月8日，新加坡ARA资产管理有限公司联合三立地产控股集团、恒大地产集团共同投资开发的城市之光商业综合体项目在东部新城C3地块开工。市长刘奇、副市长王仁洲，区领导胡军、孙黎明、李国宏等出席开工典礼。

同日，第十四届中国浙江投资贸易洽谈会、第十一届中国国际日用消费品博览会在江东区宁波国际会展中心开幕。

6月12日，区委书记胡军、副区长陈家连一行到浙江广天日月集团开展“进企业促发展”专题调研。

6月21日，区委召开第9次常委会会议。

6月28日，首届世界镍业峰会在江东区举行，区委书记胡军参加了有关活动。

6月29日，区人民政府召开第5次常务会议。会议由区委常委、常务副区长李国宏主持，副区长翁雪莲、丁丁、陈家连、邵方毅，区长助理周建英，区政协副主席苏晓光，区人武部部长陈黎参加了会议。

7月2日至3日，区政协“主题文化建设”课题组到上海市黄浦区、杭州市拱墅区考察。

7月11日，区长孙黎明、常务副区长李国宏到福明街道调研。

7月16日，区委召开书记办公（议事）会议。

7月17日，全区半年度经济形势分析会议召开。区长孙黎明讲话。区领导冯全国、楼爱萍、陈家连、邵方毅、苏晓光、陈华安参加会议。

7月18日，区长孙黎明专题督查政府实事工程进展情况。

7月27日，区委书记胡军、区长孙黎明、区人大常委会主任于海平、区政协主席陈勤俭等区四套班子领导到东海舰队走访慰问，并送上“八一”建军节的祝福及问候。

8月1日，区十届人大常委会召开第四次会议。会议决定免去荣安华同志宁波市江东区人民政府副区长职务，决定任命戴平辉为宁波市江东区人民政府副区长（挂职），区领导李国宏、陈杰农、石兰列席。

8月6日，召开会议，全面部署防抗“海葵”各项工作。

8月15日，区十届人大常委会召开2012年度重要情况通报会。

8月22日，区委理论学习中心组专题报告会举行。

8月27日，召开全区创建全国文明城市指挥部(扩大)会议。区长孙黎明讲话，副区长翁雪莲主持会议，常务副区长李国宏、副区长邵方毅出席了会议。

8月30日，“第八届中国总部经济高层论坛”新闻发布会在江东区举行。北京市社会科学院副院长、中国总部经济研究中心主任赵弘，市服务业办公室副主任楼剑刚，副区长戴平辉出席。

9月6日，区政府召开第7次常务会议。会议由区长孙黎明主持，副区长李国宏、翁雪莲、丁丁、陈家连、邵方毅、戴平辉，区人大常委会副主任张定龙、区政协副主席陈小春参加了会议。

9月7日，第八届宁波汽车文化节在和丰创意广场开幕。区长孙黎明宣布活动开幕，副区长邵方毅致辞，区领导张定龙、陈华安出席活动。

9月11日，区委书记胡军一行赴贝发集团开展解难创优活动，副区长陈家连、戴平辉参加。

9月17日，召开社会管理综合治理暨信访维稳工作会议。

9月22日，宁波人才广场·宁波人力资源服务产业园区在东部新城八骏湾开园。这是全省首个市级人力资源服务产业园。区领导胡军、孙黎明、陈杰农、丁丁、戴平辉等出席开园仪式。

9月27日，市十四届人大代表江东中心组集体视察杭州湾新区开发建设情况，区人大常委会主任于海平参加并主持座谈。

10月10日，区长孙黎明一行到区审计局调研。

10月16日，区长孙黎明带队到宁波永泰实业公司开展服务企业活动。

10月22日，举行区工商联(商会)第一家会所成立仪式。市工商联党组书记余海、区统战部部长杨勇、副区长丁丁等出席揭牌仪式。

10月29日，召开《江东区关于加强和创新社会管理的若干意见(2012－2016)》编制工作部署会。

11月1日，由原众信、富林、之海三家律师事务所合并而来的北京大成(宁波)律师事务所在国际金融服务中心成立。区领导冯仝国、邵方毅等出席开业典礼。

11月9日，“爱生活·爱休闲”特色休闲旅游基地探访暨江东都市工业旅游线路发布仪式在庆安会馆举行。

11月15日，全市首家社区联合商会——宁波市江东区东外滩社区联合商会成立大会在和丰创意广场举行。

11月21日，召开党的十八大精神学习会。

同日，区政府召开第10次常务会议。区长孙黎明主持。

12月7日，中国船级社浙江分社与区政府、东部新城指挥部、东投公司签署四方协议，这标志着该项目正式落户东部新城。区长孙黎明、副区长邵方毅出席。

12月8日，由中国管理科学学会组织评选的中国管理科学奖在北京揭晓，江东区网络社会综合管理新体系荣膺第三届中国管理科学创新奖。

12月14日，联合国副秘书长、开发计划署副署长格林斯潘女士一行实地考察了江东区邻里中心建设情况。区领导翁雪莲、戴平辉陪同考察。

12月20日，全国党建研究会会长虞云耀一行，先后来到划船社区、和丰创意广场调研江东区党建工作，省委组织部副部长、“两新”工委书记庄跃成，市委常委、组织部部长杨立平，区领导胡军、孙黎明、杨慧芳、冯全国、陈杰农、戴平辉等陪同。

12月24日，江东“邻里中心”获“中国社会创新奖”入围奖。

12月26日，中国贸促会宁波市江东区委员会成立大会暨第二届江东国际商会会员代表大会举行。区长孙黎明、副区长邵方毅出席活动。

12月28日，区委八届五次全体(扩大)会议召开，审议并通过了区委常委会工作报告，提出了2013年工作思路和主要工作任务。

2012年海曙区大事记

1月5日，区政协召开三届二十九次常委会议。区政协主席王黎明，区统战部部长赵剑光，区政协副主席贾亚炜、徐德荣，秘书长曾垂华和全体常委参加会议。区委组织部部长金彦、常务副区长谭国洪应邀参加会议。

1月6日，市长刘奇、市人大常委会副主任姚力到海曙区慰问困难群众。区委书记彭朱刚、代区长吴胜武等区领导陪同。

1月9日，召开全区经济工作会议。区委书记彭朱刚、代区长吴胜武出席会议并讲话。

1月12日，区委书记彭朱刚到南塘河历史文化街区视察。

1月19日，代区长吴胜武、常务副区长谭国洪一行慰问区环卫工人。

1月31日，副区长卜明长一行赴区食品药品监管局调研。

2月1日，区委书记彭朱刚、常务副区长谭国洪、区委办主任张相晋等一行专程赴区南站指挥部调研南站区域改造工作。

2月8日，市长刘奇、副市长王仁洲、市政府副秘书长兼办公厅主任叶双猛、市政府副秘书长朱达、办公厅副主任陈崇东等市领导一行，在区委书记彭朱刚、代区长吴胜武、常务副区长谭国洪、副区长国宇等区领导陪同下，视察了区南塘河历史街区。

2月16日，中央综治委委员、共青团中央书记处第一书记陆昊带领中央社会管理创新典型培育蹲点（联系）调研指导组赴海曙区社会组织服务中心考察。区委书记彭朱刚、代区长吴胜武陪同考察。

2月21日，区委书记彭朱刚赴段塘街道华兴社区调研。

2月22日，“海纪（勤廉）大讲堂”揭牌仪式暨首次讲座在区天一党员服务中心隆重举行。市纪委副书记张文斌、区纪委书记柴高坤等领导出席仪式并讲话。

2月23日，副区长林洁到爱菊艺术学校、市实验小学进行教育工作调研。

3月3日，海曙（香港）联谊会成立典礼在香港隆重举行。区长吴胜武出席并致辞，中央人民政府驻香港特别行政区联络办公室协调部副部长廖勋，市统战部长郁伟年，区统战部长赵剑光等到会祝贺，海曙（香港）联谊会会长陈正龙，副会长杨琪、范久祥、邹汉章、周赛方、康慧君、缪毅等120余位海曙籍乡亲参加了成立庆典。

3月6日，召开政府投资项目建设情况专项审计调查动员会，常务副区长谭国洪出席会议并讲话。

3月12日，副区长张宁辉一行赴区统计局调研。

3月16日，召开2012年度建议提案办理工作会议。区委副书记毕东华出席会议并讲话，常务副区长谭国洪主持会议，区委组织部长金彦、区人大常委会副主任童经纬、区政协副主席赵剑光等区领导参加会议。

3月20日，副区长张宁辉赴区发改局调研。

3月23日，召开2012年度区重点区块房屋征收工作会议。区长吴胜武出席会议并讲话，常务副区长谭国洪主持。

3月31日，首届“才富•宁波”海曙区总部经济高层次人才洽谈会成功举办，区委副书记毕东华、区人大常委会副主任童经纬、副区长国宇、区政协副主席舒建国等区领导出席。

4月10日，副区长卜明长赴南站综管办，专程调研南站区域综合管理工作。

4月12日，召开城市基层党建工作理论研讨会，区委组织部部长金彦出席会议并讲话。

4月14日，在首届世界“宁波帮”大会上，区汉爵浙江总部项目顺利签约。

4月19日，常务副区长谭国洪视察区三眼桥拓宽工程建设情况。

4月23日，举行海曙区（段塘）汽车4S店诚信联盟成立仪式暨汽车销售礼仪大赛，副区长张宁辉出席并致辞。

4月25日，举行庆祝“五一”国际劳动节暨先进表彰大会。区委书记彭朱刚出席会议并讲话，区委副书记毕东华主持会议，常务副区长、区劳动竞赛委员会主任谭国洪宣读表彰决定。区领导陈志国、王黎明、朱振甫、周建军、石贤义、张相晋、刘臻等出席大会。

4月27日，常务副区长谭国洪赴区发改局调研。

5月4日，区长吴胜武、常务副区长谭国洪一行赴海城公司视察。

5月7日，举行与青岛市市北区建立友好城区签约仪式。陈志国、王黎明、毕东华、谭国洪、孙铭龙等区领导及青岛市市北区惠新安、由翠玉、宋正义等区四套班子领导出席签约仪式。

5月10日，举行区“工程项目廉情监测点”揭牌启动仪式。区纪委书记柴高坤，区监察局副局长许瑾瑾等领导出席仪式并作重要讲话。

5月11日，区长吴胜武一行赴区留学人员创业园参观考察。

5月21日，区长吴胜武、副区长卜明长在区发改局、经合局、城管局、财政局、商务局、房管处和鼓楼街道等有关部门负责人陪同下，赴鼓楼步行街调研综合整治提升工程。

5月29日，区政协主席王黎明率领全区18名政协委员赴区司法局调研法律援助工作。

5月30日，民革海曙区总支部召开成立大会。民革市委会主委王建康，区四套班子领导毕东华、孙铭龙、国宇、赵剑光、徐德荣及市直、海曙民革党员45人出席成立仪式。

5月31日，区委书记彭朱刚赴西门街道下访约访社区群众。

6月4日，区委书记彭朱刚、常务副区长谭国洪等区领导调研铁路宁波站改扩建南北广场及周边配套道路工程，区南站指挥部、财政局、国土分局、南门街道、望春街道等有关部门及街道负责人参加会议。

6月8日，区长吴胜武主持召开2012年投融资工作领导小组第二次会议。

6月9日，欧洲华商投资考察团一行17人到海曙区投资考察，区人大副主任林兵、副区长张宁辉、区政协副主席薄慧敏及区经合局、南站指挥部、海城公司等单位负责人陪同。

6月13日，举行鼓楼历史文化街区有机更新项目开工仪式。区委书记彭朱刚、中国美术学院党委副书记胡钟华、市府副秘书长倪炜、区人大常委会主任陈志国、市城管局副局长陈建胜、区委办主任张相晋、副区长卜明长和鼓楼步行街商圈综管委成员单位负责人、中美院项目设计团队、业委会和经营户代表、施工方代表和宁波市各新闻媒体记者等各界人士近百人出席了开工仪式。

6月25日，常务副区长谭国洪、区委办主任张相晋一行调研铁路宁波站改扩建南北广场及周边配套道路工程。

6月29日，全市共建智慧交通体系合作协议签约仪式在海曙区举行，市长刘奇、副市长刘海泉、区长吴胜武等领导出席签约仪式。

7月2日，召开2012宁波购物节企业座谈会。区长吴胜武、区委宣传部长石贤义、副区长张宁辉等区领导、相关职能部门负责人及辖区20家重点商贸企业负责人等参加了会议。

同日，区长吴胜武代表区政府与宁波狮丹努集团有限公司顺利签订区顺德华庭南侧地块投资开发建设协议。

7月12日，召开服务业发展领导小组会议，区长吴胜武、副区长张宁辉出席会议。

7月17日，召开四套班子议军会议。区委书记、区人武部党委第一书记彭朱刚出席会议并作重要讲话。区长吴胜武主持会议，区四套班子主要领导参加了会议。

7月18日，举行区工商联（商会）牵头组织的中小微企业共同基金签约仪式。副区长张宁辉，区政协副主席、统战部部长赵剑光及工商联常委企业代表等嘉宾出席。

7月25日，召开半年度安全生产工作会议。副区长卜明长出席并讲话。

7月27日，2012宁波购物节精彩开幕。市人大常委会副主任施孝国、副市长陈奕君、市政协副主席范谊、区长吴胜武、区政协主席王黎明等市区主要领导出席开幕式，区四套班子领导、区属各街道、各部门主要负责人、宁波商业界代表以及各级媒体朋友约300余人参加开幕式。

8月8日至9日，区委书记彭朱刚、区长吴胜武在区相关职能部门陪同下，第一时间到望春街道视察灾情，指导防灾减灾工作。

8月9日，区长吴胜武、副区长卜明长召集各街道及相关单位负责人在区“三防”办专题召开抗灾救灾工作会议。

8月10日，举行宁波市免费无线上网工程海曙区试点项目战略协议签约仪式。市智慧办主任、市经信委副主任谢月娣、区长吴胜武出席签约仪式。

8月17日，省委书记赵洪祝到海曙区调研基层党建工作。省、市、区领导任泽民、王辉忠、赵一德、刘奇、王剑波、朱伟、彭朱刚、吴胜武、柴高坤、金彦等陪同调研。

8月22日，常务副区长谭国洪一行赴望春街道实地视察区旧村改造工作。

8月27日至28日，省义务教育均衡发展区督导评估组一行对区义务教育均衡发展区创建工作进行督导评估。副区长林洁、区教育、财政、人力社保、发改、建设、规划、国土等部门负责人参加了会议。海曙区以高分顺利通过此次评估。

9月7日至9日，第二届中国（宁波）智慧城市技术与应用产品博览会隆重举行，区长吴胜武，副区长张宁辉、胡余波等区领导到会参观。

9月14日，举行海曙纪委望春工作室成立仪式暨“廉政之家”网站开通仪式，市纪委副书记张文斌、区纪委书记柴高坤等领导出席了成立仪式。

9月19日，召开重大项目推进情况汇报会。区领导彭朱刚、吴胜武、柴高坤、谭国洪、张相晋、童经纬、孙铭龙、薄慧敏等参加会议。

9月24日，举行区人大常委会主任接待日活动，常务副区长谭国洪、区人大常委会副主任林兵等区领导参加。

9月26日，区长吴胜武、常务副区长谭国洪一行到西门街道视察指导轨道交通1号线一期配套工程4号线大卿桥站项目征收工作。

9月26日，举行海曙浦发村镇银行政银合作签约仪式。区委书记彭朱刚、区长吴胜武、常务副区长谭国洪、区人大常委会副主任林兵、副区长张宁辉、区政协副主席薄慧敏等区领导和浦发银行副董事长陈辛、执行董事沈思等出席了签约仪式。

10月9日，常务副区长谭国洪赴鼓楼步行街调研指导鼓楼历史文化街区有机更新项目。

10月11日，2012年全国大中城市火车站地区综合管理研究会秘书长会议暨宁波南站区域综合管理模式交流会在海曙区顺利召开。副区长卜明长出席会议并致欢迎词。

10月16日，区委书记彭朱刚、区委办主任张相晋、副区长张宁辉一行到段塘街道太平鸟集团、白云街道宁波彩虹大药房有限公司走访调研。

10月25日，第16届宁波国际服装服饰博览会在宁波国际会展中心举行。区委书记彭朱刚、区长吴胜武、区政协主席王黎明、区人大副主任孙铭龙、副区长卜明长、区政协副主席薄慧敏等领导走访调研区参展企业的展销工作。

10月26日，区委书记彭朱刚走访调研中钢集团浙江有限公司。

10月30日，举行第三期企业高级经营管理人才（非公经济代表人士）高端研修班开班仪式，区委组织部部长金彦、副区长张宁辉、区政协副主席赵剑光出席开班仪式。

11月9日，区委书记彭朱刚赴区司法局调研。

11月14日，区长吴胜武一行到区地税局开展税收调研工作。

11月16日，常务副区长谭国洪一行赴区住建局调研。

11月20日，区长吴胜武走访调研了太平鸟集团、博宏恒基集团两家区内企业。

11月29日，市经信委党工委副书记、副主任徐红带队到海曙区调研工业经济运行情况，副区长胡余波、区经信局负责人参加了会议。

同日，区首个“创二代”青年企业家联谊会成立大会顺利召开。市委统战部副部长、工商联党组书记余海大，区委副书记、政法委书记毕东华，区人大副主任林兵，区政协副主席、统战部部长赵剑光，区政协副主席舒建国等市区领导到会祝贺。

12月5日，海曙区特殊教育社会工作服务点在达敏学校揭牌成立，副区长国宇、林洁，区政协副主席、教育局局长徐德荣等区领导出席成立大会，并为服务点揭牌。

12月12日，常务副区长谭国洪赴鼓楼步行街调研指导鼓楼步行街有机更新项目。

12月14日，召开2012年四套班子领导议教会议，彭朱刚、吴胜武、陈志国、王黎明、毕东华等区四套班子领导出席会议。

12月18日，举行宁波市电子商务产业园开园仪式，市智慧办主任谢月娣，区长吴胜武出席仪式并讲话，副区长胡余波，市贸易局局长助理洪茂林，区人大常委会副主任林兵，区政协副主席薄慧敏等领导出席仪式，副区长张宁辉主持仪式。

12月26日，以区南片流动人口为主要服务对象的丽园流动人口服务管理中心正式启用，常务副区长谭国洪出席启用仪式并为中心揭牌。

12月31日，区长吴胜武在区府办、区财政局负责人陪同下，走访兴业银行股份有限公司宁波分行，并与兴业银行班子成员进行座谈交流。

2012年江北区大事记

1月5日，区政协召开三届三十八次主席会议。区政协主席干伯铨，党组副书记丁培人，副主席沈丁永、毛江舟、徐培荣、茅国振，党组成员邵志芳，副主席梁旭东等参加会议。

1月7日，中国共产党宁波市江北区第八次代表大会在花园宾馆隆重开幕。区委书记俞雷出席并讲话。大会由代区长丁晓芳主持。

1月10日，区政协召开三届三十九次主席会议。区政协主席干伯铨，党组副书记丁培人，副主席毛江舟、徐培荣，党组成员邵志芳等参加会议。

1月17日，由市委宣传部副部长、市文明办主任马春骐带领的市检查组赴江北区，就区“省示范文明城区”创建工作进行预检。代区长丁晓芳出席工作汇报会并讲话，区委宣传部长孙旭东汇报了创建工作情况。

1月18日，区政府召开全体（扩大）会议。代区长丁晓芳出席会议并讲话，常务副区长徐文华主持会议，副区长戴瑜、贺昌元、林大吉、高浩杰，区政府顾问颜金芳，区长助理于在河等出席会议。

同日，区委、区政府举行2012年新春团拜会。区委书记俞雷致辞，代区长丁晓芳主持。

1月29日，市长刘奇赴宁波精达成形装备股份有限公司走访调研。市、区领导王仁洲、俞雷、丁晓芳、徐文华等陪同调研。

2月8日，区委召开反腐倡廉建设大会。区委书记俞雷在会上讲话，代区长丁晓芳主持会议。

同日，宁波外滩商会举行第三次会员大会。区委副书记郑进达出席会议并讲话，区人大常委会副主任王伯宁，区政协副主席、统战部长徐培荣出席会议。

2月10日，召开全区经济工作会议。区委书记俞雷出席会议并讲话，代区长丁晓芳作工作报告，区领导干伯铨、谷裕、陈强、林锦琪、柴大科、费伟华、闫晓社、邹宇明等出席，区委副书记郑进达宣读有关表彰文件，常务副区长徐文华主持会议。

2月14日至18日，江北区第十届人民代表大会第一次会议在宁波大剧院、花园宾馆和远洲大酒店举行。区人大常委会常务副主任谷裕，副主任毛鸣鹤、王伯宁、陈炳祥、应瞧曙，党组成员马福年出席了会议。

2月21日，全国文明城市“三连冠”总结表彰暨新一轮全国文明城市（省示范文明城区）创建动员大会在花园宾馆召开。区委书记俞雷出席并讲话；区委副书记、区长丁晓芳作工作报告；区领导谷裕、干伯铨、陈强、林锦琪、柴大科、闫晓社等出席；区委副书记郑进达主持；区委常委、宣传部长孙旭东宣读有关表彰文件。

同日，区委书记俞雷、区长丁晓芳会见了国家开发银行宁波市分行行长樊立新一行。

2月27日，区政协召开四届一次主席会议。区政协主席干伯铨，副主席丁培人、徐培荣、茅国振、邵志芳、徐锋等参加会议。

3月7日，省平安建设考核抽查组赴江北区检查。区长丁晓芳和区人大常委会主任谷裕、区政协主席干伯铨、区委副书记郑进达等出席了平安建设及综合治理工作考核汇报会。

3月8日，召开创建省知识产权示范城区工作汇报会，常务副区长徐文华出席汇报会。

3月14日，江北区政协召开四届二次主席会议。政协主席干伯铨，副主席丁培人、徐培荣、茅国振、邵志芳、徐锋等参加会议。

3月19日，常务副市长王勇赴文教街道北岸琴森社区，就“片区经理人”服务管理模式这一社会管理创新工作开展调研。区委书记俞雷和区委副书记、政法委书记郑进达陪同。

3月23日，省政法委副书记、省综治办主任巫波伦赴江北区调研“网格化管理”、“组团式服务”工作。区委副书记、政法委书记郑进达，区委常委、纪委书记陈强陪同。

同日，副市长苏利冕带领市有关部门负责人赴江北区调研城市建设工作。区委书记俞雷、区长丁晓芳，区委常委邹宇明和副区长贺昌元、张飞宇陪同调研。

同日，江北区人大常委会召开第一次主任会议。会议由区人大常委会主任谷裕主持，副主任毛鸣鹤、王伯宁、陈炳祥、应瞧曙、马福年参加。

4月4日，召开全区食品药品安全工作

会议。常务副区长、区食品药品安全委员会主任徐文华出席会议并讲话。

4月14日，“宁波帮江北行”暨城市发展论坛在宁波大剧院举行。区委书记俞雷、区人大常委会主任谷裕、区政协主席干伯铨和区委副书记郑进达等出席，区长丁晓芳致辞，常务副区长徐文华主持仪式。

4月16日，区知识产权保护协会正式成立，这是宁波市首家区级知识产权保护协会。区人大常委会副主任王伯宁出席并为协会揭牌。

4月17日，宁波北门户商务区8大项目集体开工。副市长苏利冕出席并宣布项目开工，区领导俞雷、谷裕、徐文华、孙旭东等出席，区长丁晓芳致辞，区委常委邹宇明主持仪式。

4月24日，区委书记俞雷会见银亿集团董事长兼总裁熊续强一行。

4月26日，区十届人大常委会召开第二次主任会议。会议由区人大常委会主任谷裕主持。

5月8日，区委书记俞雷到江北区人民医院调研工作。

5月9日，区委书记俞雷调研区部分中小企业工作。

5月14日，区长丁晓芳先后到区发改局和区统计局，专题调研经济运行情况。

5月21日，区委书记俞雷到宁波信远工业器材有限公司调研工作。

5月22日，市委书记王辉忠到江北区部分成长型企业调研指导工作。副市长陈仲朝、区委书记俞雷、区长丁晓芳、常务副区长徐文华、区委常委邹宇明等陪同。

6月3日，区委书记俞雷会见了广州恒大地产集团首席投资总监姚东一行。

6月11日，副市长陈仲朝到江北区调研工业经济发展情况。区委书记俞雷、区长丁晓芳、常务副区长徐文华出席座谈会。

6月27日，全市首个以触摸屏形式展示智慧党建的信息平台——中马街道“外滩党建智慧谷”信息平台正式启动运行。区委组织部长林锦琪出席。

6月29日，区纪委北郊廉政工作室揭牌仪式举行，市纪委书记暨军民、区委书记俞雷、区纪委书记陈强等领导参加。

7月3日，市长刘奇、副市长王仁洲到江北区督查北外环快速路建设情况。区委书记俞雷、区长丁晓芳、副区长贺昌元陪同。

7月10日，区十届人大常委会召开第五次主任会议。会议由区人大常委会主任谷裕主持，区人大常委会副主任毛鸣鹤、王伯宁、陈炳祥、应瞧曙、马福年出席了会议。

7月16日，宁波（江北）高新技术产业园首家落户企业——宁波长阳科技有限公司第一条聚酯薄膜生产线试生产成功。

7月23日，区十届人大常委会召开第三次会议。会议分别由区人大常委会主任谷裕和区人大常委会副主任王伯宁主持。副区长戴瑜等列席会议，区政协副主席茅国振应邀列席会议。

7月24日，区委书记俞雷、区长丁晓芳会见了中国进出口银行宁波分行行长周安岳一行。

7月30日，香港江北联谊会在香港成立。区委书记俞雷致信祝贺联谊会成立，区领导丁晓芳、徐文华、王伯宁和徐培荣等出席。

8月9日至10日，江北区在上海市举行两场招商引资推介会。

8月12日，江北留学人员创业园留学归国创业人员张大伟入选2012年浙江省“千人计划”，并获省资金补助100万元，成为区首位入选该计划的海外高层次人才。

8月21日，区长丁晓芳会见了全国工商联房地产商会秘书长钟彬和北京喜神资产管理公司执行总裁曾勇一行。

9月4日，贵州省册亨县县委副书记、县长方俊率党政代表团到江北区考察。

同日，召开建立企业服务经理人长效机制动员大会，区委书记俞雷出席并讲话；区长丁晓芳作主题报告；区领导干伯铨、林锦琪、费伟华、邹宇明、孙旭东、陶诚等出席；区委常委、常务副区长徐文华主持会议。

9月10日至14日，区委书记俞雷带领招商、规划、国土等部门负责人，专程赴深圳、香港两地开展招商活动，并与宁波深圳商会签订了深圳宁波商会项目的投资协议。常务副区长徐文华参加。

9月15日，全国政协办公厅新闻局局长张敬安率第二十次全国政协好新闻评选活动考察团一行参观考察慈城，政协主席干伯铨、副主席丁培人、秘书长袁坚刚陪同。

9月21日，市长刘奇到江北区检查建筑工地的安全生产情况。区领导俞雷、徐文华和贺昌元等陪同。

9月28日，召开区党政微博发布暨舆情引导工作会议，正式上线江北区党政微博平台“江北发布”（http://weibo.com/2588129852/），并成立区互联网信息办公室。常务副区长徐文华宣布江北区党政微博平台启动并讲话，区委宣传部长孙旭东为区互联网信息办公室授牌。

10月10日，市政法委书记王勇在江北调研工作。区领导俞雷、丁晓芳、郑进达、徐文华、费伟华、邹宇明和陶诚等陪同调研。

10月11日，召开十二届省人大代表候选人推荐人选圈选工作会议，对《江北区出席第十二届省人民代表大会代表候选人推荐人选圈选名单》进行圈选，区委书记俞雷出席并讲话。

10月15日，由区委书记俞雷、区长丁晓芳率领的党政代表团赴北仑区学习考察。

10月16日，区委书记俞雷会见了宁波银泰投资有限公司常务副总经理沈君升一行。

10月18日，首届两岸教育竞争力论坛在江北区举行。市政协副主席、统战部长胡建岳，区长丁晓芳，区政协副主席、统战部长徐培荣等出席。

10月19日，由区慈善总会与东航某部共同建立100万元的“爱心拥军基金”启动仪式在东鹰宾馆举行。东航某部政治部主任孔宪德少将，区委副书记、区慈善总会名誉会长郑进达共同为基金揭牌。

10月23日，第四届中华慈孝节开幕，2012宁波江北文化·旅游产业发展论坛在金港大酒店举行。区领导俞雷、丁晓芳、谷裕、干伯铨、郑进达、徐文华、费伟华等出席论坛，区委宣传部长孙旭东主持仪式。

10月26日，慈湖中学迎来110周年生日庆典。原全国政协委员、中国国际交流协会副会长郁文出席校庆典礼；副市长张明华出席并致辞；市政协原副主席华长慧、陈大申和区领导俞雷、丁晓芳、徐文华、费伟华、戴瑜、徐培荣等出席。

11月1日，市纪委书记暨军民一行到江北区调研工作。区委书记俞雷，区委常委、纪委书记陈强和区委常委邹宇明等陪同调研。

11月8日，宁波工业投资集团有限公司董事长陈克温一行到江北区考察投资环境。区领导俞雷、徐文华、孙旭东等陪同考察或出席工作交流会。

11月13日，区人大常委会主任谷裕主持召开区十届人大常委会第九次主任会议。

11月26日，区政协召开四届三次常委会议。会议由副主席丁培人主持，区政协常委会组成人员出席，区人大常委会副主任毛鸣鹤应邀列席。

11月28日，江北大道以西滨江2号地块成功出让，该地块面积约为9.4万平方米，最终由绿地控股集团以总价约15.2亿元成功竞得，成为区2012年出让总价最高的地块。

12月2日，为期三天的2012中国(宁波)节能环保产品与技术博览会落幕。江北区企业在本届能博会上达成意向交易金额1.1亿元，约占全市意向交易金额的1/3。

12月12日，市委书记王辉忠在江北区调研。市委秘书长王剑波和区领导俞雷、丁晓芳、徐文华、费伟华、邹宇明、贺昌元等陪同调研。

12月19日，江北区和市委农办共同组织召开江北区城乡一体发展综合配套改革试点工作座谈会。区长丁晓芳出席并讲话，区委副书记郑进达汇报试点工作开展情况，副区长张飞宇出席。

12月25日，区钻石商业广场开始交付。该广场作为市政规划重点商业项目，由宁波宁兴房地产开发有限公司开发。

12月26日，区政协召开第九次主席会议。会议由区政协主席干伯铨主持，副主席丁培人、徐培荣、徐锋等参加。

同日，区人大常委会主任谷裕主持召开了区十届人大常委会第十二次主任会议。副主任毛鸣鹤、王伯宁、陈炳祥、应瞧曙、马福年出席了会议。

12月27日，区残疾人联合会第五次代表大会举行。区委书记俞雷出席并讲话。

2012年镇海区大事记

1月8日，区第十三次代表大会开幕。大会主席团执行主席薛维海、魏祖民、张江华、徐方、鲍娴萍、王宏德、顾国芳、胡祖友、褚瑞根、李斌、张敏海、王耀军等在主席台前排就座。

1月11日，召开全区经济工作会议。薛维海、魏祖民、徐方等区四套班子领导和宁波石化经济技术开发区党工委副书记、管委会副主任胡祖友参加会议。

1月16日至17日，分别在杭州、上海、北京举行镇海籍人士新春团拜会。薛维海、魏祖民、林瑶、王悦等区四套班子领导参加团拜会。

1月20日，区环保局宁波石化经济技术开发区环保分局举行授牌仪式。代区长、宁波石化开发区党工委副书记、管委会主任魏祖民为分局成立授牌。区领导林伟明，宁波石化开发区管委会领导胡祖友、吴存康、郑玉芳、许武松参加仪式。

1月29日，召开全区项目推进落实暨机关干部大会。区委书记薛维海出席并讲话。代区长魏祖民主持会议，林瑶、王悦、张江华、徐方、顾国芳等区领导及宁波石化经济技术开发区党工委副书记、管委会副主任胡祖友参加会议。

1月30日，代区长魏祖民调研区信访局和区公安分局工作。

2月1日，召开全区反腐倡廉建设大会。区委书记薛维海出席并讲话。代区长魏祖民主持会议。林瑶、王悦等区四套班子领导出席会议。

2月2日，代区长魏祖民主持召开区政府第二十次常务会议。常务副区长顾国芳，副区长张颖、杨小平、刘毅出席会议。区人大常委会党组副书记王宏德、区政协副主席陈利华列席会议。

2月7日，区委书记薛维海到骆驼街道调研兰博会筹备工作。区领导洪世弈、柴鹏飞陪同。

2月17日，第二十二届中国（镇海）兰花博览会“清风和韵”主题活动启动仪式在宁波花木世界举行，省纪委副书记王海超，市纪委书记暨军民应邀出席，区领导薛维海、魏祖民、洪世弈参加。启动仪式由区纪委书记鲍娴萍主持。

2月18日，第三届中国兰花产业化发展论坛在镇海区举行，副区长杨小平出席并致辞。

2月20日，宁波镇海中银富登村镇银行开业。区领导魏祖民、张江华、徐方、洪世弈、王兆波出席开业典礼。

2月28日，奉化市政府考察组一行在常务副市长卓厚佳的带领下，到镇海区考察城区规划建设管理和产业发展等工作。区领导顾国芳、高岭夏、王兆波陪同。

3月1日，区长魏祖民带领相关部门负责人赴华交会现场，考察镇海参展企业情况。

3月2日，区长魏祖民，副区长王兆波、林伟明率区相关部门赴上海市静安区考察区域城市管理、社区建设等工作。

3月12日，区委书记薛维海、区长魏祖民分别在庄市街道、蛟川街道接待来访群众。

3月15日，区人大常委会副主任俞国华参加全区人大代表工作会议。

3月20日，区长魏祖民率相关部门负责人，调研全区“三农”工作。

3月23日，召开全区民营经济发展大会。区委书记薛维海出席并讲话。区长魏祖民主持会议。

3月27日，召开金融工作座谈会。区委书记薛维海出席并讲话。区人大常委会主任张江华参加会议，副区长林伟明主持。

4月1日，全省建设“平安浙江”电视电话会议召开。镇海区被授予2011年度省“平安县(市)区”称号，连续第七年获此荣誉。

4月8日，区委书记薛维海会见到镇海考察的中国世贸集团主席、金利来集团副总经理曾智雄，区委宣传部长王耀军、副区长林伟明陪同。

4月10日，“宁波市银行业支持实体经济服务月暨小微企业金融服务宣传月”镇海主题日活动举行。宁波银监局副局长吕碧琴，常务副区长顾国芳与相关负责人举行“支持小微、星火燎原”旗帜授予和交接仪式。

4月17日，召开“文化提升发展战略”领导小组（扩大）会议。区委书记薛维海出席并讲话。区委宣传部部长王耀军主持会议。副区长张颖、林伟明参加。

4月20日，区政府举行一季度工作新闻发布会。区领导顾国芳、王兆波、林伟明出席。

4月25日，北大荒（宁波）物流产业园暨北大荒（宁波）绿色食品旗舰店开业。

区领导魏祖民、张江华、王兆波出席开业仪式。

5月4日，召开全区机构编制工作会议。区长魏祖民出席会议并讲话。区委副书记徐方主持。区领导顾国芳、李斌参加会议。

5月8日，2012镇海区（上海）投资推介会在沪举行，上海宁波商会会长、上海市原副市长庄晓天，区长魏祖民出席推介会并致辞，上海市静安区原政协主席刘晓明，区领导俞泉云、王兆波、汪卫国参加。副区长林伟明主持推介会。会上，9个项目现场签约，总投资达52.8亿元。

5月16日，召开国家生态文明示范区创建暨生态环境整治工作会议。区委书记薛维海出席并讲话。区领导张江华、王悦、徐方、胡祖友、俞泉云、王兆波出席。

5月23日，百隆东方股份有限公司首次公开发行A股正式向配售对象询价。这是镇海区第一家即将登陆资本市场的本土企业。

5月25日，顾玉东院士与镇海第二医院举行院士工作站签约仪式。区委组织部部长李斌、副区长张颖参加。

6月5日，区委副书记徐方率队调研区幸福美丽新家园建设情况。

6月7日，“国之重器·礼献文化宁波”国宝展在镇海区拉开帷幕。区领导张江华、王悦、徐方、王耀军、高岭夏、张颖出席开幕仪式并为展览剪彩。

6月11日，宁波石化经济技术开发区与浙江大学化工系签订全面战略合作协议。浙江大学党委副书记邹晓东、化工系主任任其龙、化工系党委书记姚善泾应邀出席签约仪式。区长、宁波石化经济技术开发区管委会主任魏祖民，区委副书记、宁波石化经济技术开发区党工委副书记、管委会副主任胡祖友及石化开发区领导周少华、吴存康、许武松参加。

6月24日，美国青年领导者代表团一行8人在团市委书记、市青联名誉主席鲍娴萍，全国青联国际部副部长尚杜元陪同下到镇海区考察。区领导薛维海、李斌、张颖会见代表团。

6月27日，召开庆祝中国共产党成立91周年暨创先争优表彰大会。区委书记薛维海出席并讲话。张江华、王悦等区四套班子领导出席，区委副书记徐方主持会议。区委组织部部长李斌宣读表彰决定。

7月2日，区委书记薛维海一行到上海考察部分全球知名企业和浙商企业。

7月5日，区委书记薛维海一行到北京考察中国自动化控制系统总公司，洽谈中国金融数字文化城项目。

7月10日，区长魏祖民率相关部门负责人到镇海新城管委会，调研宁波中心城市北部商贸商务中心建设情况。

7月17日，宁波东蓝控股有限公司落户镇海区签约仪式举行。区委书记薛维海见证签约并为公司揭牌，市经信委有关领导，区领导王耀军、王兆波等出席仪式。

7月27日，区人大常委会开展主任接待代表日活动。

7月30日，区十四届人大常委会举行第三次会议。区人大常委会主任张江华主持会议。

8月1日，区长魏祖民调研区部分重点企业。

8月6日，全区招商引资工作推进会召开。区长魏祖民出席并讲话。区领导王耀军、王宏德、林伟明、汪卫国出席会议。

8月14日，区人大常委会召开重要情况通报会。区长魏祖民在会上通报情况，区人大常委会主任张江华主持会议，副主任俞国华参加通报会。

8月22日，副市长张明华、市政府副秘书长张乐鸣一行考察宁波第五医院，调研民营医疗机构发展现状。副区长张颖陪同。

同日，区十四届人大常委会举行第四次会议，区人大常委会主任张江华主持会议。

8月24日，省委召开建设“法治浙江”工作交流电视电话会议。镇海区作为2011年度浙江省创建法治县（市、区）工作先进单位受到表彰，这也是镇海区第二年获此殊荣。

9月5日，由区委书记薛维海、区长魏祖民率领的区党政代表团赴大榭开发区，学习考察海洋经济发展情况。

9月7日，区长魏祖民调研区城市管理工作。副区长王兆波参加调研。

9月16日，宁波镇海农村商业银行股份有限公司（筹）创立大会暨第一次股东大会召开，镇海农村商业银行为宁波市首家获批筹建的农村商业银行。常务副区长、筹建工作小组组长顾国芳参加会议。

9月19日，总投资50亿元，区目前引进的最大文化创意产业项目——中国金融数字文化城举行盛大奠基仪式。

9月22日，举行2012中国浙江·宁波人才科技周综合签约仪式。区长魏祖民出席签约仪式。

9月27日，2012镇海区人才科技经贸文化月项目签约仪式举行，23个项目落户镇海，签约引资总额超17亿元。区领导薛维海、魏祖民、张江华、王悦、徐方、胡祖友、王耀军见证签约，副区长林伟明主持仪式。

10月10日，区委书记薛维海率相关部门负责人一行专程赴上海考察复旦软件园，洽谈双方合作共建产业园有关事宜。

10月17日，市发改委主任柴利能一行调研宁波石化经济技术开发区。区委副书记、石化开发区党工委副书记、管委会副主任胡祖友，常务副区长顾国芳陪同。

10月24日，全区金融工作座谈会召开。区委书记薛维海并讲话。常务副区长顾国芳、副区长林伟明参加。

10月30日，镇海区侨资企业（留学人员投资企业）协会成立。

11月2日，区长魏祖民到区科技局、科协调研区科技科协工作。副区长刘毅陪同。

11月9日，常务副区长顾国芳主持召开区政府第二次常务会议。

11月12日，区创建省森林城市启动仪式暨生态林带提升工程开工典礼举行。省林业厅副厅长杨幼平、市林业局局长黄辉、区委书记薛维海共同按下启动球，宣布镇海创建省森林城市全面启动，生态林带提升工程正式开工。区四套班子领导魏祖民、张江华、王悦等出席，区委副书记徐方主持仪式。

11月19日，召开全区领导干部工作会议，区委书记薛维海主持会议并讲话，区长魏祖民传达党的十八大精神。

11月26日，区十四届人大常委会举行第六次会议，区人大常委会主任张江华主持会议。

11月28日，召开创业型城区创建动员会，并部署促进劳动关系和谐稳定及创建“无欠薪镇海”工作。常务副区长顾国芳出席。

12月4日，召开《甬上风华——宁波市非物质文化遗产大观镇海卷》首发式暨非物质文化遗产保护传承工作推进会，镇海区非物质文化遗产保护中心同时成立。区委宣传部部长王耀军出席。

12月12日，区领导薛维海、魏祖民、张江华、徐方、胡祖友等率党政代表团赴鄞州考察交流。

12月18日，宁波镇海天翼宏元股权投资管理有限公司与区工业国投有限公司签约仪式举行，区长魏祖民出席仪式并致辞，区长助理沈义民陪同。

12月24日，区长魏祖民，副区长王兆波率相关部门负责人到庄市、蛟川、招宝山等街道，实地查看危旧房排危工作情况。

12月26日，湖北省恩施州巴东县县委副书记郑晓斌，县委组织部部长任伦杰一行6人到镇海区回访。区委副书记胡祖友，区委组织部部长李斌陪同。

12月27日，举行党的十八大精神报告会，市委宣讲团成员、市委副秘书长、政研室主任朱金茂作辅导报告。区领导魏祖民、李斌、俞泉云、王兆波、刘毅、柴鹏飞、胡文安出席报告会。区委常委、宣传部部长王耀军主持。

同日，区长魏祖民、副区长王兆波一行赴浙江旅游职业学院，会商对接加强校地旅游合作相关事宜。

2012年北仑区大事记

1月5日，举行北仑区人民医院（浙大一院北仑分院）新院区落成典礼。张曦、陈利幸、成岳冲、王国敬、任少波、郑树森、陈智、王仁元、华伟、王银泽、金黎萍等领导为新院落成剪彩。

1月16日，召开全区旅游工作系统会议。副区长刘文科出席会议并讲话。

1月19日，召开区七届人大常委会第三十六次会议。区人大常委会主任王银泽，副主任张锡雄、陈英莉、徐亚法、顾惠良、汤黎明及委员共17人参加会议。

同日，召开区政协七届三十三次常委会会议。区政协主席刘新华，副主席蒋素春、王志明、胡国光、朱永祖、袁侠、郑莉，区政协党组成员颜力，区政协各位常务委员等出席会议。

2月8日，区长华伟、副区长刘文科一行到企业走访调研。

2月12日，区政协八届一次会议举行第一次预备会议。区政协领导刘新华、蒋素春、王志明、胡国光、朱永祖、袁侠、郑莉、颜力出席会议。

2月15日，区八届人大一次会议隆重开幕。在主席台就座的大会执行主席有陈利幸、华伟、王银泽、刘新华、胡奎、蒉开波、丁素贞、袁培芬、王纪拉、王国铭、朱永祖、汤黎明、史卫国、邬志刚、梅旭龙、胡海达、魏建根、柯静君、何岳忠、应优辉。

2月19日，“2012宁波九峰山梅花节，北仑区万人健康休闲登山活动启动仪式”在九峰山景区开幕。副区长刘文科出席开幕式。

2月20日，副区长刘文科走访调研区商贸企业，了解企业经营情况。

2月23日，召开反腐倡廉建设大会。区委书记陈利幸出席会议并讲话。区长华伟主持会议。

3月4日，“学雷锋树新风”——2012年宁波市学雷锋志愿服务活动启动仪式暨北仑区首届志愿服务博览会开幕。共青团宁波市委副书记、党组副书记鲍娴萍，区委副书记蒉开波等出席仪式。

3月6日，总投资1.42亿元的北仑环境监测监控中心破土动工。环保部生态司副司长朱广庆，省环保厅厅长徐震，区委书记陈利幸，市环保局局长徐畅成，区长华伟，区人大常委会主任王银泽，开发区管委会副主任张国平，区政协副主席胡国光等为项目培土奠基。

3月9日，召开全区电子政务工作会议暨2011年度北仑区党政系统网站建设表彰会。副区长刘文科出席会议并讲话，区府办副主任邱海国主持会议。

3月15日，《宁波北仑穿山半岛发展规划》通过专家评审。

3月28日，召开区文明委全体（扩大）会议暨“美好家园”建设提升行动动员大会和国家级生态区创建工作领导小组会议。

4月1日，陈利幸、王银泽、蒉开波、袁培芬、张国平等区领导及相关部门到大碶街道调研指导“美丽乡村”建设等相关工作。

4月10日，全国首家区域推进教育现代化实践基地——中国教育科学研究院推进教育现代化实践基地在北仑落户。区领导华伟、王国铭、陆亚芬、郑莉等出席揭牌仪式。

4月13日，区全国全民健身示范试点城市（区）工作暨全民运动会、女排大奖赛总决赛动员大会召开。区长华伟出席会议并讲话。

4月15日，2012北仑江南牡丹花会在现代农业园区牡丹庄园开幕。市旅游局副局长陈民宪，区人大常委会副主任袁培芬，副区长刘文科、王建波，区政协副主席蒋素春等出席了开幕仪式。

4月25日，召开2012年武装工作会议。区委副书记蒉开波出席会议并讲话。

4月27日，区八届人大常委会第二次会议召开。区人大常委会主任王银泽，副主任丁素贞、袁培芬、王纪拉、王国铭、朱永祖及区人大常委会组成人员共22人出席会议。

4月28日，宁波中青文化广场奠基典礼举行。区领导陈利幸、王银泽、刘新华、杨劲、张国平等出席奠基仪式。

5月11日，区长华伟主持召开区政府第4次常务会议，研究部署安全生产领域集中开展“打非治违”专项行动，讨论服务型政府建设破解难题事项。

5月14日，召开全区重大项目融资合作对接会。副区长滕安达出席并讲话。

5月19日，举行香港北仑青年联谊会、北仑新阶层青年企业家俱乐部缔结友好关系仪式。

5月20日，美国南加州大学索尔普瑞斯公共政策学院到北仑进行课题研究，并与北仑签订了海外研究生实训基地合作意向书。

5月28日，梅山保税港区(产业集聚区)12个项目集中开工，总投资74.7亿元。此外，投资7.2亿元的七姓涂围涂工程同时竣工。

5月31日，区长华伟主持召开区政府第5次常务会议，听取2011年度北仑区(开发区)科学技术进步奖情况汇报。

6月8日，市政协副主席王建康一行到北仑区调研企业文化建设。区政协副主席颜力陪同调研。

6月12日，全区无偿献血工作表彰大会举行，副区长陆亚芬出席会议并讲话。

6月15日，副市长陈仲朝到北仑走访企业，调研工业经济发展情况。副区长徐斌陪同调研。

6月21日，区长华伟主持召开区政府第6次常务会议，重点研究如何加强北仑区人才工作。

6月27日，区八届人大常委会召开第三次会议。区人大常委会主任王银泽，副主任丁素贞、袁培芬、王纪拉、王国铭、朱永祖、汤黎明等区人大常委会组成人员出席会议。

同日，区第一本综合性文化刊物《港城文脉》首发式暨“经发杯”北仑区第二届临书展开幕式在区行政中心举行。

7月9日，区长华伟，区委宣传部长杨劲，副区长徐斌、陆亚芬，区领导王正东一行到宁波职业技术学院就加强区校合作进行走访交流。

7月12日，区长华伟主持召开区政府第7次常务会议，听取了北仑上半年经济运行情况，研究部署下阶段经济工作重点。

7月20日，区人大常委会召开重要情况通报会。

7月21日，举行人才综合服务中心成立暨首批人力资源服务机构入驻仪式。

7月23日，民泰商业银行宁波北仑支行正式开业。副区长滕安达出席成立仪式并致辞。

7月26日，召开纪念建军85周年暨驻军参与文明城市创建座谈会。区委副书记黄开波，区委常委、人武部部长林广亮，区委常委、宣传部部长杨劲，副区长滕安达出席会议。

8月10日，区文化体育发展联合会成立大会暨第一次会员代表大会召开，副区长陆亚芬出席并讲话。

8月16日，区第五届社区文化艺术节暨首届市民艺术节开幕。副区长陆亚芬出席开幕式并讲话。

8月24日，召开区企业上市论坛。证监会宁波市监管局局长邵锡秋、副区长滕安达、区领导顾刚出席论坛。

8月28日，大碶高档模具及汽配产业基地首批24个项目集中举行开工典礼，区委书记陈利幸宣布开工。中国模具工业协会常务副会长兼秘书长武兵书、副市长陈仲朝致辞。武兵书向北仑区颁发“中国压铸模具产业基地”的牌匾。

8月30日，区委宣传部长杨劲，区政协副主席王志明督查“美好家园”建设情况。

9月5日，区委书记陈利幸陪同常务副省长龚正到梅山产业集聚区调研。

9月13日，全国社区减灾工作经验交流会在北仑区召开。

9月23日，城市发展与区域经济国际高峰论坛在北仑石浦豪生大酒店举行。区委副书记、梅山保税港区管委会副主任胡奎出席并致开幕词。

9月26日，区人大常委会副主任王国铭率区人大教科文卫工委部分代表，视察滨海教育集团项目建设及筹建工作情况。

10月15日，江北区委书记俞雷率党政代表团到北仑考察“三思三创”实践活动。区长华伟、开发区管委会副主任王一鸣陪同考察。

10月16日，第三届中国宁波国际港口文化节在北仑体艺中心隆重开幕。出席开幕式的领导有市委书记王辉忠、市委秘书长王剑波、区委书记陈利幸、中国港口协会秘书长朱建海、市人大常委会副主任翁鲁敏、市政协副主席王建康、市长助理林静国。

同日，区长华伟会见了爱沙尼亚塔尔图市市长厄玛斯·克鲁泽一行。

10月23日，2012滨江新城城市发展高峰论坛暨青墩片区土地推介会在宁波举行。区长华伟，开发区管委会副主任、滨江新城建设指挥部总指挥陈旭勤出席了论坛。

10月25日，副市长马卫光，市政府副秘书长陈少春一行到北仑调研农业发展和新农村建设工作。区长华伟、副区长王建波陪同调研。

10月26日，区长华伟、区委组织部部长徐强、副区长徐斌一行到开发区科技创业园调研科技孵化和人才引进工作。

10月29日，浙江泰隆商业银行宁波北仑支行正式开业。副区长滕安达出席开业仪式并致辞。

11月1日，召开区八届政协第六次主席议政会。会议听取了区政府关于提案办理情况的通报和区民政局关于亟待兴建北仑“关怀院”建议案答复情况的通报。

11月6日，召开万名大学生引进工程暨校地合作对接会。区内50家企业，湖北省高校就业中心及33家湖北高校参加会议。副区长滕安达出席会议并讲话。

11月9日，在沪甬商及上海现代服务业企业考察团物流组一行参观考察了北仑区现代国际物流园区。开发区管委会副主任史卫国陪同考察。

11月19日，区委召开全区领导干部会议，对当前和今后一个时期学习宣传贯彻十八大精神进行动员和部署。

11月22日，召开北仑区(开发区)行政服务中心成立十周年纪念会。市审管办副主任李运学，开发区管委会副主任沈恩东等出席会议并讲话。

11月28日，举行“外专智汇港”人才品牌交流推广会暨海外工程师引进服务战略合作签约仪式。

12月6日，区食品安全专家咨询委员会成立。副区长刘文科出席成立仪式并讲话。

12月7日，区政协机关举行党的十八大精神学习会。区政协副主席蒋素春、王志明、郑莉、颜力和全体机关干部参加了学习。

12月11日，北仑区在意大利众议院举行滨海新城“东方蓝色海湾”项目招商引资发布会，意大利经济发展部副部长波利洛、中国驻意大利大使馆经商处参赞张俊芳出席发布会并致辞。区长华伟出席并讲话。

12月13日，副市长陈奕君、市政府副秘书长张霓一行到北仑区调研商贸流通、人力资源和社会保障工作。副区长刘文科、滕安达陪同调研。

12月19日，召开全区金融机构负责人会议。副区长滕安达、顾刚出席会议并讲话。

12月20日，举行区人才金融中心签约暨授牌仪式。区委书记陈利幸，市政府副秘书长、市金融办主任姚蓓军，国家开发银行宁波市分行行长樊立新，副行长钟伟栋、王继宁，区委组织部部长徐强，副区长滕安达，开发区管委会副主任王一鸣等出席仪式。

同日，区长华伟主持召开区政府第11次常务会议，重点研究区城区户外广告整治工作。

12月21日，召开区八届人大常委会第八次会议。区人大常委会主任王银泽，副主任丁素贞、袁培芬、王纪拉、王国铭、朱永祖、汤黎明等出席会议。

12月26日，区人民医院·浙大一院北仑分院举行开业仪式。区委书记陈利幸出席并致辞，区领导华伟、王银泽、杨劲、陆亚芬、蒋素春等出席开业仪式。

12月27日，区城市管理综合行政执法启动仪式举行。区委书记陈利幸宣布启动。

12月28日，省交通运输厅副厅长徐纪平一行到北仑调研治超工作。副区长徐斌陪同调研。

同日，举行大港高新技术产业基地转型升级现场会，总结介绍大港高新技术产业基地转型升级试点工作经验，部署下阶段全区工业园区转型升级工作。区长华伟，市经信委副主任方巍出席会议并讲话。常务副区长、大港高新技术产业基地主任邬志刚主持会议。

2012年鄞州区大事记

1月7日，区委书记陈伟俊、代区长陈国军，在北京分别考察了两项与鄞州达成合作意向的项目，并就项目尽快落地进行深入探讨。区领导孙喆、张世华、黄新山、蒋明良、吴海平参加考察。

1月12日，景宁畲族自治县代县长蓝伶俐带领县政府考察团到鄞州区考察。代区长陈国军、副区长蒋明良陪同考察。

1月14日，代区长陈国军主持召开座谈会，征求老领导对拟提交区第十七届人大一次会议审议的《政府工作报告（征求意见稿）》及政府工作的意见。常务副区长沈权参加座谈会。

1月17日，召开全区经济工作会议，区委书记陈伟俊作重要讲话，代区长陈国军主持会议，区领导陈振国、毛春阳、王自强等出席会议。

1月18日，2009年8月动工建设的福庆路南延工程通车，工程南起新宁横公路，北至兴宁二路，途经姜山、云龙、下应、潘火管委会、邱隘等地，全长9353米，总投资约8.5亿元。

1月18日至19日，召开全区财政工作会议，代区长陈国军在会上讲话，常务副区长沈权出席会议。

1月30日，全省民营经济万人大会召开，区领导陈伟俊、陈国军、毛春阳、王自强等在鄞州分会场出席会议。

2月6日，举行鄞州区与市级金融机构战略合作协议签约仪式暨新春恳谈会。区领导陈伟俊、陈国军、毛春阳、沈权、张世华、王洪平、王飞龙、茅剑辉等出席签约仪式及新春恳谈会。

2月13日，江苏省常州市武进区区委书记周斌、代区长臧建中率领党政代表团一行到鄞州区考察。区长陈国军、副区长王洪平，区政协副主席王国定、吴海平等陪同考察。

2月14日，首届全国国土资源节约集约模范县(市、区)表彰大会在北京举行，鄞州区名列其中，是宁波市唯一获此称号的县(市、区)。

2月17日，召开全区政法稳定工作会议，区委书记陈伟俊作重要讲话。

2月22日至23日，区委书记陈伟俊、区长陈国军率考察团赴深圳，围绕重大项目推进和文化旅游资源开发，走访部分企业，推进重点项目建设。

3月2日，召开全国文明城市“三连冠”总结表彰暨创建省文明区动员大会，区长、区文明委主任陈国军在会上讲话。

3月6日，区委书记陈伟俊实地调研鄞州区西片生态环保工程。副区长王洪平参加调研。

3月16日，全区“森林鄞州”建设推进会暨“村庄绿化年”活动动员会召开，区长陈国军、区人大常委会副主任吴柏宏、副区长蒋明良、区政协副主席鲁定国等出席会议。

3月25日，撤县设区十周年媒体新闻发布会在鄞州区举行。区委副书记毛春阳，区委宣传部部长沈剑波，副区长黄新山、夏素贞出席新闻发布会。

3月31日，区政府收到省政府对区年度专利授权量超万件的表彰通报，副省长毛光烈在通报上批示：这是全国第一次由省政府对年度专利授权量超万件的县（市、区）进行通报表彰，现实和历史意义非常重大。据统计，2011年鄞州区专利申请、授权量达到16322件和12563件，均居全省首位。

4月5日，区政协召开重大体制调整专题协商会议，听取关于城区办体制和新城区相关管理体制调整建议方案的通报。

4月7日，区长陈国军专程到云龙镇，与人大代表面对面，现场答复代表建议。

4月10日，《中国撤县建区的新探索（宁波鄞州模式实证研究）》首发式暨研讨会在鄞州举行。

4月11日，召开全区开放型经济暨招商引资工作会议。区委书记陈伟俊在会上讲话。区长陈国军主持会议，区领导王自强、陈振国、陈虹、孙曙光、黄新山、茅剑辉等出席会议。

4月14日，国家工商总局副局长付双建、国家商标局局长许瑞表一行到鄞州区考察，了解横溪品牌工作指导站运作情况。

4月24日，全省第三次全国文物普查工作总结表彰大会召开，区文物管理委员会办公室荣获省先进集体称号，这是宁波唯一获此殊荣的基层普查单位。

4月26日，举行鄞州撤县设区十周年庆祝大会。

4月28日，区政协召开区政协十五届三次主席会议。会议专题听取了区发改局关于全区固定资产投资、重点工程安排情况和区经信局关于全区中小微工业企业发展情况的通报。

5月8日，区人大常委会举行主任接待日活动。

5月10日，解放南路延伸段（新典路—堇山路）全线贯通，总投资6.6亿元。这是鄞州打通的连接新城区与市区的第五条道路，也是连接新城区与海曙区的首条道路。

5月11日，2012首届中国设计发展年会暨宁波市鄞州区产业转型升级设计创新高峰论坛在鄞州区举行。

5月15日，全省森林抚育工作现场会召开，鄞州区荣获“省森林抚育工作示范县”称号。

5月22日，鄞州首次出台明确设立了革命老区村扶持专项资金管理办法，2012年给予全区151个老区村各2万元资金补助。

5月27日，区委书记陈伟俊、副区长黄新山一行赴中国工程物理研究院考察交流。

6月2日，鄞州广东商会在广州成立。区领导毛春阳、陈国良出席成立大会。

6月8日，第十四届浙洽会鄞州区投资环境推介会暨重大项目签约仪式举行，9个重大项目当场签约。

6月9日，滨海创业中心德国工业园举行开工奠基仪式，区领导陈国军、黄新山、茅剑辉和德国客商共同出席仪式。

6月24日，区领导陈伟俊、陈国军、茅剑辉、陈国良等会见了香港中小型企业总商会考察团一行。

6月27日，鄞州召开纪念中国共产党成立91周年暨创先争优活动表彰大会，隆重表彰创先争优活动中涌现出来的先进集体和先进个人。

6月29日，召开全区现代交通体系建设动员大会，区委书记陈伟俊在会上讲话。

7月6日，浙江区域现代服务业研究中心落户鄞州，研究中心成立仪式在开元名都大酒店举行。

7月10日，区领导陈伟俊、陈国军、王自强、崔伟高、黄新山、王洪平、黄碧英等，分组慰问坚守岗位的一线工人。

7月12日，举行鄞州供电局国有产权整体无偿划转签约仪式。

7月16日，召开半年度经济形势分析会。区委书记陈伟俊、区长陈国军、区人大常委会主任王自强、区政协主席陈振国等领导出席会议。

7月19日，区委书记陈伟俊会见新加坡曼哈顿集团董事长刘德光一行。

7月30日，区委召开十三届三次全体（扩大）会议。

7月31日，召开区委党管武装暨区国动委全体（扩大）会议。

8月2日，召开防汛防台视频会议。区委书记陈伟俊、副区长蒋明良和全区主要防指成员单位相关负责人出席会议。

8月10日，区委召开常委（扩大）会议，专题部署救灾减灾各项工作。

8月16日，区委、区政府举行潘火街道成立仪式。

8月22日，市、区实事工程推进情况汇报会举行，区长陈国军主持会议。

8月22日至23日，区委书记陈伟俊率市、区考察团，赶赴湖南省株洲市，考察南车集团。

8月27日，区政府举行会议，部署全区深化“打非治违”专项行动以及十八大安全生产重点工作。

9月2日，31岁的鄞州青年黄成在英国伦敦举行的第14届残奥会赛艇男子单人双桨（AS）决赛中，以4分52秒36的成绩获得冠军。他也是鄞州历史上首位获得残奥会金牌的运动员。

9月5日，区教育局作为宁波市唯一一家单位荣获“全国‘两基’（基本普及九年义务教育、基本扫除青壮年文盲）工作先进单位”称号，受到国务院表彰。

9月16日，在北京2012中国商务区联盟年会上，中国商务区联盟及17家成员单位经论证、评议，一致同意宁波南部商务区加入“中国商务区联盟”。

9月21日，举行首届创业鄞州·精英引领活动周开幕式。

9月27日，宁波市喜迎十八大“清风和韵”电视专题片创作展播活动颁奖仪式举行，鄞州区选送的《老蔡戒烟》荣获一等奖。

9月28日，奉化江堤防整治工程（鄞州新城区段）开工仪式在石碶街道黄隘村建庄泵站举行。区委书记陈伟俊宣布工程开工。

10月9日，召开小城镇建设“五个一”项目推进会暨高速公路沿线环境综合整治动员会。

10月14日，区长陈国军率领区112届“广交会”考察团赴广州考察鄞州企业的备展情况，并看望参会企业家。

10月18日，召开“批而未供”“供而未用”土地消化利用百日专项行动工作推进会。区长陈国军、副区长蒋明良出席会议。

10月25日，2012宁波（鄞州）国际动漫产业博览会在宁波国际会展中心8号馆揭幕。

10月27日，“乡情亲情笔墨情”吴永良、木昭妙、吴洪晖、吴珍之中国画作品展在宁波（鄞州）博物馆开幕。

10月29日，举行恭迎沈光文塑像暨沈光文纪念馆开馆仪式。

10月30日至31日，区委书记陈伟俊率领鄞州区党政代表团先后来到海南省琼中黎族苗族自治县、海口市考察交流工作。

11月2日，中国移动（鄞州）智慧城市数据中心项目开工典礼举行。区委书记陈伟俊、区长陈国军出席。

11月5日，区委书记陈伟俊起程赴京出席党的第十八次全国代表大会。区四套班子领导参加欢送仪式。

11月12日，区政协重点提案督办会议举行，重点督办区政协十五届一次会议第72号提案《关于加大我区食品安全执法力度的建议》。

11月20日，区长陈国军为圣龙集团授牌“国家级企业技术中心”。

11月21日，“鄞州蔺草”登上省质监局2012年新增区域名牌榜。实现鄞州区区域名牌零的突破。

11月25日，第六届中国梁祝爱情节在修缮一新的宁波梁祝文化园盛大启幕。

11月27日，举行重大项目集中签约仪式，南车深化合作项目、博格华纳增资项目、IGB新城大厦项目、华油国源智慧电网项目、中物院激光所项目和现代城市轨道交通营运示范线合作项目6个重大项目签约落户鄞州。

同日，区水稻百亩方平均亩产创全国纪录。

12月3日，省发改委和省统计局联合发布了《浙江省2011年统筹城乡发展水平评价报告》。报告显示，鄞州区2011年统筹城乡发展水平综合评价得92.49分，连续5年居全省首位。

12月6日，区政府与深圳华侨城股份有限公司在南苑环球酒店签署宁波华侨城文化旅游综合项目合作协议。

12月17日，区委书记陈伟俊先后到宁波诺丁汉大学、浙江大学宁波理工学院和浙江万里学院，深入调研南高教园区办学和科研情况。

12月20日，省级生态循环农业示范县验收组到鄞验收，认为鄞州区达到省级生态循环农业示范县创建标准，同意通过现场考核验收。鄞州区成功创建成为全省首个生态循环农业示范县。

12月31日，区委书记陈伟俊先后来到宁波帅特龙车辆部件有限公司、宁波立华制药有限公司和南洋集团开展调研。副区长黄新山陪同调研。

同日，福明路南延正式通车。福明路南延北起兴宁路，跨越铁路、杭甬高速，南接于创新路与长寿东路交叉口，全长2142米，宽44米，为全线高架立交，项目总投资5.9亿元。

2012年慈溪市大事记

1月3日，市委书记徐华江，市委副书记、代市长施惠芳拜会上海市委副书记、市长韩正。

同日，上海慈溪经促会迎春茶话会在沪举行。

1月5日，慈溪市与宁波杭州湾新区联动发展座谈会召开。宁波杭州湾新区管委会主任周江勇主持会议。市委书记徐华江出席并讲话。

1月7日，上海大众浙江（宁波）项目开工奠基仪式在杭州湾新区举行。宁波市委副书记陈新、上海大众公司总经理张海亮等分别在奠基仪式上致辞。宁波市领导王辉忠、唐一军、余红艺、王剑波、郭正伟、周江勇，及市领导徐华江、施惠芳等出席。

1月9日至12日，中国共产党慈溪市第十三次代表大会在浒山隆重举行。会议听取了徐华江同志代表中共慈溪市委十二届委员会向大会作题为《争科学发展之先，创民生福祉之优，为把慈溪建设成为品质之城幸福家园而努力奋斗》的工作报告。会议审议通过了关于市委工作报告的决议和关于市纪委工作报告的决议。会议通过充分酝酿和民主选举，产生了由51名市委委员组成的中共慈溪市第十三届委员会，同时选举产生了由25名委员组成的中共慈溪市纪律检查委员会。

1月12日，中共慈溪市第十三届委员会举行第一次全会。会议选举产生了中共慈溪市第十三届委员会书记、副书记、常委，徐华江当选为书记；施惠芳、杨勇当选为副书记；徐华江、施惠芳、杨勇、华红、陶尧土、施大年、张建人、朱法传、孙百南、王金国、陈杰峰、傅贵荣等当选为常委。会议通过了中国共产党慈溪市纪律检查委员会第一次全体会议选举结果，朱法传当选为书记；童华强、范伟明当选为副书记。

1月19日，市政府召开全体（扩大）会议，讨论并原则通过《政府工作报告（审议稿）》，决定提请市十六届人大一次会议审议。

2月1日，召开全市干部大会暨“作风建设提升年”活动动员大会。市委书记徐华江讲话。市委副书记、代市长施惠芳主持会议，黄建钧、胡惠强、李兴达、杨勇等市四套班子领导出席。

2月4日至7日，市十届政协一次会议隆重召开。会议通报了政协慈溪市第十届委员会第一次会议提案收集情况；会议通过了《中国人民政治协商会议慈溪市第十届委员会第一次会议决议》；会议选举李兴达为慈溪市十届政协主席，周晓虹、张明、戴南璋、毛加强、何月祥、岑剑国为副主席。

2月5日至8日，市十六届人大一次会议隆重召开。会议通过了慈溪市第十六届人民代表大会第一次会议关于政府工作报告等决议。会议依法选举黄建钧为慈溪市第十六届人民代表大会常务委员会主任；吴武忠、龚建长、叶黎明、孙根德、黄柏寿、施森章为副主任；丁军等27名为常务委员。会议依法选举施惠芳为慈溪市市长，孙百南、胡建国、许文东、严新章、张定伟、王娇俐（女）为慈溪市副市长。会议依法选举王松来为慈溪市人民法院院长。会议依法选举傅其云为慈溪市人民检察院检察长（须报经宁波市人民检察院检察长提请宁波市人民代表大会常务委员会批准）。会议依法选举59名慈溪市出席宁波市第十四届人民代表大会代表。

2月13日，市委副书记、市长施惠芳主持召开新一届市政府第1次常务会议。

2月14日，宁波市委常委、纪委书记暨军民一行到慈溪调研指导“三思三创”主题教育实践活动等工作。市领导徐华江、施惠芳、朱法传等陪同。

2月16日，举行外贸进出口超百亿美元表彰会议。宁波市副市长刘海泉，市委书记徐华江讲话。市长施惠芳主持会议。

2月17日，全市城乡环境整治工作现场会召开。市委书记徐华江讲话，市委副书记杨勇主持。

同日，水利部部长陈雷在省委常委、副省长葛慧君，宁波市委副书记、市长刘奇，浙江省水利厅厅长陈川，宁波市副市长徐明夫等陪同下，到慈溪视察水利工作。市领导徐华江、施惠芳、王娇俐等陪同视察。

2月20日，副省长毛光烈率省经信委、省科技厅等有关部门负责人到慈溪调研工业经济转型升级情况。宁波市委常委、副市长余红艺，市领导徐华江、杨勇等陪同。

2月24日，举行慈溪台湾农民创业园开园暨大越（慈溪）食品工业有限公司新厂区落成仪式。

3月7日，省委常委、宁波市委书记王辉忠来慈调研民营经济发展情况。宁波市委常委、宁波市委秘书长王剑波，宁波市副市长陈奕君，及市领导施惠芳、杨勇等陪同调研。

3月9日，举行长三角能源资本高峰研讨会暨浙江长三角石化交易中心揭牌仪式。市委副书记、市长施惠芳，全国工商联石油业商会副会长高岩等省内外嘉宾共同见证浙江长三角石化交易中心挂牌成立。

3月15日，市委召开工青妇工作会议。市委书记徐华江出席并讲话。市委副书记、市长施惠芳主持会议。

3月16日，市政府召开企业上市工作座谈会。市委副书记、市长施惠芳讲话。

3月20日，由丽水市市长王永康率领的丽水市党政考察团到慈溪考察。宁波市政府副秘书长洪嘉祥，市委书记徐华江，市委副书记、市长施惠芳陪同考察。

3月23日，省级生态市创建工作通过现场考核验收。

同日，由省人大常委会副主任程渭山带领的省人大常委会调研组到慈溪调研节约集约利用土地工作。

3月28日，举行重大项目集中开工仪式。市领导徐华江、施惠芳、黄建钧、李兴达、杨勇等出席。

3月29日，“绿动千里海塘，助推蓝色经济”——浙江省青少年参与海塘防护林建设行动在慈启动。省委常委、宁波市委书记王辉忠参加并宣布启动。市领导施惠芳、杨勇等参加启动仪式。

同日，慈星股份创业板在深交所挂牌上市。

4月1日，全省建设“平安浙江”电视电话会议召开。慈溪市荣获“平安县（市）”称号，连续六年创造了省“平安县（市）”佳绩。

4月5日，市委、市政府召开工业经济转型升级工作会议。宁波市委常委、副市长余红艺出席会议并对工业经济发展提出要求，市委书记徐华江讲话，市委副书记、市长施惠芳作工作部署。

4月6日，省委常委、宁波市委书记王辉忠在慈溪市周巷镇、观海卫镇等卫星城市试点镇调研。市领导徐华江、施惠芳等陪同调研。

同日，宁波•慈溪产业对接投资环境推介会在甬举行。

4月11日，召开全市生态建设工作会议。

4月22日，2012中国慈溪家电博览会正式开幕。

4月26日，慈溪市商品市场园区奠基暨综合商贸城开工仪式举行。市委书记徐华江出席仪式，并宣布开工。宁波市贸易局局长吕齐敏，市委副书记、市长施惠芳分别致辞。

4月28日，市体育馆盛大开馆。

5月4日，徐华江、施惠芳、黄建钧、李兴达、高庆丰、杨勇等市四套班子领导，亲自或委托向市慈善事业捐款，2012年慈善捐款活动全面启动。

5月9日，省委常委、宣传部部长茅临生来慈考察农村精神文明建设工作。宁波市委常委、宣传部部长余红艺，及市领导徐华江、施惠芳、华红等陪同。

5月11日，市重大制造业项目集中开工仪式在周巷镇镇北现代工业集聚区隆重举行。市委书记徐华江宣布开工。

5月16日，省督导组来慈督查指导“进村入企”大走访活动。宁波市委常委、纪委书记暨军民，宁波市纪委副书记王霞惠陪同督导，市领导施惠芳、杨勇、朱法传等参加工作汇报会，并陪同督查。

5月18日，全省劳动关系工作座谈会暨慈溪市劳动用工管理经验现场会在慈举行。市领导施惠芳、孙百南等参加会议。

5月22日，召开全市项目融资对接大会，24个项目现场签约，意向融资近70亿元。

同日，市委市政府召开全市招商引资工作会议。市委副书记、市长施惠芳讲话。

5月23日，宁波市副市长陈仲朝来慈调研工业经济发展情况。市领导施惠芳、胡建国等陪同调研。

5月26日，2012保利青铜器国宝展开幕。

5月28日，中心城区一横一纵（329国道、新城大道）道路整治工程启动。

6月12日至13日，市委召开工作务虚会。市委书记徐华江强调，全力推进“打造品质之城、共建幸福家园”，为让城市更具品质市民更加幸福而努力奋斗。市委副书记、市长施惠芳在会上讲话。黄建钧、李兴达、杨勇等市四套班子领导出席会议。

6月16日，全国政协副主席阿不来提•阿不都热西提来慈考察宗教工作，全国政协民族和宗教委员会副主任仲兆隆、周明甫、傅先伟，浙江省政协副主席王永昌，宁波市政协主席唐一军，宁波市政协副主席、宁波市委统战部部长胡建岳，市领导徐华江、施惠芳等陪同考察。

6月20日，举行2012慈溪杨梅节开幕式暨“白金汉爵之夜”大型文艺晚会。市委书记徐华江致辞，市委副书记、市长施惠芳主持。

6月25日，浙江工商大学与慈溪市人民政府合作建立生态环境研究院签约仪式举行。

6月28日，鸣鹤山水古镇一期（古宅）举行了隆重的开园仪式。市委书记徐华江盖章签发古镇开园明信片（画卷），并宣布开园。

同日，中国保监会副主席陈文辉到慈溪，就伏龙农村保险互助社运行情况作专题调研，市委副书记、市长施惠芳陪同调研并作情况介绍。

6月29日，建党91周年暨市委书记上党课大会召开。市委书记徐华江强调，立足新起点，迎接新挑战，在建设品质之城幸福家园实践中再立新功。市委副书记、市长施惠芳主持，市委副书记杨勇宣读表彰决定。

同日，由山东省菏泽市委常委、定陶县委书记张毓华率领的定陶县党政考察团一行到慈溪考察，市委书记徐华江会见了考察团一行，市政协主席李兴达、市委副书记杨勇等陪同。

7月2日，举行新兴产业集群区系列产业项目集中开工仪式。宁波市副市长陈仲朝宣布开工。市委书记徐华江出席，市委副书记、市长施惠芳致辞。

7月3日至4日，省委常委、宁波市委书记王辉忠在慈溪调研。市委书记徐华江、市委副书记、市长施惠芳陪同调研，市人大、市政协主要领导和市党政班子领导陪同调研或参加工作汇报会。

7月4日，市委、市政府召开全市房屋征收拆迁百日攻坚专项行动动员大会。市委书记徐华江讲话，市委副书记、市长施惠芳作工作部署。

7月6日，渣打银行慈溪支行作为首家外资银行分支机构正式落户慈溪。

7月9日，全国供销合作社系统先进表彰大会在北京人民大会堂举行，慈溪市供销联社荣膺“全国供销合作社系统先进集体”称号。

7月17日，中共慈溪市委十三届二次全体（扩大）会议举行。市委书记徐华江代表市委常委会讲话。会议审议通过了《中共慈溪市委关于打造品质之城共建幸福家园的决定》。

7月24日，省委副书记李强在宁波市委副书记王勇等陪同下，到慈溪市调研社会管理创新工作。市领导徐华江、施惠芳、杨勇、施大年陪同调研。

7月27日，市政府召开废塑料整治专题推进会。市委副书记、市长讲话。

7月31日，市政府召开全体（扩大）会议。市委副书记、市长施惠芳作主题报告。

8月15日，省委组织部副部长、省人力资源和社会保障厅厅长吴顺江一行到周巷镇，开展基层组织建设年蹲点调研。宁波市委常委、组织部部长朱伟，市领导徐华江、施惠芳等陪同调研。

8月20日，首届中国（慈溪）家用电器交易会暨家电配件采购会在慈溪国际会展中心开幕。

8月23日，浙江省高级人民法院院长齐奇到慈溪考察。

8月24日，举行中共慈溪市委、慈溪市人民政府决策咨询委员会成立大会暨第一次全体会议。市委书记徐华江出席成立大会，并为市决策咨询委员会授牌。

8月30日，宁波市委副书记王勇、宁波市副市长陈奕君到周巷镇下访。市领导徐华江、杨勇、傅贵荣、许文东参加了下访活动。

9月5日，宁波市委常委、组织部部长杨立平到慈溪调研。市领导徐华江、施惠芳、陶尧土等陪同调研。

9月7日，市委书记徐华江会见了到甬出席“第二届中国（宁波）智慧城市技术与应用产品博览会”的中国科学院院地合作局局长孙殿义一行。

9月8日，举行宁波包钢展昊新材料有限公司奠基仪式。市委书记徐华江宣布奠基。市委副书记、市长施惠芳，包钢稀土（集团）高科技股份有限公司总经理张忠等分别致辞。

9月12日，2012福布斯—中国高成长企业家投资峰会在慈举行。市委书记徐华江致开幕辞，市委副书记、市长施惠芳作主题演讲。

9月19日，举行重大项目集中开工仪式，位于慈东滨海区的宁波墨西科技有限公司年产300吨石墨烯项目等4个重大项目集中开工。宁波市副市长洪嘉祥宣布开工，市委书记徐华江出席开工仪式。

9月25日，副省长朱从玖率省级有关部门负责人到慈溪调研金融工作，宁波市副市长马卫光，市委书记徐华江，副市长许文东，龙山镇党委书记孙黎明等陪同调研。

9月28日，举行第九届慈溪市艺术节开幕式暨《幸福慈溪》大型文艺晚会。

10月9日，宁波市委副书记、市长刘奇到慈溪调研。市领导徐华江、施惠芳、胡建国等陪同调研。

10月11日，2012慈溪现代服务业招商推介会在厦门举行。市委副书记、市长施惠芳致辞。

10月16日，市政府召开全市实施投资项目快速审批制度动员会。市委副书记、市长施惠芳讲话。

10月18日至19日，由市委书记徐华江，市委副书记、市长施惠芳带队的市党政代表团赴宁海、余姚两地学习考察。

10月24日，由市委书记徐华江，市委副书记、市长施惠芳率领的市党政代表团到东钱湖学习考察。

10月29日，慈溪市茶业文化促进会成立。浙江省委常委、组织部部长蔡奇发来贺信；市委书记徐华江向促进会授牌、授印；市委副书记、市长施惠芳讲话；宁波市茶文化促进会会长、宁波市人大常委会原副主任徐杏先，市人大常委会主任黄建钧、市政协主席李兴达出席成立大会。

11月1日，全市深化农村改革暨农村合作经济体制创新试验工作动员会议召开。市委书记徐华江强调，以农村合作经济体制创新试验为突破口，全面提升我市农村改革发展水平，为品质之城幸福家园建设奠定扎实基础。省农业厅副厅长赵兴泉、宁波市农办主任杨胜隽应邀出席会议并讲话。

11月9日，市委召开市委常委会会议，学习党的十八大精神。市委书记徐华江主持会议。

11月12日，2012国际家族企业论坛举行。全国工商联原副主席、中国民（私）营经济研究会原会长保育钧，中央统战部经济局副局长戚建美，全国工商联研究室巡视员、中华工商时报原总编辑黄文夫等海内外专家、嘉宾300余人莅临论坛。全国工商联副秘书长、中国民（私）营经济研究会常务副会长王忠明，宁波市政协副主席、宁波市委统战部部长黄建岳，宁波杭州湾新区管委会主任王剑侯，市委副书记、市长施惠芳等分别在论坛开幕式上致辞。

11月14日，举行全市效益型龙头企业培育工程和新兴产业分级培育工程签约授牌仪式。市委书记徐华江出席并讲话。市委副书记、市长施惠芳等出席。

11月19日，市委召开全市领导干部会议。市委发出《中共慈溪市委关于认真学习宣传贯彻党的十八精神的通知》。

11月20日，市政府党组举行十八大精神专题学习会。市委副书记、市长施惠芳出席并讲话。

12月5日，国土资源部副部长胡存智来慈视察工作。省、宁波市有关部门负责人，及市领导施惠芳、王娇俐、史建范等陪同。

12月7日，慈溪市红十字会对第五届理事会成员进行更换增补。市委书记徐华江，市委副书记、市长施惠芳受聘担任市红十字会名誉会长，副市长张定伟任第五届理事会会长。

12月10日，重大项目集中开工仪式举行。宁波市副市长王仁洲、市委书记徐华江分别宣布东三环快速路工程和乐成恭和苑项目开工。

12月10日至11日，省委常委、宁波市委书记王辉忠到慈溪调研经济工作。市领导徐华江、施惠芳等陪同调研。

12月22日，慈溪杭州经济促进会2012年迎新团拜会在杭州举行。省政协副主席、省委统战部部长汤黎路，杭州市委副书记、市长邵占维，原省人大常委会副主任叶荣宝，及市领导徐华江、施惠芳、李武杰、黄柏寿、胡建国、毛加强和在杭慈溪籍有关领导出席会议。

同日，在沪参加上海慈溪经促会迎新团拜会的市委书记徐华江，市委副书记、市长施惠芳一行，拜会了中共中央政治局委员、上海市委书记韩正。

12月26日，市人大常委会第七次会议首开专题询问会，监督重污染行业整治工作。市人大常委会主任黄建钧在会上讲话，副市长许文东代表市政府作重污染行业整治工作情况报告和表态发言。

12月27日，市委、市政府举行在甬银行业金融机构负责人恳谈会。市委书记徐华江出席恳谈会并致辞，市委副书记、市长施惠芳就慈溪经济社会发展基本情况作专题介绍。

12月30日，“2012年中国最具幸福感城市”颁奖盛典在北京钓鱼台国宾馆隆重举行。组委会授予浙江慈溪“2012中国最具幸福感城市（县级）”称号。

2012年余姚市大事记

1月6日，六个街道党工委、纪工委正式挂牌成立。市领导方文军、沈海东、叶枝利、徐栋芳出席成立大会，并为六个街道的党工委、纪工委授牌、授印。

1月10日，第三届中国余姚·河姆渡农业博览会隆重开幕。市领导毛宏芳、奚明、方文军、宋建勋、郑桂春、周银燕等出席了开幕式。

1月13日，代市长奚明主持召开市政府第三十七次常务会议，审议并原则通过《余姚市“十二五”商标发展规划》和《政府工作报告（送审稿）》。

1月17日，市领导毛宏芳、孙钜昌、陈建泰、方文军、张志红、郑桂春等专程到宁波军分区慰问部队官兵。

1月29日，召开全市六大百亿工程“攻坚突破年”活动动员部署暨重点项目推进工作总结表彰大会。市委书记毛宏芳出席并讲话。代市长奚明对活动作了具体部署。市人大常委会主任孙钜昌，市政协主席陈建泰出席会议。市委副书记方文军主持会议。市领导诸晓蓓、陈长锋、郑桂春、卢建国等参加会议。

2月1日，市政协十二届一次会议隆重开幕。大会的执行主席陈建泰、孙蝶双、吴展、陈洪逵、叶文龙、周银燕、徐栋芳、张建乔、车成友、仇洪、方小丽、计文渊、朱月芬、朱初雷、朱育成、许亚芬在主席台上就座。

2月2日，市十六届人大一次会议隆重开幕。大会的执行主席是毛宏芳、奚明、孙钜昌、方文军、诸晓蓓、叶枝利、谢建华、王祥林、魏利民、宋建勋、沈相国、胡青、王军善、姚桂珍。

2月13日至14日，省委组织部副部长姚志文到余姚，就人才工作进行蹲点调研。

2月16日，余姚滨海现代农业园区正式开工建设。市领导方文军、姚桂珍、郑桂春、周银燕出席开工典礼。

2月21日，举行全市乡镇（街道）人大工作培训交流会。市人大常委会主任孙钜昌出席会议并讲话，副主任王祥林主持会议。

3月5日，2012年浙江旅游市场全国供应商大会开幕式在余姚举行。副市长卢建国出席大会。

3月6日，市长奚明带领有关部门负责人调研市新兴产业发展情况。副市长陈长锋参加调研。

3月16日，市政协举行政情通报会，常务副市长诸晓蓓向与会委员通报了市实施“六大百亿工程”建设的有关情况，市政协副主席孙蝶双主持会议。

3月17日，由大连万达集团投资建设的余姚万达广场奠基。市委书记毛宏芳宣布奠基开始。市长奚明致辞。市领导孙钜昌、陈建泰、诸晓蓓、卢建国、范焕平和大连万达集团副总裁齐界出席奠基仪式。

3月21日，由丽水市市长王永康率领的丽水市政府代表团到余姚考察。市领导毛宏芳、奚明、诸晓蓓、陈长锋、郑桂春、范焕平等陪同考察。

3月24日，市长奚明会见了由日本德川博物馆理事长德川齐正率领的日本茨城县代表团一行。

3月26日，余姚中国裘皮城商圈党总支正式授牌成立。市政协副主席徐栋芳出席成立大会。

3月29日，由市农业龙头企业惠得隆生物制品有限公司和美国建明工业集团合作的科技项目——宁波建明生物科技发展战略投资项目正式签约，市领导诸晓蓓、郑桂春出席签约仪式。

4月5日，市长奚明主持召开第2次常务会议。

4月10日，余姚市女企业家协会第四次会员大会暨“可持续发展与企业文化建设论坛”举行。市领导奚明、诸晓蓓、谢勇毅、陈长锋、孙蝶双、徐栋芳应邀出席大会。

同日，市8个重大项目集中开工。市领导毛宏芳、奚明、孙钜昌、陈建泰等市四套班子领导分组出席相关仪式。

4月22日，全市领导干部金融创新与资本运作专题研修班开班。市委书记毛宏芳作动员讲话，副市长卢建国主持开班仪式。

4月26日，在香港召开“浙江省余姚市裘皮产业发展座谈会”，会议由市委书记毛宏芳主持。

5月7日至8日，全省围垦工作会议在余姚市召开，余姚市被评为全省围垦工作先进单位。副市长郑桂春在会上作了交流发言。

5月8日，市委书记毛宏芳会见了日本大阪钛业株式会社社长西泽庄藏一行。副市长卢建国参加会见。

5月15日，宁波市常务副市长寿永年到余姚调研经济社会发展情况。余姚市委书记毛宏芳、常务副市长诸晓蓓陪同调研。

5月25日，市长奚明主持召开市政府第三次常务会议。常务副市长诸晓蓓，副市长陈为能、卢建国、范焕平参加会议，市人大常委会副主任魏利民、市政协副主席陈洪逵应邀参加会议。

5月27日，市委书记毛宏芳、副市长郑桂春率市党政代表团到贵州省黔西南布依族苗族自治州望谟县，考察对口帮扶情况。

5月30日，由华润置地投资建设的城东商业项目奠基。市委书记毛宏芳为项目醒狮点睛，市长奚明致辞。市领导孙钜昌、陈建泰、卢建国、范焕平和华润置地副总裁谢骥出席奠基仪式。

6月7日，市长奚明率市有关部门负责人和企业家代表赴诸暨市学习考察企业上市培育工作。副市长陈长锋、卢建国参加学习考察。

6月8日，第十四届中国浙江投资贸易洽谈会在宁波隆重开幕。余姚市共有11个项目分别在宁波和余姚签约，总投资5.8亿美元，合同外资2.3亿美元。

6月18日，市政协主席陈建泰、常务副市长诸晓蓓率有关部门负责人，赴陆埠、梁弄等山区乡镇，检查南部山区防汛工作。

6月20日，市政府召开全市“以企引企”工作座谈会，市长奚明出席并讲话。常务副市长诸晓蓓出席会议，副市长卢建国主持会议。

6月22日，市长奚明会见了宏泰企业机构董事长林堉璘等台商一行。副市长卢建国陪同。

6月23日，全国县级城市首个动物临床实验基地——国家“农业部动物病毒学重点实验室余姚临床实验基地”在市禽畜病防治研究所挂牌成立。

6月29日，举行纪念中国共产党成立91周年暨创先争优先进表彰大会。

7月1日，市3家市级医院与上海交通大学医学院5家附属医院举行合作签约仪式。常务副市长诸晓蓓、副市长陈为能出席签约仪式。

7月3日，浙东区党委成立70周年纪念大会暨市新四军历史研究会六届四次会员大会召开。市委副书记方文军出席并讲话。

7月12日，举行2012余姚家用电器科技成果对接洽谈会。副市长陈长锋出席。

同日，举行余姚市国家新型纤维材料生产基地规划研讨会，中国化学纤维工业协会副会长赵向东、总顾问叶永茂，市领导毛宏芳、诸晓蓓、胡青、陈长锋、卢建国、周银燕，以及中国纺织建设规划院有关领导和专家等出席研讨会。

7月17日，举行余姚市农业招商引资推介暨项目签约仪式。市长奚明致辞，省农业厅党组成员、总农艺师王建跃，市人大常委会副主任宋建勋，市政协副主席周银燕等出席，副市长郑桂春主持仪式。

7月25日，市十六届人大常委会第三次会议举行，市人大常委会主任孙钜昌，副主任王祥林、魏利民、宋建勋、胡青、姚桂珍出席。

8月3日，举行市委十四届二次全体(扩大)会议。

8月10日，由重庆市巫山县县长李春奎率领的县政府代表团到余姚市考察。市长奚明，副市长陈长锋、卢建国，市长助理唐守渊陪同考察或参加座谈会。

8月29日，举行国家“千人计划”专家项目落户签约仪式。市委书记毛宏芳，市委常委、组织部部长叶枝利等在现场见证签约。

9月1日，中国企业联合会、中国企业家协会联合发布“2012中国服务业企业500强”榜单，余姚市浙江华联商厦有限公司以29.6亿元的年营业收入再次入围。

9月5日，召开余姚市丽水莲都商会成立大会。市长助理唐守渊出席。

9月6日，市长奚明主持召开市政府第五次常务会议。

9月11日，市首个商圈工会联合会在中国裘皮城揭牌成立。市人大常委会副主任、市总工会主席沈相国，市政协副主席、朗霞街道党工委书记徐栋芳出席成立仪式。

9月14日，市长奚明会见了残奥会冠军王益楠及其父母，副市长郑桂春陪同。

9月15日，举行新生代企业家浙江大学工商管理高级研修班开学典礼，副市长陈长锋出席仪式。

9月20日，市6个重大项目集中开工或奠基。毛宏芳、奚明、孙钜昌、方文军等市领导分组出席相关仪式。

9月23日，2012中国·余姚人才科技洽谈会在余姚宾馆隆重开幕。市领导毛宏芳、奚明、孙钜昌、陈建泰、方文军、叶枝利、陈长锋等出席开幕式。

10月14日，第七届国际科教影视“中国龙奖”在余姚市揭榜。市委书记毛宏芳，市委宣传部部长潘银浩，副市长陈长锋出席颁奖仪式。

10月18日，举行乐安湖生态科技园项目签约仪式。常务副市长诸晓蓓，马渚镇党委书记杨文祥，乐安湖生态科技有限公司董事长施伟俊和市有关部门负责人出席了签约仪式。

10月23日，市人大常委会组织部分常委会组成人员和市人大代表对市部分重点工程和拆迁安置工作进行视察。

10月24日，市政协举行十二届三次常委会议，专题协商文化强市建设工作。市政协主席陈建泰出席会议并讲话。

10月27日，市长奚明、副市长卢建国会见了美国传奇拍卖行副总裁泰戴尔率领的国际毛皮行业考察团一行。

10月29日，余姚“国家新型纤维材料产业基地”总体规划，通过以中国工程院院士蒋士成为组长的专家组论证。副市长卢建国出席论证会。

11月1日，首批8家青少年爱心书屋正式授牌成立。市委副书记方文军、常务副市长诸晓蓓出席成立仪式，并为爱心书屋授牌。

11月5日，第十四届中国塑料博览会隆重开幕。市领导毛宏芳、奚明、孙钜昌、陈建泰、方文军等出席开幕招待会。

11月14日，在全市科技金融合作推进会暨融资洽谈会上，8家银行与12家科技型企业签署了融资合作协议，协议资金达到了8.375亿元。副市长卢建国出席并讲话。

11月23日，省政府召开全省“工业强市”电视电话会议，并举行“工业强市”授牌仪式，余姚市被授予省“工业强市”称号。

11月26日，市民中心挂牌成立。市委副书记方文军在成立大会上讲话并为市民中心授牌，市领导诸晓蓓、沈海东、潘银浩、魏利民、余灿、叶文龙出席。

12月7日，舜大财富广场举行的招商大会吸引了市内外近百家商家的参与，其中星巴克、绿茶、欧珀莱等15家商家代表现场与舜大财富广场进行了签约。常务副市长诸晓蓓出席，副市长卢建国致辞。

12月11日，市人大召开全市乡镇（街道）人大工作汇报交流会。市人大常委会主任孙钜昌出席会议并讲话，市人大副主任王祥林主持会议。

12月14日，“杭州湾滩涂种养结合改土增效生态工程”项目通过可行性论证。副市长郑桂春出席论证会。

12月18日，市二院、市中医院迁建工程项目开工。市领导奚明、姚桂珍、陈为能、徐栋芳出席相关仪式。

12月20日，中国裘皮城商圈党校举行成立仪式，这是市首个由专业市场党组织建立的党校。市政协副主席、朗霞街道党工委书记、余姚工业园区管委会主任徐栋芳出席。

12月27日，市政协举行十二届四次常委会议。市政协主席陈建泰主持会议，副主席孙蝶双、吴展、陈洪逵、周银燕、徐栋芳出席会议。

12月29日，召开了市青年企业家协会年会暨市“创二代”联谊会成立大会。市委副书记方文军出席会议并讲话。市委常委、市委统战部部长李森苗，副市长卢建国出席会议。

2012年奉化市大事记

1月4日，宁波市召开全市深入推进“六个加快”重大项目突破年动员大会，奉化市被评为综合考核先进单位。

1月7日，2012中国奉化尚田草莓节在草莓基地冷西村举行。副市长王海国宣布草莓节开幕，副市长宋达军讲话，市政协副主席张小平参加开幕式。

1月10日，市第十三次党代会举行代表团召集人会议。市委书记张文杰同志主持会议。

1月17日，奉化市举行第十七届人大代表培训会，市人大常委会主任周涛作动员讲话。

1月18日，举行省示范文明城市创建工作汇报会，市领导陈志昂、谢海茂、李忠明、周海飞、林平海参加会议。

同日，智慧奉化光网城市“十二五”信息化战略协议签约仪式在市电信局举行。

1月31日，市委办、市府办联合下发通知，进一步规范机关干部办理婚丧喜庆事宜，倡导厉行勤俭节约之风制止铺张浪费。

2月3日，国家农业部、发改委、财政部、商务部等8个部门联合公布第五批农业产业化国家重点龙头企业名单，浙江滕头园林股份有限公司榜上有名。也是奉化首家获此称号的企业。

同日，全省农村工作会议落下帷幕，奉化市被省委省政府授予“2011年度社会主义新农村建设优秀单位”称号。

2月14日，国家土地督察上海局副专员董菊卉一行到奉化回访督察土地工作。市领导陈志昂、王海国、方国波出席汇报会。

2月17日，代市长陈志昂调研交通运输工作。

2月20日，召开宣传思想工作会议。副市长周海飞主持会议。

2月22日，市委市政府将纪检、组织、创卫表彰、省示范文明城市创建动员等工作合并起来召开全市党建工作大会。市委书记张文杰出席并讲话，代市长陈志昂主持会议。

2月29日，市食品安全工作会议召开。市领导李忠明、沈其荣、林平海出席会议。

3月1日，宁波市象山港区域保护和利用2011年度工作考评组一行到奉化市考核象山港保护利用工作。常务副市长卓厚佳陪同考核。

3月6日，全市领导干部会议召开。市长陈志昂传达宁波市第十二次党代会精神。

3月11日，市第一期党政“一把手”能力素质提升培训班开班仪式举行。市委书记张文杰作动员讲话，市长陈志昂主持开学典礼。

3月13日，市委书记张文杰率市委农办、老贫办、国土、规划等部门负责人到溪口开展大走访活动。

3月22日，宁波市委常委寿永年、市政府副秘书长俞钢到奉化市西坞街道和溪口镇开展“进村入企”走访活动。市领导陈志昂、卓厚佳、周媛儿等陪同走访。

3月23日，市首家融资租赁公司——宁波南海融资租赁有限公司开业。市领导陈志昂、王德彪、周世君、谢海茂、陈鹏忠、宋达军等到场祝贺。

3月30日，市委书记张文杰先后到竹产业工业园和尚桥新区调研查看项目进展及落户企业建设情况。

4月1日，张文杰、陈志昂、周涛、王德彪等市四套班子领导到市烈士陵园祭扫革命英烈。

4月4日，市荣获2011年度宁波市人才工作先进县（市区）铜奖。

4月10日，召开甬江防洪工程东江、剡江奉化段堤防整治工程座谈会。副市长方国波、市政协副主席俞伦出席会议。

4月11日，全市工业经济形势分析会召开。市委书记张文杰在会上讲话，市长陈志昂主持会议。

4月16日，市委书记张文杰到溪口镇明溪村开展“党建进组，服务入户”活动。

4月17日，市首家上海大众汽车4S店——奉化澳泊森汽车销售服务有限公司举行隆重开业典礼。

4月25日，全市国资国企工作会议召开。市长陈志昂出席会议并作重要讲话。

5月8日，市首条天然气管道白杜天然气工程，正式向部分企业供气。

5月9日，副省长毛光烈一行到奉化市考察浙江中烟宁波卷烟厂易地技改项目推进情况。市长陈志昂、常务副市长卓厚佳陪同。

5月16日，宁波市副市长陈奕君到奉化

市就江口区块开发建立商贸物流中心进行调研并听取工作汇报。市委书记张文杰、市长陈志昂出席座谈会，副市长宋达军陪同考察。

5月17日，日本名南经营株式会社松田英雄一行到奉化市考察汽车配件工厂建设投资环境。市委书记张文杰出席投资交流会。

5月20日，市庄山市场获国家商务部命名的2011年度国家绿色市场。

5月26日，第二届宁波市“百校千企”人才培养合作交流大会暨签约仪式落幕。奉化市教育局与华东师范大学、浙江造船有限公司、浙江交通职业技术学院签订了人才培养合作协议。

6月2日，市“放鱼养水”生态行动经验上央视新闻联播，市委书记张文杰在新闻联播上，以两次同期声向全国观众讲述“奉化经验”。

6月4日，举行宁波国家高新区、奉化市人民政府战略合作签约仪式。

6月9日，在第十四届中国浙江投资贸易洽谈会宁波市项目签约仪式上，总投资额5000万美元的年产7亿瓶矿物质水项目和总投资额1亿美元的液压缸成套设备项目落户奉化市。副市长张行波出席签约仪式。

6月14日，举行奉化市与美国贝德福德市缔结友好城市意向书签约仪式。市长陈志昂，贝德福德市市长莎娃·杰尔吉斯出席签约仪式并签订建立友好市关系意向书。

6月16日，市获得2011年度宁波市象山港区域保护和利用工作优秀单位。已连续三年获此殊荣。

6月27日，市长陈志昂一行赴裘村镇调研。

6月29日，召开农村集体“三资”管理暨推进行政撤并村集体资产融合工作会议。市委副书记郑一平，市委常委、组织部长陈红伟，副市长方国波出席会议。

7月5日，市举行固定资产投资及重大项目约谈督查专题会议。市领导张文杰、陈志昂、王德彪、卓厚佳出席会议。

7月7日，市第十届运动会开幕式暨第十七个全民健身月活动启动仪式在市体育场举行。

7月9日，浙江省外向型农业工作会议在杭州召开。市获2011年度省外向型农业工作先进县(市)，这是市连续5年获此殊荣。

7月20日，阳光海湾举行“奉化市象山港避风锚地项目”开工仪式，副市长方国波出席仪式。

7月22日，“中国水蜜桃之乡——奉化”走进北京暨名特优农产品推介活动在北京玉渊谭公园举行。

7月28日，香港奉化联谊会周年庆典暨深圳奉化商会成立大会在深圳举行。宁波市委统战部副部长史建华，市领导张文杰、陈志昂、周涛、王德彪、何剑波、张行波、俞伦等应邀出席。

8月10日，市政协举行政情通报会，市政协主席王德彪主持。

8月17日，市委书记张文杰到市财税局调研全市财税工作。

8月21日，市委书记张文杰率市委组织部（人才办）、市科技局、市开发区管委会等部门主要负责人赴中科院宁波材料所学习考察。

同日，甬江防洪工程东江、剡江奉化段堤防整治工程举行签约仪式。宁波市副市长马卫光，市领导张文杰、陈志昂、周涛、王德彪等出席。

8月27日，市首家心理健康辅导站在市疾控中心正式对外开放。

8月28日，市十七届人大常委会召开第四次会议。市人大常委会主任周涛主持会议。

8月29日，经国家发展和改革委员会批准，市投资有限公司申报的10亿元公司债券成功发行(简称“12奉化债”)。

9月8日，副省长毛光烈一行考察市浙江中烟宁波卷烟厂易地技改项目进展情况。市领导张文杰、陈志昂、张行波等陪同考察。

9月12日，市创业投资引导会议召开。市委书记张文杰出席会议并讲话，副市长张行波主持会议。

9月17日，市政协召开九届二次常委会议，市政协主席王德彪及全体常委出席会议。

9月19日，2012（奉化）雪窦山弥勒文化节开幕式暨“五灯会元”大型佛教祈福盛会在奉化雪窦山隆重举行。

9月26日，市高层次人才协会第二届会员大会召开，市委书记张文杰出席会议并讲话。

同日，召开东江、剡江工程攻坚大会。市委书记张文杰，市政协主席王德彪出席会议，副市长方国波主持会议。

9月28日，市首个一站式家庭型购物中心银泰城盛大开业。市长陈志昂宣布购物节开幕。

10月8日，召开全市创先争优活动经验交流暨总结大会。市委书记张文杰出席会议并讲话。

10月9日，召开重大项目督查推进暨百日会战攻坚动员大会。市委书记张文杰出席并讲话，市长陈志昂主持会议。

10月12日，奉化经济开发区滨海新区首批落户企业开工典礼暨奠基仪式在莼湖镇滨海新区举行，副市长张行波主持开业典礼。

10月14日至24日，市长陈志昂率市经贸代表团考察访问德国、意大利和法国。

10月16日，市创建省示范文明城市迎检工作专题会召开。市领导卓厚佳、陈鹏忠、陈彩凤、俞伦等参加会议。

10月19日，市与上海农（渔）业科技合作项目正式签约，副市长方国波主持，市委书记张文杰出席签约仪式并致辞。

10月26日，浙江中烟工业有限责任公司宁波卷烟厂“十二五”易地技术改造项目开工奠基仪式在宁波竹产业工业园内举行。市领导张文杰、陈志昂、周涛、王德彪、张行波等出席了奠基仪式。

11月1日至2日，由重庆市彭水苗族土家族自治县县委副书记、县长刘峰，副县长邹迟带团的考察团来我市考察学习，并与奉化市签订建立友好合作关系框架协议。市领导张文杰、陈志昂、卓厚佳、陈红伟、李忠明、张行波，市长助理任昌卜陪同考察。

11月6日，省委常委、公安厅长刘力伟来奉考察，重点了解我市十八大安保工作落实情况。宁波市委常委、公安局长王惠敏，市领导张文杰、赵永山等陪同考察。

11月6日至7日，市长陈志昂率团赴上海考察招商。

11月8日，由国家旅游局主办的全国智慧旅游景区建设现场大会在四川都江堰召开。溪口旅游集团作为宁波市唯一代表，参加了这次会议。会上，国家旅游局公布了首批22家“全国智慧旅游景区试点单位”，溪口景区成功入选，全省仅溪口和西溪湿地两家。

11月14日，市领导陈志昂、陈彩凤率市人事、规划、财政部门负责人调研市教育工作。

11月15日，宁波市小微企业互助合作促进会奉化分会正式成立。

11月18日，全市领导干部会议召开，传达学习贯彻落实党的十八大精神。

11月23日，召开新农村三资管理工作汇报会。

12月7日，“奉化—长沙人才科技合作恳谈会”在湖南省长沙市举行。

12月14日，奉化市政府与上海市农科院举行两地农业科技合作项目签约仪式。上海市农科院副院长顾晓君，副市长方国波出席了签约仪式。

12月18日，市长陈志昂，副市长张行波率经信局、商务局、外经发展招商局、经济开发区管委会、滨海新区管委会主要负责人赴北仑考察招商引资工作。

12月26日，召开全市防范处置企业拖欠工资暨推进“双爱”活动工作会议。

同日，首批奉化市科技创新示范企业座谈会暨授牌仪式在市科技局举行。副市长张行波参加仪式并授牌。

12月31日，召开2012年度财税金融工作会议。市领导张文杰、陈志昂、周涛、王德彪、郑一平、卓厚佳、宋达军出席会议。

2012年宁海县大事记

1月4日，县领导褚银良、林坚参加全市重大项目突破年动员大会。

1月5日，县领导褚银良、林坚、尤永成、娄黛敏、徐真民、徐云参加县长办公会议暨月度工作交流会。

1月6日，县长褚银良主持召开2012年社会民生事业调研座谈会。副县长娄黛敏、县政府党组成员徐云出席会议。

1月12日，县长褚银良会见到宁海县考察的美国STI股份有限公司主管、执行长兼科技长HenryJi博士。

1月16日，全县公安工作会议召开，县委书记卞吉安在会上作重要讲话，县委副书记褚孟形出席会议。

1月19日，召开2012年工业企业迎春座谈会，县委书记卞吉安、县长褚银良、副县长徐云出席座谈会。

1月30日，县领导褚银良、林坚、尤永成、娄黛敏、赵海滨、徐真民参加县政府第七十三次常务会议。

2月1日，县政府分别在5个重大项目现场隆重举行重大项目集中开工仪式，县领导卞吉安、褚银良、戴霖军、尤玲娟等县四套班子全体领导出席了开工仪式。

2月9日，县长褚银良在欠发达地区走访调研，县委副书记褚孟形陪同调研。

2月14日，县政协九届一次会议隆重开幕。

2月16日，县十七届人大一次会议隆重开幕。

2月22日，县委书记卞吉安赶赴黄坛、深甽两镇，带头开展“进村入企”大走访活动。

3月1日，县领导褚银良、林坚、尤永成、娄黛敏、徐真民、徐云、赵海滨参加2012年全市“三思三创”主题实践活动大会。

3月2日，“学雷锋、讲文明、树新风“活动启动仪式在潘天寿广场举行。县领导褚孟形、王建云、林惠明、赵秀萍、杨象轮出席仪式。

3月7日，县领导褚银良、徐云参加县“二区八园”产业基地建设汇报会。

3月13日，县领导褚银良、林坚、赵海滨赴中科院上海药物研究所联系工作。

3月20日，县长褚银良召开第十届徐霞客开游节组委会会议、岁末年初新开工项目进展情况座谈会。县领导林坚、尤永成、娄黛敏、徐真民、赵海滨参加。

3月22日，召开全县农村工作会议，县委书记卞吉安参加会议并讲话。

3月27日，副县长尤永成参加第九届桑洲品茶节暨首届油菜花节开幕式。

3月31日，县长褚银良参加宁海三门湾新区总休规划汇报会、听取工作汇报。

4月1日，县长褚银良主持召开县政府第二次常务会议。会议讨论并原则通过了《宁海县卫生事业发展“十二五”规划》。讨论并原则通过了《调整农村居民最低生活保障标准的方案》。

4月7日，隆重举行潘天寿诞辰115周年纪念大会暨第四届“潘天寿设计艺术奖”全国文具设计大赛颁奖典礼。

4月10日，县委书记卜吉安调研西店镇卫星城市试点镇建设。

4月12日，市人大常委会党组书记、副主任郭正伟，副主任卓祥騋等一行到宁海县考察新农村建设工作。县人大常委会副主任张文蛟、林志来、副县长徐真民陪同。

4月17日，召开第十届中国徐霞客开游节暨中国旅游日庆典动员大会。县长褚银良出席会议并作动员讲话。县委副书记褚孟形主持会议。

4月26日，第四届“方孝孺读书节”启动仪式在宁海中学举行。县委书记卞吉安宣布“方孝孺读书节”启动。

5月3日，召开全县经济形势分析暨重大项目推进会，县委书记卞吉安出席并讲话。

5月9日，副县长徐真民参加全省历史文化村落保护开发利用工作现场会。

5月11日，2012全国户外运动大赛暨中国（宁海）户外运动节在胡陈乡拉开帷幕。县领导卞吉安、褚银良、戴霖军、尤玲娟、褚孟形、娄黛敏出席开幕式。

5月16日，举行2012宁海国际投资洽谈会投资环境推介暨项目签约仪式。县四套班子领导卞吉安、褚银良、戴霖军、尤玲娟出席签约仪式。

5月19日，第十届中国徐霞客开游节暨中国旅游日庆典隆重开幕。县四套班子领导卞吉安、褚银良、戴霖军、尤玲娟。开幕式由县委副书记褚孟形主持。县委书记卞吉安代表县委、县政府在开幕式上致辞。

5月23日，国家开发银行宁波市分行与

宁海县人民政府开发性金融支持宁海三门湾区域建设合作备忘录签约仪式举行。

5月31日，县委书记卞吉安主持召开县委常委会，传达学习贯彻省委书记赵洪祝在宁海考察时的重要讲话精神。

6月1日，召开全县加强和改进新形势下工商联工作会议。县委书记卞吉安出席会议并讲话。县委副书记褚孟形主持会议。县领导林坚、陈中建、张水仙出席会议。

6月13日，县委书记卞吉安赴桑洲镇、岔路镇就推动欠发达乡镇发展进行调研。

6月15日，县领导林坚、尤永成陪同国家环保部领导开展生态县技术核查。

6月19日，县委书记卞吉安赶赴凫溪深甽镇区段，杨梅岭水库等地，检查防汛工作。

6月25日，由象山县委书记李关定、县长叶剑鸣率领的象山县党政代表团到宁海县考察。县领导卞吉安、褚银良、应亥宗、邵兴杰、徐真民、杨象轮陪同考察。

6月26日，县委书记卞吉安到招商大厦和梅桥区块等地调研科技园区、物流园区建设。副县长尤永成、徐云陪同调研。

6月27日，县领导林坚、娄黛敏参加全市深化医药卫生体制改革工作会议。

7月9日，县领导褚银良、林坚、尤永成、娄黛敏赴上海考察。

7月11日，常务副县长林坚参加转型发展和旅游业省级战略研究座谈会。

7月12日，县领导褚银良、尤永成、娄黛敏、徐真民、徐云、赵海滨参加全县领导干部会议。

7月16日，县领导褚银良、徐云参加全市工业经济工作会议。

7月19日，副县长赵海滨参加甬台温输气（油）管道项目开工仪式和项目推进座谈会。

7月20日，召开重大项目“百日攻坚突破”大会战暨新城市中心区建设动员大会。县委书记卞吉安出席并讲话。县长褚银良主持会议。

7月26日，县长褚银良主持召开全县半年度经济形势分析和重大项目建设点评会。

8月2日，市长助理林静国一行到宁海县检查指导防台抗台工作。县领导褚银良、褚孟形、徐真民陪同。

8月10日，常务副县长林坚开展现代都市、住房保障、房屋拆迁工作年中督查。

8月14日，召开推进新型城镇化建设报告会。县长褚银良出席会议并讲话。县委常委、组织部长林惠明主持会议。

8月16日，县长褚银良主持召开县政府第七次常务会议。

8月17日，召开全县招商引资工作汇报会。县长褚银良出席会议并讲话。

8月23日，召开国家生态县创建攻坚动员会议。县领导卞吉安、褚银良、戴霖军、尤玲娟、褚孟形、林坚在主席台就座。

8月28日，召开首届人才科技周组委会会议。县长褚银良出席会议并讲话。

8月31日，宁海招商大厦项目举行开工仪式，县委书记卞吉安宣布项目开工。

9月3日，县长褚银良主持召开专题会议，研究部署工业经济稳增长工作。

9月12日，县委书记卞吉安在深甽镇调研经济社会发展和旅游重大项目建设。

9月14日，第五届中国（宁波）农民电影节在潘天寿广场开幕。国家广播电影电视总局电影局副局长毛羽，副市长张明华，县领导卞吉安、褚银良、褚孟形、王建云、陈中建、娄黛敏、杨象轮等出席开幕式。

9月15日，第二届中国海洽会在宁波国际会展中心正式开幕。县长褚银良、常务副县长林坚率领宁海代表团参加开幕式。

9月20日，县领导褚银良、林坚参加中科院上海药物研究所八十周年所庆。

9月22日，县首家农业龙头企业院士工作站在宁波市振宁牧业有限公司揭牌。县领导褚银良、褚孟形、赵海滨、徐真民出席。

9月26日，举行柔石诞辰110周年纪念大会暨首届柔石小说颁奖典礼。县委书记卞吉安、县委副书记褚孟形、副县长娄黛敏出席会议。

10月8日，县党外人士服务中心举行揭牌仪式，宁波市政协副主席、市委统战部长胡建岳，县委书记卞吉安共同为中心揭牌。

10月10日，县长褚银良会见了到宁海考察的福耀玻璃集团创始人、董事长曹德旺一行。

10月15日，召开创先争优活动总结会议。县委书记卞吉安，县委常委、组织部长林惠明出席。县委副书记褚孟形主持会议。

10月17日，县政协副主席邬汝跃主持召开县政协九届八次主席会议。

10月22日，市级银行机构支持宁海

经济发展恳谈会在宁波举行。县领导卞吉安、褚银良、林坚、邵兴杰、王鸿飞出席。

10月25日，县十七届人大常委会举行第五次会议。县人大常委会主任戴霖军、副主任张文蛟分别主持会议。

10月29日，县第八届运动会在县体育中心隆重开幕。县委书记卞吉安宣布开幕。

11月2日，香港宁海经济合作恳谈会在香港维多利亚港湾举行。县领导褚银良、林坚、徐云、张水仙，岔路镇党委书记尤永强出席会议。

11月9日，县首个固定“爱心献血屋”正式落成启用。副县长、县无偿献血工作领导小组组长娄黛敏出席启动仪式。

11月15日，县长褚银良主持召开县政府第十次常务会议。

11月20日，县委副书记褚孟形率领督查组，赴胡陈乡、长街镇检查“美丽庭院”创建工作进展情况。

11月26日，县政协主席尤玲娟主持召开县政协九届十次主席会议。

11月29日，2012“体育与城市品牌建设”经验交流活动举行新闻通气会，新华社、人民日报、中央电视台等50多家中央及地方新闻媒体参加。

11月30日，第三届中国·长三角国际体育休闲用品博览会暨首届中国户外用品博览会在宁海国际会展中心隆重开幕。县领导卞吉安、褚银良、戴霖军、尤玲娟等出席，副县长娄黛敏主持。

12月1日，2012“体育与城市品牌建设”全国经验交流活动成功达成160亿元的合作意向。其中，副县长娄黛敏与中国体育报业总社党委书记、社长涂晓东和中国文化书院文化发展研究院副院长徐江签订了合作意向书，达成总投资额拟50亿元的战略合作项目。

12月4日，县长褚银良主持召开县政府第十一次常务会议。

12月11日至12日，全省检察机关“三个千亿”工程建设预防工作第三次交流会在宁海县召开。县领导卞吉安、杨象轮，县检察院检察长吕益军参加会议。

12月21日，县长褚银良会见参加2012宁海房产交易会的金科股份副总裁李战洪、黄金湾投资集团董事长申威、银泰置业副总裁高海波一行。常务副县长林坚陪同。

同日，2012宁海县房产交易会在宁海国际会展中心开幕。县长褚银良，市住建委副主任诸国平，常务副县长林坚，县人大常委会副主任邵兴杰，县政协副主席潘作飞出席开幕式。

12月25日，宁波市特种设备检验研究院宁海检验站(国家蓄能器型式试验中心)奠基仪式举行。市质监局局长郑德兵，县长褚银良，县人大常委会副主任邵兴杰，副县长徐云，县政协副主席潘作飞出席奠基仪式。

同日，县模具城工贸区项目一期工程正式奠基开工。

12月26日，县社会应急联动指挥中心和县社会治安防控联勤指挥中心正式启动运行。县长褚银良，县委副书记褚孟形，县公安局长叶警青，县人大常委会副主任张文蛟，县政协副主席邬汝跃出席启动仪式。常务副县长林坚主持启动仪式。

12月31日，《宁海党建》电视栏目开播仪式在县广播电视台举行。

2012年象山县大事记

1月5日，市生态文明和生态市建设考核组到象山县检查生态市建设和生态文明工作。副县长陈永忠作工作汇报。

1月10日，县第十三次代表大会隆重开幕。大会执行主席李关定、叶剑鸣、林雅莲、金红旗、白国璋、黄敏求、欧亚群、应春华、俞骏、李刚、王能迭、李蔚然在主席台前排就座。

1月19日，县委、县政府举行新春军政团拜会。县委书记李关定和驻象某部部队首长胡武波分别致新春祝辞。县长叶剑鸣主持团拜会。

2月8日，县旅游工作会议召开。县人大常委会副主任郑亚红、副县长邱金岳、县政协副主席吴安定出席会议。

2月12日，县政协九届一次会议隆重开幕。主席团常务主席白国璋、吴安定、欧亚群、周平飞、赖明和、胡建萍，秘书长陈秀慧及本次会议执行主席在主席台就座。

2月13日，县第十七届人大一次会议隆重开幕。大会执行主席李关定、金红旗、叶剑鸣、白国璋、林雅莲、郑亚红、林胜国、柳建根、叶富兴、励茂平和大会主席团全体成员在主席台就座。

2月22日，全县社会管理创新工作推进会召开。县委副书记、政法委书记林雅莲出席会议并讲话。

2月27日，在北京召开的全国双拥模范城（县）命名暨双拥模范单位和个人表彰大会上，象山县被命名为新一届“全国双拥模范县”。副县长孙小雄参加大会并领取奖匾。

3月2日，县第十七届人大常委会召开第一次会议。县人大常委会主任金红旗，副主任郑亚红、林胜国、柳建根、叶富兴、励茂平出席会议。

3月7日，副县长王安静率县卫生局、卫生监督所、疾病控制中心及“两创”办相关负责人，督查县创建国家卫生县城工作。

3月12日，全县金融工作会议召开。副县长陈永忠出席会议并讲话。

3月14日，2012对接长三角暨在外象山籍人士回乡创业投资合作推介会在上海举行。18个项目签约，投资总额68.75亿元，其中外资1.28亿美元。

3月16日，环象山港公路、中心城区保障性住房、飞润海洋生物科技项目、澳翔精细化工项目、县红十字台胞医院迁建项目等五大重点工程集中开工。

3月19日，县委书记李关定赴石浦镇开展“进村入企”大走访活动。

3月26日，县政协主席白国璋率城管、科协、县编办、公建中心、档案局、招商银行、丹西街道等单位负责人，深入丹西街道白石村、小东洋村走访调研。

3月30日，市长刘奇主持召开市政府常务会议，研究同意设立浙台（象山石浦）经贸合作区。县委书记李关定、县长叶剑鸣，县委常委、统战部长黄敏求，县人大常委会副主任叶富兴等参加会议。

4月6日，县人大常委会召开专题会议学习传达全县“三思三创”主题教育暨反腐倡廉建设大会精神，县人大常委会主任金红旗、副主任林胜国出席会议。

4月9日，象山书城工程举行开工典礼，县领导罗来兴、王安静、胡建萍等出席。

同日，象山游泳馆迁建工程也正式破土动工。

4月10日，县委书记李关定、县长叶剑鸣、副县长陈永忠及县级相关部门负责人赴象山产业区调研。

4月25日，山东省日照市东港区委书记郑加贵一行到象山交流考察，县委常委、宣传部长罗来兴陪同考察。

4月27日，县十七届人大常委会第二次会议召开。县人大常委会主任金红旗，副主任郑亚红、林胜国、柳建根、叶富兴出席会议。副县长陈永忠、县政协副主席欧亚群列席会议。

4月28日，县政协举行第三次主席会议。县政协主席白国璋主持会议并讲话。

5月3日，由洞头县县委书记姜长才、常务副县长苏立盛、县人大常委会副主任张孚标带领考察团到象山考察。县领导李关定、叶剑鸣、黄敏求、励志纲等陪同考察或参加相关活动。

5月4日，县政府与中行宁波市分行签署海洋经济发展战略合作协议。县长叶剑鸣、中行宁波市分行行长钱建忠分别致辞并代表双方签署战略合作协议。

5月8日至11日，县委书记李关定、县长叶剑鸣带领强势型、强势培育型企业主要负责人赴武汉、南京等地考察。

5月17日，全县工业线重点工程督查汇

报会召开。县长叶剑鸣出席并讲话。

5月19日，檀头山岛作为全市第一家海岛景区正式对外开游。副县长邱金岳出席开游仪式并讲话。

5月22日，黄沙岙围涂工程正式开工建设。县领导叶富兴、孙小雄、胡建萍出席开工典礼。

5月28日，松兰山至大目湾道路工程正式开工。副县长邱金岳出席并宣布工程开工。

5月30日，象山县与中国供销集团在北京举行“象山国际水产物流园”投资项目签约仪式。

6月6日，省第十三次党代会在杭州隆重开幕。县委书记李关定参加盛会。

6月12日，县“美化家园”建设新农村服务标准试点项目顺利通过省级专家验收。

6月17日，在第四届海峡论坛大会上，象山县被正式列入全国“海峡两岸交流基地”。

6月19日，北京电影学院表演学院正式向宁波影视文化产业区管委会授牌，确定象山影视城为北京电影学院影视创作社会实践基地。县人大常委会主任金红旗、副县长邱金岳出席授牌仪式。

6月20日，象山才华剪纸艺术馆被授予浙江省廉政文化教育基地。

6月28日，县第十七届人大常委会第三次会议召开。县人大常委会主任金红旗，副主任郑亚红、林胜国、柳建根、叶富兴、励茂平出席会议。

同日，省政府批准同意《浙江象山海洋综合开发与保护试验区规划》。

7月4日，召开浙台（象山石浦）经贸合作区发展规划座谈会，就《浙台（象山石浦）经贸合作区发展规划（第六次修改稿）》广泛征求意见建议。

7月11日，象山港大桥合龙仪式在大桥主桥主跨中跨桥面隆重举行。

7月16日，召开拥军优属拥政爱民工作会议。县委书记李关定、驻象92815部队副政委瞿尔平出席会议并讲话。

7月18日，宁波东海银行正式开业，象山8家支行同时对外营业。副县长邱金岳出席开业仪式并致辞。

7月20日，长6公里，最宽处600米，约2.1平方公里的大目湾“蓝色内湾”工程全线贯通。

7月26日，淳安县县委书记凌志峰率党政代表团到该县考察。县领导李关定、俞骏、李刚、王能迭、郑亚红、邱金岳、胡建萍及有关部门负责人陪同考察或参加交流会。

7月27日，县政协召开第六次主席会议，就加快我县设施渔业发展进行专项议政。县政协主席白国璋主持会议并讲话。

8月2日，县人大常委会召开“一府两院”重要情况通报会。县人大常委会主任金红旗、常务副县长俞骏、县人大常委会副主任林胜国出席会议。

8月8日，国家民政部救灾司副司长庞陈敏、省民政厅副厅长俞志壮一行到象山检查指导抗台救灾工作。

8月10日，县委书记李关定到县信访局调研信访工作、看望信访干部，并接待来访群众。

8月17日，全县金融工作座谈会召开。县政府党组成员应伟刚主持座谈会，全县各金融机构负责人参加座谈会。

8月24日，象山县和韦斯特维克市合作备忘录签约仪式在象山举行。县长叶剑鸣与瑞典卡尔马省地区委员会主席LeifLarsson（雷夫）签订了合作备忘录。

8月27日，县十七届人大常委会第四次会议召开。县人大常委会主任金红旗，副主任郑亚红、林胜国、柳建根、叶富兴、励茂平出席会议。

8月30日，县政协举行第七次主席会议，就县“两城”创建工作开展知情性视察。县政协主席白国璋主持会议并讲话。

8月31日，象山港大桥接线工程云龙公铁立交桥跨杭深铁路连续钢构合龙，这标志着象山港大桥北接线工程贯通。

9月6日，县长、县规划委员会主任叶剑鸣主持召开县规划委员会2012年度第一次会议。

9月13日，浙江省2011年系列百强企业出炉，县万象集团以2011年35亿元的营业收入入选，名列服务业46名，在中国服务业企业500强中位列第395位。

9月16日，第十五届中国开渔节开幕式暨开船仪式在石浦港举行。

9月18日，县委书记李关定率县相关部门负责人赴高塘岛乡现场办公，专题协调推进象山国际水产物流园项目。

9月28日，县长叶剑鸣主持召开县政府第七次常务会议。

10月10日，县十七届人大常委会第五次会议召开。县人大常委会主任金红旗，副主任郑亚红、柳建根、叶富兴、励茂平出席会议，副县长邱金岳列席会议。

同日，县人大常委会主任金红旗一行赴县规划局，就中心城区土地储备、未来城市建设及发展情况进行调研。

10月15日至16日，由县委书记李关定，县委副书记、县长叶剑鸣率领的象山县党政代表团赴杭州湾新区、大榭开发区、宁波保税区、北仑春晓新城、鄞州等地学习考察。

10月19日，《象山县服务业发展规划》评审会召开。

10月20日，天安电工生产基地落成典礼隆重举行。

11月2日，象山商贸服务业招商恳谈会举行。县长叶剑鸣出席并讲话。

同日，《海洋渔文化（象山）生态保护实验区总体规划》通过文化部论证。

11月9日，举行象山县社会主义学院揭牌仪式。

11月15日，县人大常委会召开会议。县人大常委会主任金红旗，副主任郑亚红、林胜国、柳建根、叶富兴、励茂平出席会议，副县长陈照民列席会议。

11月20日，召开全县领导干部会议，传达学习党的十八大精神。县长叶剑鸣传达党的十八大精神，县委副书记林雅莲主持会议。

11月25日，国家海洋局海洋环境保护司副司长陈力群带领考评组到象山考察评估国家级海洋生态文明示范区创建工作。

11月30日，召开农村集中式居家养老服务工作推进现场会。副县长孙小雄出席会议。

12月6日，县人大常委会组织部分委员来到丹东街道、丹西街道、爵溪街道，视察县实事工程落实情况。县人大常委会主任金红旗，副主任柳建根参加视察。

12月7日，全县领导干部学习党的十八大精神报告会召开，中共中央党校硕士生导师李俊伟应邀作《夺取中国特色社会主义新胜利的伟大行动纲领》专题报告。

12月17日，县委书记李关定赴产业区、经济开发区调研。

12月18日，大塘港现代农业综合区顺利通过省农业厅验收。副县长孙小雄陪同。

12月20日，浙江省首个海峡两岸交流基地授牌仪式在象山县举行。中共中央台办、国务院台办主任王毅，宁波市政协主席唐一军，省台办主任裘小玲，宁波市副市长洪嘉祥，国台办交流局副局长王冰，象山县四套班子领导出席授牌仪式。

12月25日，县召开危旧房屋排查解危工作推进会。常务副县长俞骏出席会议。

12月27日，2012第十届象山海鲜美食节在石浦渔人码头拉开序幕。

12月28日，举行象山港大桥及接线工程建成通车仪式。

12月31日，县领导郑亚红、王安静、吴安定、应伟刚率相关部门负责人赴县财税、国税、金融单位开展节日慰问活动。

同日，县委十三届三次全体（扩大）会议召开。会议全面贯彻党的十八大和省委、市委全会精神，回顾总结2012年工作，研究部署2013年任务，审议通过《中国共产党象山县委员会工作规则》。

温州卷

2012年温州市大事记

1月4日，代市长陈金彪主持召开市人民政府第六十五次常务会议。

1月6日，副市长孟建新参加省山海协作工程考核汇报会。

1月7日，副市长徐育斐出席2011年温州市职业技能大赛颁奖仪式。

1月11日至16日，代市长陈金彪参加省“两会”。

1月13日，副市长彭佳学参加全市国税工作会议。

1月17日，市委、市政府举行新春团拜会。陈德荣、陈金彪、陈笑华、包哲东等市四套班子领导出席。

同日，代市长陈金彪，副市长章方璋、任玉明参加全市城乡统筹改革暨农村工作会议。

1月18日，副市长仇杨均参加温州书画院新大楼启用暨展览馆迎春书画展开幕仪式。

1月30日，代市长陈金彪、副市长彭佳学等领导参加全省民营经济大会（电视电话会议）。

1月31日，市政府召开座谈会，代市长陈金彪就《政府工作报告》（征求意见稿）向各民主党派、工商联和无党派人士代表征询意见和建议。

2月1日，温州市与衢州签订了两地经济合作框架协议。市委书记陈德荣和衢州市市委书记赵一德出席签约仪式。代市长陈金彪和衢州市代市长陈新分别代表两地市政府签订协议。

同日，召开世界温商大会。陈德荣、陈金彪、陈笑华、包哲东等市四套班子领导出席。

2月7日，副市长任玉明到鹿城调研统筹城乡综合改革工作。

2月8日至11日，代市长陈金彪、副市长彭佳学等领导参加市第十一次党代会。

2月14日，副市长仇杨均研究社会事业“六大行动计划”与乡镇撤扩并、村级“转并联”后社会事业发展工作方案。

2月15日，代市长陈金彪、副市长任玉明参加海洋科学综合考察船开工典礼。

2月24日，副市长朱忠明参加温州航空口岸扩大对外国籍飞机开放筹备工作预验收会议。

2月27日，副市长任玉明赴北京参加全国双拥模范城（县）命名暨双拥模范单位和个人表彰大会。

3月2日，副市长任玉明参加统筹城乡综合改革工作例会。

3月6日，市长陈金彪、副市长王祖焕督查瓯海大道工程及会展中心项目建设工作。

3月12日，副市长陈浩赴温州经济技术开发区开展“进村入企”大走访。

3月15日，市长陈金彪、副市长朱忠明参加会展中心三期项目开工奠基仪式。

3月20日，副市长仇杨均参加韩国光州温州推介会。

3月21日，市长陈金彪、副市长仇杨均参加温州肯恩大学校园建设工程开工典礼暨揭牌仪式。

3月26日，市长陈金彪参加品牌温州全国行启动仪式。

3月28日，副市长朱忠明参加省支持浙商创业创新促进浙江发展督查工作汇报会。

4月6日，市长陈金彪主持召开市政府第3次常务会议，审议并原则通过了《关于大力开展珊溪水利枢纽水源地人口统筹集聚和水源保护工程建设的实施意见》。

4月9日，副市长王祖焕赴宁波参加全省城市化发展座谈会。

4月12日，市长陈金彪，副市长彭佳学、陈浩参加全市开展平安大市“四连创”活动动员大会。

4月17日，市长陈金彪、副市长朱忠明研究中心镇、功能区工业暨园区投资建设推进会有关事宜。

4月20日，市政协主席包哲东到瓯海区开展“进村入企”大走访活动。

4月26日，全省首家民间借贷登记服务中心在鹿城开业。市委书记陈德荣出席开业仪式并揭牌。

4月28日，市长陈金彪、副市长王祖焕参加瓯海大道西段快速路通车暨畅通工程项目开工仪式。

5月3日，市长陈金彪、副市长朱忠明参加全省保险业参与温州金融综合改革试验区建设动员大会。

5月9日，副市长朱忠明参加温州滨海新城投资集团总部暨温州经济技术开发区市民中心奠基仪式。

5月15日，温州市大学科技园孵化器举行开园仪式。市委副书记王昌荣、副市长仇杨均等为开园仪式进行剪彩，并为首批入驻的33家企业授牌。

5月17日，温州公共外交协会成立，这是全国第一个地市级公共外交协会。市委书记陈德荣在大会上讲话并向协会授牌。

5月18日，温州市金融研究院正式揭牌成立。市委书记陈德荣出席并讲话。

5月23日，副市长朱忠明参加省国开行座谈会。

5月24日，市长陈金彪赴北京汇报金融综合改革有关工作。

5月31日，副市长仇杨均参加浙江省温州轻工机械技术创新服务平台授牌仪式。

6月8日，副市长王祖焕赴长春，向长春温州商会推介温州重点城建项目。

同日，副市长郑朝阳参加世界第七个遗产日暨矾矿申报世界工业文化遗产启动仪式。

6月12日，副市长朱忠明参加首届两岸金融合作海峡论坛。

6月15日，副市长陈浩参加交通部“十二五”普通国道改造工作推进会。

6月18日，市长陈金彪、副市长王祖焕参加市公安科技大楼建设项目开工奠基仪式。

6月25日，副市长陈浩参加市旅游信息中心成立挂牌仪式。

6月26日，市长陈金彪参加小微企业融资服务推进启动仪式。

6月28日，市长陈金彪、副市长陈浩参加中国民航温州安全监督管理局成立仪式。

7月2日，市长陈金彪、副市长朱忠明研究政府项目融资对接工作。

7月7日至8日，市长陈金彪先后赴平阳、苍南、瑞安等地，重点调研产业园区建设情况。

7月12日，市长陈金彪会见了法国美尔森集团董事长吕克·戴姆兰一行。

同日，市长陈金彪参加中国汽车流通金融发展论坛永久地址奠基仪式。

7月18日，副市长郑朝阳会见斯洛文尼亚驻上海领事馆馆长迭戈·纳普尼克一行。

7月19日，市长陈金彪，副市长仇杨均、陈浩、王祖焕参加十大民生工程进展情况汇报会。

7月23日，副市长王祖焕赴杭州参加支持浙商创业创新促进浙商发展汇报会。

7月25日，副市长陈浩参加市交运集团物流三期丰门河改造工程开工仪式。

7月30日，副市长朱忠明参加全市互联网宣传管理工作会议。

8月2日，市长陈金彪，副市长陈浩、任玉明、王祖焕参加全市防台动员会议。

8月6日，市长陈金彪、副市长任玉明参加省防御第11号台风视频会议。

8月7日，市长陈金彪、副市长朱忠明参加“无线城市·智慧温州”十二五信息化战略合作协议签约仪式。

8月8日，温州金融改革广场隆重开业。市委书记陈德荣、市长陈金彪等领导出席开业仪式。

8月9日，市长陈金彪、副市长仇杨均参加国家知识产权示范城市工作汇报会暨授牌仪式。

8月13日，市长陈金彪、副市长朱忠明调研工业设计工作。

8月15日，副市长陈浩参加空港新区工业项目集体开工仪式。

8月17日，副市长朱忠明出席国家金融设备及零配件质量监督检测中心授牌暨大楼奠基仪式。

8月23日，副市长朱忠明赴北京参加国家质监总局争创“全国质量强市示范城市”申述论证会。

8月30日，副市长胡纲高参加第十七届中国（温州）国际皮革展开幕仪式。

9月4日，市长陈金彪、常务副市长葛益平、副市长胡纲高参加工业经济发展座谈会。

9月7日，副市长任玉明参加96345公共服务平台开通仪式。

9月13日，副市长胡纲高带领安监等部门赴瓯海区调研安全生产工作。

9月14日，副市长任玉明参加中意气候变化合作项目启动仪式。

同日，副市长胡纲高赴杭州参加境外浙商与浙江开发区（园区）对接会暨境外浙商回归投资重大外资项目签约仪式。

9月17日，副市长陈浩赴内蒙古兴安盟开展项目招商、旅游推介暨参加兴安盟温州旅游办事处成立仪式。

9月21日，市长陈金彪、副市长仇杨均参加浙江科协年会暨全国科普日活动启动仪式。

9月22日，市委书记陈德荣考察河南郑州发展航空经济、建设国际化航空城情况。

9月28日，常务副市长葛益平参加中国检察学研究会金融检查专业委员会年会暨第二届金融检查论坛。

10月9日，市长陈金彪参加人民银行总

行调研金融改革座谈会。

10月10日，市长陈金彪、副市长王祖焕参加全市城镇污水整治大会战动员大会。

10月12日，副市长胡纲高参加第十四届印刷工业博览会暨2012华东印刷技术展览会开幕式。

10月18日，市长陈金彪、常务副市长葛益平赴省发改、国土、水利等部门联系工作。

10月19日，副市长胡纲高参加2012年第七届中国（温州）机械装备展览会开幕式。

10月24日，市长陈金彪、副市长胡纲高参加市工业集团五大项目集体开工仪式。

10月25日，副市长郑朝阳赴厦门参加海西文博会。

10月29日，市长陈金彪参加金融改革专题汇报会。

11月5日，市委常委朱忠明，副市长仇杨均、陈浩、胡纲高、郑朝阳参加“七大行动”百日攻坚进展情况汇报会。

11月7日，市政府与中国铝业公司签订战略合作框架协议。市委书记陈德荣，中国铝业公司党组书记、总经理熊维平等出席签约仪式。副市长胡纲高代表市政府与中国铝业公司签署协议。

11月8日，市长陈金彪、常务副市长葛益平、市委常委朱忠明等领导收看十八大开幕式。

11月9日，副市长胡纲高参加浙江省产业集群“两化”深度融合服务年活动暨工业电气行业“两化”深度融合（温州站）交流会。

11月16日，市长陈金彪，常务副市长葛益平，常委朱忠明，副市长仇杨均、陈浩、胡纲高、郑朝阳参加全市领导干部大会。

11月21日，市政府办公室召开十八大精神学习会。

11月22日，市政府与中国农业银行浙江省分行举行全面战略合作协议签约仪式。市委书记陈德荣出席仪式并讲话。

11月28日，市长陈金彪参加全省开发区工作会议。

11月30日，市长陈金彪参加“温州一家人”温州首播仪式。

12月3日，市长陈金彪主持召开市政府工作务虚会。

12月4日，市长陈金彪会见新疆阿克苏地区党政代表团。

12月6日，常务副市长葛益平参加全市统计工作专题会议。

12月10日，市政府与中信证券股份有限公司签订城建融资合作框架性协议。市长陈金彪会见了中信证券执委会委员、董事总经理徐刚一行。

12月11日，常务副市长葛益平参加市公共管理学院授牌仪式。

12月17日，召开市城乡规划委员会第三次会议，审议并原则通过了《温州市城市总体规划（2012—2030）》（修编）纲要。市长陈金彪出席会议并讲话。副市长王祖焕主持会议。

12月27日，市政府召开座谈会，市长陈金彪就《政府工作报告》（征求意见稿）向各民主党派、工商联和无党派人士代表征求意见和建议。

12月28日，副市长任玉明出席温州市农村产权服务中心有限公司授牌仪式。

12月30日，温州市人民医院娄桥新院奠基暨开工典礼隆重举行。市长陈金彪宣布开工，市领导卓高柱、仇杨均、夏克栋出席了奠基暨开工典礼。

12月31日，市长陈金彪，常务副市长葛益平，市委常委朱忠明，副市长仇杨均、陈浩、任玉明、王祖焕、胡纲高、郑朝阳参加市委常委会。

2012年鹿城区大事记

1月4日，区政协八届一次会议隆重开幕。

1月5日，区八届人大一次会议隆重开幕。

1月10日，区委书记王立彤率队走访慰问驻鹿部队官兵。区领导陈志坚、张清、项旭光、陈国琴参加慰问。

1月17日，区委书记王立彤率区“两办”、信访、城管与行政执法等部门负责人等到滨江商务区开展大接访活动。

1月20日，区委、区政府举行老干部迎春团拜会。区委书记王立彤出席并致辞。区长朱崇敏主持。

1月30日，世界温商大会鹿城联谊会召开。区委书记王立彤致辞。区长朱崇敏作区情介绍。区领导吴海燕、郑锦春、洪文滨等出席。常务副区长项伟胜主持。

2月6日，副区长张清走访民政福利企业。

2月13日，召开全区领导干部会议。区委书记王立彤出席并讲话。区长朱崇敏主持会议。

2月14日，启动区领导“进村入企”大走访活动。

2月28日，召开信息工作会议。区委副书记洪文滨出席会议并作重要讲话。副区长张清主持会议。

2月29日，区人大对新一届常委会组成人员进行专题培训。区委书记王立彤出席培训会并讲话。

3月2日，召开纪念“三八”国际劳动妇女节102周年暨表彰大会。

3月20日，常务副区长项伟胜赴仰义街道开展“进村入企”大走访活动。

3月23日，区长朱崇敏深入双屿街道、藤桥镇、鹿城总部经济园、鹿城轻工特色园区，开展“进村入企”大走访活动。

3月24日，创建省示范文明城区工作调研组到鹿城区检查指导文明创建工作。区委书记王立彤，市委宣传部副部长、文明办主任邱小侠，区长朱崇敏，区委副书记洪文滨，区领导王造、徐强、项伟胜、伍挺、陈云源、吴文玲、胡明亮、林世南出席会议。

3月30日，举行破难攻坚与媒体互动座谈会。区委书记王立彤出席并讲话。区委常委、宣传部部长徐强主持会议。

3月31日，召开全区质量工作会议。

4月6日，召开侨联六届四次全委（扩大）会议，正式建立华侨文化研究中心。

4月9日，常务副区长项伟胜带队开展消防安全突击检查。

4月11日，副区长吴文玲带领区发改局、区财政局、区住建局、区环保局、国土鹿城分局、规划鹿城分局、双屿街道等单位分管负责人开展卫生重点建设项目督查工作。

4月13日，全区2012年组织工作公信度调查动员会议召开。区委书记王立彤出席并讲话。

4月18日，副区长吴文玲参加全区公共卫生工作委员会扩大会议。

4月20日，区长朱崇敏赴温州民间借贷登记服务中心调研前期筹备情况。

4月23日，区委书记王立彤主持召开区委常委扩大会议，分析一季度全区经济形势，研究各项重点工作。

4月26日，温州民间借贷登记服务中心正式挂牌。

4月27日，温州首家注册资本“零首付”公司在工商鹿城分局核准成立。

4月28日，召开庆祝“五一”国际劳动节暨劳模先进表彰大会，集中表彰区级“劳动模范”“先进生产（工作）者”“先进单位”“先进居（村）委员会”等。

5月8日，副区长吴文玲参加区食品药品安全工作会议暨食品药品安全示范区创建工作推进会。

5月14日，区委理论中心组召开扩大学习会议，专题学习金融改革相关知识，邀请赛伯乐中国投资合伙人、绿谷国际董事CTO朱磊到场作《政府引导性基金设立与运作》专题辅导讲座。

5月16日，区八个功能区的环卫所集体授牌。区政协主席郑锦春、区人大副主任王长青、副区长林世南、区政协副主席胡海峰出席了集体授牌仪式。

5月19日，区首家非物质文化遗产主题博物馆——温州叶同仁中医药博物馆正式开馆。

5月25日，为更好地助推金融综合改革、规范金融秩序，浙江省首个金融审判庭在鹿城法院正式挂牌成立。

5月29日，区政协召开八届二次会议，审议通过《关于委员履行职责的若干规定（试行）》（草案）；并听取鹿城区民政局、城管与执法局、经信局、文广新局关于提案办理情况的通报，以及区教育局关于教育工作情况的通报。

5月31日，区委召开维稳工作领导小组扩大会议。区委书记王立彤参加会议并作重要讲话。

6月1日，召开文化强区建设动员大会。区委书记王立彤出席并讲话。区长朱崇敏部署工作，区人大常委会主任吴海燕、区政协主席郑锦春、副区长吴文玲出席。区委常委、宣传部部长徐强主持。

6月6日，副区长吴文玲分别到区精神病院、区人民医院调研县级公立医院改革等工作。

6月12日至13日，温州市各县（市、区）人大常委会第五十九次联席会议在鹿城召开。市人大常委会主任陈笑华出席会议并讲话，区委书记王立彤致欢迎辞。会议由区人大常委会主任吴海燕主持。

6月13日，温州百家易贷电子商务有限公司与区政府签订协议，计划投资1亿元承建“中小企业融资服务中心”，并将于60日内与广场同步挂牌运营，成为鹿城金融广场首家意向入驻企业。

6月20日，区长朱崇敏到五马街道进行工作调研。副区长胡明亮参加调研。

6月26日，区委书记王立彤带队先后赴五马街道和松台街道走访慰问部分老党员和困难党员。

7月4日，举行城乡社区规范化暨街镇便民服务中心建设现场推进会。市委副书记、政法委书记王昌荣出席并讲话。区委书记王立彤参加会议。

7月12日，召开党外人士经济形势通报会。区委常委、统战部长胡慧雷出席会议。

7月13日，召开“六城联创”暨绿化工作推进会。区委书记王立彤出席并讲话。区长朱崇敏主持会议。

同日，区长朱崇敏先后到鞋都104国道高架桥防汛点、西向排洪建设工程鹿城段、双屿嵇师后山地质灾害点检查防汛防台工作。

7月23日，在上海举行的2012温州金融综合改革试验区招商推介会上，有六家国内外著名的金融服务业机构公司将入驻鹿城金融广场，并签下合作协议书，六个项目总投资6.2亿元。区委书记王立彤介绍区金融综合改革工作，并作招商推介。

7月28日，浙江温州鹿城金融广场正式挂牌营业，成为温州“金改”又一实质性重要承载平台。

7月30日，区委书记王立彤前往藤桥镇开展工作调研。区委常委、宣传部长徐强，副区长杨德听参加调研。

8月9日，区委书记王立彤带领行政执法、安监、工商、消防等相关部门负责人到龙沈工业区、金瑞小商品市场、铁道大厦服装市场等地检查安全生产工作。

8月15日，区政府与中铝国际工程股份有限公司签署合作框架协议。区委书记王立彤和中铝国际总裁贺志辉分别在签约仪式上致辞。区长朱崇敏和中铝国际副总裁秦奇武签署合作框架协议。区人大常委会主任吴海燕、区政协主席郑锦春、副区长林世南出席。区委常委、常务副区长项伟胜主持仪式。

8月16日，区长朱崇敏率有关部门负责人调研区卫生工作。

8月17日，鹿城区与泰顺县开展山海协作交流活动，鹿城向泰顺送去协作资金共计180万元。

8月22日，常务副区长项伟胜、区人大副主任肖石龙率公安、消防、安监、工商等部门，深入仰义街道检查消防和安全生产工作。

9月7日，举行教师节庆祝表彰暨创建省级教育现代化区动员大会。区委书记王立彤出席并讲话。区长朱崇敏主持。区人大常委会主任吴海燕，区政协主席郑锦春，区委常委、宣传部长徐强，区委常委、副区长伍挺出席大会。

9月13日，常务副市长葛益平深入鹿城检查食品安全工作。区领导项伟胜、吴文玲等陪同。

9月14日，区委理论中心组学习（扩大）会议召开。区委书记王立彤出席会议，区委副书记、政法委书记洪文滨主持会议。

9月19日，区委书记王立彤赴双屿街道督查“退二进三”城市有机更新工作。

9月28日，区长朱崇敏带领区经信局、公安分局、交通运输局、安监局、工商分局等部门负责人，对节前市场的食品安全、生产安全、消防安全等情况进行检查。

10月10日，市委副书记、政法委书记王昌荣带队到鹿城督查平安建设工作。

10月12日，瓦市小学建校一百周年庆典大会举行。市委书记陈德荣发来贺信，区委书记王立彤，市人大常委会副主任卓高柱，市政协副主席余梅生出席庆典活动。

10月19日，区长朱崇敏率队对区消防安全重点单位开展消防安全生产督查暨火灾隐患排查整治工作。

10月23日，区委常委会第三季度经济与维稳形势分析会暨百日攻坚工作汇报会召开。区委书记王立彤出席并讲话。

10月26日，分别坐落于五马丰收地块、南汇庄头地块、双屿双岙地块的区三大保障性住房建设项目率先启动，举行集体开工仪式。市长陈金彪宣布开工令。区委书记王立彤致辞。市政府秘书长詹永枢，区人大常委会主任吴海燕，区长朱崇敏，区人大常委会副主任项旭光，副区长郑晓东、林世南出席开工仪式。

11月7日，市委常委、组织部长李一飞到鹿城区调研基层党建和社区规范化建设。区委书记王立彤一同参加调研。

11月13日，由区政府和市工投集团联合开发的滨江广场一期工程用地顺利挂牌。

11月16日，由区委区政府主办，温州市公安消防局培训基地、消防鹿城分局、双屿街道、鞋都三期社区共同承办的鹿城区“119”宣传月活动启动仪式在鞋都文化广场隆重举行。常务副区长项伟胜出席启动仪式并做讲话。

11月19日，区委常委会召开会议学习传达党的十八大精神。

11月20日，区长朱崇敏督查南汇街道城中村改造工作。

11月29日，区十大青少年思想道德建设实践活动基地授牌仪式召开。

12月2日，举行鹿城双屿至藤桥公路工程开工仪式。市委书记陈德荣宣布开工令。市委常委、秘书长吴开锋参加开工仪式。市委常委、鹿城区区委书记王立彤，副市长陈浩在开工仪式上致辞。

12月3日，区委书记王立彤带队赴五马、南汇等街道督查旧村、旧片区、旧厂房“三旧”改造工作。

12月7日，举行首批企业劳动争议调解委员会授牌仪式，浙江长城减速机有限公司等14家民营企业成立应急调解协调“三方机制”。

12月11日，区长朱崇敏率国土、财政、发改、住建等部门负责人到双屿街道开展土地开发提速专题督查。

12月12日，区委书记王立彤做客“温网议事厅”，与网友就“贯彻落实十八大精神共建共享幸福鹿城”主题进行在线交流。

12月20日，区政府与世界500强麾下企业——中国建筑国际集团有限公司签订正式合作协议，双方约定按照BT合作模式，由企业出资29亿元，用于建设鹿城下辖的3个街道区域内的保障房项目。

12月21日，七都大桥正式通车。

12月26日，区委书记王立彤召开区工商联经济人士座谈会，听取各企业家代表对明年经济社会发展的意见和建议。

12月28日，举行区“六大保障性安居工程”集体开工仪式。

12月30日，区委八届四次全体（扩大）会议召开。区委常委会主持会议。区委书记王立彤代表区委常委会向全会报告工作。区长朱崇敏，区委副书记洪文滨，区委常委林时进、王丹、王造、项伟胜、伍挺、陈云源、陈志坚、胡慧雷、张清、林莹、邱向真等出席会议。

2012年瓯海区大事记

1月4日，区政协八届一次会议隆重开幕。

1月5日，区八届人大一次会议隆重开幕。

1月9日，区八届人大第一次会议举行大会选举。经过选举，张纯一当选区八届人大常委会主任，彭立华当选新一届区人民政府区长。

1月11日，召开首届区政府质量奖评审会。副区长周一富出席会议。

同日，温州市人民政府原则同意《温州吹台山森林公园总体规划》《温州五磊山森林公园总体规划》《温州石岩屋森林公园总体规划》《温州凤凰山森林公园建设规划》等四大森林公园规划。根据规划，吹台山、五磊山、石岩屋、凤凰山等四大森林公园的建设面积合计5122.97公顷，建设投资合计98733万元。其中，吹台山森林公园规划建设面积2600.4公顷，静态投资概算57140万元；五磊山森林公园规划建设面积675公顷，静态投资概算11930万元；石岩屋森林公园规划建设面积1406公顷，静态投资概算19233万元；凤凰山森林公园规划建设面积441.57公顷，静态投资概算10430万元。

1月12日，区委书记厉秀珍到新桥街道亲切慰问困难老党员和困难群众。

1月19日，瓯海农村合作银行便农自助服务终端成为浙江省农合银行系统唯一一家可办理小额存款业务的试点银行。

1月20日，区长彭立华、常务副区长林宝新、副区长周一富一行，到区工商分局慰问。

1月28日，区委书记厉秀珍节后督察城区环境卫生工作。区长彭立华，副区长李康、张敏等陪同督查。

1月29日，浙江省副省长、温州市委书记陈德荣，温州市委副书记、代市长陈金彪，市人大主任陈笑华，市政协主席包哲东等市四套班子领导率市直部门、军分区、高等院校、国有企业等单位主要负责人参加牛山公园开工仪式。副省长、市委书记陈德荣宣布开工令，占地156.48公顷（其中瓯海120.08公倾）的牛山公园正式开工建设。区委书记厉秀珍作表态发言，区领导彭立华、张纯一、吴宏儒、黄波参加。

1月31日，召开全区三级干部大会。区委书记厉秀珍出席并讲话。区长彭立华主持会议。张纯一、吴宏儒、黄波等区四套班子领导出席会议。

2月2日，召开世界温商大会瓯海分会，共签约159亿。区委书记厉秀珍出席并讲话。区长彭立华主持大会。区领导张纯一、吴宏儒、黄波等出席大会。

2月9日，副区长周一富参加区2012年趸售电站改制工作座谈会。

2月14日，24家首批入孵大学科技园的企业正式签订温州市大学科技园孵化器入驻孵化协议。

2月15日，副区长张敏、区政协副主席沈岩明出席丽岙街道召开2012年度经济工作会议。

2月17日，区委副书记黄波到梧田街道督查工作。副区长郭东、区政协副主席留红光陪同督查。

2月19日，区首个功能区郭瞿工贸新区，在金州工业园正式挂牌。

2月21日，第一批20个浙江省开发区特色品牌园区评比结果揭晓，瓯海经济开发区总部经济产业园位列其中。瓯海总部经济园拥有“中国锁都”、“中国眼镜生产基地”2张“国”字号金名片，入园项目100多个。

2月23日，召开全区新居民服务管理工作大会。黄波、陈先微、林金祥、留红光等区领导出席会议。副区长周一富主持会议。

2月24日，国家科技部高新司巡视员耿战修等到瓯海区专题调研大学科技园建设工作，并现场指导国家级大学科技园的申报创建工作。区长彭立华、副区长郭东陪同调研。

2月29日，温州市第一家民间资本管理公司——瓯海信通民间资本管理股份有限公司开始试营业。

2月，温州市丽岙花卉基地得到一道“金腰带”——丽岙花卉集体商标成功注册，这是瓯海区第一件集体商标。

3月4日，全市首个“邻里互助站”揭牌启动仪式在新桥街道三泱社区隆重举行。

3月8日，市委常委、宣传部长胡剑谨率队到丽岙街道调研温州文化创意产业园项目，区领导厉秀珍、黄文献、张敏、王学锋等陪同调研或参加座谈。

3月12日，根据市政府（温政干（2012

〕9号）文件，区政府隆重举行温州市公安消防局瓯海分局授牌仪式。

3月15日，区长彭立华到丽岙街道就温州肯恩大学（筹）开工奠基暨揭牌仪式筹备工作及220KV丽岙输变电等7个项目的历史遗留问题进行调研，并举行座谈会。

同日，区长彭立华一行来到瞿溪街道开展“进村入企”大走访活动。

3月17日，公安部发出《关于对全国公安机关涉案财物管理问题专项治理工作成绩突出集体和个人予以表扬的通报》，温州市仅瓯海区公安分局受到通报表扬。

3月21日，中美合作温州肯恩大学（筹）在温州市揭牌并开工奠基。

同日，瓯海区首个“退二进三”项目——温州泰恒建材城正式开业。

3月22日，区政府投资项目暨重点工程建设工作汇报会召开。区委书记厉秀珍、区长彭立华和区领导李康、金衍光、王学锋出席会议。

3月23日，区首个功能区城管与执法分局——郭瞿工贸新区分局正式挂牌。

3月30日，召开二三产返回地建设工作推进会。区长彭立华出席并讲话，常务副区长林宝新主持会议。

4月5日，区政府召开第一次常务会议。区长彭立华，常务副区长林宝新，副区长周一富、李康、金衍光、钱素文，区长助理王学锋等出席会议。

4月11日，温州医学院全科医师规范化培训社区实践示范基地落户瓯海区梧田街道社区卫生服务中心。

同日，选址于大罗山的区岩一人文纪念园举行开工奠基仪式。

4月20日，温州大学党委书记陈福生带队到丽岙街道下川村开展破难攻坚及进村入企大走访活动，副区长钱素文等陪同调研。

4月24日，区长彭立华一行到景山街道调研城中村改造工作，副区长张敏陪同调研。

4月27日，瓯海区仙岩历史文化遗产专题展示馆正式开馆。展示馆以西周土墩墓出土文物和慧光塔出土文物及非物质文化遗产项目为主，共展出土墩墓文物10余件、“非遗”项目4个及部分慧光塔出土文物图片。

4月28日，220KV丽岙变在丽岙街道下呈村开工奠基，副市长陈浩宣布开工令。区委书记厉秀珍，市电力局局长吴哲，副区长周一富等出席仪式。区长彭立华主持仪式。

4月30日，瓯海农村合作银行欧元存款达2.026亿欧元，首破2亿元大关。

5月9日，瓯海区郭溪街道任桥河拓宽整治工程正式开工建设。任桥河拓宽整治工程河道长度1640米，河道护岸总长3219.4米（其中北岸1570.68米，南岸1648.72米），河道宽度将由原最窄处为3—4米调整为35—40米。

5月10日，召开区“农合联”成立大会暨第一次会员代表会议，区委书记厉秀珍和市供销社主任章晟向区“农合联”授牌。

5月15日，温州市大学科技园孵化器举行开园仪式。市委副书记王昌荣、副市长仇杨均、区委书记厉秀珍等领导到场进行剪彩，并为入驻企业授牌。

5月19日，瓯海中心区党委、管委会授牌授印仪式举行，区委书记厉秀珍、区长彭立华分别对瓯海中心区党委、管委会进行了授牌、授印。

同日，梧白科技城党委、管委会授牌授印仪式举行，区委书记厉秀珍、区长彭立华分别对梧白科技城党委、管委会进行了授牌、授印。

同日，仙丽侨乡文化区党委、管委会授牌授印仪式举行，区委书记厉秀珍、区长彭立华分别对仙丽侨乡文化区党委、管委会进行了授牌、授印。

5月22日，四川省浙江商会与区政府现场签订瓯海区泽雅将军岩旅游村项目合作开发意向书，总投资约10亿元。

5月28日，潘桥国际物流基地暨I-02地块的开工典礼在潘桥街道隆重举行。区长彭立华宣布开工令，副区长金衍光致辞。

6月1日，召开全区城市转型发展“破难攻坚 打非治违”专项行动暨拆违攻坚大行动动员大会。

6月4日，加拿大多伦多大学治疗性抗体研发部主任潘国华博士与温州维日康生物科技有限公司签订合作协议。区长彭立华，区委常委、组织部长黄慧等出席签约仪式。

6月7日，瓯海区金州工业园“幸福工委”建设得到中央组织部肯定，并在《全国基层组织建设工作情况通报》第28期予以刊发，温州市委常委、组织部长李一飞专门对该做法进行批示肯定。

6月11日，区长彭立华到丽岙街道督查重点工程建设情况。

6月15日，瓯海区政府和温州路港集团

签订了BT模式投资建设框架合作协议。

同日，瓯海区郭溪街道列入浙江省第一批示范性基层农业公共服务中心创建名单（全省示范性中心共166个）。

6月18日，区城管与执法局梧白科技城、瓯海中心区、仙丽侨乡文化区、泽雅城郊休闲旅游区等功能区分局正式挂牌成立。

6月26日，区长彭立华率队到南白象街道督查凤凰山公园建设工作，副区长李康参加督查。

6月27日，出台《关于加快推进温州市瓯海区金融综合改革的实施意见》、《瓯海金融综合服务区投资优惠政策》、《关于瓯海金融综合服务区管理办法（试行）》，三大“金改”新政助推实体经济。

6月29日至7月4日，区长彭立华率团赴广州、成都等地开展招商考察活动。

7月9日，召开全区防汛防台抗旱工作会议。区长彭立华出席会议并讲话。

7月11日，浙江省人民政府对整合提升工作成绩突出的12个开发区进行了表彰，瓯海经济开发区获全省整合提升工作先进单位称号，是温州市获得该称号的唯一一家开发区。

7月12日，举行区农房改造集聚建设项目代建签约仪式。副区长李康出席并讲话。

7月19日，区节能降耗暨电网攻坚工作会议召开。

7月21日，浙江省高级人民法院院长齐奇在《浙江法院信息》第115期上对瓯海区人民法院上报的信息“瓯海区人民法院率先使用‘单兵系统’装备辅助执行工作”作出批示：请执行局关注。

7月23日，瓯海区参加温州市委市政府在上海举行的“温州金融综合改革试验区首场招商推介会”。

7月24日，区委八届二次全体（扩大）会议召开。

7月27日，举行区政府购买“套餐式”社区服务签约暨社区社会组织成立授牌仪式。

7月31日，召开工业企业挖潜节地和工业小区改造提升工作座谈会。区长彭立华、副区长周一富出席会议。

8月5日，瓯海区农资储备中心基建项目进场施工。

8月7日，区长彭立华，区委常委、宣传部长黄文献到市西向排洪瓯海段工程检查指导抗台防汛工作。

8月11日，区长彭立华主持召开安全生产委员会全体（扩大）会议暨十八大消防安全保卫战动员会。

8月15日，区政协主席吴宏儒率队来到南白象街道和仙岩街道，督查安全生产大排查大整治工作。

8月23日，区政协主席吴宏儒率队到景山街道开展调研。

8月25日，诚商中国•2012第二届中国企业信用建设与中小企业创新应用峰会在北京国家会议中心召开。瓯海区鞋革协会被授予“诚商中国•企业信用建设特别贡献单位”，瓯海区鞋革协会会长姚超骏、秘书长何国良被授予“诚商中国•企业信用建设特别贡献人物”。

8月28日，召开重点外贸企业座谈会。副区长金衍光出席了会议。

8月30日，召开全区固定资产投资暨重点工程“百日攻坚”动员大会。

9月3日，副区长张敏专程到区城管与执法局调研两无三化工作。

9月4日，潘桥国际汽车城项目签约仪式隆重举行，常务副区长林宝新参加签约仪式。

9月12日，区委书记厉秀珍主持召开全区保障房建设工作汇报会。

9月15日至17日，副区长金衍光带队参加第二届中国海洋经济投资洽谈会。

9月17日，瓯海城市中心区保障房工程、中心公园、香樟路、经五路等项目集体开工建设。厉秀珍、张纯一、吴宏儒、林宝新、金衍光等区四套领导班子出席仪式。

同日，经温州市人民政府批准，瓯海区组建成立瓯海区第一高级中学。

9月20日，区委书记厉秀珍带队到区新居民服务管理局调研工作并召开专题会议。

9月29日，副区长李康带队到南白象街道调研凤凰山森林公园建设、农房改造、三分三改等工作。

10月10日，副区长周一富主持召开全区加快推进工业用地二次开发促进工业投资推进会。

10月16日，召开安全生产工作推进会，就安全生产专项整治和网格化管理工作进行讨论。

10月18日，瓯海区梧田、新桥、瞿溪、郭溪和潘桥5家社区卫生服务中心被浙江省卫生厅命名为“五星级规范化预防接种门诊”，温州市首批五星级规范化预防接种门诊全部落户瓯海。

10月22日，召开大学科技园建设情况汇报会，区委书记厉秀珍、区长彭立华、副区长郭东出席汇报会。

10月23日，浙江省林业厅副厅长吴鸿一行到瓯海区丽岙街道检查丽岙省级花卉示范园区（二期）工程建设情况。丽岙省级花卉示范园区建设项目（二期），是2011年度浙江省现代农业生产发展资金项目，总投资362万元。

10月30日，副区长金衍光到丽岙街道、潘桥街道督查铁海联运快速道工程（吹台山隧道及连接线工程）建设。

10月31日，副区长张敏调研西山南路8号地块和景山脚北侧地块的改建安置项目。

10月，瓯海区档案局完成涉民领域电子业务数据登记备份（达100%），业务数据量达到143.6GB。

11月1日至4日，第五届中国义乌国际森林产品博览会上，瓯海区温州好西好农业科技开发有限公司的“好西好”“香未了”牌梅花鹿肉系列产品，温州市乐佳科技有限公司的“炭之道” 牌床上用品、服装，温州市西雁茶叶专业合作社的“松华”牌茶叶，荣获森博会金奖。

11月6日，区长彭立华率有关单位到潘桥街道督查“重点项目百日攻坚”行动，并召开了座谈会。

同日，温州信泰皮革鞋料市场项目正式启动。2012年以来，区商务局牵头指导信泰集团重组，该集团引进温商联合投资中心共同打造该项目，是近年来温州市政府首个正式批准筹建的皮革鞋料专业市场。

同日，瓯海区茶山新民杨梅精品园经浙江省精品园验收组的考核验收、公示，并报省人民政府同意，认定为“浙江省现代农业园区（精品园）”。

11月8日，召开革命老区开发建设促进会第一次会员大会。

11月16日，区政府召开全区市场主体转型升级推进会。

11月19日，区第五届运动会隆重开幕。

11月20日，区委书记厉秀珍主持召开四套班子领导会议，专题学习贯彻十八大精神。

11月23日，温州市大学科技园通过国家级大学科技园评审。市长陈金彪出席评审会并致辞。副市长仇杨均，市科技局局长徐顺东，区委书记厉秀珍，区长彭立华，副区长郭东、钱素文出席评审会并陪同考察。

11月27日，副区长李康、钱素文赴温州市西向排洪工程瓯海段调研仙河亲水休闲公园改建提升有关情况。

12月1日，瓯海区第一张为小规模纳税人代开的货运增值税专用发票在区国税局办税服务六虹桥货运市场服务点开具成功。标志着瓯海区“营改增”试点工作全面进入正常阶段。

12月2日，举行2013年投资项目谋划工作汇报会，区委书记厉秀珍出席并讲话。

同日，浙江风笛服饰有限公司等企业的3件商标、温州市神鹿种业有限公司等企业的6件商标，分别获得浙江省著名商标、温州市知名商标的荣誉。截至目前，瓯海已拥有注册商标16000多件，其中中国驰名商标2件、浙江省著名商标34件、温州市知名商标45件。

12月7日，瓯海区眼镜行业协会申报的“温州市瓯海区眼镜行业协会”集体商标，经国家行政管理总局商标局正式核准注册。这是瓯海区成功注册的第1枚工业类集体商标，也是继“丽岙花卉”之后成功注册的第2枚集体商标。

12月12日，首届瓯海纸山文化节开幕式隆重举行。

12月13日，区长彭立华一行到温州市大学科技园考察指导并召开了座谈会。副区长周一富等陪同考察。

12月15日，瓯海城市中心区A-04地块举行开工仪式，区委书记厉秀珍宣布开工。

12月18日，瓯海中心区云天楼洲际广场举行奠基仪式，区委书记厉秀珍宣布项目开工。彭立华、张纯一、吴宏儒、林宝新、金衍光等区领导，中心区管委会、娄桥街道、圩南村委会等有关单位负责人，项目建设施工单位代表及员工代表参加了仪式。

同日，温州市瓯海区青年就业创业服务中心挂牌暨温州市国家大学科技园青年社团联合会成立仪式在温州市国家大学科技园举行。

同日，潘桥物流园工程I-03b、I-04b地块举行开工仪式，区领导厉秀珍、彭立华、张纯一、吴宏儒、林宝新、金衍光等出席。

12月21日，召开党的十八大精神报告

会暨区委理论中心组学习（扩大）会。

同日，民政部下发《民政部授予国家等级婚姻登记机关称号的决定》（民发〔2012〕230号），首次表彰一批国家级婚姻登记机关，瓯海区民政局荣膺“全国3A级婚姻登记机关”称号。

12月27日，瓯海区委、区政府出台《关于实施瓯越英才计划 加强高层次人才引进培养工作的意见》，从2013年开始，用5年时间，引进培养500名各类紧缺急需人才，重点遴选50名以上高层次人才，这是瓯海区第一个综合性人才政策。

12月28日，瓯海区作为温州市首个单位通过了由国家民政部组织的“全国农村社区建设实验全覆盖示范单位”评审验收。

12月31日，市、区重点工程温州文化创意园、新双南线在丽岙街道丽塘村开工。市委书记陈德荣宣布开工。市领导胡剑谨、黄德康、王祖焕、章方璋，区领导厉秀珍、彭立华等出席开工仪式。

12月，瓯海区被授予温州市“建筑之乡”荣誉称号，这是温州地区唯一一个获此殊荣的县（市、区）。2012年瓯海区共完成建筑业施工总产值184.9亿元，建筑业各项主要经济指标均列温州市首位。

12月，在国家税务总局组织的全国第三方纳税人满意度调查中，瓯海区国税局和鹿城区局共同代表温州市参与调查，满意度综合得分89.08分，在全国26个被调查的地市级单位中排名第一。

2012年，瓯海区被浙江省卫生厅命名为“浙江省高血压社区综合防治示范区”，为温州市首创。

2012年龙湾区大事记

1月5日，区政协四届一次会议隆重开幕。

1月6日，区七届人大一次会议隆重开幕。

1月10日，龙湾万达广场举行封顶仪式。

1月12日，区长王军一行到温州军分区，温州市消防支队、区人武部、龙湾公安边防大队和龙湾消防大队，慰问部队官兵并致以新春祝福。

2月1日，召开全区三级干部大会。区委书记陈玲玲作重要讲话，区长王军主持会议。

同日，温州崇高百货有限公司与龙湾区政府签约，总投资达10亿元。

2月3日，举行世界温商大会龙湾分会暨2012年龙湾在外知名人士新春联谊会。现场成功签约14个项目，总投资约33.7亿元，加上前期签约的5个项目，龙湾此次项目总投资额已超100亿元，刷新了该区项目洽谈史上的新纪录。

3月5日，举行“三八”国际劳动妇女节102周年纪念表彰大会暨“和谐家园幸福龙湾”女性讲坛活动。区委书记陈玲玲出席并讲话。

3月12日，召开全区“推进城乡统筹，加快转型发展”专题培训工作会议。

3月13日，中科院固体物理研究所（龙湾）先进金属材料研发中心正式揭牌。

3月15日，举行纪念“3·15”国际消费者权益保护日大型广场咨询活动。

3月16日，在龙湾区政银洽谈暨金融工作会议上，农行龙湾支行、建行龙湾支行等10家金融机构与龙湾城市中心区管委会、区公用事业指挥部等5个部门签订了24.8亿元的战略合作协议。

3月20日，召开全区“2012破难攻坚大行动”动员大会，认真贯彻落实全市三级干部大会精神，动员部署该区2012破难攻坚大行动。区委书记陈玲玲出席并讲话。区长王军主持会议。

3月22日，区政协召开四届一次常委会，全会学习了市政协十届一次会议精神，并通报区政协2012年工作要点和主要工作安排。

3月28日，区长王军到永中、状元、瑶溪等街道检查清明期间森林消防工作落实情况。

4月8日，龙湾万达广场隆重举办“100000平方米级实景样板区”开放盛典。温州市副市长王祖焕、区委书记陈玲玲、区长王军等领导参加。

4月12日，区政府召开了2012年一季度消防安全工作联席会议。常务副区长阮云富，区公安分局党委副书记、副局长叶辉，区消防分局党委副书记、局长叶东瀛及公安、工商、安监、城管与执法局、应急办、机关事务局、信访局、文化局等16个部门负责人出席会议。

4月13日至15日，区“万达中国行”学习考察团走福州，看武汉，考察两地万达项目相关情况。副市长王祖焕、区委书记陈玲玲、区长王军及全区城建口相关负责人参加了考察。

4月17日，省政府副秘书长刘援利率调研组到龙湾区调研依托电子政务平台加强县级政府政务公开和政务服务试点工作。常务副区长阮云富，区府办主任黄剑峰、副主任周威，区经信局、区监察局、区民政局、区财政局、区法制办、区审管办等单位相关负责人参加座谈会或陪同调研。

同日，在《龙湾区人民政府机构改革方案》经温州市委市政府批准后，召开动员大会，这标志着该区启动新一轮政府机构改革。

4月24日，由温州电力局、邮政局和中国邮政储蓄银行浙江省温州市分行共同牵手的“跨业联动助农缴费”电力专项服务启动仪式在龙湾区隆重举行。

4月26日，区农村合作经济组织联合会成立大会暨第一次会员代表大会召开，区委书记陈玲玲、市供销社主任章晟、区人大常委会主任周赞、市“农合联”副主任应雪飞、区委常委、统战部长黄阳栩、副区长张崇波、区政协副主席张良飞等领导出席。

5月9日，龙湾区管件协会成立，温州建中管件制造有限公司董事长姜国栋当选为首任会长。

5月10日，区政协副主席胡郑梅率队一行视察区“两无三化”工作开展情况。

5月29日，召开全省农村工作指导员工作电视电话会议。龙湾被评为省级农村指导员工作先进县（市、区）。

5月31日，召开《龙湾区综合交通规划》《龙湾区道路网专项规划》《龙湾区公共交通专项规划》《龙湾区公共停车设施专项规划》《龙湾区慢行（绿道）系统专项规划》（简称“1+4”交通规划）评审会。

6月4日，省侨办副主任王通林一行到温州侨资企业开展“进村入企”走访活动。温州市侨办副主任周海平、副区长朱大志等领导陪同走访。

6月11日，区金融办、当地银行及三家小额贷款公司签订了《龙湾区小额贷款公司资金监管三方协议书》，成为温州首个完善小贷监管体制的县（市、区）。

6月28日，召开隆重集会庆祝建党91周年暨贯彻省党代会精神。区委书记陈玲玲出席并讲话。

7月17日，由温州市出入境检验检疫局、区商务局、建行温州分行、建行龙湾支行、龙湾阀门协会联合主办的龙湾区出口阀门重点企业“抓订单、促发展、保目标”座谈会召开。

7月26日，区委书记陈玲玲、区长王军分两组带领区有关部门负责人一行，先后走访慰问了武警温州支队直属大队、龙湾公安边防大队等驻龙湾部队。

8月2日，召开防御9号台风紧急动员会议，研究部署全区防台各项工作，会议由副区长、防指指挥张崇波主持，区长王军作紧急动员讲话，全区各街道、区防指成员单位的主要负责人参加会议。

8月21日，副区长张光羽率区质监分局林姜歆局长、黄振绍副局长、鲍凌云稽查队长到天河镇专题调研民用电器质量专项整治有关工作。

9月5日，副区长朱大志率由区交通、安监、旅游、交警、运管等单位组成的督查组督查区交通运输行业领域的安全生产工作。

9月18日，区长王军、常务副区长卢斌率队督查东片防洪一期工程建设。

同日，区长王军率队督查区“双十工程”和“互学互看”活动察看点。

9月27日，区长王军，区委副书记、政法委书记阮云富分别率队开展节前安全生产大检查。

同日，副区长张崇波在区民政局局长沈永国、副局长王勤锷的陪同下，带领区民政局慰问组到区综合福利院开展中秋节慰问活动。

10月11日，区政府组织召开2012年度第三次农口工作例会暨分管部门工作会议，副区长张崇波出席会议并作重要讲话。

10月17日，市长陈金彪和市人大常委会副主任黄德康、市政府秘书长詹永枢一行到龙湾区开展“七大行动”百日攻坚督查。

10月22日至28日，区启动以“展老年风采谱敬老乐章”为主题的老年文化艺术周活动。

11月6日，市委书记陈德荣和区委书记陈玲玲启程前往北京，参加本月8日召开的中国共产党第十八届全国代表大会。市长陈金彪等市领导及区四套班子领导到温州机场送行。

11月14日，龙湾海滨围垦造地一期1228亩项目顺利通过省级验收，成为温州市首个通过验收的滩涂围垦造地项目。

同日，省委组织部副部长朱伟一行到龙湾区调研督查村级集体经济发展情况。市委常委、组织部长李一飞，市委组织部副部长、“两新”工委书记徐强中，市委副秘书长、市委农办主任、市农业局局长王蛟虎，区委副书记、政法委书记阮云富，区委常委、组织部长黄阳栩，副区长张崇波等同志陪同调研。

同日，副区长汤筱疏在区教育局局长梅银松的陪同下，对区民办幼儿园进行了专题调研。

11月16日，省农业厅厅长史济锡到龙湾区调研农业工作，市政府副秘书长王蛟虎、副区长张崇波等陪同调研。

11月17日，召开全区领导干部会议，学习宣传党的十八大精神，部署贯彻落实意见。

11月26日，区首家经营服务综合体暨永中供销社经营服务综合体挂牌成立。

11月27日，区人大常委会召开区人大代表学习贯彻十八大精神座谈会。区人大常委会主任周赞出席会议并作重要讲话。区人大常委会副主任薛克风主持会议。

11月29日，“2012龙湾区创业创新人才洽谈交流暨区创业项目展示会”在温州源大创业园举行。

同日，温州首家第五代智能化专业市场——温州广纳五金装饰市场正式开业。副市长胡纲高、区委书记陈玲玲、区长王军、区人大常委会主任周赞、区政协主席徐国信等市、区领导参加了开业典礼。

12月3日，市委书记陈德荣、市人大常委会主任陈笑华等赴龙湾区督查山地公园建设。区委书记陈玲玲、区长王军等陪同督查。

12月1日，嘉里集团(中国)有限公司董

事长黄小抗、上海温州商会会长厉育平一行到龙湾考察，并与龙湾区签订了项目投资合作意向书——将香格里拉酒店引进龙湾，开发建设总建筑面积达5.9万平方米，项目总投资11亿元，屹立在龙湾城市中心区。

12月4日，市人大常委会党组副书记、副主任孟建新率调研组到龙湾调研国民经济和社会发展计划执行情况。区人大常委会主任周赞、常务副区长卢斌、区人大常委会副主任蒋炳发陪同调研。

12月6日，中国鞋类出口基地国际研发中心在龙湾高新技术产业园区内，举行揭牌仪式。

同日，区人大组织召开龙湾区纪念现行宪法颁布实施30周年座谈会。区人大常委会主任周赞、常务副区长卢斌、区人大常委会各副主任，区“两院”主要负责人，区委宣传部、区委政法委负责人，区政府工作部门主要负责人，街道人大工委、办事处主要负责人，部分人大代表等参加会议。

12月7日，第四届中国政府网站绩效评估暨第七届特色政府网站评选结果发布会在北京举行。“温州龙湾”政府门户网站从全国100个参评的试点县(市、区)中脱颖而出，以77分的成绩排名第四。

12月10日，区永中龙水北片等4处保障性安居工程集体开工。

12月11日，区2012年年终考绩工作部署会议召开，全面启动年终考绩工作。区委副书记、政法委书记阮云富出席会议并讲话。

12月12日，召开高级科技人才座谈会。区委书记陈玲玲出席并作重要讲话。

12月18日，330国道龙湾永中至海城段工程开工仪式在龙湾天柱寺山脚下举行。副市长陈浩、区委书记陈玲玲、市交通运输局局长黄荣定、区长王军、区人大常委会主任周赞、区政协主席徐国信、副区长朱大志及区有关部门负责人参加开工仪式。

12月19日，召开全区社会应急联动工作推进会。常务副区长卢斌出席并讲话。

12月20日，区药业协会三届三次会议召开。市食药监局副局长周星藏、区人大副主任林春霞、副区长汤筱疏、区食药监局局长王星云等出席会议。

2012年乐清市大事记

1月1日，市工商部门执法人员在柳市镇柳青路80弄查获假冒“奥妙”洗衣粉1300件，15吨重。

1月5日，浙江三高电气有限公司董事长屠胜芳荣获第五届“十佳浙商女杰”称号。

1月6日晚6时30分，乐清市中心公园落成典礼暨绿城•玫瑰园烟花晚会在乐清市中心公园举行，该公园正式开放。中心公园占地面积18.82公顷，总投资1.3亿元，是乐清最大的综合性城市公园，公园内大型音乐喷泉是浙江省最大的音乐喷泉。

1月8日，市人大常委会的“人民听证”制度获第六届中国地方政府创新奖提名奖，评委会对“人民听证”的评价是“主动落实宪法权力，激活地方人大制度”。

1月5日至9日，中国人民政治协商会议第十二届乐清市委员会第一次会议在市行政管理中心会议中心大会堂隆重召开。市政协十二届一次会议共有委员370人，实到358人，共收到提案272件。会议通过了《政协第十二届乐清市委员会第一次会议提案审查委员会关于十二届一次会议提案审查情况的报告》和《政协第十二届乐清市委员会第一次会议决议》。会议选举章纪泉为政协第十二届乐清市委员会主席；万昌春、叶乐安、朱赛月、谷燎原、陈亦殊、赵思平、徐扬（以姓氏笔划为序）当选为政协第十二届乐清市委员会副主席；殷乐铭当选为政协第十二届乐清市委员会秘书长；会议还选举产生政协第十二届乐清市委员会常务委员。

1月6日至10日，乐清市第十五届人民代表大会第一次会议在市行政管理中心大会堂召开。300多名代表出席会议，共收到代表议案、建议248件。林晓峰作《政府工作报告》，赵乐强作《市人大常委会工作报告》，杨际平作《法院工作报告》，赵海霞作《检察院工作报告》。会议选举出市第十五届人民代表大会常务委员会主任、副主任、委员，市人民政府市长、副市长，市人民法院院长，市人民检察院检察长，出席温州市第十二届人民代表大会代表。赵乐强当选为市人大常委会主任；林晓峰当选为市人民政府市长；周素芬、周明涛、张亨根、陈景飞、胡成剑、程天青当选为市人大常委会副主任；李银巧、吴云峰、方青、叶伟琼、刘云峰、赵明皓当选为市人民政府副市长；杨际平当选为市人民法院院长；赵海霞当选为市人民检察院检察长。大会还通过了关于政府工作报告的决议、关于将有关议案列入“人民听证”议题的决议等各项决议。

1月10日，温州宏丰电工合金股份有限公司在深交所创业板上市，成为国内电接触新材料行业的首家上市公司。温州宏丰电工合金股份有限公司的股票简称“温州宏丰”，股票代码为300283。首日开盘价为26.11元，涨幅为30.55%。

1月11日，乐清市湖南商会及商会党支部成立。这是乐清市成立的首家异地商会及首个异地商会党支部。

同日，市供电局首台自助缴费终端在乐成供电所调试投入使用。

1月12日，乐清市首批由渔民个人投资建设的4艘流刺网渔船，在南塘东山码头启动试航。每艘渔船造价约130万元。

1月15日，全市农房改造集聚建设第二批工程集体开工仪式在虹桥镇单板桥举行，虹桥单板桥、大荆珠山、淡溪龙川共3个农房改造集聚建设项目集体开工，总占地面积109.81亩，投资额7亿元，预计建成套数1071套。

同日，市地税稽查征管征收中心大楼正式落成，该大楼于2002年12月经市政府批准立项，2008年9月正式动工兴建，占地面积11119平方米，总建筑面积24088平方米。市委副书记、市长林晓峰出席了乔迁仪式并讲话。

1月16日，市文化产业促进会成立。

1月29日，第十二届中国电器文化节暨国际电工产品博览会在柳市镇开幕。

1月31日，市委书记潘孝政会见联邦德国全德华人社团联合主席蒋平一行。

1月，《中国共产党乐清历史第一卷》（1926—1949）修编重版发行。该书在《中共乐清党史》（新民主主义革命时期）的基础上修编而成。全书共分11章，从原书的15万字增加到16.5万字。

2月1日，164名乐清籍商人作为温商代表参加了首届世界温商大会。乐清市委书记潘孝政、市长林晓峰、副市长刘云峰参加了大会。正泰集团董事长南存辉代表全世界温州商人宣读《温商宣言》。此次大会共签约了13个项目，引进资金176.2亿元；其中6个项目在大会现场签约。

同日，全市财政税务金融工作会议召开。会上对2011年财政税务金融工作进行总结：2011年全市财政总收入82.12亿元，增长19.5%，其中地方财政收入41.66亿元，增长21.2%；全市地方财政总支出为45.54亿元，增长17.1%。2011年全市国税系统组织收入51.52亿元，地税系统组织56.1亿元，财政部门组织收入3.8亿元。2011年全市金融机构存款余额984.57亿元，贷款余额821.11亿元。会上还部署了2012年工作任务。

2月9日，虹桥中学语文教师陈友中荣获全国“十佳教师作家”称号。

2月15日，温州中欧船业公司国内首艘民资建造的海洋科学考察船正式开建。这艘现代化海洋科学综合考察船，设计排水量4000吨级，造价两个亿，由国家海洋局第二海洋研究所与温州民企浙江太和航运有限公司合作出资，温州中欧船业有限公司负责建设。民营企业与国家海洋部门共建远洋科考船，这在全国尚属首例。

同日，市委、市政府出台了《关于鼓励乐商创业创新促进实体经济发展的若干意见》（试行），其政策主要包括效益激励、税收优惠、要素保障、企业整合重组、节能减排和科技创新、标准化和品牌战略、金融支撑、引才引智、服务业建设、发展环境等十方面，共有30条激励措施。

2月21日，由市委宣传部协助拍摄的《远方的家》大型系列特别节目《沿海行》之乐清篇，于17点15分在中央电视台中文国际频道（CCTV—4）首播。

2月27日，市司法局局长夏功良荣获“全国司法行政系统先进工作者”称号。

2月28日，世界著名跨国公司日本SMC株式会社的知识产权保护负责人七户聪到乐清市公安局送锦旗和感谢信，感谢乐清警察成功打假，抓获仿冒其产品的两名犯罪嫌疑人。

3月1日，民政部“全国农村社区建设专家顾问组”顾问项继权教授一行到乐清，调研城乡统筹综合改革和农村新社区建设工作。

3月6日，兴乐集团工资集体协商经验作为企业收入分配改革的样本，被中央电视台二套专题报道。

3月7日，国际货币基金组织（IMF）总裁拉加德发表声明，宣布任命中国籍雇员林建海担任秘书长，任命将于3月22日生效。林建海为乐清磐石人。

3月8日，经国家发改委批准，柳市镇成功入选为国家发展改革试点小城镇。

3月9日，全国政协委员、中国德力西控股集团董事局主席兼CEO胡成中在全国政协十一届五次会议第二次全体会议上作题为《中小制造企业的困境和出路》的大会发言。

3月9日至11日，以市长伊安•卡朋特先生为团长的澳大利亚杰尔顿市政府代表团一行到乐清访问。市长林晓峰对代表团表示欢迎，并就乐清市和杰尔顿市开展深层次友好交流等有关事项进行具体协商。双方决定，两市将在文化、教育、旅游、经贸、渔业等多领域加强交流与合作，共促繁荣发展。

3月14日，国家工商行政管理总局商标局核准了乐清市漏电断路器行业协会申报的集体商标。这是乐清获得的首枚集体商标。

3月15日，市人民检察院柳市检察室在柳市镇长虹村挂牌成立，民事行政检察柳市工作站也同日成立。

3月25日，乐清市人民医院、市三医、市五医、中医院、妇幼保健院5家公立医院同时启动公立医院综合改革，所有药品（中药饮片除外）实行零差率销售。

3月27日，乐清市农村合作经济组织联合会成立，并召开第一次会员代表大会。大会审议通过了乐清市农村合作经济组织联合会《章程》，选举产生了第一届执委会。

3月28日，市人民政府出台了《关于调整职工基本医疗保险政策的通知》（乐政发〔2012〕15号），规定从2012年7月1日开始，职工医保年度参保人员发生的符合基本医疗保险规定的门诊医疗费用从原来规定的最高限额4000元调整到1万元，基本解决了慢性病患者的门诊医疗费用报销额度问题。

3月31日，楠溪江供水工程通水典礼在永嘉县沙头镇举行。上午9时30分，浙江省副省长、温州市委书记陈德荣一声令下，楠溪江引供水工程正式通水。市委书记潘孝政用“永乐相携手，一江东流水”来形容这项跨行政区域、跨流域引水的省级重大民生工程的意义。上午10时30分，在北白象镇下庠村举行乐清水厂通水仪式，乐清市市长林晓峰指出，乐清水厂的正式通水，标志着乐清市将从根本上解决水资源短缺、水供给紧张等问题。

同日，位于虹桥镇合兴路的乐清东铁

民间资本管理股份有限公司开始试营业。这是乐清市首家民资管理公司。

3月，德力西电气有限公司获得由全国商品售后服务达标认证评审委员会、北京五洲天宇认证中心共同颁发的五星级售后服务体系认证证书。据了解，这是全国低压电气行业获得的第一张五星级售后服务认证证书。

4月1日，乐清市社会保障•市民卡正式启用。

4月6日，市政府下发《乐清市“十二五”期间重污染高耗能行业深化整治促进提升实施方案》，决定从2012年起，对电镀、造纸、化工等重污染高耗能行业，开展为期4年的专项整治行动。

4月13日，成立翁垟街道新居民（霍邱）人民调解委员会。同时，成立陈孝明个人调解工作室，这是乐清市首家以人民调解员个人命名的调解室。

4月20日，乐清首家院士专家工作站在浙江天正电气有限公司成立，中国工程院院士汪槱生、河北工业大学教授陆俭国等院士专家首批进站，与企业长期合作，担当企业技术创新智囊。市长林晓峰为该院士专家工作站授牌。

4月25日至27日，乐清市白石水库除险加固工程顺利通过竣工验收。该项目是省重点工程，列入全国病险水库除险加固专项规划。省水利厅副厅长虞洁夫参加验收会议并担任验收委员会主任委员。

4月26日，全市宗教界举行“统战民生基金”募集仪式，当天募集慈善捐款71万余元。

4月28日，浙江省庆“五一”暨劳模先进表彰大会召开，市运输集团有限公司的叶东升同志获得了全国五一劳动奖章和浙江省劳动模范两项荣誉称号。

4月30日，兴乐集团有限公司的“兴乐”商标被国家工商行政管理总局认定为“中国驰名商标”。

4月，北白象镇、大荆镇被温州市人民政府命名为首批“温州市扶残助残爱心乡镇（街道）”。

5月2日，全市环保“区域限批”整改工作会议召开。会上，市长林晓峰强调，对偷排漏排企业，一经查实，一律停产整顿，逾期未完成整改要求的，一律实施关停；对污水直排企业，一律实施停产整顿、限期建设污水处理设施，逾期未建成验收达标的，一律实施关停；力争用3个月时间、确保年内全面完成整改任务，并通过省环保厅的检查验收、解除限批。我市于4月27日跨行政区域河流交接断面水质考核不合格被浙江省环保局通报，并被罚100万元，同时被实行“区域限批”。区域限批要求在限批期内，暂停审批所有增加COD、氨氮、总磷排放的建设项目和新的大宗取水项目，停止设置新的入河排污口。

5月5日，温州市市长陈金彪、副市长任玉明等率相关部门工作人员到乐清调研“三农”工作。温州市人大常委会副主任、乐清市委书记潘孝政，市长林晓峰、副市长叶伟琼等陪同调研。陈金彪表示，解决“三农”问题必须走统筹城乡之路，通过农房改造集聚，让农民进城。

5月6日，海南省副省长林方略率考察团到乐清考察县级公立医院综合改革有关情况。

5月11日至14日，温州市人大常委会副主任、乐清市委书记潘孝政率乐清经合办(招商局)、人大财经工委等相关部门人员到武汉参加武汉乐清商会承办的全国乐清商会第四次联谊会暨乐商回归投资创业创新研讨会。

5月17日，温州市首个涉台宣传教育基地在乐清市巨大矿业有限公司建立。

同日，市委、市政府印发“三定”方案，批准市委农村工作办公室和市旧村改造指挥部机构整合，设置中共乐清市委乐清市人民政府农村工作办公室，挂市扶贫老区办公室牌子，具体负责全市农村工作、新农村建设和扶贫工作。

5月18日，乐清市乐海围垦区填方工程暨乐清市环保产业园区填方工程举行开工仪式，市委书记潘孝政出席并宣布项目开工。乐海围垦区位于乐清经济开发区东侧，从翁垟新山川围垦区南海堤至盐盆闭合区北堤，总面积9142亩，乐海围垦区填方工程属温州市重点工程，概算总投资12.97亿元。

同日，在北京人民大会堂举行的全国公安系统英雄模范立功集体表彰大会上，市委常委、公安局长伍建利荣获“任长霞式优秀公安局长”荣誉称号。

同日，市工商局为乐清市雁荡高山茶场办理了变更登记，使其由个体工商户成功转型升级为个人独资企业。这是乐清第一例通过变更登记办理的“个转企”。

5月20日，中央政治局委员、中央组织部部长李源潮在省委书记赵洪祝等陪同下，到北白象镇南屏社区、正泰高科技工业园区视察。

5月28日，乐清市第一个集中供热工程——浙江浙能温州发电有限公司集中供热工程投入运营。

5月30日，乐清市农村集体土地所有权确权登记发证工作项目在市公共资源交易中心开标，标志着该市此项工作全面铺开。

5月31日，市成立乐清市委市政府法律顾问团，出台《市委市政府法律顾问团工作规则》。

6月6日，乐清细纹刻纸传承人林邦栋和乐清黄杨木雕传承人王笃纯同时获得“中华非物质文化遗产传承人薪传奖”。该奖由中国非物质文化遗产保护中心设立。

6月12日，国家旅游局正式批准天豪君澜大酒店为国家“五星级”旅游饭店。6月18日，该酒店举行了揭牌仪式。这是乐清首家经国家旅游局评审通过、正式授牌的国家“五星级”旅游饭店。

6月13日，淡溪镇西山村股份经济合作社和土地合作社成立，标志着淡溪镇43个村全部完成股改，成为乐清市首个完成股改的镇(街道)。

6月14日，温州市市长陈金彪率温州相关部门负责人来乐清调研海洋经济工作。

同日，市供电局举办了浙江省电力公司系统首个以县级供电企业为背景的突发事件舆论引导演练。

6月16日，香港乐清同乡会成立暨理监事就职典礼在香港尖沙咀新港中心举行，张祝林担任首届会长、陈哲敏担任首任监事长。温州市人大常委会副主任、乐清市委书记潘孝政赴港参加了成立暨就职典礼。

6月18日，在省工商业联合会第十次会员代表大会上，正泰集团股份有限公司董事长南存辉当选为新一届省工商联主席、省商会会长。

6月26日，由中央党史出版社出版的《中共福溪党史》首发仪式在仙溪镇举行。这是乐清市第一本乡镇级别的党史正本。

6月29日，由温州市市长陈金彪率队在广东省广州市举行的温州发展创业创新在粤温籍企业家座谈会暨项目签约仪式上，乐清市市长林晓峰代表乐清市人民政府现场签约4个项目,签约金额达76.5亿元，占温州全市签约金额的三分之二。此次现场签约的4个项目分别是翁乐围垦工程项目，万科房地产开发建设项目，乐商创业中心项目，智能化电气开关生产及美国UL、德国TUV认可的高端实验室项目。

同日，市首个饮用水源地水质自动监测站——淡溪水库水质自动监测站正式投入运行。

同日，石帆街道网上党支部正式开通。这是乐清市成立的首个镇（街道）网上党支部。

6月，经市机构编制委员会批准成立市安全生产应急救援中心；成立市高速公路建设办公室；根据大投资大建设的实际工作需要，撤销市重点工程建设领导小组办公室、市重点工程监管中心、市重大项目前期办公室，整合成立市重点工程管理办公室。

6月，市农办在全市开展历史文化村落普查工作，确定乐清古建筑村落4个，民俗风情村落16个。

7月2日，淡溪镇兴城村通过了《兴城村土地合作社章程》，选举产生了首届土地合作社管会、社监会。标志着淡溪镇43个行政村全部完成“三分三改”的股改和地改工作，成为乐清市首个完成股改和地改的镇(街道)。

7月5日至8日，乐清市举办了首届公民道德教育公益论坛。

7月6日，温州地区铁路总图规划研讨会暨乐清湾港区铁路支线预可研报告专家评审会在乐清举行。温州市乐清湾港区铁路支线项目初步设计东起乐清市乐清湾港区，向西经乐清市、永嘉县至温州市双屿，与现有金温线接轨，线路全长约73.9公里。

同日，市首座、温州市第四座500千伏变电所——500千伏乐清四都变电所顺利投运，该变电所首期投产两组1000兆伏安变压器，四条500千伏的线路。

7月11日，市委常委会专门听取了市委党史研究室关于要求开发建设红十三军千人坑纪念设施的情况汇报。会议经讨论研究，决定原则同意在大荆镇选址建设红十三军千人坑纪念场址。

同日，浙江省电力公司与乐清市人民政府签署了代管县供电企业产权无偿划转正式协议，标志着我市供电局将正式成为浙江省电力公司直供直管县供电企业。

同日，杭州海关批准浙江瑞和进出口有限公司在乐清七里港设立出口配送型出口监管仓库。这是浙江首家获批的出口配送型出口监管仓库。

7月17日，国务院在北京人民大会堂隆

重举行全国就业创业工作表彰大会，正泰集团股份有限公司被国务院授予“全国就业先进企业”荣誉称号。

7月26日，市长林晓峰主持召开十五届市政府第四次常务会议。会议讨论并原则通过了《乐清市“退二进三”实施办法》、《乐清市建设工程竣工联合验收实施办法》、《乐清市优化政府投资项目审批流程实施办法》、《关于切实做好乐商回归审批服务工作的意见》、《乐清市个人建房用地管理办法》、《关于进一步发展壮大建筑业的实施意见》、《乐清市小额贷款保证保险试点工作实施意见》、《乐清市医疗纠纷预防和处置暂行办法》等。

同日，市编委批准在市科技局增挂市地震局牌子。9月18日，乐清市地震局正式揭牌。

同日，乐清首家小微企业城市商业合作社——中国民生银行温州乐清支行联兴城市商业合作社正式揭牌。

7月30日，中国国民党副主席蒋孝严到乐清参观访问，并出席乐清市筹建海峡两岸经济合作试验区座谈会暨合作项目签约仪式。林晓峰代表市人民政府分别与中国经济战略研究院签订乐清建设海峡两岸经济合作试验区战略协议书、与中国美旗控股集团签订中国电工电器城建设合作意向书、与台湾太平洋集团签订乐清市滨海新区城市综合体建设合作意向书。当天，乐清民间资本投资服务中心正式成立，蒋孝严和潘孝政一起为乐清市民间资本投资服务中心进行开业授牌。中国台商发展促进协会顾问谢秉臻、黄伟建以及省台办、温州市台办和温州相关部门人员一起陪同。

7月31日，市特警及反恐怖训练基地建设工程开工并举行奠基仪式。该项目是全国首个县级公安特警反恐基地。总建筑面积约2.43万平方米，项目总投资概算约1.45亿元，计划2014年底竣工投入使用。

8月7日上午10时，乐清市召开防御第11号台风“海葵”紧急会议，全面部署今年第11号台风“海葵”防御工作。副市长叶伟琼主持会议，市长林晓峰就此次台风防御工作作重要讲话。市四套班子、各镇（街道）、市直机关、水上和城市防洪分指挥部、市防汛指挥部成员单位负责人参加会议。

8月10日，乐清市社会组织发展基金会成立大会举行。该基金会经浙江省民政厅核准成立登记，属非公募基金会，通过财政拨款、福彩公益金资助形式，设立500万元原始基金支持社会组织发展。这在全省县（市、区）尚属首家。

8月13日，乐清与新疆拜城县缔结友好合作关系协议签约仪式在拜城县便民服务中心举行，乐清市领导张亨利、吴云峰、朱启来、周素芬、徐扬，温州市对口支援新疆阿克苏地区拜城县指挥部指挥长、温州市政府副秘书长、乐清市委常委连新良等出席了签约仪式。

8月14日，温州市市长陈金彪率温州市经信委、科技局、安监局等相关部门负责人到乐清督查工业经济、招商引资及安全生产工作。

8月17日，浙江金卡高科技股份有限公司在深圳证券交易所正式挂牌上市。金卡股份首次公开发行数量为1500万股，股票代码300349，发行价为31元/股，市盈率为34.37倍。

8月21日，乐清电网最高用电负荷达88.21万千瓦，同比增长了1.2%，创下乐清用电负荷历史新高。

8月23日，温州市雁荡山风景旅游管理委员会成立并举行揭牌仪式。

8月24日，首届雁荡镇沙门岛社区海鲜美食节在西门岛开幕。首届海鲜美食节共推出八大系列活动，包括“渔歌雁舞”文艺演出、“雁荡八鲜”公众评选活动、渔家乐海鲜美食体验、雁荡海产品展销、西门岛生态游、海岛寻宝活动等。

8月28日，市食品药品监督管理局举行基层所（分局）授牌仪式，共设八所一分局。

同日，北白象镇红十字会成立大会在镇政府五楼会议室召开。这是乐清市首个镇级红十字会。

8月，乐成街道至绅坊火车站、城市中心大道公交专线开通。

8月底，乐清市顺利通过了省级创业型城市创建的考评验收。

9月4日，市长林晓峰主持召开十五届市政府第五次常务会议，讨论并原则通过了《乐清市总部经济园企业进驻暂行规定》、《乐清市普通高校毕业生农业就业创业扶持暂行办法》等。

9月5日，虹桥镇南岳沙港头村海湾大酒店、淡溪镇四都梅溪村贤招农庄酒店等2个经营户被授予“浙江省四星级农家乐经营户”荣誉称号。这是乐清市农家乐经营户首次获得省四星级荣誉称号。

9月6日，乐清两位企业家随同国家

主席胡锦涛抵达俄罗斯符拉迪沃斯托克，出席8日至9日举行的亚太经济合作组织第二十次领导人非正式会议。这两位乐清企业家分别是：倪君权，温州市国际商会副会长、浙江君权自动化设备有限公司董事长；王吉雷，北京中通快递有限公司董事长、中通快递上海总部副总裁。

9月7日，浙江百悦康臭氧设备有限公司凭借公司专利权与温州银行黎明支行签订了额度为300万元的专利权质押贷款合同。据悉，这是乐清市获批的首笔知识产权质押贷款，开创了乐清市知识产权融资先河。

9月11日，省委副书记李强在省委常委、温州市委书记陈德荣和温州市领导陈金彪、王昌荣、李一飞、吴开锋、朱忠明及乐清市领导林晓峰、张亨利、李银巧、朱启来、刘云峰等陪同下，先后到乐清的万控集团、南虹广场调研非公党建和浙商回归工作情况。省委副秘书长林云举、省委组织部副部长庄跃成、省委统战部副部长汤为平和省经合办、省委办公厅等相关相关部门负责同志随同调研。

9月12日，乐清首个镇（街道）级社科工作委员会——乐成街道社科工作委员会成立。

9月15日至17日，在宁波举行的第二届中国海洋经济投资洽谈会上，乐清市现场签约两个项目，总投资21.5亿元。在项目签约仪式上，现场与中国中能能源集团就30万立方米石油仓储库及5万吨级码头项目签署合作意向，项目总投资11.5亿元；又和上海胜华电缆有限公司就新材料产业园项目签署合作意向，投资金额达10亿元。

9月19日，温州市人民政府同意设立乐清海峡两岸经济合作试验区，以推动海峡两岸经济区建设，促进“两海两改”国家战略在温州市的贯彻实施。

9月20日，我市环城东路延伸工程开工。环城东路延伸工程西边与环城东路接壤，经过后所、半沙村，与教育园区连为一体，该建设工程长度为1916米，道路宽度为24米。

9月22日至27日，我市的施浩然在安徽黄山举行的全国游泳锦标赛上获男子4×100米自由泳接力第一名、男子4×200米自由泳接力第二名。

9月28日，乐清市城市中心大道北白象段一期工程暨万柳线盐盆段改造工程正式开工。城市中心大道北白象段一期工程起点进港大道，终点白象大道，全长约2.26公里，设计时速每小时60公里，双向6车道，工程概算4.1亿元；万柳线盐盆段改造工程起点为城南街道支岙村，终点位于盐盆街道盐盆村，与城市中心大道转盘相接，全长约1.6公里，设计时速每小时60公里，双向6车道，工程概算9026万元。

同日，乐清市民侯贤生成功登上了位于喜马拉雅山脉中段尼泊尔境内的世界第八峰马纳斯鲁峰，海拔8156米。

同日，市区旧城改造东门片（一期）B地块开工建设。B地块概算投资1.8亿元，总建筑面积6.5万余平方米。

同日，市人力社保局周仕根同志被国务院评为2012年“全国新型农村和城镇居民社会养老保险先进个人”。

9月29日，南怀瑾先生在苏州吴江逝世。10月4日，温州市人大常委会副主任、乐清市委书记潘孝政，乐清市人大常委会主任赵乐强，乐清市委常委、宣传部长林霞，副市长方青，市政协副主席万昌春和有关部门负责人前往苏州吴江太湖大学堂参加悼念活动，表达家乡人民对南怀瑾的缅怀之情。

9月，淡溪铁皮石斛精品园通过温州市农业“两区”办组织有关专家验收认定，成为乐清市首个省级农业精品园。

10月1日，位于市区宁康西路的文龙桥拆建工程完工并实现通车。该工程于3月6日开始正式拆除重建，建成后长46米，宽40米。

10月8日，召开十五届市政府第六次常务会议，原则通过了《乐清市工业强市建设规划（2012—2016年）（审议稿）》、《乐清市爱国卫生工作管理办法（草案）》、《关于进一步加强计划生育利益导向机制建设的实施意见（送审稿）》和《乐清市民办教育综合改革实施意见（草案）》。

10月10日，雁荡山旅游环线主线开工。该工程起点于大荆镇中庄村与104国道相接处，经白箬岙村、油岙村、泗洲堂村、黄家岙村、田岙村、龙滩村、上阁口村、下屿坦村，终点仙溪镇卓屿村东侧接上卓龙线，路线全长5.61公里。路基宽10m，设计速度60km/h，按双车道二级公路设计，其中隧道3座，计825米；桥梁12座，计333.188米；工程总用地152.48亩。施工工期24个月，计划竣工日期2014年8月19日，总投资15119万元。

10月11日，乐清湾港区举行了“十大百亿”项目集体开工仪式，并就5个重大投资项目、5个银项合作项目、5个银企合作项目进行了现场签约。这次开工仪式同时也是温州市“双百亿”项目集体开工暨奠基仪式的乐清分会场，温州市委副书记王昌荣，温州市人大常委会副主任、乐清市委书记潘孝政，温州市副市长郑朝阳，温州市政协副主席黄兆鸽等出席了乐清分会场的开工仪式和重大项目签约仪式。这次港区集中开工的“十大百亿”项目总投资101.5亿元，其中乐商创业园(包括新型电子信息产业园、风电装备产业园、新兴海洋产业园和服务配套功能园)总用地2289亩，总投资55.7亿元；海螺水泥年产200万吨水泥粉磨站项目和高级防腐蚀特种薄板项目总投资32.4亿元；双屿路和仰天路建设工程、南区河道工程、北部区域吹填工程总投资13.4亿元。签约的重大项目共15个，其中5个重大项目分别是乐清市政府与温州铁路投资集团、中能能源集团、温州港集团、浙能乐清发电公司和温州海关的合作投资项目，总投资180亿元；5个银项合作项目分别是乐清铁路指挥部等与各银行的签约，5个银企合作项目分别是乐清海螺水泥公司等与各银行的签约，后两类合作项目共涉及资金111亿元。开工和签约仪式后，王昌荣、潘孝政、郑朝阳、黄兆鸽等领导为乐清湾港区“十大百亿”项目集体开工培土奠基。乐清市市长林晓峰主持集体开工和签约仪式。

同日，乐清市胜利塘北片围区造地工程举行开工仪式。胜利塘北片围区造地工程是市重点工程之一，围区北接蒲岐镇安塘，南接胜利塘南片，陆域行政区划分属虹桥、天成、城东三个镇街，该项目建设规模7146亩，工程概算总投资2.53亿元，建设工期一年。

同日，乐清市与法国奥柏赫维利耶市（Aubervilliers）正式签约，建立友好交流关系。

10月22日，黄杨木雕大师高公博的艺术精品“济公百态”资产包，通过中国文化艺术品产权交易所（以下简称“中国文交所”）软体交易平台正式上市交易。这是温州地区首个上市的艺术品资产包。

11月10日，乐清市西门岛海洋特别保护区南岙山村太阳能垃圾处理站开工建设。该项目是我市有居民海岛第一个农村生活垃圾无害化、减量化、资源利用化处理场所。该项目由市海洋与渔业局和国家海洋局第二海洋研究所以及雁荡镇南岙山村共同合作建设。

11月11日，乐清市教育园区半沙村整体搬迁推进会暨农房改造集聚建设开工仪式隆重举行。11月14日，台湾工党中央党部主席郑昭明到乐清考察。

同日，中国工艺美术大师高公博获第二届“亚太地区手工艺大师”称号，成为温州地区首位获此殊荣的工艺美术大师。

11月15日，乐清市党政代表团赴平阳县开展山海协作工程与对口帮扶活动。乐清市向平阳县捐赠山海协作工程和对口帮扶资金，并签订了《山海协作工程和结对帮扶协议》。柳市镇、北白象镇、虹桥镇、乐成街道也对平阳县有关镇、社区进行对口帮扶。

11月16日，乐清市2012年度第一期中小企业集合票据正式成功发行，使乐清成为温州市首单集合票据的发行地。

11月19日，市委召开全市领导干部会议，学习传达党的十八大精神，部署我市贯彻落实意见。

11月20日，乐清市山老区联线公路大荆至双峰（横溪桥）段正式通车。

11月21日，召开乐清市第十五届市政府第七次常务会议，会议原则通过《乐清市公务用车制度改革实施意见》，讨论通过乐清市民办教育综合改革相关政策、《乐清市城市道路挖掘修复管理办法》等。

11月23日，在全省工业强县（市、区）建设工作电视电话会议上，乐清市被列为全省20个“工业强县（市、区）”建设试点之一，并当场进行授牌，成为温州市此次唯一入选建设试点的县（市、区）。

11月27日，乐清市社会科学界联合会第一次代表大会召开，选举产生乐清市社科联第一届理事会理事85名，常务理事25名，其中主席1名、副主席10名、秘书长1名。项宏志当选市社科联主席。

11月28日，雁荡山首部爱情微电影《雁南归》在2012中国旅游新媒体营销大会暨第五届中国温州网络旅游节上首映。

11月29日，“2012年中国优秀工业设计奖终评产品作品展”在厦门市开幕。正泰电源2.8KW光伏逆变器顺利入围，CPS2.8KTL在终评作品展上展出。2012年中国优秀工业设计奖是我国工业设计领域首个经中央批准设立的国家政府奖项，由工业和信息化部主办。

同日，中国县市传媒新闻摄影学会成立。乐清日报社作为发起单位之一，当选为常务理事单位；乐清日报总编辑瞿维妙当选副会长。

11月30日，省知识产权局认定乐清市为省知识产权工作示范市。

11月，乐清市顺利通过省级卫生城市复评。

11月底，全市96个农村新社区全部设置了1家政府举办的农村新社区卫生服务机构，实行紧密型一体化管理。

12月6日，市婚姻家庭纠纷人民调解委员会正式挂牌成立。

12月7日，市文学艺术界联合会第五次代表大会在市行政管理中心会议中心大会堂召开。大会听取并审议了市文联第四届委员会会务工作报告，修改通过《乐清市文学艺术界联合会章程》，选举产生了市文联第五届委员会及其领导机构，张文兵连任市文联主席。

12月11日，由台湾中原大学、中华海峡两岸文经教育推广协会等单位的人员组成的考察团到乐清考察交流。

同日，全市金融维稳工作会议在市财政局召开，会议就落实《关于落实金融维稳工作意见》（乐财发〔2012〕63号）文件精神进行工作部署，市人民银行、市银监局、各银行主要负责人参加会议。

12月12日，中华全国总工会文工团乐清籍青年歌手李昱和（原名李玉和）《幻•蝶——李昱和台北演唱会》暨李昱和中国风专辑《幻蝶》新闻发布会在北京举行。

12月17日，中国（温州乐清）•南宋大贤王十朋精神高峰论坛开幕式在乐清市行政管理中心会议中心大会堂隆重举行。本次高峰论坛由中国社科院哲学研究所，北京大学古代文体研究中心，浙江省社科院，温州市委、市政府共同主办；温州市委宣传部，乐清市委、市政府承办。下午，在乐清淡溪镇四都社区，还举办王十朋故里旅游推介会暨梅溪文化公园揭幕仪式。

12月18日，现代购物中心在柳市镇上来桥正式开工奠基。现代购物中心占地面积8937平方米，总建筑面积39721平方米，预计2014年10月开业运营。

12月19日，柳市镇第二小举行百年校庆。柳市镇第二小学创办于1912年。

同日，乐海围垦工程通过验收。该工程围涂总面积9142亩。堤线总长7.25千米，水闸5座共11孔，总净宽39米。工程按50年一遇防潮标准设计，属III等工程。概算总投资3.825亿元。工程于2005年12月开工。

12月21日，乐清市胜利塘北片围垦工程通过验收。该工程面积10137亩，工程设计标准为50年一遇，总投资29366万元，工程于2005年4月开工建设。

同日，温州市首个非公企业红十字会在兴乐集团成立。

12月22日至24日，旧城改造乐成东门片（一期）A地块安置房分房活动在乐成街道办事处大会堂，在公证处人员的监督下，300多套安置房以公平、公正的抽签形式顺利分到安置户手中，这是我市旧城改造首个回迁安置项目，标志着旧城改造工程取得阶段性成效。

12月26日，国家科技部发文，认定乐清市科技孵化创业中心为国家级科技企业孵化器。

12月27日至28日，《乐清市“一心两翼”空间发展规划及重点区域城市设计》、《浙江乐清海峡两岸经济合作试验区总体规划(2012—2025)》、《乐清市柳白新城控制性详细规划及核心区城市设计》、《乐清市虹桥新区概念性规划及核心区城市设计》四项规划方案通过专家评审。

12月28日，乐清民间借贷服务中心正式成立。

12月29日，乐清市油画家协会在市文化馆成立。为我省首个县市级油画家协会。

同日，在首届浙江省城市礼品推选活动上，乐清黄杨木雕成功入围30强省级城市礼品“城市金名片”榜单。

12月30日，市农林技术服务中心开工。该项目占地面积9966平方米。

12月31日，中共乐清市委十三届三次全体（扩大）会议召开。会议总结2012年工作，部署2013年任务，审议通过《中共乐清市委关于学习贯彻党的十八大精神，加快推进“实力乐清、魅力乐清、和谐乐清”建设，努力打造物质富裕精神富有现代化城市的实施意见》，动员全市各级党组织和广大党员干部，以党的十八精神为引领，攻坚克难，狠抓落实，加快建设“实力乐清、魅力乐清、和谐乐清”。

2012年瑞安市大事记

1月4日，市政协十二届一次会议隆重开幕。

1月5日，市十五届人大一次会议隆重开幕。

1月9日，市委书记陈建明主持召开市委常委（扩大）会议，研究部署市党代会和两会精神贯彻落实及当前重点工作。李无文、陈胜峰、叶世林、白一帆等市四套班子全体领导参加会议。

1月14日，市长李无文到湖岭镇开展结对帮扶活动。

1月24日，2012年瑞籍回乡知名人士、在外企业家新春团拜会隆重举行。陈建明、李无文、叶世林、白一帆等市四套班子领导出席。

1月30日，召开农村工作会议。市委书记陈建明出席并讲话。市长李无文主持会议。叶世林、白一帆、陈胜峰、方晖等市四套班子领导参加会议。

1月31日，副市长陈荣臻到经济开发区调研。

2月2日，市长李无文主持召开市政府第1次常务会议。会议审议并原则通过《瑞安市人民政府工作规则（送审稿）》、《市委市政府2012年重要工作责任制（送审稿）》，研究政府工作报告任务分解方案和2012年全社会固定资产投资任务分解方案。

2月15日，市四套班子领导带头开展“进村入企”大走访活动。

2月19日，副市长冯金考调研温瑞塘河“两拆两绿”工作。

2月27日，在《瑞安市人民政府机构改革方案》经温州市委市政府批准后，召开该项工作动员大会，这标志着瑞安市启动新一轮政府机构改革。

3月1日，市人大常委会主任叶世林率办公室有关人员到塘下镇花园、海北两个村开展走访活动。

3月4日，举行“学习践行雷锋精神”系列活动启动仪式。

3月12日，召开招商选资和税源建设动员会议。市长李无文出席并讲话。

3月14日，召开全市工业经济大会。市委书记陈建明出席并讲话。市长李无文作工作报告。副市长陈荣臻主持会议。市领导叶世林、陈胜峰、方晖、张本锋、毛建翔、钱定荣、苏德贤等参加会议。

3月21日，副市长陈荣臻会见马来西亚霹雳州州务大臣顾问拿督郑可扬律师一行。

3月31日，举行滨江四期防洪堤工程奠基仪式。副市长冯金考等领导为该工程动工奠基。

4月5日，市委书记陈建明主持召开会议，专题研究“村房两改”工作。

4月10日，市委书记陈建明主持召开市委常委（扩大）会议，回顾总结第一季度工作情况，研究部署第二季度重点工作。

4月18日，召开一季度全市经济形势分析会暨固定资产投资推进会。市委书记陈建明出席并讲话。

4月24日，市委书记陈建明参加全市城乡统筹综合改革暨破难攻坚大行动推进会。

4月27日，市委书记陈建明督查飞云江高楼段绿道工程。

5月3日，市人大常委会主任叶世林主持召开市第十五届人大常委会第三次会议。

5月4日，市委、市政府召开推进金融综合改革发展实体经济动员大会。市委书记陈建明出席并讲话，市长李无文主持并就贯彻会议精神提出要求。市领导叶世林、白一帆、陈胜峰、方晖、张本锋、陈荣臻参加会议。

5月5日，市现代农业园区育苗中心举行奠基仪式。该育苗中心建成后，将成为温州地区最大规模的现代育苗基地，预计2012年8月投入使用。

5月17日，市委书记陈建明调研江南新区开发建设工作。

5月19日，安阳街道红星村安置留地F—9地块、瑞祥新区菜市场项目工程、莘塍街道董九村瑞祥新区安置留地工程分别举行开工奠基仪式。副市长冯金考宣布工程开工，并为工程奠基培土。

5月22日，温州市人大常委会副主任陈宏峰率执法检查组到瑞安市检查《浙江省温瑞塘河保护管理条例》贯彻实施情况。市领导冯金考、张本锋、姚松鹤陪同。

5月25日，市长李无文主持召开市政府第5次常务会议。会议审议并原则通过《关于进一步加快地方金融业创新发展的意见(送审稿）》等文本。

6月11日至12日，省人大常委会教科文卫委员会委员、教科文卫工委副主任幽扬率调研组，到瑞安市调研历史文化名城保护工作情况。市领导叶世林、林济晚、姚松鹤、钱定荣等陪同调研。

6月12日，市委书记陈建明带领市农办、发改、国土、住建、农住建办等部门负责人到塘下镇调研。

6月13日，市委书记陈建明主持召开市委常委（扩大）会议，传达学习省第十三次党代会精神，研究部署市贯彻落实意见。

6月18日，市委党校隆重举行建校60周年纪念大会。市委书记陈建明出席并作重要讲话。市领导叶世林、白一帆、陈胜峰等参加纪念大会。

同日，宁波银行温州分行的首家县域金融机构瑞安支行正式开业。市委书记陈建明宣布开业，市领导叶世林、白一帆、方晖出席。

6月26日，市委书记陈建明主持召开第二季度全市维稳与平安建设形势分析会。

6月27日，市委书记陈建明主持召开市委常委（扩大）会议，回顾总结第二季度工作情况，研究部署第三季度重点工作。

7月1日，举行庆祝中国共产党成立91周年大会。市委书记陈建明出席并讲话。市长李无文主持会议，市领导陈胜峰、叶世林、吴娜丽、方晖、潘松华、冯金考、徐琮琦、黄益友、毛建翔等出席大会。

7月2日，市长李无文主持召开市政府第六次常务会议。会议审议并原则通过《关于推进城乡社区规范化建设的实施意见（送审稿）》等文本。

7月6日，召开丁山三期围垦工程政策处理动员大会。市长李无文出席并讲话。

7月11日，市民观察团成立，并启动首次现场督察活动。

7月16日，市长李无文参加全市“五创一建”、生态市创建暨绿化工作推进会举行。

7月17日，市领导陈胜峰、冯金考、陈荣臻出席陶山镇9个项目集中开工、竣工仪式，总投资达5亿多元。

7月18日，副市长钱定荣参加市2012年科技合作推介暨知识产权维权中心成立大会。

7月23日，市长李无文主持召开市政府第七次常务会议。会议审议并原则通过《瑞安市城乡公交一体化实施方案（送审稿）》等文本。

7月24日，市政府召开《温瑞塘河（瑞安段）保护规划》专家评审会，浙江省城乡规划设计研究院所长杨永康等评审专家组成员参加会议。

8月1日，紧急召开防御9号台风“苏拉”动员会，部署落实各项防台防汛措施。市委书记陈建明出席并讲话。

8月3日，市政府与温州职业技术学院签署合作共建瑞安学院协议。市领导陈建明、李无文、白一帆、黄益友、林济晚、郑海洁参加签约仪式。

8月20日，华峰民间资本管理股份有限公司正式成立。温州市副市长朱忠明及瑞安市市委书记陈建明为公司成立揭牌，市领导李无文、叶世林、白一帆、方晖等出席成立仪式。

8月23日，召开瑞商创业投资基金发展推进会。市领导李无文、管秀云、陈荣臻参加推进会。

8月27日，市第十五届人大常委会第五次会议召开，听取和审议市财政局关于2011年度地方财政决算的报告等，任命王桂厅为瑞安市人民政府副市长（挂职）。市人大常委会主任叶世林，副主任林济晚、姚松鹤、王建东、江孟甫、金爱忠、薛小平参加会议。

8月29日，市人民法院成立金融审判庭。

8月31日，市委书记陈建明参加全市百日扶工大行动动员大会。

9月19日，第三届瑞安市道德模范隆重揭晓，彭秀兰等10位市民接受表彰。市领导李无文、叶世林、白一帆、方晖、管秀云等为他们颁奖。

9月26日，市委、市政府举行市81890社会服务中心启用仪式。市领导陈建明、李无文、叶世林、白一帆、陈胜峰、方晖、谢修亥出席仪式现场。

同日，召开慈善大会，来自全市各地的企业、单位、社会团体及个人共现场认捐、捐赠6369.9万元。陈建明、李无文、叶世林、白一帆、陈胜峰等市四套班子领导出席会议，并带头捐款。

9月28日，位于瓯飞滩中部的丁山三期围垦工程正式开工。

10月15日，瑞安金融创新产业园（筹）与第一太平戴维斯物业顾问有限公司正式签约。

10月18日，举行龙跃同志诞辰100周年纪念活动。市领导陈建明、陈胜峰、管秀云、郑海洁参加活动。

10月19日，召开香港瑞安同乡会考察团·瑞安投资座谈会。

10月31日，市第十五届人大常委会第七次会议召开。市人大常委会主任叶世林，市人大常委会副主任林济晚、姚松鹤、王建东、江孟甫、金爱忠和薛小平参加会议。

11月19日，市委召开全市领导干部会议，学习传达党的十八大精神，部署该市贯彻落实意见。市委书记陈建明出席并讲话。

11月22日，瑞安新天地广场项目（即瑞祥新区五星级酒店和商业服务业地块）的一期工程——瑞安希尔顿酒店项目已正式开工建设。

12月3日，召开2012年度全市定兵工作会议。市领导李无文、潘松华参加会议。

12月10日，全国单体面积最大的围垦项目——瓯飞一期围垦工程，在市丁山二期垦区隆重举行开工仪式。温州市委书记陈德荣宣布开工，国家海洋局、省有关部门领导，温州及瑞安市领导陈金彪、陈笑华、包哲东、吴开峰、任玉明、詹永枢、陈建明、李无文等出席了开工典礼。

12月15日至16日，市委市政府在省人民大会堂隆重举行招商引资项目推介会。这是瑞安市首次在外举办大型招商会。

12月19日，市委党校升格为温州市委党校瑞安分校，市行政学院也升格为温州市行政学院瑞安分院。市领导陈胜峰、方晖出席揭幕仪式，并为新牌子揭幕。

12月24日，市政协十二届五次常委会议召开，会议审议通过政协第十二届瑞安市委员会常务委员会工作报告和提案工作情况报告等。市政协主席白一帆主持，市政协副主席王翠珠、赵志雄、黄长安、方小梅、陈良明、苏德贤、陈迪海参加会议。市长李无文列席会议。

12月25日，由温州市退休干部、市民监督员及新闻媒体等组成的温州市社会各界人士察看团到瑞安市参观2012“互看互学”察看点——瑞祥新区保障房工程。市领导李无文、陈胜峰陪同察看团参观考察。

12月26日至27日，市委分别召开老干部、党外人士座谈会，就市委十三届四次全会报告（征求意见稿）。市领导陈建明、方晖、徐琮琦、陈世尧等分别参加座谈会。

12月27日，市长李无文主持召开市政府第12次常务会议，讨论并原则通过《政府工作报告（讨论稿）》和《瑞安市2012年国民经济和社会发展计划执行情况与2013年国民经济和社会发展计划草案报告（讨论稿）》等文本。

12月27日至28日，召开市残疾人联合会第六次代表大会。会议认真总结了市残联第五次代表大会以来的工作，全面部署今后五年残疾人工作。市领导陈建明、陈胜峰、管秀云、徐琮琦、王建东、郑海洁、赵志雄等出席开幕式。

2012年永嘉县大事记

1月4日，县委书记盛秋平主持召开县委常委会，传达贯彻全省经济工作会议精神。

1月6日，总投资23亿元的县公安三所工程、芙蓉山庄扩建工程等6个重点工程集体开工仪式。县委书记盛秋平出席仪式并宣布开工令。代县长娄绍光致辞。县领导汪大清、谢崇福、陈建良和市公安局副局长叶望庆等出席开工奠基仪式。副县长陈志斌主持开工仪式。

1月11日，县委书记盛秋平主持召开县委常委会，传达贯彻全国、全省政法工作会议精神。

1月17日，全县2012年度文化、科技、卫生“三下乡”活动现场会隆重举行。县委书记盛秋平出席活动并作讲话。

1月18日，县长娄绍光主持召开县政府第一次常务会议，讨论研究了《关于实施永嘉人经济回归工程的意见（讨论稿）》等内容。

1月30日，召开全县“比学赶超、创先争优”主题实践活动动员大会。县委书记盛秋平出席并讲话，县长娄绍光主持会议。

1月31日，世界永嘉人联谊总会成立大会暨世界永商新春恳谈会在瓯北举行。盛秋平、娄绍光、谢崇福、陈建良、姜景峰等县四套班子领导出席。会上，还推介了招商引资项目23个，现场签约16个，达成意向投资约128亿元。

2月6日，县委书记盛秋平率队走访瓯北城市新区多家企业，进行现场办公。

2月12日，县委书记盛秋平带头开展“进村入企”大走访活动。

2月17日，召开全县旅游发展大会。县委书记盛秋平出席并讲话。县长娄绍光主持会议。谢崇福、陈建良、姜景峰等县四套班子领导出席会议。

2月20日，召开2012年固定资产投资工作座谈会，县领导陈志斌、秦肖、郑焕东、戴晓勇出席会议。

2月27日，召开全县城乡统筹改革暨农业农村工作会议。

2月28日，县委书记盛秋平主持召开县委常委会，学习贯彻市党代会和市“两会”精神。

3月4日，“倡导低碳生活、爱护地球环境”环保菜篮子捐赠仪式暨中国（温州）森林旅游节永嘉站活动新闻发布会在京举行。县委书记盛秋平，县委常委、楠溪江风景旅游区党委第一书记胡宝锋参加。

3月6日，县级司法行政法律服务中心正式揭牌。

3月8日，副县长郑焕东、县政协副主席傅朝宗到乌牛街道调研农业“两区”建设和股改地改工作。

3月14日，全县首家农村土地合作社——方岙村土地合作社正式挂牌成立。县政协副主席、县统筹办主任金盾为合作社授牌。

3月20日，县公共文化活动中心工程委托代建合同签字仪式在瓯北举行。

3月26日，召开城乡统筹农村土地综合整治工作会议。

3月31日，楠溪江供水工程通水典礼隆重举行，市委书记陈德荣发布通水令后，正式开始向乐清供水。市领导陈金彪、包哲东、葛益平、陈宏峰、潘孝政以及县四套班子领导盛秋平、娄绍光、谢崇福、陈建良、姜景峰等出席通水典礼。副市长任玉明主持典礼。

4月6日，召开旅游项目推进暨固定资产投资工作会议。

4月9日，县长娄绍光主持召开县政府第四次常务会议，讨论研究了《永嘉县“十二五”期间重污染高耗能行业深化整治促进提升实施方案》（讨论稿）等内容。

4月11日，县长娄绍光专题调研县城重点工程项目建设情况。

4月17日，县农村合作经济组织联合会正式挂牌成立。

4月18日，县委书记盛秋平主持召开县委常委会，讨论研究永嘉县与温州职业技术学院合作共建分院项目等有关事项。

4月24日，瓯北大桥工程BT模式合作框架协议正式签约，县领导金丐旦参加签约仪式。

4月28日，县委县政府召开平安永嘉“四连创”活动动员大会。

5月4日，县政府与中国石化浙江石油分公司战略合作框架协议签字仪式举行。县领导盛秋平、娄绍光、谢崇福、陈建良、陈志斌、金丐旦、郑焕东参加签字仪式。

5月12日，2012年县科技活动周隆重开幕。县领导郑焕东参加开幕式。

5月18日，召开纪念《地方志工作条例》颁布实施六周年暨《柯逢春先生回忆录》评审会，副县长周俊武出席了会议。

5月21日，县委书记盛秋平主持召开城乡统筹工作推进会暨社区建设工作汇报会。

5月24日，召开重点工程推进会。常务副县长陈志斌参加会议。

5月25日，县长娄绍光主持召开县政府第六次常务会议，研究审议《永嘉县省级知识产权示范县创建工作实施方案》（送审稿）等内容。

5月31日，召开重大建设项目服务保障工作汇报会。

6月11日，举行2012年县食品安全宣传周活动启动仪式。

6月12日，位于县枫林镇汤岙村的市消防训练基地暨枫林公安消防站举行动工仪式。常务副县长陈志斌宣布动工。

6月13日，召开历史文化村落利用动员大会暨普查工作业务培训会议。

6月15日，县委书记盛秋平率有关部门负责人专题调研楠溪江古村落保护利用工作。

6月18日，诸永高速公路温州段延伸工程第一合同段举行开工仪式。常务副县长陈志斌，瓯北城市新区管委会主任徐孟鹤出席开工仪式。

6月21日，县长娄绍光主持召开县政府第7次常务会议，研究审议了《永嘉县电镀行业污染整治攻坚方案（送审稿）》等内容。

6月28日，罗东高新科技工业园企业集中进场仪式隆重举行。县委书记盛秋平出席仪式并宣布开工令，县长娄绍光致辞。县领导谢崇福、陈建良、姜景峰、金丐旦和瓯北城市新区管委会主任徐孟鹤出席仪式，常务副县长陈志斌主持仪式。

7月4日，县政府金融工作办公室挂牌成立仪式举行。常务副县长陈志斌及县府办、县金融办有关负责人出席仪式并揭牌。

7月12日，召开电镀行业污染整治攻坚大会。县长娄绍光出席并讲话。县领导季健中、郑焕东、戴晓勇、傅朝宗参加会议。

7月19日，县委书记盛秋平主持召开县委常委会。县长娄绍光，县委副书记姜景峰及其他县委常委出席会议。谢崇福、陈建良等县领导列席会议。

7月23日，县政府与温州职业技术学院合作共建永嘉学院签约仪式举行。县领导盛秋平、娄绍光、胡明凯、周俊武、傅朝宗参加签约仪式。

7月26日，县委书记盛秋平主持召开全县城乡统筹工作推进会。

7月27日，县首届“新居民文化节”暨“快乐运动、你我同行”新居民运动会开幕式在瓯北隆重举行。

7月29日，“中国长寿之乡——浙江永嘉”授牌仪式暨新闻发布会在杭州举行，标志着永嘉正式成为全国第28个、全省首个“中国长寿之乡”。

8月2日，召开《括苍山——楠溪江风景旅游度假区重磅核策划》评审会。

8月7日，县委书记盛秋平主持召开防御第11号台风“海葵”工作紧急会议，全面部署各项防御工作。

8月8日，县人大常委会主任谢崇福，副主任潘统龙、胡明凯、季健中携县十五届人大常委会组成人员，调研楠溪江旅游项目和上塘滨江工业园区建设情况。

8月15日，支持浙商创业创新促进浙江发展座谈会在桥头镇举行。

8月29日，第三届“楠溪情”教育基金发放仪式在鹤盛镇鹤盛中学举行，共为7个类型的179名师生和2所学校发放金额68万元。

8月31日，县委书记盛秋平主持召开城乡统筹综合改革工作推进会。

9月4日，县委书记盛秋平、县长娄绍光率相关部门负责人到三江街道，专题调研三江国际商务区开发建设情况。

9月5日，温州市县市医院合作示范基地签约授牌仪式在永嘉县举行，县政府与市卫生局签署医疗合作框架协议，宣告全市首个“县市医院合作示范基地”正式落户县人民医院。

9月7日，县第三家小额贷款公司——永嘉瑞信小额贷款股份有限公司在桥下镇揭牌开业。

9月14日，召开全县办公室主任工作会议。

9月20日，全市11个县（市、区）统一举行十八大安保攻坚月行动启动仪式。常务副县长陈志斌，县委常委、公安局长徐志宏出席了永嘉县的启动仪式。

9月25日，上塘滨江工业园区企业集体开工仪式隆重举行。县委书记盛秋平出席仪式并宣布开工令，县长娄绍光致辞。县领导谢崇福、陈建良、徐孟鹤出席仪式。

副县长刘辉文主持。

9月26日，2012中国·楠溪江山水文化旅游节开幕式在县省级历史文化名村苍坡古村隆重举行。市委书记陈德荣，中华文化促进会副主席金坚范，县委书记盛秋平出席并致辞。县长娄绍光主持开幕式。

9月29日，举行县公共文化活动中心等重点项目集体奠基暨开工仪式。县委书记盛秋平出席仪式并宣布开工令，县长娄绍光作重要讲话，常务副县长陈志斌主持仪式。县领导谢崇福、陈建良、姜景峰、戴晓勇、周俊武参加仪式。

10月11日，召开全县“创先争优、双百攻坚”推进会。

10月16日，副县长何莉平到县人民医院调研“县市医院合作示范基地”工作。

10月22日，县委书记盛秋平主持召开县委常委会，研究讨论县深入推进长寿之乡建设有关情况。

10月26日，以“科技泵阀、实力永嘉、自主创新、魅力中国”为主题的2012第四届中国(永嘉)泵阀博览会暨高新技术博览会在温州市国际会展中心隆重开幕。

11月1日，副县长郑焕东组织召开中国•泵阀五金机电博览城项目推进会。

11月2日，县职工维权帮扶中心在江北街道正式挂牌成立。

11月13日，县委书记盛秋平率相关部门负责人到瓯北城市新区专题督查企业发展“百日克难”情况。

11月15日，县人民检察院瓯北检察室挂牌成立，市人民检察院政治部主任吴成钢，县领导姜景峰、陈志斌、金丐旦、吕庆行、金美秋等参加了挂牌仪式。

11月16日，召开“查无保安促稳”百日攻坚行动动员大会。县领导陈志斌、郑焕东、何莉平出席会议。

11月19日，县长娄绍光主持召开县政府第十二次常务会议，讨论研究了《农村土地承包经营权流转的实施意见》(审批稿)等内容。

11月22日，举行县测绘与地理信息局授牌仪式，副县长戴晓勇为县测绘与地理信息局揭牌。

11月27日，县泵阀产业集群被列入省产业集群“两化”深度融合试验区授牌仪式在瓯北举行。

11月28日，县投资集团有限公司与中石化浙江石油分公司合作成立的永嘉县嘉盛石油有限公司正式挂牌成立。常务副县长陈志斌，中石化温州分公司常务副总谢毅参加。

12月3日，县委书记盛秋平主持召开县委常委会，学习贯彻党的十八大精神和市“互看互学”活动精神。

同日，永嘉县与中国恒天集团楠溪江流域开发战略合作洽谈会在瓯北召开，县委书记盛秋平、县长娄绍光，县领导陈志斌、金丐旦、胡宝峰、郑焕东及相关部门主要负责人参加会议。

12月6日，楠溪江文化创意产业园规划论证会在杭州召开。

12月10日，县委书记盛秋平到楠溪江风景旅游区管委会调研旅游发展情况。

12月13日，县长娄绍光主持召开县政府第十三次常务会议，讨论研究了《永嘉县创建浙江省教育现代化县实施意见》(审议稿)等内容。

12月17日，县委书记盛秋平主持召开县委常委会，讨论研究全县“美丽乡村”建设和城乡环境综合整治等事宜。

12月21日，县十五届人大常委会召开第九次会议，县人大常委会主任谢崇福，副主任潘浪国、吕庆行、王国强、潘统龙、胡明凯、季健中出席会议。

12月23日，杭州市总商会永嘉商会第五届一次全体会员大会在省人民大会堂隆重举行，会议选举产生了新一届商会领导班子，林道冶当选为新会长。

12月25日，县中医院举行住院大楼落成暨医疗综合大楼开工典礼。县领导胡明凯、何莉平、傅朝宗出席仪式。

同日，县长娄绍光主持召开县政府第十四次常务会议，研究审议《永嘉县县级公立医院综合改革实施方案》等内容。

12月26日，县委书记盛秋平主持召开县委常委会，传达贯彻中央、省经济工作会议精神。

12月27日，省政府正式下发文件，永嘉被正式命名为“省级生态县”。

12月31日，温州市消防综合训练基地开工奠基仪式在枫林镇汤岙村隆重举行。省公安消防总队副总队长吕照明，市县领导葛益平、盛秋平、娄绍光、陈志斌、徐志宏出席开工仪式并为项目培土奠基。

2012年洞头县大事记

1月6日，贺“两会”迎“新春”暨纪念洞头解放60周年文艺晚会隆重举行。姜长才、董智武、林琼等县四套班子领导出席。

1月12日，召开2011年度人口计生第四季度例会。县委副书记林琼出席会议并讲话，副县长谢忠诚主持会议。

1月17日，县长董智武主持召开县政府第1次常务会议。会议就加快旅游业发展、加快渔农村经济发展及相关规划编制等事宜进行了研究讨论。

1月18日，召开全县投资工作会议。县长董智武出席会议并讲话。常务副县长苏立盛主持会议。县人大常委会副主任褚建华、县政协副主席叶明久出席会议。

同日，县委书记姜长才主持召开县委常委（扩大）会议。

1月31日，县长董智武一行到县国土资源局开展工作调研。副县长邱海华等陪同。

同日，洞头县第十三届人大常委会举行第一次会议，就县人大、县政府、县法院、县检察院提请常委会审议的有关人事任免事项及议案进行审议表决。

2月2日，召开全县海洋经济工作会议。县领导姜长才、董智武、叶永辉、叶国胜、林琼、钱敏云、林宗仁、苏立盛、张冬友、张雨、张京等在主席台就坐。

同日，召开县政府机构改革动员大会，这标志着新一轮县政府机构改革正式启动。

2月3日，召开全县党务工作会议。会议深入学习贯彻上级有关党务工作会议精神和县第十次党代会精神，回顾总结县2011年的党务工作情况，并全面部署2012年工作任务。

2月17日，县长董智武带队赴洞头信达电器有限公司、东屏街道洞头村等处开展“进村入企”大走访活动。

2月27日，召开全县交通运输工作会议。副县长林新磊出席会议。

2月29日，县科学技术协会第七次代表大会胜利闭幕，会议选举产生了县科协新一届领导班子，戴华姆当选为主席，李昌达、郭杭峰当选为副主席。

3月5日，县人大常委会主任叶永辉主持召开洞头县第十三届人大常委会第四次主任会议，专题听取我县侨务工作报告。

3月6日，中国（洞头）海洋动物故事演讲暨漫画作品大赛举行启动仪式。

3月15日，县委书记姜长才参加全县生态文明建设小组（扩大）会议。

同日，县第十三届人大常委会第二次会议举行第一次全体会议。县人大常委会主任叶永辉主持会议。

3月20日至21日，省发改委副主任赵彦年率省发改委“双重”专项行动温州调研组一行到洞头调研指导相关工作。县委书记姜长才、常务副县长苏立盛出席工作座谈汇报会。

3月29日，县委书记姜长才主持召开县委常委(扩大)会议。会议专题研究讨论开展“2012年破难攻坚大行动”等相关事宜。

4月12日，2012年全省海岛管理工作会议在洞头县召开。省海洋与渔业局局长赵利民、国家海洋局海岛司副司长王忠，县领导姜长才、叶海峰等出席会议。

同日，县安全生产暨骨干企业工作例会召开。县长董智武出席并讲话，副县长林新磊主持会议。

4月18日，召开全县第一季度经济运行分析暨重点工作汇报会。县领导董智武、叶国胜、林琼、林宗仁、苏立盛、张雨、张京、褚建华、林海珊、叶明理、张孚标、谢忠诚、叶锦丽、吴金弟、张释忠、叶明久等出席会议。

4月26日，县委书记姜长才主持召开县委常委(扩大)会议。会议就县城乡统筹综合改革、“海霞”品牌保护提升等相关事宜进行了研究和讨论。

4月27日，召开招商选资工作会议。县长董智武出席会议并讲话。常务副县长苏立盛主持会议。

5月2日，召开全县重点建设项目推进会。董智武、苏立盛、谢忠诚、林新磊、叶海峰、叶锦丽、吴志安等县领导参加会议。

5月17日，召开全县宗教工作暨民间信仰事务规范管理工作动员大会。

5月18日，县长董智武主持召开县政府第4次常务会议，会议听取并研究了有关部门的汇报。

5月24日，召开质量强县工作领导小组(扩大)会议。副县长谢忠诚出席会议并讲话。

5月25日，召开全县残疾人工作会议。

副县长叶海峰出席会议并讲话。

5月30日，县长董智武调研全县农林水利工作。

5月31日，召开2012年度全县纠风工作会议。

6月1日，县委书记姜长才一行到教育局开展专题调研。

6月4日，县长董智武主持召开第五次常务会议及第七次县长办公会议，会议听取并研究了有关部门的汇报。

6月15日，县委书记姜长才主持召开县委常委扩大会议。会议听取了创建国家级生态县的汇报，研究了县十强企业和“亩产论英雄”十佳企业评定办法等相关事宜。

6月19日，县长董智武到县海洋与渔业局调研工作，副县长叶海峰陪同调研。

6月26日，召开全县城乡社区规范化建设推进会。

6月28日，召开纪念中国共产党成立91周年大会。

6月29日，县长董智武主持召开第六次常务会议及第八次县长办公会议，会议听取并研究了有关部门的汇报。

7月2日，县长董智武主持召开第九次县长办公会议。

7月13日，召开全县防汛防台抗旱工作会议。

7月17日，县委书记姜长才专题调研县旅游工作。

7月19日，召开全县乡镇长、街道办事处主任工作例会。

7月30日，县长董智武主持召开县政府第七次常务会议。

8月13日，县委书记姜长才率队前往鹿西乡调研工作。

8月14日，召开县安委会成员(扩大)会议暨大检查大整治活动推进会，副县长谢忠诚出席会议并讲话。

8月16日，县长董智武带领县有关部门开展县食品安全工作督查。副县长吴志安陪同督查。

8月21日，县长董智武主持召开县政府第8次常务会议和县政府第十一次县长办公会议。

8月28日，县长董智武率县农住办、发改局、重点办等各部门单位负责人到元觉街道开展工作调研。

8月31日，县委书记姜长才主持召开了县绩效考核年中评估汇报会。

9月3日，县长董智武主持召开了县政府第九次常务会议，会议研究讨论有关部门的汇报。

9月6日，县长董智武率东屏街道、海洋与渔业局、财政局、旅游局、重点办等单位部门负责人赴大瞿岛就国家海洋公园创建工作开展实地调研。

同日，副县长娄京茜分别前往北岙和东屏开展调研。

9月10日，召开全县渔业安全生产暨秋汛开捕动员大会。县长董智武出席大会并讲话。

9月11日，县委书记姜长才主持召开研究农村新社区建设工作会议。

9月12日，召开县旅游项目推进工作专题会议。县长董智武、常务副县长苏立盛、副县长林新磊参加会议。

9月17日，第二届中国海洋经济投资洽谈会在宁波国际会展中心顺利闭幕，常务副县长苏立盛率洞头代表团参加了海洽会。活动中，现场签约2个项目、总投资额达5.2亿元。

9月22日，由国家海洋局环保司生态处、中国海监总队和国家海洋环境监测中心等人员组成的调研检查组到洞头，就该县创建国家级海洋生态文明示范区和国家级海洋公园工作进行调研与检查。县长董智武主持座谈会，副县长叶海峰参加调研检查。

9月24日，县委书记姜长才主持召开县委常委扩大会议。

9月25日，召开全县人才工作联席会议。县委常委、组织部长钱敏云出席会议并讲话。

9月26日，召开2012年全县森林消防工作会议，回顾总结去冬今春森林消防工作，分析当前形势，部署今冬明春森林消防工作任务。副县长叶海峰出席活动并讲话。

10月10日，省教育工委书记、省教育厅厅长刘希平率队前往洞头，就该县教育工作开展调研。县委书记姜长才，副县长谢忠诚，县政协副主席杨艾立和省市教育部门负责人陪同调研。

10月12日，县长董智武主持召开县人民政府第十次常务会议，就大学生户口迁移、水利发展“十二五”规划、基层干部待遇保障等相关事宜听取汇报并研究讨论。

同日，常务副县长苏立盛参加大门镇至小门大桥公路工程开工典礼。

同日，全县“创先争优·百日攻坚”

动员大会召开。县委书记姜长才出席并讲话。县长董智武主持大会。叶国胜、林琼、钱敏云、苏立盛、张京、褚建华等县四套班子领导在主席台就座。

10月18日，浙江省第四届海洋经济发展法治论坛在洞头县开幕。县政协主席、法学会会长叶国胜出席论坛，县委副书记林琼出席开幕式并致欢迎辞。

10月30日，召开“洞头县城乡统筹综合改革的实践与思考”课题研讨会暨子课题评审会。

11月1日，召开海运企业座谈会。副县长林新磊参加座谈会议。

11月8日，县长董智武主持召开县人民政府第十一次常务会议，就创建省文化先进县、洞头国家级海洋公园选划等相关事宜听取汇报并研究讨论。

同日，县人大常委会主任叶永辉主持召开县第十三届人大常委会第十四次主任会议，听取县港口建设发展情况报告。

11月23日，县政协召开七届六次常委会议暨政协主席读书会，专题学习贯彻党的十八大精神。

11月27日，召开社会应急联动处置体系建设推进会。常务副县长苏立盛出席会议并讲话。

12月4日，县长董智武主持召开县政府理论务虚会。

12月7日，县委书记姜长才主持召开市对县考绩工作汇报会。

12月11日，召开洞头县机关公务用车制度改革动员大会。县长董智武出席会议并作动员讲话。

12月12日，县人大常委会主任叶永辉率队前往大门，就大门各项民生工程进展情况进行调研。县人大常委会副主任褚建华、张孚标陪同调研。

12月18日，县委书记姜长才与县委办、县府办、县财政局、县重点办等单位相关负责人到北岙街道开展调研。

12月19日，县人大常委会主任叶永辉主持召开县十三届人大常委会第十六次主任会议。

12月25日，县委书记姜长才主持召开座谈会，就县委十届四次全体(扩大)会议上的报告(征求意见稿)向老干部征求意见建议。县委副书记林琼出席座谈会。

同日，县长董智武主持召开县政府第14次常务会议。

12月27日，县人大常委会主任叶永辉主持召开县第十三届人大常委会第十次会议。

12月28日，县委书记姜长才主持召开县委十届四次全体(扩大)会议。会议认真学习贯彻落实了党的十八大精神，对2012年工作进行了回顾总结，并全面部署了2013年任务。

2012年平阳县大事记

1月6日，县政协十四届一次会议隆重开幕。大会主席团执行主席孙瑞庆、林立军、陈少越、陈建初、许道静、姚宗纯、林大雪、陈胜初和主席团全体成员在主席台上就座。

1月12日，举办各界人才代表迎春茶话会。县领导狄鸿鹄、赵乐平、杜伟锦、蔡荣贤、陈少越等出席会议。

1月15日，浙江广天化工有限公司开业典礼在鳌江镇隆重举行。县领导郑杰、蔡荣贤、申卫国、林立军等出席典礼。

1月16日，县委书记王中毅、副县长周慧一行到腾蛟镇开展老区慰问活动。

同日，县长黄敏到顺溪镇开展慰问活动，

1月18日，举行老干部迎春团拜会，县领导王中毅、黄敏、胡方勇、孙瑞庆、狄鸿鹄、赵乐平等出席。

1月24日，隆重举行2012年招商选资推介会，诚邀100多位平阳籍在外企业家参加。县领导黄敏、雷文多出席会议。

2月3日，召开全县邮政普遍服务项目建设推进会。副县长杜伟锦等参加会议。

2月14日，召开镇(乡)党委书记座谈会。县委书记王中毅出席并讲话。县委副书记狄鸿鹄等参加会议。

2月15日，县中部新区管委会正式成立。县委书记王中毅出席并讲话。县长黄敏、县人大常委会主任胡方勇、县政协主席孙瑞庆、县委副书记狄鸿鹄等出席。

2月17日，全县土地卫片执法检查工作会议召开。县长黄敏、副县长林伟参加会议。

2月20日，常务副县长梁超和副县长林霄率调研组前往昆阳、鳌江等地，调研卫生重点建设项目。

2月21日，2012年全县卫生工作会议召开。副县长林霄参加会议。

2月23日，县直机关中层干部全员竞争上岗暨镇(乡)一般干部全员双向选择工作动员大会召开。县委副书记狄鸿鹄，县委常委、组织部长赵乐平等参加会议。

2月27日，全县第一家农房改造开发公司——平阳县供合农房开发有限公司成立。市供销社副主任章晟、副县长杜伟锦等出席开业典礼。

3月6日，全县电网建设攻坚会议召开。副县长郑杰参加会议。

3月12日，县长黄敏主持召开县政府第1次常务会议。

3月15日，县委书记王中毅参加全县创建省级历史文化名城工作推进会。

3月23日，召开全县2012破难攻坚大行动动员大会。

3月27日，县传统塑编产业改造升级首个大项目——温州晨光塑胶有限公司年产7万吨多层共挤聚丙烯薄膜项目举行开工仪式。

4月6日，政协第十四届平阳县委员会常务委员会举行第一次会议。县政协主席孙瑞庆，副主席林立军、陈少越、姚宗纯、林大雪，秘书长陈胜初等参加会议。

同日，县商务局成立，并举行授牌仪式。副县长雷文多出席。

4月9日，召开便民服务中心、文化中心设计方案讨论会。县领导王中毅、黄敏、胡方勇、梁超等参加了会议。

4月10日，宋埠—西湾围垦区吹填软基处理工程全面开工。

4月16日，全县幸福社区建设工作座谈会召开。县委书记王中毅出席并讲话。县委副书记狄鸿鹄，县委常委、纪委书记龚大昕等出席会议。

4月19日，由泰顺县委书记张洪国率领的泰顺县党政代表团一行到平阳考察。县领导王中毅、狄鸿鹄、陈伟、周慧等陪同考察或参加两地工作交流会。

4月23日，召开县农村合作经济组织联合会成立大会暨第一次会员代表大会。

4月24日，麻步镇农村合作经济组织联合会成立，这是县首家镇(乡)级农村合作经济组织联合会。

5月3日，县首家村邮站——万全镇宋埠社区村邮站举行开业典礼。副县长杜伟锦出席授牌仪式。

5月4日，鳌江镇保障性住房建设工程奠基仪式隆重举行。县长黄敏宣布开工令，县委常委、鳌江镇委书记陈伟，县人大常委会副主任申卫国，副县长林伟，县政协副主席林立军等出席动工仪式并为工程奠基培土。

5月7日，全县“一张网”管理服务工作模式座谈会召开。

5月11日，县高级人才联谊会第三届第一次会员大会召开。县领导狄鸿鹄、蔡荣贤、林大雪等出席会议。

5月15日，县首个垃圾生态发电厂点

火仪式举行。县长黄敏宣布正式点火，县领导胡方勇、孙瑞庆、狄鸿鹄、陈伟、林伟、陈少越等出席仪式。

5月17日，县长黄敏主持召开县政府第四次常务会议。

5月18日，北港市民服务中心暨北港生态休闲旅游区联合审批局挂牌成立。县长黄敏到场祝贺并揭牌。县领导龚大昕、申卫国、林伟、陈建初参加揭牌仪式。

5月24日，南雁至顺溪(及青街支线)红色旅游专用道路开工建设，县政协副主席、交通局长林大雪出席开工典礼并宣布开工令。

6月10日，顺溪水利枢纽厂房土建工程集水井第一仓砼成功浇筑。

6月12日，县委书记王中毅参加创建省级历史文化名城督查汇报会。县领导黄敏、蔡月琴、申卫国、林霄等出席会议。

6月14日，县非公有制经济组织和社会组织党务工作者协会成立暨第一次会员大会举行。县委常委、组织部长赵乐平出席会议。

同日，中国工农红军挺进师纪念园被授予“浙江省廉政文化教育基地”。

6月18日，县人大召开交通工程督查汇报会，了解昆鳌快速联系通道和104国道平阳郭庄至陈峡洋段改建工程进展情况。

7月4日，县委书记王中毅率队先后深入昆阳、萧江、麻步等地，调研幸福社区建设工作。

7月10日，县十五届人大常委会第十一次主任会议举行，听取和审议了县政府关于慈善工作情况报告和“森林平阳”创建工作情况报告。

7月11日，县长黄敏主持召开县政府第6次常务会议。

7月12日，全县镇(乡)人大主席例会召开。县人大常委会主任胡方勇、副主任林天思，县人大常委会办公室、代表工委及全县11个镇(乡)人大主席参加。

7月19日，县长黄敏出席现代服务业项目签约仪式。

7月22日，我国香港平阳同乡会在深圳成立。县委副书记狄鸿鹄、县人大常委会副主任方靖、县政协副主席姚宗纯等到场祝贺。

7月25日，举行数字平阳地理空间框架建设项目合作协议签署仪式。副县长林伟参加会议。

8月6日，召开龙丽温甬台温复线高速公路联络线线位论证研讨会。

8月9日，县长黄敏主持召开县政府第七次常务会议。

8月14日，常务副县长梁超率调研组调研昆鳌快速联系通道工程建设情况。县政协副主席、交通运输局局长林大雪等陪同调研。

8月22日，常务副县长梁超率督查组一行督查57省道复线工程政策处理情况。

8月28日，浙江海洋学院南麂保护区科研教育基地举行揭牌仪式。

8月29日，县长黄敏主持召开县政府第八次常务会议。

9月4日，县长黄敏参加全县招商引资项目包装工作会议。

9月12日，县长黄敏主持召开县政府第九次常务会议。

9月14日，政协第十四届平阳县委员会常务委员会举行第三次会议，县政协主席孙瑞庆，副主席林立军、陈少越、陈建初、许道静、林大雪等出席会议，常务副县长梁超等应邀出席会议。

9月18日，昆阳商会成立。副县长郑杰，县人大常委会副主任蔡荣贤，县政协副主席、统战部长姚宗纯等参加了第一届会员大会第一次会议。

9月20日至21日，召开县十五届人大常委会第四次会议。

9月23日，复旦大学举行纪念苏步青先生诞辰110周年座谈会。县委书记王中毅应邀出席并讲话，县委常委、宣传部长蔡月琴等参加。

9月24日，第四届平阳县文化艺术节开幕式隆重举行。县委书记王中毅致辞并宣布开幕，县长黄敏、县人大常委会主任胡方勇、县政协主席孙瑞庆、县委副书记狄鸿鹄、常务副县长梁超等出席开幕式。

9月28日，县长黄敏主持召开县政府第十一次常务会议。

10月9日，县人大常委会主任胡方勇主持召开县十五届人大常委会第五次会议。

10月10日，县社会主义学校挂牌仪式暨民主党派、无党派人士骨干读书班开班仪式在县委党校举行。

10月11日，县西湾海涂围垦开发建设项目举行签约仪式。县长黄敏致辞，并代表该县与新湖集团股份有限公司控股的利得公司签约。

10月12日，隆重举行将县第二人民医院委托给温州医学院附属第二医院管理的签约仪式。县长黄敏出席并致辞，县人大常委会副主任周世好、县政协副主席许道静和温州医学院附二医院长谷定英出席，副县长林霄主持并代表县政府与温州医学院附二医签约。

同日，县民间借贷服务中心正式开业。县长黄敏出席开业仪式，常务副县长梁超致辞。

10月14日，县公用事业投资集团有限公司挂牌成立。县长黄敏、副县长林伟为其揭牌。

10月29日，召开第三季度全县经济运行形势分析会。县委书记王中毅、县长黄敏出席并讲话。县人大常委会主任胡方勇、县政协主席孙瑞庆、常务副县长梁超等参加会议。

11月4日，县委书记王中毅亲切接见了平阳成都商会回乡考察团成员。

11月8日，中国共产党第十八次全国代表大会开幕。县四套班子成员和县委理论学习中心组成员等集中收看大会开幕式实况，认真收听了胡锦涛总书记代表十七届中央委员会向大会作的报告。

11月11日，县首个"桩基先行"民用建筑项目——鳌江镇玉莲村B、C地块返回地安置房工程开工。

11月13日，县港航管理局暨县交通投资集团举行揭牌仪式。常务副县长梁超、县政协副主席、县交通运输局局长林大雪等参加揭牌仪式。

同日，104国道平阳郭庄至陈峡洋段改建工程新建九凰山隧道顺利贯通。

11月16日，县第十五届人大常委会召开第二十二次主任会议。

11月19日，县举行水头镇与新疆拜城县大桥乡缔结友好乡镇座谈会暨签约仪式。

11月29日，县政协第十四届平阳县委员会常务委员会举行第五次会议，县政协主席孙瑞庆出席并主持会议，副主席林立军、陈少越、陈建初、许道静、林大雪出席会议，副县长林伟应邀参加会议。

12月7日，县旅游发展投资有限公司揭牌成立。副县长张端坤参加了揭牌仪式。

12月10日，县委书记王中毅、县长黄敏、副县长张端坤等县党政代表团赴乐清考察。

12月11日，县104国道西过境工程和飞鳌公路工程BT项目合作框架协议正式签约。县长黄敏出席签约仪式，常务副县长梁超代表平阳县与海南中水路桥公司董事长签约，县政协副主席、交通局局长林大雪参加签约仪式。

同日，县长黄敏到部分工业企业调研企业运行情况。

12月12日，召开迎接城市文明程度指数测评工作会议。县委常委、宣传部长雷文多出席会议。

12月19日，县第十五届人民代表大会常务委员会召开第七次会议。

12月21日，县委召开常委(扩大)会议，票决通过了县行政文化中心迁址城东的方案。

12月22日，召开座谈会，向县有关部门、镇(乡)负责人征求《政府工作报告》(征求意见稿)意见和建议。常务副县长梁超参加会议。

12月25日，县新萧江镇挂牌仪式隆重举行。县委书记王中毅，县人大常委会主任胡方勇，县政协主席孙瑞庆，常务副县长梁超，县委常委、纪委书记蔡月琴等出席仪式。

同日，中共昆阳镇练川社区委员会和昆阳镇练川社区管理委员会挂牌成立。县委常委、组织部长赵乐平出席揭牌仪式。

12月27日，县委召开党代会年度工作报告征求意见会，广泛征求党外人士对报告的意见和建议。县委副书记狄鸿鹄，县政协副主席陈少越，县政协副主席、统战部长姚宗纯，县政协副主席林大雪等参加。

2012年苍南县大事记

1月11日，召开印刷业专项整治工作会议。副县长林小同参加会议。

1月14日，上海苍南商会新春团拜会暨县政府招商项目说明会在上海市浦东新区环球金融中心隆重举行。县领导黄寿龙、胡长虹、邵潘锋等出席。

1月19日，县举行各界人士情况通报暨新春茶话会，县领导麻胜聪、胡长虹、王宗泽、高亚男、章月影、冯兴钱等出席。

1月23日，县隆重举行2012年新春酒会暨首届苍南世界温商大会。

1月29日，黄寿龙、苏庆明、董庆华、麻胜聪等县四套班子领导和灵溪镇干部、部队官兵一起，带头参加义务植树活动。

2月13日，由山东省邹城市副市长宋景春率领的党政考察团一行到龙港镇考察强镇扩权改革工作。副县长张姝为陪同考察。

2月14日，德国驻上海总领事芮悟峰博士到苍南县访问，县长董庆华、副县长陈雷陪同。

2月15日，由安徽省宿州市委常委、宣传部长何志中带队的宿州市宣传系统考察团到苍南县考察印刷企业文化建设情况。县委常委、宣传部长林森森陪同考察。

2月16日，桥墩镇农房改造聚集点腾龙小区奠基仪式隆重举行，县委书记黄寿龙宣布开工令，县领导雷仁、何宗静、高友平、于春华出席仪式。

2月20日，召开工业经济发展座谈会。常务副县长黄锦耀参加会议。

2月22日，全县首家村一级的邮站在桥墩镇古树村落成。副县长邵潘锋参加授牌仪式，并现场观摩村邮站建设示范点。

2月29日，召开全县经济工作会议。县委书记黄寿龙出席并讲话。

3月14日，县委书记黄寿龙到灵溪、钱库等地，深入开展“进村入企”大走访活动。

3月26日，县政府召开第一次全体会议。县长董庆华出席并讲话。县政府领导班子成员黄锦耀、雷仁、陈国苗、林小同、张姝为、陈雷和县政府组成部门负责人等参加会议。县人大常委会副主任蓝德超、县政协副主席尤有光应邀参加会议。

3月28日，县委书记黄寿龙参加全县党管武装工作会议。

4月6日，常务副县长黄锦耀带领县国土、交通、水利、林业等部门到苍南工业园区进行现场协调办公。

4月10日，县九届人大一次会议重点建议交办会召开，研究落实重点代表建议办理的工作任务。

4月14日，县长董庆华率财政、国土、住建等部门负责人对水利工作进行调研，并就县水利发展建设中遇到的急需县政府协调解决的问题进行现场办公。副县长陈国苗陪同调研。

4月17日，新加坡胜科工业集团总裁兼首席执行官邓健辉一行到苍南县参观考察。县委书记黄寿龙会见邓健辉一行。县领导黄锦耀及发改局、经信局、商务局、龙港新城管委会等相关部门负责人参加会见。

4月18日，召开全县文明创建动员大会。县委书记黄寿龙出席并讲话。县长董庆华主持，县委副书记麻胜聪对创建工作进行具体部署。县领导丁振俊、林森森、雷仁、王宗泽、章月影、于春华参加。

4月19日，召开金融系统座谈会，深入研究《浙江省温州市金融综合改革试验区总体方案》，探索具有苍南特色的可操作性金融创新建议，副县长邵潘锋出席会议。

同日，苍南县茶文化研究会成立并召开第一次会员大会。市政协副主席章方璋为研究会授牌，县政协主席张传君当选会长。

4月20日，原东海舰队副司令员、少将、上海苍南商会会长刘际潘带领商会30多家会员企业领导回乡进行投资考察，意向投资20多项，资金达数十亿元。

4月29日，召开全县招商项目包装汇报会。县委书记黄寿龙出席并讲话。县领导董庆华、邵潘锋等参加会议。

5月2日，县委书记黄寿龙、县人大常委会主任苏庆明、县长董庆华、县政协主席张传君等率苍南党政代表团赴福建省平潭、漳浦、厦门等地参观考察。

5月9日，项目预计总投资超亿元，占地面积30亩的县科技企业孵化器工程在苍南工业园区举行奠基仪式。县领导高亚男、章月影、冯兴钱参加奠基仪式。

5月18日，召开全县“四解四促”进村入企走访服务活动工作推进会。县委书记黄寿龙出席并讲话。县领导苏庆明、董庆华、麻胜聪等参加会议。

5月23日，县农村合作经济组织联合会成立暨第一次会员代表大会召开。县领导麻胜聪、蓝德超、邵潘锋、冯兴钱等出席了会议。

5月28日，我省南部最重要的大型水闸——朱家站水闸除险加固工程开工建设。县领导王宗泽、陈国苗、冯兴钱参加开工仪式。

5月31日，县人大常委会主任苏庆明主持召开第七次主任会议，听取了县人大常委会调研组关于浙台经贸合作区建设及实体经济发展情况的调研报告。县人大常委会副主任蓝德超、王宗泽、高亚男、陈孝沈、温兴华、高友平参加会议。副县长邵潘锋列席。

6月8日，苍南县在矾山镇举行庆祝第七个“中国文化遗产日”暨温州矾矿遗址申报世界工业遗产启动仪式。市人大常委会副主任李步鸣、副市长郑朝阳、市政协副主席余梅生，以及县领导董庆华、张传君、麻胜聪等参加启动仪式。

6月9日至10日，由浙江商会展览部副部长梁辉带领的第十四届浙洽会客商（台商）团一行19人到苍南参观考察农业产业项目。副县长邵潘锋参加座谈会。

6月11日，县人大常委会主任苏庆明主持召开第九次主任会议，听取了县人大常委会调研组关于全县河道整治工作情况的调研报告。县人大常委会副主任蓝德超、王宗泽、高亚男、陈孝沈、温兴华、高友平参加会议。

6月13日，县支持浙商创业创新促进苍南发展工作小组会议召开。县委书记黄寿龙出席并讲话。县领导董庆华、黄锦耀、邵潘锋等参加会议。

6月15日，举行苍南广电市民监督团成立仪式。县领导林森森、陈孝沈、林小同、梁峰出席成立仪式。

6月29日，全省“十二五”电力建设暨2012年电力迎峰度夏工作电视电话会议召开。常务副县长黄锦耀代表苍南与省政府签订了“十二五”重大电力建设项目工作责任书。

7月5日，县政府与市金融研究院签署有关金融研究院与地方金融办的合作框架协议。

7月18日，全国十县（市、区、旗）基层政协工作研讨会第一次会议在苍南县召开。市政协副主席余梅生出席会议并讲话。县委书记黄寿龙致欢迎辞。县政协主席张传君主持会议。县领导冯兴钱、于春华、尤有光、魏中梁、朱诗力等参加会议。

7月19日，县委副书记麻胜聪率队赴龙港调研社区综治网格化与平安建设工作进展情况。

8月1日，召开防御第9号台风“苏拉”紧急动员会议。县委书记黄寿龙出席并讲话。县领导黄锦耀、王宗泽、陈国苗、冯兴钱等出席会议。

8月8日，全县安全生产暨消防安保动员会召开。

8月9日，全县“两城示范、十镇联动”文明创建工作汇报会召开。

8月15日，县开展“县委书记大接访”活动。县领导黄寿龙、麻胜聪、曾上俊、黄锦耀、雷仁、章月影、邵潘锋、陈国苗、林小同分别在9个信访接访室接待来访群众。

8月18日，县长董庆华主持召开县政府第八次常务会议，着重研究并原则通过《苍南县海洋环境保护规划》以及《前屿山屿保护和利用规划》和《顶草屿岛保护和利用规划》。

8月26日，由县人民政府、温州市文化广电新闻出版局主办的第七届中国（温州·金乡）台挂历礼品展览会在金乡举行。县领导苏庆明、张传君、麻胜聪、邵潘锋等参加开幕式。

8月27日，县无党派人士联谊会爱心服务基地在县社会福利院正式成立。副县长、县无党派人士联谊会会长章月影现场为福利院授牌、捐款。

8月29日，举行台湾采风美容医学集团在苍南投资签约仪式。县委书记黄寿龙，县领导高亚男、林小同、梁峰等出席签约仪式。

9月5日，县拘役所隆重举行揭牌仪式。县委副书记、政法委书记麻胜聪，县委常委、公安局长蒋荣国，县人大副主任陈孝沈、县政协副主席于春华出席揭牌仪式。

9月10日，隆重举行2012年教师节庆祝表彰大会。县委书记黄寿龙出席并讲话。县领导苏庆明、张传君、麻胜聪等参加会议。

9月11日，第十六届中国国际投资贸易洽谈会(简称“投洽会”)在厦门国际会展中心顺利闭幕。“投洽会”首日，苍南县签下3个合作项目，总投资额约9.5264亿元。

9月19日，县人大常委会主任苏庆明主

持召开第十五次主任会议。

9月22日，县温州大学校友会正式成立。县委常委、宣传部长林森森担任会长，县领导温兴华、林小同任顾问。

9月29日，苍南金融超市开业仪式隆重举行。市委常委、市政府党组副书记朱忠明，县领导董庆华、蓝德超、邵潘锋、冯兴钱等参加开业仪式。

10月10日，召开浙台（苍南）经贸合作区联席会议。县委书记黄寿龙出席并讲话。

同日，常务副县长黄锦耀，县领导高友平、尤有光等前往龙港镇督查固定投资“百日百亿”项目工作。

10月12日，第十四届龙港印刷工业博览会暨2012中国华东印刷技术展览会在温州会展中心举行。市领导孟建新、胡纲高、余梅生以及县领导丁振俊、蓝德超、邵潘锋、冯兴钱出席开幕仪式。

10月18日，苍南金融网正式开通。副县长邵潘锋参加开通仪式。

10月20日，浙南海西国际商品交易中心正式奠基开工。

10月24日，经铁道部公安局批准，杭州铁路公安处苍南站铁路派出所正式挂牌成立。同时，总投资近600万元、建筑面积1367平方米的杭州铁路公安处苍南站铁路派出所新大楼正式启用。县委常委、副县长雷仁为苍南站铁路派出所揭牌。

11月7日，县长董庆华主持召开县政府第十次常务会议。

11月11日，“汉宝阁”正式落户县城新区。县领导林森森、温兴华、尤有光等参加开业庆典。

同日，举行县政府与大自然集团投资战略合作框架协议签约仪式。合作投资总额百亿元，涉及城市综合体、旅游开发和酒店服务等多个行业。

11月13日，副县长林小同等一行到龙港调研“百日百亿”城建、教育工程建设进展情况。

11月19日，县“中国茶文化之乡”申报顺利通过中国国际茶文化研究会评审专家组评审。县领导张传君、陈国苗、冯兴钱、梁峰等陪同。

11月22日，龙湾区区长王军率龙湾区党政代表团到苍南，与该县举行山海协作工程签约仪式，县领导董庆华、邵潘锋参加签约仪式。

12月4日，县风景旅游协会成立大会暨第一届会员代表大会召开。县领导林朝朝、冯兴钱出席会议。

12月12日，县96345社会公共服务中心开通暨社会组织服务中心成立。省民政厅副厅长万亚伟，县领导董庆华、麻胜聪、何宗静、陈孝沈、于春华等参加开通仪式。

同日，县长董庆华到县城新区工程指挥部督查重点工作进展情况。

12月15日，2012苍南县（北京）经济社会发展恳谈会在北京大学举行。

12月17日，召开乡镇人大主席工作会议。县人大常委会主任苏庆明、副主任高友平参加会议。

12月18日，金乡镇金墅湾嘉园项目开工奠基仪式举行。县人大常委会主任苏庆明出席仪式并为项目奠基培土。

12月20日，县创建“省级卫生应急工作示范县”顺利通过省卫生厅考评专家组考评。

12月26日，县九届人大常委会召开第十次会议，听取和审议了县政府关于我县2011年度财政预算执行和其他财政收支审计查出问题整改情况的报告等。县人大常委会主任苏庆明，副主任蓝德超、王宗泽、高亚男、陈孝沈、温兴华、高友平出席会议，副县长陈国苗、县政协副主席于春华列席会议。

12月27日，县委八届三次全体（扩大）会议隆重召开。县长董庆华主持会议，县委副书记麻胜聪，县委常委曾上俊、黄锦耀、丁振俊、林森森、雷仁、何宗静、胡长虹、蒋荣国参加会议并在主席台就座。县人大常委会主任苏庆明、县政协主席张传君参加会议。

12月29日，县人民医院和台湾彰基医院正式签约缔结为友好医院。县领导高亚男、林小同出席签约仪式。

2012年文成县大事记

1月11日，县政府召开第一次全体会议暨廉政工作会议。

1月14日，县举行文成工作恳谈会。县委书记汪驰出席并讲话。

1月24日，县举行2012年在外文成人新春座谈会。县委书记汪驰出席并讲话。

2月3日，全县公安工作会议召开。县委书记汪驰出席并讲话。县领导王彩莲、刘建忠、郑建华、谢逢越、李建业出席会议，县委常委、公安局长黄小中主持会议并作工作报告。

2月10日，县第十五届人大常委会举行第一次会议，通过并任命新一届县政府组成人员。县人大常委会主任刘建忠，县人大常委会副主任钟信友、林乐融、陈成武出席会议。县领导李建业、黄小中、许勇军、余云初列席会议。

2月15日，省政协副主席、省委统战部长汤黎路到文成调研回归工程实施情况。市委常委、统战部部长陈作荣，县政协主席郑建华，副县长蔡爱东，县政协副主席、县委统战部部长吴育民参加了座谈会。

2月28日，县委书记汪驰到大峃镇周壤、玉壶镇东溪等地，深入开展“进村入企”大走访活动。

同日，县长王彩莲赴珊溪、巨屿镇开展“进村入企”大走访活动。

3月2日，县委副书记谢逢越深入百丈漈、南田镇开展“进村入企”大走访活动。

3月7日，副县长吴昌亮到峃口、巨屿镇对绿道网规划建设进行调研。

3月9日，常务副县长李建业到龙川社区开展“进村入企”大走访活动，

3月19日，召开全县党建工作会议。县委书记汪驰出席会议并作重要讲话。

3月21日，县委书记汪驰到南田、黄坦等地，开展“进村入企”大联系、大走访活动。

3月27日，召开社区规范化建设座谈会。县委书记汪驰出席并讲话。

3月29日，全县社区规范化建设现场会在玉壶镇东溪社区召开。县委副书记谢逢越出席会议并讲话。

同日，县农村合作经济组织联合会正式成立。

4月5日，县委书记汪驰主持召开全县老干部座谈会。

4月11日，副县长雷宇到峃口镇、周山畲族乡调研指导民族工作。

4月12日，召集全县限额以上社会性投资项目业主单位、相关乡镇、部门及各大银行企业召开座谈会。县委书记汪驰、县长王彩莲参加座谈会。

4月18日，县长王彩莲率有关部门负责人，专题调研文成县电网建设情况。

4月19日，召开县城概念性规划汇报会，县委书记汪驰、县长王彩莲、县人大常委会主任刘建忠、县政协主席郑建华、县委副书记谢逢越等县四套班子领导出席。常务副县长李建业主持会议。

4月19日至20日，县委书记汪驰赴县生态旅游度假功能区调研。

4月23日，珊溪巨屿污水处理厂正式破土动工。县委书记汪驰宣布工程开工。县委常委、组织部长徐清雨，县人大常委会副主任陈成武出席开工典礼。副县长蔡爱东主持仪式。

4月26日，召开县第十五届人大常委会第三次会议。县人大常委会主任刘建忠，副主任吴宇凌、钟信友、陈成武，副县长雷宇，县政协副主席胡晓雄，县人民检察院检察长潘勇等参加会议。会议由人大常委会副主任林乐融主持。

4月27日，县科技管理（兔业项目）暨民族村经济发展现场会在峃口镇召开。副县长雷宇出席现场会并讲话。

5月2日，县委书记汪驰主持召开重点项目建设管理机制专题会议。

5月3日，县长王彩莲到县水利局开展专题调研。

5月15日，县政府与中石化浙江分公司发展战略合作框架签约仪式举行。县长王彩莲和中国石化温州石油分公司总经理冯东明代表双方签订协议。

5月16日，县企业家协会、企业联合会、工业经济联合会举行第三届一次会员大会。县委书记汪驰出席并讲话。

5月30日，县委副书记谢逢越和县人大常委会副主任吴宇凌，县政协副主席、统战部长吴育民到南田镇开展大接访活动。

同日，县长王彩莲在国土资源局调研。

5月31日，县委常委、纪委书记钟方成和县人大常委会副主任钟信友、县政协副主席余云初等到黄坦镇开展大接访活动。

6月8日，召开全县旅游配套项目座谈会。副县长吴昌亮，县旅游局、住建局、国土资源局等有关单位，金融机构代表，及全县在建旅游项目负责人参加会议。

6月13日，县公安业务技术用房建设工程在大峃镇鹤东村（原交警大队）隆重举行开工奠基仪式。仪式上，县长王彩莲致辞。县委常委、公安局长黄小中介绍了项目筹备情况。常务副县长李建业主持仪式。市委常委、公安局长黄宝坤，县委书记汪驰，省发改委固定资产投资处副处长杨莉莉，省公安厅后勤处副处长王祝兰，县人大常委会主任刘建忠，县政协主席郑建华，县委副书记谢逢越等参加开工仪式并为工程培土奠基。

6月15日，全县公共机构节能暨节能培训工作会议召开。常务副县长李建业出席会议并讲话。

6月20日，县委书记汪驰到县财政部门调研指导工作。

6月25日，县长王彩莲到县委农办（农业局）调研。

6月29日，文成总部经济大楼工程开工典礼在珊门片城东组团隆重举行。县委书记汪驰宣布开工，县长王彩莲，县人大常委会主任刘建忠，常务副县长李建业，县政协副主席胡晓雄出席开工典礼。

7月11日，县委书记汪驰赴周山畲族乡调研。

7月16日，召开2012年上半年创建省级文化先进县工作例会。副县长雷宇出席会议。

7月16日至17日，汪驰率县党政代表团赴青田、遂昌考察学习。

7月25日，县社会福利中心暨残疾人康复托养中心项目开工仪式在黄坦镇前巷村交坑正式启动。县领导闵建平、刘一灵出席开工仪式并致辞。

7月26日，汪驰、王彩莲、刘建忠、刘金红、钟方成、徐清雨等县四套班子领导，参加“军事日”活动。

7月27日，召开党的十八大消防安全保卫战暨全县安全生产工作例会。

7月31日，县委书记汪驰赴周壤、樟台调研社区建设工作。

8月6日，县委召开十二届二次全体（扩大）会议。

8月13日，县文化中心破土动工。县领导汪驰、王彩莲、刘建忠、郑建华、李建业、刘金红、黄小中出席开工仪式。副县长雷宇主持仪式。

8月16日，召开县人大代表建议办理工作评议会，就2012年人大代表建议办理工作进行评议。县人大常委会主任刘建忠、副主任吴宇凌、林乐融、陈成武出席会议，副县长刘一灵列席会议。

8月20日，县政府与温州银行股份有限公司签署了战略合作协议。县委书记汪驰、县长王彩莲、温州银行董事长邢增福、行长吴华出席了签约仪式。

8月27日，县委书记汪驰主持召开项目前期工作推进会，听取2012年前期项目推进情况和2013年项目前期工作计划预安排情况。

9月5日，县长王彩莲赴县环保局调研环境保护工作。

9月6日，县长王彩莲赴百丈漈调研县生态园建设工作。

9月13日，县委书记汪驰赴珊溪镇开展下访约访活动。

9月19日，县委书记汪驰到县广播电视台、县新闻中心调研指导工作。

9月24日至25日，县第十五届人大常委会第六次会议召开。县委书记汪驰、县人大常委会主任刘建忠出席会议。县人大常委会副主任钟信友主持会议。

9月26日，政协第八届文成县委员会常务委员会第四次会议召开。

10月8日，县委书记汪驰主持召开功能区、乡镇党委书记座谈会。

10月9日，县长王彩莲到巨屿镇、珊溪镇督查重点项目建设工作。

10月12日，县委书记汪驰到大峃镇和新区管委会督查“七大行动 百日攻坚”工作。

10月16日，县长王彩莲到西坑畲族镇督查市级“互看互学点”重点项目建设。

10月17日，县委书记汪驰赴南田、百丈漈镇督查“七大行动·百日攻坚”活动。

10月21日，文成县与卡明尼亚诺市友好城市签约仪式举行。

10月26日，龙川保障性安居工程（二期）开工典礼隆重举行。县委书记汪驰出席开工典礼并宣布项目正式开工。

11月7日，县委书记汪驰赴西坑畲族镇督查市级“互看互学点”项目建设工作。

11月14日，县委书记汪驰赴巨屿镇调研“七大行动·百日攻坚”开展情况。

11月15日，省林业厅厅长楼国华一行到文成县调研林业工作和森林公园建设情况。县长王彩莲陪同调研。

同日，召开计划生育“攻坚破冰”专项行动推进会。副县长雷宇参加会议并讲话。

11月21日，县委书记汪驰赴黄坦镇督查“七大行动·百日攻坚”开展情况。

11月22日，召开扶工兴贸工作座谈会。县委书记汪驰出席并讲话。

11月30日，县委、县政府举办《文成讲坛》第30期报告会暨县委理论学习中心组（扩大）学习会，专题学习党的十八大精神。

12月7日，召开“亮丽县城、“美丽乡村””创建动员大会，拉开了我县环境大建设、民生大改善的序幕。县委书记汪驰出席并讲话。县长王彩莲在会上作动员报告。县委副书记谢逢越主持。

12月10日，文成县与瑞安市举行深化山海协作暨两地友好结对活动。县领导汪驰、王彩莲等四套班子领导及相关部门负责人参加了活动。

12月20日，县委书记汪驰、县长王彩莲就县委十二届三次全体会议上作的《县委全会报告》和县第十五届人民代表大会第二次会议上作的《县政府工作报告》征求老干部们的意见。

12月21日，召开机关公务用车制度改革动员大会。

12月25日，毛泽东像章文化博物馆开工仪式在樟台社区隆重举行。中共中央宣传部原副秘书长兼老干部局局长李长喜，县人大常委会主任刘建忠，县政协主席郑建华，县委常委、宣传部长刘金红出席仪式。副县长雷宇主持。

12月31日，召开县级领导班子和领导干部年度考核会议，对县级领导班子和领导干部进行年度总结、述职述廉、民主测评和民主评议，并开展干部选拔任用“一报告两评议”工作。县委书记汪驰、县长王彩莲在会上分别作了个人述职述廉报告。

同日，县委十二届三次全体（扩大）会议召开。县委书记汪驰代表县委常委会作《凝心聚力 负重奋进 提速建设宜游宜居生态县》报告。县长王彩莲参加会议。

2012年泰顺县大事记

1月5日至8日，中国人民政治协商会议第八届泰顺县委员会第一次会议在县影剧院隆重举行，共有委员196人参加会议。会议通过了《政协第七届泰顺县委员会常务委员会工作报告》、《政协第七届泰顺县委员会常务委员会关于提案工作情况的报告》、《政协第八届泰顺县委员会第一次会议提案审查情况的报告》和《政协第八届泰顺县委员会第一次会议决议》。会议选举产生了县政协第八届泰顺县委员会主席、副主席、秘书长和常务委员，洪碧玲当选为政协第八届泰顺县委员会主席，张平、钱克忠、胡昌迎、赖立新当选为副主席，魏盛辉当选为秘书长。

1月6日至9日，泰顺县第十五届人民代表大会第一次会议在县影剧院隆重举行，共有代表193人参加会议。会议通过了《泰顺县人民政府工作报告的决议》《泰顺县2011年国民经济和社会发展计划执行情况与2012年国民经济和社会发展计划的决议》《泰顺县2011年财政预算执行情况和2012年财政预算的决议》《泰顺县人大常委会工作报告的决议》《泰顺县人民法院工作报告的决议》《泰顺县人民检察院工作报告的决议》。董旭斌当选为县人民政府县长。

1月9日，泰顺县质量技术监督局办公大楼搬迁启用，同时还举行县计量检定测试所、食品检验检测中心、县产品质量监督检验所揭牌仪式。

1月19日，市委副书记、代市长陈金彪率团到泰顺慰问老红军、老党员、老交通员等“三老”人员和困难群众，并落实春节慰问资金95万元。在县委书记张洪国，县委副书记、县长董旭斌等陪同下，陈金彪和市委常委、统战部长陈作荣一行到仕阳镇敬老院进行慰问，并听取工作汇报。县人大常委会主任胡荣登、县政协主席洪碧玲等县领导出席汇报会。

1月23日，省畜牧兽医局局长张火法一行4人在市畜牧兽医局相关负责人的陪同下，到泰顺调研新型畜牧产业体系建设工作。

1月31日，召开城乡统筹综合改革暨农村工作会议，县委书记张洪国在会上强调，全县上下要进一步统一思想，提高认识，以更加坚定的信心和决心推进城乡统筹综合改革，推动农村工作再上新台阶。会议由县委副书记、县长董旭斌主持。胡荣登、洪碧玲、周秀松、吴周富、张宏琴、庄兴忠等领导出席会议。

2月1日，世界温商大会在市人民大会堂隆重召开，县委书记张洪国、县长董旭斌等县领导和25名泰顺籍企业家一同参加大会。这次温商大会，泰顺县共推出27个推介项目，涉及现代商贸业、公共服务业、文化产业、旅游产业、先进制造业等6大版块，项目总投资391亿元。

同日，市委宣传部副部长、市文明办主任邱小侠一行带着省委书记、省人大常委会主任赵洪祝亲笔签名的新春贺卡，在县委常委、宣传部长周秀松等领导陪同下，专程到三魁镇大安洪岭头村看望慰问省道德模范徐建威。徐建威为了挽救父亲的生命，从6岁开始坚持10年独自一人深入大山采药。

2月14日，市委常委、纪委书记陈晓明到泰顺调研工作。在县领导张洪国、董旭斌、胡荣登、洪碧玲、吴松海、张宏琴、毛伯明、庄兴忠等陪同下，陈晓明一行先后到罗阳镇新城区、司前畲族镇司前联村便民服务中心，了解新城区开发建设情况和基层便民服务中心建设情况。

同日，省政府“百组”基层调研组到县开展调研活动，对全县经济运行情况，企业融资、平台建设等问题进行调研。

同日，市委常委、宣传部长胡剑谨带队到县开展“进村入企”大走访活动。胡剑谨一行先后到浙江中宸不锈钢制造有限公司和浙江盛时达装饰工程有限公司及泗溪镇南溪村和罗阳镇仙居村进行走访调研，并听取县委书记张洪国汇报泰顺社会经济发展情况和下一步工作思路。

2月22日，省委“双服务”工作组到泰顺开展 “双服务”活动，着力帮助解决我中小企业及基层在发展过程中的困难和问题，为经济社会更好发展献计献策。

3月3日至4日，中国文物学会名誉会长谢辰生，清华大学建筑学院教授陈志华等国内著名文物保护和古建筑专家一行到泰顺县，对廊桥和古民居进行实地考察。在县委常委、宣传部长周秀松等陪同下，专家组一行对北涧桥、溪东桥、以及临水殿等古建筑进行实地考察，并召开座谈会，就泰顺廊桥申遗的有关事宜进行交流探讨。此行，县政府还聘请谢辰生、陈志华、孙大章三位专家为泰顺县的廊桥申遗顾问。

3月6日，县58省道（坎下底）至雪溪公路工程、58省道至筱村公路工程、58省道至彭溪公路工程、泰顺县新城九年一贯制学校、泰顺新城公用设施建设工程、泰顺（大安）生态科技创业园、茶文化城（茶叶物流中心）等7个项目列入市重点建设项目名单及形象进度计划。

同日，团省委书记周艳一行到泰顺县，对罗阳、司前、泗溪等地开展“进村入企”大走访活动。在县委副书记胡晓东等陪同调研下，周艳一行还到广泰建设集团、罗阳二小等进行考察。

3月16日，市首个“竹产业文化园”在竹里畲族乡开建。室内设有竹产品展览馆、室外种植我国不同品种的竹子观光园，面积为20多亩。

3月22日，第十届温州早茶节在市松台广场隆重开幕，泰顺县的“三杯香”品牌被国家工商行政管理总局评定为中国驰名商标，国家工商总局商标局副局长吕志华为“三杯香”中国驰名商标授牌。

3月27日，泰顺县农村合作经济组织联合会成立大会暨第一届会员代表大会召开，大会选举李祥造同志为农合联主任。县委书记张洪国、县委副书记胡晓东参加会议。县农合联与县供销联社合署办公，这也是全市首家县级农合联成立。

3月29日，刘素贞母子四英烈纪念碑维修扩建竣工揭幕仪式暨祭奠革命烈士活动在南院办事处棠坪村举行，县委常委宣传部部长周秀松参加活动并致词。

3月29日至30日，省政协副主席陈艳华率省政协调研组到泰顺、文成和平阳三县，专题调研飞云江、鳌江流域水资源环境保护和利用工作情况。陈艳华一行查看了珊溪水库及其周边地区的水环境保护和综合利用情况，并召开专题座谈会听取市水利、环保等部门以及有关县（市）的相关工作情况汇报。

4月2日，首届全国泰商大会在泰顺中学隆重开幕，160多名泰商代表参加。大会由县委副书记、县长董旭斌主持，市委常委、宣传部长胡剑瑾出席大会并致辞，县委书记张洪国在会上作重要讲话。大会还举行项目推介暨签约仪式，签订意向投资项目6个，投资金额达11.63亿元，并举行泰商慈善基金会认捐仪式，共筹集泰商慈善基金1.02亿元。会上，泰商代表、新明集团有限公司董事长陈承守宣读《全国泰商宣言》。会议表彰了“最具实力”企业和泰商“爱心公益奖”、“回乡创业奖”；省社科院经研所所长徐剑锋还就世界经济、中国经济和泰顺经济如何发展进行了演讲。县领导胡荣登、胡晓东、周秀松、吴周富、庄兴忠、吴松海、张宏琴、潘国杰等县领导出席大会。

4月10日，泰顺县利用社区资源做好离退休干部服务工作在罗阳镇北城社区正式启动，市委组织部副部长、市老干部局局长沈伟，县委常委、组织部部长吴松海出席启动仪式，并为试点单位北城社区、桂花亭社区、大深洋社区授牌。

4月11日，省经信委副主任吴家曦率调研组一行到泰顺开展“进万企解难题”活动。县委书记张洪国等县领导陪同调研。

4月13日，县首家镇级农村合作经济组织联合会在筱村镇正式成立。

4月18日，泰顺廊桥—氡泉生态休闲旅游度假区管理委员会正式揭牌成立。

4月28日，浙江省首届农村实用人才农业技能大赛暨第二届职业院校农业技能大赛在金华举行，泰顺县张超设、季永族两位同志分别获炒茶项目二等奖和三等奖。

5月11日，由市政协牵头组织的温州专家咨询服务团在司前畲族镇举办以“科技富民强镇•建设幸福司前”为主题的送科技下乡活动，市政协副主席夏克栋到现场察看指导咨询服务活动。这次活动的内容包括新品种推介、技术咨询、科普、法律知识宣传、新技术推介及义诊等。

同日，县“120”急救指挥中心正式启动，县委副书记、县长董旭斌为县“120”急救指挥中心授牌并宣布“120”急救指挥中心正式启动，县领导潘国杰、张美爱、翁晓彬、胡昌迎等参加启动仪式。

5月13日至15日，国家文物局文物信息咨询中心总工程师刘小和一行到泰顺考察文物保护工作，副县长翁晓彬陪同考察。刘小和一行先后实地考察毓文桥、三条桥、溪东桥、北涧桥、文兴桥和筱村镇徐岙底古民居。

5月15日至16日，省发改委、省能源局、水电水利规划设计总院组织省抽水蓄能电站选点规划专家组到泰顺县，对泰顺抽水蓄能电站项目进行现场查勘。专家组一行先后到司前镇下水库坝址和百丈镇上水库坝址对地形地质条件、输水系统等进行现场查勘。县委副书记、县长董旭斌，副县长雷全勉等陪同考察。

5月16日，县文学艺术界联合会召开关于筹备出版《泰顺风物》（暂名）座谈会，市文广新局副局长、市文物局局长李震、市民间文艺家协会主席潘一钢、市北大荒印务有限公司董事长、总经理、诗人孙建舜、县政协副主席胡昌迎、县文联主席吴雅平等20多位文艺工作者参加座谈会。

5月19日，苏州首届茶叶茶艺博览会在苏州市吴中区隆重举行，泰顺县的泰顺农发茶厂、浙江四贤茶业有限公司、泰顺三洋茶业有限公司等17家茶叶企业参加此次博览会。

5月21日，省审计厅厅长陈荣高率队到泰顺调研2011年省特别扶持项目实施情况和审计工作情况。县委书记张洪国，县委副书记、县长董旭斌、副县长翁晓彬等参加汇报会。

5月29日，省政协副主席王永昌带队到泰顺专题调研扶贫开发工作和低收入群体情况。市政协有关领导及县政协主席洪碧玲、县领导周建清、赖立新等陪同调研。

5月31日，泰顺“广电市民监督团”成立授牌暨现场督查活动启动仪式在城关文化广场举行，县人大常委会副主任张美爱、县政协副主席胡昌迎为广电市民监督团成立授牌授旗，副县长童德平就广电市民监督团的职责提出具体要求，县委常委、宣传部部长周秀松宣布“泰顺广电市民监督团”首次现场督查活动正式启动。

6月5日，县首家乡村学校少年宫启动仪式在三魁镇中心小学举行，这是温州市下辖县中第一个乡村学校少年宫正式建成启用。

6月6日，浙闽两省发改委联合印发《浙闽两省交溪流域水利水电项目开发前期工作协调会议纪要的函》，标志着泰顺县交溪流域水利水电项目取得重大突破。

6月7日至9日，国家文物局专家组顾风一行就闽浙木拱廊桥申报《中国世界文化遗产预备名单》对县进行现场考察。省文物局、市文广新局有关领导，县委副书记、县长董旭斌，副县长童德平等陪同考察。考察组一行先后对我县筱村文兴桥，洲岭三条桥，泗溪溪东桥、北涧桥等木拱廊桥进行现场考察。在实地考察和听取情况介绍后，专家组提出用世界遗产的保护方式和管理要求规范木拱廊桥的保护和管理工作等意见。

6月8日，泰顺县质量强县暨首届县长质量奖表彰会议召开，会议表彰了2011年度质量强县工作先进单位、先进个人，以及荣获2011年度全县质量与品牌建设贡献突出的32家企业。浙江天关山酒业有限公司荣获首届“县长质量奖”。 县委副书记、县长董旭斌在会上讲话，县领导吴周富、卢嫦、张平等参加会议。

6月15日，泰顺县民源茶叶专业合作社研发出全省第一条全智能清洁化茶叶加工流水线，其中五项技术属全国首创。该流水线总投资800多万，现已形成年产80吨高中档茶叶的生产加工能力。

6月18日，珊溪水利枢纽水源保护管理机构第一次联席会议在泰顺县召开，会议由市政府副秘书长、市珊管办主任陈向东主持，市水利局局长林孝悌，县委副书记、县长董旭斌，副县长周建清及市水利局、市珊溪管理局和瑞安、文成相关领导出席会议。会议就珊溪水利枢纽水源保护管理机构联席会议制度等意见进行审议。

6月25日，省政府公布第四批省级非遗名录，县翻九楼（传统体育、游艺与杂技）、车木玩具制作技艺（传统技艺）、乌衣红曲传统制作技艺（传统技艺）、石雕(传统技艺)、畲族三月三（民俗）和陈十四信俗（民俗）等6个项目入选。

6月26日，省纪委常务副书记杨晓光在省纪委副秘书长陈平，市委常委、纪委书记陈晓明等陪同下，到泰顺调研扶贫和社区便民服务工作。县委书记张洪国，县委副书记、县长董旭斌，县委副书记胡晓东，县委常委、纪委书记张宏琴等县领导陪同调研。

6月27日，温州—宁德交溪流域水利水电开发前期工作推进会在泰顺召开，会议由市政府副秘书长陈向东主持，副市长任玉明，县委书记张洪国，县委副书记、县长董旭斌，宁德市副市长陈辉等温州、宁德市相关领导出席会议。

7月7日，由华东地区旅游媒体联盟为主，协同中国万里行、长三角峰会等著名旅行社联合体，及60多家媒体一起发起的2012华东地区“游客最喜欢的华东十大旅游温泉”评选结果在山东枣庄揭晓，泰顺县玉龙山氡泉度假村成功入围。

7月9日，省电力公司与县政府签署《关于泰顺县供电局国有资产整体无偿划转协议》，这标志着泰顺农网体制改革工作迈出了实质性步伐。市电力局局长吴哲，县委副书记、县长董旭斌，副县长雷全勉等出席签约仪式。

7月10日至11日，泰顺在各中心镇开展“互看互学”活动，通过现场考察和汇报会等形式，全面了解各中心镇2012年的总体目标和思路、“十大工程”的安排情况、上半年各项工作的完成情况以及下一步工作决心和承诺，并接受与会领导及相关人员的现场测评。汇报会上，县委书记张洪国，县委副书记、县长董旭斌依次对各中心镇的工作作了点评。县四套班子领导、人武部、法院、检察院、乌管局领导，人大政协各委办负责人，各部门负责人以及“两代表一委员”代表根据现场察看情况和汇报情况分别为各中心镇进行现场测评打分。

7月15日，全国人大常委会常委龚学平带领上海投资考察团到泰顺考察招商引资项目。考察团一行到泗溪镇和雅阳镇察看了北涧桥、溪东桥、张十一故居和氡泉景区。福建海军基地政委、少将历江谭，县领导张洪国、董旭斌、胡荣登、雷全勉、童德平等陪同考察。

7月18日，省发改委主任孙景淼一行在市发改委主任方勇军的陪同下到泰顺就经济发展情况进行调研。县领导董旭斌、胡荣登、洪碧玲、吴周富、周建清等出席汇报会。

7月23日，县政府和北京瑞盛华安投资有限公司签约成立泰商私募股权基金。在未来三至五年内，泰商基金将募集100亿—150亿元的资金，主要用于在外泰商专业市场的建设。

7月25日至27日，由国家环境保护部生态司副司长柏成寿率领的国家生态县技术评估组一行到泰顺进行国家级生态县创建技术核查。评估组听取县国家级生态县创建工作汇报，观看创建国家级生态县专题片，还分成四组到各乡镇（街道）、企业，对全县生态环境、生态家园、生态设施、生态文化等建设情况进行现场考察，同时还查阅相关档案资料，开展民意调查。经过评估组核查，泰顺国家级生态县创建工作达到技术评估要求，顺利通过环保部技术核查。省环保厅生态处处长韩志福、县长董旭斌等陪同。

8月1日，台湾经济文化交流协会会长蔡之贯一行到泰顺进行商业考察。蔡之贯一行考察了泗溪镇石门村、半溪村、前坪村等9个旅游开发点，并针对各个考察点的情况和商业开发前景提出看法和建议及今后拟在休闲疗养等方面进行洽谈投资。

8月2日，召开第二届浙闽暨温州•宁德跨界环境污染纠纷预防与处置联席会议，福建省环境监察总队、浙江省环境执法稽查总队及温州、宁德地区有关领导出席会议，副县长童德平出席会议。

8月6日，由中国科学院生态环境研究中心书记欧阳志云、国家林业局经济发展研究中心处长武立磊、北京林业大学教授崔国发、中国林业科学研究院研究员李迪强、国家林业局自然保护区研究中心主任杜华等组成的国家林业局专家组一行到乌岩岭国家级自然保护区现场调研评审保护区总体规划与旅游规划。专家组一行先后到黄桥保护站、双坑口保护站、芳香坪保护点现场考察乌岩岭国家级自然保护区总体规划和生态旅游规划情况。在随后召开的评审会上，与会人员就如何合理安排项目、旅游设施建设、提升旅游产品内涵等问题，提出了修改意见和建议。副县长叶根棋等相关领导陪同考察。

8月7日，温州华侨、全非洲浙江企业家协会会长胡李明率团到泗溪镇考察特种养殖产业环境。胡李明一行表示下一步将考虑带专家团到现场考察，落实特种养殖项目。

8月9日，省委常委、市委书记陈德荣到泰顺调研，市委常委、秘书长葛益平，市委常委、政法委副书记吴开峰，副市长任玉明等市领导参加调研。陈德荣一行先后视察了58省道至雪溪公路工程，三魁镇戬州农村新社区和农房改造集聚点、泰顺（大安）生态科技创业园等推进情况。陈德荣在听取汇报后对泰顺今年以来的工作和取得的成绩给予充分肯定，并指出，泰顺县要进一步认清形势，抢抓“两富”战略实施的重大机遇，把招商引资工作作为“一号工程”来抓，全力抓好产业集聚、人口集聚、土地集约，不断推进农业农村现代化、工业化、城镇化建设，进 步解放思想、开动脑筋、大胆开拓，努力实现“三生融合•幸福泰顺”的奋斗目标。县领导张洪国、董旭斌、胡荣登、洪碧玲、周秀松、吴周富、庄兴忠、吴松海、张宏琴、毛伯明、潘国杰等陪同调研，参加汇报会。

8月17日，由市委常委、鹿城区委书记王立彤带领的鹿城区党政代表团到泰顺，双方举行党政联席会议，签订两地进一步实施“山海协作工程”协议书。鹿城区人大常委会主任吴海燕，区委副书记、区长朱崇敏，区政协主席郑锦春，副区长胡明亮，县委书记张洪国及县领导董旭斌、胡荣登、洪碧玲等出席座谈会并参加签约仪式。朱崇敏和董旭斌分别介绍两地经济社会发展情况，并举行结对单位协议签订和捐赠仪式。鹿城区向泰顺捐赠山海协作结对资金180万元。

8月18日，县委十三届三次全体（扩大）会议召开，县委书记张洪国代表县委常委会向全会报告工作。县领导董旭斌、胡荣登、洪碧玲、周秀松、吴周富、庄兴忠、吴松海、张宏琴、毛伯明、潘国杰等出席会议。会议认真贯彻落实省市县党代会和市委十一届二次全会精神，总结上半年工作，部署下半年任务，动员全县上下进一步提振精神，坚定信心，咬定目标，狠抓落实，确保全面完成年度各项目标任务，奋力开创“三生融合•幸福泰顺”建设新局面。

8月20日至21日，市委副书记王昌荣到泰顺调研社会管理创新工作。王昌荣一行先后深入泗溪镇下桥社区、罗阳镇南源村委会和罗阳镇下洪社区便民服务中心，听取相关负责人对社区建设和网格化管理工作情况的介绍，并就社区建设的基本情况、网格化管理工作机制运行等具体问题进行了解。县委书张洪国、县委副书记胡晓东分别汇报了泰顺县今年以来的经济社会发展情况和社会管理创新工作情况，董旭斌、胡荣登、洪碧玲、吴周富、庄兴忠、毛伯明、潘国杰等县领导参加了汇报会。

8月23日，县长董旭斌率县府办、发改局、财政局、国土资源局、住建局、交通运输局、林业局、环保局、旅游局、供电局、司前镇等11个部门乡镇负责人到乌岩岭国家级自然保护区调研，现场解决乌岩岭生态旅游开发及3A级景区创建中碰到的问题和困难，并落实景区建设资金500万元。

8月27日，省发改委副主任姚作汀到泰顺考察经济社会发展情况，县委副书记、县长董旭斌，县委常委、常务副县长吴周富等陪同考察。

9月4日，中国药科大学著名教授丁家宜一行五人到泰顺实地考察中药材薏苡基地及种植情况。

9月16日，由中国商业联合会和中国—东盟中心、国家开发银行评审一局、香港投资推广署联合主办的“2012中国市场大会”在北京国家会议中心举行，泰顺作为全国重要的市场投资县参加大会，并获多项荣誉。全国政协副主席白立忱、商务部副部长姜增伟等领导出席大会，县委书记张洪国应邀出席开幕式。会议表彰中国市场领军人物、中国优秀市场管理机构和中国优秀示范市场，泰商蔡志远、齐由奇、陈承守、严立淼、吴德明、王善记、舒策城、胡国华荣获“中国市场领军人物”称号；泰商企业枣庄聚成置业有限公司、平安五州国际时代广场荣获“中国优秀市场管理机构”称号。泰商齐由奇还宣读了《中国市场“百市万亿”增长计划》书。会议期间，全国政协副主席白立忱还到泰顺展示区进行参观指导。

9月17日，“泰顺农特产网”正式上线运营。网站结合泰顺优势特色产业，陆续汇集了涵盖茶叶、竹木制品、工艺品、优质特产、时令果蔬、生态旅游等6个大类、65个小类的产品。

同日，在北京召开的第二届中国市场大会上，泰顺被中国商业联合会授予“中国市场投资开发第一县”。中商联市场委常务副主任兼秘书长骆毓龙为“中国市场投资开发第一县”授牌，县委书记张洪国参加授牌仪式并接牌。

9月18日，泰顺入选“浙江十大欢乐健康旅游城市”。

同日，市人大常委会主任陈笑华到县调研人大工作开展情况。县委书记张洪国，县委副书记、县长董旭斌，县人大常委会主任胡荣登等陪同调研或参加座谈。

9月19日，市老干部考察团一行40多人到泰顺，实地参观考察了部分企业以及廊桥文化园和县城新城区，并对泰顺近年来的经济建设、社会发展给予充分肯定。县领导张洪国、董旭斌、胡荣登、胡晓东等陪同考察。

9月25日，由省科协和浙江大学联合开展的博士生科技服务团一行7人，到泰顺开展科技考察和技术指导。服务团一行先后深入大学生创业基地（三魁战州太阳山林果专业合作社）和残疾人创业基地（泗溪秀洋民本专业合作社）开展科技服务。科技服务团一行还举办农产品质量安全知识讲座，为55名农民专业合作社技术人员和种养殖大户进行相关知识培训。

9月27日，县政府与中国石化浙江石油分公司战略合作框架举行协议签字仪式，县委副书记、县长董旭斌和中国石化温州石油分公司总经理冯东明代表双方签订协议，县领导董旭斌、卢嫦、雷全勉、张平参加签字仪式。根据战略合作框架协议书规定，双方各出资50%设立合资公司，“十二五”期间，泰顺将与中国石化浙江石油分公司合作新建5座加油（气）站，以保障全县能源的供应，推进全县经济社会发展。

同日，省气象局局长黎健一行，在市局局长谷风鸣陪同下到泰顺局检查指导工作。

9月28日，县体育中心、县人民医院新院举行启用仪式。

同日，中国工程院院士陈宗懋一行在县委常委、副县长庄兴忠的陪同下到泰顺考察茶产业发展。

9月29日，乌岩岭国家级自然保护区生态旅游景区举行试运营仪式，县领导周秀松、卢嫦、翁晓彬、张平及市旅游局、市林业局有关领导等出席景区试运营仪式。

同日，由县人民政府、市科学技术协会、省茶产业科技创新服务平台联合主办的“泰顺茶产业转型升级与发展战略高峰论坛”开幕，中国工程院院士、中国农业科学院研究所研究员陈宗懋、中国茶叶学会理事长江用文等20位院士专家以及省科协副主席隗斌贤、副市长任玉明等省市领导应邀出席开幕式，县领导张洪国、董旭斌、洪碧玲、胡晓东、周秀松、庄兴忠、黄益友、叶根棋参加开幕式。县委副书记，县长董旭斌主持开幕式，省科协副主席隗斌贤致辞。开幕式上，还举行了中国工程院陈宗懋专家工作站签约授牌仪式，县委书记张洪国与市科协有关领导为县茶特总站授牌，作为与中国工程院陈宗懋院士签约的国内第七个，省内第三个院士专家工作站，陈宗懋及其专家团队将与泰顺茶叶特产总站开展产学研对接活动。本次论坛期间，中国工程院院士陈宗懋应邀作《中国茶产业转型升级与可持续发展》主题报告。来自中国农科院茶叶研究所、中国茶叶学会、中华全国供销社总社杭州茶叶研究院、省农业厅、浙江大学、浙江林业大学、省茶叶学会等专家和学者以及县有关部门、乡镇领导，县农业和茶叶系统相关干部以及有关茶叶企业负责人200多人参加论坛开幕式。

10月11日至12日，泰顺毗邻县（市）行政区域界线联检工作总结会议在泰顺召开，县领导、毗邻县（市）7个民政局局长、分管领导、科室负责人共计25人参加会议。

10月14日，2012年温州市“乌岩岭杯”铁人三项赛在泰顺“乌岩岭-飞云湖森林湖泊休闲旅游度假区”举行，全省各地共有105名运动员参赛报名。来自市自行车运动协会的叶盈伟赢得男子青年组的第一名，苍南县自行车运动协会的江青海夺得男子中年组冠军，龙港铁人三项协会的廖彬彬摘取女子组的桂冠。

10月21日，2012首届中国浙江自行车系列公开赛泰顺“生态杯”山地车爬坡赛在司前畲族镇开幕，来自省内外的22支车队，近100名运动员参加比赛。赛会从6月启动到10月结束，由绍兴、丽水、杭州、衢州、金华、宁波、嘉兴、温州、台州九个分站赛和一个总决赛组成。

10月22日，市委副书记、市长陈金彪到泰顺县开展新一轮挂钩帮扶工作，市人大常委会副主任黄德康，市政府秘书长詹永枢等市领导，鹿城区委副书记、区长朱崇敏参加调研，县领导张洪国、董旭斌、胡荣登、吴周富、庄兴忠等陪同调研。陈金彪一行先后察看司前畲族镇左溪小桥垦造耕地项目和左溪民族村、葡萄种植基地以及狮子岗农房集聚点建设，召开工作汇报会，并为司前畲族镇落实挂钩帮扶资金172万元。

10月24日，市委常委、组织部部长李一飞到泰顺调研基层组织工作。县委书记张洪国，县委常委、常务副县长吴周富，县委常委、组织部部长黄益友陪同调研。

同日，全国政协经济委员会副主任、中国商业联合会会长张志刚携中国商业联合会相关人员到泰顺，以实地察看和听取汇报的形式，对全县经济与市场建设情况进行调研。县委书记张洪国、县政协主席洪碧玲、副县长雷全勉等县领导陪同调研。

10月27日至28日，《中国建筑文化遗产》杂志社总编辑、中国文物学会传统建筑园林委员会副会长、北京市人民政府顾问金磊教授，国家规划专家洪铁城教授，《中国建筑文化遗产》杂志社副总编辑、资深建筑文化传媒编辑李沉教授，古建筑专家汪燕鸣教授，《中国建筑文化遗产》杂志社总编辑助理苗淼，《中国建筑文化遗产》杂志社建筑摄影总监陈鹤一行六人到泰顺考察筱村古民居、古廊桥及自然景观。专家组参观考察新浦社区的库村古村落、枫岙社区的徐岙底古村落及文兴桥、文重桥等古民居、古建筑，并提出保护修缮古建筑的建设性建议。

11月4日，在第5届中国义乌国际森林产品博览会上，全县22家参展企业实现总成交额1000多万元。

11月8日，举行首届泰顺慈善大会暨泰顺县慈善总会第二次会员代表大会，推选张超成为泰顺县慈善总会第二届理事会理事长。市慈善总会副会长廖秀枢及县委书记张洪国、县人大常委会主任胡荣登、县政协主席洪碧玲等县领导参加会议。

11月13日，阿联酋温州商会一行到泰顺考察生态农业的发展前景，并召开洽谈会就多项农业项目进行初步对接和洽谈。县委副书记、县长董旭斌，县委常委、纪委书记张宏琴等陪同。

11月15日，省林业厅厅长楼国华一行到泰顺调研林业工作，县领导张洪国、董旭斌、吴周富、杜成威等陪同调研及参加汇报会。楼国华一行先后对竹里畲族乡苗木基地、竹产品展览馆、泰星玩具厂等地进行实地考察。

同日，市委常委、常务副市长葛益平一行到泰顺调研固定资产投资和审批制度改革等工作，县领导张洪国、董旭斌、吴周富等陪同调研。

11月16日，杭州泰顺商会第四届会员大会一次会议在省人民大会堂隆重召开，并举行答谢晚宴。省、市、县领导、杭州泰顺商会会员、在杭泰顺籍知名人士、在外创业企业家近450人参加。原副省长鲁松庭，省民政厅厅长尚清，省委办公厅副主任吴伟平，省信访局副局长周维亮，省工商局纪委书记夏建勇，省国土资源厅执法局局长夏晓鸿，县委书记张洪国，副县长雷全勉，县政协副主席、统战部部长钱克忠等领导出席杭州泰顺商会第四届会员大会及答谢晚宴。

11月17日，国家文物局发布《关于印发更新〈中国世界文化遗产预备名单〉的通知》，浙江省泰顺县、景宁县、庆元县，福建省寿宁县、周宁县、屏南县、政和县联合申报的“闽浙木拱廊桥”被正式列入更新的预备名单。列入名单中，浙江省的廊桥有10座，其中，泰顺有4座廊桥入围。

11月18日，由温州广电传媒集团、县政府联合举办的“泰顺县生态产业发展战略高峰论坛”在泰顺举行，国家发改委宏观经济研究院副院长陈东琪、省政协常委沈立江、省社会科学院党委书记张伟斌、省政协研究室副主任戴学林、市政协副主席黄兆鸽以及县领导董旭斌、胡荣登、洪碧玲、周秀松、吴周富等出席论坛。县委书记张洪国在论坛上致辞。论坛邀请国内知名专家举办《国家宏观经济走势及生态示范区建设》《弘扬茶文化，促进生态经济发展》《如何发展泰顺石产业》等专题讲座。

12月5日，辽宁省皮划艇队冬季训练基地在百丈镇落成启用，并开浆训练。县领导庄兴忠、潘国杰、卢嫦、钱克忠等出席开浆仪式。

12月8日，“三生融合•幸福岭北”中国美丽乡村系列活动在全国环境美丽乡村——岭北社区正式开幕，市政协副主席潘长旺、县委常委、副县长庄兴忠、县领导翁晓彬、童德平、卢嫦、钱克忠等出席开幕式。此次“中国美丽乡村系列活动”有走古道寻美景活动、摄影作品展、提线木偶等风俗表演活动；岭北农家宴、美丽乡村活动开幕仪式、走进岭北文艺表演等内容。

同日，省旅游局规划发展处副处长骆文斌一行对乌岩岭创建国家AAA级旅游景区进行评定验收。验收组一行在实地查看、听取汇报后认为乌岩岭已经达到国家AAA级旅游景区标准，并通过验收。

12月9日，泰顺新闻《一周新闻回顾》栏目播出首期手语新闻节目。这是县电视台专门为全县聋哑人提供的无障碍服务。

12月10日至13日，“浙江省古村落保护与发展理论研讨会”在泰顺召开，来自省内外60余位古村落保护与研究专家参加，县委常委、宣传部部长周秀松出席会议。

12月13日，罗阳镇岭北社区村尾村扶贫项目——村尾村立面改造工程正式开工，省纪委常务副书记杨晓光，省纪委副秘书长陈平，市委常委、纪委书记陈晓明，阿联酋温州商会终身荣誉会长陈志远及县委书记张洪国，县委常委、纪委书记张宏琴，副县长叶根棋等出席开工仪式并为项目开工剪彩。开工仪式还举行捐资仪式和证书颁发仪式，陈志远会长为村尾村扶贫项目捐赠扶贫资金100万元，省纪委常务副书记杨晓光为陈志远会长颁发证书。

12月14日，中国乌岩岭生物多样性研究基地建成典礼在乌岩岭上芳香举行，县人大副主任卢嫦，台湾生态学专家、台湾东华大学教授孙义方，浙江省植物学会理事长、浙江大学生命科学学院副教授于明坚参加典礼。该基地是温州首个海峡两岸共同建设的生物多样性研究基地。自2011年8月启动以来，浙江大学生命科学学院、浙南——台湾生物与生态工程研究中心、乌岩岭保护区管理局三方先后派出100多批次的科研工作者进驻基地，完成首个9公顷森林动态样地建设，并初步调查发现木本植物190多种。

12月15日，泰顺县级公立医院综合改革全面启动。本次公立医院改革主要内容是通过“一减两调一补”，建立县级公立医院经济运行新机制。

同日，“温州市泰商发展联合会”在温州正式挂牌成立。该商会作为由泰顺籍在温企业主自愿组成的非营利性、具有法人资格的联合性社会团体，是经市民政局批准的目前温州市首家一级商会。副县长雷全勉、政协副主席、县委统战部部长钱克忠等有关市、县领导参加成立大会，并为商会的成立进行授牌。会上，泰顺商会还分别与温州银行、浙江稠州商业银行等签署了银企授信合作协议，共获得了6亿元的授信额度。此外，商会还启动“廊桥阳光”公益助学计划，向市慈善总会工商联分会捐赠10万元，定向捐给泰顺贫困学子。

12月27日，县委书记张洪国做客泰顺政务网，围绕“了解社情民意，倾听网民声音，共建和谐社会”这一主题，通过在线实时互动的方式，与广大网民面对面沟通交流，共同探讨泰顺当前经济社会发展的热点难点问题。

12月28日，温州市县、市医院协作示范基地签约授牌仪式在泰顺举行，市卫生局与县政府签署协作框架协议书，县委书记张洪国，市卫生局副局长吴尚斌，县委副书记、县长董旭斌，县人大常委会主任胡荣登，副县长翁晓彬，县政协副主席胡昌迎等出席签约授牌仪式。仪式上，吴尚斌与县委副书记、县长董旭斌签署协作框架协议书，市人民医院与县人民医院签署协作协议书，市人民医院与县人民医院协作相关科室代表签署协作帮扶协议书。

同日，由省文化厅、省文物局和县委、县政府共同主办，以“木拱廊桥的保护与申遗”为主题的“第三届中国廊桥文化论坛”在泰顺举行，来自国内的嘉宾、专家、学者200多人参加。文化部非遗司原副司长、巡视员屈盛瑞，中国古迹遗址保护协会秘书处处长郑军，省文物局副局长吴志强，省文物局文物保护与考古处刘晓洁，市文广新局副局长李震，市文广新局文化遗产处处长王同军等省、市各级领导、知名专家、学者出席论坛；县领导张洪国、董旭斌、周秀松、童德平、胡昌迎等参加论坛。论坛上，国家文化部非遗司巡视员屈盛瑞分析目前我国申遗工作现状和要求，省文物局副局长吴志强就如何做好木拱廊桥申遗工作作重要讲话，论坛还举行“闽浙木拱廊桥入选中国世界文化遗产预备名单”授牌仪式，省文物局副局长吴志强为泰顺授牌。

同日，省发改委副主任赵彦年在市发改委副主任金浩的陪同下，到泰顺考察经济社会发展情况。赵彦年一行先后到温州氡泉旅游文化休闲中心、泰顺石文化创意园等地实地考察，并召开座谈会。县委副书记、县长董旭斌，县委常委、常务副县长吴周富等陪同考察。

12月30日，我国跨度最大的单孔廊桥——龟湖廊桥圆满竣工。市人大副主任李步鸣、县领导胡荣登、洪碧玲、吴周富、毛伯明、陈志清、童德平、郭素琴、钱克忠、胡昌迎等以及来自周边县、市和我县各乡镇领导、嘉宾、在外创业人士及群众共1000多人参加剪彩仪式。

12月31日，乌岩岭景区被评为国家级3A级旅游景区，成为泰顺首家国家3A级旅游景区。

嘉兴卷

2012年嘉兴市大事记

1月4日，全市安全生产工作会议暨市安委会第一次全体成员单位（扩大）会议举行。

1月5日，市长鲁俊赴平湖市，检查推进惩防体系建设和落实党风廉政建设责任制的工作情况。

1月9日，市委书记李卫宁率嘉兴党政代表团前往上海市浦东新区学习考察。

1月12日，2011中国传媒大会及金长城传媒奖颁奖盛典在哈尔滨举行，嘉兴日报荣获“2011中国十大地市党报”。

1月12日至15日，2012嘉兴农展会在嘉兴国际会展中心举行。

1月14日，召开全省“关注森林”工作会议，嘉兴被授予浙江省森林城市称号。

1月18日，市委书记李卫宁到嘉善县检查推进惩防体系建设和落实党风廉政建设责任制工作情况。

1月20日，市统计局、国家统计局嘉兴调查队发布了2011年度嘉兴经济运行基本情况。2011年，全市实现生产总值2668.06亿元，可比增长10.6%，增速比2011年回落3.1个百分点。

1月29日，市领导李卫宁等带领机关干部开展义务植树活动。

2月1日，农业部和国家安全监管总局公布了2010—2011年度“全国平安渔业示范县”名单。嘉善县榜上有名，成为浙江省淡水首家、嘉兴地区唯一获此称号的县（市、区）。

2月5日，举行2012年嘉兴市侨商与海归创业者迎春联谊酒会。

2月8日，全国未成年人思想道德建设工作视讯会议在京召开。会上，嘉兴获第三届“全国未成年人思想道德建设工作先进城市”荣誉称号，成为全省在本次会议上唯一获得这一称号的城市。

2月10日，全市服务业发展形势分析会召开，交流、分析服务业发展工作。

2月14日，召开创建全国文明城市总结表彰暨“五城联创”工作推进大会。

2月27日，全国双拥模范城（县）命名暨双拥模范单位和个人表彰大会在北京隆重召开，嘉兴再次荣获“全国双拥模范城”称号，实现“二连冠”。

2月28日，2012年嘉兴市项目推进现场会暨荣刚集团嘉兴精制产业园区、浙江嘉兴翔阳金属材料科技有限公司开工奠基典礼在嘉兴经济技术开发区举行。

3月1日，召开支持浙商创业创新促进嘉兴发展工作会议。

3月3日，首届60名农民大学生毕业典礼在嘉兴职业技术学院举行，标志着嘉兴真正拥有了第一批本土培养的农民大学生。

3月8日，召开全市新居民服务管理工作会议。

3月14日，副省长王建满到嘉兴调研交通工作。

3月22日，市委市政府召开2012年度市级部门党风廉政建设和反腐败工作任务分工会议。

3月25日至30日，市政协七届一次会议举行。

3月26日至31日，市七届人大一次会议举行。

4月1日，全省建设“平安浙江”电视电话会议召开。嘉兴以平安创建考核总分第一的成绩，列各“平安市”首位，实现了全省“平安市”创建“七连冠”。

4月6日至15日，市长鲁俊率市友好代表团赴瑞士和瑞典进行考察访问。

4月13日，由嘉兴市现代服务业发展投资集团有限公司与中钜航空控股有限公司联合组建的嘉兴临空经济有限公司成立，并与嘉兴机场有限公司、中国航空工业集团公司旗下的中航国际物流有限公司签署了《关于合作开发嘉兴机场航空保税物流项目战略合作协议》以及《嘉兴临空经济有限公司、中国货运航空有限公司战略合作协议》。

4月16日，市政府发布《嘉兴市文化产业发展“十二五”规划》。

4月19日，40位海外高层次人才考察、对接洽谈嘉兴创业创新环境与相关项目。

4月26日，运河新区城市综合体——中润·嘉兴中心项目在运河国际商务区举行奠基仪式。

4月27日，七届市政府第二次常务会议召开，讨论并原则通过了《浙江海洋经济发展示范区规划嘉兴市实施方案》《嘉兴市市区国有土地上房屋征收与补偿暂行办法》《嘉兴市人民政府工作规则》等。

5月2日，省委省政府召开全省推进国家技术创新工程试点省建设工作电视电话会议，对2010年度市县党政领导科技进步目标责任制考核优秀单位进行表彰，嘉兴、海宁、桐乡榜上有名。

5月4日，举行2012年上海海外留学创业创新人才嘉兴行“创新嘉兴·精英引领计划”政策推介会。

5月15日，七届市政府第3次常务会议召开，讨论并原则通过了《关于保持工业经济平稳较快增长促进工业做大做强的通知》等。

同日，市政府发布《嘉兴市重大建设项目“十二五”规划》。

5月18日，市长鲁俊赴南湖区、秀洲区调研2012年年初以来两区经济社会发展情况。

5月21日，浙江省产业集群“两化”深度融合服务年活动暨嘉兴市“两化”融合促进中心成立大会在嘉兴举行。

5月23日，由市委市政府和省科技厅联合主办的天下浙商嘉兴行暨大院名校科技成果对接会在嘉兴举行。

5月31日，召开全面启动县级公立医院综合改革试点工作新闻通报会。

6月1日，嘉兴市人民政府金融工作办公室正式成立。

6月8日，第十四届中国浙江投资贸易洽谈会、第十一届中国国际日用消费品博览会在宁波开幕。嘉兴签约6个重大外商投资项目，总投资6.5亿美元，协议利用外资2.2亿美元。

6月11日，《2012年嘉兴市“三个千亿”工程投资计划》发布。

6月15日，全国城市文明程度指数测评、国家卫生城市复查迎检暨道德领域突出问题专项教育和治理活动工作部署会召开。

6月19日，市政协第六届联谊会第一次会议召开，修订并通过了《嘉兴市政协联谊会章程》。

6月20日，市政府发出《浙江海洋经济发展示范区规划嘉兴市实施方案》。

6月26日，市委召开庆祝中国共产党成立91周年暨“红船先锋”创先争优活动表彰大会。

6月28日，由文化部非物质文化遗产司、省文化厅和市政府联合举办的2012中国蚕桑丝织民俗文化论坛在嘉兴开幕。

7月1日，光正重工有限公司年产6万吨高端钢结构生产基地（一期）奠基仪式在嘉兴港区举行。副市长盛全生出席相关活动。

7月10日，召开市级机关公务用车制度改革动员大会。

7月11日，常务副市长梁群率市发改委等部门负责人前往桐乡，实地调研指导该市固定资产投资和小城市建设工作。

7月16日，市长鲁俊主持召开了七届市政府第五次常务会议，讨论并原则通过了《关于上半年嘉兴市国民经济和社会发展计划执行情况及下半年主要工作的汇报》、《嘉兴市本级2011年度财政决算情况》等。

7月18日，市创业创新投资项目（福建）推介会在福州召开，现场推介了近100个创业创新项目，共有9个项目签约，投资金额近26亿元。

7月23日，市政府新闻办召开2012年上半年经济运行情况新闻发布会，上半年全市实现生产总值（GDP）1287.17亿元，同比增长6.5%，增速比一季度加快1个百分点。

7月25日，市创业创新洽谈会暨重点项目推介会在北京举行。会议介绍了嘉兴市支持浙商创业创新政策措施，推介了120多个重点项目，现场共签约20个项目，总投资147.5亿元。

7月26日，浙江浙能嘉兴清洁油品生产储运项目签约仪式在嘉兴港区举行，标志着该项目正式落户港区。副市长盛全生出席签约仪式。

8月1日，市委常委、秘书长孙贤龙赴嘉兴银行调研联系的市区重大投资项目——嘉兴银行大楼工程。

8月3日，嘉兴市LED半导体照明行业协会（产业联盟）举行成立大会。市领导周楚兴、盛全生、薛佳平等出席会议。

8月7日，市政府召开重点提案办理工作座谈会，围绕市政协七届一次会议第218号提案《关于加强我市社会信用体系建设的意见和建议》办理情况进行座谈。

8月12日，由市经信委、市科技局、团市委、市工商联、市妇联、嘉报集团联合举办的嘉兴市首届十大风云人物颁奖典礼暨第二届评选活动启动仪式举行。

8月15日至17日，市长鲁俊率市政府代表团前往苏州、泰州、南通考察，学习借鉴三地开发区建设发展的经验和做法。

8月27日，斐济群岛巴镇市市长阿伦·普拉塞德带队的斐济群岛巴镇市代表团到访嘉兴。市长鲁俊、副市长盛全生会见了代表团一行4人。

8月30日，常务副市长梁群率市发改委、市经信委等有关负责人赴嘉善调研战略性新兴产业发展工作。

9月4日，召开支持浙商创业创新促进嘉兴发展领导小组会议。

9月7日，市纪委，南湖区委区政府联合举办首届“红色廉政文化·南湖讲坛”。

9月11日，召开推进水环境治理工作千人大会。

9月15日，第二届中国海洋经济投资洽谈会在宁波开幕。市长鲁俊、常务副市长梁群率嘉兴代表团积极参加这场海洋经济“盛宴”，现场签约9个项目，总投资172亿元。

9月17日，2012中国·洪合国际毛衫博览会暨中国嘉兴（国际）毛衫城竣工典礼举行。

9月24日，市七届人大常委会召开第四次会议，听取和审议市检察院关于渎职侵权检察工作情况的报告等。

9月29日，市长鲁俊主持召开七届市政府第8次常务会议，讨论并原则通过了《嘉兴市金融业“十二五”发展规划》《关于加快工业强市建设的若干意见》《关于加快开发区二次创业转型发展的若干意见》等。

10月9日，“全国党刊嘉兴行”暨“喜迎十八大、践行走转改，全国党刊聚焦嘉兴党建创新”活动拉开帷幕。

10月11日，市长鲁俊出席中国巨石第十八届国际玻纤年会。

10月15日，市长鲁俊主持召开七届市政府第9次常务会议，讨论并原则通过了《关于推进文化强市建设的若干政策意见》、《嘉兴市区机动车停放服务差别化收费管理暂行办法》文件。

10月18日，嘉兴海洋经济发展的又一重大项目——浙江兴兴新能源科技有限公司180万吨甲醇制烯烃项目开工典礼在嘉兴港区举行。

10月24日，召开支持浙商创业创新促进嘉兴发展工作推进会。

10月29日，召开2013年市级政府投资计划及财政性资金收支计划编报工作会议，下发《关于编报2013年市级政府投资年度计划及财政性资金收支计划的通知》。

11月5日，经省政府批准，嘉兴技师学院在浙江科技工程学校·嘉兴市高级技工学校基础上挂牌成立，市长鲁俊、副市长柴永强、市政协副主席王淳出席了成立庆典。

11月14日，中国进出口银行浙江省分行与嘉兴银行签订合作协议。市长鲁俊、副市长盛全生出席签约仪式。

11月18日，嘉兴市又一重大转型升级项目——加西贝拉年产500万台超高效和变频压缩机项目开工仪式在南湖区举行。

11月22日，市委常委、市纪委书记徐鸣华赴嘉兴电力局调研市领导联系市区重大投资项目推进情况。

11月25日，由全国房地产经理人联合会主办的首届中国园区地产开发经验研讨会在嘉兴北科建创新园拉开帷幕。

11月27日，嘉兴嘉报传媒商贸有限公司正式成立。

11月29日，国家工商总局党组书记、局长周伯华，副省长王建满一行到嘉兴视察。

12月3日，市政府与农行浙江省分行签署全面战略合作协议，未来三年农行浙江省分行将向嘉兴提供意向性融资200亿元。

12月11日，副省长陈加元在省发改委、省海经办有关负责人的陪同下，到嘉兴考察海洋经济工作。

12月14日，光伏产业“五位一体”创新综合试点工作会议在嘉兴召开。这标志着我省光伏产业“五位一体”创新综合试点正式启动。

12月17日，2013嘉兴商务会展旅游新产品上海推介会举行。

12月19日，“嘉兴商业地产投资论坛——城镇化动力和商业地产投资新趋势”举行。

12月22日，新疆嘉兴商会成立大会在乌鲁木齐市举行。

12月26日，常务副市长梁群赴市合作交流办调研支持浙商创业创新促进嘉兴发展工作。

12月28日，浙江浙能清洁油品生产储运项目奠基暨开工典礼举行，这标志着浙能集团首个清洁油品项目建设正式拉开序幕。

2012年南湖区大事记

1月8日，区委、区政府在北京举行嘉兴·南湖（北京）发展顾问团迎春团拜会。

1月9日，政协南湖区第二届委员会常务委员会召开第三十二次会议。

1月10日，召开服务业重点企业座谈会。区委书记孙建华、代区长吴健出席会议。

1月13日，召开对接会，与浦发银行嘉兴市分行联合举行“科技·金融·企业”对接活动。

1月19日，召开精神文明建设委员会全体会议。区委书记孙建华出席会议并讲话。代区长吴健、区委副书记赵建峰等领导参加会议。

1月31日，区三级干部暨区级机关干部大会在嘉兴国际中港城隆重召开。区委书记孙建华在会上作了主题报告。会议由代区长吴健主持。

2月7日，召开2012年食品药品安全工作会议。

2月9日，区委书记孙建华、代区长吴健、区委副书记赵建峰等领导到大桥镇调研工作。

2月14日，区委书记孙建华、代区长吴健、区委副书记赵建峰等领导对建设街道、新兴街道进行工作调研。

2月17日，省金融办主任丁敏哲率省“改善发展环境”调研组到南湖区调研。

2月23日，区“十佳社区责任医生”评选活动正式启动。

2月24日，召开落实市创建全国文明城市总结表彰暨“五城联创”工作推进大会。

2月25日，召开规划建设暨建设系统安全生产工作会议。

2月27日，召开战略性新兴产业和大企业培增工作推进大会。

2月29日，以“创业南湖 创富巾帼 赢在未来”为主题的南湖区第一届巾帼创业创富大赛正式启动。

3月1日，区委书记孙建华等调研96345社区服务求助中心。

3月5日，区政协三届一次会议隆重开幕。

3月6日，区人大八届一次会议隆重开幕。

3月15日，区委书记孙建华一行到新兴街道秀运社区、余新镇农庄村进行实地走访。

3月16日，召开新居民服务管理工作会议。

3月23日，区领导干部警示教育大会在区行政中心召开。区委书记孙建华出席会议并作讲话。

同日，中国科学院嘉兴光电工程中心签约落户南湖区嘉兴科技城。

3月24日，召开统筹城乡改革发展暨农业农村工作会议。区委书记孙建华出席会议并作重要讲话。会议由区长吴健主持。

4月1日，嘉兴市生态文化旅游节暨南湖桃花节在凤桥镇隆重举行。省、市相关领导，区四套班子主要领导出席了开幕式。区长吴健出席并致辞。

4月6日，区委书记孙建华一行考察调研了嘉兴国际创意文化产业园。

4月12日，召开水利暨防汛防台抗旱工作会议。会议总结交流水利建设经验，研究了水利工作面临的形势。

4月13日，召开浙商回归暨“南湖之春”筹备工作汇报会。区委书记孙建华出席会议并作重要讲话。会议由区长吴健主持。

4月18日，新嘉街道百花社区居家养老服务照料中心揭牌成立，尚属全市首家。

4月19日，召开“进村入企达户到点”千名干部走访服务活动推进工作电视电话会议。

4月24日，区政协主席赵群乐一行走访调研了嘉兴工业园区在建企业——浙江普利特新材料有限公司。

4月26日，召开嘉兴南湖红船精神研究会一届二次理事会暨“红船精神”践行专题研讨座谈会。

4月28日，召开服务业项目推进会议。会议通报了2011年服务业发展和项目推进情况，部署了2012年的工作。

5月3日，隆重举行纪念建团90周年大会暨“青春党建 活力团建”主题团日活动。区委书记孙建华，区委副书记赵建峰等领导出席。

5月11日，召开文化建设工作会议。区四套班子主要领导出席会议，区委书记孙建华出席并作了重要讲话。区委副书记、政法委书记赵建峰主持会议。

5月14日，新疆沙雅县党政考察团在县委副书记、县长依明江•扎日带领下到南湖区考察参观。区委书记孙建华接待了考察团一行。

5月15日，召开全区老干部工作会议暨老干部工作表彰会。区“五好”离退休干部党支部和优秀离退休干部党员、老干部工作先进集体和先进工作者受到了表彰。

5月19日，区委书记孙建华，区委副书记、政法委书记赵建峰等领导对市区卫生城市迎检准备工作进行检查。

5月22日，区委书记孙建华等领导调研区水环境综合整治工作。

5月26日，召开“创业南湖•精英引领计划”推介会。

5月27日，第十届“南湖之春”文化经贸活动南湖发展顾问团座谈会在市区沙龙宾馆举行。

5月31日，区委书记孙建华等领导到凤桥镇开展基层组织建设年活动专项调研。

6月2日，区首届“中国掼牛”全国邀请赛暨“南湖创意文化节”在凌公塘下沉式广场隆重举行。嘉兴市委常委、宣传部长陈越强，区委书记孙建华、区长吴健等领导出席开幕式。

6月8日，召开省体育强区复评工作动员会。区政府分管领导，区有关部门，各镇、街道相关人员参加了会议。

6月11日，根据市委安排部署，区委召开常委(扩大)会议，传达贯彻省第十三次党代会精神。

6月15日，南湖区召开节能降耗工作会议，贯彻落实省、市关于开展能源消耗强度和能源消费总量“双控”工作的会议精神，通报全区2011年节能降耗工作情况，部署2012年节能降耗工作。

6月18日，区政协召开主席会议，督办《加快我区生态文化旅游建设的建议》的提案。区政协主席赵群乐出席并主持会议。

6月21日，召开全国文明城市创建、国家卫生城市迎检工作部署会。区长吴健，区委副书记、政法委书记赵建峰出席会议。

6月27日，在上海绿地万豪酒店举办2012上海·嘉兴工业园区(楼宇总部经济)招商推介会。区相关领导、嘉兴工业园区管委会有关负责人和客商共100多人参加了会议。

7月6日，中国黄金嘉兴旗舰店在南湖区举行开业盛典，标志着央企中国黄金集团正式入驻南湖区。区长吴健等领导参加开业仪式。

7月11日，召开半年度宣传思想文化工作例会，总结上半年全区宣传思想文化工作，部署下半年主要任务。区委常委、宣传部长陈天英出席会议并作重要讲话。

7月12日，召开2012年半年度经济形势分析会。区领导孙建华、吴健、谢立昕、赵群乐等出席会议。

7月13日，新丰镇第五届汉塘文化节在镇人民广场隆重开幕。区长吴健、区人大常委会主任谢立昕、区政协主席赵群乐、区委副书记赵建峰等领导出席了开幕式。

8月1日，区委书记孙建华到新兴街道督查全国文明城市创建工作。区委副书记沈岱峰，区委常委、宣传部长陈天英等领导陪同督查。

8月3日，召开四套班子领导联系项目推进工作座谈会。孙建华、吴健、谢立昕、赵群乐等四套班子主要领导和区相关部门的主要负责人参加了会议。

8月10日至11日，由区委区政府主办的“2012嘉兴市南湖区现代服务业(成都)推介会”在成都举行，这是南湖区服务业招商首次走进中西部，主动走近在蓉城发展的浙商，32个服务业项目吸引了百余位浙商的热情关注。

8月16日，区委书记孙建华、区委副书记沈岱峰到新丰镇调研生猪养殖的情况。

8月21日，召开食品安全大整治百日行动工作推进会。

同日，召开“千人计划”领军人才座谈会。区委书记孙建华，区委副书记、政法委书记赵建峰等领导出席会议。

8月27日，召开全国城市文明程度指数测评迎检部署会。区委副书记沈岱峰，区委常委、宣传部长陈天英等出席了会议并作讲话。会议由副区长周静主持。

8月30日，召开外贸企业座谈会。区长吴健出席会议并发表讲话，区主要外贸企业代表，区相关部门参加会议。

9月5日，市领导鲁俊、柴永强、祝亚伟、盛全生、董苗虎等到南湖区调研区项目投资、土地复垦、水环境治理等工作情况。区领导孙建华、吴健、赵群乐等参加了汇报会。

9月6日，召开扩大有效投资暨项目推进“百日攻坚”会议。会议分析了2012年以来全区固定资产投资形势，并就下一步工作进行了部署。区委书记孙建华、区长吴健等领导出席会议。

9月17日，首届中国聚光光伏大会暨第四届世界光伏技术研讨会在南湖区举行。嘉兴市副市长柴永强、区长吴健出席会议。近两百位CPV产业相关人员参加了会议。

9月19日，由区政府和兴业银行嘉兴分行合作举办的政银企合作签约暨企业金融服务推介会举行。区长吴健、副区长毛扣祥、区政协副主席陆建良出席了合作签约仪式。

9月29日，召开创先争优活动总结大会暨“创先争优故事汇”报告会。区领导孙建华、赵建峰、沈岱峰、边明亮出席会议。

10月9日，区长吴健率区政府办公室、南湖新区等部门负责人赴嘉兴市南湖金融区建设开发有限公司调研金融创新示范区核心区建设进展情况。

10月17日，区八届人大常委会召开第五次会议。区人大常委会主任谢立昕主持会议。

10月19日，第四届嘉兴国际钢雕艺术节在嘉兴国际创意文化产业园铁哥们机器人主题公园开幕。市领导张志伟、柴永强、王淳、王国华，区领导孙建华、谢立昕、赵群乐、陈天英等出席开幕式。

10月23日，区政协主席赵群乐主持召开主席约谈会，以“加强和创新社会管理，夯实和谐南湖基础”为主题，征求广大居民群众对全区加强和创新社会管理的意见和建议。

11月4日，区委书记孙建华、区长吴健率领区党政代表团赴江苏省徐州市云龙区学习考察，借鉴当地在经济社会发展、城市建设，特别是转型发展等方面的成功经验和创新理念。

11月7日，区委召开读书会，讨论重点调研课题，交流学习外地先进经验的心得和体会，总结对下一步发展提出自己的见解和思路。区领导孙建华、吴健、谢立昕、赵群乐、赵建峰、沈岱峰等出席会议。

11月13日，区委书记孙建华、副书记沈岱峰率区相关部门负责人，赴新丰镇等地就水环境综合整治工作进行督查。

11月14日，区长吴健带领区相关部门负责人赴大桥镇现场督查2012年度区政府民生实事项目完成情况。

11月17日，召开水环境综合整治工作推进会。会议通报分析了当前水质情况，部署下一步重点工作。区委书记孙建华出席并作重要讲话，区长吴健主持会议。

11月20日，区首家村级慈善工作站在大桥镇倪家浜村挂牌成立，共收到来自当地企业、村民代表以及镇、村党员干部的捐款15万多元。

12月5日，南湖区检察院大桥检察室正式挂牌成立，这也是南湖区首家基层检察室。

12月7日，区委书记孙建华赴余新镇宣讲十八大精神。

12月11日，召开城市文明程度指数测评工作迎检会。区委副书记沈岱峰出席会议并讲话。会议由区委常委、宣传部长陈天英主持。

同日，以美国瓦尔帕莱索市市长约翰科斯塔为首的美国瓦尔帕莱索市政府代表团访问南湖区。

12月13日，召开党建工作座谈会，学习贯彻党的十八大精神，分析交流2012年工作情况，研究2013年工作思路。区领导孙建华、赵建峰、沈岱峰、边明亮、陈天英、徐建英等参加会议。

12月15日，梅花洲景区国家4A级旅游景区揭牌仪式在凤桥镇梅花洲景区隆重举行。市领导张仁贵，区领导吴健、谢立昕、赵群乐、沈岱峰等出席。

12月19日，中国私募投资领域的年度顶级盛会首届“南湖私募投资国际峰会”在嘉兴市南湖区举行。副省长朱从玖，嘉兴市市长鲁俊，区委书记孙建华等领导出席会议。区长吴健主持会议。

12月26日，区人大常委会与“一府两院”领导召开联席会议。会议通报了2012年区人大常委会工作开展情况，并征求了“一府两院”领导对区人大常委会2013年监督工作计划的意见建议。

12月28日，区人力资源管理协会揭牌成立。

2012年秀洲区大事记

1月4日，召开全区机关干部大会。区四套班子领导参加会议。

1月6日，召开全区重点纳税企业迎春座谈会。区领导朱海平、盛付祥、胡建丰、乔爱生、吴炳芳参加。

1月7日，召开嘉兴·秀洲（上海）各界人士迎春联谊会。区领导盛付祥、乔爱生、徐建役、仲旭东参加。

1月9日至13日，区四套班子领导分别进行春节前走访慰问活动。

1月16日，区长盛付祥主持召开区长办公会议。区领导吴炳芳、张国平、仲旭东、陆志芬、徐永良、江美塘、沈凤兴、章澜参加。

1月17日，举行2012年度入企科技特派员派驻仪式。市科技局党组书记沈向宏、区领导江美塘参加。

1月19日，举行区教育研究和培训中心揭牌仪式。区领导张国平参加。

2月8日，市长鲁俊赴秀洲区“进村入企”大走访活动。区领导陆志芬陪同。

2月9日至10日，副省长陈加元赴该区开展“进村入企”大走访活动。区领导朱海平、盛付祥、陆志芬、徐永良陪同。

2月12日至16日，省商务厅厅长金永辉一行赴该区开展“改善发展环境”百组调研。区领导吴炳芳、仲旭东陪同。

2月20日，区委、区政府举行参加感知中国·秀洲智慧城市战略性合作框架协议、日立解决方案中国软件开发及运维服务中心项目签约仪式。

2月24日，区长盛付祥主持召开八届区政府第一次常务会议。区领导吴炳芳、仲旭东、陆志芬、江美塘、沈凤兴、章澜等参加。

同日，区政府举行秀洲区2012年投资项目政银企对接会。区领导章澜参加。

2月25日，召开全区土地卫片执法检查工作会议。区领导盛付祥、仲旭东、包雷耿、胡建新参加。

2月29日，举行区创建全国文明城市总结表彰会暨“学雷锋 树新风 创文明”主题活动启动仪式。

3月8日，区长盛付祥主持召开八届区政府第二次常务会议。区政府领导吴炳芳、仲旭东、徐永良、江美塘、沈凤兴参加。区人大常委会副主任章世英、区政协副主席孙薇应邀列席。

3月10日，召开全区教育质量提升年动员大会。区领导沈凤兴参加。

3月14日，召开全区印染产业规划讨论会。区领导吴炳芳参加。

3月18日，秀洲商会大厦项目结顶仪式举行。区领导徐建役、吴炳芳、仲旭东、邱根明、徐永良、徐文祥参加。

3月23日，举行2012中国（嘉兴）光电产业论坛暨洽谈会。区领导盛付祥、吴炳芳参加。

同日，举行雅港（嘉兴）复合材料有限公司开工典礼。区领导盛付祥、吴炳芳、邱根明、章澜、孙薇参加，市领导蒋仁欢应邀出席。

3月30日，召开全区“项目推进年”活动工作会议暨项目推进现场会。区领导盛付祥、吴炳芳、章澜参加。

4月1日，举办2012中国·江南网船会开幕式。副省长陈加元等应邀出席，区领导朱海平、盛付祥、冯家俊、张少初、徐建役、陈虎培、王国华、高海忠、吴炳芳、陆志芬、沈凤兴、金颖英、徐文祥参加。

4月6日至7日，举办2012年“聚智秀洲”高层次人才·科技·资本对接峰会。

4月13日，举办第五届秀洲阅读节开幕式暨“悦读新视界名家大讲堂”活动。区领导徐建役、王国华、吴炳芳、沈金富、金颖英参加。

4月19日，举行嘉兴凯邦锦纶科技项目开工典礼。区领导张国平、章澜、孙薇参加。

4月20日，召开迎接国家卫生城市复查工作会议。区领导沈凤兴参加。

4月23日，区长盛付祥主持召开区长办公会议，区领导吴炳芳、仲旭东、陆志芬、徐永良、章澜参加。

4月27日，区政府举行2012嘉兴市秀洲区（上海）商务楼宇项目推介会。区领导章澜参加。

5月5日，召开全区农村土地整治工作推进会。区领导仲旭东、程恩光、陆志芬参加。

5月11日，召开秀洲新区、秀洲工业园区城市建设三年行动计划动员会。区领导盛付祥、吴炳芳、章世英、胡建新参加。

5月18日，召开区老年活动中心启用仪式暨全区民政(社会)工作会议。区领导徐建役、程恩光、张国平、沈凤兴、胡建新参加。

同日，召开推进国家重点扶持高新技术企业发展领导小组会议。区领导章澜参加。

5月22日，举行浙江日立解决方案等三大项目集中开业暨秀洲区服务外包项目签约仪式。区领导盛付祥、吴炳芳、章世英、章澜、孙薇参加。

5月23日，国家纳米科学中心王琛、查连芳、李士主任到秀洲开展科技合作工作，与秀洲区签订了《共建长三角纳米科技产业发展研究院战略合作协议》。区领导章澜等参加。

5月25日，举行秀洲区发展实体经济推进新型工业化大会暨浙商创业创新项目签约仪式。区领导盛付祥、冯家俊、张少初、吴炳芳、仲旭东、章世英、章澜、孙薇参加。

5月30日，举行“安全生产月”活动启动仪式。区领导章澜参加。

6月2日，举行浙江骏亮照明科技有限公司项目开工典礼以及合同能源签约仪式。区领导邱根明、章澜、胡建新参加。

6月7日，召开招商选资工作例会。区领导章澜参加。

6月8日，召开支持浙商创业创新和项目推进工作会议。区领导吴炳芳参加。

6月14日，召开印染行业倒逼提升工作座谈会。区领导章澜参加。

6月20日，召开落实省、市工业经济发展有关政策会议。区领导吴炳芳、章澜参加。

6月26日，召开推进国家重点扶持高新技术企业发展领导小组成员会议。区领导章澜参加。

6月28日，召开八届区政府第4次常务会议。区领导盛付祥、吴炳芳、仲旭东、徐永良、章澜等参加。

6月30日，召开全区服务业发展大会。区领导盛付祥、吴炳芳、仲旭东、孙薇参加。

7月10日，沃尔玛公司到秀洲区商洽项目发展情况。区领导朱海平、盛付祥、章澜陪同。

7月12日，召开全区招商选资工作座谈会。区领导盛付祥、吴炳芳、章澜参加。

7月19日，召开区国资委全体成员会议。区领导盛付祥、吴炳芳、仲旭东、陆志芬参加。

7月26日，开展“八一”拥军慰问活动。区领导朱海平、盛付祥、冯家俊、张少初、徐建役、张国平、徐永良、沈凤兴、胡建新、刘晓洪、徐正方参加。

7月27日，召开全区食品安全大整治百日行动工作会议。区领导吴炳芳、沈凤兴参加。

7月30日，召开三季度安全生产工作会议。区领导章澜参加会议。

7月31日，举行浙江上物金属（嘉兴）钢材服务中心项目签约仪式。区领导朱海平、冯家俊、张少初、吴炳芳、仲旭东、章世英、张旦参加。

8月2日至4日，举办全区重点项目培训班。区领导吴炳芳参加。

8月6日至8日，开展防御第11号台风“海葵”工作督查。区四套班子领导参加。

8月8日，举行IBM进驻嘉兴启动仪式暨智慧嘉兴高峰论坛。区领导张少初、吴炳芳、章世英等参加。

8月10日，召开全国城市文明程度指数测评省测评组反馈问题交办暨迎检工作再动员部署会。区领导徐建役、程恩光、沈凤兴参加。

8月13日，召开区级国资营运集团公司组建工作动员会。区领导盛付祥、吴炳芳、仲旭东、陆志芬、徐永良参加。

8月17日，开展文明城市创建“美丽秀洲·宜居秀洲”专项督查。区领导仲旭东、李捷参加。

8月24日，召开工业经济工作例会。区领导章澜参加。

8月25日，召开全区半年度国土工作会议暨土地形势分析会。区领导盛付祥、仲旭东参加。

8月27日，赴上海开展推进重大项目“百日行动”招商活动。区领导李捷、章澜参加。

8月31日，举办上海外国语大学秀洲外国语学校揭牌仪式。

9月3日，举办2012年浙江省海外高层次创新人才创业秀洲行活动。区领导朱海平、盛付祥、李捷、徐永良参加。

9月8日，召开全区农村土地整治工作推进会。区领导仲旭东参加。

9月13日，召开嘉兴市应急备用水源（秀湖）工程开发建设指挥部会议。区领导吴炳芳、陆志芬参加。

9月14日，召开村（社区）文化活动中心示范点建设推进会。区领导沈凤兴参加。

9月17日，举行2012中国·洪合国际毛衫博览会暨中国嘉兴（国际）毛衫城竣工典礼。区领导朱海平、盛付祥、冯家俊、张少初、高海忠、吴炳芳、沈凤兴参加。

9月21日，召开全区投资项目模拟审批推进会。区领导吴炳芳、曾群力参加。

9月29日，举行秀洲区名特优农产品展示展销暨中山农贸市场精品区开业仪式。区领导包雷耿、陆志芬参加。

10月8日，召开重大项目“百日行动”推进会。区四套班子领导、区人武部部长、政委、区法院院长、区检察院检察长参加。

10月11日，召开区长办公会议，专题研究审议有关城建项目。区领导盛付祥、仲旭东参加。

10月12日，举办嘉兴市“双强联盟”之俄罗斯莫斯科交通大学专家教授秀洲对接交流会。市领导连小敏，区领导朱海平、李捷、章澜参加。

10月18日，副省长毛光烈到秀洲区调研太阳能光伏产业。区领导朱海平、盛付祥、吴炳芳、章澜陪同。

10月20日，召开区建设浙江太阳能光伏产业高新园区（暂名）和开展太阳能光伏产业“五位一体”创新综合试点工作会议。区领导盛付祥、吴炳芳、仲旭东、章澜参加。

10月26日，召开全区食品药品安全三季度工作例会。区领导沈凤兴参加。

10月28日，召开经济工作务虚交流会。区领导盛付祥、吴炳芳、章澜参加。

11月1日，召开全区村邮站和信报箱建设工作推进会议。区领导章澜参加。

11月3日，区政府出台《关于加快推进秀洲区印染行业转型提升工作的实施意见》。

11月8日至9日，举办第五届秀洲·中国农民画艺术节暨2012嘉兴秀洲经贸洽谈会活动。

11月12日，举办第七期“聚智秀洲·双强论坛”暨海外高层次人才秀洲创业创新基地行活动。区领导李捷、章澜参加。

11月13日，举办秀洲新区服务业发展推介暨签约活动。区领导吴炳芳参加。

11月15日，召开区质量强区工作推进会和全区招商选资工作例会。区领导章澜参加。

11月18日，举行中国嘉兴（国际）毛衫城开业庆典。区领导朱海平、吴炳芳、章世英、孙薇参加。

11月22日，研究浙江太阳能光伏高新技术产业园区筹建工作。区领导朱海平、吴炳芳、章澜参加。

11月28日，举行2012“小城市大产业”王江泾·中国纺织科技成果展暨第三届嘉兴·中国南方纺织品交易会。区领导朱海平、盛付祥、刘君、吴炳芳、沈金富、章澜、孙薇参加。

12月6日，上海市各地在沪企业（协会）联合会赴秀洲新区参观考察。区领导吴炳芳陪同。

12月12日，区政府出台《嘉兴市秀洲区2012—2016年学校（幼儿园）建设实施意见》。

12月18日，召开全区城乡居民合作医疗管理委员会成员会议。区领导沈凤兴参加。

12月25日，举办嘉兴南洋职业技术学院迁建项目一期工程开工仪式。区领导盛付祥、沈凤兴参加。

12月28日，召开党的十八大精神报告会。区级领导参加。

12月30日，举办嘉兴润通汽车配件有限公司年产508万套汽车底盘制动系统部件项目开工典礼。区领导吴炳芳、章澜参加。

12月31日，召开秀洲区工业强区暨嘉兴光伏高新技术产业园区建设动员会。区领导朱海平、盛付祥、吴炳芳、李捷、章世英、章澜、孙薇参加。

同日，举办秀洲区第四届精品农产品展示展销会开幕式暨“城乡结对·产销联盟”进社区活动启动仪式。区领导刘君、李捷、包雷耿、陆志芬参加。

2012年海宁市大事记

1月4日，代市长戴锋与河南省辉县市市长王学胜签下了友好合作协议。

1月10日，以银企携手、科学发展为主题的2012年海宁市银企合作签约仪式举行，签约总金额83.05亿元。

1月13日，上海第二军医大学长海医院海宁分院合作管理委员会第一次会议在海宁召开，长海医院院长孙颖浩，市领导林毅、朱海英等参加会议。

1月14日，代市长戴锋主持召开十三届市政府第八十六次常务会议。会议审议讨论《2012年政府性项目投资计划》，并听取关于2011年财政预算执行情况及2012年财政预算安排的情况汇报。

1月18日，全市“转型发展突破年、环境提升推进年”活动工作例会在嘉兴南排盐官枢纽管理所召开。

1月29日，林毅、戴锋、徐辉、张炜芬等市四套班子领导分12组，分别前往全市各镇(街道)、开发区，走访村(社区)、企业及困难家庭。

2月2日，召开全市国税会议。2011年全市国税收入突破40亿大关，达到41亿元，同比增长10.74%，继续位居嘉兴各县市之首。

2月9日，市深化医药卫生体制改革领导小组召开会议，市府办、市发改局、市卫生局等13个小组成员单位参加会议。

2月11日，召开三级干部大会，会议动员全市干部群众全面开展“转型发展突破年，环境提升推进年”活动。

2月14日至16日，首届国土资源节约集约模范县(市)表彰大会在北京召开，海宁市被国土资源部授予国土资源节约集约模范县(市)。

2月24日，大唐海宁天然气热电联产项目战略合作签约仪式举行，市政府与大唐国际发电股份有限公司签署战略合作协议。

2月25日，黑龙江省穆棱市委书记李大义率党政考察团一行到海宁考察。

3月5日，召开市政府和市政协工作沟通会，围绕2012年全市工作重点、难点、热点进行沟通与联系，共商海宁经济社会发展大计。市领导戴锋、张炜芬等出席会议。

同日，浙商银行嘉兴海宁支行开业，使市银行业金融机构总数达到17家。

3月14日，市长戴锋主持召开十四届市政府第一次常务会议。会议讨论研究了《关于加快海宁市“十二五”时期现代服务业集聚区建设的实施意见》《关于村级集体经济第五轮扶持工作的意见》《海宁市“十二五”时期重污染高能耗行业深化整治促进提升实施意见》等政策意见。

3月16日，市5个项目举行集体开工仪式。海宁市图书馆新馆及查济民纪念馆工程、蒙努总部大楼项目、鹃湖应急备用水源主体工程、海宁市第二水厂扩建工程、浙江飞时达汽车部件项目开始破土动工兴建。

3月20日，市长戴锋主持召开十四届市政府第二次常务会议。会议重点审议了《海宁市公立医院综合改革试点工作实施意见》。

3月21日，举行市交投集团债务优化银团贷款签约仪式，交投集团获得7家银行提供的6亿元8年期贷款。市领导林毅、戴锋、孙浩彬、邵小文、郑进良出席签约仪式。

3月24日，召开支持浙商创业创新暨招商引资工作会议。

3月29日，全市工业经济发展暨有效投入工作会议召开。

4月9日，海洲大饭店举行揭牌仪式并与杭州黄龙饭店签约，今后将全权委托黄龙饭店进行管理。市领导林毅、戴锋、徐辉、许煜威、胡燕子、高兴龙出席仪式。

4月11日，市委书记林毅前往经编园区就海宁市经编产业发展展开调研。

4月19日，省卫生厅厅长杨敬、副厅长马伟杭一行到海宁市调研公立医院综合改革工作。市领导戴锋、朱海英陪同。

4月23日，市长戴锋主持召开十四届市政府第三次常务会议。会议重点审议了《海宁市“811”生态文明建设推进行动方案》《海宁市区交通管理工作情况汇报》《海宁市人民政府工作规则》《2012年度目标责任制个性化考核方案》等，就海宁市民生和政府自身建设等方面内容进行了具体讨论。

4月24日，市人大常委会主任徐辉主持召开十四届人大第六次主任会议。

4月26日，市政协举行《海宁世家》文史图书发行仪式，市政协主席张炜芬、副主席田耘出席。

5月8日，召开百里钱塘国际旅游长廊

总体规划工作座谈会。副市长胡燕子出席并讲话。

5月10日，举行市政府与建设银行嘉兴分行战略合作签约仪式。建行嘉兴分行将在“十二五”规划期内，向海宁市提供不低于人民币50亿元的意向性融资额度。

5月14日，市长戴锋会见了日本小山町政府代表团一行。

5月19日，安正时尚集团文化创意产业园项目在海宁经济开发区奠基。

5月21日，以“新创造、新动力、新发展”为主题的2012海宁·中国经编科技文化活动周在武汉拉开序幕。

5月23日，2012第三届中国·马桥经编交易会正式开幕。

5月28日，中国(浙江)影视产业国际合作实验区授牌仪式在海宁举行。

同日，市检察院许村检察室揭牌。市领导孙群、潘宇民、郑进良出席揭牌仪式。

6月6日，全国土地利用动态巡查试点工作研讨会在海宁市召开。国土资源部利用司决定在海宁市和合肥、东莞、常州、瑞金、临沂6个市开展土地利用动态巡查试点。

6月9日，市中医院与浙江省立同德医院举行医疗业务合作签约仪式，市中医院增挂“浙江省立同德医院海宁分院”牌子。

6月15日，湖州银行嘉兴海宁支行开业，这是湖州银行嘉兴分行设立的第一家异地支行。由此，市金融机构增至18家。

6月16日，华东师范大学海宁实验高级中学揭牌仪式在海宁高级中学举行，标志着“华师海宁”正式成立，双方深度合作正式开启。

6月25日，湖州市委书记马以率100余人的党政代表团，考察海宁中国皮革城发展。

6月28日，隆重召开庆祝中国共产党成立91周年暨潮乡先锋创先争优活动表彰大会。

6月30日，举行“百日攻坚”工业项目集中开工仪式，16个项目于当天开工，计划总投资16.15亿元，涉及新能源、新材料、机械装备战略性新兴产业及传统产业。

7月14日至15日，北京浙江企业商会会长钟涛率代表团一行20余人访问海宁市，并参加浙商回归项目对接座谈会。

7月23日，召开老干部经济形势报告会。

7月30日，市四套班子领导带着全市人民的深情厚谊，到市消防大队、73681部队（海宁传输站）、人武部、预备役营和武警中队慰问，向部队官兵送上慰问金，并致以节日的问候和祝福。

8月4日，根据中央和省委有关支持加强援藏工作的指示精神，市领导林毅、徐辉、张炜芬、胡燕子一行组成的考察团赴西藏那曲考察援藏工作。

8月10日，市长戴锋主持召开十四届市政府第8次常务会议。

8月13日，市委常委、政法委书记孙群在硖石街道察看了社会管控网格化建设情况。

8月14日，嘉兴市委书记、市人大常委会主任李卫宁到海宁市调研水环境综合治理工作。

8月25日，市政府举办2012海宁服务业(商业地产)项目推介会。

8月30日，副市长李玮在有关部门领导的陪同下，到黄湾镇（尖山新区）调研指导新居民管理工作。

9月6日，召开全市部分重点骨干企业工作座谈会。

9月6日至7日，市十四届人大常委会召开第五次会议。

9月12日，市政协召开第十二届委员会常务委员会第三次会议。

9月14日，全省营业税改征增值税试点工作电视电话会议召开。市长戴锋在海宁分会场参加会议。

9月17日，由中国旅游车船协会、中国旅游景区协会、浙江省旅游局、嘉兴市人民政府主办，海宁市人民政府承办的第十九届中国国际钱江(海宁)观潮节暨第一届中国房车露营旅游大会，在盐官百里钱塘观潮景区白石坛广场拉开帷幕。

同日，举行2012中国·海宁潮国际博览会投资说明会。来自山东、吉林、江苏等17个省市的160多名客商参加会议，22个重点项目成功签约，总投资额达143.99亿元。

9月24日，市长戴锋到经济开发区(尖山新区)，就扩大有效投资加快项目推进、土地复垦工作和河长制落实等重点工作进行了督查调研。

9月26日，历时两年，建筑面积达1.6万平方米的海宁皮革产业省级特色工业设计示范基地设计大厦正式启用。

10月8日，市人力资源和社会保障服务

中心正式启用。副市长俞亚明出席启用仪式。

10月16日，市委、市政府召开2012中国·海宁潮国际博览会总结大会，全面总结首届潮博会办会经验，谋划下一届办会思路。

10月20日，浙江机电职业技术学院长安新校区举行开工典礼。市领导林毅、许金夫、严海城、朱海英、吴关佳出席开工典礼。

10月25日，召开城市有机更新重大项目重大工程推进工作交流汇报会暨“两年”活动工作例会。市委书记林毅出席并讲话。

10月30日，嘉兴市市长鲁俊在市领导戴锋、王建坤的陪同下，调研海宁农业科技工作。

同日，海宁海橡鞋材有限公司异地搬迁项目举行开工仪式。市政协副主席高兴龙出席。

11月7日，召开全民治水大会，规模创海宁历年之最。

11月10日，浙江省外商投资企业第四届高尔夫联谊赛在海宁圆满落幕。

11月12日，市政协召开十二届十次主席会议。

11月14日，海宁银泰城购物中心工程顺利结顶。市领导林毅、邵小文、胡燕子出席结顶仪式。

11月15日，易地新建市第三人民医院(浙江省人民医院海宁医院)项目开工典礼在长安镇(高新区)举行。市领导许金夫、朱祥华、朱海英出席开工典礼。

11月21日，市长戴锋主持召开十四届市政府第十二次常务会议。会议讨论并原则通过了《关于进一步加快我市总部楼宇经济发展的实施意见》《关于加快城中村改造工作的实施办法》《关于进一步改善海宁市环卫工人工作生活条件促进环卫事业持续健康发展的实施意见》《海宁市人才公寓租住管理暂行办法》等。

11月26日，位于市区钱江路以南区块、紧邻海宁中国皮革城的海宁温州商会总部大厦举行隆重的开工仪式。市领导林毅、张炜芬、许煜威、邵小文、胡燕子、高兴龙参加开工仪式。

12月7日，党的十八大精神报告会暨市委中心组(扩大)学习会召开，邀请中央党校干部教育学院副院长刘宝东作《继往开来的中共十八大》专题辅导报告。

12月12日，全省建设系统政务办理工作经验交流会在海宁召开。

12月14日，召开创建教育现代化县(市)工作推进会。市长戴锋出席并讲话。

12月19日至20日，市十四届人大常委会召开第八次会议。

12月22日，海利得总部大楼项目、城南大道南侧安置房一期工程、海宁市妇幼保健院迁建工程三大项目举行集中开工仪式。市领导林毅、许煜威、朱海英、邵小文、高兴龙出席开工典礼。

12月27日，市人大常委会与“一府两院”联席会议召开，会议就市人大常委会2013年各项监督议题的安排进行沟通和征求意见。

同日，海宁·银泰城形象发布会暨商业签约仪式举行。市领导林毅、邵小文、胡燕子等与银泰置地集团总裁辛向东共同为海宁·银泰城举行点亮仪式。

2012年平湖市大事记

1月5日，市十一届政协召开总结表彰大会。市委书记翁建荣出席会议并讲话。市政协主席徐春林，副主席冯美仙、王华根、俞明祥出席会议。市领导潘川弟、周建安、金玉珍出席。

同日，落户平湖经济开发区的世界500强企业投资项目——浙江康普瑞汽车零部件有限公司正式开工奠基。副市长陶明方出席。

1月11日，代市长朱林森主持召开市政府第四十一次常务会议。

1月17日，市领导翁建荣、朱林森、何大利、徐春林、胡水良、潘川弟等四套班子领导在相关部门负责人的陪同下走访慰问了驻平湖部队。

同日，全市军政军民座谈会召开。市领导潘川弟、魏飙、金玉珍出席座谈会，驻平各部队军政主管参加座谈。

2月1日，市委书记翁建荣在相关部门负责人的陪同下到平湖经济开发区调研。

2月2日，市领导朱林森、钱勇彪亲切会见了来平访问的日本三菱化学株式会社常务执行董事越智仁一行。

2月13日，召开"两新"工程推进会。市领导潘川弟、胡志梁出席会议。

2月14日，市老年大学校务委员会会议召开，市委常委、组织部长曹国良，副市长顾玉峰出席会议。

同日，省商务厅厅长金永辉一行到平湖调研开发区工作。市委书记翁建荣陪同。

2月20日，全市建设工作会议召开。市领导王道平、陶明方、俞明祥出席会议。

2月26日，召开国税工作会议。市长朱林森出席会议。2011年，平湖市累计组织国税税收收入320536万元，增收31296万元，同比增长10.82%。其中，国税组织地方一般性预算收入86832万元，对地方财政的贡献率达到了34.12%，处在嘉兴各县(市)首位。

3月1日，召开《中华人民共和国政区大典》(平湖篇)编纂工作会议。

3月6日，全市人力资源和社会保障工作会议召开。市领导朱林森、金玉珍出席会议。

3月8日，市长朱林森主持召开市十四届政府第一次常务会议。

3月13日，召开财政地税国资工作会议。市领导朱林森、刘耀明、俞明祥出席会议。2011年，全市公共财政总收入突破60亿元大关，达到64.07亿元，同比增长24.07%。

3月17日，上海温州青年联合会来平考察交流暨平湖市投资环境说明会举行。市领导翁建荣、朱林森、王碎社、钱勇彪出席会议。

3月23日，全市农村工作会议召开。市长朱林森出席并讲话。

3月29日，村邮站和信报箱建设现场推进会在新埭镇召开。副市长王道平出席会议。

4月5日，市政协委员活动组工作会议召开。市政协主席徐春林，副主席王华根、柯卫明、方晓烈、俞明祥、许静出席会议。

4月10日，嘉兴市委副书记冯志礼一行到平湖调研农业农村工作。市领导翁建荣、朱林森、潘川弟、胡志梁陪同。

4月11日，市示范村党组织书记联谊会成立大会暨师徒结对仪式举行。市委常委、组织部长曹国良出席成立大会并为联谊会揭牌。

4月13日，全市新居民服务管理工作会议召开。市领导潘川弟、方向明、金玉珍、方晓烈出席会议。

4月17日，省重点建设工程——浙能嘉兴独山煤炭中转码头项目正式开工建设，嘉兴市市委书记李卫宁、常务副市长梁群，平湖市领导翁建荣、朱林森、陈引发出席了开工仪式。

4月18日，市长朱林森到当湖街道调研服务业发展情况。

4月25日，市领导胡水良、徐春华、陶明方、顾玉峰一行就市创卫工作进行实地督查。

4月26日，市委理论学习中心组学习(扩大)会议举行，邀请省工业经济研究所所长兰建平教授作《当前经济形势与转型升级》专题报告。市委常委、宣传部长陈敏红主持会议。

5月3日，副市长陈晓明一行就市信息化建设工作进行调研。

5月6日，上海市浦东新区光电子行业协会平湖行创业环境推介会召开，市委常委、组织部长曹国良出席会议。

5月12日，新疆沙雅县党政代表团一行到平湖考察教育情况，市领导王碎社、李仁、顾玉峰、邱其良陪同。

5月17日，举行第二十二次“全国助残日”启动仪式暨爱心村(社区)爱心家庭(企业)表彰会。市领导方向明、金玉珍、邱其良出席活动。

5月18日，2012年嘉兴市科技(科普)活动周开幕暨平湖““美丽乡村”科普行”启动仪式在独山港镇金丝娘农庄举行。

5月21日，位于曹桥街道石龙村的平湖市桢隆机械有限公司正式开工投产。市领导姚田宝、李仁、方晓烈出席当天的开工典礼。

5月22日，江、浙、沪十一县(市、区)第五十九次人大工作交流会在平湖召开。市人大常委会主任胡水良、副主任刘耀明出席会议。

同日，举办共建中科院平湖新材料中心签约仪式。嘉兴市副市长柴永强，平湖市领导徐春林、曹国良、陈晓明、李仁出席签约仪式。

5月26日，在上海举行招才引智与招商引资投资环境说明会，邀请了上海市70多名高层次人才参加。市领导曹国良、陈晓明、金玉珍出席会议。

6月6日，全市深化农村集体“三资”管理暨农村基层党风廉政建设现场会议召开。

6月12日，市委召开常委(扩大)会议，传达学习贯彻省第十三次党代会精神。

6月14日，全国箱包产业对接交流会在平湖举行。副市长陈晓明，中国轻工工艺品进出口商会相关领导等出席。

6月15日，市第一人民医院与上海长海医院协作签约揭牌仪式举行。

同日，召开农产品经纪人协会成立大会暨第一次会员大会。副市长胡志梁，嘉兴市供销社相关领导出席成立大会。

6月29日，召开政银企合作座谈会。市委书记翁建荣出席并讲话。市领导潘川弟、傅金明、陶明方、胡志梁、钱勇彪、俞明祥出席会议。常务副市长王碎社主持会议。

7月11日，全市农村公路工作会议暨示范路创建现场会召开。

7月12日，全市社会管理创新年活动半年度工作交流会召开。市领导胡水良、潘川弟、陈敏红、李仁、金玉珍、王华根、方晓烈出席会议。

7月13日，全市半年度重大项目推进工作交流会召开。市领导王碎社、陶明方出席会议。

7月20日，召开半年度人才工作交流会。市领导曹国良、陈晓明、金玉珍出席会议。

7月26日，市人大常委会主任胡水良，副主任刘耀明、陶明方、陈引发到独山港区视察滨海开发建设情况。

7月27日，市物流行业协会正式成立。市领导王道平、陶明方、邱其良出席会议。

7月31日，上海现代服务业联合会考察团一行到平湖考察服务业发展工作。市领导翁建荣、王碎社、陈晓明陪同。

8月3日，全市农村集体土地确权登记发证工作会议召开。市领导王道平、周建安、俞明祥出席会议。

8月6日，召开上半年度招商引资工作会议。副市长钱勇彪出席会议。

8月10日，召开加强文明单位管理助推省示范文明城市创建工作会议。

8月16日至17日，全省省级开发区非公有制企业党建工作现场推进会在平湖召开。

8月28日，全市机关事业单位公务用车制度改革动员大会召开。

同日，市委书记翁建荣、副市长钱勇彪会见了德国科仑伯格舒伯特公司总裁科仑伯格（H.O.Kromberg）和中资科博达公司总裁柯桂华一行。

8月30日，市委书记翁建荣到独山港区调研项目推进情况。

9月5日，市人大常委会主任胡水良，副主任刘耀明、李仁、周建安、陈引发一行，对市科技创新平台建设及运营情况展开调研，副市长陈晓明应邀参加。

9月14日，嘉兴市市长鲁俊到平湖调研海洋经济发展情况。市委书记翁建荣、市长朱林森等陪同调研。

9月18日，嘉兴市政协主席刘冬生一行到平湖，就该市临沪产业园开发建设情况进行调研。市领导翁建荣、徐春林、王碎社、柯卫明陪同。

9月19日，省浙商回归引进重大项目专项服务组到平湖，开展专项服务活动。常务副市长王碎社，嘉兴市相关部门负责人陪同。

9月28日，28个重大项目集中开工(开业、投产)在各镇(街道)隆重举行。市领导翁建荣、朱林森、胡水良、徐春林、潘川弟等分别出席部分项目开工(开业、投产)仪式。

10月11日，第十八期“金平湖讲坛”

暨市委理论学习中心组学习(扩大)会议举行。市长朱林森主持会议。

10月13日，市委书记翁建荣主持召开全市经济形势分析会。

10月15日，副省长陈加元在省发改委、建设厅等相关负责人的陪同下，到平湖调研中心镇建设情况。

10月17日，市委书记翁建荣调研城市有机更新和新区建设工作，副市长王道平及规划建设、城投、城市新区等相关部门负责人陪同。

10月25日，杭平申线航道(平湖段)改造工程动员大会召开。

10月26日，市政府与浙江省城乡规划设计研究院战略合作协议签约仪式暨中心城区道路交通评估情况汇报会举行。市领导朱林森、王道平、陶明方、俞明祥出席会议。

10月30日，市长朱林森主持召开市十四届政府第五次常务会议。会议讨论并原则通过了《平湖市体育事业发展“十二五”规划》和《平湖市客运出租汽车运价调整方案》两项议题。

11月5日，全市土地执法“两网化”管理暨违法用地整治“百日行动”推进会召开。市领导朱林森、胡志梁出席会议。副市长、市“两网化”管理工作领导小组常务副组长王道平主持会议。

11月6日，在浙江省首届运动休闲旅游节开幕式上，九龙山旅游度假区被授予“2012年浙江省运动休闲旅游示范基地”标牌。

11月7日，召开支持浙商创业创新促进平湖发展工作推进会。

11月20日，美国硅谷银行行长兼首席执行官魏高思一行到平湖考察。市委书记翁建荣、常务副市长王碎社陪同考察。

11月22日，市人民检察院新仓检察室举行揭牌仪式。市领导潘川弟、方向明、方晓烈出席。

11月23日，《平湖市“智慧城市”发展规划（2011—2015）》专家评审会召开。副市长陈晓明出席会议。

11月29日至30日，2012(第三届)环杭州湾海洋休闲产业合作峰会在平湖九龙山旅游度假区举行。浙江省原副省长、省人大常委会原副主任叶荣宝宣布峰会开幕，市领导潘川弟、李仁出席峰会活动。常务副市长王碎社主持峰会。

11月30日，景宁畲族自治县县委书记林康率党政代表团到平湖考察。

12月1日，平湖经济开发区监察分局揭牌仪式暨廉政文化演出正式举行。市委书记翁建荣和嘉兴市纪委领导共同为平湖经济开发区监察分局揭牌。

12月6日，召开全市社会管理综合治理委员会会议。市领导潘川弟、王碎社、傅金明、陈敏红、方向明、方晓烈出席会议。

12月11日，致昌和精密钢带(浙江)有限公司开业庆典在林埭工业园区隆重举行，市委常委、组织部长曹国良，副市长钱勇彪出席庆典仪式。

12月14日，市人大常委会与市政府联席会议召开，这也是市人大与市政府的首次联席会议。

12月17日，由安吉县委常委、组织部长李晓良率领的安吉县党政代表团（招商引资组）到平湖考察。市领导曹国良、方向明、王华根陪同。

12月18日，曹桥街道村集体经济公共用房工程开工建设，市委常委、组织部长曹国良出席开工仪式。

12月19日，市长朱林森主持召开市十四届政府第六次常务会议。

同日，市政府与中国电信嘉兴分公司“十二五”信息化战略合作签约仪式举行。市领导朱林森、王道平出席签约仪式。

12月23日，市长朱林森主持召开市十四届政府第七次常务会议。

12月24日，由长兴县县委书记章根明率领的党政代表团一行到平湖考察。市领导翁建荣、朱林森、胡水良、徐春林、徐春华、王碎社、陈晓明、方向明陪同考察。

12月26日，召开创建国家卫生城市领导小组(扩大)会议。

12月27日，市人大常委会调研全市水环境整治工作。市人大常委会主任胡水良，副主任刘耀明、方向明、李仁、周建安、陶明方、陈引发，市十三届人大常委会领导何大利、武圣平参加调研。

2012年桐乡市大事记

1月1日至2日，温宿县县长居来提·喀斯木带领考察团到桐乡考察，市领导吴炳泉、潘敏芳、周国强陪同。

1月5日，市政府与上海交通大学、华东理工大学、上海理工大学正式签订成立国家技术转移联盟桐乡工作站的协议书。

1月7日，召开2012年经济金融恳谈会，市委书记卢跃东主持会议并讲话。

1月10日，市第二届十佳（优秀）大学生“村官”表彰大会召开。

1月20日，市社会治安综合治理委员会正式更名为市社会管理综合治理委员会，并召开了第一次全体会议。市领导蒋惠玲、吴炳泉、曹荣金出席会议。

1月29日，市四套班子领导带领机关干部开展义务植树活动。

2月14日至15日，省人大常委会副主任厉志海到桐乡开展“进村入企”大走访活动，市领导卢跃东、盛勇军、张林洪、徐鸣阳、曹荣金、钱松华、潘敏芳陪同。

2月16日，召开全市三级干部大会。市委书记卢跃东主持会议并讲话。

2月17日，浙江省小城市培育试点工作考核反馈会在桐乡召开，市领导卢跃东、盛勇军、吴炳泉、徐鸣阳参加。

2月23日至24日，江苏如东县副县长王智率领考察团一行到桐乡考察，市领导王尧祥陪同。2月28日，浙江省农业科学院石门湾现代农业高新技术园项目合作协议签约仪式在平湖举行。中国工程院院士、省农科院院长陈剑平，省农科院党委书记汤勇，市领导卢跃东、盛勇军、张林洪、池晓明、蒋惠玲、陈千颂等出席签约仪式。

2月29日，市十五届政府第二次常务会议召开。

3月1日，秀洲区区委书记朱海平率领党政考察团到桐乡考察，市领导盛勇军、张林洪、池晓明、蒋惠玲、吴炳泉、钱松华、潘敏芳陪同。

3月5日，嘉兴市省级小城市培育试点工作推进会在平湖召开。

3月9日，市十五届政府第一次全体会议召开。

同日，全市服务业发展暨重点项目工作推进会召开。

3月14日，由云和县县委书记张建明、县长叶旭勇率领的党政考察团到桐乡考察。市领导卢跃东、盛勇军、池晓明、王尧祥等陪同出席会议或实地考察。

3月20日，市八届政协召开第一次主席会议，市政协主席池晓明主持会议并讲话，副市长潘敏芳应邀参加。

3月22日，嘉兴市市长鲁俊一行到桐乡巨石集团调研，市领导卢跃东、盛勇军陪同。

3月23日，召开全市食品药品安全工作会议。

3月31日，安徽宣城市宣州区区委常委、常务副区长程学龙带领考察团到桐乡考察，市领导吴炳泉、朱明杰、潘敏芳陪同。

4月5日至6日，省国土资源厅厅长楼小东一行到桐乡调研土地综合整治工作，市领导卢跃东、盛勇军、吴炳泉、钱松华陪同。

4月12日，嘉兴市委书记、市人大常委会主任李卫宁到桐乡调研工业经济和投资情况。

4月15日，国家水利部部长陈雷一行到桐乡考察调研，市领导卢跃东、盛勇军、钱松华陪同。

4月20日，全市工业经济工作暨“退低进高”工作推进会议召开。

同日，召开市十五届政府第三次常务会议召开。

同日，市长盛勇军主持召开市政府常务会议，讨论并原则通过《关于推进“百花地面梦里水乡”——桐乡市“美丽乡村”建设行动计划（2012－2016）（送审稿）》等议题。

4月21日，市长盛勇军、常务副市长吴炳泉赴崇福镇调研小城市建设工作。

4月26日，人力资源社会保障部纪检组长袁彦鹏一行到桐乡调研，市领导周国强陪同。

4月27日，市政协召开第二次主席会议，专题协商崇福镇小城市培育试点工作。

4月28日，市首批村慈善工作站——崇福镇芝村村慈善工作站和石门镇墅丰村慈善工作站成立。

5月6日至9日，中国——中亚合作论坛在桐乡举行，全国政协副主席白立忱、吉尔吉斯斯坦前总统奥通巴耶娃以及有关领导司马义·艾买提、李小林、李强、张德广、冯明光、李卫宁、鲁俊、卢跃东、盛勇军、张林洪、池晓明、蒋惠玲、单志荣、王尧祥、陈英等出席、致辞或陪同。

5月10日至12日，市长盛勇军率领党政考察团赴江苏丹阳、宜兴、溧阳开展学习考察活动。

5月12日，由山东省济宁市委常委、市中区区委书记张辉带队的党政考察团一行到桐乡参观考察。市领导张林洪、费玉林等陪同。

5月16日，全市工业经济形势分析暨“退低进高”工作推进会召开。

5月20日，市委书记卢跃东主持召开崇福镇小城市培育试点工作推进会。

5月21日，召开重大政府投资项目推进会。市长盛勇军出席会议并讲话。

5月25日，召开汽车汽配关联产业发展座谈会。副市长潘敏芳参加会议。

5月26日，“风雅桐乡 传媒艺韵”全国知名书画家祝贺浙江传媒学院桐乡校区创立暨浙江省高校美术作品展在桐乡举行，省人大常委会副主任厉志海，省委巡视专员钟桂松，嘉兴市领导柴永强，桐乡市领导卢跃东、盛勇军、张林洪、池晓明、王尧祥出席。

5月31日，市十五届政府举行第四次常务会议。

6月4日，市长盛勇军先后赴市区、龙翔街道、乌镇镇检查防汛抗旱工作落实情况。

6月5日，举行申和水务污水处理厂二期工程竣工通水庆典暨“联合水务”杯生态环保剪纸颁奖仪式，原外经贸部常务副部长沈觉人，嘉兴市领导祝亚伟，桐乡市领导盛勇军、沈济贤、钱松华、周民出席。

6月7日，由黑龙江省大庆市人大常委会主任展云庭带队的党政考察团一行到桐乡参观考察。

6月12日，“上海·桐乡科技人才合作交流大会暨百家企业进名校”活动在上海举行，嘉兴市领导邢海华，上海科学技术开发交流中心党委书记方肇平，市领导盛勇军、蒋惠玲、汤云良、王尧祥出席。

6月13日，召开领导干部大会，传达学习贯彻省第十三次党代会精神。

6月14日，召开工商界企业“稳增长、调结构、促发展”座谈会，市委常委、统战部长潘家春，副市长潘敏芳出席。

6月27日，市政府召开第5次常务会议。

7月5日，诸暨市委书记钱三雄率领的党政考察团，对桐乡服务业发展等进行了详细考察。市领导盛勇军、吴炳泉、潘家春陪同考察。

7月10日，山东省垦利县副县长马俊率领考察团到桐乡考察公立医院改革情况，市领导王尧祥陪同。

7月12日，广东省仁化县县长王晓梅率领的党政考察团，对桐乡乌镇旅游业的发展进行了考察。市领导盛勇军、吴炳泉、朱红、陈英陪同。

7月18日，省政府召开全省食品安全大整治百日行动电视电话会议，副市长费玉林在桐乡分会场参加会议。

7月24日，市十五届政府举行第6次常务会议。

7月30日，市委十三届二次全体（扩大）会议暨市十五届政府第二次全体会议召开。

8月1日，市政府与江西省都昌县政府签订《产业合作框架协议》。

8月2日，乌镇国际旅游区建设领导小组召开会议，市领导张林洪、吴炳泉、顾根梁参加了会议。

8月10日，市长盛勇军主持召开市十五届政府第7次常务会议，讨论并原则通过《桐乡市电子商务扶持政策（送审稿）》《桐乡市区户外广告专项整治实施方案》《桐乡市人民政府关于推进行政调解工作的实施意见（送审稿）》等议题。

8月12日，市毛衫设计师协会在濮院国际毛衫品牌中心成立。副市长潘敏芳出席成立大会。

8月14日，省卫生厅厅长杨敬、副厅长马伟杭一行到桐乡进行县级公立医院综合改革绩效评估。

8月15日，全国非公党建调研基地授牌仪式在濮院羊毛衫市场管委会举行，市委常委、组织部长汤云良主持，《非公有制企业党建》杂志总编杜大强、嘉兴市委两新工委副书记、组织部组织处处长陈国平出席了授牌仪式。

8月17日，市长盛勇军率市政府考察团前往舟山市定海区学习考察。

8月22日，“子恺杯”第九届全国漫画大展暨桐乡市第二届丰子恺漫画艺术节开幕。中国美协漫画艺委会主任徐鹏飞、省文化厅副厅长陈瑶、省文联书记处书记柳国平以及浙江省漫画家协会和嘉兴市文化局相关领导，市领导卢跃东、池晓明、沈建坤、王尧祥、朱红、陈英出席开幕式。

9月1日，大麻镇杭州湾轻纺城举行开业典礼，中国家用纺织品行业协会会长杨兆华，浙江省市场协会常务副会长吕振华，市领导盛勇军、张林洪、池晓明、沈建坤、周国强出席。

9月5日，国务院医改办副主任刘振秋一行到平湖调研，市领导吴炳泉陪同。

9月8日，中国科学院院地合作局局长孙殿义一行到平湖考察，嘉兴市领导邢海华，桐乡市领导王尧祥陪同。

9月13日，桐乡花木城在屠甸镇举行开工仪式。嘉兴市委书记、市人大常委会主任李卫宁出席并宣布项目开工，桐乡市委书记卢跃东致辞。

9月15日，首届市委党校与上海交通大学合办的公共管理硕士研究生双证班开学。市委副书记、政法委书记蒋惠玲参加开学典礼。

9月23日，浙江省最大的央企对接项目，总投资170亿元、总面积达150万平方米的桐乡平安养生养老综合服务社区在高桥镇举行启动仪式。

10月8日，嘉兴市副市长盛全生一行到桐乡，调研园区建设和工业设计产业发展情况。

10月11日，省公安厅党委副书记、副厅长张景华到桐乡督导“十八大”安保工作，市委常委、公安局长单志荣陪同。

10月13日，市长盛勇军召集市小城市建设推进组全体成员单位、28个部门领导，召开崇福镇小城市建设协调会。

10月16日，副省长陈加元到桐乡视察调研小城市建设情况。

10月23日，市政协书画院成立。市政协主席池晓明、副主席陈英出席揭牌仪式。

10月27日，2012中国·濮院国际毛针织服装博览会濮院打造“中国毛衫之都时装名城”启动仪式暨第二届“浅秋杯”中国桐乡毛针织服装文化创意设计大赛颁奖典礼，在濮院国贸名品港中央大厅举行。

11月3日，公共关系与社会管理创新研讨会暨浙江省社会科学界首届学术年会分论坛在桐乡举行。

11月5日，市长盛勇军主持召开市十五届政府第9次常务会议。

11月10日，市委宣传部召开十八大精神专题学习会，市委常委、宣传部长沈建坤主持会议并讲话。

11月12日，由兰溪市委书记吴国成、市长朱瑞俊率领的兰溪市党政考察团，就“工业强市”主题到桐乡考察。

11月21日，市长盛勇军主持召开市十五届政府第10次常务会议。

11月28日，召开规划论证会，专题研究讨论《乌镇镇城镇总体规划》和《乌镇国际旅游区概念性规划》。

12月5日，湖南省国家级宁乡经开区工委书记、宁乡县委书记黎春秋率党政考察团一行到桐乡，考察濮院镇新村集聚点建设和毛衫市场相关情况。

12月6日，桐乡市与美国明尼苏达州曼卡多市、浙江传媒学院与明尼苏达州州立大学友好合作备忘录签约仪式举行。

12月8日，继成功引进浙江传媒学院之后，市政府与浙江理工大学达成办学合作协议，合作共建浙江理工大学科技与艺术学院。

12月12日，桐九公路改建工程征迁工作动员会召开，副市长朱明杰出席会议并讲话。

12月18日，召开全市治水工作专题会议，副市长钱松华出席会议并讲话。

12月20日，由淳安县县长柴宁宁带队的党政考察团到桐乡，考察新农村建设和旅游开发情况。

12月25日，南通市政协副主席、海安县委书记、县人大常委会主任单晓鸣率海安县党政考察团一行到桐乡，考察乌镇旅游开发情况。市长盛勇军，市政协主席池晓明，市人大常委会副主任沈济贤陪同。

12月26日至27日，市十五届人大常委会举行第六次会议。

12月29日，市委十三届三次全体会议召开。

2012年嘉善县大事记

1月10日，县十四届人大常委会召开第四十二次会议。县人大常委会主任盛玉良，副主任、马国强、姚家明、俞鹤祥、宋柏枫、张炳祥、沈恩达出席会议。县领导沈国强及“两院”领导列席会议，县政协副主席方明远应邀参加会议。

1月12日，县政府和县政协召开联席会议。

1月13日，召开2012年春节党政军双拥座谈会。

1月15日，召开各镇（街道）新居民服务管理和居住证制度改革工作领导小组会议。副县长沈国强参加会议。

1月16日，召开全县国税工作会议。

1月17日，全县招商引资服务部门座谈会暨开发区年会召开。县委书记姚高员出席并讲话。

1月31日，县政协委员（特邀委员）培训班开班。县政协主席吴金林，副主席吴建平、丁金华与全县155名县政协委员（特邀委员）共同听取了《怎样当好政协委员》的专题讲座。

2月1日，由安徽省当涂县县委书记、县人大常委会主任操隆山带领的当涂县党政代表团到嘉善考察，县领导滕根林、马佩莲、谢辉、马国强、姚定栋等陪同考察或参加两地工作情况交流会。

2月6日，政协县十三届一次会议隆重开幕。

2月7日，县十五届人大一次会议隆重开幕。

2月11日，全县三级干部大会隆重召开。会议总结了2011年工作，表彰先进，对2012年任务作出部署。

2月13日，县委理论学习中心组举办（扩大）学习会，邀请清华大学经济管理学院刘玲玲教授作了《当前宏观经济形势与“十二五”规划》专题辅导。

2月15日，开展全县领导干部大接访活动。

同日，丽水市莲都区考察团到嘉善，参观考察经济社会发展和西塘古镇旅游开发情况。县委副书记滕根林陪同考察。

2月26日，县长许晴带队开展了“进村入企”大走访活动，就项目推进、社区工作和村级经济发展等问题进行调研。

3月2日，全省服务型基层党组织建设现场推进会在嘉善召开。

3月5日，县长许晴主持召开县十五届政府第一次常务会议，原则通过《2012年嘉善县城区交通拥堵综合治理工作方案》。

3月6日，县长许晴、副县长谢辉接待中天建设集团有限公司董事长、总裁楼永良一行。

3月7日，县政府与上海市政府发展研究中心签定战略合作协议。县领导许晴、何全根、沈国强、任谊等参加会议。

3月14日，嘉善县与江西省永兴县签订友好合作关系框架协议书，结为友好县。县领导姚高员、许晴、冯伟、滕根林，永新县委书记刘洪等出席会议。

3月18日，县市政公用业行业协会成立，副县长施晓松出席活动。

3月21日，2012年嘉善县政银企合作签约仪式举行。14家银行、3家小额贷款公司分别向106家实体经济企业和10个政府项目授信94.89亿元。

3月28日，安吉县委副书记陆为民一行到嘉善考察休闲观光农业发展。

4月7日，2012上海市浙江商会年会暨“中国民营经济直面政经新周期”高峰论坛在上海举办，嘉善县是本次浙商年会的联合主办单位之一。

4月12日，平湖市市长朱林森一行到嘉善，考察科技人才及强村工作情况。县领导许晴、朱学军、高嵩、王秋儿等陪同考察。

4月16日，全省首家镇（街道）层面监察分局在姚庄成立。县领导姚高员、毛永忠、朱苗、顾林法、许春红、俞鹤祥等出席活动。

4月18日，全市一季度工业经济形势分析会在嘉善召开。

4月23日，县第二个国家4A级旅游风景区，大云镇碧云花园——十里水乡国家4A级旅游景区揭牌。县领导许晴、梁晓英、沈恩达、许春红、陆才华等出席揭牌仪式。

4月24日，2012中国•嘉善杜鹃花展暨大云生态文化旅游节经贸洽谈会成功举办。

4月28日，全县“融入上海深化行动”工作交流会召开。县领导冯伟、梁晓英出席会议。

5月8日，嘉善县公路运输管理所西塘稽查中队挂牌成立，副县长施晓松出席揭牌仪式。

5月10日，县第二批“创新嘉善·精英引领计划”项目落户签约仪式在县科创中心举行。

同日，全县工业经济暨支持浙商创业创新加强和改进工商联工作大会召开。

5月16日，县首个城市综合体项目嘉汇城市广场举行一标封顶——二标开工仪式。县领导施晓松、王秋儿出席仪式。

5月21日，县政府就县级公立医院综合改革试点工作征求县人大常委会的意见建议。

5月22日，全县工贸企业安全生产标准化推进会召开。

5月25日，召开《浙江临沪产业集聚区发展规划》汇报会，县领导姚高员、冯伟、何全根、朱苗、施晓松、王秋儿等参加了汇报会。

5月30日，嘉善女子学院在浙江广播电视大学嘉善学院揭牌成立。县领导滕根林、马佩莲、俞鹤祥出席成立仪式。

6月5日，首个民间环保协会成立。县领导滕根林、沈国强、顾林法、阎靖华等参加成立大会。市环保联合会秘书长徐建平到会祝贺。

6月6日，县支持企业发展联动服务中心正式启动运作。副县长沈国强参加揭牌仪式。

6月12日，县委书记姚高员带领县党政代表团一行到嘉兴经济技术开发区、嘉兴国际商务区进行考察。

6月13日，召开传达贯彻省第十三次党代会精神会议。

6月20日，由县委、县政府、国际外包管理协会（IIOM）联合举办的“临沪之都，外包新城”——’2012嘉善国际服务外包产业发展高峰论坛暨服务外包项目对接交流研讨会举行。

6月27日，省商务厅副厅长徐焕明一行到嘉善调研利用外资情况及县开发区发展工作。副县长沈国强出席工作情况汇报会。

6月28日，县人大常委会召开第4次会议，

7月5日，县长许晴主持召开县十五届政府第五次常务会议。

7月7日，嘉善·中国陶庄循环经济城正式开工建设，该项目计划总投资22亿元，占地面积1158亩。

7月11日，全县首家新居民计划生育规范化服务中心——魏塘街道新居民计划生育规范化服务中心正式揭牌成立。

7月16日，县政协召开重要提案办理情况通报会。

7月18日，县领导姚高员、许晴、郑明、冯伟、滕根林等率各镇（街道）和主要经济工作部门“一把手”，赴长兴县“取经”，重点考察经济转型升级情况。

7月23日，召开支持浙商创业创新，促进嘉善发展工作例会，对下半年支持浙商创业创新工作进行部署。副县长沈国强参加会议。

7月25日，县长许晴主持召开县十五届政府第6次常务会议。

8月13日，全县融资性担保公司半年度工作会议召开。

8月16日，2012年县上半年度科技工作例会召开。副县长高嵩参加会议。

8月18日，总投资10亿元的嘉善国际信息科技产业园和总投资7.6亿元的浙江爱仕达生活电器有限公司隆重开工。

8月22日，县长许晴带队检查食品安全大整治百日行动开展情况。

8月28日，召开县十五届人大常委会第八次主任会议。

同日，县领导姚高员、许晴、何全根、沈恩达带领相关部门负责人到姚庄镇调研小城市培育试点工作。

8月29日，中国银行嘉善支行、县科创中心和富登担保三方共同签署战略合作协议。副县长高嵩出席签约仪式。

9月2日，全县融入上海深化行动工作推进会召开。县领导冯伟、梁晓英、沈国强、朱学军等出席会议。

9月7日，召开长三角嘉善科技商务服务区管委会成立暨嘉善县现代服务业集聚示范区建设动员大会。县委书记姚高员出席并讲话。县领导梁晓英、何全根、施晓松等参加会议。

9月11日，全省台资企业创业创新推进大会在嘉善召开。

9月13日，全省创先争优活动经验交流暨理论研讨会召开。

9月19日，举办2012嘉善服务业（上海）洽谈会暨产业平台推介会，并现场签约三个政银战略合作协议、签订总计28亿元的投资大单。县领导姚高员、许晴、郑明、冯伟、谢辉、施晓松等出席洽谈会。

9月21日，县长许晴主持召开县十五届政府第7次常务会议。

9月28日，位于魏塘街道的浙江嘉善世界浙商工业园正式揭牌。同时，有两个浙商回归项目奠基，五个浙商回归项目联合

竣工。县领导姚高员、沈国强等出席工业园揭牌仪式和项目联合竣工仪式。

10月13日，“洪峰杯”2012中国嘉善·乡村文化体育节在天凝镇洪溪村开幕。

10月14日，县最大的城市综合体项目——嘉善万联城正式奠基。中国国情调查研究中心主任、原国务院稽查特派员刘吉，中央党校原教育长、全国政协委员、著名经济学家李兴山，全国工商联原副主席王治国，国资委中国民族贸易促进会执行会长刘延宁，中央党校理论网采编中心主任程冠军以及县（市、区）领导高玲慧、姚高员、许晴、郑明、冯伟、梁晓英、施晓松等出席奠基仪式。

10月18日，副省长毛光烈一行到嘉善调研光伏产业发展情况，县（市、区）领导盛全生、姚高员、沈国强、朱苗等陪同调研。

10月31日，举行2012年嘉善县Ⅳ级重大食品安全事故应急预案演练。县领导何慧琴、高嵩、丁金华等观摩演练。

11月8日，县长许晴主持召开县十五届政府第八次常务会议。

同日，总部位于县开发区的华之腾集团公司正式宣布成立，这也是该县拥有的第四家民营集团公司。县领导冯伟、沈恩达、吴建平、王秋儿等出席成立庆典。

11月20日，县十五届人大常委会召开第十一次主任会议。

11月22日，嘉兴市副市长盛全生一行到嘉善调研镇（街道）工业园建设情况，副县长沈国强陪同调研。

11月26日，县委书记姚高员到魏塘街道网埭港村宣讲党的十八大精神。

12月4日，省民政厅厅长尚清一行到嘉善调研社会养老服务工作，市、县领导鲁俊、姚高员参加工作汇报会，副县长许春红陪同调研。

12月6日，召开县服务业联合会第二届会员大会。县领导冯伟、梁晓英、沈恩达、施晓松等出席会议。

12月7日，县第一人民医院建院100周年庆典仪式举行。省卫生厅副厅长马伟杭，县（市、区）领导柴永强、许晴、冯伟、何慧琴、高嵩出席活动。

12月17日，县长许晴主持召开县十五届政府第九次常务会议。

12月18日，县开发区东区基础设施大会战正式启动。省商务厅副厅级巡视员陈晓龙，市县领导盛全生、姚高员、郑明、冯伟、何全根、谢辉、沈国强、毛永忠、沈恩达、王秋儿等出席启动仪式。

12月19日，县档案馆申报晋升国家二级档案馆工作顺利通过考核测评，成功晋升为国家二级档案馆。县领导许晴、许春红等参加工作汇报会。

12月24日，县长许晴带队考核了罗星街道2012年度推进惩防体系建设和落实党风廉政建设责任制工作情况。

同日，县人大常委会与县政府、县人民法院、县人民检察院召开联席会议。

12月28日，由中央纪委驻国土资源部纪检组组长王寿祥带队的考察组到嘉善，对县国土局纪检监察工作进行考察，县（市、区）领导徐鸣华、许晴等陪同考察。

2012年海盐县大事记

1月5日，2011年度嘉兴市水利系统安全生产责任制目标考核工作会议在海盐举行。

1月6日，代县长章剑主持召开了海盐县十三届政府第五十一次常务会议。

1月9日，全县经济工作座谈会召开。代县长章剑主持会议。

1月10日，召开2011年度全县重点骨干工业企业年会。

1月11日，召开县政府工作报告征求意见会议。代县长章剑出席座谈会。

1月12日，县新居民事务局召开了迎新春新居民服务管理工作恳谈会。副县长肖钰鑫出席会议。

同日，县经济开发区（港区）开发建设领导小组会议召开。县领导沈晓红、章剑、姚沈良、黄江莺、孙雄伟出席会议。会议由副县长孙雄伟主持。

1月16日，召开县委常委（扩大）会议。

1月29日，代县长章剑赴开发区（西塘桥街道）走访慰问。

2月2日，代县长章剑主持召开十三届县政府第五十三次常务会议。

2月10日，张乐平纪念馆新馆开馆仪式隆重举行。

2月14日，省水利厅副厅长徐国平、省围垦局副局长俞勇强到海盐港区调研。

同日，中核建二二公司总经理高宏树、副总经理张斌到海盐为二二公司核电钢模块制造加工基地落户海盐作实地考察洽谈。

2月15日，省商务厅厅长金永辉到开发区亚威朗光电（中国）有限公司调研。副县长孙雄伟陪同调研。

2月22日，副县长胡燕萍赴县食品药品监管局开展调研。

2月24日，召开全县三级干部大会暨“服务能力建设年”活动动员大会。

3月6日，亚威朗光电与天通控股战略合作签约仪式举行。县长章剑参加会议。

3月8日，召开县政府机构改革工作动员大会。

3月9日，县长章剑、副县长崔用龙以及县财政局、建设局、旅游局等县级有关部门领导到县旅游集团，就南北湖旅游发展进行了专题调研。

3月19日，副县长崔用龙到县司法局专题调研全县司法行政工作。

3月21日，县委常委、县纪委书记蔡志昌到县广播电视台调研行风热线工作。

3月22日，召开县十四届政府第一次常务会议，县长章剑主持会议。

3月26日至27日，浙江省非遗数字化平台试点工作会议在海盐召开。省文化厅非遗处处长王淼、副县长唐晓青等领导出席会议。

3月31日，全县新居民服务管理工作会议召开。

4月5日，县委书记沈晓红到县纪委监察局就纪检监察工作和“服务能力建设年”活动开展调研。

4月10日，县委常委王坚到县水务集团三地公司进行调研。

4月12日，副县长郭腾辉来到县水务集团，就进一步推进千亩荡饮用水源保护工程进行调研。

4月13日，“泗县海盐”工业园项目举行签约仪式，海盐县将与安徽泗县共建工业园。县领导沈晓红、谢剑华、陆瀛等参加签约仪式。

4月15日，举行2012年重大工业投资项目“4·15”集中开工投产仪式。8个集中开工投产的项目涉及核电关联产业、装备制造业、节能环保业、物流业等多个行业领域。

4月17日，县千亩荡应急备用水源保护工程推进会召开。县长章剑、常务副县长黄江莺出席会议。

4月15日，县招商服务中心在县商务局挂牌。

4月28日，由省爱卫办专家组成的国家卫生县城省级督查组到海盐，对海盐县创建国家卫生县城工作进行实地检查指导。

5月4日，县核事故紧急医疗后援中心项目建设管理合作签约仪式举行，标志着海盐县核事故医学救援工作正式启动。

5月6日，2012年浙江海盐·上海市欧美同学会·上海市留学人员联合会“人才·项目·资本”对接洽谈会在上海举行。

5月13日，县长章剑到县水务集团三地水厂，对县千亩荡目前的水质情况进行调研。

5月15日，召开十四届政府第二次常务会议，县长章剑主持。

5月16日，省水利厅副厅长章国方到海盐调研小农水重点县建设工作。县委常委王坚、副县长郭腾辉陪同检查。

5月25日，召开“平安海盐”“法治海盐”建设工作会议，总结经验，表彰先进，研究部署2012年深化“平安海盐”“法治海盐”建设各项工作。

5月28日，县委书记沈晓红率环保、水务、城投等部门负责人实地调研海盐水环境整治工作。

6月1日，召开全县生态建设环境保护工作暨水环境专项整治工作动员大会。

6月6日，县领导章剑、姚沈良等分赴不同企业，送出创业创新奖励资金。

6月11日，举行2012年食品安全宣传周活动启动暨96317食品安全投诉举报电话启用仪式。

6月15日，浙江医学高等专科学校海盐临床学院签约仪式隆重举行。

6月19日，全县加强领导班子和干部队伍建设暨“五百一千”进村入企走访服务活动推进会召开。

6月26日，绮园景区创建国家4A级旅游景区启动仪式举行。

同日，海盐港区隆重举行“嘉兴港海盐港区C3、C4码头工程”启动仪式。

6月28日，中国核电城建设论坛在海盐大剧院举行。

6月29日，县社会矛盾“大调解”工作领导小组办公室和县社会矛盾联合调解中心正式成立。

7月12日，县委书记沈晓红带领相关部门负责人到海盐经济开发区（西塘桥街道）调研。

7月18日，全市公共自行车服务系统建设现场会在海盐召开。嘉兴市副市长张仁贵，县长章剑参加会议。

7月19日，县创建国家卫生县城暨创建省级示范文明县城百日攻坚行动正式启动。

7月21日，召开十四届政府第二次全体会议暨“提升服务能力，推进创业创新”汇报会。

7月24日，召开县十四届政府第五次常务会议，县长章剑主持。

7月26日，召开县委十三届二次全体（扩大）会议。

8月1日，县长章剑赴澉浦六忠村，就该村的集体经济发展壮大、土地整治项目实施等情况，进行深入调研。

8月3日，召开全县上半年经济形势分析会暨招商引资推进会。

8月6日，召开全县综治信访维稳暨社会风险评估工作会议，回顾上半年综治信访维稳工作，部署下半年各项任务。县委副书记姚沈良出席会议。

8月9日，召开县创业型城市创建和企业大学生创业园建设推进大会。

8月13日，“浙商走海盐”——2012·海盐县支持浙商创业创新恳谈会暨项目签约仪式举行。14个浙商回归项目签约，总投资32.9亿元。

同日，中国能源集团所属浙江省火电建设公司华业公司与海盐经济开发区就核电重型模块钢结构项目正式签约，落户海盐经济开发区核电关联高技术产业基地。县委书记沈晓红参加签约仪式。

8月17日，由副县长郭腾辉牵头，邀请人大、政协相关领导及县发改局、财政局、水利局等负责人共同对圩区建设工程和农村河道综合整治工程进行专项督查。

8月24日，召开十四届政府第六次常务会议，县长章剑主持。

8月26日，为深入开展县招商引资“百日攻坚”战活动，核应急办联合县招商局、开发区、秦山街道三家单位会同核电运行公司、核电一厂、二厂等相关领导召开了核电关联产业招商座谈会。

8月28日，县人民法院审判综合大楼落成暨法官宣誓仪式举行。

9月4日，法国阿海珐（AREVA）公司阿海珐中国区副总裁、核电事业部总裁博文，产品和技术总监吴通博士一行到海盐考察。

9月11日，县人大常委会副主任沈连法到长山河澉浦镇段调研水环境综合治理工作。

9月17日，县人大常委会主任谢剑华、副主任朱蓓华等一行5人到县食品药品监管局调研食品药品安全工作。

9月27日，召开全县绿化工作会议，回顾总结2012年度绿化工作，部署2013年度全县绿化工作。县长章剑出席会议。

9月28日，由嘉兴陆军预备役防化团、海盐县核应急委员会等单位成功举行军地联合核救援演习。此次代号“秦安—2012”的演习，是海盐县首次举行的军地联合核救援演习。

10月7日，县委书记沈晓红到县交通重点工程工地现场，视察工程建设情况。

10月9日，召开三季度全县食品安全形势分析会暨食品安全大整治百日行动工作推进会。副县长胡燕萍出席会议。

10月12日，召开全县信访维稳安保工作会议，研究部署下阶段全县信访维稳安保工作。县委副书记姚沈良出席会议。

10月16日，县委常委、县纪委书记蔡志昌到县食品药品监管局调研食品药品安全工作。

10月18日，浙江元济高级中学扩建工程正式开工，县领导沈晓红、姚沈良等出席开工奠基仪式。

10月20日，2012中国·海盐南北湖文化旅游节在南北湖风景区拉开帷幕。

10月21日，“艺锦还乡——周瑞文从艺51年绘画展”在县博物馆开展。

10月23日，县政府组织召开了里洪塘大麻泾段治理工程建设启动会议，副县长郭腾辉出席会议。

10月25日，县长章剑到县安监局视察调研安全生产工作。副县长孙雄伟陪同调研。

10月26日，召开县委中心组（扩大）学习会，邀请清华大学公共管理学院教授、清华大学就业与社会保障研究中心主任杨燕绥作了题为《国家社会保障政策的解读与前沿问题》的辅导报告。

10月30日，浙江大学党外知识分子联谊会和海盐县党外知识分子联谊会举行“同心·知联服务”对接启动仪式暨服务基地授牌仪式。

11月1日，县领导沈晓红、章剑、黄江莺率相关部门调研县交通运输工作。

11月6日，浙江泛洋特种装配设备有限公司年产18万TEU集装箱项目，在海盐经济开发区（西塘桥街道）举行开工仪式。

11月14日，“2012中国第三届雁鸭养殖高层论坛暨海盐雁鸭产业推进会”在海盐开幕。

11月15日，由安徽省泗县县委书记王娟带领的泗县党政代表团一行到海盐，考察学习海盐城市精细化管理和产业转型升级工作。县领导沈晓红等陪同考察。

11月23日，召开杭平申线航道建设工程征迁工作动员大会。

11月27日，县长章剑带队赴秦山、澉浦等地调研农业和水利工作。

11月29日，县政府召开第八次常务会议，县长章剑主持。

12月1日，浙江省立同德医院与海盐县中医院协作签约揭牌仪式举行。

12月4日，乌兰——海盐缔结友好县签约仪式举行。县领导沈晓红、章剑等参加签约仪式。

12月12日，县委召开读书会，学习贯彻党的十八大精神，谋划海盐2013年的工作思路。

12月13日，县政府召开第九次常务会议，县长章剑主持。

12月19日，县委常委王坚赴县文化局（体育局）调研“美丽乡村”工作。

12月23日，海盐·中国核电城建设工作汇报会在北京钓鱼台大酒店举行。

12月25日，县委常委王坚、副县长崔用龙一行赴县旅游局调研乡村旅游工作。

12月29日，召开中国民主同盟海盐县支部成立25周年纪念大会。县领导姚沈良等出席。

湖州卷

2012年湖州市大事记

1月9日，举行2011年度湖州城区住房保障大会。市领导孙文友、马以、吴水霖、徐加华、魏明等向被批准的廉租住房保障户代表发放了《住房保障资格证》。

1月11日，市长马以主持召开市政府第八十一次常务会议，研究市委、市政府2012年度民生实事项目安排和湖州市支持浙商湖商创业创新等工作。

1月17日，市高速公路不停车收费（ETC）服务处官方微博正式上线，这也是全省首个ETC官方微博。

1月18日，召开市六届人大常委会第三十六次会议。

2月7日，召开全市工业经济工作会议。市委书记孙文友出席并讲话。市长马以主持，市领导王金根、吴水霖、陈浩、金建新、高玲慧、沙铁勇、崔凤军出席，副市长周杰作工业经济工作报告。

2月8日至9日，以色列驻沪总领事艾雅克一行到湖州考察。市委书记、市人大常委会主任、市人民对外友好协会名誉会长孙文友，副市长刘芸会见了艾雅克一行。省外事办副主任陆国灏陪同考察。

2月9日，市长马以主持召开市政府第八十二次常务会议，研究实施深化“转型升级加速年”“城乡建设提升年”活动等工作。

2月16日，市政协召开六届四十四次主席会议，深入贯彻落实扎实开展“进村入企”大走访、全面深化“三个年”动员大会精神。

2月21日，常务副市长吴水霖到太湖旅游度假区仁皇山街道桥东村和桥西村，开展“进村入企”大走访。

2月22日，市委书记孙文友赴湖州经济技术开发区的联系企业，开展“进村入企”大走访活动。

同日，市长马以到南浔区善琏镇观音堂村开展“进村入企”大走访活动。

2月28日，召开市六届人大常委会第六十六次主任会议。

2月29日，召开全市安全生产工作会议。

3月9日，以卡尔马省地区委员会首席执行官霍根•布利尼尔森为团长的瑞典卡尔马省代表团一行4人访问湖州。副市长刘芸会见并宴请代表团一行。

3月15日，召开全市消防工作暨消防安全委员会全体成员会议。常务副市长吴水霖出席会议并讲话。

3月19日，市委召开全委扩大会议。市委书记孙文友主持会议并讲话。市长马以、市委副书记高玲慧等出席会议。

3月20日，网易现代农业园区项目在安吉县皈山乡洛四房村开工。市委书记孙文友致辞并宣布开工。市委常委、秘书长高屹等出席开工仪式。

3月23日，召开全市人才工作座谈会暨海外高层次人才引进工作推进会。

3月28日，副省长王建满到湖州调研旅游重点项目建设情况。

4月9日，召开生态市建设工作领导小组全体（扩大）会议。

4月11日，召开全市农业科技大会。

4月12日，召开创建创业型城市工作领导小组会议。

4月16日，全市民政工作会议召开。市长马以出席并讲话。

4月18日，市长马以主持召开市政府第八十四次常务会议，研究部署2012年全市污染减排和全民健身实施计划等工作。

4月26日至27日，由苏州、无锡、常州、湖州、嘉兴五市政协共同主办，环太湖五市政协“携手保护太湖，实现永续发展”联合议政——“加强太湖湿地建设，保护太湖生态环境”苏州会议召开。

4月27日，召开全市领导干部创先争优示范行动推进会。

5月3日，召开深化政务公开推进“阳光工程”建设工作座谈会。

5月10日，举行湖州各界纪念第65个世界红十字日大会。市委副书记高玲慧讲话，市人大常委会副主任吴哲勇，副市长沈建平，市政协副主席叶鸣出席会议。

5月15日，全省工业强省建设工作动员视频会议举行，研究部署工业强省和工业强县（市、区）建设工作。市长马以出席会议。

5月16日，由中科院院地合作局，省科技厅，中科院上海分院，湖州市委、市政府联合主办的第三届浙江省（湖州）——中科院政产学研合作大会暨签约仪式在湖州举行。

5月22日，召开联合国“第七周期项目”启动暨“幸福家庭”促进计划推进会，国家人口计生委国际合作司副司长张扬出席会议并讲话，副市长闵云、市政协副主席叶鸣出席会议。

5月24日，召开创建助残扶残爱心城市暨残疾人工作会议。

5月28日，市政协主席吴水霖主持召开市政协七届二次主席会议，副主席沈琪芳、夏平、叶鸣、魏明、曹德平、钟鸣、徐克强、高东及秘书长姚新兴出席会议。

6月1日，全市“进村入企”大走访活动“破难题、建长效、促发展”推进会召开。

6月8日，2012“文化遗产日”浙江主场城市活动——“精彩浙江”非物质文化遗产精品展演在湖州大剧院举行。

6月10日至11日，西澳中华总商会会长陈超群率考察团一行13人到湖州访问，副市长李建平会见了考察团成员。

6月14日，市政协主席吴水霖主持召开市政协七届三次主席会议，副主席曹会明、夏平、叶鸣、魏明、曹德平、钟鸣、徐克强、高东及秘书长姚新兴出席会议。

6月18日，代市长金长征主持召开市政府第二次常务会议，研究我市新型城市化发展、扶持促进小微企业健康发展、食品安全及技术创新工程等工作。

6月19日，全市节能降耗暨淘汰落后产能工作会议召开。代市长金长征出席并讲话。

7月1日，继中心城市外环道路工程东南线、西线相继开工后，中心城市外环道路工程北线暨黄龙洞社区工程开工仪式举行。市委书记马以宣布项目开工。

7月11日，举行2012年湖州市银企对接会。会上，浙江中味酿造有限公司等15家企业与工商银行等15家银行机构进行协议签约，总融资金额4.21亿元。

7月16日，全省外经工作座谈会在湖州召开。省商务厅副厅长韩杰、副市长李建平出席会议并致辞。

7月17日，召开加快中心城区公益性项目建设专项行动领导小组第二次全体扩大会议。

7月18日，代市长金长征调研全市工业经济发展情况。

7月20日，召开国家卫生城市复评迎检工作领导小组扩大会议。常务副市长杨建新出席并讲话，副市长沈建平主持会议。

7月23日，市政府召开金融业支持农业龙头企业发展对接交流会。

7月24日，市委召开人才工作领导小组会议暨“南太湖精英计划”领导小组会议。市委书记马以出席并讲话。

7月27日，召开政府投资重点建设项目派驻廉政监察组工作例会。

8月2日，召开全市深化医药卫生体制改革工作会议。

8月3日，市政协主席吴水霖主持召开七届四次主席会议，副主席曹会明、沈琪芳、夏平、叶鸣、魏明、曹德平、徐克强、高东及秘书长姚新兴出席会议。

8月7日，代市长金长征主持召开市政府第4次常务会议，研究湖州市当前防台抗台工作、上半年国民经济和社会发展计划执行情况、山区经济发展和深化山海协作工程等。

8月10日，由泉州市市委书记徐钢率领的党政代表团一行到湖州考察。

8月15日，全市“比服务优环境”，深化“阳光工程”建设工作座谈会在吴兴区八里店镇移沿山村召开。

8月16日，代市长金长征主持召开市政府第五次常务会议，传达学习温家宝总理在湖调研时重要讲话精神，研究加快工业强市建设以及金融、民政等工作。

8月20日，召开加快中心城区公益性项目建设专项行动领导小组第三次全体扩大会议。

8月30日，全市重点机电和成套设备出口企业座谈会召开。

9月3日，在上海召开在沪湖商恳谈会。代市长金长征出席并讲话。副市长李建平主持，市政协副主席、市工商联主席曹德平及市政府秘书长陈亚明等出席。

9月6日，举行市重大民生项目浮玉花园居住小区建设工程开工仪式。

9月10日，市政协主席吴水霖主持召开七届五次主席会议，副主席曹会明、沈琪芳、夏平、叶鸣、曹德平、钟鸣、徐克强及秘书长姚新兴出席会议。

9月17日，由华夏空能机械科学研究院投资的智能电网产业化工程——空能科技（吴兴）储能发电厂项目在吴兴区落户签约。市委书记马以出席签约仪式并致辞。

9月18日，湖州师范学院·湖州多媒体产业园实践教学基地挂牌。

9月19日，中国银行湖州市分行与解放军九八医院的银医合作项目——医达通在九八医院启动。副市长沈建平出席活动并讲话。

同日，代市长金长征主持召开市政府第七次常务会议，研究贯彻落实全省生态文明建设试点现场会精神、开展“四边三化”行动，推进织里童装产业转型升级及土地有效利用等工作。

9月21日，全市新型城市化工作会议召开。

9月24日，召开全市县乡两级人大换届选举总结暨省人大代表推荐工作会议。

10月8日，召开加强和创新社会管理、深化平安湖州建设推进会。

10月15日，全市“建设文化强市——文化产业发展”专题研讨班在市委党校开班。

10月16日，代市长金长征主持召开市政府第八次常务会议，研究深化行政审批制度改革、推进湖州省际承接产业转移示范区规划建设以及加快社会养老服务体系建设等工作。

10月18日，召开全市三季度重点旅游项目推进会。

10月24日，召开“四边三化”行动工作会议，就“四边三化”工作进行动员部署。

同日，湖州与浙江清华长三角研究院人才引进与项目合作座谈会在该市举行。

11月1日，湖州国际软件园项目举行开工奠基仪式。代市长金长征致辞，上海市科学院副院长于晨及市政府秘书长陈亚明等出席。

11月6日，召开全市人才政策创新协调推进会。

11月10日，湖州社区大学企业分校成立大会暨挂牌仪式在湖州职院举行。

11月12日，市政协主席吴水霖主持召开七届六次主席会议，副主席曹会明、沈琪芳、夏平、曹德平、钟鸣、高东及秘书长姚新兴出席会议。

11月16日，全市工业强市建设暨重点项目现场会在德清召开。

11月19日至20日，副省长毛光烈到湖州调研织里童装产业转型升级及社会管理创新、现代物流装备产业发展、南太湖产业集聚区创建省级高新园区等工作。

11月21日，市七届人大常委会第五次会议在湖举行。市人大常委会主任朱坤民主持会议，副主任周杰、方新旗、施荣耀、吴哲勇、徐加华、王勤、蔡福民，秘书长柴根初及委员共34人出席了会议。

12月3日，代市长金长征主持召开市政府第10次常务会议，研究工业强市建设规划及中心城市建设等工作。

12月5日，市政府与中国工商银行浙江省分行签署全面战略合作协议，未来3年省工行将向湖州市提供意向性融资180亿元。市长金长征出席并讲话。

12月6日，湖沪合作暨浙（湖）商创业创新投资洽谈会在上海国际会议中心隆重举行。

12月8日，市中心医院牵手台北医学大学署立双和医院，成为友好合作医院。副市长沈建平出席了签约仪式。

12月20日，举行2012年中国湖州·“南太湖精英计划”第二批项目签约仪式暨湖州市高层次人才服务绿卡首发仪式。

同日，市七届人大常委会召开第十次主任会议。市人大常委会主任朱坤民主持会议并讲话，副主任周杰、施荣耀、徐加华、王勤、蔡福民及秘书长柴根初出席会议。

12月25日，市长金长征主持召开市政府第十一次常务会议，研究2013年全市经济社会发展主要预期目标、民生实事项目安排以及农业现代化建设、印染造纸制革化工行业整治提升等工作。

12月28日，市住房公积金管理中心与有关方面签署住房公积金支持三项保障房建设项目贷款合同，这也是湖州市按照国家规定实施的首批由公积金贷款支持的保障房建设项目。

同日，为共同推进湖州农业现代化进程，湖州市与省农业厅签订了合作备忘录。

2012年吴兴区大事记

1月8日，召开全区经济社会发展情况汇报会。

1月16日，区政协举行二届委员政情通报暨培训表彰大会，表彰了2011年度区政协优秀提案和优秀特邀信息员。

2月1日，召开区政协一届30次常委会。区政协主席巩维建主持会议，区政协常委会全体成员出席会议。

2月8日，区政协二届一次会议隆重开幕。

2月9日，区二届人大一次会议隆重召开。

2月14日，副省长毛光烈率省经信委、省科技厅、省安监局、省建设厅、省消防总队有关负责人到吴兴调研工业经济和消防工作。

2月17日，市委副书记朱坤民一行先后到吴兴妙西镇龙山村和五星村，开展“进村入企”大走访活动，区领导吴旭、方杰陪同。

3月1日，省发改委主任孙景淼一行到吴兴调研。市领导孙文友、马以、高屹、李建平、崔凤军，区领导蔡旭昶、汪胜富等分别陪同。

3月7日，区委书记施根宝到朝阳街道定安社区和北齐巷社区宣传市、区党代会精神。

3月13日，召开省示范文明城区创建工作部署会。

3月23日，区委书记施根宝、副区长朱建豪等一行到区建设交通局调研。

3月24日，召开“关注森林”活动及森林消防工作会议。区政协主席潘华出席并讲话，区委常委、常务副区长周建新主持会议。

3月27日，市委书记孙文友到吴兴金冶集团调研，市委副书记高玲慧，市委常委、市委秘书长高屹，副市长周杰及市相关部门负责人陪同调研，区领导施根宝、金新根等陪同。

4月8日，“造新城三年行动计划”推进大会在区行政会议中心召开。

4月16日，区长蔡旭昶、副区长朱建豪一行调研区重点建设项目，织里镇、八里店镇、区建设局、区发改委、区国土分局等单位相关负责人陪同调研。

4月18日，区委书记施根宝赴爱山街道安定书院社区调研社区建设开展情况。

5月5日，召开社区工作暨“三区联创”动员大会。区委书记施根宝出席并作重要讲话，会议由区长蔡旭昶主持，区领导吴旭、潘华、蒋金法、巩维建、方杰、周建新、茅利荣、钱仲良、丁芳芳、宋建方、朱建豪、汪胜富、温建飞等参加会议。

5月24日，全省农业“两区”建设现场会在吴兴举行。农业部部长韩长赋、省长夏宝龙、副省长葛慧君，市领导马以、金建新、崔凤军，区领导施根宝、蔡旭昶及有关国家部委、全省各地市相关领导参加现场会并进行调研。

5月28日，2012中国·吴兴战略性新兴产业对接会暨浙江省特色工业设计示范基地授牌仪式，在湖州多媒体产业园举行。

5月31日，举行全区重点工作推进会。区委书记施根宝、区长蔡旭昶出席并讲话。

6月5日，副区长金新根率团访问美国佛罗里达州圣露西港市，双方签署了两地建立友好交流关系意向书。

6月27日，召开社区“道德门诊”现场推进会。区委常委、宣传部长茅利荣到会并讲话。

7月6日至7日，召开区委三届二次全体（扩大）会议。区委书记施根宝主持会议并作报告，区领导蔡旭昶、吴旭、潘华、方杰、周建新、唐华、茅利荣、钱仲良、唐建平、梅旗华、丁芳芳、宋建方等出席会议。

7月20日，召开区政协二届二次常委会议。区政协主席潘华，副区长朱建豪，政协副主席束明德、浦佩佩、王正泉、徐滟燕，秘书长王开成出席会议。

7月21日，召开全区加快重点工程建设房屋征迁专项行动动员大会。区委书记施根宝讲话，区长蔡旭昶、常务副区长周建新，区委常委、组织部长钱仲良，区委常委、织里镇党委书记丁芳芳，区委常委、八里店镇党委书记宋建方，人大常委会副主任汤益培，政协副主席束明德等出席会议。

7月26日，区长蔡旭昶在区行政中心约见了16名人大代表，区人大常委会主任吴旭，副主任王元根、汤益培、杨华林出席了约见会。

同日，召开深化政务公开、推进“阳光工程”建设工作会议。

7月27日，区新居民事务局组织的全区新居民服务管理业务培训会在区行政中心胜利召开。

8月17日，举行“慈善一日捐”现场捐赠仪式。

8月26日，召开民主党派工作座谈会。区委书记施根宝，区委副书记、政法委书记方杰，区政协副主席、区委统战部部长王正泉出席会议并讲话，各民主党派、工商联主要负责人参加会议。

9月18日，湖州师范学院·湖州多媒体产业园实践教学基地挂牌。

9月25日，代市长金长征，副市长李建平一行到吴兴调研外贸企业。区领导蔡旭昶、周建新、丁芳芳等陪同调研。

10月18日，市委书记马以到吴兴开展专题接访活动。

11月15日，国家商务部政研室副主任吴频一行到吴兴调研。区委书记施根宝，区长蔡旭昶，副区长吕辉、韩新梅等陪同。

11月19日，召开全区领导干部会议传达学习党的十八大精神，区委书记施根宝出席会议并讲话。区四套班子领导，区级各部门、乡镇街道主要领导出席。

11月26日，我国香港（苏州）铜锣湾商业广场开发有限公司董事长林正理、中信建设证券荣蓉经理一行到吴兴进行投资考察。副区长吕辉、韩新梅陪同考察。

11月30日，代市长金长征一行到吴兴调研工业项目建设情况。副市长董立新，市政府秘书长陈亚明，区委书记施根宝、区长蔡旭昶，区委常委、八里店镇党委书记宋建方，副区长金新根等陪同调研。

12月1日，世界名人航空投资管理公司董事局主席魏灵科、中石油华港集团（上海）沃金燃气公司副总裁王盾、上海复星创业投资管理有限公司董事万晓彦等来到吴兴进行投资考察。副区长吕辉、韩新梅等领导陪同考察。

12月20日，区三届人大常委会第6次会议召开。区人大常委会主任吴旭主持会议，副主任陆永文、郑惠民、王元根、褚玉明、汤益培、杨华林等出席会议。

12月28日至29日，召开区委三届三次全体（扩大）会议，会议全面回顾总结2012年工作，分析把握当前形势，深入谋划发展思路，研究部署2013年工作任务。区委书记施根宝出席会议并作报告，区领导蔡旭昶、吴旭、潘华、方杰、周建新、唐华、茅利荣、钱仲良、唐建平、梅旗华、丁芳芳、宋建方、吕辉等参加会议。

2012年南浔区大事记

1月7日，区委、区政府在北京举行南浔区经济社会发展情况汇报会。

1月11日，区领导叶理中、吴继平、孙军、陆凤江、魏海松、王湘起和区人武部部长林雪亭率区拥军慰问团，走访慰问部队官兵。

1月15日，区委书记叶理中就区文化产业发展情况进行调研。

2月1日，区委书记叶理中走访慰问区人民法院、区人民检察院和区公安分局全体干警。

2月8日，区政协二届一次会议隆重开幕。大会常务主席顾进才、马志祥、钱玉明、陈文龙、闵建国、王湘起、万子牛、邵枫及主席团全体成员在主席台就座。开幕式由大会主席团执行主席马志祥主持。

2月8日，副省长葛慧君率省农业厅厅长史济锡、省林业厅厅长楼国华、省海洋与渔业局局长赵利民、省政府副秘书长陈龙等一行到南浔，调研农业“两区”建设。市委书记孙文友，市委常委、政法委书记金建新，副市长杨建新，区长吴继平、副区长蒋珍贵等分别陪同。

2月14日，副省长毛光烈率省经信委、省科技厅、省安监局、省建设厅、省消防总队有关负责人到南浔调研工业经济和消防工作。市委书记孙文友、市长马以、副市长周杰，区领导叶理中、吴继平、饶如锋、王建荣、潘耕峰、姚昌喜等分别陪同。

2月18日，区长吴继平一行就区“魅力水乡”建设工作进行调研和座谈。

2月21日，召开全区工业经济工作会议。区委书记叶理中出席并讲话。区长吴继平主持会议，区领导姚广民、饶如锋、梅爱祥、曹伟龙、孙军、陆凤江、李宁、王建荣、潘耕峰、姚昌喜及“新象新牛”企业、南浔银行负责人在主席台就座。

2月22日，市长马以到南浔善琏镇观音堂村开展“进村入企”大走访活动。

3月5日，区志愿者协会成立暨“雷锋行动2012”启动仪式在区行政中心举行。区领导王琴英、梅爱祥、魏海松、王湘起出席启动仪式。

3月6日，隆重庆祝第102个“三八”国际劳动妇女节。区委副书记王琴英、区人大常委会副主任吕建蓉等出席大会。

3月7日，区委书记叶理中到南浔经济开发区东上林村开展“进村入企”大走访活动。区人大常委会副主任华新民陪同走访调研。

3月10日，召开全区城乡建设工作大会。

同日，召开全区国土资源工作会议。

3月12日，召开省示范文明城区创建工作推进会。区长吴继平出席并讲话，区领导王琴英、梅梓华、陆凤江、吕建蓉、王青、徐国华、姚昌喜、陈文龙出席会议，区委常委、宣传部长梅爱祥主持会议。

3月16日，全区科技工作会议召开。区委副书记王琴英出席并讲话，副区长孙根祥主持会议，区人大常委会副主任吕建蓉、区政协副主席闵建国出席会议。

3月22日，湖州市重大项目建设动员大会暨湖州南太湖产业集聚区南浔分区项目集中开工仪式隆重举行。市委书记孙文友宣布开幕，市长马以讲话，常务副市长吴水霖主持，区委书记叶理中发言。

3月28日，“亚洲第一，世界第二”的中国国际地面材料及铺装技术展览会在上海新国际展览中心拉开帷幕。区长吴继平、副区长孙根祥、区政协副主席万子牛、区地板协会名誉会长沈法良参观中国国际地面材料展的南浔区参展企业。

4月7日，召开全区招商引资工作会议。区委书记叶理中出席并讲话，区长吴继平主持会议。

4月11日，区委书记叶理中率区委办、区执行办、区发改经信委、区住建交通局、区环保分局、区国土分局、区供电分局、南浔规划处、区消防大队等有关部门负责人先后赴开发区、善琏镇、练市镇调研2012年拟竣工重点工业项目建设。

4月13日，区国家税务局揭牌仪式隆重举行。区委书记叶理中出席并致辞，常务副区长梅梓华出席揭牌仪式。

4月18日，318国道改建工程南浔段投资建设框架协议签约仪式在区会议中心举行。

同日，“南浔农业博览园——暨海峡两岸农业交流中心”农业项目在南浔镇丁家桥村正式启动。

4月27日，召开全区加强社会管理创新、深化“平安南浔”建设推进会。

同日，市委副书记高玲慧来浔调研浙（浔）商创业创新工作。区领导叶理中、吴继平、王琴英、孙根祥、潘耕峰、钱玉明、万子牛等陪同。

4月28日，“南浔你好”第二届文化艺术节暨首届农民文化节在南浔区和孚镇举行。

5月5日，区委、区政府召开南浔区支持浙（浔）商创业创新暨民营经济推进大会。

5月10日，市长马以就全市外贸企业生产经营状况到南浔浙江先登电工器材股份有限公司调研。

5月11日，市委常委、湖州军分区政委温永东率市委宣传部、市经信委、市教育局、湖州军分区、市国教办等有关负责人，就南浔非公企业开展国防教育和武装工作进行调研。

5月15日，区残疾人文化艺术示范基地揭牌仪式暨区残疾人艺术作品展在善琏镇举行。市残联理事长王则康，区委副书记王琴英参加仪式并讲话。

5月18日至21日，在深圳举行的2012第八届中国（深圳）国际文化产业博览交易会上，南浔区善琏湖笔厂和湖州云鹤双林绫绢有限公司到场参加。

5月19日，区委书记叶理中会见了到访的德国电梯协会主席阿希姆·胡特尔先生一行。

5月28日，省司法厅厅长赵光君一行到南浔调研司法行政工作。

6月1日，召开全区城市建设重大项目推进会，研究分析重大项目的推进情况。

6月5日，副省长郑继伟率省政府副秘书长马林云、省卫生厅副厅长马伟杭等一行到南浔区，就该区县级公立医院综合改革试点工作进行调研。

6月11日，区委召开常委（扩大）会议，认真传达学习省第十三次党代会精神。

6月12日，副市长董立新到南浔区调研工业经济运行情况。

6月30日，隆重举行纪念中国共产党成立91周年暨创先争优活动表彰大会。

7月4日，区政府召开半年度工作会议。区长吴继平出席并讲话，区领导梅梓华、李连初、孙根祥、潘耕峰、王青、徐国华、姚昌喜、罗古阿吉、孙明波、朱祥瑞、闵建国等出席。

7月14日，世友工业园举行开园仪式。中国林产工业协会会长王满，中国林业科学研究院木材工业研究所所长叶克林，中国林产工业协会秘书长石峰，区委书记叶理中，区政协主席马志祥，常务副区长梅梓华，区委常委、开发区党委书记、管委会主任王建荣，区人大常委会副主任蔡建新，副区长潘耕峰，南浔区地板协会名誉会长沈法良出席。

7月31日，区政协二届二次常委会议举行。区政协主席马志祥出席会议并讲话。区政协副主席钱玉明、陈文龙、闵建国、王湘起参加。

8月3日，全区“中国魅力水乡”建设工作现场推进会召开。

8月4日，区网络问政综合信息平台开通运行。区长吴继平出席会议并讲话。区委副书记王琴英，区委常委、宣传部长梅爱祥，区人大常委会副主任李连初，区政协副主席王湘起等参加。副区长徐国华主持会议。

8月13日，区浔溪茶文化研究会正式成立。区政协主席马志祥出席并讲话，区政协副主席王湘起参加。

8月15日，全省生态循环农业示范区认定示范创建推进会在南浔区召开。

8月16日，区金融协会成立。区领导叶理中、吴继平、姚广民、王琴英、潘耕峰、姚昌喜及市金融办主任出席成立大会。

9月8日，隆重举行庆祝第28个教师节暨南浔教育奖颁奖大会。区委书记叶理中出席并讲话，区长吴继平主持大会，区人大常委会主任姚广民，区人大常委会副主任华新民，副区长王青，区政协副主席王湘起出席。

9月10日，区长吴继平带领区府办、区教育局和南浔镇等相关部门负责人，对南浔中学和南浔锦绣实验学校进行调研。

9月19日，南浔城区总体城市设计专家评审会召开。区委副书记王琴英、常务副区长梅梓华、副区长王纯出席会议。

9月24日，全区“慈善一日捐”活动动员大会召开。

9月26日，全区高新技术企业座谈会召开。副区长孙根祥参加。

同日，举行港台侨外及浙浔商回归投资企业家迎中秋联谊会。

9月28日，第十七届浙江旅外乡贤聚会暨南浔区产业推介会举行。

9月29日，浙江南浔建材新市场开业仪式和南浔国际建材城瑞丽红木馆揭牌庆典在五金板材交易中心广场隆重举行。

同日，第四届中国•湖州国际生态（乡村）旅游节湖州旅游推介暨湖州第三届鱼文化节开幕式在和孚镇荻港渔庄隆重举行。

10月16日，金象会所项目开工建设。区委副书记王琴英宣布开工，常务副区长梅梓华、区人大常委会副主任李连初、区政协副主席闵建国等出席仪式。

10月17日，区浙商回归引进项目举行集中开工仪式。省委副书记李强，副省长王建满，省委副秘书长林云举，省政府副秘书长谢济建，省经合办主任姚少平等出席。代市长金长征致辞，市委副书记、政法委书记金建新，副市长李建平参加仪式。

11月5日，省商务厅厅长金永辉一行到南浔调研工业和外贸工作。副市长李建平，区委书记叶理中，副区长孙根祥、潘耕峰，区政协副主席、区商务局局长万子牛等陪同。

11月20日，副省长毛光烈一行到南浔调研产业升级工作情况。市委书记马以，副市长刘芸、董立新，市政府秘书长陈亚明，区委书记叶理中，区委常委、开发区党委书记、管委会主任王建荣，副区长潘耕峰等陪同调研。

11月26日，南浔银行支持小微企业金融创新发布会暨乔迁新大楼庆典举行。省农信联社副主任孙建华，区长吴继平，区人大常委会主任姚广民，区政协主席马志祥，区委副书记王琴英，常务副区长梅梓华，区委常委、南浔经济开发区党委书记、管委会主任王建荣，副区长潘耕峰、姚昌喜，区金融协会会长沈法良及市区相关部门负责人等出席。

11月28日至29日，区委书记叶理中率领区党政代表团赴江苏省苏州太仓市、常州武进区两地学习考察。

11月30日，由区商务局主办的2012南浔购物节在浙北大厦南浔店购物广场启动。区政协副主席、区商务局局长万子牛出席启动仪式。

12月7日，召开反邪教协会成立大会，选举产生了反邪教协会第一届理事会。区委副书记王琴英，区政协副主席王湘起及省市反邪教协会相关负责人出席会议。

12月8日，全区优秀年轻干部成长工程开班仪式举行。区委副书记王琴英，区委常委、组织部长李宁参加。

12月9日，在江苏省苏州市举办“南浔区2012年苏州招商推介会”。区委常委、组织部长李宁，副区长孙根祥，区政协副主席、商务局局长万子牛参加。

12月11日，区首家工业企业税收突破2亿元暨巨人通力消防捐赠仪式在巨人通力电梯有限公司举行。市委书记马以、区委书记叶理中出席仪式并致辞。市委常委、秘书长高屹，副市长董立新，区长吴继平，区委常委、宣传部长梅爱祥，区委常委、开发区党委书记、管委会主任王建荣，副区长孙根祥、潘耕峰，通力全球副总裁、通力大中华区总裁姜威及市区有关部门负责人出席仪式。

12月15日至16日，区委常委（扩大）会议召开。区委书记叶理中主持会议并讲话。吴继平、姚广民、马志祥、王琴英、梅梓华、饶如锋、梅爱祥、曹伟龙、陆凤江、李宁、王建荣、孙明波等区四套班子领导出席。

12月18日，总投资约25亿元的318国道改建工程南浔段开工建设。

12月21日，湖州师范学院南浔附属小学揭牌仪式隆重举行。

12月28日，南浔发展大厦项目正式开工。该项目总投资约3.3亿元，项目建成后，将成为中心城区的又一地标性建筑。

同日，区首家村级慈善工作站在黄龙兜村成立。副区长徐国华以及市区慈善总会负责人参加。

2012年德清县大事记

1月6日，全县教育系统年度工作会议召开，副县长潘月山参加会议并讲话。

1月7日，在北京举行经济社会发展情况汇报会，县委书记张晓强在会上致辞。

1月9日，应上海市虹口区商贸委邀请，由副县长陈健带队组团赴上海参加虹口区菜场品牌对接活动。

同日，县委书记张晓强应邀参加在北京人民大会堂举办的第二届中国县域经济发展高层论坛，并接受央视财经频道记者采访，发表新春寄语。

1月17日，县十四届人大常委会第三十九次会议在武康召开。

1月29日，县领导张晓强、胡国荣、朱法根、王顺章、罗国建等分赴基层开展慰问活动。

1月30日，全县城管系统“新城管、新理念、新形象”突破年作风建设活动动员大会召开。

2月3日，“润德宝杯”第十二届浙北乾龙灯会开幕式在乾元镇乾龙花园前广场成功举办。县领导张林华、杨文华、潘月山、李红出席了隆重的开幕式。

同日，浙江省地理信息产业园德清科技新城道路工程正式开工建设。

2月6日，位于临杭工业区的浙江鼎力机械股份有限公司年产6000台大中型高空作业平台项目开工典礼举行。

2月13日，召开创建省级法治县工作先进单位迎评工作会议。

同日，全县校车运行线路安全设施建设现场会在新安镇召开，副县长潘月山出席会议并讲话。

2月22日，全县组织工作会议召开。

同日，省住建厅厅长谈月明一行到德清，就新市小城市培育试点工作进行视察。

2月23日，县长胡国荣主持召开县第十五届人民政府第一次常务会议，听取《行政诉讼法》讲座，研究依法行政、政府自身建设、2012年投资和重点项目建设等工作。

2月29日，召开全县领导干部会议，传达贯彻中国共产党湖州市第七次代表大会精神。

3月6日，县农业两区建设工作会议在武康召开。

3月10日，县长胡国荣主持召开县政府第二次常务会议，对《政府工作报告》确定的重点工作进行分解落实，研究建议提案交办和安全生产等工作。

3月12日，全县平原绿化工作推进会在武康召开。

3月15日，县委书记张晓强在县信访局主持县委书记大接访活动。

3月22日，召开全县项目建设大会。

3月23日，县长胡国荣主持召开县政府第三次常务会议，研究开放型经济、乡镇财政管理等工作。

3月26日，召开全县开放型经济工作会议。

3月27日，浦发银行湖州德清支行举行开业典礼。县委书记张晓强、浦发银行杭州分行行长赵峥嵘共同为浦发银行湖州德清支行揭牌。

3月28日，副省长王建满率省旅游、国土、发改等部门有关负责人，到德清县就重点旅游项目建设情况进行调研。

4月1日，由县委宣传部、新市镇政府、县文广新局联合主办的第十四届新市蚕花庙会隆重开幕。

4月6日，由山东省东平县县委书记赵德健、县长王骞率领的东平县党政代表团到德清考察经济社会发展情况。

4月11日，德清科技新城管委会与意大利都灵理工大学签订绿色科技园建设项目合作协议。

4月17日，县长胡国荣率县政府办、规划局、风景和旅游管理局、国土资源局、拆管中心等部门有关负责人，就开元森泊旅游综合体项目推进情况进行调研。

4月20日，邮储银行德清县支行举行迁址开业庆典活动。

4月23日，县长胡国荣主持召开县政府第四次常务会议，研究节约集约用地、项目建设相关制度、国家卫生县城复评等工作。

4月28日，召开小农水重点县建设工作推进会。

4月29日，第三届德清·莫干山国际休闲旅游节正式启动。县领导张林华、杨文华、陈佐平、王水加出席启动仪式。

5月4日，全县城乡建设和管理工作会议召开。

5月11日，浙江省德清县优质农产品（上海）展示展销中心开张暨“中国青虾之乡”授牌仪式在上海虹口区水电路1314号三角地菜场隆重举行。

5月15日，县委书记张晓强等赴德清经济开发区（高新区）进行调研。

5月16日，全县和美家园建设现场推进会召开。县领导罗国建、陈健、杨永林出席会议。

5月19日，国家级乌鳖良种场项目开工仪式隆重举行。县委副书记罗国建出席并宣布开工，副县长陈健出席仪式并致词。

5月21日，县长胡国荣主持召开县政府第5次常务会议。会议研究服务业发展、有序用电、中心城区学前教育等工作。

5月25日，县第十五届人大常委会第五次会议在武康召开。

5月28日，全县对外宣传与互联网宣传管理工作领导小组全体成员（扩大）会议召开。

5月29日至31日，县委书记张晓强在县领导杨明连、姬慧、王少华、闻洪泉的陪同下，率县委办、县政府办、工商联、发改委、财政局、商务局、武康镇、乾元镇、新市镇等单位有关负责人，先后赴广东省广州市、深圳市拜访浙商开展经贸交流活动。

6月2日，县长胡国荣主持召开县政府第六次常务会议。会议研究了金融创新示范县建设、民政、科技金融等工作。

6月11日，召开全县人口和计划生育工作会议。

同日，德清钢琴文化馆举行开馆典礼。

6月13日，县长胡国荣主持召开县政府第七次常务会议。会议研究服务业政策、农业“两区”建设、新居民服务管理等工作。

6月15日，县矿山综合治理办公室揭牌仪式在县国土资源局办公大楼举行。

6月19日，由科技部航空遥感数据获取与服务技术创新联盟、科技新城管委会联合主办的高性能航摄飞机引进及GeoSIM三维数字城市新技术研讨会在德清举行。

6月21日，县临杭工业区三个基础设施项目和三个产业项目集中开工，县领导罗国建、闻洪泉、杨永林出席了开工仪式。

6月28日，隆重召开纪念中国共产党成立91周年暨创先争优活动表彰大会。

7月6日，浙江省推选全国中小河流治理重点县综合整治试点现场陈述评议会在杭州召开。德清县以综合排名全省第二的优异成绩成为全省16个县（市、区）试点推荐之一。

7月9日，德清农商银行成立仪式举行。

同日，举行“发展金融新业态支持经济新崛起”——县域金融创新推进会。

同日，省农信联社金融后台基地培训中心大楼项目建设开工仪式举行。副省长朱从玖，市委书记马以，省政府副秘书长冯波声，省农信联社党委书记、理事长姚世新，县委书记张晓强共同启动“开工仪式水晶球”。

7月12日，县创建省科普示范县动员大会召开。县领导罗国建、夏冰出席会议。

7月15日，全县新居民服务管理工作领导小组成员（扩大）会议召开。

7月23日，县委十三届二次全体（扩大）会议审议通过了《关于加强文化强县建设的实施意见》。

7月24日至27日，县委书记张晓强率县考察团赴乌兰县进行实地考察。

8月13日，县长胡国荣主持召开县政府第九次常务会议。会议研究防灾救灾、经济运行等工作。

8月21日，全县服务业发展暨项目推进工作会议召开。

8月23日，开元森泊旅游综合体项目开工仪式举行。

8月25日，浙江省高校后勤物资联配中心德清县教育局工作站暨德清县教育资源交易中心成立仪式在县教育保障中心举行。

8月28日，微软（中国）有限公司德清淡竹软件园举行奠基仪式。县委书记张晓强出席并致辞。县长胡国荣主持。县领导杨卫东、潘月山、王少华、杨永林出席。

8月31日，临杭大道暨园一、园四路开工典礼举行。

9月6日，县委书记张晓强会见了西班牙塔拉戈那省巴尔斯市市长阿尔贝托·巴特·卡那得一行。

9月7日，全国教师工作暨“两基”工作总结表彰大会在北京隆重召开。德清县被评为“全国‘两基’工作先进地区”，全国有80个。

9月12日，县长胡国荣主持召开县政府第十次常务会议。会议研究了工业强县、淘汰落后、污水处理等工作。

9月14日，开全县工业强县建设动员大会。

9月16日，北京市德清同乡联谊会（商会）在北京歌华开元大酒店举行隆重的成立大会。

9月20日，位于新安镇的德清杭钢100

万吨金属再生项目开工仪式举行。

9月28日，县长胡国荣主持召开县政府第十一次常务会议。会议研究了科技成果转化、闭坑矿地综合开发利用、节日期间安全生产等工作。

10月9日，县科技金融工作推进会暨德清农商银行科技支行成立仪式举行。

10月14日，德清资福禅寺项目奠基仪式在三合乡上杨村资福寺旧址启动。

10月18日至19日，长江三角洲十三县(市、区)政协工作研讨会第三十六次会议在德清县召开。

10月23日，以德清县县名命名的“德清湖”在湖州师范学院落成。

10月25日，县首个农产品安全奖项——“志刚诚信农产品生产奖”设立。

10月26日，总投资近五千万元的哑儿墩至永平桥段阜溪治理二期工程开工。

11月8日，县政府在杭州召开了《德清工业强县建设规划》（2012—2016年）专家评审会，专家组一致同意通过。

11月13日，路虎德清体验中心在裸心谷正式落成开业。

11月15日，德清经济开发区低丘缓坡区块六项目集中开工，6个工业项目涉及产业有休闲制造、生物医药、机械制造，总投资达30.8亿元，投产后可实现销售收入40多亿元。

11月17日，以“游子回乡、浙（德）商回归”为主题的德清县第三届游子文化节暨2012年投资贸易洽谈会隆重开幕。

11月20日，“沪杭金融家看德清”暨长三角金融后台基地建设、新莫干山金融家集聚区规划高端研讨会举行。

11月27日，全县营业税改征增值税工作会议召开。

11月30日，县长胡国荣主持召开县政府第十四次常务会议。会议学习宣传贯彻党的十八大精神，研究水利、公共资源交易等工作。

12月7日，全国中小河流治理重点县综合整治及水系连通试点德清县项目开工典礼在三合乡四都村举行。

同日，青海省乌兰县到德清举办“开放合作、绿色发展”项目推介会。会上，德清县与乌兰县签订了招商引资和产业合作框架协议。

12月10日，中共德清县个体民营企业协会总支部委员会德清莫干山卢球商贸中心有限公司党支部成立仪式在卢球商贸城举行。

12月13日，长三角100个最佳旅游休闲名城评选揭晓，德清县榜上有名。

12月14日，县长胡国荣主持召开县政府第十五次常务会议，研究国资监管、县级公立医院改革等工作。

同日，县政府与县总工会第七次联席会议召开。

12月19日，县委召开理论学习中心组（扩大）会暨务虚会。

12月21日，召开2012年度迎接市对县综合考核工作动员会。

12月24日，县国家卫生县城复评工作总结表彰会议举行。

12月27日，县十五届人大常委会召开第十一次会议，会议由县人大常委会主任朱法根主持。

12月28日，县委党校建校60周年庆祝大会举行。

同日，由省经信委主办，县政府承办的浙江省产业集群“两化”深度融合服务年活动暨德清县生物医药产业集群“两化”深度融合推进会在德清召开。

2012年安吉县大事记

1月10日，县政协召开七届四十二次主席会议。县政协主席梁为民，副主席王龙生、朱玉成、兰林富、王爱民、侯献荣出席。

同日，县十四届人大常委会举行第三十九次会议。县人大常委会主任吴向明，副主任周小平、陈华民、张为华、杨路侠、黄根凤出席。

1月13日，县委县政府举行2012年新春团拜会。

1月16日，全县深入推进生态文明示范建设动员大会召开。县委书记单锦炎作重要讲话。代县长王树主持会议。吴向明、梁为民、陆为民等县四套班子领导出席大会。

1月18日，代县长王树主持召开县政府第五十一次常务会议。

1月19日，召开“安吉骄傲—2011年度最具影响力人物（事件）”评选活动组委会会议。

1月31日，召开县、乡、村三级干部作风建设大会。县委书记单锦炎作重要讲话。代县长王树主持会议。吴向明、梁为民、陆为民等县四套班子领导出席大会。

2月1日，常务副县长陆为民率县水利、国税、残联等有关部门负责人来到梅溪镇荆湾村蹲点调研。

2月7日，以国家环境保护部党组成员、办公厅主任胡保林为组长的国家环保部生态文明调研组专程到安吉调研。

2月16日，丽水市云和县县委常委、宣传部长吕晓东率党政考察团到安吉考察“美丽乡村”建设等情况。

2月17日，安徽省庐江县县委书记、县人大常委会主任王民生率党政考察团一行70人到安吉考察。

2月20日，隆重召开全县经济发展大会。

2月21日，召开全县农村工作会议。

2月28日，全县财政税收国资工作会议召开。

同日，全县美丽家庭授牌仪式在报福镇上张村举行。

3月8日，全县在创先争优活动中开展基层组织建设年推进会召开。

3月9日，国家林业局科技司推广处田亚玲率调研组到安吉调研林业科技推广体系建设工作。

3月13日，向首批31个重点工业项目业主发放“重点工业项目快通卡”。

3月20日，网易现代农业园项目在皈山乡洛四房村开工建设。

3月23日，中国美院——安吉合作发展工作对接会召开。中国美院党委副书记胡钟华、副县长任贵明参加会议。

3月26日，县第十五届人大常委会第一次会议召开。

3月28日，全国政协原副主席张怀西到安吉视察民办学校教育工作。

4月1日，在全省平安建设工作会议上，安吉被命名为“平安县”，受到省委、省政府的表彰。这已是安吉县连续七年获此殊荣。

4月3日，县低碳生态城市发展与建设研讨会召开。

4月7日，安吉白茶文化旅游专线签约暨龙王山安吉白茶观光旅游采摘加工体验月活动启动仪式举行，标志着安吉白茶文化旅游正式开游。

4月8日，县茶文化促进会成立大会召开。

4月9日，由中国国际茶文化研究会、省农业厅、市政府主办，县政府承办的第四届安吉白茶开采节在溪龙国家级安吉白茶园隆重开幕。

4月13日，全县“进村入企”大走访活动推进会召开。

4月19日，隆重召开支持浙商安商创业创新暨招商引资推进大会。

4月20日，全县首个村级慈善工作站在孝丰镇赤坞村成立，当天共募集善款15.43万元。

4月27日，2012中国“美丽乡村”嘉年华暨安吉·山川首届“浪漫风情”旅游活动启动仪式在山川乡马家弄村举行。

5月8日，数字安吉地理空间框架建设项目设计书评审暨合作协议签署仪式举行。常务副县长凌建荣与省、市测绘与地理信息局相关负责人代表三方共同签署项目合作协议书。

5月13日，昌硕街道“三优”指导中心在县机关幼儿园正式揭牌启用，这也是安吉县成立第一个乡镇一级“三优”指导中心。

5月17日，由安徽省芜湖县县委副书记高文率领的党政考察团到安吉就农村精神文明建设及“美丽乡村”建设进行考察。

县委常委、宣传部长王有娣陪同。

5月18日，奉化市副市长方国波率党政考察团到安吉考察竹产业发展情况。县领导钱洪文、余东游陪同。

5月19日，安吉藤仓橡胶有限公司年产3亿件汽车橡胶膜片、橡胶0型圈生产项目首期竣工投产。

5月21日，县委书记单锦炎专程赴县国土资源局就国土工作进行调研。

5月22日，全县转型升级与先进特色创业发展专题研讨班开班。副县长钱洪文出席并讲话。

5月28日，县宏宇物流集散中心正式开工建设。常务副县长凌建荣、县人大常委会副主任黄根凤出席开工仪式。

同日，召开全县农业“两区”现场推进会暨农业项目签约仪式筹备工作会议。

5月29日，2012年安吉·杭州（萧山）装备制造产业对接会在萧山举行。

6月1日，中国音画乡村——安吉（龙山）生态影视基地旅游区项目正式开工建设。

6月10日至11日，安徽省岳西县县委书记周东明率党政代表团到安吉考察“美丽乡村”建设。

6月12日，县委书记单锦炎就现代农业“两区”建设赴天荒坪银坑、大溪等地调研。

6月13日，召开农业“两区”建设推进会暨园区项目签约仪式。

6月14日，县长王树调研重点工业项目与平台建设。

6月15日，县委书记单锦炎奔赴华特斯、南方水泥等企业进行调研。

6月18日，召开高层次人才恳谈会暨“服务金卡”发放仪式。

6月20日，浙江永裕竹业有限公司人民武装部揭牌仪式举行。这也是安吉首个非公企业武装部。

6月27日，隆重召开纪念中国共产党成立91周年暨创先争优活动表彰大会，

同日，中共安吉县党史陈列馆开馆仪式在孝丰镇老石坎村举行。

6月28日，亚冠、新汇、海龙、信聚、良朋文体、惠氏六大工业项目分别在开发区（递铺镇）、孝丰、溪龙、天子湖、皈山举行开工仪式。

7月2日至3日，县委书记单锦炎先后赴梅溪镇、开发区（递铺镇）调研交通工作，并主持召开全县交通项目推进暨交通“两大行动”动员会。

7月6日，“中国‘美丽乡村’”乡村旅游省级服务业标准化试点工作通过了由省质监局、旅游协会等部门联合验收。

7月10日，大熊猫保护国家战略专家咨询会在安吉召开。

7月11日，县长王树主持召开县政府第四次常务会议。

7月16日，县委书记单锦炎专题调研行政服务暨公共资源交易管理工作。

7月17日，2012年“美丽乡村”工作推进暨省级文明县创建动员会召开。

7月23日，合肥市包河区区委书记、区人大常委会主任胡启生率党政代表团到安吉考察“美丽乡村”建设。县委副书记陆为民陪同。

7月30日，县工商联（总商会）、县金融办联合举办“2012年政银企联谊会”。副县长钱洪文出席并讲话。

8月14日，四川省武胜县县长郑鹏程率考察团到安吉考察“美丽乡村”建设。常务副县长凌建荣、副县长罗林泉等陪同。

8月15日，县人大常委会主任梁为民率队视察报福镇水毁交通工程。

8月17日，县第十五届人大常委会第四次会议召开。

8月27日，召开全民科学素质工作暨创建省科普示范县动员大会。县领导陆为民、孙松、黄亮、张为华参加会议。

9月4日，县政协主席叶海珍主持召开县政协八届六次主席会议，副主席张为华、朱玉成、侯献荣、曾庆山、梁霜，秘书长万尧平参加会议。

9月4日至5日，召开金融工作例会，分析总结2012年以来经济、金融工作，部署下半年工作。副县长钱洪文出席。

9月9日，省委书记、省人大常委会主任赵洪祝就安吉县荣获2012年“联合国人居奖”作出重要批示：安吉县获2012年“联合国人居奖”，来之不易，可喜可贺。希望以此为动力，继续注重生态保护和绿色发展，不断改善群众生活居住环境，推进生态文明建设取得新成效。

9月11日，县交通运输局与梅溪镇（临港经济区）交通项目共推共建座谈会暨合作签约仪式召开。县人大常委会主任梁为民出席。

9月12日，全县“一把手工程”例会暨“决战百天、决胜全年”动员会召开。

9月13日，县长王树就进一步建立县、乡、村三级医疗卫生服务体系进行深入调研。

9月18日，全省生态文明建设试点现场会在安吉召开。

9月19日，县委书记单锦炎赴杭长高速（安吉段）检查沿线环境整治情况。

9月24日，在北京人民大会堂举行的授牌仪式上，中国纺织品商业协会会长李建华授予安吉“中国竹凉席之都”牌匾。

9月29日，召开创先争优活动总结暨“创争”抓长效、“双决”看实效工作会议和县委理论中心组（扩大）学习会。

同日，县第一座社区科技馆——昌硕街道凤凰社区科技馆开馆仪式举行。县政协副主席张为华参加。

10月8日，美欣达集团举行安吉旺能环保再生能源项目竣工和生态环保教育基地开工仪式。副市长沈建平宣布项目竣工、开工，并与市、县领导高东、单锦炎及投资方负责人等为项目竣工纪念石揭幕。县领导王树、梁为民、陆为民、凌建荣、钱洪文、曾庆山参加项目竣工、开工仪式。市、县领导为生态环保教育基地项目开工奠基。

10月9日，省政协原主席、中国国际茶文化研究会会长周国富到安吉调研白茶产业发展情况。

10月12日，召开第五届中国“美丽乡村”·安吉投资贸易洽谈会动员大会。

10月16日，上海第三届航运金融论坛及内河航运专题会议在安吉川达集装箱码头举行。

10月17日，召开创建全国土地资源节约集约模范县动员大会。

10月19日，湖州农民学院安吉分院正式成立。市政协副主席沈琪芳、县委副书记陆为民出席授牌仪式，副县长徐礼明主持。

10月25日，2012银企对接现场会举行。县领导杨路侠、钱洪文、张为华出席。

10月26日，县举行项目集中开（竣）工仪式，共有九大项目开工或竣工。县领导单锦炎、王树、梁为民、陆为民等参加。

10月29日，第一座生态博物馆——中国·安吉生态博物馆开馆。

10月31日，在举行的第五届安吉投资贸易洽谈会结出硕果，25个项目集中签约，其中22个招商项目协议意向总投资113亿元人民币、2.7亿美元，3个战略共建合作项目。

11月3日，2012中国（安吉）“美丽乡村”建设与区域经济发展高层论坛专家研讨会在京举行。

11月6日，世行贷款安吉县农村污水处理项目建设领导小组会议举行。常务副县长凌建荣出席。

11月8日，安吉亚太汽车制动系统有限公司年产300万套汽车制动系统生产线项目（一期工程）竣工试生产。

11月15日，湖州省际承接产业转移示范区挂牌仪式在天子湖镇举行。

11月17日，由农业部农村社会事业发展中心与浙江省农业厅主办的2012中国（安吉）“美丽乡村”建设与县域经济发展高层论坛在安吉举行。

11月20日，全县“风情小镇”建设工作推进会在山川乡召开。

11月23日，县长王树主持召开县政府第六次常务会议，研究实施殡葬惠民政策、完善考评机制促进生态文明示范县建设等工作。

11月27日，“安吉县人防教育基地”、“安吉县人防教育试点学校”授牌仪式暨“人防杯”有奖征文比赛颁奖仪式在安吉天略外国语学校举行。

11月29日，在由中国绿色碳汇基金会主办的联合国气候变化多哈大会“中国角”边会——“应对气候变化‘林业碳汇’研讨会”上，安吉县与国际竹藤组织、中国绿色碳汇基金会、浙江农林大学共同签署了“竹林碳汇试验示范区建设”的框架协议。

12月6日，省林业厅副厅长杨幼平率考核验收组对天荒坪省级现代农业综合区进行考核验收，验收组一致同意安吉县天荒坪省级现代农业综合区通过验收。副县长徐礼明陪同。

12月9日，由上海市汽车摩托车运动协会主办，县体育局等协办的上海市汽车集结赛（上海—安吉）颁奖仪式在安吉举行。

12月11日，县级公立医院综合改革动员大会召开。副县长任贵明参加并讲话。

12月13日，在上海举行“区域合作·共谋发展”安吉—上海投融资恳谈会。

12月17日，全县第四期村（社区）党组织书记座谈会在报福镇召开。

12月20日，县领导单锦炎、王树、凌建荣带领有关部门负责人调研城郊结合部综合整治工作。

12月22日至23日，由光明日报、省委宣传部、浙江农林大学、省生态文化协会联合主办的2012美丽中国·安吉论坛在安吉开幕。

12月24日，全县2012年度中国“美丽乡村”建设考核工作会议召开。

12月26日，杭长高速二期举行工程竣工通车仪式，这标志着安吉县迈入“30分钟到湖杭、3小时抵达沪宁甬”的城际交通生活圈。

同日，首个入驻安吉县的央企投资项目——港中旅（安吉）灵峰旅游综合体项目在灵峰旅游度假区举行奠基仪式。

12月28日，召开推进新型城市化和民政工作暨城乡社区建设大会。

2012年长兴县大事记

1月8日，县长吕志良主持召开座谈会，向县人大常委会领导及县人大常委会各专委会、办公室主要负责人征求对《政府工作报告》（征求意见稿）的意见和建议。

1月16日，长兴在沪举行同乡发展恳谈会。

同日，县长吕志良主持召开县十四届政府第六十九次常务会议。

1月17日，天能集团2011年度总结表彰大会召开，2011年实现销售收入152亿元，实现利税10亿元。县委书记章根明出席并讲话，县长吕志良和县领导朱根山、徐永方、许小月、高胜华等一同出席表彰大会。

1月29日，全县工业经济“五百行动”誓师大会召开。

1月30日，县十四届人大常委会召开第三十八次会议。

2月2日，长兴在北京钓鱼台大酒店举行同乡经济社会发展恳谈会。

2月7日，县社会保障卡首发仪式举行，县领导高胜华参加首发仪式。

2月13日，由省农业厅副厅长吴鸿带队的省级机关“改善发展环境”调研组到长兴开展调研活动。常务副县长高胜华出席专题汇报会。

2月15日，县长吕志良主持召开县十五届政府第一次常务会议。会议听取并研究了《长兴县人民政府工作规则》（送审稿），2012年农业、服务业、工业等工作考核办法、指标分解、政策完善等。

2月16日，中国长丝织造协会会长徐文英一行到长兴调研纺织行业。

2月17日，市委书记孙文友到长兴开展“进村入企”大走访活动。

2月20日，市长马以到长兴调研省际承接产业转移示范区规划建设工作。

2月28日，县委书记章根明赴小浦镇开展“进村入企”大走访活动。

同日，召开全县领导干部大会，传达贯彻中国共产党湖州市第七次代表大会精神。

3月2日，长兴县广告协会成立大会举行。

3月3日，县长吕志良赴和平镇开展“进村入企”大走访活动。

3月5日，召开全县服务业大会。

3月6日，县长吕志良赴槐坎乡调研工业经济工作。

3月10日，“长兴大讲堂”之“领导力突破新方略”专题讲座举行。

3月14日，2012年全县对外宣传暨第二届“长兴榜样”工作会议召开。

3月19日，县委书记章根明主持召开县委常委会，听取全县创建工作、文化强县建设、反腐倡廉以及作风建设等工作的汇报。

3月20日，中德合作湿地保护项目工作会议在长兴召开。副县长史会方参加会议。

3月22日，召开全县“五百行动”项目现场推进会。常务副县长高胜华参加会议。

3月23日至25日，2012浙江(江苏)旅游交易会在南京市国际展览中心举行。县旅游部门牵头县内各家旅游企业组成参展促销团参加交易会。

3月31日，县委第十三届二次全体（扩大）会议暨县委读书会召开。

4月7日，召开2012年实施“南太湖精英计划”工作推进会。

4月12日，江山市考察团一行到长兴考察农家乐经营和乡村旅游工作，县委常委、纪委书记金淦英陪同考察。

4月14日，江西德兴市考察团到长兴考察蓄电池产业发展情况。副县长王连邦陪同考察。

4月15日，2012浙江省野生动植物保护宣传月（爱鸟周）启动仪式暨扬子鳄放归自然活动在长兴举行。

4月16日，县长吕志良主持召开县十五届政府第三次常务会议。

4月17日，县乡镇（园区）招商引资工作及外资例会召开。副县长何文全参加会议。

4月21日，全县工业经济“五百行动”推进暨经济形势分析会召开。常务副县长高胜华参加会议。

4月24日，长兴企业上市工作推进暨培训会议举行。常务副县长高胜华参加会议。

4月27日，省环保厅厅长徐震一行到长兴调研农村环境连片整治工作。

5月3日，长兴新能源产业园区建设工作现场推进会召开。

5月5日，山东邹城市政府考察团一行

到长兴考察招商引资工作。副县长何文全陪同考察。

5月7日，县委书记章根明带队赴江苏无锡开展招商活动。

5月8日，县“六纵六横”道路工程建设指挥部第一次工作例会召开。

5月9日，全县扩大有效投资暨浙商创业创新促进长兴发展工作会议召开。

5月10日，县委书记章根明带队赴杭州萧山开展招商活动。常务副县长高胜华参加招商活动。

5月10日至11日，县委书记章根明带队赴广东省深圳市、中山市等地开展招商活动。县领导管会斌参加。

5月18日，县创建国家节水型城市工作会议召开。

5月20日，县委书记章根明带队赴辽宁省大连市开展招商活动。

5月22日，长兴新能源LNG货运车辆运营启动仪式在综合物流园区举行。副县长楼秋红参加启动仪式。

5月26日，长兴技师学院揭牌暨职教联盟成立仪式举行。副市长沈建平、副县长楼秋红参加仪式。

5月30日，县长吕志良率队前往上海开展招商活动。县领导王庆忠参加项目洽谈。

6月6日，总投资16亿元的海洋城项目举行签约仪式。县政协主席金树云和县领导高胜华参加签约仪式。

6月7日至8日，副县长何文全、县政协副主席庄国良带队赴宁波宁海、鄞州等地开展招商活动。

6月11日，召开工业经济例会，重点对2012年1－5月规上工业产值和有效投资进行了研究分析。常务副县长高胜华参加会议。

6月12日，2012年长兴县大学生创业现场会暨泗安镇大学生（村官）创业孵化基地揭牌仪式在泗安镇举行。

6月19日，县委书记章根明带队赴天津开展招商活动。

6月28日，中共中央在北京召开全国创先争优表彰大会，长兴县委荣获全国创先争优活动先进县党委称号，成为浙江省获得此项殊荣仅有的三个县区之一。

7月4日，县委新经济与新社会组织工作委员会第一次联席会议召开。

同日，县委书记章根明赴长兴经济技术开发区调研重点项目。

7月12日，县政府与浙江大学医学院附属第一医院医疗合作签约仪式举行。

7月16日，县委书记章根明前往南太湖产业集聚区长兴分区调研。

7月24日，县长吕志良主持召开县十五届政府第8次常务会议。

8月16日，富阳市政府代表团到长兴就加快产业结构调整和转型升级、如何更好地打造工业平台和落实科学发展观进行考察。副县长熊翊陪同考察。

8月19日，全县招商引资工作例会召开。副县长何文全参加会议。

8月21日，县十五届人大常委会召开第五次会议。

8月23日，湖州市旅游重大项目集中开工仪式在长兴太湖图影省级旅游度假区举行。

8月24日，“浙江大学国际设计研究院长兴设计中心”签约并正式成立。

同日，全省工业强县（市、区）试点工作座谈会在长兴召开。

8月31日，舟山市普陀区政府考察团一行到长兴考察物流产业发展。副县长何文全陪同考察。

9月3日，县委书记章根明、县长吕志良率领县党政代表团赴临安市、绍兴县考察经济社会发展情况。

9月7日，全县金融形势分析会召开。

9月15日，召开创建“国家生态县”、“全国绿化模范单位”迎检动员大会。

9月21日，全省乡镇农产品质量安全监管规范化建设现场会暨百日行动推进会在长兴召开。

同日，省旅游局副局长方敬华一行到长兴调研乡村旅游发展情况。副县长楼秋红陪同调研。

9月24日，省政协副主席、省委统战部长汤黎路一行到长兴调研工业经济发展情况。

9月28日，长兴工业强县建设规划评审会在杭州召开。县长吕志良、常务副县长高胜华参加会议。

10月10日，由中国自行车协会、中国电池工业协会、亚洲光伏产业协会、亚太电动车协会、亚洲电池协会主办，天能国际集团承办的2012中国新能源电动车产业高峰论坛在长兴举行。

10月11日，县委书记章根明会见浦发银行杭州分行行长赵峥嵘一行。

10月12日，县长吕志良主持召开县十五届政府第十一次常务会议。

10月22日，县委书记章根明、县人大

常委会主任叶白云、县政协主席金树云、县领导吴忠良一行赴桐乡市，就桐昆集团恒腾项目一期投产和二期投资等事宜进行洽谈。

10月23日，县旧城改造暨张家村花园开工仪式举行。

同日，县安置房工程暨新塘花园集中开工仪式在太湖新城隆重举行。

10月25日，全县三季度经济和社会稳定形势分析会召开。

10月26日，浙江大唐起重机械制造有限公司项目竣工仪式举行。

同日，新大力电源科技有限公司投产仪式在城南工业功能区举行。

同日，天能集团循环经济产业园一期竣工暨二期开工仪式在城南工业功能区举行。

10月27日，2012中国·太湖明珠——长兴国际投资贸易洽谈会暨中国·长兴政产学研合作大会盛大开幕。

同日，县工业项目集中开工暨钱潮锦纶奠基仪式在泗安镇举行，此次21个工业项目，总投资超过52亿元，全部投产后预计年产值超138亿元。

11月8日，2012年中小城市房地产高端论坛在长兴举行。副县长陈丹参加。

11月11日，长兴综合物流园区安置房项目开工典礼举行。副县长何文全参加。

11月9日，长兴轻纺城前往绍兴柯桥举行招商推介会。常务副县长高胜华、副县长熊翊、县政协副主席章玉坤参加推介会。

11月10日，2012中国长兴（洪桥）·第三届太湖大闸蟹节在洪桥镇七土斗漾河蟹养殖基地举行。

11月17日，长兴大讲堂之“部门领导谈对上政策争取”第三场专题交流发言暨长洽会总结大会召开。

11月20日，县长吕志良主持召开县十五届政府第13次常务会议。会议听取并研究了社会养老服务体系建设、苕溪清水入湖工程等工作。

11月23日，全省工业强县（市、区）建设工作电视电话会议在杭州召开。会上，省人民政府正式向长兴县等20个县（市、区）授予浙江省工业强县（市、区）建设试点牌匾。县长吕志良参加授牌仪式。

11月27日，全县机关事业单位推行机构编制实名制管理工作动员部署会召开。常务副县长高胜华参加会议。

11月28日，第二届全国铅蓄电池新技术研讨会在长兴举行。副县长史会方参加研讨会。

12月8日，由县政府、《浙商》杂志、浙商全国理事会主办的首届中国·长兴南太湖浙商论坛在长兴召开。常务副县长高胜华参加论坛。

12月10日，浙北商业广场首批商家进驻签约仪式举行。副县长何文全参加签约仪式。

12月11日，中国耐火材料行业协会2012年会长工作会议在长兴召开。副县长熊翊参加会议。

12月12日，长兴城市建设战略合作协议签约仪式在长兴举行。县长吕志良、中国投资担保有限公司执行总裁石军等出席签约仪式。

12月14日，县长吕志良主持召开县十五届政府第十四次常务会议。会议听取并研究了医疗保障、数字城管、建设领域有关问题等工作。

12月17日，国家生态县考核组一行对长兴生态建设相关工作进行实地考察并召开考核验收汇报及反馈会，同意长兴县通过国家生态县考核验收。

12月19日，省文化厅厅长金兴盛一行到长兴考察文化服务体系建设情况。

12月19日至20日，县长吕志良带领县党政代表团赴江苏省金坛市、武进区、如皋市、通州区等地考察经济社会发展情况。

12月24日至25日，县委书记章根明带领县党政代表团赴平湖市、海宁市等地考察经济社会发展情况。

12月25日，县综合福利中心奠基仪式举行。

12月27日，湖州市省际产业转移承接示范区（长兴）投资环境推介会在杭举行。市长金长征、县委书记章根明分别致辞，县长吕志良主持，县人大常委会主任叶白云、县政协主席金树云和县领导娄显杰、管会斌、何文全等参加推介会。

同日，嘉兆长兴海洋城项目举行开工典礼。县长吕志良，县领导杨福成、庄国良出席开工典礼。

12月29日，位于长兴经济技术开发区的家之窗现代家居广场开业。县委书记章根明出席开业仪式并讲话。

绍兴卷

2012年绍兴市大事记

1月8日，第六届“中国地方政府创新奖”在北京揭晓，绍兴市申报的“中心镇权力规制”项目名列其中，荣获优胜奖。

同日，深圳市绍兴商会成立大会在深圳举行。市领导谭志桂、阮顺泉、徐明光、解晓波以及深圳市有关部门领导出席成立大会。

1月16日，绍兴文化发展集团挂牌成立，这标志着绍兴市推进文化产业发展又搭建起一个重要平台。

1月18日，市政府召开全市经济和信息化工作会议。2011年全市规模以上工业总产值、工业增加值等多项指标走在全省乃至全国前列。2011年前11个月，全市规模以上企业完成工业总产值5684亿元，同比增长24.6%，高出全省3个百分点；工业增加值同比增长12.6%；实现销售收入6795.03亿元，增长24.6%，实现利税589.70亿元，增长22.8%；全市实现自营出口236.97亿美元，同比增长23.83%；累计工业用电438821万度，增长9.18%。

1月29日，张金如、钱建民、黄秋芳、顾秋麟、谭志桂等市四套班子领导，与市级有关部门负责人一起，到镜湖新区集体参加义务植树活动。

1月30日，市长钱建民专题督查节后重大基础设施项目开工情况。

1月31日至2月2日，中国航天科工集团公司经济合作部部长时旸一行到绍兴市调研考察，并与绍兴市就“智慧安居”建设工作进行对接座谈。副市长陈月亮出席座谈会。

2月1日，市委书记张金如、市长钱建民专题研究发展越商经济工作。

2月7日，全市农业系统工作会议在市区召开。

同日，市长钱建民主持召开第九十次常务会议，研究部署食品安全工作。

2月14日，省内首家“为中小企业提供专项金融信贷业务工厂”落户绍兴。

同日，在举行的国家科学技术奖励大会上，绍兴市两项目获奖。基于粗糙度系数快速测量技术的岩体结构面抗剪强度评价与应用项目，获得2011年国家技术发明二等奖，浙江五洲新春集团联合武汉理工大学等国内4所大学和部分企业，联合申报的环类零件精密轧制关键技术与装备项目，获得2011年国家科技进步二等奖。

2月17日，绍兴浙江大学校友会医学分会成立。浙江大学医学部党委书记陈智、副市长丁晓燕出席成立仪式。

2月19日，“同唱一台戏”现象暨越剧明星版《梁祝》全国巡演总结研讨会在绍兴举行。

2月21日，举行市优生工程合作项目签约暨联合实验室授牌仪式。

2月22日，浙江工业职业技术学院镜湖科教园校区正式动工建设。

3月8日，副市长杨文孝到上虞调研杭甬客专上虞北站工程、329国道上虞段及东部物流中心工程建设推进情况。

3月14日，召开全市开发区(园区)暨招商引资工作会议。

3月20日，市长钱建民主持召开第九十二次常务会议，讨论将提交市七届人大一次会议审议的《政府工作报告》（讨论稿）。

3月22日，市长钱建民会见了中国书法家协会分党组书记、驻会副主席赵长青一行。

3月25日，由绍兴图书馆筹建的绍兴书法文献馆正式开馆。这家由公共图书馆设立的专业书法文献馆，在国内尚属首个。

3月28日，市区一季度重大项目举行集中开工仪式。

4月1日，全省召开建设“平安浙江”电视电话会议。绍兴被授予2011年度平安市和社会治安综合治理优秀市称号，并实现平安县（市、区）创建“满堂红”。

4月2日，2012年全国游泳冠军赛暨奥运会选拔赛首日6个项目的决赛在绍兴市游泳健身中心举行。

4月6日，绍兴市商标监控预警保护中心在市工商局正式成立。

4月10日，召开一季度工业经济形势分析会。

4月16日，召开全市商务工作会议。

同日，由市中级人民法院编著的《绍兴黄酒知识产权战略研究》一书首发，这是国内第一部关于黄酒知识产权的专著。

4月18日，平水新城建管会与市级20多家银行机构举行对接会，拓展银政合作平台，推进平水新城发展。副市长陈月亮参加对接会。

4月20日，2012年公祭大禹陵典礼在绍兴大禹陵祭禹广场隆重举行。省人大常委会副主任程渭山，省政协副主席冯明光，水利部原党组成员、纪检组长张印忠，绍兴市委书记张金如，市长钱建民，市人大常委会主任黄秋芳，市政协主席顾秋麟作为主祭人参加祭禹典礼。

4月21日，越商总部基地奠基仪式在镜湖新区举行。市领导和来自海内外各地的400多位越商代表一同参加奠基仪式。

5月2日，市政府召开第一次常务会议，研究部署市两会精神贯彻落实工作。

5月3日，举行纪念中国共产主义青年团成立九十周年大会。

5月9日，全省首个多功能巡逻警务站在滨海新城投入试运行。

5月10日，由市政府主办、市人力社保局承办的绍兴市第五届校企合作技能人才供需洽谈会举行。

5月13日，绍兴文理学院司法鉴定中心举行国家级资质认定启动仪式，这是绍兴市第一家申报国家资质的司法鉴定机构。

5月21日，中国社会科学院财经战略研究院、中国社科院城市与竞争力中心以及社会文献出版社，在北京共同举办《2012年中国城市竞争力蓝皮书：中国城市竞争力报告》发布会。在蓝皮书中，2011年绍兴在8项总体指标中有4项居于全国城市前列。

5月26日，市长钱建民会见研祥高科技控股集团董事长陈志列一行。

5月28日，省内最大的内河港口、市最大的现代化物流园——绍兴港现代物流园正式开园。

6月5日，全国首台全自动免疫细胞扩增系统在绍兴宣布研发成功。

6月13日，全市加快实施“走出去”战略大力拓展境外市场工作座谈会召开。

6月15日，18只总投资达43亿元的项目集中开工，涉及产业、市政、公建、民生等领域。市委书记张金如宣布开工，市长钱建民致辞，市领导谭志桂、陈长兴、杨文孝和滨海新城党工委书记郭敏等出席仪式。

6月20日，中国人民对外友好协会、中国国际友好城市联合会在北京举行国际友城战略发展奖授奖仪式，授予绍兴市国际友城战略发展奖。

6月27日，2012年中国旅游电子商务大会暨智慧旅游高峰论坛在绍兴开幕。

7月4日，市委市政府召开全市金融工作会议。

7月8日，“绍兴市非物质文化遗产传习所”揭牌、中国艺术研究院“绍兴曲艺科研教学基地”授牌仪式暨绍兴传统曲艺专场汇报演出活动在市非物质文化遗产保护中心举行。

7月20日，市政府召开半年度经济形势分析暨服务业发展推进会，分析上半年全市经济运行情况，研究部署下半年经济工作和服务业发展重点任务。

7月24日，市长钱建民会见了由会长樋口武男率领的日本大和房屋工业株式会社考察团一行。

7月26日，浙江大学原子核农业科学研究所与市农科院合作签约仪式举行。

7月29日，中国国画院绍兴分院——宝云轩揭牌仪式举行。

8月11日，2012年绍兴市商贸投资环境推介会暨重点项目签约仪式在上海举行。推介会后，全市29只重点商贸项目进行集中签约，这批项目总投资达236亿元。

8月13日，浙江铭众生物医用材料与器械研究院项目签约仪式举行，将正式落户绍兴国家高新技术产业开发区。

8月20日，隆重举行2012年市区大学生助学仪式，为108名2012年考入高等院校的市区贫困家庭子女发放助学金。

8月26日，举行战略性新兴产业国际科技合作洽谈会。

8月27日，2012中国·绍兴“名士之乡”人才峰会举行“战略性新兴产业人才项目与资本对接活动”。26只产业项目超5亿元的资金需求吸引了32家资本企业前来对接。

8月29日，市长钱建民会见了专程到绍兴考察的首创股份公司董事长刘晓光一行。

9月7日，举行全国有色金属地质勘查行业改革与发展高层论坛。

9月10日，举行市政府决策咨询委员会成立会议，25位市老领导、老同志受聘担任市政府咨询委成员。

9月12日，启动市级公立医院综合改革试点。

9月13日，召开全市现代农业园区建设现场推进会。

9月15日，第二届中国海洋经济投资洽谈会在宁波国际会展中心开幕。绍兴代表团取得丰硕成果，共有8个项目签约，总计投资逾175亿元。

9月26日，第21届中国金鸡百花电影节——金鸡国际影展在鲁迅电影城举行。

9月27日，中国进出口银行浙江省分行与绍兴银行签署中小企业贷款合作协议，向绍兴市提供10亿元信贷资金，专项支持中小（微）企业发展。

9月28日，市高速公路建设指挥部与中国石油化工股份有限公司正式签约，达成高速公路服务区加油站项目合作框架协议。副市长杨文孝出席签字仪式。

10月10日，第十届泛长三角地区女性合作发展联席会议在绍兴举行。

10月11日，市政府召开政府性融资平台融资对接座谈会。

同日，市区三季度重大项目开工仪式在袍江新区举行，13个总投资52亿元的工业和基础设施项目开建。

10月15日，市长钱建民会见了到绍兴参加广发银行绍兴分行开业活动的广发银行总行行长利明献一行。

10月18日，市住房公积金“12329”服务热线和住房公积金短信服务平台正式开通。

10月22日，市统计局通报了2012年前三季度全市经济运行情况。据初步测算，1—3季度全市实现GDP2526.54亿元，按可比价计算，同比增长9.3%，高于全省增幅，列全省第四位，增幅比一季度、上半年分别提高0.6和0.2个百分点。从产业看，第一产业增加值121.42亿元，增长2.9%；第二产业增加值1371.71亿元，增长9.2%；第三产业增加值1033.41亿元，增长10.1%。

10月25日，由绍兴图书馆与中广有线绍兴分公司联合开发的“绍兴电视图书馆”在绍兴市数字电视平台上开通。

10月29日，国家旅游局在北京举行5A级旅游景区颁牌仪式，鲁迅故里·沈园景区成为绍兴市首家5A级景区。

10月30日，市保障性住房（马山地块）建设工程正式开工。

11月6日，浙江省社会科学界首届学术年会——“转型浙江与绍兴实践”分论坛在市委党校举行。

11月7日，市长钱建民会见了德国克雷菲尔德市友好访问团一行。

同日，第18届中国绍兴黄酒节开幕式暨古越龙山绍兴黄酒开酿仪式在中国绍兴黄酒集团古越龙山酿酒厂举行。

11月12日，中国交通企业管理协会、交通行业优秀企业管理成果评审委员会在中国交通文化网公布全国交通行业2012年度企业文化建设优秀成果，表彰了全国交通运输文化建设品牌单位、全国交通运输企业文化建设优秀单位等，绍兴汽运集团有限公司被授予“2012年全国交通运输企业文化建设优秀单位”称号。

11月15日，绍兴三欣纺织有限公司的一批面料通过属地申报的方式，完成了出口阿联酋的报关手续，这是B级企业在绍兴海关报关的“首票”记录。

11月18日，市人民医院建院70周年庆典暨医改亮点展示大会在市区开元大酒店举行。

11月20日，市委书记张金如主持召开全市外贸形势座谈会。

11月26日，召开全市经济金融工作座谈会。

12月2日，第十届全国建筑企业高峰论坛在绍兴开幕。

12月5日，市“枫桥经验”研究会在市委党校成立。

12月10日，全省智能纺织印染装备产业技术创新与高新产业园区转型发展工作会议在绍兴召开。

12月18日，越兴路南延工程正式开工。副市长杨文孝出席开工典礼。

12月20日，国务院国有资产监督管理委员会副主任、党委副书记邵宁在“绍兴论坛”领导干部专题报告会上，作了题为“中国经济发展的阶段性变化和企业的应对”专题报告。市人大常委会副主任王继岗主持报告会。

12月22日，召开宏观经济展望与债券市场发展论坛暨绍兴地方债券发行成功发布会。2012年以来，绍兴市成功发行7只企业债券，发行总量79亿，总量位居全省第一。

12月26日，举行镜湖新区建区10周年大会。

12月31日，市委、市政府召开专题会议，研究城市交通拥堵治理工作。市委书记张金如主持会议并讲话。

2012年越城区大事记

1月10日，召开全区“平安越城”创建工作大会。

1月17日，举办工商界新春联欢会，区委书记章长胜、区长魏明、区人大常委会主任赵国苗、区政协主席陈大平等领导参加。

1月29日，区四套班子领导章长胜、魏明、赵国苗、陈大平等到鉴湖镇王家葑村，带头参加义务植树劳动，栽下一片“新绿”。

2月2日，召开全区干部人会暨经济工作会议。

2月7日，区2012年一季度重大项目暨鉴湖镇老年服务中心建设项目开工仪式举行。区四套班子领导章长胜、魏明、赵国苗、陈大平、金泉海、赵建国、王静静出席开工仪式。

2月10日，召开城中村改造工作会议。区长魏明出席会议并讲话，副区长宋国兴作工作报告。

2月14日，召开全区司法行政工作会议。

2月16日，九江市浔阳区政府代表团一行7人，到越城考察城市管理工作。

2月18日，区政协四届一次会议隆重开幕。

2月19日，区八届人大一次会议隆重开幕。

2月29日，区“美丽乡村”建设6条景观线规划评审会议在皋埠镇坝内村召开，副区长王国荣出席会议。

3月1日，区2012年度人口和计划生育工作会隆重召开，区长魏明到会并作重要讲话。区委常委宋国兴、区人大常委会副主任周春雨、副区长张宪疆、区政协副主席郑明花出席会议。

3月1日，副市长丁晓燕到越城调研教育均衡发展工作。

3月5日，召开“三区”建设推进年暨“进百村入千企访万户”大走访活动动员大会。

3月6日至8日，区委书记章长胜到皋埠、东湖和鉴湖三镇开展“进百村入千企访万户”大走访活动。

3月9日至15日，区委书记章长胜到塔山、蕺山、北海、府山和城南五个街道，开展“进百村入千企访万户”大走访活动。

3月13日，区人大副主任何关富到鉴湖镇坡塘、玉屏村开展“进百村入千企访万户”走访活动。

3月19日，副区长王国荣到区流动人口服务管理局调研流动人口服务管理工作。

3月20日，区委书记章长胜对城中村改造工作进行调研。区委常委、区城改办主任宋国兴参加调研。

3月28日，区人大常委会召开颁发任命书大会。区委书记章长胜，区人大常委会主任赵国苗，区长魏明，区人大常委会副主任陈云根、胡大勇、何关富、杨伟春、周春雨、徐敬德等参加会议。

3月29日，区委书记章长胜到书圣景区调研旅游开发工作。区委常委宋国兴陪同调研。

4月1日，全省建设“平安浙江”电视电话会议召开，越城区获得省“平安县市”荣誉称号，并在会上受到表彰。

4月5日，东湖镇举行农村义务消防队成立授牌仪式。副区长王国荣等领导出席仪式。

4月10日，副区长王静静到府山街道调研村改居社区工作。

4月10日至11日，区长魏明带领区府办、发改局、商务局、规划分局、东湖镇、绍兴港现代物流园等单位负责人，赴杭州、嘉兴、苏州等地考察学习发展物流业的先进做法，副区长吴晓炯参加考察活动。

4月19日，召开一季度经济运行、社会稳定及“三区”建设推进年重点项目进展情况分析会。

4月21日，召开经济社会发展暨越商家乡行投资推介恳谈会。区领导章长胜、魏明、金泉海、赵建国参加会议。

4月25日，召开全区流动人口服务管理工作会议。

5月6日，全国首届红领巾场馆建设经验交流现场会在越城区柯灵小学举行。

5月7日，召开基本公共卫生服务项目迎检工作会议，副区长张宪疆出席会议并讲话。

5月10日，召开全区食品安全工作暨创建省级食品安全示范区动员会。

5月21日，来自绍兴市结对城市新疆阿克苏的部分乡镇、村、社区的50余位书记、主任等到越城区府山街道越都社区进行参观考察。

5月22日，区长魏明调研书圣故里旅游

保护开发工作，区委常委宋国兴，区委常委、宣传部长金海燕参加调研。

5月25日，区长魏明带领区府办、区商务局、区国土分局、区规划分局等部门负责人，到家居商贸城调研转型提升工作，副区长吴晓炯陪同调研。

5月27日，书圣故里举行中国晚报摄影学会书圣故里摄影基地授牌仪式暨全国晚报知名记者聚焦绍兴书圣故里开拍仪式。

5月28日，区东湖镇绍兴港现代物流园开园庆典在园区广场上隆重举行。

5月30日，召开社会管理综合治理委员会第一次全体（扩大）会议暨维稳工作会议。

6月7日，副市长盛世豪一行10余人到北海街道寨下村，调研越城区基层劳动争议调解组织建设工作。

6月15日，区委书记章长胜主持召开工业重点企业座谈会。常务副区长赵建国参加会议。

6月20日，市政协主席陈长兴到越城区调研政协工作。

6月22日，由绍兴市越农蔬菜专业合作社投资建设经营的首家“越城区农产品基地直销点”在市区大龙市场正式投入营运。副区长王国荣为直销点揭牌。

6月26日，区委书记章长胜调研全区基础设施建设项目进展情况。副区长丁忠平参加调研。

6月27日，区委副书记金泉海到鉴湖镇调研重点工作情况，区委常委组织部长、镇联系领导徐获一同参加调研。

7月2日，区委书记章长胜调研服务业项目。副区长吴晓炯参加调研。

7月11日，区长魏明到皋埠镇调研西桐线建设和刨板场整治工作进展情况。副区长王国荣参加调研。

7月13日，召开2012年上半年度安全生产形势分析会，常务副区长赵建国参加会议。

7月14日，区政协主席陈大平带领区政协委员一行15人视察了城郊特色农业建设情况。

7月16日，区委书记章长胜专题调研经济线半年度工作。

7月17日，区长魏明带队到斗门镇荷湖村考察清水工程示范村创建工作。

7月18日，区委书记章长胜主持召开座谈会专题调研社会稳定工作。

7月22日，举行区经济社会发展改革咨询专家组聘任仪式。

7月25日，区百家“三农”银农对接暨公开授信活动举行。

7月27日，区政府召开八届一次全体（扩大）会议。

8月9日，市规划局与越城区召开规划工作对接会，就人民东路沿线城市设计、104国道沿线整治规划方案等进行了对接商讨。

8月10日，召开创建省级扶残助残“爱心城区”阶段性工作会议。

8月17日，越城区下发了《安全生产百日整治专项行动方案》。

8月20日，召开全国文明城市创建工作会议。

8月23日，省委常委、副省长、宣传部长葛慧君，省委宣传部副部长鲍洪俊考察调研了越城区学习型社区建设工作。

8月24日，区长魏明主持召开市城投集团与越城区政府工作对接会。

9月3日，区政协召开四届四次常委会。区政协主席陈大平，副主席郑明花、王建利、王柏振、许锦生、马成永参加会议。

9月5日，区委书记章长胜到绍兴家居商贸城进行工作调研。副区长吴晓炯参加调研。

9月6日，区长魏明主持召开税源经济工作会议，区府办、财政局、发改局、经信局、商务局，家居商贸城管委会、书圣故里管委会和各镇街负责人参加会议。

9月12日，区长魏明主持召开企业运行情况分析会，专题研究企业生产经营现状及存在问题，并对下一步工作进行安排部署。副区长吴晓炯参加会议。

9月14日，副区长王静静接见在伦敦残奥会夺冠的绍兴越城区籍运动员娄小仙。

9月20日，区残疾人联合会第五次代表大会开幕。

9月25日，副区长陆琼带队到蕺山街道和皋埠镇督查安全生产工作。

9月26日，区委书记章长胜到区食品药品监督管理局进行工作调研。副区长汤栃钧参加调研。

同日，区委书记章长胜到区民政局进行工作调研。副区长王静静参加调研。

10月15日，区人大常委会主任赵国苗率领驻会委员对区现代农业园区和粮食功能区建设情况进行视察。

10月17日，副区长汤栃钧率区府办、区计卫局、区农水局、区食品药品监管局、区工商分局、区质监分局、各镇街有关负责人对全区食品安全大整治百日行动开展情况进行督查。

同日，区长魏明主持召开金融单位座谈会，常务副区长赵建国及恒信银行等11家银行主要负责人参加会议。

10月18日，绍兴市加快淘汰落后产能工作推进会在越城区召开。

11月5日，区委书记章长胜调研城中村改造工作。

11月6日，召开全区创建劳动关系和谐城区暨百日清薪维稳工作会议。

11月7日，区长魏明前往皋埠镇调研“美丽乡村”西桐线建设暨刨板场整治工作。副区长王国荣陪同调研。

11月15日，浙江第十届家私展览会开幕典礼暨区重大项目集中开工仪式举行。

11月19日，召开全区领导干部会议，区委书记章长胜传达十八大精神并就学习贯彻十八大精神提出要求。

11月20日，区长魏明到绍兴家居商贸城调研。

同日，召开全区创建省级食品安全示范区迎检工作会议，副区长汤栃钧出席会议并讲话。

11月21日，区政协四届六次常委会议召开。

12月4日，区委、区政府联合下发了《越城区审计整改跟踪督查办法（试行）》。

12月7日，召开“河长制”管理工作会议。

12月10日，区委书记章长胜调研“美丽乡村”建设工作，区委副书记金泉海、副区长王国荣参加调研。

同日，区长魏明主持召开专题会议研究越城区旅游发展工作。区委常委宋国兴、副区长陆琼、迎恩门工程指挥部副总指挥茹志水等参加会议。

12月17日，召开全区十八大精神专题报告会，区领导章长胜、赵国苗、陈大平、金泉海等参加学习。

12月21日，省海洋与渔业局副局长陈宗尧带领省级考评验收组，对越城区省级现代农业综合区进行考评验收，同意通过验收。

12月25日，区委书记章长胜对全区现代农业园区建设情况进行了调研。副区长王国荣参加调研。

12月28日，由副区长汤栃钧，区政协副主席、区教育局局长马成永带队的结对校长一行至武义县，与武义县开展第三轮教育对口支援工作。

12月31日，区慈善总会召开第三届会员代表大会。区委副书记金泉海、副区长王静静参加会议。

2012年上虞市大事记

1月1日，市委书记孙云耀先后奔赴盖北、丁宅、谢塘、驿亭等乡镇，调研“四季仙果之旅”品牌建设情况。

1月3日，由《钱江晚报》《浙商》杂志、浙江大学管理学院联合主办，全国各地浙江商会共同协办的“2011浙商品牌节”在杭州举行。浙江晨辉光宝科技有限公司（LED照明）品牌入选“2011中国浙商新锐品牌”榜单。

1月4日，中国现代玉雕、石雕作品最高专业奖项——中国玉雕石雕作品天工奖（第十届）花落上虞。

1月6日，国家体育总局下发《关于表彰2011年全民健身活动优秀组织奖和先进单位的决定》，全国有549个单位被授予优秀组织奖，843个单位授予先进单位，上虞市被授予全民健身先进单位。

同日，总投资50亿元的启德通用航空产业基地项目正式签约落户上虞。

同日，总投资8亿元，由上海金地开悦创意产业投资有限公司投资建设的上虞市杭州湾舜滩源生态文化湿地项目正式动工建设。

1月13日，杭州湾上虞工业园区103家投产企业捐赠和谐基金仪式举行，共捐赠和谐基金1214万元。

同日，上虞曹娥景区一期项目（大舜殿、虞舜宗祠组团及环境配套）工程在2011年度中国风景园林学会优秀园林工程评选活动中喜获“优秀园林古建工程奖”金奖。

1月19日，由省委宣传部评选的“2011年度十大创新事件”揭晓，上虞市宣传主管部门实施的“宣传思想工作项目化管理”被省委宣传部评为2011年度十大创新事件。

1月22日，国家教育部、人力资源和社会保障部、财政部三部委联合发文公布“国家中等职业教育改革发展示范学校建设计划”第二批立项建设学校名单，市职业中专榜上有名。

1月29日，孙云耀、王慧琳、徐尧峰、卢一勤、陈坚等市四套班子领导带领机关干部到曹娥景区开展义务植树活动。

2月1日，召开全市经济工作会议。

2月2日，召开全市建筑业工作会议。

2月6日，市委、市政府出台了《关于进一步推进“文化强市”建设的若干意见》。

2月8日，浙江省文化厅正式公布浙江省非物质文化遗产宣传展示基地名单，上虞市非物质文化遗产展示中心名列其中。

2月15日，世纪丘二期围涂工程圈围成功，1.6万亩新围海涂进入为安全度汛作准备阶段。

2月16日，市重点商贸服务业项目——百安广场暨红星美凯龙项目奠基仪式隆重举行。

2月17日，全市财政地税国资工作会议召开。代市长王慧琳出席并讲话。2011年，全市实现财政总收入65.1亿元，增长20.3%；地方财政收入35.5亿元，增长21.8%；地税部门组织收入46.1亿元，增长21.3%；征收非税收入57.2亿元。地方财政收入、地税收入、财政总收入分别突破了35亿元、45亿元、65亿元大关。

2月21日，省委省政府召开第八次全省环境保护大会，表彰2011年度环境保护系统先进集体和个人，命名上虞市等11个县（市、区）为第四批省级生态县（市、区）并授牌。

2月25日，全市“走村入企”大走访暨“一号工程”“三个年”等五大活动动员大会召开。

2月29日，副省长郑继伟到上虞调研县级公立医院改革。

3月2日，由中国、日本、阿联酋三方合资、总投资超5000万元的浙江海兴食品有限公司在绍兴咸亨大酒店正式签约落户上虞小越镇工业功能区。

3月6日，市长王慧琳调研杭州湾上虞工业园区。

3月13日，市委副书记陈坚率队赴丰惠镇开展“进村入企”走访活动。

3月18日，2012上虞旅游上海高校推介活动在上海同济大学举行。

3月21日，世界汉文化联合会执行董事、美中文化交流中心主任罗怀涛携妻子，现任世界孝德文化协会荣誉会长、美国中国艺术博物馆董事长陈瑞玉专程赶到上虞，捐赠了我国近代新文化运动时期杰出的艺术大师和著名的爱国高僧弘一法师的五张生前照片，并珍藏于上虞市档案局。

3月21日至22日，省长夏宝龙来到上虞专题调研工业转型升级工作。

3月23日，省政府公布“关于命名第二批浙江省扶残助残爱心城市（区）的决定”，上虞榜上有名，成为绍兴市第二个省扶残助残爱心城市。

3月26日，上虞市与美国拉克斯波市缔结友好城市。常务副市长余云才出席签约仪式。

3月27日，绍兴市委副书记王文序到上虞调研战略性新兴产业项目建设情况。

4月1日，全省建设“平安浙江”电视电话会议召开。市委书记孙云耀、市长王慧琳在上虞分会场参加会议。会上，上虞被授予2011年度省平安县（市、区）称号，并连续四年荣获平安县（市、区）称号。市委副书记陈坚在杭州主会场参加会议并上台领奖。

4月6日，高铁新城站前广场地下空间Ⅰ标工程成功打下第一桩，标志着高铁新城建设工程进入了实质性建设阶段。

4月9日，上虞供销系统农资经营企业与浙江惠多利农资有限公司举行合作签约仪式，组建成立上虞市惠多利有限公司。

4月12日，召开浙大网新·上虞科技园项目洽谈会。市长王慧琳、副市长盛夏锋及相关部门领导参加会议。

4月16日，召开全市“进村入企”大走访活动情况汇报会。

4月17日，2012上虞（上海）投资环境推介会在虹桥喜来登上海太平洋饭店举行。

4月18日，“近揽山水，醉忆上虞”——2012上虞休闲体验之旅（上海）启动仪式在上海千禧海鸥大酒店举行。市长王慧琳致辞，市委常委吕军主持启动仪式。

4月19日，总投资超过16亿元的金科环保工业园等三大项目在东二区集中开工。

4月20日，市长王慧琳主持召开首届虞商大会恳谈会意见建议落实及签约项目推进情况汇报会。

4月28日，举行数字上虞地理空间框架建设项目设计书评审会暨合作协议签署仪式。

5月3日，全市纪念建团90周年暨“五四”运动93周年大会召开。

5月4日，由中富集团控股、浙江艾尔威伞城发展有限公司开发建设的中国伞城商业广场在温岭举行的第二批浙江省现代服务业集聚示范区授牌仪式上，荣膺“浙江省现代服务业集聚示范区”。全省35家单位被授予此项荣誉，中国伞城商业广场是上虞市唯一一家单位。

5月8日，绍兴海关驻上虞办事处与市商务局正式签订关于建立紧密合作机制备忘录。

5月9日，清科集团与市政府对洽会在上虞召开。

5月11日，上虞第13家上市公司、首家创业板上市公司，浙江晶盛机电股份有限公司成功登陆深交所创业板。

5月15日，市长王慧琳率队督查全市重点政府投资项目建设情况。

5月23日，省委书记、省人大常委会主任赵洪祝到上虞专题调研产业集聚区建设和工业强县（市、区）发展情况。

5月24日，香港贸易发展局与市商务局联合主办“透过香港、走向国际，2012香港——上虞专业服务推介会”，常务副市长余云才参加推介会并致词。

5月25日，市人民医院正式被省卫生厅确定为第二批浙江省住院医师规范化临床培训基地。

5月31日，举行市法学会成立暨第一届会员大会。

6月5日，市社会管理综合治理委员会第一次全体（扩大）会议暨“网格化管理、组团式服务”工作推进会召开。

6月8日至10日，由省政府和日本静冈县政府共同举办，主题为“绿色、健康、合作、和谐”的浙江省·静冈县2012绿茶博览会在杭州举行。上虞市茶叶有限责任公司选送的“舜水仙毫”、市觉农茶业公司选送的“觉农舜毫”双双夺得金奖。

6月14日，市政府召开全市农村土地综合整治项目督查会议。

6月19日，市委召开常委会议，传达学习省第十三次党代会精神。

6月26日，市医改工作暨市级公立医院综合改革动员会召开。

6月28日，召开全市贯彻落实《突发事件应对法》暨应急预案修订工作会议。常务副市长余云才参加会议。

6月30日，市级公立医院综合改革全面启动。

7月4日，召开招商选资“一号工程”和发展回归经济工作例会。

7月5日，召开消防安全工作会议暨十八大消防安全保卫战动员部署大会。

7月12日，召开全市金融工作会议。

同日，市东山湖休闲旅游区通过“全国休闲农业与乡村旅游三星级示范园区”验收。

7月18日，召开“平安上虞”创建暨平安宣传工作座谈会。

7月20日，市政府召开上半年度食品安

全工作会议。

7月21日，省政府正式公布第四批浙江省非物质文化遗产名录。上虞市申报的曹娥庙会、道教音乐（太极祭炼音乐）、绍兴莲花落三个项目榜上有名。

7月23日，全国有机产品基地建设与农业源污染控制高级研修班在上虞开班。

7月26日，市首个通过评审的乡镇“美丽乡村”专项规划——丁宅乡“美丽乡村”建设总体规划顺利通过评审。

7月28日，中国（上虞）信义文化节开幕式暨中华十大信义人物颁奖盛典在上虞剧院举行。

8月2日，市委书记孙云耀在上虞国际大酒店会见到访的日本川崎重工精密机械株式会社圆田诚社长一行。

8月6日，十六届市政府召开第六次常务会议，就2012浙东新商都（上虞）购物节活动总体方案等议题进行审议讨论。

8月13日，市委书记孙云耀专题调研城市建设情况。

8月15日，副省长毛光烈到上虞调研工业强市建设工作。

8月16日，市委书记孙云耀率团赴北京等地，拜访央企中化集团、建龙集团、华夏集团等企业。市领导余云才、胡文炜等随行。

8月17日，举行非上市企业直接融资论坛暨上虞市融资服务中心授牌仪式。

8月23日，新和成股份、闰土股份总投资超过29亿元的三大重点工业项目在杭州湾上虞工业园区大平台集中开工。

8月27日，召开行政审批制度改革工作动员大会。

8月30日，2012中国·上虞舜阳红心猕猴桃开摘仪式在章镇文化商业广场举行。

9月5日，召开社会管理创新项目推进情况汇报会。

9月14日，成都虞商联谊会暨四川上虞同乡联谊会成立。

9月18日，市公安局驻环保局警务室成立。

9月20日，“水韵上虞，魅动京城”投资环境推介会在北京举行，向驻京央企、国企、知名民企及部分世界500强企业推介上虞投资环境。推介会上，总投资近30亿元的六大项目正式签约。

9月24日，十六届市政府第七次常务会议举行。

9月28日，总投资12.4亿元的上海剑桥科技股份有限公司光通信宽带终端产业项目签约仪式在园区东二区举行。

10月11日，市委书记孙云耀、市长王慧琳，在国际大酒店亲切会见到访上虞的中化集团副总裁兼中化蓝天集团公司董事长、总经理王引平一行。

10月12日，市委书记孙云耀赴虞南山区岭南乡和陈溪乡，调研经济社会发展情况。

10月12日至14日，中国（上虞）首届虞舜文化学术研讨会在上虞召开。

10月18日，由省农发集团全资子公司——浙江农发澜海实业有限公司开发运营，总投资55亿元的杭州湾旅游商贸综合体项目、由上虞港·通源物流有限公司投资建设，总投资3.58亿元的杭甬运河上虞港曹娥作业区项目举行开工仪式，以及省照明电器质量检测中心的落成投用，为上虞现代服务业加快发展又添3个重大项目。

10月27日，主题为“上虞灯具，照亮世界”的上虞（香港）照明产业推介暨新产品说明会在香港会展中心举行。

10月29日，在澳门商务促进中心举行上虞（澳门）照明产业和投资环境推介活动。

10月30日，国检上虞办顺利通过了浙江检验检疫局组织的窗口标准化建设达标预验收。

11月1日，市委书记孙云耀会见《浙江日报》报业集团党委书记、社长高海浩一行。

11月2日，市长王慧琳亲切会见到访上虞的省物产集团公司董事长胡江潮一行。

11月7日，浙江东轻高新焊丝有限公司列入“十一五”国家科技支撑计划的课题“新一代高速列车用铝合金焊丝研制”项目通过专家组验收。市委常委吕军出席验收会。

11月15日，市人民医院与浙江医学高等专科学校举行合作签约仪式，市人民医院成为浙江医学高等专科学校教学医院。

11月20日，市社会科学界联合会正式成立。

11月22日，上虞金昌宝顺汽车销售服务有限公司举行隆重开业仪式，成为市首家BMW授权经销商。

11月26日，浙江奥瑞金包装有限公司年产8亿只铝制易拉罐项目正式在园区东一区开业投产。

11月28日，召开全市森林消防暨平原绿化工作会议。副市长徐耘参加会议。

12月1日，宁波市虞商联谊会工作会议

暨上虞市“一江两岸”推介活动在宁波镇海九龙湖开元度假村举行。

12月2日，上虞被浙江省林业厅认定为“浙江红心猕猴桃之乡”。

12月10日至11日，市委书记孙云耀率团先后赴嘉善、宜兴、长兴三地参观考察。

12月12日，浙江自立股份有限公司年产9.5万吨绿色炼钢用耐火材料项目在杭州湾上虞工业园区东二区正式奠基。

12月19日，上虞撤县设市20周年民心工程展览活动在市文化广场举行。

12月19日至20日，市委书记孙云耀主持召开市委读书会。

12月20日，国家环保部、商务部、科技部专家一致通过《浙江杭州湾上虞工业园区国家生态工业示范园区建设规划》论证。

12月22日，深圳虞商联谊会在深圳马可·波罗好日子酒店正式成立。

12月31日，全市14家银行行长参加在市农村合作银行举行的银行业金融机构年终座谈会。市长王慧琳、副市长吴志育出席。

2012年诸暨市大事记

1月4日，市第十五次党代会隆重开幕。

1月9日至10日，市委读书会暨镇街、部门工作思路汇报会在市会展中心举行。

1月12日，市政府开展春节前安全生产大检查活动，并召开市安委会全体成员会议。

1月16日，市政府召开第五十七次常务会议。代市长徐良平主持，副市长赵源恩、宣方乐、朱烨、何鸿成、孟国锋、方建明等出席。

2月1日，召开全市建筑业发展大会。

2月2日，市政府召开会议，专题督查2010年以来已出让土地工业项目开工建设情况。

2月9日，召开全市武装工作暨市国防动员委员会第十三次全体会议。

2月13日，市十五届人大常委会召开第四十次会议。

2月16日，召开全市服务业发展政策汇报会。市委书记钱三雄，代市长徐良平，市人大常委会主任蔡汉良，市政协主席孟法明，副市长宣方乐、何鸿成等出席。

2月25日，召开“进村入企”大走访暨“执行力建设年”活动动员大会。

3月2日，市长徐良平带领规划、建设、国土、城管执法和旧城改造办等部门负责人，实地调研城市建设工作。

3月5日，市长徐良平带领有关部门负责人专题调研浙江农林大学天目学院、浙江诸暨技师学院等的选址工作。

3月7日，举行庆祝第102个“三八”国际劳动妇女节暨第二届创业新女性表彰大会。

3月8日，市长徐良平带领相关部门负责人，实地调研水利工作。

3月10日，市茶文化研究会第一届二次会员大会在西子剧院召开。市人大常委会主任、市茶文化研究会会长孟法明出席。

3月14日，召开全市环境保护暨节能减排工作会议。

3月17日，市委书记钱三雄深入店口镇湖西村、店口社区和有关企业，带头开展“进村入企”大走访活动。

3月21日，副省长王建满专程到诸暨调研支持浙商创业创新工作。省政府副秘书长谢济建，省经合办主任姚少平，市委书记钱三雄，市长徐良平，副市长孟国锋等参加。

同日，市十六届人大常委会召开第一次会议。

3月26日至27日，国家环境保护部复核工作组对诸暨市创建国家环境保护模范城市工作进行现场检查，经过听取汇报、实地检查、查阅资料、问卷调查等细致深入的检查考核，诸暨市顺利通过国家环境保护模范城市复核现场检查。

3月27日，唐人广场五星级巨幕影院签约仪式在大唐镇举行，副市长何鸿成、市政协副主席何平光等出席。

3月28日，由绍兴县县委书记何加顺率领的县党政代表团到诸暨考察。市委书记钱三雄，市长徐良平，市人大常委会主任孟法明，市政协主席姚汉松，副市长孟国锋等陪同考察。

3月31日，市委书记钱三雄带领有关部门负责人，督查水利设施项目推进情况。

4月11日，市政府召开第二次常务会议。市长徐良平主持，副市长赵源恩、宣方乐、朱烨、章月燕、何鸿成、孟国锋、方建明和市领导王颖等出席。

4月16日，“暨阳论坛”专题讲座在市会展中心首次开讲，中央党校党建教研部教授刘玉瑛作了以“执行力建设”为主题的专题讲座。讲座由市委常委、宣传部长杨元清主持。

同日，市四套班子领导钱三雄、徐良平、孟法明、姚汉松、郭浩良、赵源恩、谢建平和市人武部部长韩曙光等带领有关部门负责人检查防汛工作。

4月18日，省长夏宝龙到诸暨视察指导春耕备耕和防汛工作。

同日，市长徐良平带领市服务业发展办、发改局、国土资源局、规划局等部门负责人，专题调研商贸服务业发展情况。

4月19日，由嵊州市委书记金志率领的嵊州市党政代表团到诸暨考察。市委书记钱三雄，市长徐良平，市人大常委会主任孟法明，市政协主席姚汉松，副市长宣方乐、方建明等陪同考察。

4月20日，市长徐良平带领相关部门负责人专题调研现代农业发展情况。

5月7日，省人力社保厅副厅长朱绍平带队到诸暨调研构建和谐劳动关系情况，考察了黑猫神控股集团和神鹰集团。常务副市长赵源恩陪同。

5月9日，由常熟市委副书记王建国率领的现代农业考察团到诸暨考察现代农业发展。市委书记钱三雄，市委副书记郭浩良，常务副市长赵源恩等陪同。

5月14日，市长徐良平带领有关部门负责人，督查诸暨市十大政府性投资项目建设情况。

5月15日，举行《诸暨市大城市发展规划》《诸暨市城东新城发展规划及整体城市设计》专题咨询会，邀请国内知名专家为大城市发展建言献策。市长徐良平、副市长宣方乐等出席。

5月17日，市人大常委会视察政府重点工程项目建设实施情况。市人大常委会主任孟法明，副主任张振华、周雪芬、钱建荣和驻会委员、部分市人大代表参加视察，常务副市长赵源恩陪同。

5月21日至22日，由重庆市垫江县委书记罗德率领的垫江县党政代表团一行到诸暨考察。市委书记钱三雄，副市长宣方乐，市委常委、组织部长吴成表，副市长孟国锋、方建明等陪同。

5月24日，举行2012年第一批银企结对项目签约仪式。市委书记钱三雄、市长徐良平、副市长孟国锋等出席。

5月25日，第三届浙江农民创富大赛启动仪式在诸暨隆重举行。

同日，省人大常委会副主任程渭山带领省级有关部门负责人视察诸暨永宁水库工程建设。市长徐良平、市人大常委会副主任钱建荣陪同。

5月30日，市政府召开第三次常务会议。市长徐良平主持，副市长宣方乐、朱烨、何鸿成、孟国锋、方建明、王颖等出席。

5月31日，闲置工业用地综合处置试点工作动员会在枫桥镇举行，副市长宣方乐出席。

6月7日，市政协主席、诸暨人联谊总会会长姚汉松，市委常委、统战部长、诸暨人联谊总会常务副会长兼秘书长华珺，副市长方建明带领有关部门负责人调研诸暨人联谊总会回归经济项目。

同日，由余姚市市委副书记、市长奚明带领的政府部门领导和企业家代表团到诸暨考察企业上市工作。市长徐良平、副市长孟国锋陪同。

6月11日，出席省十四届“浙洽会”和十一届“消博会”的斐济总理姆拜尼马拉马一行专程到诸暨访问。

6月14日，市委书记钱三雄带领有关部门负责人专题调研市慈善总会和市调解总会工作。

6月18日，市长徐良平带领有关部门负责人专题走访袜业企业。

6月19日，市长徐良平带领相关部门负责人督查03省道东复线工程。

6月20日，市级公立医院综合改革在全市全面施行。

6月28日，绍兴市政设计院诸暨分院在城西商务区开业。市长徐良平，副市长何鸿成、方建明等出席开业典礼。

7月2日，市委书记钱三雄带领有关部门负责人调研永宁水库工程、农业项目、新农村建设和白塔湖湿地建设等工作。

7月17日，全市半年度经济运行和社会稳定形势分析交流会召开。

7月20日，市委书记钱三雄带领有关部门负责人专题调研金融工作。

7月24日，市人民法院民事审判第三庭正式设立，成为绍兴地区第二家拥有涉外和知识产权纠纷案件审判权的基层法院。常务副市长赵源恩，市人大常委会副主任张振华，市人民法院院长赵中兴出席发布会。

7月25日，市委十五届二次全会审议通过了《中共诸暨市委关于实施工业强市战略打造现代产业城市的决定》。

7月31日，市政府召开第五次常务会议。市长徐良平主持，副市长项美月、孟国锋、方建明、姜建成等出席。

8月17日，市政协召开反映社情民意信息工作会议。市政协主席姚汉松、副主席王培光及秘书长钟力群等出席。

8月20日，市委市政府召开城东新城房屋征收暨诸暨商贸城建设工作动员会。

同日，诸暨市调解总会成立，并召开市调解总会第一届第一次会员大会。

8月22日，召开中小企业私募债发行辅导推介会，副市长孟国锋出席。

8月29日，由遂昌县委书记杜兴林率领的县党政代表团一行到诸暨考察。市领导钱三雄、徐良平、赵源恩、钱建荣、方建明、沈吉明等陪同。

9月4日，市委书记钱三雄专程赴城东新城调研指导房屋征收工作。市委常委、组织部长吴成表，市人大常委会副主任洪中行等陪同调研。

9月17日，市政协视察新农村建设工作。市政协主席姚汉松，副主席陈国燕、袁岳军、王培光、王祖勇和秘书长钟力群，以及部分政协委员参加视察。常务副市长赵源恩陪同。

9月19日，召开全市“百日攻坚行动”

动员会。

10月9日，商务线召开“百日攻坚行动”推进会，市人大常委会副主任洪中行、副市长何鸿成、市政协副主席王祖勇出席。

10月11日，市政府召开《诸暨市城市近期建设规划（2011—2015年）》座谈会，向部分市人大代表征求意见。市人大常委会主任孟法明、副主任张振华出席会议。

10月16日，市法学会成立，同时举行第一届会员大会。

10月19日，市长徐良平专题调研新农村建设工作。

10月23日，召开城东新城建设房屋征收工作组会议，副市长宣方乐，市人大常委会副主任徐仙苗出席。

10月30日，中国·诸暨第五届西施文化节暨第八届中国（国际）珍珠节在山下湖镇隆重开幕。

11月6日，市委书记钱三雄带领有关部门负责人督查农业农村线“百日攻坚行动”推进情况。

11月13日，召开金融单位经济发展座谈会。

11月15日，市长徐良平带领有关部门负责人专题调研电子商务工作。

同日，市委书记钱三雄带领有关部门负责人，专程督查工业项目“百日攻坚行动”推进情况。

11月19日，市委召开党的十八大精神传达学习会，邀请党的十八大代表、海亮集团党委书记冯亚丽作报告。市四套班子全体成员和法检两长出席。会议由市委副书记郭浩良主持。

11月21日，召开集体土地所有权确权登记发证工作会议。副市长宣方乐出席。

11月23日，市党政考察团赴丽水市遂昌县考察，并与遂昌县签订了诸暨——遂昌两地共建山海协作产业园框架协议。市领导钱三雄、徐良平、孟法明、姚汉松、赵源恩、宣方乐等参加。

12月4日，市委市政府召开城东新城建设房屋征收工作总结表彰大会。

12月6日，市政协视察文教卫重点工程建设。市政协主席姚汉松，副主席陈国燕、王培光、沈吉明和秘书长钟力群，以及部分政协委员参加视察。副市长俞越陪同。

同日，市长徐良平带领相关部门负责人，专程赴杭州阿里巴巴考察电子商务。市委常委、统战部长华珺，副市长何鸿成陪同。

12月8日，浙江省生态文化与摄影创作培训基地授牌暨“诗画白塔湖”全省摄影比赛颁奖仪式在店口镇举行。

12月10日至12日，市党政代表团赴广东东莞、深圳学习考察。市领导钱三雄、徐良平、孟法明、姚汉松、倪成良、杨元清、赵源恩、宣方乐、吴成表、张壮雄、徐仙苗、孟国锋、方建明、王颖、何平光等参加。

12月19日，城东中心市民公园通过绿化工程初验，市首个城市森林湿地公园落成。

12月23日，宁波市诸暨商会成立大会在宁波泛太平洋大酒店隆重举行。省政协副主席黄旭明，宁波市常务副市长寿永年，诸暨市领导钱三雄、孟法明、姚汉松、华珺、何鸿成等出席。

2012年嵊州市大事记

1月5日，市第十三次党代会开幕。

同日，第十一届中国重庆西部国际农产品交易会在重庆开幕，嵊州市山森、山珍、才兴和藏天岗四家香榧企业参加展示展销。

1月13日，全市老干部慰问大会召开。

同日，2011年度嵊州市著名商标评审会在市工商局召开。

1月17日，市委、市政府召开重点骨干企业座谈会。

1月18日，市委、市政府举行新春团拜会。

2月1日，市第八届残疾人劳动就业专场洽谈会举行，10多家福利企业推出140多个岗位。

2月1日至3日，市政府分层面召开座谈会，就《政府工作报告》（征求意见稿）听取社会各界的意见建议。

2月6日，市委、市政府在嵊州中学体育馆召开全市经济工作会议。

同日，市城南小学一年级学生章晌旻朱上2012央视元宵晚会。

2月9日，市委书记金志主持召开群团部门负责人座谈会，听取各部门工作汇报。

2月15日，市委、市政府召开“平安嵊州”建设暨“三化”专项行动动员大会。

2月16日，2012年全省旅游规划工作会议在嵊州召开。

2月17日，市经济开发区中心幼儿园举行落成典礼。

2月20日至24日，中国人民政治协商会议嵊州市第十四届委员会第一次会议在嵊州市区举行。

2月21日至25日，嵊州市第十五届人民代表大会第一次会议在嵊州市区召开。

2月27日，市社区学院在成教中心正式挂牌。

3月5日，天乐集团与东北大学材料与冶金学院举行新型制动件合作项目签约仪式，成立浙江天乐新材料科技有限公司，生产高铁刹车片。

3月6日，全省技术创新工作会议在嵊州召开。

3月9日，省级生态市创建考核验收组对嵊州市省级生态市创建开展考核验收。验收组一致同意嵊州市通过生态市创建现场考核验收。

3月14日，市委书记金志来到经济开发区开展“进村入企”大走访活动。

同日，全市服务业工作会议召开。

3月19日，市委召开全市领导干部会议，传达贯彻全国“两会”和绍兴市党代会精神。

3月23日至24日，2012年绍兴市青少年棋类比赛在嵊州市游泳健身中心围棋馆举行。

3月24日，市领带行业协会举行第四届会员代表大会。

3月26日至27日，“相约越乡”全国越剧票友流派擂台赛总决赛在施家岙古戏台举行。

3月27日，市政府召开城北入城口改造专项督查会。

3月29日，市委、市政府召开全市农村工作会议，对今年的美丽乡村建设任务进行部署。

3月30日，市政府举行全市住房和城乡建设工作会议。

4月1日，市委、市政府召开创建浙江省示范文明城市动员大会，部署创建工作。

同日，全省建设“平安浙江”电视电话会议召开。嵊州连续三年获得省“平安县市”荣誉称号，并在会上受到表彰。

4月9日，市委、市政府召开全市“三争”教育主题实践活动暨深化作风建设推进大会。

4月10日，在杭州市萧山区北干初级中学举行的ZSTL浙江省第三届中小学生乒乓球联赛（初中男子组）总决赛中，嵊州市参赛代表队马寅初中学初中部校男子乒乓球队摘得本届比赛初中组男子团体总冠军。

4月14日，第九届中国嵊州国际书法朝圣节在位于金庭镇的王羲之故居旅游区举行。

4月17日，全市村(社区)党组织书记培训班开班。

4月22日，举行嵊商回归大会暨项目签约仪式。

4月24日，开发区银企对接会在嵊州宾馆举行。

同日，全市重点商贸服务企业座谈会召开。一季度全市实现社会消费品零售总额38.06亿元，同比增长13.7%。

4月27日，召开食安办主任会议，全面

部署食品药品质量安全“百日大检查”活动。

5月2日，乐清市委常委、宣传部长林霞带领的考察团一行到嵊州考察文化产业发展工作。

5月9日，嵊州国际品牌营销研究基地揭牌仪式举行。

同日，举行国际品牌战略与服务营销能力开发研讨会。

5月10日，上海浦东发展银行股份有限公司绍兴嵊州支行开业。

5月11日，全市财政专项资金管理工作会议召开。

5月16日，市成立医疗保险定点药店行业协会。

5月18日，10个重点技改项目集体奠基开工。这10个重点技改项目总投资12.67亿元，占地513亩，亩均投资强度达到247万元。

同日，全市推进“网格化管理、组团式服务”工作暨市社会管理综合治理委员会第一次全体（扩大）会议召开，会议研究部署了深入推进“网格化管理、组团式服务”工作。

同日，在越剧博物馆举行“台湾越剧皇后”吴燕丽珍藏品捐赠仪式。

5月25日，浙江省推选第四批中央财政小型农田水利重点县现场陈述评议在杭州召开，嵊州市成功入围浙江省申报第四批中央财政小型农田水利重点县。

5月29日，由中国书法家协会主办的首届王羲之奖全国书法作品展评选会上，嵊州市书法家斯金亮的作品被评为最高奖——优秀作品奖。

5月30日，在《浙江日报》联合浙江电视台举办的“2012浙江十大欢乐健康旅游城市”评选活动中，嵊州市成功入选“浙江十大欢乐健康旅游城市”。

6月1日，农行嵊州支行与城南新区管委会（三江街道）“战略合作暨银企对接会”举行，双方签订了总授信额度为8亿元的战略合作框架协议。

6月6日至8日，市委常委赵祥军带队前往上虞市、绍兴县和桐庐县，学习考察三地城中村改造、房屋征收、城市管理等城建工作先进经验。

6月8日，嵊州市“越乡龙井”在杭州市举办的“浙江省•静冈县2012绿茶博览会”中荣获金奖。

6月10日，由嵊州市政府主办的中国•嵊州城市发展与产业升级暨建材专业市场创新发展高峰论坛在保罗洲际酒店举行。

6月13日，四川省剑阁县党政代表团到嵊州市考察。

6月14日，市委书记金志调研重点农业龙头企业发展情况。

6月15日，市新居民服务管理局举行挂牌仪式。

6月19日，广东省佛冈县党政考察团来嵊州市考察。

6月21日，市组织召开《近期建设规划》《旧城区控制性详细规划》《老城历史文化街区保护整治规划》等三个城市规划论证会。

同日，全国茶园新农药示范现场会在嵊州举行，中国工程院院士陈宗懋在会上作茶园新农药示范推广的背景及进展报告。

6月26日，市省级信用村授牌仪式在鹿山街道下马村举行，下马村成为嵊州市首个获此殊荣的村子。

6月28日，全市服务业工作培训会召开。

7月5日，由市委副书记陶关锋带队的市考察团前往诸暨市、绍兴县实地考察“美丽乡村”建设和农村环境整治。

7月9日至10日，绍兴市委读书会在嵊州举行。

7月12日，国家总量减排核查组来嵊州市现场检查节能减排工作。

7月18日，市党政代表团前往绍兴县学习考察城中村改造、城市建设和基层党组织建设的先进经验和做法。

7月20日，全市金融工作会议召开。

同日，市迄今最大的工业项目——雅戈尔新兴产业科技园项目正式开工。

7月24日，嵊州农村合作银行城西个贷中心成立，这意味着嵊州市首家个贷中心开始运作。

8月6日，市委、市政府召开全市工业强市建设推进大会。

8月10日，召开推进跨越发展金点子对接暨表彰大会。

8月10日，2012年绍兴市（上海）商贸投资环境推介会暨重点项目签约仪式在上海浦东香格里拉大酒店举行。嵊州市组团参加推介会，并就2只商贸重点项目进行签约。市长阮建尧参加推介会和签约仪式。

8月17日，全市半年度农业工作会议召开。

8月20日，中共嵊州市民营剧团支部成立，这意味着省内第一个民营剧团党组织在嵊州市诞生。

8月22日，召开全市网上便民微群推进会。

8月23日，市政府召开全市污染减排和“四边三化”工作会议。

8月24日，泰鑫小额贷款股份有限公司开业。

8月26日，举办“2012年海内外博士嵊州行”暨高新技术项目合作洽谈会。

8月27日，市支持浙(嵊)商创业创新促进嵊州发展工作领导小组举行第一次成员会议。

8月30日，市政府召开加快104国道七标段工程建设推进会。

8月31日，市志愿者协会成立。

9月4日，市委召开全市维稳信访专题工作会议。

9月7日，市委书记金志前往贵门乡调研。

9月12日，市政府召开全市工业行业协会座谈会。

9月13日，市长阮建尧对环保工作进行专题调研。

9月17日，市企业品牌促进会第一届会员大会召开。

9月18日，由全国政协委员、全国政协教科文卫体委员会副主任、人民日报原副总编辑江绍高带队的全国政协“艺术院校人才培养问题”考察组一行到嵊州市考察。

9月19日，省浙商回归引进重大项目服务活动组一行到嵊州考察狮子山旅游养生综合体项目的进展情况。

9月24日，市省级剡溪中华鳖特色精品园通过验收，这是嵊州市首个省级渔业产业精品园。

9月26日，召开文化创意产业园项目建设工作汇报会。

9月27日，2012第五届中国（嵊州）电机展览会暨高新技术成果交易会组织工作会议召开。

10月7日，嵊州市越剧戏迷联谊会成立。

10月9日，嵊州市女运动员林婷婷在蒙古国乌兰巴托举行的2012年亚洲杯举重锦标赛中，以抓举108公斤、挺举120公斤、总成绩228公斤的成绩，一举夺得三块金牌。

10月10日，市长阮建尧在嵊州宾馆会见了到嵊州考察的台湾润泰集团总裁特别助理、康成投资（中国）有限公司中国区开发总经理洪万康先生一行，双方就嵊州大润发超市项目进行了友好会谈。

10月11日，省委常委、省军区政委王新海一行在嵊州市调研武装部建设和后备力量建设情况。

10月15日，召开省示范文明城市迎检工作会议。

同日，召开三季度工业经济运行分析暨工业有效投资推进会。

同日，嵊州市第六届运动会开幕式暨《青春飞扬》大型文体表演在市体育中心田径场举行。

10月16日，举行文化创意产业融资平台建设暨“银艺合作”授信签约仪式。

10月18日，市委市政府咨询委员会成立。

同日，举行市消防大队中心消防站落成典礼暨授牌仪式。

同日，市汽车服务行业协会成立。

10月22日，工期28个月、项目总投资4.5亿元的黄泽江整治工作开工仪式举行。

10月26日，第五届中国（嵊州）电机展览会暨高新技术成果交易会科技合作项目集中签约活动举行。

10月29日，市政协主席何国英赴长乐镇调研企业发展情况。

11月1日，召开城北工业企业环境管理工作会议。

同日，《崇仁村建筑群保护规划》获得省政府批准。

11月7日，全市村级便民服务中心建设和村务监督工作推进会在仙岩镇召开。

11月14日，绿城现代农业开发有限公司、绿城现代农业院士专家工作站、浙江省农业科学院嵊州综合试验站成立仪式和聘任仪式在嵊州市举行。

同日，狮子山旅游养生综合体项目举行开工典礼。

同日，12个重点技术改造项目集体奠基。这12个重点技改项目总投资8.68亿元，占地323.63亩，亩均投资为历年来最高，达268万元。

11月17日，由市委、市政府主办，市委组织部、市人力社保局承办的2012年浙江•嵊州创新型人才（上海）专场招聘会在上海市人才市场举行。

11月20日，在宁波举行的浙江——新加坡经济贸易理事会第八次会议上，共有4只项目签约，嵊州市与新加坡陆道新亚洲私人有限公司签订了“嵊州（新加坡）高新技术产业园区”项目合作框架协议。

11月21日，企业上市形势政策报告会暨嵊州市委中心组专题学习会举行，邀请浙江省金融办副主任包钝田、省证监局上市二处副处长马冬明、华融证券公司总经理助理杜向杰分别作了专题讲座。

11月25日，通源乡香茶香榧交易市场揭牌仪式举行。

11月27日，2012浙江（嵊州）森林旅游节暨绍兴市第四届森林休闲节在绍兴温泉城隆重开幕。

11月28日，由市委宣传部主办，市文广新局、长乐镇人民政府承办的“喜庆十八大，推进新跨越”嵊州市首届农民吹打乐大赛在长乐镇举行。

12月6日，绍兴市文化建设示范点表彰工作会议在嵊州召开。

同日，安徽省广德县考察团到嵊州市考察美好乡村建设和旅游发展工作。

12月7日，仙居县考察团到嵊州市学习交流工业企业清闲促产、腾笼换鸟和亩产论英雄等促进工业转型升级方面的先进经验。

12月9日至12日，嵊州市委书记金志，市委副书记、市长阮建尧率嵊州市党政考察团前任长兴、苏州、南京、天津四地学习考察工业经济建设和城市建设管理方面的工作措施与先进经验。

12月13日，被列为绍兴市重点服务业建设项目、嵊州市重点建设项目的嵊州五金机电城开业。

12月14日，市政府与中国通信服务绍兴公司签署了推进信息化应用战略合作协议。

12月14日至15日，中国航天科技集团第四研究院院长田维平率领航天四院专家，到嵊州开展科技项目签约与合作洽谈活动。

12月17日至20日，市委副书记、政法委书记陶关锋率嵊州党政考察团前往宁波市北仑区、温州市瓯海区、福建省长乐市等学习考察党建、社会管理创新和城乡统筹等方面的先进经验。

12月18日，嵊州市企业科技帮扶工作推进大会暨浙江省火炬生产力促进中心嵊州工作站成立仪式举行。

12月26日，市委书记金志前往嵊州农村合作银行调研。

12月27日，市农资流通协会正式成立。

12月29日，甬金高速嵊州互通及接线工程开工。

2012年绍兴县大事记

1月9日，代县长徐国龙率队赴江山市参加“山海协作”对接活动。

同日，县十三届人大常委会召开第三十八次会议。

1月10日，县政协召开十届二十八次常委会议。

1月12日，县侨联第七届三次全会暨2011年度侨务年会举行。

1月30日，省委、省政府召开全省民营经济工作电视电话会议。县领导何加顺、徐国龙、徐林土、吴晓、孟柏干、马芳妹等县四套班子领导，县法院院长、县检察院代检察长在绍兴县分会场参加会议。

2月1日，县委、县政府在召开全县经济工作会议。县委书记何加顺作工作报告。代县长徐国龙主持会议。徐林土、吴晓、孟柏干等县四套班子领导及县人民法院院长、县人民检察院代检察长参加会议。县委副书记马芳妹、常务副县长孙君宣读有关表彰决定。

2月6日，代县长徐国龙参加全县国税干部大会。

2月8日，县政协十一届一次会议开幕。开幕大会的执行主席是孟柏干、陈忠尧、吴越、骆学新、高利泉、葛伯军、吴伯根、许义平、唐水淼、王茂荣、祁友富、蒋桂芬、章利萍。

2月9日，县十四届人大一次会议开幕。大会执行主席何加顺、徐林土、徐国龙、马芳妹、章生建、平水龙、施平平、于庆国、余茂法、李会鹏、邢柏生、魏阳林、葛美芳、濮如松、沈祖卫、马仕秀、袁启淼、董金香、徐光炎和大会主席团全体成员在主席台就座。

2月13日，县政府召开十四届一次全体（扩大）会议。

同日，省小城市培育试点工作2011年度考核组到绍兴县实地考核。

2月20日，县委、县政府召开全县维稳工作会议。

2月22日，全省第三次平原绿化工作座谈会在绍兴县举行。

2月24日，县委、县政府召开全县农村工作会议。

2月27日，全国双拥模范城（县）命名暨双拥模范单位和个人表彰大会在北京举行，绍兴县柯桥街道办事处被授予“全国爱国拥军模范单位”称号，成为本次大会上浙江省唯一获此殊荣的单位。

2月28日，县翻译协会成立。

3月8日，县十四届人大常委会第一次会议召开。县人大常委会主任吴晓主持会议，副主任邢柏生、于庆国、魏阳林、葛美芳、濮如松、沈祖卫和委员参加会议。常务副县长孙君，县检察院检察长丁飞，县人大常委会原领导徐林土、平水龙、施平平、余茂法等列席会议。

同日，省政法委副书记、省综治办主任巫波伦带队，对绍兴县平安创建工作进行检查考核。

3月13日，副省长王建满率有关部门负责人到绍兴县调研浙商创业创新和农贸市场改造提升工作。

3月14日，县委、县政府召开“进村入企大走访”专题部署会。

同日，绍兴县与美国穆列塔市政府在柯桥签署友好交流意向书。

3月19日，县人大常委会举行颁发任命书大会，向依法任命的新一届县政府工作部门局长（主任）颁发了任命书。

3月21日，省长夏宝龙率有关部门负责人到绍兴县考察转型升级工作。

同日，县政协举行十一届二次主席会议。

同日，全县首个留本冠名“村企结对”帮扶基金在孙端镇设立。

3月22日，县政府在滨海工业区召开安全生产工作现场会，通报县晨晓化工有限公司“3·08”冲顶爆炸事故情况。

3月25日，由县委组织部（县委企业工委）、县企业家协会（县企业联合会）联合主办的第十五期“企业转型升级·柯桥大讲坛”在柯桥蓝天大剧院举行，上海复星高科技集团有限公司副董事长兼首席执行官梁信军应邀作“在全球变革中创新发展模式”的专题报告。

3月27日，县委书记何加顺参加县海归“创二代”创业创新座谈会。

3月29日，县政府与绍兴电力局签署《关于加快绍兴县“十二五”电网建设暨柯桥城区电网优化改造》框架协议。

3月30日，县企业服务网正式开通。

4月10日，县十四届人大常委会第三次主任会议召开。

4月14日，县政府召开全县推进卫片执法整改暨加强节约集约用地现场会。

4月18日，县政府与浙江工业大学之江

学院签订共建办学协议。

5月3日，副省长毛光烈到绍兴县调研工业强县建设。

5月8日，为期3天的春季纺博会圆满落幕，共实现交易额40.6亿元，同比增长5.2%，其中合同成交12.82亿元；有2万多名专业客商惠顾，同比增长5.3%，其中境外客商超过3400人。

5月9日，绍兴县设立全市首家环保局警务室。

5月9日至15日，县委书记何加顺率绍兴县经贸合作交流代表团赴匈牙利等国开展合作考察与友好访问。

5月10日，县长徐国龙对重点工程和城区拆迁扫尾等工作进行专题督查。

5月12日，县长徐国龙专题检查防汛工作，并调研现代农业发展工作。

5月15日，省政府召开工业强省建设工作动员视频会议，全面部署工业强省建设工作。县长徐国龙在绍兴县分会场参加会议并代表绍兴县在会上作表态发言。

5月16日，市长钱建民到绍兴县杨汛桥镇调研中小城市培育试点工作。

5月21日，省国家基本公共卫生服务项目考核反馈会在绍兴县召开。

5月22日，县政府召开第四次常务会议，讨论研究食品药品安全等工作。

5月24日，县委、县政府召开全县经济形势分析暨重点工作督查会。

6月9日，中国共产党浙江省第十三次代表大会进行大会选举，选举产生了浙江省出席中国共产党第十八次代表大会的50名代表。县委书记何加顺被选为浙江省出席中国共产党第十八次代表大会的代表。

6月11日，商务部纪检组长王和民一行到绍兴县考察外贸公共服务平台等工作。

6月12日，县委县政府在上海举行商贸投资环境推介会。

6月19日，县政府召开第五次常务会议，讨论研究深化完善社会养老服务体系建设等工作。

6月25日，县委召开十三届二次全体（扩大）会议。

6月30日，副省长朱从玖带领省有关部门负责人，到绍兴县就金融工作进行调研。

7月4日，县委、县政府召开千人大会，对工业强县建设作出全面部署，吹响了建设工业强县的号角。

7月9日，县十四届人大常委会第六次主任会议召开。

7月11日，县委、县政府专题召开43项重点工作进展情况交流会。

7月15日，县政协召开十一届一次常委会议。县政协主席孟柏干，副主席陈忠尧、蔡金标、骆学新、许志炎、钱月美，秘书长高利泉出席会议。

7月31日，省政协副主席盛昌黎带领部分省政协委员到绍兴县，就交通网络建设发展情况进行视察。

8月3日至8日，县委副书记、政法委书记马芳妹，县委常委、公安局长宋国新率县政法线有关部门主要负责人，赴新疆克孜勒苏柯尔克孜自治州等地开展警务合作对接工作。

8月9日，县政协召开十一届七次主席会议，专题协商全县“清水工程”建设工作。

8月13日，县委、县政府专题召开县领导督查城乡环境整治工作交流会。

8月15日，县长徐国龙专题调研“空心村”改造建设工作。

8月16日，县工业强县建设五年发展规划专家咨询会在省人民大会堂举行。

8月20日，县委县政府召开工业强县建设情况交流座谈会。

8月23日，县商务局组织召开了半年度商务工作会议。

8月28日，上海绍兴县商会成立仪式在上海举行。

9月3日，长兴县委书记章根明、县长吕志良率党政考察团一行30人到绍兴县，考察纺织行业转型升级工作。

9月4日，绍兴县·新昌县帮扶协作交流会在新昌举行。

9月6日，县十四届人大常委会第八次主任会议召开，专题听取创建省级生态县工作情况。

9月11日，县长徐国龙对第21届金鸡百花电影节筹备工作进行专题督查。

9月12日，县长徐国龙专题督查畜禽养殖污染专项治理工作。

9月17日，省长夏宝龙到绍兴县考察工业经济发展情况，省政府秘书长张鸿铭，市县领导张金如、何加顺、魏伟、徐国龙、孙君、诸剑明等陪同。

同日，举行“双百亿”重大项目开工仪式，11只总投资达240亿元的工业、商贸旅游业项目同时在鉴湖—柯岩旅游度假区、滨海工业区、华舍街道等地开工。

9月19日，召开深化模拟审批制度改革推进会。

9月24日，县委、县政府召开全县社会管理综合治理暨维稳信访工作会议。

9月27日，由县政府主办，县旅游局、金地集团承办的县首届金柯桥旅游节暨“最长乌篷船队”世界纪录认证仪式在瓜渚湖畔举行。

10月8日，由县举办的2012中国工程院院士——绍兴行科技合作活动在柯桥启动。

10月16日，县十四届人大常委会第九次主任会议召开，专题听取县柯桥主城区活水工程进展情况报告。

10月17日，县委书记何加顺带队对全县城乡环境卫生精细化、长效化管理工作进行专题调研。

同日，县长徐国龙专题调研农贸市场改造升级工作。

10月20日，县长徐国龙参加全县主要污染物减排重点工程督查会。

10月24日，县委副书记马芳妹带领县相关街道、部门负责人，就绍兴县城市社区建设管理工作进行调研。副县长刘晓清、谢兴长陪同。

10月26日，2012中国柯桥国际纺织品博览会（秋季）隆重开幕。

10月29日，县政协召开十一届十次主席会议，专题协商县医药卫生体制改革工作。

11月1日，由温州市委书记陈德荣率队的温州市党政代表团一行，到绍兴县考察产业发展、城市建设、旅游开发等工作。

11月13日，县长徐国龙专题督查畜禽养殖清迁治理工作。

11月14日，县长徐国龙专题调研社会管理创新工作。

11月19日，县委召开全县领导干部会议，专题学习传达、贯彻落实党的十八大精神。

11月20日，县长徐国龙专题调研高新技术企业发展工作。

11月22日，全市推进村级便民服务中心、村务监督委员会和非公企业纪检组织建设现场会在绍兴县召开。

同日，县长徐国龙主持召开县政府第九次常务会议，研究职工基本医疗保险和城乡居民合作医疗等工作。

11月24日，全县首个村级爱心互助中心在杨汛桥镇联社村成立。

12月4日，县委书记何加顺在钱清镇调研农村资金、资产、资源“三资”管理和违章建筑整治工作。

同日，桐乡市委书记卢跃东率该市四套班子领导和镇街、部门主要负责人，到绍兴县考察工业、市场和城市建设等工作。

12月11日，县委、县政府召开全县旅游发展大会。

12月12日，新昌县委书记楼建明等四套班子领导率党政考察团，到绍兴县考察城乡统筹、城市建设和市场建设等方面工作。

12月17日，国家级绍兴柯桥经济技术开发区授牌仪式在柯桥举行，这标志着柯桥开发区正式迈入“国家队”行列。

12月18日，县委、县政府召开会议，表彰首届“县十佳优秀科技工作者”和“县十佳先进科技工作者”。县领导马芳妹、于庆国、周树森、钱月美等出席会议。

12月26日，柯桥经济技术开发区公共电子阅览室在朗莎尔维迪制衣有限公司正式成立。

2012年新昌县大事记

1月4日，县名茶协会召开会长会议。县政协副主席、县名茶协会会长袁振华和有关部门负责人出席会议。

1月7日，召开安全生产（消防安全）工作会议暨春运工作动员大会。

1月8日，县委书记楼建明、副县长严钢率有关部门负责人到大市聚镇调研。

1月16日，召开财政地税工作会议。代县长马永良，县人大常委会副主任杨能出席会议。

1月17日，新昌第一届人大工作研究会会员大会成功召开，标志着新昌人大工作研究会正式成立。

同日，县人大常委会召开全县乡镇（街道）人大工作交流会。

1月19日，县政协八届常委会举行第二十三次会议。

同日，县第十四届人大常委会举行第五十次会议。

1月30日，县委书记楼建明、副县长严钢率有关部门负责人，到新和成、新柴控股、美盛文化创意等企业走访调研。

1月31日，县委书记楼建明率有关部门负责人，到巧英乡督查2012年重点工作安排情况。

2月1日，县委书记楼建明、县委副书记陈泉标率有关部门负责人，就城区环境整治工作开展专题督查。

2月2日，县委书记楼建明，县委常委、副县长潘启富率有关部门负责人，到澄潭镇、镜岭镇督查2012年重点工作计划安排和穿岩十九峰景区预征土地处置情况。

同日，县人民医院召开2011年总结表彰大会。县委常委、宣传部长潘岳梦在会上讲话。副县长丁虹出席会议。

2月7日，县政府召开第六十五次常务会议，讨论审议新昌县2012年政府投资项目及“五个十大”项目安排。

2月9日，县委县政府召开全县平安建设暨信访工作会议。

2月15日，代县长马永良率县府办、农办、经信局、财政局、国土局负责人，到儒岙镇开展“进村入企”走访调研活动。

2月17日，全县公安工作会议召开。

2月28日，省证监局局长吕逸君一行到新昌调研企业上市工作。副县长严钢等陪同调研。

2月28日至29日，绍兴市公共图书馆馆长会议在新昌召开。

3月1日，县长马永良，县委副书记陈泉标率有关职能部门和街道负责人，就城区农贸市场改造提升工程推进情况开展检查。

3月6日，全国茶叶标准化技术委员会首届五次会议在新昌召开。

3月7日，县长马永良，副县长裘武宏率县府办、财政、建设、规划、城管、教体、国土等部门主要负责人，赴七星新区调研。

3月9日，县十五届人大常委会召开第一次会议。

3月13日，县长马永良、常务副县长柴理明率有关部门和乡镇（街道）负责人，就新昌国家级生态县创建工作进行专题调研。

3月15日，县人大工作研究会组织会员和相关人员赴镜岭镇黄婆滩村和外婆坑村开展“美丽乡村”建设视察活动。

3月16日，新昌绿城雷迪森大酒店举行五星级旅游饭店揭牌仪式，填补了新昌五星级旅游饭店空白。

3月22日，县编委办召开全县党政群机关和事业单位专用中文域名注册管理工作会议，传达省委办公厅、省政府办公厅有关文件精神，部署新昌中文域名注册管理有关事项。

3月23日，由省农业投资与区域合作促进会、浙江大学CARD中国农业品牌研究中心和县政府共同举办的“大佛龙井”区域公用品牌转型升级研讨沙龙在浙江大学中国农村发展研究院举行。

3月28日，县行政服务中心召开2012年工作会议。

4月5日，钦寸水库工程建设指挥部召开2012年度第一次移民安置工作片长会议。

4月6日，召开全县武装工作暨国防动员委员会第十一次会议。

4月10日，省农业厅厅长史济锡率总农艺师王建跃、副巡视员蔡元杰、经作局局长毛祖法等到新昌调研茶产业发展。

同日，“天姥论茶——首届中国茶文化旅游发展论坛”在新昌隆重举行。

4月11日，中国茶叶行业百强企业——三好茶博汇茶业有限公司在中国茶市举行浙江分公司开业典礼。

同日，中国茶叶电子商务联盟成立大会暨天姥问茶——中国茶叶电子商务高峰论坛在新昌举行。

4月13日，县政府召开第一次全体（扩大）会议。

4月16日，全国人大常委、中科院院士、著名生物学家、北京大学原校长许智宏院士到新昌中学视察。

5月3日，新昌南明电影大世界举行开业庆典。

5月4日，温州医学院研究生临床培养基地认定仪式暨第一届在职研究生班开学典礼在县人民医院举行。

5月17日，召开《天姥山志》编纂座谈会。

5月18日，召开住房和城乡建设工作会议。

5月24日，举行再生资源流通协会成立大会，会议审议并通过了协会《章程》，选举产生了第一届理事会会长、副会长、理事。

同日，召开国家级生态县创建动员大会。

5月31日，县长马永良、副县长柯羽率有关部门负责人，专题调研县科技创业中心（科技企业孵化器）建设工作。

6月6日，召开土地开发与农村土地综合整治工作会议。副县长裘武宏出席会议。

6月7日，全县建筑业安全生产工作会议召开。

6月12日，县新四军历史研究会举行成立20周年纪念大会，县委常委、宣传部长潘岳梦，县老领导俞辉华等出席会议。

6月15日，县社会科学界联合会成立暨第一次代表大会隆重召开。

6月21日，由县政府、深圳发展银行杭州分行、浙江浙企投资管理有限公司三方联合发起，并设立的浙江省中小企业成长基金“新昌天姥小微企业成长计划”正式落户新昌。

6月26日，县政协召开九届四次主席会议。

6月27日，县政府召开第六次常务会议。

7月4日，召开乡镇（街道）科技工作会议。县委常委王军出席会议。

7月10日，县第十五届人大常委会举行第六次会议。

7月12日，县农家乐休闲旅游促进会举行成立大会暨第一次会员大会。

7月18日，新昌农村合作银行与江守商事（中国）贸易有限公司举行战略合作签约仪式。

7月23日，新昌县与上海交通大学联合举办的2012年新昌县加快区域发展与提升核心竞争力研修班在沪举行开班典礼。

7月27日，县政协召开九届三次常委会会议。

7月31日，召开农产品经纪人协会成立大会暨第一次会员大会。

8月1日，全市交通运输局长会议在新昌召开。

8月7日，县第十五届人大常委会举行第八次主任会议。

8月9日，县公安局召开半年度公安工作会议。

8月15日，召开加强服务保障优化发展环境促进经济社会发展座谈会。

同日，上礼泉警务站揭牌暨治安大巡防启动仪式举行，标志着新昌县第一个一级警务站正式成立。

同日，县汽车运输有限责任公司开通新昌—柯桥直达班车。

8月23日，国家食品药品监督管理局副局长边振甲率调研组，到新昌调研胶囊产业规范、提升、发展工作。

8月30日，县委常委潘启富率县委办、农办、财政局、规划局、国土局、交通运输局等部门到儒岙镇督查“美丽乡村”建设进展情况。

9月4日，福建省邵武市副市长龚建春率考察团到新昌考察茶产业发展情况。

9月12日，县政协医卫组全体政协委员在县政协副主席徐剑平的带领下到县卫生局考察卫生医改和三个“中心”工作。

9月14日，全县名优红茶开发现场会暨加工技术培训班在巧英乡雪溪茶场举行。

9月20日，召开全县社会管理综合治理暨维稳信访工作会议。

9月28日，省商务厅党组成员、省纪委驻厅纪检组长黄克旭率专题帮扶组，到新昌调研重点外贸出口企业经营情况。

10月10日，县第十五届人大常委会举行第九次会议。

10月11日，县金融办在泰坦国际大酒店举办了“浙江股权交易中心挂牌学习交流会”。

10月12日，召开钦寸水库坝址周边村移民安置工作会议。

10月13日，由中国人民大学佛教与宗教学理论研究所和县大佛寺联合主办的新昌大佛寺佛教文化发展交流会在新昌隆重举行。

10月15日，县委县政府专题召开全县“美丽乡村”建设现场会。

10月18日，日升昌小额贷款有限责任公司举行成立答谢会。副县长严钢出席答谢会。

10月25日，由县政府和武汉纺织大学联合举办的浙江新昌·武汉纺织大学科技对接活动在新昌开幕。

11月1日，县政府举行中小微企业用地供需对接会。

11月9日，召开中国唐诗文化旅游节组委会第二次成员会议。

11月12日，召开全国小型农田水利重点县建设动员大会。

11月13日，县委书记楼建明在督查交通重点工程建设。

11月14日，县第十五届人大常委会举行第十一次会议，审议、表决县人民政府和县人民法院有关人事任命。

11月16日，县知联会在烟山生态农业发展有限公司举行首个“同心·知联服务基地”授牌仪式。

11月22日，新昌农特产品博览中心和新田园农产品连锁新昌门店隆重举行开业庆典。

同日，首届中国唐诗文化节暨第十四届新昌天姥山旅游节在县体育馆隆重开幕。

11月23日，举行新昌大佛寺景区南明阁落成开放仪式。

同日，由省旅游局和省经信委主办、县政府承办、达利丝绸（浙江）有限公司协办的浙江省工业旅游发展推进会在达利丝绸工业园举行。

11月26日，举行天姥山省级森林公园太白山庄开业仪式。

11月27日，省林业厅组织专家对新昌天姥林场和七盘合一农业发展有限公司编制申报的天姥山和七盘仙谷两个省级森林公园总体规划进行评审，并原则通过了评审。

11月29日，新昌佰锦农林开发有限公司正式成立，这是新昌首家以林权出资的企业。

11月30日，县公安局巡逻警务站暨人民医院警务站落成启用仪式举行。县委常委、公安局长潘益民为警务站揭牌。

同日，浙江日发数码精密机械股份有限公司和浙江大学举行“飞机蜂窝加工设备——五轴桥式龙门加工中心”签约仪式。

12月8日，国务院扶贫办副主任王国良率调研组，到新昌调研奔小康工程推进情况。

12月11日，绍兴市经信委副主任金大为率考核组一行到新昌考核越商回归工作，县委常委潘启富陪同检查并出席汇报会。

12月12日，县委书记楼建明、县长马永良、县人大常委会主任求子平、县政协主席罗国安率新昌党政考察团，赴绍兴县、上虞市学习考察城市建设、商贸产业发展、城乡统筹等方面的先进经验。

12月13日，副县长严钢到新昌第三家小额贷款公司新昌县金泰小额贷款有限公司调研工作。

12月18日，新昌“百亿”重大工业项目开工暨万丰先进整备制造基地奠基仪式在工业园区大市聚区块隆重举行。

同日，被列入省级企业研究院建设计划的浙江省京新药业研究院正式挂牌成立。

12月21日，召开全县森林生态安全工作会议。

12月27日，召开传统文化促进会成立暨第一次会员代表大会。

金华卷

2012年金华市大事记

1月4日，市长徐加爱、常务副市长劳红武、副市长谢春涛赴京出席北京•金华籍领导专家新春茶话会。

1月6日，召开对口支援新疆温宿县工作座谈会。

1月8日，市长徐加爱参加并主持全市领导干部会议。常务副市长劳红武，副市长金中梁、傅利常、谢春涛参加会议。

1月9日，浙江森宇控股集团收到国家有关部门的通知，该集团获得2011年度中国食品安全示范单位，这也是金华唯一获此殊荣的企业。

1月10日，副市长蔡健参加全市农业“两区”建设经营主体新春座谈会。

1月11日，举办市属国有企业领导人员新春团拜会。常务副市长劳红武，市人大常委会副主任王国强，市政协副主席邵国强参加。

同日，国家食品药品监管局在官网上公布了全国药品安全专项整治中表现突出的先进集体，我省有两家单位受到表彰，市食品药品监管局榜上有名。

1月16日，副市长黄小杭召开全市商贸流通工作会议。

1月19日，市委市政府在市文化中心剧场举行2012年春节团拜会。

1月20日，副市长黄小杭参加全市邮政工作会议。

1月31日，市长徐加爱主持召开研究产业扶持政策专题会议。

2月2日，市委五届十七次全体（扩大）会议暨市政府六届二次全体会议在市文化中心举行。

2月3日，召开新闻媒体座谈会，市领导陈一新、徐加爱、黄锦朝、劳红武、钟关华、金中梁、傅利常参加会议。

同日，在召开的全省农业农村工作会议上，金华再次被省政府授予“粮食生产先进市”称号，这已经是该市连续第四次获得这一殊荣。

2月9日，召开市委委员和市机关重点部门负责人座谈会，市领导陈一新、黄锦朝、金中梁出席会议。

同日，奥地利维也纳新城市长米勒一行3人访问金华，副市长朱福林会见了米勒市长一行。

2月14日，副市长黄小杭赴杭州参加国家商务部等部委国家级经济技术开发区专题调研座谈会。

2月16日，召开全市工业与外经贸工作会议，市领导金中梁、傅利常、张跃进出席会议。

2月20日，市长徐加爱主持召开市政府第20次常务会议，常务副市长劳红武，副市长黄小杭、朱福林、蔡健、林丹军、傅利常、谢春涛，市政府秘书长祝伦根出席会议。

2月21日，副市长金中梁、傅利常出席蒙牛集团投资项目开工奠基暨金西开发区企业集体开工竣工投产典礼。

2月23日，市首个纯艺术产业园区——乾湖艺术区，在婺城区乾西乡湖头村亮相。

2月27日，全国双拥模范城（县）命名暨双拥模范单位和个人表彰大会在北京举行，金华再次荣获全国双拥模范城称号，实现“二连冠”。

3月2日，市领导徐加爱、金中梁、王国强、何美华、朱福林、傅利常、谢春涛、王建平、陈陆一、祝伦根出席全市节约集约用地暨招商引资工作动员大会。

3月5日，市委书记陈一新赴雷锋文化馆进行参观慰问。

3月9日，市长徐加爱主持召开市政府第二十二次常务会议。常务副市长陶诚华，副市长黄小杭、朱福林、林丹军、傅利常、谢春涛，市长助理李国辉，市政府秘书长祝伦根参加会议。

3月12日，市领导陈一新、金中梁、傅利常、谢春涛、陈陆一等出席浙（婺）商回归工作座谈会。

3月13日，市六届人大二次会议隆重开幕。

3月22日，市委市政府召开第一次全市农业农村现代化大会。

3月29日，市长徐加爱、常务副市长陶诚华赴杭州参加全省扩大有效投资暨重点建设推进大会。

4月1日，召开工业和重点项目推进会。市领导徐加爱、陶诚华、王国强、黄小杭、傅利常、谢春涛、邵国强、张跃进，其他领导陈陆一、祝伦根出席会议。

4月9日，副市长傅利常参加全省能源“双控”和落实促进工业发展“一揽子”举措工作会议。

4月12日，市政府召开招商引资工作汇报会，市长徐加爱、副市长傅利常、市政府秘书长祝伦根参加会议。

4月18日，市长徐加爱、副市长朱福林出席数字金华地理空间框架建设（试点）项目设计书评审暨共建共享合作协议签署仪式。

4月20日，市委市政府邀请省物产集团、省国贸集团、省旅游集团、中石油浙江销售分公司、国电集团浙江分公司等56家省属企业和央企驻浙机构负责人举行以“合作、发展、共赢”为主题的金华市与省企、央企驻浙机构对接座谈会。

4月25日，市首届浙（婺）商回归创业创新大会在市文化中心隆重开幕。

4月27日，常务副市长陶诚华召开全市消防工作会议。

5月3日，副市长黄小杭赴台州参加全省服务业工作现场交流暨项目推介会。

5月11日，省政府召开全省消防工作电视电话会议。常务副市长陶诚华到杭州主会场参加会议，并代表市政府与省政府签订“十二五”消防安全目标管理责任书。

5月16日，金华电子商务创业园在婺城区城北综合园开园。

5月18日至20日，第二届全球台州商会会长峰会在金华举行。

5月19日，中共中央候补委员、国务院国有重点大型企业监事会主席石大华带领中国中铁集团相关负责人一行到金华考察。

5月28日，副市长黄小杭参加首届中国（北京）国际服务贸易交易会开幕式。

5月30日，今飞控股集团有限公司与浙江省国贸集团有限公司及旗下的省纺织品进出口集团有限公司签订战略合作协议。

5月31日，金义都市新区开发建设千人动员大会召开，市领导金中梁、王国强、何美华、傅利常、王建平、邵国强参加会议。

5月30日至6月1日，副市长黄小杭带领市粮食局、粮库有关负责人，赴山东、安徽两省对接洽谈粮食产销合作。

6月8日，市农业招商项目推介暨农投合作对接洽谈会在杭州召开。

同日，浙江战略性新兴产业与世界500强对接洽谈会暨全省重大外商投资项目签约仪式在宁波香格里拉大酒店举行。副市长黄小杭出席签约仪式。

6月13日，市委书记陈一新会见了中国建设银行股份有限公司董事长王洪章一行。

6月20日，市六届人大常委会举行第十次会议。

6月27日，市人大常委会组织部分人大代表视察南山、北山区块保护开发情况。市人大常委会副主任程子林、钱世茂、王国强参加。市长助理李国辉陪同视察。

6月28日，市委隆重召开纪念建党91周年暨创先争优群英大会。

7月3日，市长徐加爱会见了国开金融有限公司副总裁左坤一行。

7月5日，福建省漳州市市委副书记吴晓丁率团到金华考察花卉苗木产业。

7月6日，市长徐加爱主持召开市政府第三十次常务会议。

7月10日，中央企业·金华市战略合作恳谈会在北京举行，63家央企的100多名负责人参加恳谈交流，并与该市签署了14项合作协议，签约金额达200多亿元。

7月13日，全市历史文化村落保护利用工作现场推进会在磐安召开。

同日，市政府召开专题会议，研究部署800千伏溪洛渡—浙西特高压直流输电工程金华段建设。

7月18日，中国建设银行浙江省分行与市政府举行共同推进低丘缓坡开发利用项目暨金义都市新区开发建设战略合作协议签约仪式。

7月20日，市长徐加爱主持召开市政府第三十一次常务会议。

7月25日，市委、市政府办公室联合下发《关于加快市区农业转型升级若干政策的意见》，围绕农业生产领域的转型升级提出30条力度空前的扶持政策。

8月2日，召开市委六届二次全体（扩大）会议暨市政府六届三次全体会议。

8月3日，浙商回归金华千亿投资系列工程——康恩贝金兰大健康产业带双百亿工程启动仪式在市文化中心隆重举行。

8月12日，金华江西商会隆重成立。

8月15日，军地共建文化示范村签约仪式在金东区源东乡东叶村举行。市委常委、金华军分区政委周嘉爱出席签约仪式。

8月16日，市委召开构建惩防体系工作领导小组会议暨惩防体系建设推进会。

8月22日，市长徐加爱会见了由郡长罗迪诺率领的美国印第安纳州阿尔卡特郡代表团一行。

8月23日，第二届中国国际商贸发展大会第一次筹备会议在义乌举行，副市长黄小杭出席会议。

8月30日，市六届人大常委会举行第十一次会议。

9月3日，政协大讲堂——首届企业中高层管理研修班在浙江师范大学举行开班典礼。

9月4日，市长徐加爱主持召开市政府第三十四次常务会议。

9月5日至7日，副市长蔡健率团赴温宿参加2012年中国新疆核桃产业发展高峰论坛。

9月6日，市首个产业链党组织——中共绿源电动车产业链党委成立。

9月13日，金融支持浙中崛起战略合作暨重点项目（企业）融资对接洽谈会隆重举行。省级金融机构与市政府分别签署了战略合作框架协议，未来五年向金华新增3100亿元的贷款授信。

9月16日，金华五百滩地块开发商浙江瑞城发展有限公司与中影集团、奥地利AST公司举行瑞城中影国际影院、奥地利AST真冰滑冰场项目签约仪式。市人大常委会副主任钱世茂参加签约仪式。

9月19日，市首家高层次人才工作驿站在金华职业技术学院揭牌。

9月24日，市（深圳）投资招商会在深圳华侨城洲际大酒店举行。152家企业负责人参加招商会，并与该市签署了18项合作协议，总投资100多亿元。

9月28日，第四届中国仙源湖桂花节开幕。

10月11日，金华广播电视总台成立十周年暨金华广播电视传媒集团成立庆祝大会在市文化中心隆重举行。

10月17日，市委副书记、政法委书记陶诚华带领市相关部门负责人，到婺城区调研新农村建设。

10月18日，浙江股权交易中心正式举行挂牌仪式。全省55家企业正式挂牌交易，其中，金华有9家企业，企业总数位居全省第三位。

10月22日，市六届人大常委会举行第十二次会议。

10月24日，市政府与浙江大学举行医学合作协议签订暨浙江大学金华医院挂牌仪式。

10月25日，第十届中国苗木交易会在主会场金华仙桥花木城开幕。

11月8日，浙江农业信息网公布了第三批省级现代农业园区（示范区、精品园）名单，金华市新增17个省级现代农业园区。

11月13日，市政协主席郑金平在市文化中心会见了保加利亚旅游投资发展促进局主席伊万· 迪米洛夫·托多罗夫一行。

11月21日，闽浙赣皖四省九市人大工作联席会第二十八次会议在金华举行。

11月22日，省食安委在杭州表彰食品安全大整治百日行动先进单位，市政府作为4个获奖地级市之一受到表彰。

11月26日，市长徐加爱主持召开市政府第三十九次常务会议。

11月27日，市区首只城投类企业债券——2012金华市国有资产经营有限公司债券成功发行。

11月30日，“北京大学经济学院浙江金华教学研究基地”揭牌仪式在金华举行。

12月1日，市政府与阿里巴巴集团签署投资建设“中国·金义电子商务新城”协议。

12月4日，2012天下浙商家乡行活动在杭州举行，金华市共有7个浙商回归项目成功签约，项目总投资达53.5亿元。

12月8日，北京大学信息科学技术学院院长姜玉祥一行到金华考察，并与市政府就开展科技合作进行座谈。

12月10日，市长徐加爱主持召开市政府第40次常务会议。

12月11日，市政府与中国电信浙江公司签署浙中崛起智慧金华“十二五”信息化战略合作实施协议。

12月12日，成都金华商会举行成立五周年庆典，市政协副主席许章才出席庆典。

12月14日，市长徐加爱率市有关部门负责人到金华经济技术开发区调研。

12月19日，市委六届三次全体（扩大）会议在市文化中心举行。

12月29日，浙江省城市礼品“城市金名片”30强榜单正式出炉，金华市共获得两张“城市金名片”，分别是金华婺州窑陶瓷研究所的古瓷源婺州窑、金华寿仙谷药业有限公司的“寿仙谷”牌铁皮枫斗颗粒。

2012年婺城区大事记

1月11日，区领导走访慰问驻金部队官兵。

1月12日，由金华市委常委、义乌市委书记黄志平，金华市副市长、义乌市委副书记、市长何美华带队的义乌市党政代表团一行到婺城区考察。

1月13日，市平安创建和综治工作考核组到婺城区，考核该区平安创建和综治维稳工作。

1月16日，代区长王健主持召开区政府第五十四次常务会议。常务副区长潘云秋，副区长徐勇、朱利群、诸晓东、邵永华、卢颐丰、王金生、方锦瑞参加会议。

1月18日，区委区政府2012年春节团拜会暨文艺联欢会在区行政中心举行。

1月31日，区委书记陈晓、代区长王健分别到金西开发区和新城区走访部分已开工的重点工业企业。区领导张旭辉、邱开祥、诸晓东等陪同走访。

2月7日，副市长蔡健到婺城走访部分现代农业企业。副区长徐勇陪同走访。

2月9日，区七届人大常委会举行第三十九次会议。

同日，省纪委常委、省监察厅副厅长施彩华带领省级机关“改善发展环境”基层调研组到婺城调研指导村级便民服务中心建设工作。

2月13日，代区长王健主持召开区政府第五十六次常务会议。常务副区长潘云秋，副区长徐勇、朱利群、诸晓东、邵永华、卢颐丰、王金生、方锦瑞参加会议。

2月15日，召开全区综治工作会议。区委常委、政法委书记申瑞龙参加会议。

2月16日至18日，省政协副主席徐辉率省政协调研组一行到婺城开展“进村入企、助推发展、强化服务”大走访活动。区领导陈晓、王健、施素珍、徐勇、朱利群、蒋献忠、邱开祥、诸晓东陪同调研。

2月20日，代区长王健主持召开区政府第五十七次常务会议。常务副区长潘云秋，副区长徐勇、朱利群、诸晓东、邵永华、卢颐丰、王金生、方锦瑞参加会议。

同日，代区长王健，常务副区长潘云秋，副区长邵永华、王金生、方锦瑞率起草组部分同志就《政府工作报告(征求意见稿)》向区政协、各民主党派征求建议意见。

2月23日，农业部发展计划司副巡视员张辉一行到婺城开展“百乡万户”调查和国家级现代农业示范区创建工作调研。

2月24日，区七届人大常委会举行第四十次会议。

2月29日，召开城市管理工作会议。

3月1日，召开居住出租房消防安全综合整治工作推进会。常务副区长潘云秋参加会议。

3月5日，区三届一次会议隆重开幕。

3月6日，区八届人大一次会议隆重开幕。

3月7日，市长徐加爱到婺城走访种粮大户、粮食专业合作社。

3月13日，金华市第二十届茶花展暨第三届婺城茶花节在竹马乡下张家村开幕。市领导蔡健、王建平，区领导王健、张菲菲、施素珍、张茹先、徐勇、蒋献忠、王金生等参加开幕式。中国花卉报总编汪祥荣、浙江省花卉协会会长徐培金应邀参加开幕式。

3月15日，区残疾人综合服务中心主体工程顺利结顶。副区长邵永华等参加结顶仪式。

3月20日，区委召开人才工作领导小组工作会议。

3月21日，召开全区人口和计划生育工作会议。

3月26日，区委书记陈晓先后到城中、城东街道，实地调研经济社会发展情况，并看望基层一线党员干部。

4月5日，区委书记陈晓到区检察院调研指导工作。

4月6日，区政协召开三届二次常委会，区政协主席施素珍主持会议。

4月9日，召开全区平安建设暨政法工作会议。

同日，区长王健主持召开新一届区政府第1次常务会议。常务副区长潘云秋，副区长徐勇、朱利群、邵永华、王金生参加会议。

4月15日，首届婺城区沙畈竹笋节在市区兰溪街商业步行街隆重开幕。

4月17日，区委书记陈晓到金西开发区调研重点工业项目及基础设施的建设情况。

4月19日，省长夏宝龙带领省有关部门领导婺城区重点工业企业——莱恩农业装备有限公司考察调研。

4月22日，第七届浙中购物节在市区兰

溪街步行街隆重启动。

4月25日，市一季度农业经济形势分析会在婺城召开。

4月26日，中宣部政策法规研究室办公室主任符雷一行到婺城，就网络文化产业发展情况开展调研。

4月28日，省扶贫办扶贫处处长张良带领省农办、扶贫办调研组到婺城考察调研农业发展、金融扶贫事业发展等情况。区委副书记张茹先陪同调研。

同日，召开浙中信息产业园(婺星产业基地)总体规划讨论会。

5月2日，区委常委、政法委书记申瑞龙到竹马乡郭店村走访调研，指导新农村建设和社会管理工作。

5月9日，省国土资源厅副厅长张国斌到婺城调研规范化征地示范区建设情况。

5月21日，区长王健主持召开区政府第三次常务会议。常务副区长潘云秋，副区长朱利群、卢颐丰、方锦瑞，区长助理高川参加会议。

同日，市政府秘书长祝伦根一行到婺城调研基层党建工作。区委常委、组织部长杨寿根陪同调研。

5月29日，由市人大常委会副主任江跃进带队的人大常委会调研组到婺城调研村级社区卫生服务站建设情况。

6月1日，区政府与浙江师范大学教育战略合作协议签约仪式在浙师大图书馆举行。

6月11日，由新疆阿克苏地委书记黄三平率领的阿克苏地区党政代表团到婺城区的莱恩农业装备有限公司参观考察。市领导陈一新、金中梁、傅利常，区领导陈晓、潘云秋、朱利群陪同。

6月14日，区委常委、政法委书记申瑞龙带领区综治办相关人员，到琅琊镇调研社会服务管理中心规范化创建情况。

6月19日，副省长毛光烈率省经信委、省科技厅等有关部门负责人，到婺城调研工业经济发展情况。

6月21日，区长王健主持召开区政府第四次常务会议。常务副区长潘云秋，副区长朱利群、卢颐丰、王金生、方锦瑞参加会议。

6月27日，区委书记陈晓带领区财政、交通、水利、农办等部门负责人到“村级组织集中教育整顿活动”联系村走访调研。

7月3日，区长王健主持召开区政府第五次常务会议。常务副区长潘云秋，副区长朱利群、邵永华、卢颐丰、王金生参加会议。

7月16日，区委书记陈晓主持召开区委常委会议，分析经济运行形势，研究促进经济平稳较快发展的对策措施。

7月17日，金华市首个“同心·知联服务基地”在汤溪镇正式授牌启动，同时为“同心·知联服务团”授旗。

7月18日，区长王健主持召开婺城区政府第六次常务会议。常务副区长潘云秋，副区长朱利群、邵永华、卢颐丰、王金生、方锦瑞出席会议。

7月24日，区委六届三次全体(扩大)会议暨区政府第一次全体会议。

8月2日，副区长王金生到蒋堂镇莘移村调研村庄建设情况。

8月3日，区八届人大常委会举行第四次会议。

8月13日，区委书记陈晓主持召开区委常委会议，专题研究当前安全生产工作。

8月22日，区温泉项目考察团一行圆满结束了云南、重庆、吉林等地的温泉项目考察之行，并在吉林省成功签约总投资28亿的“浙江九峰山生态温泉养生城”项目。

同日，副市长林丹军带领市相关部门负责人到婺城调研指导文教卫社会事业发展情况。

8月26日，区首个异地商会——北京金华婺商商会第一次会员大会暨成立大会，北京·金华市婺城区投资环境推介会暨项目签约仪式在北京隆重举行。

8月29日，区委理论中心组学习（扩大）会召开。

9月4日，市长徐加爱，市政协主席郑金平到婺城调研下山移民工作。

9月6日，召开溪洛渡左岸—浙江金华800千伏特高压直流输电线路工程开工动员会暨政策处理协调会。

9月17日，区长王健主持召开婺城区政府第七次常务会议。常务副区长潘云秋，副区长朱利群、邵永华、王金生、孔月明出席会议。

9月25日，区政协主席施素珍主持召开主席约谈会。

9月28日，2012第四届中国仙源湖桂花节开幕。

10月12日，市委常委、宣传部长何杏仁到婺城调研指导宣传思想文化工作。

10月17日，区“网格化管理、组团式服务”推进会暨综治工作例会在琅琊镇举行，区委常委、政法委书记申瑞龙参加会议。

10月23日，婺城新城区50亿投资——婺州城市广场三期、海丰实业等28个项目顺利开工。

10月24日，省政协原主席、中国国际茶文化研究会会长周国富到婺城调研茶文化产业发展情况。

10月26日，全省召开公安系统英雄模范立功集体表彰大会，婺城公安分局被省政府授予“全省模范公安局”称号。

11月5日，区首届民俗文化艺术节开幕。

11月7日，第十三届中国·金华工业科技合作洽谈会举行科技项目签约仪式。莱恩农业装备有限公司、金华永和氟化工有限公司、金华圣力邦漆业有限公司等10家婺城区属企业分别与各自校院所签约。区长王健出席签约仪式。

11月12日，区长王健主持召开婺城区政府第八次常务会议，常务副区长潘云秋，副区长朱利群、邵永华、王金生、方锦瑞出席会议。

11月20日，区首个人大代表联民工作站在新狮街道挂牌成立。

11月21日，区委书记陈晓带领区农办、农林等相关部门负责人到沙畈乡调研农村集体经济各项工作推进情况。

11月27日，婺城西二环路跨沪昆铁路立交及接线工程正式开工。

12月3日，区委书记陈晓带领农林、国土、经济商务、规划等部门负责人到蒋堂镇调研界首工业功能区建设和企业发展情况。区委常委、纪委书记何海彬陪同调研。

12月11日，中国电信浙江公司与金华市政府举行“十二五”信息化战略合作实施协议签约仪式，电信云计算中心项目正式落户婺城。

12月14日，区委召开常委会议，传达学习省委十三届二次全会精神，研究部署该区贯彻落实意见。区委书记陈晓主持会议。

12月17日，区长王健主持召开婺城区政府第九次常务会议，常务副区长潘云秋，副区长朱利群、邵永华、卢颐丰、方锦瑞、孔月明出席会议。

12月19日，省国土资源厅正厅级巡视员、副厅长潘圣明一行到金西调研九峰温泉项目的开发建设。金西开发区管委会主任张旭辉陪同调研。

12月20日，副区长王金生带领区农林局、畜牧兽医局主要负责人赴箬阳乡调研西南山区经济发展问题。

12月25日，区八届人大常委会举行第七次会议。

12月26日，区长王健主持召开婺城区政府第十次常务会议，常务副区长潘云秋，副区长邵永华、卢颐丰、方锦瑞、孔月明出席会议。

12月31日，召开全区党政领导干部工作务虚会。

2012年金东区大事记

1月12日，代区长施美红会同公安、安监、旅游、城建等相关部门负责人，前往曹宅镇大佛寺景区检查景点、景区的节前安全工作。

2月10日，召开平安建设暨政法综治工作会议。

2月13日，代区长施美红主持召开区政府第四十次常务会议。区领导邱银泉、曹文蔚、王建国、胡放、朱茂丹、楼琅坚参加会议。

2月15日，召开全区工业大会。

同日，召开农业农村工作会议。

同日，举行区新闻传媒中心成立暨《今日金东》创刊首发仪式。

2月19日，区政协三届一次会议隆重开幕。

2月20日，区三届人大一次会议隆重开幕。

2月22日，区政协三届一次会议举行选举大会，选举产生了新一届区政协主席、副主席、秘书长以及常务委员。

2月24日，区长施美红主持召开区政府第一次常务会议。区领导邱银泉、曹文蔚、王建国、胡放、朱茂丹、王建中、楼琅坚参加会议。

2月28日，召开春季校长会议。副区长朱茂丹，区政协副主席施文进出席会议。

2月29日，区人大常委会主任赵庆主持召开区三届人大常委会第一次会议，副主任刘勤、金艳秀、张文星、王荣法、黄锡新、傅惠斌参加会议。区政府、区法院、区检察院相关负责人应邀列席会议。

3月1日，区长施美红一行到仙桥花木城、澧浦苗木城进行调研，副区长王建中陪同调研。

3月5日，举行“三八”国际劳动妇女节102周年纪念表彰会，会上，区领导王瑞海、羊代平、刘勤、金艳秀、傅丽花为各项先进颁发了证书和奖牌。

3月7日，召开干部大会暨作风建设部署会，区委书记郑余良出席并作重要讲话。

3月8日，省平安建设考核组到金东检查考核2011年度平安建设工作。

3月9日，召开村邮站建设推进会，副区长楼琅坚参加会议。

3月12日，副区长王建中到源东检查第二届万亩桃花观赏旅游节筹备工作。

3月14日，召开安全生产工作会议。

3月19日，区长施美红主持召开区政府第二次常务会议。区领导邱银泉、曹文蔚、王建国、胡放、朱茂丹、王建中、楼琅坚，区人武部政委陈公炎出席会议。

3月26日，副市长傅利常带领市有关部门负责人到金东区，现场查勘1000千伏线路路径方案情况。

3月27日，召开工业工作会议。副区长王建国参加会议。

4月1日，区第二届源东桃花节隆重开幕。省旅游局局长赵金勇，省农办副主任严杰，副市长蔡健，区领导郑余良、施美红、赵庆、楼科进、羊代平、王建中等出席开幕式。

4月6日，召开违法建房专项整治动员大会，动员部署违法建房专项整治工作。

4月11日，区长施美红带领经贸、财政、城建、国土、规划等部门负责人，调研重点工业项目推进情况。副区长王建国参加调研。

4月13日，召开机构改革暨“三定”工作会议，动员部署全区机构改革暨“三定”工作。

4月17日，召开作风建设活动推进会暨难题交办会。

4月20日，召开政法委员全体（扩大）会议。

4月23日，区三届人大常委会举行第二次会议。

4月24日，召开组织、人才、两新、机关党建工作会议。

同日，区委书记郑余良到曹宅镇开展“进村入企”解难题活动。

4月25日，在召开的金华市首届浙（婺）商回归创业创新大会上，金东区成功签约了4个浙（婺）商回归项目。

4月28日，区长施美红主持召开区政府第三次常务会议。区领导邱银泉、曹文蔚、王建国、胡放、朱茂丹、王建中、楼琅坚参加会议。

同日，区人大常委会在塘雅镇开展主任接待日活动，区人大常委会主任赵庆参加了相关活动。

5月4日，副市长朱福林到金东江东镇勘查低丘缓坡开发利用工作。

同日，区建团90周年纪念大会暨第三届“金东区十大优秀青年”表彰会在区行政中心隆重举行。

5月8日，召开人才工作领导小组成员会议。

5月10日，区委书记郑余良在副区长王建中、区水务局负责人的陪同下，检查全区防汛和重点水利工程推进工作。

5月14日，召开重点项目暨“难题破解百日攻坚”行动推进会。

5月16日，省委副秘书长、省农办主任章文彪一行到金东调研“美丽乡村”建设及历史文化村落保护利用工作。

5月16日至17日，市人大常委会副主任钱世茂、王国强、张荣贵先后到金东开展“三化”环境综合整治和建设精品城市、中小企业和农业科技发展专题调研。

5月23日，召开全区干部大会暨作风建设难题破解推进会。

5月28日，召开全区“生态金东”建设大会。

6月1日，区长施美红调研走访区“美丽乡村”建设，副区长王建中陪同调研走访。

6月4日，副市长傅利常带领市相关部门负责人到金东调研工业发展情况。区领导施美红、王建国陪同调研。

6月5日，区长施美红主持召开第4次常务会议。区领导邱银泉、曹文蔚、王建国、胡放、朱茂丹、王建中，区政府党组成员王希凌，区人武部政委陈公炎参加会议。

6月8日，召开全区“美丽乡村”建设总体规划座谈会。区长施美红出席并作重要讲话。

6月12日，金义都市新区“两路一园”改造提升工程开工仪式在金东区鞋塘办事处支家村金山大道I标段工程现场举行，市委书记陈一新宣布工程开工。

6月18日，副省长毛光烈到金东实地调研金华工业经济建设。

6月19日至20日，召开区委理论学习中心组学习会暨全区上半年经济形势分析会。

6月21日，召开全区“网格化管理、组团式服务”工作汇报会。区委副书记、政法委书记王瑞海参加会议并讲话。

6月27日，召开镇乡（街道）党（工）委书记抓基层组织建设年活动座谈会。

6月28日，全市首家区级社会矛盾调解中心在金东正式挂牌运行。

7月3日，中共中央宣传部原常务副部长、全国政协常委、中国画报协会会长龚心瀚一行到金东参观考察，指导文化产业工作。

7月6日，举行浙中桃花源生态旅游区开发建设规划评审会。

7月13日，召开2012年深化医药卫生体制改革工作会议。

7月16日，召开江东区块低丘缓坡综合开发利用试点工作座谈会。

7月20日，区委书记郑余良到曹宅镇调研“五星争创”工作。

同日，首届金东区孝顺葡萄节开幕式在祥里村举行。

7月24日，鞋塘办事处社会服务管理中心正式启用。

同日，由省农办、市农办等相关单位专家组成的评审组，对《金东区“美丽乡村”建设总体规划》进行了评审。

7月26日，举行区委三届二次、区政府第一次全体（扩大）会议暨作风建设总结表彰会。

7月30日，区政府与金义都市新区对接会在金义都市新区管委会三楼会议室召开。

7月31日，市首个道教居士林——金东区道教居士林召开成立大会暨第一届代表大会。

8月6日，区长施美红主持召开区政府第6次常务会议。

8月7日，区委书记郑余良到多湖街道、江东镇调研万亩蔬菜基地建设工作。

8月14日，市委书记陈一新到金东开展信访接待活动，并召开信访工作座谈会。

8月21日，区政府支持金华市外国语学校办学签约仪式在区行政中心举行。

8月23日，召开招商引资暨工业工作会议。

8月28日，区三届人大常委会举行第四次会议。

8月30日，区招商引资投资环境推介会暨项目签约仪式在永康市紫薇花园宾馆隆重举行。会上，成功签约投资项目10个，投资领域涉及高新科技、机械电子、汽车配件等，总投资金额达25亿元。

9月3日，区长施美红主持召开区政府第七次常务会议。

9月14日，召开全区“美丽乡村”建设工作推进会。

9月21日，召开乡镇、部门工作汇报会。

9月23日至25日，区长施美红带领招商团队赴深圳开展招商引资活动。副区长王建国参加招商活动。

9月27日，区政协召开公安工作情况通报会。

同日，区委政法委召开第三季度全体委员（扩大）会议。

9月28日，区长施美红主持召开区政府第八次常务会议。

同日，市委常委、组织部长温暖到金东调研金东信息软件产业发展情况。

10月9日，区长施美红调研区重点电力工程建设情况。

10月11日，召开“两富”示范村（社区）创建工作协调推进会。区委常委、组织部长张远平参加会议。

10月12日，全市大学生村官工作调研座谈会在金东召开。

同日，全市四季度“三农”工作部署会在金东孝顺镇召开。

10月15日，区管领导干部进修班在市委党校413教室开班。

10月23日，召开庆祝省第25个老人节老干部座谈会。

10月25日，第十届中国苗木交易会在仙桥花木城隆重开幕，澧浦苗木城开业庆典同期举行。

10月26日，区委书记郑余良到金东新城区、江东区块督查协调百亿工程前期工作。

11月2日，区长施美红主持召开区政府第九次常务会议。

11月5日，《今日金东》电子报开通仪式在区新闻传媒中心大厅里隆重举行。

11月7日，第十三届中国·金华工业科技合作洽谈会在金华市文化中心开幕。此次工科会金东区企业与院校所共签署11项科技合作协议，协议金额近470万元。

11月14日，区长施美红带领相关部门负责人走访调研该区信息服务业，副区长楼琅坚陪同调研。

11月16日，召开区委理论学习中心组学习会暨乡镇、部门工作汇报会。

11月19日，召开反邪教及信访平安综治工作会。

11月22日，浙中崛起“千亿投资”系列工程——金东区“百亿工程”项目举行集体开工仪式。

11月26日，召开区委区政府工作务虚会。区委书记郑余良主持会议并讲话。

11月27日，区政协召开民主党派、工商联、政协专工委负责人座谈会。

11月29日，召开平安建设成员单位工作汇报交流会。

12月3日，区长施美红到金华市第二中医院调研。副区长朱茂丹，区人社、财政、编办、卫生等主要负责人陪同调研。

12月4日，“2012天下浙商家乡行”专题活动在省人民大会堂举行，在支持浙商创业创新促进浙江发展重大项目签约仪式上，金东区成功签约世界名品城和年产300万支汽车等速万向传动轴总承两个项目，总投资额达103亿元。

12月4日至5日，2012年全市经济特产站工作会议在金东召开。

12月10日，召开省市重点项目征迁工作攻坚动员会。

12月16日，金义都市新区温州苍南商会成立大会暨一届一次会员大会隆重举行。市政协副主席、市工商联主席、金义都市新区管委会副主任邵国强，市人大常委会秘书长、金义都市新区管委会常务副主任应炳兴，苍南县人大常委会主任苏庆明，区领导王瑞海、胡杰、王建国、胡则鸣、辛永良出席会议。

12月20日，区三届人大常委会举行第六次会议。

12月21日，区长施美红主持召开区政府第十一次常务会议。

12月24日，省知识产权局、省经济和信息化委员会公布了省专利示范企业2012年复核结果，金东区上报的三家企业全部通过复核。

12月25日，区首家数字影院——施光南音乐厅数字影院举行揭牌仪式并正式启用。

12月26日，召开区委三届三次全体（扩大）会议暨区政府第二次全体会议。

12月27日，市发改委主任余秋荣带领调研组到金东调研2012年度重点项目进展情况和2013年国民经济和社会发展计划指标安排情况。

2012年兰溪市大事记

1月5日，代市长朱瑞俊主持召开市政府第四十五次常务会议。

1月6日，市社会保障卡医保“一卡通”开通，市委常委、市政府党组副书记朱红参加开通仪式。

1月8日，召开全市驻点招商工作座谈会，市领导蔡艳、刘成芝、徐建祥、范冬岩、马财发、赵月莲、陆献龙、朱恒德、王柏中参加。

1月13日，由嘉兴市委市政府副秘书长盛全生，平湖市委书记翁建荣率领的平湖市党政代表团到兰溪考察工业经济工作，市领导吴国成、朱瑞俊、蔡艳陪同。

同日，市国际商会举行迎新春茶话会，副市长陆献龙参加。

1月16日，义乌至兰溪公路(兰溪段)工程、兰溪到江山公路马涧至墩头段改建工程同时启动。

1月19日，举行总部经济答谢会，市领导蔡艳、陆献龙、陈玉祥、吴一成参加。

同日，召开全市公安工作会议，市领导吴国成、蔡艳、朱红、叶旭池、徐益三、王勇、王柏中参加。

1月31日，代市长朱瑞俊主持召开市长办公会。

2月7日，召开全市干部大会。

2月8日，召开全市作风建设大会。

2月9日，兰溪农村合作银行举行客户答谢会，市领导吴国成、徐益三参加。

2月13日，市人大常委会第三十七次会议召开，副市长程为民参加。

2月15日，召开小型农田水利重点县建设推进会，副市长徐亚平参加。

2月20日，召开镇乡(街道)党(工)委书记抓基层党建工作述职专题会议，市领导吴国成、朱瑞俊、蔡艳及市委常委参加。

2月22日至23日，副省长龚正到兰溪开展调研、接访活动。

2月24日，代市长朱瑞俊带领相关部门负责人，检查“三清三化三送”活动开展情况。

2月27日，市第十四届人大常委会举行第三十八次会议，市委常委、市政府党组副书记朱红列席。

3月1日，慈源小区下山脱贫搬迁安置工程开工奠基，市委书记吴国成宣布开工。

同日，梅江镇工业功能区新入园的4家企业举行集体开工仪式。

3月2日，市民防应急指挥中心正式启用，省人防办主任李杭，金华市人防办主任胡宏，市领导吴国成、朱瑞俊、许安林、郑遗清、蔡艳、朱红、韦良平、王勇、章撮贤参加启用仪式。

3月4日，市大型商业综合体——嘉泰·新时代广场开工奠基，市委书记吴国成宣布开工。

3月12日，举行义务植树活动，吴国成、朱瑞俊、蔡艳等新一届市四套班子领导参加。

3月13日，常务副市长朱红带领相关部门负责人赴海宁考察学习土地节约集约利用工作。

3月21日，市领导吴国成、吴一成带领有关部门负责人，走访游埠镇和女埠街道工业功能区的部分企业。

3月22日，市领导朱瑞俊、徐亚平、邵茂良带领有关部门负责人，走访富春江电厂。

3月23日，市长朱瑞俊主持召开城建交通工作座谈会。

3月30日，以色列驻上海总领事馆总领事艾雅克一行到兰溪参观考察，市长朱瑞俊、副市长吴一成陪同。

3月31日，市长朱瑞俊主持召开新一届市政府第一次常务会议。

4月5日，市领导吴国成、朱瑞俊、蔡艳、吴乐华、陈玉祥带领相关部门负责人，调研城市建设和管理工作。

4月6日，召开外商投资政府建设项目洽谈会，市领导朱瑞俊、朱红参加。

4月10日，召开全市领导干部大会。

4月11日，召开创建省级示范文明城市工作推进会。

4月14日，第五届金华市名茶推介会暨“清茗酬知音”万人品茶大会在金华举行，副市长何吉军参加。

4月17日，市委理论学习中心组举行集中学习扩大会。

同日，召开化工(浆染)企业环境专项整治会议，副市长陆献龙参加。

4月20日，国家发改委稽察特派员张康民一行，对兰溪市垃圾焚烧发电工程项目开展情况进行专项稽察，市领导朱红、吴乐华陪同。

4月24日，市工商业联合会(总商会)举行第八次会员代表大会，选举产生新一届执委会。

4月25日，召开全市“两违”整治工作领导小组会议。

4月26日，市第三家小额贷款公司——兰溪市金梭小额贷款有限公司正式营业。市委书记吴国成为公司授牌，市领导蔡艳、朱红、徐益三、徐亚平、陈玉祥、姜玉芳出席开业仪式。

4月28日，华润集团·浙江兰溪五丰冷食生产项目举行签约和奠基仪式。市领导刘成芝、蔡艳、陆献龙、吴一成参加签约和奠基仪式。

5月2日，市长朱瑞俊主持召开市政府第二次常务会议。

5月4日，召开40项创建专项活动工作进展情况汇报会。

5月9日，召开审查会，原则通过金角大桥工程初步设计方案。

5月15日，召开全市国税工作会议，市长朱瑞俊参加。

5月16日，赤山湖旅游度假区建设指挥部挂牌成立。

5月16日至17日，省二级甲等中医医院评审组在兰溪市中医院开展复核评审工作。

5月18日，举行2012中国旅游日旅游惠民暨“欢乐兰溪行，快乐采摘游”兰溪水果采摘游启动仪式。

5月23日，召开全市国有资产重组整合暨清理核查工作动员会。

5月29日，召开2012年度生态市建设暨环保工作会议。

5月30日，召开招商引资及项目落地工作会议，副市长吴一成参加。

5月31日，经济开发区企业服务中心建设项目、省棉纺织质量检验中心检测大楼分别奠基开工。

6月6日，召开总部大楼建设指挥部第一次会议暨总部大楼初步设计审查会。

同日，2012上海—兰溪杨梅对接会举行，副市长何吉军参加。

6月11日，召开电镀企业专项整治推进会。

6月13日，兰溪杨梅开摘仪式举行。省农业厅副巡视员吴金良，省旅游局副巡视员徐海，市领导吴国成、刘成芝、蔡艳、李庆松、何吉军、朱恒德等参加。

6月15日，市长朱瑞俊主持召开市政府第四次常务会议，研究2012年市政府领导领办重点建议和重点提案情况、关于出台《兰溪市精英人才引进计划实施意见》《2012年兰溪市银行业金融机构支持地方经济发展考核办法》等议题。

6月19日，副市长吴一成参加全省浙商创业创新推进工作现场会。

6月20日，举行纪念中国共产党成立91周年暨创先争优群英大会。

同日，浙江普华科技股权投资基金正式落户兰溪，市领导吴国成、朱瑞俊、徐亚平、吴一成、陈玉祥参加揭牌仪式。

6月25日，浙江大学和我市浙江华源制药科技开发有限公司举行签约仪式，正式成立浙江大学—华源制药联合研发中心。

6月27日至28日，省交通运输厅在兰溪召开钱塘江中上游衢江(金华段)航运开发项目工程可行性研究报告评审会。

6月28日，华融金融租赁股份有限公司与市政府签署战略合作协议。

7月2日，召开低丘缓坡综合开发利用试点工作任务布置会。

7月3日，召开四套班子成员例会，吴国成、朱瑞俊、刘成芝、蔡艳等市四套班子领导参加。

7月5日，市长朱瑞俊主持召开市政府第五次常务会议。

7月10日，中央企业·金华战略合作恳谈会在北京召开，市长朱瑞俊参加。

7月13日，召开国家安全工作会议，市领导吴国成、朱红、徐益三参加。

7月16日，水亭畲族乡公共服务暨文化中心正式启用。

7月19日，召开市委十三届二次全体(扩大)会议暨市政府第一次全体会议。

7月24日，召开“百日攻坚”行动动员大会。

7月25日，召开四套班子成员例会，吴国成、朱瑞俊、蔡艳等兰溪市四套班子领导参加。

7月26日，召开消防网格化管理推进会暨十八大保卫战部署会。

7月31日，“浙中崛起千亿投资系列工程”——兰溪百亿产业项目集中开工。

8月1日，召开总部大楼建设指挥部第二次成员会议，讨论并原则通过《关于加快推进总部大楼建设的实施意见》。

8月3日，浙商回归金华千亿投资系列工程——康恩贝金兰大健康产业带双百亿工程启动仪式在金华市文化中心隆重举行，市领导吴国成、朱瑞俊、刘成芝、蔡艳、陆献龙、吴一成、陈玉祥参加。

8月8日，举办商贸服务业创新发展研讨会，副市长陆献龙参加。

8月16日至17日，市领导朱瑞俊、林建良、吴一成带领有关部门负责人，赴台州、宁波检查驻点招商工作，并洽谈有关项目。

8月21日，市领导朱瑞俊、蔡艳、何吉军、陈玉祥带领有关部门负责人，视察现代农业园区和粮食生产功能区建设工作。

8月23日，召开全市工业经济发展座谈会。

8月24日，市城市管理行政执法局镇乡(街道)中队正式授牌成立。

8月27日，2012·兰溪市战略性新兴产业发展高峰论坛举行。

8月31日，总投资8.9亿元的金角大桥建设项目开工奠基。

9月4日，市长朱瑞俊主持召开市政府第七次常务会议。

9月5日，市长朱瑞俊参加“实现两富、成就辉煌——市县书记、市长多媒体访谈”活动。

9月10日，市司法局业务用房、市职工活动中心项目奠基开工。

9月11日，副市长何吉军召集相关部门负责人就诸葛草堂现代农业科技园项目进行专题协调。

9月14日，举办旅游产业发展高峰论坛。

同日，召开合作银行和喜燕香榧公司林权质押签约仪式，副市长吴一成参加。

9月19日，市第十五届人大常委会举行第十二次主任会议。

9月22日，市中秋团拜年会暨浙商回归项目签约活动在北京举行，最终共有35个项目成功签约，总投资达71.4亿元。

9月24日至25日，市长朱瑞俊参加“金华市深圳投资招商会”。

9月26日，市首个以省三星级标准建设的农贸市场——梅江镇新墩头农贸市场建成开业。

9月29日，举行总部商务区一期·总部大楼入驻企业签约仪式。

10月10日，召开330国道拓宽改造工程（红星村段）房屋征收安置工作推进会。

10月17日，召开全市乡镇长、街道办事处主任工作座谈会。

10月18日，浙江民泰商业银行金华兰溪支行正式成立，并与6家兰溪企业进行了贷款授信签约。

10月22日，温宿县在金华召开投资环境推介会暨项目签约仪式，副市长林建良参加。

10月24日，召开扶持小微企业投保信用保险政策宣讲暨现场签约会，副市长陆献龙参加。

10月26日，市国税办税服务大楼奠基。

10月30日，隆重举行总部商务区一期·总部大楼开工典礼。

同日，浙能兰溪电厂供热管道通气仪式举行，副市长吴一成参加。

11月1日，召开四套班子成员例会，吴国成、朱瑞俊、刘成芝、蔡艳等市四套班子领导参加。

11月2日，总投资达3亿元的诸葛草堂现代农业科技园项目正式开工建设。

11月6日，召开纺织强市创建启动仪式暨新型纺织技术成果转化对接会。

11月16日，杭州解百兰溪购物中心正式营业。

11月19日，召开全市领导干部会议，认真学习和全面贯彻落实党的十八大精神。

同日，浙中国际纺织品综合市场开工奠基。

11月21日，市长朱瑞俊主持召开市城乡规划委员会2012年第三次会议。

11月23日，国际零售业巨头沃尔玛投资有限公司与市嘉泰置业有限公司举行签约仪式，正式落户兰溪。

11月29日，政协第十三届兰溪市委员会常务委员会召开第三次会议。

12月3日，全省彩色树种发展座谈会在兰溪召开。

同日，召开《浙江省兰溪市旅游度假区总体规划》(初稿)汇报会。

12月6日，市城市管理促进协会成立。

12月7日，兰溪丹溪公园暨大风车购物广场奠基开工。

12月13日，市领导朱瑞俊、吴一成带领有关部门负责人，督查低丘缓坡综合开发试点征地工作。

12月17日，云山万亩粮食生产功能区正式开工建设。

12月19日，召开历史文化村建设工作及长乐历史文化村保护和利用工作领导小组会议。

12月24日，召开创建省级园林城市动

员会。

12月26日，六洞山风景区举行开发30周年暨国家4A级旅游区创建启动仪式，市领导刘成芝、蔡艳、赵月莲、陆献龙、朱恒德参加。

12月28日，赤山湖旅游度假区赤山湖大道开工建设。

12月31日，召开四套班子成员例会，吴国成、朱瑞俊、刘成芝、蔡艳等市四套班子领导参加。

2012年东阳市大事记

1月5日，市社保卡医保“一卡通”首发仪式在市人民医院举行。

1月9日，市委召开全市领导干部会议，宣布省委关于东阳市委主要领导调整的决定。徐建华同志任中共东阳市委委员、常委、书记，张仲灿同志不再担任中共东阳市委书记、常委、委员，另有任用。

1月12日，怀万线一期公路正式建成通车。市领导朱建军、楼齐林、蒋银生、蔡捷飞参加通车典礼。

1月18日，市委、市政府召开镇乡（街道）书记、镇长（主任）会议。

1月19日，市委、市政府举行春节团拜会。

1月20日，全市公安工作会议召开。

1月21日，市政府与加拿大海飞太阳能有限公司投资签约仪式在市行政中心举行。市领导朱建军、李宝春出席签约仪式。

1月29日，市委书记徐建华赴白云街道（白云商贸园区）调研。

1月31日，市委书记徐建华在市委常委、经济开发区党工委书记、管委会主任郭慧强的陪同下，到江北街道（江北高新产业园）调研。

2月1日，市委、市政府召开全市干部大会暨农业农村工作会议。

2月3日，代市长朱建军到市人民医院，就推进医疗卫生事业发展进行调研。

2月7日，全市境外承包工程工作座谈会召开。副市长陈军参加会议。

2月8日，市委书记徐建华到佐村镇和虎鹿镇调研。

2月13日，市十三届人大常委会举行第四十一次会议。

同日，市委书记徐建华先后到南马镇和马宅镇调研。

2月15日，市委书记徐建华到城东街道和歌山镇调研。

2月17日，代市长朱建军主持召开市十三届政府第五十次常务会议，讨论研究《关于加快发展开放型经济的若干意见》《关于进一步推进企业上市工作的若干意见》等议题。

2月22日，省委政法委副书记朱贤良一行到东阳走访调研。市领导卜亚男、陈锋陪同。

2月29日，东仙线上新屋至里坞段改建工程可行性审查会举行，由浙江省交通规划设计研究院编制的工程可行性研究报告通过审查。副市长蒋银生参加会议。

3月1日，横店影视产业实验区发展规划论证会在省人民大会堂举行。

3月5日，全市财政地税工作会议召开。

3月7日，全市安全生产工作会议召开。

3月9日，市委市政府召开全市工业经济大会。

3月14日，全市村邮站信报箱建设现场推进会在横店镇举行。

3月20日，市委、市政府对全市纳税百强企业进行了表彰，横店东磁以1.9亿余元的税收继续领衔纳税百强企业，纳税百强企业缴纳税费超过全市财政总收入的60%。

3月24日，市房地产协会首届理事会第六次会议在东阳大厦举行。

3月26日，全省首家企业家协会博士联谊会在东阳成立。

3月27日，全市商贸服务业发展推进会在市行政中心召开。

3月28日，由市委、市政府主办的政银企对接洽谈会在蓝天白云会展中心举行。

4月1日，全省召开建设“平安浙江”电视电话会议。东阳连续六年被评为平安县（市、区）而受到表彰。

4月9日，东阳萧山商会在海天大酒店成立。

4月10日，由中国电影家协会分党组书记、副主席康健民带队的中国电影家协会一行到横店，考察其影视文化产业发展情况。

4月11日，市长朱建军到城北工业新区进行调研。市政协副主席华伟跃陪同调研。

4月13日，国家水利部部长陈雷一行，在省水利厅厅长陈川的陪同下到东阳调研水利工作。

4月20日，全市低收入农户奔小康工程暨农村指导员工作会议召开。市领导申屠福华、张卫伟参加会议。

4月23日，市十四届政府第三次常务会议在市行政中心召开。

4月27日，市第三次全国文物普查工作总结表彰会召开。

4月28日，市反邪教协会在市行政中心成立。

5月6日，上海东阳籍青年联谊会在上海万怡大酒店成立。

5月7日，由温岭市人大常委会主任张

学明带队的温岭市考察团一行到东阳，就建筑业总部经济建设情况进行考察。市领导陈绍龙、赵志强陪同考察。

5月8日，东阳恐龙省级地质公园申报方案讨论会在海天大酒店举行。副市长陈军出席。

5月11日，举行稠州商行东阳支行开业仪式。

5月16日，澳大利亚戈斯福德市代表团一行到东阳开展友好访问。副市长赵志强陪同。

5月17日，2012年木雕红木家具龙头骨干命名暨产业创新发展研讨会在市行政中心举行。

5月20日，花园村旅游发展总体规划获专家组评审论证通过。市委副书记申屠福华出席论证会。

5月25日，《东阳市东白山省级旅游度假区建设项目可行性研究报告》评审会在东阳宾馆召开。

5月28日，市总部中心召开第一次工作小组会议，标志着总部中心建设工作已正式启动。

5月29日，中国改革开放30年成就——东阳木雕大型组雕座谈会在海天大酒店召开。

6月1日，市委、市政府召开东阳人经济回归工程工作会议。

6月8日，市总部中心开发建设有限公司董事会召开第一次会议。市领导施侍伟、赵志强到会指导。

同日，为期4天的第十四届浙江投资贸易洽谈会、第十一届中国国际日用消费品博览会在宁波市开幕。东阳市与外地企业签订了4个项目意向书。副市长陈军出席签约仪式。

6月12日，全市农房改造暨村庄整治建设工作现场会在白云街道举行。

6月14日，东阳·南京高校科技（人才）合作洽谈会在南京举行。

6月15日，国内首条4K/3D影视后期制作生产线投产新闻发布会暨索尼F65数字电影摄影机交接仪式在横店举行，标志着横店影视后期制作技术跻身国际先进行列。

同日，省政协主席乔传秀到东阳调研公共文化服务体系建设。

6月28日，市委举行纪念中国共产党成立91周年暨学习应瑞龙同志先进事迹大会。

7月4日，市委常委扩大会议在市行政中心召开。

7月12日，在举行的东阳市招商引资项目签约会上，该市一次性签约了30个项目，涉及9个镇乡、街道，计划总投资43.97亿元，固定资产投资34.07亿元，其中设备投资15.60亿元；这些项目建成后，预计年产值可达88.83亿元，年上缴税收可达5.38亿元。

同日，市长朱建军带队检查了画南下线、浙中再生塑料集散加工中心这两个重点项目的进展情况。

7月17日，市委十四届二次全体（扩大）会议暨市政府第一次全体会议举行。

7月23日，市十四届政府第七次常务会议在市行政中心召开。会议讨论研究了《东阳市城区道路顺畅工程建设实施意见》《东阳市城区餐饮服务流动摊贩经营管理办法（暂行）》等议题。

7月28日，市委、市政府在市行政中心召开全市“两违”专项整治工作推进会。

7月29日，雅戈尔、杉杉、七匹狼等全国各地数十家知名服装企业齐聚东阳国际缝机城，参加“世界缝谷杯”中国市场畅销服装品牌调查推荐活动暨颁奖盛典。

8月1日，歌山画水公园、亲子公园初步设计方案通过评审。

8月3日，市委、市政府召开全市上半年工业经济形势分析暨镇乡工业功能区建设推进会。

8月10日，市工业用地项目落实推进会在市行政中心召开。

8月15日，由台湾新竹县县长邱镜淳带队的影视文化考察团到东阳参观考察。市领导申屠福华、赵志强陪同考察。

8月16日，金华市药品安全示范创建工作推进会在南马镇花园村召开。会上，东阳吴宁、白云等8个镇乡街道被授予首批“金华市药品安全示范乡镇（街道）”称号。

8月17日，由国家人社部授权省职业技能鉴定中心和东阳市共同组织开发的木雕工国家职业技能标准，在杭州通过专家审定。

8月24日，全市村级公益事业“一事一议”财政奖补项目建设推进会在市行政中心召开。副市长虞乐生出席。

8月25日，城区道路顺畅工程正式启动，东义路主车道开始全线封闭施工。

9月1日，市委副书记申屠福华、市人大常委会副主任韦上升到现场视察卢宅保护利用项目一期征收工作。

9月3日，市委、市政府召开全市加强

和改进工商联工作会议。

9月6日，由温州文成县政协副主席刘建华带领的调研组一行10余人，到东阳就水资源保护和利用工作开展相互交流。市政协副主席张卫伟陪同。

同日，首届横店影视节组委会成员工作会议在市行政中心召开。

9月9日，第四届全国红木家具经销商大会暨第四届华东地区红木家具采购交易会在东阳红木家具市场开幕。

9月13日，举行市引进的首个央企独立投资项目——传感器工业园项目落户城北工业新区签约仪式。该项目总投资10亿元，计划2013年5月开工，2015年9月建成投产。

9月17日，横店影视产业协会在横店成立。

9月20日，卢宅保护利用项目一期转段动员大会在市行政中心召开，标志着该项目正式转入评估阶段。

9月26日，在举行的首届中国森林食品交易博览会暨中国（铁岭）榛子节开幕式上，东阳市被授予“中国森林食品十大产业示范基地”称号。副市长虞乐生出席博览会并接受授牌。

10月11日，市省级药品安全示范市创建工作顺利通过省考核验收组的实地考核验收。副市长蒋银生陪同考核。

10月16日，市首批流动警务车启用仪式在市公安局举行。

10月18日，卢宅保护利用项目被征收户卢寿太在房屋征收产权调换协议书上签上了自己的名字，并按上了手印，成为卢宅项目中第一个签约的被征收户。

10月21日，由中国工艺美术学会评选产生的首届中国木雕石雕艺术大师、艺术家在海天大酒店颁证，东阳市23人获此殊荣。

10月23日，南山省级森林公园笔架山景区、水竹坞景区的工程设计方案通过了论证。市领导王玉才、虞乐生、张卫伟参加论证会。

10月31日，在举行的全省林业产业工作会议上，省林业厅对2011年度“林业产业百亿强县”进行了表彰。东阳市2011年林业总产值达121.36亿元，成功跻身全省8个“林业产业百亿强县”之列。

11月1日，举行浙商回归推进会。副市长李宝春参加会议。

11月7日，由台湾苗栗县副县长林久翔带队的台湾木雕参访团到东阳市，与该市进行结对交流签约。副市长赵志强出席签约仪式。

11月8日，第二届中国木雕红木家具发展论坛在海天大酒店举行。

同日，第七届中国（东阳）木雕竹编工艺美术博览会在东阳中国木雕城隆重开幕。

11月12日，市委书记徐建华在城北工业新区长松岗功能区宣布，入驻长松岗的12家企业集体开工。这12家企业首期总投资28亿元，达产后年产值可达80亿元，年创税可达3.6亿元。

11月24日至25日，省社会科学界首届学术年会分论坛——“新农村·新文化”研讨会暨省农业经济学会第五届会员代表大会在东阳南马镇花园村举行。

12月4日，卢宅保护利用项目实施工作领导小组召开一期项目签约推进会。市委副书记申屠福华参加会议。

12月11日，市十四届人大常委会举行第十七次主任会议。

12月14日，全市“两违”专项整治工作交流会在市行政中心举行。

12月18日，市社会组织服务中心正式成立。

12月19日，民盟东阳市基层委员会成立大会在东阳宾馆召开。

12月24日，市居家养老“一键通”服务平台正式开通，吴宁街道西街社区居家养老服务照料中心同时启用。

12月26日，太原东阳人联谊会（商会）成立。

12月28日，《东阳市湖溪镇森林城镇建设总体规划》通过评审。省林业厅副厅长杨幼平、副市长虞乐生参加评审会。

12月30日，市委、市政府在上海举行东阳籍知名人士恳谈会。

2012年义乌市大事记

1月5日，国家行政学院义乌教学科研基地揭牌仪式暨合作协议签约仪式在义乌行政学院举行。

1月9日，市第十三次党代会在义乌剧院隆重开幕。

1月16日，市政府召开座谈会，就《政府工作报告(征求意见稿)》，向部分老领导、民主党派负责人及人大代表、政协委员等征求意见。

1月17日，金华市委书记陈一新到义乌调研。

同日，《义乌市志》首发式在市政府八楼会议室举行。

2月1日，全市深入推进“创新创优、提质提效”主题活动暨“进村入企入市场”大走访活动动员大会举行。

2月8日，市政府与中国移动浙江公司在锦都酒店举行“无线城市·智慧义乌”合作签约仪式。

2月13日，市政协十二届一次会议在义乌剧院隆重开幕。

同日，市十四届人大一次会议举行形势报告暨代表培训会议。

2月14日，市人大十四届一次会议在义乌剧院隆重开幕。

2月17日，由市台办、民革义乌市总支、台联会和台协会联合主办的“一对一”结对互动表彰大会在颐和大酒店举行，20多位先进个人受到表彰。

2月20日，全市组织宣传统战政法工作会议在市委党校报告厅举行。

2月22日，中国进出口银行浙江省分行支持义乌市国际贸易综合改革试点政银企洽谈会在义乌举行。

2月23日，全市农村工作会议在市委党校报告厅举行。

2月24日，市政协主席宋英豪主持召开专题会议，全面部署“进村入企”大走访活动。

2月29日，市十四届人大常委会举行第一次会议。

3月1日，省发改委副主任姚作汀带队到义乌调研义乌国际贸易综合改革试点工作。

3月5日，全市“平安义乌”考核迎检工作会议召开。

3月8日，全市镇街党(工)委书记以“考生”身份坐到汇报席上，就如何抓基层党建工作，向市委常委会作专项述职。

3月15日，在云南省昆明市举行第七届中国义乌文化产品交易博览会、第四届中国国际旅游商品博览会推介会，诚邀昆明企业和商家进驻义乌市场，参加博览会。

3月16日，市政府与中华环保联合会建立战略合作伙伴关系签约仪式在义乌举行。

3月20日，由省网商协会主办，市工商局承办，市江东电子商务协会和市网商协会协办的“浙江省网商协会2012春季网商沙龙”在义乌举行。

3月20日至21日，省委常委、纪委书记任泽民在义乌调研国际贸易综合改革试点工作，并主持召开座谈会。

3月24日，市成立茶叶行业协会。

3月29日，第七届中国义乌文化产品交易博览会、第四届中国国际旅游商品博览会推介会，在河南开封举行。

4月1日，市第十五届全民健身节在梅湖体育场盛大开幕。

4月1日至3日，博鳌亚洲论坛2012年年会在海南博鳌东屿岛举行。市长何美华率市府办、外侨办、会展办有关人员首次组团参加，并取得丰硕成果。

4月10日至11日，全国政协副主席、澳门特别行政区原行政长官何厚铧到义乌参观考察。

4月13日，第七届义乌文博会举行招商工作座谈会。

4月21日，第一届义乌进口商品展、第九届中国国际五金电器博览会、第七届义乌消费品交易会在义乌国际博览中心同期拉开帷幕。

4月24日，市统计局发布了一季度义乌经济数据：一季度义乌实现地区生产总值168.3亿元，同比增长8.6%。其中第一产业实现增加值3.5亿元，增长3.1%；第二产业实现增加值74.6亿元，增长7.9%；第三产业实现增加值90.2亿元，增长9.5%。

4月29日，第七届中国义乌文化产品交易博览会开幕。

5月4日，市城镇职校与金华职业技术学院举行联合办学签字仪式。

5月6日，2012长三角地区现代物流业联动发展大会暨中国(浙江)长三角物流发展合作论坛在义乌举行。

5月9日，义乌—衢州两地合作对接座谈会在义乌举行。

5月10日，市生态办审批拨付生态市建设专项资金476万元，用于2011年度生态镇街、生态村、绿色系列等细胞工程创建奖励。

5月11日，交通银行义乌支行升格分行庆典仪式在义乌国际会议中心举行。

5月12日至23日，应韩国首尔中区、美国伊利诺伊州商务厅和加拿大加中贸易理事会等邀请，市长何美华率团成功访问了韩国、美国和加拿大部分城市。

5月15日，宁波港股份有限公司总经济师童孟达一行6人到义乌座谈交流，无缝对接宁波“国际强港”与义乌“国际陆港城市”共建事宜。

5月17日，省交通运输厅和市政府联合召开新闻发布会，正式对外发布交通运输部门首个道路货运价格指数——义乌道路货运价格指数。

5月21日，市委书记黄志平率市党政代表团一行专程赴温州考察学习温州推进金融综合改革(简称“金改”)试验区建设的经验做法。

5月22日，商务部外贸司和省商务厅在北京联合召开“部省推进义乌国际贸易综合改革试点重点工作对接会”。

5月24日，第四届中国国际旅游商品博览会将在义乌国际博览中心启幕。

5月28日，首届中国(北京)国际服务贸易交易会在国家会议中心开幕。

5月30日，义乌国际商务中心、曙光国际大酒店和曙光大厦、赵龙集团特种车、义乌至武义公路义乌段等四项重大产业项目和重点工程正式开工建设。

6月4日，省科技厅与市政府签订《浙江省科学技术厅、义乌市人民政府共同推进义乌市国际贸易综合改革试点协议书》。

6月6日，市首家“抱团组合”的国际物流企业——浙江义联物流股份有限公司正式开业运营。

6月7日，在第三届中国民企投融资大会之浙商回归与总部经济论坛上，义乌经济技术开发区总部经济区荣获“2012浙商最佳总部基地”。

6月8日，2012中国义乌电子商务及网络商品博览会在义乌国际博览中心拉开帷幕。

同日，市长何美华主持召开投资项目审批“三制”(代办制、联办制、模拟制)办理工作汇报会。

6月14日，浙江义联物流股份公司向一家大型船公司预定了数十个集装箱，这是义联物流打造的“公共订舱”平台首次发挥作用，标志着义乌首个“公共订舱”平台正式投入运行。

6月21日至22日，中国机构编制管理研究会会长、原中央编办副主任黄文平，在省编委办副主任郑才法等陪同下，到义乌考察调研国际贸易综合改革试点、社会组织管理、佛堂镇经济发达镇行政管理体制改革等情况。

6月28日，中国电信“天翼领航”品牌发布会在国际商贸城四区举行，全国首家“天翼领航”体验厅正式落户商城。

同日，市化工交易大楼正式启用，标志着义乌在浙中率先实行危化品“票据化”经营。

7月3日，第五届森博会、第十八届义博会推介活动在福建省福州市举行。

7月9日，浙江大学医学院附属义乌医院与台北医学大学附属双和医院，在义乌锦都酒店正式签订合作协议书，缔结“姐妹医院”。

7月17日，第十八届中国义乌国际小商品博览会全省商务系统筹备工作会议在义乌举行。

7月19日，义乌中国小商品城集团和阿里巴巴集团签署战略合作框架协议。市领导何美华、赵国荣、陈志成出席。

7月28日至29日，以“律师服务国际商贸及中小企业发展”为主题的第二届浙江律师论坛在义乌举办。

8月3日，第四届中国小商品城文化艺术节在国际商贸城五区开幕。

8月8日，义乌国际贸易综合改革试点获得一块“金字招牌”，国家级义乌经济技术开发区授牌仪式在幸福湖国际会议中心举行。

同日，常务副省长龚正到义乌民航机场进行专题调研。

8月14日，举行第十八届义博会、第五届森博会筹备工作汇报推进会。

同日，省住房和城乡建设厅与市政府签约仪式在义乌举行。

8月15日至16日，省政协副主席、省委统战部部长汤黎路率省政协经济界、社科界委员，到义乌专题视察国际贸易综合改革试点工作。

8月16日，市长何美华带领相关部门负责人，专题调研民航和交通综合客运枢纽情况。

8月18日，2012年中国对外贸易民营

500强企业论坛暨排名发布会在义乌开幕。

8月22日，义乌网商协会外贸分会召开成立大会。

8月23日，市城建资源经营有限责任公司举行揭牌仪式。

8月28日，市委中心组理论学习(扩大)会暨“商城大讲堂”首讲活动在市图书馆举行。

同日，义乌市地方标准规范《国际货运代理服务规范》审定并通过。

9月3日，市公办南环幼儿园王阡分园正式开学，标志着我市首家城乡幼教联盟正式成立。

9月11日，由浙江广电集团、浙江卫视联合市委宣传部等共同推出的迎接党的十八大大型新闻行动《天下义乌》，在杭州正式启动。

9月13日，市委党校建校60周年纪念大会隆重举行。

9月13日至14日，“2012连线浙江”的30余位中外媒体记者到义乌，聚焦市国际贸易综合改革试点推进情况。

9月14日，中共义乌市第十三届委员会举行第三次全体会议，审议通过《中共义乌市委关于试行“市场采购”贸易方式的决定》。

9月17日，“中国义乌工业设计中心”正式落户义乌工商学院环湖创意产业带，“浙江省特色工业设计示范基地”同日揭牌。

9月20日，第十八届中国义乌国际小商品博览会、第5届中国义乌国际森林产品博览会推介会在香港举行。

9月25日，义西南区域集中供热项目在城西街道工业功能区举行开工奠基仪式。

10月8日，浙江省首家模特礼仪协会——义乌市模特礼仪协会成立，中国商城模特大赛同时启动。

10月21日，第十八届中国义乌国际小商品博览会在义乌开幕。

同日，“义乌购”上线仪式在义乌国际博览中心序幕大厅隆重举行。

10月23日，第十届中国商品交易市场统计信息发布大会暨市场发展高峰论坛在我市召开。

11月1日，第五届中国义乌国际森林产品博览会在义乌国际博览中心隆重举行。

11月9日，举行创建国家商标战略实施示范城市推进会暨市政府质量奖颁奖大会。

11月12日，市首个公办大型养老机构怡乐新村举行开业庆典，百余名老年人喜迁新居。

同日，省民政厅与市政府在国际会议中心签订推进国际贸易综合改革试点协议书。

11月16日，第二届中国(金华·义乌)国际商贸发展大会主旨论坛举行。

11月29日，第六届中国中小企业节在义乌隆重开幕。

同日，浙江省十一届人大常委会第三十六次会议通过了《关于保障和促进义乌市国际贸易综合改革试点工作的决定》。

12月6日，市庆元商会成立。

12月13日，召开扶持经济薄弱村发展村级集体经济工作推进会。

12月14日，市委书记黄志平主持召开市电子商务发展座谈会。

12月25日，国际航站楼等机场基础设施建设工作督查会议召开。副市长陈小忠主持会议。

12月26日，市红色文化协会举行第一届会员代表大会。

12月27日，由市政府主办，赤岸镇承办的第三届丹溪养生文化节开幕式在赤岸镇丹溪文化中心举行。

同日，义乌市与丽水市莲都区签订共建山海协作产业园框架协议，标志着双方协作共建“莲都区—义乌山海协作产业园”全面展开。

12月28日，310省道(原37省道)义乌至诸暨段复线工程开工仪式在廿三里街道李宅村举行。

同日，由亚洲模特协会、亚洲模特协会中国委员会主办的亚洲国际模特大赛总决赛启动仪式在义乌举行。

2012年永康市大事记

1月11日，市领导徐华水、蓝群英、金新春、楼初阳、胡积合、章锦水、戴翀、林飞雄等赴磐安县走访。

1月30日，永康文化旅游城项目在全省民营经济大会上正式签约。

2月7日，召开入城道路整治提升工程概念性规划思路汇报会。

2月9日，中国机械工业集团有限公司总会计师骆家駹一行到永康考察。

2月23日，中信银行金华永康支行正式开业。

2月28日，芝英法庭被最高人民法院授予“全国法院先进集体”荣誉称号。

3月7日，第五届妇女文化节暨“三八”国际劳动妇女节102周年启动仪式活动在体育馆举行。市领导金政、蓝群英、楼初阳、刘淑芬、王瑛、黄瑞燕、胡增强和各级各类先进代表等800多人，参加了活动启动仪式。

3月16日，开展土地卫片执法检查工作。市领导陈美蓉、林飞雄带领国土局、行政执法局等两违办领导小组单位，对各镇街区违法违规用地查处整改情况进行督查。

3月21日，新华社、浙江日报、浙江卫视、浙江之声、青年时报等10多家新闻媒体，到市“全国非公企业双强百佳党组织”的众泰集团，进行开展创先争优专题采访。市领导卢群星、楼初阳陪同。

3月22日，市政协台侨民宗委视察企业股份制改造及上市情况。市政协主席陈毅成，市政协副主席胡明星、王伟、胡潍伟、陈剑云，政协秘书长胡红专参加。副市长吕群勇、市长助理金跃民应邀参加。

3月28日，召开全市建筑业工作会议。副市长程学军出席并讲话。

3月29日，在全市工业经济大会上，浙江哈尔斯真空器皿股份有限公司董事长吕强和浙江道明光学股份有限公司董事长胡智彪分别从市委书记张伟亚、市长徐华水手中接过500万元的奖励。这也是截至目前全市发出的最“重”奖励。

同日，第五届永康国际机械装备及工模具展览会在国际会展中心广场隆重开幕。市领导徐华水、徐忠飞、吕群勇、胡明星、金跃民等参加开幕式。开幕式由副市长吕群勇主持。

3月30日，金华市新四军研究会100多名会员赴永康方岩刘英烈士陵园，与永康市新四军研究会成员一起纪念原中国工农红军挺进师政委、中共浙江省委书记刘英。

4月1日，召开全省建设“平安浙江”电视电话会议。永康被省委省政府命名为2011年度“平安县市”称号，这是该市连续6年获此殊荣。

4月20日，“鲁光新作首发式暨乡情聚会”在永康图书馆四楼召开。市长徐华水、市人大常委会副主任章锦水、祝鸿熙及该市文化界知名人士应邀出席。

同日，召开全市农村土地流转和村集体“三资”监管工作推进会。

4月27日，省质监局副局长陈振华一行到永康，就该市五金制品检验检测公共技术服务平台暨国家级质检中心建设的筹备工作开展调研。副市长吕群勇陪同调研。

4月28日，永康世界贸易中心五星级酒店正式结顶。市长徐华水，副市长吕群勇、程学军等参加结顶仪式。

5月3日，财政部、科技部、国家能源局联合发布了“2012年金太阳示范项目目录”，群升集团有限公司成功获选为示范项目。

5月8日，市委常委、组织部部长楼初阳到群升科技园调研，探索大学生村官到企业任职的流动新渠道。

5月16日，上海浦东发展银行金华永康支行在总部中心金山大厦正式开业。

5月21日，在2012年政银企恳谈会上，各金融机构向永康区域授信金额达213亿元。

5月22日，市领导徐华水、陈美蓉、傅建军等赴国际会展中心，检查第三届中国永康国际门业博览会各项筹备工作。

同日，召开入城道路整治提升工程规划论证会。市领导徐华水、俞福才、程学军、陈剑云，市人民法院院长诸葛美龙参加会议。

5月23日，金华市人大常委会副秘书长吴文飞带队到永康调研村级社区卫生服务站建设工作。

5月24日，解放街文化特色街区规划举行意见征询会。

5月26日，第三届中国（永康）国际门业博览会在永康国际会展中心开幕。

6月6日，举办“美丽乡村”建设专题知识讲座。

6月13日，市第一个乡镇爱心基金——花街镇“风华”爱心基金正式成立，现场募集爱心捐款131万余元。市领导陈美蓉、朱世道、王浙强等参加了爱心基金启动仪式。

6月14日，由中国电器工业协会副会长、电动工具行业协会会长杨启明带队的专家考核组一行到永康，考核该市电动工具行业。

同日，市委、市政府召开创建省级体育强市动员大会。市领导徐华水、朱世道、祝鸿熙、戴翀、胡濰伟等参加会议。

6月15日，2012永康籍院士专家暨西安高校专家科技成果永康行活动在市会议中心开幕。

6月19日，“中国华能集团永康天然气热电联产项目战略合作框架协议签订仪式”在市会议中心举行。该项目总投资约27亿元，是该市目前正式对接央企的最大项目。

6月21日，市红十字会第一届理事会第二次（扩大）会议暨第二次常务理事会议召开。

6月28日，永康农银村镇银行正式开业。

7月12日，浙江省五金产业工业设计示范基地正式开园，无印尚品设计有限公司、正光工业设计公司、蚁巢品牌设计公司等12家工业设计机构首批入园。省经信委副主任邓国强和市委书记张伟亚为基地揭牌。

7月17日，市衡器行业协会年会召开。市领导徐忠飞、胡明星、金跃民参加。

同日，工商银行永康花城支行隆重开业。

7月26日，第六届柏岩蜜梨节暨永康市腰鼓联谊赛在西溪镇寨口村举行。市领导金新春、徐忠飞、章锦水、王瑛、林飞雄出席并为获奖果农颁奖。

7月31日，全市大学生村官进企业挂职对接仪式在市委党校举行。市委常委、组织部部长楼初阳出席对接仪式。

8月1日，召开浙江区域特色产业研究中心2012年度重点调研课题落实工作会议。副市长、浙江区域特色产业研究中心常务副主任吕群勇出席了会议。

9月12日至13日，中国五金制品协会考核组9位专家成员一行到永康，经过两天的现场考核，一致同意授予该市“中国五金之都”称号。

9月15日，中国市长书画作品展在永康博物馆开幕。全国人大常委会委员、致公党中央副主席杨邦杰宣布开幕。

9月21日，市委宣传部、市文明办在会议中心召开“道德永康”建设研讨会。

9月22日，永康经济开发区动物防疫诊疗服务社在永东二线紫金港动物诊疗社挂牌成立，成为金华市首家规范化动物防疫诊疗机构。

9月23日，省传统五金文化传承发展论坛会议在永康会议中心举行。

9月25日，永康市与中国轻工工艺品进出口商会正式签约，携手共建“中国餐厨用品出口基地”。

9月26日，第十七届中国五金博览会在永康国际会展中心开幕。

9月28日，召开“中国南方农机产业园”和“浙商回归创业创新园”入围企业工作会议。

10月9日，在杭州举行的全省商品市场提升发展大会上，永康再度被评为全省“商品交易市场强县（市）”、中国科技五金城被评为“全国百强市场”称号。这是继2011年首度获奖后再次蝉联。市长徐华水从省长夏宝龙手中接过了奖牌。

10月10日，金华市人大副秘书长、教科文卫委主任吴文飞带队到永康调研了解医药卫生体制改革实施情况。市人大常委会副主任祝鸿熙及卫生、财政、发改、药监等部门领导陪同调研。

10月17日，在召开的全省决战四季度努力实现工业与外贸全年发展目标电视电话会议，公布了全省20个“省工业强县（市、区）”建设试点名单，永康市名列其中，成为金华市唯一入选建设试点的县（市、区）。

10月18日，召开《永康浙商回归创业创新园发展规划》意见征询会。

10月26日，第五届中国方山柿之乡文化节暨舟山镇农民公寓开工仪式在舟山镇新楼村举行。

同日，市委市政府出台了《关于加快推进现代服务业发展的实施意见》。

10月29日，市委书记张伟亚宣布永康哈尔斯小额贷款有限公司开业。

10月31日，市公交出租服务中心正式开业。常务副市长陈美蓉出席并讲话。

11月2日，市“丽州英才”联谊会上海分会成立，

11月3日，2012年中国民营企业品牌建设高峰论坛在永康举行。

11月8日，全国炊具行业第22次信息交

流会、全国炊具行业专家委员会六届二次会议在永康举行。

11月9日，召开浙商回归创业创新园发展规划评审会。市领导徐忠飞、吕群勇、胡明星、金跃民参加。

11月10日，由中国商业联合会和美国黄金集团公司联合举行的美国洛杉矶——中国商品展示交易中心招商推介会在永康举行。市领导吕群勇、金跃民，以及我市100多位企业家参加。

11月14日，市红十字会医疗卫生工作委员会成立。

11月16日，市“爱心献血屋”宣告成立。

12月2日，市交警大队联合市康迪公司、市志愿者协会在三江广场开展了以“遵守交通信号，安全文明出行”为主题的交通安全宣传活动。

12月3日，浙商回归金华千亿投资系列工程——永康浙商回归创业创新园开工典礼举行。

12月6日，“三会”（全市工业经济联合会、企业家联合会、企业家协会）年会召开。市领导徐忠飞、吕群勇、胡明星、金跃民及金华市企业家联合会、金华市企业家协会领导参加会议。

12月12日，“龙行浙江——浙江出土恐龙化石”特展在市博物馆开展。

12月14日，杭州市第一人民医院集团与市中医院结成姐妹医院签约授牌、揭牌仪式举行。

同日，在举行的永武缙五金产业集群转型升级三地第四次联席会议上，市长徐华水、缙云县县长吴筱琳、武义县副县长郭忠明联合签发了《永武缙五金产业集群区域国际品牌创建实施方案》正式文件。

12月18日，召开第七届农展会总结表彰会。市领导金政、郑俊杰、王瑛、胡增强、林飞雄参加表彰会并为获奖者颁奖。

同日，永武缙五金产业集群“两化”深度融合现场交流会在永康超人集团召开。

12月23日，永康杭州商会成立，这也是永商在外成立的第38个商会。

12月25日，市花川垃圾填埋场扩容工程举行开工仪式。

12月26日，省重点建设工程项目——市北部水库联网工程开工建设。市领导张伟亚、金政、王瑛、胡增强、林飞雄等参加开工仪式。市委书记张伟亚宣布工程开工。

同日，在全国外贸转型升级基地与贸易平台经验交流会上，永康市被正式授予“餐厨用品国家外贸转型升级专业型示范基地”称号，市长徐华水应邀作典型发言。

2012年浦江县大事记

1月4日，代县长施振强主持召开县政府第30次常务会议。会议审议并原则通过了《浦江县其他事业单位绩效工资实施办法》《浦江县十二五信息化规划》《浦江县平原绿化规划》《浦江县非物质文化遗产保护发展规划》《浦江县村卫生室建设工作方案》等议题。

1月5日，浦江至义乌公路(浦江段)通车典礼在黄宅镇风和村地段举行。

1月11日，浦江中国水晶城一期工程结顶仪式举行。

1月16日，县委、县政府在塔山宾馆举行2012年迎春茶话会。

1月19日，县委、县政府举行2012年企业家新春团拜会。

1月31日，经过个人申请、部门审核、专家评审，金华市首批市级非物质文化遗产项目代表性传承人名单出炉，共有9大类项目99名代表性传承人入围。其中东阳占19人，列居第一，浦江占17人，列居全市第二。

2月6日，金华市委常委、组织部长温暖到浦江调研指导基层组织建设工作。

2月7日，县委、县政府在县府大会堂召开全县三级干部大会。县委书记戴建平作动员报告。代县长施振强主持会议。县领导张剑文、黄林生、楼东江、陶叶萍、丁进跃、钱海乐在主席台就座。

2月9日，常务副县长楼东江带领县农办、国土局、规划局、发改局等部门负责人，到岩头镇调研指导异地安置奔小康工程。

2月15日，全县信访工作会议在县府会议中心召开。县领导戴建平、施振强、张剑文、黄林生、朱受明、楼东江、金春波、丰炳春出席会议。会议由代县长施振强主持。

2月22日，省发改委主任孙景淼一行到浦江调研。县领导戴建平、黄林生、楼东江陪同调研。

同日，省人大法制委员会主任委员胡虎林、省民政厅副厅长万亚伟带领省调研组到浦江开展《浙江省实施〈中华人民共和国村民委员会组织法〉办法(修订草案修改稿)》和《浙江省村民委员会选举办法(修订草案修改稿)》立法调研。

3月1日，由金华市商务局、县经济商务局主办的县对俄贸易推介会在国际大酒店举行。副县长韦钟铺出席推介会。

3月2日，金华市普通高中教育工作会议在浦江召开。

3月5日，全县对接央企项目协调会议召开。县长施振强出席会议并讲话。

3月6日，县长施振强主持召开新一届县政府第一次常务会议。

3月9日，县消保委召开四届五次全会暨纪念“3•15”国际消费者权益日大会。县领导王罗洲、张卫东、傅兴琰出席会议。

3月15日，召开全县文化系统工作会议。副县长郑文红，县委常委、宣传部长钱海乐出席会议。

3月19日，2011年度土地变更调查和遥感监测整改汇报会召开。常务副县长金春波出席会议。

3月22日，全市政务公开和政府信息公开工作座谈会在浦江召开。

3月27日，召开仙华温泉国际度假村项目推进会。副县长张卫东出席会议。

3月28日，全县工业大会在县府大会堂召开。

3月29日，永康市副市长程学军带领考察组到浦江学习交流城市规划编制工作。

4月1日，全省建设“平安浙江”电视电话会议召开。会上表彰了一批平安市、县(市、区)和2011年度创建平安工作先进单位，浦江被省委、省政府命名为“2006—2011年连续六年平安县”。

4月4日，县首届轩辕黄帝民祭大典在仙华山昭灵宫举行。

4月8日，县首届千人品茶盛会在文化广场隆重举行。副县长王红玲出席开幕仪式。

4月13日，县十三届人大常委会召开第4次主任会议。

4月18日，省交通运输厅副厅长李良福、王德宝一行到浦江调研，就20省道浦江联盟至古塘段拟改建工程进行现场踏勘。

4月19日，全县人口和计划生育工作暨推进专项整治动员大会在县政府大礼堂召开。

4月23日，召开20省道改建工程领导小组成员会议。

4月24日，县首个社区红十字会员小组在浦阳街道大桥路社区成立。

同日，全县档案工作会议召开。

5月3日，浙江省古建筑设计研究院院长黄滋一行到浦江，实地考察古村落文化保护情况。

5月4日，2012年“浦阳江环保行”启动仪式在浦阳江发源地花桥乡隆重举行。

5月15日，金华市人大常委会副主任张荣贵等人到浦江调研农业科技工作。县人大常委会副主任戴忠泉、副县长王红玲等陪同调研。

5月16日，2012年全国林业科技周暨浙江省第九届林业科技周活动在浦江拉开序幕。

5月17日，县十三届人大常委会召开第7次主任会议。

5月18日，浙江大学城市学院与亚元实业有限公司举行院校合作签约、揭牌仪式，浙江大学城市学院亚元数字化智能研究中心和产学研基地签约成立。

5月23日，全县“生态浦江”建设大会在县政府大会堂举行。

6月5日，全县迎“国卫”复审交办工作会议召开。

6月12日，县委召开全县领导干部会议，认真学习贯彻省第十三次党代会精神。

6月15日，县城市管理行政执法局成立揭牌仪式举行。

6月21日，召开全县梅汛期防汛工作视频会议。副县长王红玲出席会议。

6月26日，县政协召开八届四次主席会议。

7月6日，县农村住房改造建设工作研讨会召开。县委副书记、政法委书记楼东江出席会议。

7月11日，浦江商业大厦暨建行大楼新建工程开工。

7月11日至12日，省国土资源厅厅长楼小东带领厅相关处室负责人，到浦江调研国土资源管理工作。

7月17日，县人大常委会召开第11次主任会议。

7月23日，县长施振强主持召开县政府第四次常务会议。会议审议并原则通过了《210省道改建工程投资情况及规划设计方案》《关于优化金融发展环境支持实体经济发展的若干意见》等议题。

7月24日，县工商联(总商会)第七次会员代表大会召开。县委书记戴建平出席开幕式并讲话，县领导黄林生、朱受明、楼东江、金春波、张放远、杨文铺出席会议。

7月26日，全市现代农业园区和粮食生产功能区建设现场会在浦江召开。

8月3日，召开农产品质量安全大整治百日行动推进会。副县长王红玲及相关部门负责人参加推进会。

8月13日，召开城北区块旧城区改建工作推进会。县委书记戴建平出席并讲话。县领导戴忠泉、李小庆、傅兴琰出席会议。副县长李小庆主持会议。

8月22日，县人大常委会召开第12次主任会议。

9月5日，召开政务网延伸到村工程建设启动会议。副县长陆献峰参加会议。

9月11日，召开绿谷项目控制性规划论证会。

同日，全县农村集体“三资”管理工作推进会在白马镇召开。

9月13日，县政府质量奖表彰大会暨质量强县工作推进会召开。

9月14日，县人大常委会召开第13次主任会议。

9月19日，浦江大畈乡玉山村林地股份合作社成立暨第一届股东代表大会在大畈乡玉山村召开。

9月20日，县“道德模范之家”正式成立。

9月20日至21日，省纪委《反腐败导刊》宣传工作座谈会在浦江举行。省纪委副书记王海超出席会议并讲话。

9月25日，县101工程(一期)开工仪式在县职业技术学校东侧隆重举行。

9月26日，县政府召开专题会议，研究部署轧(洗)砂场整治推进工作。

9月28日，县第一所公办乡镇幼儿园——花桥乡中心幼儿园举行隆重的开园仪式。副县长郑文红出席仪式。

10月13日，城北区块旧城区改建房屋征收工作推进会在浦阳街道办事处会议室召开。

10月15日，县政府召开重点建设项目督查汇报会。

10月17日，县委书记戴建平，县人大常委会主任黄林生，常务副县长金春波，副县长李小庆率相关部门负责人就现代物流中心和浦江中国水晶城一期项目进行现场办公。

10月23日，县十三届人大常委会召开第14次主任会议。

同日，杭坪镇程家村林地股份专业合作社成立暨第一届股东代表大会举行。副县长陆献峰以及县府办、县农办、林业局、杭坪镇相关负责人参加会议。

10月30日，浦江仙华山景区通过国家4A级复评。

同日，县政协八届八次主席会议在县质监局会议室召开。

11月1日，中国义乌第5届森博会浦江县合作项目签约仪式在义乌市国际博览中心浦江馆隆重举行。

11月2日，县委召开第十三届委员会第三次全体会议。全会审议通过了《中国共产党浦江县委员会工作规则》。

11月6日，浙西南十县人大常委会联席会第四十九次会议在浦江举行。

11月8日，国家电网智能电网研究院与县民营企业浙江正丰电器公司签订合作协议，共同投资建设相关的智能开关及变压器生产项目。县领导戴建平、施振强、黄林生、韦钟铺、黄瑞光，浦江经济开发区管委会主任陈荣生出席签约仪式。

11月12日，东苑小学建设工程举行奠基仪式。

11月16日，金华市人大(浦江中心组)代表对浦江•中国水晶城建设情况进行视察。

11月21日，省公路工程专家组一行对20省道浦江联盟至古塘段改建工程线位现场进行了考察，经专家组论证、比选、评审，该工程初步设计顺利通过评审。

11月22日，县十三届人大常委会召开第七次会议。

11月23日，浙中崛起千亿投资系列工程——县“双百亿”工程项目举行集体开工启动仪式。

12月3日，县委书记戴建平主持召开县委常委扩大会议。

12月4日，由湖北省十堰市茅箭区区委书记赵哲带队的考察团到浦江考察学习。

12月5日，中国•浦江档案文化节隆重开幕。县长施振强宣布开幕。县委常委、宣传部长钱海乐宣读爱国主义教育基地命名文件并授牌。

12月7日，由武义县县委书记陈伟、县长张新宇带领的党政代表团到浦江考察文化建设。

12月10日至13日，县委书记戴建平带领县党政考察团前往桐乡、嘉善、长兴考察。

12月24日，县委副书记、县长施振强主持召开县政府第七次常务会议。会议审议并原则通过了《浦江县工程建设项目投标及标后管理办法补充规定》《浦江县2013年政府信息化建设项目计划》等议题。

12月26日，全县“四边”绿化动员大会暨绿委成员单位扩大会议召开。县长施振强出席会议并讲话。

12月28日，县第五届“三农”博览会暨第六届农民文化艺术节开幕式在文化广场举行。

2012年武义县大事记

1月4日，召开特定时期入学大中专院校毕业生户口“非转农”工作会议。从1月6日开始，符合“非转农”条件的毕业生可以申请办理“非转农”手续，办理实效至2012年12月14日止。县领导何俊有、王继刚、胡海峰、郭忠明出席会议。

1月7日，在中国茶叶学会、中国国际茶文化研究会、浙江省茶文化研究会主办，县政府与丽水龙泉市人民政府共同承办的“2012年迎春茶话会”上，武义县与龙泉市同时被中国国际茶文化研究会授予“中国茶文化之乡”荣誉称号，“武阳春雨茶”和“龙泉金观音”被授予“中华文化名茶”荣誉称号。

1月9日，县第十三次党代会在县人民大会堂隆重开幕。

1月12日，县老干部活动中心大楼、老年大学教学楼竣工启用。

同日，县政府召开全县安全生产工作会议。

1月13日，县政府举行第三十五次常务会议。

1月15日，县委、县政府在北京召开武义经济社会发展恳谈会。

1月31日，全县干部大会召开。

2月3日，代县长张新宇主持召开专题座谈会，就《政府工作报告》(征求意见稿)征求各部门的意见和建议。

2月7日，县政协召开七届三十一次常委会议。

2月10日，全县工业经济工作会议召开。

2月16日，县政协八届一次会议隆重开幕。

2月17日，县十五届人大一次会议隆重开幕。

2月20日至21日，由嵊泗县县委书记徐张艳、县长虞国平带领的嵊泗县党政代表团到武义考察。

2月23日，县委书记陈伟来到桐琴镇开展蹲点调研。

3月1日，县长张新宇主持召开县十五届政府第一次常务会议。

3月9日，召开旧城改造领导小组会议。

3月15日，县总工会召开十二届十二次全委(扩大)会议，县委副书记何俊有出席会议。

3月20日，县长张新宇带领相关部门负责人就交通建设项目进行调研。

3月21日，县十五届政府第二次常务会议举行。

3月22日，县委书记陈伟到履坦镇开展“进村入企”走访调研。

3月30日，全县农村工作会议召开。

3月31日，县委书记陈伟到县温泉旅游度假区调研。

4月6日，县“整洁城乡、美化家园”爱国卫生月活动启动仪式在县城滨江广场举行。

4月9日，由中国电器工业协会电动工具分会和县政府主办，武义县电动工具行业协会承办的第二十三届全国电动工具配套会议暨中国(武义)五金工具博览会在武义展览中心隆重开幕。

4月11日，召开人才工作会议。

4月16日，县政府举行第三次常务会议。

4月17日，市长徐加爱主持召开市政府第24次常务(扩大)会议。

4月18日，县十五届人大常委会举行第一次会议。

4月26日，县委书记陈伟、县长张新宇带领县党政考察团，赴宁波市鄞州区等地考察。

5月3日，县委书记陈伟主持召开县委常委会议。

5月4日，县委书记陈伟到武义经济开发区(白洋街道)调研。

5月11日，县地震局挂牌仪式在县科技局举行。

5月15日，县委书记陈伟专程考察调研县绿道建设和旅游工作。

同日，县委书记陈伟到县交通运输局进行工作调研。

5月16日，县委书记陈伟、县长张新宇到县公安局调研。

5月22日，县“百企联百村·共建新农村”启动大会暨村企结对签约仪式在柳城畲族镇隆重举行。

同日，金华市首个县级茶文化研究会在武义成立。

5月24日，县委书记陈伟主持召开县委理论学习中心组学习会。

5月25日，召开全县工业功能区环境卫生综合整治工作会议。

5月28日，县十五届人大常委会举行第

二次会议。

5月29日，召开全县国库集中支付及公务卡改革动员会。

6月1日，县长张新宇主持召开县十五届政府第四次常务会议。

6月7日至8日，县组团赴宁波参加第十四届浙江投资贸易洽谈会、第十一届中国国际日用消费品博览会和第五届中国开放论坛。

6月12日，县长张新宇到大田乡、履坦镇调研指导工作。

6月13日，中国建设银行股份有限公司董事长王洪章到建行武义支行、武义建信村镇银行调研。

6月14日，召开“低收入农户奔小康工程”结对帮扶工作座谈会。

6月18日，县委书记陈伟、常务副县长扬霄雁到县国土资源局调研。

6月19日，召开创建省级森林城市动员大会。

6月21日，全县“网格化管理、组团式服务”工作动员会召开。

6月27日，石硖水库双溪村移民安置新区开工仪式在白洋街道下厅前村举行。

6月28日，召开全县质量强县建设工作推进会。

同日，全县服务业发展大会召开。

7月10日，县长张新宇主持召开县十五届政府第六次常务会议。

7月12日，中国光华科技基金会副秘书长潘平一行到武义考察。

7月13日，县委十三届五次暨县政府十五届一次全体(扩大)会议召开。

7月16日，由浙江大学和县委县政府联合举办的“武义汽车部件产业发展论坛”隆重举行。

7月19日，以“养生胜地品名梨”为主题的武义县第三届桐琴蜜梨节在桐琴镇桐琴广场隆重开幕。

同日，全县金融形势分析会召开。

7月23日，县委书记陈伟到浙江保康集团有限公司走访调研。

7月24日，召开全县来料加工推进会。

7月30日，县委书记陈伟、副县长邓小章带领县委办、供销社、国土局、建设局、熟溪街道、城投公司等单位负责人调研武义农产品物流中心筹建工作。

8月10日至12日，国家认监委评审专家组到武义就创建“国家有机产品认证示范区”开展现场评审，公布该县获得“国家有机产品认证示范区”候选单位资格。

8月16日，县委书记陈伟，县委常委、宣传部长汤志勇到熟溪街道调研重点项目建设情况。

8月21日，县委书记陈伟到县公安局调研。

8月23日，召开全县工业项目暨园区建设推进会。

9月7日，县长张新宇带领县府办、经济商务、财政、统计、国税等部门负责人到开发区(白洋街道)调研工业经济。

9月10日，副县长邓小章深入壶山街道星光社区调研指导工作。

9月19日至20日，县长张新宇带领相关部门负责人组成考察团赴淳安县、遂昌县考察旅游综合改革试点和全域景区化工作。

9月21日，县第二所民办学校——武义县建成学校正式揭牌成立。

9月25日，县城市管理行政执法局成立授牌仪式举行。

9月28日，金丽温输气管道(武义段)工程开工建设。常务副县长扬霄雁、副县长贾军晖出席开工仪式。

10月10日，市人大常委会副秘书长吴文飞一行到武义调研深化医药卫生体制改革工作。

10月11日，召开重点提案办理情况通报会。

10月18日，县政协召开八届四次常委会议。

10月19日，《养生武义》旅游画册、《叶法善传略》首发仪式在摄影家协会举行。

10月22日，中国武义第六届温泉节暨第三届国际养生博览会在武义展览中心隆重开幕。

同日，2012“爱迪圣源杯”浙江武义全国摩托车越野锦标赛暨国际邀请赛在赛车主题公园拉开“战幕”。

同日，浙中崛起千亿投资系列工程——武义百亿项目开工仪式在茭道镇下茭道村举行。

10月24日，2012中国武义国际养生旅游高峰论坛——中医国药养生研讨会在武义开幕。

同日，县十五届人大常委会举行第七次会议。

同日，中国门业产业基地授牌仪式在武义举行，中国建筑装饰装修材料协会授予该县“中国门业产业基地”称号。

10月25日，由浙江师范大学、金华市

文化广电新闻出版局、县政府共同主办的2012中华明招文化研讨会隆重开幕。

10月30日，全县三资管理暨森林消防、防汛网格化工作动员会召开。

11月6日，县政府组织专家组对《武义科技园战略定位研究报告》进行评审，顺利通过专家组评审。

11月9日，金华市社会科学联合会和浙江师范大学联合设立的金华市首个乡镇级社会科学重点调研基地在武义桐琴镇正式成立。

11月15日，召开全县统计工作会议。

11月15日至16日，省食品药品监管局副局长吴宁一一行到武义检查省级药品安全示范县创建工作。

11月20日，县委书记陈伟带领由各有关乡镇、政府部门、银行、行业协会负责人组成的考察团赴江苏昆山、苏州等地开展武义超市经济考察对接活动。

11月30日，石硖水库移民搬迁安置协议签订动员大会在桃溪镇召开。

12月4日，县革命老区开发建设促进会一届二次会议召开。

12月5日，金华市人大常委会主任黄锦朝带领调研组到武义调研2013年人大工作思路。

12月12日，武义建信村镇银行桐琴支行在桐琴镇万润名城24—26号隆重开业。

12月13日，县长张新宇主持召开县十五届政府第十三次常务会议。

12月18日，县十五届人大常委会举行第八次会议。

同日，县新一代创业者商会成立。

12月21日，召开外贸形势分析专题报告会。

12月26日，县长张新宇主持召开专题座谈会，就《政府工作报告》(征求意见稿)征求各部门的意见和建议。

12月30日，桐琴镇社会服务管理中心、行政服务中心举行启用仪式，正式投入使用。

12月31日，县第一人民医院迁建工程开工。

2012年磐安县大事记

1月4日，东阳、磐安对口帮扶工作座谈会在磐安举行，东阳市向该县捐资140万元。

1月5日，新疆温宿县县长居来提•喀斯木率党政考察团到磐安考察。

1月9日，省农办副主任邵峰一行到磐安高二乡、维新乡结对扶贫。

1月10日，生态市建设考核组到磐安考核生态建设工作。

1月16日，全县领导干部廉政教育专题会议召开。

同日，全县政法工作暨“平安磐安”建设会议召开。

1月18日，县委县政府举行新春团拜会。

2月1日，召开全县工业大会。

2月3日至4日，在召开的全省农村工作会议上，县委书记周剑敏代表县委县政府作题为《保护开发特色文化村，加快新农村建设步伐》的典型发言，受到省委副书记李强，省委常委、副省长葛慧君等省领导的充分肯定。

2月8日，县政府召开第四十一次常务会议，审议了《政府工作报告》《2012年重点工程、实事》等4个议题。

2月15日至16日，省委副秘书长、省农办主任章文彪，省农办副主任余振波一行到磐安调研特色文化村建设工作。

2月16日，全县农业和农村工作会议召开。

2月28日，省农业厅副厅长赵兴泉一行到磐安指导农村农经管理工作。

3月1日，县长陈蕾妍主持召开县政府第一次常务会议。

3月5日，共青团磐安县十二届二次全委（扩大）会议暨全县共青团作风建设动员大会召开。

3月8日至9日，省文化厅厅长杨建新到磐安调研。

3月13日，省司法厅厅长赵光君一行到磐安调研。

3月20日，省经信委党组成员、省中小企业局副局长高建明带领省“进万企解难题”专项行动服务组到磐安开展走访调研活动。

3月23日，全县国土资源工作会议召开。

3月27日，县政府第二次常务会议召开。会议审议了《磐安县生态文明建设规划》《磐安县“十二五”环境保护规划》《关于推进“十二五”节能降耗工作的意见》《磐安县科学技术“十二五”发展规划》等16个议题。

3月30日，县委理论中心组（扩大）学习会召开。

4月2日，中央电视台四频道中文国际频道《远方的家》栏目组到磐安拍摄大型专题节目《北纬30°•中国行》之磐安篇。

4月5日，全县创建省级森林城市动员大会召开。

4月6日，新城区管委会与浙江师范大学MPA教育中心签订合作协议书，新城区正式成为浙师大MPA教育中心学生社会实践基地。

4月9日，县农村集体经济物业园开工典礼在工业园区举行。

4月13日，全县金融支持实体经济政银企对接会召开。

4月16日至17日，庆元县委副书记徐为民、副县长叶伟玲率考察团到磐安考察生态县建设工作。

4月20日，召开全县基层组织建设年活动部署会。

4月23日，县首个省外人才联络站在上海成立。

4月24日，在上海举办旅游推介暨项目招商会。

4月26日，县政府与中国移动金华分公司举行“无线山城、智慧磐安”项目合作签约仪式。

5月4日，省发改委主任孙景淼一行到磐安调研。

5月8日，召开全县文化系统工作会议。

5月13日至14日，水电水利规划设计总院副总工程师彭才德率审查组到磐安大盘镇安田村、园塘林场现场踏勘抽水蓄能电站选点规划。

5月14日，庆祝中国共产青年团成立90周年暨第五届磐安县十大杰出青年颁奖典礼在县广电台演播厅举行。

5月23日，省工行行长沈荣勤一行到磐安调研。

5月30日至31日，省公安厅副厅长凌秋来一行到磐安调研指导公安工作。

6月1日，召开抗美援朝档案征集抢救工作会议。

6月13日，召开全县历史文化村落普查工作部署暨秀美乡村建设督查会。

6月14日，召开全县领导干部会议，传达贯彻省第十三次党代会精神。

6月15日，县长陈蕾妍主持召开县政府第三次常务会议。会议审议了《磐安县社会主义新农村建设总体规划（2011－2015）》《磐安县水利建设“十二五”规划》《关于支持创业促进工业经济平稳较快发展的若干意见》《关于实施浙商（磐商）回归工程的若干意见》和《关于2012年度县级金融机构支持地方经济发展工作目标考核的意见》。

6月27日，省督查组到磐安对该县饮用水水源安全隐患专项排查整治行动开展情况进行督查。

同日，上海磐商回归恳谈会在上海举行。

6月29日，召开工业经济推进会暨第二季度园区工作会议。

7月5日，百杖潭景区荣膺国家4A级旅游景区授牌仪式举行。省旅游局规划发展处处长张雄文，市旅游局副局长吴兴旺参加授牌仪式。

7月7日，召开森林城市建设总体规划评审会。省林业厅副厅长杨幼平，市林业局副局长陈昌华参加会议。

7月10日，全省上半年经济形势座谈会在磐安召开。

7月13日，召开全县重点工作、重点项目集中推进活动暨第六届药交会动员大会。

同日，全市历史文化村落保护利用工作现场推进会在磐安召开。

7月18日，全县农村经营管理规范化建设部署动员会召开。省农业厅副厅长赵兴泉，市农业局副局长盛光文参加。

同日，县长陈蕾妍带队到杭州考察，组织召开了杭州磐安籍企业家座谈会。

7月24日，全省扶贫专项资金阳光监管工作会议在磐安召开。

7月31日，县长陈蕾妍主持召开县政府第四次常务会议。会议审议了《磐安县职工生育保险实施办法》《磐安县职工基本医疗保险实施办法》《关于进一步促进我县社会福利企业发展的若干意见》和《关于进一步加强乡镇财政建设的意见》；审议了征地补偿区片综合地价调整事宜，审议了第三小学、新城区初中、体育中心、大盘山博物馆选址方案。

8月1日，省委常委、副省长、宣传部长葛慧君到磐安调研基层文化工作。

8月3日，康恩贝金兰大健康产业带双百亿工程启动仪式在金华市文化中心举行。县委书记周剑敏、副县长陈新森参加仪式，并与康恩贝集团签订了合作建设“浙中中药材基地”协议。

8月10日，召开基层党组织“五星争创”活动推进会。

8月13日，县委九届二次全体(扩大)会议暨县政府十二届一次全体会议召开。

8月22日，省长夏宝龙来磐接访，现场接待两批上访群众，帮助解决实际困难，并主持召开信访工作座谈会。

8月23日，仙居县生态考察团由副县长潘法祥带队，到磐安考察国家生态县创建工作。

同日，县长陈蕾妍召开推进重点项目建设专题会议，汇报交流前一阶段工作，全面了解和掌握重点工作重点项目进展情况，分析存在问题。

8月27日，召开全县安全生产大检查大整治活动动员会。

8月30日，县长陈蕾妍主持召开县政府第五次常务会议。会议审议了《关于全县工业企业实行绩效评价管理的意见(试行)》《关于开展中心村培育建设的实施意见》《磐安县新城区县级移民小区现房安置办法》《磐安县城市地下空间开发利用管理办法(试行)》《广播电视有线网络“一省一网”整合发展实施方案》。

9月6日，县狩猎协会正式成立。

9月13日，县委书记周剑敏主持召开重点工程重点项目督查会。

9月19日，第六届中国•磐安中药材交易博览会在“浙八味”特产市场隆重开幕。省人大常委会副主任程渭山、中国中药协会会长房书亭，市长徐加爱等领导和来宾参加开幕式。

9月21日，县长陈蕾妍主持召开县长办公会议。

9月25日，县十二届人大常委会举行第四次会议。

同日，42省道磐安段改建工程开工仪式在深泽乡举行。

9月28日，婺州南宗祭孔大典暨榉溪孔氏家庙对外开放仪式在盘峰乡榉溪村举行。

10月8日，奥地利浙南商会会长温怀钦一行到磐安考察。

10月10日，全省“深化千万工程、建设‘美丽乡村’”现场会在丽水召开，磐安被授予“2012年度浙江省‘美丽乡村’创建先进县”称号，并获得省委省政府奖励资金1000万元。

10月15日，县长陈蕾妍主持召开重点项目督查会。

10月16日，浙江省2012年财政补贴高效照明产品推广启动仪式在磐安盘山中学举行。

10月19日，召开第三季度经济形势分析会。

10月20日至21日，省建设厅专家组赵章培一行到磐安，对该县省级风景区综合整治工作进行检查验收。

10月25日，召开全县重点工作重点项目集中推进活动暨第六届药交会总结表彰大会，15个先进集体和85名先进个人受表彰。

10月26日，浙中崛起千亿投资系列工程——磐安县重点投资项目集体启动暨磐新线改建工程开工仪式在尚湖镇举行。

同日，县电子商务协会成立。

10月29日，县政府召开第六次常务会议，审议了《关于加快推进服务业发展的实施意见》和《磐安县森林城市建设总体规划（2011－2015）》。

11月7日，省建设厅副厅级巡视员周伟群率考评组到磐安验收省级园林城市创建工作。

11月8日，2012中国茶叶学会团体会员会议暨科学饮茶与健康学术研讨会在广西梧州市召开，会上举行第三届“中国名茶之乡”授牌仪式。副县长陈新森代表磐安参加会议并接牌。

11月13日，东阳市磐安商会成立。

11月14日，县中药材产业协会第三届会员代表大会召开。会议选举产生县中药材产业协会第三届理事会，郑启洪当选新一届理事会会长。

11月19日，召开全县领导干部会议，传达党的十八大精神。

11月21日，省“平安农机”检查验收认定组到磐安万苍乡验收“平安农机”示范乡创建工作。

11月26日，县政府召开第七次常务会议。会议审议了《2013年新农合政策调整方案》《磐安县非行政许可审批事项清理和规范意见》及《总体规划（城上—大田畈区块）调整方案》。

11月28日，县首座220千伏输变电工程——深泽变电所正式投入运行。

11月30日，全县森林城市创建推进会暨森林消防工作会议召开。

12月3日至4日，省旅游局副局长许澎带领考核组到磐安，对云山省级旅游度假区进行考核。

12月4日，召开全县新型农村合作医疗工作会议。

12月10日至11日，县工会第七次代表大会召开。

12月11日，召开迎接省级文明县城复评动员大会。

12月14日，《磐安报》“磐安复县30周年大型系列报道•‘美丽乡村’行”采访活动启动。

12月15日，古竹县级移民小区开工建设。

12月18日，省商业集团党委副书记陈向明、副总经理王晓哲一行6人到磐安仁川镇指导扶贫工作，送去帮扶资金40万元。

12月24日，全县重点工程重点项目督查会召开。

12月26日，国网新源控股有限公司浙江抽水蓄能项目前期办主任厉建宇一行到磐安考察，并与该县签订了关于磐安抽水蓄能电站建设的合作意向书。

12月28日，县残疾人联合会第六次代表大会召开。

12月29日，举行“喜庆十八大、讴歌新时代”青春送温暖系列行动。

舟山卷

2012年舟山市大事记

1月4日，市委五届十一次全体（扩大）会议。

1月5日，召开创建国家卫生城市总结表彰大会。

1月6日，中国（舟山）大宗商品交易中心举行开业庆典。

1月8日，省政府召开《舟山群岛新区规划》汇报会。市长周国辉、常务副市长马国华参加汇报会。

1月13日，副市长刘宏明出席全市远洋渔业工作座谈会。

1月17日，常务副市长马国华到市咨询委征求政府工作报告意见。

1月18日，2012年舟山市新春军政座谈会暨市双拥共建工作领导小组全体成员会议在新城举行。

1月19日，市政府召开企业家座谈会。

1月20日，市长周国辉主持召开市政府专题会议。

1月24日，副市长王忠志在市行政中心会见日本烧津市政府代表团。

2月1日，市长周国辉调研舟山群岛国际邮轮码头建设推进工作。

2月3日，常务副市长马国华主持召开市政府专题会议，研究政府扶持实体经济的相关政策措施。

2月8日，市长周国辉主持召开市政府专题会议，研究关于促进房地产业健康发展措施。

2月10日，全省珍贵树种进万村暨舟山群岛新区森林工程建设启动仪式在朱家尖东沙村举行。

2月13日，副市长李善忠会见美国里士满市港务局代表团。

2月16日，全市农林工作会议召开。

2月24日，副市长周伟江主持召开小干岛围垦工程和临城至小干岛、长峙岛连接大桥工程前期专题研究及围垦工程设计有关事宜协调会。

2月29日，市长周国辉主持召开新一届市政府第一次常务会议。

3月6日，市长周国辉主持召开市政府专题会议。

同日，副市长朱世强出席浙江国际海运学院国际海员培训楼启用暨东方海外海事学院揭幕仪式。

3月9日，市政府与中国航天电子技术研究院合作座谈会。

3月10日，中交股份与舟山市在北京签署战略合作框架协议。

3月22日，常务副市长马国华与上海舟山商会对接招商项目。

3月26日，市长周国辉与省交投集团对接大桥一二期归并、富翅门大桥建设相关工作。副市长李善忠等参加。

3月30日，市长周国辉在新城出席宁波—舟山港六横公路大桥（项目建议书）咨询评估会并讲话。副市长李善忠出席会议。

4月1日，召开海天大道拓宽工程定海段相关事宜协调会。

4月5日，《省委省政府关于推进浙江舟山群岛新区建设的若干意见》征求意见会在市行政中心召开。

4月6日，市委、市政府召开《浙江舟山群岛新区（城市）总体规划（2012—2030）》编制工作座谈会。

4月9日，副市长李善忠调研舟山大宗商品交易大楼建设工作。

4月10日，市长周国辉出席浙江舟山群岛新区建设军地座谈会。

4月11日，副市长李善忠到舟山港集团公司调研。

4月19日，市政府与亚太国际企业(香港)有限公司在新城签订战略合作框架协议。

4月20日，常务副市长马国华主持召开市政府专题会议，研究半岛船业与荷兰达门集团合作事宜。

4月27日，2012年全国休闲体育大会开幕式暨浙江省全民健身月启动仪式在新城举行。

4月28日，副市长姚青林参加《舟山市土地利用总体规划（2006－2020）实施评估报告》省级论证。

5月3日至4日，市委书记梁黎明、常务副市长马国华赴北京联系对接《浙江舟山群岛新区发展规划》审批推进工作。

5月8日，市长周国辉会见中国美旗控股集团董事局主席谢秉臻一行。

5月10日，舟山国家石油储备基地扩建项目奠基仪式在岙山举行。中化集团总裁刘德树，市领导梁黎明、周国辉、李善忠等出席仪式。

5月17日，举行第四届中国舟山国际渔业博览会开幕式暨中国水海产品出口基地联盟成立大会招待宴会。

5月18日，农业部和省政府在舟山共同举行国家级舟山水产市场建设启动仪式。

5月19日，副省长毛光烈考察浙江浙能舟山六横电厂工程。市领导梁黎明、周国辉等陪同考察。

5月22日，省长夏宝龙到舟山调研浙江舟山群岛新区建设、海洋经济与产业集聚区发展等工作。

5月30日，舟山海洋产业集聚区重点项目集体开工仪式在舟山经济开发区举行。

同日，市长周国辉与省能源集团洽谈项目合作事宜。

6月1日，副市长李善忠出席舟山大宗商品交易所电解铜上市交易仪式。

6月4日至9日，常务副市长马国华赴新加坡、印尼考察海洋工程、船舶制造、海洋产品精深加工业。

6月10日，浙江大学与舟山市共建浙江大学舟山校区（浙江大学海洋学院）合作协议签约仪式在杭州举行。

6月11日至15日，副市长刘宏明带队到新疆、青海考察节水工作。

6月14日，召开全市公立医院改革领导小组会议。

6月16日，2012舟山群岛·中国海洋文化节开幕式在岱山举行。

6月18日，副市长李善忠到市交投集团调研舟山本岛快速通道建设融资工作开展情况。

6月21日，召开全市水产加工企业与银行对接会，专题研究水产加工企业发展问题。

6月26日，市长周国辉出席浙东经济合作区第二十一次市长联席会议并讲话。

6月29日，市领导梁黎明、周国辉、刘爱世、胡海良、苗振清、王忠志和省监察厅副厅长谢双成出席舟山市审批服务与招投标管理委员会揭牌仪式。

7月3日，副市长沈仁华主持召开小干岛商务区开发建设商谈会。

7月5日，市长周国辉主持召开市长办公会议。

7月9日，市长周国辉出席《浙江舟山群岛新区（城市）总体规划（2012—2030）》初步方案汇报会并讲话。

7月12日，2012中国(舟山群岛)国际游艇展开幕式在舟山举行。

7月13日，召开全市上市工作推进大会。

7月17日，副市长李善忠出席舟山陆港现代物流中心项目开工奠基仪式。

7月19日，市长周国辉主持召开市政府专题会议，协调媒体创意中心项目。

7月21日，市长周国辉会见意大利经济金融部副部长波利罗一行。

7月30日，常务副市长马国华会见新奥集团代表团，商谈项目合作事宜。

8月6日，市长周国辉主持召开市长办公会议。

8月10日至13日，市长周国辉、副市长刘宏明赴岱山县长涂镇协调处理沈家坑水库垮坝事件。

8月14日，副市长姚青林赴市科技局、浙江大学舟山海洋研究中心、浙江省海洋开发研究院和摘箬山科技示范岛调研科技工作。

8月17日，副市长徐燕峰主持召开舟山医院搬迁工作领导小组会议。

8月19日，“浙江舟山群岛新区自由贸易园区、临港石化产业”专题研讨会在北京钓鱼台国宾馆举行。

8月20日，副市长王忠志赴国家工信部汇报舟山创建国家海洋电子信息产业基地工作。

8月24日，副市长王忠主持召开市政府专题会议，研究落实国家海洋局《关于支持浙江舟山群岛新区建设的若干意见》有关事宜。

8月29日，副市长李善忠出席市政府与省交投集团签订鼠浪湖股权转让协议仪式。

9月3日，副市长李善忠出席宁波—舟山港老塘山港区外钓岛光汇万吨级油品码头工程可行性研究报告审核会和宁波—舟山港老塘山港区外钓作业区规划方案专家咨询会。

9月10日，市政府召开全市营业税改征增值税试点工作会议。

9月13日，市重大项目引进评估及协调推进领导小组第一次会议在新城举行。

9月14日，举行创建海上运输安全管理示范区工作会议。

9月15日，第二届中国海洋经济投资洽淡会暨首届中国（南方）国际海产品博览会在宁波开幕。市长周国辉、常务副市长马国华、舟山海洋产业集聚区管委会主任夏文忠参加了开幕式。

9月19日，由国土资源部法律中心和省国土资源厅共建的舟山群岛新区国土资源政策法律实验基地授牌仪式在新城举行。

9月24日，副省长、市委书记梁黎明，市长周国辉考察舟山海洋产业集聚区和新城区块重点项目建设工作。

9月27日至29日，常务副市长马国华赴北京向国家发改委等部委联系汇报新区规划相关工作。

10月9日，全市美丽海岛建设现场会在嵊泗县举行。

10月10日，副市长刘宏明出席全市发展壮大渔农村集体经济工作推进会。

10月13日，副省长、市委书记梁黎明主持召开浙大舟山校区建设领导小组第二次全体会议。

10月16日，舟山市—上海金山区友好市区签约仪式在市行政中心举行。

10月20日至21日，国土资源部部长、国家土地总督察徐绍史率国土资源部各司相关负责人到舟山调研舟山群岛新区建设和国土资源等工作。

10月23日，国家质检总局与省政府在杭州举行《共同推进浙江海洋经济发展示范区建设、舟山群岛新区建设、义乌市国际贸易综合改革试点等战略举措合作备忘录》签字仪式。市长周国辉参加签字仪式。

10月26日，常务副市长马国华赴北京向国家银监委汇报海洋银行建设相关工作。

10月30日，副省长、市委书记梁黎明在浙江海洋学院作形势政策报告。

11月5日，常务副市长马国华赴舟山经济开发区督查重大项目进展情况。

11月7日，2012中国舟山国际船业博览会在舟山开幕。

11月9日，全省船舶产业技术创新与发展工作会议在舟山举行。

11月12日，市长周国辉赴市科创园区调研工作。

11月12日至14日，常务副市长马国华赴北京与国家有关部委讨论、修改《浙江舟山群岛新区发展规划》。

11月20日，市政府与浙江海事局举行工作座谈会。

11月26日，副省长、市委书记梁黎明，市长周国辉，副市长刘宏明、王忠一行赴国家海洋局汇报工作。

11月29日，副市长王忠出席浙江省产业集群“两化”深度融合服务年活动暨舟山市船舶产业集群“两化”深度融合推进会并致辞。

12月4日，全国国土资源行政复议工作座谈会在舟山举行。

12月5日，副市长李善忠在上海参加金山卫至普陀山海上专线开通（试运行）仪式。

12月7日，副市长王忠志出席市社会福利中心二期暨普济儿童福利院项目开工仪式。

12月12日，市政府与上海浦发银行战略合作交流会在新城举行。

12月13日，副市长王忠在普陀山出席中国建设银行“普陀山金”全球首发仪式。

12月16日，副市长王忠出席舟山群岛新区海洋海岛保护开发研究会成立大会。

12月20日，副市长刘宏明出席舟山市农业技术推广基金会成立大会。

12月24日，浙江大学舟山校区（浙大海洋学院）项目开工动员暨建设推进会在市行政中心举行。

12月26日至27日，副市长王忠志赴国家海洋局、国家旅游局汇报工作。

12月29日，市委六届二次全体（扩大）会议暨全市经济工作会议在新城举行。

2012年定海区大事记

1月4日，定海区政银企融资恳谈会召开，定海华业塑料机械有限公司等6家企业与银行现场签订12.7亿元的贷款授信合作协议。

1月5日至10日，中国人民政治协商会议第五届舟山市定海区委员会第一次会议召开，通过政协第四届舟山市定海区委员会常务委员会工作报告和政协第四届舟山市定海区委员会常务委员会提案工作情况报告，选举产生政协第五届舟山市定海区委员会主席、副主席、秘书长和常务委员。车志宽当选为五届区政协主席，方家慧、汤安国、柳跃军、夏江龙、林志刚当选副主席，方家慧兼秘书长，张伟祥等29人当选常务委员。

1月7日至11日，舟山市定海区第十六届人民代表大会第一次会议召开，审查通过区人民政府工作报告、区人大常委会工作报告、2011年国民经济和社会发展计划执行情况的报告和2012年国民经济和社会发展计划、2011年财政预算执行情况的报告和2012年财政预算、区人民法院工作报告和区人民检察院工作报告，选举余河通为区十六届人大常委会主任，庄继艳为区人民政府区长；毛君位、沈振新、张伟旭、张岳平、林鸣国、郝理金为区十六届人大常委会副主任；张伟平、陈剑、陈海平、郑飞芬、侯富光、潘国宁为区人民政府副区长；赵晖为区人民法院院长，虞英波为区人民检察院检察长。依法选出定海区出席舟山市第六届人民代表大会代表99名。

1月9日，举行中国外运长航滚装物流项目签约仪式，该项目落户定海工业园区。

1月16日，区委、区政府举行迎春团拜会。

1月18日，举行2012年新春军政座谈会暨双拥工作领导小组全体成员会议。

1月19日，由法国达贸轮船有限公司运营的西非航线首航船舶“达贸釜山”号集装箱班轮在区金塘大浦口集装箱码头完成1733标箱的装卸作业后准时离港，驶往上海港。达贸西非航线是继萨哈林俄罗斯航线、达飞俄罗斯航线、尼罗河西非航线之后大浦口集装箱码头在2012年1月引进的第四条国际航线。

1月21日，国家人口计生委发文授予环南街道第一批“全国人口和计划生育依法行政示范街道”称号。

1月31日，新一届区政府召开第一次全体会议。区领导傅良国、庄继艳、侯富光、张伟平、陈剑、郑飞芬、陈海平、潘国宁出席会议。

2月8日，区委经济工作会议召开。区委书记傅良国、区长庄继艳出席会议并讲话。

2月14日，区委、区政府发文决定，在全区开展以“进村入企强服务、助推发展优环境”为主要内容的“进村入企”大走访活动。

2月15日，举行区旅游业发展研讨会。

同日，副市长姚青林率市粮食局、市国土局有关负责人，到舟山国际粮油集散中心进行调研。

2月16日，全区人大宣传信息工作会议召开，会议对2011年度人大宣传信息工作先进个人进行了表彰。区人大常委会副主任郝理金出席会议。

2月20日，定海“喜来岛”草莓在北京举办的世界草莓大会暨中国精品草莓擂台赛上喜获金奖，也是浙江省获得的唯一一个奖项。

2月21日，区委书记傅良国主持召开区城乡规划委员会第一次会议。

2月29日，“浙大—牛津”中国女性创业能力开发项目舟山基地揭牌仪式在区文化广场举行。

3月4日，区工商联中小企业发展研究会成立。

3月5日，召开区人武部党委第一书记命令宣布大会，会上宣读了中共舟山警备区党委关于傅良国同志增补为定海区人武部党委委员、第一书记的党内任职批复。

3月6日，区委、区政府召开二三产业暨招商引资大会。

3月8日，区委、区政府召开农业农村工作会议。

3月8日至9日，省环保厅厅长徐震一行到定海开展“进村入企走基层服务解难优环境”大走访活动，调研指导该区生态环保工作。

3月9日，全区旅游安全生产工作会议召开。

3月14日，载重吨位36.2万吨的新加坡籍油轮“祁连山”（QILIANSHAN）号，在舟山港中化兴中石油转运（舟山）有限公司岙山基地30万吨级油码头卸下13万吨原油。这是岙山石油转运基地开港以来接卸的最大吨位的油轮。

3月21日，定海区旅游发展管理委员会成立，区长庄继艳任主任，副区长张伟平任常务副主任，副区长林云雷、王树辉、潘国宁任副主任，全区48家区属单位、乡镇街道为成员单位。

3月22日，召开全区重大项目推进“百日攻坚”行动动员会议。

3月24日，全国政协常委、九三学社中央副主席赖明率九三学社中央调研组到定海实地考察中海粮油、老塘山三期码头、长宏国际船舶修造等项目和企业，了解定海工业园区和国际粮油集散中心等产业集聚区的规划、发展情况。

3月27日，区委召开十二届二次全体会议。

3月28日，召开中国国际戏剧谷项目概念规划论证会。

3月29日，区委书记傅良国带领区发改、经信、财政和交通等部门负责人，专题调研舟山长宏国际产业园工贸一体化发展推进情况。副区长陈海平参加调研。

4月1日，舟山市规划局定海分局举行揭牌仪式，区委书记傅良国、副区长潘国宁参加仪式。

4月8日，市委书记梁黎明、副市长沈仁华率市属有关部门负责人到定海调研。区领导傅良国、庄继艳等陪同调研。

4月9日，太平洋海洋工程（舟山）有限公司召开工会第一次代表大会，这也是区首家船舶行业外商（独资）企业工会。

4月11日，北蝉乡文化楼幼儿园工程开工奠基。

4月16日，浙江升宇船舶技术有限公司与中国华电集团公司正式签订合作协议，拟在定海工业园区紫窟涂外涂区域投资建设港口机械及钢材加工项目。

4月25日，岑港镇灰雕传承基地挂牌仪式在岑港中心学校举行。

4月27日，区长庄继艳带领区属相关部门负责人，到白泉镇调研重大项目推进“百日攻坚”行动开展情况。

4月28日，举行浙江舟山群岛新区定海区重点项目签约仪式，总投资近百亿元的11个重点项目签约落户定海，区委书记傅良国、区长庄继艳还分别为新成立的14个专业招商局授牌。

5月2日，定海区顺利通过科技强县复查，继续保有“科技强区”称号。

5月3日，区委、区政府出台《关于加快文化产业发展的若干意见》，从财政投入、税收减免、市场准入、人才队伍建设等方面扶持文化产业发展，争取到“十二五”末实现文化及相关产业增加值占到全区GDP的7%。

5月7日至8日，匈牙利国会农业委员会副主席、塞格萨德市市长伊斯特万•霍尔瓦，匈牙利驻上海总领事拉斯洛•库奇率领的代表团一行到定海，签订定海区与匈牙利塞格萨德市友好交流关系意向书，并出席定海国际友好城市公园奠基仪式。定海国际友好城市公园用地面积10956平方米，计划投资3000万元。

5月9日，副区长郑飞芬一行到环南街道大猫村，为大猫托老中心落成揭牌和致辞。

5月10日，由区司法局和昌国街道东管庙社区共同成立的东管庙社区法律义工站正式成立，这也是舟山市首家社区法律义工站。

5月14日，市、区民政部门为荣获“中国社会组织评估AAAAA等级”的区老年人体育协会授牌。

5月15日，区“首届家庭文化节”启动仪式在马岙镇举行。

5月18日，区长庄继艳带领区发改局、区财政局、区农林局等相关部门负责人，到双桥镇调研“百日攻坚”项目进展情况。

5月24日，森森集团股份有限公司获中共浙江省委宣传部、中共浙江省委组织部和省委新经济与新社会组织工作委员会联合评定的浙江省民营企业思想政治工作创新奖。

5月26日，马士基开罗号集装箱班轮顺利靠泊金塘大浦口码头并卸载218标箱，标志着马士基公司新添的西非3线新增了金塘停靠点。

5月28日，区环境保护局金塘分局正式成立。

5月30日，舟山海洋产业集聚区重点项目集体开工，位于定海区北蝉乡的舟山经济开发区、舟山港综合保税区（筹）的建设翻开了新的篇章。

6月5日，全区首家渔业专业合作社——定海区龙腾渔业专业合作社挂牌成立。

6月8日，摘箬山岛标志碑揭碑仪式在环南街道摘箬山岛举行。

同日，区长庄继艳带领相关部门负责

人先后到长白乡、区海洋与渔业局，就重点项目、重点工程推进情况进行调研。

6月12日，召开全区旅游业发展大会。会上，区委书记傅良国、区长庄继艳为定海旅游发展集团有限公司授牌。

6月15日，区委书记傅良国到区环保局调研。

6月16日，区委、区政府在定海工业园区、金塘、岑港、双桥、城东、马岙、白泉等地分别举行8个重点项目的集中开工仪式。

6月18日，岑港镇里钓山村和金塘镇大鹏岛列入省级历史文化名村。

6月20日，以省企业联合会、省企业家协会、省工业经济联合会会长张蔚文为组长的省工业强县（市、区）建设第三指导组到定海调研指导。

6月28日，区十六届人大常委会举行第三次会议。

6月29日，定海区与浙江大学舟山海洋研究中心签订战略合作协议，并为谭建荣院士工作站授牌。

7月9日，召开全区深化医药卫生体制改革工作会议。

7月10日，浙江海洋学院——舟山市定海区合作交流座谈会举行。

7月13日，区委召开建设“平安定海”工作会议。

同日，浙江爱易生物医学科技有限公司、爱易舟山医学检验所、爱易转化医学研究院举行成立庆典，落户区海洋科技创业中心。

7月21日，由上海市虹口区委书记孙建平、区长吴清率领的虹口区党政代表团来到长宏国际产业园考察。

7月25日，区政府与建设银行舟山分行签署战略合作协议。

7月26日，小沙镇综合文化活动中心正式落成启用。

7月28日，浙江正和造船有限公司技术中心被浙江省经信委认定为“浙江省企业技术中心”。

8月2日，区政府制定出台《舟山市定海区绿色城镇行动计划（2011—2015）》，要求到2015年，全区城镇达到“规划科学、功能完善、设施配套、市容整洁、环境优美”目标。

8月6日，召开防台工作专题会议。

8月8日，舟山中邦节能科技有限公司成功签约并落户定海工业园区。

8月9日，区委书记傅良国到区行政服务中心和区公共资源交易中心调研工作。

8月10日，干览镇舟山瀛洲海洋食品有限公司入选第三批舟山市级非物质文化遗产传承基地名单。

8月16日，区委书记傅良国到区信管办调研工作。

8月22日，香港定海联谊会成立大会暨理事会就职典礼在香港御苑皇宴大酒店隆重举行。

8月24日，舟山市地税局金塘税务分局举行成立揭牌仪式。

8月27日，区十六届人大常委会举行第四次会议。

8月28日，浙江省档案学会档案文化建设学术委员会成立大会暨第一次会议在定海召开。

8月29日，区委书记傅良国带领区发改、经信、招商、财政、国土、规划等相关部门负责人到双桥镇调研舟山国际粮油集散中心项目建设推进情况。副区长陈海平参加调研。

9月1日，《城乡居民基本医疗保险制度实施意见》颁布实施，全区城乡居民享受同等医疗保险待遇。

9月5日，国务院发文授予区教育局局长叶史品“全国‘两基’（基本普及九年义务教育、基本扫除青壮年文盲）工作先进个人”称号。

9月6日，区委书记傅良国带领发改、经信、财政、环保、口岸、国土、地税、国税、港航等相关部门负责人到舟山中海粮油工业有限公司调研企业生产经营及发展情况。

9月8日，110千伏舟山至大陆联网线路舟山本岛至金塘段海缆迁移工程开工。

9月12日，全国中小河流治理重点县定海区综合整治试点规划审查会在定海举行，《定海区中小河流治理重点县综合整治试点规划》正式通过省水利厅专家组的审查。

9月14日，“2012年舟山市定海区国有资产经营有限公司公司债券”(简称“12定海债”)在新城举行发行仪式。此前“12定海债”已完成销售工作，共募集10亿元资金。

9月20日，区人大常委会主任余河通一行到定海工业园区调研招商引资工作。

9月25日，经过省海洋与渔业局相关专家3天的考核，环南街道大巨养殖场的南美白对虾特色精品园创建点和长白乡大满养殖场的渔业产业示范区创建点两个省级现代渔业园区创建项目顺利通过验收。

10月10日，定海区获“2012年度浙江省美丽乡村创建先进县”称号。

10月17日，区长庄继艳、副区长潘国宁带领发改、经信、住建、海洋渔业、国土、规划等区属部门负责人，对定海工业园区开发建设工作进行调研。

10月19日，区首个村级慈善机构在白泉镇金山村成立。

10月25日，省农函大工作研究会全体成员工作会议在定海召开。副区长谢英俊出席会议。

10月26日，区委书记傅良国、区长庄继艳到定海边防大队调研工作。

同日，区委理论学习中心组（扩大）学习会召开。

11月1日，总投资3.2亿元的小沙至白泉公路正式开工建设，预计将于2014年11月竣工通车。

11月6日，浙江省农业厅、浙江省林业厅、浙江省海洋与渔业局联合发文，公布定海区大满南美白对虾示范区为浙江省现代农业园区示范区，定海区大巨南美白对虾精品园为浙江省现代农业园区精品园。

11月12日，海天大道定海段（檀东二路至弘生大道）改造工程主干道路完工，总投资2.46亿元，由原双向四车道改造为双向六车道，全长3380米。

11月16日，召开动员大会，对中小河流治理重点县综合整治及水系连通试点工作进行全面部署。区领导傅良国、庄继艳、张伟旭、王树辉、夏江龙出席会议。

同日，区举行“网格化管理、组团式服务”工作座谈会。区委副书记夏凯慧出席会议并讲话，区委常委、组织部长郑洪主持会议。

11月26日，全区公民素质教育实践活动启动暨城东街道公民素质讲习所、社区公民素质教育学校成立授牌仪式在长岗山森林公园举行。市、区领导张兵、傅良国、夏凯慧、洪碧、毛君位、陈海平、夏江龙等出席活动。

同日，定海区获浙江省第十八届水利“大禹杯”竞赛银奖。

同日，举行定海区旅游、农业项目集中签约仪式。册子岛海洋旅游综合体及南部诸岛文化旅游等5大旅游项目，总签约投资额近335亿元，现代农业种植基地和果酒系列产品加工及酒类灌装等10大农业项目总签约投资38亿元。

12月1日，总投资3.2亿元的小沙至白泉公路开工建设，预计于2014年11月竣工通车。

12月3日，区党外知识分子联谊会白泉分会正式挂牌成立，成为舟山市首家基层知联分会。区委常委、统战部长林伟康出席成立大会。

12月4日，区政府与北京中天醇能源技术有限公司在省人民大会堂签订了总投资额5亿元的项目。

12月9日，定海上海商会第一次会员大会暨成立大会在上海国际会议中心举行。

12月10日，螺头渔港工程通过省、市海洋渔业、发改等相关部门的验收并交付使用。该工程为《浙江省沿海标准渔港布局与建设规划》实施的渔港建设项目之一，概算总投资486.33万元，新建600马力渔业码头（兼靠500吨级）1座，网场2000平方米，以及水、电等配套设施。

12月13日，区个体劳动者(民营企业)协会成立党总支。

12月20日，区十六届人大常委会举行第六次会议。

12月25日，定海海洋农商银行正式成立并开业运营，该行是舟山市首家地方性股份制商业银行，由定海农村合作银行改制设立。

12月26日，全市首个社区集邮组织在定海港北社区成立。

12月28日零点，舟山跨海大桥金塘沥港收费站开通运营，金塘疏港公路正式与舟山跨海大桥相连接。

同日，省文化厅公布第五次全省乡镇综合文化站评估定级结果，定海区15个乡镇街道文化站全部定级。其中，册子乡文化站定为一级，解放街道、环南街道、昌国街道、白泉镇、金塘镇、马岙镇、小沙镇、干览镇、双桥镇、北蝉乡文化站定为二级，城东街道、盐仓街道、岑港镇、长白乡文化站定为三级。

12月29日，东山隧道复线工程开工建设，建设标准为城市主干道，总长1159.41米，其中隧道长870米，隧道净宽13.25米，总用地面积35020平方米，计划总投资1.2亿元。

2012年普陀区大事记

1月17日，区委书记蔡洪走访慰问舟山警备区和舟山海军基地。丁海鹰、杨小毛、戴灵芝、张禾波、宋良元、杨文奇等区领导随同慰问。

1月29日，区委书记蔡洪、区长王飞跃、区人大主任丁海鹰、区政协主席杨小毛等区四套班子领导和全区100多名机关干部及师生代表到普陀中学参加春季义务植树活动。

1月30日，普陀区经国家农业部和国家安全监管总局联合考评、审议，荣获“全国平安渔业示范县”称号，成为浙江省仅有的4个获此殊荣的县区之一。

1月31日，区委常委、常务副区长张禾波到区审批办证服务中心调研工作。

2月1日，市长周国辉调研舟山群岛国际邮轮码头（舟山对台直航客运码头）项目，副市长王忠志，区长王飞跃，区委常委、朱家尖街道党工委书记李升，副区长王旭光等市区领导陪同调研。

2月6日，区政协四届一次常委会议召开。会议由区政协主席杨小毛主持。区政协副主席张伟国、忻玉龙、边艾光、孙德明、沈聪出席会议。

2月7日至9日，区委务虚会议召开，区领导蔡洪、王飞跃、丁海鹰、杨小毛及区几套班子领导出席会议。

2月10日，省海洋与渔业局局长赵利民率调研组到普陀调研“改善发展环境”工作。区长王飞跃、副区长刘明永出席汇报会。

2月19日，召开全区安全生产暨消防工作会议。区长王飞跃，副区长张禾波、杨文奇、王旭光、刘明永、葛捍东、胡国华出席了大会，会议由副区长张禾波主持。

2月21日，区委书记蔡洪到东港投资发展集团有限公司，专题考察东港开发建设情况。

2月28日，副区长杨文奇到白沙调研养老服务体系建设。

3月2日，省科技富民强县专项行动计划考察组到普陀验收“三疣梭子蟹精养高产关键技术集成与推广”项目。区领导王飞跃、葛捍东出席验收会。

3月7日，区委书记蔡洪到六横开展“进村入企”大走访活动。

3月9日，全区党建工作会议召开。

3月12日，区长王飞跃到朱家尖街道开展“进村入企”大走访活动。

3月13日，全区政法（综治）、信访工作会议召开。

3月14日，区十六届人大常委会第二次会议在沈家门召开。

3月16日，全区工业经济暨招商引资会议召开。

3月21日，区委理论学习中心组举行集中学习会。区委书记蔡洪主持学习会并讲话。

3月28日，区委书记蔡洪，区委常委、常务副区长张禾波一行到区旅游局调研工作。

3月30日，舟山国际水产城提升改造二、三期工程奠基仪式举行。蔡洪、丁海鹰、杨小毛、刘明永、陈安振等区领导出席仪式。区委书记蔡洪宣布工程正式奠基。

同日，全区渔业安全生产暨伏季休渔管理工作会议召开。副区长刘明永出席会议。

4月11日，省委常委、组织部长蔡奇到六横开展“进村入企”走访调研活动，市委书记梁黎明，区委书记蔡洪，六横管委会副书记、副主任王旭光等领导陪同调研。

4月23日，第七届中国普陀佛茶文化节在东港塘头佛茶园广场隆重开幕。市委书记梁黎明，市委副书记张兵，市人大常委会副主任冯淑仙，市政协副主席蒋宝华，区委书记蔡洪，区人大常委会主任丁海鹰，区政协主席杨小毛等领导参加开幕式。副区长杨文奇主持开幕式。

4月27日，由武义县县委书记陈伟带队的武义县党政考察团，到普陀考察城市建设工作。区领导蔡洪、王飞跃、丁海鹰、杨小毛、戴灵芝等陪同考察。

5月3日，召开“重执行、强服务、促廉政”教育大会。

同日，由温州市洞头县县委书记姜长才率领的洞头县党政代表团一行20余人到普陀考察海岛综合改革工作。区领导蔡洪、张禾波、刘健民、杨文奇等出席座谈会。

5月16日，召开项目重大现场推进会，区长王飞跃，副区长陈安振、胡国华及区属有关单位、相关乡镇(街道)和项目建设单位等相关负责人参加了现场推进会。

5月18日，国家级舟山水产市场建设启

动仪式举行。省委常委、副省长葛慧君，国家农业部党组成员、总经济师张玉香，市委书记梁黎明、市长周国辉，区委书记蔡洪、区长王飞跃等出席启动仪式。

5月25日，普陀成功申报中央财政小型农田水利重点县。

5月28日，全区第四届机关运动会在市民广场举行。张禾波、蒋万琪、焦兰萍、边艾光等区领导出席开幕式。

6月1日，区十六届人大常委会第四次会议在沈家门召开。区人大常委会主任丁海鹰主持会议，区人大常委会副主任范国成、袁志文、潘德明、焦兰萍、刘健民、胡永国出席会议。

6月6日，区政协召开“加大扶持力度，促进科技型企业发展”专题议政会。区政协主席杨小毛，副区长刘明永，区政协副主席张伟国、边艾光出席会议。

6月11日，召开重点新闻选题对接会。区委常委、宣传部长刘旭军出席会议。

6月11日至14日，区委书记蔡洪带队赴上海、吉林开展招商引资工作。区领导张禾波、蒋万琪、胡永国、王旭光、刘明永等以及区招商局、区发改局、区经信局、区工商联等相关部门负责人一同前往。

6月15日，大连市长海县党政代表团到普陀考察旅游工作。区委书记蔡洪、区人大常委会主任丁海鹰、区政协主席杨小毛等出席交流会。

6月19日，位于展茅街道的普陀区北部工业园区的富丹、海汇、海宇及金圆等4个工业项目集中启动。区领导蔡洪、丁海鹰、杨小毛、杨文奇出席启动仪式。

6月24日，嵊泗县委书记徐张艳率嵊泗县党政代表团到普陀考察。蔡洪、王飞跃、丁海鹰、杨小毛、张禾波、刘旭军、陈安振等区领导陪同考察。

6月25日，区政协沈家门街道委员联络室成立，这是全市首家街道政协委员联络室。区政协主席杨小毛出席并讲话。

7月3日，区委书记蔡洪率党政代表团赴定海区学习考察工业强区、招商引资、重点项目建设等方面工作。王飞跃、杨小毛、张禾波、刘旭军、蒋万琪、孙志龙、周四海、李升、李广东、袁志文、刘明永等区领导一同考察。

7月9日，区委书记蔡洪到区地税局调研。

7月12日，2012中国(舟山群岛)国际游艇展在东港滨海广场隆重开幕。梁黎明、周国辉、严海鸥、王忠志、江建国、蔡洪、王飞跃、丁海鹰、杨小毛、张禾波等市区领导，何敏捷、邱平海、干松章等市属有关单位领导，中国船舶信息中心副主任安斌峰出席开幕式。

7月17日，团中央书记处书记贺军科到普陀调研基层团建工作。

7月19日，区委书记蔡洪、区长王飞跃等到展茅街道调研当地经济社会发展情况。

7月23日，全区水利工程标准化建设会议在勾山街道召开。副区长杨文奇出席会议。

7月24日，浙江海洋学院——普陀区合作交流座谈会举行。

7月25日，全区机构编制核查工作动员大会召开。

同日，交通银行舟山普陀支行在东港开业。

8月3日，区委书记蔡洪到东港街道调研。

8月14日，区政协常委会委员对区“十二五”规划实施情况和“百日攻坚”项目进展情况进行视察。区政协主席杨小毛，副主席张伟国、忻玉龙、边艾光、沈聪参加视察。

8月16日，区社会组织促进会成立暨第一次会员代表大会召开。

8月21日，勾山•南岙乡土文化节开幕。市政协副主席黄洁明宣布开幕。区政协主席杨小毛，区委常委、宣传部长刘旭军，区人大常委会副主任焦兰萍等出席开幕式。

8月29日，区委书记蔡洪到市规划局普陀分局进行调研。

同日，中国佛学院普陀山学院2012年秋季学期开学。

9月4日，召开“平安渔场”建设暨“优秀调解员”表彰会议。

9月6日，区“党建强、发展强”企业家俱乐部成立大会暨首届“双强争先”主题论坛举行。区委书记蔡洪，区委常委、常务副区长张禾波，区委常委、组织部长蒋万琪出席。

9月10日，定海区委书记傅良国率定海党政代表团，到普陀考察城市建设、旅游发展等工作。

9月13日，2012舟山群岛“普陀山杯”首届全国大帆船邀请赛启航仪式在朱家尖国际游艇会游艇码头举行。

9月16日，市首家远洋捕捞专业合作社——舟山市普陀区宇洋捕捞专业合作社正式成立。

9月24日，区长王飞跃带领财政、建设、编制办等相关单位负责人到东港街道调研。

9月26日，第十四届中国舟山国际沙雕节在朱家尖南沙开幕。

9月27日，区第十六届人大常委会第七次会议召开。

10月16日，2012普陀海洋经济领军人才项目洽谈会召开。区委常委、组织部长蒋万琪出席会议并讲话。

10月23日，全区项目推进“百日攻坚大行动”总结表彰大会召开。

11月1日，团中央权益部副部长陈琳率考察组一行到普陀，考察该区全国重点青少年群体服务管理和预防犯罪试点工作。区委副书记俞连军等陪同考察。

11月6日，朱家尖旅游度假区资源价值评估会召开。区委书记蔡洪出席并讲话，区委常委、朱家尖街道党工委书记李升出席会议。

11月9日，为期两天的浙江舟山群岛新区普陀文化创意产业高峰论坛在东港举行。

11月13日，走进六横——舟山群岛六横投资推介会在宁波举行。区委书记、六横管委会党委书记、管委会主任蔡洪出席并致辞。副区长、六横管委会党委副书记、管委会副主任王旭光主持推介会。

11月15日，区委书记蔡洪率区经信局、区国土资源分局等单位负责人到浙江欧华造船有限公司调研。

11月19日至26日，由区委书记蔡洪任团长、副区长胡国华任副团长，相关单位和企业负责人共9人组成的经贸考察团赴台湾考察。

11月22日，区委理论学习中心组举行学习会，专题学习党的十八大精神。区委副书记俞连军参加学习会并讲话。张禾波、刘旭军、蒋万琪、周四海、潘德明等中心组成员参加会议，边艾光、沈聪等区领导列席会议。

11月23日，区十六届人大常委会召开第九次会议。

12月1日，东港街道党代表工作室创建省级示范点揭牌。区委常委、组织部长蒋万琪，副区长邱一虹参加揭牌仪式。

12月9日，召开全区食品安全大整治百日行动表彰大会。

12月17日，区政协召开四届五次常委会议。区政协主席杨小毛，副主席张伟国、忻玉龙、边艾光、孙德明、沈聪出席会议。会议由边艾光主持。

12月17日至18日，区委举行务虚会议。

12月20日，区委书记蔡洪到区委宣传部调研全区宣传文化工作。

同日，区十六届人大常委会第十次会议召开。

12月24日，舟山港综合保税区专题报告会在区行政中心举行。

12月25日，区委书记蔡洪到东港投资发展集团有限公司调研东港开发建设情况。

12月26日，普陀上海商会暨中共普陀上海商会支部成立大会在上海举行。

12月28日，区政府举行《政府工作报告》（征求意见稿）征求意见座谈会。

2012年岱山县大事记

1月7日，召开全县人口环境国土资源工作会议。县领导王伟、毛江平、俞福达、胡国祥、童信宇出席会议。

1月10日，县政府与中交第三航务工程局有限公司签订了海上风机项目投资协议。该项目分二期实施，总投资金额为8.45亿元。

1月12日，由省海洋与渔业局俞永跃副局长带领的省新渔农村建设考核组到岱山考核2011年度新渔农村建设工作。

1月13日，县长毛江平带领县港航、交通、交警、安监等有关单位负责人到岱山客运中心进行春运工作安全检查。

同日，县长毛江平检查森林消防工作。

2月1日，县长毛江平调研东沙古渔镇旅游开发情况。

2月2日，副县长俞赛飞到县人口计生局专题调研全县人口计生工作。

2月7日，根据省公安厅《关于评选推荐全国公安系统优秀单位和优秀人民警察候选对象的通知》精神，结合相关评选条件，县公安局被推举为全国优秀公安局候选对象。

同日，全县乡镇长座谈会在县财政局召开。

2月9日，副县长张敏霞到县港口办调研港口口岸海防及反走私工作。

2月15日，县长毛江平调研县海洋与渔业工作。

2月20日，县十五届人大常委会召开第一次会议。

同日，省机关事务管理局党组成员、纪检组长杨献国率省改善发展环境调研组到岱山调研经济发展环境。

3月5日，县残疾人消费维权联络站在县残联正式挂牌成立。

3月6日至7日，副县长张敏霞一行到衢山镇调研企业口岸开放工作。

3月8日，县人大常委会举行任命书颁发仪式，为26名新一届县政府工作部门“一把手”颁发任命书。县领导俞福达、施波、任金楚在主席台就座。

3月13日，召开全县招商引资暨重点建设工作会议。县长毛江平、副县长童信宇出席会议。

3月14日，召开全县新渔农村建设工作会议暨“进村入企”大走访活动动员会议。

3月15日，召开《中华人民共和国政区大典》岱山分册编撰工作会议。

3月16日，副县长赵丁义一行到岱西调研交通工作。

3月19日至20日，县交通局走访了岱西、岱东、秀山等各乡镇及社区，通过开展“进村入企”大走访活动，解决交通难题。

3月20日，在省少工委五届六次全委(扩大)会议上，县少工委以优异的成绩被评为2011年度浙江省先进县级少工委。

3月23日，副市长朱世强到岱西调研海天公司运转情况。

3月27日，县委书记王伟到高亭镇深入开展“进村入企”大走访活动。

3月28日，县十五届人大常委会召开第二次会议。

3月29日，副县长俞赛飞到岱东调研。

4月4日，目前我国最大的集装箱船“中远亚洲”号在衢山东邦船厂修理后顺利出坞离厂。

4月5日，《岱山县农田水利建设规划（修编）》通过省水利厅专家组审查。

同日，全县人大宣传信息工作会议召开。

4月11日，副县长赵丁义到县公路运输管理所调研道路运输工作。

4月12日，副县长张军海率水务、农林等部门到岱西调研农林水利工作。

4月12日，全市新经济与社会组织党建工作现场推进会在岱山长涂镇举行。市委常委、组织部部长张明超，县委常委、组织部部长施波出席会议。

4月18日至20日，县长毛江平带领县招商局和有关乡镇负责人随市政府代表团赴日本参加第十届东京国际海事展，并出席舟山群岛新区招商说明会推介岱山。

4月20日，省首届女子体育节“巨化杯”地掷球比赛在衢州落下帷幕，岱山喜获二金二银。

4月22日，宁波市岱山商会第一届一次常务理事会在岱山召开。

4月26日，副市长沈仁华带领浙江舟山群岛新区(城市)总体规划编制调研组到岱山调研。

4月27日，市流动人口服务管理局朱晓明局长到岱山调研流动人口服务管理工作。

5月2日，省委省政府召开全省推进国家技术创新工程试点省建设工作电视电话会议。县长毛江平、副县长田景奎在岱山分会场出席会议。

5月4日，召开2012中国海洋文化节筹备工作领导小组第一次会议。县领导俞福达、俞连军、孙丹燕、俞赛飞出席会议。

5月11日，渔山岛有线电视信号联网工程顺利完成，至此县行政村有线电视光缆联网率达到100%。

5月15日至16日，市委书记梁黎明带领市金融、发改、交通海事等部门负责人到岱山调研重点项目进展情况。

5月17日，副市长李善忠到岱山调研交通运输工作情况。县长毛江平、副县长赵丁义陪同调研。

5月18日，在全国公安系统英雄模范立功集体表彰大会，岱山罗家岙边防派出所被国务院、中央军委授予“执法为民模范边防派出所”荣誉称号。

5月22日，省督导组到岱山督导调研信访工作。

5月24日，岱山商会大厦正式结顶。

同日，县十五届人大常委会召开第三次会议。

5月28日，全县深化“网格化管理、组团式服务”推进“平安岱山”建设工作会议召开。

5月30日，全县工商联工作会议在县行政中心召开。

5月31日，县长毛江平带领县发改、财政、住建等有关部门负责人，到高亭镇调研经济建设和社会发展等各项工作。

6月1日，市委常委、副市长姚青林到岱山调研国土资源管理和依法行政工作。

6月7日，常务副县长胡国祥带领高亭镇、电力公司等单位以及发改、财政、国土、水务等部门负责人到县住建局调研城市建设工作。

同日，全县工业经济专题会议召开。

6月8日，县首个村邮站——衢山镇鼠浪村邮站挂牌成立并投入运行，副县长张敏霞参加揭牌仪式。

6月12日，县长毛江平带领县发改、旅游、农林等部门负责人，到岱东镇调研经济建设和社会发展各项工作。

6月16日，第二届“岱山杯”全国海洋散文大奖赛颁奖仪式在岱山隆重举行。

6月26日，衢山镇皇坟社区举行慈善工作联络站和慈善帮扶基金成立仪式，100万慈善帮扶基金正式投入运作。

6月28日，副省长朱从玖到岱山调研工业经济发展情况，市长周国辉、副市长王忠，县领导王伟、毛江平、童信宇陪同调研。

同日，召开纪念建党91周年暨创先争优表彰大会。

6月29日，浙江宏鹰拆船有限公司试投产仪式在仇江门船舶修造基地举行，这标志着全市第一家环保型船舶拆解企业正式投入运营。

7月2日，2012中国海洋文化节——衢山镇首届东海瀛洲艺术节在衢山客运码头开幕。

7月12日，召开全县消安委成员暨“十八大”消防安全保卫战部署会议。

7月19日，县委理论学习中心组召开学习会。

7月20日，举行巡海活动，县四套班子领导王伟、毛江平、俞福达、赵盛芳等出海巡视。

7月31日，县十五届人大常委会召开第四次会议。

8月2日，县长毛江平在县住建、水利水务部门负责人的陪同下视察城区及水库防台工作。

8月15日，县政府召开专题会议，贯彻落实全市公共安全工作专题电视电话会议精神。

8月23日，国家科技部高技术中心组织专家到岱山，对“海洋潮流能发电技术示范系统研究”课题——“海能I”号2×150kW潮流能电站进行现场验收。

8月24日，召开城乡居民医疗保险工作会议，常务副县长胡国祥出席会议。

8月26日，县委书记王伟到县海洋与渔业局信息中心，检查渔船回港避风情况。

9月3日，召开2012年岱山电网建设推进会。副县长童信宇参加会议。

9月4日，县长毛江平率发改、经信、财政、环保、交通等部门负责人，到县经济开发区调研经济运行情况。

9月5日，省交通厅副厅长，公路管理局局长李良福到岱山疏港公路建设工地视察工程建设情况。

9月11日，副县长朱永华带领民政、住建等部门负责人，调研县应急避灾点使用开展情况。

9月12日，省农办副主任高启华一行到岱山调研渔农民培训工作。副县长朱永华陪同调研。

9月17日，县十五届人大常委会召开第

五次会议。

9月20日，县长毛江平带领发改、财政、国土等部门负责人调研城市建设工作。

9月24日，市政协副主席张昌义到衢山调研中心镇建设工作。

9月25日，县社会福利中心项目正式奠基。

9月28日，县十五届人大常委会召开第六次会议。

10月11日，市人大常委会副主任冯淑仙带领市人大调研组到岱山调研渔农村文化建设工作情况。

10月15日，创建省级示范文明县城迎检工作动员大会召开。

10月16日，县长毛江平带领民政、农林、住建等部门负责人调研全县新渔农村建设情况。

10月17日，召开社会管理创新重点项目建设推进工作会议。

10月25日，全省避灾安置场所建设推进会在岱山召开。

10月29日，省级示范文明县城考核组组长、省文明办副主任徐晓一行到岱山，对该县创建省级示范文明县城工作进行全面考核。

11月1日，2012年度舟山市暨岱山县征兵首检仪式在县人武部举行。

11月2日，以副省长毛光烈为组长的省专项督查组，对岱山惠生海工秀山基地项目建设进行调研督查。

11月12日，县十五届人大常委会召开第七次会议。

11月13日，由县政府主办，县风景旅游管理局、县招商局承办的岱山旅游招商推介会在杭州举行。副县长朱永华参加推介会并致欢迎词。

同日，市县慈善总会在衢山镇龙亭村举行签约仪式，授予衢达编织厂、龙亭苗木场为慈善“造血型”扶贫基地。

11月20日，全县召开领导干部大会，传达贯彻党的十八大精神。

11月26日，县委理论学习中心组举行学习会。

12月3日，召开发展壮大渔农村集体经济工作推进会。

12月5日，首批“最美小镇”授牌仪式在清溪举办，有11个乡镇获评首批中国最美小镇，岱山东沙镇为浙江省唯一一个入选的镇。

12月7日，常务副县长胡国祥带领县发改、国土、财政等部门负责人到县住建局调研城市建设工作。

12月18日，县委书记王伟带领发改、民政等部门负责人到县部分重点项目施工现场视察项目推进情况。

12月19日，召开全县矿山企业管理工作座谈会。常务副县长胡国祥参加会议。

12月20日，县十五届人大常委会召开第八次会议。

12月21日，县政协召开八届五次常委会会议。

12月26日，县残疾人联合会第六次代表大会召开。

同日，召开党代表座谈会，就县十二届二次党代会报告(征求意见稿)听取部分党代表意见。

12月27日，县人民法院审判办公大楼启用。

2012年嵊泗县大事记

1月4日，2012年全县宣传工作座谈会在县委党校召开。

1月9日，副市长刘宏明一行到嵊泗考察中心渔港建设工程。

1月10日，《市政府工作报告》意见座谈会在县政府召开。

1月12日，县政协八届一次会议隆重开幕。

1月13日，县十六届人大一次会议隆重开幕。

1月17日，县委书记徐张艳一行到县中心农贸市场视察春节市场的各项准备工作。

1月20日，县委副书记狄承勇一行慰问了嵊泗县部分舟山市“百名治安积极分子”称号获得者。

1月29日，召开政府全体会议暨全县“三重”工作交办会。

2月3日，召开2012年度教育工作会议。副县长傅雅芳出席会议并讲话。

2月9日，“舟山魅力——2011年度最具影响力人物”评选嵊泗县现场评选活动在县灯光球场举行。

2月14日，以省卫生厅副厅长张平为组长的省级机关“改善发展环境”调研组到嵊泗调研。

2月17日，全县安全生产（消防）工作会议召开。

2月19日，召开全县产业发展会议。

同日，召开2012年全县工业经济座谈会。

2月21日，小洋山综合服务中心工程正式开工建设。

3月2日，全县贻贝产业发展座谈会在县海洋与渔业局召开。

3月5日，县长虞国平、副县长傅雅芳带领县相关单位负责人到县卫生局调研。

3月6日，县美丽海岛建设规划改造方案研讨会在县渔农办召开。

3月13日，县委副书记狄承勇带领县相关部门负责人先后来到基湖村、高场湾村实地察看了美丽海岛样板村的各项建设情况。

3月17日，在上海举行嵊泗籍在沪各界人士座谈会。

3月22日，2012年上海组合港管理委员会办公室主任办公会议在嵊泗召开。

3月25日，中央电视台中文国际频道《远方的家•北纬30度——中国行》摄制组到嵊泗采访。

3月27日，全县“美丽海岛”建设推进会在县海洋文化中心举行。

3月28日，县长虞国平一行在奥德曼公司相关负责人的陪同下前往徐公岛，就“海上海国际游艇俱乐部”工程进行实地视察。

4月1日，省委、省政府召开全省建设“平安浙江”电视电话会议。2011年嵊泗平安创建工作成效显著，已连续七年获“平安县”称号，顺利夺得“平安大鼎”。

4月7日至8日，县委书记徐张艳、县长虞国平带领县检验检疫、经信、环保、国土、财政、住建等部门负责人到嵊山镇和枸杞乡开展进村入企大走访活动。

4月10日，召开《嵊泗县大陆引水工程》方案研讨会。

4月13日，县政协主席周振海一行到青沙社区开展进村入企大走访活动。

4月19日，第十七届中国国际船艇及其技术设备展览会在上海世博展览馆隆重举办。落户嵊泗的“海上海国际游艇俱乐部”应邀参加了展会。

4月20日，县人民医院与上海市眼病防治中心举行医疗合作签约仪式。

4月24日，全县创“国卫”工作督查情况反馈会召开。

4月27日，今典集团联席董事长张宝全一行到嵊泗东部三个乡镇考察了当地的旅游投资环境，县长虞国平、副县长应亿军陪同考察。

5月3日，召开“美丽海岛建设现场会”工作协调会议。

5月9日，舟山群岛新区（城市）总体规划编制组到嵊泗交流指导，与县领导共商嵊泗在舟山群岛新区（城市）总体规划中的新发展。

同日，县纪委书记王南宙一行人到嵊山镇就重点工程项目进行实地调研。

5月15日，五龙乡黄沙托老所正式揭牌成立。县政协主席周振海和县人大常委会副主任李亚舫共同为托老所揭牌。

5月16日，县委书记徐张艳到菜园镇与近20位基层群众代表举行社情民意恳谈会。

5月17日，召开第二次全县“三重”工作推进情况汇报会。

5月18日，召开全县深化“网格化管

理，组团式服务”推进“平安嵊泗”建设工作会议。

5月18日至20日，由舟山市人民政府、浙江省商务厅、中国渔业协会、中国水产流通与加工协会共同主办的第四届舟山国际渔博会在舟山体育（展览）中心隆重举行。嵊泗共有8家企业参与展会，累计出口意向成交350万美元，国内贸易意向成交400万人民币。

5月20日，召开马鞍列岛海洋特别保护区岛礁资源管理座谈会。

5月26日，公开选拔副科（局）级领导干部笔试在县委党校举行。

5月30日，举行荣获 “全国双拥模范县”三连冠揭匾仪式。

6月8日，上海海洋大学洋山港海洋生态系统野外科学观测研究站在嵊泗大洋山举行揭牌仪式。

6月11日，“青沙金平网格警务服务平台”揭牌仪式在菜园镇青沙社区举行。

6月13日，县长虞国平带领县发改局、旅游局、财政局等相关部门负责人到县交通运输局调研指导工作。

6月19日，县五龙乡田岙村渔家宾馆协会成立。

7月5日，县政协八届一次会议重点提案面商会在县政协常委会议室召开。

7月9日，中华全国供销合作社系统工作会议在北京举行，国家人力资源和社会保障部、中华全国供销合作总社联合授予299个单位“全国供销合作社系统先进集体”荣誉称号，县金盟海水养殖专业合作社获此殊荣，这是目前舟山市、嵊泗县第一家农民专业合作社被授予全国供销合作社系统先进集体。

7月18日，全县创卫工作专题会议在政府三楼会议室召开。

同日，县政协主席周振海，副主席金裕、黄迎春一行到菜园镇就美丽海岛样板村建设进行专题调研。

7月20日，全县第三次“三重”工作推进情况汇报会召开，县领导徐张艳、虞国平、周振海、李亚舫、邬剑波、於石头、陈忠祥出席会议。

7月24日至25日，省水利厅副厅长许文斌一行到嵊泗就水利工作开展专题调研，副县长何国忠陪同调研。

8月1日，召开创建国家卫生县城工作汇报会。

8月16日，县政协召开八届政协常委第四次会议。

同日，2012“美丽海岛”主题旅游周活动启动仪式暨渔俗文艺演出在五龙田岙村渔俗广场举行。

8月30日，县长虞国平，县委常委、宣传部长刘永革一行到县创卫办调研创建国家卫生县城工作情况.

9月3日，召开全县信访综治维稳工作会议。

9月7日，县“创国卫、迎峰会、展新貌”主题宣传教育月暨创卫示范街共建活动启动仪式在县灯光球场隆重举行。

同日，召开全县公共卫生工作委员会全体会议。

9月13日，第九届黄龙渔民开捕节在黄龙乡南港海滨开捕广场隆重开幕。

9月20日至21日，交通运输部规划研究院调研组一行到嵊泗调研舟山群岛新区交通规划编制工作。

9月26日，2012年度全县质量强县建设工作推进会在县委三楼会议室召开，副县长唐金吉出席会议。

9月29日，县委书记徐张艳带领县渔农办、旅游局、交通局等部门负责人先后到五龙乡边礁岙村、田岙村、菜园镇高场湾村和基湖村，就2012年舟山“美丽海岛”现场会筹备情况进行实地督查。县领导狄承勇、邬剑波、何国忠陪同督查。

10月8日，市委书记梁黎明一行到嵊泗考察重点项目建设。

10月9日，2012舟山市“美丽海岛”建设现场会在嵊泗举行。

10月10日，全县“美丽海岛”建设现场会在县机关一楼会议室召开。

10月18日，县委书记徐张艳，副县长朱群丹、何国忠等到马关社区调研。

10月30日至31日，以省爱卫办常务副主任胡伟为组长的创建国家卫生城市省级调研考核组一行到嵊泗调研指导国家卫生县城创建工作。

10月31日，全省十一市政协文史工作第二十次协作会议在嵊泗召开。

11月1日，全县产品质量强区强业强企建设现场会在嵊山镇召开。

11月7日至8日，县长虞国平带领县财政、海洋渔业、交通等部门负责人先后到花鸟、嵊山、枸杞就交通及基础设施建设进展情况进行调研。

11月9日，召开全县药品安全示范创建工作总结暨药品安全联席工作会议。

11月19日，召开全县领导干部大会，传达党的十八大精神。

11月20日，县政协主席周振海，副主席陈忠祥、黄迎春，县政协秘书长许干群一行到县新渔农办调研指导工作。

12月7日，“建设群岛新区·服务海洋经济”县宣传党的十八大精神文艺巡演在县海洋文化中心启动。

12月11日，全县第六次“三重”工作推进情况汇报会在县委常委会议室召开。县领导徐张艳、虞国平、张雷永、虞曙红出席会议。

12月12日，县残疾人联合会第六次代表大会隆重开幕。

12月13日至14日，县委举行贯彻十八大精神专题学习会暨务虚会议。

12月16日，计划总投资1400万元的县洋山镇污水处理工程（一期）顺利开工。

12月18日，召开创建国家卫生县城领导小组第九次会议。

12月20日，全县社会管理创新工作及其2012年度13项重点项目推进情况汇报会在县委常委会议室召开。

12月25日，召开政协八届五次常委会议。县政协主席周振海主持会议，副主席梁咪菊、陈忠祥、金裕、沈军、黄迎春及常委会委员出席了此次会议。

12月28日，召开政协八届六次常委会议。县政协主席周振海主持会议，副主席梁咪菊、陈忠祥、金裕，沈军、黄迎春出席会议，常务副县长邬剑波列席会议。

同日，召开全县科技工作会议暨科技进步奖颁奖大会。

台州卷

2012年台州市大事记

1月4日，陈铁雄、吴蔚荣、薛少仙、元茂荣等市四套班子领导参加市党政领导班子成员党风廉政建设责任制落实情况汇报会。

1月6日，市长吴蔚荣、副市长叶海燕赴椒江区检查安全工作。

1月8日，省委常委、省军区政委林恺俊率省检查组到台州检查2011年度落实党风廉政建设责任制和推进惩防体系建设情况。

1月9日，市综合福利中心大楼工程举行奠基仪式。

同日，总投资达8.37亿元的临海头门港疏港公路跨海大桥打下了主桥第一桩，标志着该工程进入全面施工阶段。

1月11日，市委、市政府在杭州举行台州发展恳谈会和招待会。

1月17日，全市企业家座谈会召开。

同日，市委、市政府举行新春拥军招待会。

1月18日，副市长赵跃进赴路桥区、台州经济开发区检查节前市场工作。

1月30日，市长吴蔚荣赴黄岩西部山区和部分重点企业调研。

2月1日，市委、市政府召开全市干部大会。

2月2日，市长吴蔚荣主持召开市政府第七次常务会议。

2月6日，市长吴蔚荣、常务副市长尹学群赴北京走访国家外交部、国家发改委、铁道部等有关部委。

2月10日，市四届人大常委会举行第八次会议。

2月10日至13日，三门湾、台州湾、乐清湾大桥及接线工程可行性研究报告咨询评估会在台州召开。

2月23日，全市党建工作会议召开。

2月24日，陈铁雄、吴蔚荣、薛少仙、元茂荣、肖培生等市四套班子领导参加市四套班子领导“进村入企”大走访活动汇报会。

同日，全省国土资源执法监察现场会在台州召开。

2月27日，市长吴蔚荣赴北京参加全国双拥模范城（县）命名暨双拥模范单位和个人表彰大会。

3月5日，台州港临海（头门）港区及临港产业平台合作开发项目领导小组举行会议。

3月6日，全市妇女儿童工作会议暨庆“三八”表彰会议召开。

3月12日，市长吴蔚荣、常务副市长尹学群走访中国石油集团、国家海洋局。

3月14日，全市妇女儿童工作会议暨庆“三八”表彰会议召开。

3月15日，全市推进农村土地综合整治和农民住房改造建设联席（扩大）会议召开。

3月21日，县（市、区）委书记履行基层党建工作责任制专项述职会议召开。

3月26日，市领导吴蔚荣、陈伟义到黄岩区调研工业企业。

3月29日，国家统计局局长马建堂一行到台州调研。

3月31日，全市安全生产工作会议召开。

4月1日，市委、市政府举行祭扫解放——江山岛烈士陵园活动。

4月10日，全市改善发展环境、促进有效投资暨“大干二季度”动员大会召开。

4月11日，市机构编制委员会会议召开。

4月17日，全国人大常委会原副委员长成思危到台州调研，并作题为《当前宏观经济形势及对策》的主题报告。

4月23日，全市一季度经济形势分析会召开。

4月25日至27日，举行“外国使领馆官员走进台州”活动。

4月27日，全市第五届企业文化节开幕式暨“劳动光荣”大型文艺晚会举行。

同日，贵州省安顺市党政代表团一行到台州考察工作。

4月28日，全市人口计生工作会议召开。

5月2日，市长吴蔚荣主持召开市政府第十次常务会议。

5月3日，市住房和城乡建设规划局集聚区规划管理处正式挂牌成立。

5月10日，《台州市战略性新兴产业发展规划（2011—2015）》通过评审。

5月11日，市纪委召开市廉政文化建设牵头单位汇报会。

5月16日，中国思想政治工作研究会调研组到台州调研非公有制企业文化建设。

5月20日，举行创建“全国绿化模范城市”万人签名活动。

5月22日至25日，辽宁省鞍山市委常委、政法委书记、市社会管理委员会主任赵乃金率领鞍山市考察团到台州，考察了解该市社会管理创新工作及“民主恳谈”模式。

5月23日，市长吴蔚荣主持召开全市社会主义新农村建设领导小组会议。

5月24日，仙居县工商局核准了浙江大卫房地产开发有限公司债权转增注册资本的变更登记。这是自2012年1月1日国家工商总局《公司债权转股权登记管理办法》实施以来，该局办理的首本“债转股”营业执照。

5月24日至25日，澳大利亚驻上海总领事柯未名一行到台州访问。

5月25日，市四届人大常委会召开第十五次主任会议。

5月29日，大陈岛正式被授予“浙江省涉台教育基地”称号，这是我省第十个省级涉台教育基地。

6月5日至10日，市领导陈铁雄、吴蔚荣、肖培生、马晓晖、陈伟义、陈章永、张燕、柯昕野赴杭州参加省第十三次党代会。

6月8日，第十四届中国浙江投资贸易洽谈会、第十一届中国国际日用消费品博览会在宁波国际会展中心开幕。台州共有16家企业参展，设立展位28个，涉及家居用品及礼品、文体及户外休闲用品、家电电子等。

6月12日，市领导吴蔚荣、蒋珍明赴玉环县督查“大干二季度”工作。

6月13日，在举行的全市“一市一网”合资合作签约仪式上，台州广电网络有限公司与各县（市、区）广播电视台签订了合作框架协议。

6月17日至18日，全国人大常委会委员、内务司法委员会主任委员黄镇东率执法检查组，对台州市《残疾人保障法》贯彻实施情况开展执法检查。

6月18日，全市基层便民服务中心建设领导小组会议召开。

6月19日，以省人力社保厅党组副书记、副厅长袁中伟为组长的省人才和科技目标责任制考核组到台州进行实地考核。

6月24日至28日，南非密德瓦尔市友好代表团一行到台州访问，并与该市签订建立友好交流城市关系意向书。

6月25日，吴蔚荣、尹学群就大石化项目赴国家发改委、国家能源局、中石油公司联系工作。

6月26日，市长吴蔚荣参加浙东经济合作区第二十一次市长联系会议。

7月2日，台州市区重点项目上海推介会在上海世纪公园会展厅举行。

7月5日，市长吴蔚荣主持召开市政府第十一次常务会议。

7月6日，市委理论中心组(扩大)学习会召开。

7月10日，全市“大干二季度”总结暨“突破三季度”动员大会召开。

7月18日，市委书记陈铁雄赴临海调研工业经济发展情况。

7月19日，宁波—台州—温州天然气与成品油管道项目工程在临海市沿江镇开工。

7月26日，中国华能集团公司副总经理张廷克一行到台州考察。

7月30日，全市第三次争创全国双拥模范城总结表彰大会暨“大陈双拥模范岛”命名大会召开。

8月1日，召开全市支持浙商创业创新促进台州发展工作领导小组（扩大）会议。

8月6日，市长吴蔚荣主持召开市政府第十二次常务会议。

8月13日，市委书记陈铁雄赴台州湾循环经济产业集聚区调研。市领导尹学群、吴海平陪同调研。

8月15日，召开全市扶贫开发大会。

8月17日，市首个市级地名文化研究团体——台州市地名文化研究会成立。

8月20日，市领导吴蔚荣、叶海燕赴椒江区、台州经济开发区督查食品安全工作。

8月24日，市领导吴蔚荣、李跃程就重大汽车项目赴国家发改委联系工作。

8月29日，副市长李跃程赴玉环、温岭调研渔业安全生产工作及造船业安全生产工作。

9月4日，由市援建、计划总投资达1.496亿元的农一师阿拉尔市职业技术学校项目正式开工建设。

9月6日，2012年教师节暨优秀教师颁奖晚会举行。

9月12日，省政府咨询委主任，原省委常委、常务副省长章猛进赴台州湾循环经济产业集聚区考察。

9月13日，“智慧浙江”科普巡回宣讲暨台州“智慧水务”建设启动仪式举行。

9月15日，第二届中国海洋经济投资洽谈会在宁波国际会展中心开幕。市领导吴蔚荣、郑米良率台州代表团参加。

9月17日，省首批农民专业合作社联合社营业执照颁发仪式在温岭举行。

9月25日，全市“美丽乡村”建设暨农房改造建设、“清洁家园”活动现场推进会召开。

9月27日，全市“警威一号”集结演练举行。

10月9日，市委书记陈铁雄赴市科技局调研。

10月11日，市长吴蔚荣赴黄岩区调研工业经济和重点项目建设情况。

10月12日，全市工业强市建设大会召开。

10月14日至17日，德国哈瑙市友好代表团一行20人在市长克劳斯·卡明斯基和议长约根·绍尔曼率领下到台州访问。

10月15日，省市工委书记联席会议在台州召开。

10月22日，市长吴蔚荣赴临海调研医药卫生体制改革。

10月23日，副市长叶海燕赴台州经济开发区督查迎接省级卫生城市复查工作。

10月25日，全省现代医药产业技术创新发展工作会议在临海召开。市领导陈铁雄、李跃程参加会议。

10月29日，市委书记陈铁雄到黄岩院桥调研。

11月2日，市长吴蔚荣主持召开市政府第十四次常务会议。

11月6日，全市基层便民服务中心建设领导小组扩大会议召开。

11月6日至15日，党的十八大代表陈铁雄、翁丽芬赴北京参加中国共产党第十八次全国代表大会。

11月7日，副市长蔡永波参加数字台州地理空间框架建设项目设计书评审会暨合作协议签署仪式。

11月8日，市长吴蔚荣赴台州经济开发区督查省级卫生城市复审工作。

11月14日，交通银行浙江省分行与市政府银政全面战略合作协议签约仪式。

11月17日，正在北京举行的全国世界遗产工作会议公布了更新的《中国世界文化遗产预备名单》45项。其中，台州府城墙被列入国内8个“中国明清城墙”预备名单，位居第三。

11月20日至23日，市长吴蔚荣率市党政代表团赴广东惠州和福建漳州考察学习。

11月23日，2012中国民营经济创新论坛在台州开幕。

同日，浙江省工业旅游发展推进会在绍兴市举行。会上，三门核电有限公司被省旅游局和省经信委授予首批浙江省工业旅游示范基地称号（全省共16个）。

11月28日，市四届人大三次会议隆重开幕。

同日，总投资6600万元的台州市公共卫生医学中心通过竣工验收。

12月4日，台州湾循环经济产业集聚区推介会在北京召开。

12月9日，“2012中国温岭石文化旅游节”开幕。

12月12日至13日，上海台州商会考察团到台州进行商贸考察。

12月17日，全市领导干部大会召开，传达学习中央关于改进工作作风、密切联系群众的八项规定及实施细则等文件和习近平总书记重要讲话精神。

12月19日，市长吴蔚荣赴温岭调研工业经济。

12月20日，台州商人文化促进会成立。副市长叶海燕被聘为顾问。

12月20日至21日，市委市政府召开贯彻落实十八大精神、推进台州科学发展专题研讨会。

12月21日，全省首支食品药品犯罪侦查专业队在玉环挂牌成立。

12月25日，台州经济开发区中央商务区天盛中心、中央生态公园项目同时开工建设。

12月26日，中国机床工具行业发展高峰论坛暨台州市机床工具行业协会五周年庆典在路桥举行。副市长李跃程出席。

同日，市文明办、市消保委和中国移动台州分公司，联合成立了服务监督委员会。

12月27日，争创全国质量强市示范城市动员会暨创建质量强县示范工作推进会召开。

2012年椒江区大事记

1月4日，区委书记陈祥荣，区委常委、人武部政委郑光美，区人大常委会副主任管彦德，区政协副主席周普顺等区领导开展了春节走访慰问活动。

1月8日，区八届一次党代会举行第三次全体会议。

1月9日，召开全区老干部迎春座谈会，代区长林金荣出席。

1月16日，区政府召开第67次常务会议。

1月17日，区委区政府隆重举行椒江区企业家迎春座谈会。

1月29日，市委副书记肖培生到椒江调研，代区长林金荣陪同。

1月31日，区人大和区政府工作对接会召开，交流对接区人大和区政府有关工作。

2月5日，椒江籍在京人才工作站第三届会员大会暨在京人士元宵座谈会在文津国际酒店隆重召开。区委书记陈祥荣，区人大常委会主任万敏杰，区委常委、统战部长孙尚权出席。

2月8日，召开全区经济工作会议。

2月9日，市长吴蔚荣到椒江考察内环线路网规划，代区长林金荣陪同。

2月15日，区政府召开第六十八次区政府常务会议，研究讨论2012年度财政预算草案、《台州市椒江区其他事业单位绩效工资实施办法》及《处理意见》《椒江区2012年政府投资项目计划》等工作。

2月20日，区政府召开第三十四次区长办公会议，讨论市委市政府《关于加快市区发展的若干意见》（征求意见稿）。

2月23日，省国土资源厅厅长楼小东到椒江调研十一塘围涂区造地工程和农村土地综合整治工作开展情况。

2月24日，举行大陈岛国际问题研究基地建设合作框架协议签字仪式。

同日，举行海峡两岸纪念卫温船队远航台湾1782周年座谈会暨台州市卫温船队远航台湾研究会成立大会。

2月27日，区政协九届一次会议隆重开幕。

2月28日，区九届人大一次会议隆重开幕。

3月3日，经区九届人大一次会议选举通过，林金荣同志任台州市椒江区人民政府区长，鲍宗仁、蔡永岳、蒋国平、郐美荣、林强、李越等同志任台州市椒江区人民政府副区长。

3月6日，区政府召开第一次区长办公会议，研究讨论2011年度区直机关事业单位正式工作人员年休假补发工资报酬有关问题。

3月7日，全区农村工作会议召开。

3月19日，召开区政府机构改革动员大会。

3月30日，区委理论中心组召开学习（扩大）会，“中国经济学家四小龙”之一、我国著名的经济咨询专家钟朋荣教授应邀作《区域经济形势分析与转型升级》专题报告。

4月5日，召开全区医化产业转型升级工作会议。

4月6日，区政府召开第二次区政府常务会议，讨论并明确了近期有关财政资金安排问题，研究讨论中东石化公司受让土地有关历史遗留问题、《椒江区强制扑杀动物补偿办法》、青岛啤酒（台州）搬扩建项目有关问题等工作。

4月14日，第二十六届浙江省青少年科技创新大赛开幕式在台州市第一中学举行。

4月17日，召开2012年全区城市建设和管理工作会议。

同日，召开2012年全区食品药品安全工作会议暨食品安全集中整治行动动员会。

4月18日，召开全区招商引资工作会议。

4月25日，举行浙江省辖区海域内文化遗产联合执法启动仪式暨椒江区辖区海域内文化遗产联合执法应急预案演练观摩会。

4月26日，副市长蔡永波率市建设规划局、交通局主要负责人到椒江调研城建、交通工作。区领导林金荣、蔡永岳、郐美荣陪同。

4月27日，召开纪念建团90周年暨第四届“椒江区十大杰出青年”表彰大会。

5月3日，全区“清洁家园”工作推进会暨“全市‘清洁家园’工作现场会”动员大会召开。

5月4日，区四套班子会议召开。

5月9日，举行椒江区与杭州拱墅区缔结友好区仪式，林金荣、鲍宗仁、林强等区政府领导出席。

5月10日，区政府召开第三次区政府常

务会议。讨论《关于进一步推进基础教育改革和发展的若干意见》《椒江区关于加强教师队伍建设的若干意见》等工作。

5月15日，举行椒江区2012年“首善之区慈善为先5•15慈善公益日”捐款仪式，区长林金荣出席。

5月23日，召开全区重点工作（项目）督查评议第一次联合会议。

5月24日，省发改委领导到椒江调研九洲、利源重工、星星集团等企业发展情况，区长林金荣陪同。

5月25日，召开椒北发展战略规划研讨会，林金荣、蔡永岳等区政府领导出席。

5月28日，市长吴蔚荣到椒江督查“大干二季度”工作。

5月30日，全市“清洁家园、和谐乡村（社区）”活动现场推进会在椒江召开。

5月31日，安徽省宿松县党政考察团到椒江考察，区长林金荣陪同。

6月1日，区政府召开第5次区政府常务会议。讨论《椒江区2012年农村五保供养标准》、浙江利源重工科技有限公司城市基础设施建设配套费减免有关问题及《椒江区2012年度“清洁家园”专项资金管理办法》等工作。

6月6日，市政协主席元茂荣、副主席陈惠良一行到椒江调研绿心生态区周边的洪家场浦、东山湖和洪家片开发建设情况。

6月8日，召开全区食品安全执法检查动员会，副区长李越出席。

6月10日，区政府与中国美术学院战略合作协议签约仪式在杭州举行。中国美术学院副院长宋建明，中国美术学院党委副书记傅肃琴，区委书记陈祥荣、区长林金荣、副区长蔡永岳等参加签约仪式。

6月14日，美国印第安纳州亚当斯县迪凯特市政府代表团在市长约翰·苏尔兹的带领下到椒江，开展为期两天的访问活动，并与椒江缔结友好城市。

6月15日，区社会（慈善）福利院启用仪式举行。

6月21日至22日，由区委书记许明率领的杭州市拱墅区党政考察团一行45人到椒江，先后赴该区党代表工作室、一江山岛登陆战纪念馆、大陈岛等地参观考察。陈祥荣、林金荣、万敏杰、董晓燕、王国平等区四套班子领导分别陪同。

6月29日，召开第六次区政府常务会议。讨论《椒江区2012年邮政便民服务工作实施方案》、机场路二期改扩建工程及医化企业转型升级有关许可证办理问题等工作。

7月4日，召开全区金融联席会议。

7月10日，召开椒江旅游投融资平台建设专题研究会。

7月11日，召开全区十八大消防安全保卫工作部署暨消防安全网格化管理工作推进会。

7月12日，召开全区重点工作（项目）督查评议第二次联合会议。

7月17日，区政府金融工作办公室正式挂牌成立。

7月19日，副省长毛光烈到椒江调研医化产业转型升级工作。

7月24日，召开椒江旅游投融资平台建设专题研究会。

7月30日，台州市第三次争创全国双拥模范城总结表彰暨“大陈双拥模范岛”命名大会在椒江召开。

7月31日，举行建军85周年招待会。

8月1日，召开半年度安全生产工作会议暨基层公共安全监管中心建设推进会。

8月2日，陈章永、陈祥荣、林金荣、王国平等市、区领导分头深入区防汛防台重点区域，检查指导防台工作。

8月3日，区政府召开第8次区政府常务会议。讨论《台州市椒江区人民政府重大行政决策实施办法》、2011年冬季军人退伍安置工作方案、《椒江区建立制止违法用地、违法建设快速反应机制实施意见》等工作。

8月6日，召开全区半年度计划生育形势分析暨打击“两非”工作会议。

8月7日，市、区领导陈铁雄、陈章永、陈祥荣、林金荣等分赴椒江各地，检查指导第11号强台风“海葵”的防御工作。

8月13日，举行区首届“枫山艺术节”开幕式暨全区排舞大赛。

8月16日，区九届人大常委会第四次会议召开。

8月20日，市委书记陈铁雄到椒江，专题调研社区“多城同创”工作。

8月23日，区委理论中心组学习（扩大）会召开，中国人民大学法律社会学研究所所长周孝正应邀作题为《新时期社会管理创新与转型》的专题报告。区委书记陈祥荣主持会议并讲话。

同日，区经济和信息化局正式挂牌成立。

8月27日，隆重举行2012年海峡两岸大陈乡情联谊会。

8月31日，副市长凌云到椒江督查医化转型升级工作。

9月1日，区政府召开第9次区政府常务会议，研究讨论葭沚街道星光、五洲、红星、繁荣四个村村留地有关问题及椒江农村合作银行大楼建设有关事项、《关于椒江区企业高层次人才引进工作的意见》等工作。

9月4日，区委书记陈祥荣督查外沙区块医化企业转型升级情况。

9月6日，区政府召开第4次区长办公会议，研究讨论成立台州市椒江区滨海工业服务区建设投资有限公司、十塘三期项目用地引进企业、基层医疗卫生事业单位基础性绩效工资比例调整有关问题等工作。

9月10日，开全区庆祝第28个教师节大会。

9月24日，召开全区旅游发展大会。

9月29日，区政府召开第十次区政府常务会议，研究讨论2010年度小额贷款公司奖励政策兑现有关问题、星星科技募投项目回归有关政策、《椒江区现代农业园区专项资金管理办法（试行）》等工作。

10月11日，市委书记陈铁雄到椒江调研工业经济发展情况。副市长凌云、区委书记陈祥荣、区长林金荣、副区长蒋国平等陪同调研。

10月15日，市委书记陈铁雄到椒江调研市区发展，实地考察了乌龟山体育公园区块及台州商贸核心区。市委秘书长吴海平、副市长蔡永波、区委书记陈祥荣、区长林金荣、副区长蔡永岳、区政协副主席许良友等分别参加实地调研和座谈会。

10月17日，省环保厅厅长徐震一行到椒江，就该区生态环保工作开展调研指导。

10月19日，召开全区文化发展大会。

10月24日，由原林业部部长高德占率领的全国绿化模范城市核查组到椒江，对该区创建全国绿化模范城市工作进行现场核查验收。

10月28日，2012中国汽车•居家生活用品产业发展（台州）高峰论坛开幕式暨授牌仪式在椒江举行。

10月31日，省委常委、纪委书记任泽民到椒江，就创优发展环境工作进行专题调研。

11月1日，召开全区便民服务中心和村邮站建设现场推进会。

11月6日，市长吴蔚荣到椒江调研中心渔港经济区建设工作。

11月7日，市委副书记肖培生到椒江督查省创卫复审迎检工作。

11月9日，召开全区医化产业转型升级工作推进大会。

11月15日，市委副书记肖培生到椒江调研督查浙商回归引进项目工作。

11月19日，区委常委（扩大）会议召开。

11月29日，区政府召开第十二次区政府常务会议。讨论大陈公交公司化营运有关问题、区级公立医院综合改革中需要解决的有关问题、村留地开发和村民“立改套”用地土地出让成本中政府社会保障资金计提标准调整等工作。

12月3日，召开全区2012年定兵会议。市、区领导冯阜营、陈祥荣、郑光美、林强出席会议。

12月11日，区政府召开第5次区长办公会议。讨论新飞跃股份有限公司转型发展有关问题、椒江口南部生态促淤项目建设有关事项等工作。

12月12日，由浙江省文化厅、椒江区人民政府主办，浙江省文化馆、椒江区文化广电新闻出版局承办的浙江省第二届视觉艺术创作群体优秀作品展在台州市书画院隆重开幕。

12月14日，举行纪念中国科协会员日暨椒江区首届科技工作者文化艺术节颁奖晚会。

12月17日，召开大陈岛项目建设专题会议。

12月21日，举行台州市立医院急诊住院综合大楼二期工程落成仪式。

12月26日，区政府召开第十三次区政府常务会议。讨论《椒江区食品安全联合执法中心组建方案》《椒江区养老服务补贴实施意见》、固废处理中心项目和污水处理三期工程项目建设有关问题等工作。

12月27日，举行台州内环路三号立交工程开工典礼。

同日，台州湾大桥及接线工程试桩仪式在椒江举行。

12月28日，举行96345社会公共服务热线开通仪式，椒江粮食储备中心工程、椒江公交综合场站工程开工仪式，十塘三期工业园区开园仪式，白云街道社区服务中心（综合文化站）开工典礼。

12月31日，召开重点工作（项目）督查评议第四次联合会议。

2012年黄岩区大事记

1月4日，市委书记陈铁雄到黄岩西城街道、区信访局、区福利院和南城街道走访慰问困难群众、新中国成立前老党员和信访干部。

1月5日，区十二届一次党代会隆重开幕。

1月9日，“情暖橘乡·2012红十字博爱送万家”活动在宁溪举行。

1月11日，召开全区企业家迎春座谈会。

1月16日，区委书记陈伟义带领信访局、北区建设指挥部、供销社等部门负责人到北城街道接待群众来访，并实地督查重点工程进展情况。

1月31日，全区干部大会在黄岩体育馆召开。

同日，江北片省柑橘研究所拆迁协议签约仪式在耀达大酒店举行。中国工程院院士、省农科院院长陈剑平，区委书记陈伟义、区长李昌道、区委副书记陈建勋、副区长黄人川参加仪式。

2月1日，中国工程院院士、省农科院院长陈剑平一行到上洋乡，实地考察了黄岩富景鲜花合作社。区委副书记陈建勋、副区长黄人川陪同。

2月2日，区政协十二届三十一次常务委员会议召开。

2月7日，全区经济工作会议在黄岩体育馆举行。

2月8日，区委书记陈伟义深入工业企业，开展“进村入企”大走访活动。

2月13日，区长李昌道深入工业企业，开展“进村入企”大走访活动。

2月20日，全区乡镇、街道统战工作会议召开。

2月21日，省“双服务”专项行动第九服务组第三小组到黄岩开展调研。

2月25日，区政协十三届一次会议隆重召开。

2月27日，区十五届人大一次会议隆重开幕。

3月5日，第九届中国·台州(黄岩)电动车及零配件展览会在台州国际会展中心隆重开幕。

3月8日，全省农贸市场改造提升总结表彰暨部署推进会在黄岩召开。

同日，黄岩铅锌矿“一、二号”尾矿闭库工程通过验收。

3月9日，黄岩中共党史学会第五届会员大会召开，选举产生新一届理事。

3月12日，召开全区创建省级“森林城市”工作动员会暨森林消防工作会议。

3月16日，全区重点工程“百日竞赛”活动动员会召开。

3月27日，省政协研究室一行到黄岩调研“政协工作创新典型案例”。

同日，区十五届人大常委会第一次会议召开。

同日，台州市县(市、区)关工委主任会议黄岩召开。

3月29日，镇海区、黄岩区教育对口支援工作座谈会在宁波镇海召开。

3月30日，市委副书记肖培生到黄岩考察指导“清洁家园、和谐乡村(社区)”建设和社会管理工作。

同日，区委书记陈伟义主持召开区委中心组理论学习(扩大)会暨黄岩名家讲坛。

4月1日，全省建设“平安浙江”电视电话会议召开。黄岩区获得“平安县(市、区)”称号，这是该区连续五年获此荣誉，并获得“平安鼎”。

4月9日，全区基层组织建设年工作会议召开。

4月12日，全区国土资源管理工作会议召开。

4月17日，区政协委员法律服务中心启动仪式举行，台州市第一家政协委员法律服务中心宣告成立。

4月19日，区政协十三届一次常务委员会议召开，审议通过区政协2012年工作要点、有关规章制度及机构设置和人事任免事项。

4月26日，省政府农业“两区”建设督查组到黄岩督查农业“两区”建设情况。

5月4日，全区安全生产委员会成员会议召开。

5月7日，召开“铁腕治水大会战”工作推进会。

5月11日，市政府督查组到黄岩督查82省道复线公路工程进展情况。

同日，举行2012年“5·15台州慈善公益日”暨区“慈善人人捐”活动动员大会。

5月15日，区第十五届人大常委会第二次会议召开。

5月17日，全区两新党建工作推进会召

开。

5月18日，全区义务教育阶段招生工作会议召开。

5月22日，常务副区长金小云、区政协副主席翁鹤龄及相关部门负责人对王林洋岛、联岛路及站西大道二期工程等重点工程建设推进情况开展专项督查。

同日，区长李昌道率督查组一行到宁溪镇督查重点工程建设情况。

5月24日，辽宁省鞍山市考察团一行10人到黄岩考察基层党建工作。

5月29日，区委常委会专题研究部署全区基层组织建设年工作。

6月1日，区长李昌道到区审计局调研审计工作。

6月3日，区委副书记陈建勋带领公安、城管、建设等相关部门人员，对城区天长路环境交通铁腕整治大行动进展情况进行督查。

6月7日，2012年第一次服务业统计联席会议暨服务业形势分析会召开。

6月8日，召开全区“美丽乡村”建设专项规划评审会。副区长徐建民参加评审。

同日，新前城市新区江滨绿化带景观方案设计评审会召开，会议原则同意江滨绿化带景观方案通过会审。

6月20日，召开82省道两侧城市设计和立面改造设计方案评审会，对82省道(二环西路至二环东路)立面整治规划进行评审。

6月26日，区新任年轻区管干部专题培训班在区委党校开班。

同日，全市乡村学校少年宫建设现场会在黄岩召开。

6月28日，黄岩·院桥首届杨梅节开幕。

同日，宁波市镇海区人大常委会副主任吴国平、副区长张颖一行到黄岩考察教育事业，并与该区签订教育对口支援协议。区人大常委会副主任吴继业、副区长陈金华参加签约仪式。

6月29日，区委书记陈伟义到澄江街道东岙村，走访慰问建国前老党员、困难党员和优秀共产党员。

7月10日，召开全区“十二五”城市近期建设规划(2011—2015)部门讨论会。副区长黄人川参加会议。

7月12日，召开全区“基金池融资项目”银企对接会。副区长朱永芳参加会议。

7月19日，召开区委十二届二次全体(扩大)会议暨区政府全体会议，认真贯彻落实省第十三次党代会精神。

7月20日，区十五届人大常委会第三次会议召开。

同日，黄岩模塑工业设计基地启动仪式隆重举行。

7月25日，全区“清洁家园、和谐乡村(社区)”活动现场推进会在院桥镇召开。

同日，区政府和中科院合肥物质科学研究院先进制造技术研究所举行科技合作签约仪式，合作共建中科院合肥物质院先进制造技术研究所黄岩机器人工程技术研究中心。

7月26日，中共黄岩茅畲乡驻沪流动党员委员会在上海金汇镇成立。

7月27日，全市“阳光工程”建设推进会在黄岩召开。

7月31日，召开市级“116”工程企业“十二五”规划评审会，区发改、经信、国土等多个部门组成的评审组对规划进行了评审。副区长朱永芳参加会议。

8月9日，召开全区金融工作恳谈会。

8月10日，全区深化“村账笔笔清、村事件件议、村务人人明”工作现场推进会在新前街道西范村大会堂召开。

8月23日，全国宣传干部学院调研组到黄岩调研农民学习会馆建设情况。

8月28日，台州市黄岩综合客运枢纽站建筑方案评审会召开。副区长朱永芳参加会议。

8月31日，全区维护社会稳定工作会议召开。

同日，2012年黄岩生态区建设工作会议召开。

9月1日至2日，中国模具工业协会2012年会长会议暨专业委员会主任会议在黄岩举行。

9月10日，区长李昌道率区农办等部门负责人到平田乡桐外岙村和平田村，就“美丽乡村”建设进行调研。

9月14日，中国美旗控股集团有限公司战略决策委员会主席谢秉臻一行到黄岩就建设建材采购物流中心项目进行考察。

9月22日，北京黄岩籍代表人士恳谈会在北京举行。

9月24日，区第十五届人大常委会第四次会议召开。

9月26日，全省征兵工作电视电话会议召开。黄岩获得浙江省2011年度冬季征兵工作先进单位称号。

10月8日，区政协十三届三次常务委员

会议召开。

10月9日，市粮食行业协会第三届会员(理事)大会在黄岩召开。副区长朱永芳参加会议。

10月12日，召开世纪大道街容整治工作动员会，区长李昌道、副区长黄人川参加会议。

10月15日，召开迎接省卫生城市复审工作动员会。

10月17日，区长李昌道率区国土等部门人员到沙埠镇，就该镇的工业经济及沙茅线工程进展情况进行调研。

10月24日，由林业部原部长高德占率领的全国绿化模范城市核查组一行到黄岩，对该区的绿化工作进行检查。

10月29日，区委中心组理论学习(扩大)会暨全区警示教育大会在黄岩体育馆举行。

11月2日，澄江第四届柑橘采摘节在中国柑橘博览园开幕。

11月6日，市人大常委会主任薛少仙到黄岩考察经济社会发展状况。

11月12日，区第三网格纪检监察工作调研座谈会在西城街道召开。

11月15日，区中心消防站正式投入使用。

11月22日，全区防范处置企业拖欠工资暨推进“双爱”活动工作会议召开。

11月27日，省专家组听取了浙江嘉仁模具博士后科研工作站培养的孙红婵博士的科研成果汇报，认为其研究成果达到国际先进水平，一致同意其顺利出站。区政协副主席李建安参加汇报会。

11月29日，区小微企业商会成立大会在区总商会举行。

12月3日，区委中心组理论学习(扩大)会暨全区党的十八大精神专题培训班召开。

12月15日，黄岩土地政策实证研究基地正式成立并举行揭牌仪式。

12月17日至18日，全市人大常委会主任座谈会在黄岩召开。

12月19日，区非公企业创二代联合会成立大会召开。

12月25日，湖北省鄂州市华容区党政代表团到黄岩参观考察。副区长朱永芳陪同。

12月26日，黄岩森林城市建设总体规划评审会召开，评审并通过了《黄岩区森林城市建设规划》。

同日，召开《黄岩区低丘缓坡综合开发利用规划修编》评审会。

12月27日，召开“护蕾行动”动员会暨法制副校长工作会议。

2012年路桥区大事记

1月9日，区五届一次党代会隆重开幕。

1月11日，区委五届一次全会召开。

同日，区纪委五届一次全会召开。

1月12日，中国工商银行金清支行举行开业仪式。

1月13日，全区环境综合整治暨水环境整治工作推进会召开。

1月17日，区政府召开镇（街道）镇长（主任）会议，研究2012年工作。

1月29日，区委书记郑敏强会同潘建华、杨正敏、叶正良等区领导到桐屿街道开展接访活动。

同日，代区长徐仁标到路北街道接待群众来访。

2月1日，召开全区工业企业新春座谈会。

2月8日，区委书记郑敏强先后赴路桥街道古街社区、浙江巨兴科技动力有限公司、蓬街镇花门村，开展“进村入企”大走访活动。

2月10日，全区干部大会召开。

2月13日，省商务厅副厅长徐焕明带领省“改善发展环境”调研组一行5人到路桥，进行为期5天的调研工作。

2月14日，区三届人大常委会第四十二次会议召开。

2月15日，省委统战部副部长蒋学基等一行5人到路桥考察，开展《关于改革基层金融体制有效解决中小企业融资难》的课题研究和“进村入企”大走访活动。

2月16日，副区长叶帮锐深入蓬街镇开展“进村入企”走访活动。

2月22日，徐仁标、陈华琨、叶帮锐、蒋斌芳、管秉阳、李震杰、吴莘超、杨正敏等区政府领导集体到蓬街镇现场办公，并就《政府工作报告》征求意见。

2月23日，台州市路桥金属资源再生产业基地已供地企业建设推进会召开。

2月27日，全区安全生产暨消防工作大会召开。

同日，区委书记郑敏强主持召开区委中心组理论学习（扩大）会，会议以“加强反腐倡廉建设，提升依法执政能力”为主题。

2月29日，区政协四届一次会议隆重召开。

3月1日，区人大四届一次会议隆重召开。

3月7日，台州市食品流通安全促进会成立大会在路桥举行。

3月12日，区委书记郑敏强主持召开镇（街道）党（工）委书记履行基层党建工作责任制专项述职会议。

3月13日，区长徐仁标带领相关部门负责人到金属资源再生产业园区调研。

3月14日，区长徐仁标到区建设规划分局调研城建工作。

3月19日，区社会管理综合治理委员会召开第一次全体会议。

3月21日，区纪委书记林金祥到路北调研村监会、便民服务中心规范化建设。

3月26日，区四届人大常委会第一次会议召开。

3月29日，副市长蔡永波率市建设规划局、交通局主要负责人到路桥调研城建、交通工作。

4月6日，区长徐仁标来到中国日用品商城股份有限公司安置房项目和路桥生活资料市场园区（一期）商城区块项目调研。副区长李震杰陪同。

4月10日，全区三级干部大会在区文体中心召开。

4月11日，中国日用品商城迁建项目奠基仪式在桐屿街道财富大道西侧举行。

4月12日至18日，区委书记郑敏强率党政考察团先后到宁波、深圳、东莞、广州、佛山、江门、中山等城市，学习考察经济转型升级和城市建设先进经验。

4月18日，长三角城市经济协调会第十二次市长联席会议暨市长论坛，在路桥台州国际大酒店举行。

4月19日，正大新生活集团总裁胡方辉一行到路桥，考察了规划展示馆、三大工程及会展东路区块等重点开发区块。

同日，国家发改委稽察特派员张康民一行到路桥稽察城市生活垃圾焚烧发电工程，副区长梁妙富陪同。

4月20日，区四届人大常委会召开第二次会议。

同日，中国科学院城市环境研究所副所长蔡澎和市级相关部门到路桥调研金属资源再生产业环境保护情况。

4月24日，区委书记郑敏强赴浙江安露清洗机有限公司和路桥工业园区黄琅盐场地块进行调研。

4月27日，由区政府、市工商行政管理

局共同主办的2012年路桥区商标品牌战略论坛在台州国际大酒店举行。

5月3日，区机构改革动员大会召开。

5月15日，宁波市江北区副区长戴瑜一行11人到路桥考察出生人口性别比综合治理暨打击“两非”工作。

5月16日，区长徐仁标到路北街道调研，区委常委、公安分局局长郑灵江陪同。

同日，2012年台州市邻居节启动仪式暨广场演出在路桥街道古街社区热闹开场。

5月17日至18日，省级药品安全示范县验收小组对路桥2011年药品示范区创建工作进行验收。

5月21日，省委、省政府召开第十七次全省民政会议，表彰了一批全省民政系统先进集体和先进工作者。区社区服务中心荣获全省民政系统先进集体，金清镇下梁敬老院院长梁小友荣获全省民政系统先进工作者。

5月29日，区四届人大常委会举行第一次法制讲座。

5月29日至30日，宁夏自治区中宁县县委书记陈建华率党政考察团一行到路桥，考察工业企业和商贸业的发展情况。

5月30日，路桥机场至温岭新河公路改建工程初步设计审查会议召开。

6月1日，区东部滨海新城（金清镇、蓬街镇）发展战略协调规划研讨会在区规划管理处召开。

6月12日，安徽省望江县考察团一行约100人，到路桥考察新农村建设、城市建设，工业、旅游业、金融服务业及商贸物流业发展等方面的工作，并与该区缔结友好县区。

6月13日，96345政府公共服务平台正式启动。

6月15日，区委书记郑敏强主持召开区委理论中心组理论学习（扩大）会，学习贯彻省第十三次党代会精神。

6月25日，召开秀洲至路桥公路路桥南山至洋屿段工程“工可”评审会。

6月26日，全区纪念建党91周年暨“百晓”系列活动推进会召开。

7月4日，位于路桥繁华核心商圈——商城街的东方华联购物广场盛大开业。市区领导赵跃进、蒋临、陈夏霖、李震杰等出席剪彩仪式。

7月11日，全区村级文化基础建设推进会在新桥镇镇政府会议室召开。

7月20日，104国道西改线景观方案评审会举行，副区长李震杰、区政协副主席陈国谊参加会议。

同日，区委区政府召开“大干二季度”总结暨“突破三季度”动员大会。

7月24日，区四届人大常委会召开第四次会议。

7月26日，2012中国（台州）汽车用品交易会暨第八届全国汽车坐垫(冬季)产品订货会在台州市国际会展中心召开。

8月2日，市、区领导陈铁雄、郑敏强赶赴蓬街、金清两处台风前哨，督查指导防台工作。

8月13日，市委书记陈铁雄率市级机关相关部门负责人，在常务副市长尹学群、区委书记郑敏强、区委常委叶帮锐等陪同下，到路桥金属资源再生产业基地调研。

8月16日，区出生人口性别比重点治理年活动动员会召开。

8月16日至17日，全省非公有制企业活力团组织创建现场会暨“两新”组织团建“百日集中行动”动员会在路桥召开。

8月17日，区吉利控股集团与中央少年广播合唱团正式签署战略合作协议。

8月21日，澳大利亚西澳洲下议院议长格兰特·伍德姆斯一行9人到路桥访问。

8月24日，区青龙浦排涝工程项目建议书审查会议在台州国际大酒店世贸厅举行，《路桥区青龙浦排涝工程项目建议书》通过评审。

8月28日，全区住房保障和安置房建设工作会议召开。

9月11日，常务副区长叶帮锐到区发展和改革局调研工作。

9月14日，区长徐仁标走访了物流园区管委会和工业区管委会，并召开突破三季度重点工作情况汇报会。

9月18日，区“内保外延防控工程”暨大巡防启动仪式在中国日用品商城南大门广场举行。

9月21日，全省首家市场武装部在路桥成立。

同日，浙江工业大学机械工程学院路桥博士工作站正式揭牌成立。

9月22日，第十二届中国塑料交易会开幕式在台州市国际会展中心东大门举行。

9月28日，区四届人大常委会召开第六次会议。

10月9日，全省商品交易市场提升发展大会举行，路桥被省政府授予“商品交易市场强县（市、区）”称号。会上，中国社会科学院发布了全国百强市场榜单，路桥的中国日用品商城、电子数码城榜上有名，区长徐仁标代表区政府与中国日用品商城股份有限公司负责人签订了关于推动路桥中国日用品商城转型升级发展框架协议。

10月11日，常务副区长叶帮锐到区人力资源和社会保障局调研工作。

10月22日，区委书记郑敏强专赴区经信局和商务局开展调研。

10月30日，区长徐仁标带领相关部门负责人到金清镇调研工业企业建设生产情况。

11月2日，全省首家蛋鸭笼养技术试点落户路桥。

11月7日，区政协四届三次常委会议召开。

11月15日，省级卫生城市复查小组对路桥的创卫工作进行复审检查。

11月20日，区社会主义学校在区委党校举行揭牌仪式。

11月21日，路桥特种设备交易市场搬迁暨开业仪式举行。

11月28日，省环保厅副厅长卢春中带队的省环保厅“圈区管理”验收组对台州市金属资源再生产业基地进行“圈区管理”核查，并原则同意通过“圈区管理”省级环保预验收。

11月29日，路桥三友金龙小额贷款有限公司正式开业。

12月3日，区四届人大常委会召开第七次会议。

12月4日，2012年路桥区科技活动周开幕式在台州国际会展中心举行。

12月10日，区委书记郑敏强赴区城市管理行政执法分局专题调研党风廉政责任制落实情况以及“廉洁机关”建设情况。

12月24日，召开2012年度考核工作会议。

12月25日，区委书记郑敏强赴蓬街镇专题调研人口与计划生育工作。

12月27日，内环快速路工程横山隧道开工仪式举行。

同日，区委书记郑敏强赴新桥镇的平桥村、桥头叶村以及横街镇的湖头村、百洋村、墙下陶村调研新农村建设工作。

12月31日，区四届人大常委会召开第八次会议。

2012年温岭市大事记

1月6日，在国家三类城市（温岭市）语言文字工作评估总结会上，国家三类城市语言文字工作评估团认定温岭市达到国家三类城市语言文字工作评估标准，准予通过。

1月11日，市委书记周先苗、市委常委蒋招华、市政协副主席胡馥湘等到东部产业集聚区上马工业园工业企业调研。

1月12日，81省道林石线上的车石隧道重新通车。

同日，温岭市青少年艺术团成立暨迎新春演出在温岭影视城举行。

1月18日，召开重点纳税、上市企业座谈会。

同日，市首个村级慈善工作站在温峤镇茅洋村成立。

1月29日，为期三天的第六届中国泵与电机展览会在温岭会展中心隆重开幕。

1月31日，市委书记周先苗、副市长陈刚带领有关部门负责人到太平、泽国两地工业企业调研，开展“千名干部进千企”活动。

2月3日，法国驻上海总领事卢力捷（Emmanuel Lenain）到法雷奥温岭汽车零部件有限公司考察。

2月6日，九龙湖生态湿地公园一期规划及环九龙湖一期城市设计方案评审会在市行政中心举行。

2月7日，全市三级干部大会在市体育馆召开。

同日，市人大常委会与市政府举行2012年度工作对接会。

2月8日，市政府与市政协举行2012年工作协商联席会议。

2月13日，全市建筑业工作会议召开，会议动员全市建筑业企业创业创新，转型升级，争创浙江省“建筑强市”。

2月14日，市宝利特鞋业有限公司从台州市质量强市暨“十小”行业质量安全创先示范工作会上领到了2011年度台州市市长质量奖荣誉证书和100万元奖金支票。

2月15日，市十四届人大常委会举行第五十八次主任会议。

2月23日，市委召开十三届二次全体（扩大）会议，审议并通过《中共温岭市委关于认真贯彻党的十七届六中全会精神，大力推进文化强市建设的决定》。

2月27日，省级重点项目81省道温岭段改建工程（东海塘段）动工。

同日，104国道大溪段改建工程正式动工。

同日，市九龙商务中心（行政服务中心）大楼正式开工。

3月8日，由玉环县县长林先华带队的服务业发展考察团到温岭考察交流。

3月9日至11日，市人大常委会主任张学明受邀率团赴广东中山大学，出席第四届地方预算审查监督工作创新论坛。

3月14日，召开完善城市管理行政执法工作机制和市“两会”代表、委员建议意见落实会。

3月15日，全市工业经济工作汇报会暨推进会在大溪镇举行。

同日，位于温岭市太平街道北山的“新经济党代表工作室”正式挂牌运作。

3月20日，市非物质文化遗产传承基地和文化艺术培训基地启动仪式在职技校北山校区举行。

3月27日，市长天幼儿园和温岭师范附小被台州市体育局授予“台州市少体校游泳训练基地”称号。

4月5日，台州市椒江区人大常委会主任万敏杰率团到温岭交流人大工作。

4月11日，召开全市依法行政工作会议暨预防和化解行政争议联席会议。

4月15日，台州市旅游局副局长陈力一行到市素质教育实践基地调研3A级旅游景点创建工作。

4月17日，温岭西环路南延一期隧道照明工程正式竣工验收。

4月18日，市政协主席王福生主持召开市政协十三届三次主席会议。

同日，隆重举行渔业科技促进年暨渔业科技入户春季行动启动仪式。

4月19日，2012年市首个粮食生产功能区建设方案论证会在箬横镇召开。

4月22日，市政府和台州市旅游局在温岭东部产业集聚区农业观光园，隆重举行台州旅游月月旺活动暨温岭市第三届乡村旅游节开幕式。

4月26日，市装饰手工艺者协会经市民政局、市工商联批准正式成立。

4月30日，为期四天的2012第二届中国（温岭）国际汽车展示会在温岭会展中心隆重举行。

5月3日，温岭国际数码城举行开业仪式。

5月11日，市政府与中国机电产品进出口商会在北京举行深化出口基地战略合作座谈会暨签字仪式。

5月15日，市领导周先苗、王加潮、赵敏带领有关部门负责人到铁路新区调研。

5月17日，市政府机构改革动员会召开。

5月22日，安徽省绩溪县县委书记、县人大常委会主任张平带领党政考察团到温岭考察交流。

5月29日，市首家乡村学校少年宫落户松门镇第三小学。

6月1日，中国塑料加工工业协会执行副理事长曹俭将“中国注塑鞋之都”牌匾授予温岭市。

6月7日，市长李斌带领有关部门负责人到石塘镇实地检查市中心渔港建设进展，并现场办公。

6月12日，市乃崦供销有限公司正式挂牌运营，这是市首家村级供销社，也是全省首家中心村基层供销社。

6月13日，台州市委副书记肖培生到温岭督查银泰城市综合体和81省道温岭段改建工程等重点项目建设。

6月15日，市青少年节能科普教育基地在位于松门镇的市素质教育实践基地揭牌。

6月26日，市委副书记王加潮实地督查金清二期工程建设。

7月2日，三心美德创建国际养老护理示范基地复审，市长李斌参加。

7月6日，非义务教育和其他事业单位绩效工资领导小组会议召开。

同日，江西九江学院附属温岭医院成立暨与安徽六安二院缔结友好医院庆典仪式在市二院举行。

7月8日，全市首届渔人节开幕仪式在石塘举行。

7月12日至13日，省发改委副主任周华富一行到温岭调研“围绕重大决策、推进重大项目”服务工作。

7月19日至20日，全市政府系统半年度工作会议暨党风廉政工作会议在玉环召开。

7月24日，市政府与天津职业技术师范大学举行教育合作签约仪式。

7月26日，全市开放型经济重点工作推进会召开，市领导林继平、马健出席。

8月2日，周先苗、李斌、张学明、王福生等市四套班子领导分别到各镇（街道）的防台一线，检查指导防台工作。

8月15日，全市“清洁家园，‘美丽乡村’”建设工作推进会召开。

8月16日至17日，国家质检总局检查验收组到温岭现场询审“全国水泵知名品牌创建示范区”筹建工作，该市以883分高分通过现场询审。

8月29日，东部重点项目开工仪式举行，市领导周先苗、李斌、张学明、王福生、蒋招华、陈刚、许黎野等出席。

9月4日至5日，中科院院地合作局孙殿义局长一行到温岭考察邦丰塑料二氧化碳基塑料项目。

9月10日，市领导周先苗、张学明、王福生、张永兵、林慷、张国荣、许黎野、胡馥湘等出席第28个教师节庆祝表彰大会。

9月11日，温岭曙光•民人谷生态农业园项目合作签字仪式举行。

9月12日，城东小学落成典礼暨方城小学 城东小学合作办学仪式举行。

9月17日，全省首批农民专业合作社联合社营业执照颁发仪式在温岭举行。

9月19日，中科院孙优贤院士到温岭考察清华机电有限公司，副市长王兰青陪同。

9月21日，大溪豪成贝利商业广场开工典礼、大溪环城北路开工仪式、潘郎小学迁建工程开工仪式举行。

9月25日，“中国质量发展论坛”上温岭水泵产业集聚区荣获“全国知名品牌创建示范区”称号，副市长陈刚参加。

9月28日，2012中国工量刃具展览会开幕式举行，市领导王加潮、林继平、马健、颜正荣等出席。

10月9日，全省商品交易市场提升发展大会召开，温岭被评为全省十大市场强市，市领导李斌、马健参加。

同日，中信银行台州温岭支行开业。

同日，国家发展改革委会同相关部委印发了《国家“十二五”文化和自然遗产保护设施建设规划》，温岭方山·长屿硐天国家级风景名胜区列入文化和自然遗产地保护设施建设项目储备库。

10月11日，万昌北路北延（城北段）及金清港大桥开工仪式举行。

10月16日，德国哈瑙市克劳斯•卡明斯基市长、贝亚特•冯科议长一行到温岭考察，市领导张永兵、戴康年等陪同。

10月19日，中国出口信用保险公司温岭联络处成立，市领导王加潮、张永兵、李维平、马健、颜正荣等出席成立仪式。

10月23日，市政府与中国轻工商会的“中国鞋类出口基地”续建签约仪式举行，副市长马健出席。

10月27日，温岭发展教育事业恳谈会在杭州召开。

11月2日，市妇女儿童活动中心奠基仪式举行。

11月5日，城北街道中心卫生院开工仪式举行，副市长许黎野出席。

11月7日，中国（温岭）石文化旅游节组委会第三次会议召开。

11月9日，推进森林温岭绿化大行动暨植物园义务植树活动在市植物园举行。

同日，2012中国（温岭）石文化旅游节经贸活动工作会议召开。

11月14日，市投资项目审批代办服务签约仪式举行，市领导张永兵、陈建斌出席。

11月19日，81省道改建工程建设推进会召开，市领导李斌、蒋招华出席。

11月20日，横峰街道文化站在中宣部、文化部、国家广播电影电视总局、新闻出版总署联合下发的《关于表彰全国文化体制改革工作先进地区、先进单位和先进个人》文件中，被列入全国296个先进单位名单，成为我省唯一一个获得该项殊荣的乡镇级基层文化站。

11月26日，市金融办举行揭牌仪式，市领导李斌、张永兵出席。

11月29日，76省道温岭城东段改建工程通车仪式举行。

11月30日，鑫磊•2012温岭（国际）婚庆文化暨“同心林”建设认领活动启动仪式举行。

12月3日，第二届中国（温岭）童鞋产业高峰论坛举行，市领导李斌、陈刚出席。

12月9日至10日，2012中国（温岭）石文化旅游节举行。

12月10日，2012中国（温岭）石文化旅游节“百名中外客商温岭行”投资推介会暨项目签约仪式举行。

同日，民人谷生态园项目开工仪式举行。

12月12日，市梅溪水库工程建设指挥部成立，市领导林继平、江金永、杨丽萍等出席揭牌仪式。

12月17日，全市构建和谐劳动关系领导小组扩大会议暨防范处置企业拖欠工资工作会议召开。

12月20日，石桥头镇邮政所揭牌开业暨坞根镇邮政所授牌庆典仪式举行，常务副市长张永兵出席。

12月27日，市委市政府工作务虚会召开，周先苗、李斌、张学明、王福生等市四套班子领导出席。

12月28日，下张钢铁市场扩建工程奠基仪式举行，市领导马健、林文鹤等出席。

2012年临海市大事记

1月4日，临海华侨大酒店被浙江省饭店星级评定委员会正式命名为银叶级“绿色旅游饭店”。

1月9日，市政府与中国吉利集团正式签订浙江豪情汽车制造有限公司迁建项目协议。

1月10日，全市经济社会发展情况（老干部）通报会在台州影剧院召开。

1月11日，国家文物局原党组副书记、副局长张柏，中国文化遗产研究院研究员刘兰华，中国文物保护基金会副秘书长王军一行三人到临海考察台州府城墙“申遗”工作。

1月12日，全市金融要素保障工作会议召开。

1月14日，2012年度全市重点建设项目对接会和镇（街道）重点建设项目汇报会召开。

1月18日，市委市政府举行2012年春节团拜会。

1月19日，全市国税工作会议召开。2011年国税部门全年累计组织税收收入23.16亿元，同比增长14.32%，增收2.9亿元；办理各类减免退税超过13亿元，减免税额占国税全年应征税收的65%；全年共发生税收执法行为96888（户）次，实际过错为0（户）次，执法正确率达100%。

1月29日，市十四届人大常委会第四十次会议召开。

2月1日，奇瑞重工临海瑞创生产基地——临海瑞创农业机械有限公司正式揭牌，新工厂也同时破土动工。

2月3日，《百名将军颂临海》一书在北京举行首发式。

2月6日至8日，市长蒋冰风就《政府工作报告（征求意见稿）》召开座谈会。

2月9日，市政府召开座谈会，研究《政府工作报告》重点项目内容。

2月13日，市委副书记柯婉瑛在有关部门负责人陪同下，到东部开展“进村入企”大走访活动。

2月14日，临海市括苍山省级现代农业综合园区（林业部分）建设规划评审会举行。

2月22日，全省旅游行业监管工作会议在临海召开。

2月24日，市兰文化博物馆在九畹兰庄正式开馆。市领导王以琅、奚国斌、何林辉、孙三华出席开馆仪式。

2月25日，市老年乐园（综合楼）工程开工。

3月3日，市十五届人大一次会议在台州影剧院举行第三次全体会议，选举市十五届人民代表大会常务委员会主任、副主任，选举市人民政府市长、副市长，选举市人民法院院长、市人民检察院检察长。

同日，市十五届人大一次会议在台州影剧院举行第四次大会，选举市十五届人民代表大会常务委员会委员。

3月8日，省发改委副主任周华富一行到临海开展“双重”专项行动调研。市领导张招金、李伯辉、陈衡治陪同调研。

3月11日，由市绿之源畜牧有限公司投资建设的生态生猪养殖基地在白水洋镇前园村举行奠基仪式，这标志着市最大的生态生猪养殖基地破土动工。

3月15日，市“网络党支部”正式开通。

3月23日，举行纪念第二十届“世界水日”、第二十五届“中国水周”暨水利工作座谈会。

3月26日，市第十五届人大常委会举行第一次会议。

3月29日，全市国土资源管理和城市管理行政执法工作会议召开。

4月8日，交通运输部综合规划司水运规划处处长毛健一行8人到临海调研港口建设情况。

4月7日，由文化部、国家文物局举办的全国第四届“中国历史文化名街”初评揭晓，全国共有15条街入围，临海紫阳古街名列其中。

4月12日，全市安全生产、食品药品安全工作会议暨质量强市工作推进会召开。

4月13日，市旅游投资开发有限公司和市江南大峡谷旅游发展有限公司举行江南大峡谷旅游开发项目合作签约仪式。

4月14日，市中医院和省立同德医院签约结盟。

4月16日，2012年全国沙滩藤球锦标赛开幕式暨中国藤球协会沙滩藤球训练基地授牌仪式在临海桃渚镇龙湾海滨公园举行。

4月18日，临海文明网正式开通。

4月21日，市茶文化促进会在羊岩茶场成立。

4月23日，浙江豪情汽车制造有限公司整体迁建项目总平和初步设计评审会召开。

4月25日，金台铁路头门港支线规划研究方案汇报会在市政府二楼会议室召开。

5月9日，全市社科理论界“我们的价值观”座谈会在市政府三楼会议室召开。

5月14日，全市学生安全工作会议召开。副市长林先掌出席会议。

5月20日，临海异地商会联谊会第一届五次会议在石家庄河北会堂隆重举行。

5月22日，临海历史文化名城保护规划专家论证会在远洲国际大酒店召开。

5月23日，全市农村集体土地所有权确权登记发证工作会议召开。副市长朱永军出席会议。

5月24日，全市“网格化管理、组团式服务”工作现场推进会在括苍镇举行。

5月28日，临海温州商会二周年大会在华侨大酒店举行。

5月29日，《关于临海牛头山旅游度假区调整的可行性研究报告》原则通过专家组评审。

6月2日，“森林临海”建设规划暨临海市森林城市建设总体规划评审会召开。会上，《“森林临海”建设规划》和《临海市森林城市建设总体规划》通过专家组评审。

6月3日，全市财经知识培训班在市委党校开班。

6月6日，全市渔业安全生产暨伏季休渔管理工作会议在杜桥镇新大会堂召开。副市长林先掌出席会议。

6月12日，由安徽省岳西县县委书记周东明率领的岳西县党政考察团到临海考察。

6月13日，省交通投资集团有限公司总经理王洪涛率省委党校干部班一行，调研台州港临海（头门）港区建设情况。

6月15日，临海银泰城项目举行奠基仪式。

同日，临海省级经济开发区沿江新区工业项目举行8家企业新建项目的集中开工典礼。

6月17日，国家文物局古建筑专家、清华大学建筑学院教授刘畅到临海考察评估台州府城墙申报中国世界文化遗产预备名单工作。

6月19日，中国轻工工艺品进出口商会与临海共建中国户外家具及庭院休闲用品、中国眼镜出口基地签约暨揭牌仪式在华侨大酒店举行。

6月20日，古城街道两水村慈善联络站正式授牌成立，这也是市首家村级慈善联络站。

6月25日，第四届白水洋东魁杨梅节开幕。市领导何林辉、吴海燕、方德助等出席开幕仪式。

同日，浙江头门港投资开发有限公司“阳光工程”网站开通仪式举行。

6月29日，全市2012年重点工程项目融资对接会举行。

7月18日，省水利厅副厅长虞洁夫到临海检查水利工作。副市长林先掌陪同检查。

7月19日，甬台温天然气、成品油管道项目推进座谈会在临海华侨大酒店华侨B厅举行。

7月23日，全市户外休闲用品企业家座谈会在市政府9楼会议室召开。

7月26日，市粮油综合批发市场举行开业仪式。

同日，全市食品安全大整治“百日行动”动员会召开。市领导蒋冰风、张招金、何志忠、吴海燕出席会议。

7月28日，临海自力电影大世界正式开业。

8月1日，市文明委全体成员会议召开。

8月10日，支持浙商创业创新促进临海发展工作领导小组会议暨临海商人大会筹委会召开。

8月11日，浙江宏野海产品有限公司通过了台州市经信委组织的清洁生产现场审核验收，成为台州市海水养殖企业首家通过清洁生产审核验收的企业。

8月15日，省政府副秘书长刘援利一行到临海调研政务公开工作。

8月21日，市十五届人大常委会第五次会议举行。

8月22日，头门港港区产业城B6线工程正式开工。

8月24日，市工业强市建设五年发展规划评审会举行。副市长陈福清出席会议。

8月28日，省发改委发文批复，同意通过方溪水库工程可行性研究报告。

9月3日，《灵江建闸关键技术问题研究工作大纲》咨询会召开。

9月4日，全市应急联动工作动员大会暨市应急联动指挥中心授牌仪式举行。

9月6日，全市交通安全隐患整治工作推进会召开。常务副市长张招金出席会议。

9月11日，全市深化学习型党组织建设

现场会在涌泉镇梅岘村办公大楼召开。

9月17日，全市安全生产工作现场会在临海医化园区召开。

同日，由浙江宏野海产品有限公司生产的南美白对虾，在首届中国(南方)国际海产品博览会上获得金奖。

9月20日，市委副书记柯婉瑛赴涌泉镇调研工作。

9月27日，全市出生人口统计清查和性别比综合治理工作推进会召开。副市长陈先东出席会议。

同日，临海港区头门作业区一期陆域形成工程在头门岛正式开工。

10月12日，市首家政府与企业合作的助残项目——浙江艾兰特艾鑫阳光家园在位于古城街道灵江大桥南岸江南路的巾山村开园。

同日，回浦中学百年校庆知名校友座谈会召开。

同日，市首个村级少先队大队在东溪单村成立。

10月15日，市长蒋冰风赴大洋、大田、邵家渡、江南、古城街道，踏勘35省道与83省道连接线、34省道改线、104国道临海城南至温岭大溪临海段等交通道路线位和金台铁路临海站选址。

10月19日，浙江全力律师事务所和邵家渡街道商会共建同心法律服务基地启动仪式举行。

10月25日，2012·浙江临海首届户外家具及庭院休闲用品展览会新闻发布会召开，市府办副主任章启亭作新闻发布。

10月30日，伟星集团有限公司首次申报的5亿元企业债券成功发行，这是台州市首支成功发行的民营企业债券。

10月31日，浙江省历届县（市、区）书协主席书法展开幕式在市体育馆隆重举行。

11月7日，全市扶持经济薄弱村发展集体经济工作会议召开。

11月13日，2012中国临海·古城文化节网站开通仪式举行。

11月21日，2012中国柑橘可持续发展论坛在临海举行。

同日，中国古城墙保护与申遗学术论坛在临海举行。

同日，市非物质文化遗产生产性保护传承基地揭牌仪式在戚公祠举行。

11月30日，全省政协港澳台侨工作座谈会在临海召开。

12月4日，方溪水库工程初步设计经相关专家审查通过。

12月6日，台州府城墙申遗工作座谈会在市文广新局会议室召开。

12月7日，江滨西路北延工程施工图设计审查通过。

12月12日，浙江头门港港务有限公司授牌暨浙江头门港投资开发有限公司综合楼奠基典礼在北洋涂围垦区举行。

同日，市消防大队头门港中队举行进驻仪式。

12月17日，浙江临海农业商业银行股份有限公司创立大会暨第一届股东大会隆重举行。

12月21日，临海东部区块银企对接会在杜桥镇召开。

12月25日，市十五届人大常委会第八次会议召开。

12月26日，方溪水库库区公路改复建工程开工。市领导柯昕野、蒋冰风、王以琅、施士雄、黄山河出席开工典礼。

同日，市文化广场综合体暨博物馆、规划展览馆举行奠基仪式。市领导柯昕野、蒋冰风、王以琅、施士雄、卢如平、朱永军、陈先东出席奠基仪式。

同日，市委市政府举行83省道临海至杜桥段改建工程通车典礼。

12月30日，临海农商银行成立大会举行。市领导柯昕野、蒋冰风，王以琅、施士雄、柯婉瑛、蒋定森、陈福清、孙三华等出席成立大会。

12月31日，国家工商行政管理总局商标局公布2012年度中国驰名商标，临海羊岩茶厂注册的“羊岩山及图”名列其中，这也是台州市首件茶叶类中国驰名商标。

2012年玉环县大事记

1月5日，县第十四届党代会第一次会议开幕。

1月15日，县公安局新城派出所正式挂牌成立。

1月16日，县委、县政府召开玉环新城城市设计方案整合思路汇报会。

1月17日，全县重点骨干企业迎春座谈会在玉环国际大酒店举行。

2月1日，县汽摩配行业协会2012年会员大会举行。

2月4日，2012中国（玉环）汽摩配市场趋势高层论坛召开。

2月9日，交通运输部水运局副局长李宏印一行到玉环，视察大麦屿港对台直航工作。

同日，代县长林先华主持召开县政府第二十四次常务会议。会议讨论《2011年财政预算执行情况及2012年财政总预算草案（讨论稿）》、《玉环县2012年政府投资项目计划方案（讨论稿）》和《政府工作报告（讨论稿）》。

2月14日，县委书记张加波主持召开闲置土地收回工作专题推进会。

2月15日，位于楚门镇科技产业功能区的港北人才交流中心、港北人力市场正式投用，并举行隆重的揭牌仪式。

2月21日，坎门街道举行坎门小学、坎门游泳馆建设工程奠基仪式。县领导吴柏青、吴小平、李利兵、王良青、吴坚斌、胡载彬等出席了奠基仪式。

2月23日，县政协八届一次会议隆重开幕。

2月25日，县十五届人大一次会议隆重开幕。

3月6日，全县城乡建设管理与国土环保工作会议在县科技文化中心大会堂举行，县长林先华、县人大常委会副主任王良青、副县长陈云岳出席会议。

3月7日，台州市侨联海创项目引进交流暨海外高层次人才创业创新基地授牌仪式在玉环举行。

3月9日，全县财政地税工作会议召开。

3月20日，全县司法行政工作会议召开。

3月28日，由江苏省南通市崇川区委常委、政法委书记俞汉林带领的考察团一行到玉环，就社会管理创新工作进行考察调研。

4月5日，县政协八届一次常委会议召开。

4月6日，县十五届人大常委会召开第一次会议，审议通过了2012年县人大常委会的工作要点。

4月13日，召开全县土地（矿产）卫片执法检查工作汇报会。

4月19日，召开一季度经济形势和重点项目分析会暨“大干二季度”动员大会。

4月23日，朱立国等县四套班子成员深入各乡镇（街道），开展公开大接访活动。

4月24日，中宣部政策法规研究室办公室主任符雷一行到玉环，就公共文化服务体系建设开展调研。

4月26日，玉环“美丽乡村”动漫文化节在龙溪乡山里村开幕。

4月27日，省首个“尚善基金”在玉环成立。

5月3日，县政府机构改革动员会召开。

同日，全县推进“网格化管理、组团式服务”工作现场会在芦浦镇井头村召开。

5月9日，由浙江海诚造船有限公司建造的35000吨级货轮——浙玉机9001号顺利下水，这是玉环造船企业迄今为止建造的最大货轮。

5月11日，全县推进工业经济发展大会在县科技文化中心召开。

5月17日，副省长毛光烈到玉环，考察华能玉环电厂运行及扩建相关情况。副市长李跃程、县委书记张加波、副县长柯寿建等陪同考察。

5月18日，兴业银行台州玉环支行与县6家单位签订了战略合作意向书，涉及金额达45亿元。

5月21日，全县“三县三城联创”活动动员大会在县科技文化中心大会堂举行。

5月27日，全县暨渔岙村“双违”整治政策讨论会召开。

5月29日，县长林先华到大麦屿街道，调研风力发电项目建设情况。

6月4日，市委副秘书长、市委办主任王国忠带领市督查组到玉环，就重点工程建设开展实地督查。县领导林先华、杨良强、陈云岳、胡载彬等陪同。

6月5日，召开农房立改套政策讨论会，专题讨论《关于鼓励农村村民建造公寓式住房的实施意见（讨论稿）》。

6月7日，召开漩门二三期水系贯通专项研究报告评审会。

6月12日，为期三天的全省发展改革（海经办）系统海洋经济工作会议在玉环召开。

6月15日，县长林先华主持召开县政府第三次常务会议。会议讨论并原则通过了《关于推进城区工业用地“优二进三”的实施意见》。

6月16日，县长林先华深入玉环经济开发区督查重点项目建设情况。

6月25日，县委书记张加波主持召开乡镇、街道党（工）委书记会议。县领导朱立国、李利兵、阮聪颖参加会议。

7月4日，县委副书记朱立国专题就“三县三城联创”工作开展情况进行督查。

7月16日，县委理论学习中心组（扩大）学习会在县委小礼堂举行。

同日，23万平方米滨海皇家园林大宅——玉环新城华龙·阳光星城举行隆重的开工典礼。县领导林先华、杨良强、王良青、汪云傲等出席开工典礼并为项目剪彩、奠基。

7月18日，隆重举行浙江台州口岸大麦屿港区对外开放暨查验单位进驻办公仪式。

7月20日，召开服务业和海洋经济发展大会。

7月25日，全县乡村两级便民服务中心建设工作推进会召开。

7月31日，全县关键岗位跟踪督评工作推进会召开。

8月8日，召开全县食品安全大整治“百日行动”工作会议。

8月9日，县安委会全体成员（扩大）会议暨基层公共安全监管中心建设推进会召开。县长林先华、副县长柯寿建参加会议。

8月15日，全县2012年第二次金融联席会议召开。县领导陈挺晨、张爱光、汪云傲出席会议。

同日，全市交通建设项目推进会在玉环召开。

8月24日，县首个基层公共安全监管中心——芦浦镇公共安全监督管理中心举行揭牌仪式。

8月27日，全县平安维稳信访工作会议召开。

8月31日，全县深化“拔钉破难优化服务”活动动员大会在县科技文化中心大会堂隆重召开。

8月31日，玉环顺利通过浙江省农村中医药工作先进县评估验收。

同日，县垃圾焚烧发电厂正式开始试运行。

9月7日，县长林先华主持召开县政府第4次常务会议，讨论并原则通过了《关于加快工业经济转型升级的若干意见（讨论稿）》等6个政策意见。

9月10日，玉环中学举行隆重的揭牌仪式。县委书记张加波、县长林先华共同为玉环中学揭牌。

9月13日，全市深化乡镇卫生院绩效工资改革工作现场推进会在玉环举行。

9月15日，在第二届中国海洋经济洽谈会项目签约仪式现场，常务副县长陈挺晨与中国华能集团浙江分公司副总经理李宝山签订了华能玉环电厂三期“港电一体化”意向书，标志着总投资达100亿元的“港电一体化”项目正式落户玉环。

9月19日，中国工程院院士、浙江大学工业控制研究所所长孙优贤一行到玉环考察指导。

9月21日，2012年玉环县科技·人才活动周开幕仪式暨科技创新发展论坛在县科技文化中心大会堂隆重举行。

9月25日，县十五届人大常委会召开第六次会议，听取和审议县政府相关工作报告，通过了有关人事任免事项等。

9月28日，全县新农村建设重点工作抓落实汇报会召开。

同日，楚门镇行政审批服务中心启用仪式隆重举行。县领导李利兵、杨良强、许爱平、吴玲芝出席启用仪式。

10月8日，全市完善落实防台防汛工作机制座谈会在玉环召开。

11月5日，县政协主席吴小平主持召开县政协八届四次常委会议，听取和协商了我县海洋经济示范区规划建设情况和社会管理基层基础建设情况的通报，听取了县政府关于县政协八届一次会议提案办理情况的通报。

同日，2012年“新叶·广发文学奖”暨第十四届校园文学大奖赛颁奖典礼在清港观光国际大酒店举行。

11月8日，省农业厅副厅长唐中祥带领调研组一行，到玉环调研农产品质量安全监管工作。副县长符进友陪同调研。

11月13日，清港镇卫生院迁建工程开工典礼隆重举行。县领导吴可如、胡载彬、陈茂荣参加活动。

11月21日，全县加强基层便民服务中心建设工作座谈会在干江召开，县委常委、纪委书记李利兵出席会议。

11月26日，县十五届人大常委会召开第七次会议，听取和审议县政府相关工作报告，通过了《关于加强县人民检查院民事行政法律监督工作的若干意见》。

11月27日，市首个残疾人文化活动中心在县残联办公大楼揭牌成立。省残联副理事长郑瑶为中心揭牌。县领导施红兵、许爱平、胡载彬、陈茂荣等出席揭牌仪式。

12月11日，全县批而未供土地清理暨土地卫片执法检查工作会议召开。

12月13日，全县政协系统召开中共十八大精神专题学习会。县政协副主席陈志鹏、吴坚斌、章勇、陈茂荣、汪云傲、吴玲芝参加会议。

12月18日，沙门镇环沙北路工程举行开工典礼。县委常委、宣传部长施红兵，副县长柯寿建，县人大副主任王良青，县政协副主席汪云傲出席典礼。

同日，清港芳杜水库库区综合整治工程顺利开工。

12月21日，省首支食品药品安全公安执法队伍——玉环县公安局治安大队食品药品犯罪侦查中队正式挂牌成立。

12月26日，全县政法系统举行学习贯彻党的十八大精神座谈会。县委书记张加波出席并讲话。

2012年三门县大事记

1月4日至5日，中国人民解放军总装备部原副部长、中国航天原总指挥张建启一行到三门考察，实地走访了滨海新城、三门核电、蛇蟠岛、浙江巨龙自动化设备有限公司。县领导董服标、邱士明、潘崇敏、蒋洪平、卢志伟、邢义钵陪同考察。

1月10日，代县长邱士明调研农业企业及基地建设。

1月12日，召开全县重点骨干企业和引进企业负责人座谈会，县领导董服标、邱士明、邵全建、张新民、卢志伟、邢义钵出席。

1月15日，县知名人士春节团拜会在杭州黄龙饭店举行。

1月18日，举行2012年春节团拜会。县委书记董服标致辞，代县长邱士明主持，县四套班子领导出席。

1月29日，节后上班第一天，县四套班子领导出席升国旗仪式。

1月31日，全县经济工作会议召开，县四套班子领导出席。

2月2日，省食安办常务副主任、卫生厅副厅长徐润龙到三门调研食品检测资源整合工作，副县长俞茂昊陪同。

2月3日，代县长邱士明走访绿岛科技、善好酒业等企业，副县长卢志伟陪同。

2月6日，县领导董服标、邵全建、叶邦汉、陈彩明到蛇蟠乡开展“进村入企”大走访活动。

2月13日，市委常委马世宙到三门花桥镇下岙方村、上潘村开展“进村入企”大走访活动。县领导叶邦汉、颜惠珍陪同。

2月15日，县领导邵全建调研74省道南延工程。

2月21日，代县长邱士明主持召开十四届县政府第五十五次县长办公会议，县领导邵全建、卢志伟、俞茂昊、陈彩明、胡子荣、骆恩标、颜惠珍出席会议。

2月24日，县领导潘崇敏、叶邦汉、俞茂昊出席青蟹市场搬迁协调会。

2月26日至3月3日，县十五届人大一次会议召开。

3月5日至6日，省委政法委副书记、省平安办副主任朱贤良率省平安建设考核组到三门考核“平安三门”建设工作。

3月7日，县长邱士明主持召开十五届县政府第一次常务会议，常务副县长邵全建，副县长卢志伟、俞茂昊、陈彩明、胡子荣、骆恩标、颜惠珍参加会议。

3月9日，市政府副市长赵跃进到三门调研外贸工作，副县长俞茂昊陪同。

3月12日，副县长胡子荣到县建设规划局调研城建工作。

3月14日，县长邱士明调研三门旅游开发（扩塘山岛、仙岩洞、木杓沙滩）。

3月18日，全国渔业科技促进年活动启动仪式暨首届三门（花桥）缢蛏节开幕式在三门花桥镇举行。

3月22日，副县长俞茂昊到海游、亭旁、六敖、健跳等地调研农贸市场改造提升工作。

3月29日，常务副县长邵全建参加全省扩大有效投资暨重点建设推进大会。

3月30日，县长邱士明参加市政府常务会议。

4月6日，县长邱士明主持召开县长碰头会，常务副县长邵全建，副县长卢志伟、俞茂昊、陈彩明、胡子荣、骆恩标出席。

4月10日，常务副县长邵全建到县国税局调研。

4月11日，副县长胡子荣出席龙山岛框架协议签订仪式。

4月14日，中关村创新科技与三门创业资源交流对接会召开。中关村国家示范区管理委员会国家创新战略研究办主任盖玉云，县领导董服标、邱士明、王广法、胡子荣出席。

4月17日，三门出口优势产业推介会暨第111届广交会招待酒会在广州香格里拉大酒店举行。

4月19日至20日，县科技局与宁波大学联合举行“海洋强县、科技领先——宁大教授三门行”活动。

4月20日，县政府机构改革动员大会召开。

4月26日，常务副县长邵全建主持召开浙商“回归”工程考核任务落实会。

4月28日，县领导邱士明、邵全建、王广法、卢志伟、胡子荣出席招商引资大项目推进落实会。

5月4日，县长邱士明主持召开十五届县政府第二次常务（扩大）会议，常务副县长邵全建，副县长卢志伟、俞茂昊、陈彩明、胡子荣、骆恩标，县长助理陆纯出席会议。

5月7日至11日，县四套班子领导分赴

联系重点项目进行集中走访调研和现场督查。

5月10日，召开全县“美丽乡村”建设和清水绿廊工程座谈会。

5月15日，“爱心三门”大型公益歌咏晚会暨2012年慈善公益日活动启动仪式举行。

5月16日，县长邱士明出席三特渔业公司天津股权交易挂牌项目座谈会。

5月18日，副省长毛光烈到三门考察台州第二发电厂选址和三门核电建设情况。

5月21日，县长邱士明调研60省道天高线改建工程、晏站涂促於工程。

5月28日，县长邱士明主持召开十五届县政府第三次常务会议，常务副县长邵全建，副县长卢志伟、俞茂昊、陈彩明、胡子荣、颜惠珍，县长助理陆纯出席会议。

5月30日，县领导邱士明、李金砖出席三门县船舶工业转型升级研究文本评审会。

6月1日，县“三农”工作顾问聘请仪式举行。聘请浙江省委原副秘书长、省农办原主任夏阿国为三门县“三农”顾问。

6月2日，县国家现代农业示范区启动暨浙台农业技术合作实训基地奠基仪式举行。

6月5日，副县长俞茂昊到横渡镇调研旅游工作，并走访党建联系点大横渡村。

6月14日，台州海关三门联络处签约仪式举行。

同日，县社会管理综合治理委员会第一次全体会议暨社会管理创新建设年活动推进会召开。

6月15日，省重点工程——三门县入城道路城北至晏站工程举行开工仪式。

6月19日，县长邱士明到基层党建联系点——健跳镇西山头村调研。

6月26日，常务副县长邵全建出席县检察院健跳检察室挂牌落成仪式。

6月28日，副县长俞茂昊到沿海工业城调研外贸企业发展情况。

同日，台州市爱国主义教育基地章一山纪念馆命名授牌暨龙山书院揭牌仪式在章一山纪念馆举行。县领导颜惠珍、杨树军出席。

7月4日，香港台州同乡会会长詹耀良率考察团到三门考察。县领导邱士明、王广法、俞茂昊、刘小中陪同考察。

7月5日，县长邱士明赴象山出席浙台（象山石浦）经贸合作区授牌仪式。

7月9日，县长邱士明主持召开十五届县政府第四次常务会议，常务副县长邵全建，副县长卢志伟、俞茂昊、颜惠珍参加会议。

7月16日，县领导董服标、邱士明、章文英、徐小力、卢志伟出席浙江三达特种胶带骨架材料项目暨亚达科技集团聚氨酯项目开工仪式。

同日，县人民医院（中医院）中医馆开馆暨浙江中医药大学大学生社会实践基地签约挂牌仪式举行。

7月20日，市委书记陈铁雄到三门调研工业企业。市委常委、市委秘书长吴海平，县领导董服标、邱士明陪同。

7月26日，召开全县食品安全大整治“百日行动”动员会。

7月30日，县领导邱士明、吴达炯到沿海工业城专题调研企业投产运行情况。

7月31日，常务副县长邵全建到台州鹏龙纸业公司走访调研。

8月1日，省统计局局长金汝斌一行到三门调研。县长邱士明及市、县统计部门负责人陪同。

8月8日，国家防总督察专员田以堂一行到三门督查防台工作。

8月9日，省长夏宝龙一行到三门检查指导抢险救灾和恢复生产工作。省政府秘书长张鸿铭，台州市领导陈铁雄、吴蔚荣、肖培生、吴海平、蒋珍明，县领导董服标、邱士明、潘崇敏、陈彩明陪同。

8月15日，县住房和城乡建设规划局与宁波伊都市信息技术有限公司正式签定合同，对《三门县城区仿真地图公共服务平台》进行功能的二次开发。

8月16日至17日，县十五届人大常委会第四次会议召开。县人大常委会主任章文英，副主任李金砖、郑有赚、陈增林、洪燕、陈招远出席会议。

8月19日，县航运公司自行建造的最大吨位的散货船——“海大海18”号船在六敖镇北塘造船基地顺利下水。

8月21日，召开无邪教县创建工作推进会。县领导潘崇敏、叶邦汉出席会议。

8月24日，全县“清洁家园、和谐乡村（社区）”暨主干道沿线专项整治工作推进会召开。县领导潘崇敏、陈增林、陈彩明、邢义钵出席会议。

8月26日，台州中洲船舶制造有限公司与武船重型工程股份有限公司正式签署合作协议。县委书记董服标和武船重型工程股份有限公司董事长杨少稀共同为武船重型工程股份有限公司中洲桥梁钢结构生产基地揭牌。县领导章文英、徐小力、潘崇敏、卢志伟出席签约仪式。

8月30日至31日，县长邱士明率领考察团到温岭学习考察。

9月4日，“台州小记者活动基地”揭牌仪式暨台州公益联盟“爱心牵手”亭旁坝头小学活动在亭旁起义纪念馆举行。

9月10日，县委县政府召开全县教育工作会议暨庆祝第28个教师节大会。县领导董服标、邱士明、章文英、徐小力、吴善灵、颜惠珍出席大会。

9月13日，以“麦穗”为设计主题的国家现代农业示范区地标雕塑在县现代农业园区落成。

9月15日，第二届中国海洋经济投资洽谈会在宁波国际会展中心开幕。项目签约仪式上，三门县与江西小蓝丰溢投资有限公司签下32.5亿元大单，引入民间资本共同打造三门县沿海物流集散基地项目。

9月22日，全县消防安全紧急会议召开。县领导潘崇敏、邵全建、卢志伟出席会议。

9月26日，浙能台州第二发电厂“四通一平”工程正式动工建设。台州市副市长李跃程，县领导邱士明、章文英、徐小力、潘崇敏、邵全建、胡子荣、王大林出席开工仪式。

9月28日，县委书记董服标在县发改、经信、水利、林特等部门主要负责人的陪同下，现场督查“清水绿廊”、三达特种胶带骨架材料、城北至晏站公路等重点项目进展情况。

10月10日，省交通厅厅长郭剑彪一行在台州市副市长蔡永波、县长邱士明、副县长吴达炯等陪同下，专门调研沿海高速三门段前期工作准备情况。

10月12日，三门核电1号机组发电机转子顺利穿装完成。

10月17日，县产业扶持政策调整意见征询会召开，县四套班子领导邱士明、陈增林、卢志伟、陈彩明、杨树军出席会议。

10月24日，浦坝港片区空间发展战略规划研究评审会召开。副县长胡子荣出席评审会。

10月30日，召开“突破三季度”总结暨“决战四季度”动员大会。县四套班子领导董服标、章文英、徐小力等出席。县委副书记、县长邱士明主持。

同日，省发改委主任孙景淼一行到三门调研三门湾开发及有关项目建设情况。

11月7日，召开全县维稳信访重点工作推进会。县领导邱士明、邵全建、卢志伟、陈彩明、颜惠珍等出席会议。会议由县委副书记、政法委书记潘崇敏主持。

同日，县出台实施专利奖励办法，其中最高奖励为10万元。

11月13日，县委书记董服标带领县农办、财政、住建、水利、文广新等部门负责人到横渡镇调研古村落保护和“美丽乡村”建设工作。

11月15日，三门火电厂及浬浦镇渔西片供水工程开工仪式在浬浦镇前山村举行。县领导邵全建、胡子荣、王大林出席开工仪式。

11月16日，县委召开中心组理论学习会，专题学习党的十八大精神。

11月26日，位于大湖塘新区环湖南路的三门剧院工程正式开工。县委副书记、政法委书记潘崇敏宣布开工，县领导邵全建、吴善灵、洪燕、杨树军出席开工仪式。

11月27日，县十五届人大常委会第八次主任会议召开，县人大常委会主任章文英主持会议，副主任李金砖、郑有赚、陈增林、洪燕、陈招远出席会议，副县长陈彩明列席会议。

12月5日，县首家乡镇农业公共服务中心在六敖镇落成。

12月13日，县入城口景观设计暨岭枫公路交通整治规划评审会召开。副县长胡子荣出席。

12月14日，召开县文明单位协会成立暨第一次会员大会。

12月24日，县投资最大的水利工程洋市涂围垦工程正式动工建设。

12月27日至28日，县十五届人大常委会第六次会议召开。县人大常委会主任章文英，副主任李金砖、郑有赚、洪燕、陈招远出席会议。常务副县长邵全建，副县长卢志伟、俞茂昊、颜惠珍列席会议。县政协副主席王大林应邀列席会议。

12月28日，三门TV网开通仪式在县广播电视台举行。县领导洪燕、颜惠珍、杨树军出席仪式。

12月31日，县公安局与供电局举行“警企联络室”授牌仪式，正式挂牌成立公安局驻供电局警企安全防范联络室。

2012年天台县大事记

1月9日，召开宣传贯彻《浙江省风景名胜区条例》大会。县领导余昌杰、叶玲君出席会议。

1月16日，县十四届人大常委会第三十八次会议召开，县人大常委会主任朱李益，副主任杨胜骏、庞一飞、褚夏芬、施逢沪、王金永、潘灵杰，以及常委会委员出席了会议。会议由施逢沪主持。

1月17日，中国农业科学院茶叶研究所所长、全国茶叶首席专家杨亚军一行10人到天台把脉茶叶发展。副县长戴世勇陪同。

1月19日，全县乡镇书记、乡镇长会议召开。县领导李志坚、杨胜杰、裘国宏、朱怀宏、谢永刚、施亚东、潘军明、项凤日、徐华、余昌杰参加会议。

1月31日，县政府专门召开会议，对即将提请县十五届一次人代会审议的《政府工作报告（征求意见稿）》广泛征求意见。

2月1日，全县财政地税工作会议召开。县领导徐淼、余昌杰出席会议。

同日，省国土资源厅厅长楼小东一行到天台，就民营经济发展情况进行调研。县领导李志坚、戴世勇陪同。

2月6日至7日，市委常委胡斯球到天台开展“进村入企”走访活动。

2月9日，台州市副市长凌云在市经信委、环保局等单位负责人的陪同下，到天台开展“进村入企”大走访活动。副县长吴华丁陪同。

2月11日，县十五届人大一次会议举行第三次全体会议。会议以无记名投票方式，依法选举产生了县十五届人大常委会主任、副主任、委员，县人民政府县长、副县长，县人民法院院长，县人民检察院检察长。林峰当选为县十五届人大常委会主任，徐淼当选为天台县人民政府县长。

2月13日，县“百项千万”工程集中竣工投产仪式分别在白鹤南北协作基地和洪三功能区举行，共有4家企业的重点项目正式竣工投产。县领导李志坚、徐淼、陈政明、蔡文新、杨尧生、曹元新出席投产仪式。

2月14日，全县经济工作会议召开。李志坚、徐淼、林峰、陈政明等县四套班子领导出席了会议。

2月16日，浙江天台民生村镇银行股份有限公司创立大会暨第一届股东大会召开。

2月23日，台州市副市长赵跃进在市级有关部门负责人的陪同下，就《政府工作报告》内容征求市人大代表、市政协委员以及相关部门负责人的意见。县长徐淼、副县长姚乐平参加会议并提出了建议意见。

2月24日，天台山区经济发展示范区规划研讨会召开。

2月27日，县长徐淼主持召开创建国家5A级旅游区工作协调会，部署天台山风景区创建国家5A级旅游区工作。

3月10日，桐乡市市长盛勇军率领考察团到天台学习交流城市规划工作。

3月13日，召开全县城市转型破难攻坚动员会。

3月15日，县委副书记杨胜杰在县农办负责人的陪同下，先后到始丰街道、平桥镇调研“美丽乡村”建设工作。

3月16日，县人大常委会主任林峰、副主任蔡文新到天台祥和实业有限公司，进行“进村入企”大走访活动。

3月22日，县首家乡镇一级效能工作室在白鹤镇成立，县委常委、纪委书记徐华为其揭牌。

3月23日，县委常委、纪委书记徐华主持召开全县重点岗位动态监管集中评价大会。

4月4日，三州乡首届书法展在县博物馆隆重开幕，县委常委、统战部部长施亚东出席开幕式。

4月6日，召开全县社会管理综合治理委员会第一次全体会议。

4月10日，县工业转型升级专题研修班在上海复旦科技园进修学院开班。

4月13日，全县农贸市场改造提升工作会议召开。

同日，浙江省首个社区矫正法律监督办公室在县检察院成立。

4月14日，省立同德医院与县中医院建立协作医院签约揭牌。

4月16日，《天台县“美丽乡村”建设总体规划》评审会召开。

4月17日，召开天台山菩提院（护国寺）建设领导小组扩大会议。

4月27日，召开庆“五一”暨工会系统“双服务”活动动员大会。县领导杨胜杰、潘灵杰、杨尧生、齐显移参加会议。

5月3日，县十五届人大常委会第三次会议召开。

5月10日，县长徐淼会见日本岩舟町町长市村隆一行。

5月11日，县政府机构改革动员大会召开。

5月15日，由农业部主办，农业部乡镇企业局、浙江省农业厅、台州市农业局、天台县政府承办的“全国休闲农业创意精品（华东赛区）推介活动”在天台隆重开幕。

5月16日，天台山茶文化寻根探源国际研讨会举行。

5月18日，全县工业重点工作推进会在平桥镇嵩山湾召开。

5月19日，县政府在天台宾馆设宴欢迎日本友人高桥一男、大岛静枝一行，并授予高桥一男和大岛静枝“天台县荣誉市民”称号。

5月24日，全县重点工业项目汇报会召开。

6月6日，全县旅游工作汇报会召开。

6月7日，副市长李跃程到天台调研工业经济发展情况。

6月13日，县残疾人事业工作会议暨省级扶残助残爱心城市创建动员会召开。

6月19日，市委副书记肖培生一行到天台调研山区经济转型发展工作。

6月20日，县十五届人大常委会举行第四次会议。

6月27日，省公路管理局在天台宾馆召开《天台城关至临海清水坑公路工程可行性研究报告》评审会。

6月30日，2012天台山石梁避暑节隆重开幕。

7月4日，天台山游客中心建筑设计方案评审会召开。

7月5日，中共天台县个体劳动者协会委员会正式成立。

7月11日，由福溪街道和县司法局联合举办的福溪街道社区矫正帮扶团成立大会暨第一次“手拉手”帮扶活动签订仪式在福溪街道举行。

7月12日，副市长蔡永波率市建设规划局、交通局等相关部门负责人到天台调研城建、交通工作。副县长吴华丁陪同。

同日，全县创5A暨旅游强县复评工作推进会召开。

7月24日，召开《生态名县战略规划》评审会。副县长吴华丁主持会议。

7月25日，省水利厅厅长陈川率相关人员到天台视察水利工作，县委书记李志坚、副县长戴世勇及水利局相关负责人陪同。

8月9日，全县档案工作会议暨档案事业“两个推进”发展战略培训会召开。

8月15日，召开公共卫生委员会暨爱国卫生运动委员会全体（扩大）会议。

8月20日，县检察官文学艺术联合会成立暨第一次会员大会在县检察院隆重召开。

8月21日，县纪委工委（监察分局）正式挂牌成立。

8月22日，县首个统战人士“同心之家”落户石梁。县委常委、统战部长施亚东为“同心之家”授牌。

8月24日，全县基层组织建设半年度工作例会在平桥镇召开，县委常委、组织部长项凤日参加会议。

8月29日，城东派出所人民医院警务室揭牌仪式在县人民医院隆重举行。

9月2日，天台山道教文化研究会换届暨学术研讨会在桐柏宫举行。

9月6日，中国道教养生文化学术交流会在天台宾馆召开。

9月10日，天台山旅游集散中心初步设计方案评审会召开，对《天台山旅游集散中心景观设计》《天台山旅游集散中心商业街建筑设计》《天台山旅游集散中心扩大初步设计》三个设计方案进行评审。

9月12日，召开县域总规、中心城区总规评审会，李志坚、徐淼、林峰、陈政明等县四套班子全体领导及有关部门、乡镇（街道）负责人参加了评审会。

9月19日，全市纪检监察信访举报工作座谈会暨复查复核工作推进会在天台召开。

9月20日，浙江永贵电器股份有限公司在深圳证券交易所正式挂牌上市。副市长李跃程，县领导李志坚、林峰、陈政明、杨尧生出席上市仪式。

9月21日，栖霞大桥开工建设。

10月9日，召开了世行农村污水处理项目建设座谈会，商讨世行贷款项目——农村生活污水处理系统示范工程有关事宜。

10月14日，召开省级卫生县城复审工作领导小组会议。县领导杨胜杰、裘国宏、叶玲君、吴华丁，县省级卫生县城复审工作领导小组全体成员参加会议。

10月15日，由德国哈瑙市市长克劳斯·卡明斯基带领的考察团到天台访问。

10月17日，全市县级公立医院综合改

革现场推进会在天台召开。

10月18日，县对外文化交流促进会成立大会在天台山书画院举行，这是全省首个县级对外文化交流促进会。

10月22日，国家生态县考核验收组一行对天台创建工作进行全面考核、验收。

10月30日，召开高校科技成果暨金融服务信息发布会，副县长谢永刚主持，副县长姚乐平出席发布会。

11月9日，由省纪委、国资委、财政厅组成的调研组到天台调研“阳光工程”建设。

11月15日，国清讲寺方丈升座庆典答谢茶会在该寺聚贤堂举行。县领导李志坚、项凤日、徐华、叶玲君、戴世勇、张卫平出席茶会。

同日，天台山修禅寺复建工程奠基典礼隆重举行。

11月20日至21日，以省旅游局副局长方敬华为组长的省旅游经济强县复核组对天台创建的省旅游经济强县工作进行复核检查。

11月23日，县广播电视艺术团成立仪式在县青少年宫举行，县委常委、宣传部长裘国宏，副县长叶玲君出席仪式。

11月29日，“中国名山文化丛书·天台山系列”首发式暨名山文化座谈会在天台宾馆隆重举行。

12月5日，南屏乡南黄古道牌坊揭牌仪式在前杨村口举行。

12月7日，召开县反邪教协会成立大会。

12月13日，始丰湖公园建设动员大会举行。

同日，全县工业工作研讨会在卧龙山庄召开。

12月14日，县委十三届四次全体会议召开，讨论决定召开中国共产党天台县第十三届代表大会第二次会议有关事项。

12月19日，县重点工程、平桥镇高山移民（二期）项目正式开工。

同日，县人大常委会与县政府举行工作对接会。县领导徐淼、林峰、潘军明、谢永刚、蔡文新、褚夏芬、施逢沪、王金永、潘灵杰、姚乐平、杨尧生、叶玲君参加了对接会。

12月20日，位于白鹤镇的南北协作多功能区(何方赵区块)正式开工。

12月27日，62省道天台段改建工程正式建成通车。

2012年仙居县大事记

1月4日，代县长林虹听取2012年度县财政预测汇报。

1月5日，副县长马志和召开九州通医药集团有限公司物流项目落地推进会。

1月7日，省山海协作工程考核组到仙居考核山海协作工程实施情况。县长助理李金明陪同考核。

1月8日至11日，县政府领导林虹、朱永兵、马志和、陈扬、郑旭东、何善泽、朱志明、郭健跳、李金明参加中共仙居县第十三届代表大会第一次会议。

1月10日，仙居新区一期项目2.99亿元贷款已经通过省工商银行审批，首笔5000万元贷款顺利发放。

1月12日，召开全县乡镇街道书记乡镇长例会。

1月16日，代县长林虹、县长助理李金明参加全县重点企业负责人暨外来投资者迎春座谈会。

1月18日，环城北路西延段通车暨城区新公交开通典礼隆重举行。县领导单坚、林虹、胡明龙、滕显木、李建平、陈扬华、刘中华、朱永兵、林向前、郑旭东、郭健跳及各相关人员参加了开通典礼。

1月30日，“台州商人仙居行”投资项目推介会召开。

2月10日，仙居新区举行一期项目建设对接会。

2月14日，县人大常委会主任胡明龙在相关人员的陪同下，到下各镇黄粱陈村调研工作。

2月15日，县委书记单坚在旅游、农办等相关部门负责人的陪同下到淡竹乡调研工作。

2月21日，市委常委、组织部长马晓晖，副市长蔡永波在有关人员的陪同下，到仙居开展下访活动。单坚、林虹、胡明龙、滕显木等县四套班子领导及相关部门负责人陪同接访。

2月23日，省国土资源厅副厅长、省地质勘查局局长华宣奎一行到仙居调研基层地质灾害防治工作。

2月25日，县政协八届一次会议隆重开幕。

2月26日，县十五届人大一次会议隆重开幕。

2月27日，在省人民大会堂召开的“国家数字卫生”项目成果介绍会上，仙居被授予“国家数字卫生项目示范县”称号。

2月28日，《35省道仙居桐桥至官路段改建工程可行性研究报告》通过评审。县领导郑旭东、潘法祥及乡镇（街道）有关部门负责人参加了会议。

3月12日，市委常委、组织部长马晓晖到仙居开展“进村入企”大走访活动。县长林虹，县委常委、组织部长王丹陪同走访。

3月14日，召开国家级生态县创建工作会议。副县长潘法祥参加了会议。

3月15日，全县经济工作会议在仙居剧院隆重召开。单坚、林虹、李建平、陈扬华、刘中华等县四套班子领导参加了会议。

3月22日，“建设生态水利·打造‘美丽乡村’”活动、仙居县青少年“关爱永安溪·保护母亲河”行动暨创建省级森林城市万人签名活动启动仪式在赵岙农庄隆重举行。

3月28日，2012浙江·仙居第五届油菜花节正式开幕。

同日，浙江友诚控股集团有限公司董事长徐有忠一行到仙居考察高尔夫球场投资项目。副县长潘法祥陪同考察。

4月9日，抽水蓄能电站移民交接仪式在横溪镇举行，县委常委、宣传部长陈扬参加交接仪式。

4月13日，召开全县安全生产工作会议。

4月16日，全市建设“平安台州”暨社会管理综合治理工作电视电话会议召开。县领导林虹、张海平、朱寿龙、谢扬中在仙居分会场参加了会议。

4月18日，全国人大常委会原副委员长成思危到仙居考察旅游文化建设。

4月20日，省块状产业标准化项目验收组对仙居工艺美术行业协会申报的《制定和实施木制工艺品联盟标准，促进产业转型升级》项目进行了考核验收。

5月10日至11日，中宣部舆情局办公室主任涂仲林带领中央学习型党组织建设调研组一行到仙居调研和指导工作，并对该县学习型党组织建设工作给予充分肯定。县领导单坚、李斌、陈扬、王丹先后陪同调研。

5月24日，全县“项目攻坚年”工作推进会召开。

5月30日，召开“进村入企”工作网开

通仪式，市委常委、组织部长马晓晖，县领导单坚、林虹、李斌、王丹等参加了开通仪式。

5月31日，全县“阳光工程”建设动员大会召开。

同日，常务副县长朱永兵率领发改局、县委督查办和县府督查办成员，对县建设规划局“项目攻坚年”活动开展情况进行了督查。

6月10日，县浙商回归投资推介会在杭州举行。

6月14日，省农科院院地合作杨梅科技示范基地揭牌仪式在仙居桐桥村举行。省农科院副院长张明生、副县长朱志明、县府办副主任吴伟俊、县林业局局长应光明等领导出席揭牌仪式。

同日，神仙居省级旅游度假区游客服务中心项目开工建设。省旅游局副局长许澎，副市长赵跃进，县领导单坚、林虹、李建平、陈扬华、王丹、潘法祥参加开工仪式。

7月11日，县委十三届四次全体（扩大）会议暨县政府全体会议召开。

7月12日，召开全县“服务效益年”活动工作推进会。

7月13日，国家环保部华北督察中心主任熊跃辉在市环保局局长章维建的陪同下到仙居检查污染减排工作。副县长潘法祥陪同检查。

7月25日，副县长潘法祥到35省道田市至湫山段改建工程检查道路交通安全工作。

7月26日，召开全县金融联席会议暨银企合作签约会。

7月27日，国家重大科技专项“浙江省防治艾滋病、病毒性肝炎和结核病等重大传染病规模化现场流行病学和干预研究”——仙居示范县乙肝社区综合管理和免费防治项目举行启动仪式。

8月1日，下各镇农业服务协会正式成立。

同日，召开国家级生态县创建亮点工程建设工作会议。

8月7日，县长林虹深入一线，先后到南峰街道、福应街道、抽水蓄能电站建设工地、下岸水库等地，检查指导防台抗台工作。

8月10日，省长夏宝龙一行到仙居视察工作。省政府秘书长张鸿铭，市领导陈铁雄、吴蔚荣、肖培生、吴海平、蒋珍明、赵跃进，县四套班子领导单坚、林虹、李建平、陈扬华等陪同视察。

8月15日，召开全县基本农田划区定界暨农村土地综合整治工作推进会。

8月31日，县长林虹到横溪镇开展“进村入企”大走访活动。

9月7日，全县渔业资源管理机制改革暨加强农产品质量安全监管工作动员会召开。

9月18日，召开柑橘产业提升座谈会。副县长朱志明参加了座谈会。

9月19日，省高级人民法院院长齐奇到仙居调研法院工作。

9月20日，省旅游局副局长朱红炜一行到仙居考察旅游度假区工作。

9月25日，35省道田市至湫山段改建工程通过交工验收，这标志着该工程真正投入试运营。副县长潘法祥参加了交工验收会。

10月10日，安吉县县委书记单锦炎率考察团到仙居考察旅游综合改革试点工作。县委书记单坚、副县长潘法祥陪同考察。

10月14日，浙江仙居抽水蓄能电站下水库围堰胜利合龙。

10月22日，全县“慈孝仙居”创建工作现场推进会在下各镇召开。

10月22日至23日，省“双服务”专项行动第九服务组到仙居调研。

10月23日，市人大常委会副主任胡斯球一行到仙居就文化发展开展调研。

10月25日，省经信委主任谢力群在市经信委主任林定刚的陪同下到仙居调研。县委书记单坚、副县长应文彬陪同调研。

10月29日，温州仙居商会成立大会在温州召开。单坚、林虹、李建平、陈扬华、刘中华等县四套班子领导出席成立大会。

10月30日，全县金融联席会议暨银农对接会召开，达成贷款意向协议资金1.48亿元。常务副县长朱永兵、副县长朱志明参加了会议。

10月31日，省发改委主任孙景淼一行到仙居就经济发展情况进行调研。

11月1日，仙居——浙江工业大学科技对接会召开。浙江工业大学副校长盛颂恩、县长林虹、副县长王旭参加了对接会。

11月2日，召开工业强县建设暨“决战四季度”活动动员大会。单坚、林虹、李建平、陈扬华等县四套班子领导参加了动员会。

11月7日，省国资委主任陈正兴到仙居调研指导工作。

11月14日，召开全县乡镇（街道）书记镇长例会，专题研究全面推进“美丽乡村”建设工作。单坚、林虹、李建平、陈扬华、刘中华等县四套班子领导参加了会议。

11月20日，全县农村集体“三资”管理工作会议召开，县委常委、纪委书记李斌，副县长朱志明及相关人员参加了会议。

11月29日，省旅游局局长赵金勇在有关人员的陪同下，到仙居实地考察大神仙居景区建设情况。

12月5日，县企业“全员轮学”活动正式启动。县委常委、宣传部长陈红雷，副县长应文彬参加了启动仪式。

12月10日，县委书记单坚，县人大常委会主任李建平，常务副县长朱永兵，县委常委、组织部长王丹，县委常委、宣传部长陈红雷，副县长李忠民、王旭带领各乡镇（街道）主要负责人赴安徽黟县考察“美丽乡村”建设情况，该县副县长吴镇进陪同考察。

12月10日至11日，县长林虹、县政协主席陈扬华、副县长郭健跳率领县党政考察团前往乌镇，考察学习乌镇景区规划、管理、营销等方面的先进经验。

12月12日，县委书记单坚在相关人员陪同下，先后赴湫山乡和田市镇调研。

12月13日，召开全县乡镇（街道）指挥部（管委会）下半年工作点评会。单坚、林虹、李建平、陈扬华、刘中华等县四套班子领导及各乡镇（街道）、指挥部（管委会）主要负责人参加了会议。

12月14日，县委县政府召开工作务虚会。

12月17日，县创建国家绿色生态示范城区暨能源中心建设签约仪式在东方大酒店举行。上海邮通科技总裁郑建华，县领导林虹、陈扬华、朱永兵、郭健跳出席了签约仪式。

12月19日，县十五届人大常委会举行第十七次主任会议。县人大常委会主任李建平，副主任张海平、张建平、应明歇、石爱萍、张大伟参加了会议。副县长潘法祥列席会议。

12月25日，县十五届人大常委会召开第十九次主任会议，县人大常委会主任李建平，副主任张海平、应明歇、徐薇薇、石爱萍、张大伟参加了此次会议。常务副县长朱永兵列席会议。12月26日，县政协八届四次常委会议召开。县政协主席陈扬华，副主席杨维平、潘仲秋、朱寿龙、潘小燕、王小伟，党组成员李金明，秘书长陈立前出席了会议。

12月27日，仙居书画院成立，并举行揭牌仪式。单坚、林虹、陈扬华等县四套班子领导参加了揭牌仪式。

同日，召开40省道仙居段改建工程工作会议，县委常委、公安局长林向前，副县长潘法祥参加了会议。

衢州卷

2012年衢州市大事记

1月7日，市委、市政府在北京举行衢州市经济社会发展恳谈会。

1月10日，市政府召开第15次常务会议。

1月13日，市委、市政府在杭州召开衢州市2012年经济社会发展咨询会。

1月16日，市委、市政府举行商会工作座谈会。市委副书记李剑飞出席并讲话，副市长胡仲明主持会议。

1月17日，代市长陈新主持召开市政府第16次常务会议，传达贯彻省十一届人大五次会议精神，研究招商引资、市长特别奖等工作。

1月19日，市纪委五届十次全体(扩大)会议召开。

1月29日，市委、市政府召开全市机关干部大会。

2月1日，温州—衢州经济合作框架协议在世界温商大会上签订。

2月2日，市委、市政府举行2012年企业家新春团拜会。

2月9日，衢州市与浙江能源集团有限公司签订战略合作框架协议。市委书记赵一德、代市长陈新、常务副市长江汛波和浙能集团董事长吴国潮、副总经理范小宁等出席签约仪式。

2月10日，代市长陈新调研城市建设工作。

2月13日，代市长陈新主持召开市政府第十七次常务会议，研究《政府工作报告(送审稿)》、2012年市政府为民办实事计划等事项。

2月19日，中国共产党衢州市第六次代表大会隆重开幕。赵一德、陈新、居亚平、俞流传、李剑飞、江汛波、杜世源、徐旭、杜康、陈元华、诸葛慧艳、傅根友、赵建林、王建等市领导在主席台前排就坐。

2月21日至22日，全省运输管理工作座谈会在衢州召开，省交通运输厅副厅长郑黎明出席会议。

2月23日，召开全市农村工作会议。

2月29日，巨化股份与美国霍尼韦尔公司在衢签署合作协议，代市长陈新，市委常委、巨化集团公司董事长杜世源，霍尼韦尔公司特性材料和技术集团总裁兼首席执行官孔恩睿(Andreas Kramvis)参加签约仪式。

3月5日，召开全市环境保护暨创建国家环保模范城市动员大会。

3月9日，浙江省安全生产应急救援巨化中心在巨化消防大队揭牌，这是我省第三支由政企合作建立的省级专业应急救援队伍。省安监局局长徐林，省经信委副主任王素娥，省国资委副主任董贵波，市委常委、巨化集团公司董事长杜世源等出席揭牌仪式。

同日，市领导与国家科技部领导在北京就创建国家高新技术产业开发区等工作进行会谈。市委书记赵一德、市长陈新、常务副市长江汛波、副市长罗卫红等参加会谈。

3月12日，2012年市委的一号文件——《中共衢州市委、衢州市人民政府关于加快培育主导产业和龙头骨干企业，促进工业经济跨越发展的若干意见》正式下发。

3月16日，市委召开全市领导干部会议，传达贯彻全国“两会”精神，推动2012年各项目标任务落实。

3月20日，市援建乌什县2011年援疆项目复工动员大会在衢州援疆指挥部举行。

3月22日，召开全市重点项目建设推进会，总结“互看互学”现场观摩阶段工作，对“项目建设突破年”活动进行再动员、再部署。

3月26日，市长陈新主持召开市政府第19次常务会议，研究通过了衢州市安全生产行政问责暂行办法、排污权有偿使用和交易暂行办法、市区公共租赁住房管理办法等。

同日，2012年衢州对口支援新疆乌什县第一批援疆项目集中开工仪式，在乌什县阿合雅乡隆重举行。

4月1日，省委、省政府战略性新兴产业发展情况督查组到衢州进行专项督查。

4月5日，市长陈新主持召开市政府第二十次常务会议，研究文化强市建设规划等事项。

4月16日，市政府与中国出口信用保险公司浙江分公司签订战略合作协议。

4月19日，市首个高校和企业合作开办的独立学院——衢州职业技术学院开山学院(筹)揭牌。常务副市长江汛波为衢职院开山学院(筹)揭牌。

4月20日，市公安局与新疆乌什县公安局对口援助暨素质强警合作框架协议签订仪式在龙游县举行。

4月23日，市长陈新主持召开市政府第二十一次常务会议，重点研究促进创业创新的相关政策。

4月27日，市红五环集团股份有限公司的“红五环HONGWUHUAN及图形”商标，由国家工商总局商标局认定公布为中国驰名商标。

5月2日，省财政厅党组成员、纪检组长秦忠，率省“双服务”专项行动组到衢州，开展“双服务”专项行动。副市长胡仲明出席座谈会。

5月9日，市政府召开省级天然气管网衢州项目推进会，部署西气东输二线衢州段的配套管网建设工作。常务副市长江汛波出席会议并讲话。

5月17日，市委召开常委会议，研究加强市委班子自身建设和当前重点工作。

5月21日，市政府召开第二十二次常务会议。市委书记陈新到会讲话，代市长沈仁康主持会议并讲话，常务副市长江汛波，副市长占跃平、胡仲明等参加。

5月22日，代市长沈仁康到市咨询委召开座谈会，就政府工作听取市咨询委专家意见。

5月24日，衢州市与黑龙江省鹤岗市缔结友好城市签约仪式在衢州举行。

同日，衢州市与南非茵弗里尼市建立国际友好交流城市关系协议签字仪式，在茵弗里尼市政厅举行。

5月26日，在北京召开的第六届中国上市公司市值管理高峰论坛上，中国上市公司市值管理研究中心发布了“2010年度中国上市公司市值管理百佳榜”，巨化股份以总分69.06的成绩名列第18名，获得“2012年度中国上市公司市值管理百佳”称号，同时还囊括“2012年度中国上市公司资本品牌百强”和“2012年度中国上市公司资本品牌溢价百强”两项大奖。

5月28日，总投资10亿元的衢州首座城市综合体——衢江东方广场项目，在衢江新区开工。副市长胡仲明出席并为项目培土奠基。

5月30日，市政府与国家开发银行股份有限公司浙江省分行在杭州市签订了开发性金融合作备忘录，“十二五”时期项目融资意向合作额度达200亿元。

6月1日，市政府与雨润控股集团有限公司在南京市签订战略合作协议书，雨润集团拟投资50.25亿元在衢建设农副产品冷链物流中心。

6月7日至8日，国家旅游局副局长杜一力一行到衢州考察旅游工作。

6月13日，市社会主义新农村建设领导小组成员(扩大)会议召开。

6月17日，国家民政部党组副书记、副部长罗平飞，中国爱国拥军促进会副秘书长马登云一行到衢州调研社会化拥军工作。市委书记陈新、副市长毛建民和省民政厅副厅长万亚伟等陪同调研。

6月18日，代市长沈仁康主持召开市政府第二十四次常务会议，研究山区科学发展试验区实施方案、促进外经贸稳定增长措施和“两江两港”、城市综合交通等规划。

6月27日，市委、市政府举行4个重点项目集中开工仪式，代市长沈仁康、市人大常委会主任居亚平、常务副市长江汛波、市政协副主席陈建良参加开工仪式，并为衢州华友钴新材料项目、旺旺集团衢州工业园包装材料项目、石梁至华墅公路(石华线)项目和天然气利用工程项目的开工奠基培土等。

6月29日，市政协召开学习贯彻中共中央办公厅、国务院办公厅《关于进一步加强人民政协提案办理工作的意见》座谈会。

7月4日，宁波杭州湾新区考察团到衢州考察。

7月5日至6日，省发改委主任孙景淼率“双重”工作调研组一行到衢州，调研指导“围绕重大决策、推进重大项目”专项行动。

7月11日，副市长罗卫红到市人民医院、市中医院调研。

7月16日，代市长沈仁康主持召开市政府第二十六次常务会议，研究通过市长特别奖和制造业企业争先排名奖等奖项的评选办法、工业行业龙头骨干企业认定办法、调整市、区两级部分公共管理权限等事项。

7月20日，市政府召开全市金融形势分析会。

7月23日，公安驻环保工作联络室正式授牌成立。

8月1日，常务副市长江汛波调研“无线城市、智慧衢州”建设工作。

8月5日，乌什·浙江衢州农副产品产业园衢州大道交付仪式，在新疆乌什县隆重举行。副市长毛建民出席仪式。

8月15日，市委市政府举行“一村一品”行动推进会，全面启动“一村一品”行动计划。

8月20日，市国际商会成立大会暨首届

理事会第一次会议召开。

8月23日，衢州海创园项目在杭州市余杭区签约。

8月27日，衢州市与西班牙穆西亚市建立友好交流城市关系签约仪式，在穆西亚市政厅举行。

9月5日至7日，省环保厅厅长徐震带领相关处室的负责人到衢州调研指导生态环保工作。代市长沈仁康介绍有关工作。

9月7日，全国教师工作暨“两基”工作总结表彰大会在北京召开，市教育局被评为全国“两基”工作先进单位。

9月11日，市人大常委会主任居亚平到衢江区开展主任接待代表活动。

9月14日，广东长江集团有限公司邀请美国WATG公司项目设计团队到衢州考察五龙湖国家生态度假试验区项目。

9月18日，第七届中国（衢州）华东旅游交易会暨2012浙江森林旅游节，在开化文化艺术中心开幕。

9月28日，科技部国际合作司公使衔参赞阮湘平，带领科技部国际科技合作成果宣传报道团到巨化考察，市委常委、巨化集团公司董事长、党委书记杜世源陪同。

9月29日，全市人大主任学习研讨会在常山县召开，专题研讨“美丽乡村”建设工作。

10月11日，全国二十三市(区)人大常委会联席会第二轮第二十一次会议在衢州召开。

同日，全市第三季度招商引资暨支持浙商创业创新工作督查推进会召开。

10月11日至12日，由省经合办副主任率永利带领的调研组一行，到衢州进行山海协作与共建园区工作调研。

10月15日，衢州绿色产业集聚区授牌暨项目签约仪式隆重举行。市委书记陈新为集聚区党工委授牌，代市长沈仁康为集聚区管委会授牌。市领导居亚平、俞流传、李剑飞、杜世源、傅根友等出席仪式，常务副市长江汛波主持。

10月17日，市委书记陈新会见了到衢州考察的青年汽车集团董事局主席、总裁庞青年一行。

10月23日，2012亚太汽车拉力锦标赛中国（龙游）拉力赛暨第三届龙游龙文化旅游节在龙游中学隆重启幕。

10月24日，浙江省首届女子体育节在衢州职业技术学院体育馆隆重开幕。

10月26日，中国·龙游第三届黄龙玉赏石文化博览会在龙游荣昌广场开幕。

10月29日，衢州市杭州商会成立大会暨一届一次会员大会召开。

11月2日，上海银监局领导率东亚银行(中国)有限公司等8家在沪外资银行人员到衢州对接恳谈。在恳谈会上，东亚银行(中国)有限公司、渣打银行(中国)有限公司、花旗银行(中国)有限公司、汇丰银行(中国)有限公司4家外资银行与市政府签署全面合作协议；星展银行杭州分行与浙江巨化股份有限公司签署全面合作协议。

11月8日，市商贸业联合会举行成立大会。

11月12日，代市长沈仁康主持召开市政府第三十七次常务会议，研究衢州绿色产业集聚区管理办法及授予部分公共管理权限、衢州市城区生态水系规划修编等事项。

11月22日，衢州市与北京控股集团有限公司工作座谈会暨合作项目签约仪式在衢州举行。

11月26日，市政府召开党的十八大精神学习会。

12月3日，市长沈仁康主持召开市政府第四十次常务会议，研究创建衢州省级氟硅新材料高新技术产业园区、推进全市县级公立医院综合改革等事项。

12月5日，衢州学院人文素质教育基地在孔氏南宗家庙揭牌。

12月6日，市政府召开全市县级公立医院综合改革工作推进会。

12月11日，市政府咨询委员会召开全体会议。市长沈仁康出席并讲话。

12月16日，市经济社会发展恳谈暨投资项目人才政策推介会在北京举行。

12月19日，全省氟硅新材料产业技术创新与高新园区创建启动工作会议在衢州召开。

12月23日，中国制浆造纸研究院与衢江区人民政府举行中国纸浆造纸研究院衢州分院签约仪式。常务副市长江汛波出席。

12月27日，长江三角洲城市经济协调会办公室第二十九次工作会议在衢州召开。

2012年衢江区大事记

1月5日，区第十二次党代会隆重开幕。

同日，区委召开常委民主生活会。常务副市长江汛波出席指导，区委书记朱建华主持，区委常委参加会议。区人大、区政协主要负责人，区委办主要负责人列席会议。

1月6日，区第十二次党代会举行第二次全体会议。

1月7日，新选举产生的中共衢州市衢江区纪律检查委员会召开第一次全体会议。吴剑锋同志主持会议。

1月9日，区政协召开十一届二十四次常委会议。

1月14日，龙泉市委书记蔡晓春率党政代表团到衢江考察。市委常委、组织部长赵建林，区领导鲍秀英、耿建新、童炜鑫、赵建新、余金华、吾东明、毛胜田、费里夫、余渭龙接待了考察团一行。代区长鲍秀英和龙泉市代市长季柏林代表两地签订了友好市（区）协议。

同日，上虞市副市长程学法一行到衢江，就“山海协作”工作进行对接。

1月17日，区委召开常委扩大会议，通报省委巡视组集体反馈意见，研究部署下一步整改落实工作。

同日，副市长毛建民带队到衢江召开座谈会，征求对即将提请市六届人大二次会议审议的《政府工作报告(征求意见稿)》和市政府工作的意见。

1月27日，福建省政协副主席叶继革到衢江考察并欣然题词。

2月3日，区委、区政府举行2012年企业家新春团拜会。

2月3日至4日，在杭州召开的全省农村工作会议上，省委常委、副省长葛慧君宣读了《关于表彰2011年度社会主义新农村建设优秀单位的通报》（浙委〔2012〕18号）表彰文件，衢江区榜上有名。

2月7日，区政协十二届一次会议隆重开幕。

2月8日，区十四届人大一次会议隆重开幕。

2月22日，一批亿元重点项目在衢江经济开发区隆重举行集中开工仪式，总投资近12亿元，亩均投资强度达388万元。

2月23日，区纪委十二届二次全体(扩大)会议召开。

3月5日至7日，省银监局局长韩沂率队到衢江开展“进村入企”大走访活动。

3月11日，区长鲍秀英赴峡川镇东坪村、李泽村和失母湾村，开展“进村入企”大走访活动。

3月13日，区政府专题召开全区土地矿产卫片执法检查工作推进会，部署全区土地矿产卫片执法检查工作。

3月17日，马来西亚果农协会代表团一行40余人到衢江考察现代农业发展。副市长毛建民、副区长季根寿陪同。

3月27日，全市春耕生产“五送”服务暨农业科技促进年活动启动仪式在衢江全旺镇启动。

4月1日，全省建设“平安浙江”电视电话会议召开。会上，衢江被省委省政府命名为2011年度“平安区”，这是该区连续七年获得这一荣誉，实现了平安创建“七连冠”。

4月6日，召开全区生态环保暨节能减排工作会议。

4月11日，举行区十四届人大常委会第二次会议。

4月14日，区委区政府召开专题会议，研究部署城中村改造调查摸底工作。

4月18日，以省农技推广基金会副会长王松林为组长的省级创新农作制度示范乡镇创建试点工作调研组到衢江调研。

4月25日，区委副书记童炜鑫、副区长季根寿率相关部门、乡镇主要负责人和重点村的党支部书记赴江山市考察学习“中国幸福乡村”创建工作。

4月26日，庆“五一”暨“金锤奖——衢江杰出职工”表彰大会在区会议中心隆重举行。

同日，省国土资源厅副厅长张国斌一行到衢江调研低效用地二次开发工作。区长鲍秀英、副区长季根寿陪同。

4月28日，全区服务型基层党组织建设现场推进会在黄坛口乡召开。

5月5日，召开江滨景观带概念性规划方案汇报会。

5月9日，省广电局巡视员铁国强一行到衢江调研地面卫星接收器整治工作。副区长袁亚平陪同调研。

5月11日，由市公安局、交通运输局、住建局、司法局、教育局、安监局等部门组成的市平安畅通区和平安畅通乡镇活动评议考核组到衢江考核2011年度平安畅通区和平安畅通乡镇创建工作。副区长童土善出席汇报会。

5月12日，区中医院（筹）成立揭牌仪式在樟潭中心卫生院隆重举行。

5月14日，区委书记朱建华到杜泽镇调研。

5月16日，区长鲍秀英区综合执法局调研。

5月17日，区委书记朱建华到区城中村改造指挥部办公室，调研指导城中村改造工作。

5月18日，区政府召开全区国土资源工作会议，研究部署2012年国土资源工作。

5月21日，区委书记朱建华专题调研城区江滨路规划建设情况，并听取住建、规划、国土、交通运输等相关部门情况汇报。

5月25日，后溪镇公铁立交工程建成通车。区委书记朱建华出席仪式并宣布通车。区领导吴剑锋、吾东明出席。

5月27日，全区低丘缓坡（低次园地）开发现场会在廿里镇召开。

5月28日，区城市综合体（东方广场）开工典礼暨城市招商项目推介会隆重举行。

5月31日，区委区政府召开“美丽乡村”“四级联创”工作推进会。

6月1日，区政府咨询委员会成立大会举行。

同日，代市长沈仁康一行到衢江调研。

6月7日，区委区政府召开杭新景高速公路衢江段征迁工作动员会。

6月8日，区十四届人大常委会举行第三次会议。

同日，召开全区招商引资点评通报会。1—5月份，全区引进各类招商引资项目133个，协议投资额117.31亿元。其中新引进项目55个，同比增长150%，协议投资额32.15亿元，同比增长100.37%，实际到位资金15.88亿元。

6月10日，区长鲍秀英赴灰坪、上方、峡川等乡镇调研。

6月12日，区委召开全区领导干部会议，传达贯彻省第十三次党代会和全市领导干部会议精神。

6月15日，区委书记朱建华到其任职“第一书记”的云溪乡锦桥村调研帮扶工作。

7月2日，区长鲍秀英主持召开区政府第二次常务会议，审议通过《衢江区农村公路养护与管理办法（讨论稿）》《衢江区消防事业发展“十二五”规划（送审稿）》等。

7月9日，区委书记朱建华赴横路办事处调研，实地查看东扩二期现场，听取工作情况汇报。

7月12日，区委副书记童炜鑫到廿里镇调研农业农村工作。

7月17日，区长鲍秀英主持召开区政府专题会议。

7月19日，上虞市副市长徐耘一行到衢江，就“山海协作”工作进行对接。副区长袁亚平出席。

7月23日，区十四届人大常委会召开第四次会议。

7月26日，由省财政厅党组成员、纪检组长秦忠带队的省“双服务”专项行动暨农贸市场改造提升督查组到衢江调研。副市长胡仲明，副区长童土善、石琪琪陪同。

7月30日，区委召开十二届二次全体（扩大）会议。

8月2日，举行区现代农业园区首届精品瓜果采摘节开摘启动仪式。

8月7日，代市长沈仁康以湖南镇岩家山村“第一书记”身份进村入户开展调研。

8月10日，召开旅游综合体项目推进分析座谈会。

8月14日，区委书记朱建华到全旺镇调研文化产业发展情况。

8月22日，区委书记朱建华一行赴太真、双桥等乡镇调研。

8月23日，区政府召开镇级污水处理设施项目建设推进会。

8月26日，浙医二院衢江分院举行合作两周年总结表彰大会暨浙医二院——UCLA病理联合诊断衢州分中心揭牌仪式。

9月3日，区委书记朱建华到衢江航运开发工程（衢江段）征迁现场。

9月9日，区长鲍秀英赴开发区检查东扩平台建设工作。

9月14日，全区2012年度特别扶持项目建设培训班开班。区委副书记童炜鑫出席开班仪式并讲话。

9月23日，9个亿元项目在衢江经济开发区东扩二期举行隆重的集中开工仪式。

9月29日，区鑫业小额贷款有限公司举行隆重开业仪式。区委书记朱建华出席并宣布开业。区长鲍秀英出席并致辞。区政协主席赵建新、区人大常委会副主任郑雪龙、副区长童土善出席。

同日，衢北养老服务中心扩建工程正式开工建设。副区长季根寿出席开工典礼。

10月11日，区首届房地产展示交易会隆重开幕。

10月12日，区政府召开全区“四边三化”行动动员部署会。

10月17日，区政协召开主席专题协商会，专题协商如何推进乡村卫生事业一体化管理工作。

10月19日，区政协召开十二届三次常委会议。

10月20日，位于开发区天湖南路的东港热电二期扩建项目正式投产。常务副区长吾东明出席了投产仪式。

10月22日，区十四届人大常委会举行第六次会议。

11月5日，区长鲍秀英主持召开区政府第四次常务会议，审议通过《衢江区全面推进依法行政工作“十二五”规划（送审稿）》等。

11月9日，区再次引入国有大型保险央企中国人寿保险股份有限公司衢州分公司，签订衢江区城乡居民医疗保险合作框架协议。

同日，全省毛竹覆盖“双百万”示范行动推进会在衢江召开。

11月20日至21日，中央电视台第七套节目《美丽中国——乡村行》栏目组编导陈墨及喜剧演员张建国、张国庆等一行4人到衢江采访“美丽乡村”创建工作。

11月23日，区委书记朱建华赴云溪乡宣讲十八大精神。

12月3日，区第一初中隆重举行开工奠基仪式。区委书记朱建华宣布开工，区长鲍秀英致辞，区领导耿建新、赵建新、汪群、袁亚平等出席，市教育局副局长翁孝川应邀出席。

12月4日至5日，以省林业厅副厅长杨幼平为组长的考核验收组对衢江区省级现代农业综合区创建点进行考核验收。副区长季根寿、石琪琪陪同。

12月7日，区长鲍秀英赴樟潭街道调研。

12月10日，区委召开全区领导干部会议。区委书记朱建华主持并讲话，区长鲍秀英传达省委全会精神，区委副书记童炜鑫出席。

12月12日至16日，区领导童炜鑫、严曦、季根寿率区相关部门、部分乡镇和农业企业代表组团赴江苏、山东考察现代农业发展和新农村建设。

12月13日，区十四届人大常委会召开第七次会议。

12月17日，区委召开“百千万先锋行动”动员部署会。

12月23日，中国制浆造纸研究院与区政府合作共建中国制浆造纸研究院衢州分院。中国制浆造纸研究院院长曹春昱，常务副市长江汛波，区领导鲍秀英、周小平、吾东明出席签约仪式。

12月24日，区委召开理论学习中心组（扩大）学习会。

12月26日，举行城中村改造安置项目——新屋里小区一期项目开工奠基仪式。市人大常委会副主任王延生应邀出席。区委书记朱建华宣布开工。区长鲍秀英致辞。区领导耿建新、赵建新、童炜鑫、何志前等出席。

12月27日，乌溪江度假村项目开工奠基仪式隆重举行。区委副书记童炜鑫出席并宣布项目开工，区领导吴剑锋、张建新、曾有仙出席。

2012年柯城区大事记

1月4日，市委常委、组织部长赵建林率队到柯城，开展2011年度推进惩防体系建设和落实党风廉政建设责任制情况检查考核。

1月14日，区委、区政府在北京举行寓京人士经济社会发展恳谈会。区领导祝晓农、徐延山、施维达、鲍继红、王国强出席恳谈会。

1月16日，衢州市代市长陈新到柯城调研。区领导祝晓农、徐延山、胡松、郑时宏、郑小瑛、施维达、鲍继红、申剑、余龙华、张晓峰、李永琪、李恒超、彭海生、王国强、郑河江等出席座谈会。

1月31日，召开全区干部大会。区委书记祝晓农出席并讲话，代区长徐延山主持会议，区领导胡松、郑时宏、郑小瑛、施维达、鲍继红、余龙华、张晓峰、李永琪、彭海生、王国强、郑河江等出席会议。

2月6日，区纪委七届二次全体(扩大)会议召开。

2月8日，区政协三届一次会议隆重开幕。

2月9日，区八届人大一次会议隆重开幕

2月13日，市委书记赵一德，市委常委、政法委书记傅根友到柯城下访接待群众并召开信访工作座谈会。区领导祝晓农、徐延山、胡松、郑小瑛、施维达等参加接访或座谈。

2月15日，区第八届人民政府第一次全体会议召开，贯彻落实区第七次党代会和区“两会”精神，研究部署政府自身建设工作。

2月17日，召开全区国税工作会议。常务副区长张晓峰出席会议并讲话。

2月21日，召开专题会议，部署“进村入企”大走访活动。区委书记祝晓农出席并讲话。区领导徐延山、胡松、郑小瑛、施维达、鲍继红、申剑、余龙华、张晓峰、李恒超、彭海生、王国强、郑河江等出席会议。

2月24日，召开全区政法暨平安建设工作会议。

同日，区长徐延山就当前区水利项目建设情况进行专项调研。副区长柴文灯随同调研。

2月25日，区委书记祝晓农、区长徐延山率区党政代表团赴宁波杭州湾新区学习考察。区领导张晓峰、汪土祥、贵丽青参加考察。

2月29日，区长徐延山主持召开区八届政府第一次常务会议，研究新一届区人民政府工作规则，围绕加强政府自身建设、推进各项工作落实提出要求。

3月4日，召开“寻找身边雷锋，做最美衢州人”学雷锋先进表彰大会，隆重表彰学雷锋先进典型。

3月8日，区长徐延山就基础设施投资公司、城乡建设投资公司、交通建设投资公司在建工程以及经营情况开展专题调研。副区长汪土祥随同调研。

同日，市人大常委会主任居亚平到联系村航埠镇孙家村，开展“进村入企”大走访活动。

3月9日，召开“进村入企”大走访活动联络员工作会议。区委常委、纪委书记余龙华出席会议并讲话。

3月13日，市长陈新到石室乡荆溪村、下石埠村问民情、访企业、听建议、答疑惑、谋发展。区领导祝晓农、徐延山、张晓峰随同走访。

3月14日，召开全区国土资源工作会议。

3月20日，区委常委、政法委书记王国强到区司法局调研司法行政工作。

3月23日，区政府召开专题会议，总结部署市重点项目建设“互看互学”活动。

3月31日，区长徐延山主持召开区八届政府第二次常务会议，研究区2012年度招商引资考核办法、区海盛小额贷款公司筹建方案等事项。

4月5日，市委副书记李剑飞到柯城调研“美丽乡村”建设。

同日，区长徐延山专程赴航埠镇调研工业功能区建设、重点项目推进、集镇建设等工作。

4月10日，区八届人大常委会第二次会议召开，审议通过有关人事任免事项。

4月12日，召开全区人口和计划生育工作会议。区领导胡松、郑小瑛、施维达、颜雪高出席会议。

4月20日至22日，区委书记祝晓农率区项目考察团赴上海，专程考察城市奥特莱斯、汽车梦工厂、安徒生文化大厦等服务业项目。常务副区长张晓峰、副区长贵丽青参加考察。

4月28日，普星柯城天然气热电联产工程举行开工典礼。区领导祝晓农、徐延山、胡松、郑小瑛、施维达、张晓峰等出席典礼。

5月3日，召开全区农村工作会议暨“美丽乡村”建设推进会。区委书记祝晓农、区长徐延山出席会议并讲话。

5月14日，区社会管理服务中心启动仪式举行，标志该中心正式启用。

同日，区委、区人大、区政府、区政协联合召开2012年市、区党代会和“两会”议案建议提案交办会。区长徐延山出席会议并讲话。

5月15日，2012年度全区武装工作会议召开。区委书记、人武部第一书记祝晓农出席会议并讲话，区委副书记施维达参加会议，区人武部部长孙岩总结部署工作，区人武部政委王哲新主持会议。

5月22日，区委书记祝晓农在相关部门负责人的陪同下，对全区防汛工作进行检查。

5月29日，代市长沈仁康到柯城调研。区四套班子领导祝晓农、徐延山、胡松、郑小瑛、施维达等陪同调研。

5月30日，区长徐延山就生态环保工作进行专题调研。

6月7日，区委副书记施维达专题调研“美丽乡村”建设工作。区委常委、宣传部长鲍继红参加调研座谈。

6月11日，区委召开常委(扩大)会议，传达贯彻中国共产党浙江省第十三次代表大会精神。

6月12日，区委副书记施维达赴七里乡调研桃源七里国家4A级风景区创建和“美丽乡村”建设工作。副区长吴云林陪同。

6月27日，建区以来最大的政府性投资项目——石梁至华墅公路开工典礼在石梁镇举行。市领导沈仁康、居亚平、江汛波、陈建良，区领导祝晓农、徐延山、胡松、郑小瑛、张晓峰、汪土祥等出席典礼并为项目奠基培土。

同日，区海盛小额贷款有限公司举行揭牌仪式。副市长胡仲明和区委书记祝晓农为公司揭牌，区长徐延山致辞，区领导胡松、郑小瑛、张晓峰等出席揭牌仪式。

7月3日，区长徐延山专程赴石梁镇调研重点项目建设工作。副区长汪土祥陪同。

7月5日，召开全区重点项目征迁工作推进会。

7月13日，举行第四十九期区管领导干部专题知识讲座，邀请浙江工业大学党委副书记肖瑞峰作“诗歌文化鉴赏”专题讲座。

7月19日，区委七届三次全体(扩大)会议召开。

7月23日，区委书记祝晓农对区创建省级“美丽乡村”先进县工作开展专题调研。

7月24日，区委书记祝晓农专程赴石梁镇调研石梁下山脱贫小区建设工作。

7月26日，召开全区上半年经济形势分析会暨重点项目、招商引资推进会。

8月6日，区政府与广东长江集团有限公司在衢州饭店签订衢州国家生态度假试验区项目投资合作框架协议。副市长彭德成和区委书记祝晓农出席签约仪式并致辞。常务副区长张晓峰与广东长江集团有限公司董事长苏耀荣现场签约。副区长吴云林主持签约仪式。

8月8日，市委书记陈新到柯城调研旅游工作。

8月11日，区长徐延山赴东港柯城工业园专题调研工业转型升级工作。常务副区长张晓峰随同调研。

8月16日，区委书记祝晓农专题调研石梁至华墅公路(石华线)征迁工作。

8月17日，代市长沈仁康到柯城调研衢州国家生态度假试验区项目推进工作。市领导占跃平、毛建民、彭德成，区领导祝晓农、徐延山、张晓峰、吴云林等随同调研。

8月20日，区长徐延山主持召开区八届政府第八次常务会议，研究石梁下山脱贫小区安置办法等事项。

8月23日，区委书记祝晓农在相关部门负责人的陪同下，赴航埠镇调研三产发展等工作。

8月29日，副市长毛建民到柯城调研现代农业园区建设。区委书记祝晓农、副区长柴文灯等陪同调研。

9月4日，召开“三民工程”标准化建设暨农村集体“阳光三资”管理工作推进会。区领导施维达、申剑、余龙华、柴文灯等出席会议。

9月12日，代市长沈仁康到柯城浙江鸿福农牧科技有限公司，专题调研现代农业园区建设工作。副市长毛建民，区领导施维达、郑玉红、柴文灯等陪同调研。

9月14日，衢州经济开发区双港管委会驻宁波办事处举行授牌仪式。区委常委、宣传部长鲍继红，宁波衢州商会会长段月珍为办事处授牌。

9月18日，区人大常委会组织部分人大代表视察柯城现代农业园区建设情况。区人大常委会副主任郑晓霞、张贤友、朱国华参加。

9月26日，召开全区城乡环境大排查大整治工作会议。区长徐延山出席并讲话，区委副书记施维达主持会议，区领导汪土祥、贵丽青等出席会议。

9月27日，柯城围棋谷文化节开幕式暨中国围棋谷开园仪式隆重举行。

10月12日，区政府咨询委员会成立大会举行。

10月16日，召开全区深化“美丽乡村”创建暨“四边三化”“一村一品”专项行动会议。

10月21日，区长徐延山率领相关部门(单位)负责人，对城乡结合部等重点区域环境卫生工作开展检查。副区长汪土祥参加检查。

同日，区长徐延山对区重点项目拆迁安置小区和新型农民集聚区建设情况开展调研。副区长汪土祥参加。

10月25日，省政协副主席陈艳华到柯城调研围棋谷建设和鲟鱼产业。

10月31日，省交通运输厅厅长郭剑彪到柯城调研省重点项目杭新景高速七里互通至黄衢南高速衢州互通连接线(即衢州市石梁至华墅公路，简称石华线)项目建设情况。

11月6日，区委书记祝晓农到石室乡东村村调研新农村建设情况。

11月14日，区长徐延山主持召开区八届政府第十次常务会议，研究讨论2013年区重点项目谋划和主要经济社会发展指标安排等事项。

11月15日，副省长郑继伟到柯城调研教育文化卫生工作。市领导罗卫红，区领导祝晓农、徐延山、颜雪高陪同。

11月20日，区委书记祝晓农对省级天然气管道建设工程柯城段政策处理等工作开展调研。

11月22日，召开全区土地资源开发工作会议。区长徐延山出席并讲话，副区长柴文灯主持会议。

11月23日至24日，区委理论学习中心组举行专题学习会，传达学习党的十八大精神，研讨谋划2013年工作思路。区委书记祝晓农、区长徐延山出席会议并讲话。

11月30日，区长徐延山主持召开区八届政府第十一次常务会议，研究讨论城乡居民基本医疗保险2013年政策调整方案和关于进一步加快旅游业发展的若干意见等事项。

12月6日，召开贯彻党的十八大精神推进“平安柯城”建设工作会议。区领导施维达、彭海生、王国强、汪土祥、范洁红出席会议。

12月11日，副市长占跃平率市住建局、规划局、国土局等相关部门负责人到柯城，专题调研市区城市规划建设工作。区领导祝晓农、徐延山、张晓峰、汪土祥等陪同调研或参加座谈。

12月14日，区长徐延山来到信安街道、万田乡等地，实地调研市区快速通道、万九线等重点交通项目征迁工作开展情况。

12月20日，柯城—余杭山海协作暨结对帮扶工作座谈会在柯城召开。

12月21日，区政府与西子联合控股有限公司战略合作框架协议签约仪式举行。

12月24日，区长徐延山主持召开区八届政府第十二次常务会议，讨论关于实施“聚智柯城工程”的若干意见和关于推进经济强镇加快发展的若干意见等事项。

2012年江山市大事记

1月5日，举行黄衢南高速衢州互通至江山北连接线和花峡线二期工程建成通车仪式。

1月6日，市第十三次党代会在江山电影院隆重开幕。

1月9日，江山市与绍兴县举行“山海协作工程”对接会。

1月12日，衢州市经济社会发展工作目标综合考核组一行到江山，检查考核该市2011年经济社会发展目标完成情况。

同日，召开杭长客专江山礼贤路至双江线毛塘山公跨铁立交方案会审会。副市长徐大清参加会议。

1月16日，代市长王良春主持召开市政府第七十四次常务会议，审议市2012年“四大百亿”工程项目安排计划等议题。

1月17日，市企业联合会、企业家协会召开2011年年会，常务副市长王卫明和市企业联合会、企业家协会会员参加会议。

1月19日，召开消防器材产业工作会议。

1月29日，代市长王良春主持召开市政府第七十五次常务会议，审议并通过《政府工作报告》等议题。

1月30日，市首家小额贷款公司——江山市同景小额贷款有限公司隆重开业。

2月7日，召开全市国税工作会议，回顾总结2011年国税工作，安排部署2012年工作任务。副市长徐柏民参加会议。

2月15日，省住建厅厅长谈月明一行参观江山城市规划展览馆，市长王良春、常务副市长王卫明、副市长毛正彩等领导陪同参观。

2月16日，市委召开常委会议，研究部署开展“进村入企”大走访活动。

2月21日，衢州市中级人民法院、中共江山市委联合召开记功表彰大会，隆重为江山人民法院集体三等功进行表彰奖励。

2月21日至22日，河北省栾城县县委书记王韶华率党政代表团一行45人，到江山考察“中国幸福乡村”创建工作。

2月22日，市长王良春主持召开市十五届政府第一次常务会议，审议通过《2012年市政府重点工作分解落实任务》《关于加快发展现代农业，建设“中国幸福乡村”的若干政策意见》等议题。

2月26日，召开预防医学会成立暨第一次会员代表大会。

3月2日，召开周家青公租房、廉租房联建项目规划及建筑设计方案会审会。副市长王子平参加会议。

3月10日，省委常委、省军区政委林恺俊一行到江山开展“进村入企”大走访活动。

3月12日，副省长陈加元到江山大陈乡大陈村，考察大陈古村落保护与开发建设工作。

3月15日，市委召开常委会议，审议通过《关于加快发展现代农业，建设“中国幸福乡村”的若干政策意见》等议题。

3月20日，举行“十二五”期间第二批慈善扶贫项目签约仪式。

3月29日，省新闻出版局副局长陈克韶带领我省部分出版社负责人到江山考察农家书屋建设情况。副市长陆佩军陪同考察。

4月6日，“江郎山杯”第二届中国丹霞风光摄影大赛暨“幸福江山”摄影邀请赛开镜仪式在江郎山下隆重举行。

同日，市公安局在市看守所举行廉政教育基地揭牌仪式。

4月7日，“大林山杯”第二届江山绿牡丹开茶节在市文化广场隆重开幕。

4月11日，市“三个年”活动工业项目集中动工仪式先后在贺村工业园狮峰工业区、峡口镇工业园区和四都机电工业功能区举行。市领导陈锦标、王良春、王卫明、徐大清、姜迎新出席动工仪式。

4月13日，205国道浙江段改造示范工程启动仪式在江山贺村镇举行。

4月19日，市政府与华润集团举行招商项目合作恳谈会。

4月21日，市委书记陈锦标主持召开贺村小城市中心区域设计方案会审会。

4月25日，市长王良春主持召开市十五届政府第二次常务会议，审议《关于大力推进文化强市建设的若干政策意见》等议题。

4月27日，召开庆“五一”暨劳模代表座谈会。

4月29日至5月2日，2012中国（浙江）非物质文化遗产博览会在义乌国际博览中心举行。江山和睦彩陶、长台小学竹编、江山西砚等十多个非遗项目代表衢州市参展。

5月9日，全省历史文化村落保护利用工作现场推进会在江山召开。

5月14日，市长王良春主持召开市十五届政府第三次常务会议，审议《关于进一步促进工业经济转型升级，加快工业强市建设的若干政策意见》等议题。

5月17日，召开中国国际贸易促进委员会江山市支会、江山市国际商会成立大会暨第一届会员代表大会。

5月18日，召开江郎山游客中心及配套设施建设项目初步设计方案会审会。

5月22日，市政府与中国电子科技集团公司第36研究所举行战略合作签约仪式。

5月24日，江山市与意大利的拉梅齐亚泰尔梅市缔结为国际友好交流城市协议签约仪式在拉梅齐亚泰尔梅市政府会议大厅举行。

5月26日，市长王良春率领市政府代表团赴龙游县考察工业平台建设工作。

6月8日，国家旅游局副局长杜一力一行到江山廿八都古镇、江郎山景区、清漾毛氏文化村、保安戴笠秘宅等地，考察文化旅游工作。

6月8日至10日，浙江省·静冈县2012绿茶博览会在浙江世贸国际展览中心隆重举行。由市绿牡丹名茶产业化协会选送的江山绿牡丹茶荣获博览会金奖。

6月14日，召开中心城区总体规划（修编）设计方案会审会。

6月15日，市住建局隆重举行西山美食城开业典礼。

6月19日，“醉美碗窑·幸福乡村·欢乐农家”碗窑乡首届乡村休闲旅游文化节暨全民合唱节开幕式在碗窑乡日月度假村广场举行。市委副书记张炳福致辞并宣布开幕。

6月21日，市首个农家乐工会成立暨第一次会员大会在廿八都镇召开。

6月28日，由浙江省委副厅级巡视专员宋扬带队的巡视组到江山检查指导工作。

7月6日，浙江泰隆银行江山支行举行开业庆典仪式。

7月11日，浦发银行江山支行举行开业庆典仪式。

7月12日，市政协主席会议视察服务业重点项目建设工作。

7月13日，召开48省道延伸至黄衢南高速江郎山互通（长台镇）段公路工程征迁动员会。

7月23日，在经济开发区山海协作示范园二期，经济开发区秋季攻坚工业项目集中动工仪式举行，5个工业项目集中开工，总投资9.2亿元。

7月25日，市长王良春前往新塘边镇、峡口镇等地，检查推进农村饮用水工程建设管理工作。

7月26日，市散装水泥发展与应用促进会成立大会暨第一次会员代表大会召开。

7月30日，市长王良春主持召开市十五届政府第四次常务会议，审议《江山市政府投资项目审计监督办法》等议题。

8月2日，中国丹霞世界自然遗产专业保护委员会工作会议在江山召开。

同日，欧派门业与恒大地产战略合作启动仪式暨欧派门业“恒大线”正式投产仪式在欧派门业公司举行。常务副市长王卫明出席仪式并剪彩。

8月10日，市委召开常委会议，研究部署推进“一村一品”经济和农家乐乡村休闲旅游业发展等议题。

8月15日，中国科学院电工研究所与浙江亚东电器制造有限公司，举行10千伏-35千伏智能开关柜关键技术与样机研制项目签约仪式。常务副市长王卫明出席签约仪式。

8月21日，中国社科院哲学研究所党委书记吴尚民一行到江山考察旅游文化工作和“中国幸福乡村”建设。

8月25日，溪洛渡左岸——浙江金华士800千伏特高压直流输电工程浙1标段首基基础试点暨开工仪式，在四都镇平埂自然村举行。

8月29日，市残疾人综合服务用房工程开工。

9月3日，市委书记陈锦标主持召开市委常委会，研究讨论《建设“幸福江山”评价指标体系（试行）》等议题。

9月5日，省环保厅党组书记、厅长徐震一行到江山检查指导生态环保工作。

9月10日，召开江山至广丰公路（浙江段）工程征迁工作动员会。

9月13日，交通银行江山支行举行开业庆典仪式。

9月14日，市委书记陈锦标检查推进碗窑乡农家乐休闲旅游业发展工作。

9月21日，市长王良春主持召开市十五届政府第五次常务会议，审议生猪养殖污染整治和规范管理等议题。

9月27日，市委召开全市创先争优活动交流总结会。市领导陈锦标、汪黎云、俞根君等参加会议。

9月29日，举行48省道延伸至黄衢南高速江郎山互通（长台镇）段公路、江山至广丰公路（浙江段）、礼贤路上跨铁路立交接线工程集中开工仪式。市领导陈锦标、王良春、王水亮等出席开工仪式。

10月8日，市委书记陈锦标前往佳御光电、江汇电气、金达数控等项目区块，现场指导推进山海协作示范园项目征地拆迁等工作。

10月11日至12日，市委书记陈锦标率企业代表团参观考察中国航天科工集团第二研究院，与二院交流对接民用产业项目合作事项；并参观考察中电科技国际贸易有限公司。

10月18日，市委书记陈锦标前往“四挂五争先”第一书记挂联村——大陈乡大唐村开展调研。

10月19日，召开农业“两区”建设推进会暨创建省级生态循环农业示范市动员会。

10月22日，2012年全国企业羽毛球赛在江山体育馆隆重开幕。

10月25日，江化公司整体搬迁工作对接会在江山举行。

10月30日，副省长陈加元前往衢州绿色产业集聚区江山片区实地考察。

11月2日，省4A级旅游景区复核检查组到江山对江郎山景区进行4A景区复核。

11月6日，市政府组织召开城投、土储国资体制改革专题研究会。

11月8日，陈锦标、王良春、毛江妹等市四套班子领导在市政府八楼会议室集中收看十八大开幕盛况，聆听胡锦涛总书记所作的工作报告。

11月12日，市委书记陈锦标主持召开市委常委会，研究讨论高新技术园建设与江化搬迁工作等议题。

11月19日，市委召开全市领导干部会议，学习传达贯彻党的十八大精神。

11月21日，2012浙江·江山（香港）投资推介会在香港举行。市领导王良春、王旭参加会议。

11月23日，市政协企业经济研究会正式成立。

11月29日，市长王良春主持召开市十五届政府第六次常务会议，审议《江山市工业强市建设实施方案》等议题。

11月30日，市委书记陈锦标主持召开市委常委会，研究讨论扶持经济薄弱村发展村级集体经济和“三资”管理工作等议题。

12月4日，国家旅游局规划财务司巡视员、副司长张吉林，人事司副司长崔素香，监管司副司长张海燕等领导专家一行到江山考察旅游工作。

12月7日，市委书记陈锦标主持召开座谈会，就山区科学发展试验区建设工作征求有关部门、乡镇负责人意见，部署推进试验区建设工作。

12月11日，仙居县委书记单坚率党政代表团到江山考察服务业平台建设等工作。市领导陈锦标等陪同。

12月14日，市政府召开第七次常务会议，审议《江山市公立医院改革实施方案》等议题。

12月17日，浙江大学珍稀植物快繁产业江山科研基地和浙江中医药大学生物应用江山科研基地落成授牌仪式在江山举行。

12月20日，召开江郎山国际文化旅游产业集聚区概念规划论证会。

12月29日，西子联合控股集团董事长王水福一行到江山考察投资创业环境。市领导王良春等陪同。

12月31日，市政府召开第八次常务会议，审议《江山市创新型企业认定与管理办法》等议题。

2012年龙游县大事记

1月5日，县第十次党代会在龙游国际影城隆重开幕。

1月9日，县第十一届人大常委会召开第三十九次会议。

1月13日，浙江省十里坪戒毒康复中心和龙游县禁毒委员会在十里坪举行启航戒毒康复社区和禁毒法制教育基地合作共建协议签署仪式。副县长洪一舟等出席签约仪式。

1月17日，县委召开老干部形势通报会。

1月18日，县委、县政府隆重举行党政军迎春茶话会。

1月29日，县委、县政府召开全县干部大会。

1月31日，县委、县政府在温州市举行龙游县投资推介会。

2月2日，全县公安工作会议召开。

2月7日至8日，全市招商引资暨支持浙商创业创新政策研讨会在龙游召开。

2月15日，省公安厅党委委员（副厅长级）黎伟挺一行到龙游开展“进村入企”大走访活动。

2月16日，2012年全县财政地税干部会议召开。

2月20日，全县工商行政管理工作会议召开。副县长姜忠军出席会议并讲话。

2月21日至22日，省政协主席乔传秀到龙游，先后深入横山、溪口和东华街道等乡镇（街道）及龙游工业园区企业开展“进村入企”大走访活动。

2月22日，副省长陈加元到龙游调研大社保体系建设工作。

3月6日，副省长葛慧君到龙游调研山区经济发展与集体林权制度改革情况。

同日，省海外侨商一行40余人到龙游考察。市政协副主席、市侨联主席吕玉茹，副县长钟爱红陪同考察。

3月7日，龙游县茶文化研究（促进）会成立大会召开，选举产生了第一届理事会，原政协主席谢森炎当选为县茶文化研究（促进）会会长。

3月9日，县长刘根宏主持召开县十二届政府第三次常务会议，研究该县2012年“六个一批”项目计划、2012年度招商引资实施意见和考核办法等事项。会议审议并通过该县2012年“六个一批”项目计划。

3月14日，全县招商引资工作会议召开。

3月20日，以省建设厅副厅长吴雪桦为组长的农房改造建设工作组到龙游考核检查农房改造建设工作。副县长陆寿泉陪同。

3月24日，国务院扶贫办副主任王国良一行到龙游考察调研扶贫工作。省农办副主任邵峰，市、县领导毛建民、刘根宏、郑国华等陪同考察调研。

4月1日，维达（浙江）有限公司三期项目签约仪式在蓝天清水湾国际大酒店举行。维达国际控股有限公司董事局主席李朝旺、董事长张健，县委书记徐旭、县长刘根宏，县领导周中民、叶浩平、杨铁荣，龙游工业园区管委会主任严志源等出席签约仪式。

4月12日，全市县级公立医院综合改革座谈会在龙游召开。

4月16日，县政协主席黄利荣率县政协机关干部一行，深入龙洲街道后厅村，全面开展“进村入户”大走访活动。

4月17日，中国建材集团副总经理马建国一行到龙游考察投资环境，县委书记徐旭、县长刘根宏、副县长钟爱红陪同考察。

4月18日，县委召开乡镇（街道）党（工）委书记工作例会。

4月26日，召开“农家书屋”建设工程推进会。

同日，全县招商引资工作例会在湖镇召开。

同日，浙西南十县人大常委会联席会第四十八次会议在龙游召开。

4月28日，书香龙游•2012全民读书节开幕式暨龙游书城开业典礼隆重举行。

5月8日，全县城市建设管理研讨班在县委党校开班。副县长陆寿泉参加开班仪式。

5月9日，县档案局与嘉兴市南湖区档案局举行档案馆际异地备份签约仪式。

5月11日，中国太平洋建设集团董事局副主席李义勇一行到龙游考察洽谈项目。

同日，县长刘根宏带领发改、经信、财政等部门及龙洲街道负责人，前往灵江工业区调研企业发展等工作。

5月16日，县长刘根宏带领水利、交通和河道办等部门负责人，深入东华街道、龙洲街道和詹家镇等地检查防汛工作。

5月17日，县委书记徐旭在县有关部门主要负责人的陪同下，到县旅游发展公司调研。

同日，县委书记徐旭、县长刘根宏带领县四套班子领导到开化县进行考察。

5月22日，县长刘根宏主持召开县十二届政府第七次常务会议，研究该县“十二五”重点建设项目规划、关于进一步规范农村农民建房管理的暂行办法等事项。

5月25日，台州市天台县县委书记李志坚率党政代表团一行到龙游考察。县委书记徐旭，县领导洪一舟、郑国华陪同考察。

6月6日，召开“安全生产月”活动部署暨全县消防工作会议。

6月12日，召开迎接国家森林城市检查验收动员大会。

同日，县委书记徐旭调研省低丘缓坡综合开发利用试点项目龙游区块土地征收和重点项目推进工作。

6月19日，召开“美丽乡村”“四级联创”互看互学现场会。

6月28日，县首家股份制商业银行——温州银行龙游支行举行成立庆典。

同日，县首家小额贷款公司——汇诚小额贷款有限公司举行成立仪式。

7月3日，县委书记徐旭率县党政代表团赴龙泉市学习考察文化旅游产业发展情况。

7月6日，县首家驻企警务服务站在龙游工业园区正式揭牌成立。

7月10日，“希望之光”浙江工业大学研究生服务龙游企业活动启动仪式在龙游工业园区举行。

7月14日，美国伊利诺州政府驻中国代表处首席代表赵永清一行到龙游开展“千校结好”校际合作项目洽谈。

7月25日，副市长毛建民带领市农业、林业和水利部门负责人到龙游调研农业“两区”建设情况。

7月26日，龙游工业园区举行园区综合监察中队挂牌成立仪式。

8月3日，张求水调解工作室在湖镇镇揭牌，县领导徐利水、洪一舟参加揭牌仪式。

8月9日，县长刘根宏在县水利局工作人员陪同下，深入一线调研指导防台防汛工作。

8月10日，副市长占跃平带领市规划、住建、国土等相关部门负责人到龙游，调研保障性住房和城市综合体项目建设工作。

8月16日，县政协九届二次常委会议暨常委读书会召开，贯彻学习中央、省、县相关会议精神，共同探讨“坚持绿色发展、建设生态龙游”调研课题。

8月20日，县长刘根宏带领交通、规划等部门负责人赴龙洲街道、东华街道、小南海镇等地，督查交通商贸项目推进情况。

8月23日，县政协组织部分委员视察龙游“美丽乡村”“四级联创”工作。县领导黄利荣、李建民、谢晓荣、杨铁荣、傅碧野、蓝芝苇、雷樟发参加视察。

8月24日，省重点项目——浙江大咯大农业科技有限公司年产鸡蛋3万吨智能化养殖项目举行开工仪式。

8月25日，中国社科院哲学研究所党委书记吴尚民率国情考察组到龙游调研公民思想道德建设情况。

8月27日至28日，以省民政厅副厅长、巡视员、移民办主任廖卷清为组长的省移民办调研组到龙游调研水库移民工作。

8月29日，县委县政府举行“一村一品”富民强村行动推进会，全面启动“一村一品”富民强村行动计划。

8月31日，全县外汇政策通报会暨外贸外汇业务培训班开班，副县长钟爱红出席开班仪式。

9月4日，召开“六个一批”项目计划编制工作部署会。

同日，县政府组织召开龙游工业园区园中村村庄规划论证会。

9月5日，钱家1号地热探采结合井开钻仪式在塔石镇莲塘村马村垄村举行。副县长陆寿泉参加仪式。

同日，衢江干堤加固工程占家堤合同签订仪式在县水利局举行。

9月14日，全市农业“两区”建设现场会在龙游召开。

9月17日，召开“龙游工业园区（三期）控制性详细规划”论证会。县领导刘根宏、叶浩平、陆寿泉，龙游工业园区管委会主任严志源参加会议。

9月20日，安徽省广德县委副书记何田率党政代表团到龙游考察“美丽乡村”建设。

9月25日，全县富硒产业集聚区领导小组工作会议召开。

10月10日，在省“美丽乡村”创建现场会上，龙游县荣膺省“美丽乡村创建先进县”。

10月11日，省农业厅副厅长赵兴泉一行到龙游调研农机社会化服务、农机畜牧融合技术开展情况。

10月16日，国家发改委综合运输研究所所长郭小碚一行到龙游，就《沿衢江产业经济带发展规划》开展专题调研。

10月17日，龙游“中华龙谷”文化产业园规划论证会在省人民大会堂举行。

10月17日至19日，华电龙游2200MW级天然气热电联产工程初步设计报告评审会在龙游召开。

10月23日，2012亚太汽车拉力锦标赛中国（龙游）拉力赛暨第三届龙游龙文化旅游节正式开幕。

10月25日，全市基层社会服务管理平台规范化建设现场会在龙游召开。

同日，金华银行在衢州第二家县域支行——衢州龙游支行开业。

10月30日，龙游石窟1—5号洞安全旅游路线选定、概念设计及24号洞加固设计咨询会在金峰国贸大酒店召开。

11月2日，省旅游局国家4A级旅游景区复核小组到龙游，就龙游石窟国家A4级景区标准进行复核。

11月13日，召开全县经济形势分析暨项目推进工作会。

同日，中国工程院院士、中国工程建设设计大师张锦秋和中国城市规划协会常务理事、全国历史名城专家委员会委员韩骥带领考察团到龙游考察。

11月22日，县委县政府在浙江新农都会展中心召开“一村一品”成果展示暨项目推介会。

11月30日，县委县政府举行“携手龙游·共谋发展”经济金融和谐发展政银恳谈会。

12月5日，县无党派知识分子联谊会工业园区分会正式成立。

12月7日，召开“一村一品”工作汇报会。

12月12日，由泰顺县县委书记张洪国带队的泰顺县党政代表团到龙游，参观考察该县“美丽乡村”建设工作。

12月17日，省工商局副局长张雪林率省创建文明示范农贸市场考核组到龙游考核验收农贸市场创建工作。

12月27日，县第二批婺剧进校园授牌仪式暨龙游婺剧展演在县文化馆剧场举行。

12月27日至28日，全国扶贫搬迁工作与政策专题研讨会在龙游召开。国务院扶贫办开发指导司司长海波，各省（区、市）扶贫办负责人参加会议。市、县领导李建飞、徐旭、刘根宏、徐利水、李永平等参加会议。

12月31日，县公安消防大队举行城东中队新营房落成典礼。副县长姜忠军出席仪式。

同日，县政府咨询委员会成立。县委书记徐旭，市咨询委名誉主任黄锡南、童效武，市咨询委副主任周鸿富，县领导刘根宏、周中民、黄利荣、徐利水、叶浩平、舒畅等出席成立大会。

2012年开化县大事记

1月5日，醉根文化休闲度假村开工典礼在中国根艺美术博览园举行。县委书记方健忠、县人大主任肖渭根、县政协主席华寿军、常务副县长汪权龙等参加了开工典礼。

1月10日，省委第三巡视组对开化巡视情况进行反馈。省委第三巡视组组长、正厅级巡视员邬金水反馈巡视情况，省委巡视办副主任洪国良等出席反馈会。市委常委、纪委书记杜康到会并就下步整改工作提出要求，县委书记方健忠主持会议并作表态发言。

1月11日，召开政府机构改革动员大会。

1月18日，县委、县政府举行2012年春节团拜会。

1月19日，县党外知识分子联谊会第六次会长会议在县农行会议室举行，副县长、知联会会长汪晖，副会长汪安波等以及各小组召集人参加了会议。

1月26日，县委、县政府举行2012年新春茶话会。

1月28日，福建省政协副主席叶继革到开化考察旅游工作。常务副市长江汛波、县委书记方健忠等陪同考察。

1月30日，县委、县政府召开全县机关干部大会。

2月7日，浙江兴达活性炭有限公司举行年产2万吨活性炭项目开工仪式。县领导谢剑锋、张伟刚、琚建军、徐海廷、周福云等到场祝贺。

同日，“省重点工程、开化县群众增收致富奔小康特别扶持项目——华埠初中迁建工程开工！”县委书记方健忠在开工仪式上宣布。

2月8日，省委副秘书长、省农办主任章文彪一行到开化视察特扶项目、生态乡村和特色文化村建设。

2月14日，省财政厅厅长钱巨炎到开化调研乡镇财政建设工作。

2月15日，召开杭新景高速公路开化段和黄衢南高速开化互通与205国道连接线工程征迁动员大会。

2月27日，省政协副主席徐冠巨到开化开展“进村入企”大走访活动。

同日，市委书记赵一德，市委副书记、市长陈新一行，在县委书记方健忠，县委常委、宣传部长杨苏萍的陪同下，考察了甲壳虫(上海)网络科技有限公司。

3月1日至2日，县长谢剑锋赴万向硅峰电子股份有限公司、华胜制鞋有限公司以及杨林镇下庄村，开展“进村入企”大走访活动。

3月6日，省委政法委副书记、省平安办主任巫波伦一行到开化检查、考核平安创建和社会治安综合治理工作。

3月6日至7日，副省长葛慧君在省林业厅厅长楼国华、省农业厅副厅长唐中祥等陪同下，到开化检查指导山区科学发展有关工作。

3月23日，县长谢剑锋赴浙江胡涂硅有限公司和浙江瑞力杰化工有限公司等企业，开展大走访活动。

3月30日，市委书记赵一德、市委副书记李剑飞等到开化调研“美丽乡村”建设。县领导方健忠、谢剑锋、琚建军、汪宇祥陪同调研。

4月10日，县政协九届常委会第一次会议召开，县委书记方健忠出席会议并作重要讲话。

4月10日至11日，省政协副主席陈艳华在省委宣传部常务副部长胡坚的陪同下，来开化县调研指导生态文化休闲旅游业发展。县领导方健忠、华寿军等陪同。

4月11日至12日，县人大十五届常委会第一次会议召开，县委书记方健忠出席会议并作重要讲话。

同日，全市美丽乡村“四级联创”现场推进会在开化县召开。省农办副主任余振波、市委书记赵一德等出席，县领导方健忠、谢剑锋等参加会议。

4月16日至17日，省水利厅副厅长徐国平到开化调研河道建设管理工作。县领导方健忠、谢剑锋、汪宇祥陪同调研。

4月19日，浙江省县级区域非遗保护工作现场会在开化召开。

4月20日，国家林业局办公厅副主任、信息办主任李世东一行到开化，专题调研林业信息化建设工作。

4月20日至21日，由国家土地督察上海局巡视员李志坚带队的巡视组来开化县就国土资源管理工作进行巡视。县委副书记、县长谢剑锋等出席汇报会。

4月21日，召开全县重点项目建设推进工作会，部署推进重点项目建设各项任务。

4月27日，省政协副主席冯明光带领调

研组到开化县调研促进低收入群体增收工作。市政协副主席欧阳建华，县领导方健忠、华寿军等陪同调研。

4月28日，金华银行首家异地县域支行——衢州开化支行隆重开业。

5月3日，召开全县招商引资暨工业经济大会。

5月10日，省委宣传部副部长鲍洪俊一行到开化考察省级爱国主义教育基地申报准备工作。县委常委、宣传部长杨苏萍等陪同。

同日，省旅游局副局长朱红炜率领调研组一行到开化县调研钱江源生态文化休闲旅游度假区建设工作。县领导方健忠等陪同调研。

5月18日，召开钱江源旅游度假区可行性研究报告意见征求会。县领导方健忠、谢剑锋、张伟刚、华寿军、程育全、赵虹、马建雄等出席会议。

5月20日，市委书记陈新一行到开化调研龙顶茶产业发展情况。

5月31日，召开特扶项目建设工作情况汇报会。

同日，举行经济金融发展恳谈会。县领导方健忠、谢剑锋、华寿军、据建军、程育全、汪晖、姚宏平等出席会议。

6月4月，开化电大30周年校庆暨开化学院揭牌仪式隆重举行。

6月5日，县长谢剑锋专题调研南湖旅游综合体项目建设工作。

6月6日，召开“8+9”重点项目专题推进会。

6月7日，国家旅游局副局长杜一力率队到开化县调研旅游工作。市人大常委会主任居亚平，市委常委、副市长彭德成，县委副书记、县长谢剑锋等陪同调研。

6月8日，“中国海外马金希望小学捐建工程”在杭州举行签约仪式。浙江广电集团副总编辑顾顺坤、中海地产（杭州）有限公司董事韩春麟，县委书记方健忠、副县长李华蓉及相关部门负责人出席了签约仪式。

6月11日，开化县与桐乡市合作框架协议签约仪式在中国根艺美术博览园举行。

6月12日，召开全县领导干部会议，认真传达学习省第十三次党代会精神和全市领导干部会议精神。

6月13日，召开全县农村集体土地所有权确权登记发证暨地质灾害防治工作会议。

6月18日，县委书记方健忠、县长谢剑锋率领县党政代表团专程赴遂昌，考察学习借鉴发展乡村休闲旅游的成功经验和做法。

6月26日，县委书记方健忠宣布中国•根艺美术博览园“三期”工程——醉根宝塔项目开工建设。

6月27日，常务副县长汪权龙代表县政府与衢州检验检疫局签署《关于共建出口电光源产品质量安全示范区，促进区域经济健康发展合作备忘录》。

7月1日，纪念化婺德中心县苏维埃政府暨开化一区苏维埃政府成立80周年活动在杨林镇下庄村小关自然村举行。浙江省人大常委会副主任、省老促会会长程渭山，中共浙江省委党史研究室主任金延锋，中共衢州市委副书记李剑飞，方志敏烈士女儿方梅参加，县委书记方健忠主持纪念活动。县领导谢剑锋、华寿军、程育全等在主席台就座。

7月2日，由中国海外集团有限公司捐建的希望小学——“中国海外马金希望小学”在开化马金镇原马金中学旧址举行开工典礼。

7月13日，衢州市副市长占跃平到开化调研保障房和城市综合体项目建设工作。县长谢剑锋、副县长邹燕辉等陪同调研。

7月16日至18日，县委书记方健忠带队赴福建省武夷山市和江西省广丰县，考察学习茶产业及根雕产业发展。

7月17日，常务副市长江汛波率市交通运输局、国土局、电力局、杭新景高速公路衢州段建设指挥部等相关部门负责人，到开化现场调研杭新景高速公路(开化段)的征迁、建设情况。副县长邹燕辉陪同调研。

8月2日，召开森林城市建设总体规划征求意见会，县领导方健忠、华寿军、杨苏萍、汪宇祥等出席会议。

8月8日，省委常委、省军区政委王新海到开化县调研武装工作。衢州军分区司令员潘方敏、政委叶菁，县领导方健忠、姜小明等陪同调研。

8月9日，浙江省生态文化协会第一届常务理事会第二次会议在开化县召开。省人大常委会副主任、省生态文化协会名誉会长程渭山，省政协副主席、省生态文化协会会长陈艳华，省林业厅厅长、省生态文化协会常务副会长楼国华，县委书记方健忠为“浙江省生态文化协会开化分会”与“开化县生态文化协会”揭牌。

8月12日，衢州市市委书记陈新到开化

县调研指导旅游业发展工作。市委秘书长李锋，县领导方健忠、谢剑锋、张伟刚、华寿军等陪同调研。

8月16日，衢州市代市长沈仁康一行到开化，先后考察了中共闽浙赣省委旧址、古田山国家自然保护区，深切缅怀革命先烈，调研指导旅游业发展工作。

8月17日，县长谢剑锋主持召开县十五届政府第10次常务会议，重点研究加强河道采砂制砂管理工作。

8月24日，召开《开化县森林城市建设总体规划》评审会。

8月30日，召开中国(衢州)第七届华东旅游交易会暨2012浙江森林旅游节筹备工作推进会。

9月3日，副县长姚宏平率领县经信、招商、工商联、商务、旅游等部门负责人，赴桐乡市进行考察。

9月18日，为期三天的第七届中国(衢州)华东旅游交易会暨2012浙江森林旅游节在开化文化艺术中心隆重开幕。

9月24日，召开县政府咨询委员会成立大会。

9月28日，召开庆祝县政协成立30周年座谈会。

10月9日，召开创建省级森林城市工作会议。

10月11日至12日，省旅游局副局长朱红炜率根博园创建国家5A级旅游景区省级初评专家组一行到开化，检查、评审5A景区创建工作。

10月19日，召开生态文明县建设规划县级领导征求意见会。

10月23日，县委书记方健忠到县行政服务中心和县监管办调研。

10月31日，2012“好客山东休闲汇”闭幕式暨中国休闲城市发展综合评价成果发布会在山东省烟台市隆重召开。宜居休闲之都衢州市获“2012中国特色休闲城市”称号，山东蓬莱、安徽休宁、浙江开化(全省唯一获奖县)等全国10个县获“2012中国休闲小城”称号。

11月6日，召开杭新景高速公路(开化段)征迁工作攻坚会。

11月9日，通过“中国清水鱼之乡”命名评审。

11月12日，浙江省第三届对外传播异地采访活动在开化开机。

11月15日，召开扶持经济薄弱村发展村集体经济座谈会。

11月17日，县委召开全县领导干部会议，学习传达党的十八大精神。

11月24日，国家旅游局规划资源处主任科员王晓宇率国家5A景区评定资深专家一行，到开化指导中国根艺美术博览园5A景区创建提升工作。

11月29日，召开中国根艺美术博览园创建国家5A级旅游景区工作推进会。

12月7日，全省特别扶持、行业扶贫、社会扶贫现场推进会在开化召开。

12月27日，县长谢剑锋赴县交通运输局调研杭新景高速公路开化段、黄衢南连接线城东段加宽及市政配套工程推进情况。

12月31日，召开财税金融工作座谈会。县领导方健忠、谢剑锋、汪权龙、汪晖、汪涌等出席。

2012年常山县大事记

1月7日，县十五届人大代表培训班开班，邀请省人大常委会代表与选举任免工作委员会副主任袁薇讲课。县人大常委会主任徐建华讲话，副主任俞宝根主持开班仪式。

1月9日，县十四届人大常委会第四十二次会议召开。

1月11日，县政情通报会暨政协委员培训班开班。县政协副主席刘建军、胡震云出席开班仪式。

1月12日，全县乡镇纪检监察工作例会召开。县委常委、县纪委书记朱素芳讲话。

1月31日，县十四届人大常委会第四十三次会议召开。

2月1日，召开2011年度土地矿产卫片执法检查工作部署会，部署安排2011年度卫片执法检查工作。副县长严可兵讲话。

2月22日，县长毛建国主持召开县政府第二次常务会议。

2月22日至23日，省“服务企业、服务基层”专项行动组到常山调研。

2月23日，浙江泰隆商业银行常山支行举行开业庆典。

2月24日，县十五届政府第一次全体(扩大)会议召开。

2月27日，县委副书记方法调研“美丽乡村”创建工作。

3月6日，县政协召开八届一次常委会议。

3月7日，召开“新常山人”人才工作座谈会。县委常委、组织部长夏建军讲话。

3月16日，县委副书记方法调研农业农村工作。

3月24日，省发改委下文，同意常山报批的钱塘江治理工程常山港治理一期工程可行性研究报告。这是我省第一个获批的独流入海河流治理项目。

3月26日，共青团常山县十九届三次全委(扩大)会议召开。县委副书记方法讲话。

3月27日，县十五届人大常委会第二次会议召开。

4月20日，召开小额贷款保证保险试点工作推进会，副县长郑建华出席。

同日，市发改委印发2012年衢州市服务业重大项目计划，常山服务业重大项目占全市1/3。

4月24日，县政协召开八届四次主席会议，专题协商该县环卫体制改革工作。

5月2日，举行纪念建团90周年大会，并进行首届青年创意创业项目大赛颁奖典礼。县委副书记方法讲话，县领导夏建军、郑金仙为获奖选手颁奖。

5月7日，副县长严可兵调研省级森林城市创建工作。

5月8日，常山(新桥)农家乐休闲旅游文化节暨杭州大成——常山桃花源旅游合作启动仪式在新桥乡坞石坑村举行。

5月9日，县人大常委会工作评议动员大会召开。

同日，召开农村违法建筑整治工作推进会。副县长郑建华讲话。

5月14日，全县人才工作领导小组会议召开，专题研究人才政策。县委常委、组织部长夏建军讲话，副县长揭政东主持会议。

5月17日，全县“美丽乡村”“四级联创”推进会召开。县委副书记方法讲话，县人大常委会副主任王文达主持会议，副县长严可兵部署工作，县政协副主席陈国珠出席会议。

5月18日，县人大常委会召开旅游产业发展情况主任专题会议。县人大常委会主任徐建华，副主任王文达、王小平、熊雨土、俞宝根出席会议。

5月19日，成坤·紫荆花园项目举行开工奠基仪式。副县长顾建华致辞并宣布项目开工，县政协副主席陈国珠出席奠基仪式。

5月23日，县政协召开八届五次主席会议，专题协商该县河道采砂管理工作。

5月25日，杭新景高速公路常山段工程建设征迁工作动员大会在新桥乡召开。副县长顾建华讲话。

5月26日，省发改委下发《关于印发2012年浙江省服务业重大项目计划的通知》，常山两个项目入围2012年省重大服务业项目计划。

5月30日，县十五届人大常委会第三次会议召开。

6月5日，召开建筑和房地产协会第四届会员大会。副县长顾建华讲话。

6月8日，召开2012年重点项目攻坚行动动员会。县委副书记方法讲话，常务副县长方庆建布置项目攻坚行动，县领导甘土木、顾建华、揭政东出席会议。

6月15日，省科技厅组织专家对《常山县省级可持续发展实验区建设规划(2011—2015)》进行评议。副县长柴云妹出席评议会。

6月19日，浙江泰隆商业银行常山支行与县流通领域食品行业信用促进会举行银企合作授信签约活动。

6月21日，县政协八届六次主席会议召开，专题协商学生交通安全工作。

6月22日，2012年常山县首届房地产交易会盛大开幕。县领导方庆建、俞宝根、顾建华、胡震云参加开幕仪式。

6月26日，县人大常委会组织部分县人大代表视察该县工业平台建设情况。

7月6日，2012年质量强县建设暨品牌创建工作推进会召开。副县长郑建华讲话。

同日，天然气热电联产项目重要合同签约。

7月18日，县人大常委会工作评议大会召开。

7月26日，县十五届人大常委会第四次会议召开。

7月30日，全县统一战线读书会召开。县委副书记方法讲话，县委常委、统战部部长甘土木主持会议，副县长顾建华出席会议。

7月31日，省级生态县创建领导小组工作会议召开。常务副县长方庆建讲话。

8月9日，全县建设项目合同履约专项检查工作会议召开。副县长顾建华讲话。

8月10日，总投资超32亿元的浙能常山天然气热电联产项目桩基开工仪式举行。

8月22日，中国社科院哲学研究所党委书记吴尚民率国情考察组到常山调研公民道德和公共文化建设。

同日，全县政府信息公开暨政府门户网站建设工作会议召开。常务副县长方庆建讲话。

8月28日，县委副书记方法率各乡镇和有关部门主要负责人赴江山市考察学习新农村建设工作。

8月29日，全县森林防火暨松材线虫病防范工作会议召开。副县长严可兵讲话。

同日，召开《中华人民共和国母婴保健法》执法检查动员部署会。县人大常委会副主任王小平、副县长揭政东分别讲话。

8月30日，举行2012年大学新生助学仪式。县委副书记方法讲话。

9月5日，县总工会招商引资项目——“米合电子半导体节能灯、LED灯电源制造项目”二期工程正式动工开建。

9月6日，省环保厅厅长徐震一行到常山调研环保工作。县长毛建国、常务副县长方庆建陪同调研。

9月7日，第二季度乡镇纪检监察工作例会召开。县委常委、县纪委书记朱素芳讲话。

9月20日，全县社会应急联动工作动员会议召开，传达贯彻落实省、市社会应急联动工作会议精神，部署该县社会应急联动体系建设的具体要求。

9月25日，县政协召开八届常委会第三次会议。

9月26日，县十五届人大常委会第五次会议召开。

10月9日，全县党建带妇建暨两新组织妇女组织建设工作推进会召开。

10月11日，省交通运输厅副厅长、省公路管理局局长李良福到常山调研杭新景高速公路常山段征迁工作进展情况。副县长顾建华陪同调研。

10月15日，由国家发改委综合运输研究所所长郭小碚带队的国家发改委宏观经济研究院专家组到常山，就沿衢江产业经济带发展规划进行专题调研。

10月26日，县政协召开八届十次主席会议，专题协商该县农业科技创新工作。

11月7日，县十五届人大常委会第六次会议召开。

11月12日，省轴承工业协会年会暨节能减排专题研讨会在常山召开。

11月19日，全县首个“特教示范阅览室”在县培智学校揭牌。县委常委、宣传部长苏新祥参加揭牌仪式。

11月22日，县十五届人大常委会第七次会议召开。

11月28日，县政协召开八届十一次主席会议，专题协商该县文化产业发展情况。

同日，中国三四线城市家居业营销渠道创新峰会暨迅鸿国际家居广场招商新闻发布会在常山举行。

11月29日，开化县副县长姚宏平、政协副主席谷声率浙商创业创新“互看互促”考察团，到常山考察园区平台建设和浙商回归重点项目建设情况。副县长柴云妹陪同考察。

12月6日，省人大环资委副主任委员周玉根率队到常山调研生态补偿机制。县人大常委会主任徐建华，副主任俞宝根陪同调研。

12月18日，县十五届人大常委会第八次会议召开。

12月21日，召开县级公立医院综合改革工作动员会。常务副县长夏建军讲话，副县长揭政东主持会议。

同日，县党外知识分子联谊会卫生分会正式成立，这是该县成立的首个行业知识分子联谊会。县委常委、统战部部长甘土木讲话。

12月24日，举行常山联合村镇银行球川支行开业庆典仪式。副县长郑建华宣布开业并揭牌。

12月25日，全县政协委员培训班暨政情通报会召开。

丽水卷

2012年丽水市大事记

1月4日，丽水绿谷信息产业园举行开工典礼。市委书记卢子跃宣布开工，市长王永康致辞，市人大常委会主任焦光华、市政协主席虞红鸣出席开工典礼。副市长蔡小华主持。

1月8日，市委召开全市领导干部会议。

1月9日，市委、市政府与南京军区空军司令部举行机场项目推进座谈会。

1月11日，市首家新疆阿克苏农特产品专营店——新疆徐盛堂食品有限公司农特产品丽水专卖店开业。

1月12日，市金融系统首家规模最大、产品最齐全、专业功能最强的贵金属旗舰店——“工银金行家”贵金属旗舰店隆重开业。

1月16日，市委市政府在杭州西子宾馆隆重举行经济社会发展恳谈会。

1月17日，市政府召开全市企业家暨金融工作座谈会。

1月18日，市二届人大常委会第五十一次会议召开。

1月30日，市委书记卢子跃到丽水生态产业集聚区（经济开发区），调研工业产业和园区建设工作。

2月1日，市长王永康就全市民营经济工作进行专题调研。

2月7日，市长王永康主持召开市政府第一百零二次常务会议，听取“三大试点”进展情况汇报，审议《关于推进壶镇镇、温溪镇等小城市培育的若干意见》和《政府工作报告（送审稿）》等。

2月8日，市长王永康专题调研“智慧丽水、无线城市”建设。

2月13日，市委市政府召开丽水市支持浙商创业创新促进丽水发展工作领导小组暨市招商引资工作委员会扩大会议。

2月22日，市第三次党代会隆重开幕。

2月27日，全国双拥模范城（县）命名暨双拥模范单位和个人表彰大会在北京人民大会堂隆重举行。丽水市首次荣膺“全国双拥模范城”称号。

2月28日，市委书记卢子跃、市长王永康等率该市党政代表团，赴北京市海淀区考察。

2月29日，市首次在北京市隆重举行旅游推介会。

3月5日，市委书记卢子跃专题到缙云县检查调研“三沿”（沿路、沿江、沿景）区域整治工作。

同日，市国民体质监测与健身指导中心在丽水学院正式揭牌成立。副市长廖思红出席揭牌仪式并讲话。

3月7日，江苏省副省长徐鸣率该省海洋与渔业局、农工办、农委等厅局负责人，到丽水考察扶贫开发工作。

3月8日，市长王永康在市行政中心会见了澳大利亚杰尔顿市市长伊恩·卡朋特率领的代表团一行，并签署建立友好交流城市关系意向书。

3月15日，市长王永康主持召开市政府第一百零四次常务会议，审议《关于加强招商引资工作的若干意见》《丽水市区重大非工项目招商工作管理办法》和《2012年度丽水市招商引资工作目标责任制考核办法》等。

3月19日，全市工业暨招商引资工作大会举行。

3月27日，市委市政府召开全市人口和计划生育工作会议。

3月29日，市体育馆开工典礼举行。

3月30日，市长王永康主持召开市政府第一百零五次常务会议，会议听取了该市贯彻落实国务院及省政府廉政工作会议精神的汇报，2012年市本级政府性基本建设项目投资计划的汇报，以及《2011年市本级政府性债务执行情况及2012年债务收支计划编制情况》《2012年度市直财政性基本建设预算编制情况》《2012年市直部门预算编制情况的汇报》等。

4月1日，市广电有线网络“一省一网”合作框架协议签约仪式在市行政中心举行。

4月9日，市委书记卢子跃到缙云县调研婺剧文化发展工作。

4月11日，市妇幼保健院举行建院30周年暨乔迁庆典。

4月17日，市政协三届一次会议隆重开幕。

4月18日，市三届人大一次会议隆重开幕。

4月25日，市软件及信息服务业协会正式成立，副市长林健东出席成立仪式并讲话。

4月26日，市三届人大常委会第一次主任会议召开。

4月27日，浙江省2012年第一季度游客满意度调查公布结果显示，2012年第一季度丽水游客满意度综合评价指数为82.9，位列全省12个城市第一名。

5月4日，市委书记卢子跃率丽水市友好访问团访问保加利亚，并与索菲亚市那德日达区区长迪莫夫签订了两座城市缔结为友好城市的协议。

5月15日，副市长梁细弟到丽水日报社调研。

同日，市长王永康主持召开市政府第二次常务会议，会议审议了《丽水市扶贫开发改革试验方案》，听取了市政府工作报告任务分解情况汇报等。

5月16日，丽水职业教育集团丽水旅游养生学院成立。副市长梁细弟出席成立大会并讲话，市政协副主席李江波参加成立大会。

5月17日，市委、市政府隆重举行推进农村金融改革试点工作动员大会，对试点工作进行专题部署。

同日，省国土资源厅与市政府在丽丽水签署合作协议，将通过加快管理创新，共同推进低丘缓坡综合开发利用工作。

5月21日，市政府与建设银行浙江省分行在丽签订战略合作协议。

5月28日，中国书法家协会正式命名授牌丽水为创作培训基地，丽水成为中书协为数不多的全国创作培训基地之一。

6月10日，为期三天的浙江省·静冈县2012绿茶博览会在浙江世贸国际展览中心落下帷幕，丽水市的敕峰蓝氏牌金奖惠明茶等9个茶叶产品被评为金奖产品。

6月15日，全市村级便民服务中心规范化建设现场会在景宁召开。市委常委、纪委书记朱晨出席会议。

6月19日，市委书记卢子跃专题调研瓯江综合开发工作。

6月20日，市长王永康主持召开市政府第三次常务会议，会议听取了浙江生态日丽水系列活动方案的汇报，审议了《丽水市高龄老人补贴制度》等。

6月26日，全市56个总投资超百亿元的工业项目集中隆重开工。省长夏宝龙出席丽水主会场开工仪式并宣布开工。

6月27日，以“集聚人才科技资源，引领产业跨越发展”为主题的2012中国丽水“人才·科技”峰会隆重开幕。

6月28日，元立集团年产100万吨五金制品材料生产线第一期工程开工建设。市长王永康出席开工典礼，宣布项目开工，挥锹为工程奠基。

7月6日，副市长陈重在市行政中心会见了日本福井县胜山市市长山岸正裕率领的代表团一行。

7月10日，市政协召开三届四次主席会议。

7月13日，全市人大常委会主任座谈会在松阳召开。

7月16日，2012丽水（上海）旅游推介会在沪隆重举行。

7月23日，全市新型城市化暨“六城联创”工作会议召开。

7月28日，浙江·丽水文化精品武汉展览会在武汉国际会展中心隆重开展。

7月29日，市政府与中国地质大学（武汉）在武汉签署《加强校市全面合作的框架协议》。

8月2日，市长王永康主持召开市政府第5次常务会议，会议审议了《关于支持浙商创业创新促进丽水发展的实施意见》，研究部署了第9号台风“苏拉”防台有关工作。

8月6日，中共丽水市委三届三次全体（扩大）会议举行。全会审议通过了《中共丽水市委关于推进“秀山丽水、养生福地”建设的决定》。

8月19日，丽水对口援建的新疆新和县党政代表团到丽水考察学习。

8月24日，市政府召开人大建议、政协提案见面会，研究办理市人大三届一次会议上周东代表提出的《关于要求解决中小企业融资难问题的建议》和市政协三届一次会议肖红委员提出的《关于实施丽商回归工程的建议》提案。副市长林健东出席会议。

8月27日，市委市政府隆重召开动员大会，全面研究部署建设山区科学发展综合改革试验区和强力推进行政审批制度改革工作。

8月28日至29日，市三届人大常委会第三次会议在市行政中心举行。

9月3日，丽水生态产业集聚区（开发区）举行百亿投资项目集中签约仪式，共有20个亿元以上投资项目集中签约入园，总投资达112.9亿元，其中签订正式协议9个，投资额23.9亿元；签订意向协议11个，投资额89亿元。

9月6日至7日，副省长朱从玖率省级有关部门负责人到丽水调研经济金融工作及开展下访工作。

9月12日至14日，智利驻沪总领事洪儒携智利民俗歌舞团一行到丽水，开展中智文化交流活动。

9月17日，全市社会科学普及基地建设工作推进会召开，会议决定全市在“十二五”期间建成80个县级、30个市级、10个省级社会科学普及基地。

9月21日，全市低丘缓坡综合开发利用试点现场推进会在缙云召开。

9月26日，市长王永康参加全市扩大有效投资暨重点工程“百日攻坚”活动动员大会。

10月8日，市审批中心投资项目审批分中心在丽水市区人民街649号丽人木业集团办公楼挂牌。

10月10日，由中国人民银行副行长潘功胜带队的调研组一行到丽水专题调研市农村金融改革试点工作推进情况。常务副市长陈瑞商出席汇报会并陪同调研。

10月12日，市审批中心与市人民医院正式签订协议，这是市推行投资项目审批代办制以来首个签约代办的项目。

10月15日，丽水市生态休闲养生（养老）经济促进会成立大会暨第一届会员代表大会在丽水大剧院隆重举行，大会选举产生了促进会第一届理事会，并表决设立“食养、药养、水养、体养、文养”等“五养”分会。

10月23日，国家非遗——丽水缙云壬辰年（2012）轩辕黄帝祭典活动在仙都隆重举行。

10月25日，2012年全国皮划艇（静水）锦标赛在丽水开幕。

11月2日，丽水生态产业集聚区管委会与德利国际控股有限公司在北京签订丽水生态产业集聚区科技创业园项目。

11月5日至6日，省政协副主席、省少数民族企业家协会名誉会长王永昌率省少数民族企业家协会代表一行30余人，到丽水开展投资考察。

11月16日，召开全市领导干部会议，学习传达贯彻党的十八大精神。

11月18日，市公证协会举行成立大会暨第一次会员大会。

11月27日，市三届人大二次会议隆重开幕。

11月28日，省双拥模范城（县）创建届中检查组到丽水检查双拥工作。

12月3日，市长王永康主持召开市政府第十一次常务会议，交流学习党的十八大精神心得，审议并听取相关工作汇报。

12月4日，市海峡两岸经济文化交流协会成立大会隆重举行。

12月9日，作为“台商看丽水”系列活动的重要内容，由台商投资的丽水南城城市综合体——江泰国际星城奠基仪式在丽水经济开发区隆重举行。

同日，在“台商看丽水”系列活动上，市政府与全国台湾同胞投资企业联谊会签订战略合作框架协议。

12月14日，中国摄影家协会与市政府在北京签订《关于共同建设丽水摄影强市战略合作协议》。

12月18日，连接丽水与海西经济区的快速通道——龙（泉）浦（城）高速公路龙泉段正式开工建设。

同日，金丽温天然气输气管道工程（丽水段）开工仪式在莲都区岩泉街道岩泉村好溪堰附近举行。

12月24日，省级廉政文化教育基地正式在浙西南革命根据地纪念馆挂牌成立。

12月27日，温州银行正式进驻丽水。

12月28日，市邮政管理局举行成立揭牌仪式。

12月31日，市委、市政府隆重召开全市加强和改进工商联工作暨第四届丽水市优秀中国特色社会主义事业建设者表彰大会。

2012年莲都区大事记

1月10日，市委常委、区委书记毛子荣率领四套班子领导到莲都消防大队，亲切看望慰问节前在一线执勤战备的消防官兵。

1月11日，市委常委、区委书记毛子荣带领区安监局、公安分局、供电局、工商分局、消防大队、万象街道等单位负责人，到市区处州商城、棉布市场等地检查安全情况。

1月14日至15日，市委常委、区委书记毛子荣，代区长王小荣带领区委区政府相关领导和区风景旅游局、古堰画乡管委会、发改局、国土分局、建设分局、林业局、征迁办、碧湖镇、大港头镇、老竹镇等负责人，到杭州、上海招商引资，与杭州公羊会投资管理有限公司签订九龙国际湿地养生旅游岛投资开发意向协议，与上海华服投资有限公司和上海佘山国际高尔夫俱乐部有限公司签订古堰画乡旅游开发投资意向协议。

1月17日，举行离退休老干部新春座谈会。

1月29日，市委常委、区委书记毛子荣，代区长王小荣带领莲都干部群众到大港头镇玉溪村义务植树，为养生莲都再添新绿。

2月1日，召开全区干部大会。市委常委、区委书记毛子荣出席并作重要讲话。

2月2日，区政协主席王国荣主持召开区政协十三届三十七次主席会议，党组书记谷江南列席会议。

2月3日，召开全区项目推进暨金融工作会议。区领导王小荣、陈元龙、洪起平、谭利章、吴新民、李伟立、虞为粮等出席会议。

2月15日，由省政府副秘书长刘援利带队的“改善发展环境”调研组，到莲都丽水工业园区南山区块和碧湖区块进行实地走访调研，副区长钱建伟以及相关部门负责人陪同调研。

3月1日，区委召开常委（扩大）会议，学习贯彻市第三次党代会精神。

3月5日，区政协十四届一次会议隆重开幕。

3月7日，区人大十五届一次会议隆重开幕。

3月28日，区长王小荣主持召开区政府第一次常务会议，审议《莲都区振兴工业五年行动计划》及《莲都区招商引资工作目标责任考核办法》《关于加强和改进垦造耕地工作的补充意见》，研究主要经济部门与碧湖中心镇建设捆绑考核机制，研究贯彻国务院、省廉政工作电视电话会议精神等。

4月10日，市区生活垃圾分类和直运试点工作启动仪式在市区中山街举行。市委常委、区委书记毛子荣等领导出席了启动仪式。

4月16日，召开全区实施工业百亿行动计划暨招商引资动员大会。市委常委、区委书记毛子荣作重要讲话，区长王小荣主持会议。

4月11日，区物业服务行业协会正式成立。

4月15日，省交通重点工程项目丽武公路莲都区联城至老竹段改建工程重难点控制性工程之一的联城隧道实现无偏差贯通。联城隧道全长2165米，是丽武公路莲都段最长的隧道。

4月23日，市委常委、区委书记毛子荣在区委常委、区委办主任李见阳及区纪委、民政、审批中心等部门负责人陪同下，调研指导村级便民服务中心建设工作。

5月4日，区政协网站正式开通。

5月7日，区第五个全民慈善捐赠活动月在区政府大院启动，市委常委、区委书记毛子荣和雷萍、谷江南等区四大班子领导率先捐款献爱心。

5月8日，副区长郭巧燕到市区厦河商城和碧湖镇，调研来料加工工作。

5月11日，丽水市防汛防台抗旱暨山洪灾害防治县级非工程措施建设现场会在莲都召开。副市长任淑女出席现场会。区领导王小荣、俞丽威以及各县（市、区）分管县（市、区）长等参加了现场会。

5月16日，召开“三沿五区”坟墓整治工作推进现场会。

5月18日，2012莲都太平首届白枇杷节在太平乡下岙村开幕，区人大副主任陈萍、副区长钱建伟、区政协副主席虞为粮等领导出席开幕式。

5月21日，召开全区科技乡镇长(主任)会议，并进行了专题培训。

5月22日，区委常委、组织部长张继芳一行到大港头镇调研工作。

5月24日，丽水百兴菇业有限公司在碧湖工业园区正式投产。市委常委、区委书记毛子荣，丽水学院党委书记肖建中，区领导雷萍、谷江南、谭利章、李见阳、俞丽威和市区相关部门负责人出席投产庆典。

5月25日，省第四批中央财政小型农田水利重点县现场陈述会议在杭州召开，会议采用《工作方案》评估与现场陈述评议相结合等公开竞争方式确定推荐名单。全省共有20个县参与竞争申报，其中将甄选10个县列入本项目。最后，莲都以总分第二名的优异成绩成功申报第四批中央财政小型农田水利建设重点县。

6月4日，召开项目双推月动员大会暨全区投资项目管理实务培训会。区领导王小荣、谭利章、李见阳等出席会议。区纪委书记洪起平主持会议。

6月5日，副区长杨国文到碧湖镇郎奇村检查指导重点工程——莲都区中心粮库项目政策处理工作。

6月6日，区长王小荣到碧湖、大港头镇等地，专题调研养生养老项目工作情况。常务副区长谭利章等陪同调研。

6月7日，区上海商会妇女工作委员会成立大会在上海召开。区领导谭利章、张继芳、朱超模等到会祝贺。

6月25日，中共莲都区委武装工作会议暨区国防动员委员会第十次全体(扩大)会议在老竹镇大片村召开。

6月26日，省委副书记、省长夏宝龙在莲都调研。省政府秘书长张鸿铭，市委书记卢子跃，市长王永康，市委常委、区委书记毛子荣，副市长任淑女，区领导王小荣、陈元龙、俞丽威陪同调研。

6月27日，召开2012“处州白莲节”筹备推进会。区领导谭利章、宋珍花、卢进出席会议。

6月29日，区公路管理局和莲都区交通工程质量监督站正式成立。

7月4日，省民政厅厅长尚清在莲都96345市民服务中心调研。

7月6日，瓯宝安防科技股份有限公司与浙商证券签订发行合约，这标志着我市首只中小企业私募债发行。副区长李伟立等出席了私募债发行签约仪式。

7月11日，2012年全区信息工作会议在莲都会议中心莲都厅召开。

7月14日，区长王小荣以及区领导谭利章、李伟立、叶晓东、刘宗林一行，到大港头镇调研古堰画乡文化产业园区项目情况。

7月16日，2012丽水(上海)旅游推介会在上海市长宁区的龙之梦万丽酒店隆重举行。

7月26日，2012“处州白莲节”开幕式在老竹畲族镇老竹村正式开幕。

7月27日，区第十五届人大常委会召开第3次会议，副主任张田波主持会议。

7月30日，全市首个生态休闲养生(养老)项目、古堰画乡第一个招商项目、也是古堰画乡第一个上亿项目——通济堰养生文化园正式开工建设。市发改委主任邝平正、常务副区长谭利章、区人大副主任江爱军、区政协副主席虞为粮等出席开工典礼。

8月7日，市长王永康、副市长任淑女等一行到莲都，视察全省“深化千万工程、建设‘美丽乡村’”现场会议筹备情况。区长王小荣以及区领导陈元龙、俞丽威陪同视察。

8月9日，区政协十四届一次常委会在莲都会议中心召开，区政协主席谷江南主持会议。

8月17日，区长王小荣主持召开第6次区政府常务会议。会议听取了安全生产工作专题汇报、“科技富民强县”专项行动计划进展和城郊农民新社区二期项目地块拍卖有关规定等情况汇报。

8月23日，召开乡、村两级便民服务中心规范化建设现场会。

8月28日，召开上半年“两个发展”指标汇报会，区长王小荣主持会议，区委常委、副区长杨国文，副区长雷勇军、李伟立、钱建伟、俞丽威出席会议。

9月3日，康骏机械、天润电气和中仪电力三个项目业主与丽水工业园区管委会签订了项目投资协议书，北区块首批入园项目正式签约。

9月4日，区政府召集旅游、建设、林业、环保、发改、交通、水利、国土等部门就黄泥墩旅游开发项目召开规划意见征求会。

9月6日，召开330国道改建工程莲都段征迁动员大会，标志着330国道改建工程莲都段征迁工作正式拉开序幕。

9月11日，市委常委、区委书记毛子荣主持召开区委常委扩大会议，学习贯彻《中国共产党丽水市莲都区第十三届委员会议事规则》文件精神，学习换届纪律有关内容，听取省委巡视组反馈意见整改、“科技富民强县”专项行动计划、区领导第二次集中下访和信访“双月攻坚行动”有关情况汇报。

9月12日，市委常委、区委书记毛子荣

就金丽温铁路扩能改造工程莲都段工作进行调研。陈萍、叶晓东、阮小荣等区领导陪同调研。

9月14日，区政协组织召开区政协十四届一次会议重点提案“三见面”协商会，督促办理“关于创新发展该区人民调解工作的建议”的重点提案。

10月10日，在全省“深化千万工程，建设“美丽乡村””现场会上，莲都被授予“浙江省“美丽乡村”创建先进县”。

10月11日，区长王小荣主持召开第8次区政府常务会议。会议听取了1—9月份莲都区征迁工作情况汇报和古堰画乡创4A及机制体制相关问题汇报，审议了《莲都区文化经营单位体制改革方案》等。

10月15日，区政府和丽水市农科院在峰源乡尤源村，举行现代农业发展协作签约暨共建峰源高山放心菜基地启动仪式。

10月24日，由区供销社投资改造提升的莲都区农村首家标准化农贸市场——大港头菜市场正式开业。副区长雷永军等领导参加了开业仪式。

同日，区政协召开十四届二次常委会。

10月26号，国家民委副主任丹珠昂奔率考察组一行到莲都丽景民族工业园区和利山村，考察莲都少数民族社会经济发展情况。朱超模、杨国文等领导陪同考察。

同日，区中心粮库项目开工奠基仪式在碧湖镇朗奇村隆重举行。区长王小荣及相关领导出席开工奠基仪式。

10月30日，浙江森宇控股集团董事局主席、创始人俞巧仙率队就森宇集团在莲都投资铁皮石斛加工厂、组培园、种植基地等项目进行实地考察。区领导陈元龙、虞为粮等陪同考察。

10月31日至11月6日，市委常委、区委书记毛子荣率团赴四川省郫县、锦江区和江苏省昆山市，就农家乐综合体建设工作进行考察交流。

11月5日，召开全区迎接省级卫生城市复查暨省级卫生区考评工作推进会。

11月5日至6日，省政协副主席王永昌带领省少数民族企业家协会考察团一行到莲都考察。

11月8日，区长王小荣主持召开第九次区政府常务会议。会议听取莲都区迎接省级卫生城市复查暨省级卫生区考评工作情况汇报和莲都区2012年行政审批提速增效工作情况汇报等。

11月12日，市委常委、区委书记毛子荣带领区党政领导考察团一行，到义乌市森宇控股集团有限公司考察。

11月21日至25日，区长王小荣率团赴广州增城市、武汉江夏区、东湖高新区等地，考察绿道建设、莲子产业发展、“两型”社会建设等工作。

11月29日至30日，市委常委、莲都区委书记毛子荣率团赴嘉兴、德清等地学习考察城镇商业综合体和“洋家乐”建设。

12月18日，省现代农业地理信息系统验收小组在省农业厅信息中心副主任陶忠良的带领下，到莲都验收现代农业地理信息系统建设项目。

同日，区长王小荣主持召开第十一次区政府常务会议。会议审议了《莲都山区科学发展综合改革试验实施方案》《关于推进碧湖镇小城市培育的若干意见》《莲都区金融机构支持地方经济发展考核办法》及《关于进一步扶持担保公司发展的意见》等。

12月24日，区总工会迁建工程正式开工。

12月28日，区学前教育行业协会正式成立。

2012年龙泉市大事记

1月4日，全市领导干部会议召开。

1月5日，省发改委主任孙景淼率相关处室负责人一行到龙泉考察项目投资和生态产业集聚区建设工作。

1月7日，龙泉经济社会发展恳谈会在杭州新新饭店举行。

1月11日至14日，市委书记蔡晓春、代市长季柏林率市党政考察团，赴衢州市衢江区，松阳县、青田县和庆元县，就产业发展、社会管理等进行考察学习。

1月12日，全市交通运输工作座谈会暨农村公路总结表彰大会召开，市人大常委会副主任陶中亮、副市长刘赤波、市政协副主席叶先长等出席了会议。

1月17日，市人大常委会主任钟鸣主持召开市十四届人大常委会第三十七次会议。

1月18日，市委召开常委扩大会议，研究2012年项目工作。市委书记蔡晓春主持并讲话。

1月29日，隆重举行浙江龙泉工业园区炉田区块二期项目开工典礼。市委书记蔡晓春、代市长季柏林、市人大常委会主任钟鸣、市政协主席邵戌汛丽水生态产业集聚区龙泉分区管委会主任陈惠锋出席开工典礼，副市长叶学明主持。

1月30日，全市“五强五网”工程建设暨乡镇“六小”工程建设现场推进会在宝溪乡召开。

2月1日，全市干部大会在市行政中心隆重召开。市委书记蔡晓春作重要讲话，代市长季柏林主持会议，市人大常委会主任钟鸣、市政协主席邵戌汛等市领导出席。

2月6日，“墨守迹象”周晓峰书法展在市文化馆一楼举行。代市长季柏林宣布开幕，市人大常委会副主任罗永文致辞，副市长罗诗兰主持开幕式，市政协副主席雷丽亚和老同志林世荣、叶放等出席了开幕式。

2月14日，全市金融信贷工作会议召开，副市长刘赤波出席会议。

2月15日，举行社会保障卡管理服务中心揭牌暨12333人力资源和社会保障电话咨询服务开通仪式。市领导季柏林、叶新亚、陶中亮、王正飞、徐建新为其揭牌剪彩。市委常委叶新亚致辞，副市长王正飞主持仪式。

2月16日，市政协主席邵戌汛主持召开市政协七届二十五次常委会议。

2月27日，市政协八届一次会议隆重开幕。

2月28日，市十五届人大一次会议隆重开幕。

2月29日，市披云山景区旅游开发（一期）项目可行性研究报告审查会召开。

3月3日，福建省德化县县长欧阳秋虹率考察团一行10人到龙泉考察，市长季柏林、常务副市长包新华、副市长罗诗兰、市政协副主席何登新陪同考察。

3月6日，省交通投资集团总经理王洪涛到龙泉调研龙庆高速公路建设。

3月12日，召开“进村入企”大走访活动督查工作部署会议。市委副书记蒋世懿出席并讲话。

3月15日，召开农家书屋工程推进会，副市长罗诗兰出席并作讲话。

3月22日，市委召开常委会议，研究部署组织、宣传和工会、共青团、妇联工作。市委书记蔡晓春主持会议并讲话。

3月22日至23日，国务院扶贫办副主任王国良一行5人到龙泉调研考察扶贫开发工作。

3月23日，龙泉瓯江水上风情旅游区规划设计方案征求意见会召开。

3月30日，市政协召开八届一次常委会议。市政协主席邵戌汛主持会议并讲话。

3月30日，市人大召开十五届常委会第一次会议。市人大常委会主任钟鸣主持并讲话，

4月1日，全市工业暨招商引资大会召开。市委书记蔡晓春出席并讲话，市长季柏林主持，副市长叶学明作工作报告，市领导钟鸣、邵戌汛、包新华、曹新民、叶新亚、周光洪、叶晓勇、钟海燕等副处以上领导参加了会议。

4月10日至11日，丽水市土地利用（储备）会议在龙泉召开，副市长叶学明出席并致辞。

4月18日，隆重举行昴山佛教文化旅游区投资协议签约仪式，市风景旅游局负责人与浙江龙泉昴山旅游建设发展有限公司负责人在仪式上签约。市领导包新华、钟海燕、苏一中、包建平出席。

4月25日，市十五届人大常委会召开第二次会议。市人大常委会主任钟鸣主持并讲话。

4月27日，市长季柏林主持召开市政府第一次常务会议，会议讨论研究了《龙泉市（2012—2015）生态墓地建设实施方案》《龙泉溪清水三年行动计划的实施意见》《龙泉市河道采砂制砂专项整治实施方案》等事项。

5月3日，查田镇财政所举行揭牌运行仪式。市委常委、组织部长叶晓勇，副市长刘赤波出席仪式并揭牌。

5月4日，市低丘缓坡开发项目指挥部正式挂牌成立。

5月8日至9日，以色列驻上海总领事艾雅克一行在省、丽水市有关负责人陪同下，到龙泉考察访问。市长季柏林、市委副书记蒋世懿、副市长姚信会见并陪同考察访问。

5月16日至18日，龙浦高速公路工程初步设计审查会在龙泉召开。

5月22日，“浙商回归”工程机械产业培育座谈会召开，市领导叶学明、陈吉明、熊树生、徐建新、何登新及31位龙泉籍在外创业的企业家参加了座谈。

5月25日，《中国工艺美术大师全集·夏侯文卷》首发式暨夏侯文青瓷精品展、夏侯文青瓷艺术研讨会在北京饭店举行。市委书记蔡晓春出席首发式并致辞。

5月28日，浙江龙泉工业园区炉田区块11家企业集体开工。

5月30日，萧山·龙泉山海协作暨资源与产业合作洽谈会在龙泉举行，两地签订了《山海协作产业园区框架协议》。

6月7日，龙渊街道沙潭整村下山脱贫小区项目开工仪式举行。市委副书记蒋世懿宣布开工，副市长徐炳东致辞。

6月12日，市委召开全委（扩大）会议。市委书记蔡晓春主持会议并讲话。

6月15日，召开“网格化管理、组团式服务”现场推进会。

6月26日，丽水市百亿工业投资项目集中开工仪式龙泉分会场在浙江龙泉工业园区湾头区块隆重举行，共有七个项目集中开工，总投资达10.52亿元。丽水市委常委、纪委书记朱晨出席龙泉分会场活动并宣布开工。市委书记蔡晓春致辞，市长季柏林主持。

7月5日，市长季柏林在常务副市长包新华及有关部门负责人的陪同下，就重点项目推进工作开展调研。

7月18日，省农办（扶贫办）副主任邵峰带领省特扶项目绩效评价组到龙泉，考查群众增收致富奔小康特扶项目绩效情况。市委副书记蒋世懿，副市长徐炳东陪同。

7月20日，市长季柏林代表市政府与中国人寿丽水分公司签订《龙泉市保险服务民生示范城市建设合作框架协议书》，副市长王正飞主持仪式。

7月23日，召开迎接国家三类城市语言文字工作预评估部署会，副市长罗诗兰出席并讲话。

7月25日，“龙泉·玉环投资环境推介会”在玉环大酒店举行。

7月28日至31日，应康津郡郡守姜珍远邀请，市委书记蔡晓春率领有关部门负责人、陶瓷艺术大师赴韩国康津郡考察访问。

8月3日，召开省级文明单位评选集中展示评审会。市委常委、宣传部长曹新民出席会议。

8月14日，市府办召开专题会议，学习贯彻市委十三届五次全体（扩大）会议暨十五届政府第一次全体（扩大）会议精神。

8月15日，市电子商务协会成立大会暨第一次会员大会召开。市领导蒋世懿、叶学明出席并分别作讲话和致辞，共青团丽水市委副书记王井泉应邀出席并讲话。

8月16日，市长季柏林到上垟镇就“中国青瓷小镇”建设情况开展调研。

8月28日，市长季柏林就“学前教育三年行动计划”推进情况开展调研。

8月31日，全市生态市建设暨节能减排工作会议召开。市委书记蔡晓春出席会议并讲话，市长季柏林主持会议，市领导叶学明、苏一中、刘赤波、徐建新出席会议。

9月5日，市中心粮食储备库举行启用揭牌仪式。

9月7日，召开五金汽配行业加强品牌建设促进新型工业化发展座谈会，副市长王正飞出席会议。

9月12日，由市政府与浙江能源集团共同投资建设的龙泉市天然气利用工程一期项目开工奠基。

9月14日，市政协召开八届三次常委会议。

9月19日，全市行政区划调整工作部署会召开，副市长王正飞出席会议。

同日，“浙商回归”——工程机械产业培育工作第二次座谈会召开，市领导叶学明、陈吉明、熊树生及20多位龙泉籍在外创业的企业家参加了座谈。

9月21日，举行溪北污水处理厂一期工程竣工（试运行）典礼，市领导包新华、陈吉明、徐建新出席竣工典礼。

同日，市行政中心管理工作会议召开，市领导叶新亚、周光洪、马斌出席会议，并为行政中心警务室授牌。

9月28日，北京万豪行政公寓开业庆典暨龙泉青瓷精品展开业仪式在首都北京隆重举行。中国工艺美术协会副理事长、秘书长王山，中国陶瓷工业协会理事长何天雄，丽水市委书记、市人大常委会主任卢子跃，首旅集团董事长段强，首旅集团总裁刘毅，万豪国际集团亚太地区总裁兼董事总经理高思盟，首旅集团董事、北京紫金世纪置业有限责任公司董事兼总经理李瑞宗，市委书记蔡晓春，市人大常委会主任钟鸣，市委常委、宣传部长曹新民，副市长马斌以及青瓷大师徐朝兴等出席仪式。

10月11日至12日，龙浦高速龙泉段使用林地可行性报告评审会举行。

10月12日，龙泉青瓷研究会成立大会暨第一次会员大会召开。市委书记蔡晓春宣布研究会成立并致辞。

10月22日，中国农业银行龙泉市支行举行新办公楼乔迁庆典仪式。市长季柏林、副市长刘赤波及丽水市、龙泉市有关部门负责人参加了庆典仪式。

10月25日，市交通运输物流中心开工奠基，省交通运输厅副厅长郑黎明，市委书记蔡晓春、市长季柏林、副市长刘赤波出席开工典礼并培土奠基。

10月28日，市司法行政法律服务中心揭牌运行。

11月8日，在上海举办的汽车零部件与工程机械产业对接暨龙泉投资环境推介会上，市汽车空调零部件行业协会与美国GPD冷气公司签订欧美市场拓展战略合作项目。

11月15日，市委书记蔡晓春、市长季柏林亲切会见了应邀到龙泉参加节庆活动的韩国康津郡政府代表团一行，双方签署了共同举办中韩陶瓷文化艺术节协议。

11月16日，紫竹艺术工作室暨中工艺美龙泉青瓷文化创意产业基地奠基仪式在市青瓷文化创意基地二期现场举行。

11月17日，“魅力龙泉”——龙泉旅游推介会暨披云青瓷文化园开园仪式隆重举行。

同日，青瓷文创产业发展论坛暨纪念周恩来总理指示恢复龙泉青瓷生产55周年座谈会在“中国青瓷小镇”上垟镇举行。

11月19日至20日，市委书记蔡晓春率市党政代表团赴杭州市萧山区，协商落实萧山——龙泉山海协作产业园共建相关事宜，学习考察萧山经济开发区汽车空调零部件产业发展经验。

11月26日，市委书记蔡晓春、市长季柏林率市党政代表团赴丽水市莲都区，考察学习“美丽乡村”创建工作。

12月3日，市委书记蔡晓春、市长季柏林率市党政代表团赴景宁畲族自治县考察旅游产业。

12月5日，披云山景区旅游开发项目开工典礼举行，常务副市长包新华、市人大常委会副主任苏一中出席。

12月12日至14日，市委书记蔡晓春、市长季柏林率市党政代表团赴桐庐县、嘉兴市、龙游县考察学习。

12月13日，新疆维吾尔族自治区新和县县委副书记、人大党组书记肖林带领考察团到龙泉，考察基层社会管理等工作。

12月18日，龙泉至浦城（浙闽界）高速公路开工典礼在查田镇白马畈枢纽隆重举行。副省长王建满对龙浦高速公路建设作出重要指示。丽水市委书记、市人大常委会主任卢子跃宣布开工。省政府副秘书长谢济建，省交通投资集团董事长陈继松，省交通运输厅党组副书记、副厅长徐纪平，省交通运输厅副厅长、公路局局长李良福，丽水市委常委朱继坤，丽水市人大常委会副主任蔡小华，丽水市政协副主席吴炳全，省交通投资集团副总经理张芸鲁、李雪平，龙泉市领导蔡晓春、季柏林、钟鸣、邵戌汛、蒋世懿等出席开工典礼。丽水市副市长葛学斌主持开工典礼。

12月28日，全市“文化产业发展年”活动领导小组会议召开，市委书记蔡晓春出席会议并讲话，市长季柏林主持会议，市领导蒋世懿、曹新民、黄丽萍、马斌、包建华、徐建新，“文化产业发展年”活动领导小组成员单位及相关单位负责人参加会议。

2012年青田县大事记

1月4日，县委书记徐光文主持召开2012年度第一次党政联席会议。

1月6日，千峡湖旅游总体规划方案汇报会召开，县领导徐光文、戴邦和、季力华、章作飞、徐新平、朱秀雄、舒志勇出席。

1月11日，龙泉市委书记蔡晓春率龙泉市党政代表团一行到青田学习考察文化产业发展工作，县领导徐光文、章作飞陪同。

1月12日，代县长戴邦和主持召开县政府第四十五次常务会议，会议讨论《青田县2012年投资计划安排》《青田县加强行政调解工作实施意见》《青田县2012年十件民生实事和十项工程》，会议听取了《关于调整事业单位退休人员生活补贴及其他事业单位绩效工资改革情况的汇报》。

1月17日，县委书记徐光文主持召开县委常委会，会议传达学习了全省政法工作会议、全市信访工作会议精神；会议讨论通过了《2010年青田县经济社会发展指标安排》《青田县2012年投资计划安排》《青田县2012年十件民生实事和十项工程》，会议还听取了《关于调整事业单位退休人员生活补贴及其他事业单位绩效工资改革情况的汇报》。

1月26日，全国人大常委会副委员长陈至立到青田考察青田石雕，省人大常委会副主任冯明、市委书记卢子跃、常务副市长陈瑞商，县领导徐光文、戴邦和、刘志伟等陪同。

1月28日，北京青田商会2012年会举行，青田籍在京企业家300余人欢聚一堂，市、县领导金建新、章作飞、吴飞飞、季王民、陈海民、徐永丽、吕大德出席。

1月29日，代县长戴邦和主持召开县长办公会议，专题研究讨论《政府工作报告（征求意见稿）》。

2月6日，县委书记徐光文主持召开县委常委会议，会议传达了全省组织部长会议和全省人才工作座谈会、两新工委书记会议精神，会议讨论通过了《中共青田县委理论学习中心组2012年学习计划》，会议还讨论通过了第九届青田县政协委员、常委推荐人选。

2月10日，县委书记徐光文到温溪镇开展“进村入企”大走访活动。

2月16日，常务副市长陈瑞商到青田开展“走村入企”大走访活动。

2月17日，全县平安建设暨人口和计划生育工作会议召开。

2月23日，浙江青田生态乐园开工典礼举行，县领导戴邦和、徐新平、陈铭、陈海民、徐永丽出席。

3月4日，新当选县政府领导戴邦和、翁伟荣、叶群力、陈铭、陈海民、朱秀雄、张如一出席记者见面会。

3月12日，全县安全生产暨地质灾害防治工作会议召开。

3月15日，县委书记徐光文主持召开县委中心组理论学习（扩大）会议，省委宣传部常务副部长胡坚作题为《增强文化自觉，推进文化发展》的主题报告。

3月21日，市政协主席虞红鸣来青开展“进村入企”大走访活动，县领导戴邦和、季力华陪同。

3月22日，县长戴邦和主持召开县十五届人民政府第一次常务会议，会议讨论加快农业农村改革发展、工业经济有关政策修编、“优化发展环境年”活动实施等问题。

3月26日，县委书记徐光文主持召开县委常委会议，会议传达了全国“两会”、中央、省纪委全会和国务院第五次廉政工作会议精神，讨论并通过《关于开展“优化发展环境年”活动的实施意见》等政策文件。

3月30日，全县工业大会暨项目推进和金融工作会议召开。

4月1日，全县农村工作会议暨县乡村“三级联动办实事”动员大会召开。

4月10日，市委书记卢子跃到青田调研，市、县领导陈瑞商、朱继坤、蔡小华，徐光文、戴邦和、刘志伟、季力华、李邦生等陪同。

4月11日，县委书记徐光文主持召开县委常委（扩大）会议，听取一季度全县经济运行、社会稳定形势分析和“十项工程”实施情况汇报，副县级以上领导参加。

4月16日，全县政法全会（扩大）暨“建设环境大整治”活动部署推进会召开。

4月27日，省档案局局长鞠建林到青田调研乡村档案文化建设，县委书记徐光文陪同。

5月2日，县委书记徐光文主持召开党政联席会议，总结4月份县委县政府主要工作完成情况，研究部署5月份工作。

5月4日，县滩坑水电站移民安置房“两证”办理工作动员大会召开。

5月12日，省政协副主席徐辉到青田考察石雕文化，市政协副主席庄志清，县领导徐光文、章作飞、陈苏民陪同。

5月16日，县长戴邦和赴鹤城镇调研城市管理工作，副县长陈铭陪同。

5月21日，县长戴邦和主持召开县第十五届人民政府第二次常务会议，讨论生态文明建设、农村饮水安全工程、项目推进考核办法等内容。

5月24日，县长戴邦和赴山口、油竹、鹤城等地调研石雕产业发展，县领导翁伟荣、叶选君、郭明皎、朱秀雄、徐永丽、陈苏民陪同。

5月26日至27日，央视中文国际频道总监杨刚毅到青田考察，市、县领导陈建波、徐光文、邹春平陪同。

5月30日，副省长毛光烈到青田调研工业强县建设，市、县领导林健东、徐光文、翁伟荣、陈海民、尹世锋陪同。

6月8日，县委人才工作领导小组会议召开。

6月14日，县委书记徐光文主持召开县委常委（扩大）会议，传达省第十三次党代会会议精神。

6月19日，2012青田杨梅开摘仪式举行，县领导徐光文、李邦生、徐新平、叶群力、吕大德出席。

6月23日，丽水市委书记卢子跃到青田专题调研瓯江综合开发工作，市、县领导陈瑞商、毛子荣、朱继坤、葛学斌、徐光文等陪同。

6月26日至27日，省林业厅厅长楼国华到青田调研林业和油茶产业发展情况，县领导戴邦和、翁伟荣、钟秋毫分别陪同。

6月29日，县委书记徐光文主持召开县委常委会，传达学习《省委关于按照保持党的先进性和纯洁性要求切实加强自身建设的决定》，并听取县总工会、共青团、妇联的工作情况汇报。

7月2日，县委书记徐光文主持召开党政联席会议，总结6月份县委县政府主要工作完成情况，研究部署7月份工作。

7月9日，县委书记徐光文到东源镇督查经济社会发展情况，县领导章作飞、尹世锋陪同。

7月10日，浙江工业大学与青田县校地合作座谈会举行，浙江工业大学副校长李小年，县领导徐光文、戴邦和、章作飞、廖峰、尹世锋等出席。

7月17日，青田县城引水延伸改建工程开工典礼举行，县领导徐光文、章作飞、高金华、陈铭、张晓军等参加。

7月24日，县委书记徐光文主持召开县委专题议军会议。

7月31日，县委书记徐光文专题调研县科技人才工作进行，县领导章作飞、尚勇庆、朱秀雄等陪同。

8月2日，县委书记徐光文赴县防汛抗旱指挥部检查9号台风“苏拉”的防御工作，县领导章作飞、叶群力陪同。

8月5日，县委十三届三次全体（扩大）会议暨县政府十五届一次全体会议举行，会议审议通过《关于加快工业强县建设的决定》，县委书记徐光文代表县委常委会作工作报告。副县级以上领导参加。

8月14日，县长戴邦和赴青田经济开发区管委会和县经商局调研，副县长翁伟荣、朱秀雄陪同。

8月17日，副市长林健东到青田就工业经济发展情况进行调研，县领导戴邦和、翁伟荣、尹世锋陪同。

8月27日，县十五届人大常委会第四次会议举行，县人大常委会领导参加，戴邦和、陈铭、阙建平列席会议。

8月31日，温溪镇“村企共建”恳谈会召开，县领导徐光文、章作飞参加。

9月3日，县委书记徐光文主持召开党政联席会议，总结8月份县委县政府主要工作完成情况，部署9月份主要工作。

9月5日，全县低丘缓坡开发利用试点暨闲置土地集中处置工作“百日攻坚”推进会召开。

9月11日，县长戴邦和主持召开县第十五届人民政府第四次常务会议，讨论集体所有土地上房屋征收与补偿管理、加强招商引资、推进工业经济可持续发展等内容。

9月20日，省委常委、公安厅厅长刘力伟到青田检查十八大安保维稳工作，市、县领导王永康、卫中强、徐光文、李邦生、丁文伟、章作飞等陪同。

9月25日，县瓯江干堤综合人防工程奠基，省人防办总工程师张卓，县领导徐光文、贲卫红、高金华、陈铭、张晓军等出席。

9月28日，县长戴邦和主持召开县第十五届人民政府第五次常务会议，讨论发展青田石文化产业、实施全民健身计划、推进科技创新等内容。

10月11日，县委书记徐光文主持召

开县委常委（扩大）会议，专题研究分析上半年该县经济运行、社会稳定形势以及“十项工程”部分项目建设进展情况。

10月15日，县委书记徐光文赴高湖、油竹督查低丘缓坡开发利用试点工作，县领导章作飞、陈海民陪同。

10月18日，全县项目建设“百日攻坚”暨招商引资工作会议召开，县领导戴邦和、翁伟荣、尹世锋参加。

10月23日，常务副市长陈瑞商、市人大常委会副主任蔡小华到青田督查“十八大”维稳、重点项目建设和招商引资工作，县领导戴邦和、李邦生、翁伟荣陪同。

10月25日，全市工业经济形势分析暨工业园区建设推进会在青田召开，市、县领导林健东、戴邦和、翁伟荣、尹世锋参加。

10月29日，县长戴邦和主持召开县第十五届人民政府第六次常务会议，讨论高层次人才队伍建设、侨务工作、城乡居民医疗保险等内容。

10月31日，市长王永康参观2012中国（青田）首届国际红酒展销会，县领导徐光文、戴邦和、邹春平、章作飞、叶群力陪同。

11月1日，省政协副主席、省委统战部部长汤黎路到青田考察民革组织建设工作，市、县领导王永康、廖思红、徐光文、章作飞、吴飞飞等陪同。

同日，第四届中国·青田石雕文化节暨第八届中国名石雕刻艺术展召开。

同日，青田石雕文化产业园奠基仪式举行，县领导戴邦和、翁伟荣、邹春平、李飞林、钟秋毫参加。

11月6日，县委书记徐光文专题调研卫生事业发展工作，县领导章作飞、张如一陪同。

11月19日，全县第三季度人口和计划生育工作会议召开。

11月22日，县委书记徐光文主持召开县委常委会议，会议传达学习了党的十八大会议精神；讨论通过“青田精神”表述语、《关于加强高层次人才队伍建设的实施意见》、《关于加强新形势下侨务工作的意见》。

11月24日，民政部部长李立国到青田参观石雕，省、市、县领导陈加元、王永康、陈重、徐光文、戴邦和、章作飞陪同。

11月27日，省发改委主任孙景淼到青田调研经济社会发展情况，市、县领导陈瑞商、戴邦和、翁伟荣、章作飞陪同。

12月3日，县委书记徐光文主持召开县委常委（扩大）会议，会议传达省委巡视组反馈情况，听取县委县政府11月主要工作完成情况及12月工作安排汇报。

12月4日，戴邦和主持召开县第十五届人民政府第七次常务会议，讨论建筑业发展、林业产业结构调整、生态休闲养生（养老）经济发展规划和基地建设等内容。

12月13日至14日，湖北省武穴市委书记吴美景率四套班子领导到青田参观考察经济社会发展情况，县领导徐光文、刘志伟、章作飞、郝胜勇等陪同。

12月18日，“万基·滨江国际”安置房项目开工典礼举行，县领导戴邦和、刘志伟、季力华、陈铭参加。

12月19日，县长戴邦和赴石郭工业园区调研青田进口商品交易市场建设工作。

12月26日，县长戴邦和主持召开县第十五届人民政府第八次常务会议，讨论研究公立医院改革、2013年投资计划安排等内容。

12月27日，共青团青田县第十六次代表大会召开，县领导徐光文、戴邦和、刘志伟、李邦生、吴郁郁、吴飞飞、尚勇庆、张如一出席。

2012年云和县大事记

1月5日，召开全县领导干部会议。县委书记张建明传达了全省经济工作会议和市委二届十七次全会暨全市经济工作会议精神，并作重要讲话。县委常委、常务副县长李一波主持。

1月10日，市委考核组到云和考核落实党风廉政建设责任制、惩防体系建设和深化作风建设工作。市委常委、丽水军分区政委、考核组组长李生荣，县领导张建明、叶旭勇、马国华、王新荣、雷一坤、李一波、李继仁、叶石玄仙、周益敏、郑绍周、吕晓东、蓝先芬、郭兴武出席汇报会。

同日，举行狮山佛教园林景区开园仪式，县领导符香环、张峰、彭招平及市委统战部、市旅游局等部门负责人出席开园仪式。

1月11日，2011年度生态市建设考核组到云和检查生态建设工作。副县长彭平生，县政协副主席人选、环保局长林李平陪同检查。

1月17日，全县企业人士座谈会召开。县领导张建明、叶旭勇、符香环、马国华、雷一坤、李一波、陈建伟、李石平、彭平生、胡惠民、彭招平及全县涉工部门、金融机构主要负责人，企业代表出席了会议。

1月18日，举行社会保障卡管理服务中心揭牌剪彩仪式，县委常委、副县长金雪芬，县人劳社保局和相关单位负责人出席了仪式。

1月29日，召开全县奋战开局之年动员大会，县领导张建明、叶旭勇、符香环、马国华、雷一坤、王新荣在主席台就座。县委书记张建明在会上作重要讲话，代县长叶旭勇主持会议。

2月2日，丽水市副市长陈重到云和调研经济社会发展工作。县领导张建明、叶旭勇、张峰、陈建伟、彭平生、郭兴武陪同调研。

2月8日，县委书记张建明在县委常委、县委办主任陈建伟，副县长彭平生及县工业园区、经商局相关负责人的陪同下，到工业园区开展调研。

2月9日，召开迎接国家级生态县创建技术核查攻坚会。县委副书记王新荣作重要讲话，副县长彭平生主持会议。

2月15日，县司法行政法律服务中心揭牌。县委副书记王新荣，县委常委、常务副县长李一波，县人大常委会副主任罗培元，县政协副主席黄文伟出席揭牌仪式。

2月17日，召开政府投资项目融资对接会，代县长叶旭勇，县委常委、常务副县长李一波及县发改、财政、国土等部门及各金融机构相关负责人出席会议。

2月22日，云和县与智利库里科市正式建立友好交流与合作关系。代县长叶旭勇和智利库里科市市长胡国·雷·马尔提内斯共同签署建立友好交流与合作关系协议书。

2月26日，县政协八届一次会议隆重开幕。

2月27日，县十五届人大一次会议隆重开幕。

3月12日，召开全县项目推进暨金融工作会议。县长叶旭勇，县人大常委会主任马国华，县政协主席雷一坤，县委副书记王新荣，县委常委、常务副县长李一波出席会议。

3月17日，县委理论学习中心组学习（扩大）会召开。县委书记张建明主持会议。

3月21日，省体育局副局长应祖明到云和调研体育工作，副县长蓝先芬陪同调研。

3月23日，召开农村工作会议暨防汛防台抗旱森林消防工作会议。县领导叶旭勇、马国华、雷一坤、王新荣、叶晓伟出席会议。会议由县委副书记王新荣主持。

3月28日，县委十三届二次全体会议召开。县委委员、候补委员、县纪委委员参加会议，不是县委委员或候补委员的乡镇党委书记、街道党工委书记列席会议。会议由县委书记张建明主持。

4月5日，县委书记张建明在杭州参加全省“进村入企”大走访活动座谈会。

4月6日，召开“礼仪云和”建设启动仪式。县领导雷一坤、王新荣、吕晓东、黄文伟、罗培元、王雨杰、蓝先芬、叶茂、胡惠民、彭招平、林李平出席。

4月10日，县长叶旭勇调研工业园区平台拓展项目。县领导李继仁、郑绍周、李石平、彭平生、王沿伟陪同。

4月16日，县委书记张建明、县长叶旭勇在丽水参加全市党管武装、市国动委全体成员会议暨创建“全国双拥模范城”表彰大会。

4月23日，举行“文化共享年”活动启动仪式，县领导雷一坤、王新荣、蓝斌雄、蓝先芬、胡惠民出席。

4月24日，云景高速西周岭隧道胜利贯通。省交通投资集团总经理王洪涛、副市长葛学斌、县长叶旭勇、副县长叶茂出席活动。

4月26日至28日，国家环保部生态司副司长侯代军一行对云和创建国家级生态县进行技术评估。云和顺利通过国家级生态县创建技术评估。

5月3日，县长叶旭勇主持召开第十五届人民政府第二次常务会议，审议《关于进一步加强招商引资工作的若干意见（送审稿）》《云和县2012年度招商引资工作目标责任制考核奖励办法（送审稿）》《云和湖省级旅游度假区建设项目可行性研究报告（送审稿）》和《关于完善乡镇（街道）财政管理体制的意见（送审稿）》。

5月9日，全县中心村、特色村、整治村项目建设推进会召开。

5月10日，县委召开常委（扩大）会议，专题听取县领导重点项目工作的情况汇报。

5月16日，全县村级便民服务中心规范化建设暨“进村入企”大走访工作会议召开。县委书记张建明，县委常委、组织部长叶石玄仙，县委常委、纪委书记郑绍周出席会议。会议由叶石玄仙主持。

5月18日，丽水（云和）首届建材家居购物节暨丽水市首届根石艺术文化节组委会工作会议召开。

5月24日，召开低丘缓坡综合开发利用试点工作领导小组会议。县领导叶旭勇、李继仁、张峰、郑绍周、李石平、彭平生参加会议。

同日，县首家村邮站——元和街道村邮站在云坛村建成。

5月25日，丽水（云和）首届建材家居购物节暨丽水市首届根石艺术文化节在云和商贸物流城隆重开幕。

6月2日，举行第六届云和梯田开犁节开幕式暨“国家AAAA级景区”、“中国特色旅游最佳湿地”、西子画院创作基地揭牌仪式。副市长葛学斌，省政协委员、原浙江省政协民族和宗教委员会主任鲍钢，县领导张建明、叶旭勇、马国华、王新荣出席。

6月7日，召开公开选拔领导干部工作动员会。县委副书记、政法委书记王新荣，县委常委、组织部长叶石玄仙出席。

6月8日，举行《生态休闲养生（养老）经济规划》评审会。县领导李一波、李石平、胡惠民出席。

6月13日，县召开全县领导干部会议。传达贯彻省第十三次党代会精神。在职副县级以上领导干部，担任过副县级以上领导职务的离退休老同志出席。

6月18日，县委书记张建明到元和街道调研。县委常委、县委办主任陈建伟陪同。

6月20日，县委书记张建明到石塘镇调研。县委常委、县委办主任陈建伟，副县长叶晓伟陪同。

6月28日，县召开乡镇（街道）党（工）委书记抓基层党建工作例会。县领导张建明、王新荣、叶石玄仙、郑绍周、陈建伟出席。

6月29日，德国施泰瑙市市长瓦尔特·斯特劳赫一行到云和考察访问。县长叶旭勇，县委常委、常务副县长李一波陪同。

7月1日，全市首家股权投资企业天堂硅谷正兴创业投资企业正式落户云和。

7月6日，县委书记张建明到县环保局调研生态建设和环境保护工作。县委常委、县委办主任陈建伟，副县长彭平生陪同。

7月12日，县委书记张建明到赤石乡调研。县委常委、县委办主任陈建伟陪同。

7月12日至13日，长兴县考察团到云和考察。县领导张建明、陈建伟、彭平生、蓝先芬陪同。

7月17日，缙云县考察团到云和考察低丘缓坡综合开发利用和工业园区建设工作。县委副书记、政法委书记王新荣，副县长彭平生陪同。

7月24日，召开土地开发整理和农村土地综合整治工作领导小组（扩大）会议。县委常委、副县长张峰出席。

7月28日，县委书记张建明、副县长蓝先芬赴武汉参加丽水文化武汉精品展览会。

8月2日，召开国家级生态县创建整改落实工作会议。县委书记张建明、县长叶旭勇，县委常委、县委办主任陈建伟，副县长彭平生出席会议。

8月10日，召开中共云和县委十三届四次全体（扩大）会议暨县第十五届人民政府第一次全体会议。县委书记张建明向全会作工作报告，县长叶旭勇主持会议。

8月14日，召开全县“项目建设百日奋战”活动动员大会。县委书记张建明，县长叶旭勇，县人大常委会主任马国华，县政协主席雷一坤，县委副书记王新荣，县委常委、常务副县长李一波在主席台上就坐。

8月17日，召开招商引资工作委员会第二次（扩大）会议。

8月21日，县委书记张建明在县委常委、县委办主任陈建伟及县经商局主要负责人的陪同下，深入企业开展调研。

8月23日，召开“项目建设百日奋战”项目融资工作培训会。

8月30日，全县创建省级园林城市工作领导小组全体成员（扩大）会议召开。

9月4日，召开木玩文创基地项目设计方案调整工作汇报会。县领导张建明、叶旭勇、马国华、雷一坤、李一波参加。

9月10日，县委召开第十三届常委会第九次会议。

9月19日，县委书记张建明调研“山水童话乡村”建设工作。

同日，县举行低丘缓坡试点项目杨柳河三期区块开工仪式。

9月25日，2012年云和旅游宣传促销活动在上海举行。县领导张建明、叶旭勇、马国华、雷一坤、张峰参加开幕式。

9月26日，举行云和县青年网商电子商务创业园开园、云和县网上创业联盟成立仪式暨全县青年就业创业总动员活动。副市长陈重，县领导张建明、王新荣、张峰、彭平生出席。

9月28日，县长叶旭勇调研低丘缓坡综合开发利用试点工作。县领导李继仁、李石平、彭平生、王沿伟陪同。

10月8日，全县“项目建设百日奋战”活动工作汇报会召开。

10月15日，举行山水购物广场开工典礼。县领导马国华、雷一坤、王新荣、张峰、彭平生等出席。

10月18日，祥云街道路工程正式开工建设。副县长叶茂参加开工仪式。

10月22日，龙泉市党政代表团在龙泉市委书记蔡晓春的带领下到云和考察旅游产业发展工作。县委书记张建明，县委常委、副县长张峰，县委常委、县委办主任陈建伟及旅游局负责人陪同考察。

10月25日，解放街（一期）拆迁安置区工程开工典礼在解放街前巷段举行。

10月30日，市政协副主席吴炳全率调研组到云和调研新兴产业发展情况。

11月1日，县“村级便民e服务”开通仪式在县行政审批中心举行。县委书记张建明，县委常委、纪委书记郑绍周，县委常委、县委办主任陈建伟出席开通仪式。

同日，县长叶旭勇率团赴上海水木动画股份有限公司考察对接产业发展工作。

11月8日，副省长陈加元莅临云和调研产业集聚区建设情况。省政府副秘书长冯波声、省发改委副主任高乙梁、副市长林健东，县领导张建明、叶旭勇、李一波、金雪芬、陈建伟、彭平生、蓝先芬陪同调研。

11月19日，召开全县领导干部会议，传达贯彻党的十八大精神。县委书记张建明在会上作重要讲话，县长叶旭勇主持会议。

11月23日，中国第十四届根艺石艺博览会在云和商贸物流城隆重开幕。

11月28日，全县办公室主任培训会召开。县委常委、县委办主任陈建伟出席会议，各乡镇（街道）、县直机关各单位办公室主任参加了培训。

11月29日，云和县第十五届人民政府第八次常务会议召开。县长叶旭勇主持会议，副县长李一波、张峰、金雪芬、彭平生、叶晓伟、叶茂，县政协副主席林李平及县府办负责人出席会议。

12月4日，县第十五届人大常委会第七次会议召开。

12月8日，云和县与台湾新北市在中央电视台中文国际频道演播厅录制《城市1对1》节目。县领导张建明、李一波、陈建伟，县委宣传部负责人和该县木制玩具骨干企业经营业主廖复新、廖灵飞及台湾新北市的官员、专家等参加节目录制。

12月13日，省林业厅副厅长杨幼平到云和调研林业工作。

12月19日，县道路运输管理局举行更名揭牌仪式，并为新落成的信息（指挥）中心一期工程举行启动仪式。

12月24日，洞头县委书记姜长才，县委副书记、县长董智武率洞头县党政考察团到云和考察。县领导张建明、李石平、叶晓伟、胡惠民陪同考察。

12月27日，召开全县领导干部会议。

12月28日，县文化建设领导小组会议暨县委对外宣传工作领导小组会议召开。

同日，中国第十四届根艺石艺博览会总结会召开。县委常委、公安局长李继仁，县委常委、宣传部长吕晓东，副县长彭平生出席会议。

12月29日，坐落于云和湖赤石景区的宋城集团云品酒店正式试营业。县领导张建明、叶旭勇、马国华、王新荣、李一波、张峰、陈建伟、吕晓东、蓝斌雄、胡惠民出席试营业仪式。县委书记张建明宣布酒店试营业，县长叶旭勇致辞。

2012年庆元县大事记

1月9日，县委理论学习中心组学习（扩大）会暨务虚会召开。

1月11日，县委常委、副县长张兵一行到荷地开展县级领导下访、定点接访活动。

1月12日，市考核组到庆元就中心镇培育工作进行考核。县委常委、常务副县长胡献如参加汇报会。

1月12日至13日，县长叶青主持召开2012年度第一次县政府常务会议。

1月13日，县老年科技协会成立。县委常委、副县长张兵，县人大常委会副主任、县科协主席胡光瑞参加成立仪式。

1月17日，县政协七届二十七次常委会在县政府五楼会议室召开。会议由县政协主席朱美菊主持。

1月30日，召开解放思想大讨论活动座谈会。

2月1日至2日，县政府召开座谈会，就《政府工作报告(征求意见稿)》向该县各单位负责人和县人大代表、政协委员征求意见。县委常委、常务副县长胡献如主持座谈会。

2月2日，全县干部大会暨解放思想大讨论活动动员会召开。县委书记杜光旻作工作报告，县长叶青主持大会。刘秋霞、朱美菊、叶丽娅、徐为民、胡献如、吴青松、朱丽军、吴积云、魏丽伟、诸葛春杰、吴灌红等县四套班子领导参加人会并在主席台就座。

2月7日，全县金融运行分析会召开。县长叶青出席会议并讲话。副县长范庆伟主持会议。

2月14日，副县长叶伟玲在县国土、农业、林业、屏都镇等部门、乡镇相关领导陪同下，到工业园区调研低丘缓坡开发利用工作。

2月16日，全县农村金融综合改革座谈会在人民银行庆元县支行召开。副县长范庆伟，县府办及各乡镇主要负责人参加会议。

2月20日，浙江之豇种业有限公司考察组到举水乡考察耕地资源，县委常委、副县长吴青松陪同考察。

2月26日，双苗尖风力发电工程举行奠基仪式。省机电集团党委书记、董事长王敏，副厅级领导、丽水市委副秘书长林健东，县长叶青，县委常委、常务副县长胡献如，县委常委、公安局长魏丽伟，县人大常委会副主任王林生，县政协副主席任献民出席奠基仪式。

3月5日，县交通系统召开2012年交通工作会议暨解放思想大讨论活动推进会。县领导王林生、刘义平出席会议，副县长阎昌远讲话。

3月7日，召开《公路交通运输“十二五”发展规划》评审会。副县长阎昌远出席会议。

3月15日至16日，省农业厅副厅长陈利江到庆元调研循环农业项目建设情况。县委常委、副县长吴青松，副县长叶伟玲，以及县府办、农业局主要负责人陪同调研。

3月22日，县十五届人大常委会第一次会议在县政府五楼会议室召开。县人大常委会主任刘秋霞主持会议，副主任韦晓云、陈明章、吴泽民参加会议。

3月23日，县濛洲、松源、屏都街道成立揭牌仪式隆重举行。县领导叶青、刘秋霞、叶丽娅、徐为民、胡献如、吴青松、蔡国洪、魏丽伟、韦晓云、吴泽民、叶伟玲、任献民、刘义平分别参加了濛洲、松源、屏都街道成立揭牌仪式。

同日，竹口镇平岭岗村农村土地综合整治危旧房改造新村建设第二期基础工程举行开工典礼。县委副书记徐为民，县委常委、副县长吴青松参加开工典礼。

3月27日，县长叶青主持召开2012年度第二次县政府常务会议。

3月30日，县委常委、副县长吴青松在县工业园区管委会、农业局、食用菌管理局相关负责人的陪同下，到庆元县江源菇品有限公司开展“进村入企”大走访活动。

4月13日，全县“两新”组织党建工作会议召开。县委常委、组织部长诸葛春杰参加会议。

同日，国家旅游局4A级景区评定专家徐挺、谢俊华、乔旭一行对百山祖创建国家4A级旅游景区工作进行评定验收。县领导叶青、徐为民、陈明章、阎昌远、刘义平及县属相关部门负责人陪同检查或参加汇报会。

4月17日，2012年庆元县直部门专项经费预算“一下”部署会召开。县委常委、常务副县长胡献如参加会议。

4月19日，淤上乡局下村、百山祖乡车坑村正式挂上了由市委书记卢子跃亲自题词的“美丽乡村”牌匾，成为了丽水市首批“美丽乡村”示范村。

4月26日，屏都综合新区低丘缓坡开发二期工程可行性研究报告评审会召开。县委常委、常务副县长胡献如参加会议。

4月27日，全县工业暨招商引资大会召开。县委书记杜光旻讲话，县长叶青作工作报告，县人大常委会主任刘秋霞、政协主席叶丽娅参加会议，县委常委、常务副县长胡献如主持会议。

4月28日，马蹄岙电站“千库保安”工程和设备更新改造项目完工仪式在马蹄岙电站举行。县领导叶丽娅、吴青松、陈明章、吴碧兰参加完工仪式。

同日，首个按照国家4A级景区标准打造的集山、水、林、潭于一体，以“低碳旅游”为主题的百山祖旅游景区试运营仪式在百山祖国家4A级旅游景区游客接待中心广场隆重举行。

5月4日，县长叶青主持召开2012年度第3次县政府常务会议。

5月7日，“项目建设大推进”活动司法保障领导小组工作例会召开。

5月9日，市委副秘书长、办公室主任徐岳明到岭头乡开展“进村入企”大走访活动。县委常委、组织部长诸葛春杰，县委办等部门负责人陪同。

5月10日至11日，县长叶青，县委常委、常务副县长胡献如带领县府办、县发改局、县经济商务局、县工业园区管委会负责人，赴瑞安市洽谈共建合作发展产业园区事宜，并签订共建合作发展产业园区框架协议。

5月16日，中国残联/嘉道理慈善基金会庆元县社区康复合作项目启动仪式在国际大酒店举行。

5月22日，项目建设集中推进活动领导小组工作会议在县政府五楼会议室召开。县委书记杜光旻讲话，县长叶青主持会议。县领导徐为民、胡献如、吴青松、朱丽军、吴积云、诸葛春杰等参加会议。

5月29日，省交通运输厅副厅长王德宝一行，到庆元调研龙庆高速公路工程建设进展情况，副县长阎昌远陪同。

6月5日，2012年全县招商引资重点项目交办会在县政府五楼会议室召开。县长叶青出席会议并讲话，县委常委、常务副县长胡献如主持会议。

同日，县政协主席叶丽娅率部分政协委员深入庆元国家森林公园开展生态休闲养生（养老）产业调研。

6月8日，县长叶青主持召开2012年度第4次县政府常务会议。

6月13日，入驻竹口工业园的鸿星文具、德长竹木、贝斯特软化板、盛雄文具、悦达工贸、友川文具6家企业在竹口瓦窑山工业园举行隆重的开工仪式。县长叶青宣布开工。县政协主席叶丽娅，县委副书记徐为民，县委常委、常务副县长胡献如参加开工仪式。

6月15日，县公共服务中心建设项目可行性研究报告审查会召开。副县长范庆伟出席会议。

6月15日至21日，县委书记杜光旻带领县党政代表团赴台湾省考察休闲观光农业、生物科技产业、休闲养生理念以及农业管理体制等现代农业发展模式。

6月27日，全县村级便民服务中心规范化建设推进会暨村级项目共建制、村监会工作部署会召开。

7月2日，全县推进农村土地承包经营权流转暨产业提升工作会议召开。县委常委、副县长吴青松，县农业、水利、林业等相关部门负责人参加了会议。

7月10日，屏都综合新区开发建设指挥部到余村项目组召开座谈会。

7月20日，县政协八届六次主席会议召开。县政协主席叶丽娅主持会议，副主席任献民、林昌富、吴先武、吴碧兰、刘义平参加会议。

7月24日至25日，省审计厅党组书记、厅长陈荣高率调研组一行到庆元调研特别扶持项目建设。市委常委、莲都区委书记毛子荣，县领导杜光旻、叶青、徐为民、胡献如、吴青松等先后陪同调研。

7月27日，县政协八届二次常委会在县政府五楼会议室召开。县政协主席叶丽娅主持会议，副主席任献民、林昌富、吴先武、吴碧兰、刘义平参加会议，七届县政协主席朱美菊应邀列席会议。

8月1日，县委书记杜光旻到举水、荷地专题调研生态县创建及农业农村工作。

8月8日至9日，副市长林健东到庆元调研工业经济发展情况。县委常委、常务副县长胡献如陪同调研。

8月15日至16日，县委组织召开意见征求座谈会，分别就《县委十三届五次全会报告（征求意见稿）》和《中共庆元县委关于进一步解放思想优化发展环境的决定（征求意见稿）》展开讨论。

8月19日，县中医院举行住院大楼建设工程开工仪式。

8月22日至23日，市委常委、组织部长

胡侠到庆元专题调研发展壮大村级集体经济及基层组织建设工作。县领导杜光旻、叶青、徐为民、吴青松、诸葛春杰陪同调研或参加汇报会。

8月27日至30日，第十八届国际食用菌大会在北京通州区举行。庆元作为香菇发源地和主产区受邀参加大会。县委常委、宣传部长吴积云，县食用菌管理局相关人员和食用菌企业代表参加会议。

9月6日，县长叶青，县委常委、常务副县长胡献如，在相关部门、街道负责人的陪同下，督查全县重点项目建设工作。

9月11日，县委副书记徐为民到县残联专题调研,县残疾人工作。

9月14日，县委常委、纪委书记朱丽军深入龙庆高速公路庆元段建设现场调研。

9月20日，淤上乡社会服务管理中心正式投入使用。县委副书记、政法委书记徐为民，县人民法院院长陈有南出席仪式并揭牌。

9月25日，新正大漆业八周年暨新厂区庆典仪式举行。县领导叶丽娅、胡献如、蔡国洪、韦晓云、林昌富参加庆典仪式。

10月1日，庆元到百山祖周末旅游专线正式开通。

10月11日，竹口溪中小河流治理工程开工仪式在竹口镇平岭岗新村隆重举行。县长叶青，县委副书记徐为民，县委常委、副县长吴青松，县人大常委会副主任吴泽民、县政协副主席吴碧兰出席仪式。

10月22日，县第十五届人大常委会第五次会议召开。县人大常委会主任刘秋霞主持会议。

10月29日，云南省永平县委常委、常务副县长李苏，县委常委、县委办公室主任李春，县政协副主席赵丽帆一行，到庆元考察食用菌产业发展情况。

11月2日，县信用村等级评定暨“三大工程”现场推进会在黄田镇召开。

11月9日，浙江盛雄残疾人小康•阳光庇护中心开工仪式在竹口镇举行。市政协副主席、市残联理事长齐育华，县委副书记徐为民，副县长阎昌沅，县政协副主席吴碧兰出席开工典礼。

11月13日，县长叶青主持召开2012年度第七次县政府常务会议。

11月14日，全县项目谋划工作会议召开。县委常委、常务副县长胡献如参加会议。

11月23日，竹口镇下山脱贫安置小区（黄坛区块）开工仪式举行。县人大常委会主任刘秋霞，县政协主席叶丽娅，县委常委、常务副县长胡献如，县人大常委会副主任韦晓云，副县长范庆伟参加开工仪式。

11月26日，丽水学院生态学院常务副院长赵鹂一行到庆落实“丽水市高校、科研院所农业科技成果推广基地建设”项目。县委常委、宣传部长吴积云陪同。

11月29日，淤上山花小区开工典礼隆重举行。市人大常委会副主任刘国安，县领导徐为民、吴青松、陈明章、吴碧兰参加开工典礼。

12月5日，县社会科学界联合会成立暨第一次代表大会隆重召开。县领导刘秋霞、叶丽娅、徐为民、吴积云、诸葛春杰、胡慧红出席会议。

同日，召开会议，评审通过了第二轮科技富民强县项目——灰树花产业化技术集成与应用子项目。县委常委、常务副县长胡献如，副县长游兆彤参加会议。

同日，县首个村级社区便民服务中心网络平台开通仪式在五大堡乡杨楼村便民服务中心举行。县委常委、纪委书记朱丽军出席开通仪式。

12月7日，县委理论学习中心组学习（扩大）会暨务虚会召开。

12月10日，县委常委、常务副县长胡献如在县府办、工业园区等部门负责人的陪同下，到安南乡调研乡镇功能区块建设工作。

12月10日至13日，县委书记杜光旻、县长叶青率县委办、县府办、发改、环保、供销社等部门负责人赴北京、武汉等地对接项目。

12月12日，安南乡社会服务管理中心揭牌并正式投入使用。县领导徐为民、吴积云、王林生、吴碧兰为中心揭牌。

12月18日，县政协八届四次常委会议召开。县政协主席叶丽娅，副主席任献民、林昌富、吴先武、吴碧兰参加会议。县政协七届主席朱美菊、副县长叶伟玲应邀出席会议。

12月21日，庆元生态养生园策划及概念规划汇报会召开。县委常委、常务副县长胡献如出席会议。

12月25日，召开全县领导干部大会。杜光旻、叶青、刘秋霞、叶丽娅等县四套班子领导参加会议。

12月26日，县服务行业商会成立五周年暨2012年会举行。县委副书记徐为民，县委常委、统战部长吴灌红参加会议。

2012年缙云县大事记

1月5日，宁波市缙云商会成立。县领导孔海龙、陈骏、卢兆田、楼锦游、樊汝元和宁波市工商联、鄞州区委、区人大、区政府及两地有关部门领导出席会议。

1月10日，县十五届人大常委会第四十二次会议召开。

1月11日，杭州•缙云经济社会发展恳谈会暨答谢酒会在杭州梅苑宾馆举行。

1月13日，国家环保部减排核查组到缙云核查减排工作，副县长张颖洁，省、市、县有关部门负责人陪同检查。

1月14日，县长吴筱琳赴壶镇镇等地调研缙云低丘缓坡开发利用工作。

1月18日，县长吴筱琳主持召开县政府第二十二次常务会议。会议研究了缙云县其他事业单位绩效工资实施办法，关于进一步加强行政村卫生室建设的意见与缙云县村卫生室基本药物制度实施方案等议题。

1月29日，县渔业局正式挂牌成立。副县长朱金元为县渔业局揭牌。

同日，缙云被浙江省委组织部和浙江省委新经济与新社会组织工作委员会授予“两新组织党建工作先进县（市、区）”荣誉称号，成为丽水市唯一一个“两新”组织党建工作先进县。

2月2日，县人大常委会、“一府两院”领导联席会在行政中心举行。

2月8日，县政协八届一次会议隆重开幕。

2月9日，县十六届人大一次会议隆重开幕。

2月12日，国家林业局宣传办公室副主任、研究员李天送率国家森林城市创建考察组到缙云考察“创森”工作。县领导王金淼、朱金元等陪同考察。

2月16日，全县行政服务审批暨公共资源交易工作会议召开。县委常委、常务副县长李忠伟出席会议并作了讲话。

2月17日，县委书记孔海龙到壶镇镇专题调研小城市培育试点工作，并在壶镇镇2012年全镇工作暨小城市培育推进大会上发表重要讲话。

2月29日，全县村卫生室实施国家基本药物制度在东渡镇兰口村正式启动，副县长邹向阳出席仪式。

3月5日，县政协主席周保龙到东方镇东方村，开展“进村入企”大走访活动。

3月6日，县委书记孔海龙到东方镇、壶镇镇等地调研低丘缓坡开发利用工作。县委常委、县委办主任吕唐镇，副县长赵建铭以及县国土、经信等部门，乡镇主要负责人陪同。

3月13日，市委常委、常务副市长陈瑞商带领市国土、林业、发改等相关部门负责人到缙云进行低丘缓坡综合开发利用试点调研。县长吴筱琳，副县长赵建铭、楼锦游、朱金元等陪同调研。

3月14日，省委副书记李强一行到缙云河阳村考察调研古村落保护工作。

3月20日，全县项目推进工作分析会召开，县委常委、常务副县长李忠伟，县委常委、纪委书记周和平出席会议并讲话。

3月22日，县总工会十三届第六次（扩大）会议召开。县委常委、县委办主任吕唐镇出席会议。

同日，杭州钱江经济开发区党工委书记、管委会主任戚建国率领代表团到缙云进行考察，并与缙云签订了战略合作备忘录。县领导孔海龙、李忠伟、吕唐镇、赵建铭、楼锦游及丽水生态产业集聚区缙云分区管理委员会主任陶方才和有关部门负责人陪同考察并出席签约仪式。

3月27日，丽水生态产业集聚区管委会主任陈景飞一行到缙云调研。副县长楼锦游，丽水生态产业集聚区缙云分区管委会主任陶方才等陪同调研。

3月28日，县委副书记刘旭标一行，到新建镇调研指导中心镇建设和春耕生产情况。

3月31日，县委书记孔海龙到东渡镇调研指导村级便民服务中心工作。

4月4日，壬辰（2012）年清明浙江缙云祭祀轩辕黄帝典礼在仙都隆重举行。

4月5日至6日，县委书记孔海龙在县委常委、纪委书记周和平及有关部门负责人的陪同下，专程到大源、大洋、舒洪等偏远乡镇，就“村级便民服务中心”工作进行调研。

4月10日，县委书记孔海龙到方溪乡调研村级便民服务中心建设工作。

4月11日，全县项目推进暨金融工作会议在县行政中心1231会议室召开。县领导孔海龙、吴筱琳、赵导亮、周保龙、李汉勤、陈湘钟、周和平、王金淼、陈骏在主席台就坐，出席会议的还有县政府副县长等。

4月15日，缙云县总商会衢州商会隆重成立。县领导周保龙、刘旭标、朱金元、叶理强以及衢州市有关领导等出席了成立仪式。

4月23日，全县工业经济汇报会暨制造业投资推进会在行政中心召开。副县长楼锦游出席会议。

4月24日，县长吴筱琳主持召开县政府第三次常务会议暨政府工作11大类重点指标点评会，听取2012年一季度全县经济运行情况分析，并对经济发展重点指标进行通报点评。

4月27日，市委常委（扩大）会议在缙云召开。市委书记、市人大常委会主任卢子跃主持会议。市委、市人大常委会、市政府、市政协班子成员，县领导孔海龙、吴筱琳、周保龙、李忠伟、吕唐镇、李汉勤、朱荣华、陈骏等参加会议。

5月8日，全省扶贫开放工作会议召开。县领导孔海龙、赵导亮、周保龙、刘旭标、朱金元在缙云分会场参加会议。

5月21日，浙江云塑薄膜工业有限公司进口设备签约仪式在香溢酒店举行。副市长林建东，县委书记孔海龙，县委常委、县委办主任吕唐镇，副县长楼锦游，丽水生态产业集聚区缙云分区管委会主任陶方才等出席签约仪式。

5月24日，县人民医院举行建院70周年座谈会，县委副书记刘旭标、县人大常委会副主任李潘良、副县长赵建铭出席了座谈会。

5月31日，副市长陈重到缙云调研外贸和外资利用工作。

6月1日，县长吴筱琳主持召开了县政府第四次常务会议，会议传达贯彻了市委书记卢子跃在缙云调研婺剧文化的重要指示精神，研究了关于促进婺剧文化产业发展的若干意见、缙云县被征地农民生活保障实施办法、缙云县行政服务(审批)中心壶镇分中心(壶镇行政服务中心)建设实施意见等议题。

6月13日，省林业厅森林公安局局长李永胜率检查组到缙云检查指导“平安林区”创建工作。副县长朱金元及市、县林业部门负责人陪同。

6月14日，县委书记孔海龙在县委常委、县委办主任吕唐镇，丽缙五金科技产业集聚区管理委员会副主任郑兰富的陪同下，专程到县国土局，就缙云低丘缓坡建设开发工作进行调研。

6月15日，缙云2012年银企对接签约仪式暨金融产品推介会在香溢大酒店举行。副县长楼锦游出席签约仪式。

6月18日，浙江缙云杭银村镇银行的第一家分支机构——壶镇支行正式开业。

6月20日，中国大唐电力集团下属上市公司桂冠电力副总经理王洵一行到缙云考察。

6月26日，县政协八届二次常委会召开。

6月27日，副省长陈加元到缙云调研指导工作。

7月4日，全国政协常委、经济委员会副主任王众孚一行到缙云考察，市政协副主席李江波、县领导周保龙、陈骏、张颖洁、胡锦伟和省、市、县各级工商部门负责人陪同考察。

7月10日，县委书记孔海龙到丽水生态产业集聚区缙云分区调研。

7月24日，县委常委、常务副县长李忠伟赴县交通运输局，对交通建设项目进行了专题调研。

7月26日，副市长葛学斌一行到缙云调研旅游、交通、城市建设等工作。县领导吴筱琳、李忠伟、张颖洁、邹向阳及县府办、旅游局、交通局、建设局等部门主要负责人陪同调研。

7月30日，杭州市缙云商会成立大会在浙江省人民大会堂举行。

8月8日，市政协副主席李江波一行到缙云，就“质量强市建设——助推产业转型升级”工作进行专题调研，县政协副主席钭旭彬等陪同调研。

8月9日，县长吴筱琳主持召开县政府第五次常务会议，会议研究了缙云县人口和计划生育“一票否决制”实施意见、缙云中学嘉奖相关事宜等议题。

8月10日，330国道莲都至缙云段公路改建工程缙云段施工和监理合同签约仪式在县交通局举行。副县长、莲缙公路改建工程缙云段指挥部总指挥张颖洁等出席签约仪式。

8月14日，县委十三届五次全体(扩大)会议在县行政中心召开。

8月17日，县政府第一次全体会议暨项目推进、政策处理、政府工作10+2重点指标点评、依法行政、廉政工作会议在行政中心召开。县领导吴筱琳、李忠伟、严正满、张颖洁、邹向阳、赵建铭、楼锦游、朱金元出席会议。

8月21日，县中心城区低丘缓坡开发建设工作组会议在行政中心召开，部署低丘缓坡开发建设工作。县长吴筱琳、副县长邹向阳出席会议。

8月30日，省调研组到缙云调研指导质量强县工作。县委常委严正满等陪同调研。

9月7日，县长吴筱琳主持召开县政府第六次常务会议，会议研究了缙云县“十二五”重大建设项目规划、缙云县地方储备粮管理办法、关于进一步做好企业股份制改造培育企业上市工作的若干意见等议题。

9月11日，中国社会科学院信息化研究中心主任汪向东等专家到缙云，就农村电子商务发展工作进行调研。

9月12日，省水利厅副厅长彭佳学到缙云专题调研好溪水利枢纽潜明水库工程。

9月13日，缙云首个准四级车站工程在三溪乡破土动工。

9月21日，浙江丽缙五金科技产业园区开工典礼在产业园区首期开发的壶镇苍山区块隆重举行。

9月25日，上海浦东发展银行丽水缙云支行正式开业。县委书记孔海龙，副县长楼锦游及浦发银行温州分行行长钟明明等出席庆典仪式并剪彩。

9月26日，昆明市浙江缙云商会成立大会在昆明市会展中心大酒店隆重举行。

10月11日，县委书记孔海龙在县委副书记刘旭标，县委常委、县委办主任吕唐镇等的陪同下，前往大源镇调研指导经营乡村行动计划工作。

10月19日，县十六届人大常委会第五次会议召开。县人大常委会主任赵导亮，副主任应建民、李潘良、胡伟忠、陈庆源、周静知、卢兆田及委员共25人出席会议。

10月22日，2012年缙云重大招商项目推介会在仙都假日酒店举行。

10月25日，国土资源部规划司司长董祚继率调研组到缙云调研指导低丘缓坡开发利用工作。

10月31日，市政协副主席吴炳全率调研组到缙云，调研指导战略性新兴产业发展工作。县委常委、副县长严正满，县政协副主席胡锦伟参加了工作汇报会。

11月4日，省4A级旅游景区复核组到缙云对国家4A级旅游区仙都景区进行复核。县领导吉涛、胡伟忠、刘洁阳及仙都景区管委会主任柯国华等出席复核工作汇报会。

11月6日，县长吴筱琳到县行政审批服务中心调研。

11月8日，县长吴筱琳就土地出让、土地指标安排等工作到县国土资源局专题调研。

11月13日，全县工业投资项目推进会召开。

11月14日，全县重点项目推进会在行政中心召开。

11月15日，莲都区副区长郭巧燕率考察团到缙云考察行政村规模调整工作。副县长张颖洁等陪同考察。

11月21日，县长吴筱琳主持召开县政府第十一次常务会议，会议研究了缙云县城乡居民基本医疗保险暂行办法、缙云县烟花爆竹经营安全管理规定等议题。

11月30日，《缙云县生态休闲养生(养老)经济发展规划》专家咨询论证会举行。经过详细论证，专家组原则通过了这个发展规划。

12月7日，新和县党政代表团到缙云仙都考察。市政协副主席沈根花，副县长朱金元等陪同考察。

12月13日，县级公立医院综合改革动员大会召开。县领导陈湘钟、李潘良、赵建铭、钭旭彬等出席动员会。会议由副县长赵建铭主持。

12月14日，35省道壶镇至三溪段改建工程项目建议书获省发改委批复。

12月18日，县社会保险事业管理中心举行揭牌仪式。

12月20日，县政协八届四次常委会议召开。县政协主席周保龙，副主席王大明、叶理强、钭旭彬、刘洁阳，七届县政协副主席吕楚金，秘书长施加余及政协常委出席会议。

12月24日，县十六届人大常委会第六次会议召开。县人大常委会主任赵导亮，副主任应建民、李潘良、胡伟忠、陈庆源、周静知及委员共24人出席会议。会议由周静知主持。

12月25日，晨龙小额贷款股份有限公司正式开业。县委常委、常务副县长李忠伟出席了开业庆典并剪彩。

12月27日，县长吴筱琳主持召开了县政府第十二次常务会议，会议认真学习了党的十八大精神，研究了缙云县旅游业发展三年行动计划、关于缙云县大社保体系建设的实施意见等议题。

2012年遂昌县大事记

1月1日，2012“到遂昌乡村过大年”暨第四届“炭祖赐福”庙会在中国竹炭博物馆启动。县委常委、宣传部长华治武宣布2012“到遂昌乡村过大年”活动正式启动。副县长赵文明、叶照辉等出席启动仪式。

1月6日，召开全县国土工作座谈会。县委常委、常务副县长罗运乾参加座谈会。

1月10日，县民兵综合射击靶场工程开工典礼举行。县委书记、县人武部党委第一书记、县国防动员委员会第一主任杜兴林致辞并宣布工程开工。县领导毛建华、范云冬、上官国明、程浙军、周立民、赖信强、周春、叶晓生、谢云生等出席典礼。

1月17日，代县长何卫宁主持召开县政府第四十九次常务会议。会议主要听取了县政府2011年十件实事完成情况汇报、2012年县政府十件实事建议、2012年该县固定资产投资计划安排情况汇报及2012年国民经济和社会发展主要指标安排建议，审议了2012年政府工作报告。

1月18日，千佛山景区开园仪式举行。县委书记杜兴林宣布开园。代县长何卫宁在开园仪式上致辞。县政协党组书记尹建中，县委副书记上官国明，浙江省佛教协会会长、奉化雪窦寺方丈怡藏大和尚，浙江省佛教协会秘书长郑国元等出席开园仪式。

1月30日，代县长何卫宁主持召开县政府第五十次常务会议，讨论《遂昌县2012年财政预算草案》《遂昌县2011年财政预算执行情况及2012年财政预算草案的报告》。

2月6日，县政协召开七届三十五次常委会会议。

2月12日，县政协八届一次会议隆重开幕。

2月14日，县十五届人大一次会议隆重开幕

2月20日，全县公安工作会议召开。县委常委、常务副县长罗运乾，县委常委、公安局长杜云峰，县人大常委会副主任包建崇，县政协副主席林成高等出席会议。

2月28日至29日，县委书记杜兴林赴国家旅游局和中国旅游报社汇报该县旅游工作。

2月29日，县人大常委会主任毛建华赴北界镇，开展“与群众心贴心、与企业面对面”大走访活动。

3月6日，县长何卫宁主持召开县政府第一次常务会议，主要讨论县政协八届一次会议政协委员大会发言及提案交办事宜，讨论《丽水市产业集聚区装备制造业低丘缓坡开发项目遂昌组团开发实施建设方案》等。

3月12日，全县财政税收工作会议召开。县长何卫宁出席并讲话。县人大常委会副主任高峥、副县长赵文明、县政协副主席包志华出席会议。

3月13日至14日，市长王永康在市政府秘书长梁忆南和市有关部门负责人陪同下到遂昌，开展“进村入企”大走访活动，

3月17日，县发改局招商引资项目——浙江鸿云科技有限公司电机项目在东城毛田区块举行开工典礼。县人大常委会副主任廖为义，副县长蓝献民参加开工典礼。

3月20日至21日，浙江省机电集团相关负责人一行到遂昌考察对接白马山风电场项目相关事宜。县委常委、常务副县长罗运乾，副县长蓝献民等陪同。

3月23日，全县“与群众心贴心，与企业面对面”大走访活动推进会召开。

3月26日，2012中国遂昌汤显祖文化节动员会召开。

3月28日，召开东城龙板山区块控制性详细规划评审会。县委常委、常务副县长罗运乾，副县长蓝献民、赵文明出席会议。

4月8日，2012中国遂昌汤显祖文化节开幕式在平昌广场隆重举行。省人大常委会副主任程渭山出席并宣布开幕。县委书记杜兴林致辞，县长何卫宁主持开幕式。

同日，举行2012中国县域旅游经济论坛遂昌峰会。

4月11日，二仁畲族乡坑口萤石矿项目开工。县委常委、常务副县长罗运乾到开工现场指挥。

4月18日，全县村级便民服务中心标准化建设推进会召开。县委常委、纪委书记吴松平出席会议。

4月23日，全县项目推进暨金融工作会议召开。

4月26日，由省发改委主任孙景淼率队的省发改委“双重”专项行动调研服务组，在副市长葛学斌、市发改委主任陶国忠等陪同下到遂昌调研。

4月27日，妙高街道成立揭牌仪式举行。县委书记杜兴林在仪式上致辞。县领导罗运乾、吴松平、周立民、向争鸣、叶照辉、包志华、褚国华等出席揭牌仪式。

5月8日，县政协八届一次常委会会

议召开，县政协主席尹建中，副主席王凤琴、包志华、马翔华、林成高、谢旭峰，秘书长方建雄等出席会议。

5月14日，全县低丘缓坡开发征迁动员大会召开，对全县低丘缓坡开发征迁工作进行动员部署。县委书记杜兴林在会上讲话，县委副书记、县长何卫宁主持会议。县政协主席尹建中，县委常委罗运乾、华治武、吴松平、周立民、杜云峰及副县级以上领导出席会议。

5月16日，中国自行车产业转型升级与低碳环保高峰论坛在遂昌举行。县委书记杜兴林出席并致辞。县领导何卫宁、尹建中、吴松平、蓝献民、林成高等出席论坛。

5月17日，遂昌县与阿里巴巴集团淘宝网战略合作协议签约仪式举行。县委书记杜兴林在签约仪式上致辞。县长何卫宁与阿里巴巴集团副总裁俞思瑛签定《遂昌县人民政府与阿里巴巴集团淘宝网战略合作协议》。

5月26日至28日，丽水军分区司令员任明龙一行到遂昌，就武装工作开展情况进行调研。县委常委、人武部政委程浙军，县人武部部长褚国华陪同。

5月30日，县委书记杜兴林到古院区块低丘缓坡开发征迁指挥部调研。

5月31日，县长何卫宁主持召开县政府第四次常务会议。会议讨论《2012年遂昌县扩大有效投资暨重点项目“破冰清障大提速”活动实施方案》《遂昌县“十二五”主要污染物总量控制规划》，听取了2012年1—5月全县安全生产工作情况汇报。

6月1日，市委常委、常务副市长陈瑞商在市相关部门负责人陪同下到遂昌调研项目推进及低丘缓坡开发利用工作。县领导杜兴林、何卫宁、上官国明、罗运乾、周立民、张少啸等陪同调研。

6月8日，三仁畲族乡石板桥区块征迁工作动员大会召开。县委常委、宣传部长华治武，副县长赵文明出席动员会。

6月14日，县委书记杜兴林率队赴元立集团衢州金属制品有限公司进行调研。

6月14日至15日，县委常委、常务副县长罗运乾带领县工业园区、县行政审批中心等部门负责人赴余姚、常山学习考察行政审批制度改革工作。

6月25日，县委常委(扩大)会议召开，进一步部署防汛工作。县委书记杜兴林主持并讲话。县长何卫宁，县人大常委会主任毛建华，县政协主席尹建中，县委常委罗运乾、华治武、程浙军、周立民、杜云峰及副县级以上领导出席会议。

6月26日，毛田洋浩区块场地平整工程开工典礼举行。副市长葛学斌宣布项目开工。县委书记杜兴林在典礼上致辞。县长何卫宁主持，县领导毛建华、尹建中、上官国明、罗运乾、蓝献民等出席开工典礼。

6月28日，元立集团年产100万吨五金制品材料生产线一期工程开工典礼隆重举行。

7月3日，遂昌旅游推介会暨遂昌旅游韩国市场总代理签约仪式举行。县委书记杜兴林在仪式上致辞。县长何卫宁为“遂昌旅游韩国代理事务所”授牌。县委常委、宣传部长华治武主持仪式，副县长赵文明及韩国redpang公司代表等出席仪式。

7月9日，县委书记杜兴林主持召开旅游工作座谈会，研究部署旅游项目开发建设等工作。

7月11日，县长何卫宁主持召开县政府第六次常务会议。会议听取低丘缓坡开发土地规划修编工作汇报和遂昌县电力局国有产权无偿划转相关工作汇报。

7月12日至13日，全县低丘缓坡开发征迁工作推进会召开。

7月19日，全县2012上半年金融形势分析会举行。县长何卫宁出席会议并讲话。副县长赵文明主持会议。

7月27日，全县村级便民服务中心标准化建设现场会暨乡镇(街道)纪委书记例会召开。

7月30日至31日，县十五届人大常委会第三次会议召开。县人大常委会主任毛建华，副主任包建崇、高峥、向争鸣、丛鲁浙、梅伟建、廖为义及常委会组成人员出席会议。

8月9日，县长何卫宁主持召开县政府第七次常务会议。会议主要讨论《遂昌县人民政府工作规则》《遂昌县关于鼓励企业股改上市的若干意见》等议题，听取全县工业经济运行情况汇报。

8月17日，县十五届人大常委会第四次会议召开。县人大常委会主任毛建华，副主任包建崇、高峥、向争鸣、丛鲁浙、梅伟建、廖为义及常委会组成人员出席会议。

8月22日，县委书记杜兴林前往三仁畲族乡、龙洋乡等地，实地调研重点项目建设情况。

8月28日至29日，县委书记杜兴林率领遂昌代表团赴诸暨市考察学习。

9月4日，县委书记杜兴林率队赴元立集团衢州金属制品有限公司进行考察。县委常委、县委办主任周立民，副县长蓝献民及县工业园区管委会负责人陪同考察。

9月12日，高坪农家开业暨里高生态蔬菜观光园开园典礼在高坪乡高坪新村举行。县委常委、宣传部长华治武，县人大常委会副主任包建崇，副县长赵文明，县政协副主席王凤琴出席典礼，并为开业典礼剪彩。

9月13日，县长何卫宁主持召开县政府第八次常务会议。会议主要讨论《遂昌县查处违法用地违法建设行为实施意见》《遂昌县开展违法用地违法建设专项整治工作方案》《遂昌县实施“美丽乡村”项目大家建暂行办法》《遂昌县国家级生态县建设整改方案》等事项，并听取了遂昌县客运中心迁建项目情况汇报。

9月22日，由参加“浙商回归”之丽水行、2012浙商(秋季)论坛的40余名浙商组成的考察团到遂昌考察。县长何卫宁、市政府副秘书长钟建安、副县长蓝献民等陪同考察。

9月29日，2012年度保障性安居工程开工典礼举行，县人大常委会副主任廖为义、副县长赵文明、县政协副主席包志华等出席开工典礼。

10月11日，省农业厅厅长史济锡在副市长任淑女等陪同下到遂昌，专题调研该县现代农业建设等工作。县委书记杜兴林、县委副书记上官国明、副县长叶照辉等陪同调研。

10月16日，浙江日报报业集团党委书记、社长高海浩一行在丽水市委常委、宣传部长陈建波等陪同下到遂昌县，代表浙报集团与该县签订全面战略合作协议。

10月19日，县长何卫宁主持召开县政府第十次常务会议。会议主要讨论《关于鼓励和引导民间投资健康发展若干意见》《遂昌县补缴土地出让价款暂行规定》等议题，听取了1至9月经济运行情况分析汇报。

10月22日，金石门休闲养生园项目奠基仪式举行。县委常委、宣传部长华治武，县人大常委会副主任廖为义，副县长赵文明，县政协副主席王凤琴出席奠基仪式。

10月29日，县长何卫宁主持召开县政府第十一次常务会议。会议主要讨论《遂昌县西城区控制性详细规划》和《遂昌县学校布局调整优化实施方案》。

11月19日至20日，由温州市委副书记、政法委书记、农工委书记王昌荣带队的“美丽乡村”建设考察团在市委副书记、政法委书记朱晨等的陪同下到遂昌，考察该县“美丽乡村”建设情况。县委书记杜兴林、县长何卫宁、县委副书记上官国明、副县长蓝献民等陪同考察。

11月23日，在举行的“创业、创新，打造富裕、富有新浙江2012年浙商(冬季)论坛”上，遂昌喜获“浙商回归示范县”殊荣。县长何卫宁应邀出席论坛，并在“探索浙江经济新的增长极”论坛上发表《五行遂昌，一诺千金》的演讲。

同日，诸暨—遂昌山海协作共建产业园框架协议签约仪式在遂昌举行，两地签订了《山海协作产业园区框架协议》。

11月30日，在北京华滨国际大酒店举办的“心灵与自然交往——旅游与生活”发展研讨会上，遂昌荣获“中国十佳最具投资潜力文化旅游目的地”称号。

12月11日，县长何卫宁主持召开县政府第十三次常务会议。会议主要讨论《遂昌县基本医疗保险监督管理办法》《遂昌县建设山区科学发展示范区规划及任务分解方案(2012－2017)》《遂昌县生态休闲养生(养老)经济发展规划》及《关于加快推进遂昌县生态休闲养生(养老)基地建设的若干意见》等议题，听取了关于对县扶持工业发展若干政策进行修改的情况汇报。

12月12日，县长何卫宁就城市建设和城市经济培育工作开展调研。

12月15日，由求是《小康》杂志社主办的“2012第七届中国全面小康论坛”上，隆重揭晓“2012中国全面小康十大民生决策”获奖名单，遂昌县“创建中国最佳旅游服务县”榜上有名。县委常委、宣传部长华治武出席颁奖仪式。

12月18日，浙江泰隆商业银行丽水遂昌支行举行隆重的开业庆典仪式。

12月20日，丽水市重大旅游项目推进现场会暨遂昌县百亿旅游项目集中开工周启动仪式在妙高街道株树窟村举行。省旅游局局长赵金勇宣布开工周正式启动。副市长葛学斌、县委书记杜兴林分别致辞。县长何卫宁主持启动仪式。

12月26日，县古院新区工程开工典礼在妙高街道古院村举行。县委书记杜兴林宣布工程开工。县长何卫宁在开工典礼上致辞。县领导毛建华、罗运乾、周立民、叶照辉、谢旭峰等出席开工典礼。

2012年松阳县大事记

1月4日，举行社会各界人士新春团拜会。县领导张增礼、翁樟明、周劲松、蒋璟璟、陈孟义、雷超、叶祖武、詹志文、周永龙、单国亮、杨水文出席。

1月5日至6日，市考核组到松阳考核文明单位创建工作。

1月6日，县农民专业合作社协会成立大会暨第一次会员会议召开，选举产生了农民专业合作社协会第一届理事会。副县长胡卫亮出席会议并向协会授牌。

1月9日，第五届中国茶商大会·松阳银猴茶叶节暨松阳县恢复县制30周年庆祝大会组委会第一次工作会议召开。县领导钟昌明、王峻、周劲松、翁樟明、叶郑献、朱小刚、王立武、毛建南、罗孝林、周廷喜、叶建明、毛胜法、蓝宁虹、胡卫亮、黄德慧、雷超等出席。县政协主席张增礼主持会议。

1月13日，由龙泉市委书记蔡晓春带队的龙泉市考察团到松阳参观考察。县领导王峻、王立武、罗孝林、胡卫亮等陪同考察。

1月16日，县城乡公交车开通仪式在县公交总站隆重举行。代县长王峻宣布公交车正式开通。县人大常委会副主任应早德主持开通仪式。副县长胡卫亮，县政协副主席叶祖武、单国亮出席开通仪式。

1月23日，县委县政府在天元国际大酒店隆重举行2012年在外人士新春联谊会。

1月30日，中国侨联副主席、银帝集团董事局主席朱奕龙一行到松阳考察指导。县领导王立武、蒋璟璟陪同。

2月7日，县委书记钟昌明、代县长王峻分别带头“进村入企”开展走访调研。

2月9日，县十届人大常委会第三十九次会议召开。

2月14日，召开2012年重点项目融资对接会。代县长王峻出席并讲话，县委常委、常务副县长叶郑献主持会议。

2月16日，副县长毛胜法到县环保局专题调研生态环保工作。

2月23日，副县长雷超到县人民医院调研。

3月14日，县长王峻在县人大常委会副主任汤根木、副县长蓝宁虹以及相关部门、乡镇负责人的陪同下，深入安民乡安岱后村调研旅游工作。

3月15日，召开银行业监管工作通报暨两项主题活动推进会。县委常委、常务副县长叶郑献出席。

3月17日，省委宣传部常务副部长胡坚到松阳调研文化建设工作。县领导钟昌明、周劲松、王军、王立武、毛建南等陪同。

3月23日，县首家五星级酒店——天元名都大酒店奠基开工。县领导王峻、翁樟明、毛建南、杨水文、汤根木、蓝宁虹参加奠基开工仪式。

3月26日，举行《印象松阳》一书发行仪式暨摄影展开幕式。县委常委、宣传部长毛建南，县人大副主任孔建民，副县长雷超，县政协副主席詹志文出席开幕式。

3月27日，第五届中国茶商大会·松阳银猴茶叶节举行新闻发布会。

同日，第五届中国茶商大会·松阳银猴茶叶节暨松阳恢复县制30周年庆祝大会隆重开幕。

3月28日，中国茶叶市场发展高峰论坛在松阳举行。

同日，举行浙南茶叶市场茶叶质量IC卡（溯源管理系统）启用仪式。中国茶叶流通协会常务副会长王庆，中国国际茶文化研究会副会长沈才土，中国农业科学院茶叶研究所书记陈直，县委书记钟昌明，县长王峻等领导出席启用仪式。

同日，第五届中国茶商大会•松阳银猴茶叶节暨松阳恢复县制30周年庆祝大会文化踩街活动在浙南茶叶市场前隆重举行。

4月1日，丽水市政府党组成员、丽水生态产业集聚区管理委员会主任陈景飞到松阳考察。

4月5日，浙商证券松阳营业部、浙江松阳富祥龙松香股份有限公司和渤海商品交易所松阳营业部在县城长松路开业。县领导叶郑献、汤根木、叶祖武出席开业典礼并剪彩。

4月13日，县十一届人大常委会第二次会议召开。

4月15日，浙江大学2012松阳首届现代工商管理高级研修班开学典礼在松阳举行。浙江大学继续教育学院副院长郭长平，副县长毛胜法出席并讲话。

4月18日，召开创建省级园林城市工作督办会。县领导周劲松、毛建南、黄德慧出席。

4月23日，西屏街道隆重举行中国共产党松阳县西屏街道工作委员会、松阳县人民政府西屏街道办事处和中国共产党松阳县西屏街道纪律检查工作委员会挂牌仪式。县人大常委会副主任吴毅、县政协副主席叶祖武参加挂牌仪式。县委常委、常务副县长叶郑献作重要讲话。

4月26日，丽水生态产业集聚区松阳分区一期（园区五期）项目征迁工作推进会召开。

4月27日，召开全县工业暨招商引资大会。县委书记钟昌明出席并讲话。县长王峻作工作报告。县委副书记周劲松主持会议。县人大常委会主任周星龙，县政协主席翁樟明，副县长毛胜法等出席会议。

5月3日，县长王峻在副县长胡卫亮及县农业局、林业局等相关部门负责人的陪同下，到叶村、斋坛等乡镇调研农业“两区”建设。

5月9日，全县科技富民强县特派员创业点建设工作会议召开。县委副书记周劲松，县人大常委会副主任汤根木，县政协副主席叶祖武出席会议。

5月15日，县委书记钟昌明在县领导叶郑献、王立武、汤根木、叶祖武以及相关部门负责人的陪同下，专程到水南街道调研。

5月21日，县政府与建设银行松阳支行正式签订战略合作协议。

5月24日，省委书记、省人大常委会主任赵洪祝专程到松阳，就加快山区经济发展进行专题调研。

6月1日，开展“侨商松阳行”招商推介会活动。省侨联主席吴晶、省侨联党组书记岑国荣等出席活动，省侨联副主席张维仁、县长王峻、副县长毛胜法等出席并讲话。

6月5日，县人大常委会主任周星龙主持召开县十一届人大常委会第三次会议。

6月21日，全县农村电子商务工作会议召开。副县长毛胜法出席并讲话。

6月23日，县委书记钟昌明在县委常委、县委办主任王立武，副县长黄德慧的陪同下，到县防汛防台指挥中心检查指导防汛工作。

6月25日，松阳县与浙江省电力公司签订关于松阳县供电局国有产权整体无偿划转协议书。县长王峻、副县长毛胜法出席签约仪式。

6月25日至26日，县第一届“田园松阳”论坛隆重举行。

6月26日，丽水市举行百亿工业投资项目集中开工仪式，省委副书记、省长夏宝龙亲临丽水市主会场参加项目开工仪式。作为分会场之一的松阳也在王村工业区块举行工业投资项目集中开工仪式，有三家企业集中开工。

7月5日，县委书记钟昌明在县委常委、县委办主任王立武和副县长蓝宁虹以及相关部门负责人的陪同下专题调研现代农业园区、生态工业园区、旅游休闲景区和服务业集聚区建设工作。

7月13日，全市人大常委会主任座谈会在松阳召开。

7月20日，丽水市政府副秘书长黄志华带领市低丘缓坡开发督查组到松阳，对全国低丘缓坡开发利用试点项目赤寿生态工业区块开展督查。

7月24日至26日，在庆祝中国不锈钢工业化生产60周年大会上，松阳县对不锈钢产业发展作出的努力得到国家不锈钢行业协会充分肯定。县政府和中国贸促会冶金行业分会等4家单位被国家不锈钢行业协会授予“中国不锈钢发展突出贡献单位”荣誉称号。

8月1日，县人大常委会主任周星龙主持召开县十一届人大常委会第四次会议。

8月10日，县重点工程“1251”工程举行开工仪式。县领导方虎、张宏雁、黄德慧、单国亮出席。

8月16日，召开生态休闲养生（养老）经济发展规划评审会。县委常委、常务副县长叶郑献出席并讲话。

同日，县委县政府召开全县农村环境综合保洁工作动员大会。

8月18日，县长王峻带领松阳县风景旅游局班子成员到德清县考察，学习借鉴德清乡村旅游发展经验。

8月29日至30日，市委常委、统战部长廖思红到松阳调研统战工作和信访工作。

9月5日，市政协主席虞红鸣一行到松阳检查指导政协工作。

9月5日至6日，县长王峻到西屏街道、望松街道、斋坛乡和县“两违”整治办就“两违”工作进行调研。

9月11日，县长王峻在县委常委梁谋、副县长黄德慧和县人民法院院长章志林的陪同下，到古市镇调研“两违”处置工作。

9月25日，省委副秘书长、省农办(扶贫办)主任章文彪在丽水市副市长任淑女和县领导王峻、周劲松、王立武、胡卫亮陪同下，到松阳调研历史文化村落保护利用工作。

10月8日，召开中心城区规划征求意见会议。县领导王峻、叶郑献、梁谋、毛胜法、蓝宁虹、胡卫亮、黄德慧、雷超出席。

10月10日，全省农业龙头企业与山区农产品基地对接会暨浙商投资现代农业推介会在松阳举行。副省长王建满，省政府副秘书长陈龙，省农业厅厅长史济锡，省农业厅总农艺师王建跃等出席会议。丽水市副市长任淑女致辞。县委书记钟昌明，县长王峻，县委常委、县委办主任王立武，副县长胡卫亮参加会议。

10月18日，县委县政府召开乡镇（街道）工作汇报暨垦造耕地项目推进会。县委书记钟昌明出席会议并作重要讲话。

10月19日，县长王峻第三次走进裕溪乡章山古村，调研旅游开发项目。副县长蓝宁虹、沈佩玲及有关部门、乡镇负责人陪同。

10月24日，召开茶产业升级转化工程工作会议。县人大常委会副主任孔建民、副县长蓝宁虹出席并讲话。

10月31日，召开村级便民服务中心建设经验交流会。县委常委、纪委书记朱小刚出席会议。

11月5日，中国·松阳“叶法善与养生文化”论坛在松阳隆重举行。中国道教协会副会长、第十一届全国人大常委会委员、全国青联副主席张继禹致辞并宣布论坛开幕。浙江省民族宗教事务委员会副主任倪忠杨，浙江省道教协会会长高信一，市委常委、统战部长廖思红出席开幕式并致辞。钟昌明、王峻、周星龙、翁樟明、周劲松等县四套班子领导出席。

11月9日，县明清街整治工程办公室成立，副县长黄德慧为办公室揭牌。

11月15日，“田园松阳”首届妈祖文化旅游节开幕。原县政协主席、县茶文化研究会会长张增礼，县人大常委会副主任汤根木，副县长沈佩玲，县政协副主席叶向东出席开幕式。

11月24日，国务院参事室参事魏津生、中国老龄产业协会副会长张恺悌、中国老龄科学研究中心副主任郭平一行到松阳调研休闲养生养老产业发展情况。县委常委、常务副县长叶郑献陪同。

同日，县政协召开提案办理工作民主评议会，对《关于解决农村居民出行难的建议》《关于切实加强明清一条街保护和开发的建议》两件提案的办理情况开展了民主评议。县政协副主席单国亮出席会议，副县长胡卫亮应邀参加会议。

12月7日，召开松阴溪水利风景区总体规划审查会。副县长黄德慧，县政协副主席叶向东出席。

同日，全县大社保体系建设暨调整城乡居保部分参保人员待遇工作会议召开。副县长毛胜法出席并讲话。

12月11日，浙江稠州商业银行丽水松阳支行举行隆重的开业典礼，成为松阳第9家银行业金融机构。

12月17日，政协第八届松阳县委员会第九次主席会议召开。县政协主席翁樟明，副主席叶祖武、詹志文、周永龙、单国亮、叶向东，秘书长丁晓敏出席。县委常委、常务副县长叶郑献应邀参加会议。

12月18日，浙江康恩贝中药有限公司整体搬迁改造项目正式开工建设。县长王峻宣布项目开工。周劲松、吴毅、蓝宁虹、叶祖武等县领导和丽水生态产业集聚区松阳分区管委会主任潘俊明出席项目开工奠基仪式。

12月24日，全县乡镇(街道)人大主席(主任)座谈会召开。县人大常委会主任周星龙，副主任张宏雁、吴毅、孔建民、杨水文、汤根木出席。

12月25日，县委书记钟昌明在县委常委、县委办主任王立武和副县长黄德慧以及县国土资源局、县住建局等部门负责人陪同下，就城市公园和水系建设展开调研。

12月28日，举行设立新兴镇干部大会暨授牌授印仪式，宣布新兴镇相关机构成立及人事任免决定，部署行政区划调整工作。县领导周劲松、叶郑献、王军、朱小刚、王立武、孔建民、叶向东出席。

同日，县十一届人大常委会召开第六次会议。县人大常委会主任周星龙主持，副主任张宏雁、吴毅、孔建民、杨水文、汤根木出席。县委常委、常务副县长叶郑献和副县长黄德慧及相关部门负责人列席会议。

2012年景宁县大事记

1月4日，县政协主席彭岳舜主持召开县政协七届二十五次常委会议。

1月5日，市委书记卢子跃在景宁主持召开座谈会，征求对市第三次党代会工作报告的意见建议。县领导林康、蓝良兴、叶金堂等参加座谈会。

1月6日，省发改委主任孙景淼带领省发改委副主任、省发展规划研究院院长刘亭及省发改委相关处室负责人一行到景宁调研。县领导林康、蓝伶俐、叶金堂陪同。

1月15日，大型畲族音乐舞蹈诗《千年山哈》作品研讨会在丽水举行。

2月1日，县委书记林康带头开展“进村入企”走访活动。县领导严轶华、程巧琴、陈晓敏、吴昌亮陪同。

同日，代县长蓝伶俐赴奇尔茶业有限公司开展“进村入企”走访调研。

2月3日，县政府召开座谈会，广泛征求离退休干部代表对《政府工作报告（征求意见稿）》的意见建议。代县长蓝伶俐主持，副县长胡晓红、季建标、雷应江、王益参加座谈会。

2月9日，县人大常委会主任蓝良兴主持召开县七届人大常委会第三十八次会议。

2月13日，县渔业局挂牌成立。

2月15日，中国银行景宁县支行举行开业庆典。副市长陈重、代县长蓝伶俐致辞，中国人民银行丽水中心支行副行长王筱琴，丽水银监分局纪委书记刘寒暄，县委常委、常务副县长叶金堂，县人大常委会副主任罗德伟，县政协副主席尤建平，中国银行丽水市分行党委书记、行长毛海滨等出席开业庆典。

2月18日，城北110千伏变电所工业区块第一批入园企业集中举行了开工仪式。县委常委、常务副县长叶金堂下达开工令，副县长雷应江主持开工仪式。县人大常委会副主任吴道法、县政协副主席尤建平出席。

2月20日，畲族风情省级旅游度假区总体规划初步审查会召开，县委常委、副县长张雄文主持会议。

2月25日，县政协八届一次会议隆重开幕。

2月26日，县人大八届一次会议隆重开幕。

2月29日，省“双服务”工作组到景宁调研指导工作。县领导叶金堂、郑建强陪同。

3月8日，“全国畲民网上共庆三月三活动”启动仪式在县政府二楼会议室举行。

3月14日，市政协副主席庄志清带领市政协调研组一行到景宁调研休闲养生（养老）工作。县委常委、常务副县长叶金堂，县政协副主席沈秀慧陪同。

3月22日，县委召开常委（扩大）会议，县委书记林康主持会议并讲话。

同日，县长蓝伶俐主持召开第八届县政府第1次常务会议。

3月24日，2012海峡两岸各民族欢度三月三节庆暨中国畲乡三月三活动在县体育运动场隆重开幕。

3月25日，中国畲族博物馆暨畲族文化中心开馆仪式在畲族文化中心举行。

3月28日，县人大常委会主任蓝良兴主持召开县八届人大常委会第一次会议。

3月30日，全县项目推进工作会议在县府五楼会议室召开。县委书记林康出席会议并讲话。县长蓝伶俐主持会议，县人大常委会主任蓝良兴、县政协主席严轶华出席会议。县委常委、常务副县长叶金堂作项目推进工作报告。副县以上领导参加会议。

4月9日，由浙江省城乡规划设计研究院编制的《丽水产业集聚区生态产业低丘缓坡开发项目景宁组团控制性详细规划》初审会在景宁经济开发区管委会召开。副县长王益，景宁经济开发区管委会主任季晓伟参加会议。

4月10日至11日，市委常委、纪委书记朱晨到景宁调研村级便民服务中心建设工作。

4月11日，县道路运输管理局揭牌成立。省道路运输管理局副局长陈永林、市道路运输管理处处长沈利文、副县长雷应江出席揭牌仪式并讲话。

4月23日至24日，省专家组对景宁“畲乡特色游”服务标准化试点项目进行考核验收。专家组认为，“畲乡特色游”服务标准化试点项目符合验收要求，同意通过验收。副县长雷应江陪同。

4月24日，云景高速全线暨西周岭隧道贯通仪式在云景高速西周岭隧道洞口举行。省交通投资集团总经理王洪涛、副市长葛学斌、县长蓝伶俐、副县长雷应江出席贯通仪式。

4月27日，县长蓝伶俐主持召开县政府第2次常务会议。

5月8日，以色列驻上海总领事艾雅克一行，在省外事办副主任陆国灏等陪同下到景宁参观考察。副县长季建标陪同。

5月16日，东坑镇小塑胶操场援建项目竣工揭牌启用仪式在东坑镇中心小学举行。

5月18日，县委书记林康到澄照乡调研农民创业园项目建设。

5月23日，县委书记林康深入葛山、鸬鹚等乡镇调研指导工作。

5月24日，在县府大院隆重举行红星、鹤溪街道成立授牌授印仪式。县委书记林康出席并讲话，县人大常委会主任蓝良兴主持仪式。县政协主席严轶华，县委常委、常务副县长叶金堂，县委常委、纪委书记陈锡星，县委常委、县委办主任陈晓敏，县人武部部长高天河出席仪式。县委常委、组织部长潘伟在仪式上宣读撤鹤溪镇设红星、鹤溪街道的相关决定。

5月25日，浙江省第四批中央财政小型农田水利重点县现场陈述会议在杭州召开，景宁成功申报第四批中央财政小型农田水利建设重点县。

5月31日，县长蓝伶俐主持召开县政府第3次常务会议。

6月5日，县长蓝伶俐到鹤溪街道调研重点项目建设工作。

6月7日，千峡湖库区工作汇报会在景宁召开。副市长葛学斌出席会议并讲话。副县长郑建强，千峡湖景宁开发建设管理处处长雷李木参加会议。

6月8日，第七个文化遗产日系列文化活动暨“非遗传承进畲寨”启动仪式在县人民广场举行。县政协主席严轶华宣布活动正式启动。县委常委、宣传部长潘晓泉致辞，副县长季建标主持启动仪式。

6月15日，在丽水召开的全市第三次全国文物普查总结表彰大会上，景宁县荣获丽水市第三次全国文物普查先进县称号。同时，该县林旭红、张建东、徐晓红、徐丽丽等同志也同时被评为丽水市第三次全国文物普查先进个人。

6月18日，县委召开常委(扩大)会议，再次传达学习省第十三次党代会精神。县委书记林康主持会议并讲话。

6月19日，丽水产业集聚区生态产业低丘缓坡开发项目景宁组团(农民创业园)项目开工典礼在澄照东畔坳村隆重举行。

6月28日，全县村级便民服务中心规范化建设推进会召开。

7月3日，省水利厅副厅长许文斌一行到景宁调研指导农村水电防汛与水利安全生产工作，副县长郑建强、卢健国陪同。

7月13日，全县“村务平台”建设推进会召开。县委书记林康出席并讲话。县长蓝伶俐主持会议。

7月16日，县委常委、常务副县长叶金堂代表县政府与上海华服投资有限公司、鹿鸣谷旅游发展有限公司在上海龙之梦万丽酒店签署了《丽水千峡湖生态旅游度假区（景宁段）项目框架协议》。

7月26日，县长蓝伶俐主持召开县政府第5次常务会议。

7月31日，丽水市基本农田划区定界成果验收组到景宁组织基本农田验收工作，该县顺利通过验收。

同日，县政府第一次全体会议召开。县长蓝伶俐出席并讲话。县委常委、常务副县长叶金堂主持会议，副县长郑建强、季建标、雷应江、王益、卢健国，千峡湖景宁开发建设管理处处长雷李木出席会议。

8月2日，县网商协会成立大会暨第一次会员大会召开。副县长雷应江出席并为协会授牌。

8月7日，召开劳模评选委员会工作会议，研究部署县第三次县级劳动模范评选工作，县委常委、县委办主任陈晓敏到会并作重要讲话。

8月15日，全县生态县建设暨环境保护大会召开。县长蓝伶俐出席并讲话，县委常委、纪委书记陈锡星主持会议。县人大常委会副主任夏培玲、县政协副主席雷香兰出席会议。副县长雷应江作工作报告。

8月16日，交叶线项目推进协调会召开。县委常委、常务副县长叶金堂，县人大常委会副主任吴道法参加会议。

8月21日，县长蓝伶俐主持召开县政府第6次常务会议。

8月24日，《景宁县山区经济发展规划》编制工作座谈会召开，省发改委规划处处长周丹，县委常委、常务副县长叶金堂参加座谈会并讲话。

8月28日，金格万品城•百汇城项目开工典礼仪式在鹤溪河畔隆重举行。县委常委、组织部长潘伟宣布开工。县人大常委会副主任陈林生，副县长王益，县政协副主席沈秀慧，县经济开发区管委会主任季晓伟出席开工典礼。

9月11日，省政协副主席徐辉到景宁就民族教育工作进行专题调研。省政协科技教育委员会副主任、省委教育工委副书记、省教育厅副厅长蒋胜祥，市政协副主席何赤峰，县领导蓝伶俐、严轶华、杨唐珠、季建标、雷香兰、尤建平、沈秀慧等陪同调研。

同日，千峡湖旅游开发建设有限公司驻景办事处成立庆典仪式举行。副县长郑建强宣布办事处成立，副县长卢健国致辞，千峡湖景宁开发建设管理处处长雷李木参加仪式。

9月13日至14日，省林业厅厅长楼国华到景宁调研指导工作。县领导蓝良兴、严轶华、陈晓敏等陪同。

9月28日，大均乡李宝风情畲寨开寨仪式在李宝村隆重举行。市委常委、市委秘书长朱继坤宣布开寨，县委书记林康致辞，县长蓝伶俐主持开寨仪式。市委统战部副部长、市民宗局局长张亮明，市农办副主任陈银龙，县领导蓝良兴、严轶华、陈晓敏、郑建强出席仪式。

10月11日，平湖市市委书记翁建荣带领平湖市经济开发区管委会、市发改局、协作办及钟埭街道的相关领导到沙湾镇，参加缔结对口协作活动。县委书记林康出席对口协作缔结仪式，县委常委、县委办主任陈晓敏参加活动。

10月16日，52省道岚头岭至汇田大桥段改建工程控制性工程——岚头岭隧道顺利贯通。

10月17日，省财政厅厅长、地税局局长钱巨炎带领相关处室负责人在市委常委、常务副市长陈瑞商的陪同下到景宁调研。县领导林康、蓝伶俐、叶金堂陪同。

10月23日，龙丽温高速公路景宁至瑞安段(含泰顺支线)工程可行性研究报告审查会议在景宁召开。

10月26日，全县重点项目建设推进会召开。县委常委、常务副县长叶金堂出席会议并讲话。

11月2日，县委召开理论学习中心组(扩大)学习会，县委书记林康主持会议并讲话。会议特别邀请省委政策研究室(省人民政府发展研究中心)副主任、省委财经领导小组办公室专职副主任沈建明作专题讲座。

11月12日，浙江大学与县政府合作提升惠明茶产业签约仪式在县农业局举行。

11月14日，丽景民族工业园与浪莎控股集团有限公司投资协议签约仪式在丽景园管委会举行，副县长雷应江，县长助理黄波，丽景民族工业园管委会主任叶常萌等出席签约仪式。

11月17日，县水利重点项目双后岗二期工程(农民致富奔小康项目)开工典礼举行。县委常委、常务副县长叶金堂宣布项目开工，县人大常委会副主任夏培玲、县政协副主席尚建基出席，副县长郑建强致辞，副县长卢健国主持开工典礼。

11月18日，举行重点项目第一集中开工周启动仪式。景融时代广场、双后岗移民点二期、气象灾害监测预警迁建、沙湾村立面改造等四个项目举行集体开工仪式。县委书记林康、县长蓝伶俐、县人大常委会主任蓝良兴、县政协主席严轶华等出席，县委常委、常务副县长叶金堂主持仪式。

11月26日，召开全县扶持经济薄弱村发展村级集体经济工作领导小组会议。

12月1日，县气象局管理体制调整签约仪式举行。省气象局副局长王仕星，市气象局局长郑建飞，县领导蓝伶俐、夏培玲、卢健国、雷香兰出席签约仪式。

12月5日，“汤氏文化、祈福千年”首届景宁汤氏文化节开幕式在东坑镇汤北村举行。

12月10日，汇田大桥至溪口段公路改建工程开工典礼在红星街道双坑口隆重举行。

12月17日，副县长郑建强在县林业局、澄照乡相关人员的陪同下，到澄照乡金丘村就香榧产业进行实地调研。

12月19日，全县基层农业公共服务中心建设现场会在澄照乡召开。副县长郑建强、市农业局副局长强国平参加会议并讲话。

12月25日，县城东、西环线城市公交线路开通仪式在人民广场举行。县委常委、常务副县长叶金堂宣布城市公交环线开通，县人大常委会副主任陈林生参加开通仪式，副县长雷应江致辞。

同日，全省民族团结进步创建活动经验交流会在杭州召开，会上县政府受到表彰并被授予“全省第一批民族团结进步创建活动示范单位”称号。县长蓝伶俐参加会议并在大会上作经验交流。

12月31日，县司法行政法律服务中心举行揭牌仪式，丽水市司法局局长张云高，县委常委、常务副县长叶金堂参加揭牌仪式，并共同揭牌。